BIBLE ANNOTÉE N.T. 1

(N.T. EXPLIQUÉ DE BONNET-SCHRŒDER)

BIBLE ANNOTÉE

Louis Bonnet

LE NOUVEAU TESTAMENT EXPLIQUÉ

1

Matthieu

Marc

Luc

Édition revue augmentée par Alfred Schrœder

230, rue Lupien
Trois-Rivières (Québec)
Canada G8T 6W4

1ʳᵉ édition : Le Nouveau Testament de notre Seigneur Jésus-Christ expliqué au moyen d'introductions, d'analyses et de notes exégétiques par Louis Bonnet. Évangiles de Matthieu, Marc et Luc. 2ᵉ édition, revue et augmentée par Alfred Schroeder. Lausanne, Georges Bridel, 1895. 663 pages.

2ᵉ édition : CH-1806 Saint-Légier, P.E.R.L.E.
(bibliothèque de l'Institut Emmaüs), 1983.
Publiée sans les préfaces d'origine ni les introductions générales au N.T. et aux Évangiles synoptiques (p. 1-43 de l'édition reprise).

3ᵉ édition : Éditions Impact
230 rue Lupien
Trois-Rivières, Québec
Canada, G8T 6W4

Dépôt légal – 3ᵉ trimestre 2007

ISBN : 978-2-89082-102-6

Dépôt légal : Bibliothèque et Archives nationales du Québec
Bibliothèque et Archives Canada

Préface et Avertissement

La bibliothèque de l'Institut Emmaus a réimprimé les neuf volumes de la Bible Annotée par une société de théologiens et de pasteurs sous la direction de Frédéric Godet (1981-82, série P.E.R.L.E.).

Cet important commentaire de l'Ancien Testament a pour contrepartie Le Nouveau Testament... expliqué au moyen d'introductions, d'analyses et de notes exégétiques de Bonnet-Schrœder. Nous offrons à présent la réimpression de cette dernière œuvre, en nous permettant de la rebaptiser Bible annotée : Nouveau Testament (4 gros volumes à paraître d'ici fin 1983). En effet, le format et la densité, le genre et l'orientation généralement positive des commentaires sont proches d'une série à l'autre. Les auteurs de la Bible annotée constataient d'ailleurs dans une note spéciale à la fin de leur dernier volume : «Il serait inutile et superflu de vouloir continuer la Bible annotée... [pour le] Nouveau Testament. [...] Nous ne pensons pouvoir mieux faire que de renvoyer à [l'œuvre de Bonnet-Schrœder] ceux de nos lecteurs qui désireraient posséder un commentaire complet sur tous les livres de la Bible.»

Les préfaces d'orgine nous renseignent sur la genèse du Nouveau Testament expliqué. En 1846 paraissait Le Nouveau Testament avec notes explicatives et introductions à chaque livre d'après O. de Gerlach, par Louis Bonnet et Ch. Baup (Vol 1 : Évangiles et Actes). « Les introductions étaient originales, les notes, une reproduction plus ou moins libre de celles de Gerlach. » L. Bonnet rédiges seul le deuxième volume (Épîtres et Apocalypse, 1855). Cette seconde partie profondément retravaillée par rapport à Gerlach, peut être considérée comme une œuvre originale. Il refondit et compléta cette dernière dans une 2e édition en 2 volumes (1875-76), puis, pour les épîtres de Paul, dans une 3e édition (1892), à laquelle collabora déjà sont petit-fils Alfred Schrœder. Bonnet récrivit entièrement le commentaire des Évangiles et des Actes, en 2 volumes (1880 et 1885). Schrœder revit et compléta ces volumes après la mort de Bonnet, ce qui donna leur 2e édition (vol 1 : Matthieu-Luc, 1895: vol. 2 : Jean, Actes, 1899). Il retravailla aussi le dernier volume (Hébreux-Apocalypse) dans une 3e édition (1905) et l'épître aux Romains dans une 4e édition (1912).

Nous réimprimons l'édition la plus récente pour chaque partie, sans les préfaces d'origine ni les introductions générales au Nouveau

Testament, aux Évangiles synoptiques (vol. 1) et aux épîtres (vol. 3). Ces sections sont avantageusement remplacées par des ouvrages plus modernes, comme celui d'A. Kuen : <u>Introduction au Nouveau Testament, Les lettres de Paul</u> (Emmaus 1982, 447 p. Les Éditions Emmaus prévoient deux autres volumes d'introduction au reste du N.T. pour ces prochaines années).

Avertissement : L. Bonnet adhère clairement aux grandes vérités de la foi comme la naissance virginale de Jésus, sa divinité, sa mort expiatoire et sa résurrection corporelle. Ses commentaires sont le plus souvent positifs. C'est pour quoi nous les réimprimons, ...mais faute d'un meilleur ouvrage du genre. En effet, l'auteur a cru devoir admettre que la Bible contient certaines erreurs de détail (cf. vols. 1. «Introduction...», p. 42). Nous regrettons profondément cette position. Nous nous distançons résolument des commentaires influencés par ce point de vue (voir par exemple sous Matth. 24.34, cas clair et offensant). Nous croyons que même les difficultés d'harmonisation apparemment les plus grandes ont des solutions possibles qui ne mettent pas en cause l'entière vérité de l'Écriture. Voir à ce sujet les ouvrages de R. Pache : <u>L'inspiration et l'autorité de la Bible</u> (2e éd., Emmaus, 1967, 320 p) et ce C. Ryrie : <u>La perfection de la Bible</u>... (Maison de la Bible, 1982, 118 p.). Heureusement que sur beaucoup d'autres détails, Bonnet reste positif (voir par ex. sa remarque sur les « froids chercheurs de contradictions » à propos de Luc 24.4). Nous remplaçons aussi l'introduction à 2 Pierre, remaniée par Schrœder dans un sens négatif (3ᵉ éd.). par celle de Bonnet (2ᵉ éd.), qui maintient l'entière authenticité de cet épître. 1 Thess. 5.21,22 !

Saint-Légier, le 6 janvier 1983
Luc de Benoit

Dans les notes, A. Schrœder utilise les abréviations suivantes pour désigner les principaux manuscrits du Nouveau Testament grec :
- Sin. : Manuscrit du Sinai (Codex sinaiticus), 4e siècle
- B. : Manuscrit du Vatican (Codex Vaticanus), 4e siècle
- A. : Codex Alexandrinum, 5e siècle
- C. : Palimpseste d'Ephrem, 5e siècle
- D. : Manuscrit de Cambridge, 6e siècle
- Majusc. : Manuscrits en majuscules, antérieurs au 10ᵉ siècle.

TABLE DES MATIÈRES

Préface 43

Introduction à l'évangile selon Matthieu 45

    ÉVANGILE SELON MATTHIEU 59

Introduction à l'évangile selon Marc 303

    ÉVANGILE SELON MARC 311

Introduction à l'évangile selon Luc 429

    ÉVANGILE SELON LUC 439

Index alphabétique 661

ÉVANGILE SELON MATTHIEU

INTRODUCTION

I

Peu de détails *biographiques* sont parvenus jusqu'à nous concernant l'apôtre de Jésus-Christ auquel est attribué le premier de nos évangiles. Il était occupé comme péager dans un bureau des impôts, sur les bords du lac de Génézareth, lorsque le Seigneur l'appela à l'apostolat. Soit qu'il eût déjà été préparé à cette haute vocation par un rapprochement antérieur avec Jésus, ce qui est probable, soit que cet appel fût sa première relation avec Celui en qui il reconnut un envoyé de Dieu, il abandonna aussitôt ses travaux et ses avantages terrestres et suivit le Sauveur. Il possédait une maison et des biens, dont il voulut faire encore usage pour donner à son Maître un banquet ; il y invita un grand nombre de péagers, ses compagnons de travail, afin qu'ils eussent, eux aussi, l'occasion de voir et d'entendre Celui dont la parole puissante venait de décider de sa vie. C'est lui-même qui raconte ces faits (chap. 9 : 9-13) ; mais il a soin, par un sentiment de modestie qui n'a pas toujours été compris, de ne pas dire que ce repas fut donné par lui et dans sa maison. Marc et Luc, qui n'ont pas le même motif de garder le silence, nous apprennent ce que Matthieu avait voulu taire. (Marc 2 : 14 et suiv.; Luc 5 : 27 et suiv.) Mais ces deux évangélistes nomment *Lévi*, et non *Matthieu*, le péager appelé par le Seigneur à le suivre. On a voulu en conclure que Lévi et Matthieu n'étaient pas le même personnage et que la confusion faite dans le premier évangile prouvait que cet évangile n'était pas de Matthieu. La solution de la question est pourtant bien simple. Voici un fait rapporté par trois historiens, avec des circonstances détaillées parfaitement identiques, ce qui montre jusqu'à l'évidence qu'il s'agit d'un seul et même événement. De plus, on rencontre dans tous les catalogues des apôtres, dans ceux de Marc et de Luc aussi bien que dans le premier évangile, le nom de Matthieu et nulle part celui de Lévi. (Mat. 10 : 3 ; Marc 3 : 18 ; Luc 6 : 15 ; Act. 1 : 13.) Si Matthieu et Lévi ne sont pas le même personnage, qu'est devenu ce Lévi dont Marc et Luc racontent la vocation à l'apostolat ? La conclusion qui s'impose à tout lecteur non prévenu et qui a été admise de tout temps, c'est que Lévi adopta, après sa conversion, le nom de Matthieu (*Matthai* ou *Mattathia, don de l'Eternel*), qui prévalut dès lors, comme les noms de Pierre, de Paul. Matthieu, en racontant sa conversion, emploie son nouveau nom qu'il affectionne, tandis que Marc et Luc, plus objectifs dans leurs récits, se servent du nom que ce disciple avait porté jusqu'à l'époque de sa vocation. Comment ne pas trouver fondée l'observation de Winer, « que les raisons de ceux qui distinguent Lévi de Matthieu sont insignifiantes, en partie misérables, si du moins on n'est pas d'avance décidé contre l'authenticité du premier évangile ? » (*Realwörterbuch*, art. *Matthäus*.) — Selon Clément d'Alexandrie, Matthieu prêcha l'Evangile durant quinze années à Jérusalem, se distinguant par une vie rigoureusement ascétique. Il n'y a aucune raison de suspecter cette donnée, confirmée par d'autres témoignages, surtout par celui d'Eusèbe (*Hist. ecclés.*, III, 24), qui ajoute « qu'après avoir prêché la foi aux Hébreux et écrit son évangile, il s'en alla chez d'autres nations. » Quelles nations ? Des écrivains anciens nomment l'Ethiopie, d'autres la Macédoine ou diverses contrées de l'Asie ; ces traditions sont très incertaines. Selon quelques témoignages anciens, la vie de notre évangéliste aurait été couronnée par le martyre.

II

Matthieu, l'apôtre de Jésus-Christ, est-il l'*auteur* du premier évangile ? A cette question, l'Eglise chrétienne a répondu oui, d'un consentement unanime, pendant dix-huit siècles. De nos jours, il s'est élevé à ce sujet des négations hardies et des doutes sincères. Il convient donc d'interroger l'histoire d'abord, puis le livre même dont il s'agit. Quant aux témoignages historiques, on peut conclure que l'authenticité de l'écrit de Matthieu est démontrée par ceux que nous avons fournis relativement à nos quatre évangiles ; mais nous allons recueillir d'une manière plus complète les preuves qui le concernent en particulier.

1. Papias, évêque d'Hiérapolis en Phrygie, dans la première moitié du IIe siècle (mort vers l'an 165), écrivit un livre intitulé : *Exposition des oracles du Seigneur*, pour la composition duquel nous avons vu qu'il avait recueilli avec soin tous les renseignements que lui fournissaient les hommes de son temps qui avaient conversé avec les apôtres. (Eus. III, 39 ; comp. ci-dessus, p. 35.) Quelques-uns étaient relatifs à la composition des évangiles de Marc et de Matthieu. De ce dernier, il dit simplement qu'il avait « réuni par écrit en dialecte hébreu les oracles du Seigneur, » et que « chacun les interprétait ou les traduisait comme il pouvait. » Mais cela ne prouve point qu'au temps de Papias l'évangile grec de Matthieu ne fût pas connu dans ces contrées, car il parle d'un temps déjà ancien (*alors*), et il dit, non que chacun *traduit*, mais *traduisait* cet évangile.

Il est hors de doute que déjà les Pères apostoliques, succédant immédiatement dans l'Eglise aux premiers témoins de Jésus-Christ, possédaient l'évangile de Matthieu, qu'ils citent fréquemment. Ainsi Justin martyr, né dans les premières années du IIe siècle, écrivant vers l'an 138, le premier en date des apologètes chrétiens, nous a laissé d'importants écrits dans lesquels on peut puiser à pleines mains des citations de nos évangiles, en particulier de Matthieu. (Voir Kirchhofer, *Quellensammlung*, p. 98 et suiv.) Il faut remarquer que, parmi ces passages si nombreux, il en est plusieurs qui ne se trouvent que dans le premier évangile et que, dans les citations de l'Ancien Testament où Matthieu ne se conforme ni à l'hébreu ni aux Septante, Justin le suit littéralement, détail frappant, qui prouve qu'il avait notre évangile sous les yeux. Divers passages de Matthieu se trouvent également cités dans les écrits de Polycarpe, d'Ignace, de Clément de Rome, de Barnabas. Ce dernier, citant la parole de Jésus : « Il y a beaucoup d'appelés et peu d'élus, » qui ne se trouve que dans Matthieu (22 : 14), l'introduit par ces mots exclusivement en usage pour citer les livres saints : *Comme il est écrit*. Tant qu'on ne possédait les cinq premiers chapitres de l'épître de Barnabas que dans une version latine, la critique n'a pas manqué d'attribuer au traducteur cette formule consacrée. Mais quand, en 1859, l'écrit original grec de Barnabas sortit de la poussière avec le manuscrit du Sinaï, alors reparut au grand jour a formule fatale : *Comme il est écrit*. Vous croyez que la critique négative fut convaincue ? Pas du tout. Barnabas cite là, suivant elle, non les paroles si connues de Jésus, mais une réflexion empruntée au quatrième livre d'Esdras ! Aussi comment tolérer un pareil témoignage dans un écrit qui date des premières années du IIe siècle, et qu'un savant critique, Weizsæcker, fait même remonter jusqu'à dix ou vingt ans après la destruction de Jérusalem ?

Si des Pères apostoliques nous passons aux grands écrivains ecclésiastiques de la fin du IIe siècle ou du commencement du IIIe, nous voyons qu'ils nomment l'auteur de notre évangile, citent et commentent son livre, non pour en démontrer l'authenticité, ils n'avaient pas le plus léger doute à cet égard, mais pour en tirer des enseignements religieux. Ainsi, Irénée répète à diverses reprises que Matthieu a écrit son évangile pour les Hébreux et en langue hébraïque, « afin de prouver à son peuple que le Messie était né de David. » Matthieu, dit-il encore, annonça la naissance humaine du Seigneur, écrivant : *Le livre de la généalogie de Jésus-Christ.* (Mat. 1 : 1 ; *Adv. hœr.*, III, 1, 11.) Tertullien, reconnaissant à notre évangile le même but, en rappelle également les premiers mots, et voici en quels termes il en désigne l'auteur : « Lui-même, le premier, Matthieu, très fidèle expositeur de l'Evangile, comme compagnon du Seigneur, ne l'a pas écrit pour une autre cause qu'afin de nous mettre en possession de l'origine de Christ selon la chair ; » c'est pourquoi il commence ainsi : « Livre de la naissance de Jésus-Christ. » (*De carne Christi*, chap. XXII.) Origène, le savant critique et exégète, qui cite et commente notre évangile jusqu'aux expressions et aux variantes, nous dit de ce livre : « Le premier évangile qui fut écrit est l'évangile selon Matthieu qui fut d'abord péager, puis apôtre de Jésus-Christ ; il donna cet évangile à ceux d'entre les Juifs qui avaient cru, le composant en langue hébraïque. » (Eus., *Hist. ecclés.*, VI, 25.) Ailleurs Origène, parlant de la certitude historique de nos quatre évangiles et remarquant, avec la sagacité du critique exercé, leur unité et leurs différences, ajoute : « Ainsi, par Matthieu, qui est le premier de tous, a été donné l'Evangile aux croyants de la circoncision. » (*Comm. in Joh.*) Les témoignages d'Eusèbe et de Jérôme sont en pleine harmonie avec ceux que nous venons de rappeler. Eusèbe inscrit notre évangile en tête des livres reconnus du Nouveau Testament, sans mentionner le moindre doute qui eût existé dans les Eglises à son sujet, et il rapporte, comme un fait universellement admis, que « Matthieu, après avoir d'abord prêché aux Hébreux, étant sur le point de s'en aller à l'étranger, donna par écrit, dans la langue du pays, l'évangile qui est selon lui, voulant suppléer par cet écrit à sa présence pour ceux qu'il quittait. » (Eus., *Hist. ecclés.*, III, 24.) Quant à Jérôme, qui avait pu, durant son long séjour en Palestine, examiner tous les détails de ces données traditionnelles, il les confirme en divers endroits de ses écrits. « Matthieu, dit-il, publia en Judée un évangile en langue hébraïque, surtout pour ceux d'entre les Juifs qui avaient cru en Jésus. » (*In Matth., Praef.*) Passant sous silence d'autres écrivains ecclésiastiques, tels que Cyrille de Jérusalem et Epiphane, nous ferons remarquer un fait important : dès le II⁰ siècle les versions les plus anciennes, la *Peschito* syriaque, l'*Itala*, aussi bien que le canon de Muratori, portent en tête du Nouveau Testament notre évangile sous le nom de Matthieu.

Il est donc constant, par le témoignage unanime de l'antiquité chrétienne : 1° que le premier évangile a pour auteur l'apôtre Matthieu ; et 2° qu'il a écrit cet évangile en hébreu ou dans le dialecte araméen du temps. Mais à ces deux faits vient s'en ajouter un troisième, qui suscite une des questions les plus difficiles de la critique sacrée : ces mêmes écrivains ecclésiastiques, qui nous apprennent l'existence de l'évangile hébreu, ne reconnaissent et ne citent que notre évangile grec. Ce dernier a seul, à leurs yeux, la valeur d'un ouvrage canonique. Quel est donc le rapport entre ces deux écrits ? La solution de cette question est compliquée par le fait que les Pères des premiers siècles mentionnent l'existence d'un *Evangile selon les Hébreux*, écrit en araméen, en honneur chez les Nazaréens, secte judaïsante. Cet écrit, que Jérôme avait traduit en grec et en latin et dont il nous apprend qu'Origène se servait (*De vir. illustr.*, chap. II), avait de notables ressemblances avec notre premier évangile, mais aussi de graves différences. D'où l'on a conclu, non sans raison, que cet évangile selon les Hébreux n'était autre que l'écrit original de Matthieu, corrompu par les hérétiques de Palestine [1]. Le problème devient plus obscur encore quand on se demande si l'évangile hébreu attribué à Matthieu était conforme à notre évangile grec. Ici intervient le témoignage de Papias : « Matthieu réunit par écrit les *Logia*. » Nous avons déjà montré, dans l'Introduction générale aux trois premiers évangiles, comment la critique, après avoir vu dans ces paroles la mention d'une collection composée exclusivement de discours, a fini par y trouver un évangile plus ou moins complet. (p. 31.) D'autre part, il est

---

[1] Voir un exposé complet de la question, encore pendante, de l'*Evangile selon les Hébreux*, dans la *Théologie du N. T.* de J. Bovon, I, p. 72 et suiv.

incontestable que l'un des caractères les plus frappants du premier évangile est de présenter les enseignements de Jésus réunis par groupes. M. Godet, par exemple, en distingue cinq : 1° le sermon sur la montagne (ch. 5 à 7); 2° l'instruction normale de l'apostolat (ch. 10) ; 3° les paraboles du royaume (ch. 13) ; 4° l'instruction disciplinaire donnée à l'Eglise (ch. 18) ; 5° une suite de discours liés par l'idée commune du jugement exercé par Christ (ch. 23 à 25.) Rapprochant ce fait du témoignage de Papias, M. Godet en conclut que « ces discours sont la reproduction de l'écrit hébreu apostolique et que les parties historiques du premier évangile, tout en reposant sur les narrations orales de l'apôtre, n'ont pas été rédigées de sa propre main [1]. »

Cette opinion, partagée par beaucoup de critiques, nous paraît présenter les difficultés suivantes : 1° Il n'est nullement prouvé que Papias désignât par le terme de *Logia*, un recueil de *discours* sans parties narratives. Des savants de toutes les écoles ont soutenu le contraire [2]. 2° Les témoignages d'Irénée, d'Eusèbe, de Jérôme, qui parlent d'un écrit hébreu, s'appliquent tous à notre évangile canonique et non à une collection de discours qui ne présenterait aucune analogie avec celui-ci. M. Bovon pense que la distinction entre ces deux ouvrages, encore reconnue au temps de Papias, « disparut en partie du souvenir de l'Eglise, qui en vint à identifier, à la seule différence de la langue, l'écrit de l'apôtre avec le premier des synoptiques actuels [3]. » C'est faire trop bon marché du témoignage d'Irénée, qui était assez rapproché des origines pour être bien renseigné. Jérôme d'ailleurs semble connaître l'original araméen de Matthieu, et attester du moins qu'il existait encore de son temps (*De vir. illustr.*, chap. III.) 3° La principale raison qui nous paraît s'opposer à l'opinion indiquée, c'est que notre premier évangile est une œuvre fortement conçue, qui suit avec rigueur un plan original. Ce plan est indépendant des grands corps de discours qui sont insérés dans l'écrit. On sent la main d'un auteur qui n'est nullement embarrassé pour suivre son idée et tendre au but qu'il s'est proposé. Ce caractère distinctif de notre évangile apparaît à quiconque l'envisage sans opinion préconçue. Or c'est le méconnaître que de faire de cet évangile un écrit anonyme, formé par des traditions orales ou des fragments écrits qui seraient venus se

---

[1] *Etudes bibliques*, II, p. 13-22. Comp. J. Bovon, *Théologie du N. T.*, I, p. 83-85.

[2] Bleek, Hilgenfeld, Weiss. Comp. ci-dessus, p. 31. Pour l'opinion opposée, J. Bovon, ouvr. cité, p. 76, 77.

[3] Ouvr. cité, p. 84.

greffer sur le tronc de la collection des discours ou y auraient été ajoutés par quelque disciple de l'apôtre. Notre évangile a eu un auteur dont la personnalité était bien marquée. Qui est cet auteur ? Toute l'antiquité dès le milieu du IIe siècle désigne Matthieu. Il serait étrange qu'elle s'y fût trompée. Il ne reste donc que deux suppositions possibles : admettre, avec Jérôme, que notre évangile grec est l'exacte traduction, faite par une main inconnue, d'un original araméen rédigé par l'apôtre Matthieu. Ou bien supposer que l'apôtre lui-même, après avoir composé un évangile en araméen pour ses compatriotes, l'a récrit, plus librement, en grec pour les Gentils, auxquels il alla prêcher Christ dans les derniers temps de sa vie. La plupart des interprètes nient aujourd'hui que notre évangile canonique soit une traduction de l'araméen. D'autres contestent qu'il dépende directement, dans ses parties narratives, de l'apôtre dont il porte le nom. Ils se fondent sur le peu de relief du style, l'absence de descriptions et de ces détails caractéristiques qui trahissent le témoin oculaire [1]. Tels sont bien les caractères généraux de l'évangile, mais pour les apprécier à leur juste valeur et n'en pas tirer des conclusions fausses, on doit tenir compte du tempérament de l'écrivain et du but qu'il poursuit. Il est des auteurs qui ne savent pas observer et peindre ; les détails extérieurs, les faits matériels leur importent peu ; l'idée est tout à leurs yeux. Matthieu paraît avoir été de ce nombre. Il est certain que, dans ses récits, il a hâte d'arriver à la parole prononcée par le Sauveur qui seule a du prix pour lui. Ajoutons à cela le but avéré de son écrit, qui est de prouver au peuple juif la messianité et la royauté divine de Jésus de Nazareth, et nous comprendrons que le premier évangile ne se présente pas comme une biographie complète, une histoire ordonnée selon une exacte chronologie, que l'auteur groupe ses matériaux d'après le plan qu'il s'était tracé et que, dans chaque récit, il abrège et sacrifie tout ce qui ne répond pas à son intention. Il est possible enfin que Matthieu fût gêné par l'emploi d'une langue qui n'était pas sa langue maternelle et que le souci d'écrire correctement lui ôtât quelque peu de sa liberté d'expression. M. Bovon émet cette supposition très judicieuse pour expliquer le fait que le premier évangile est écrit dans un grec relativement pur, tandis que le style du troisième évangile est parsemé d'aramaïsmes. « Luc, avec son tact exquis, con-

---

[1] Comp. Math. 8 : 5-13 et Luc 7 : 1-10 ; Math. 9 : 18, Marc 5 : 22 et Luc 8 : 41 et suiv. ; Math. 8 : 28 et suiv., Marc 5 : 2 et suiv. et Luc 8 : 27.

serve le parfum hébraïque de la narration primitive..... Il pouvait d'autant mieux tenir compte de ces diversités qu'il maniait sans doute le grec avec plus de facilité que le rédacteur juif du premier récit synoptique ; de même qu'il est naturel qu'un étranger, écrivant en français, évite ce qui rappelle son origine et adopte un style correct peut-être, mais moins nuancé que celui d'un auteur du pays qui se meut à son aise dans la langue nationale [1]. »

Si nous jetons encore un coup d'œil sur l'ensemble de ce livre si riche en informations historiques, si grand et si harmonique dans son plan, si digne de Celui dont il rapporte les enseignements et les œuvres, si élevé dans sa conception et sa démonstration du royaume éternel que Jésus était venu fonder sur la terre, si propre à laisser vivante et sainte, dans l'âme du lecteur, l'image à la fois divine et humaine du Sauveur, il est impossible de se soustraire à l'impression qu'on vient de méditer une œuvre apostolique. Nous dirons avec un théologien éminent, qui pourtant n'attribue point à Matthieu lui-même notre évangile grec : « On ne saurait prouver, par aucune raison, que ce qui nous est ici offert ne soit pas en harmonie avec la nature des choses, ou ne présente pas la substance même de l'histoire évangélique. Aucun autre évangile ne se meut plus immédiatement sur la base historique où le christianisme fit son entrée dans le monde ; aucun ne le présente mieux dans ses rapports intimes avec le judaïsme du temps. Qu'il s'agisse de relations positives ou d'une opposition absolue avec ce judaïsme, tout est dans la situation historique. Soit que Jésus réprouve les perversions de la vraie piété dans son peuple, ou qu'il dissipe par sa lumière les obscurcissements de la vie religieuse, ou qu'il polémise contre le pharisaïsme, toujours ses paroles, dans leur vivante actualité, portent le cachet de l'originalité. A mesure que l'histoire évangélique dépassa les limites du théâtre de son origine, de tels éléments, qui ne pouvaient avoir que là tout leur intérêt, durent disparaître de la tradition apostolique. » (Güder, *Encycl.* de Herzog, art. *Matthieu.*) — Ainsi se confirme, par le livre même, la tradition universelle, qui, on l'a vu, attribue à l'apôtre Matthieu notre premier évangile canonique. Il composa cet écrit avant la ruine de Jérusalem (70). D'après Irénée, ce fut « dans le temps où Pierre et Paul prêchaient à Rome et y fondaient l'Eglise, » c'est-à-dire entre 64 et 67. Le *memento* du ch. 24 : 15 paraît indiquer [2] que les armées ennemies

---

[1] J. Bovon, ouvr. cité, p. 117.
[2] Voir l'exégèse.

n'avaient pas encore envahi la Judée, mais que le péril était imminent. La guerre des Juifs éclata en l'an 66. Nous sommes donc amenés à penser que notre évangile fut composé dans les années qui précédèrent immédiatement cette date [1].

III

1. Le *but* de cet évangile apparaît évident, dès la première page. L'auteur écrit pour le peuple juif, auquel il veut démontrer, par la vie et par l'enseignement du Sauveur : 1° Que Jésus de Nazareth est le Messie promis à Israël, le Fils de l'homme et le Fils de Dieu, l'accomplissement de tout l'Ancien Testament et de toute l'histoire nationale. — 2° Que ce Messie, le véritable Roi de son peuple, est venu fonder sur la terre un royaume bien différent de l'idée terrestre et charnelle que ce peuple en avait conçue, un règne spirituel, religieux et moral, en un mot, selon l'expression constante de Matthieu : *le royaume des cieux*. — Poursuivant ce double but, l'auteur place en tête de son évangile : « Le livre de la généalogie de Jésus-Christ, fils de David, fils d'Abraham. » (1 : 1.) D'Abraham, dans la postérité duquel devaient être bénies toutes les familles de la terre (Gen. 12 : 3) ; de David, dont le Messie devait établir à jamais la royauté. (Esa. 9 : 6.) Il termine son écrit en citant ces grandes paroles du Messie qui a achevé son œuvre : « Toute puissance m'est donnée dans le ciel et sur la terre. Allez donc et enseignez toutes les nations, les baptisant au nom du Père et du Fils et du Saint-Esprit, leur enseignant à garder tout ce que je vous ai commandé. Et voici, je suis avec vous tous les jours jusqu'à la fin du monde. » (28 : 18-20.) Tout ce qui se trouve entre ce début et cette conclusion, tend directement au but indiqué. Jamais l'auteur, écrivant pour son peuple, ne s'arrête à expliquer les usages nationaux, les mœurs civiles ou religieuses, les localités où se passent les faits qu'il raconte ; mais en revanche, il s'attache à montrer, à propos de la plupart de ses récits, qu'ils sont l'accomplissement de la prophétie. De là cette formule qui reparaît si fréquemment : *afin que fût accompli*. Son livre forme ainsi le lien naturel qui rattache l'une à l'autre les deux alliances.

2. Le *plan* suivi par Matthieu est parfaitement approprié à ce but. Il suit moins l'ordre des temps que l'ordre des matières ; il groupe les faits et les discours de même nature, de manière que tout dans son livre tend à la grande démonstration qu'il a en vue. — Quand nous disons

---

[1] Comp. F. Godet, *Etudes bibliques*, II, p. 22 et suiv.

qu'il réunit en groupes les discours du Sauveur, nous entendons par là qu'il ne craint pas de rapprocher des paroles que Jésus a proférées en diverses occasions, et qui se trouvent éparses dans les deux autres évangiles synoptiques ; mais il serait contraire à la vérité d'admettre, comme on l'a fait trop souvent, que Jésus n'a point prononcé ces grands discours dans les circonstances que l'évangéliste rapporte, mais que celui-ci a inventé de toutes pièces le cadre dans lequel il insère des paroles du Maître. Marc et Luc eux-mêmes prouvent clairement le contraire. Ainsi, le sermon sur la montagne (ch. 5 à 7) se retrouve, avec diverses variantes, dans Luc (ch. 6) ; les instructions aux disciples envoyés en mission (ch. 10) sont également reproduites par le troisième évangile (ch. 9 et 10) ; l'enseignement par des paraboles (ch. 13) est indiqué par Marc, qui dit expressément que Jésus « enseignait, en cette occasion, beaucoup de choses par des similitudes et qu'il annonçait la parole par plusieurs paraboles » (Marc 4 : 2, 33) ; le discours contre les scribes et les pharisiens (ch. 23) est en grande partie reproduit par Luc (11 : 37 et suiv.) ; le grand discours prophétique (ch. 24) est rapporté par les trois synoptiques ; enfin, l'une des deux dernières paraboles sur l'avenir du règne de Christ (ch. 25) a été conservée avec quelques traits différents par Luc. (19 : 12 et suiv.) — Quelle que soit la richesse de ces admirables enseignements de Jésus, il est inexact encore de dire qu'ils forment tout le contenu et constituent toute la valeur du premier évangile ; les discours n'y occupent, en effet, que huit chapitres sur les vingt-huit si substantiels de ce livre.

Voici, du reste, la marche par laquelle l'auteur tend au but indiqué ci-dessus :

Introduction.

I. Origine humaine et divine du Messie. (Ch. 1 et 2.)

1. Sa généalogie, sa naissance. (Ch. 1.)

2. Adoration des mages, prémices du monde païen ; fuite devant la persécution ; retour en Galilée. (Ch. 2.)

II. Préparation du Messie a son ministère. (Ch. 3 à 4 : 1-11.)

1. Le *Précurseur* annonce que le royaume des cieux est proche et prêche le *baptême* de la repentance. Jésus vient se faire baptiser et reçoit, avec la plénitude de l'Esprit, une déclaration de Dieu qui le reconnaît pour son Fils bien-aimé. (Ch. 3.)

INTRODUCTION

2. Le Christ est soumis à l'épreuve. Il triomphe de la *tentation* en repoussant les suggestions d'un faux messianisme charnel et en choisissant la voie de dépendance, d'humilité et de renoncement dans laquelle il marchera pour accomplir son œuvre. (4 : 1-11.)

Le ministère du Messie.

I. Tableau général du ministère de Jésus. (Ch. 4 : 18 à 11 : 1.)

1. *Inauguration et esquisse* de l'activité du Christ. Jésus, apparaissant, selon la prophétie, en Galilée, commence à prêcher. (4 : 12-17.) Il appelle les premiers disciples. (4 : 18-22.) Aperçu général de son activité : il enseigne, il accomplit de nombreuses guérisons. (4 : 23-25.)

2. *Le Christ enseignant.* (Ch. 5 à 7.)

Dans le discours sur la montagne, il commence par indiquer les dispositions de ceux auxquels appartient le royaume des cieux (béatitudes, 5 : 3-16). Puis il publie la charte de ce royaume, en marquant ses rapports avec les institutions de l'ancienne alliance, qu'il est venu accomplir, non abolir. La loi nouvelle ordonne la réforme de la vie morale (5 : 17-48) et la réforme de la vie religieuse (ch. 6 à 7 : 12). Il insiste, dans la péroraison, sur la nécessité de pratiquer ces préceptes. (7 : 13-27.)

3. *Le Christ guérissant et délivrant.* (Ch. 8 et 9.)

En nous racontant une série de miracles, l'évangéliste nous présente sous ses diverses faces l'activité compatissante du Christ et nous le montre comme le Sauveur qui délivre des conséquences du péché l'humanité souffrante.

4. *Le Christ étendant son activité et en assurant la continuation après sa mort par la vocation de douze apôtres.* (9 : 35 à 11 : 1.) Après avoir appelé les douze et leur avoir conféré son autorité, il leur donne ses instructions sur la manière dont ils auront à remplir leur mission ; puis il les envoie prêcher le royaume des cieux.

II. Effets produits par le ministère du Messie. (Ch. 11 et 12.)

1. *Chez Jean-Baptiste et chez la foule,* nous trouvons des doutes et de l'indécision. Jésus en appelle à ses œuvres, proclame la position unique du Précurseur qui est sur le seuil d'une nouvelle économie. Il insiste sur la responsabilité qu'encourent ceux qui résistent à ses appels. (Ch. 11.)

2. *Chez les pharisiens et les chefs du peuple* se manifeste une hostilité

déclarée, qui éclate surtout dans les conflits à propos du sabbat et s'exprime dans l'accusation portée contre Jésus de chasser les démons par le prince des démons. (Ch. 12.)

III. LA RETRAITE DU MESSIE. (Ch. 13 à 20.)

1. En présence de ces résultats de son activité, le Christ change de méthode : *il se retire* et se dérobe aux foules, tout d'abord en enveloppant son enseignement du voile de la *parabole* (13 : 10-17). C'est dans une série de paraboles qu'il expose les destinées de son royaume. (Ch. 13.)

2. Jésus, apprenant la mort de Jean-Baptiste, se retire *dans la solitude;* la foule l'y suit ; il *multiplie les pains* et marche sur les eaux. (Ch. 14.)

3. Devant l'attaque des pharisiens de Jérusalem, il opère une nouvelle retraite *dans les quartiers de Tyr et de Sidon.* (15 : 1-28.)

4. Après son retour en Galilée et une seconde multiplication des pains (15 : 29-39), il doit se retirer encore devant une nouvelle attaque des pharisiens unis aux sadducéens. (16 : 1-12.) Il se rend *à Césarée de Philippe.* Là il amène à son plein développement la foi des disciples en provoquant la *déclaration de Pierre,* par laquelle ils le reconnaissent pour le Christ, le Fils de Dieu. Jésus répond à cette confession par l'annonce de sa mort. (16 : 13-28.) Il est *transfiguré* sur la montagne, puis redescend au milieu des souffrances d'ici-bas pour prendre le chemin de Jérusalem. (17 : 1-23.)

5. *Enseignements de Jésus dans les derniers temps du ministère galiléen et sur le chemin de Jérusalem.* (Ch. 18 à 20.) Instructions sur *l'esprit du royaume des cieux.* Humilité, égards pour les petits, pardon des offenses. (Ch. 18.) L'attitude des disciples en présence *des biens de ce monde :* le mariage et la famille, les richesses matérielles. (19 : 1-26.) *L'héritage de la vie éternelle :* question de Pierre. Parabole des ouvriers loués à différentes heures. La mère des fils de Zébédée. (19 : 27 à 20 : 34.)

La Passion.

I. LES DERNIERS JOURS. (Ch. 21 à 25.)

1. L'*entrée royale* à Jérusalem et la purification du temple. (21 : 1-17.)

2. Le *figuier maudit,* symbole des destinées d'Israël. (21 : 18-22.)

3. *La lutte* s'engage dans le temple entre Jésus et ses adversaires. *Première phase :* attaque des délégués du sanhédrin : « Par quelle autorité fais-tu ces choses ? » Jésus riposte par les paraboles des deux fils, des vignerons et des noces. (21 : 23 à 22 : 14.)

4. *Deuxième phase :* questions sur le tribut à César, sur la résurrection, sur le plus grand commandement. Jésus demande à son tour : « De qui le Christ est-il fils ? » (22 : 15-46).

5. Jésus prononce devant la foule de sévères *reproches à l'adresse des scribes et des pharisiens.* (Ch. 23.)

6. *Discours prophétiques* sur la ruine de Jérusalem et la fin du monde. (Ch. 24.) Parabole des dix vierges, des talents. Le jugement dernier. (Ch. 25.)

II. La mort et la résurrection. (Ch. 27 et 28.)

1. Délibération du sanhédrin. *Repas de Béthanie.* Trahison de Judas. (26 : 1-16.)

2. *Dernière soirée* avec les disciples : la Pâque. Institution de la sainte cène. (26 : 17-30.)

3. *Gethsémané.* (26 : 31-56.)

4. *Jésus devant le sanhédrin.* Reniement de Pierre. Fin de Judas. (26 : 57 à 27 : 10.)

5. *Jésus devant Pilate.* (27 : 11-31.)

6. *Jésus crucifié.* (27 : 32-56.)

7. *La sépulture.* (27 : 57-66.)

8. *La résurrection* de Jésus. Apparition aux onze en Galilée. (Ch. 28.)

Une seule et même pensée se déroule dans cet évangile, depuis le récit de la naissance du Christ jusqu'à sa suprême parole : « Toute puissance m'est donnée au ciel et sur la terre : je suis avec vous tous les jours jusqu'à la fin du monde. » Cette pensée, c'est que Jésus est le Roi, et qu'il est venu établir, sur les ruines de la théocratie déchue, son royaume spirituel, accomplissement de l'ancienne alliance. L'unité et la grandeur du plan de ce livre répondent ainsi admirablement à son but.

ÉVANGILE SELON MATTHIEU

INTRODUCTION

I. Origine humaine et divine du Messie.

---

1. *Généalogie de Jésus-Christ. Sa naissance.* (Ch. 1.)

A. 1-17. Généalogie.

Livre de la généalogie de Jésus-Christ [1], fils de David, fils d'Abraham [2]. — Abraham engendra Isaac. Isaac engendra Jacob. Jacob engendra Juda et ses frères. — Juda engendra de Thamar Pharès et 3

1. On pourrait traduire aussi : livre de la *naissance*, ce qui fait que quelques-uns ont étendu ce titre aux deux premiers chapitres qui racontent la naissance de Jésus-Christ, d'autres même à tout notre évangile. Mais cette expression étant dans les Septante la traduction ordinaire de l'hébreu *sepher tholedoth*, livre des générations ou des familles (Gen. 5 : 1 et ailleurs), c'est-à-dire liste généalogique, il est évident que c'est dans ce sens qu'il faut l'entendre. — Sur ces deux noms de *Jésus-Christ* qui se trouvent ici dès la première ligne du N. T., voir v. 16, note.
2. Le but de l'évangile de Matthieu est de mettre en évidence le rapport intime et vivant des deux alliances, de montrer en Jésus-Christ l'accomplissement de toute l'histoire de son peuple. (Voir l'introd.) Or ce but, l'évangéliste le manifeste dès les premières lignes de son livre, par cette généalogie dont la signification est marquée d'abord par les deux grands noms de *David* et d'*Abraham*; de David, dans la famille duquel devait, selon la prophétie, naître celui dont la royauté serait éternelle (Ps. 132 : 11 ; Esa. 11 : 1 et suiv. ; Jér. 23 : 5 ; comp.

Act. 13 : 23 ; Rom. 1 : 3) ; d'Abraham, dans la postérité duquel devaient être bénies toutes les familles de la terre, promesse qui n'a de sens et d'accomplissement qu'en Jésus-Christ. (Gen. 12 : 3 ; 22 : 18 ; comp. Gal. 3 : 14-16.) Le Fils de Dieu est venu prendre sa place dans cette postérité d'Abraham et dans notre humanité qu'il devait renouveler. S'il ne s'était agi pour lui que d'apporter au monde des révélations nouvelles, une longue série de traditions aurait suffi et peut-être aurions-nous trouvé ici, au lieu d'une généalogie, le catalogue des livres de l'Ancien Testament. Mais la bénédiction promise à Abraham devait se réaliser *dans sa postérité* et consister en une création nouvelle, commencée dans la personne même du Libérateur. De là une généalogie qui n'a pas seulement pour but d'établir la filiation historique de celui-ci. — Mais, objecte-t-on, cette généalogie est celle de Joseph (v. 16), et dès lors ne répond plus au but que vous lui attribuez. Il paraît que l'évangéliste en a jugé autrement, puisque, d'une part, il met un soin particulier à écarter la paternité de Joseph (v. 16, 18-21) et que, de

4 Zara. Pharès engendra Esrom. Esrom engendra Aram. — Aram
engendra Aminadab. Aminadab engendra Naasson. Naasson engendra
5 Salmon. — Salmon engendra Booz, de Rahab. Booz engendra Obed,
6 de Ruth. Obed engendra Jessé. — Jessé engendra le roi David.
7 David engendra Salomon, de la femme d'Urie. — Salomon engendra
8 Roboam. Roboam engendra Abia. Abia engendra Asa. — Asa engendra Josaphat. Josaphat engendra Joram. Joram engendra Ozias. —
9 Ozias engendra Joatham. Joatham engendra Achaz. Achaz engendra
10 Ezéchias. — Ezéchias engendra Manassé. Manassé engendra Amos.
11 Amos engendra Josias. — Josias engendra Jéchonias et ses frères,
12 vers le temps de la déportation à Babylone. — Et après la déportation à Babylone, Jéchonias engendra Salathiel. Salathiel engendra
13 Zorobabel. — Zorobabel engendra Abiud. Abiud engendra Eliakim.
14 Eliakim engendra Azor. — Azor engendra Sadoc. Sadoc engendra
15 Achim. Achim engendra Eliud. — Eliud engendra Eléazar. Eléazar
16 engendra Matthan. Matthan engendra Jacob. — Et Jacob engendra Joseph, l'époux de Marie, de laquelle est né Jésus, qui est appelé
17 Christ [1]. — Ainsi toutes les générations d'Abraham jusqu'à David,

l'autre, il conserve la généalogie. C'est qu'en remontant jusqu'à David et jusqu'à Abraham, il indique aussi l'origine généalogique de Marie, mère du Sauveur. Il donne à entendre que le « fils de David, fils d'Abraham, » descend de ces grands personnages par sa mère, puisque ce n'est pas Joseph qui est son père. Mais ce premier but atteint, la généalogie de Joseph n'était pas inutile aux yeux d'un Israélite. Durant tout le temps de sa vie, Jésus fut envisagé comme fils de Joseph (Luc 3 : 23 ; 4 : 22 ; Jean 6 : 42), et il devait l'être en vertu des plus hautes convenances. Mais, de plus, il y avait dans cette opinion ceci de fondé, que Joseph conférait à son fils adoptif un droit légal théocratique à la royauté, d'abord parce qu'il était lui-même descendant de David (v. 20), et ensuite parce que, en épousant Marie qui était, comme on le suppose généralement, héritière du nom de sa famille (Nomb. 27 : 8), il entrait légalement dans la lignée de sa femme et en prenait le nom. (Néh. 7 : 63.) Quoi qu'il en soit de cette dernière opinion, qui n'est qu'une hypothèse vraisemblable, il est certain que le but de Matthieu est de constater la double origine de Jésus-Christ, telle qu'elle est révélée par le témoignage unanime du Nouveau Testament, savoir, sa descendance de David (Luc 1 : 27 ; Act. 2 : 30 ; 2 Tim. 2 : 8 ; Apoc. 5 : 5 ; 22 : 16 ; Rom. 1 : 3 ; comp. Math. 22 : 42 et suiv. ; Marc 12 : 35 et suiv. ; Luc 20 : 41 et suiv.) et en même temps sa naissance surnaturelle. (v. 18, 20.)

1. Il faut remarquer le soin avec lequel ces derniers mots de la généalogie écartent l'idée que Joseph fût le père de Jésus. Il est bien appelé *mari* ou *époux* de Marie ; mais cette répétition constante du mot *engendra* cesse ici tout à coup et se trouve remplacée par ces termes : *de laquelle est né Jésus*. (Comp. v. 18-25.) — Jésus, en hébreu *Jehoschoua*, même nom que celui de *Josué* (Ex. 24 : 13), signifie *Jéhova est Sauveur*, et le récit qui va suivre (v. 21) rend le lecteur attentif à la belle signification de ce nom. Christ, en hébreu *Maschiah*, grec *Messias* (Jean 1 : 42 ; 4 : 25), signifie Oint. Ce nom indiquait dans l'Ancien Testament la dignité royale, parce qu'on oignait d'huile, symbole de l'Esprit de Dieu, les rois, qui étaient ainsi consacrés pour leur charge. Il en était de même des sacrificateurs et des prophètes. (1 Sam. 24 : 7, 11 ; Ps. 2 : 2 ; Esa. 45 : 1 ; Dan. 9 : 25, 26 ; Lév. 4 : 3, 5, 16 ; Ps. 105 : 15 ; 1 Rois 19 : 16.) Jésus-Christ qui, pour réaliser l'idée de l'ancienne alliance dans la nouvelle, a rempli ces trois charges, était donc, par excellence, l'Oint de l'Eternel, et c'est sous ce nom de Messie, emprunté surtout au Ps. 2 et à Daniel 9 : 25, 26, que son

EVANGILE SELON MATTHIEU

furent quatorze générations ; et de David jusqu'à la déportation à Babylone, quatorze générations ; et depuis la déportation à Babylone jusqu'au Christ, quatorze générations [1].

B. 18-25. NAISSANCE DE JÉSUS. — 1º Joseph voyant que Marie, sa fiancée, était *enceinte*, prend la résolution de la répudier secrètement. (18, 19.) — 2º Mais un *ange* lui révèle en songe le mystère de cette conception qui provient du Saint-Esprit, et lui ordonne d'appeler l'enfant qui naîtra de Marie Jésus, car il sera le Sauveur. (20, 21.) — 3º L'évangéliste montre dans cet événement l'accomplissement de la *prophétie* d'Esaïe concernant Emmanuel. (22, 23.) — 4º Joseph obéit, prit Marie sa femme, mais ne la connut point jusqu'à la *naissance* de Jésus. (24, 25.)

Or la naissance de Jésus-Christ arriva ainsi : Marie sa mère 18 ayant été fiancée à Joseph, se trouva enceinte de par l'Esprit-Saint,

peuple l'attendait. Lui-même, en prêchant dès l'entrée de son ministère un royaume de Dieu dont il était le Chef, a donné à cette notion toute sa vérité et sa spiritualité. Aussi, dans son Eglise, le titre de *Christ* devint peu à peu un nom propre, mais sans rien perdre de sa haute signification. Ce n'est point sans intention que les écrivains sacrés l'appellent tantôt *Jésus*, tantôt le *Christ*, ou lui donnent ce double nom de *Jésus-Christ*, comme le fait notre évangile dès la première ligne.(v. 1.)

1. Les exégètes se sont donné beaucoup de peine pour retrouver la division d'après laquelle l'auteur établissait ces trois séries de quatorze générations. Nous remarquerons seulement que les générations de la première période, d'Abraham à David, sont énumérées, sans omission, conformément à 1 Chron. 1 : 34 ; 2 : 1-15 ; elles sont au nombre de quatorze. Dans la seconde période, l'auteur a retranché quatre rois de Juda : Achazia, Joas, Amazia, entre Joram et Ozias (v. 8), et Jojakim, entre Josias et Jechonias. (Vers. 11.) On cherche en vain les raisons de ces retranchements. La liste a de la sorte quatorze noms, si l'on compte Jechonias comme le dernier de cette période. Mais dans ce cas la troisième série, composée en grande partie de noms inconnus, qui n'ont pas été puisés dans des sources bibliques, ne comprendrait que treize noms. On explique cette anomalie par une inadvertance de copiste, car l'auteur de la généalogie, en établissant sa triple division, avait évidemment sous les yeux quatorze noms pour chaque série. Les uns pensent que l'omission a été faite dans la dernière série. Les autres (Calvin) considèrent Jechonias comme le premier de la troisième série et pensent que le nom omis est celui de Jojakim, dans la seconde série. Ce nom se trouve, en effet, dans quelques manuscrits au v. 11. — Une autre particularité de cette généalogie est la mention de quatre femmes : Thamar, Rahab, Ruth, Bath-Scheba. (v. 3-6.) L'intention de l'auteur peut avoir été de relever le fait que ces femmes ne furent admises que par une dispensation très exceptionnelle à l'honneur d'être comptées parmi les ancêtres du Messie, leur situation naturelle paraissant les en exclure d'une manière absolue. L'économie de la grâce se montre ainsi en germe dans l'ancienne alliance. — Le but de notre évangéliste, dans cette récapitulation des membres de la généalogie en trois séries de quatorze, est de faire ressortir le plan suivi par Dieu dans la manière dont il a conduit les destinées du peuple élu. Quatorze générations s'étaient succédé depuis Abraham, à qui la promesse avait été faite, jusqu'à David, à qui elle avait été renouvelée, avec cette affirmation que le Messie naîtrait de sa race. Quatorze générations s'étaient succédé depuis la fondation de la royauté théocratique jusqu'à son effondrement, lors de la déportation à Babylone. Depuis ce grand châtiment, une nouvelle période de quatorze générations venait de se terminer : n'était-on pas en droit d'attendre quelque évènement extraordinaire, voire même la venue de celui qui devait restaurer le trône de David ? l'apparition de Jésus à ce moment précis de l'histoire n'était-elle pas, pour l'Israélite croyant, une preuve qu'il était bien *le Christ* annoncé par les prophètes ? — Quant aux rapports non moins difficiles de notre généalogie avec celle qu'a conservée Luc, voir les notes sur cette dernière.

19 avant qu'ils eussent été ensemble [1]. Mais Joseph, son époux, étant
juste, et ne voulant pas l'exposer à la honte, résolut de la répudier
20 secrètement [2]. — Mais comme il pensait à ces choses, voici un ange
du Seigneur lui apparut en songe, disant : Joseph, fils de David, ne
crains point de prendre auprès de toi Marie ta femme [3] ; car ce qui
21 est engendré en elle est de l'Esprit-Saint [4]. — Elle enfantera un fils,
et tu lui donneras le nom de JÉSUS, car c'est lui qui sauvera son

1. Ici comme au v. 16, l'évangéliste met un soin particulier à écarter l'idée d'une naissance naturelle et à préparer la révélation importante qu'il va raconter. (v. 20.) — Cette circonstance que Marie *avait été fiancée à Joseph*, qui bientôt l'épousera, était nécessaire dans les desseins de Dieu pour la mettre à l'abri des soupçons injurieux et pour que Jésus fût envisagé comme fils de Joseph, aussi longtemps que le mystère de sa naissance ne pouvait pas être révélé. Mais il résulta de là, pour les deux fiancés, une situation douloureuse, tragique, que Matthieu décrit dans les versets suivants. Il faut compléter son récit par celui de Luc (1 : 26-35), où l'on voit la révélation de ce même mystère accordée à Marie, tandis qu'ici elle est faite à Joseph. L'une et l'autre manifestations étaient nécessaires, et bien loin d'être en contradiction l'une avec l'autre, comme on le prétend, ce n'était que par cette double révélation que la position réciproque de Marie et de Joseph pouvait s'éclaircir. On s'est demandé, en effet, comment Marie, avertie depuis quelque temps déjà, selon le récit de Luc, de tout ce qui allait lui arriver, l'avait laissé ignorer à son fiancé, et comment celui-ci, étonné de la situation qu'il découvre inopinément (Marie *fut trouvée*), peut prendre la résolution dont parle le v. 19. A cela on a fait deux réponses également naturelles : Ou Marie, à cause de tout ce qu'il y avait de mystérieux et de délicat dans la révélation qu'elle avait reçue, garda modestement le silence, en s'en remettant à Dieu ; ou bien elle parla, et Joseph conserva des doutes sur une situation aussi extraordinaire ; et, dans l'un ou l'autre cas, l'envoi d'un message céleste à Joseph devenait nécessaire. Luc et Matthieu présentent donc deux récits parallèles, non contradictoires.
2. Cette qualité de *juste* attribuée à Joseph imposait à sa conscience deux devoirs contradictoires, sources de douloureux combats. D'une part, il ne pouvait pas épouser Marie, ne sachant pas ou ne croyant pas le mystère de sa grossesse ;

d'autre part, il ne voulait pas l'*exposer publiquement* à l'ignominie et moins encore aux rigueurs de la loi qui prononçait dans ce cas la peine de mort. (Deut. 22 : 23 et suiv.) Il résolut donc de se séparer d'elle *secrètement*, sans doute par une lettre de divorce qui n'aurait point indiqué la cause de la séparation. (Deut. 24 : 1.) Par là, Marie aurait échappé à la peine prescrite par la loi et à une procédure publique, mais non à l'opprobre de sa situation. Humblement résignée à toute la volonté de Dieu (Luc 1 : 38), sera-t-elle abandonnée de lui dans cette épreuve ? Non, Dieu dût-il envoyer pour sa délivrance et pour l'accomplissement de ses propres desseins un ange du ciel, il le fera. (v. 20 ; comp. v. 18, note.)
3. Ce terme *fils de David* devait sans doute rappeler à Joseph les promesses faites à la maison de ce roi d'Israël et qui allaient s'accomplir. Sa foi à la Parole de Dieu devait lui venir en aide dans ses doutes actuels. — La *prendre auprès de toi*, c'est-à-dire l'épouser publiquement, suivant le cérémonial en usage. (Comp. v. 25, note.) — *Ta femme*, parce que, chez les Hébreux, les fiançailles étaient, avec raison, regardées comme équivalentes au mariage. (v. 24.)
4. Ce fait divin, que l'évangéliste a déjà indiqué (v. 18), est révélé à Joseph par un ange de Dieu, dans le but spécial de dissiper tous ses doutes. *De* ou *de par l'Esprit-Saint* indique la cause efficiente de l'existence humaine de Jésus. Cet Esprit de Dieu qui « se mouvait sur les eaux » du chaos (Gen. 1 : 2) pour y créer la vie et l'harmonie, cet Esprit, source de toute existence, fut, par un acte de la puissance créatrice qui lui est propre, l'agent du miracle. Ce miracle, l'Église y a toujours cru, non seulement parce qu'il est si simplement raconté ici et dans l'évangile de Luc comme un fait historique, mais parce qu'il est une donnée nécessaire dans l'œuvre divine de la rédemption du monde. Quiconque croit avec saint Jean que la Parole éternelle a été *faite chair*, que le Fils de Dieu est devenu

peuple de leurs péchés [1]. — Or tout cela arriva, afin que fût accompli [2] ce que le Seigneur avait déclaré par le prophète, disant : — « Voici, la vierge sera enceinte, et elle enfantera un fils, et on appellera son nom Emmanuel, ce qui, étant traduit, signifie Dieu avec nous [3]. » — Joseph donc s'étant réveillé de son sommeil, fit comme l'ange du Seigneur lui avait prescrit, et il prit auprès de lui sa

22
23
24

---

fils de l'homme, que Jésus-Christ a été parfaitement saint, que, second Adam, il a été l'origine d'une humanité nouvelle, admettra aussi qu'il a fallu cette exception unique dans notre race corrompue pour briser la filiation des générations naturelles. La rédemption, qui est une création nouvelle, ne pouvait pas sortir de notre humanité, bien qu'elle dût s'accomplir en elle par un être qui en fît partie. On voit par là l'importance de ce point de départ et dans la vie de Jésus et dans le christianisme tout entier, comme aussi les conséquences de la négation de cette vérité historique. Il en est une qu'on n'envisage qu'avec une répugnance profonde : c'est que, dans la situation qui nous est ici racontée de la mère du Sauveur, si la parole de l'ange n'est pas vraie,... on touche à un blasphème !

1. Voir sur le nom de *Jésus* v. 16, note. — *Son peuple*, le peuple de Dieu lui appartient, car c'est lui qui l'a racheté. — *Sauver des péchés* signifie délivrer d'abord des conséquences de ces péchés, c'est-à-dire de la condamnation et de la mort ; puis, de la puissance du péché, de la servitude, par le don de la liberté et d'une vie nouvelle.

2. Cette expression *afin que fût accompli*, qui revient si souvent dans cet évangile, doit se prendre dans son sens naturel et grammatical, *afin que* et non *en sorte que*. Il fallait que l'événement eût lieu, parce qu'il était dans le plan de Dieu et annoncé à l'avance. Seulement il faut faire deux remarques : 1° Que c'est ce plan de Dieu qui rendait l'accomplissement *nécessaire*, et que l'évangéliste ne veut pas dire que l'événement n'ait eu lieu que pour accomplir une prophétie et pour manifester ainsi la toute-science et la toute-puissance de Dieu ; en d'autres termes, la prophétie était faite pour l'événement et non l'événement pour la prophétie. 2° Ce qui est indiqué par l'évangéliste comme *accompli*, ce ne sont pas toujours des prophéties directes dont cet événement fût le premier et l'unique accomplissement ; mais souvent la prophétie se rapportait d'abord à un autre objet et avait eu déjà un premier accomplissement, en sorte que celui que note l'évangéliste n'est qu'un accomplissement typique. Tel est le cas de la prophétie qu'il cite ici comme accomplie. (Voir la note suivante.)

3. Esa. 7 : 14, cité d'après les Septante. On peut voir dans ce chapitre d'Esaïe quel fut le premier objet et le premier accomplissement de cette prophétie. Aux jours d'Achaz, les rois d'Israël et de Syrie s'étant ligués contre Jérusalem, Esaïe fut envoyé auprès du roi de Juda pour le rassurer au nom de l'Eternel sur l'issue de la guerre, et il donne ce signe pour marquer la certitude et l'époque de la délivrance : Une jeune fille a conçu, elle enfantera un fils, elle pourra le nommer *Immanouel, Dieu avec nous ;* car avant que l'enfant sache discerner le bien et le mal, c'est-à-dire avant que quelques années se soient écoulées, le secours de l'Eternel aura paru, son peuple sera délivré, et il aura la preuve que *Dieu est avec lui.* (Voir les diverses interprétations de cette prophétie dans la *Bible annotée.*) Maintenant, comment l'évangéliste applique-t-il cette prophétie à un tout autre événement, c'est-à-dire à la naissance de Jésus de la vierge Marie ? En général, lorsque les auteurs du Nouveau Testament font cet usage de l'Ancien, ils n'entendent pas faire un simple rapprochement de circonstances analogues, ni une application arbitraire de la citation ; mais ils reconnaissent aux faits cités de l'Ancien Testament un sens typique et prophétique qui est réellement accompli par les événements du Nouveau Testament qu'ils racontent. Pour eux, le sens historique premier n'était pas l'essentiel, mais bien la signification messianique qui était dans la pensée divine. « Cette manière d'interpréter l'Ancien Testament n'est pas seulement fondée sur l'enchaînement historique et nécessaire des choses, et sur les vues populaires que les écrivains du Nouveau Testament partageaient avec leur nation ; mais, d'une part, sur le fait que l'idée messianique pénètre la prophétie tout entière et, d'autre part, sur l'illumination de l'Esprit de Dieu, par laquelle ils reconnaissaient avec certitude dans le plan divin la préexistence des

25 femme. — Et il ne la connut point jusqu'à ce qu'elle eût enfanté son fils premier-né, et il lui donna le nom de Jésus [1].

faits chrétiens et des idées chrétiennes qui s'y étaient providentiellement produits. C'est en cela que gît, à la fois, la vérité des types que le Nouveau Testament sanctionne de son autorité, et les limites à opposer à la recherche arbitraire de types que le Nouveau Testament ne sanctionne pas. » (*Meyer*.) Ainsi nous devons admettre pleinement le premier sens historique de la prophétie, le signe donné à Achaz, signe réalisé en son temps par la délivrance de Jérusalem, mais nous devons admettre aussi, avec l'évangéliste, que la prophétie avait une portée plus lointaine et infiniment plus grande, et que c'est Jésus, naissant d'une vierge, qui en a été le vrai accomplissement. La prophétie est une vue en perspective, avec un premier, un second et souvent un troisième plan, dont chacun vient à son heure, sous la direction de Dieu qui gouverne le monde. Ainsi Esaïe, dans la seconde partie de son livre, n'annonce presque jamais une délivrance temporelle du peuple de Dieu sans élever son regard et ses espérances jusqu'à la grande délivrance par le Libérateur promis.

1. Comp. v. 16 et 20, notes. — Obéissant à la parole de l'ange, Joseph accomplit sans retard la cérémonie du mariage, mais celui-ci ne fut consommé que plus tard. — Au lieu de ces mots : *son fils premier-né*, qui se lisent dans *C. D.*, la plupart des *majusc.*, les vers. syriaque, armén, et des Pères, le *Sin.*, *B.*, les vers. égypt., la syr. de Cureton ont seulement : *son fils*. On peut soupçonner la dernière d'être une correction faite sous l'influence de l'idée très ancienne de la virginité perpétuelle de Marie. Ce mot de *premier-né* (qui du reste se retrouve dans Luc 2 : 7) ne serait pas à lui seul une preuve décisive du contraire ; mais il prend un sens bien plus positif dans l'ensemble de cette phrase : *il ne la connut point jusqu'à ce que*. Si l'auteur de notre évangile avait eu la conviction que Marie n'avait jamais eu d'autres enfants, il n'aurait pas pu écrire ces mots. D'ailleurs Jésus avait des frères dont il était *le premier-né*, et, malgré la controverse qui s'est prolongée au sujet de ces frères, jamais on n'est parvenu à rendre probable qu'ils ne fussent que des cousins. On se trouve donc en présence d'un préjugé qui a peu à peu dégénéré en une véritable idolâtrie et sans lequel personne n'eût jamais conçu le moindre doute sur la signification de notre récit.

---

2. *La visite des mages. Fuite en Egypte. Massacre des petits enfants. Jésus à Nazareth.* (Ch. 2.)

A. 1-12. L'ENFANT JÉSUS REÇOIT L'HOMMAGE DES NATIONS. LES MAGES CHERCHENT, TROUVENT ET ADORENT. — 1º Des *mages* arrivent à Jérusalem et s'enquièrent du roi des Juifs qui est né, et dont ils ont vu l'étoile en Orient. (1, 2.) — 2º Hérode, troublé, convoque les sacrificateurs et les scribes et s'informe du lieu de la naissance du Messie. Ils répondent que, selon les prophéties, il doit naître à Bethléhem. Hérode demande alors aux mages depuis quand l'étoile a paru, et les envoie à Bethléhem, en les chargeant de le renseigner au sujet du petit enfant. (3-8.) — 3º Conduits par l'étoile, dont la vue les remplit de joie, les mages arrivent à Bethléhem, *trouvent* le petit enfant et sa mère, et, se prosternant, lui offrent des présents. (9-11.) — 4º Divinement *avertis*, ils s'en retournent sans revenir vers Hérode. (12.)

II Or Jésus étant né à Bethléhem de Judée [1], aux jours du roi

1. *Beth-Lechem*, « maison du pain. » *Bethléhem de Judée*, pour distinguer cette ville d'une autre du même nom qui se trouvait dans la tribu de Zabulon. (Jos. 19 : 15.) Notre Bethléhem, nommé aussi Ephrata (Gen. 35 : 16, 19), était une très petite ville, située dans la tribu de Juda, à deux lieues au sud de Jérusalem. Cette ville porte aujourd'hui encore le même nom et renferme une popula-

Hérode [1], voici des mages d'Orient [2] arrivèrent à Jérusalem, disant : — Où est le roi des Juifs qui est né? Car nous avons vu son étoile en 2 Orient, et nous sommes venus l'adorer [3]. — Le roi Hérode, l'ayant 3

tion de trois ou quatre mille âmes, en grande majorité chrétienne. (Voir Félix Bovet, *Voyage en Terre-Sainte*, 7e édition, p. 274 ; Ph. Bridel, *Palestine illustrée*, II.)

1. *Hérode*, surnommé le Grand, fils d'Antipater. Ce fut lui qui fonda la dynastie de sa famille, iduméenne (édomite), en faisant périr les derniers rejetons de la race asmonéenne des Macchabées. Dès l'âge de quinze ans, il obtint de son père le gouvernement de la Galilée. (Josèphe, *Antiq.*, XIV, 9, 2.) Plus tard, Antoine étant venu en Syrie, l'éleva à la dignité de tétrarque et lui fit obtenir du sénat le titre de roi des Juifs. (Josèphe, *Antiq.*, XIV, 14, 5.) Mais ce ne fut que trois ans plus tard qu'il put prendre possession de son royaume. Il dut le reconquérir sur Antigone, fils d'Aristobule. Pour s'affermir sur son trône, il fit mettre à mort non seulement sa femme, Mariamne, mais ses deux fils, Alexandre et Aristobule, tout ce qui restait de la famille des Macchabées, et une foule de Juifs de distinction qui faisaient opposition à son gouvernement. Ces crimes, aussi bien que son penchant pour des usages et des divertissements publics empruntés au paganisme, le rendirent odieux à la nation juive. Il mourut la trente-septième année de son règne, la soixante-dixième de son âge (Josèphe, *Antiq.*, XVII, 8, 11), l'an 750 de Rome, par conséquent quatre ans avant le commencement de notre ère, ce qui recule d'autant l'époque de la naissance de Jésus-Christ.

2. Les *mages* étaient chez les Perses et les Mèdes une caste sacerdotale très considérée ; ils formaient le conseil secret des rois, administraient les affaires religieuses et se vouaient à l'étude de la nature, spécialement de l'astronomie. Il y avait, à la cour de Babylone, un ordre de mages, appelés aussi *sages*, sur lequel fut établi Daniel. (Dan. 2 : 48.) Plus tard ce nom fut donné en Orient à tous ceux qui s'occupaient d'astrologie, de l'interprétation des songes et généralement des sciences occultes. Au temps de Jésus, il y avait chez les Grecs et chez les Romains de ces hommes qui exploitaient la crédulité populaire, dans des vues de vaine gloire ou de cupidité, comme on le voit par les exemples de Simon et d'Elymas. (Act. 8 : 9 et suiv. ; 13 : 6-8.) Evidemment les mages de notre récit appartenaient à la classe antique et honorable de ces savants. — Ils venaient d'*Orient*, expression vague qui a laissé libre cours aux conjectures sur leur patrie. Vu la nature des dons qu'ils offrent à l'enfant nouveau-né (v. 11), les uns ont pensé à l'Arabie, d'autres à la Perse, d'autres encore à l'Egypte. Les suppositions ne sont pas moins diverses sur leur nombre, fixé à trois par la tradition, à cause des trois offrandes. Même incertitude sur leur rang : l'imagination populaire en a fait des rois, soit pour voir en eux l'accomplissement de passages prophétiques de l'Ancien Testament (Ps. 72 : 10 ; Esaïe 49 : 7 ; 60 : 3, 6, 10), soit à cause de la sensation que fit, jusque dans le palais d'Hérode, leur arrivée à Jérusalem. Ce dernier fait prouve au moins que c'étaient des hommes d'une position considérable. La tradition, qui veut tout savoir, nous a même transmis leurs noms et les appelle : Gaspar, Melchior et Balthasar ! Enfin, de leur question : *Où est le roi des* JUIFS ? on a conclu avec raison qu'ils étaient païens, et l'Eglise ancienne, les considérant comme les prémices du paganisme amenées aux pieds de Jésus, célébra leur mémoire à la fête de l'Epiphanie, dont elle fit la fête de l'apparition du Sauveur aux gentils, tandis qu'à l'origine elle avait été instituée en commémoration du baptême de Jésus-Christ. Quelques Eglises évangéliques d'Allemagne célèbrent à cette date (6 janvier) leur fête des missions. (Comp. v. 2, note 3.)

3. Gr. « Nous prosterner devant lui, » lui rendre hommage comme à un grand personnage. (20 : 20 ; Act. 10 : 25.) Ce mot signifie aussi rendre des honneurs religieux, *adorer*. (Voir 4 : 10 ; Act. 7 : 43.) Au lieu de « son étoile *en Orient*, » plusieurs traduisent : « son étoile *à son lever*, ou se levant. » Toutes les conjectures faites sur la nature de cette étoile (ou *astre*) par laquelle les mages furent amenés à Jérusalem, sont de peu de valeur. Plusieurs interprètes s'arrêtent à l'idée d'une conjonction extraordinaire d'astres qui, selon les calculs du célèbre astronome Kepler, aurait eu lieu vers le temps de la naissance de Jésus ; d'autres pensent à une comète ; d'autres encore à une étoile telle que celle qui fut observée

4 appris, fut troublé, et tout Jérusalem avec lui¹. — Et ayant assemblé tous les principaux sacrificateurs et les scribes du peuple², il s'informa

par le même astronome en 1604 et qui disparut en 1605. Les termes du récit (*son étoile*) et surtout le v. 9 prouvent avec évidence que l'écrivain se représente, non un astre céleste ordinaire, non le résultat d'observations astrologiques, mais l'apparition d'un luminaire spécial, qui détermine le départ des mages de leur pays, qui leur réapparaît sur le chemin de Bethléhem et qui vient s'arrêter sur le lieu où était le petit enfant. (v. 9.) Telle est aussi l'opinion de Calvin. A la naissance du Sauveur, une vive lumière resplendit aux yeux d'humbles bergers (Luc 2 : 9), les savants mages sont conduits vers lui par une étoile. Furent-ils, en outre, comme les bergers, avertis par une révélation divine? On l'a supposé, et cela est possible, puisque bientôt ils reçoivent d'en haut une direction semblable (v. 12) ; mais nous l'ignorons ; ils ne le disent pas, ils ne parlent à leur arrivée à Jérusalem que de l'étoile qu'ils ont vue. Ou bien furent-ils préparés au grand événement qui les préoccupe par l'attente vague, mais universellement répandue en Orient, d'un grand personnage religieux qui devait apparaître à cette époque? Autre supposition possible, mais simple supposition. Pouvaient-ils enfin avoir connu et partagé les espérances messianiques du peuple de Dieu par le moyen des Juifs qui habitaient leur pays? Cela aussi est très admissible. Toutefois renonçant, par un principe exégétique, à la tentative d'aplanir les difficultés d'un récit par des hypothèses qui ne sont ni des explications ni des raisons, nous nous bornerons à propos de celui qui nous occupe aux deux remarques suivantes : 1º Le Seigneur fait parvenir aux hommes ses révélations et ses lumières dans les circonstances les plus propres à les mettre à leur portée : à des bergers, en se montrant à eux dans une étable comme un enfant couché dans une crèche ; à des pêcheurs, en leur accordant des pêches miraculeuses (Luc 5 : 1 et suiv. ; Jean 21 : 6) ; à des docteurs, par l'explication des Ecritures (Luc 10 : 26 ; Math. 22 : 29 et suiv.) ; à des agriculteurs, par des instructions tirées des travaux des champs (Math. 13, etc.) ; aux mages astronomes, par une étoile. C'est ainsi qu'il se fait tout à tous. 2º De quelque manière que ces étrangers soient arrivés à leur conviction, cette conviction revêt en eux les caractères d'une foi qui surmonte tous les obstacles : ils trouvent la ville de Jérusalem dans l'ignorance du grand événement qui les amène ; au lieu du Roi des Juifs qu'ils cherchent, ils sont conduits devant le tyran qui occupe son trône ; ils voient les prêtres juifs indifférents ; on leur indique, au lieu de la capitale, une obscure bourgade, puis une cabane de chétive apparence, enfin une étable où gît un petit enfant, né dans une famille d'artisans ; et rien n'ébranle leur foi ; ils se prosternent, ils rendent leurs hommages à celui qu'ils ont cherché avec amour et trouvé avec joie. C'est avec raison que l'Eglise a vu dans les mages les prémices du monde païen qui cherche le salut. Si notre premier chapitre montre que « le salut vient des Juifs, » celui-ci déjà indique que les gentils y auront part. Les mages continuent la lignée de ces nobles âmes appelées par la grâce prévenante du sein du paganisme, et à laquelle appartiennent Melchisédec, Jéthro, Ruth, Job, Naaman, etc., et, dans les premiers temps de la nouvelle alliance, la Cananéenne, le centenier de Capernaüm et tant de prosélytes craignant Dieu. Les limites du règne de la grâce ne sont pas si étroites qu'elles le paraissent souvent à nos vues bornées. (Comp. v. 1, note 2.)

1. Hérode tremble pour son autorité, pour son trône, peut-être à cause de ses crimes. Et comme le moindre de ses soupçons avait souvent coûté la vie à plusieurs, la peur qu'éprouva un tel tyran pouvait bien *troubler* ceux qui dépendaient de lui, *tout Jérusalem*.

2. Les *principaux sacrificateurs* étaient, outre le souverain sacrificateur, les chefs des vingt-quatre classes de prêtres. (1 Chron. 24 ; 2 Chron. 36 : 14.) Les *scribes*, proprement *écrivains* (hébreu *sopherim*, les hommes des livres), étaient les savants interprètes de la loi et des Ecritures, les juristes et les théologiens du temps. (Esdr. 7 : 6 ; Néh. 8 : 1 ; Jér. 8 : 8 ; Luc 11 : 53 ; comp. Math. 23 : 2, note.) Ils appartenaient le plus souvent au parti des pharisiens et la plupart siégeaient au sanhédrin. Il ne paraît pourtant pas que ce soit une séance de ce corps qu'Hérode convoque ici, car il y manque les anciens. C'était une consultation de théologiens auxquels il voulait proposer la grave question qui suit.

d'eux où le Christ devait naître [1]. — Et ils lui dirent : A Bethléhem 5
de Judée ; car c'est ainsi qu'il a été écrit par le prophète : — « Et 6
toi, Bethléhem, terre de Juda, tu n'es pas la moindre entre les principales villes de Juda ; car de toi sortira un conducteur qui paîtra
Israël mon peuple [2]. » — Alors Hérode ayant appelé secrètement les 7
mages, s'enquit auprès d'eux exactement du temps où l'étoile avait
paru [3]. — Et les envoyant à Bethléhem, il dit : Allez, et informez- 8
vous exactement de ce petit enfant, et quand vous l'aurez trouvé,
annoncez-le-moi, afin que j'aille moi aussi, et que je l'adore [4]. —
Eux donc, ayant ouï le roi, s'en allèrent ; et voici l'étoile qu'ils 9
avaient vue en Orient allait devant eux, jusqu'à ce qu'étant arrivée
au-dessus du lieu où était le petit enfant, elle s'arrêta [5]. — Et quand 10

1. Gr. *Où le Christ naît*, selon les Ecritures. Le tyran croit donc la prophétie. Foi effrayante ! (Jacq. 2 : 19.)
2. Mich. 5 : 1. Cette prophétie est librement traduite par l'évangéliste, qui ne s'astreint ni au texte hébreu ni à la version des Septante, mais emprunte à l'un et à l'autre le sens général qui seul lui importe. L'hébreu dit : « Et toi Bethléhem Ephrata, trop petite pour être dans les milliers de Juda, de toi me sortira celui qui sera dominateur en Israël; et ses issues sont d'auparavant dès les jours d'éternité. » La version grecque des Septante rend ainsi les premiers mots : « Et toi, Bethléhem, maison d'Ephrata, tu es trop petite pour être dans les milliers de Juda. » Il y a donc dans cette citation quatre différences à constater : 1º au lieu d'Ephrata, qui était l'ancien nom de Bethléhem (Gen. 35 : 19 ; 48 : 7 ; Ruth 1 : 2 ; 1 Sam. 17 : 12), notre citation dit : *Terre de Juda ;* l'une et l'autre désignations devaient distinguer Bethléhem d'une autre ville du même nom située dans la tribu de Zabulon. (Jos. 19 : 15.) 2º au lieu des « *milliers* de Juda, » mot qui désignait les subdivisions des tribus, ayant leurs *chefs* et leurs chefs-lieux, l'évangéliste choisit directement ce dernier terme comme le plus clair. On peut donc traduire chefs, ou chefs-lieux, *principales villes*, puisqu'il s'agit du siège d'un chef de milliers. (Ex. 18 : 21 ; Jug. 6 : 15 ; Jos. 22 : 14 ; etc.) 3º la plus notable différence, qui paraît faire dire à l'évangéliste l'inverse du texte hébreu, c'est cette phrase : « *Tu n'es nullement la moindre*.... » Selon la lettre, c'est bien un contre-sens, mais non selon la pensée du prophète, qui évidemment ne constate la petitesse de Bethléhem que pour faire ressortir sa grandeur, parce qu'elle donnera à Israël son gouverneur. C'est ce que dit l'évangéliste en citant librement la parole prophétique. 4º Il ajoute au texte de la prophétie une image destinée à décrire l'action du Sauveur, image qui était usitée chez les anciens pour désigner l'autorité royale, le gouvernement : « *Il pattra Israël, mon peuple.* » (Ezéch. 34 : 23 ; 2 Sam. 5 : 2; comp. Ps. 23 : 1 ; Ps. 80 : 2.) Nul terme ne pouvait mieux caractériser l'autorité du « Bon Berger. » — Mais ce qui est plus frappant encore que la sainte liberté avec laquelle les écrivains du Nouveau Testament citent les Ecritures de l'Ancien, c'est la précision avec laquelle les scribes du temps résolvent par la prophétie la question d'Hérode sur le lieu de la naissance du Messie. Tout est clair pour eux dans la Bible, à laquelle ils restent indifférents après s'en être servis pour les autres ! Quel contraste avec la foi des mages !

3. Ou plutôt *paraissait ;* depuis combien de temps elle était en vue. (Comp. v. 16, note.) — Le soupçonneux Hérode, craignant que les mages ne reviennent pas à lui, veut avoir au moins une indication pour les diriger dans ses projets. Mais pourquoi *secrètement ?* Trait caractéristique chez un tyran qui se défie de tous et craint d'agir au grand jour, surtout lorsqu'il médite un crime.

4. Hérode ajoute l'hypocrisie et la ruse à son dessein criminel. Mais voyez Job 5 : 13.

5. Partis le soir ou dans la nuit, selon l'habitude des voyageurs en Orient, les mages revoient soudain *l'étoile qu'ils avaient vue en Orient.* Son apparition raffermit leur foi, peut-être ébranlée par tout ce qu'ils avaient observé dans cette

11 ils virent l'étoile, ils se réjouirent d'une fort grande joie. — Et étant entrés dans la maison, ils virent le petit enfant, avec Marie sa mère, et se prosternant, ils l'adorèrent ; et, après avoir ouvert leurs trésors, ils lui présentèrent des dons : de l'or, et de l'encens, et de la
12 myrrhe [1]. — Et ayant été divinement avertis en songe de ne pas retourner vers Hérode, ils se retirèrent dans leur pays par un autre chemin [2].

B. 13-23. L'ENFANT JÉSUS EST PERSÉCUTÉ PAR SON PEUPLE. FUITE EN EGYPTE. ENFANTS MIS A MORT. ETABLISSEMENT A NAZARETH. — 1º Joseph averti par un ange, s'enfuit en Egypte avec Marie et l'enfant Jésus, et y séjourne jusqu'à la mort d'Hérode. Son retour accomplira une parole de l'Ecriture. (13-15.) — 2º Hérode se voyant trompé, fait mettre à mort les petits enfants de Bethléhem. Les lamentations que provoque ce massacre accomplissent une parole symbolique de Jérémie. (16-18.) — 3º Hérode étant mort, Joseph, averti par un ange, retourne avec le petit enfant et sa mère au pays d'Israël. Mais craignant d'aller en Judée où régnait Archélaüs, il se retire en Galilée et s'établit à Nazareth, accomplissant ainsi les déclarations des prophètes. (19-23.)

13   Or après qu'ils furent partis, voici un ange du Seigneur apparaît

Jérusalem où ils n'ont trouvé qu'indifférence ou inimitié à l'égard du grand événement qui remplit leur cœur. C'est là ce qui est indiqué au verset suivant par la mention de la grande joie qu'ils éprouvent. — L'étoile allait devant eux, ou les précédait. Ne serait-ce là qu'une illusion d'optique, comme le pensent ceux qui admettent l'idée d'un astre ordinaire ou d'une constellation ? Comment s'expliquer que cet astre vient s'arrêter au-dessus du lieu où était le petit enfant ? Si, comme on le prétend, cela signifie que l'astre se trouvait à son zénith, cela aurait-il été une indication pour les voyageurs ? Non, chaque terme de ce récit montre clairement que l'auteur a voulu parler d'une lumière extraordinaire, conduite par la main de Dieu qui se révèle ainsi à ces pieux étrangers. (v. 2, note 3.)

1. On ne se présentait devant de grands personnages qu'en leur offrant des présents. (Gen. 43 : 11 ; 1 Rois 10 : 2 ; comp. 1 Sam. 10 : 27.) Le fait que les mages observent cet usage et qu'ils se prosternent devant le petit enfant (v. 2, note 3), montre qu'ils avaient une très haute idée de sa grandeur, sans toutefois qu'on puisse dire jusqu'où allaient leurs lumières à son sujet. — Les objets précieux qu'ils offrent sont des productions qui abondaient dans l'Arabie Heureuse, mais qu'on tirait aussi d'autres pays et qui étaient partout en usage : on ne saurait en conclure quelle était la patrie des mages. On a voulu trouver à ces dons, l'or, l'encens, la myrrhe, un sens symbolique, religieux, ou y voir un secours providentiel qui devint précieux pour la famille pauvre de Jésus dans son voyage et son séjour en Egypte : ce sont là des suppositions plausibles, mais dont l'exégèse n'a pas à s'occuper.

2. Le but de cette direction divine, qui ne permit pas aux mages de retourner vers Hérode, était d'empêcher l'exécution immédiate des desseins meurtriers du tyran, et de sauver ainsi le petit enfant. — Tous les interprètes reconnaissent la profonde signification religieuse de cette histoire des mages d'Orient, laquelle a été signalée déjà dans les notes qui précèdent. Mais plusieurs ont révoqué en doute la réalité historique du fait. A ceux qui rejettent les évènements rapportés dans tout ce chapitre, à cause de l'intervention divine qui s'y produit fréquemment, l'exégèse n'a rien à répondre, par la simple raison que la foi au miracle, inséparable de la foi au Dieu vivant et personnel, ne se démontre pas. Pour ceux dont le doute provient de la difficulté qu'ils trouvent à concilier le récit de Matthieu et celui de Luc, il est juste que la question soit examinée avec soin. (Voir Luc 2 : 39, note.) Quant aux objections tirées de ce qu'on appelle la niaiserie d'Hérode, qui se laisse jouer par les mages, voir v. 16, note 3.

en songe à Joseph, disant : Lève-toi, prends le petit enfant et sa mère, et t'enfuis en Egypte, et te tiens là jusqu'à ce que je te parle ; car Hérode cherchera le petit enfant pour le faire périr [1]. — Lui donc 14 s'étant levé, prit de nuit le petit enfant et sa mère, et se retira en Egypte. — Et il fut là jusqu'à la mort d'Hérode, afin que fût accom- 15 pli ce que le Seigneur avait déclaré par le prophète, disant : « J'ai appelé mon fils hors d'Egypte [2]. »

Alors Hérode, voyant qu'il avait été joué par les mages [3], fut fort 16 en colère ; et il envoya mettre à mort tous les enfants qui étaient dans Bethléhem et dans tous ses environs, depuis l'âge de deux ans et au-dessous, selon le temps dont il s'était exactement enquis auprès des mages [4]. — Alors fut accompli ce qui avait été dit par Jérémie 17

---

1. Ce nouvel avertissement divin, si important, puisqu'il s'agissait de sauver la vie de l'enfant, eut lieu immédiatement après le départ des mages. Joseph doit *fuir en Egypte*, parce que ce pays, qui n'était pas sous la domination d'Hérode, pouvait lui offrir un asile sûr. La tradition assigne pour séjour à la sainte famille Matarea, près d'Héliopolis. — Le dessein meurtrier d'Hérode, qui se manifesta bientôt après (v. 16), est clairement révélé à Joseph : le tyran veut *faire périr* le petit enfant. (Gr. le *perdre*, le *détruire*.) A peine né, Celui qui donnera sa vie pour le salut du monde, doit le conserver par la fuite ! Mais son heure n'est pas encore venue, et Dieu veille !

2. On lit dans Osée 11 : 1 : « Quand Israël était un jeune enfant, je l'aimai, et j'appelai mon fils hors d'Egypte. » Cette touchante parole de l'Eternel est remise en mémoire à l'évangéliste par son récit actuel, et il l'applique au vrai *fils de Dieu*. Il n'ignorait pas que cette parole concernait Israël, que Dieu, par amour, appelle *son Fils* (comp. Ex. 4 : 22 ; Jér. 31 : 9); aussi n'est-ce là qu'une application symbolique, et non l'accomplissement d'une prophétie directe. (Voir 1 : 22, note.)

3. Ou qu'il avait été *trompé* dans sa ruse. Le terme est choisi au point de vue d'Hérode, il désigne son impression, et non l'intention des mages. On a tiré de ce détail un argument contre la vérité historique de tout le récit relatif aux mages. Comment, a-t-on demandé, ce prince rusé se serait-il fié à la parole de ces étrangers et aurait-il bénévolement attendu leur retour pour exécuter ses projets ? L'objection nous paraît peu psychologique. Ignorant ce qu'il y avait de réel ou d'imaginaire dans la naissance d'un enfant dont on lui parle, ne devait-il pas s'en informer, puis découvrir cet enfant, s'il existait ? Or quel moyen plus sûr pour cela, que de faire des mages ses espions involontaires ? Pouvait-il envoyer à l'aventure, avec eux ou avant eux, ses sicaires ? Ne devait-il pas cacher à eux et à son entourage ses desseins ? N'est-ce pas pour cela qu'il les avait interrogés *secrètement*, avec une profonde dissimulation ? (v. 8.) Enfin, le crime est aveugle, et même un Hérode peut se tromper dans ses calculs.

4. Hérode, pour ne pas manquer son but, étend à *deux ans* le laps de temps qui d'après le récit des mages a pu s'écouler depuis l'apparition de l'étoile. On a révoqué en doute ce meurtre des enfants de Bethléhem, parce que l'historien Josèphe n'en parle pas. On peut, en effet, s'étonner de son silence, mais la conclusion qu'on en tire est arbitraire. Dans le petit bourg de Bethléhem et *ses environs*, par où il faut entendre quelques maisons isolées autour de ce lieu, il pouvait, selon le calcul de Winer, se trouver dix ou douze enfants mâles au-dessous de deux ans. Or le meurtre de ces enfants, quelque horrible qu'il soit, se perd dans le nombre des crimes de cet Hérode qui, après avoir sacrifié à sa haine soupçonneuse sa femme et deux de ses fils (v. 1, note 1), en fit périr un troisième, Antipater, peu avant de mourir ; qui faisait conduire au supplice des conjurés avec toute leur famille ; qui, atteint de sa dernière maladie, possédé de fureur contre le peuple de Jérusalem parce qu'il allait se réjouir de sa mort, ordonnait de rassembler dans le cirque de Jéricho tous les principaux de la ville et de les y faire périr dès qu'il aurait expiré, « afin, disait-il, qu'il y ait au moins des larmes répandues après ma mort. » (Jo-

18 le prophète, disant : — « Une voix a été ouïe dans Rama, des pleurs et de grands gémissements : Rachel pleurant ses enfants ; et elle ne voulait pas être consolée, parce qu'ils ne sont plus [1]. »
19 Or Hérode étant mort [2], voici un ange du Seigneur apparaît en
20 songe à Joseph, en Egypte, — disant : Lève-toi, prends le petit enfant et sa mère, et va au pays d'Israël ; car ceux qui cherchaient la
21 vie du petit enfant sont morts [3]. — S'étant donc levé, il prit le petit
22 enfant et sa mère, et alla au pays d'Israël. — Mais ayant appris qu'Archélaüs régnait en Judée à la place d'Hérode son père, il craignit d'y aller ; et ayant été divinement averti en songe [4], il se retira

sèphe, *Antiq.*, XVII, 6, 5.) — Il faut remarquer seulement que le terme de *deux* ans fixé par Hérode suppose que les mages lui avaient dit que l'étoile leur était apparue depuis plus d'un an déjà. (v. 7.) Si cette apparition avait coïncidé avec la naissance de Jésus, un intervalle de plus d'une année se serait écoulé entre cette naissance et la visite des mages ; mais cela n'est pas probable : les v. 1 et 2 de notre chapitre semblent indiquer que Jésus était né depuis peu quand arrivèrent les mages ; Luc nous dit que le domicile habituel de Joseph et Marie était Nazareth et qu'ils ne furent à Bethléhem qu'en passant (Luc 1 : 26 ; 2 : 4, 39) ; enfin l'on sait qu'Hérode est mort avant la Pâque de 750, et l'on estime généralement que Jésus est né dans l'année qui précéda la mort de ce prince. Le massacre de Bethléhem exécuté quelques semaines après la naissance du Sauveur, a été l'un des tout derniers actes du règne d'Hérode. Il faut donc admettre que l'étoile apparut aux mages un an ou deux avant l'événement qu'elle devait leur signaler, de manière à leur permettre d'arriver de leur lointain pays en Judée vers le temps de son accomplissement.

1. Le texte de l'Ancien Testament Jér. 31 : 15, au lieu de *gémissements*, dit *amertume* et ajoute *lamentations* avant *pleurs*. Les meilleurs manuscrits du Nouveau Testament omettent le mot *lamentations*. — Encore ici la formule : *Alors fut accompli* n'indique point une prophétie directe, mais l'application de la pensée de Jérémie au tragique événement de Bethléhem. Le prophète, pour donner une émouvante expression aux douleurs de son peuple emmené en captivité à Babylone, rappelle que la voix de ses gémissements a retenti vers le septentrion jusqu'à Rama, ville de la tribu de Benjamin (Jos. 18 : 25), sur les montagnes d'Ephraïm. (Jug. 4 : 5.) Par un symbolisme plein de poésie et de vérité, il personnifie toutes les mères israélites dans la mère de la tribu, toutes leurs douleurs dans ses douleurs, mais c'est pour les consoler en ajoutant : « Ainsi a dit l'Eternel : Retiens ta voix de pleurer et tes yeux de verser des larmes, car ton travail aura son salaire et on reviendra du pays de l'ennemi. » (Jér. 31 : 16.) Telle est la belle pensée que l'évangéliste rappelle en faisant à son tour de Rachel le type des mères bethléhémites qui pleurent leurs enfants égorgés par le tyran. Ces enfants étaient réellement ceux de Rachel, mère de toute la tribu de Benjamin et morte à Bethléhem où elle fut enterrée (Gen. 35 : 16-19.) Aucune prophétie ne s'accomplit, hélas ! plus rigoureusement que la voix de nos douleurs qui retentit de siècle en siècle.

2. Il mourut peu après le meurtre ici raconté, d'une maladie horrible, objet de dégoût pour tous ceux qui l'approchaient, le désespoir dans l'âme et le cœur rempli d'affreux projets de vengeance. (Voir, sur cette fin du tyran, Josèphe, *Antiq.*, XVII, 8 et 9, et *Guerre des Juifs*, I, 33.)

3. Comp. v. 13. — *Sont morts* : Ce pluriel se rapporte probablement à Hérode seul, ainsi vaguement désigné sans être nommé. L'ange passe sous silence le triste nom de celui qui n'est plus. Cette manière de parler se retrouve dans le livre de l'Exode 4 : 19. L'allusion à cet événement de la vie de Moïse est frappante. Si les parents de Jésus la comprirent, ils y trouvèrent une grande consolation, en constatant à l'égard de leur enfant une dispensation divine toute semblable à celle qui conserva la vie du grand législateur de leur peuple.

4. Après la mort d'Hérode, Auguste partagea son royaume entre les trois fils survivants du tyran : Archélaüs eut pour sa part la Judée, l'Idumée et la Samarie, et le titre d'ethnarque, avec promesse de

dans les quartiers de la Galilée [1] ; — et y étant allé, il habita dans 23 une ville appelée Nazareth [2] ; afin que fût accompli ce qui avait été dit par les prophètes : « Il sera appelé Nazaréen [3]. »

la royauté, s'il satisfaisait l'empereur par son administration. (Jos., *Antiq.*, XVII, 8, 1 et XVII, 11, 4.) Mais après neuf ans de règne, il fut exilé pour ses cruautés à Vienne, dans les Gaules, où il mourut. (Jos., *Antiq.*, XVII 13, 2 ; *Guerre des Juifs*, II, 7, 3.) La crainte qu'eut Joseph de venir vivre dans ses états n'était donc pas sans fondement. Dieu mit un terme à ses hésitations en lui montrant la nouvelle résolution qu'il devait prendre. C'est la quatrième révélation que Joseph reçoit *en songe*, durant le cours, d'ailleurs assez prolongé, de ses douloureuses expériences. (1 : 20 ; 2 : 13, 19.) Grande pierre d'achoppement pour ceux qui ne peuvent concilier l'intervention de Dieu dans la vie humaine avec les idées préconçues de leurs systèmes philosophiques. Quant à ceux qui croient au Dieu vivant et vrai, « qui fait ce qu'il lui plaît au ciel et sur la terre, » ils considéreront, d'une part les vives sollicitudes de Joseph pour le dépôt sacré confié à ses soins, sollicitudes qui le pressaient, ainsi que sa pieuse compagne, à rechercher sans cesse, par d'ardentes prières, le secours et les directions d'en haut ; d'autre part, la souveraine importance attachée à la conservation de la vie de Jésus. C'est à cause de lui que Dieu se révèle ainsi à son père adoptif. Le vrai miracle ici, c'est la présence, sur notre terre, de Celui qui s'appellera le Fils de Dieu et le Fils de l'homme ; tout le reste n'est plus que le rayonnement de son apparition au sein de notre humanité. Quant à la nature de ces révélations *en songe*, qui trois fois ont lieu aussi par le moyen d'un « ange du Seigneur » et qui paraissent appartenir à l'économie de l'Ancien Testament (Nomb. 12 : 6-8) plutôt qu'à celle du Nouveau, il serait oiseux de chercher à s'en rendre compte par des analogies psychologiques. En toute manifestation de Dieu à l'homme, le comment nous échappe.

1. Joseph pouvait désirer, pour des motifs divers, de retourner *en Judée*, à Bethléhem, où l'avait amené momentanément une circonstance particulière (Luc 2 : 4), où l'enfant était né et où pouvaient l'attirer tant de choses merveilleuses qui s'y étaient accomplies. Il y renonce par la raison indiquée dans ce verset, se retire en Galilée, où le Sauveur devait être élevé dans la plus profonde obscurité, et retourne à Nazareth, où il habitait auparavant, ainsi que Marie. (Luc 2 : 39.) Faut-il conclure de ce récit, et surtout de la manière dont l'évangéliste parle de l'établissement de la sainte famille à Nazareth (v. 23), qu'il fait de Bethléhem la demeure habituelle de Joseph, tandis que Luc le fait résider à Nazareth ? On peut s'étonner en effet que Matthieu, en nommant ici pour la première fois Nazareth, ne nous dise pas que cette ville était la résidence précédente de Joseph et de Marie.

2. Petite ville de la Galilée (Math. 21 : 11 ; Luc 1 : 26 ; 2 : 4), située sur une colline dans la tribu de Zabulon, au sud de Cana, non loin du Thabor, dans une riante contrée où convergent deux gorges de montagnes. (Voir, sur ces lieux où s'écoula l'enfance et la jeunesse de Jésus, les belles pages du *Voyage en Terre Sainte* de F. Bovet. Comp. Ph. Bridel, *La Palestine illustrée*.)

3. Il n'y a point de passage dans les prophètes qui appelle le Messie *Nazaréen*. De là l'embarras des interprètes, qui ont eu recours aux moyens les plus divers pour expliquer ces paroles. Il faut écarter d'abord l'idée que Matthieu cite un prophète perdu ou un livre apocryphe, ou qu'il fait allusion aux vœux du naziréat. (Nomb. 6 : 13.) Cette dernière opinion, généralement admise au temps de Calvin et qu'il partageait (voir son *Commentaire*), est grammaticalement fausse et elle ne convient point au caractère du Sauveur. (Comp. 11 : 18, 19.) Un passage d'Esaïe (11 : 1) a mis l'exégèse sur la voie d'une interprétation plus admissible : là le Messie est annoncé comme un *rejeton*, en hébreu *netzer*, sortant du tronc d'Isaï, expression qui indique l'humiliation du Sauveur, son peu d'apparence aux yeux des hommes. La même désignation se trouve chez les prophètes dans le terme de *tsemach, germe*.(Jér. 23 : 5 ; 33 : 15 ; Zach. 3 : 8 ; 6 : 12 ; comp. Esa. 53 : 2.) Or le mot *netzer* est l'étymologie du nom de Nazareth, ou plutôt était son nom même parmi les habitants du pays, et l'évangéliste, retrouvant l'idée des prophètes dans ce nom et dans le mépris qu'avaient les Juifs pour cette ville obscure et pauvre de la Galilée (Jean 1 : 46, 47 ; 7 : 52), y voit un accomplissement à double sens des Ecritures. Jésus fut en effet appelé avec mépris Nazaréen (Jean 19 : 19) ; c'est ainsi que le désignent encore aujourd'hui les Juifs,

ses adversaires. Ce nom passa même du Maître aux disciples. On ne saurait nier que cette explication n'ait quelque chose de recherché, d'arbitraire, et qui prête à l'évangéliste une interprétation assez rabbinique de l'Ancien Testament. C'est ce qui a porté d'autres exégètes à penser qu'il voulait dire simplement ceci : Le nom méprisé de Nazareth où le Sauveur vient habiter s'attachera à lui ; or les prophètes ont annoncé qu'il serait le méprisé du peuple. (Esa. 53 ; Ps. 22 ; etc.) De là cette allusion tout à fait vague, qui n'est point une citation. — Ce qui est plus important que ces interprétations, c'est l'exemple que nous donne Celui qui « méprisa l'ignominie » (Hébr. 12 : 2), et qui « nous apprend à nous cacher et à garder le silence, quand le temps d'agir et de parler n'est pas venu. » *Quesnel.*

II. PRÉPARATION DU MESSIE A SON MINISTÈRE.

1. *Le Précurseur. Baptême de Jésus.* (Ch. 3.)

A. 1-12. JEAN-BAPTISTE. SES DISCOURS. — 1° Jean-Baptiste *paraît* dans le désert, exhortant le peuple à *se repentir*, vu la proximité du royaume de Dieu. (1, 2.) Il accomplit *la prophétie* d'Esaïe. (3.) L'évangéliste décrit son *vêtement* et sa *nourriture* (4), l'*impression* produite sur les habitants du pays (5), le *baptême* que Jean leur administrait après qu'ils avaient *confessé* leurs péchés. (6.) — 2° (*a*) Discours de Jean aux *pharisiens* et aux *sadducéens* : il démêle leur peu de sincérité (7) ; les avertit de ne pas se confier en leur qualité de descendants d'Abraham (8, 9) et leur dénonce le jugement imminent (10) ; (*b*) Discours de Jean sur ses *rapports avec le Messie* : le baptême d'eau qu'il administre n'est destiné qu'à préparer la venue d'un plus puissant, auprès duquel, lui, Jean ne se sent pas digne de remplir l'office d'un esclave et qui baptisera d'Esprit et de feu. (11.) Celui-là consommera le jugement, en opérant un triage définitif. (12.)

III Or en ces jours-là [1], paraît Jean-Baptiste [2], prêchant dans le désert

1. Comparez Marc 1 : 1-8 ; Luc 3 : 1-18.) — Comme dans l'Ancien Testament (Ex. 2 : 11), cette expression n'a souvent aucune précision chronologique. (Voir sur l'époque où parut Jean-Baptiste Luc 3 : 1 et suiv., notes.) Ici elle peut signifier : Pendant que Jésus était encore à Nazareth. (2 : 23.) L'évangéliste passe sous silence les trente années écoulées depuis les premiers événements de la vie du Sauveur jusqu'au moment où il allait entrer dans son ministère public. L'étonnante sobriété de l'Ecriture, qui ne nous communique que ce qui est essentiel à notre salut, renferme pour nous une sérieuse leçon.
2. *Jean le Baptiste*, ou, comme d'autres traduisent, *le Baptiseur*. Ce titre, emprunté à l'une des fonctions de son ministère, ne doit point être envisagé comme exprimant sa vocation entière. Pour saisir cette dernière dans son ensemble et dans sa signification profonde, il faut considérer Jean-Baptiste : 1° Dans sa position entre l'ancienne alliance et la nouvelle, dont il est le lien vivant, entre la loi qu'il prêche avec puissance et l'Evangile qu'il annonce. (v. 2.) 2° Dans son action, qui était de préparer son peuple à la venue du Sauveur *par la repentance*, dans laquelle se concentrent et sa prédication et le baptême qu'il administre à ceux qui sentent et confessent leurs péchés. (v. 3 et 6.) 3° Dans sa relation avec Jésus-Christ, qui est celle de la plus profonde humilité d'un serviteur en présence de son Maître, dont il connaît l'origine divine et la divine mission. (v. 11 ; voir surtout son témoignage dans Jean 1 : 15-36 et 3 : 21-31.) Le ministère de Jean-Baptiste s'accomplit quand il a montré Jésus-Christ à son peuple comme « l'Agneau de Dieu ; » mais si, dans un sens, ce ministère est passager, dans un autre il est permanent, sous le triple rapport qu'on vient de signaler. Comme il fut le point de départ de la vie religieuse

de Judée ¹, — et disant : Repentez-vous ², car le royaume des cieux ³ 2
s'est approché ⁴. — Car c'est ici celui dont a parlé Esaïe le prophète, 3
en disant : « Voix de celui qui crie dans le désert : Préparez le chemin du Seigneur, aplanissez ses sentiers ⁵. » — Or Jean lui-même 4

à son époque dans les apôtres et les premiers disciples, il reste le point de départ de la vie chrétienne qui ne prend naissance que par la repentance et par la foi en Jésus, « l'Agneau de Dieu qui ôte les péchés du monde. »

1. On appelait ainsi une contrée peu habitée, couverte de pâturages, qui embrassait la partie inférieure de la vallée du Jourdain et la région située à l'ouest de la mer Morte. (Jug. 1 : 16 ; comp. Luc 3 : 3.) — La prédication de la repentance ne pouvait retentir dans le sanctuaire officiel, dans la cité des pharisiens et des sadducéens. Les âmes avides de salut doivent sortir au désert pour avoir part à la grande rénovation religieuse qui se prépare.

2. Le terme grec (verbe et substantif), qui n'a point d'équivalent dans notre langue, et qu'on traduit par *se repentir, se convertir, s'amender*, est un mot composé qui désigne le changement ou la transformation morale de l'homme intérieur. La repentance, qui en est le principe, la conversion, qui est un retour à Dieu, n'en épuisent pas l'idée. A la repentance, souffrance morale qui détache l'homme du péché, doit s'ajouter l'action puissante de l'Esprit de Dieu qui crée la vie nouvelle et accomplit la transformation morale. (v. 11, note. Voir surtout Jean 3 : 3 et 5, notes.) — Le sentiment douloureux du péché par le réveil de la conscience est la seule vraie préparation à recevoir le Sauveur et par lui la grâce. Or ce sentiment est une obligation morale, puisqu'ici et partout dans l'Ecriture, il est ordonné.

3. *Le royaume des cieux*, que Matthieu seul désigne ainsi, tandis que les autres écrivains sacrés l'appellent « royaume de Dieu, royaume de Christ, » ou simplement « le royaume, » désigne la domination souveraine de Dieu sur ses créatures intelligentes, domination en tout conforme à ses perfections : sa sainteté et sa justice, sa miséricorde et son amour. Le mot de *royaume*, image empruntée aux royaumes de la terre, se trouve déjà dans l'Ancien Testament, où la forme extérieure du règne de Dieu était la théocratie. (Ex. 19 : 6 ; Dan. 4 : 3.) Mais ce n'était là encore que l'image, la préparation du vrai règne dont Jésus-Christ est le Roi et que Dieu établit sur les âmes par son Esprit. Ce règne est d'abord intérieur, spirituel (Luc 17 : 21 ; Jean 18 : 36) ; mais il s'étend aussi dans le monde, par ses manifestations diverses, et il doit grandir intensivement et extensivement, jusqu'à ce que Christ revienne l'établir dans sa perfection et dans sa gloire (Apoc. 19 : 6), et que Dieu soit tout en tous. (1 Cor. 15 : 28.) Ce sont précisément ces divers caractères du règne de Dieu que Matthieu indique par son expression royaume *des cieux ;* tous les éléments de ce règne viennent du ciel et y conduisent. Par là, l'évangéliste distingue nettement le nouveau règne qui s'approchait, de la théocratie israélite. Quant à ce pluriel : *les cieux*, dans lequel on a voulu retrouver l'idée rabbinique de cieux divers (comp. 2 Cor. 12 : 2-4), il faut y voir plutôt, comme dans la prière du Seigneur (Math. 6 : 9), l'idée d'une domination de Dieu, s'étendant aux diverses sphères du monde. (Voir J. Bovon, *Théol. du N. T.*, I, p. 377 et suiv.)

4. *S'est approché*, en Jésus-Christ qui allait paraître. Et Jean-Baptiste voit dans ce grand événement un motif de repentance : « Convertissez-vous, *car*.... » Par où nous voyons qu'il savait par l'Esprit prophétique ce que Jésus enseignera bientôt, que si un homme n'est né de nouveau, il ne peut voir le royaume de Dieu. (Jean 3 : 3.) Cependant il ne dit pas : « Convertissez-vous *pour* que ce règne s'approche, mais *parce qu'il* s'est approché. » Tout, même dans la transformation morale de l'homme, a son principe dans la miséricorde éternelle de Dieu et dans sa grâce, qui toujours nous prévient.

5. Esa. 40 : 3, cité d'après les Septante (conformes à l'hébreu), en substituant *ses sentiers* à ces mots de l'Ancien Testament : « les sentiers de notre Dieu. » C'est encore une prophétie indirecte et typique. Dans son sens premier et historique, la parole d'Esaïe est un appel à Israël, l'exhortant à préparer les voies de Jéhova qui ramène son peuple de la captivité. L'application qu'en font tous les évangélistes (Marc 1 : 3 ; Luc 3 : 4) et Jean-Baptiste lui-même (Jean 1 : 23) à l'apparition de Jésus-Christ et au ministère de son précurseur, prouve : 1º qu'ils voient Jéhova lui-même dans celui qu'ils

avait son vêtement fait de poil de chameau, et une ceinture de cuir autour de ses reins [1], et sa nourriture était des sauterelles et du miel
5 sauvage [2]. — Alors Jérusalem et toute la Judée et tous les environs
6 du Jourdain sortaient vers lui [3]. — Et ils étaient baptisés par lui
7 dans le fleuve du Jourdain, en confessant leurs péchés [4]. — Mais voyant beaucoup des pharisiens et des sadducéens [5] venir à son

appellent le *Seigneur* (dans la version grecque des Septante, dont ils se servent, le nom de Jéhova est toujours rendu par *Seigneur*) ; 2° qu'ils considèrent son apparition comme la vraie délivrance de son peuple : il vient le tirer de la servitude pour le mettre en liberté. Du reste, le ministère du précurseur avait été aussi l'objet d'une prophétie directe (Mal. 3 : 1 ; 4 : 5 ; comp. Luc 1 : 17 ; Math. 11 : 10), qui était reçue et diversement interprétée parmi le peuple, à l'origine des temps évangéliques. (Math. 16 : 14 ; Jean 1 : 21.)
1. Il s'agit d'une étoffe grossière fabriquée avec des *poils de chameau* au lieu de laine. C'était le vêtement des pauvres, qui convenait au successeur d'Elie (2 Rois 1 : 8), au prédicateur de la repentance. « Même son vêtement et sa nourriture prêchaient. » *Bengel.*
2. Une espèce de grosses *sauterelles* servant encore de nourriture aux classes pauvres en Orient. (Lév. 11 : 21.) Le *miel sauvage* abondait dans les montagnes de la Judée où les abeilles le déposaient dans les fentes des rochers. Mais on appelait aussi de ce nom les substances résineuses qui découlaient de certains arbres, comme le palmier, le figuier et autres. (Comp. 1 Sam. 14 : 25, 26.)
3. L'évangéliste nomme les *lieux* pour indiquer le grand nombre de *personnes* attirées par la prédication du prophète. L'impression en fut vive et universelle ; ce fut un réveil dans le peuple, mais dont les fruits ne se montrèrent permanents qu'en ceux qui, pressés par le sentiment de leurs péchés, s'attachèrent à Jésus comme à leur Sauveur.
4. *Baptiser* signifie *plonger*, et cet acte avait lieu dans le *fleuve du Jourdain*. Le baptême de Jean n'était emprunté ni aux ablutions en usage parmi les Juifs de l'époque (Jean 2 : 6 ; 3 : 25), ni au baptême des prosélytes, qui n'apparaît qu'après la destruction du temple ; c'était une institution nouvelle, prélude du baptême chrétien, et dont l'idée première était indiquée par des promesses de Dieu relatives à la nouvelle alliance, telles que Ezéch. 36 : 25-27. Il constituait une déclaration symbolique du péché et de la corruption de tout le peuple, aussi bien que de la nécessité de la purification et de la régénération de l'homme tout entier. (Comp. Rom. 6 : 3-6, notes.) Ce dernier trait était symbolisé par l'action de plonger dans l'eau ceux qui déclaraient leur repentance en *confessant leurs péchés.* La confession des péchés était faite, chez les Israélites, au jour des expiations. (Lév. 16 : 21.) Elle était regardée comme la condition du pardon de Dieu. (Ps. 32 : 3-5 ; Ps. 51 : 4, 5.) — Le baptême de Jean était un baptême *pour la repentance*, auquel manquait l'élément essentiel du baptême chrétien : le pardon des péchés et la vie nouvelle. (v. 11, note.)
5. Les *pharisiens* et les *sadducéens* formaient deux écoles philosophiques et religieuses et aussi deux partis politiques dans la nation juive. Le nom de pharisien signifie les « séparés, » non qu'ils constituassent une secte dans la théocratie, mais, pour autant que ce terme indique leur caractère, il se rapporte plutôt à leur orgueilleuse aversion pour les païens, pour les Samaritains, pour les péagers et les pécheurs. Ils se distinguaient par leur zèle servile pour les plus minutieuses prescriptions de la loi, auxquelles ils ajoutaient celles de la tradition. Ils étaient aussi l'expression vivante de l'orthodoxie judaïque, ce qui, joint à leur pouvoir dans le sanhédrin, où ils étaient en majorité, leur donnait une grande influence sur le peuple. Quant aux doctrines de ce parti et à son importance politique et religieuse, on peut apprendre à les connaître par l'historien Josèphe qui y revient souvent et longuement. (Par exemple, *Antiq.*, XIII, 5, 9, etc.) Le rôle que jouent les pharisiens dans la vie du Sauveur, surtout dans l'histoire de ses souffrances et de sa mort, les caractérise mieux encore. — Les *sadducéens*, dont le nom dérive, selon les uns, du mot *tsadik*, *juste*, selon les autres, d'un chef d'école nommé Tsadoc, formaient le parti opposé aux pharisiens. Rejetant toute tradition et même les développements de la révélation divine depuis la loi, les sadducéens niaient en même temps les réalités du monde invisible, l'existence des anges, l'immortalité

baptême [1], il leur dit : Race de vipères [2], qui vous a appris à fuir la colère à venir [3] ? — Produisez donc du fruit digne de la repentance [4]. 8 — Et ne présumez pas de dire en vous-mêmes : Nous avons Abraham 9 pour père [5] ; car je vous dis que, de ces pierres-là, Dieu peut susciter des enfants à Abraham [6]. — Et déjà la hache est mise à la racine 10 des arbres ; tout arbre donc qui ne produit point de bon fruit est

de l'âme. A cause de cela, et en raison de leur petit nombre, ils exerçaient peu d'influence sur le peuple, mais d'autant plus sur les classes élevées et riches, où, pour plusieurs, certaines négations ont toujours un air de supériorité et de bon ton. — Il y avait encore parmi les Juifs, au temps du Sauveur, un troisième parti religieux, les *esséniens*, dont le Nouveau Testament ne parle pas, parce qu'ils vivaient très retirés, le principal caractère de leur piété étant un rigoureux ascétisme. Ils représentaient le mysticisme monacal, comme les pharisiens la propre justice orthodoxe, comme les sadducéens le rationalisme de toutes les nuances. La vraie vie religieuse était alors retirée dans quelques âmes qui « attendaient la consolation d'Israël. » (Luc 2 : 25.) — Voir sur ces divers partis chez les Juifs, E. Stapfer, *La Palestine au temps de Jésus-Christ*, 2e édit., p. 259 et suiv., 436 et suiv.

1. On se demande comment et pourquoi plusieurs membres de ces deux partis venaient au baptême de Jean, et, s'ils y venaient, pourquoi Jean leur adresse des paroles si sévères. On a même vu une contradiction à cet égard entre Matthieu et Luc, qui, dans son récit du ministère du Baptiste (ch. 3), ne parle pas d'eux, et qui, ailleurs (7 : 30), dit positivement qu'ils ne l'avaient pas reçu. La réponse à ces questions ne paraît pas difficile. Que des hommes avides de popularité vinssent au prophète autour duquel se pressait la foule, les uns pour ne pas paraître indifférents ou impies, les autres par simple curiosité, rien de plus naturel. Mais le prophète pénétrait leurs indignes mobiles ; de là les paroles sévères qu'il leur adresse. En les accueillant de la sorte, il les blessa dans leur orgueil ; ils se retirèrent, sinon tous, du moins pour la plupart, sans s'être soumis au baptême. Cela n'est pas dit expressément, mais cela résulte du discours du prophète. Il y a plus : Luc, sans parler des pharisiens et des sadducéens, rapporte les terribles paroles de Jean, qui ne pouvaient s'adresser qu'à eux, et non aux pécheurs repentants ; il suppose donc leur présence. Enfin cette position équivoque, prise par les hommes de ces deux partis à l'égard de Jean-Baptiste, s'accorde tout à fait avec l'embarras dans lequel une question du Sauveur les mettra plus tard. (21 : 25-27.)

2. Hommes rusés, méchants, malfaisants. Image fréquente dans les Ecritures (Esa. 14 : 29 ; 59 : 5 ; Ps. 58 : 5 ; Rom. 3 : 13) et qui, dans la symbolique orientale, indique les principes et l'esprit du prince des ténèbres. (Comp. Gen. 3 : 1.)

3. Jean se défie de leur zèle apparent. Il démêle la ruse qui leur fait rechercher dans l'accomplissement d'une cérémonie extérieure une garantie contre le jugement à venir. « Dans cet essai d'éluder le devoir de la repentance au moyen du signe de la repentance, Jean reconnaît la suggestion d'un conseiller plus habile que le cœur de l'homme ; de là la question suivante : *qui vous a montré ?* » *Godet.*

4. Le texte reçu dit : *des fruits ;* le vrai texte : *un fruit*. C'est qu'il ne s'agit pas d'actions, d'œuvres isolées, mais de tout l'être, de toute la vie. Un fruit *digne de la repentance*, de la régénération, c'est le fruit qu'elle produit nécessairement. (7 : 17 et suiv.)

5. Ces hommes auxquels Jean s'adresse ici, même dans leur impénitence, s'arrogeaient le titre de *fils d'Abraham* et s'imaginaient que les privilèges religieux de leur peuple suffisaient pour leur assurer le salut. (Jean 8 : 33-39.) C'est ainsi qu'aujourd'hui plusieurs pensent que leur Église les sauvera.

6. Dieu est libre dans la dispensation de sa grâce ; il peut vous rejeter de son royaume et *de ces pierres-là* (que Jean montrait au bord du Jourdain), c'est-à-dire des hommes les plus endurcis, les plus méprisés, il peut *susciter*, par sa puissance créatrice, de vrais *enfants d'Abraham*, qui auront sa foi et son obéissance à Dieu. (Comp. les enseignements de Paul sur les vrais descendants d'Abraham, Rom. 4 : 9 : 6 et suiv. ; Gal. 4.) Il est douteux que Jean-Baptiste fasse déjà allusion à la vocation des païens. Ce sens n'est pas nécessaire à sa pensée.

11 coupé et jeté au feu [1]. — Pour moi, je vous baptise d'eau [2], en vue de la repentance ; mais celui qui vient après moi [3] est plus puissant que moi, et je ne suis pas digne de lui porter ses souliers [4] ; c'est
12 lui qui vous baptisera d'Esprit-Saint et de feu [5]. — Il a son van en sa main, et nettoiera parfaitement son aire, et amassera son froment dans le grenier, mais il brûlera la paille dans un feu qui ne s'éteint point [6].

1. Les jugements de Dieu vont être exécutés contre les impénitents. Tous ces verbes au présent : *gît déjà, est coupé, est jeté,* expriment l'imminence et la certitude de ces jugements.
2. Gr. *dans l'eau,* et de même à la fin de ce verset, *dans l'Esprit-Saint et le feu. Baptiser* signifie *plonger,* selon l'usage antique du baptême par immersion. (Comp. v. 6.)
3. Le Messie qui allait paraître et que Jean-Baptiste désigne souvent par ce mot : *celui qui vient.* (11 : 3 ; Jean 1 : 15, 27, d'après Mal. 3 : 1.)
4. C'est-à-dire de remplir auprès de lui les plus humbles devoirs d'un esclave.
5. Comp. v. 6, note. Jean-Baptiste marque ici nettement le rapport de son activité avec celle du Seigneur : il ne peut, aucun homme ne peut que *baptiser d'eau,* administrer le signe ; quant à la grâce signifiée, *l'Esprit-Saint* et son œuvre, le Seigneur seul l'a en sa puissance. Fondé sur cette idée très vraie et très importante, Calvin n'admet aucune distinction entre le baptême de Jean et le baptême chrétien : c'est une erreur. (Comp. v. 6, note ; Act. 19 : 1-6, notes.) Mais, malgré de notables différences entre la position de Jean-Baptiste et l'économie chrétienne, ce rapport reste essentiellement le même entre tous les serviteurs et le Maître. *L'eau* est l'image de la purification, et Jean l'administre *pour* ou *en vue de la repentance* et de la régénération. Mais la réalité de cette régénération ne s'obtient jamais que là où, à cet élément négatif (douleur, humiliation, haine du péché), vient s'ajouter l'élément positif et puissant d'une vie nouvelle, le Saint-Esprit de Dieu. (Voir Jean 3 : 3 et 5, note.)
— L'Esprit et *le feu* ne sont pas deux choses différentes, pas plus que l'eau et l'Esprit (Jean 3 : 5), mais l'un est l'image de l'autre. Le feu est le symbole de l'Esprit en tant qu'il pénètre avec une irrésistible puissance et purifie les métaux les plus durs. L'or ressort du creuset avec toute la pureté qui le rend si précieux. Telle est l'action de l'Esprit-Saint sur le cœur et sur la vie de l'homme, et c'est aussi sous ce symbole qu'il descendit au jour de la Pentecôte. (Act. 2.) L'image est empruntée à Mal. 3 : 2, 3, à cette même prophétie sur le précurseur dont s'inspire tout le discours de ce dernier. Mais le feu, dont l'action est toujours une souffrance, peut devenir le feu du jugement divin en ceux qu'il ne purifie pas du péché et de la souillure.. (v. 12, comp. Joël 2 : 28-30.) Donc le baptême d'eau seul n'est point encore le garant du salut.
6. *L'aire,* en Orient, est préparée et aplanie sur le champ même où l'on moissonne. On y foule le blé au moyen de bœufs ou d'instruments propres à cet usage, puis on le vanne ; la *paille* ou la balle est rejetée sur le champ et brûlée, tandis que le grain est recueilli dans les greniers. Dans l'application de l'image à l'œuvre accomplie par le Messie au sein de ce monde, cette séparation commence d'une manière intérieure et invisible, dès ici-bas ; elle sera consommée plus tard et manifestée au dehors par l'exclusion des impies du royaume des cieux, représenté par le *grenier.* (B, plusieurs majusc., les vers. syr. et arm. ont : dans *son* grenier.) La terrible image dont Jean-Baptiste revêt cette vérité a été fréquemment employée dès lors par le Sauveur lui-même. (Marc 9 : 43-48 ; comp. Jean 15 : 6 et Esa. 66 : 24.) — On a fait observer, et quelquefois avec une intention hostile à la vérité de l'histoire évangélique, que les discours de Jean-Baptiste dans les synoptiques ont tous un caractère sévère de jugement, tandis que, dans saint Jean, ils inclinent vers la douceur de l'Evangile. La différence est réelle, et elle s'explique par le caractère et le but de ces divers récits, dont chacun fait ressortir, dans la vie de Jean-Baptiste comme dans celle du Sauveur, le côté qui répond à ce caractère et à ce but. Quelle prise aurait la critique s'il en était autrement ! Ensuite il faut observer que, lorsque le précurseur rendit son témoignage tel qu'il est rapporté dans saint Jean (1 : 15-36 ; 3 : 23 et suiv.),

ÉVANGILE SELON MATTHIEU

B. 13-17. Baptême de Jésus. — 1° Jésus *vient* de Galilée au Jourdain *pour être baptisé* par Jean, celui-ci s'y *oppose*, disant : C'est moi qui ai besoin d'être baptisé par toi ! Jésus lui déclare qu'il lui faut ainsi accomplir toute justice, et Jean le *baptise*. (13-15.) — 2° Au moment où Jésus ressortait de l'eau, les *cieux* s'ouvrirent, il vit l'*Esprit* descendre sur lui sous la forme d'une colombe et une *voix* du ciel dit : Celui-ci est mon fils bien-aimé. (16, 17.)

Alors Jésus vient de la Galilée, au Jourdain, vers Jean, pour être 13 baptisé par lui[1]. — Mais Jean s'y opposait, disant : C'est moi qui ai 14 besoin d'être baptisé par toi, et tu viens à moi[2] ! — Mais Jésus ré- 15

Jésus était entré dans son ministère, avait été baptisé, et avait reçu le témoignage de Dieu en présence de Jean, qui, dès lors, pouvait parler plus clairement de la mission du Sauveur. Il faut remarquer enfin que toute l'Ecriture présente la miséricorde et le jugement sur deux lignes parallèles, comme répondant à des exigences diverses de la conscience humaine. Ce double caractère se retrouve dans le ministère de Jean-Baptiste.

1. Comp. Marc 1 : 9-11 ; Luc 3 : 21, 22. — Les premiers mots de ce verset marquent le moment solennel où Jésus sortit de sa longue retraite à Nazareth pour être manifesté au monde et entrer dans son ministère ; les derniers indiquent le but précis de ce voyage en Judée, *au Jourdain* : c'était pour *y être baptisé* par Jean. Le baptême de Jésus est l'un des traits de sa vie les plus difficiles à comprendre. Pourquoi lui, le Saint et le Juste, qui n'avait besoin ni de repentance, ni de régénération, voulut-il être baptisé ? A cette question les réponses les plus diverses ont été successivement faites. Il faut écarter d'abord celles qui ne sont pas dignes du Sauveur, ou qui ôtent à son baptême sa vérité et sa réalité intimes, pour y substituer des motifs plus ou moins extérieurs. Jésus ne se soumit au baptême, ni parce qu'il aurait eu besoin, comme nous, de la purification du péché, ni parce que son séjour parmi les hommes l'aurait entaché d'une impureté lévitique, ni parce que ce baptême aurait appartenu à l'observation de la loi cérémonielle, ni parce que cet acte d'obéissance devait avoir lieu pour nous, à notre place, ni parce que Jésus aurait voulu honorer et sanctionner par là le baptême de Jean ou le baptême en général, ni parce qu'il voulait provoquer par cet acte le témoignage que Jean devait rendre à sa dignité messianique ou qu'il espérait recevoir de Dieu lui-même la confirmation solennelle de cette messianité, dont il n'aurait point eu jusqu'alors la certitude. Non, Jésus reçut le baptême parce que ce baptême lui était indispensable. Homme « semblable à ses frères en toutes choses, » bien que « sans péché, » Jésus dut, pendant toute sa vie, fournir une carrière de développement religieux et moral (Luc 2 : 52) dont le terme suprême ne fut atteint que lorsqu'il eut été consommé dans son obéissance absolue envers Dieu, dans son amour sans bornes envers les hommes, et cela, par la souffrance et le sacrifice. (Hébr. 2 : 10, 11 ; 5 : 8, 9.) La souffrance et la mort furent son vrai baptême (Marc 10 : 38) et tout baptême a cette signification. (Rom. 6 : 3 et 4, note.) Or la carrière qui devait aboutir à ce terme s'ouvrait alors devant le Sauveur ; il fallait qu'il s'y consacrât tout entier ; tel est le sens de son baptême. Surtout enfin, cette carrière, il ne pouvait l'accomplir qu'en triomphant des plus redoutables obstacles, dans les plus violents combats contre le péché, le monde et la puissance des ténèbres ; qu'en acceptant les plus amers renoncements, jusqu'au sacrifice entier de sa volonté et de sa vie. Pour cela, il fallait qu'il fût rempli de l'Esprit-Saint « sans mesure » (Jean 3 : 34), et c'est ici le côté positif et essentiel de son baptême (v. 16), qui coïncide avec le témoignage solennel de Dieu (v. 17) acceptant la consécration de son Fils bien-aimé. Dès lors Jésus commença à mourir selon la chair pour être vivifié selon l'Esprit. (1 Pier. 3 : 18.) C'est ainsi que va être accomplie sur la terre « toute justice » (v. 15) par l'œuvre qu'entreprend le Rédempteur. (Comp. sur ce sujet F. Godet, *Comment. sur Luc*, qui insiste sur le rôle du baptême dans le développement personnel de Jésus, et J. Bovon (*Théol. du N. T.*, I, p. 230 et suiv.), qui marque la place de cet acte dans l'œuvre rédemptrice en relevant la solidarité qui unit, dans le baptême, le Sauveur à l'humanité pécheresse.)

2. Parole d'humilité qui est en pleine harmonie avec la déclaration du v. 11 et avec tout le caractère du précurseur.

pondant, lui dit : Laisse faire pour le présent, car c'est ainsi qu'il nous sied d'accomplir toute justice [1]. Alors il le laisse faire. — Or, après avoir été baptisé, Jésus remonta aussitôt de l'eau ; et voici, les cieux furent ouverts, et il vit l'Esprit de Dieu, descendant comme une colombe, venant sur lui [2]. — Et voici [3] une voix des cieux, qui disait : Celui-ci est mon fils bien-aimé, en qui je me complais [4].

(Jean 3 : 29, 30.) Mais cette parole, qui suppose en Jean-Baptiste une connaissance si sûre de Jésus comme Messie, est difficile à concilier avec son témoignage dans Jean 1 : 31-33. (Voir les notes.)

1. D'autres, sans y être autorisés par le texte original, traduisent : *tout ce qui est juste*, et réduisent ce mot à signifier : le devoir actuel. (Calvin.) C'est vrai, mais c'est trop peu. Il faut prendre le mot dans toute sa signification et ajouter avec Bengel : « Toutes les parties de la justice et aussi celle-ci, qui est le gage d'autres beaucoup plus grandes. » (V. v. 13, note.)

2. Ces pronoms : *il* vit, sur *lui*, se rapportent à Jésus, mais non à l'exclusion de Jean-Baptiste qui fut témoin de l'action. (Jean 1 : 33.) C'est à tort que le texte reçu, avec *C. D.* et la plupart des majusc., lit *pour lui* (Jésus) après *les cieux furent ouverts*. — On ne peut faire que des conjectures sur ce qui apparut extérieurement aux yeux des spectateurs et qui a pu être exprimé par ce terme assez vague : *les cieux furent ouverts*. Mais cette parole a un sens spirituel qui n'échappera à aucun lecteur attentif. (Comp. Jean 1 : 52 ; Act. 7 : 56.)

— L'*Esprit de Dieu* qui, au jour de la Pentecôte, descendit sous la forme symbolique de langues de feu, apparaît ici comme *une colombe* (comp. Jean 1 : 32), image de la douceur, de la pureté, de la simplicité. (Math. 10 : 16.) Cette expression et celle qu'emploie Luc (3 : 22) : *sous une forme corporelle, comme une colombe*, ne permettent pas d'entendre cette apparition comme une simple vision intérieure.

3. *Voici*, en grec *vois !* annonce toujours une chose inattendue et importante.

(Luc 5 : 12 ; Act. 8 : 27 ; Apoc. 4 : 1 ; 6 : 2 ; etc.)

4. Gr. *Celui-ci est mon fils, le bien-aimé*. Ce solennel témoignage de Dieu, qui sera identiquement réitéré dans une autre occasion (17 : 5), proclame le Sauveur du monde, non seulement comme Messie, d'après Ps. 2 : 7 ; Esa. 42 : 1, mais dans son rapport unique et exclusif d'essence avec son Père, comme Luc 1 : 35 ; Jean 1 : 18 ; 3 : 16. La bienveillance ou le *bon plaisir* de Dieu en son Fils est un terme hébraïque qui exprime cet ineffable amour que Jésus lui-même se plaisait à rappeler (Jean 3 : 35 ; 5 : 20 ; 10 : 17) et dont, par lui et en lui, ses rachetés deviennent aussi l'objet. (Jean 17 : 23 ; Eph. 1 : 5, 6 ; Col. 1 : 13.) Même le temps du verbe (aoriste) : *en qui je me suis complu* est à remarquer, car il indique ce rapport éternel, toujours le même, dans lequel Dieu se contemple en son *Bien-aimé*. (Jean 17 : 5.) — Dans le baptême de Jésus-Christ apparaît pour la première fois la Trinité divine : Le Père et son témoignage, le Fils qui se voue à son œuvre, l'Esprit qui le consacre pour cette œuvre. Et, au terme de sa carrière, le Sauveur fera de cette triple manifestation, mise alors en tout son jour, la formule sacrée pour le baptême de tous ses rachetés. (Math. 28 : 19 ; comp. 2 Cor. 13 : 13, note.) Ce n'est pas un thème pour la spéculation, tout est action pour le salut, pour la vie religieuse. — On lit ici : *Celui-ci est mon fils*. Dans Marc et Luc, la parole s'adresse directement à Jésus : « Tu es mon fils. » Unité dans le fond, liberté dans la forme, selon que le narrateur s'est attaché au sens du témoignage pour Jean-Baptiste et les assistants, ou pour Jésus lui-même.

2. La tentation de Jésus-Christ. (4 : 1-11.)

1-11. LA TENTATION DE JÉSUS. — 1° Préambule: Jésus est conduit par l'*Esprit* dans le *désert* pour être *tenté* par le diable. Il *jeûne* quarante jours et il a *faim*. (1, 2.) — 2° Première tentation. Le tentateur lui insinue un doute sur sa qualité de *Fils de Dieu*, qui contraste avec sa triste situation, et le pousse à prouver qu'il l'est en *usant de sa puissance miraculeuse* pour se procurer l'aliment nécessaire. Jésus lui oppose une parole de l'Ecriture qui exprime sa pleine *confiance* en Dieu et son désir de lui *obéir* absolument. (3, 4.) — 3º Seconde tentation. Le diable le transportant dans la ville sainte, au *haut du temple*, l'invite à se précipiter dans le vide pour montrer sa *confiance illimitée* en Dieu. Il lui *cite* une parole de l'Ecriture qui semble justifier une telle confiance. Jésus répond qu'il est aussi écrit : Tu ne *tenteras point Dieu*. (5-7.) — 4º Troisième tentation. Le diable le transportant sur une haute *montagne* et lui montrant tous les royaumes du monde et leur gloire, lui offre la *domination universelle*, s'il consent à lui rendre *hommage*. Jésus chasse Satan de sa présence, en lui citant cette parole : « Tu *adoreras le Seigneur ton Dieu*, et tu le serviras lui seul. » Le diable le laisse et des anges le servent. (8-11.)

Alors Jésus fut emmené dans le désert par l'Esprit [1], pour être tenté par le diable [2]. — Et ayant jeûné quarante jours et quarante nuits, après cela, il eut faim [3]. — Et le tentateur s'étant ap- **IV**
2
3

1. Comp. Marc 1 : 12, 13 ; Luc 4 : 1-13. — Ce récit, auquel passe l'évangéliste par cette simple particule *alors*, est la suite immédiate de celui qui précède. La tentation succède au baptême. Luc (4 : 1, notes) met expressément ces deux faits en un rapport intime, dont la signification profonde n'échappera à aucun de ceux qui ont quelque expérience des choses spirituelles. « Jésus, rempli du Saint-Esprit, » est *emmené par cet Esprit au désert*, pour se préparer dans la solitude, par la méditation, la prière, et surtout par la *tentation* à l'œuvre qu'il allait entreprendre. Tout homme de Dieu destiné à de grandes choses a besoin d'une telle préparation. Il la rencontre d'ailleurs infailliblement, car jamais la tentation n'est plus proche de lui ni plus dangereuse qu'au moment où il a été comblé des grâces divines les plus signalées. Si Dieu permet qu'il en soit ainsi pour tous, il le voulut pour son Fils bien-aimé, parce que cela était nécessaire. (Voir v. 3, notes.) — *Le désert* n'était pas celui où se tenait Jean-Baptiste et où Jésus venait d'être baptisé, mais probablement le désert de la « Quarantaine, » ainsi nommé par la tradition en mémoire de ces *quarante* jours, et qui s'étend vers les montagnes, dans les environs de Jéricho. (Robinson, *Palestine*, p. 65 ; F. Bovet, *Voyage*, 7e édit., p. 247.) Marc (1 : 13) ajoute ce trait : « il était avec les bêtes sauvages. »
2. Le *diable*, nom qui signifie *calomniateur*, celui qui accuse les justes, nommé dans l'Ancien Testament Satan, l'adversaire. (Job 1 : 6 ; 2 : 1 ; Zach. 3 : 1 ; Jean 8 : 44 ; Apoc. 12 : 10.) Représentant de la puissance des ténèbres (Eph. 2 : 2 ; 6 : 12, 16) que Jésus venait détruire (1 Jean 3 : 8), Satan devait dès l'abord se montrer l'ennemi de son œuvre divine, comme il le fut jusqu'à la fin. (Jean 13 : 2, 27 ; 14 : 30.) Le Sauveur nous le décrit ainsi lui-même. (Math. 13 : 19, 39 ; Luc 8 : 12.) Matthieu, comme les autres écrivains du Nouveau Testament, le nomme (v. 3) le *tentateur*, à cause de son influence pernicieuse sur les hommes. — L'existence personnelle de cet ennemi de Dieu et de son règne n'est point un fait qui tienne à l'essence du christianisme ; mais ce fait occupe dans les révélations divines une place tellement évidente, qu'il faut, pour le nier, nier en même temps l'autorité de ces révélations. Ce fait n'a d'ailleurs absolument rien de contraire à la raison. Dès qu'on ne borne pas la création au monde matériel, qu'on admet l'existence d'êtres spirituels, il est arbitraire de nier la possibilité pour eux de tomber dans la révolte et dans le mal. Or, un esprit déchu de Dieu devient naturellement un être méchant, un ennemi, un tentateur. Les manifestations du mal parmi les hommes montrent que des créatures toutes spirituelles peuvent être perverties et méchantes. L'existence et l'action de Satan ne s'affirment que trop dans quelques-unes des expériences intimes les plus redoutables des chrétiens.
3. Le *jeûne* du Sauveur fut une abstention absolue de nourriture (Luc 4 : 2) ; il faisait partie de sa préparation, comme ceux de Moïse (Ex. 34 : 28), et d'Elie. (1 Rois 19 : 8.) Ces exemples bibliques d'un jeûne prolongé ont leur signification religieuse et morale ; ils sont physiquement possibles en des hommes que l'intensité de la vie de l'Esprit élève pour un temps au-dessus de la nature et de ses besoins. Jésus déclare du reste expressément (v. 4) quelle fut la source de sa vie

proché, lui dit [1] : Si tu es fils de Dieu, dis que ces pierres devien-
4 nent des pains [2]. — Mais lui, répondant, dit : Il est écrit : « Ce n'est

au désert. Toutefois cette privation devint pour le Sauveur une souffrance, qui pouvait ouvrir la porte à la tentation. C'est ce que marque l'évangéliste par cette expression *après cela* (gr. *plus tard, ensuite*) *il eut faim*, et c'est aussi à ce besoin naturel que l'ennemi s'attaqua en premier lieu. (v. 3.)
1. Comment le tentateur *s'approcha* du Sauveur, par quel moyen il lui suggéra ses tentations, c'est ce que les évangélistes passent sous silence. Ce silence a laissé le champ libre aux conceptions les plus diverses quant au genre de notre récit. On peut les ramener à quatre principales, tour à tour soutenues par les exégètes. 1º Les uns ont vu dans notre récit un fait historique, qu'ils reçoivent avec tous ses détails dans son sens littéral et extérieur, y compris une apparition visible du démon. On ne peut nier que cette manière de voir ne soit, au premier abord, la plus conforme à l'idée que les évangélistes paraissent avoir eue du fait qu'ils racontent. A la réflexion cependant ce sens littéral devient pour le moins douteux. Une scène magique se déroulerait sous nos yeux : Jésus serait transporté à travers les airs sur le faîte du temple ; ce serait aussi peu conforme aux tentations ordinaires du démon que peu digne du Sauveur. La troisième tentation serait plus impossible encore que cette seconde, puisqu'elle supposerait une montagne d'où pussent être vus tous les royaumes du monde et leur gloire. Cette explication n'est pas d'ailleurs nécessaire à la réalité de la tentation. (Voir la note suiv.) 2º D'autres pensent que Jésus aurait raconté à ses disciples cette profonde expérience de sa vie comme une parabole destinée à les mettre en garde contre les tentations de l'adversaire, et que les évangélistes auraient rendu ce récit sous la forme historique dont nous le trouvons revêtu. Rien dans les enseignements du Sauveur ni dans les récits évangéliques n'autorise cette supposition. Quand Jésus a proposé à ses disciples des paraboles, ils ont très bien su les saisir et les rendre sous forme de paraboles. 3º D'autres encore, admettant l'idée de notre récit tel qu'elle est brièvement énoncée par Marc (1 : 12, 13), ont vu dans sa forme actuelle un mythe qui aurait été développé ainsi par la tradition apostolique. Cette opinion est en contradiction avec le caractère historique de nos évangiles. 4º On a supposé enfin que toute cette histoire de la tentation, avec

sa tragique réalité, s'est passée dans l'âme du Sauveur, et qu'elle fut, au début de son ministère, un combat spirituel et moral avec le prince des ténèbres, correspondant à la lutte redoutable de Gethsémané qui en marqua la fin. La forme du récit, en harmonie avec le génie de l'Orient, qui aime à dramatiser les faits du monde spirituel, n'est point inconciliable avec cette vue du sujet. Elle se rapproche évidemment de l'histoire de la tentation en Eden, dont elle est la contre-partie, et n'est pas sans analogie avec le début du livre de Job. Au reste, ce qui importe, ce n'est pas le caractère du récit, mais bien le fait intérieur et moral de la tentation qu'il s'agit pour nous de saisir dans sa sérieuse et profonde réalité. (Comp. J. Bovon, *Théol. du N. T.*, I, p. 233 et suiv.)
2. Dieu venait de déclarer Jésus « son fils bien-aimé » (3 : 17) ; le Sauveur lui-même avait pleine conscience de cette dignité. Le moindre doute à cet égard aurait brisé la force nécessaire à la lutte dans laquelle il entrait et qui ne devait finir qu'avec sa vie. Le tentateur cherche précisément à lui insinuer ce doute : *Si tu es fils de Dieu...* (Comp. v. 6.) C'est le premier mot de la tentation en Eden. « Quoi, Dieu aurait-il dit ? » Ce doute pouvait paraître fondé dans la situation. Quoi ? le fils de Dieu, le Messie, exposé à la faim, aux privations, aux souffrances ! Si tu l'es en effet, prouve-le à toi-même et à ton peuple par des prodiges qui serviront à ta délivrance et à ta gloire. Là était la tentation : faire usage de sa puissance miraculeuse pour échapper à la souffrance de la faim, et, en obéissant à Satan, sortir avec ostentation de l'épreuve. Et il ne faut pas oublier que l'idée présentée à Jésus par le démon était universellement répandue dans le peuple, et que maintes fois déjà elle pouvait s'être offerte à lui par la bouche de ses contemporains. Israël attendait un Messie puissant et glorieux, qui rétablirait la nation dans son ancienne splendeur terrestre, en l'affranchissant du joug de l'étranger. Jésus adoptera-t-il cette pensée si propre à séduire le patriotisme d'un Israélite ? Ou bien entrera-t-il dans la longue carrière d'humiliations et de souffrances dont le terme sera la croix, pour ne régner que par la vérité (Jean 18 : 37), et pour accomplir la rédemption morale du monde ? Telle était la question qui constituait pour lui la plus redoutable tentation. Cette

CHAP. IV.   ÉVANGILE SELON MATTHIEU   81

pas de pain seulement que l'homme vivra, mais de toute parole qui sort de la bouche de Dieu [1]. » — Alors le diable le transporte dans la ville sainte [2] et le met sur l'aile du saint lieu [3] ; — et lui dit : Si tu es fils de Dieu, jette-toi en bas ; car il est écrit : « Il donnera à ses anges des ordres à ton sujet ; et ils te porteront sur leurs mains, de peur que tu ne heurtes ton pied contre une pierre [4]. » — Jésus lui

question est au fond la même qui se pose devant la conscience de tout homme. D'une part l'Evangile lui dit : Renonce à tout et à toi-même, prends ta croix et suis Jésus dans la voie de pauvreté, pour régner avec lui. D'autre part le monde l'invite à chercher la satisfaction de ses besoins naturels, de ses désirs égoïstes, à vivre pour soi-même ; il faut choisir. Et ce choix à faire, pour le disciple comme pour le Maître, se représente à chaque pas dans la vie ; il faut vaincre par l'obéissance et le sacrifice de soi-même, et pour cela avoir recours à une force qui n'est pas de la terre. (V. 4.) — Mais ici se présente une question dont la solution emporte tout le sens de cette histoire : Jésus était-il réellement accessible à cette tentation ? en d'autres termes, aurait-il été possible qu'il y succombât ? Si, méconnaissant la réalité de son humanité, on répond négativement ; si, avec Calvin, on déclare que les dards de Satan ne le pouvaient navrer ni blesser, c'est-à-dire qu'il était inaccessible au péché, notre récit tout entier n'est plus qu'une fiction peu digne de l'Evangile, et Jésus cesse d'être notre libérateur aussi bien que notre modèle dans son combat et sa victoire. Non, tout est réalité dans sa vie humaine ; « il a été tenté *comme nous* en toutes choses.* » (Hébr. 4 : 15.) Second Adam, chef et représentant de notre humanité, il a livré tous nos combats contre le péché et la puissance des ténèbres, pour lui-même d'abord, et pour nous ensuite. S'il eût succombé, son œuvre eût été perdue ; c'est parce qu'il a été « consommé » qu'il a détruit les « œuvres du diable, » et qu'il est devenu « l'auteur d'un salut éternel pour tous ceux qui lui obéissent. » (Hébr. 5 : 9 ; comp. Math. 3 : 13, note.)

1. Gr. *de toute parole sortant de la bouche de Dieu*. (Deut. 8 : 3, cité d'après les Septante.) Ces mots sont admirablement choisis, puisque c'est à Israël nourri de la manne au désert qu'ils sont adressés. « Il t'a humilié, il t'a fait avoir faim, mais il t'a nourri de manne... afin de te faire connaître que l'homme ne vivra pas de pain seulement, mais que l'homme vivra de tout ce qui sort de la bouche de Jéhova. » Tel est le sens littéral de l'hébreu. La version grecque a rendu très bien ces derniers mots, car *ce qui sort de la bouche de Dieu*, c'est sa *Parole* toute-puissante et créatrice, par laquelle il avait ordonné la manne et par laquelle il « porte toute chose. » (Hébr. 1 : 3.) « Quand Dieu parle, dit Luther, il ne prononce pas de simples paroles, mais des choses réelles. Ainsi le soleil et la lune, le ciel et la terre, Pierre et Paul, toi et moi, nous ne sommes que des paroles de Dieu. » — Toute épreuve, comme pour Jésus la défaillance de la faim, peut ouvrir la porte à la tentation. Notre force est alors uniquement dans la confiance en Dieu et dans l'obéissance à sa Parole : *Il est écrit.* — En répondant ainsi, Jésus ne veut pas dire que Dieu le nourrira d'une manière surnaturelle, sans pain, ni aliment matériel, par une parole, un ordre émanant directement de lui. Il affirme plutôt que la vie de l'homme ne dépend pas seulement de la satisfaction de ses besoins physiques, mais avant tout de l'accomplissement des ordres de Dieu. (Comp. Jean 4 : 34.) Il obéira toujours à son Père, de qui il attend jour après jour l'entretien de sa vie. Il n'usera pas du pouvoir qu'il a de faire des miracles pour sortir arbitrairement de la position dans laquelle Dieu l'a placé.

2. *La ville sainte*, Jérusalem. (Luc 4 : 9 ; Esa. 48 : 2 ; 52 : 1 ; Math. 27 : 53.)

3. Le *saint lieu* (*hieron*) indique dans le Nouveau Testament tout l'ensemble des portiques, cours et édifices qui formaient les dépendances du *temple* ou sanctuaire (*naos*), que nos versions ordinaires confondent avec le premier de ces termes. On s'est donné beaucoup de peine pour déterminer ce que pouvait être cette *aile* ou ce *faîte* d'un édifice où le tentateur fit monter Jésus ; on n'est arrivé qu'à des conjectures.

4. Ps. 91 : 11, 12, cité à peu près littéralement. « Dans la première tentation, le : *Si tu es*... devait conduire Jésus à cette conclusion : « Ne te laisse manquer de rien ! Aide-toi toi-même ! » Ici les mêmes

dit : Il est encore écrit : « Tu ne tenteras point le Seigneur ton
8 Dieu [1]. » — Le diable le transporte encore sur une montagne
fort haute ; et il lui montre tous les royaumes du monde et leur
9 gloire, — et lui dit : Je te donnerai toutes ces choses, si, te pros-
10 ternant, tu m'adores [2]. — Alors Jésus lui dit : Va-t'en, Satan ; car
il est écrit : « Tu adoreras le Seigneur ton Dieu, et tu le serviras lui
11 seul [3]. » — Alors le diable le laisse ; et voici, des anges s'approchèrent, et ils le servaient [4].

mots signifient : « N'aie peur de rien ; en tout cas Dieu t'aidera. » C'est la tentation opposée ; là, le manque de foi, qui est l'épreuve des commençants ; ici, en quelque sorte, l'excès de foi, ou l'abus de la foi, qui ne peut être que le danger des avancés.... Précisément parce que cette suggestion fait appel à la foi, Satan l'appuie d'une promesse divine.... Il avait remarqué que deux fois Jésus lui avait opposé comme un bouclier une parole scripturaire ; il essaie à son tour de se servir de la même arme. » *Godet.* Beaucoup d'interprètes pensent que Satan incitait Jésus à accomplir un miracle d'apparat qui l'eût fait reconnaître comme Messie par la multitude enthousiasmée, mais notre récit n'indique pas ce but et ne nous montre pas la foule spectatrice du miracle.

1. Deut. 6 : 16, cité d'après les Septante ; l'hébreu porte : « Vous ne tenterez point Jéhova votre Dieu, comme vous l'avez tenté en Massa. » *Tenter Dieu,* dans cette première application, c'était murmurer contre lui et ses dispensations, c'était aussi exiger de lui des manifestations extraordinaires de sa puissance et de sa bonté. (Ex. 17 : 2-7 ; comp. Ps. 95 : 9 ; 1 Cor. 10 : 9.) Tel eût été le péché de Jésus, s'il avait consenti à s'exposer à un danger inutile, en comptant sur la protection de Dieu. (Vers. 6, note.) S'il avait eu pour cela un ordre positif de Dieu, ou s'il avait eu un but qui pût servir à la gloire de Dieu, il se serait exposé au danger sans tenter Dieu. C'est ainsi qu'il sut se soustraire aux embûches de ses ennemis, puis, quand « son heure fut venue, » aller se livrer entre leurs mains. (Jean 11 : 7-10 ; Math. 26 : 53, 54.)

2. C'est-à-dire « si tu me rends hommage comme à ton roi ; » car Satan ne pouvait exiger l'adoration proprement dite ; le piège eût été trop grossier. Le Sauveur savait que *tous les royaumes du monde* lui étaient promis (Ps. 2 : 8) ; mais comment devait-il en prendre possession ?

Il pouvait choisir entre ces deux voies : fonder son royaume avec puissance et avec éclat par des moyens empruntés à la sagesse du siècle, plus encore par le prestige de son pouvoir miraculeux, qui eût fasciné son peuple ; ou le fonder par le renoncement à tout ce que le monde pouvait offrir, par l'humiliation, la souffrance, le sacrifice de lui-même. (V. 3, note.) Satan le pousse dans la première de ces voies, qui répond si bien aux aspirations de l'humanité naturelle. Il se présente à lui comme le prince de ce monde ; il est réellement le possesseur des biens qu'il offre, puisqu'il incarne l'esprit du monde. (Comp. Luc 4 : 6 ; Jean 12 : 31 ; 14 : 30 ; 16 : 11.) « Cette proposition n'est point, comme on pourrait le croire, un mot chimérique et sans portée. Par la séduction du péché et de ses convoitises, le prince des ténèbres règne, en effet, dans le monde, et nul doute que, s'il avait voulu se courber sous cet empire, Jésus, avec des dons admirables, n'eût acquis une somme immense de richesses et d'honneurs. » (Bovon, *Théol. du N. T.*, I, p. 244.) Mais Jésus a démêlé le piège de l'adversaire ; il refoule toute ambition, tout désir de grandeur charnelle ; il choisit la voie de l'abaissement, de l'immolation, de la croix. Il y marchera désormais sans faiblir, mais non sans passer par bien des luttes. (Jean 12 : 27 ; Math. 26 : 38.) C'est bien dans cette alternative qu'était l'essence de la tentation et l'on comprend pourquoi, d'après notre évangile, c'est là le dernier des trois assauts de Satan ; aussi préférons-nous l'ordre de ce récit à celui que nous trouvons dans l'évangile de Luc.

3. Deut. 6 : 13, librement cité. Cette charte du monothéisme de l'Ancien Testament, prise dans son sens absolu, exclut toute autre adoration et fait de Dieu seul le grand mobile de toutes nos actions. Pour la première fois dans ce récit, Jésus appelle le tentateur *Satan*, ce qui signifie

La note 4 est à la page suivante.

l'adversaire, parce qu'il pénètre à fond le but de ses insinuations, et cela au moment même où l'ennemi lui offre ses plus grandes faveurs.
4. La victoire est remportée, Jésus se retrouve en communion avec les puissances du ciel, les anges qui l'assistent et le *servent*. (Comp. Jean 1 : 52 ; Luc 22 : 43 ; 1 Rois 19 : 5.) Les tentations les plus diverses se reproduiront durant toute la vie humaine du Sauveur (Luc 4 : 13, note), mais la victoire par laquelle il a définitivement rejeté l'idée fausse du Messie, qui régnait dans son peuple et que Satan lui insinuait, est le gage de toutes ses autres victoires. La puissance des ténèbres est brisée ; et le Sauveur a acquis la force et la sympathie, qui lui permettront de délivrer ses rachetés, lorsqu'ils souffriront la tentation. (Hébr. 2 : 18.)

LE MINISTÈRE DU MESSIE

I. Tableau général du ministère de Jésus.

1. *Inauguration et esquisse de l'activité du Christ.*

12-25. Retour de Jésus. Son ministère en Galilée. Vocation de ses disciples.
— 1º Après l'emprisonnement de Jean-Baptiste, Jésus *se retire en Galilée* ; il quitte Nazareth et s'établit à Capernaüm ; ainsi s'accomplit la *promesse* faite par *Esaïe* à la terre de Zabulon et de Nephthali, qu'une grande lumière se lèverait sur elle. (12-17.)
— 2º Jésus, marchant sur les bords du lac, voit *Pierre* et *André* son frère occupés à pêcher ; il *les appelle à le suivre*, leur annonçant qu'il les fera pêcheurs d'hommes ; ils obéissent à l'instant. Plus loin, il rencontre deux autres frères, *Jacques* et *Jean*, auxquels il adresse la même vocation ; et eux, quittant tout, s'attachent à lui. (18-22.)
— 3º L'évangéliste donne un *aperçu du ministère* de Jésus. Jésus parcourt toute la Galilée, prêchant et guérissant. Sa renommée se répand dans la Syrie entière, de toutes parts on lui amène les malades, de grandes foules le suivent. (23-25.)

Or, ayant appris que Jean avait été livré [1], il se retira dans la Ga- 12
lilée. — Et ayant quitté Nazareth, il vint demeurer à Capernaüm [2], 13

---

1. Comp. Marc 1 : 14-20 ; Luc 4 : 14, 15 ; 5 : 1-11. — *Livré*, c'est-à-dire mis en prison. L'évangéliste raconte plus tard en détail ce grave événement. (14 : 1 et suiv. ; comp. Luc 3 : 19, 20.)
2. Matthieu, Marc (1 : 14) et Luc (4 : 14) placent ce retour en Galilée immédiatement après le baptême et la tentation de Jésus. Luc raconte son séjour à Nazareth, que Matthieu ne fait qu'indiquer. (V. 13.) Ce récit, qui paraît omettre diverses circonstances, est difficile à concilier chronologiquement avec celui de Jean, qui rapporte le retour de Jésus en Galilée (1 : 44), les noces de Cana (2 : 1 et suiv.), un voyage à Jérusalem à la fête de Pâques (2 : 13), l'entretien avec Nicodème (3 : 1 et suiv.), un séjour prolongé et un commencement de ministère dans la terre de Judée, où Jean-Baptiste lui rend un dernier témoignage (3 : 22 et suiv.) et, à cette occasion, le quatrième évangile remarque expressément que « Jean n'avait pas encore été mis en prison. » Son intention est évidemment de rectifier la confusion qui s'était produite dans la tradition. (Comp. Jean 3 : 24, note.) Il raconte ensuite un second retour en Galilée par la Samarie. (4 : 3 et suiv.) Ce retour eut lieu en décembre. (Jean 4 : 35.) « Il est manifeste, dit M. Godet, que ces deux premiers retours de Judée en Galilée ont été fondus en un par nos synoptiques comme ils l'étaient probablement dans la tradition, ce qui a fait disparaître dans la narration ordinaire presque tous les faits qui les avaient séparés. » Cette confusion a amené les synoptiques à rapprocher des événements d'époques différentes. La mention du retour de Jésus en Galilée

qui est proche de la mer, sur les confins de Zabulon et de Nephthali[1] ;
14 — afin que fût accompli ce qui a été dit par Esaïe le prophète : —
15 « La terre de Zabulon et la terre de Nephthali, sur le chemin de la
16 mer, au delà du Jourdain, la Galilée des Gentils, — le peuple assis dans les ténèbres, a vu une grande lumière, et sur ceux qui étaient assis dans la région et l'ombre de la mort la lumière s'est levée[2]. »

« avec la puissance de l'Esprit » qu'il avait reçu au baptême et par lequel il avait vaincu au désert (Luc 4 : 14), se rapporte plutôt au premier retour. (Jean 1 : 44 ; 2 : 1.) L'emprisonnement de Jean (v. 12 ; Marc 1 : 14) fut le motif du second retour. Celui-ci fut suivi de la prédication de Jésus à Nazareth et de la translation du domicile de Jésus à Capernaüm. Le récit de Luc (4 : 16 et suiv.) donne la raison pour laquelle Jésus quitta Nazareth, où il avait d'abord demeuré avec ses parents. (2 : 23.)

1. *Capharnaoum*, ainsi portent les plus anciens manuscrits, et l'on suppose ce nom formé de l'hébreu *Caphar-Nachoum*, qui signifie « village de consolation, » ou, selon d'autres interprètes, *bourg de Nahum*, par allusion au prophète de ce nom. Ce lieu n'est pas connu dans l'Ancien Testament, mais c'était, au temps du Sauveur, une ville de commerce florissante, surtout parce que, située au nord-ouest de la *mer de Tibériade*, ou lac de Génézareth, elle se trouvait sur la route de Damas à Ptolémaïs. C'est à cause du privilège qu'eut cette ville de voir Jésus habiter au milieu d'elle, qu'elle s'attira une sévère condamnation. (11 : 23.) La prédiction de Jésus a été si bien accomplie, que les voyageurs et les archéologues discutent encore sur l'emplacement de Capernaüm. Il faut le chercher probablement en un lieu nommé *Tell Houm*, où l'on trouve quelques cabanes bâties par des bédouins pillards au milieu de nombreuses ruines recouvertes d'épines, à une centaine de pas du lac. (Voir F. Bovet, *Voyage en Terre Sainte*, 7ᵉ édit., p. 369, et Ph. Bridel, *La Palestine illustrée*, IV.) L'évangéliste remarque encore que Capernaüm était situé sur les confins des deux tribus de Zabulon et de Nephthali qui occupaient, en effet, le nord-ouest de la Palestine. (Jos. 19 : 10 et suiv., 32 et suiv.) On voit que, par ses remarques géographiques, Matthieu prépare la citation qu'il va faire de la prophétie d'Esaïe.

2. Esa. 8 : 23 et 9 : 1, librement cité d'après l'hébreu et les Septante. Matthieu ne fait que répéter, après le prophète, le nom de ces contrées plongées dans de profondes *ténèbres* et destinées à voir bientôt une grande *lumière*. Voici, d'après l'hébreu, la prophétie d'Esaïe : « Car il ne fera pas toujours sombre là où est maintenant l'angoisse. Comme les premiers temps ont couvert d'opprobre la terre de Zabulon et la terre de Nephthali, ainsi les derniers temps couvriront de gloire le chemin de la mer, la contrée au delà du Jourdain, le district des gentils. Le peuple qui marchait dans les ténèbres a vu une grande lumière ; ceux qui étaient assis dans la région de l'ombre de la mort, la lumière a resplendi sur eux. » Ainsi, toutes les contrées voisines du Jourdain à l'est, et de la mer à l'ouest, et jusqu'au *district* ou à la *Galilée des Gentils*, ainsi appelée parce qu'elle confinait vers le nord aux régions païennes de la Phénicie, auront part à la grande lumière annoncée par le prophète. L'évangéliste voit avec raison, dans l'établissement de Jésus à Capernaüm et dans le ministère qu'il allait exercer en ces contrées à demi païennes, l'accomplissement de la prophétie d'Esaïe. Le sens historique et premier de cette prédiction concernait la délivrance de ce pays opprimé et souvent dévasté par les fréquentes guerres d'Israël avec les Syriens et plus tard avec les Assyriens. Mais aussitôt le prophète s'élève à la pensée d'une autre délivrance (9 : 1-7) par le grand Libérateur qu'il décrit, et qui apporte la lumière et la vie avec la liberté. Il semble que l'évangéliste ait un plaisir particulier à montrer le Sauveur consacrant ses premiers travaux aux contrées les plus obscures et les plus misérables ; ce fut le caractère de toute son œuvre de s'abaisser vers les plus humbles et de « chercher ce qui était perdu. » Quelques versions françaises (celles de Rilliet, de M. Stapfer, de Pau-Vevey, d'Ostervald revisé et de Lausanne) rendent par un vocatif les premiers mots de ce passage : « Terre de Zabulon, terre de Nephthali ! » L'absence de l'article ne l'exige point, et l'ensemble de la construction, aussi bien que le texte d'Esaïe, montrent que ces noms propres

— Dès lors Jésus commença à prêcher, et à dire : Repentez-vous, car le royaume des cieux est proche[1]. 17

Et marchant le long de la mer de Galilée[2], il vit deux frères, Simon, appelé Pierre, et André son frère, qui jetaient un filet dans la mer, car ils étaient pêcheurs[3], — et il leur dit : Venez, suivez-moi, et je vous ferai pêcheurs d'hommes[4]. — Et eux, laissant aussitôt leurs filets, le suivirent. — Et ayant passé de là plus avant, il vit deux autres frères, Jacques, fils de Zébédée, et Jean son frère, dans la 18 19 20 21

---

sont au nominatif. — Ces mots : *sur le chemin de la mer* ne doivent pas s'appliquer à la mer de Tibériade, mais ils rappellent que « la grande route des caravanes qui se rendent de Damas et de Palmyre à la côte de la Méditerranée coupe, dans son extrémité septentrionale, le bassin du lac de Génézareth. On peut s'imaginer quelle devait être la prospérité d'une contrée si privilégiée, et l'on ne s'étonnera pas trop de l'immense population qui paraît y avoir été accumulée du temps de la domination des Romains. Lorsque Jésus, repoussé par ses concitoyens, quitta Nazareth et vint fixer son séjour près du lac de Tibériade, ce ne fut point, on peut le croire, le charme de cette nature, les délices de ce climat qui l'attirèrent sur ce rivage. Le Fils de l'homme venait chercher et sauver ce qui était perdu. Ce qui l'attirait sans doute, c'étaient ces grandes populations actives et industrieuses, mais absorbées dans les intérêts grossiers de la terre ; c'étaient ces foules misérables et errantes comme des brebis qui n'ont point de berger et pour lesquelles il était saisi de compassion. » (F. Bovet, *Voyage en Terre Sainte*, 7e édit., p. 353.) — Ce terme : *l'ombre de la mort*, est l'expression à la fois énergique et poétique des ténèbres les plus profondes, telles que celles qui règnent dans la mort. (Ps. 23 : 4 ; Job 3 : 5 ; 10 : 21.)

1. Mêmes paroles que celles dans lesquelles Jean-Baptiste résumait toute sa prédication. (3 : 2, notes.) Jésus lui-même ne pouvait avoir accès dans les âmes qu'en réveillant d'abord en elles le sentiment du péché et le besoin de la délivrance.

2. *Mer de Galilée*, ou de Tibériade, ou lac de Génézareth, formée par le Jourdain qui la traverse du nord au sud, ayant vingt kilomètres dans sa longueur, douze dans sa plus grande largeur, de forme ovale, entourée de montagnes qui en font le centre d'un pittoresque paysage. Les eaux du lac sont douces, claires, fraîches, abondantes en poissons, souvent violemment agitées par les vents. A tous les avantages dont l'a embelli la nature, le lac de Génézareth joint les immortels et religieux souvenirs qu'a laissés sur ses bords la présence du Sauveur, qui y passa la plus grande partie de son ministère. (Voir l'intéressante description qu'en fait M. Félix Bovet dans son *Voyage en Terre Sainte*, 7e édit., p. 347 et suiv. et comp. Ph. Bridel, *La Palestine illustrée*, IV.)

3. *Simon* était le nom du disciple. Il avait reçu le surnom de *Pierre* lors de sa première rencontre avec Jésus sur les bords du Jourdain. Plus tard ce nom lui fut confirmé dans une circonstance solennelle. (16 : 18 ; comp. Jean 1 : 43, note.) *André*, son frère, fut avec Jean le premier disciple de Jean-Baptiste qui s'attacha à Jésus. (Jean 1 : 35-41.) Ces deux frères étaient de Bethsaïda. (Jean 1 : 45.) Ils se livraient à leurs travaux de pêcheurs au moment où Jésus les appelle à le suivre. « Si l'Evangile était d'une telle nature qu'il pût être propagé et maintenu par des potentats, Dieu ne l'aurait pas confié à des pêcheurs. » Luther.

4. Les circonstances de la vocation de ces quatre disciples (v. 21) ont paru à quelques interprètes être en contradiction avec le récit de Jean (1 : 37 et suiv.), dont la scène est aux lieux mêmes où le précurseur baptisait, et avant son emprisonnement, tandis que, selon Matthieu, cette vocation a eu lieu en Galilée, après cet événement. (Comp. v. 12, note.) Ils objectent encore que, d'après le récit de Jean, Jésus connaissait ces disciples, tandis que Matthieu semble raconter une première rencontre avec eux. A cela on peut répondre que dans sa première rencontre avec ses disciples, rapportée par Jean, Jésus les appela à la foi ; que dans celle-ci, qui est identique avec Luc 5 : 1 et suiv., il les appelle au ministère. On peut distinguer même une troisième vocation à l'apostolat proprement dit. (Math. 10 :

barque avec Zébédée leur père, arrangeant leurs filets, et il les
22 appela. — Et eux, laissant aussitôt la barque et leur père, le suivi-
23 rent [1]. — Et il parcourait toute la Galilée, enseignant dans leurs
synagogues [2], et prêchant l'Evangile du royaume [3], et guérissant
24 toute maladie et toute langueur parmi le peuple [4]. — Et sa renommée se répandit dans toute la Syrie [5], et on lui présenta tous ceux
qui se portaient mal, atteints de diverses maladies et de divers
tourments, démoniaques, lunatiques et paralytiques ; et il les
25 guérit [6]. — Et de grandes foules le suivirent de la Galilée, et
de la Décapole [7], et de Jérusalem, et de Judée, et d'au delà le
Jourdain [8].

2-14.) Comp. F. Godet, *Commentaire sur saint Luc*, I, p. 345.

1. On a conclu de ce passage que *Jacques*, nommé le premier, était le frère aîné de *Jean*. Ils obéissent immédiatement à l'appel de Jésus, quittant, pour le *suivre*, non seulement leur barque et leur vocation terrestre, mais *leur père*. (Voir la note précédente.)

2. Le mot *synagogue* signifie *réunion*, assemblée et, par extension, le *lieu* où l'on se réunit. Depuis l'exil subsistait dans les synagogues, indépendamment des grandes assemblées solennelles dans le temple de Jérusalem, un culte qui consistait surtout dans la lecture et l'explication de la loi et des prophètes. Chaque Israélite qualifié pour cela pouvait y prendre la parole, avec l'autorisation de celui qui présidait l'assemblée. Jésus, et après lui les apôtres, saisirent fréquemment cette occasion d'annoncer l'Evangile à leur peuple. (Comp. Luc 4 : 15, note. — Voir sur l'organisation et le rôle de la synagogue, E. Stapfer, *La Palestine au temps de J.-C.*, p. 322 et suiv.)

3. La *bonne nouvelle* de ce *royaume* de justice et de paix qu'il venait fonder sur la terre. (Comp. 3 : 2, seconde note.)

4. *Prêcher* et *guérir*, telle était la double action de Jésus, c'est ainsi qu'il se manifestait comme Sauveur. Et telle est sa double action dans le monde moral. Aussi ses miracles, œuvres de puissance et d'amour, sont-ils appelés dans le Nouveau Testament des *signes*.

5. Province romaine dont la Palestine faisait partie et qui comprenait les contrées païennes situées au nord de cette Galilée où Jésus exerçait son ministère. Sa *renommée* se répandit dans ces pays, et plusieurs surent profiter de la connaissance qu'ils acquirent ainsi de lui. (Voir par exemple 15 : 21 et suiv.)

6. Parmi les divers genres de maladies énumérés ici, il en est deux qui ne sont pas sans difficulté quant à leur nature : Que faut-il entendre par *lunatiques* et *démoniaques ?* Le premier de ces termes est le participe d'un verbe qui signifie proprement *être sous l'influence de la lune*. Il paraît désigner une catégorie spéciale d'épileptiques, sur la maladie desquels la lune exerçait, croyait-on, une certaine influence. Les évangiles ne nous racontent qu'une seule guérison de *lunatique* (17 : 15), et le terme ne se retrouve pas ailleurs dans le Nouveau Testament. — Quant aux *démoniaques*, dont les guérisons sont si fréquemment rapportées dans les évangiles synoptiques, il sera plus à propos d'y revenir à l'occasion d'une de ces guérisons. (Voir 8 : 28 et suiv., notes.)

7. La *Décapole*, c'est-à-dire les *dix villes*, était une province située au delà du Jourdain, au nord-est de la Palestine et qui comprenait dix villes principales.

8. On désignait ainsi la Pérée. — L'évangéliste met un soin particulier à montrer ces *grandes foules* qui suivaient alors Jésus, parce qu'elles formeront son auditoire pour le discours qu'il va prononcer. (Ch. 5-7.)

2. *Le Christ enseignant.*

A. 1-16. Préambule du discours sur la montagne. Les béatitudes. — 1º Jésus étant monté sur un plateau élevé de la montagne, s'assied, les foules étant rangées autour de lui, et commence solennellement l'enseignement qui va suivre. (1, 2.) — 2º Dans huit *béatitudes*, il proclame le *bonheur* et indique les *qualités* de ceux qui ont part au *royaume des cieux*. Ce sont d'abord ceux qui *aspirent* aux biens spirituels de ce royaume : les pauvres en esprit, que leur humilité met en possession du royaume ; ceux qui pleurent et qui trouveront la consolation ; ceux qui sont doux et qui par leur douceur gagneront la terre ; ceux qui ont faim et soif de la justice et qui verront leur ardent désir satisfait. Ce sont ensuite ceux qui *possèdent* les dispositions et sont dans la condition des membres du royaume : les miséricordieux, qui obtiendront miséricorde ; ceux qui ont le cœur pur et qui verront Dieu ; ceux qui procurent la paix et seront appelés fils de Dieu ; ceux qui sont persécutés pour la justice et dont la récompense sera grande. (3-12.) — 3º La vocation des enfants du royaume est d'être le *sel* de la terre, qui ne doit jamais perdre sa saveur, la *lumière* du monde, qui ne doit jamais être cachée. Que cette lumière luise donc à la gloire de Dieu ! (13-16.)

V Or, voyant les foules, il monta sur la montagne[1] ; et s'étant assis,

---

1. Comp. Luc 6 : 20 et suiv. — Les *foules* sont celles que Matthieu a décrites ch. 4 : 25 et qui, attirées par les guérisons que Jésus opérait et par la puissance de sa parole, l'avaient suivi de toutes les contrées d'alentour, même de Jérusalem et de la Judée. Les guérisons et les actes miraculeux, dont elles avaient été témoins, les avaient préparées à recevoir les paroles étonnantes qu'elles vont ouïr. Comment auraient-elles pu croire heureux ceux que l'expérience et le bon sens proclament malheureux, si elles n'avaient contemplé les merveilleuses délivrances que Jésus tenait en réserve pour eux ? (Comp. Luc 4 : 17 et suiv.) — *La montagne*, malgré l'article, ne désigne aucune sommité particulière, mais en général la hauteur, par opposition à la plaine. C'est ainsi que les habitants des vallées disent : aller à *la montagne*, sans indiquer par là un point spécial de la chaîne dont il s'agit. La tradition a été plus précise que les évangélistes ; elle place *la montagne des Béatitudes* non loin de la ville de Tibériade, située sur le bord du lac de ce nom. « Derrière la montagne qui domine Tibériade est un large plateau, montant en pente douce du côté d'un rocher qui en forme le sommet. C'est sur ce rocher que Jésus aurait passé la nuit en prières et qu'au point du jour il aurait appelé ses disciples et choisi ses apôtres. (Luc 6 : 12 et suiv.) Puis il serait descendu près de la foule qui l'attendait sur le plateau, et c'est de là qu'il aurait enseigné le peuple. L'apparente contradiction qui existe entre le récit de Luc et celui de Matthieu se trouverait ainsi résolue. Selon le premier, Jésus *descendit*, et c'est dans *une plaine* qu'il aurait prononcé son discours. (Luc 6 : 17, note.) Selon Matthieu, il serait *monté sur une montagne* avec le peuple. Ceci s'explique, puisque Matthieu ne dit rien ici de la prière de Jésus et de l'élection des apôtres ; il ne rapporte que le fait général, la prédication aux troupes assemblées sur une montagne. Luc, qui rapporte un détail de plus, nous montre le Seigneur montant d'abord au sommet, puis redescendant *dans la plaine*, c'est-à-dire sur le plateau. (Il dit même : dans *un lieu en plaine*, ce qui semble indiquer par une nuance qu'il ne s'agit pas d'une plaine proprement dite.) Au pied du rocher, au haut du plateau, se trouve précisément une petite plate-forme, une sorte de chaire naturelle, d'où l'on peut aisément être vu et entendu d'une grande multitude. C'est là qu'aurait été assis le Seigneur.... Je me demandai s'il était possible qu'il y eût au bord de ce lac, et même dans toute la Palestine, une autre montagne à laquelle s'appliquassent aussi complètement les détails que

88 ÉVANGILE SELON MATTHIEU CHAP. V.

2 ses disciples s'approchèrent de lui [1] ; — et ouvrant sa bouche [2],
3 il les enseignait en disant : — Heureux [3] les pauvres en esprit, parce
4 que le royaume des cieux est à eux [4]. — Heureux ceux qui pleurent,

nous pouvons recueillir à ce sujet dans saint Luc et saint Matthieu. » (F. Bovet, *Voyage en Terre Sainte*, 7e éd., p. 380 et suiv.)

1. *Ses disciples*, ceux d'entre eux qu'il venait d'appeler à l'apostolat et ceux qui déjà avaient entendu et goûté sa parole, l'entouraient comme toujours ; mais cela ne signifie point, comme on l'a prétendu, que son discours ne s'adressât qu'à eux, à l'exclusion de la multitude. (Comp. 7 : 28.) Sans doute, ce discours, qui expose les principes spirituels et sublimes du royaume que Jésus venait fonder, ne pouvait être compris de tous, comme il ne peut être mis en pratique que par ceux qui sont animés de l'esprit de ce royaume ; mais le Sauveur parlait et enseignait en vue de l'avenir. Sa *parole* est une révélation, et quand son *œuvre* sera achevée, cette parole deviendra lumière et vie dans le cœur de ses rachetés.

2. *Ouvrant sa bouche*, hébraïsme qui indique la solennité de l'action, la sainte liberté de la parole. (Comp. 13 : 35 ; 2 Cor. 6 : 11 ; Eph. 6 : 19.) « Là, l'évangéliste fait avec éclat une préface pour montrer comment Jésus s'apprête à la prédication : il monte sur une montagne, il s'assied, il ouvre la bouche ; c'est pour faire sentir le sérieux de son action. » *Luther*. On n'est pas fondé à voir dans les pages qui suivent non un discours de Jésus, mais une compilation de l'évangéliste, qui en aurait emprunté les éléments à diverses paroles du Seigneur, prononcées en d'autres occasions. Sans doute, la forme assez différente sous laquelle Luc a rapporté ce même discours, soit pour le choix, soit pour l'ordre des matériaux, montre assez que les évangélistes ont usé d'une sainte liberté selon le plan qu'ils s'étaient tracé et sous la direction de l'Esprit de vérité qui les animait. Sans doute encore, il est un bon nombre des pensées de ce discours qui se retrouvent ailleurs dans les enseignements du Sauveur et avec des applications différentes. Mais ce sont tantôt des expressions proverbiales, des images, que Jésus pouvait certainement employer plus d'une fois (ainsi v. 13 ; comp. Marc 9 : 50 ; 7 : 13 ; comp. Luc 13 : 24 ; 6 : 22 ; comp. Luc 11 : 34 ; 6 : 24 ; comp. Luc 16 : 13) ; tantôt de courts préceptes moraux, qui devaient naturellement reparaître aussi dans ses enseignements. (Ainsi 5 : 25 ; comp. Luc 12 : 58 ; 5 : 32 ; comp. Luc 16 : 18 ; 6 : 19 ; comp. Luc 12 : 33.) Quant à la belle exhortation touchant les inquiétudes (6 : 25-34), que Luc a rapportée ailleurs (12 : 22-31), il serait difficile de dire dans lequel des deux récits elle se trouve le mieux à sa place. Quoi qu'il en soit, la manière dont l'évangéliste introduit cette prédication et dont il en décrit l'effet (7 : 28), montre avec évidence qu'il rapporte un discours solennel et prolongé de son Maître. Et n'était-il pas dans la nature des choses que le Sauveur, tout en guérissant les malades, en consolant les affligés, saisît l'occasion d'exposer à ces foules qui le suivaient les grands et éternels principes moraux de son règne ? Il le fait, non dans les formes logiques de l'école, mais avec la liberté d'allure qui convient à une instruction improvisée, coulant de source, mais qui, dans son ensemble, ne manque pas d'une grandiose unité.

3. *Heureux !* Ainsi commence le Sauveur. « C'est là une entrée belle, douce, pleine d'amour, dans sa doctrine et sa prédication. Il ne procède pas, comme Moïse ou un docteur de la loi, par des ordres, des menaces, des terreurs, mais de la manière la plus affectueuse, la plus propre à attirer les cœurs, et par de gracieuses promesses. » *Luther*. Toutefois, cet amour recouvre un profond sérieux, car ceux que Jésus déclare heureux sont bien misérables aux yeux du monde. Ils ne sont heureux qu'à cause de la *promesse* qui accompagne chacune de ces déclarations et qui la motive.

4. Les *pauvres en esprit* sont ceux qui se *sentent* pauvres dans leur vie intérieure, moralement et spirituellement pauvres, et qui, par là même, soupirent après les vraies richesses de l'âme. (L'*esprit* désigne, non le Saint-Esprit, mais la faculté par laquelle nous entrons en relation avec Dieu et réalisons la vie morale. Comp. 26 : 41.) L'inverse est décrit dans Apoc. 3 : 17. (Comp. 1 Cor. 4 : 8 et suiv.) Ce sentiment de pauvreté devant Dieu n'est pas encore la repentance, mais une humilité profonde, douloureuse, qui y conduit. (Comp. Esa. 57 : 15.) — On peut interpréter aussi cette parole en ce sens qu'elle désignerait, non la pauvreté morale, mais la pauvreté temporelle réalisée en pensée,

parce qu'ils seront consolés ¹. — Heureux ceux qui sont doux, parce 5
qu'ils hériteront la terre ². — Heureux ceux qui ont faim et soif de 6
la justice, parce qu'ils seront rassasiés ³. — Heureux les miséricor- 7
dieux, parce qu'ils obtiendront miséricorde ⁴. — Heureux ceux qui 8

sinon de fait. Les pauvres en esprit sont « tous ceux qui ont l'esprit détaché des biens de la terre, » comme dit Bossuet, et il ajoute : « O Seigneur ! je vous donne tout : j'abandonne tout pour avoir part à ce royaume ! Je me dépouille de cœur et en esprit, et quand il vous plaira de me dépouiller en effet, je m'y soumets. » (*Méditations sur l'Evangile*.) Ainsi comprise la première béatitude de Matthieu répond exactement à la première béatitude de Luc (Luc 6 : 20, note) et n'a pas un sens presque identique à celui de la quatrième béatitude : « Heureux ceux qui ont faim et soif de la justice. » — Qu'il s'agisse de pauvreté spirituelle ou de pauvreté temporelle, d'humilité ou de détachement, ou de tous les deux à la fois, à une telle situation répond la promesse ou plutôt la déclaration positive et actuelle : *parce qu'à eux est le royaume des cieux*. (Telle est la construction grecque, comme dans tous les versets qui suivent.) Ce *royaume* (voir sur ce mot 3 : 2, note) où tout est lumière, justice, paix, amour, leur est assuré par la grâce divine avec toutes ses richesses. Il ne leur est pas seulement promis pour l'avenir. Il leur appartient dès maintenant. Quel contraste avec leur pauvreté !

1. *Ceux qui pleurent*, ou qui sont dans le deuil, la tristesse. L'expression est très générale et ne s'applique pas exclusivement à ceux qui pleurent sur leurs péchés. Mais comme il y a en ces affligés le sentiment humiliant de leur pauvreté morale (v. 3, comp. Jacq. 4 : 9), leur tristesse est « selon Dieu » et non « du monde » et produit « une repentance à salut. » (2 Cor. 7 : 10.) Aussi seront-ils *consolés*, parce que cette tristesse les amène à la source du pardon, de la paix, de la vie. (Esa. 61 : 2, 3 ; 66 : 2.)

2. Paroles empruntées au Ps. 37 : 11. Cette *douceur*, cet abandon à la volonté de Dieu, en présence des violences, de l'injustice et de la haine, est produit en eux par le sentiment humble et attristé de ce qui leur manque. (V. 3 et 4.) Elle implique le renoncement aux avantages et aux joies de ce monde ; mais, par une magnifique compensation, ceux qui la pratiquent *hériteront la terre*. La *terre* de la promesse, Canaan, est prise dans son sens spirituel, et signifie la patrie d'en haut, le royaume de Dieu, dont la possession est assurée à ceux qui sont doux. Tel est aussi le sens de cette image au Ps. 37 et ailleurs. (Hébr. 4 ; 11 : 13-16.) Bien que cette promesse ne doive être réalisée dans sa plénitude qu'au dernier jour, elle s'accomplit dès ici-bas en ce sens que « toutes choses travaillent au bien de ceux qui aiment Dieu » (Rom. 8 : 28), et que « toutes choses sont à eux. » (1 Cor. 3 : 21.) « Le monde emploie la force pour posséder la terre ; Jésus nous apprend qu'on la gagne par la douceur. » *Luther*. — D'excellents critiques du texte (Lachmann, Tischendorf), se fondant sur *D*., la *syr*. de Cureton et quelques Pères, placent le v. 5 avant le v. 4, et obtiennent cet ordre qui leur paraît plus naturel : les *pauvres*, les *doux*, ceux qui *pleurent*, ceux qui ont *faim et soif de la justice*. La progression est plus frappante. Toutefois, les témoignages invoqués ne suffisent pas pour justifier cette transposition, ou du moins la laissent douteuse.

3. Cette *faim* et cette *soif* des biens spirituels qui leur manquent, de la vraie *justice* intérieure dont ils se sentent privés, d'une vie conforme à la volonté de Dieu, naissent en eux des dispositions décrites dans les versets précédents. Cette belle et énergique image de la faim et de la soif, expression d'un besoin pressant, d'un ardent désir de vie, revient souvent dans l'Ecriture. (Ps. 42 : 3 ; Ps. 63 : 2 ; Esa. 41 : 17 ; Jean 7 : 37 ; Apoc. 22 : 17.) Toute âme qui l'éprouve devant Dieu sera *rassasiée*, rassasiée de *justice*, puisque c'est de justice qu'elle a faim et soif. Les révélations subséquentes de l'Evangile lui apprendront comment elle y parviendra. (Rom. 3 : 21-30 ; Philip. 3 : 9 ; etc.) Voir déjà dans le sermon sur la montagne la doctrine de la justification par la foi, serait une anticipation que l'exégèse ne doit pas se permettre. (Comp. 6 : 33.) Seulement, il est vrai de dire avec Luther que toutes les promesses que fait ici le Sauveur supposent la foi pour se les approprier.

4. Les *miséricordieux* sont ceux qui ne pensent pas seulement à leur propre misère, mais qui compatissent à la misère de leurs frères. Il faut avoir senti sa

9 sont purs de cœur, parce qu'ils verront Dieu [1]. — Heureux ceux qui
10 procurent la paix, parce qu'ils seront appelés fils de Dieu [2]. — Heureux ceux qui sont persécutés à cause de la justice, parce que le
11 royaume des cieux est à eux [3]. — Heureux êtes-vous, lorsqu'on vous dira des injures, et qu'on vous persécutera, et qu'on dira faus-

propre misère, avoir souffert soi-même, pour pouvoir sympathiser avec la souffrance d'autrui. Il faut avoir été soi-même l'objet de l'amour infini de Dieu pour pouvoir aimer les autres et pratiquer à leur égard la charité. Telle est la double pensée qui rattache cette béatitude aux précédentes. Elle est liée à elles aussi par cette considération que ceux que Jésus appelle au bonheur de ses disciples auront besoin encore d'*obtenir miséricorde* au jour du jugement suprême, car bien qu'assurés du royaume des cieux, bien que consolés et rassasiés de justice, il restera dans leur vie beaucoup de manquements et d'imperfections à couvrir. Il leur sera pardonné et fait miséricorde selon qu'ils auront fait miséricorde. (6 : 14, 15 ; 18 : 32-35 ; 25 : 31 et suiv ; Luc 6 : 35-38 ; 14 : 12-14 ; Jacq. 2 : 13.)

1. Le *cœur* est, selon l'Ecriture, l'organe de la vie morale. Etre *pur de cœur*, c'est, par opposition à des œuvres extérieures, être affranchi de toute souillure, de toute fausseté, de toute injustice, de toute malice dans ce centre intime des pensées et des sentiments. Tel n'est point l'état moral de l'homme naturel. (15 : 19.) Comment il parvient à cette pureté, c'est encore ici ce qui sera révélé plus tard, quand le Sauveur aura accompli son œuvre de rédemption. (Comp. 1 Cor. 6 : 11.) — Chaque promesse répondant parfaitement à la disposition décrite dans chacune de ces béatitudes, ceux qui sont purs de cœur sont *heureux*, parce qu'ils *verront Dieu*. C'est-à-dire qu'ils vivront dès ici-bas dans sa communion, et le contempleront un jour immédiatement dans la beauté suprême de ses perfections, source intarissable de la félicité du ciel. (1 Cor. 13 : 12 ; 1 Jean 3 : 2 ; Apoc. 22 : 4 ; comp. 2 Cor. 3 : 18.) Des passages tels que Ex. 33 : 20 ; Jean 1 : 18 ; 1 Tim 6 : 16 ne sont point en contradiction avec cette glorieuse promesse, parce que l'impossibilité de *voir* Dieu qui est esprit, tient à l'économie présente de la chair, et cessera dans la perfection et dans la gloire.

2. Gr. *ceux qui font la paix*. Ceux qui non seulement sont paisibles eux-mêmes, mais qui, après avoir trouvé la paix, s'efforcent de la procurer à d'autres et de la rétablir parmi les hommes, là où elle est troublée. — Ils sont *heureux*, parce qu'*ils seront appelés* de ce doux et glorieux titre : *fils de Dieu*. Ce titre exprime une réalité profonde ; car en tant que ces fils de Dieu procurent la paix, ils ont un trait de ressemblance avec leur Père qui est « le Dieu de paix » (Rom. 16 : 20 ; 2 Cor. 13 : 11), ils agissent selon son Esprit. Donc ils *sont* fils de Dieu, mais en outre ils seront *appelés* tels ; leur titre sera reconnu et de Dieu et de tous.

3. La *justice* signifie la même chose qu'au v. 6 ; seulement le mot est pris dans son sens objectif. *A cause de la justice* n'est donc pas différent, au fond, de cet autre terme : *à cause de moi*. (V. 11.) Christ est le représentant, le possesseur, le dispensateur de la justice. Ceux qui sont *persécutés* à cause de lui sont *heureux*, parce qu'*à eux est le royaume des cieux*. (V. 3, note.) Dans la huitième béatitude, Jésus revient donc à la première (ce qui fait que plusieurs interprètes n'en comptent que sept, mais à tort). Il clôt ainsi un cycle harmonique d'expériences et de promesses. Les quatre premières concernent ceux qui *cherchent* dans leurs profonds besoins ; les quatre dernières, ceux qui ont *trouvé* et qui déjà développent une certaine activité dans le règne de Dieu. Chaque promesse, source du *bonheur* (heureux !) répondant exactement et abondamment à chaque état d'âme décrit, fait resplendir un rayon de la gloire du royaume des cieux : aux affligés, la consolation (v. 4) ; aux doux, la possession de la terre (v. 5) ; aux affamés, le rassasiement (v. 6) ; aux miséricordieux, la miséricorde (v. 7) ; aux purs de cœur, la vue de Dieu (v. 8) ; à ceux qui procurent la paix, le beau titre d'enfants de Dieu. (V. 9.) Mais dans la première et la dernière béatitude, Jésus, qui est le Maître du royaume des cieux, le dispense tout entier aux pauvres et aux persécutés (v. 3 et 10) ; et là seulement il parle, non au futur, mais au présent : ce royaume *est* à eux. — Les v. 11 et 12 ne sont que le développement du v. 10.

sement contre vous toute sorte de mal à cause de moi [1]. — Réjouissez-vous et tressaillez de joie, parce que votre récompense est grande dans les cieux ; car c'est ainsi qu'on a persécuté les prophètes qui ont été avant vous [2]. Vous êtes le sel de la terre ; mais si le sel perd sa saveur, avec quoi sera-t-il salé ? Il n'est plus bon à rien sinon à être jeté dehors et à être foulé aux pieds par les hommes [3]. — Vous êtes la lumière du monde [4]. Une ville située sur une montagne ne peut être cachée [5]. — On n'allume pas non plus une lampe pour la mettre sous le boisseau, mais sur le pied-de-lampe, et elle luit pour tous ceux qui sont dans la maison. — Que votre lumière luise ainsi devant les hommes, afin qu'ils voient vos bonnes œuvres, et qu'ils glorifient votre Père qui est dans les cieux [6].

1. Une variante supprime le mot *faussement* (Gr. *en mentant.*) Elle n'est pas assez documentée pour être admise. Il faut remarquer cette grande parole sur laquelle porte l'accent : *à cause de moi*. Qui est-il donc Celui pour qui les chrétiens doivent supporter les injures et les persécutions ?
2. La *récompense*, qui n'affaiblit en rien la vérité du salut par grâce, par la foi (Rom. 4 : 4, 5), est *grande* en proportion de la fidélité et de l'amour avec lesquels les disciples de Jésus auront souffert pour son nom. Toutefois, nul chrétien ne cherche cette récompense en dehors de Dieu et du bonheur de le servir ; sans cela, il perdrait ce qui en fait la grandeur et la douceur. (20 : 1 et suiv.) — Le Sauveur montre à ses disciples persécutés un sujet de *joie* dans la pensée (*car*) qu'ils ont ce trait de ressemblance avec les *prophètes* qui les ont précédés. (Voir 1 Rois 18 : 22 ; Jér. 26 : 11 et suiv. ; 37 : 15 et suiv. ; 38 : 4 et suiv. ; Hébr. 11 : 36 et suiv.)
3. Jésus, après avoir, dans les béatitudes, caractérisé ceux qui sont enfants de son royaume et leur avoir prédit d'inévitables persécutions dans un monde ennemi de Dieu (v. 10-12), veut leur faire sentir maintenant (v. 13-16) tout le sérieux de leur position, la grandeur de leur vocation, afin que, loin de se laisser abattre par l'opposition, ils n'en deviennent que plus courageux et fidèles pour exercer la sainte influence qu'ils sont appelés à avoir. Ils sont parmi les hommes le *sel*, la *lumière*. Eloigner la corruption (Ex. 30 : 35 ; 2 Rois 2 : 19-22), rendre les aliments savoureux et sains (Job. 6 : 6), telle est la destination du *sel*. (Comp. Marc 9 : 49, 50 ; Luc 14 : 34 ; Col. 4 : 6.)

Le sens spirituel de l'image est évident. Les disciples de Jésus sont eux-mêmes le sel *de la terre*, destiné à pénétrer toute la masse de l'humanité. (Voir « lumière *du monde,* » v. 14.) Mais si le sel même venait à *perdre sa saveur* (gr. *devient insipide*), rien ne pourrait la lui rendre, il devient une matière inutile, et sa destination est perdue. Dans son sens spirituel et moral, la pensée est terrible. Jésus ne dit pas que cela arrivera à ses disciples; mais il en suppose la possibilité.
4. Parole étonnante, car le Sauveur se l'applique à lui-même ! (Jean 8 : 12 ; 9 : 5 ; 12 : 35.) Lui seul est dans un sens absolu *la lumière du monde* qui a resplendi dans nos ténèbres. Ses disciples, illuminés par lui, le deviennent médiatement. (Eph. 5 : 8 ; Philip. 2 : 15.)
5. En Palestine, les villes sont ordinairement bâties sur le sommet ou le penchant d'une montagne ; peut-être Jésus en avait-il une devant les yeux, qu'il montrait de la main. (Voir F. Bovet, *Voyage en Terre-Sainte*, 7e éd., p. 382 et suiv.) Cette image a le même sens que la suivante. La vie de l'Eglise, la vie de l'âme ne peut et ne doit être cachée dans ce monde.
6. Cette image : mettre la lumière *sous le boisseau*, n'offre à l'esprit aucune idée conforme à nos usages actuels. Il en est tout autrement dans les campagnes en Orient. Nous voici dans l'unique chambre qui abrite toute une famille : « Il n'y a d'autre lumière qu'une petite lampe, formée tout simplement d'une soucoupe pleine d'huile. A défaut de table, elle est posée sur un boisseau retourné.... C'est le seul ustensile d'un ménage de paysans, tel que celui que j'ai sous les yeux. Il sert

B. 17-48. La loi accomplie par Jésus-Christ. Réforme de la vie morale. — 1° *La position du Christ à l'égard de la loi de l'ancienne Alliance* : Il n'est pas venu pour abolir, mais pour accomplir ; aucun trait de la loi divine ne passera jusqu'à ce que tout ait été accompli ; la violer ou l'observer, c'est être petit ou grand dans le royaume des cieux : et ceux-là n'y entreront point dont la justice ne surpasse pas celle des pharisiens. (17-20.) — 2° Quelle est cette *justice supérieure*, comment faut-il *interpréter* la loi ? Jésus le montre par une série d'exemples empruntés à la loi morale. *Premier exemple*, interprétation du *cinquième commandement.* La loi dit : *Tu ne tueras point*, et le meurtrier est punissable par le jugement. Mais moi je vous dis que la colère ou des paroles de mépris ou de haine contre un frère sont une violation de la loi et méritent la condamnation. Aucun acte de piété n'est possible dans ces sentiments : va premièrement te réconcilier avec ton frère. Sois promptement d'accord avec ton adversaire, tandis qu'il en est temps, de peur que tu ne sois condamné. (21-26.) — 3° *Second exemple*, interprétation du *sixième commandement.* La loi dit : *Tu ne commettras point adultère* ; mais moi je vous dis que regarder une femme avec convoitise, c'est violer le commandement. C'est dans le cœur qu'il faut déraciner le mal, fût-ce par un sacrifice pareil à celui de s'arracher un œil ou de se couper une main. Ainsi encore, la loi permet le *divorce* ; mais moi je vous dis que quiconque répudie sa femme, sauf pour cause d'infidélité, l'expose à devenir adultère. (27-32.) — 4° *Troisième exemple :* la loi interdit le parjure et ordonne de tenir fidèlement les *serments* ; mais moi je vous dis : Ne jurez point du tout, ni par des objets sacrés, ni par des choses terrestres ; mais contentez-vous d'affirmer la vérité par un *oui* ou un *non*. (33-37.) — 5° *Quatrième exemple.* Il a été dit : *Œil pour œil, dent pour dent ;* mais moi je vous dis : de ne point résister au méchant, de souffrir des injures et des pertes, de donner et de prêter libéralement. (38-42.) — 6° *Cinquième exemple.* Il a été dit : *Tu aimeras ton prochain et tu haïras ton ennemi ;* mais moi je vous dis : Aimez vos ennemis, faites du bien à ceux qui vous maudissent et vous persécutent, et priez pour eux, afin qu'ainsi vous soyez fils de votre Père, qui donne à tous des marques de sa bonté. Aimer ceux qui vous aiment, de quelle récompense cela est-il digne ? Le but suprême à atteindre, c'est la *perfection* même de Dieu. (43-48.)

17 Ne pensez pas que je sois venu abolir la loi ou les prophètes ; je
18 ne suis point venu abolir, mais accomplir [1]. — Car en vérité je vous

tour à tour de table et de plat, car c'est dans ce même boisseau, pareil à ceux dont on fait usage chez nous, qu'on nous apportera tout à l'heure le lait caillé qui constitue le souper de la famille. » (F. Bovet, *Voyage en Terre-Sainte*, 7ᵉ éd., p. 312.) De là l'article, *le* boisseau, car il n'y en a qu'un. — Ce verset est l'application des principes qui précèdent. *Votre* lumière : elle n'est à *nous* que lorsque nous nous la sommes appropriée d'une manière vivante ; alors elle *luit* d'elle-même *devant les hommes* qui *voient*, non pas seulement des doctrines ou des opinions religieuses, mais *vos bonnes œuvres*, tout l'ensemble d'une vie chrétienne, la sainte vérité dont le caractère est essentiellement moral et pratique. Les hommes qui verront ces œuvres, *glorifieront*, non pas vous (si tel était votre but secret, la lumière en serait obscurcie, les bonnes œuvres deviendraient mauvaises), mais *votre Père qui est dans les cieux*, auquel ils seront forcés d'attribuer le témoignage d'une vie sanctifiée. (1 Pier. 2 : 12.) — Trouvera-t-on une contradiction entre ces paroles et celles du ch. 6 : 1-6 ? C'est le discernement spirituel qui doit indiquer la conciliation.

1. La liaison de la partie du discours qui remplit les v. 17-48 avec ce qui précède n'est pas évidente ; plusieurs interprètes pensent même qu'il n'en faut point chercher, mais voir ici le point de départ d'une pensée nouvelle, qui est la principale du sermon sur la montagne. Cependant, si l'on considère que le Sauveur a caractérisé les vrais membres de son royaume, ceux qui ont faim et soif de la justice (v. 6) et dont les hommes doivent

le dis, jusqu'à ce que le ciel et la terre aient passé, il ne passera pas de la loi un seul iota, ni un seul trait de lettre, jusqu'à ce que tout ait été accompli [1]. — Celui donc qui aura violé l'un de ces plus petits 19 commandements, et qui aura ainsi enseigné les hommes, sera appelé le plus petit dans le royaume des cieux ; mais celui qui les aura observés et enseignés, celui-là sera appelé grand dans le royaume des cieux [2].

voir les bonnes œuvres (v. 16), et qu'il expose maintenant l'esprit et la pratique de cette justice véritable telle que la formule la loi divine (v. 21 et suiv.), on se convaincra qu'il existe entre ces deux pensées fondamentales un lien intime. A ce point de vue on comprend d'autant mieux la solennelle déclaration que lui, le Messie, *n'est point venu*, point entré dans son ministère pour *abolir la loi ou les prophètes*, comme le pensaient les Juifs, qui s'attendaient à ce que leur Messie transformerait toute la loi. La loi et les prophètes, c'est toute l'économie mosaïque et toutes les révélations de l'ancienne alliance, soit comme institutions, soit comme Ecriture sainte. (7 : 12 ; 22 : 40 ; Luc 16 : 16.) Le Sauveur ne veut rien *abolir*, abroger (gr. *délier*, dissoudre, détruire, v. 19), mais tout *accomplir*. Et il l'a fait de toutes manières. 1º Il a enseigné, révélé le sens complet et spirituel de la loi divine, que le pharisaïsme avait matérialisée par sa doctrine des observances extérieures. (v. 20, 21 et suiv.) 2º Il a lui-même accompli parfaitement la loi par sa vie sainte. 3º Il a réalisé, par toute son œuvre et surtout par sa mort, l'idée complète de l'ancienne alliance, avec ses types, ses figures, ses sacrifices, ses promesses et ses espérances. (Rom. 10 : 4 ; Hébr. 10 : 1 ; voir surtout Jean 19 : 30.) Cet accomplissement, dans un sens plus élevé, plus parfait, l'Evangile de Christ l'opère à son tour dans le cœur des croyants. (Rom. 3 : 31.) Ainsi Jésus a accompli la loi et les prophètes d'une manière organique et vivante, comme la fleur accomplit le bouton, comme le fruit accomplit la fleur. Et en portant nos regards plus loin, nous pouvons attendre encore pour l'avenir *l'accomplissement* de ce qu'il y a de plus excellent dans l'économie présente, notre communion avec Jésus (Luc 22 : 16), la joie de ses rachetés. (Jean 15 : 11.)

1. Gr. *que tout soit arrivé*, soit réalisé, ait été fait, dans le sens du verset précédent. Ces paroles confirment la vérité profonde du v. 17 (*car*), et cela par cette affirmation solennelle : *en vérité* (hébr. *amen*, vérité), mot conservé tel quel dans la traduction grecque que les évangiles nous donnent des discours de Jésus. C'est ce qui a engagé les auteurs de la version de Lausanne à le conserver aussi dans sa forme hébraïque. — Ces mots : *jusqu'à ce que le ciel et la terre aient passé*, sont pris par les uns comme une expression proverbiale signifiant *jamais* ; par les autres dans ce sens que, même alors, rien de la loi ne passera, mais que tout sera réalisé dans la perfection. Ce dernier sens est le vrai. (Comp. 24 : 35 ; Luc 16 : 17.) — Un *iota* est le nom grec de la lettre *i* qui, dans l'alphabet hébreu, est la plus petite de toutes. — Un *trait de lettre* désigne certains jambages ou crochets qui distinguent les unes des autres les lettres hébraïques. Ces images signifient qu'aucune partie de la loi ne passera sans avoir été accomplie. Mais l'accomplissement même rend inutile la forme précédente, le fruit remplace la fleur, la grâce et l'amour se substituent à la loi dans la vie du chrétien, la réalité succède aux ombres et aux figures de la loi cérémonielle, et un jour la perfection suivra tout ce que nous possédons aujourd'hui. (1 Cor. 13 : 9-12.)

2. *Un de ces plus petits commandements*, c'est ce que Jésus vient de désigner comme un iota ou un trait de lettre. Le *violer* ou *l'abolir* ainsi de fait (même mot qu'au v. 17) et *enseigner* les autres à le faire, c'est s'exposer à n'occuper qu'un degré très inférieur dans le *royaume des cieux*. — L'expression dont Jésus se sert : *il sera appelé le plus petit dans le royaume des cieux* ne signifie pas qu'il sera exclu de la félicité éternelle (Augustin, Luther, Calvin), ce sens est contraire aux termes ; elle ne signifie pas qu'il n'aura qu'une petite part du bonheur à venir (Meyer), car l'Evangile n'enseigne pas qu'il y aura des degrés divers dans ce bonheur. Elle signifie qu'il n'aura qu'une part moindre et un rôle inférieur dans l'établissement du règne de Dieu sur la terre. (B. Weiss.) Celui qui croit pouvoir travailler à l'œuvre de ce règne plus efficacement en s'affranchissant de l'obéissance aux commandements qui lui paraissent secondaires, en les abolissant dans sa conduite et ses préceptes, se

20 — Car je vous dis que si votre justice ne surpasse celle des scribes et des pharisiens, vous n'entrerez point dans le royaume des cieux [1].
21 Vous avez entendu qu'il a été dit aux anciens : « Tu ne tueras point ; et celui qui aura tué sera punissable par le jugement [2]. » —
22 Mais moi, je vous dis que quiconque se met en colère contre son frère, sera punissable par le jugement ; et celui qui aura dit à son frère : Raca ! sera punissable par le sanhédrin, et celui qui lui dira fou,
23 sera punissable par la géhenne du feu [3]. — Si donc tu apportes ton

trompe. C'est la fidélité dans les petites choses, l'accomplissement scrupuleux de l'humble devoir, qui rendent apte au royaume de Dieu. Il faut d'ailleurs envisager ces commandements dans leur esprit et dans leur ensemble, qui forme un tout inviolable, la volonté de Dieu. (Comp. Jacq. 2 : 10.)
1. Gr. *si votre justice ne surabonde de beaucoup....* (Voir sur les *scribes*, ch. 2 : 4, note ; 23 : 2, note, et sur les *pharisiens*. ch. 3 : 7, note.) Ces paroles montrent ce que Jésus entend, dans les versets précédents, par l'accomplissement de la loi, et introduisent le discours qui va suivre, sur la manière d'interpréter la loi. Ses disciples doivent réaliser une *justice* bien supérieure à la justice extérieure, superficielle et formaliste des pharisiens dont il va faire ressortir toute l'insuffisance. Il ne dit pas, dans le sermon sur la montagne, par quel moyen ses disciples pourront obtenir cette justice supérieure. Il ne faudrait pas conclure de cette parole isolée que l'homme puisse jamais, par sa propre justice, *entrer dans le royaume des cieux*.
2. Tel est le premier exemple par lequel Jésus va faire comprendre à ses disciples quelle est dans son étendue et sa profondeur la vraie justice, telle que l'établit la loi saisie non dans sa lettre, mais dans son esprit. (v. 20.) Les Juifs *entendaient* la lecture de la loi à chaque sabbat. — Les *anciens* sont toutes les générations précédentes auxquelles Moïse et les docteurs qui lui succédèrent (23 : 2) enseignèrent la loi. Le commandement cité est de Moïse (Ex. 20 : 13), et les paroles qui y sont ajoutées : *celui qui tuera...* est une détermination des interprètes, fondée d'ailleurs sur la législation mosaïque. Le *jugement* devant lequel le meurtrier était *punissable* ou justiciable (gr. *lié, coupable*), était une cour de justice secondaire, établie dans chaque district. (Deut. 16 : 18 ; 2 Chron. 19 : 5.) A cela se bornait, dans l'interprétation pharisaïque, toute la signification de ce commandement ; quiconque ne l'avait pas violé à la lettre, pouvait se croire innocent ; *mais....* (v. 22.) — Quelques interprètes traduisent : « Il a été dit *par* les anciens, » au lieu de « *aux* anciens. » Sens grammaticalement possible, mais contraire à l'usage de cette expression dans le Nouveau Testament. De même dans la suite de ce discours.
3. Quelle autorité dans ce contraste : *Mais moi je vous dis !* Ce commandement, ainsi que tous les autres, peut être violé dans le cœur par les passions : la colère, la haine, le mépris ; et cette violation mérite, devant la justice divine, le même châtiment que le meurtre proprement dit. Le Sauveur établit une gradation dans la transgression, et aussi dans la peine qu'elle fait encourir. D'abord la *colère* contre un *frère* qu'il faudrait aimer (il faut retrancher ce mot *sans cause* qu'ajoute le texte reçu avec D, plusieurs majusc., les vers syriaques et des Pères) ; puis l'expression de cette colère par des paroles de haine ou de mépris. *Raca*, terme injurieux qui signifie en hébreu araméen *tête vide*, homme de rien, canaille. *Fou*, dans un sens moral, signifie impie, athée. (Ps. 14 : 1.) C'est une sorte de malédiction inspirée par la haine. (Comp. 1 Jean 3 : 15.) — Quant à la peine également graduée qui correspond à ces violations de la loi, Jésus l'indique par des images tirées de la justice pénale de son temps et de son peuple. En effet, il ne veut pas dire que celui qui manifeste ces mauvais sentiments du cœur doive être puni par les divers tribunaux qu'il va nommer, mais qu'il est aussi coupable que ceux qu'on y amène. Le *jugement* désigne le tribunal inférieur mentionné au v. 21. Le *sanhédrin*, autorité suprême de la nation, était composé de 71 membres, anciens, scribes et sacrificateurs, sous la présidence du souverain sacrificateur. (21 : 23 ; Luc 22 : 66 ; Act. 5 : 21.) Il connaissait de toutes causes religieuses, civiles ou criminelles ; en ces dernières, dont il est ici question, il servait de cour

offrande à l'autel, et que là tu te souviennes que ton frère a quelque chose contre toi, — laisse là ton offrande devant l'autel, et va pre- 24 mièrement, réconcilie-toi avec ton frère, et alors, viens présenter ton offrande ¹. — Accorde-toi promptement avec ton adversaire, pendant 25 que tu es en chemin avec lui, de peur que l'adversaire ne te livre au juge et le juge à l'huissier, et que tu ne sois jeté en prison ². — Je 26 te le dis en vérité, tu ne sortiras pas de là, jusqu'à ce que tu aies payé le dernier quadrant ³.

Vous avez entendu qu'il a été dit : « Tu ne commettras point 27

d'appel. Le nom de *géhenne du feu* provenait de la vallée de Hinnom (hébr. *Gué-Hinnom*), qui entourait Jérusalem du côté du sud et dans laquelle s'était célébré autrefois le culte de Moloch. Depuis le temps de Josias (2 Rois 23 : 10) on y jetait, afin de la profaner, les corps des animaux morts et des suppliciés, et l'on y entretenait un feu pour les consumer. Ce lieu était ainsi devenu une image de l'enfer, et c'est dans ce sens que le Nouveau Testament emploie ce terme. (Comp. Jér. 7 : 31, 32 ; 19 : 2 ; Marc 9 : 43-48.)

1. La particule *donc* montre que ces paroles sont une conclusion de ce qui précède et que l'ordre ici donné appartient à l'observation du commandement. (v. 21.) Jésus suppose le cas d'un homme qui, déjà occupé dans le temple à préparer une *offrande*, un sacrifice (gr. *un don*), là, sous l'impression de la sainteté de son acte, se *souvient* que son *frère*, un homme quelconque, a *quelque chose*, quelque ressentiment *contre lui*. Est-ce parce qu'il a offensé ce frère ? On peut le supposer, on l'admet généralement, mais Jésus ne le dit pas ; on peut donc supposer aussi qu'il lui impose le devoir de la réconciliation, même dans le cas où il n'aurait en rien contribué à la rupture avec son frère. Quoi qu'il en soit, le Sauveur n'admet pas que cet homme puisse entrer en communion avec Dieu par son offrande, par la prière, tant qu'il n'est pas réconcilié avec son frère ; et toute conscience chrétienne confirme ce jugement.

2. Ce v. 25 est la suite immédiate du v. 24. Jésus recommande encore le devoir de la réconciliation, mais sous une autre forme. Il suppose deux *adversaires*, un créancier et un débiteur (v. 26), dont le premier emmène l'autre chez le *juge* pour se faire payer, comme cela se pratiquait chez les anciens. Le conseil que donne le Seigneur à celui qui va être accusé est de se mettre *promptement d'ac*cord avec son adversaire tandis qu'il *est en chemin*, c'est-à-dire qu'il en a le temps encore. S'il ne le fait pas, il court risque d'être *livré au juge*, puis *à l'huissier* (exécuteur du jugement), et d'être *jeté en prison*. Est-ce là tout le sens de cette exhortation ? Dans ce cas, elle ne renfermerait qu'un bon conseil de prudence, de sagesse dans les affaires de cette vie, et c'est ainsi que l'entendent quelques interprètes. Mais comme ici Jésus exhorte ses disciples à la réconciliation avec leurs frères, et cela à cause de leur responsabilité envers Dieu (v. 23, 24), il est évident que notre v. 25 devient une image, une parabole, présentant un sens religieux plus élevé. Tous les hommes sont en chemin vers le juge, qui est Dieu ; tous ont envers leurs frères des torts dont il leur sera demandé compte, qui suffiraient pour les faire condamner ; et s'il est impossible même d'apporter à Dieu une offrande sans être réconcilié avec un frère offensé, comment espérer être absous devant le tribunal céleste ? Il ne resterait en perspective que la *prison*, c'est-à-dire, non le purgatoire, selon les interprètes catholiques, non le *hadès* ou lieu invisible d'attente, selon d'autres, mais le châtiment, comme cela ressort clairement de l'image. — On voit combien cette sérieuse parabole rentre harmoniquement et profondément dans le discours de Jésus, et que c'est à tort que quelques interprètes pensent que Matthieu l'a arbitrairement intercalée ici, parce que Luc lui assigne une autre place dans son évangile. (Luc 12 : 58, 59.) Pourquoi ne pas admettre plutôt que ce court enseignement parabolique peut avoir été présenté plus d'une fois ?

3. *Quadrant*, mot latin qui signifie le *quart* d'un *as* ou sou romain, c'est-à-dire un peu plus d'un centime. — Dans le sens littéral de la parabole, il eût peut-être été possible au débiteur de payer toute sa dette. Dans le sens spirituel,

28 adultère [1]. » — Mais moi, je vous dis que quiconque regarde une femme pour la convoiter, a déjà commis adultère avec elle dans son
29 cœur [2]. — Or si ton œil droit te fait tomber [3], arrache-le et le jette loin de toi, car il vaut mieux pour toi qu'un de tes membres périsse
30 et que tout ton corps ne soit pas jeté dans la géhenne. — Et si ta main droite te fait tomber, coupe-la, et la jette loin de toi, car il vaut mieux pour toi qu'un de tes membres périsse et que tout ton corps n'aille pas dans la géhenne [4].
31 Il a été dit aussi : « Si quelqu'un répudie sa femme, qu'il lui
32 donne une lettre de divorce. » — Mais moi, je vous dis que quiconque répudie sa femme, si ce n'est pour cause de fornication, la fait devenir adultère ; et que quiconque épouse une femme répudiée, commet adultère [5].

après le jugement de Dieu, il ne le pourra jamais. (Comp. 18 : 34.)

1. Ex. 20 : 14. Second exemple de la vraie interprétation de la loi. (v. 21.) Les paroles qui suivent montrent qu'ici encore la morale pharisaïque ne voyait la violation du commandement que dans l'acte matériel de l'*adultère*. On sait aussi que les docteurs juifs jugeaient très diversement des mauvaises pensées et des mauvais sentiments du cœur qui ne se traduisent pas en actions.

2. En quoi consiste l'*adultère* commis *dans le cœur ?* Non dans le *regard* seul, mais dans l'acquiescement de la volonté à la convoitise. C'est ce qui est marqué par ces mots : *pour la convoiter*. Tout homme qui regarde une femme dans de telles dispositions pèche déjà. Tout péché d'intention, dont les circonstances empêchent la consommation, est commis aux yeux de Dieu, qui « regarde au cœur. »

3. Gr. *te scandalise*, c'est-à-dire est pour toi une occasion de chute. Le mot grec, *scandale*, dans son sens littéral, signifie un obstacle matériel mis devant les pas de quelqu'un pour le faire tomber. Le sens spirituel ou moral en est dès lors évident. (Voir 16 : 23 ; 18 : 8, etc.) Le précepte que Jésus ajoute (v. 29, 30) au sixième commandement est semblable, comme le remarque Weiss, à celui dont il fait suivre le cinquième commandement. (v. 24-26.) Là il s'agissait de sentiments d'amertume et des dispositions d'un cœur non réconcilié qui reviennent spontanément à la mémoire ; ici il s'agit de la convoitise impure, qui, à l'état latent dans le cœur, est excitée sans qu'il y ait concours de la volonté. Jésus indique quelles mesures radicales il faut prendre dans ce cas.

4. Bien que cette énergique image soit susceptible d'applications très diverses et que Jésus l'ait employée plus d'une fois (18 : 8 ; Marc 9 : 47), on voit d'abord quel en est le rapport avec la pensée du v. 28. On consent dans certaines maladies dangereuses à subir l'amputation d'un *œil*, d'une *main*, d'un membre, si nécessaire soit-il, pour sauver la vie de *tout le corps*. Ainsi le renoncement le plus absolu, le sacrifice le plus douloureux *vaut mieux* (gr. *t'est avantageux*) que si tout ton être était *jeté dans la géhenne*. (Voir sur ce dernier mot v. 22, note, et sur toute la pensée 16 : 24-26 ; 19 : 29.)

5. Troisième exemple. Cet enseignement du Sauveur sur la sainteté du mariage se retrouve aussi ailleurs, provoqué par une question qui lui fut adressée (19 : 3 et suiv.) ; mais il peut fort bien avoir été donné déjà ici, à l'occasion de l'instruction qui précède sur l'adultère. La prescription mosaïque que cite Jésus (v. 31) se trouve dans Deut. 24 : 1. Elle permettait le divorce ; la *lettre* ou (gr.) *l'acte de répudiation* que donnait, dans ce cas, le mari à sa femme, constatait officiellement la séparation. Les Juifs, au temps de Jésus, abusaient de cette autorisation, dont les termes étaient un peu vagues. L'école plus stricte de Schammaï n'admettait que l'adultère comme cause de divorce ; mais d'autres rabbins interprétaient le texte mosaïque : « Si elle n'a pas trouvé grâce à tes yeux, » en disant : « Si quelqu'un voit une femme plus belle que la sienne, qu'il répudie la sienne. » (E. Stapfer, *La Palestine*,... p. 130 et suiv.) — Jésus, qui juge le commande-

Vous avez encore entendu qu'il a été dit aux anciens : « Tu ne te 33 parjureras point, mais tu tiendras tes serments au Seigneur [1]. » — Mais moi, je vous dis de ne point jurer du tout ; ni par le ciel, parce 34 que c'est le trône de Dieu ; — ni par la terre, parce que c'est le 35 marchepied de ses pieds ; ni par Jérusalem, parce que c'est la ville du grand Roi. — Tu ne jureras pas non plus par ta tête, parce que 36 tu ne peux rendre un seul cheveu blanc ou noir. — Mais que votre 37 parole soit oui, oui, non, non ; ce qu'on dit de plus vient du malin [2].

ment de Moïse lui-même (19 : 8), réagit fortement contre la pratique relâchée de ses contemporains. (v. 32 ; 19 : 9.) Il n'admet qu'un cas qui légitime le divorce : la *fornication*, c'est-à-dire, pour la femme mariée, l'adultère, qui brise et détruit de fait le lien conjugal. Et encore d'excellents interprètes (B. Weiss) estiment que Jésus ne donne pas ici l'adultère comme motif de divorce, mais qu'il veut seulement dire : celui qui répudie sa femme l'expose à devenir adultère, à moins que par la fornication, elle ne se soit déjà rendue telle. — Si nous admettons la première explication, qui paraît plus naturelle, Jésus pose ces deux principes : celui qui *répudie sa femme* pour les motifs futiles alors considérés comme suffisants, *la fait devenir adultère*, par la liberté qu'il lui donne de se remarier, tandis qu'en droit elle est la femme d'un autre ; et celui *qui épouse une femme* ainsi *séparée* commet le même péché, par la même raison. Mais une question se pose : si la séparation a eu lieu pour cause d'adultère, et qu'ainsi le divorce soit légal, un second mariage le sera-t-il aussi ? Les uns, d'après ce texte, répondent *oui* ; et telle est l'opinion qui a prévalu dans l'Eglise et dans les législations des pays protestants, qui ont même statué d'autres causes légitimes de divorce ; les autres, se fondant sur les passages parallèles (Luc 16 : 18 ; Marc 10 : 11), où ne se trouve pas la cause exceptionnelle admise ici (*si ce n'est pour cause de fornication*), répondent *non*, et considèrent le mariage après divorce comme interdit d'une manière absolue. Telle est l'opinion et la pratique de l'Eglise et des législations catholiques, qui n'autorisent en aucun cas le divorce, mais seulement la séparation. La question est complexe ; Jésus n'a point entendu l'épuiser ici, puisqu'il ne parle que de la femme, qui pourtant a les mêmes droits, et nullement du mari, qui peut avoir les mêmes torts. (Voir toutefois Marc 10 : 12, note.) L'apô-

tre Paul présente de la même manière les deux faces de ce sujet : la pratique la plus sévère (1 Cor. 7 : 10, 11) et le point de vue plus adouci. (v. 15.) Mais là, il ne parle que de la séparation, et non d'un second mariage. (Voir 19 : 9, note.)

1. Quatrième exemple. Cette citation ne se trouve nulle part littéralement dans l'Ancien Testament, mais la pensée revient dans plus d'un passage. Ainsi la défense du parjure ou faux serment est contenue dans Lév. 19 : 12, et le devoir de *tenir au Seigneur ses serments*, ou ses vœux, ou ses promesses, se trouve prescrit au Deut. 23 : 21. Sur ce point régnaient aussi parmi les Juifs de pernicieux abus, qui ne se sont que trop perpétués chez les chrétiens.

2. Qu'est-ce que le Sauveur enseigne à ses disciples au sujet du *serment* ? Ses paroles sont si claires et si précises, que l'exégèse ne saurait hésiter un instant. Aux prescriptions et aux usages de la loi ancienne, il oppose avec une autorité souveraine (*mais moi je vous dis*) le commandement *de ne jurer point du tout* (gr. *totalement, entièrement,* ce qui rend la négation absolue). Et comme, par un certain respect pour le saint nom de Dieu, l'usage s'était introduit chez les Juifs de jurer par d'autres objets vénérables, par le ciel, par la terre, par Jérusalem, etc., avec la pensée que ces sortes de serments liaient moins la conscience, Jésus poursuit ce préjugé en montrant que ces formules remontent pourtant jusqu'à Dieu, qui remplit de sa sainte présence les cieux et la terre, tout l'univers. (Comp. 23 : 16 et suiv.) Ainsi, *le ciel*, c'est *le trône de Dieu* qui y règne (Esa. 66 : 1) ; *la terre,* c'est *le marchepied de ses pieds* (voir encore Esa. 66 : 2, où Dieu dit par la bouche du prophète : « Ma main a fait toutes ces choses, » comp. Math. 23 : 22) ; *Jérusalem*, c'est *la ville du grand Roi,* la sainte cité de Jéhova (4 : 5 ; Ps. 48 : 2, 3) ; *ta tête*, bien loin de pouvoir en

38   Vous avez entendu qu'il a été dit : « Œil pour œil, et dent pour
39 dent [1]. » — Mais moi, je vous dis de ne pas résister au méchant [2] ;
   mais quiconque te frappe sur la joue droite, présente-lui aussi
40 l'autre [3]. — Et à celui qui veut plaider contre toi, et prendre ta
41 tunique, laisse-lui aussi le manteau [4]. — Et quiconque te contraindra

disposer, tu ne peux en rendre un *seul cheveu blanc ou noir*; ton impuissance rend ton serment téméraire ! Conclusion : Ne jurez par aucun de ces objets, votre serment n'en serait pas moins grave : en jurant par la créature vous jurez par le Créateur. Que faire donc ? Affirmer la vérité par un *oui* ou un *non*, prononcé sous le regard de Dieu, en présence duquel vous agissez et parlez toujours. Tout ce que vous ajouteriez *vient du malin*, du père du mensonge, qui règne dans le monde, ce qui fait que le monde se défie de la parole des hommes. D'autres traduisent *vient du mal* (comp. 6 : 13), du péché qui règne dans le monde et fait prédominer la fausseté dans les relations humaines. — Telle est la pensée du Sauveur, pensée seule digne de son règne et de ceux qui y appartiennent, pensée aussi clairement répétée plus tard par un de ses apôtres (Jacq. 5 : 12), et pleinement admise par les Pères de l'Eglise, Justin, Irénée, Clément, Origène, Chrysostome, Jérôme et d'autres. — Toutes les tentatives qu'on a faites pour tirer de notre passage un sens différent, sont des tours de force exégétiques ; tous les meilleurs interprètes, même ceux qui admettent la légitimité du serment, en conviennent. Aussi cherchent-ils ailleurs des arguments. On dit que le serment était prescrit dans l'Ancien Testament (Ex. 22 : 11 ; Deut. 6 : 13) ; qu'il est un honneur rendu à Dieu (Jér. 4 : 2 ; Hébr. 6 : 16) ; que l'apôtre Paul emploie des affirmations qui équivalent au serment (Rom. 1 : 9 ; 2 Cor. 1 : 23 ; Gal. 1 : 20 ; Philip. 1 : 8) ; que Jésus a fait un serment (Math. 26 : 63) ; enfin que Dieu lui-même jure. (Gen. 22 : 16 ; 26 : 3 ; Esa. 45 : 23 et ailleurs.) Si ces arguments sont fondés, il faut reconnaître qu'ils sont en contradiction directe avec le précepte de Jésus-Christ qui nous occupe, à moins qu'on n'admette, avec beaucoup d'interprètes modernes, que ce précepte, de même que d'autres du sermon sur la montagne (v. 32, 39, 40, 41), n'est pas applicable aux relations sociales, ni destiné à régler l'organisation de la société, mais seulement les rapports des chrétiens entre eux dans cette commu-

nauté idéale, où règne la perfection, et qui s'appelle le royaume des cieux. Mais l'intention de Jésus était-elle bien de proclamer une loi toute spirituelle et abstraite ? Ses auditeurs galiléens pouvaient-ils comprendre ainsi ses préceptes ? Et aujourd'hui encore, en présence des mensonges, des parjures, des violences faites aux consciences, de l'abus criant des serments politiques, le tout sous l'invocation du saint nom de Dieu, n'y a-t-il pas plus de sûreté pour la conscience dans l'obéissance à la parole si claire et si nette du Sauveur ?

1. Cinquième exemple. Dans la législation mosaïque, ces paroles prescrivaient au juge d'infliger au coupable une peine correspondant exactement et matériellement au délit commis. (Ex. 21 : 24 et suiv. ; Lév. 24 : 20 ; Deut. 19 : 21.) C'est la loi du talion, admise aussi dans les XII tables du droit romain, c'est la rigoureuse justice. *Mais moi je vous dis....*

2. Le mot grec peut être pris ici pour un adjectif neutre, alors il signifie *au mal* qu'on veut vous faire ; ou bien pour un substantif masculin et alors il faut traduire *au méchant*, à l'homme mauvais qui veut entamer un procès injuste contre vous. C'est ce dernier sens qui est le plus probable.

3. *Résister au méchant*, c'est rendre le mal pour le mal : la loi du talion et celle du cœur de l'homme est, en recevant un soufflet ou une injure quelconque, de le rendre à l'instant. Jésus veut, et ses apôtres après lui (Rom. 12 : 17, 19 ; 1 Pier. 3 : 9), qu'au lieu d'exercer ainsi la vengeance, le chrétien souffre plutôt une nouvelle injure, et c'est là ce qu'il faut entendre par *présenter l'autre joue*. (Comp. Jean 18 : 22.) Faire de ce précepte un principe de morale sociale, ce serait encourager le *méchant*, en lui donnant occasion de faire plus de mal.

4. *Plaider contre toi* (gr. *être jugé aller en justice*), entamer un procès dont l'objet serait t'enlever *ta tunique* (vêtement de dessous chez les Orientaux) ; au lieu de soutenir ce procès qui provoquerait la haine et d'autres querelles, souffre plutôt une seconde perte plus grande, celle du *man-*

CHAP. V.   ÉVANGILE SELON MATTHIEU   99

de faire un mille, fais-en deux avec lui [1]. — Donne à celui qui te 42
demande, et ne te détourne point de celui qui veut emprunter de toi [2].
Vous avez entendu qu'il a été dit : « Tu aimeras ton prochain, et 43
tu haïras ton ennemi [3]. » — Mais moi, je vous dis : Aimez vos 44
ennemis et priez pour ceux qui vous persécutent [4] ; — afin que vous 45
soyez fils de votre Père qui est dans les cieux [5] ; car il fait lever son
soleil sur les méchants et sur les bons, et il fait pleuvoir sur les
justes et sur les injustes [6]. — Car si vous aimez ceux qui vous 46
aiment, quelle récompense en aurez-vous ? les péagers aussi ne
le font-ils pas [7] ? — Et si vous ne faites accueil qu'à vos frères, 47

teau. Telle est aussi la morale de saint Paul. (1 Cor. 6 : 1-7.)
1. L'expression est empruntée à un usage oriental introduit par les Perses, d'après lequel les employés de l'Etat, et en particulier les courriers postaux, étaient autorisés à *requérir* des hommes pour porter un message, un fardeau, etc.
2. *Donner*, *prêter*, exigent le discernement de la vérité, non moins que le désintéressement de la charité. Mais les disciples de Jésus pèchent plus souvent à cet égard par trop de retenue que par trop d'abandon.
3. Sixième exemple. La première partie de ce précepte était seule dans la loi (Lév. 19 : 18), la seconde était une glose du pharisaïsme, qui entendait par le *prochain* les Juifs, à l'exclusion des hommes de nationalités différentes. Ceux-ci étaient des *ennemis* qu'on pouvait haïr, et l'on n'hésitait pas à appliquer ce principe à des ennemis personnels. La loi prescrivait tout le contraire (Ex. 23 : 4-6) et la conduite des Israélites pieux donnait un exemple tout opposé. (Ps. 7 : 5 ; 35 : 13, 14 ; Job 31 : 29 ; Prov. 24 : 17, 18 ; 25 : 21.) Toutefois, il faut bien reconnaître que l'amour du prochain, dans sa plénitude, n'a été enseigné que par le Sauveur, et qu'il est une création de l'Evangile dans le cœur du chrétien.
4. Le texte reçu, avec *D.*, la plupart des *majusc.* ajoute : *bénissez ceux qui vous maudissent, faites du bien à ceux qui vous haïssent* et priez pour ceux qui *vous outragent* et vous persécutent. La presque unanimité des critiques, des exégètes et des traducteurs retranchent ces mots sur l'autorité de *Sin.*, *B.*, de versions et de Pères, les regardant comme empruntés à Luc 6 : 27. Quoi qu'il en soit, Jésus a prononcé ces paroles, qui présentent une progression remarquable, à la fois dans le mal à souffrir et dans le bien à faire. D'une part des *ennemis* qui *maudissent, haïssent, persécutent,* d'autre part des chrétiens qui *aiment, bénissent, font du bien, prient*. De part et d'autre on passe des sentiments aux actes. « Voici donc trois degrés de charité envers des ennemis : les aimer, leur faire du bien, prier pour eux. Le dernier est celui qu'on croit pouvoir faire le plus aisément, mais c'est pourtant le plus difficile, parce que c'est celui qu'on fait par rapport à Dieu. Rien ne doit être plus sincère, ni plus cordial, ni plus véritable, que ce qu'on présente à Celui qui voit tout jusqu'au fond du cœur. » *Bossuet.*
5. Motif suprême de la morale chrétienne, être en réalité *fils de Dieu* (v. 9), animés de son Esprit, lui ressembler comme un fils ressemble à son père, l'imiter dans nos sentiments et notre vie. (Eph. 5 : 1.) — *Votre* Père ; jamais Jésus ne dit *notre* Père, en se comprenant dans ce mot avec ses disciples ; mais toujours *mon* Père ou *votre* Père. Distinction très significative. (Comp. Jean 20 : 17.) — *Qui est dans les cieux.* (6 : 9, note.)
6. *Son soleil* : « Magnifique appellation ! lui-même a fait le soleil et le gouverne, et il le possède en sa seule puissance. » *Bengel.* Les bienfaits de Dieu dans la création, même envers ses ennemis, sont offerts à notre imitation. Ces arguments tirés de la nature, qui dévaste aussi et détruit parfois, ne suffiraient pas pour nous faire connaître et aimer Dieu comme *notre Père ;* mais ils parlent au sentiment religieux, et Jésus leur prête ici son autorité. (Comp. Act. 14 : 17.)
7. Après avoir motivé l'amour des ennemis (v. 44) par l'obligation d'être fils du Père (v. 45), Jésus présente un second motif (*car*) en faveur du même précepte : *Aimer ceux qui nous aiment* est naturel au cœur de l'homme et ne saurait prétendre à une *récompense*. (v. 12 ; 6 : 1,

que faites-vous d'extraordinaire ? Les païens aussi ne le font-ils 48 pas [1] ? — Soyez donc parfaits, comme votre Père céleste est parfait [2].

notes.) Les *péagers* mêmes le font. Les Juifs haïssaient et méprisaient ces hommes qui s'étaient mis au service de la domination romaine pour prélever des impôts détestés, et qui le faisaient souvent avec dureté et injustice. Aussi dans l'Evangile sont-ils nommés avec les pécheurs les plus décriés. (21 : 31, 32 ; Luc 15 : 1.)
1. *Faire accueil* (gr. *saluer*) signifie témoigner de la bienveillance, de l'affection. Le faire en faveur de *frères* ou d'*amis* (ainsi porte une variante), il n'y a rien là d'*extraordinaire* (gr. d'*excellent*, de *distingué*), rien qui dépasse la mesure de la nature humaine. Les *païens* (le texte reçu répète ici le mot *péagers*) le font aussi.
2. Gr. *Vous serez parfaits*. Futur mis pour l'impératif ; ou bien : Vous le serez, je l'attends de vous et, par la voie que je vous ouvre, vous y parviendrez. *Parfaits* pourrait se rapporter à tout ce qui précède dans ce chapitre, et indiquerait une perfection morale ressemblant à tous égards à celle de Dieu, autant que la créature peut égaler Celui qui est infini. Mais il est plus probable que Jésus applique cette grande parole à ce qu'il vient de dire de l'*amour* depuis le v. 44. (Voir v. 45.) C'est ce que confirme le passage parallèle dans Luc 6 : 36, qui porte : « soyez *miséricordieux* comme votre Père est miséricordieux. » Ce sens se comprend mieux aussi ; car il est certain que l'amour, surtout l'amour divin répandu dans le cœur, ne connaît et ne veut pas de bornes, il tend à une perfection toujours plus idéale et toujours plus complète. Le but ainsi placé par le Sauveur devant les yeux de ses disciples est encore assez sublime pour effrayer leur faiblesse. Il leur est bon de se rappeler la prière d'Augustin : « Donne ce que tu ordonnes, Seigneur, et ordonne ce que tu veux ! »

C. Ch. 6 à 7 : 11. LA RÉFORME DE LA VIE RELIGIEUSE. — *a*) *La vraie piété dans ses manifestations extérieures.* (6 : 11-18.) — 1º *Aucun acte* religieux ne doit être accompli de manière à être *remarqué et loué par les hommes* ; il perdrait sa récompense. (1.) — 2º Appliquant ce principe, Jésus passe en revue les trois principales manifestations de la piété : dans l'*aumône*, il faut éviter toute ostentation, ignorer soi-même le bien qu'on fait, l'accomplir en vue de Dieu seul. (2-4.) — 3º Pour la *prière*, ne pas la pratiquer sous les yeux des hommes, mais dans le secret, en présence de Dieu ; ne pas multiplier les vaines redites, comme les païens, car le Père connaît nos besoins. (5-8.) — 4º Jésus donne à cette occasion un *modèle* de prière : en nous adressant à Dieu comme à *notre Père* qui est aux cieux, nous lui présentons d'abord les requêtes concernant son nom, son règne, sa volonté, puis celles qui sont relatives à nos besoins temporels et spirituels. Jésus insiste sur ce qui concerne le *pardon de nos offenses* : celui-ci ne nous sera accordé que si nous pardonnons à ceux qui nous ont offensés. (9-15.) — 5º Dans le *jeûne*, ne pas afficher des airs tristes, mais se montrer dans l'état ordinaire, afin de n'être remarqué que du Père qui lit dans le cœur. (16-18.)

b) *La vraie piété dans son essence intime : détachement, confiance au Père céleste.* (19-34.) — 1º La vraie piété exclut l'âpre *poursuite des biens terrestres et périssables* ; son trésor est dans le ciel. Les richesses de ce monde interceptent la lumière intérieure, sans laquelle tout est ténèbres ; elles deviennent notre maître et nous rendent incapables de servir Dieu. (19-24.) — 2º Cette obligation d'être à Dieu sans partage exclut à son tour les vains *soucis* matériels. Dieu qui a donné la vie donnera ce qui est nécessaire à son entretien. Les oiseaux et les lis nous le montrent. En douter, ce serait faire preuve de cette méfiance qui est le propre des païens. Les enfants de Dieu se confient en leur Père qui connaît leurs besoins ; ils recherchent avant tout son royaume et sa justice et ne s'inquiètent pas du lendemain. (25-34.)

c) *Défense de juger.* (7 : 1-6.) — 1° N'obéissez pas à *l'esprit de jugement*, car la mesure de vos jugements dénués de charité vous sera appliquée par Dieu lui-même. (1, 2.) — 2° Pourquoi remarques-tu un petit défaut en ton frère, toi qui es aveuglé par un mal moral énorme ! C'est là l'hypocrisie. (3-5.) — 3° Mais si vous ne devez pas juger, vous devez avoir cependant le discernement qui vous empêchera d'exposer les choses saintes devant des hommes impurs qui les profaneraient. (6.)

d) *Encouragement à prier.* (7-11.) — 1° Demandez, cherchez, heurtez, et vous obtiendrez. (7, 8.) — 2° Car vous êtes entre les mains d'un Père ; or quel est l'homme d'entre vous qui, lorsque son fils lui demande des choses bonnes et nécessaires, lui en donne d'inutiles ou de nuisibles ? Si donc vous, qui êtes mauvais, agissez avec amour envers vos enfants, combien plus votre Père céleste ! (9-11.)

Prenez garde de ne pas pratiquer votre justice devant les hommes, **VI** afin d'être vus par eux ; autrement vous n'avez point de récompense auprès de votre Père qui est dans les cieux [1]. — Quand donc tu fais 2 l'aumône, ne sonne pas de la trompette devant toi, comme font les hypocrites, dans les synagogues et dans les rues, afin qu'ils soient glorifiés par les hommes. En vérité, je vous le dis, ils ont déjà leur récompense [2]. — Mais toi, quand tu fais l'aumône, que ta main 3 gauche ne sache pas ce que fait ta droite [3], — afin que ton aumône 4

1. Le texte reçu porte *votre aumône*, au lieu de *votre justice*. Sin., B, D, l'*Itala* ont ce dernier terme, aujourd'hui généralement admis. En effet, il ne s'agit point encore de l'aumône, qui ne paraît qu'au v. 2, comme l'une des manifestations de la vraie justice ; puis suivent, en ce même sens, la prière (v. 5), et le jeûne. (v. 16.) La *justice* du royaume de Dieu, ressortant de la vraie interprétation de la loi, c'est le sujet général du sermon sur la montagne (5 : 6, 10, 20 ; 6 : 33) ; ici ce terme désigne les actes qui constituent la vraie piété, le culte que Dieu réclame de ceux qui prétendent le servir. Jésus va en relever les manifestations diverses, afin d'opposer la vérité aux fausses pratiques des pharisiens. Avant tout, aucun des exercices de cette piété ne doit être fait *devant les hommes* dans le but d'être *vu par eux*, et d'attirer ainsi leur admiration et leurs louanges. (v. 2.) *Autrement* point de *récompense* auprès de Dieu ! (Voir sur ce terme de *récompense* 5 : 12, note ; 5 : 46 ; 6 : 2, 5, 16.)

2. *Faire l'aumône*, c'est exercer la *miséricorde* ; telle est la signification étymologique du mot grec d'où dérive notre mot *aumône*. Ce sens indique déjà le motif intérieur d'où doit procéder la bienfaisance. L'exercer en *sonnant de la trompette devant soi*, c'est-à-dire avec ostentation, c'est l'affaire des *hypocrites*.

Quelques interprètes pensent que chez les Juifs les riches faisaient réellement sonner de la trompette en certains jours pour rassembler les indigents. Il n'est pas nécessaire de recourir à cet usage, qui d'ailleurs n'est point prouvé, pour comprendre la métaphore qu'emploie le Sauveur. Ensuite, faire l'aumône *dans les synagogues et dans les rues*, n'est pas un mal en soi, mais ce qui en fait un mal, c'est ce but : *être glorifié des hommes*. C'est là la *récompense* que cherchent les hypocrites ; ils *l'ont déjà* (le verbe grec composé signifie qu'ils *la tiennent déjà, mise à part*) et n'auront plus rien à réclamer. (v. 1, 16 ; 5 : 12, note.) « Toutes les fois qu'on vous loue, craignez cette parole du Sauveur : *En vérité, je vous le dis, vous avez reçu votre récompense*. Parole si importante que Jésus-Christ la répète à chaque action qu'il marque en particulier dans ce chapitre. » Bossuet.

3. Expression proverbiale qui symbolise bien la disposition recommandée : que les bonnes œuvres restent ignorées, inconnues, si possible, même de celui qui les fait. Et si elles sont connues malgré tout, peu importe, pourvu que leur but unique ait été de glorifier, non pas l'homme, mais Dieu. Ainsi se concilie une apparente contradiction entre ce verset et 5 : 16.

soit faite dans le secret ; et ton Père qui voit dans le secret, te le rendra [1].

5 Et quand vous priez, ne soyez pas comme les hypocrites, car ils aiment à prier en se tenant debout dans les synagogues et aux coins des rues, afin qu'ils soient vus des hommes. En vérité, je vous le 6 dis, ils ont déjà leur récompense [2]. — Mais toi, quand tu pries, entre dans ta chambre ; et ayant fermé ta porte, prie ton Père qui est là dans le secret ; et ton Père qui voit dans le secret, te le ren- 7 dra [3]. — Or, quand vous priez, n'usez pas de vaines redites, comme les païens, car ils pensent qu'avec beaucoup de paroles, ils seront 8 exaucés [4]. — Ne leur ressemblez donc pas, car votre Père sait de 9 quoi vous avez besoin, avant que vous le lui demandiez [5]. — Vous

---

1. Le texte reçu ajoute : « te le rendra *lui-même* (*D*, et quelques *majusc.*) *publiquement* (les *majusc.* plus récents). » Si ces mots étaient authentiques, ils marqueraient un double contraste : d'abord, *votre Père lui-même*, par opposition aux *hommes* (v. 2) ; puis, *publiquement*, au dernier jour, à la lumière du jugement éternel, par opposition à *dans le secret*. Mais la pensée reste la même sans ces deux mots trop peu autorisés pour être admis. Comp. v. 6 et 18, où le texte reçu conserve aussi le mot *publiquement*. On trouve dans saint Augustin cette remarque : « Plusieurs manuscrits latins portent : te le rendra *publiquement ;* mais comme nous ne trouvons pas ce mot dans les manuscrits grecs les plus anciens, nous n'avons pas pensé qu'il fallût s'en éloigner. » La critique moderne a confirmé ce jugement. — La parole de Jésus implique que nous recevrons une rétribution pour les aumônes que nous aurons faites ; il ne faut cependant attacher à celles-ci aucune idée de mérite et de propre justice. (v. 1 et 2 ; 5 : 12.) Tout ce qui se fait par amour pour Dieu, a sa récompense en Dieu même.
2. Prier en *se tenant debout*, même *dans les synagogues* ou dans le temple, selon l'usage des Juifs, les regards tournés vers le lieu très saint (1 Rois 8 : 22), ce n'est pas précisément là ce que blâme Jésus, mais bien encore ce mobile *hypocrite, être vu des hommes*. Cependant le Sauveur ne paraît pas approuver ce maintien dans la prière ; il le marque ailleurs (Luc 18 : 11) comme un trait de caractère du pharisien. Lui-même se prosternait devant Dieu. (26 : 39.) Quant à prier debout *dans les rues*, selon un usage qui existe encore en Orient, lorsque sonne l'heure de la prière, il est probable qu'il le réprouvait absolument. — Le texte reçu, avec *D* et les *majusc.*, porte : « quand *tu pries*, ne *sois pas ;* » le pluriel est plus autorisé. (*Sin.*, *B*, *Itala*, etc.)
3. Comp. v. 4, note. — Le mot que nous rendons par *chambre* indique tout local clos dans l'intérieur de la maison, par opposition aux « synagogues » et aux « rues. » (v. 5.) La prière particulière doit avoir lieu entre l'âme et Dieu seul. Par sa toute-présence il *est* et il *voit dans le secret.* — *Te le rendra* : cette expression, quand il s'agit non d'une bonne œuvre, mais de la prière, montre clairement ce que le Sauveur entend, dans les versets qui précèdent, par ce mot de *récompense* qu'il ne craint pourtant pas d'employer. (v. 1, 2, 4, notes).
4. Le mot que nous traduisons par *user de vaines redites* (gr. *battologie*, qui a passé dans le patois d'un canton suisse, *battoiller*, bavarder) signifie proprement *bredouiller ;* le verbe grec est formé par onomatopée. Le même défaut est encore appelé *polylogie* (beaucoup de paroles). On sait jusqu'à quel point ce trait du paganisme a reparu dans une grande partie de l'Eglise chrétienne ! Du reste Jésus n'entend pas fixer la durée de la prière (comp. Philip. 4 : 6). Augustin commente ainsi ces paroles : « Il n'y a pas dans l'oraison beaucoup de *mots*, mais beaucoup de *prières*, si le cœur y persévère avec ferveur. » On a dit aussi avec justesse : « Prier Dieu, ce n'est pas le haranguer. »
5. La toute-science de Dieu, fondement de notre confiance en lui et de la prière, suffit pour prévenir les vaines redites, mais elle doit aussi nous encourager à

ÉVANGILE SELON MATTHIEU 103

donc, priez ainsi[1] : Notre Père qui es dans les cieux [2], que ton nom soit sanctifié [3]. — Que ton règne vienne [4]. Que ta volonté soit faite 10

lui ouvrir notre cœur et à lui exposer tous nos *besoins* qu'il *connaît*.

1. *Vous donc,* par opposition aux païens (v. 7) ; *priez ainsi*, par opposition aux vaines redites. Mais ce n'est pas seulement la brièveté de la prière que Jésus va enseigner, c'est surtout l'esprit dans lequel il faut prier, les grâces qu'il faut demander, et qui répondent aux plus profonds besoins de toute âme chrétienne. Il ne veut donc pas donner une formule de prière à laquelle ses disciples doivent se borner ; mais dès qu'il condescend à leur en retracer un si admirable modèle, n'y aurait-il pas de leur part autant d'orgueil que d'ingratitude à l'exclure de leurs dévotions ? On nous dit que les apôtres ne s'en servaient pas dans leurs prières : qu'en savons-nous ? Et qu'est-ce que cela prouverait ? Quand le Maître a parlé, attendrons-nous que les disciples confirment sa parole ? Cette prière est si simple à la fois et si profonde dans les pensées, si humble et si sublime dans son esprit, si riche dans sa brièveté, que tout ce que nous pouvons demander à Dieu pour nous-mêmes et pour l'Eglise s'y trouve compris. Les trois premières demandes concernent tous les rapports de Dieu à l'homme, les trois dernières toutes les relations essentielles de l'homme pécheur à Dieu. Enfin ces requêtes répondent à la fois aux besoins de chaque âme individuelle et aux espérances des enfants de Dieu, réunis en Eglise dans une sainte et intime communion. — Luc (11 : 1 et suiv.) a donné l'oraison dominicale sous une forme incomplète et en lui attribuant une tout autre place. Au premier abord, il semble que l'occasion indiquée par cet évangéliste, c'est-à-dire la demande d'un disciple : « Enseigne-nous à prier, » est historiquement plus naturelle que celle du sermon sur la montagne, que Matthieu lui assigne. Telle est l'opinion de plusieurs interprètes, qui pensent que notre évangéliste aurait librement introduit ici ce formulaire, parce qu'il convient très bien à l'instruction que Jésus voulait donner sur l'esprit dans lequel on doit prier. (Voir sur cette question Luc 11 : 2, note.) Quoi qu'il en soit, c'est à Matthieu seul que nous devons de posséder en son entier cette admirable prière.

2. *Père*, tel est le premier mot de cette prière (gr. *Père de nous* ou *notre Père*). Cette invocation renferme déjà tout ce qui peut inspirer à l'âme qui prie la confiance et l'amour. Ce nom de Père donné à Dieu est à la fois la révélation et l'œuvre de Jésus-Christ. Rarement il se rencontre dans l'Ancien Testament (Esa. 63 : 16 ; comp. Ps. 103 : 13), jamais dans la plénitude de sa signification chrétienne. Et même il nous faut être réconciliés avec Dieu par Christ et avoir reçu l'Esprit d'adoption, pour être rendus capables de prononcer ce nom en vérité. (Rom. 8 : 15 ; Gal. 4 : 6.) « Prier *ainsi*, c'est la gloire des fidèles du Nouveau Testament. Quiconque dit à Dieu *Père* peut tout demander. » *Bengel.* Il faut remarquer encore que Jésus ne nous fait pas dire, en nous isolant chacun dans son égoïste individualité : *mon* Père, mais *notre* Père qui es aux cieux ! Quiconque est né de Dieu sur la terre est membre de cette immense famille des rachetés de Christ, avec laquelle nous sommes unis ; un lien nouveau d'une parenté impérissable embrasse les enfants de Dieu, depuis le plus obscur chrétien dont toute la science religieuse consiste à savoir prononcer avec amour le nom de son Père céleste, jusqu'aux esprits des justes qui déjà entourent le trône de Dieu. — *Qui es dans les cieux*, n'exprime pas seulement la grandeur et la puissance de Dieu, mais, comme le montre le v. 10, l'idée que Dieu, bien que présent partout, réside et manifeste spécialement sa présence et sa gloire dans un monde supérieur, que les Ecritures nomment *le ciel* ou *les cieux*. (Esa. 66 : 1 ; Ps. 2 : 4 ; 102 : 20 ; 115 : 3 ; Job 22 : 12 et suiv. ; Act. 7 : 55, 56 ; 1 Tim. 6 : 16.) Le Fils de Dieu est venu de là et y est retourné dans sa gloire ; c'est du ciel que vient l'Esprit divin et sur lui et sur les siens (3 : 16 ; Act. 2 : 1 et suiv.) ; c'est de là que la voix de Dieu retentit (3 : 17 ; Jean 12 : 28) ; et que les anges de Dieu descendent. (Jean 1 : 51.) Le chrétien qui, en priant, élève ses yeux et son cœur vers le ciel, sait qu'il aspire vers sa patrie. Ni le panthéisme ni l'astronomie ne lui ôteront ce privilège.

3. L'oraison dominicale se divise en deux séries de trois demandes. Les trois premières se rapportent à Dieu et à son règne, les trois dernières à l'homme et à ses besoins. En donnant ainsi la priorité aux intérêts divins, contrairement à l'instinct de son cœur qui le pousse à penser à soi d'abord, le chrétien renonce à lui-même, mais c'est pour se donner tout

La note 4 se trouve à la page suivante.

11 sur la terre comme au ciel ¹. — Donne-nous aujourd'hui notre pain
12 quotidien ². — Et remets-nous nos dettes, comme nous aussi nous

entier à Dieu, en qui il se retrouve, non plus seul, mais uni à ses frères. « L'esprit fraternel devient ainsi dans la seconde partie de la prière le complément de l'esprit filial qui avait dicté la première ; l'intercession fraternelle se confond avec la supplication personnelle. L'oraison dominicale n'est donc autre chose que le sommaire de la loi mis en action sous la forme de la prière, le sommaire réalisé d'abord dans l'intimité du cœur, pour passer de là dans la vie entière. » *Godet*. — Le *nom* de Dieu, c'est l'expression de son essence, de son être, tel qu'il s'est révélé à nous dans sa Parole. (Jean 17 : 6 ; Rom. 9 : 17.) *Sanctifier* ce nom, c'est reconnaître Dieu, le confesser, le craindre, l'adorer comme saint ; c'est surtout l'avoir comme saint dans le cœur. (1 Pierre 3 : 15.) Par cette prière, nous demandons à Dieu que tous les hommes arrivent à sanctifier son nom de cette manière.

4. La connaissance et l'adoration du saint nom de Dieu est le principe sur lequel s'établit son *règne*, sa domination sur les âmes. (Voir sur ce règne ou royaume de Dieu : 3 : 2, note.) Ce règne spirituel est d'abord caché dans le cœur des croyants (Luc 17 : 21), implanté en eux par la Parole et l'Esprit de Dieu ; mais il ne les laisse pas isolés, il les unit dans une sainte et vivante communauté. Demander à Dieu que ce règne *vienne*, c'est le supplier d'abord que ce règne grandisse en puissance là où il est, en sorte que rien ne se soustraie plus à sa domination absolue ; c'est ensuite prier pour que ce règne se propage, s'étende de proche en proche, d'âme à âme, de peuple à peuple, jusqu'à ce qu'il ait pénétré l'humanité tout entière ; c'est enfin appeler de ses vœux le triomphe final de ce règne, le jour où celui qui en est le Sauveur et le Roi viendra le rassembler et l'élever à la perfection. (Rom. 8 : 21-23 ; Tite 2 : 13 ; 2 Pier. 3 : 12, 13 ; Apoc. 22 : 20.)

1. Là où Dieu règne, sa *volonté* est faite ; mais jusqu'à la venue parfaite de son règne dans la gloire, il y a pour ses enfants un long exercice d'obéissance, par lequel ils doivent faire de continuels progrès : obéissance active pour accomplir cette volonté de Dieu dans les devoirs les plus difficiles ; obéissance passive pour accepter cette volonté, alors même qu'elle brise la nôtre et nous impose les plus douloureux sacrifices. — La prière s'étend ainsi jusqu'à l'état idéal où cette volonté sera faite *sur la terre* renouvelée *comme* elle est faite *au ciel* par les anges (Ps. 103 : 20-22) et par les justes parvenus à la perfection. « Le ciel est la norme de la terre. » *Bengel.*

2. Avant de demander à Dieu les grâces spirituelles dont nous avons un si profond besoin, le Sauveur nous permet de nous décharger sur lui de nos soucis terrestres. (1 Pier. 5 : 7.) C'est ainsi qu'il faut entendre cette demande, sans la spiritualiser arbitrairement en lui donnant pour objet « le pain de vie. » Pourquoi méconnaître cette miséricorde divine qui nous autorise à nous attendre à elle pour toutes choses ? Dans ce sens qui seul convient à l'ensemble de cette requête, chaque mot porte son enseignement : *Donne*, car tout vient de toi, est un *don* de ta libéralité ; le riche doit s'en souvenir aussi bien que l'indigent ; — *nous*, dans la communauté de la charité, de sorte que tous sentent que Dieu veut exaucer la prière du pauvre par son frère à qui il a déjà *donné* ; — *aujourd'hui*, non des provisions pour un lointain avenir (v. 34) ; — *notre pain*, la nourriture et ce qui est nécessaire à cette vie terrestre, non la richesse et l'opulence. Reste ce mot que nous traduisons très imparfaitement, d'après l'ancienne version latine, par *quotidien*, ou de chaque jour. Il est difficile d'en bien déterminer le sens, parce que c'est, dans l'original, un mot composé qu'on peut expliquer par des étymologies diverses, et parce que, en dehors de cette prière (comp. Luc 11 : 3), il ne se retrouve ni dans le Nouveau Testament ni dans la littérature grecque. Il n'est pourtant que deux significations admissibles. On obtient l'une en faisant dériver cette expression d'un mot qui signifie le *jour qui vient* : « Donne-nous aujourd'hui le pain du lendemain, » ce qui est presque une contradiction dans les termes et peu en harmonie avec le v. 34 ; l'autre en cherchant la racine de notre vocable dans un mot qui signifie l'*être*, la *substance* ou *subsistance* : « le pain de notre subsistance, » ce qui nous est nécessaire et nous suffit. Ainsi traduit Rilliet, d'accord avec presque tous les Pères de l'Eglise grecque et la plupart des interprètes modernes. On retrouve donc ici à peu près la belle pensée de la prière d'Agur : « Ne me donne ni indi-

les avons remises à nos débiteurs [1]. — Et ne nous induis point en tentation [2], mais délivre-nous du mal [3]. — Car si vous pardonnez aux hommes leurs offenses, votre Père céleste vous pardonnera aussi ; — mais si vous ne pardonnez pas aux hommes, votre Père ne vous pardonnera pas non plus vos offenses [4].

Et quand vous jeûnez, ne prenez pas un air triste comme les hypo-

gence ni richesse, mais nourris-moi du pain de mon ordinaire. » (Prov. 30 : 8.)

1. Nos péchés sont nos *dettes* devant Dieu, dettes énormes que nul ne peut payer (18 : 24, 25 ; Luc 7 : 41, 42), qui doivent nous être *remises* gratuitement. Cette prière même, enseignée par le Sauveur, est une déclaration touchante que Dieu, dans sa miséricorde, pardonne à toute âme repentante qui l'implore. Son pardon est même beaucoup plus que la remise d'une dette à un débiteur, car en ôtant la peine du péché, il nous met en possession de tout son amour et de la vie éternelle. Et pourtant, le besoin du pardon se renouvelle sans cesse dans une conscience délicate, parce que journellement nous contractons quelque dette qui doit nous être remise. — Quiconque souffre ainsi de ses péchés et en demande le pardon, est tout disposé à pardonner aux hommes qui l'auraient offensé ; ou plutôt, au moment de sa repentance et de sa prière, il a déjà pardonné au fond de son cœur. C'est ce qu'exprime le texte authentique : *comme nous avons remis* (parfait indéfini qui exprime le fait accompli et la permanence de l'action). Le texte reçu a le présent : *nous remettons*. Cette leçon est empruntée à Luc. Le mot *comme* exprime, non la mesure de notre pardon, qui ne peut jamais se comparer au pardon de Dieu, mais la présence en nous de la disposition qui correspond au pardon divin et permet à celui-ci de se manifester. Luc dit : « *car* nous-mêmes aussi nous remettons, » ce qui exprime la même pensée.

2. Après avoir reçu le pardon de son péché, le chrétien ne craint rien autant que d'y retomber. De là cette demande. Quel en est l'objet ? Non que Dieu ne nous *tente* point, « il ne tente personne » intérieurement (Jacq. 1 : 13) ; non seulement qu'il « ne nous laisse pas tomber dans la *tentation* » quand déjà nous y sommes ; mais qu'il ne nous y *amène* pas, c'est-à-dire que, puisque tous les événements de notre vie sont dans sa main, il ne permette pas que nous soyons placés dans des situations extérieures telles que nous y trouverions la tentation et des oc-

casions de chute. (26 : 41.) Mais comme de telles situations, de telles épreuves sont presque inévitables en ce monde, cette prière s'appuie sur des promesses divines. (1 Cor. 10 : 13.)

3. Etre préservé de la tentation, n'épuise pas le besoin profond de l'âme dans son état d'épreuve ; son ardente aspiration est d'être *délivrée* du mal. On peut traduire ainsi, ou bien du *malin*, du démon de qui procèdent les tentations. Le mot grec permettant l'un et l'autre sens, les opinions des interprètes sont très divisées. Avec Luther et la version anglaise, nous préférons l'idée du *mal* comme plus générale, répondant mieux à tous les besoins et s'appliquant au tentateur lui-même. Etre délivré du mal sous toutes ses formes, mal physique, mal moral ; du péché et de toutes ses conséquences ; des tentations et de celui qui en est l'instigateur ; de la vanité sous laquelle soupire la créature : telle est la prière d'un exilé, d'un captif, d'un affligé qui implore son libérateur. D'autres interprètes, tout en traduisant *du mal*, limitent le sens de ce terme au mal moral, au péché. — Les catholiques et les luthériens font de ce dernier soupir de l'oraison dominicale une prière distincte de la précédente, et obtiennent *sept* demandes, le nombre sacré des Ecritures. — Le texte reçu ajoute cette belle doxologie : « Car à toi est le règne, et la puissance, et la gloire pour les siècles. Amen. » Quoique très ancienne, elle n'appartient certainement pas au texte primitif, selon le témoignage des plus anciens manuscrits, des versions et des Pères. Tous les critiques modernes l'excluent du texte. Dans les manuscrits où elle se trouve, elle apparaît avec de nombreuses variantes. Son introduction dans le texte est due à des copies qui servaient au culte public, où elle était bien à sa place et où l'on peut la conserver, car elle ne renferme que des expressions bibliques, propres à inspirer une grande confiance en Celui qui exauce la prière.

4. Le texte reçu, avec *B* et la plupart des *majusc.*, ajoute *leurs fautes* après « aux hommes. » Ces mots sont omis dans *Sin.*, *D*, et des versions. Ces pa-

crites ; car ils se rendent le visage tout défait, afin qu'il paraisse aux hommes qu'ils jeûnent ¹ : En vérité je vous le dis, ils ont déjà leur
17 récompense ². — Mais toi, quand tu jeûnes, oins ta tête et lave ton
18 visage ³ ; — afin qu'il ne paraisse pas aux hommes que tu jeûnes, mais à ton Père qui est dans le secret, et ton Père qui voit dans le secret, te le rendra ⁴.

19 Ne vous amassez pas des trésors sur la terre, où la teigne et la
20 rouille détruisent, et où les voleurs percent et dérobent ; — mais amassez-vous des trésors dans le ciel, où ni la teigne ni la rouille ne dé-
21 truisent, et où les voleurs ne percent ni ne dérobent : — car où est
22 ton trésor, là sera aussi ton cœur ⁵. — La lampe du corps est l'œil :
23 si donc ton œil est sain, tout ton corps sera éclairé ; — mais si ton œil est mauvais, tout ton corps sera ténébreux. Si donc la lumière qui est en toi est ténèbres, combien seront grandes les ténèbres ⁶ ! —

roles sont une sérieuse application du v. 12 (*car*). Le pardon que nous accordons aux autres est-il donc la condition du pardon que nous demandons à Dieu ? Il en est plutôt l'effet ; mais là où cet effet ne se trouverait pas, nous pouvons conclure que la cause n'existe pas non plus. (Comp. 18 : 23-35.)

1. Après la prière, le *jeûne*, autre manifestation de la piété. Ici encore la justice pharisaïque (v. 1) était mêlée de cette *hypocrisie* qui veut *paraître*. Cet *air triste*, ce *visage défait* n'a pas d'autre but. Il y a en grec un contraste de mots qui rend la pensée plus frappante : « Ils font *disparaître* leur visage (sous la cendre, etc.), afin qu'ils *paraissent* aux hommes comme jeûnant. » Le jeûne sérieux, comme moyen de discipline morale, est tout autre chose. (Ps. 35 : 13 ; Math. 17 : 21 ; Act. 10 : 30 ; 13 : 2, 3 ; 2 Cor. 6 : 5.)

2. Comp. 5 : 12, note ; 6 : 1-5, notes.

3. C'est ce qu'on faisait alors pour paraître en public ou à un banquet. Ainsi, en jeûnant, rester dans ton état ordinaire.

4. Comp. v. 4, note ; v. 6.

5. Dans la première partie de ce chapitre (v. 1-18), la piété était envisagée dans ses manifestations extérieures, qui sont les diverses formes du culte rendu à Dieu : l'aumône, la prière et le jeûne. La seconde partie du chapitre (v. 19-34) nous présente cette piété, ce culte, dans son essence intime, qui est la confiance en Dieu, l'absolue dépendance du Père, la recherche prédominante du royaume de Dieu et des trésors célestes, et, comme conséquence, le renoncement aux soucis terrestres. Jésus passe brusquement, sans transition apparente, de l'un des sujets à l'autre, mais la liaison profonde des pensées ne saurait être méconnue. — Gr. *Ne thésaurisez pas des trésors ;* car d'abord ils sont périssables, et, ce qui est pire, vous y mettriez votre cœur. (v. 21.) La *teigne* et la *rouille* (ou la *vermoulure*) *détruisent* (gr. *font disparaître*) les objets auxquels elles s'attachent ; toutes les choses visibles sont destinées à périr. Les voleurs *percent et dérobent*, c'est-à-dire dérobent avec effraction (24 : 43) ; mille autres causes peuvent faire disparaître les richesses de *la terre*. Mais il y a des richesses qui sont impérissables ; celles de l'âme amassées *dans le ciel*, la vie éternelle et ses saintes joies. (19 : 21.) *Ton cœur* (ici le Seigneur individualise, ce que méconnaît le pluriel du texte reçu) sera donc tout entier, ou aux trésors de la terre qui vont périr, ou aux biens du ciel qui sont permanents et qui seuls peuvent te rendre heureux. Il faut choisir. (Comp. Philip. 3 : 18-20 ; Col. 3 : 1-4 ; 1 Jean 2 : 15-17.)

6. Cette comparaison profonde est reproduite ailleurs (Luc 11 : 34-36), sous une forme un peu différente. A-t-elle un rapport saisissable avec ce qui précède et ce qui suit ? Evidemment ; il suffit, pour le voir, de comparer les v. 19-21 avec le v. 24. Pour choisir entre les biens de la terre et ceux du ciel, il faut avoir une vue claire et nette des choses. Pour le

Nul ne peut servir deux maîtres ; car, ou il haïra l'un et aimera 24
l'autre ; ou il s'attachera à l'un et méprisera l'autre. Vous ne pouvez servir Dieu et Mammon [1].

C'est pourquoi je vous dis : ne vous inquiétez point pour votre 25
vie, de ce que vous mangerez et de ce que vous boirez ; ni pour
votre corps, de quoi vous serez vêtus [2]. La vie n'est-elle pas plus
que la nourriture, et le corps plus que le vêtement [3] ? — Considérez 26
les oiseaux du ciel : ils ne sèment ni ne moissonnent, ni n'amassent
dans des greniers, et votre Père céleste les nourrit. Ne valez-vous
pas beaucoup plus qu'eux [4] ? — Qui d'entre vous peut, par ses inquié- 27
tudes, ajouter une seule coudée à la durée de sa vie [5] ? — Et quant 28

corps, il n'y a qu'un organe de cette vue, c'est l'*œil* qui en est la *lampe*. Si cet œil est *sain* (gr. *simple*, clair, pur et ne regardant pas de deux côtés à la fois), *tout ton corps*, qui est en lui-même une masse obscure, *sera éclairé* (gr. *lumineux*). Mais si ton œil est *mauvais*, malade, obscur (gr. *méchant*, terme choisi à dessein), *tout ton corps sera ténébreux*. Il y a de même *en toi* un organe qui reçoit la *lumière* d'en haut, comme l'œil reçoit celle du soleil : c'est le *cœur* (v. 21) qui, éclairé par la vérité, par le vrai amour, doit faire son choix entre les trésors de la terre et ceux du ciel. Mais si, comme l'œil mauvais, cet organe est ténébreux, quelles ne seront pas tes *ténèbres* ! Il te reste peut-être une illusion trompeuse, celle de concilier les deux objets de ce choix. Mais cela est impossible. (v. 24.)

1. *Mamona* signifie en chaldéen et syriaque *richesse*, en langue punique, selon saint Augustin, le *lucre*. Ce mot est ici personnifié et opposé à Dieu. Le contraste est absolu : *aimer* ou *haïr*, *s'attacher* ou *mépriser*. Vous *ne pouvez* servir l'un et l'autre. Seulement il faut laisser à ce mot *servir* (gr. *être esclave*) son plein sens. « Avoir de l'argent et du bien n'est pas un péché ; mais ne le laisse pas devenir ton *maître* ; qu'il te *serve*, et que tu sois son maître. » *Luther*.
2. Cette partie du sermon sur la montagne (v. 25-34), qui est dirigée contre les *soucis* de la vie matérielle, est la conséquence nécessaire (*c'est pourquoi*) de l'incompatibilité qu'il y a entre le service de Dieu et celui de Mammon. (v. 24.) La recherche inquiète de notre subsistance comme la possession des richesses nous empêche d'être tout entiers à notre seul Maître légitime. Son service implique une confiance absolue aussi bien qu'un complet détachement. Cette idée se retrouve également dans Luc (12 : 16 et suiv. ; v. 22 et suiv.), bien qu'il ait assigné une autre place à ces paroles du Sauveur. — Etre *en souci* ou s'inquiéter est la traduction d'un verbe grec qui signifie, par son étymologie, *être partagé*. Les inquiétudes qui tirent la pensée en sens contraires, sont l'effet d'un cœur partagé entre le ciel et la terre, troublé par le doute au jour de l'épreuve. Le remède à ce mal, c'est la confiance en Dieu que Jésus veut inspirer à ses disciples. C'est pour cela qu'il leur présente diverses considérations aussi élevées que puissantes.

3. Premier motif de confiance. Puisque *la vie* (gr. *l'âme*, comme principe de la vie, ainsi au v. 25 ; 10 : 39 ; 16 : 25 ; 2 : 20) est plus que la *nourriture* qui l'entretient ; le *corps* plus que le *vêtement* qui le couvre ; celui qui a donné et conserve le plus, ne donnera-t-il pas le moins ? Paul emploie un raisonnement pareil (Rom. 8 : 32), qui pourrait aussi s'appliquer ici.

4. Second motif : les soins admirables de Dieu dans la nature (v. 26-30), et ce Dieu est *votre Père !* — Les *oiseaux du ciel*, hébraïsme plein d'élégance. Dans leur vol léger et gracieux, les oiseaux paraissent nager dans l'azur du ciel. Votre Père *les nourrit* : pensée tirée des Ecritures. (Ps. 104 : 27 ; 145 : 15.) L'homme *vaut plus qu'eux*, par sa raison, par son âme, par la faculté qu'il a de connaître Dieu, de se confier en lui.

5. Troisième motif : l'inutilité, l'impuissance des inquiétudes, qui ne font au contraire qu'énerver les forces de l'âme. Nul ne peut, *en s'inquiétant*, (gr.) *ajouter une coudée à son âge*, une heure au temps de sa vie, objet de ses soucis. Dieu en a déterminé la mesure (Ps. 39 : 5), nul n'y peut rien ajouter. — Bien que le mot

au vêtement, pourquoi vous inquiétez-vous ? Observez les lis des champs, comment ils croissent ; ils ne travaillent ni ne filent. —
29 Cependant, je vous dis que Salomon même, dans toute sa gloire,
30 n'était pas vêtu comme l'un d'eux [1]. — Si donc Dieu revêt ainsi l'herbe des champs, qui est aujourd'hui, et qui demain est jetée dans le four, ne vous revêtira-t-il pas beaucoup plutôt, ô gens de petite
31 foi [2] ? — Ne vous inquiétez donc point, disant : Que mangerons-
32 nous ? ou que boirons-nous ? ou de quoi serons-nous vêtus ? — car toutes ces choses, les païens les recherchent ; car votre Père céleste
33 sait que vous avez besoin de toutes ces choses [3]. — Mais cherchez premièrement le royaume de Dieu et sa justice, et toutes ces choses
34 vous seront données par-dessus [4]. — Ne vous inquiétez donc point pour le lendemain ; car le lendemain aura souci de lui-même. A chaque jour suffit sa peine [5].

grec signifie aussi la *taille*, la *stature*, c'est à tort que la plupart des versions le rendent par un de ces termes. L'image devient alors monstrueuse et n'a plus aucun rapport avec le contexte qui traite de l'entretien de la *vie*. (v. 26.) Comment, s'il s'agissait d'un tel prodige, *ajouter* une *coudée* à sa *taille*, Jésus pourrait-il dire (dans Luc 12 : 26) : « Si donc vous ne pouvez faire *la moindre chose ?...* »
1. Voir sur ces *lis des champs* le *Voyage en Terre sainte* de M. F. Bovet, 7e édit., p. 382 et suiv. Le voyageur vit avec admiration, sur le plateau de la montagne *des Béatitudes* (5 : 1, note), au pied de l'éminence d'où il suppose que le Seigneur parlait « un magnifique tapis de ces anémones écarlates.... Ici encore sa parole sera une démonstration : Observez les lis des champs ! » Que de poésie et de vérité dans cette comparaison entre la magnificence de ces fleurs et *toute la gloire de Salomon !*
2. La *petite foi*, ou plutôt le manque de cette foi qui n'est pas autre chose que la confiance du cœur en Dieu, telle est la cause de toutes les inquiétudes.
3. *Les païens* doivent *rechercher ces choses*, y mettre leur cœur ou *être en souci* quand elles leur manquent, parce qu'au lieu du Dieu vivant ils adorent de fausses divinités ou une froide et impitoyable fatalité. Mais vous qui connaissez *votre Père céleste !* Il *sait* vos besoins, cela doit vous suffire pour dissiper vos inquiétudes.
4. *Premièrement* : que ce soit là avant tout votre souci, le but de vos efforts ; et quand vous aurez trouvé cette grande

richesse, *le royaume de Dieu* (comp. 3 : 2, note) et *la justice* de Dieu (5 : 6, note ; 6 : 1, note), alors votre Père céleste, qui *voit* que vous avez besoin de *toutes ces* autres *choses*, vous les donnera *par-dessus* (gr. *elles vous seront ajoutées*). Cette promesse ressemble au raisonnement du v. 25 : Celui qui donne de si grandes choses y ajoutera certainement les petites. — Encore ici, la *justice* est mise devant les yeux des disciples comme le but à atteindre. Les développements subséquents de l'œuvre du Seigneur et de ses révélations, leur montreront comment ils pourront y parvenir.
5. Conclusion de toute cette partie du discours : paroles puisées dans l'expérience de la vie. Et d'abord *pour le lendemain*. On sait que toujours les inquiétudes se portent sur l'avenir. Or, le Seigneur aurait pu nous dire que cet avenir ne nous appartient pas, que nous ne le verrons peut-être jamais. Mais il dit autre chose. Non pas, selon nos versions ordinaires, que le lendemain *prendra soin de ce qui le regarde ;* mais que le lendemain *s'inquiétera de lui-même*. C'est-à-dire (en conservant à ce verbe le même sens qu'aux versets précédents) que le lendemain aura, par la force des choses, dans cette pauvre vie, ses propres sujets d'inquiétudes. « Pourquoi veux-tu t'inquiéter au delà d'aujourd'hui et prendre sur toi le mal de deux jours ? Contente-toi de celui que ce jour t'impose ; demain t'apportera autre chose. » *Luther*. Cette interprétation est seule en harmonie avec cette dernière parole : *au jour suffit sa peine*, ou son *mal*, sa misère. Oui, ce mal de chaque

ÉVANGILE SELON MATTHIEU

Ne jugez point, afin que vous ne soyez point jugés. — Car du **VII** même jugement dont vous jugez, vous serez jugés ; et de la même mesure dont vous mesurez, il vous sera mesuré [1]. — Et pourquoi 3 regardes-tu la paille qui est dans l'œil de ton frère, tandis que tu n'aperçois pas la poutre qui est dans ton œil ? — Ou comment dis- 4 tu à ton frère : Permets que j'ôte cette paille de ton œil, et voici, la poutre est dans ton œil ? — Hypocrite, ôte premièrement de ton œil 5 la poutre, et alors tu verras pour ôter le brin de paille de l'œil de ton frère [2].

Ne donnez point ce qui est saint aux chiens, et ne jetez point vos 6 perles devant les pourceaux ; de peur qu'ils ne les foulent à leurs pieds, et que, se tournant, ils ne vous déchirent [3].

---

jour *suffit ;* il est même souvent bien lourd pour notre faiblesse. Quelle compassion Jésus met dans ce conseil de ne pas y ajouter le mal du lendemain !

1. Le discours passe, sans transition marquée, à une série d'exhortations qui achèvent de caractériser la justice du royaume des cieux et la conduite de l'enfant de Dieu. — De même que celui-ci doit montrer dans ses rapports avec Dieu un cœur simple et droit, qui ne cherche pas à servir deux maîtres (6 : 24), mais qui se confie au Père céleste (6 : 32), de même, dans ses rapports avec le prochain, il doit faire preuve de la même simplicité et de la même droiture et être animé de cette charité « qui ne soupçonne point le mal et ne se réjouit point de l'injustice, mais qui excuse tout, croit tout, espère tout. » Jésus interdit à ses disciples de se constituer juges de leurs frères, ce qu'ils ne peuvent faire qu'en oubliant leurs propres péchés (v. 3) et en se mettant à la place de Dieu, à qui seul appartient le jugement. (Comp. Rom. 2 : 1 et suiv.) C'est à ce jugement de Dieu que le Sauveur en appelle comme motif de son exhortation : *afin que vous ne soyez pas jugés.* Calvin et d'autres exégètes entendent, à tort, par ces mots et par ceux du v. 2, les jugements des hommes qui jugent à leur tour avec sévérité ceux qui les jugent. Cette petite morale utilitaire n'est pas dans l'esprit de Jésus. Non, c'est Dieu qui, dans sa rigoureuse justice, appliquera le *même jugement* et *la même mesure* dont ils auront usé, à ceux qui, étrangers à la miséricorde et à la charité, se livrent à cet esprit pharisaïque de jugement. (Comp. Luc 18 : 9-14.) Jésus poursuit ainsi sa polémique contre la justice des scribes et des pharisiens (5 : 20.) — Il faut savoir concilier ce précepte avec le devoir chrétien de discerner et d'apprécier la valeur morale des caractères et des actions, à la lumière de la Parole de Dieu. (Comp. v. 6 et 15 ; 1 Cor. 5 : 12 ; 1 Thes. 5 : 21 ; 1 Jean 4 : 1.) Mais ce discernement, sans lequel il n'y aurait point de vie morale en ce monde, ne doit pas nous entraîner à porter sur les hommes et sur les motifs cachés de leur conduite un jugement définitif qui n'appartient qu'à Dieu.

2. Une *paille* et une *poutre !* Hyperbole destinée à faire sentir la folie qu'il y a à se préoccuper des fautes et des défauts d'autrui, tandis qu'on est soi-même aveuglé par de très grands péchés. Là est l'*hypocrisie.* C'est précisément la poutre qui t'aveugle ; *ôte-la premièrement,* puis *tu verras,* et tu pourras alors réellement, avec délicatesse et charité, ôter le brin de paille de l'œil de ton frère.

3. Le devoir de ne pas juger a ses limites ; il n'exclut pas celui de discerner. Tel est le seul rapport admissible entre cette parole et celles qui précèdent. Plusieurs interprètes pensent qu'il n'en faut chercher aucun et prétendent que ce v. 6, très authentique d'ailleurs, a été intercalé ici par Matthieu. Cette supposition n'est point inadmissible, mais elle n'est nullement nécessaire. — *Ce qui est saint,* ou *les choses saintes,* selon nos versions ordinaires, ce sont les vérités de la Parole de Dieu, les expériences produites dans l'âme par l'Evangile et que Jésus compare à des *perles* précieuses. Il ne faut pas les présenter à des hommes si corrompus que Jésus peut les comparer à des animaux impurs. Ils ne pourraient que les profaner

7 Demandez, et il vous sera donné ; cherchez, et vous trouverez ;
8 heurtez, et il vous sera ouvert ; — car quiconque demande, reçoit ;
9 et qui cherche, trouve ; et à celui qui heurte, il sera ouvert [1]. — Ou quel est l'homme d'entre vous qui, si son fils lui demande du pain,
10 lui donnera une pierre ? — Ou encore, s'il lui demande du poisson,
11 lui donnera-t-il un serpent ? — Si donc, vous, qui êtes mauvais, savez donner à vos enfants de bonnes choses, combien plus votre Père qui est dans les cieux donnera-t-il de bonnes choses à ceux qui les lui demandent [2] ?

D. 12-29. CONCLUSION DU DISCOURS. — 1° *Sommaire de la loi* : faire aux autres ce que nous attendons d'eux. (12.) — 2° *Difficulté d'entrer dans la vie* : la porte est étroite, le chemin resserré, tandis que la porte large et le chemin spacieux mènent à la perdition. (13, 14). — 3° *Faux prophètes et fausses apparences.* Tenez-vous en garde contre les faux prophètes, ces loups déguisés en brebis. Vous les reconnaîtrez à leur fruit, car tel arbre tel fruit. Tous ceux qui me disent : Seigneur ! n'appartiennent pas au royaume des cieux, mais ceux qui font la volonté de mon Père. Au jugement dernier plusieurs se prévaudront des discours prononcés et des actes accomplis en mon nom et je leur dirai : Je ne vous ai jamais connus, vous qui faites l'iniquité. (15-23.) — 4° *Exhortation finale sous forme de parabole* : celui qui met ces paroles en pratique est semblable à l'homme prudent qui a bâti sa maison sur le roc ; celui qui ne les met pas en pratique est semblable à l'insensé qui bâtit sur le sable. (24-27.) — 5° *Impression produite.* Les foules étaient dans l'étonnement, car elles sentaient l'autorité de cet enseignement si différent de celui des scribes. (28, 29.)

12 Toutes les choses donc que vous voulez que les hommes vous fassent, faites-les leur aussi vous-mêmes, car c'est la loi et les prophètes [3].

(*fouler aux pieds*) et elles ne feraient qu'exciter leur haine et leurs violentes persécutions.

1. Ici encore, il est inutile de rechercher la connexion avec ce qui précède et ce qui suit. Cet enseignement sur la prière peut très bien avoir fait partie du sermon sur la montagne, mais il est sûr que Luc (11 : 9), en lui assignant sa place à la suite d'une parabole sur l'efficacité de la prière, en fait encore mieux ressortir la beauté et la force. Du reste, c'est là une de ces courtes et importantes sentences qui peuvent avoir reparu plus d'une fois dans les enseignements de Jésus. — *Demander, chercher, heurter*, trois degrés d'une progression dans la sainte action de la prière, quand Dieu ne l'exauce pas dès l'abord. Ces termes en marquent la persistance et l'intensité croissante. (Comp. Philip. 4 : 6.) Ce qui doit soutenir l'enfant de Dieu dans ses supplications toujours plus ardentes, c'est d'abord la triple promesse que Jésus ajoute ici à son exhortation, et ensuite la pensée qu'il s'adresse à son *Père*. (v. 11 ; comp. Luc 11 : 9, 10, note.)

2. Jésus, pour nous convaincre de l'efficacité de la prière, en fonde l'assurance sur l'amour d'un père pour son enfant. Un père ne donnera pas à son enfant une *pierre* inutile ou un *serpent* dangereux, ce qui serait une cruelle ironie, un acte contre nature. Combien moins *votre Père !* Double contraste : il est amour, et *vous êtes mauvais*, même dans vos affections naturelles, toujours entachées d'égoïsme ; vous pouvez faire du mal sans le vouloir à ceux que vous aimez, lui ne donne que des *biens*, ou de *bonnes choses.* (Comp. Luc. 11 : 12, 13, note.)

3. *Donc* : à quoi faut-il rapporter cette

ÉVANGILE SELON MATTHIEU

Entrez par la porte étroite, car large est la porte et spacieux 13
le chemin qui mène à la perdition, et nombreux sont ceux qui y
entrent. — Combien étroite est la porte et resserré le chemin qui 14
mène à la vie ! et il y en a peu qui le trouvent [1].
Gardez-vous des faux prophètes, qui viennent à vous en vêtements 15
de brebis, mais qui au dedans sont des loups ravissants [2]. — Vous 16
les reconnaîtrez à leurs fruits. Cueille-t-on des raisins sur des épines,
ou des figues sur des chardons ? — Ainsi, tout bon arbre produit de 17
bons fruits ; mais le mauvais arbre produit de mauvais fruits. — Un 18
bon arbre ne peut produire de mauvais fruits, ni un mauvais arbre
produire de bons fruits. — Tout arbre qui ne produit pas de bons 19

particule conclusive ? Les uns répondent : au v. 11, et alors l'exhortation qui suit ici signifierait : Imitez donc envers les hommes la bonté de Dieu. D'autres voient dans cette particule et dans l'exhortation un bref résumé de tout ce que Jésus a dit sur les devoirs envers le prochain, depuis le chap. 5 : 17 ; et ils appuient leur opinion sur ce motif indiqué : *car c'est là la loi et les prophètes*, cette loi que Jésus a si longuement interprétée dans toute sa spiritualité. Elle est accomplie en effet dans ce devoir de faire aux autres, par amour, tout le bien que nous aimerions qu'ils nous fissent. Seulement, il ne faut pas oublier que le grand commandement de l'amour du prochain a sa source dans l'amour pour Dieu, et que celui-ci, à son tour, n'est inspiré au cœur de l'homme que par l'amour de Dieu. — Luc (6 : 31) place aussi cette sentence dans le sermon sur la montagne, mais dans un ordre d'idées différent.

1. Pour ce qui concerne la critique du texte, il faut remarquer : 1º Que, selon *Sin.* et des Pères, on devrait lire : « Large et spacieux est le chemin qui mène à la perdition ; étroit et resserré est le chemin qui mène à la vie. » Ainsi serait omis le mot la *porte*, qui ne se trouverait qu'au commencement de l'exhortation. Mais ces autorités ne sont pas décisives. 2º Tischendorf, Westcott et Hort, Weiss adoptent la leçon de *Sin.* et *B.* : « *Parce que, car* étroite est la porte. » Lachmann, Tregelles, Meyer préfèrent la leçon de la grande majorité des documents : « *Combien* étroite est la porte. » Cette dernière est à retenir, car, si elle n'était authentique, son introduction dans le texte s'expliquerait difficilement. — *Entrez*, dit Jésus ; où ? évidemment dans le royaume de Dieu. Mais quel contraste ! Il y a une *porte large*, un *chemin spacieux*, facile, suivi par la multitude, où chacun peut entrer et marcher avec ses convoitises et ses péchés, mais qui conduit à la *perdition*, c'est-à-dire à la mort, à la destruction. (Philip. 3 : 19 ; Hébr. 10 : 39 ; 1 Tim. 6 : 9.) Et il y a une *porte étroite*, très étroite, où l'on ne peut entrer qu'en devenant petit, que par la repentance et le renoncement. Elle introduit dans un *chemin resserré*, difficile, image des fatigues et des souffrances morales de la vie chrétienne ; mais il conduit à la *vie !* — Plusieurs interprètes, surtout parmi les mystiques, ont interverti l'ordre de cette belle image, se représentant le *chemin* (la vie chrétienne ici-bas) avant la *porte*, dont ils font l'entrée du ciel à l'heure de la mort. Mais Jésus place la porte avant le chemin ; c'est dès ici-bas qu'il faut entrer dans son royaume par la conversion et il faut persévérer jusqu'à la fin par une sanctification constante.

2. Pour marcher sûrement dans le chemin de la vérité (v. 13, 14), il faut se garder des séductions de l'erreur. — Qui étaient, dans la pensée de Jésus, les *faux prophètes ?* C'étaient, en première ligne, les docteurs de la loi, les pharisiens, les chefs des prêtres, qui, semblables à leurs devanciers (Jér. 28), entraînaient le peuple à sa ruine. (Comp. Luc 6 : 26.) Mais le Seigneur voyait plus loin encore que le moment présent ; il savait que dans son Eglise aussi se lèveraient de faux docteurs prétendant parler au nom de Dieu. Les v. 21-23, et surtout chap. 24 : 11, 24, montrent avec évidence que Jésus pensait à ce péril futur. — *En vêtements de brebis*, avec l'apparence de la douceur, de l'innocence, de la vérité, mais *au dedans*, considérés *du dedans* (gr.), selon leur vraie

20 fruits est coupé et jeté au feu. — C'est donc à leurs fruits que vous
21 les reconnaîtrez [1]. — Ce n'est pas quiconque me dit : Seigneur, Seigneur, qui entrera dans le royaume des cieux ; mais celui qui fait la
22 volonté de mon Père qui est dans les cieux [2]. — Plusieurs me diront en ce jour-là [3] : Seigneur, Seigneur, n'est-ce pas en ton nom que nous avons prophétisé ? et en ton nom que nous avons chassé des démons ? et en ton nom que nous avons fait plusieurs miracles [4] ? —
23 Et alors je leur dirai ouvertement : Je ne vous ai jamais connus. Retirez-vous de moi, vous qui faites l'iniquité [5].

nature, ils sont des *loups ravissants* ou *rapaces*, qui enlèvent et dévorent les brebis.

1. L'erreur n'est pas toujours facile à discerner d'avec la vérité. Jésus donne donc, dans ces versets (16-20), une marque à laquelle on peut reconnaître les faux prophètes : *leurs fruits*. Il ne faut pas entendre par là, avec Calvin et d'autres, uniquement la doctrine, puisque c'est là précisément ce qu'il s'agit de reconnaître. Les fruits. ce sont, d'une part, les conséquences pratiques des doctrines annoncées, conséquences qui ne tardent pas à se manifester dans les églises ; et d'autre part la vie, l'esprit de ceux qui les annoncent. Non que les faux docteurs soient nécessairement des hommes impies ou immoraux, et les vrais docteurs des saints ; mais le discernement spirituel ne se trompe guère sur les caractères essentiels de la vie chrétienne. Les *épines* ne produisent pas des *raisins*, ni les *chardons* des *figues*. C'est ainsi que tout *arbre*, *bon* ou *mauvais*, se reconnaît à ses fruits. Et ce principe s'applique aussi bien à ceux qui professent la vérité qu'aux défenseurs de l'erreur. « La bonté de l'*arbre* même, c'est la vérité et la lumière interne ; la bonté des *fruits*, c'est la sainteté de la vie. Si les fruits étaient la *doctrine*, aucun orthodoxe ne pourrait être damné. » *Bengel*. — Le v. 19, qui prononce la sentence des faux docteurs, n'appartient pas à l'ensemble de la pensée. C'est une parole de Jean-Baptiste (3 : 10), que Jésus pouvait avoir adoptée et que Matthieu reproduit ici. — Quand Jésus prend pour exemple les épines et les chardons, « cet exemple est tout naturel et se présente de lui-même en Palestine. Partout où il n'y a pas de culture, l'épine et le chardon abondent. » F. Bovet, *Voyage en Terre-Sainte*, 7e édit., p. 272.

2. Jésus rend ici (v. 21-23), sans image, la pensée des versets précédents. Ce qui prouve qu'il s'agit bien des mêmes faux prophètes, confessant le Seigneur Jésus en paroles, c'est qu'ils ont *prophétisé* (enseigné, prêché) en son nom (v. 22) et qu'il les jugera par leurs fruits. (v. 23.) — Le titre de *Seigneur* était celui que les disciples donnaient à Jésus et qu'il approuvait (Jean 13 : 13) ; il devint aussi dans l'Eglise une confession de sa grandeur divine (1 Cor. 12 : 3 ; Philip. 2 : 11), et il avait aux yeux des chrétiens une signification d'autant plus importante que ce nom est, dans la version grecque des Septante, qu'ils lisaient, la traduction constante de celui de Jéhova. Or, prononcer de lèvres ce nom saint, le donner à Jésus sans *faire la volonté de son Père*, ce culte formaliste n'ouvrira à personne l'accès au *royaume des cieux*.

3. Au *jour* du jugement éternel, souvent ainsi désigné dans l'Ecriture comme le jour décisif. (2 Thes. 1 : 7-10 ; 2 Tim. 1 : 18 ; 4 : 8 ; etc.)

4. *Prophétiser*, parler au nom du Seigneur comme prophète ou envoyé de Dieu (comp. 1 Cor. 12 : 10 ; 14 : 3) ; il s'agit ici du don de prophétie tel qu'il se manifesta plus tard dans l'Eglise chrétienne. *Chasser des démons*, guérir des démoniaques malades. *Faire des miracles* (gr. *actes de puissance*), divers actes que peut seule produire une force surnaturelle. Il est donc possible que ces actes soient effectués par des hommes qui n'ont point éprouvé la puissance morale et régénératrice de l'Esprit de Dieu. C'est ce que suppose l'apôtre Paul (1 Cor. 13 : 2 ; 2 Thes. 2 : 9), et que Jésus déclare positivement ailleurs. (Math. 24 : 24.) Et il faut remarquer ce mot trois fois répété : *en ton nom* (gr. *par ton nom*, en l'employant comme un moyen), ce nom de *Seigneur*, que ces hommes invoquaient pour accomplir ces actes de puissance. Cet avertissement s'applique encore à l'Eglise de nos jours.

5. Gr. *Et alors je leur confesserai.* Quand ? Voir le v. 22. Avec quelle ma-

ÉVANGILE SELON MATTHIEU

Quiconque donc entend ces paroles que je dis, et les met en pra- 24
tique, sera comparé à un homme prudent, qui a bâti sa maison sur
le roc. — Et la pluie est tombée, et les torrents sont venus, et les 25
vents ont soufflé et se sont jetés contre cette maison-là ; elle n'est
point tombée, car elle avait été fondée sur le roc. — Et quiconque 26
entend ces paroles que je dis, et ne les met pas en pratique, sera
comparé à un homme insensé, qui a bâti sa maison sur le sable. —
Et la pluie est tombée, et les torrents sont venus, et les vents ont 27
soufflé, et ils ont heurté contre cette maison-là ; et elle est tombée, 28
et sa chute a été grande [1].

Et il arriva, lorsque Jésus eut achevé ces discours, que les foules
étaient extrêmement frappées de son enseignement. — Car il les 29
enseignait comme ayant autorité, et non pas comme leurs scribes [2].

jesté le Seigneur se pose comme juge du monde, dès les premiers temps de son ministère ! (Comp. v. 24, note.) Le fait-il moins clairement que dans saint Jean ? (Jean 5 : 22.) Nous dira-t-on encore qu'il ne révèle pas sa divinité dans les synoptiques, ou qu'il n'est arrivé que fort tard à la conscience de sa dignité suprême ? — *Je ne vous ai jamais connus* doit s'entendre d'une connaissance fondée sur une communion vivante avec lui. (Jean 10 : 14 ; 1 Cor. 8 : 3 ; 13 : 12 ; Gal. 4 : 9.) — Il faut remarquer que la cause de cette réjection est l'*iniquité* de tels hommes.

1. Dans cette admirable parabole, Jésus donne la conclusion (*donc* v. 24) et de ce qui précède immédiatement (v. 21-23) et de tout le discours. La comparaison si saisissante, avec sa répétition impressive des mêmes scènes de danger, avec ses énergiques contrastes : *prudent, insensé ; le roc, le sable ; point tombée, tombée*, se comprend d'elle-même. L'exégèse n'a pas à rechercher le sens spirituel des détails, à se demander : qu'est-ce que le *roc ?* (dans lequel on a vu tour à tour Christ, les commandements de Dieu, la foi, la conscience par opposition à l'intelligence) ; ou qu'est-ce que le *sable ?* (interprété comme signifiant les opinions humaines, la propre justice, etc.). Jésus lui-même exprime clairement sa pensée par ces mots : *pratiquer* ou *ne pas pratiquer ses paroles* (gr. les *faire* ou ne pas les *faire*). Dans le premier cas, ses paroles deviennent elles-mêmes le roc ; dans le dernier, il ne reste que le sable mouvant. Quant aux éléments déchaînés contre la maison, on y a vu toutes les épreuves, tous les dangers qui menacent la vie spirituelle et morale de l'âme, et cela est évident. Enfin la maison qui reste ferme représente non seulement le salut, mais la victoire, le triomphe, tandis que sa chute, qui est si *grande*, c'est la ruine définitive, la perdition. (v. 13.) — Il faut remarquer encore au point de vue critique qu'au v. 24, le texte reçu, avec C, les *majusc.* plus récents et une partie des versions, porte : *je le comparerai*, au lieu du passif : *sera comparé*. Quelque leçon qu'on adopte, à quoi faut-il rapporter le futur ? Les uns entendent : « je le comparerai en ce moment même, dans ce discours ; » d'autres retrouvent ici la pensée que vient d'exprimer Jésus (v. 22), *en ce jour-là*, au jour du jugement éternel. Ce n'est qu'alors, en effet, que sera révélé qui *avait été fondé* (plus-que-parf.) sur le roc ou sur le sable, quel édifice subsiste, lequel tombe.

2. L'étonnement des foules était produit par l'*autorité* avec laquelle Jésus parlait. Cette autorité résultait, d'une part, du sentiment de sa mission divine, qui animait sa parole, et d'autre part, du pouvoir de la vérité, mise en contact immédiat avec les âmes. Ni cette autorité ni ce pouvoir (deux sens du mot grec) n'étaient dans l'enseignement de *leurs* scribes. Ce pronom, omis par le texte reçu, exprime un mépris trop bien mérité par la manière dont ces savants du temps de Jésus expliquaient et enseignaient les saintes Ecritures. (Voir sur la vocation et le caractère de ces *scribes*, dont le nom revient si souvent dans les évangiles, Math. 2 : 4, note, et 23 : 2, note.)

3. *Le Christ guérissant et délivrant.*

A. 1-17. Jésus guérissant les malades. — 1° Quand Jésus, suivi de la foule, descend de la montagne des Béatitudes, un *lépreux* se prosterne devant lui, confesse sa foi en la puissance de Jésus pour le guérir, et s'en remet humblement à sa volonté. Jésus étend sa main sur lui, le guérit par sa parole, et l'envoie au sacrificateur comme un témoin vivant de son action puissante. (1-4.) — 2° Jésus étant entré à *Capernaüm*, un *centenier* romain vient l'implorer en faveur de son serviteur très souffrant. Le Sauveur lui ayant promis d'aller guérir le malade, le centenier lui répond avec une profonde humilité : « Je ne suis pas digne que tu entres sous mon toit ; une parole de ta bouche suffira, car moi qui ne suis qu'un homme, subordonné à d'autres, je sais pourtant me faire obéir de ceux qui sont sous mes ordres. » Alors Jésus admire une telle foi, qu'il n'a pas trouvée en son peuple ; il adresse à ce peuple un sérieux avertissement en prophétisant l'entrée des païens au royaume des cieux, et guérit le malade par sa seule parole. (5-13.) — 3° Jésus étant entré *dans la maison de Pierre*, trouve la *belle-mère* de ce disciple malade de la fièvre : il la guérit et elle le sert. (14, 15.) — 4° Le *soir* de ce même jour on lui amène des *démoniaques* et d'autres *malades*, qu'il guérit. L'évangéliste voit dans cette bienfaisante activité du Sauveur l'accomplissement d'une prophétie d'Esaïe. (16, 17.)

VIII Quand il fut descendu de la montagne, de grandes foules le sui-
2 virent [1]. — Et voici, un lépreux [2] s'étant approché, se prosternait devant lui, disant : Seigneur, si tu veux, tu peux me purifier [3]. —
3 Et ayant étendu la main, il le toucha [4], disant : Je le veux, sois pu-
4 rifié ; et aussitôt sa lèpre fut purifiée [5]. — Et Jésus lui dit : Garde-toi de le dire à personne ; mais va, montre-toi au sacrificateur, et

---

1. Ces *foules* s'attachaient à ses pas à cause de la puissance de sa parole qu'elles venaient d'entendre. (7 : 28, 29.)
2. Comp. Marc 1 : 40-45 ; Luc 5 : 12-15. — La *lèpre* est une affreuse maladie, fréquente encore en Orient, très contagieuse, incurable après les premiers progrès (2 Rois 5 : 7), qui couvre le corps entier de dartres et de plaies et le dissout en partie avant que la mort s'ensuive. Le *lépreux* était exclu par la loi de toute communication avec la société, soit à cause de la contagion, soit parce que la maladie était légalement impure. Les Juifs la considéraient aussi comme un châtiment spécial de Dieu, fondant sans doute cette opinion sur certains faits rapportés dans l'Ancien Testament. (Nombr. 12 ; 2 Rois 5 ; 2 Chron. 26.)
3. *Si tu veux, tu peux !* Simple et touchante prière ! Par la première de ces paroles, le lépreux s'en remet humblement à Jésus, à la volonté de Dieu ; par la seconde, il exprime une grande foi. Dans ces premiers temps du ministère de Jésus, la connaissance que ces malades avaient de lui était bien faible, leur confiance en lui d'autant plus admirable. Ce terme : me *purifier*, indique à la fois la guérison de la maladie et l'affranchissement de la souillure légale.
4. Le plus souvent, Jésus agissait et guérissait uniquement par la parole, même à distance. D'autres fois il *touchait* le malade, soit pour lui communiquer cette vertu divine qui le guérissait, soit, comme ici à l'égard du lépreux, afin de montrer qu'il ne redoutait pas la contagion et de témoigner sa tendre compassion à un malheureux dont tous s'éloignaient avec horreur. Cet attouchement a dû faire une vive impression sur les témoins : il est mentionné dans les trois récits.
5. *Si tu veux*, avait dit le lépreux ; *je veux*, répond le Sauveur, et cette volonté pleine d'amour accomplit le miracle. « Un prompt écho répondant à la foi soudaine du malade. » *Bengel.*

présente l'offrande que Moïse a ordonnée, afin que cela leur soit un témoignage ¹.

5 Et Jésus étant entré dans Capernaüm, un centenier ² s'approcha de
6 lui, le priant, — et disant : Seigneur, mon serviteur est couché dans
la maison, atteint de paralysie, et cruellement tourmenté ³. — Et
7 Jésus lui dit : J'irai, moi, et je le guérirai ⁴. — Et le centenier, ré-
8 pondant, dit : Seigneur, je ne suis pas digne que tu entres sous mon
toit ; mais dis seulement une parole, et mon serviteur sera guéri ⁵. —
9 Car aussi bien moi, je suis un homme placé sous autorité, ayant sous
moi des soldats, et je dis à l'un : Va, et il va ; et à l'autre : Viens, et
il vient ; et à mon esclave : Fais cela, et il le fait ⁶. — Jésus l'ayant 10

---

1. Cette défense que Jésus faisait souvent aux malades de divulguer leur guérison (9 : 30 ; 12 : 16 ; Marc 3 : 12 ; 5 : 43 ; 7 : 36 ; 8 : 26, 30 ; comp. Math. 16 : 20 ; 17 : 9) pouvait avoir diverses raisons. Il ne voulait pas attirer inutilement sur lui l'attention des hommes, ni fournir un aliment à la vaine curiosité, à la soif de miracles, ni provoquer avant le temps la haine de ses adversaires. (Voir Marc 1 : 45.) Il voulait aussi que ces malheureux qu'il délivrait gardassent au dedans d'eux l'impression profonde d'une telle manifestation de puissance et d'amour divins, afin que la guérison du corps eût pour fruit la guérison de l'âme. Dans le cas présent, il avait une autre raison évidente : le *sacrificateur*, auquel il envoie le lépreux guéri, avait seul le droit de constater officiellement la guérison et de réintégrer le lépreux dans les privilèges sociaux et religieux d'un Israélite. (Lév. 14 : 2 et suiv.) Or, Jésus voulait éviter que ce juge fût défavorablement prévenu par le bruit public du miracle qu'il venait d'accomplir et pût y trouver un prétexte pour l'accuser de mépriser la loi. Le lépreux doit donc, au lieu de parler, *se montrer lui-même* au sacrificateur et *présenter l'offrande* prescrite par la loi. (Voir Lév. 14 : 10.) Cela devait *leur être un témoignage*, aux sacrificateurs, non seulement du respect de Jésus pour la loi, mais en même temps de sa puissance divine. Cette explication est plus naturelle que celle qui rapporte le mot *leur* au peuple en général, qui aurait eu dans l'*offrande* du lépreux le témoignage de sa guérison.

2. Comp. Luc 7 : 1-10. — Le *centenier* était un officier romain, commandant une compagnie de *cent* hommes. Né païen (v. 10 ; Luc 7 : 5), cet homme était sans doute parvenu à la foi au Dieu vivant et vrai pendant son séjour parmi les Juifs. Il devait avoir aussi une certaine connaissance de Jésus et de ses œuvres. Il montre une confiance sans bornes en sa puissance. (v. 8.) Notre récit et celui de Luc (7 : 1-10), parfaitement en harmonie quant au fond des choses, présentent de notables différences de détails, qu'il faut reconnaître. (Voir Luc 7 : 2, notes.)

3. Le mot que nous traduisons par *serviteur* signifie aussi un *enfant*, d'où plusieurs interprètes ont conclu qu'il s'agissait réellement d'un *fils* du centenier. Mais Luc, qui emploie (7 : 7) le même mot que Matthieu, désigne (7 : 2) le malade par le terme de *doulos*, esclave, serviteur, et tel est le sens qu'il faut admettre. La charité du centenier et son dévouement n'en ressortent que mieux dans toute leur beauté. Luc remarque (7 : 2) que ce serviteur « lui était fort cher. » — La maladie indiquée comme *paralysie* était sans doute quelque mal aigu qui causait de grandes souffrances au malade (il était *cruellement tourmenté*) et le mettait en danger de mort. (Luc 7 : 2.)

4. Gr. *moi étant venu, je le guérirai.* Ce *moi* placé en tête est opposé à la situation de l'impotent. Jésus affirme sa puissance divine et son amour toujours prêt à secourir.

5. Le texte reçu porte : *Dis une parole.* Le vrai texte devrait se traduire : *Dis, commande par une parole*, même à distance, *et*, sans autre action, *mon serviteur sera guéri.* Expression d'une foi plus étonnante encore que l'humilité dont faisait preuve cet officier qui ne se sentait *pas digne* de la présence de Jésus. Et il va expliquer cette foi. (v. 9.)

6. Le centenier ne tire pas la conclusion de cette admirable comparaison ; il sait que Jésus l'a comprise. Si moi, un

entendu fut étonné, et dit à ceux qui le suivaient : En vérité, je vous
11 le dis, même en Israël je n'ai pas trouvé une si grande foi [1]. — Aussi
je vous dis que plusieurs viendront d'Orient et d'Occident, et seront
à table avec Abraham et Isaac et Jacob dans le royaume des cieux ;
12 — mais les fils du royaume seront jetés dans les ténèbres de dehors ;
13 là seront les pleurs et les grincements de dents [2]. — Et Jésus dit au
centenier : Va, et qu'il te soit fait selon que tu as cru. Et à cette
heure-là, le serviteur fut guéri [3].

14 Et Jésus étant entré dans la maison de Pierre, vit sa belle-mère,
15 couchée et ayant la fièvre ; — et il toucha sa main, et la fièvre la
16 quitta. Et elle se leva, et elle le servait [4]. — Et le soir étant venu,
on lui présenta plusieurs démoniaques ; et il chassa les esprits par
17 une parole. Et il guérit tous ceux qui étaient malades [5] ; — afin que

homme, qui dois obéir à mes supérieurs, j'ai un tel pouvoir sur la volonté d'autres hommes, combien plus peux-tu, toi, commander à la maladie et à la mort. « Le motif invoqué par le centenier à l'appui de sa requête et l'accent qu'il donne à ces mots *un homme sous autorité* montrent qu'il se représente Jésus comme un être surhumain dominant sur des puissances ou sur des esprits qui, à son commandement, peuvent opérer la guérison. » B. Weiss. (Comp. v. 26 ; Luc 4 : 39.) « La maladie n'obéit pas aussi facilement que le *serviteur* et les *soldats*, mais la sagesse du croyant, qui resplendit à travers la rudesse du soldat, ne se laisse pas troubler par cette objection. » Bengel.
1. B et quelques versions ont : « *chez nul homme* en Israël. » Le mot *étonné* peut être pris dans son sens propre, ou dans celui-ci : être dans l'*admiration*. Jésus était en droit d'attendre *en Israël* une aussi grande *foi*, mais ne l'avait *pas trouvée*. Il n'est étonné ni de la charité ni de l'humilité du centenier, mais de sa *foi*, qui a produit en lui tout le reste.
2. *D'Orient et d'Occident*, des contrées païennes les plus éloignées. Quelle connaissance de l'avenir de son règne ! — Etre *assis à table*, image de la possession des biens célestes, de la joie dans la communion d'Abraham et de tous les enfants de Dieu. (Luc 13 : 28 ; Apoc. 19 : 9.) — Les *fils du royaume*, les Juifs qui auront rejeté le salut. Hébraïsme qui marque un rapport intime avec quelqu'un ou quelque chose : « Fils de la résurrection » (Luc 20 : 36) ; « fils de l'époux, » ses amis de noce. (Math. 9 : 15.) — Les *ténèbres du dehors :* la salle du banquet,

qui avait lieu la nuit, était resplendissante de lumière, mais au dehors, tout était ténèbres. — *Pleurs et grincements de dents*, expression terrible de la douleur et du désespoir. (13 : 42 ; 22 : 13 ; 25 : 30.)
3. Le centenier *a cru*, non seulement que Jésus pouvait guérir son serviteur, mais pouvait le guérir par une parole et à distance. (v. 8.) Or, pour encourager une telle foi, Jésus renonce à son dessein d'aller vers le malade et, par cette parole puissante : *Qu'il te soit fait !* il accorde au centenier tout ce qu'il avait cru et demandé. Et à *cette heure-là*, c'est-à-dire à l'instant où cette parole fut prononcée, le miracle fut accompli. (Comp. 9 : 22 ; 15 : 28.)
4. Comp. Marc 1 : 29-34 ; Luc 4 : 38-41. — On voit par ce trait que Pierre était marié, car le terme grec ne peut désigner que la mère de sa femme, et nous savons par 1 Cor. 9 : 5 que sa femme l'accompagnait dans ses voyages. — Pierre était de Bethsaïda (Jean 1 : 45) ; il paraît donc qu'il était venu demeurer avec sa famille à Capernaüm. — Le premier usage que cette femme fit des forces qui venaient de lui être rendues fut de *le servir*. Le texte reçu porte *les servir*, le pluriel est emprunté à Marc et à Luc, dont le récit nous montre que Jésus n'était pas seul, mais accompagné de quelques-uns de ses disciples. Ces deux évangélistes assignent à ce fait une place antérieure et différent en quelques détails avec Matthieu et l'un avec l'autre.
5. Le *soir* où Jésus fit encore toutes ces guérisons est celui du jour même où il venait de délivrer de la fièvre la belle-mère de Pierre. Jésus se montre infati-

fût accompli ce qui a été dit par Esaïe le prophète : « Lui-même a pris nos infirmités et a porté nos maladies [1]. »

B. 18-27. SUIVRE JÉSUS, MÊME DANS LA TEMPÊTE. — 1° *Les deux disciples.* Au moment où Jésus veut passer à l'autre bord du lac, un scribe s'offre à le suivre comme son disciple. Mais Jésus le rend attentif à la vie pauvre et errante du fils de l'homme. Un autre de ses auditeurs voudrait différer de le suivre jusqu'à ce qu'il eût enseveli son père. Jésus le presse de prendre une décision immédiate. (18-22.) — 2° *La tempête.* Quand il est embarqué avec ses disciples, une violente tempête s'élève sur le lac. Jésus dort. Les disciples le réveillent par ce cri d'angoisse : Seigneur, nous périssons ! Il leur reproche leur peu de foi, puis s'étant levé, il commande avec autorité aux vents et à la mer, et il se fait un grand calme. Tous les témoins de cette scène sont dans l'admiration. (23-27.)

Or Jésus voyant de grandes foules autour de lui, ordonna de passer 18 à l'autre rive [2]. — Et un scribe s'étant approché, lui dit : Maître, je 19 te suivrai partout où tu iras [3]. — Et Jésus lui dit : Les renards ont 20 des tanières, et les oiseaux du ciel ont des nids ; mais le fils de l'homme n'a pas où reposer sa tête [4]. — Et un autre de ses disciples 21

---

gable à soulager et à guérir. — *Par une parole.* (Voir v. 8, note.) Les souffrances des *démoniaques* sont attribuées à *des esprits* que Jésus *chasse* (gr. *jette dehors*). (Voir sur les guérisons de ce genre, v. 28.)

1. Esa. 53 : 4, cité d'après l'hébreu. Dans la pensée du prophète (comp. 1 Pier. 2 : 24), il s'agit de nos *infirmités* et de nos *maladies* morales, que le serviteur de l'Eternel *prend* et *porte*, et la version grecque des Septante interprète exactement plutôt qu'elle ne traduit : « Lui a pris *nos péchés.* » Matthieu fait de ces paroles une application différente, autorisée à la fois par le sens littéral du passage et par l'action du Sauveur, qu'il décrit. En effet, Jésus *prenait* ou, selon le verbe hébreu, *ôtait* les maladies qu'il guérissait, et il les *portait* par cette profonde sympathie avec laquelle il s'était identifié à notre nature et par cette compassion que lui inspiraient les douleurs de chaque être souffrant. Toutes nos maladies et nos souffrances sont d'ailleurs l'effet du péché, et c'est le mal dans toutes ses manifestations que Jésus était venu guérir.

2. De Capernaüm à l'*autre rive* du lac. Jésus, après avoir été longtemps entouré de ces *foules*, voulait chercher la solitude.

3. Comp. Luc 9 : 57-62. — Ce *scribe* (voir sur les hommes de cette profession, chap. 23 : 2, note) avait sans doute entendu la parole de Jésus et vu ses œuvres, et il en avait reçu une impression sérieuse. Il lui demande donc de pouvoir s'attacher tout à fait à lui comme disciple. Mais il y avait bien de l'ignorance dans cette parole : *partout où tu iras.* Le chemin de Jésus le conduira jusqu'à la croix. Est-ce là ce que veut le scribe ? La réponse du Sauveur devait au moins le faire réfléchir.

4. Telle est sa pauvreté, son détachement de toutes choses dans ce monde, qu'il ne sait pas le matin où il *reposera*, le soir, *sa tête* fatiguée. Conclusion pour le scribe : Que veux-tu donc chercher à ma suite ? — C'est la première fois que nous rencontrons dans notre évangile ce nom significatif que Jésus aimait à se donner : *le fils de l'homme.* On l'a diversement interprété, sous l'influence d'idées préconçues. Plusieurs en cherchent l'origine dans le Ps. 8 : 5, où il est évident que « fils de l'homme » signifie simplement *l'homme*, comme le prouve le parallélisme poétique de ce passage. Mais on ne comprendrait pas pourquoi Jésus se désignerait ainsi habituellement comme étant un *homme*, ce qui était assez évident, ni surtout pourquoi il se servirait

118　　　　　　ÉVANGILE SELON MATTHIEU　　　CHAP. VIII.

lui dit : Seigneur, permets-moi d'aller d'abord ensevelir mon père [1].
22 — Mais Jésus lui dit : Suis-moi, et laisse les morts ensevelir leurs morts [2].
23 Et quand il fut entré dans la barque, ses disciples le suivirent [3].
24 — Et voici, une grande tempête s'éleva sur la mer, en sorte que la
25 barque était couverte par les flots ; mais lui dormait [4]. — Et les disciples s'approchant, le réveillèrent, disant : Seigneur, sauve, nous
26 périssons ! — Et il leur dit : Pourquoi avez-vous peur, gens de pe-

pour cela d'un terme poétique et inusité dans le langage ordinaire. On répond que c'était pour montrer en lui l'homme par excellence, l'homme idéal, le second Adam, le représentant et le type de l'humanité régénérée, etc. Ces idées sont vraies et bibliques en elles-mêmes, mais il n'est pas sûr qu'il faille les chercher dans le terme en question. Plusieurs interprètes des plus autorisés, trouvent l'origine de ce nom dans la grande vision de Daniel (7 : 13, 14), où le Messie, à qui est donné un règne universel et éternel, apparaît *comme un fils d'homme* au milieu des anges du jugement et venant sur les nuées du ciel. Une telle application de cette vision au terme qui nous occupe n'est point arbitraire ; elle est fondée sur de solennelles déclarations de Jésus-Christ lui-même, dans lesquelles, tout en se désignant comme le fils de l'homme, il annonce son retour pour le jugement, « venant sur les nuées du ciel » (24 : 30 ; 26 : 64), allusion évidente à la vision du prophète. (Comp. Apoc. 1 : 7, 13 ; 14 : 14, etc.) Le nom de fils de l'homme désigne donc le Messie, mais avec l'idée de son abaissement, de sa pauvreté (comme dans notre passage), en un mot de son humanité, qui un jour sera élevée à la gloire. (Philip. 2 : 6-11.) Le titre de fils de l'homme est l'antithèse de celui de Fils de Dieu. Et il faut remarquer que Jésus seul se donne ce nom, ses disciples ne le désignent jamais ainsi ; l'exception qui se trouve Act. 7 : 56, tient à la situation, et confirme l'interprétation qu'on vient d'exposer.

1. *Disciple* désigne ici un auditeur de Jésus (gr. *celui qui apprend*, qui est enseigné) que le Sauveur invitait à le suivre (Luc 9 : 59), mais qui demandait un délai pour rendre à son père mort un dernier devoir. D'autres interprètes pensent, avec beaucoup moins de vraisemblance, qu'il voulait différer jusqu'à ce que son père, encore vivant, fût mort et enseveli.

2. « Laisse ceux qui sont moralement et spirituellement *morts* (Eph. 2 : 1, Apoc. 3 : 1), rendre ce devoir à *leurs morts*, » au sens littéral et corporel. Cette parole absolue n'est pas facile à comprendre. Il faut qu'elle puisse se concilier avec les devoirs d'un fils, que Jésus lui-même remplissait si parfaitement. (Luc 2 : 51 ; Jean 19 : 26, 27.) Il devait y avoir dans les dispositions intérieures de ce disciple ou dans ses circonstances de famille des raisons à nous inconnues, motivant l'ordre pressant que Jésus lui donne. Il était probablement en danger de ne plus suivre Jésus du tout, s'il ne le faisait pas à l'instant. La parole du Maître voulait dire : *Maintenant ou jamais !* L'intérêt suprême du règne de Dieu et du salut de son âme devait primer tout autre intérêt. C'est dans ce sens que Jésus disait aussi : « Si quelqu'un aime son père ou sa mère plus que moi, il n'est pas digne de moi. » Mais si celui qui parle ainsi n'était qu'un homme, ce serait de sa part l'extravagance de l'orgueil. — Luc (9 : 57 et suiv., voir les notes) place ce récit beaucoup plus tard, au moment où Jésus se met en chemin pour aller mourir à Jérusalem, et il ajoute un troisième interlocuteur de Jésus aux deux que mentionne Matthieu. Il n'y a pas de raisons décisives pour préférer une époque à l'autre ; aussi les interprètes sont-ils divisés sur ce point. On a dit que le moment solennel du départ de Jésus pour Jérusalem explique ce qu'il y a d'absolu dans son ordre à ce disciple. Peut-être ; mais ce n'est là qu'une supposition.

3. Comp. Marc 4 : 35-41 ; Luc 8 : 22-25. « *La barque*, » celle qui se trouvait là, prête au départ. — *Ses disciples* n'étaient pas les apôtres seuls, mais d'autres auditeurs de Jésus qui le suivaient. (v. 22 et 27, note ; Marc 4 : 36.)

4. Quelque petite que soit cette *mer*, il s'y élève souvent de telles tempêtes. C'est ce qui se voit aussi fréquemment sur les lacs de la Suisse entourés de hautes

tite foi¹? — Alors s'étant levé, il réprimanda les vents et la mer, et il se fit un grand calme². — Et ces hommes furent dans l'admiration, et ils disaient : Quel est celui-ci, à qui même les vents et la mer obéissent³ ? 27

C. 28-34. Les démoniaques de Gadara. — 1° *Leur guérison.* Parvenu à l'autre bord du lac, dans la contrée des Gadaréniens, Jésus rencontre deux démoniaques dangereux qui le reconnaissent pour le Fils de Dieu et lui demandent s'il est venu les tourmenter avant le temps. Ils le prient de les envoyer dans un troupeau de pourceaux qui paissaient à quelque distance. Jésus leur ayant dit d'aller, tout le troupeau se précipite dans la mer et y périt. (28-32.) — 2° *L'effet produit.* Ceux qui faisaient paître ce troupeau s'enfuient à la ville et racontent aux habitants ce qui vient de se passer. Ceux-ci sortent et prient Jésus de s'éloigner de leur contrée. (33, 34.)

Et quand il fut arrivé à l'autre rive, dans la contrée des Gadaréniens⁴, il vint au-devant de lui deux démoniaques, sortant des sépulcres et très dangereux, ensorte que personne ne pouvait passer par ce chemin-là⁵. — Et voici, ils s'écrièrent, disant : 28 29

montagnes. — Jésus *dormait* au sein du danger, avec le calme d'une conscience en paix, avant de manifester la majesté de sa puissance.
1. Jésus calme d'abord les inquiétudes de ses disciples, puis il apaise les flots de la mer. Selon Marc et Luc cette double action aurait eu lieu dans un ordre inverse. Il est difficile de dire lequel est le plus naturel. Dans les deux cas c'est un admirable mélange d'amour et de puissance, de puissance et d'amour. — En quoi les disciples ont-ils mérité le reproche de manquer de *foi ?* On le voit par la question que leur adresse Jésus : *Pourquoi avez-vous peur ?* Cette peur, cette angoisse qui allait jusqu'à la crainte de *périr,* de périr en présence de Jésus et avec lui, était certainement, après tout ce qu'ils avaient déjà vu et entendu de lui, un manque de confiance. Mais qui, sinon le Seigneur, oserait les en reprendre ?
2. Ce mot *réprimander,* tancer, donne le sentiment de ce qu'il y a d'hostile dans ces phénomènes de la nature qui deviennent pour l'homme un danger. (Comp. 17 : 18 ; Luc 4 : 39.)
3. Oui, *quel est celui-ci ?* Telle est bien la question. Quiconque ne voit pas en lui le Maître de la nature qu'il a créée, n'admettra jamais que *les vents et la mer lui obéissent,* aussi bien que la maladie et la mort. Il faut dès lors faire de grands efforts d'imagination pour expliquer ces faits d'une manière naturelle et sans l'intervention de la puissance divine qui était

en Jésus. — *Ces hommes* qui parlent ainsi sont ceux qui accompagnaient Jésus et ses disciples. (v. 23, note.)
4. Comp. Marc 5 : 1-20 ; Luc 8 : 26-39. — Le nom des habitants de cette localité varie dans les manuscrits et les Pères entre *Gergéséniens, Géraséniens* et *Gadaréniens.* Le texte reçu a conservé ce dernier nom dans Marc et Luc, tandis que dans Matthieu il porte Gergéséniens. Tischendorf varie dans son texte d'un évangile à l'autre, et d'une édition à l'autre, consultant les manuscrits et non la géographie, très obscure sur ce point. (Voir M. F. Godet, *Commentaire sur Luc* 8 : 26 ; 3ᵉ édition.) Gadara, l'une des villes de la Décapole, était située au sud-est du lac de Génézareth. Son territoire s'étendait jusqu'à ce lac. (Josèphe, *Guerre des Juifs,* IV, 7, 3.) *Gerasa* était une grande ville à vingt lieues au sud-est du lac, vers les frontières de l'Arabie. Enfin les Pères mentionnent une ville de *Gergesa* qui topographiquement conviendrait à notre récit.
5. Ces malheureux, dont la maladie, quelle qu'en fût d'ailleurs la cause, paraît avoir été une folie furieuse, se tenaient dans des *sépulcres,* c'est-à-dire dans ces grottes creusées au flanc d'une montagne, et où l'on ensevelissait les morts. Ils en *sortaient* quand la vue de quelque passant excitait leur fureur. De là le danger qui faisait éviter ce chemin. Ils sont appelés ici et souvent ailleurs *démoniaques* (gr. démonisés), c'est-à-dire qu'ils étaient sous l'influence d'êtres mystérieux appelés *es-*

Qu'y a-t-il entre nous et toi, Fils de Dieu ? Es-tu venu ici pour

prits ou *démons*. (Math. 8 : 16 ; Luc 9 : 37 et suiv.) Bien qu'ils soient distincts du diable, l'Evangile les met dans une relation étroite avec le royaume des ténèbres et avec Satan qui en est le chef. (Math. 12 : 24-29 ; Luc 13 : 16.) De là le caractère d'esprits *impurs* (Math. 10 : 1 ; Marc 1 : 23 ; Luc 4 : 33 ; etc.) ou *méchants* (Math. 12 : 45 ; Luc 8 : 2 ; Eph. 6 : 12 ; etc.) qui leur est attribué, indépendamment de l'état moral de ceux qui se trouvaient sous leur influence. Souvent, en effet, ceux-ci étaient des êtres jeunes encore et irresponsables. (Math. 15 : 22 ; 17 : 15.) Toutefois, bien que la méchanceté des démons ne soit jamais attribuée à leurs victimes, on peut supposer qu'en général c'était par leurs péchés et leur désordre moral que ces malheureux s'étaient livrés à l'influence des esprits impurs. — Quels étaient ces esprits ? L'Evangile ne le dit nulle part clairement. L'opinion de quelques Pères de l'Eglise, qui se trouve déjà dans l'historien Josèphe, est que c'étaient les âmes d'hommes impies et méchants, tombées après la mort sous le pouvoir du prince des ténèbres, et qui cherchaient à nuire aux vivants. Mais la relation que les écrivains du Nouveau Testament établissent entre ces esprits et Satan, porte plutôt à croire qu'ils voyaient en eux des anges déchus comme lui. — Plus importante est la considération des effets produits sur les malheureux qui se trouvaient sous cette ténébreuse influence. Ces effets paraissent être à la fois physiques et psychologiques. Dans notre passage et ailleurs (Marc 5 : 3 et suiv. ; Luc 8 : 29), on ne peut méconnaître les symptômes de l'aliénation mentale portée jusqu'à la fureur. En d'autres cas, on reconnaît les symptômes évidents de diverses maladies : l'épilepsie (Math. 17 : 15 ; Luc 9 : 39 ; Marc 9 : 22) ; le mutisme (Math. 9 : 32, comp. Marc 9 : 17) ; la paralysie (Luc 13 : 11) ; la cécité jointe au mutisme. (Math. 12 : 22.) Aussi l'action libératrice du Sauveur sur ces malades est-elle exprimée, tantôt par *chasser* (gr. *jeter dehors*) *les esprits* (Math. 8 : 16, etc.), tantôt par le mot *guérir*, qui se rapporte à la maladie. (Math. 15 : 28 ; Luc 6 : 18.) — Tels sont les faits que les évangélistes nous présentent. Quelle idée pouvons-nous nous en faire aujourd'hui ? Ce n'est pas seulement le rationalisme qui cherche à expliquer ces faits d'une manière toute naturelle ; des interprètes pleins de foi et de piété, ne veulent voir dans les démoniaques du temps de Jésus que des malades ordinaires, malades d'esprit ou de corps, qu'il guérissait par sa parole puissante, et dont la croyance populaire du temps attribuait les souffrances à une influence satanique. Ils fondent cette opinion sur les raisons suivantes (voir Meyer sur Math. 4 : 24) : 1° l'absence de démoniaques dans l'Ancien Testament ; 2° la pratique de l'exorcisme chez les Juifs. (Math. 12 : 27) ; 3° l'absence de démoniaques constatée de nos jours ; 4° le silence absolu de l'Evangile de Jean sur ces guérisons, bien que cet apôtre reconnaisse clairement l'action de Satan sur les méchants (Jean 13 : 2, 27 ; 8 : 44) et les idées de son temps sur les démoniaques (Jean 7 : 20) ; 5° le fait que ces *démoniaques* ne manifestent aucune des dispositions diaboliques que ferait attendre leur possession par un esprit impur et méchant. Quelques-unes de ces raisons ne sont pas sans poids, d'autres ont peu de valeur. Mais là n'est pas la question. En présence de faits psychologiques qui appartiennent à ce domaine si obscur du monde des esprits, la seule chose qu'ait à se demander l'exégèse est celle-ci : Qu'est-ce que les évangélistes ont voulu raconter ? et surtout quelle est, au sujet des démoniaques, la pensée du Sauveur qui les guérissait ? A la première de ces questions, il ne peut y avoir qu'une seule réponse : évidemment les écrivains du Nouveau Testament ont rapporté des faits, à leurs yeux d'une parfaite réalité. Les théologiens dont on vient de citer l'opinion l'admettent sans hésiter ; seulement ils supposent que ces disciples de Jésus ont écrit sous l'empire des idées universellement répandues en leur temps, et sans les discuter. Mais ces idées, si elles eussent été fausses, n'auraient-elles pas été rectifiées par les paroles et par l'action de leur Maître dans les nombreuses guérisons de ce genre qu'il opérait ? Or qu'ont-ils pu apprendre de lui ? Le voici : Jésus déclare publiquement qu'il « *chasse les démons* par l'Esprit de Dieu. » (Math. 12 : 28 ; Luc 11 : 20, comp. 13 : 32.) Il donne solennellement à ses disciples l'ordre et le pouvoir de *chasser les esprits impurs*. (Math. 10 : 1, 8 ; Marc 3 : 15.) Il leur explique pourquoi ils n'ont pu le faire en un certain cas. (Math. 17 : 21 ; Marc 9 : 29.) Il leur donne un enseignement sur l'action de tel esprit impur. (Math. 12 : 43 et suiv. ; Luc 11 : 24.) Quand les démons sont soumis aux disciples, il voit

ÉVANGILE SELON MATTHIEU

nous tourmenter avant le temps [1] ? — Or il y avait loin d'eux un grand troupeau de pourceaux qui paissaient. — Et les démons le prièrent, disant : Si tu nous chasses, envoie-nous dans ce troupeau de pourceaux. — Et il leur dit : Allez. Et eux étant sortis, s'en allèrent dans les pourceaux ; et voici, tout le troupeau s'élança avec impétuosité en bas la pente, dans la mer, et ils périrent dans les eaux [2]. — Et ceux qui les paissaient s'enfuirent, et étant allés dans la ville, ils racontèrent tout, et ce qui était arrivé aux démoniaques. — Et voici, toute la ville sortit au-devant de Jésus ; et dès qu'ils le virent, ils le prièrent de s'éloigner de leur territoire [3].

Satan, leur chef, précipité de son pouvoir. (Luc 10 : 17, 18.) En présence de ces affirmations, il ne reste plus que cette alternative : Jésus s'est permis une accommodation, indigne de lui, aux erreurs de son temps, ou il a été lui-même dans l'erreur. De telles conséquences décident la question pour tous ceux qui croient au Fils de Dieu. — Seulement il faut se garder d'abuser de ces faits pour nourrir une dangereuse superstition. Un pouvoir ténébreux a pu régner à l'époque de dégradation religieuse et morale où parut le Sauveur ; mais ce pouvoir, il venait le briser, comme le prouve le dernier passage cité, Luc 10 : 18 et plus encore 1 Jean 3 : 8. (Comp. la dissertation de M. F. Godet, *Commentaire* sur Luc 4 : 33-37, tome I, p. 335, de la troisième édition.)

1. Ce sont les démoniaques qui parlent, mais les paroles qu'ils prononcent montrent que l'évangéliste les attribue aux démons. (v. 31.) Ils connaissent Jésus, le nomment avec terreur *fils de Dieu* (Jacq. 2 : 19) et demandent à n'être pas *tourmentés* (Luc 16 : 23) *avant le temps*, c'est-à-dire rejetés dans l'abîme avant le jour du jugement. (Luc 8 : 31 ; 2 Pier. 2 : 4.) — Matthieu parle de deux démoniaques. (v. 28.) Dans les récits de Marc (5 : 1 et suiv.) et de Luc (8 : 26 et suiv. ; voir les notes), il n'y en a qu'un. On a supposé que Matthieu comprend dans son récit le démoniaque guéri dans la synagogue de Capernaüm (Marc 1 : 23) ou que, des deux aliénés, l'un était plus furieux que l'autre, et que Marc et Luc ne parlent que de celui-là. Cela n'est pas impossible ; mais ne vaut-il pas mieux prendre les évangiles tels qu'ils sont, que de faire de l'harmonistique basée sur des suppositions sans preuves ? (Comp. 20 : 30.)

2. Les démons, à la voix de Jésus, *sortent* des deux malades, qui se trouvent guéris, et ils se jettent, non dans le troupeau, selon le texte reçu, mais *dans les pourceaux*. La suite du récit ferait-elle supposer qu'ils communiquèrent à ces animaux la même furie qu'aux démoniaques ? Ou comment expliquer le fait qu'ils se précipitèrent dans la mer ? Marc (5 : 2 et suiv.) raconte toute cette scène avec beaucoup de détails. Voir les notes à cet endroit.

3. *La ville* (v. 33) est Gadara. (v. 28.) — Les habitants *prient* Jésus de s'éloigner ; ce terme est respectueux. Sans doute ils étaient sous une impression de crainte, à cause de ce qui venait d'arriver, plus encore que d'irritation à cause de la perte qu'ils faisaient. On a supposé que ces gens étaient des Juifs, à qui la loi interdisait de tenir des pourceaux, et que cette perte fut le châtiment de leur désobéissance. Cela est possible, mais le texte ne le dit point. Quoi qu'il en soit, ces hommes sont trop ignorants pour ne pas mettre leurs intérêts au-dessus du privilège de posséder Jésus dans leur contrée.

D. 1-8. Guérison d'un paralytique. — 1º De retour à Capernaüm, Jésus voit [d]époser à ses pieds un *paralytique* couché sur un lit. Il lui adresse des paroles d'en[c]ouragement, et prononce le *pardon* de ses péchés. (1, 2.) — 2º Des *scribes* l'accus[e]nt de blasphème. Mais Jésus, les censurant de leurs mauvaises pensées, leur fournit [la] preuve que le fils de l'homme a l'autorité de pardonner les péchés : il ordonne au [p]aralytique de se lever, de prendre son lit et de s'en aller dans sa maison, ce qu'il fait [au]ssitôt. (3-7.) — 3º Le *peuple* glorifie Dieu. (8.)

IX Or, étant entré dans la barque, il traversa le lac et vint dans sa
2 ville [1]. — Et voici, on lui apporta un paralytique couché sur un lit.
Et Jésus voyant leur foi [2], dit au paralytique : Prends courage, mon
3 enfant, tes péchés sont pardonnés [3]. — Et voici, quelques-uns des
4 scribes dirent en eux-mêmes : Celui-ci blasphème [4]. — Et Jésus,
voyant leurs pensées [5], dit : Pourquoi pensez-vous de mauvaises
5 choses dans vos cœurs [6] ? — Car lequel est le plus aisé, de dire : Tes
6 péchés sont pardonnés, ou de dire : Lève-toi et marche ? — Or, afin
que vous sachiez que le fils de l'homme a sur la terre le pouvoir de
pardonner les péchés,... lève-toi, dit-il alors au paralytique, prends
7 ton lit et va-t'en dans ta maison. — Et s'étant levé, il s'en alla dans

1. Comp. Marc 2 : 1-12 ; Luc 5 : 17-26. — *Sa ville*, Capernaüm, où il s'était établi. (4 : 13 ; Marc 2 : 1.) — Marc et Luc assignent une autre place au trait qui va suivre, et le rapportent avec plus de détails. (Voir les notes.)
2. Avant tout, la *foi* du paralytique, mais aussi la foi de ceux qui le lui *apportaient* et qui montraient ainsi que déjà cette foi était « opérante par la charité. » C'était là la préparation nécessaire à la guérison et au pardon.
3. D'abord des paroles pleines de compassion et d'encouragement : *Prends courage, mon enfant*. (Comp. v. 22 ; Marc 10 : 49.) Puis, un bienfait infiniment plus grand pour le malade que la guérison qu'il venait demander : *Tes péchés sont pardonnés* (gr. *remis*). Le texte reçu porte : « *te* sont pardonnés, » ce qui s'entend de soi-même. Mais ce qu'il faut remarquer c'est le verbe au présent, selon le vrai texte, qui montre le pardon accordé actuellement par Jésus-Christ et sans condition aucune. Pour que ce pardon absolu fût moralement possible et vrai, il fallait que Jésus vît dans cet homme la repentance aussi bien que la foi. Cependant cette parole de grâce, adressée à un malade qui venait chercher la guérison, surprend au premier abord. On a conclu de là que le malade avait lui-même causé son mal par ses péchés, ou que Jésus s'accommodait à l'idée juive de son temps que toute souffrance est le châtiment de péchés personnels. (Voir le contraire dans Jean 9 : 2, 3.) Il est possible que ce paralytique se fût attiré sa maladie par ses égarements, mais rien dans le récit ne l'indique. Seulement il est certain, selon l'Ecriture, que tout mal dans le monde émane du péché (Rom. 5 : 12), et Jésus, en accordant d'abord le pardon, guérit la cause, le péché, avant d'ôter l'effet, la maladie.
4. D'après les autres synoptiques, il n'y avait pas là uniquement, comme adversaires, les *scribes*, mais aussi des pharisiens (voir sur les premiers 23 : 2, note, et sur les derniers 3 : 7, note), venus ensemble de divers lieux pour épier Jésus. (Luc 5 : 17.) C'est donc ici proprement que commence dans le récit de Matthieu cette opposition hostile qui ira toujours croissant jusqu'au dénouement. — Comment ces adversaires pouvaient-ils voir, dans le pardon prononcé par Jésus, un *blasphème* ? Il leur paraissait que Jésus usurpait un attribut divin. Dans Marc et Luc les contradicteurs complètent ainsi leur pensée : « Qui peut pardonner les péchés, sinon Dieu seul ? » Et dans l'ignorance où ils étaient de la personne de Jésus, ils avaient raison. Quand plus tard le Maître autorise ses disciples à pardonner les péchés, il leur délègue un pouvoir qu'il exerce, lui, directement, et ils ne pourront, eux, qu'annoncer le pardon au nom de Dieu et du Sauveur. (16 : 19 ; 18 : 18 ; Jean 20 : 23 ; notes.)
5. *B* et quelques versions ont : *connaissant* leurs pensées. L'idée est la même. Jésus est le seul homme qui ait jamais eu le pouvoir de connaître ou de voir les *pensées* des autres. Ce n'était pas seulement l'effet d'une pénétration naturelle de son esprit, mais un pouvoir divin semblable à celui par lequel il faisait des miracles. (Jean 2 : 24, 25.)
6. Gr. *Pourquoi vous, pensez-vous...?* *Vous*, tandis que ce pauvre paralytique et ses amis viennent à moi pleins de confiance. C'étaient là précisément les *mauvaises choses* que les adversaires avaient dans *leurs cœurs*, des pensées d'incrédulité et d'inimitié qui leur faisaient voir un blas-

sa maison¹. — Ce que les foules ayant vu, elles furent remplies de 8 crainte, et elles glorifièrent Dieu, qui a donné un tel pouvoir aux hommes².

E. 9-17. VOCATION DE MATTHIEU. QUESTION DES DISCIPLES DE JEAN. — 1º Jésus passant devant le bureau des péages, *appelle Matthieu à le suivre*, ce qu'il fait aussitôt. Il invite Jésus pour un *repas*, et, avec lui, beaucoup de péagers et de gens mal famés. (9, 10.) — 2º Des *pharisiens* voyant cela, *demandent* aux disciples comment il se fait que leur Maître mange avec de telles gens. Jésus répond : Ce sont précisément les malades qui ont besoin de médecin. Ils pourraient le savoir, car l'Ecriture dit : Dieu prend plaisir à la miséricorde, non au sacrifice : le Sauveur vient appeler des pécheurs, non des justes. (11-13.) — 3º En ce moment des *disciples de Jean-Baptiste demandent* à Jésus pourquoi ceux qui le suivent ne pratiquent point la loi du *jeûne*. Il leur répond que ses disciples ne peuvent être dans le deuil ou la tristesse tant que l'époux est avec eux, mais que les jours viendront où ils jeûneront. (14, 15.) — 4º Puis il s'applique à leur faire comprendre, par *deux comparaisons* frappantes, que la vie nouvelle qu'il apporte au monde est incompatible avec les vieilles institutions légales, et même qu'elle exige l'entier renouvellement de l'homme intérieur. (16, 17.)

Et Jésus étant parti de là, vit en passant un homme nommé Mat- 9
thieu³, assis au bureau des péages⁴, et il lui dit : Suis-moi. Et se

---

phème dans la plus émouvante manifestation de la miséricorde de Dieu. C'étaient donc eux-mêmes qui blasphémaient.

1. Le v. 5 doit motiver (*car*) le v. 4 ; et cette dernière question, Jésus la tire des pensées mêmes des adversaires. Au fond, *pardonner* ou *guérir* sont également impossibles à l'homme et *aisés* pour le Seigneur, car l'un et l'autre exigent la puissance divine. Mais les scribes pensaient : Voilà un paralytique qui vient chercher la guérison, et on lui dit : Tes péchés te sont pardonnés ; cela est bien facile, en même temps que blasphématoire ; mais le guérir ! *Or, afin que vous sachiez*, est donc la solennelle réponse à cette pensée, et la guérison du paralytique par la parole de Jésus devient ainsi une démonstration sans réplique de l'autorité qu'il a pour pardonner les péchés. — Sur l'expression *le fils de l'homme*, voir 8 : 20, note. — Les mots : *sur la terre*, sont là par opposition à *dans le ciel*. Même sur la terre, avant le jugement éternel, même sous sa forme de serviteur, même ici-bas, le fils de l'homme a le pouvoir de pardonner ; car « toute puissance lui est donnée au ciel et sur la terre. » (28 : 18.) « Cette parole respire l'origine céleste de celui qui la prononce. » *Bengel*.

2. La profonde impression que *la foule* reçoit de ce miracle est rendue, dans le texte reçu, par ce mot : *fut dans l'ad-miration* ou *l'étonnement*. La variante admise donne à peu près le même sens, mais avec plus d'énergie encore. — *Aux hommes* n'est pas une expression générique pour *à un homme* (Jésus) ; mais la foule regarde avec raison tous les pouvoirs de Jésus comme conférés, en lui, à l'humanité entière.

3. Marc (2 : 13-22) et Luc (5 : 27-39) racontent aussi cette vocation d'un disciple avec les mêmes détails de lieu, de temps, de circonstances ; il s'agit évidemment d'un fait identique dans les trois récits. Mais tandis que notre évangéliste appelle ce disciple *Matthieu*, les deux autres le nomment Lévi. Or il suffit d'observer que le nom de Matthieu se retrouve dans tous les catalogues des apôtres, tandis que celui de Lévi n'y paraît jamais, pour être convaincu que le disciple appelé en cette circonstance à l'apostolat changea dès ce moment son nom de Lévi en celui de Matthieu, qui signifie *don de Dieu*. Ainsi Simon prend le nom de Pierre, Saul celui de Paul. (Voir l'introd.)

4. Lieu où l'on percevait les impôts sur les marchandises en transit, etc. Comme ces contributions étaient prélevées pour le compte des Romains, les Juifs qui exerçaient les fonctions de percepteurs étaient généralement haïs et méprisés. (5 : 46, note.) Et c'est parmi ces *péagers* (comp. v. 11 ; 11 : 19 ; 18 : 17) que Jésus choisit

10 levant, il le suivit [1]. — Et il arriva que, comme il était à table dans
la maison [2], voici beaucoup de péagers et de pécheurs vinrent et se
11 mirent à table avec Jésus et ses disciples [3]. — Et les pharisiens voyant
cela, dirent à ses disciples : Pourquoi votre maître mange-t-il avec
12 les péagers et les pécheurs? — Et Jésus l'ayant entendu, dit : Ceux
qui sont en santé n'ont pas besoin de médecin ; mais ceux qui se
13 portent mal [4]. — Or allez, et apprenez ce que signifie cette parole [5] :
« Je veux la miséricorde et non le sacrifice [6] ; » car je ne suis pas
venu appeler des justes, mais des pécheurs [7].

l'un de ses apôtres ! « Voulait-il seulement faire voir combien il se mettait au-dessus des préjugés juifs? ou désirait-il aussi posséder parmi ses disciples un homme habitué à manier la plume? Tout cela est possible ; mais il y a quelque chose de si brusque, de si spontané et de si étrange dans cet appel, qu'on ne peut, en tout cas, douter que Jésus ne l'ait adressé par une impulsion directe d'en haut. Ce caractère divin de l'appel ressort aussi de la décision et de la promptitude avec lesquelles il est accepté. Entre Jésus et cet homme, il doit y avoir eu comme un coup de divine sympathie. » *F. Godet.* Tout dans l'histoire évangélique est une révélation de la miséricorde de Dieu.

1. Il est très probable que Matthieu connaissait déjà Jésus, qui habitait cette même ville de Capernaüm, qu'il avait entendu et reçu sa parole, et que cet appel à le *suivre* fut une vocation décisive à l'apostolat. Mais l'autorité de cet appel du Maître et la prompte obéissance du disciple n'en sont pas moins admirables.

2. Matthieu ne nous dit pas dans quelle *maison ;* il garde là-dessus un silence plein de modestie, mais Luc (5 : 29) nous apprend que c'était la maison de Matthieu Lévi, dans laquelle celui-ci fit « un grand banquet. » Il voulut ainsi, dans le zèle de son premier amour, offrir à tous ces *péagers* et ces *pécheurs* qu'il invita, une occasion de voir et d'entendre Celui à qui il venait de consacrer sa vie. — Quelques interprètes ont prétendu que, selon Matthieu comme selon Marc, ce repas avait lieu dans la maison de Jésus, et ils voient une contradiction entre les deux premiers évangélistes et Luc. Mais par quelle raison cette foule de péagers aurait-elle tout à coup envahi la maison de Jésus? N'est-il pas plus naturel de nous les représenter dans la demeure de leur collègue Lévi? Qui nous dit même que Jésus eût une maison à Capernaüm? Le passage 4 : 13, sur lequel on prétend fonder cette opinion, n'implique rien de tel.

3. Matthieu, *péager* lui-même, avait donc invité *plusieurs* de ses amis ayant la même vocation méprisée et, en outre, d'autres personnes dont la réputation n'était pas meilleure, et qui sont spécialement désignées dans les évangiles comme des *pécheurs*, terme que nos versions ordinaires rendent par *gens de mauvaise vie.* Ce mot se trouve souvent uni à celui de *péagers*, parce que ces derniers avaient généralement le même caractère moral. (11 : 19; Luc 7 : 34 ; 15 : 1.)

4. Les *pharisiens* (voir sur cette secte 3 : 7, note), dans leur orgueilleuse propre justice, se croyaient *en santé* ou *justes* (v. 13); ils n'avaient donc *pas besoin d'un médecin*, de ce Sauveur qui venait guérir les âmes de leurs maladies morales. Mais ceux *qui se portent mal*, les malades, ces *pécheurs* qui se sentaient tels et qui l'entouraient en ce moment, eux *avaient besoin* de lui, et c'est pourquoi ils l'écoutaient avec bonheur leur parler de pardon et de réconciliation avec Dieu. Jésus faisait ainsi aux pharisiens une certaine concession, admettant une différence morale extérieure entre eux et les péagers; mais c'était une « concession ironique, » comme dit Calvin, car au fond leur orgueil et leur dureté de cœur envers ces pauvres *pécheurs* que Jésus recevait, les rendaient, malgré leurs lumières, plus coupables qu'eux devant Dieu. (Comp. v. 13; Luc 7 : 36 et suiv. ; 15 : 1 et suiv.)

5. Il y a une sévère désapprobation dans ces mots : *allez et apprenez !* Pour d'autres, Jésus aurait dit : « Venez et apprenez de moi. » (11 : 28, 29.)

6. Osée 6 : 6, d'après les Septante, conformes à l'hébreu, qui porte : « Je prends plaisir à la miséricorde, non au sacrifice. » Cette belle parole de l'Ecriture se retrouve citée au ch. 12 :7. Quel en est le sens ? Selon

La note 7 se trouve à la page suivante.

ÉVANGILE SELON MATTHIEU

Alors les disciples de Jean viennent à lui, disant : Pourquoi nous 14 et les pharisiens jeûnons-nous souvent, tandis que tes disciples ne jeûnent point¹ ? — Et Jésus leur dit : Les amis de l'époux peuvent- 15 ils être dans le deuil pendant que l'époux est avec eux ? mais des jours viendront où l'époux leur sera ôté, et alors ils jeûneront². — Personne ne met une pièce de drap neuf à un vieil habit ; car la 16 pièce emporte une partie de l'habit, et la déchirure en devient pire³.

la plupart des interprètes, Jésus l'applique aux pharisiens qui, sans *miséricorde* pour les péagers et les pécheurs, mettaient toute leur confiance pour leur salut dans les *sacrifices* qu'ils offraient en dans les dehors cérémoniels de la religion ; précisément l'inverse de ce que Dieu *veut*. Selon d'autres, Jésus s'appliquerait à lui-même cette déclaration, et justifierait ainsi par une parole divine la *miséricorde* dont il usait envers les pécheurs. Ces deux interprétations sont loin de s'exclure mutuellement. Si quelque chose au monde avait dû apprendre aux pharisiens que la miséricorde est plus agréable à Dieu que le sacrifice, n'est-ce pas la tendre compassion du Sauveur ?

7. La particule *car* qui motive les paroles suivantes ne se rapporte pas à la citation qui précède, mais à ces mots : « allez, apprenez, » car pour moi *je suis venu....* — Les *justes* et les *pécheurs* sont les gens en santé et les malades (v. 13), et cette nouvelle comparaison des pharisiens avec les péagers renferme la même ironie. Jésus, sans exclure ces propres justes de son royaume, ne *pouvait pas* les y *appeler*, tant qu'ils persistaient dans leur orgueil. Car bien que le mot du texte reçu : appeler *à la repentance*, ne soit pas authentique ici (il l'est dans Luc), il est sûr que le sentiment douloureux du péché est la porte de ce royaume céleste auquel Jésus appelait.

1. Dans le récit de Luc (5 : 33 et suiv.), l'entretien avec les pharisiens continue ici, et ce sont eux, semble-t-il, qui adressent à Jésus cette question. Selon Marc (2 : 18 et suiv., notes), ce seraient les *pharisiens* et les *disciples de Jean* réunis. Quoi qu'il en soit, ces derniers y eurent part, et Matthieu les nomme seuls, parce que c'est à eux, sans doute, que la réponse de Jésus importait le plus. Les disciples de Jean n'avaient pas tous suivi les conseils de leur maître, qui les exhortait à s'attacher à Jésus. Ceux qui ne l'avaient pas fait s'astreignaient aux prescriptions rigoureuses de la piété des pharisiens, qu'ils pratiquaient sans doute avec plus de sincérité que ces derniers. Ils menaient, à l'exemple de leur maître, une vie de repentance et d'austérité dans laquelle le *jeûne* tenait une grande place. Leur question montre qu'ils étaient scandalisés de la liberté que Jésus laissait à ses disciples à cet égard.

2. Les *amis de l'époux*, ou amis de noce (gr. *les fils de la chambre nuptiale*, hébraïsme), étaient les jeunes gens qui accompagnaient l'époux quand il venait prendre sa fiancée pour l'emmener, entourée de ses amies, dans sa maison. (25 : 1 et suiv.) Ils figurent les disciples de Jésus, qui se présente lui-même comme *l'époux* de l'Eglise. Les disciples de Jean durent comprendre cette belle image que leur maître avait employée. (Jean 3 : 29.) Ces *amis* ne devaient ni ne *pouvaient* (v. 15) *être dans le deuil*, s'attrister par le jeûne, tandis que Jésus était avec eux. En se désignant comme l'*époux*, Jésus affirme que, dans sa personne, c'est Dieu lui-même qui visite son peuple, car, dans le langage de l'Ancien Testament, cette comparaison est exclusivement réservée aux rapports de Jéhova et d'Israël. Après avoir rappelé sa suprême dignité, Jésus, comme toujours, reporte sa pensée sur son abaissement suprême. (16 : 21.) Quand l'*époux leur sera ôté* (gr. *enlevé* brusquement), *alors ils jeûneront*, au sein de leurs souffrances, de leurs tristesses, non parce que la loi l'ordonne, mais avec une sainte liberté, afin de se livrer tout entiers à la prière et à leurs rudes travaux. (Comp. 17 : 21 ; Act. 13 : 2, 3 ; 14 : 23.) — C'est ici, dans notre évangile, la première fois que Jésus annonce sa mort, dont il eut, dès le commencement de son ministère, la plus claire prévision. (Jean 2 : 19 ; 3 : 14 ; comp. 1 : 29.) Quel jour ce fait jette sur toute sa vie !

3. Cette image explique et prouve la déclaration qui précède. Nul ne s'avise d'appliquer une *pièce de drap neuf* (gr. *d'étoffe écrue, non foulée*) à un *vieil habit* déchiré, afin de le raccommoder ; *car* (gr.) *ce remplissage emporte* (une partie) *de l'habit, et il se produit une déchirure*

17 — On ne met pas non plus du vin nouveau dans de vieilles outres ; autrement les outres se rompent, et le vin se répand, et les outres sont perdues ; mais on met le vin nouveau dans des outres neuves, et tous les deux se conservent ensemble [1].

pire, plus grande qu'auparavant. D'autres traduisent : « (la pièce) emporte sa plénitude (l'espace qu'elle remplit) de l'habit. » Sens de cette image : La vie nouvelle dont Jésus est la source ne se concilie pas avec les institutions vieillies de la loi mosaïque, jeûnes, cérémonies, etc. ; pour cette vie nouvelle, il faut de nouvelles formes qu'elle saura bien se créer. La servitude légale et la liberté évangélique ne sauraient subsister ensemble. Le prétendre n'est pas seulement une vaine tentative, mais c'est chose nuisible : la déchirure est pire, le vin et les outres se perdent. (v. 17.) On a la preuve historique de cette vérité dans les systèmes judéo-chrétiens des premiers siècles, qui tentaient précisément d'ajouter des lambeaux du christianisme aux traditions légales du mosaïsme. La vérité et la vie nouvelle y périrent également. Jésus n'est pas venu pour raccommoder ce qui était vieilli et usé (Hébr. 8 : 13), mais pour créer à nouveau un monde religieux et moral. (Comp. Rom. 7 : 6. Voir la note suivante.) Luc présente cette *parabole* sous une forme un peu différente. (Luc 5 : 36, note.) L'interprétation qu'on vient de lire est peut-être la plus simple et la plus naturelle. Les exégètes modernes ont trouvé qu'elle ne serait pas d'assez près les termes de la comparaison et ont objecté, « que si l'on rattache très étroitement cette parabole au sujet précédent, celui du jeûne, Jésus aurait dû dire : On n'ajoute pas un morceau de vieux drap (le jeûne légal) à un habit neuf (la nouvelle manière de vivre de mes disciples), tandis qu'il dit précisément le contraire : On ne prend pas du neuf pour compléter le vieux. » *F. Godet.* On a donc proposé plusieurs autres explications. Nous n'en mentionnerons que deux : MM. Beyschlag et B. Weiss pensent que Jésus, répondant aux disciples de Jean (v. 14) veut montrer qu'ils ont raison, à leur point de vue ; que tant qu'ils restent sur le terrain du judaïsme ils font bien de conserver fidèlement les prescriptions légales, que la moindre introduction d'un principe de liberté dans leur vie religieuse (comme l'exemption du jeûne que Jésus octroie à ses disciples) ferait voler en éclats tout leur système d'observances rituelles. M. Godet (dans la troisième édition de son *Commentaire sur saint Luc*), pense que Jésus a en vue, non les disciples de Jean-Baptiste, dont il lui importait peu de justifier les pratiques, mais ses propres disciples. La question (v. 14) à laquelle Jésus répond, peut, en effet, se traduire : « Pourquoi tes disciples ne jeûnent-ils pas, tandis que nous et les pharisiens nous jeûnons. » Ils ne jeûnent pas, répond Jésus (v. 15), parce que l'époux est avec eux, mais quand l'époux leur sera ôté, alors ils jeûneront. Et c'est ce *jeûne* nouveau auquel ils se livreront alors que Jésus veut caractériser dans la comparaison du v. 16. On ne peut, dit-il, détacher celui-ci de toute cette vie et de cette sainteté nouvelles auxquelles il appartiendra, pour l'appliquer à des hommes qui sont encore dans l'état légal. Il faut suspendre la solution de la question du jeûne et de toutes les pratiques religieuses jusqu'à ce qu'un état de choses nouveau puisse être substitué tout d'une pièce à l'état présent. — L'une et l'autre explication sont quelque peu subtiles. Les auditeurs de Jésus auraient dû être doués d'une rare pénétration pour découvrir cette signification spécieuse de l'image qu'il employait. Aussi est-il plus prudent, peut-être, de s'en tenir au sens général indiqué d'abord. Bien des paraboles du Sauveur nous montrent qu'il convient de n'en pas presser les termes ni appliquer les détails. (Parabole de l'économe infidèle, du trésor dans un champ, Lazare à la porte du riche, etc.)

1. Aujourd'hui encore, en Orient, on conserve et transporte les liquides, l'eau, l'huile, le vin, dans des *outres* faites en peau de chèvre. Si ces outres sont *vieilles*, usées, le *vin nouveau* qu'on y mettrait les romprait par la force de la fermentation, et contenant et contenu seraient *perdus*. Quel est le sens de cette seconde parabole ? Quant au vin nouveau, il ne saurait y avoir doute. Il représente, comme dans la précédente image, l'esprit nouveau, la vie nouvelle que Jésus apportait au monde. Mais les *outres*, les *vieilles*, les *nouvelles* ? Trois interprétations diverses se présentent ici, soutenues par des exégètes également éminents. 1° Les uns voient dans cette parabole, comme dans la précédente, un contraste entre les institutions légales de l'Ancien Testament défendues par les pharisiens, et la vérité

ÉVANGILE SELON MATTHIEU

F. 18-26. Guérison d'une femme malade. Résurrection d'une jeune fille. — 1° Comme Jésus parle encore, un *chef* entre et, se prosternant devant lui, le prie de venir imposer les mains à *sa fille qui venait de mourir.* Aussitôt Jésus le suit. (18, 19.) — 2° Pendant qu'il est en chemin, une *femme qui avait une perte de sang* s'approche timidement par derrière et touche le bord de son vêtement, convaincue que cela lui suffira pour être guérie. Jésus, se retournant, lui déclare que sa foi l'a sauvée. (20-22.) — 3° Arrivé *à la maison* du chef, Jésus voyant des gens qui faisaient de bruyantes lamentations, leur ordonne de se retirer, ajoutant : La jeune fille n'est *pas morte, elle dort.* Puis il prend la jeune fille par la main, et *elle se lève.* (23-26.)

18 Comme il leur disait ces choses, voici un chef étant entré se pros-

nouvelle apportée par Jésus-Christ. Pour contenir cette vie évangélique, il faut aussi des institutions nouvelles qui puissent la supporter et la conserver. (Meyer et d'autres.) Mais est-il probable que Jésus ait voulu exprimer exactement la même idée par ces deux comparaisons ? Toutes les fois qu'il rend sa pensée, comme ici, par deux courtes paraboles (le grain de sénevé et le levain, le trésor et la pierre précieuse, Math. 13), il met entre l'une et l'autre une nuance importante qu'il faut saisir. M. Beyschlag, avec le sens spécial qu'il donne à la première parabole (voir note précédente) échappe à cette objection. D'après lui, Jésus qui a répondu dans la parabole du v. 16 à cette question : « Pourquoi les disciples de Jean et des pharisiens jeûnent-ils ? » répond maintenant à celle-ci : « Pourquoi tes disciples ne jeûnent-ils pas ? » — « Parce qu'ils ne peuvent enfermer l'esprit nouveau du royaume des cieux dans les formes usées du judaïsme. » Cette relation établie entre les deux paraboles est ingénieuse ; mais elle suppose admise l'interprétation donnée par M. Beyschlag de la première parabole, et, en voyant dans les vieilles outres l'ancienne économie, elle ne tient pas compte de ce trait distinctif de la seconde parabole, qui substitue à l'unité du vieux vêtement la pluralité des outres. 2° Se fondant sur ce détail, d'autres exégètes ont vu dans notre seconde image, non plus les institutions de l'ancienne et de la nouvelle Alliance avec leur esprit différent, mais les représentants respectifs de l'une et de l'autre. Jésus prend pour ses disciples, non les pharisiens, les prêtres, les scribes, incapables de recevoir la vie nouvelle, lui, comme un vin généreux, aurait fait éclater *toutes leurs conceptions religieuses* n'aurait pu se développer en eux. Il choisit des hommes nouveaux, Matthieu péager et les autres disciples. Telles seraient les outres neuves qu'il oppose aux vieilles outres. Cette interprétation, exposée avec talent par M. Godet dans son *Commentaire sur saint Luc* (5 : 37, 38), est très admissible, car les paroles de Jésus projettent leur lumière sur les sujets qu'il traite et tout à l'entour. Mais on peut reprocher à cette explication de la parabole de n'être pas directement donnée par l'ensemble du discours. 3° On a donc cherché et trouvé, croyons-nous, le vrai point de comparaison entre les disciples mêmes de Jésus, « encore infirmes et tendres, comme dit Calvin, et la discipline plus étroite et sévère qu'ils n'eussent pu encore porter. » — « Ils ne *peuvent* s'attrister et jeûner, avait dit le Maître, tant que l'époux est avec eux. » C'est un temps de préparation et d'attente pendant lequel, étant encore dans leur vieille nature d'hommes pécheurs, ils ne sauraient ni pratiquer la loi avec ses exigences infinies, ni contenir la vie de l'esprit dans sa plénitude. Ils en seraient brisés, comme Paul nous apprend que la seule découverte de la spiritualité de la loi le tua. (Rom. 7 : 9, 10.) « Mais les jours viendront » où, renouvelés en tout leur être par l'Esprit de Dieu, ils recevront la plénitude de la vie nouvelle et verront accomplie dans leur vie toute « la justice de la loi. » (Rom. 8 : 2-4.) Cette application de la seconde parabole à l'homme intérieur, soutenue par Calvin, Néander (qui explique aussi de la première de la même manière) et d'autres, était une leçon sérieuse pour les disciples de Jean, une réponse directe à leur question au sujet de ces jeûnes légaux qui n'étaient que le rapiéçage d'un vieil habit, et qui les rendaient incapables de recevoir la vie nouvelle. Et cet enseignement profond est d'une *application universelle à l'éducation* religieuse et à l'expérience chrétienne. Il montre enfin combien le Seigneur avait dès lors la conscience claire de l'œuvre absolument nouvelle qu'il venait accomplir : il sait qu'il est, non un réformateur

terna devant lui, disant : Ma fille est morte il y a un instant, mais
19 viens, pose ta main sur elle, et elle vivra¹. — Et Jésus s'étant levé,
20 le suivit avec ses disciples. — Et voici, une femme qui avait une perte
de sang depuis douze ans, s'étant approchée par derrière, toucha le
21 bord de son vêtement. — Car elle disait en elle-même : Si seulement
22 je touche son vêtement, je serai sauvée². — Jésus s'étant retourné
et la voyant, lui dit : Prends courage, ma fille, ta foi t'a sauvée. Et
23 cette femme fut sauvée dès cette heure-là³. — Et Jésus étant arrivé
à la maison du chef et voyant les joueurs de flûte et la foule qui fai-
24 sait grand bruit⁴, — leur dit : Retirez-vous, car la jeune fille n'est

seulement, mais le créateur d'un monde nouveau.

1. Comp. Marc 5 : 22-43 ; Luc 8 : 40-56. — Ces mots : *Comme il leur disait ces choses,* un chef *étant entré,* et (v. 19) Jésus *s'étant levé* (de table) montrent que, d'après notre évangéliste, cet homme s'approcha de Jésus immédiatement après le discours précédent, et encore dans la maison de Matthieu. (v. 10.) Marc et Luc assignent à cette histoire une tout autre place et pour le temps et pour le lieu. (Voir Marc 5 : 21, note.) *B* et quelques *majusc.* ont : *s'étant approché* au lieu de *étant entré.* — Ce *chef* était, selon Marc (5 : 22 et suiv.) et Luc (8 : 41 et suiv.), qui racontent avec plus de détails, président de la synagogue de Capernaüm, c'est-à-dire qu'il était chargé de surveiller et de diriger le culte. Il s'appelait Jaïrus, et la jeune fille âgée de douze ans pour laquelle il implore le secours du Seigneur, était son unique enfant. D'ordinaire les hommes de cette classe n'étaient pas *prosternés* aux pieds de Jésus ; mais ici, l'épreuve avait déjà produit son fruit. — La parole de Jaïrus : Ma fille *est morte* (gr. *a fini*) *il y a un instant* diffère dans le récit de Marc, où il dit : « est à l'extrémité, » et de Luc, où il s'exprime ainsi : elle « se meurt. » Il l'avait donc quittée encore vivante ; et en effet, selon ces deux derniers évangiles, Jaïrus n'apprend la mort de son enfant que lorsque Jésus s'était mis en chemin avec lui pour se rendre dans sa maison. Peut-être supposait-il que l'enfant qu'il avait laissée à l'extrémité, était morte maintenant, ou bien Matthieu raconte, selon son habitude, seulement les faits de la mort et de la résurrection, en omettant les circonstances secondaires.

2. Dans les trois synoptiques, l'histoire touchante de cette guérison trouve place, comme épisode, dans le récit de la résurrection de la jeune fille. Ici encore Matthieu résume, tandis que Marc et Luc peignent la scène avec de détails nouveaux qui lui donnent un caractère assez différent. (Voir Marc 5 : 30, note.) Cette pauvre femme, depuis si longtemps malade, s'approche de Jésus *par derrière*, en se cachant, parce que sa maladie la rendait souillée selon la loi (Lév. 15 : 19 et suiv.), ce qui ajoutait encore à son affliction. Elle paraît avoir eu une confiance illimitée, même un peu superstitieuse, en la puissance de Jésus. C'est ce qui ressort de sa pensée que le contact seul *du bord* (ou de la frange) *de son vêtement* (Luc 8 : 44, note) pourrait la guérir. Sa foi obscure, mais sincère, la conduit pourtant à son but. (v. 22.) Seulement Jésus insiste pour la faire parler, l'éclairer (voir Marc et Luc, notes), la convaincre que ce n'était pas l'attouchement d'un vêtement qui l'avait guérie, mais la parole puissante et miséricordieuse du Sauveur répondant à sa foi.

3. Jésus, voyant cette pauvre femme intimidée, « tremblante » (Luc), « effrayée » (Marc), lui adresse d'abord de touchantes paroles d'encouragement (comp. v. 2), puis il attribue sa délivrance à sa *foi*, pour bien lui faire comprendre que ce n'est pas le vêtement touché qui, par une action magique, a opéré la guérison. Bien plus, cette grande parole : *ta foi t'a sauvée* (ici se trouve le parfait, exprimant l'action déjà accomplie et permanente dans ses résultats), va plus loin que la guérison du corps. Cette délivrance et la tendre charité de Jésus formèrent entre lui et cette femme un lien qui eut pour effet le salut de son âme.

4. On sait que chez les peuples de l'antiquité, dès que quelqu'un avait expiré, on appelait des joueurs de divers instruments et des femmes qu'on nommait des « pleureuses, » afin de faire entendre des

pas morte, mais elle dort[1]. — Et ils se moquaient de lui[2]. — Et quand la foule eut été mise dehors, il entra et prit la main de la jeune fille, et la jeune fille se leva[3]. — Et le bruit s'en répandit par toute cette contrée.

G. 27-38. GUÉRISON DE DEUX AVEUGLES ET D'UN MUET DÉMONIAQUE. ACTIVITÉ COMPATISSANTE DE JÉSUS. — 1º Comme Jésus s'en retournait, *deux aveugles* le suivent dans la maison en implorant son secours. Après leur avoir demandé s'ils croient à sa puissance, il les guérit en touchant leurs yeux. Il leur défend sévèrement de divulguer ce miracle, mais eux en répandent le bruit dans toute cette contrée. (27-31.) — 2º Comme les aveugles guéris sortaient, on présente à Jésus un *démoniaque muet*. Le démon chassé, le muet parle. Et tandis que le peuple est dans l'admiration, les pharisiens attribuent ce miracle à la puissance de Satan. (32-34.) — 3º *Résumé du tableau précédent*. Jésus, parcourant les villes et les bourgades, enseignant et guérissant. En voyant les foules, il est *ému de compassion*, parce qu'elles étaient semblables à des brebis qui n'ont point de berger. Il y avait là une grande *moisson* à recueillir, mais peu d'ouvriers. Jésus exhorte ses disciples à *prier* pour que Dieu envoie des *ouvriers* dans sa moisson. (35-38.)

Comme Jésus passait après être parti de là, deux aveugles le suivirent, criant et disant : Aie pitié de nous, fils de David[4]. — Et quand il fut arrivé dans la maison, les aveugles vinrent à lui[5], et Jésus leur dit : Croyez-vous que je puisse faire cela ? Ils lui dirent : Oui, Seigneur. — Alors il leur toucha les yeux, disant : Qu'il vous

airs lugubres et de grandes lamentations sur le mort. — La *foule* que Jésus trouve là, se composait de tous ces gens et des amis et voisins accourus pour faire leurs condoléances.

1. Jésus fait *retirer* tout ce monde ; il veut agir dans le calme et le silence. — De sa parole, comprise trop littéralement, des exégètes très sérieux (Olshausen, Néander et d'autres) ont conclu que la jeune fille n'était réellement *pas morte* mais *endormie* d'un sommeil léthargique. Les évangélistes ont évidemment une conviction opposée (voir Luc 8 : 53, note) ; une autre parole semblable du Sauveur (Jean 11 : 11 et 14) désignait aussi une mort réelle. Là où est Jésus, la mort n'est plus la mort, mais un *sommeil* toujours suivi du réveil, le repos après les fatigues de la vie.

2. Ce qui montre combien ils étaient convaincus que la jeune fille était réellement morte.

3. Gr. *elle fut relevée*, ou *réveillée*, ou *ressuscitée*. Le verbe a ces trois acceptions dans le Nouveau Testament. — Selon Matthieu, qui abrège, ce miracle se serait accompli sans parole. C'est la main du Sauveur prenant la main de la jeune fille qui aurait rendu la vie à celle-ci. Mais voir Marc et Luc.

4. Ce nom de *fils de David* désignait le *Messie* dans le langage du peuple, qui croyait aux prophéties de l'Ancien Testament annonçant la naissance de ce libérateur dans la famille du grand roi d'Israël. (15 : 22 et ailleurs.) Ces aveugles, ayant sans doute eu connaissance de Jésus et de ses œuvres, l'invoquent comme le Sauveur promis à leur peuple. Jésus ne se donne jamais ce nom, mais il l'approuve. (22 : 42.)

5. *Dans la maison* où demeurait Jésus. Il veut leur parler et les guérir en particulier, afin de ne pas attirer l'attention. (v. 30.) C'est pourquoi il ne répond pas à leurs cris de détresse tant qu'il est en chemin, mais quand, malgré cet accueil peu encourageant, ils l'ont suivi jusque dans la maison, alors il leur accorde la guérison.

30 soit fait selon votre foi [1]. — Et leurs yeux furent ouverts [2] ; et Jésus leur parla avec menace, disant : Prenez garde que personne ne le
31 sache [3]. — Mais eux, étant sortis, répandirent sa renommée dans toute cette contrée [4].
32 Et comme ils sortaient, voici on lui amena un homme muet, dé-
33 moniaque. — Et le démon ayant été chassé, le muet parla [5]. Et la foule étant dans l'admiration, disait : Jamais rien de semblable ne
34 parut en Israël. — Mais les pharisiens disaient : C'est par le prince des démons qu'il chasse les démons [6].
35 Et Jésus parcourait toutes les villes et les villages, enseignant dans leurs synagogues, et prêchant l'Evangile du royaume et guérissant
36 toute maladie et toute langueur [7]. — Et voyant les foules, il fut ému de compassion à leur sujet ; car elles étaient fatiguées et
37 gisantes comme des brebis qui n'ont point de berger [8]. — Alors il dit à ses disciples : La moisson est grande, mais il y a peu

---

1. Partout et toujours c'est la *foi* qui ouvre le cœur de l'homme à l'action divine. (8 : 13.)

2. C'est-à-dire qu'ils recouvrèrent la vue par la puissance créatrice de cette parole. (v. 29.)

3. Voir sur le but de ces défenses, ch. 8 : 4. Cette fois, Jésus accentue sa défense, par des raisons qui nous sont inconnues. Le verbe que nous traduisons par *parler avec menace* exprime un violent mouvement de l'âme ; le même terme désigne ailleurs une émotion produite par des causes différentes. (Marc 1 : 43 ; Jean 11 : 33.)

4. Désobéissance répréhensible, mais excusable par son motif : « Le sentiment d'une telle grâce ne leur permet pas d'en taire le bienfait. » *Jérôme*. (Comp. Marc 1 : 45.) — Le récit de ce miracle et du suivant ne se trouve que dans Matthieu.

5. Voir sur les *démoniaques*, chap. 8 : 28, note. — Il n'est pas dit, dans le cas présent, si le *mutisme* de cet homme venait de l'influence d'un démon ou s'il avait cette infirmité dès sa naissance ; mais il est sûr que sa guérison coïncida avec l'expulsion du démon.

6. Ces *pharisiens* ne nient point les miracles de Jésus ; mais, dans leur incrédulité haineuse, ils préfèrent les attribuer au diable plutôt qu'à Dieu. Voir la même accusation à l'occasion d'une guérison semblable et la réponse de Jésus dans Luc 11 : 14-23. Matthieu rapporte ce discours à propos de la guérison d'un démoniaque aveugle et muet, qui fut pour les pharisiens l'occasion de répéter leur propos. (12 : 22-37.)

7. Jésus *parcourt* en vrai missionnaire les divers lieux du pays ; il n'attend pas que les hommes viennent à lui, il va à eux. — *Enseigner*, *prêcher la bonne nouvelle du royaume* et *guérir* le corps et l'âme, telle est son œuvre de Sauveur. (Voir sur le *royaume* qu'il fondait, 3 : 2, note). — Le texte reçu avec les *majusc.* plus récents ajoute à ces mots : *toute maladie et toute langueur*, ceux-ci : « parmi le peuple. » Par ce résumé de l'activité du Sauveur, répétition textuelle de 4 : 23, l'évangéliste termine le tableau général du ministère de Jésus.

8. Ce mot que nous traduisons par *être ému de compassion*, et qui se retrouve souvent dans les évangiles appliqué à Jésus, signifie proprement *être ému dans ses entrailles*, et exprime cette douloureuse sympathie avec laquelle il partageait les maux et les souffrances de notre pauvre humanité. Ici, ce sentiment de tendre charité est excité par la vue de ces *foules* semblables à des *brebis sans berger*, lesquelles sont, non pas seulement « dispersées et errantes, » selon nos anciennes versions, mais, d'après le vrai texte, *fatiguées* et *gisantes* (gr. *jetées*). Cet état d'épuisement et de souffrance est nécessairement celui de brebis privées de direction, de protection et de nourriture parce qu'elles n'ont point de berger. Image juste et frappante de l'état d'âmes sans lumière, sans paix, sans Dieu. Quel motif pour l'exhortation qui suit ! (v. 38.)

d'ouvriers [1]. — Priez donc le maître de la moisson, qu'il envoie des 38 ouvriers dans sa moisson [2].

> 4. *Le Christ étendant son activité et en assurant la continuation après sa mort par la vocation de douze apôtres.*
>
> A. 1-15. Mission des douze. Instructions que Jésus leur donne. — 1º Jésus *appelle les douze* et leur donne le pouvoir de chasser les démons et de guérir. (1.) — 2º Les *noms* des douze apôtres. (2-4.) — 3º *Instructions relatives à leur mission :* a) leur *champ de travail* est limité au peuple d'Israël (5, 6) ; b) le *sujet de leur prédication* sera : le royaume des cieux est proche ; cette prédication sera accompagnée d'*œuvres* de délivrance (7, 8 a) ; c) le grand *principe* de leur œuvre est d'être *gratuite* en ce double sens qu'elle ne leur rapporte pas de profits et n'exige ni préparatifs ni provisions (8 b-10) ; d) développant cette dernière règle, Jésus leur indique comment ils devront *se conduire en arrivant dans une ville*, dans le cas où ils seront reçus et dans le cas où ils ne seront pas reçus. (11-15.)

Et ayant appelé ses douze disciples [3], il leur donna autorité sur X les esprits impurs, pour les chasser et pour guérir toute maladie et

1. C'est précisément dans le lamentable état moral des hommes de son temps que Jésus voit les indices d'une *grande moisson* d'âmes, prête à être recueillie dans le royaume de Dieu. (Comp. Luc 10 : 2 ; Jean 4 : 35.) Plus l'homme sent sa misère et en souffre, plus ses besoins profonds le jettent dans les bras du Sauveur. Mais, pour la moisson, il faut des *ouvriers ;* pour conduire les âmes à la source de la vie, il faut des serviteurs de Dieu qui la leur montrent avec amour ; et alors il y en avait si *peu*, que le Sauveur demande à ses disciples de prier pour que le nombre en soit accru. (v. 38.)

2. Gr. *afin qu'il lance des ouvriers.* Expression énergique dictée par un besoin impérieux. C'est Dieu qui seul suscite, forme, *envoie* de bons ouvriers dans son règne ; mais il faut que l'Eglise en prière les lui demande. — C'est par cette mention de la profonde misère du peuple et de l'ardent désir de Jésus qu'un prompt secours lui soit envoyé, que Matthieu prépare le récit qui va suivre de la première mission des apôtres. (ch. 10.)

3. Gr. *ayant appelé à soi*, ou, selon Luc : « ayant *convoqué*. » Jésus leur avait précédemment adressé l'appel qui fit d'eux ses disciples. (4 : 18 et suiv.; 9 : 9.) On peut se demander si Matthieu a l'intention de raconter ici la vocation des douze à l'apostolat, vocation placée dans une circonstance différente par Marc (3 : 14) et par Luc (6 : 13) ou s'il ne rapporte seulement une convocation solennelle de ces douze dans laquelle Jésus devait leur donner la mission importante dont il est question dans ce chapitre. Quoiqu'il en soit, l'envoi des disciples marque une phase nouvelle dans le ministère de Jésus comme dans la carrière de ceux qui devaient être ses témoins. M. Godet dit fort bien : « Jésus est arrivé au faîte de son travail personnel en Galilée ; mais il n'a pu l'accomplir que dans des limites assez restreintes. Il désire adresser un appel plus général et plus énergique encore à cette population qu'il doit bientôt quitter. Et pour cela, il se multiplie en quelque sorte par la mission qu'il confie aux douze. Cette mission signale en même temps un progrès dans le développement des apôtres. Ces croyants dont Jésus avait fait des disciples, ces disciples dont il avait fait des apôtres, il les envoie maintenant comme tels. » Les premiers évangiles renferment tous trois ce récit, avec cette différence que Marc donne les instructions de Jésus aux disciples beaucoup plus en abrégé, et que Luc reproduit une partie de ces instructions comme données aux soixante-dix disciples lors de leur envoi en mission, trait nouveau qu'il rapporte seul. Ces différences ne font que confirmer l'authenticité du discours de Jésus qui va suivre, soit qu'il ait été prononcé de suite tout entier, soit que Matthieu, selon son habitude, y ait joint des enseignements donnés en d'autres occasions.

2 toute langueur[1]. — Or, ce sont ici les noms des douze apôtres[2] : le premier, Simon, nommé Pierre, et André son frère ; Jacques,
3 fils de Zébédée, et Jean son frère ; — Philippe et Barthélemi ; Thomas et Matthieu le péager ; Jacques, fils d'Alphée, et Lebbée ; —
4, 5 Simon le Cananite et Judas Iscariot, celui qui le livra[3]. — Ce sont ces douze que Jésus envoya, après leur avoir donné ses ordres,

---

1. *Guérir* soit les démoniaques, soit les autres malades (v. 8), telle est l'*autorité* ou le *pouvoir* miraculeux que Jésus confère aux apôtres, non seulement pour cette mission, mais pour la suite de leur œuvre. Cependant, il ne faudrait pas croire qu'ils pourront exercer ces pouvoirs miraculeux en tout temps et à volonté. Tous les dons de l'Esprit doivent être incessamment renouvelés par Dieu lui-même. Ces miracles ne constituaient pas la partie essentielle de leur activité ; ils devaient leur permettre de faire du bien et ils donnaient de l'autorité à leur prédication. Cette prédication qui leur est prescrite par le Seigneur (v. 7) était le premier et le grand but de leur mission.

2. C'est ici que paraît pour la première fois ce nom d'*apôtres* (envoyés), avec l'indication de leur nombre précis, *douze*. Chez les Juifs on donnait le titre d'*apôtres* à des hommes de confiance qui portaient les circulaires des chefs de synagogue, recueillaient les offrandes pour le temple et entretenaient le zèle des communautés de la « diaspora ». Dans le Nouveau Testament, les frères chargés de recueillir la collecte pour les Églises de Judée sont appelés ainsi (2 Cor. 8 : 23) et Paul nomme Epaphrodite l'*apôtre* des Philippiens. (Philip. 2 : 25.) Jésus lui-même donna ce titre à douze de ses disciples, après les avoir choisis entre tous les autres. (Luc 6 : 13 ; Jean 6 : 70.) Il les établit solennellement pour être ses témoins. (Act. 1 : 8.) Aussi occupèrent-ils dans l'Eglise une place à part, y exerçant, au nom du Seigneur, une autorité universellement reconnue. (Act. 2 : 42 ; Eph. 2 : 20 ; 3 : 5.) C'est encore sur leur témoignage, le seul par lequel nous connaissions Jésus-Christ, que repose la foi de l'Eglise.

3. On doit remarquer dans ce catalogue des douze apôtres : 1º Que les quatre listes que nous possédons (Marc 3 : 16 ; Luc 6 : 14 ; Act. 1 : 13) ont les mêmes noms, à l'exception de Lebbée, qui est désigné par Marc comme Lebbée, fils de Thaddée (ou Thaddée simplement, suivant les manuscrits), et qui est remplacé par Jude, fils de Jacques, dans Luc et les Actes. 2º Que Matthieu nomme les douze deux à deux (chaque paire étant liée par la particule *et*). 3º Que toutes les listes répartissent les douze noms en trois groupes de quatre, de telle sorte que toujours Pierre est à la tête du premier, Philippe du second, Jacques, fils d'Alphée, du troisième. 4º Que pour le reste il y a quelques variations d'ordre, mais que toujours Judas vient en dernier lieu. — Quant aux apôtres pris individuellement, nous nous bornons aux observations suivantes : Matthieu ne se contente pas de placer *Pierre* en tête de sa liste, comme le font tous les autres, mais il dit expressément : *le premier* est Simon, *nommé* Pierre (nommé ainsi par le Seigneur lui-même, Jean 1 : 43 ; Math. 16 : 18). Il faut entendre par là le premier, non dans la dignité apostolique, parfaitement égale pour tous (*primus inter pares*), mais en rang, rang conforme à la nature de ses dons, et qu'il occupe dans tout le Nouveau Testament. (16 : 16 et suiv. ; 17 : 1 ; 19 : 27 ; 26 : 37 et 40 ; Luc 8 : 51 ; 9 : 32 ; 22 : 31 et suiv. ; Act. 1 : 15 ; 2 : 14 ; 5 : 1 et suiv. ; 15 : 7 ; Gal. 1 : 18.) Aussi Pierre fut-il le premier fondateur de l'Eglise, soit chez les Juifs (Act. 2), soit au milieu des Gentils. (Act. 10.) Il faut reconnaître ce fait qui, du reste, ne donne pas le moindre fondement aux fables de l'Eglise romaine. — *André*, frère de Pierre, était venu à Jésus avant lui, l'un des deux premiers. (Jean 1 : 37 et suiv.) C'est le seul, avec Philippe, qui ait un nom grec. Ils avaient sans doute aussi un nom hébreu qui nous est inconnu. — *Jacques*, fils de Zébédée, qui fut mis à mort par Hérode (Act. 12 : 2) — et *Jean son frère*, le disciple bien-aimé, auteur du quatrième évangile. — Sur *Philippe*, voir Jean 1 : 44 et suiv. ; 6 : 5. — *Barthélemi* signifie en hébreu fils de Tholmaï. On a supposé que le vrai nom de cet apôtre était Nathanaël. (Jean 1 : 46 et suiv. ; comp. Jean 21 : 2.) — Sur *Thomas*, en grec Didyme, le jumeau, voir Jean 11 : 16 ; 20 : 24 et suiv. ; 21 : 2. — *Matthieu, le péager*. Notre évangile seul ajoute à ce nom une telle désignation, qu'on regardait comme une injure ; seul aussi il le place après Thomas, son compagnon dans toutes les

ÉVANGILE SELON MATTHIEU

en disant [1] : N'allez point vers les païens et n'entrez pas dans une ville des Samaritains ; — mais allez plutôt vers les brebis perdues 6 de la maison d'Israël [2]. — Et quand vous serez en route, prêchez, 7 disant : Le royaume des cieux s'est approché [3]. — Guérissez les 8

listes. N'est-ce pas là une preuve d'humilité à laquelle on reconnaît, non une main étrangère, mais l'auteur du premier évangile lui-même ? — *Jacques, fils d'Alphée*, appelé aussi le Mineur ou le Petit. (Marc 15 : 40.) Il y a de difficiles questions de critique au sujet des divers Jacques mentionnés dans le Nouveau Testament. (Voir l'introd. à l'épître de Jacques.) — Au nom de *Lebbée*, le texte reçu avec *C* et les *majusc.* ajoute *surnommé Thaddée*. *Sin.* et *B* portent : Thaddée. Cette leçon paraît importée de Marc. Celle que nous avons adoptée ne se trouve que dans *D*, mais elle s'appuie sur les témoignages des Pères. Lebbée (hébr. *l'homme de cœur*) était le nom originel de ce disciple, qui adopta ensuite celui de Thaddée que lui donne Marc dans sa liste. (3 : 18.) Dans le catalogue de Luc (6 : 16) et dans celui des Actes 1 : 13) ce nom manque ; on y trouve en revanche, mais après Simon le Zélote, Jude, fils de Jacques. (Comp. Jean 14 : 22.) — Le surnom de *Simon* est le *Cananite*. On a pensé que ce nom devait indiquer son lieu d'origine, par exemple Cana en Galilée. Mais comme Luc donne deux fois (6 : 15 et Act. 1 : 13) à cet apôtre l'épithète de *Zélote* ou *Zélateur*, il est probable qu'il donnait ce sens au titre de Cananite. On trouve en effet un adjectif *kanna* (dans le Talmud, *kananit*) qui signifie zélé. C'était le nom d'un parti politico-religieux, rempli d'un zèle fanatique pour la défense des privilèges religieux et nationaux des Juifs. Ce disciple avait sans doute appartenu à ce parti avant sa vocation. — Le surnom de *Judas, Iscariot* est la transcription de l'hébreu *Isch-Karioth*, c'est-à-dire *l'homme de Karioth*, ville de la tribu de Juda. (Jos. 15 : 25.) Mais un autre qualificatif est attaché à ce malheureux disciple par tous les évangélistes, comme un sinistre souvenir, celui de traître, (gr.) *qui aussi le livra !*

1. Encore une fois, Matthieu marque expressément le nombre de *douze* disciples que Jésus *envoya* pour leur faire faire un premier essai de mission et pour préparer les populations à recevoir la parole du royaume. (v. 7.) — Les *ordres* qu'il leur donna avant leur départ, ce sont les instructions renfermées dans ce discours même. Combien dura ce premier voyage de prédication ? C'est ce qui n'est pas rapporté dans les évangiles, mais il n'y a pas lieu de supposer qu'il fut de longue durée.

2. Dans cette première mission, les disciples devaient s'en tenir au dessein de Dieu envers son peuple, auquel Jésus lui-même se soumettait (15 : 24), et qui consistait à faire annoncer le salut avant tout à ce peuple. (Jean 4 : 22.) Il y avait pour cela de très graves raisons, que Paul appréciait lui-même, bien qu'il fût l'apôtre des Gentils. (Act. 13 : 45-47 ; 18 : 4-6.) C'est pourquoi Jésus dit (gr.) : *Ne vous en allez pas sur le chemin des nations et n'entrez pas dans une ville des Samaritains.* Tel était pour le moment le devoir des disciples. Après que les Juifs auront rejeté le Sauveur, ils recevront des ordres tout différents. (28 : 19 et suiv. ; Act. 1 : 8.) Une certaine théologie a voulu voir là une contradiction, ou un développement progressif dans les vues de Jésus lui-même. Rien n'est plus contraire aux témoignages de l'Evangile ; Jésus savait parfaitement que son règne serait universel, même d'après les synoptiques, pour ne pas parler de l'évangile de Jean. (Voir, par exemple, Math. 8 : 11 ; 21 : 43 ; 22 : 9 ; 24 : 14.) Et même, dans certaines occasions, Jésus enfreignait, de son autorité souveraine, la règle qu'il établit ici pour ses disciples. (15 : 21 et suiv. ; Jean 4.) — Les *Samaritains* sont assimilés aux *païens*, à cause de l'inimitié qui existait entre eux et les Juifs. Ils formaient une population mêlée d'Israélites et de colons païens que Salmanazar avait envoyés dans leur pays pendant l'exil. (2 Rois 17 : 24.) Après le retour de la captivité, ils avaient persisté dans leur séparation d'avec les Juifs, qui leur rendaient abondamment haine pour haine. Mais l'heure de la grâce vint aussi pour les Samaritains. (Act. 8 : 4 et suiv.) — Jésus ne fait pas preuve d'une partialité aveugle pour la *maison d'Israël* (terme de l'Ancien Testament, Ex. 19 : 3 ; Lév. 10 : 6), car il voyait là, aussi bien qu'ailleurs, des *brebis perdues*. (9 : 36 ; 15 : 24.) Cette image, à la fois si triste et si juste, est empruntée aux prophètes. (Esa. 53 : 6 ; Jér. 50 : 6 ; Ezéch. 34 : 5, 6.)

3. Ce grand sujet de prédication : *le royaume des cieux* qui s'était *approché*

malades, ressuscitez les morts, purifiez les lépreux, chassez les démons [1]. Vous avez reçu gratuitement, donnez gratuitement [2]. — Ne vous procurez ni or, ni argent, ni cuivre dans vos ceintures, — ni sac pour le chemin, ni deux tuniques, ni chaussures, ni bâton ; car l'ouvrier est digne de sa nourriture [3]. — Mais dans quelque ville ou village que vous entriez, informez-vous qui y est digne, et demeurez là jusqu'à ce que vous partiez [4]. — Et en entrant dans la maison, saluez-la. — Et si la maison est digne, que votre paix vienne sur elle ; mais si elle n'est pas digne, que votre paix retourne à vous [5].

dans la personne du Sauveur, était le même que Jésus annonçait (4 : 17) et, avant lui, son précurseur. (3 : 2, note.)

1. Sous la forme d'un ordre, Jésus confère un don miraculeux. (v. 1.) Dans l'activité des disciples, comme dans celle du Maître, les guérisons devaient préparer la prédication. — Les mots : *ressuscitez les morts*, manquent dans un grand nombre de manuscrits, de Pères et de versions. Tischendorf, qui les avait supprimés d'abord, les a rétablis dans sa huitième édition sur l'autorité de *Sin.*, *B*, *D*, etc. Dans les manuscrits qui les renferment, ils occupent des places diverses, ce qui toujours rend une leçon suspecte. Leur authenticité est donc douteuse, sans qu'il y ait des raisons décisives pour les supprimer.

2. Tous les dons de Dieu sont gratuits comme ceux que Jésus confère ici aux disciples. En faire un moyen de profits terrestres, c'est les dégrader et les souiller. On trouve dans Act. 8 : 18-23 un exemple frappant de la manière dont les apôtres comprenaient et pratiquaient ces paroles. Mais d'autre part, dans le précepte suivant, Jésus interdit à ses disciples de faire aucunes provisions et les autorise à recevoir leur entretien de ceux à qui ils annoncent l'Evangile. (v. 10.) Il marque ainsi la limite du grand principe qu'il a établi d'abord.

3. *Or, argent, cuivre*, diverses espèces de monnaie, d'une valeur décroissante. La *ceinture* de cuir qui serrait autour de la taille les grands vêtements flottants, servait en même temps de bourse. Pas *deux tuniques*, dont une de rechange ; une seule suffit. Au lieu de se munir de fortes *chaussures*, ils devaient se contenter des légères sandales qu'ils portaient dans la vie ordinaire. (Marc 6 : 9.) D'après Marc 6 : 8, Jésus « prescrivit à ses disciples de ne rien prendre pour le voyage *si ce n'est un bâton*, » tandis que dans Matthieu et Luc on lit : *ni bâton*. C'est sans doute pour lever cette contradiction que des correcteurs bénévoles ont introduit dans notre texte cette variante : ni *bâtons* (au pluriel). Comme cette variante n'est pas suffisamment autorisée, la différence littérale subsiste, et il vaut mieux l'accepter que de vouloir l'effacer par des combinaisons forcées. L'ensemble de notre verset montre assez clairement que la pensée générale est la même dans les deux textes. Ainsi, point de provisions *pour le chemin* (comp. Marc 6 : 8, note) ; restez libres, sans embarras, confiants en Dieu ; *car* (c'est ici le grand motif) *l'ouvrier est digne de sa nourriture*. Après avoir décrit le renoncement des serviteurs de Dieu, leur désintéressement qui doit être permanent, le Seigneur trace par ces mots le devoir non moins permanent des églises. (v. 8, note ; comp. 1 Cor. 9 : 4 et suiv. ; 1 Tim. 5 : 17, 18.)

4. La particule *mais* place l'ordre qui suit en un contraste significatif avec la conduite qui vient d'être prescrite aux disciples. Jésus leur indique maintenant comment il sera pourvu à leurs besoins par l'hospitalité qui leur sera offerte et qu'ils devront accepter. — Ils ne doivent entrer que dans des maisons *dignes* de les héberger, c'est-à-dire dans celles dont la bonne réputation peut leur faire espérer que leur message ne sera pas rejeté ou méprisé. Puis ils doivent *demeurer* dans la même maison jusqu'à ce qu'ils partent de cette ville, parce que des changements de domicile, pour l'amour de leurs aises, offenseraient ceux qui les ont reçus.

5. La *salutation* qu'ils prononceront sera celle des Hébreux : « Que la paix soit avec vous ! » (Luc 10 : 5 ; Gen. 43 : 23.) Si la maison est *digne* (dans le sens du v. 11, capable de vous comprendre), *que votre paix vienne sur elle !* C'est là un vœu ou plutôt une volonté expresse du Seigneur lui-même. Sinon, cette maison sera privée de la paix que vous lui apportez ; mais cette paix ne sera pas perdue,

— Et lorsqu'on ne vous recevra pas et n'écoutera pas vos paroles, 14
en sortant de cette maison ou de cette ville, secouez la poussière de
vos pieds [1]. — En vérité, je vous le dis, le sort du pays de Sodome 15
et de Gomorrhe sera plus supportable, au jour du jugement, que
celui de cette ville-là [2].

B. 16-23. Mission des douze. (Suite.) Prédiction des dangers qu'ils courront et Recommandations. — 1º Envoyés sans défense *au milieu d'ennemis redoutables*, ils devront joindre à la prudence la simplicité. (16.) — 2º Ils seront traduits *devant les autorités*, mais ne devront pas s'inquiéter de leur défense ; l'Esprit parlera en eux. (17-20.) — 3º La haine dont ils seront l'objet jettera la division jusqu'*au sein des familles* : persévérer malgré tout sera la condition du salut. (21, 22.) — 4º Jésus leur commande de *fuir* la persécution *de ville en ville* et les assure qu'ils n'auront pas fait le tour des villes d'Israël que *le fils de l'homme sera venu*. (23.)

Voici, je vous envoie comme des brebis au milieu des loups ; soyez 16
donc prudents comme les serpents et simples comme les colombes [3].
— Et soyez en garde contre les hommes [4] ; car ils vous livreront aux 17
tribunaux et ils vous flagelleront dans leurs synagogues ; — et vous 18
serez menés même devant des gouverneurs et des rois, à cause de
moi, pour leur être en témoignage, à eux et aux païens [5]. — Mais 19

elle *retournera à vous* et vous préservera de découragement ou d'impatience. Comme tout est réalité dans les choses divines !

1. Comme signe que vous ne voulez rien conserver d'eux, pas même la *poussière de vos pieds*, que vous regardez comme une souillure. (Act. 13 : 51 ; 18 : 6.) — La construction grammaticale de ce verset en grec est irrégulière : *Et celui qui ne vous recevra pas et n'écoutera pas vos paroles,... en sortant de cette maison ou de cette ville, secouez,* etc.

2. Gr. *ce sera plus tolérable pour la terre de Sodome....* Par le principe éminemment juste et moral que plus la connaissance de Dieu est grande, plus la culpabilité l'est aussi pour ceux qui rejettent sa grâce. (11 : 24 ; comp. Luc 12 : 47, 48.)

3. Gr. *voici* (ce mot annonce toujours une déclaration solennelle), *moi je vous envoie....* La pensée que c'est *moi* qui *vous* envoie dans le danger doit vous donner l'assurance que vous serez préservés. Mais vous aussi, puisque ce danger est si grand, soyez donc, dans votre conduite, dans la connaissance des hommes, dans le choix des moyens, *prudents comme les serpents* (Gen. 3 : 1) et *simples* (gr. *sans mélange, sans ruse, purs* d'intention ; voir sur ce mot, Rom. 16 : 19 ; Philip. 2 : 15) *comme les colombes*. (Comp. 3 : 16, note.) Ces deux vertus opposées l'une à l'autre ne sont pas naturellement réunies chez l'homme ; l'Esprit de Dieu seul peut lui donner de les posséder en une égale mesure.

4. *Des hommes*, en général, non seulement de ceux qui vous sont hostiles dès l'abord. Appliquez dans vos rapports avec tous la prudence et la simplicité (v. 16), car vous allez dans un monde auquel vous n'appartenez pas et qui vous haïra. (Jean 15 : 19 ; 17 : 14.) Les paroles qui suivent en fournissent la preuve.

5. Voici tous les pouvoirs du monde ligués contre la vérité et ses témoins : d'abord, les *tribunaux* civils ou criminels (gr. *sanhédrins*), qui feront de la conviction religieuse un délit ; puis les *synagogues*, pouvoir spirituel, exerçant la discipline à sa manière (comp. Act. 22 : 19 ; 26 : 11 ; 2 Cor. 11 : 24) ; puis les *gouverneurs* de provinces, proconsuls, procurateurs, auxquels les principaux des Juifs ou les émeutes populaires livreront les disciples de Jésus ; enfin, les *rois*, les Hérode, les empereurs romains. Toutes

quand ils vous livreront, ne soyez point en souci de la manière dont vous parlerez ou de ce que vous direz ; car ce que vous aurez à dire 20 vous sera donné à l'heure même, — car ce n'est pas vous qui par-21 lez ; mais c'est l'Esprit de votre Père qui parle en vous [1]. — Or un frère livrera son frère à la mort, et un père son enfant, et les enfants 22 se soulèveront contre leurs parents et les feront mourir [2] ; — et vous serez haïs de tous à cause de mon nom ; mais celui qui aura persé-23 véré jusqu'à la fin, celui-là sera sauvé [3]. — Or, quand ils vous persécuteront dans une ville, fuyez dans une autre [4] ; car en vérité je vous

ces persécutions auront lieu *à cause de moi*, ajoute Jésus dans le sentiment de sa royauté divine et de la vie nouvelle qu'il apportait au monde. Et toutes ces souffrances endurées pour lui seront un *témoignage* de qui ? De lui-même, de sa vérité, de son œuvre (*à cause de moi*). Pour qui ? Le mot *leur* embrasse toutes les autorités que Jésus vient de nommer, avant tout les Juifs, les premiers instigateurs des persécutions, puis les *païens*. (Comp. 8 : 4 ; 24 : 14.) Ce témoignage puissant est destiné à produire la conviction chez plusieurs (selon l'interprétation de Chrysostome), mais pour d'autres, il aggravera leur jugement. — Ces paroles prophétiques dépassent l'horizon de cette première mission des apôtres ; mais il n'est point nécessaire d'en conclure, avec une certaine critique, que Matthieu les a placées ici par anticipation. En plusieurs paraboles et dans d'autres discours, le Seigneur montre qu'il connaît les destinées de son règne.

1. Motif puissant de consolation et d'assurance au sein de difficultés et de dangers dont la seule pensée aurait accablé l'âme des disciples. Il faut remarquer ces deux choses dont pourraient s'inquiéter les disciples : *comment* ils parleront ou *ce qu'ils diront* (gr. *comment* ou *quoi*) ; le *quoi* leur *sera donné à l'heure même*, et alors ils ne seront plus embarrassés du *comment* ; même pour des hommes illettrés, le fond emporte la forme, cela se voit tous les jours. Ce n'est pas *à eux*, en effet, qu'est laissé le soin de proclamer et de défendre la vérité divine ; un autre s'en charge, c'est *l'Esprit* de lumière et de vie, qui seul, dans les choses divines, rend éloquent. (Comp. Esa. 50 : 4 ; 1 Cor. 2 : 10 et suiv. ; Eph. 6 : 19 ; Luc 21 : 15 ; Jean 14 : 16, 17, notes.) Afin de donner à cette promesse une actualité plus énergique, Jésus emploie tout à coup le présent. (v. 20.)

2. Vous n'aurez pas à souffrir la persécution seulement de la part des autorités ou de la part de personnes étrangères et hostiles ; dans votre propre famille, parmi vos plus proches parents, se trouveront des ennemis pour vous livrer. — Telle est la puissance absolue du christianisme, qu'il devait dominer et transformer tous les rapports naturels de la famille, soit par l'amour qu'il inspire aux croyants, soit par la haine qu'il excite dans les incrédules. L'histoire de l'Eglise et l'expérience de tous les temps justifient pleinement cette prédiction.

3. Etre *haïs de tous* est une expression hyperbolique destinée à montrer l'universalité de cette inimitié naturelle du cœur de l'homme contre le *nom* de Jésus. C'est que ce nom ne révèle tous les trésors de la miséricorde divine qu'après avoir convaincu l'homme de péché. Avec quelle tristesse Jésus dut prononcer ces paroles ! Mais voici la consolation des siens, le motif de leur *persévérance jusqu'à la fin* : *être sauvés*, ne pas périr avec le monde. Qu'est-ce que *la fin* ? Pour tout chrétien, c'est le jour de sa mort ; pour l'Eglise, c'est le retour du Sauveur. — Les paroles de ce verset se retrouvent dans le grand discours prophétique de Jésus (24 : 9, 13) où sans doute est leur vraie place ; mais il n'est point impossible qu'il les ait prononcées ici déjà, en jetant un regard sur les destinées du ministère de la Parole.

4. Cette *fuite*, non seulement permise, mais commandée, n'a pas pour motif la crainte de la souffrance ou de la mort, mais bien, d'une part, le devoir d'enlever aux adversaires l'occasion de commettre un crime, et d'autre part, de conserver les témoins de la vérité pour d'autres qui recevront leur message. La pensée qui dicte ce précepte est la même qui inspire celui du v. 14 ; mais la raison pour le mettre en pratique est plus forte encore.

le dis, vous n'aurez pas achevé de parcourir les villes d'Israël que le fils de l'homme sera venu [1].

C. 24-11 : 1. MISSION DES DOUZE. (Suite.) MOTIFS DE PERSÉVÉRER DANS CES ÉPREUVES. — 1º L'*identité* de leur condition et de celle de *leur Maître*. (24, 25.) — 2º Le *devoir* absolu de *proclamer* toute la *vérité*, qu'ils doivent remplir en témoins courageux. (26, 27.) — 3º La *crainte*, seule légitime, du souverain *Juge*, opposée à la fausse crainte des hommes. (28.) — 4º La *confiance* en leur *Père* céleste, dont la providence s'étend aux moindres créatures. (29-31.) — 5º La certitude que *leur Maître les confessera* devant Dieu, s'ils le confessent devant les hommes. (32, 33.) — 6º Le fait que ces *épreuves* sont *inévitables* pour le disciple de Jésus-Christ, puisque son Maître est venu *apporter la guerre* et qu'il exige des siens le *sacrifice* de leurs plus chères affections et même de leur vie. (34-39.) — 7º La *position privilégiée* du disciple de Jésus-Christ : il est le représentant de son Maître, qui est lui-même le représentant de Dieu. L'accueil qui lui est fait, le traitement qu'il reçoit ont donc des conséquences infinies. (40-42.) — 8º Jésus, après avoir *achevé ce discours, parcourt* les villes du pays en prêchant. (11 : 1.)

---

1. Ces paroles doivent présenter aux disciples un motif (*car*) d'encouragement à obéir au précepte qui vient de leur être donné. (v. 23.) Ils pouvaient se dire : A quoi bon fuir dans une autre ville ? puisque partout le même sort les attend et qu'ils auront bientôt parcouru les villes d'Israël. Jésus déclare qu'ils n'auront pas (gr.) *achevé les villes d'Israël*, que le fils de l'homme ne soit venu. *Achever les villes d'Israël*, signifie évidemment achever de les parcourir en y cherchant un refuge. Les autres interprétations qu'on a tentées de ces paroles sont inspirées par le désir d'aplanir la difficulté de celles qui suivent. L'encouragement que Jésus donne aux disciples, c'est qu'ils n'auront pas longtemps à souffrir, mais que bientôt il *sera venu*. Chrysostome et Bèze pensent qu'il faut interpréter « *venu*... à leur secours. » Cette explication, qui lèverait toute difficulté, est inadmissible, car l'analogie de tous les passages montre que, dans cette expression : « jusqu'à ce que le fils de l'homme soit venu, » le terme sous-entendu est toujours : « dans son règne. » (Math. 16 : 28 ; 25 : 31 ; 26 : 64.) Dès lors nous sommes en présence de deux explications principales. L'une consiste à voir dans cette *venue du fils de l'homme* en son règne la descente du Saint-Esprit au jour de la Pentecôte (Jean, ch. 14 à 16), la création spirituelle opérée par cet esprit dans les cœurs (Jean 3 : 3 ; comp. Math. 17 : 20), la fondation et l'extension de l'Eglise dans le monde. L'autre applique ce terme au retour de Christ pour le jugement du monde à la fin des temps. Le premier sens est évidemment celui de 16 : 28. (Voir la note.) Il paraît d'abord s'imposer pour notre passage aussi. Mais quand on serre de près le contexte et qu'on considère que cette venue du fils de l'homme doit mettre un terme aux persécutions que les disciples endurent de la part des Juifs et à leur fuite de ville en ville, on est conduit à penser qu'il s'agit plutôt de la venue de Christ pour le jugement et l'on est ramené ainsi au second sens. — On ne saurait, il est vrai, appliquer cette *venue du fils de l'homme* au retour de Christ dans la gloire à la fin des temps, sans attribuer à Jésus une erreur grave quant à l'époque de sa venue, car en annonçant cet événement à ses disciples comme un motif de prendre courage, il le leur présente comme devant s'accomplir avant longtemps. Mais on peut penser que Jésus avait en vue le jugement exercé sur Israël par la ruine de Jérusalem. Celle-ci a été pour Israël, comme peuple, ce que la fin du monde sera pour l'humanité. L'une et l'autre peuvent avoir été désignées par Jésus comme la *venue du fils de l'homme*. (Comp. ch. 24.) Il est possible que dans notre passage, comme au ch. 24, les disciples, dominés par l'idée du prochain retour glorieux de leur Maître, aient donné à sa pensée une forme plus précise qu'elle n'avait, et qu'ils aient confondu des prédictions se rapportant à des temps différents. — Si l'on se refuse à voir dans notre passage le châtiment d'Israël par la destruction de Jérusalem, il faut en revenir au premier sens indiqué, celui de l'établissement du règne de Christ dans les cœurs. Le Sauveur voudrait

24 Un disciple n'est pas au-dessus du maître, ni un serviteur au-dessus
25 de son seigneur. — Il suffit au disciple d'être comme son maître, et
au serviteur d'être comme son seigneur [1]. S'ils ont nommé le maître
de la maison Béelzébul, combien plus les gens de sa maison [2] ? —
26 Ne les craignez donc point [3] ; car il n'y a rien de couvert qui ne doive
27 être découvert, ni rien de caché qui ne doive être connu. — Ce que je
vous dis dans les ténèbres, dites-le dans la lumière ; et ce qui vous
28 est dit à l'oreille, prêchez-le sur les maisons [4]. — Et ne craignez pas
ceux qui tuent le corps et qui ne peuvent tuer l'âme ; mais craignez
plutôt celui qui peut perdre et l'âme et le corps dans la géhenne [5].

dire : Vous n'aurez pas longtemps à endurer la persécution avant que je vienne demeurer en vous et vous remplir d'une force qui vous fera vaincre le monde. (Jean 16 : 16-33.) Mais cette explication est moins naturelle.

1. Combien cette vérité proverbiale est évidente, et combien elle est même humiliante pour les chrétiens, quand ils considèrent qu'ici le *maître*, le *seigneur* est le Fils du Dieu vivant, et que le *disciple*, le *serviteur* (gr. *esclave*) est un pauvre pécheur ! Jésus accepte cette comparaison ; où sont les disciples qui l'admettent sérieusement ?

2. Ces paroles confirment par un exemple frappant la vérité des précédentes. Si *le maître de la maison*, Christ, le Seigneur dans son règne, a été exposé aux plus grossières injures, à quoi doivent s'attendre ses serviteurs ? — *Béelzébul*, ou plutôt *Beelzéboul*, peut avoir deux sens, selon l'étymologie que l'on adopte : de *Baal sébel*, il signifierait le *dieu des ordures*, et l'on suppose que les Juifs nommaient ainsi, par mépris, cette divinité païenne ; de *Baal seboul*, il aurait le sens de *maître du logis*, ou de la demeure. Or, les Juifs, toujours par haine de ce nom de Baal, désignaient ainsi le chef de la demeure des démons et des possédés, en l'autorité duquel ils accusaient Jésus de chasser les démons. (12 : 24.) Ce qui semble appuyer cette interprétation, c'est que Jésus s'appelle ici à dessein le *maître de la maison* (de Dieu), terme qui forme un contraste étrange avec celui de *maître de la demeure* (du diable). Ainsi l'injure est en même temps un blasphème. — Il faut remarquer encore que Jérôme déjà lisait *Béelzéboub*, et faisait dériver cette désignation de Satan du nom d'une divinité des Hécronites (Baal-zeboub, le dieu des mouches), que le roi Achazia fit consulter dans une maladie. (2 Rois 1 : 2.) On suppose que les Juifs auraient changé la dernière lettre de ce nom, afin de lui donner l'une des significations méprisantes qui précèdent. Ce serait là une troisième étymologie possible du mot.

3. *Donc*, conclusion de ce qui précède. Puisqu'il ne se peut pas que les hommes ne vous haïssent comme ils m'ont haï, ne les craignez donc pas ! On ne *craint* pas ce qui est inévitable et prévu ; on s'apprête à l'affronter avec calme. *Car* — et c'est ici un second motif d'être sans crainte — il faut que la vérité soit proclamée dans le monde, et vous devez être ses témoins. (v. 26, 27.)

4. Quelques interprètes ont entendu le v. 26 dans le sens d'une révélation future et certaine des secrets des cœurs ; mais le v. 27 est contraire à cette explication ; il s'agit de la manifestation publique de la vérité, à laquelle les disciples devaient consacrer leur vie, après avoir reçu les instructions du Maître dans l'intimité. *Les maisons*, en Orient, sont surmontées d'une plateforme, d'où l'on pourrait au besoin parler à un nombreux auditoire. Mais l'expression est figurée et proverbiale et indique la grande publicité à donner à l'Evangile, qui ne renferme point de mystères.

5. Comp. v. 26. Nouveau motif de ne pas craindre, alors même que la proclamation courageuse de la vérité pourrait vous coûter la vie. A cette crainte sans raison d'être, opposez la seule crainte raisonnable, celle du souverain Juge. Et pour cela comparez et pesez bien les motifs de ces deux craintes : d'une part, le *corps* seul en la puissance des adversaires, et l'*âme* qui leur échappe ; d'autre part, *le corps et l'âme perdus* dans la *géhenne* éternelle. (5 : 29, note.) Combien de martyrs cette parole a soutenus jusqu'à leur dernier soupir ! D'excellents interprètes (Stier, Olshausen et d'autres) ont pensé que Jésus oppose à la crainte des hommes,

— Deux petits passereaux ne se vendent-ils pas pour un sou? et 29 pas un d'eux ne tombera en terre sans votre Père. — Et pour vous, 30 les cheveux mêmes de votre tête sont tous comptés. — Ne craignez 31 donc point ; vous valez mieux que beaucoup de passereaux [1]. — Tout homme donc qui me confessera devant les hommes, je le con- 32 fesserai, moi aussi, devant mon Père qui est aux cieux [2]. Mais qui- 33 conque me reniera devant les hommes, je le renierai, moi aussi, devant mon Père qui est aux cieux [2]. — Ne pensez pas que je sois 34 venu apporter la paix sur la terre ; je ne suis pas venu apporter la paix, mais l'épée. — Car je suis venu mettre la division entre un 35 homme et son père, entre une fille et sa mère, entre une belle-fille et sa belle-mère ; — et un homme aura pour ennemis les 36 gens de sa maison [3]. — Celui qui aime père ou mère plus que 37 moi, n'est pas digne de moi ; et celui qui aime fils ou fille plus

non la crainte de Dieu, mais la crainte du diable. C'est lui, pensent-ils, qui *perd*, détruit l'âme et le corps. Les termes mêmes du texte : *celui qui est puissant*, ou selon Luc (12 : 5) « *qui a l'autorité de jeter l'âme dans la géhenne*, » excluent absolument cette idée. (Comp. Jacq. 4 : 12.) Et quel encouragement y aurait-il pour les disciples dans cette crainte du diable, qui les aurait au contraire asservis ? Qui ne voit enfin que Jésus, continuant son discours (v. 29), en appelle immédiatement à la confiance en Dieu, qui est inséparable de la crainte de Dieu ?
1. Contre la crainte des hommes il n'y a qu'un remède, la confiance en Dieu. Pour inspirer aux siens cette confiance, Jésus leur montre la divine Providence qui étend ses soins aux moindres êtres. Ces *petits passereaux* (le diminutif en grec rend la pensée plus touchante encore) qui ont si peu de valeur que *deux se vendent pour un sou* (*assarion*, la dixième partie de la drachme ou du denier romain), *pas un seul* ne périt sans la volonté de Celui qui lui a donné la vie. Combien plus *vous*, enfants et serviteurs de Dieu, devez-vous avoir la confiance que pas le moindre mal, fût-ce la perte d'un de *vos cheveux* (Luc 21 : 18 ; Act. 27 : 34), ne peut vous atteindre sans cette même volonté divine !
2. Comp. Luc 12 : 8. Ces paroles sont la conclusion de ce qui précède (*donc*) et présentent un nouvel argument en faveur de la persévérance au sein des dangers et des souffrances. Elles se rattachent à l'idée déjà émise (v. 28) de la crainte qu'il faut avoir du Juge suprême. *Confesser* Jésus-Christ *devant les hommes*, se déclarer à lui et pour lui (gr. *confesser en moi*), ou le *renier* par lâcheté ou manque d'amour, c'est là ce qui divise notre humanité en deux parts. Mais c'est là aussi ce qui la divisera *devant Dieu* au jour du jugement. Et il ne faut pas oublier qu'il y a diverses manières de confesser ou de renier le Sauveur. — Qui est cet homme qui fait dépendre de la confession de son nom, de la fidélité à sa personne, toute la vie religieuse et morale, et même la destinée éternelle de ceux qui l'écoutent ? (Comp. v. 37.)
3. Ainsi donc, vous, mes disciples, vous devez vous attendre à l'opposition, à la lutte. — Sans aucun doute Jésus *est venu apporter la paix sur la terre* (Luc 2 : 14 ; Jean 14 ; 27 ; Eph. 2 : 14-18), mais une paix que précède le combat, *l'épée*. Pourquoi ? La sainte vérité qu'il proclame vient se heurter au mensonge, à la corruption, à l'inimitié qui règnent sur cette *terre*. De là, la *division* pénétrant jusqu'au sein de la famille, entre ceux qui veulent obéir à Jésus-Christ et ceux qui le rejettent. (Comp. Mich. 7 : 6, d'où Jésus emprunte les paroles du v. 35.) Tel est partout et toujours le premier effet d'une prédication puissante de l'Evangile. Jésus dit, d'après le terme original : « Qu'il n'est pas venu *jeter*, introduire brusquement, la paix, mais l'épée. » Il n'y a ni paradoxe ni figure de rhétorique dans cette parole ; elle dépeint l'effet premier, actuel de l'Evangile, qui est le trouble, la division ; mais elle donne à entendre aussi qu'après ces luttes inévitables viendra *la*

38 que moi, n'est pas digne de moi [1]. — Et celui qui ne prend pas
39 sa croix et ne me suit pas, n'est pas digne de moi [2]. — Celui qui
aura trouvé sa vie, la perdra ; et celui qui aura perdu sa vie à cause
40 de moi, la trouvera [3]. — Celui qui vous reçoit me reçoit, et celui qui
41 me reçoit, reçoit celui qui m'a envoyé [4]. — Celui qui reçoit un prophète, en qualité de prophète, recevra une récompense de prophète, et celui qui reçoit un juste, en qualité de juste, recevra une récom-
42 pense de juste [5]. — Et quiconque aura donné à boire seulement un verre d'eau froide à l'un de ces petits, en qualité de disciple, je vous
XI dis en vérité qu'il ne perdra point sa récompense [6]. — Et il arriva,

paix, fin dernière de la venue du Sauveur.
1. Tout amour terrestre, même le plus légitime et le plus pur, subordonné à l'amour de Jésus, telle est la loi suprême de son règne. Que faudrait-il penser de celui qui revendique ce droit de Dieu, s'il n'était pas Dieu ? — Du reste, l'amour de Jésus, loin d'exclure les affections de la famille, les rend plus saintes et plus douces à quiconque lui en a fait le sacrifice. Ici encore, « celui qui *perd* sa vie, la *trouve*. » (v. 39.)
2. Allusion à l'usage qui voulait que les condamnés prissent et portassent eux-mêmes la croix, instrument de leur supplice. (Jean 19 : 17.) Allusion non moins évidente à l'heure suprême où lui-même serait ce condamné. Jésus savait d'avance de quelle mort il mourrait : cela ressort de 16 : 21-24, où il répète cette même parole dans un rapport direct avec sa mort. Pour ses disciples, *prendre leur croix et le suivre*, c'est renoncer à tout et tout souffrir avec lui et pour lui, y compris la mort. Il s'est acquis *sur la croix* le droit de parler ainsi, le droit suprême de l'amour.
3. Voici donc l'alternative : (gr.) *trouver son âme*, sa vie propre, la conserver en ce monde en fuyant la mort corporelle (v. 28), c'est la *perdre* pour le jour des décisions éternelles. Mais la *perdre* dans le temps, lentement par la souffrance ou brusquement par le martyre, c'est la *trouver* pour l'éternité. Il ne faut pas borner le sens de ces paroles à la vie extérieure, mais l'étendre à la vie de l'âme ; dans ce sens elles concernent tous les chrétiens. En effet, dans les langues de l'Ancien et du Nouveau Testament, le mot que nous rendons par *la vie* signifie *l'âme*, l'âme comme siège de la vie et avec toutes les facultés dont Dieu l'a douée. On pourrait donc traduire litté-

ralement : « Celui qui aura trouvé *son âme*, perdra *son âme*. » (Ainsi 2 : 20 ; 6 : 25 ; 10 : 28, 39 ; comp. surtout 16 : 25, 26.)
4. Le Seigneur termine son discours (v. 40-42) par un dernier encouragement donné aux disciples qu'il envoie dénués de tout (v. 9, 10), en les assurant que Dieu lui-même se chargera de répandre ses riches bénédictions sur ceux auxquels ils auront recours, et qui les *recevront* avec amour dans leurs maisons. Pour leur ôter tout scrupule à cet égard, il condescend à les assimiler à lui-même qui les envoie, bien que, d'autre part, il n'hésite pas à s'assimiler à Dieu qui *l'a envoyé*. Mais ces paroles ont ce sens plus intime encore, que ceux qui reçoivent les serviteurs de Jésus le reçoivent réellement lui-même, car il vit en eux, comme le Père est en lui. (Jean 17 : 22, 23 ; comp. 13 : 20 et Math. 25 : 40.)
5. Gr. *reçoit un prophète en nom de prophète, un juste en nom de juste*, c'est-à-dire en considération de ce qu'implique ce nom, ou, comme nous traduisons, *en qualité de*. Ces paroles expliquent et généralisent celles qui précèdent, sans que Jésus cesse de les appliquer à ses disciples, car ils étaient à la fois des *prophètes* en tant que chargés d'un message divin, et des *justes* par leur communion avec le Sauveur. Ceux donc qui les recevront en cette qualité leur sont assimilés à l'égard de la *récompense* (comp. 6 : 1, 2, notes), parce qu'ils se montrent animés du même esprit qu'eux, du même amour pour le Maître qui les a envoyés.
6. Gr. *quiconque aura abreuvé un seul de ces petits d'une coupe d'eau froide seulement*. Encore la pensée des v. 40, 41, mais plus généralisée et toujours appliquée d'abord aux disciples et aux moindres secours qu'ils pourront recevoir. Cette application première est d'autant plus touchante que les disciples

quand Jésus eut achevé de donner ses ordres à ses douze disciples, qu'il partit de là pour enseigner et prêcher dans leurs villes [1].

seront eux-mêmes dans le monde de ces *petits*, pauvres, faibles, méprisés, méconnus de tous, excepté de ceux qui sauront reconnaître, apprécier leur *qualité de disciples*. Quel contraste entre cette *coupe d'eau froide* et la *récompense* éternelle ! C'est qu'à ce léger service se rattache un mouvement d'amour, qui en Dieu ne saurait jamais se perdre. (Comp. 26 : 13.) « Nous apprenons ici qu'auprès de Dieu les œuvres sont appréciées par le cœur, et non le cœur par les œuvres. » *Grotius.* (Marc 9 : 41.)

1. Il partit *de là*, où il avait donné ses ordres aux disciples (10 : 1), et, tandis que ceux-ci remplissaient leur mission, lui poursuivait la sienne (9 : 35) dans ces mêmes *villes* et villages de la Galilée où il l'avait commencée. Le pronom *leurs* villes ne désigne donc pas les villes des disciples, celles d'où ils étaient originaires, mais celles des Galiléens.

II. Effets produits par le ministère du Messie.

1. Attitude de Jean-Baptiste et de la foule.

A. 2-19. Message de Jean. — 1º *Jean-Baptiste* ayant été informé dans sa *prison* de l'activité exercée par Jésus, lui fait demander par ses disciples *s'il est bien le Messie*. (2, 3.) Jésus en appelle au témoignage de ses *œuvres* et il décrit celles-ci dans les termes mêmes de la *prophétie* dont elles sont l'accomplissement. (4-6.) — 2º Les messagers de Jean s'étant retirés, *Jésus se met à parler de lui* à la foule. Il rappelle d'abord le *jugement* que le *peuple* a porté sur lui, l'estimant comme un prophète (7-9) ; puis il *confirme* ce jugement en déclarant que Jean est *plus qu'un prophète*, puisqu'il est lui-même l'*objet* de la prophétie qui l'a annoncé comme le *précurseur* du Messie. (10.) Il est *le plus grand* des hommes et cependant de plus petits que lui lui sont supérieurs s'ils appartiennent au royaume des cieux. (11.) — 3º Jésus marque le *rôle* de Jean-Baptiste *dans l'avènement du royaume* des cieux : il a déterminé ce courant qui pousse les âmes à s'en emparer de vive force, car il était le terme d'aboutissement de toute l'économie ancienne, l'*Élie qui devait venir*. (12-15.) — 4º Et cependant *la génération contemporaine* était bien peu disposée à subir son action. Elle a montré l'inertie et l'apathie d'enfants paresseux et boudeurs qui, assis dans la place publique, refusent de répondre à l'invitation de leurs camarades et d'entrer dans leur jeu ; elle est demeurée également insensible aux appels austères de Jean et à l'attitude pleine d'aménité et de sainte liberté du fils de l'homme. Elle a traité le premier de fou et accusé le second de dissolution. Mais l'excellence des moyens choisis par Dieu a été prouvée par les fruits qu'ils ont produits. (16-19.)

Or Jean, ayant ouï parler dans la prison des œuvres du Christ, 2 lui envoya dire par ses disciples [1] : — Es-tu celui qui doit venir, 3

1. Gr. *ayant envoyé par ses disciples, lui dit.* Le texte reçu porte : envoyé *deux* de ses disciples, variante empruntée à Luc 7 : 19. — Jean-Baptiste était alors détenu par Hérode (4 : 12 ; 14 : 2, 3) dans un cachot de la forteresse de Machaerus, située sur la rive orientale de la mer Morte, au sommet de rochers d'une grande hauteur. Josèphe, *Antiq.*, XVIII, 5, 2. (Voir E. Stapfer, *La Palestine*, seconde édition, p. 48.) Là, il apprit, sans doute par ses disciples qui pouvaient le visiter, quelque chose des *œuvres* de Jésus. Ce mot peut désigner ses miracles, mais

4 ou devons-nous en attendre un autre[1] ? — Et Jésus répondant leur dit : Allez et rapportez à Jean ce que vous entendez et voyez : —
5 Les aveugles recouvrent la vue et les boiteux marchent, les lépreux sont purifiés et les sourds entendent, les morts ressuscitent et l'Evan-
6 gile est annoncé aux pauvres[2]. — Et heureux est celui pour qui je ne serai pas une occasion de chute[3] !

aussi son activité en général. Telle fut l'occasion de cet important message. Luc lui assigne une date antérieure. (Voir Luc 7 : 18-35, notes.)
1. Gr. *Toi, es-tu celui qui vient ?* C'est-à-dire le Messie, le Libérateur. Depuis longtemps le Messie était désigné comme *celui qui vient*. Cette expression indique la certitude et la proximité de sa venue. (Mal. 3 : 1 ; Ps. 40 : 8 ; comp. Hébr. 10 : 37.) Ce mot si direct : *toi*, est opposé à celui-ci : *un autre*. Il *faudrait en attendre un autre*, si tu ne l'étais pas, parce qu'il est impossible que les promesses de Dieu pour le salut du monde ne s'accomplissent pas. Mais d'où pouvait naître cette question ? Elle étonne au premier abord, après les témoignages si nombreux et si précis que Jean-Baptiste avait rendus à la messianité de Jésus. (3 : 11, 12 ; Jean 1 : 23-37 ; Jean 3 : 25-36.) Aussi, craignant de voir une contradiction entre ces témoignages et cette question, un grand nombre d'interprètes ont cherché de diverses manières à diminuer la portée de la démarche de Jean. Elle devait, a-t-on pensé, pousser Jésus à une action plus décisive pour l'établissement de son règne, dans le sens où Jean l'avait annoncé. (3 : 12.) Mais une telle intention serait-elle conciliable avec la profonde vénération de Jean pour Jésus ? Jean avait pour but, selon d'autres, d'offrir *à ses disciples* une occasion plus de voir le Sauveur, d'entendre son témoignage, de s'attacher à lui. Cette interprétation est devenue traditionnelle depuis les Pères et les réformateurs. Mais c'est réduire à une fiction, non seulement la grave question du prophète, mais encore la solennelle réponse de Jésus, qu'il adresse expressément *à Jean*. (v. 4.) Aussi les exégètes les plus autorisés de nos jours prennent-ils la question comme la réponse au sens propre. Jean était depuis près d'un an dans sa prison ; il ne voyait point s'établir avec puissance le règne qu'il avait annoncé ; Jésus ne faisait rien pour le délivrer. Il y eut alors pour lui un moment où, peut-être dans le pressentiment de sa fin tragique, il sentit sa foi s'obscurcir ; son âme fut assaillie par l'impatience ou le découragement. De là la question qu'il adresse à Jésus dans un moment d'angoisse. (Comp. Luc 7 : 18, note.) Il se demandait si Jésus était bien le Messie ; s'il ne fallait pas en attendre *un autre*. Les Juifs croyaient que divers envoyés de Dieu devaient préparer l'œuvre messianique. (Math. 16 : 14 ; Luc 9 : 19 ; Jean 1 : 19-21.) Jean ne conteste pas la mission divine de Jésus ; il reconnaît que Jésus lui est supérieur, et c'est pour cela qu'il s'adresse à lui pour être éclairé ; mais il se dit que peut-être, malgré tout, il n'était encore qu'un prophète, un précurseur comme lui, et que, par sa prédication et ses œuvres d'amour, il adresserait un suprême appel à son peuple et préparait la venue du Roi divin, qui « baptiserait de Saint-Esprit et de feu et nettoierait son aire. » (3 : 11, 12.) On a objecté qu'un tel doute ne pouvait se produire chez Jean après la scène du baptême, dont il avait été témoin. (Math. 3 : 13-17 ; Jean 1 : 32-34.) Mais n'est-ce pas le propre du doute d'ébranler la certitude que nous puisons dans ces révélations célestes ? Rien de plus naturel psychologiquement, rien de plus conforme à l'expérience des hommes de Dieu, surtout sous l'ancienne alliance. (Moïse, Elie, etc.)
2. A la question des disciples de Jean, Jésus répond par des faits. Il renvoie le précurseur au témoignage de ses œuvres, de sa vie. Il lui montre celles-ci en pleine harmonie avec la prophétie. (Esa. 35 : 5 et suiv. ; 61 : 1.) Jean devait en conclure qu'il était bien certainement *celui qui vient*. Jésus veut dire qu'il accomplit la prophétie à la lettre. Il n'emprunte pas à Esaïe ces images pour dépeindre les effets spirituels de son activité. Après l'énumération de ces miracles matériels, il mentionne enfin ce qui est le but suprême de ses bienfaits, le plus grand miracle : la prédication de *l'Évangile* qui est *annoncé aux pauvres*. (Luc 4 : 18 ; voir sur ce dernier mot Math. 5 : 3, note.)
3. Gr. *qui ne se sera pas scandalisé en moi* (5 : 29, note), qui ne trouvera point *en moi* ou en mon œuvre une occasion de chute, par le doute, le découragement, ou de quelque autre manière. (13 : 57 ; 26 :

Or, comme ils s'en allaient, Jésus se mit à dire aux foules au sujet 7
de Jean [1] : Qu'êtes-vous allés voir au désert ? Un roseau agité par le
vent ? — Mais qu'êtes-vous allés voir ? Un homme vêtu de vêtements 8
délicats ? Voilà, ceux qui portent des vêtements délicats sont dans
les maisons des rois. — Mais qu'êtes-vous allés voir ? Un prophète ? 9
Oui, vous dis-je, et plus qu'un prophète [2]. — C'est celui-ci de qui il 10
est écrit : « Voici, j'envoie mon messager devant ta face qui préparera
ton chemin devant toi [3]. » — En vérité, je vous le dis, entre ceux qui 11
sont nés de femme, il n'en a point été suscité de plus grand que
Jean-Baptiste ; mais celui qui est plus petit dans le royaume des cieux
est plus grand que lui [4]. — Or, depuis les jours de Jean-Baptiste 12

31, 33.) Sérieux avertissement adressé à Jean, et qui n'aurait pas de raison, si l'on prenait sa question dans l'un des deux sens que nous avons rejetés. (v. 3, note.)
1. Dans ce discours au peuple, Jésus paraît avoir eu une double intention : d'abord de justifier et de relever le précurseur, dont la délégation et la question avaient pu faire une impression défavorable sur la foule ; ensuite et surtout de tirer de ce même incident un sérieux avertissement pour le peuple qui avait si peu profité du ministère de ce grand prophète. Mais pour cela Jésus attend que les disciples de Jean *s'en soient allés*, et il les laisse, avec une grande sagesse, sous l'impression de sa réponse. (v. 4-6.)
2. Des trois questions que Jésus adresse coup sur coup au peuple, les deux premières expriment des suppositions directement opposées à ce qu'était le caractère notoire de Jean. *Un roseau agité du vent ?* c'est-à-dire un homme faible, vacillant, pliant sous toutes les influences ? La question qu'il venait de faire adresser à Jésus aurait pu donner de lui cette idée. Mais tout le peuple savait parfaitement le contraire ; il ne l'avait trouvé que trop ferme, trop rigoureux. N'était-il pas en prison pour avoir été dire la vérité à Hérode jusque dans son palais ? — *Mais* (puisque ce n'était pas cela) quoi donc ? Un homme du monde vivant dans la mollesse, portant des vêtements *moelleux*, efféminés ? Il aurait fallu le chercher dans un palais royal ; mais Jean ! (Voir 3 : 4.) Le *Sin.* a : « Pourquoi êtes-vous allés ? voir un homme ?... » — *Mais* enfin, quoi donc ? *Un prophète ?* (*Sin.*, B portent ici : « Pourquoi êtes-vous allés ? voir un prophète ? » Le sens est le même.) Et Jésus confirme solennellement cette attente du peuple. Jean était même *plus qu'un*

des *prophètes* de l'ancienne alliance, parce que, sur le seuil du royaume de Christ, il l'avait annoncé et montré immédiatement comme l'Agneau de Dieu (Jean 1 : 29), après avoir prêché la repentance. (Comp. v. 10.) — Chacune de ces questions renfermait un reproche pour les auditeurs de Jésus. Ce que Jean n'était pas, un roseau vacillant, un homme du monde, eux l'étaient, et ils le prouvaient par la légèreté avec laquelle ils avaient oublié le témoignage de ce *grand prophète*. (v. 16-19 ; comp. Luc 7 : 29, 30.)
3. Preuve que Jean est plus qu'un prophète. Celui qui est annoncé par une prophétie est plus grand que celui qui l'annonce. — Ce passage, emprunté à Mal. 3 : 1, est cité d'une manière très remarquable. Dans le prophète, c'est Jéhova qui parle et il dit : « J'envoie mon messager, et il préparera le chemin *devant ma face*. Et aussitôt le Seigneur que vous cherchez entrera dans son temple, etc. » Tandis que, dans notre citation, Jéhova parle à son Oint, Jésus-Christ, et dit : « J'envoie mon messager *devant ta face*, il préparera *ton* chemin *devant toi*. » Cette appropriation évidemment voulue de la prophétie au Sauveur, se retrouve également dans Luc (7 : 27) et dans Marc (1 : 2) ; on doit en conclure qu'elle procède de Jésus lui-même, et qu'à ses yeux la venue de Jéhova, annoncée par le prophète, avait eu lieu en sa personne.
4. *Ceux qui sont nés de femme*, ce sont tous les hommes, mais cet hébraïsme exprime l'idée de l'homme faible, mortel, pécheur. (Job 14 : 1 ; 15 : 14 ; 25 : 4 ; comp., dans un autre sens, Gal. 4 : 4.) Nul donc, parmi les hommes de l'ancienne alliance, n'a été plus grand que Jean-Baptiste. (v. 9.) Mais telle est la supériorité absolue de ce *royaume des cieux* établi sur la terre par le Fils de Dieu, que

jusqu'à maintenant, le royaume des cieux est pris par la violence, et
13 ce sont des violents qui le ravissent [1]. — Car tous les prophètes et
14 la loi ont prophétisé jusqu'à Jean ; — et si vous voulez recevoir ceci,
15 il est cet Elie qui doit venir [2]. — Que celui qui a des oreilles, entende [3] !
16 Mais à qui comparerai-je cette génération ? Elle ressemble à des
17 enfants assis dans les places publiques, qui crient aux autres, — et leur disent : Nous vous avons joué de la flûte, et vous n'avez point dansé ; nous avons chanté des complaintes, et vous ne vous êtes point

là, celui-là même qui est en soi *plus petit que le précurseur*, est *plus grand que lui*. La raison en est que le rapport tout nouveau dans lequel l'homme pécheur entre avec Dieu par sa communion avec Jésus-Christ, par sa réconciliation au moyen du sacrifice de la croix, par la régénération qu'opère en lui l'Esprit-Saint, est spécifiquement différent du rapport que les justes ou même les prophètes de l'Ancien Testament soutenaient avec Dieu. Cela ne signifie point que Jean-Baptiste ne dût pas avoir part à la plénitude de ce royaume de Dieu, mais Jésus marque ici d'une manière absolue le caractère divers des deux alliances sur la terre ; or Jean appartenait encore à l'ancienne. — Il est parfaitement arbitraire, et c'est exagérer la pensée du Sauveur, de prendre, comme le font la plupart de nos versions et beaucoup de commentateurs, ce comparatif : « celui qui est *plus petit*. » pour un superlatif : *le plus petit*, ou *le moindre*. La grammaire et une saine exégèse s'y opposent également.

1. Ces paroles, jusqu'au v. 15, appartiennent encore au discours que Jésus prononce à la louange de Jean. C'est à lui, en effet, à sa puissante prédication de la repentance (*depuis les jours de Jean*) qu'il attribue ces besoins religieux si profonds, qui attiraient à lui les âmes et qui en amenaient un grand nombre à saisir le *royaume des cieux* avec une sorte de *violence* morale. (Gr. le royaume des cieux *est violenté*.) Qu'on se souvienne de ces foules qui se pressaient autour de Jésus, qui lui laissaient à peine le temps de prendre un repas, qui le forçaient souvent à se retirer au désert, pour y trouver quelque repos ; qu'on se rappelle aussi la soif de pardon qui tourmentait les péagers et les pécheurs qui venaient à lui malgré tous les obstacles (Luc 7 : 36 et suiv.) ; que l'on considère les dures conditions que Jésus mettait à l'entrée dans le royaume et les saintes violences qu'il exigeait de ses disciples. (5 : 29, 30 ; 6 : 24 ; 8 : 18-22 ; 10 : 37-39.) — C'est avec une joie intime que Jésus dut prononcer ces paroles. Ils ne l'ont donc pas compris, ceux qui entendent sa pensée comme une plainte ou un blâme contre de prétendus ennemis qui *violentaient* son royaume par la persécution, ou contre d'autres *violents* qui en empêchaient les progrès par un faux zèle. Beaucoup plutôt pourrait-on se ranger à l'avis de ceux qui, donnant au verbe *violenter* un sens neutre au lieu du passif, pensent que Jésus veut dire que le royaume s'étend avec puissance, fait par sa force divine de grandes conquêtes, réveille les consciences et excite ainsi le zèle de ces *violents* qui *ravissent*, le dérobent par leur ardeur. Le premier sens indiqué reste pourtant plus conforme aux termes et à l'ensemble du discours. (Comp. Luc 16 : 16, note.)

2. Ces paroles expliquent historiquement (*car*) celles qui précèdent : *Jusqu'à Jean, tous les prophètes*, et même *la loi*, qui, dans un sens, était une prophétie (Jean 5 : 46), *ont prophétisé*, annoncé l'avenir du règne de Dieu, et n'ont pu faire davantage. Mais *lui*, Jean, est cet *Elie* qui, selon le prophète Malachie (4 : 5), *devait venir* (Math. 17 : 11-13 ; Luc 1 : 17), et voilà pourquoi son ministère a eu de si grands résultats (v. 12) — et pourquoi il est le plus grand des prophètes. (v. 11.) Mais les auditeurs de Jésus n'avaient pas tous été atteints par la prédication de Jean ; de là cet avertissement en forme de parenthèse, destiné à leur faire sentir leur responsabilité : gr. *si vous voulez recevoir* ma déclaration qu'il est l'*Elie* annoncé par Malachie ; de votre volonté dépend qu'il soit pour vous personnellement ce qu'il est en réalité dans le plan de Dieu ; « celui qui prépare le chemin du Seigneur. » (Comp. 17 : 12.)

3. Appel à donner une sérieuse attention à cette importante instruction au sujet de Jean-Baptiste. (Comp. 13 : 9 ;

lamentés [1]. — Car Jean est venu ne mangeant ni ne buvant ; et ils disent : Il a un démon. — Le Fils de l'homme est venu mangeant et buvant, et ils disent : Voici un mangeur et un buveur, un ami des péagers et des pécheurs [2]. Mais la sagesse a été justifiée de la part de ses enfants [3].

Marc 4 : 9 ; Luc 8 : 8.) — Le texte reçu porte : « des oreilles *pour entendre,* » mot inauthentique ici.

1. Le discours sur Jean-Baptiste est fini (v. 7-15) ; mais Jésus ne laissera pas échapper cette occasion de faire entendre un sérieux reproche à sa *génération,* qui ne savait mettre à profit, pour sa vie religieuse et morale, ni le témoignage de Jean, ni celui du Sauveur. Après avoir cherché l'image (*à qui comparerai-je...*) qui pourra figurer une telle conduite, il la trouve dans un *jeu* que pratiquaient *sur la place publique* les *petits enfants* (gr.) de son temps. Ce jeu ressemblait à celui que nous appelons du nom de « charade. » L'un des deux groupes de joueurs commençait la représentation d'une scène de la vie ordinaire ; les autres pour montrer qu'ils avaient deviné le motif choisi, entraient aussitôt dans leur jeu et achevaient la scène commencée. Ainsi les premiers *jouaient de la flûte ; les autres* (leurs compagnons d'après le texte reçu) devaient représenter une noce qui s'avance au milieu des *danses* gracieuses. Les premiers *chantaient des complaintes ;* les autres devaient se former en un cortège funèbre et faire retentir de lugubres *lamentations*. Mais voici que le second groupe d'enfants, d'humeur maussade et boudeuse, refuse de répondre aux invites de leurs camarades et de prendre part au jeu. De là les reproches qu'ils s'attirent. — Les enfants du premier groupe représentent Jésus et Jean ; ceux du second groupe la génération contemporaine qui demeure sourde aux appels de l'un et de l'autre. Telle est l'explication la plus naturelle de cette parabole. Elle nous paraît indiquée par les v. 18 et 19 : *car Jean*... — Cependant la plupart des interprètes modernes s'appuyant sur les premiers mots : *Je la comparerai* (cette génération) *à des enfants... qui disent,* et prenant ces mots à la lettre appliquent l'image des enfants qui se plaignent de n'être pas suivis aux contemporains du Sauveur qui auraient voulu imposer leur volonté à Jean et à Jésus, et sont mécontents de n'y avoir pas réussi. Mais cette expression : *je comparerai à,... est comparé à,* s'applique très souvent à l'image prise d'une manière générale (13 : 24, 45 ; 25 : 1) et le sens auquel on arrive ainsi s'accorde moins bien avec les v. 18, 19. D'après B. Weiss, Jésus aurait voulu simplement caractériser l'esprit de cette génération, en la comparant à des enfants capricieux, qui voudraient faire rire et pleurer leurs camarades au gré de leurs désirs changeants. Le second groupe des enfants n'est qu'un trait de détail du tableau. Il ne faut pas lui chercher d'application. C'est à cette humeur volontaire et indocile que Jésus attribuerait (*car,* v. 18, 19) le double insuccès du ministère de Jean et du sien propre.

2. *Jean est venu* (est entré dans son ministère, a vécu), dans l'abstinence, avec le rigoureux ascétisme d'un prophète de l'Ancien Testament ; et ils le calomnient, le disant possédé, attribuant au *démon* de l'orgueil les exagérations de ses austérités. Au contraire, le *fils de l'homme* (8 : 20, note) vit avec la sainte liberté de la nouvelle alliance, accepte les invitations des *péagers et pécheurs ;* et ils le calomnient en l'accusant de violer les prescriptions de la loi et de vivre dans la dissolution. Ainsi, ni les complaintes sévères de la loi, ni les doux sons de l'Evangile de la grâce, n'ont pu faire impression sur eux.

3. Ce *mais* doit être admis ici, quoiqu'il y ait la particule *et* en grec, car elle est évidemment prise dans un sens adversatif, qu'elle a souvent en hébreu : *et pourtant.* Malgré toute cette aveugle opposition à Jean et à Jésus, la *sagesse* divine, qui se manifeste d'une manière éclatante dans l'emploi de ces diverses méthodes (la loi, l'Evangile), cette sagesse *a été justifiée,* comment ? *de la part de ses enfants,* qui non seulement l'ont reconnue, admise, mais ont prouvé, par la transformation de leur vie, combien les moyens employés par cette sagesse étaient divins et seuls adaptés aux besoins de la nature humaine. C'est dans ce sens, et dans la même occasion, qu'il est dit que le peuple qui croyait et les péagers qui se repentaient *justifiaient Dieu.* (Luc 7 : 35, note.) Seulement il ne faut pas traduire : « a été justifiée *par* ses enfants ; » le grec ne le

B. 20-30. Reproches, actions de grace, invitation. — 1º *Reproches aux villes impénitentes.* Jésus prononce un triple jugement sur Corazin, sur Bethsaïda et sur Capernaüm, qui ont vu la plupart de ses miracles et ne se sont pas repenties. Il compare leur condition à celle de Tyr et de Sidon et du pays de Sodome. Il déclare qu'elles sont plus coupables et seront traitées plus rigoureusement au jour du jugement. (20-24.) — 2º *Les choses révélées aux enfants.* Jésus rend grâces à son Père de ce qu'il a caché les choses qui concernent le salut aux sages et les a révélées aux enfants. Il parle de sa relation unique avec son Père qui lui a remis toutes choses, qui seul le connaît, qui n'est connu que de lui et de ceux à qui il veut le révéler. (25-27.) — 3º *Appel à ceux qui sont fatigués* et chargés à venir à lui, à *se charger de son joug* et à trouver ainsi le repos de leurs âmes. (28-30.)

20 Alors il commença à faire des reproches aux villes dans lesquelles avaient eu lieu la plupart de ses miracles, parce qu'elles ne s'étaient
21 point repenties [1]. — Malheur à toi, Corazin ! malheur à toi, Bethsaïda ! car si les miracles qui ont été faits au milieu de vous avaient été faits à Tyr et à Sidon, il y a longtemps qu'elles se seraient repenties avec
22 le sac et la cendre [2]. — C'est pourquoi je vous le dis : Tyr et Sidon

permet pas, et ces *enfants de la sagesse* (hébraïsme, comme « enfants de la lumière, » Luc 16 : 8) ne sont que la cause indirecte, l'occasion de cette justification ; la vraie cause est en Dieu même et dans l'action de sa grâce. Nous ne discuterons pas quelques autres explications proposées de ces paroles, les tenant pour inadmissibles. — Une variante de *Sin.*, *B*, adoptée par Tischendorf, porte : « la sagesse a été justifiée de la part de ses *œuvres*, » c'est-à-dire par ses effets, ses fruits, ses actes, tant dans la vie de Jean que dans celle de Jésus. Le sens resterait donc à peu près le même. Jérôme dit que de son temps on lisait cette variante « dans quelques évangiles, » mais malgré ce témoignage, la leçon du texte reçu, qui se lit dans presque tous les *majusc.*, paraît plus probable.
1. Il y a dans ce mot *il commença* quelque chose de solennel. — Si l'adverbe de temps *alors* doit se prendre à la lettre, ces sévères *reproches* adressés aux *villes* qui n'avaient pas cru à la parole du Seigneur, auraient été prononcés à la suite des v. 16-19, dont ils complètent très bien la pensée. Mais Luc (10 : 13 et suiv.) les place dans le discours relatif à l'envoi des soixante-dix disciples. Les interprètes se divisent sur la préférence à donner à l'une ou à l'autre de ces dates. Meyer n'aurait-il pas raison en supposant que Jésus peut fort bien avoir fait entendre, dans les deux occasions, ces expressions de la douleur que lui causait l'endurcissement des hommes de sa génération ?

2. *Corazin* n'est mentionné ni dans l'Ancien Testament, ni dans Josèphe, et le Nouveau Testament ne nomme cette ville qu'ici et dans le passage parallèle de Luc. Jérôme la désigne comme une ruine à deux lieues de Capernaüm, sur les bords du lac de Génézareth. Des voyageurs modernes ont cru retrouver son emplacement dans des ruines portant le nom de Kerazeh et qui sont situées à une heure au nord-est de Capernaüm, dans l'intérieur des terres. (Voir aussi F. Bovet, *Voyage en Terre Sainte*, p. 372, 7ᵉ édit.) *Bethsaïda*, patrie de Pierre, d'André et de Philippe (Jean 1 : 45), était également située à quelque distance de Capernaüm, sur le bord occidental du même lac. (Marc 6 : 45, note.) — Les *miracles* (gr. *puissances*, actes de la puissance divine de Jésus) qui furent accomplis dans ces villes ne sont pas rapportés dans l'évangile. Cette omission confirme une déclaration de Jean. (Jean 20 : 30.) A ces villes ainsi privilégiées, le Seigneur oppose, afin de leur faire sentir leur ingratitude et leur responsabilité, les grandes cités païennes et corrompues de *Tyr* et de *Sidon*, qui, à cause du voisinage de la Syrie, s'offraient naturellement comme points de comparaison. Avec les mêmes moyens de grâce, *elles se seraient repenties* (ou converties), auraient changé de dispositions) *dans le sac et la cendre*. Allusion à l'usage pratiqué chez les Juifs de se revêtir d'une tunique d'étoffe sombre et grossière et de se répandre de la cendre sur la tête (2 Sam. 13 : 19) ou de s'as-

seront au jour du jugement dans une condition plus supportable que vous [1]. — Et toi, Capernaüm, qui as été élevée jusqu'au ciel, tu seras abaissée jusqu'au séjour des morts [2] ; — car si les miracles qui ont été faits au milieu de toi eussent été faits à Sodome, elle subsisterait encore aujourd'hui [3]. — C'est pourquoi je vous dis que la terre de Sodome sera au jour du jugement dans une condition plus supportable que toi [4]. 23 24

En ce temps-là, Jésus prenant la parole dit [5] : Je te loue, ô Père ! Seigneur du ciel et de la terre, de ce que tu as caché ces choses aux sages et aux intelligents, et de ce que tu les as révélées aux enfants [6]. 25

seoir sur la cendre. (Job 2 : 8.) Il faut prendre au propre la déclaration de Jésus sur ces villes païennes ; et alors, quel mystère elle renferme ! Si Tyr et Sidon avaient vu les œuvres du Sauveur, avaient entendu sa parole, elles se seraient repenties : et elles ne l'ont pas connu !
1. Comp. 10 : 15, note.
2. *Capernaüm* (voir sur cette ville 4 : 13, note) avait réellement été *élevée jusqu'au ciel* par la présence, les œuvres, la prédication du Fils de Dieu au milieu d'elle. Son incrédulité la fera descendre au jour du jugement jusqu'au *séjour des morts*, en grec *hadès* (« lieu invisible »), en hébreu *scheol*. (Esa. 5 : 14 ; 14 : 9 et suiv.) Ce séjour des morts est un lieu d'attente : ceux qui l'habitent ne sont encore ni heureux ni malheureux ; mais après le jugement, il devient pour les condamnés le lieu des tourments. (Luc 16 : 23.) — Une variante de *Sin.*, *B, C, D*, admise par la plupart des critiques, porte : « Et toi, Capernaüm, seras-tu élevée jusqu'au ciel ? » et la déclaration qui suit serait la réponse à cette question. Mais une telle question ne serait pas motivée, car rien ne montre que Capernaüm eût la prétention d'être élevée jusqu'au ciel ; aussi la plupart des exégètes ne voient-ils dans cette leçon, malgré le poids des témoignages, qu'une faute de copiste facile à expliquer. (Comp. le *Commentaire* de M. Godet sur Luc 10 : 15.)
3. Cette comparaison avec *Sodome* est encore plus humiliante que celle qui précède avec Tyr et Sidon. Sodome *subsisterait*, n'aurait pas été détruite par un terrible jugement de Dieu. On voit quelle réalité le Seigneur attribue aux faits de l'histoire biblique..
4. Ce *vous* ne s'adresse pas aux auditeurs de Jésus, mais aux habitants de Capernaüm (v. 23), tandis que le *toi* s'adresse à la ville elle-même. Les variantes qui tendent à égaliser ces pronoms, en mettant les deux fois *vous* (*D* et l'*Itala*) ou deux fois *toi* (vers. syriaques), ne sont que des corrections sans valeur. — Le ton de ces v. 21-24 est extrêmement solennel, soit par la progression de la pensée, soit par la similarité des apostrophes (v. 21, 23), soit par la répétition de la même annonce du jugement. (v. 22, 24.) — « Quand Christ fait entendre ce *malheur !* qui est un jugement, c'est qu'il le ressent dans son cœur par sa tendre compassion, et sa parole est l'annonce du jugement extérieur pour ceux qui sont déjà, au dedans, sous le jugement de l'endurcissement. » *Lange.*
5. *En ce temps-là*, dans le style du premier évangile, est une expression vague. Elle ne signifie pas que les grandes paroles qui suivent aient été prononcées immédiatement après celles qui précèdent. Luc (10 : 21) les place au moment du retour des soixante-dix disciples, et cette action de grâce, que Jésus prononce en tressaillant de joie, a pour cause les succès qu'avaient eus parmi le peuple ces premiers messagers de l'Evangile. Quelques interprètes leur assignent le moment du retour des douze après leur première mission. (Marc 6 : 12, 30 ; Luc 9 : 6, 10.) Cela paraît moins probable. — Le mot que nous traduisons par *prenant la parole* signifie proprement *répondant.* C'est un hébraïsme qui veut dire : prendre la parole, commencer à parler, mais toujours pour répondre à une idée ou à un sentiment de ceux qui sont présents. (Comp. 22 : 1 ; 28 : 5 ; Luc 13 : 14 ; Jean 2 : 18 ; 5 : 17.)
6. Il n'y a pas un mot ici qui ne porte en soi le plus profond enseignement. Les titres que Jésus donne à Dieu expriment l'amour éternel (*Père !*) et la souveraine puissance (*Seigneur du ciel et de la terre*), se manifestant dans les dispensa-

26 — Oui, Père, parce que tel a été ton bon plaisir devant toi [1]. —
27 Toutes choses m'ont été livrées par mon Père [2] ; et nul ne connaît le Fils, si ce n'est le Père, et nul ne connaît le Père, si ce n'est le Fils, et celui à qui le Fils veut le révéler [3].

tions mêmes qui font l'objet de cette louange : *cacher* aux uns, *révéler* aux autres. *Ces choses* ainsi cachées ou révélées (non à l'extérieur, mais dans leur sens intime et vivant), ce sont les vérités du royaume de Dieu que Jésus apportait au monde, l'Evangile de la grâce. (13 : 11.) Les *sages* et *intelligents* étaient, au temps de Jésus, les scribes, les pharisiens. Ce sont, dans tous les temps, ceux qui sont tels à leurs propres yeux, et à qui, par cela même, la vérité divine paraît méprisable. (1 Cor. 1 : 19-21.) Il faut remarquer qu'il y a dans l'original *à des sages, à des intelligents,* de sorte que l'exclusion des hommes de cette catégorie n'est pas absolue. Les *enfants,* ce sont les petits et les simples, tels que les premiers disciples de Jésus en Galilée, qui, étrangers à la sagesse et à la science des écoles, sentant leur ignorance et leurs besoins, recevaient avidement la lumière d'en haut. Tels doivent redevenir devant Dieu les savants eux-mêmes pour entrer à l'école de Jésus-Christ. (1 Cor. 3 : 18, 19.) — Jésus loue Dieu pour l'une et l'autre des actions indiquées et qui sont inséparables, aussi bien de ce qu'il *cache* que de ce qu'il *révèle*. « A l'orgueil de l'intelligence, il est répondu par l'aveuglement ; à la simplicité du cœur qui veut la vérité, par la révélation. » *Gess.* (Comp. Jean 9 : 39.)

1. Jésus confirme solennellement son action de grâce et en indique la raison suprême. Le *bon plaisir* de Dieu, (gr.) *bienveillance,* bonne volonté (Math. 3 : 17 ; Luc 2 : 14 ; Eph. 1 : 5), est fondé dans sa justice et son amour. *Devant toi,* hébraïsme qui signifie *à tes yeux, à ton jugement.* (Ex. 28 : 38.) — Quant à la construction, au lieu de *parce que,* on peut traduire : *de ce que,* en sous-entendant encore *je te loue* (v. 25) ; mais la traduction ordinaire est préférable, parce qu'ainsi Jésus nous montre, dans la volonté souveraine de Dieu, la raison de la déclaration paradoxale qui précède.

2. Encore tout rempli du sentiment de reconnaissance qui vient d'élever son âme à Dieu, Jésus se tourne vers ses disciples (Luc 10 : 22) et leur communique les vérités les plus profondes sur sa personne. Il vient de dire que le Père se révèle aux enfants (v. 25) ; mais il ne se révèle qu'en son Fils, à qui il a *livré*, remis *toutes choses.* On a voulu restreindre ce dernier mot à la sphère spirituelle, à la possession du royaume de Dieu que Jésus enseignait, ou à sa connaissance de Dieu dont parle ce verset même. (Comp. Math. 28 : 18 ; Jean 3 : 35 ; 13 : 3 ; 16 : 15.) Cette relation avec les paroles qui suivent montre en effet que cette expression a un sens spirituel, mais la relation avec ce qui précède (miracles accomplis, v. 20, jugement à exercer, v. 22) conduit à la prendre dans un sens plus étendu et à ne poser aucune limite quelconque à cette déclaration. En remettant toutes choses au Fils pour la rédemption du monde, Dieu ne cesse pas de régner ; mais comme il gouverne le monde en vue de cette rédemption, il reste vrai que tout est remis au Fils, tout, jusqu'au jugement éternel, qui sera le couronnement de son œuvre. (Jean 5 : 22, 23.) Cette déclaration est la raison de celle qui suit, à laquelle Jésus passe par un simple *et*, qui logiquement signifie : *voilà pourquoi.*

3. *Connaître,* dans le langage des Ecritures, ne signifie jamais une simple action de l'intelligence, parfaitement insuffisante quand il s'agit de choses divines. Ce mot suppose toujours une connaissance expérimentale rendue complète par l'amour et la vie. Aussi le mot original est-il composé du verbe et d'une particule qui lui donne le sens de *connaître entièrement.* Or, dans ce sens, la déclaration de Jésus est d'une vérité absolue. Mais quel rapport mystérieux, ineffable, unique, entre le *Fils* et le *Père* nous est ici révélé ! Qui est-il, l'Etre que Dieu seul connaît et qui seul connaît Dieu ? Il faut pour cela qu'il soit avec Dieu dans cette unité d'esprit, d'amour, de volonté, d'essence, qui l'autorisait à dire : « Moi et le Père sommes un. » Et comme le Père a le pouvoir de *révéler* et de *cacher* (v. 25), le Fils aussi *révèle* le Père à qui il *veut.* Il s'agit de cette révélation intérieure qui n'a lieu que par une communion vivante avec le Fils, et par laquelle il nous fait part de la connaissance unique qu'il a du Père. De là le rapport profond de ces paroles avec celles qui suivent. — Qui, en écoutant cette grande déclaration du Sauveur sur sa personne, ne la croirait tirée de l'évangile de

Venez à moi, vous tous qui êtes fatigués et chargés, et moi je vous 28 soulagerai [1]. — Chargez-vous de mon joug, et apprenez de moi, 29 parce que je suis doux et humble de cœur, et vous trouverez du repos pour vos âmes ; — car mon joug est doux et mon fardeau est 30 léger [2].

2. *Attitude des pharisiens et des chefs du peuple.*

A. 1-21. Jésus est a deux reprises accusé de violer le sabbat. Guérisons accomplies. — 1° *Les épis arrachés.* Les disciples, passant par un champ de blé le jour du sabbat, froissent des épis et en mangent pour apaiser leur faim. Accusé par les pharisiens d'avoir violé le sabbat, *Jésus les justifie, a)* par l'exemple de *David* mangeant, avec sa troupe, les pains de proposition ; *b)* par le service des *sacrificateurs* dans le temple au jour du sabbat ; *c)* en citant la *Parole de Dieu*, qui préfère la miséricorde au sacrifice ; *d)* en invoquant *sa propre autorité* sur le sabbat. (1-8.) — 2° *L'homme à la main sèche.* Jésus se rend de là à la synagogue. Il s'y trouvait un homme ayant une main paralysée. Les pharisiens demandent à Jésus, afin de pouvoir l'accuser, s'il est permis de guérir le jour du sabbat. Il leur demande à son tour quel est celui d'entre eux qui ne retire sa brebis tombée dans une fosse le jour du sabbat ? Et il ne serait pas permis de faire du bien à un homme ! Alors il ordonne au malade d'étendre sa main, et il le guérit. Les pharisiens, étant sortis, consultent pour le faire mourir. (9-14.) — 3° *Guérisons. Interdiction de les publier. Prophétie accomplie.* Jésus, connaissant leurs desseins, se retire dans la solitude, suivi par la multitude, dont il guérit tous les malades. Il leur défend de proclamer ses œuvres, afin que soit accomplie la prophétie d'Esaïe sur le bien-aimé de Dieu, sur sa douceur et sa tendre charité. (15-21.)

Jean ? Sous la plume de Matthieu et de Luc, elle confirme le quatrième évangile, et identifie le témoignage de ce dernier avec celui des synoptiques.

1. Douce et précieuse invitation. *Tous* : grâce universelle, offerte sans autre condition, que de se sentir *fatigués* et *chargés !* — Ces deux participes expriment deux idées distinctes. Le premier suppose le *travail* auquel un homme se livre en vain pour satisfaire aux exigences de sa conscience souffrante et de la loi qui l'accuse ; le second, ce lourd *fardeau* de misère morale et de peines amères que porte celui qui mène une vie sans Dieu. Ce fardeau était rendu plus accablant encore par les prescriptions légales et pharisaïques de la propre justice. (23 : 4 ; Act. 15 : 10.) Ce que Jésus offre (*et moi*, par opposition à tout autre), c'est le *soulagement* ou le *repos* (gr. « je vous reposerai, » et au v. 29 : « vous trouverez le *repos* »), en d'autres termes, la *paix* (Jean 14 : 27), doux et précieux fruit du pardon et de l'affranchissement.

2. Un *joug* est l'image de la soumission, de l'obéissance. Jésus vient de promettre le soulagement, le repos. (v. 28.) Il rappelle maintenant la condition de cette délivrance. « Après avoir promis un repos heureux aux pauvres consciences misérablement travaillées, il admoneste qu'il est leur libérateur à cette condition qu'elles se rangent sous son joug. » *Calvin.* Qu'est-ce que *se charger* de ce joug ? les mots qui suivent l'indiquent : c'est *apprendre de lui*, non seulement être instruit par sa parole, mais imiter son exemple, vivre de sa vie. Il faut entrer dans cette voie sans hésiter, dit le Sauveur, *parce que je suis doux et humble de cœur*. Ce motif peut être entendu de deux manières ; soit comme un encouragement : ne craignez pas de vous mettre à mon école, je suis plein de support, de patience, mon joug n'est pas difficile à porter ; soit comme indication du seul moyen de se charger de son joug, qui est d'apprendre de Jésus la douceur et l'humilité qu'il avait lui-même. Pour les orgueilleux qui cherchent leur propre justice, ce joug sera intolérable ; il ne sera *aisé* (gr. *bon, bienfaisant*) que pour ceux qui seront doux et humbles de cœur.

XII En ce temps-là, Jésus passa par les blés un jour de sabbat ; or ses disciples eurent faim ; et ils se mirent à arracher des épis et à
2 manger¹. — Or les pharisiens, voyant cela, lui dirent : Voici, tes disciples font ce qu'il n'est pas permis de faire le jour du sabbat. —
3 Mais il leur dit : N'avez-vous pas lu ce que fit David quand il eut
4 faim, lui et ceux qui étaient avec lui : — comment il entra dans la maison de Dieu, et mangea les pains de proposition, qu'il ne lui était pas permis de manger, non plus qu'à ceux qui étaient avec lui, mais
5 aux seuls sacrificateurs² ? — N'avez-vous pas lu dans la loi que les jours de sabbat les sacrificateurs violent le sabbat dans le temple, et
6 ne sont point coupables³ ? — Or je vous dis qu'il y a ici quelque
7 chose de plus grand que le temple⁴. — Et si vous saviez ce que

« Comment se fera-t-il qu'un chacun y ploye et baisse le col volontiers et paisiblement, sinon qu'étant revêtu de douceur, il soit conformé à Christ ? » *Calvin.* Celui-là *trouvera du repos* pour son âme, parce que seul aussi, il est *fatigué et chargé*, dans le sens du v. 28.

1. *En ce temps-là* est une de ces expressions vagues qu'emploie Matthieu, et qui désignent plutôt la suite de son récit qu'une chronologie régulière. En effet, Marc et Luc placent les deux traits suivants, relatifs au sabbat, à une époque antérieure. Mais les trois évangiles concordent pleinement, d'abord en nous montrant dans ces faits la première manifestation de l'hostilité pharisaïque, qui allait se développer jusqu'au dénouement sanglant du ministère de Jésus ; et ensuite en rapportant cet enseignement de Jésus au sujet du sabbat, proféré avec une autorité divine qui domine les institutions légales elles-mêmes. (v. 8.) — Au point de vue du droit légal, l'action des disciples était permise en soi (Deut. 23 : 25) ; mais elle avait lieu le jour du sabbat ; là était le péché, selon les minutieuses observances pharisaïques. (v. 2. Comp. d'ailleurs Ex. 16 : 22-30.)

2. Il y a dans cette question : *N'avez-vous pas lu ?* adressée à des pharisiens qui se croyaient si bien instruits dans la loi, et répétée immédiatement après (v. 5), une fine ironie. — Le trait de la vie de David ici rappelé, se trouve 1 Sam. 21 : 6 et suiv. *Sin.*, B, ont : *ils mangèrent* au lieu de *il mangea*. Sur les *pains de proposition*, réservés aux *seuls sacrificateurs*, voir Lév. 24 : 5-9 ; Ex. 29 : 23-30 ; et sur la table sacrée où ils étaient exposés, Ex. 37 : 10-16. Ce nom de *proposition*, ou présentation, est tiré de la version grecque des Septante, exprimant l'idée que ces pains, au nombre de douze, étaient chaque semaine présentés, offerts à l'Eternel comme le sacrifice du travail et de la vie du peuple. En hébreu ils s'appelaient les *pains des rangées*, selon l'ordre où ils étaient exposés (Ex. 40 : 23), ou les *pains de la face* (de l'Eternel, 1 Sam. 21 : 6). — Quant à l'argument que Jésus tire du fait cité, contre l'accusation des adversaires, ceux-ci n'eurent absolument rien à y répondre. Il s'agissait en effet pour David et pour le sacrificateur qui consentit à sa demande, de choisir entre l'observation d'un rite cérémoniel, et la conservation de la vie d'un grand nombre d'hommes. Or la conclusion s'imposait d'elle-même, et Jésus ne tarde pas à la tirer expressément. (v. 11 ; comp. Marc 2 : 26, note.)

3. *Lu dans la loi* que vous invoquez. (Nomb. 28 : 9, 10.) Les *sacrificateurs violent* (gr. *profanent*) le sabbat. Jésus parle au point de vue rigoriste des adversaires. C'est ce qui avait lieu par les divers travaux du service, des sacrifices, etc., et cela *dans le temple* (gr. *lieu saint*), ce qui est plus grave encore. Et cependant, voyez l'inconséquence ! vous admettez qu'ils *ne sont point coupables*. Ainsi Jésus confondait l'interprétation servilement littérale de la loi.

4. Jésus a montré : 1° Que l'action de David, beaucoup plus grave que celle des disciples (v. 1), était justifiée par la nécessité ; 2° que les travaux des sacrificateurs étaient sanctifiés par la sainteté du temple et de son service. « S'il en est ainsi, ajoute le Seigneur, mes disciples, employés à mon service, n'ont point violé la loi, car, je vous le déclare, *il y a ici quelque chose de plus grand que le temple.* »

signifie : « Je veux la miséricorde et non le sacrifice, » vous n'auriez pas condamné ceux qui ne sont point coupables [1]. — Car le fils 8 de l'homme est maître du sabbat [2].

Et étant parti de là, il vint dans leur synagogue [3]. — Et voici, il 9, 10 s'y trouvait un homme qui avait une main sèche [4]. Et ils l'interrogèrent disant : Est-il permis de guérir dans les jours de sabbat [5] ? C'était afin de pouvoir l'accuser. — Mais lui leur dit : Quel sera 11 l'homme d'entre vous qui aura une seule brebis, et qui, si elle tombe dans une fosse le jour du sabbat, ne la saisira et ne l'en retirera pas ? — Or, combien un homme ne vaut-il pas plus qu'une brebis ? 12 Il est donc permis de faire du bien les jours de sabbat [6]. — Alors il 13 dit à l'homme : Etends ta main. Et il l'étendit ; et elle fut rendue

Telle est la traduction littérale de cette parole d'après la vraie leçon. Le texte reçu porte : « Il est ici *un plus grand* (au masculin) que le temple. » L'adjectif neutre qu'emploie Jésus a un sens plus étendu, plus énergique encore. Dans le sentiment de la grandeur divine de sa personne et de son œuvre, sachant qu'il y avait dans sa présence sur la terre une manifestation de Dieu bien autrement complète et sainte que toutes celles dont le temple avait été le théâtre, qu'en un mot il était à tous égards *quelque chose de plus grand* que le temple, il considère l'action de ses disciples, accomplie à son service, comme plus sanctifiée encore que les travaux des sacrificateurs au jour du sabbat. Ce n'est donc pas seulement dans l'évangile de Jean (2 : 19), mais bien aussi dans les synoptiques que Jésus-Christ se met, lui, au-dessus du temple et révèle sa divinité. (Comp. v. 8, note.)

1. Après avoir justifié ses disciples, Jésus dévoile aux adversaires par quelle mauvaise disposition de leur cœur ils venaient d'accuser, même de *condamner* des hommes *non coupables*. C'était ce manque de *miséricorde* qui laissait leur cœur sec et dur au milieu de tous les *sacrifices* sur lesquels ils fondaient leur propre justice, sacrifices que Dieu *ne veut pas* dans cet esprit. (Voir, sur cette citation d'Osée 6 : 6, Math. 9 : 13.)

2. Gr. *Seigneur du sabbat*. Le texte reçu ajoute : « *même* du sabbat, » mot qui n'est pas authentique ici, mais qui se trouve Marc 2 : 28 et Luc 6 : 5, d'où il a été copié. Ainsi l'autorité divine du Sauveur est au-dessus de la loi, qu'il interprète et observe selon l'Esprit de Dieu même. Dans ce sens, les disciples de Jésus sont aussi maîtres du sabbat. Celui-ci a changé entièrement de caractère sous l'Évangile, qui est la source d'une vie de liberté et d'amour. (Comp. Jean 5 : 17 et suiv.) Par ces mots, le Maître prend sur lui la responsabilité de ce qu'ont fait les disciples. « C'est sur la majesté de Christ que s'appuient l'innocence et la liberté des disciples. » *Bengel*.

3. D'après le récit de Matthieu, ce fut en ce même jour de sabbat que Jésus se rendit dans *leur synagogue* (la synagogue de ce lieu-là, ou de ceux qui avaient accusé les disciples). Marc laisse la date incertaine, mais Luc dit positivement que ce fut « en un autre sabbat, » très probablement le sabbat suivant. Les trois synoptiques placent ces deux faits à la suite l'un de l'autre, parce qu'ils avaient donné lieu à deux instructions analogues sur le sabbat.

4. *Séchée ;* par suite de la paralysie la circulation du sang s'était arrêtée dans ce membre et la vie s'en était retirée. (Comp. 1 Rois 13 . 4 ; Jean 5 : 3.)

5. Par cette question captieuse, les adversaires ne voulaient pas seulement provoquer une réponse en paroles ou en théorie ; ils s'attendaient à ce que Jésus répondrait en guérissant le malade. (Marc 3 : 2.) Alors ils auraient une raison de *l'accuser* devant la synagogue ou le tribunal du lieu, non seulement d'avoir enseigné la violation du sabbat, mais de l'avoir violé en fait.

6. Gr. *permis de bien faire*, dans le sens moral le plus étendu du mot. Or ce principe renfermait le devoir de délivrer un malheureux le jour du sabbat. Nier cette vérité c'était, de la part des pharisiens, faire du sabbat une institution légale sans aucune moralité et qui était la négation de la charité. Or, sans amour il

14 saine comme l'autre ¹. — Et les pharisiens étant sortis, tinrent con-
15 seil contre lui, afin de le faire périr ². — Mais Jésus, l'ayant su, se
retira de là. Et beaucoup de gens le suivirent, et il les guérit tous ³ ;
16, 17 — et il leur défendit avec menaces de le faire connaître ⁴ ; — afin
que fût accompli ce qui avait été dit par Esaïe le prophète, disant :
18 — « Voici mon serviteur, que j'ai élu, mon bien-aimé, en qui mon
âme a pris plaisir. Je mettrai mon Esprit sur lui, et il annoncera le
19 jugement aux nations. — Il ne contestera point, et ne criera point,
20 et l'on n'entendra point sa voix dans les rues. — Il ne brisera point
le roseau froissé, et il n'éteindra point le lumignon fumant, jusqu'à
21 ce qu'il ait fait triompher le jugement ; — et les nations espéreront
en son nom ⁵. »

n'y a point de religion. — Voir sur l'exemple si concluant d'une *brebis* (une *seule !*) tombée dans une fosse, Luc 14 : 5, 6, notes.
1. Ce fut la parole de Jésus : *Etends ta main*, qui (gr.) *rétablit* ce membre malade et le rendit *sain*. Sans l'intervention de cette puissance divine, l'ordre lui-même eût été inexécutable. Il faut lire les récits de Marc (3 : 1-6) et de Luc (6 : 6-11) pour bien comprendre tout ce qu'il y eut de dramatique dans cette scène. (Voir les notes.)
2. On voit par le récit de Luc que les *pharisiens*, bien loin d'être persuadés par la vue de ce miracle, en furent « remplis de fureur. » Les trois évangélistes nous apprennent que dès ce moment les pharisiens résolurent de le *faire périr* (gr. *de le perdre*) et cherchèrent les moyens et l'occasion d'exécuter leur dessein. Telle était, déjà alors, leur haine, qui alla croissant jusqu'à la fin.
3. Jésus *se retire* en présence de l'opposition croissante, par le même sentiment d'humilité, de charité et de prudence qui se trouve si bien exprimé dans les versets suivants. — Au lieu de *beaucoup de gens* (gr. *plusieurs*) le texte reçu, avec C, D et la plupart des *majusc.*, porte *de grandes foules*. Quoi qu'il en soit de la variante, il est évident que le mot « il les guérit *tous* » doit s'entendre des *malades* qui se trouvaient parmi le peuple.
4. Gr. *de le manifester*, lui, Jésus, c'est-à-dire de répandre sa renommée parmi le peuple, en publiant les guérisons qu'il venait d'accomplir. En présence de la haine des adversaires et de leurs desseins meurtriers (v. 14), le but de cette *défense* est parfaitement clair. Ailleurs, Jésus avait d'autres motifs encore. (8 : 4, note.)

5. Esa. 42 : 1-4. Ce que l'évangéliste veut montrer *accompli*, en citant ces belles paroles, ce sont les traits par lesquels l'Eternel caractérise le Messie : sa douceur, sa charité, son humilité, son amour du silence et de la retraite. Et c'est le motif que Matthieu donne de cette défense de Jésus de publier ses œuvres. (v. 16.) Mais il est évident que tous les autres traits de cette prophétie ne sont pas moins accomplis dans la personne et la vie du Sauveur. — Matthieu n'hésite pas à appliquer cette prophétie à Jésus-Christ, et en cela il est d'accord avec les meilleurs commentateurs juifs, avec tout le Nouveau Testament, qui nous montre dans le « serviteur de l'Eternel » (Esa. 40-66) le Messie promis à Israël, enfin et surtout avec le Sauveur lui-même, qui a sanctionné de son autorité divine cette interprétation. (Par exemple Luc 4 : 21.) D'autres applications de notre passage, par exemple au prophète lui-même ou au peuple d'Israël, selon la traduction paraphrasée des Septante, n'ont donc aucun fondement. — Cette citation est faite très librement et de mémoire, en partie suivant l'hébreu, en partie suivant la version grecque des Septante, mais elle conserve bien la pensée générale du prophète. — Il est très remarquable que cette parole de Dieu parlant par la bouche du prophète : *Mon bien-aimé en qui je prends plaisir*, se retrouve littéralement dans les deux témoignages solennels rendus au Sauveur. (3 : 17 ; 17 : 5.) — Quant à l'*Esprit* de Dieu répandu sans mesure sur le Sauveur, voir Esa. 11 : 2 ; 61 : 1 ; Math. 3 : 16. — Le *jugement* que le Messie devait annoncer *aux nations, faire triompher* (gr. *faire sortir en victoire*), c'est la révélation de la justice de Dieu (Rom. 1 : 17), qui a lieu dans la conscience humaine

B. 22-37. Discours de Jésus pour sa défense. Le blasphème contre le Saint-Esprit. — 1° *Occasion de l'accusation des pharisiens.* Jésus guérit un démoniaque aveugle et muet. A cette vue, la foule se demande s'il ne serait point le Messie. Mais des pharisiens déclarent qu'il ne chasse les démons que par le prince des démons. (22-24.) — 2° *Jésus réfute cette accusation* : *a*) elle est *absurde*, car tout pouvoir divisé contre lui-même périt, Satan serait donc proche de sa fin ; *b*) elle est *injuste*, puisqu'ils n'ont garde d'attribuer à une telle cause les exorcismes de leurs disciples ; *c*) ils doivent donc reconnaître qu'il opère ses guérisons *par l'Esprit de Dieu* et en tirer la conclusion que le *royaume de Dieu* est *venu* jusqu'à eux, que l'homme fort, Satan, a été vaincu, puisque sa maison est mise au pillage. Jésus constate que, n'étant pas avec lui, ils sont contre lui. (25-30.) — 3° Jésus *dénonce les conséquences* de leur attitude : elle les entraîne au seul péché irrémissible. (31-32.). — 4° Il montre que *cette sévère condamnation est juste*, car la parole blasphématoire est la révélation d'un cœur entièrement corrompu. Tel fruit, tel arbre. L'homme produit au dehors ce qu'il a dans le trésor intérieur ; c'est pourquoi il rendra compte de chaque parole proférée. (33-37.)

22 Alors lui fut amené un démoniaque aveugle et muet ; et il le guérit ; de sorte que l'aveugle et muet parlait et voyait [1]. — Et toute la 23 foule fut stupéfaite, et elle disait : Celui-ci serait-il le fils de David [2] ? — Mais les pharisiens, entendant cela, dirent : Celui-ci ne chasse les 24 démons que par Béelzébul, le prince des démons [3]. — Mais Jésus con- 25 naissant leurs pensées, leur dit : Tout royaume divisé contre lui-même est réduit en désert, et toute ville ou toute maison divisée contre elle-même ne subsistera pas. — Et si Satan chasse Satan, il 26 est divisé contre lui-même. Comment donc son royaume subsistera-t-il [4] ? — Et si c'est par Béelzébul que moi je chasse les démons, vos 27

par la prédication de la vérité et de la grâce, et qui se consommera au dernier jour, comme une victoire éternelle du règne de Dieu. — Un *roseau froissé*, un *lumignon qui fume* au lieu de jeter une flamme vive, c'est l'image de ces pauvres en esprit (5 : 3), de ces âmes fatiguées et chargées (11 : 28) que le Sauveur ne *brise* point par la sévérité, mais qu'il relève, vivifie et sauve par son amour.

1. Gr. *et parlait et voyait*. Expression significative du double effet du miracle. Luc (11 : 14) place la discussion avec les pharisiens à la suite de la guérison d'un démoniaque muet. Cette guérison paraît identique avec celle que raconte Matthieu au chap. 9 : 34 et qui avait déjà donné lieu à la même accusation. Marc (3 : 22) rapporte l'accusation des pharisiens et le discours de Jésus sans parler de la guérison. Voir sur les *démoniaques* Math. 8 : 28, note.

2. Le Messie. Cette question était pour plusieurs le premier cri de la foi naissante. Au sein de cette foule dont l'enthousiasme est surexcité, elle pouvait être le point de départ d'un mouvement important. Aussi les ennemis du Sauveur se hâtent-ils de l'étouffer. (v. 24.) Cette question, en effet, trahit de l'indécision et ne renferme pas une négation. Son sens est : « Celui-ci serait-il le fils de David ? Son attitude précédente ne révélait aucunement en lui le Messie ; mais ces guérisons qu'il opère ne seraient-elles pas des signes de sa mission divine ? »

3. Comp. 9 : 34, et, sur ce nom de *Béelzébul*, 10 : 25, note. Ces hommes n'essaient pas même de nier la réalité du miracle ; mais, plutôt que d'y reconnaître la puissance divine du Sauveur, ils l'attribuent *au prince des démons*. Un des caractères de l'incrédulité, c'est de haïr la vérité.

4. Les trois exemples cités par Jésus : un *royaume*, une *ville*, une *maison*, qui se détruiraient par leurs divisions intestines, renferment un principe incontestable, sans cesse confirmé par l'expérience. Ce principe posé, Jésus l'applique au cas actuel : *Si Satan chasse Satan*, son

fils, par qui les chassent-ils¹? C'est pourquoi ils seront eux-mêmes
28 vos juges². — Mais si c'est par l'Esprit de Dieu que moi je chasse
les démons, le royaume de Dieu est donc parvenu jusqu'à vous³. —
29 Ou comment quelqu'un peut-il entrer dans la maison de l'homme
fort et piller son bien, s'il n'a auparavant lié l'homme fort ; et alors
30 il pillera sa maison⁴? — Celui qui n'est pas avec moi est contre
31 moi, et celui qui n'assemble pas avec moi disperse⁵. — C'est pour-

royaume ne saurait *subsister*. — Les pharisiens, par leur accusation (v. 24), admettaient que les démons chassés par Jésus appartenaient à un royaume des ténèbres dont Satan était le prince ; et Jésus, loin de le nier, le confirme par sa réponse. L'on ne saurait voir là une accommodation à des idées fausses et superstitieuses, qu'il aurait positivement confirmées, au lieu de les dissiper par la vérité.

1. Ceci est un autre argument contre l'accusation des pharisiens. Il ne faut entendre par *vos fils* ni les apôtres de Jésus, comme le font plusieurs Pères de l'Église (car ce ne serait point là un argument contre les pharisiens), ni les propres fils de ces derniers ; mais bien leurs disciples, dans le sens où l'Ancien Testament parle de « fils des prophètes, » ou, dans un sens plus indéterminé (car il n'est pas prouvé que les pharisiens eussent des écoles où se formaient des exorcistes), « des hommes de votre sorte, animés de votre esprit. » Il y avait au sein du judaïsme de ce temps beaucoup d'hommes qui faisaient métier d'exorciser les démoniaques et de guérir par la magie. Cela est connu par le Nouveau Testament (Luc 9 : 49 ; Act. 19 : 13), par les Pères de l'Église, et particulièrement par les écrits de l'historien Josèphe. (*Antiq.* VIII, 2, 5 ; *Guerre des Juifs*, VII, 6, 3. Voir dans le *Commentaire* de M. Godet sur Luc, 3ᵉ édit., II, p. 92, le récit, traduit de Josèphe, d'une de ces opérations d'exorcistes.) Jésus ne porte ici aucun jugement sur ce qu'il pouvait y avoir de vrai ou de faux dans les pratiques de ces exorcistes juifs ; mais il conclut avec toute raison à l'injustice de l'accusation portée contre lui par les pharisiens qui approuvaient de tels actes chez leurs disciples, sans songer à les attribuer au démon. Argument *ad hominem*.

2. Au jour du jugement, où ils témoigneront contre votre injustice. (Comp. v. 41, 42.)

3. Conclusion évidente (*donc*) ! Détruire le *royaume de Satan* (v. 26), en délivrer les malheureux qui y gémissaient, c'est l'œuvre du Messie, et le *royaume de Dieu* (quelle antithèse !) est *parvenu à vous* (gr. *vous a prévenus, est arrivé sur vous.* Comp. 1 Thes. 2 : 16, où se trouve le même verbe.) Il y a dans cette dernière expression un avertissement sérieux : le royaume de Dieu les atteindra comme un jugement s'ils persistent à méconnaître le Messie. — Un autre contraste frappant et finement exprimé, se trouve entre l'accusation des pharisiens et ces mots : *si c'est par l'Esprit de Dieu....*

4. Jésus passe à un troisième argument par cette particule *ou ;* où bien, si vous ne croyez pas que c'est par l'Esprit de Dieu que j'agis, *comment* expliquerez-vous ma puissance sur le prince des ténèbres? Cette pensée exprimée par l'image qui suit, et qui est peut-être empruntée à Esa. 49 : 24 et suiv., va fournir encore une preuve sans réplique. L'*homme fort*, c'est Satan ; comment Jésus pourrait-il lui arracher ses captifs, si d'abord il ne l'avait *lié*, vaincu ? Les interprètes modernes voient dans ces paroles une allusion à l'histoire de la tentation (Math. 4), où le Sauveur remporta sur Satan une première victoire qui fut le point de départ de toutes les autres. Cette allusion est possible, mais elle n'est pas évidente.

5. C'est là une expression proverbiale dont le sens est clair en soi. Le Sauveur paraissant au milieu des hommes avec l'autorité de Dieu même, il faut qu'ils se décident et qu'ils soient pour lui, ou contre lui : il n'y a point là de place pour une neutralité qui ne serait qu'une coupable indifférence. C'est pourquoi *quiconque n'assemble pas avec lui disperse*. Ces termes figurés sont empruntés aux travaux de la moisson ; assembler, c'est *recueillir*. (Comp. 3 : 12 ; 6 : 26 ; Jean 4 : 36, où se retrouve le même verbe). M. Godet préfère y voir l'image du berger qui rassemble son troupeau. (Jean 10 : 13-16 ; 11 : 52.) Ce que les adversaires dispersaient au lieu d'assembler, c'étaient les âmes que Jésus ramenait à Dieu pour les sauver. — Mais, s'est-on demandé, à qui est-ce que Jésus applique ces paroles

ÉVANGILE SELON MATTHIEU

quoi je vous dis : Tout péché et tout blasphème sera pardonné aux hommes ; mais le blasphème contre l'Esprit ne sera point pardonné aux hommes. — Et si quelqu'un dit une parole contre le fils de 32 l'homme, il lui sera pardonné ; mais si quelqu'un parle contre l'Esprit-Saint, il ne lui sera point pardonné ni dans ce siècle, ni dans celui qui est à venir [1]. — Ou faites l'arbre bon et son fruit bon ; ou 33

d'après l'ensemble de son discours ? Les interprètes ont fait à cette question diverses réponses. Les uns pensent que Jésus veut engager ses auditeurs à s'unir à lui dans la lutte contre Satan, en leur déclarant qu'en présence de cette lutte ils ne peuvent demeurer neutres. D'autres croient que Jésus a en vue les exorcistes juifs (v. 27), qui faisaient une œuvre opposée à la sienne, aussi longtemps qu'ils ne s'étaient pas unis à lui. D'autres enfin appliquent sa sentence aux pharisiens. (v. 24.) Cette opinion est la plus conforme au contexte. C'est à ses adversaires, en effet, c'est à leur accusation blasphématoire que Jésus répond dans tout ce discours ; c'est à eux qu'il s'adresse directement dans les paroles qui suivent : *C'est pourquoi je vous dis.* Et en constatant qu'ils étaient *contre lui,* il rompt ouvertement avec eux et sépare sa cause de la leur. Tel était, quant à eux, le résultat de son ministère en Galilée, tel il sera encore en Judée. (21 : 43 et ailleurs.) Mais du reste cette sentence sévère reste vraie en tout temps et en tous lieux, dans son application à tous les adversaires du Sauveur et de son œuvre.

1. Ce redoutable jugement commence par une des plus consolantes révélations de la miséricorde de Dieu. Sous l'économie de l'Évangile, qui est celle de la grâce, *tout péché,* et même le *blasphème,* qui est la forme la plus coupable du péché, parce qu'il procède directement de la haine contre Dieu, peut être *pardonné.* Evidemment ce pardon suppose en l'homme la repentance et la foi au Sauveur, qui seules le rendent moralement possible. Quelle est donc la différence que Jésus établit entre le blasphème contre lui, *le fils de l'homme,* et le blasphème contre *l'Esprit-Saint,* qui *ne sera point pardonné ?* Cette différence tient essentiellement au degré de connaissance que l'homme a des choses divines, selon que Dieu s'est manifesté à lui plus ou moins directement et personnellement. Ainsi, dans le cas actuel, les pharisiens (v. 24, voir sur cette secte 3 : 7 note) avaient méconnu le Fils de Dieu sous sa forme de serviteur, parce qu'ils étaient incapables moralement de comprendre sa parole ; ils avaient blasphémé contre le fils de l'homme en prenant parti contre lui, en détournant les foules de le suivre et en cherchant les moyens de le faire périr, (9 : 3, 11 ; 12 : 2, 10, 14.) Ce péché, quelle qu'en fût la culpabilité, pouvait leur être pardonné, à cause de leur ignorance. (Luc 23 : 34.) Mais ici, comme dans la circonstance rapportée 9 : 32-34, ils vont plus loin dans leur endurcissement. En attribuant au démon des œuvres si évidemment accomplies par l'Esprit de Dieu (v. 28), ils péchaient contre leur propre conviction et contre une manifestation divine plus directe que la simple présence de Jésus. Le Sauveur n'affirme pas positivement qu'ils ont blasphémé l'Esprit-Saint et qu'il n'y a plus pour eux aucun espoir ; mais le principe absolu qu'il exprime doit les faire réfléchir et leur inspirer la crainte d'avoir atteint la dernière limite de la possibilité du salut. Qu'ils fassent un pas de plus, qu'ils résistent à un nouveau degré de lumière, de conviction intérieure produit par l'Esprit de Dieu dans leur conscience, et ils auront volontairement commis un suicide moral qui rend impossible toute action de Dieu sur leur âme. C'est là ce que l'apôtre Jean nomme « le péché à la mort » (1 Jean 5 : 16, 17), parce qu'il est déjà la mort. Ainsi, le pardon est rendu impossible non par une détermination de la volonté de Dieu, mais par le fait de la volonté et de l'endurcissement de l'homme. D'où il résulte, d'une part, que jamais aucun homme ne peut dire d'un autre qu'il a commis ce péché, ne connaissant pas son cœur ; et d'autre part, que toute conscience angoissée par la crainte de l'avoir commis, peut se rassurer par là même, parce que le caractère distinctif de cet état d'âme, c'est l'endurcissement et la résistance volontaire à l'Esprit de Dieu. — *Ce siècle,* c'est l'économie présente, s'étendant jusqu'au retour de Christ pour le jugement ; *celui qui est à venir,* c'est l'éternité après le jugement. Ni dans l'un, ni dans l'autre, c'est-à-dire *jamais ;* c'est le mot qui se trouve dans Marc (3 : 29). Luc, qui rapporte cet avertissement

faites l'arbre mauvais et son fruit mauvais, car au fruit on connaît
34 l'arbre ¹. — Race de vipères, comment pouvez-vous dire de bonnes
choses, étant mauvais ? Car de l'abondance du cœur la bouche
35 parle ². — L'homme bon tire les bonnes choses du bon trésor ; et
l'homme mauvais tire de mauvaises choses du mauvais trésor ³. —
36 Or je vous dis que toute parole oiseuse que les hommes auront pro-
37 noncée, ils en rendront compte au jour du jugement ; — car par tes
paroles tu seras justifié, et par tes paroles tu seras condamné ⁴.

C. 38-50. Discours de Jésus. (Suite.) Un signe demandé. L'endurcissement de la génération contemporaine. La famille de Jésus. — 1° *Le signe de Jonas.* Quelques scribes et pharisiens, en présence des sévères déclarations de Jésus, lui demandent un signe. Jésus répond qu'il ne sera donné d'autre signe à cette génération que celui de Jonas : comme le prophète séjourna dans le ventre du poisson, le fils de l'homme sera dans le sein de la terre trois jours et trois nuits. Les hommes de Ninive

dans des circonstances différentes (Luc 12 : 10), dit simplement : « Ne sera point pardonné. » — On a souvent conclu de cette dernière parole : *ni dans le siècle à venir,* qu'en général le pardon est encore possible au delà de la vie présente. C'est une question importante, que l'exégèse n'a pas à examiner ici.

1. Application nouvelle de l'image déjà employée 7 : 16-20 ; mais cette application n'est pas sans difficultés. 1° Le verbe *faites* n'est pas pris dans son sens ordinaire, dans lequel l'image ne serait pas naturelle. En effet, si l'on peut, par la greffe, *faire l'arbre bon,* et par là même *son fruit bon,* il n'est pas d'usage de *faire l'arbre mauvais.* Dès lors, la plupart des interprètes entendent le verbe *faire* dans ce sens qu'il a aussi en français : *représenter comme, supposer.* Le Sauveur veut dire : Soyez conséquents ; si vous admettez que le fruit est bon, admettez-le aussi de l'arbre, et l'inverse. 2° A qui Jésus applique-t-il ce principe ? A lui-même, répondent plusieurs interprètes, et ce serait là une réfutation de la fausse accusation des adversaires (v. 24) ; chasser les démons est une bonne œuvre, un bon fruit ; comment donc, moi qui le produis serais-je mauvais, animé par l'esprit de ténèbres ? N'est-ce pas *au fruit* qu'on *connaît l'arbre ?* Cette interprétation est en harmonie avec la pensée générale du discours qui est destiné à justifier Jésus de l'accusation portée contre lui. D'autres pensent que Jésus applique ces paroles aux pharisiens et à ceux qui parlent contre le Saint-Esprit. (v. 32.) Ils attirent sur eux la condamnation par leur seule parole ; mais ce jugement ne doit pas paraître trop sévère, car leur parole révèle l'état de leur cœur et de tout leur état moral. Ce sens est plus en harmonie avec le contexte immédiat. (v. 34, 36.)

2. Ces paroles (comp. 3 : 7) sont évidemment une application de celles qui précèdent. *Vous ne pouvez pas,* à moins d'un changement total de votre *cœur,* penser et *dire de bonnes choses,* pas plus que le mauvais arbre ne peut porter de bons fruits ; car la *parole,* comme la vie, n'est que la révélation de ce qui remplit *le cœur.* Là est la source du mal, là aussi doit avoir lieu la régénération.

3. Gr. *jette dehors* de bonnes choses, ou de mauvaises choses, comme si cela se faisait de soi-même, d'abondance. (v. 34.) — C'est là une autre image destinée à illustrer la pensée qui précède. Le *trésor* (mot qui signifie en grec : magasin, dépôt), c'est encore le cœur avec ses dispositions diverses, bien que les mots *de son cœur,* qu'ajoute le texte reçu, ne soient pas authentiques. Ils se trouvent dans Luc 6 : 45.

4. Encore ici le Seigneur fait allusion à la *parole* blasphématoire qu'ont prononcée ses adversaires. (v. 24.) Cette parole était pire que *oiseuse* ou inutile ; mais le Seigneur en fait d'autant mieux ressortir le caractère coupable, en employant un terme si modéré. En même temps, le contexte explique très bien ce qui pourrait paraître exagéré dans cette sentence. Les *paroles* d'un homme le *justifieront* ou le *condamneront* (au jour du jugement), parce qu'elles sont la manifestation de ce qui est dans son cœur et parce que les effets qu'elles peuvent avoir

et la reine du midi condamneront cette génération au jour du jugement, car il y a ici plus que Jonas et plus que Salomon. (38-42.) — 2° *Le démon expulsé qui revient avec sept autres.* Par cette parabole Jésus peint l'état moral de sa génération : son amendement passager et son endurcissement toujours plus profond. (43-45.) — 3° *La mère et les frères de Jésus.* Interrompu par sa mère et ses frères qui demandent à lui parler, Jésus étend sa main sur ses disciples et déclare que sa vraie famille, ce sont ceux qui font la volonté de son Père. (46-50.)

Alors quelques-uns des scribes et des pharisiens lui répondirent, 38 disant : Maître, nous voulons voir un signe de toi [1]. — Mais lui, ré- 39 pondant, leur dit : Une génération méchante et adultère recherche un signe ; mais il ne lui sera point donné de signe, si ce n'est le signe de Jonas le prophète [2]. — Car, comme Jonas fut dans le ventre 40 du grand poisson trois jours et trois nuits, ainsi le fils de l'homme sera dans le sein de la terre trois jours et trois nuits [3]. — Les hommes 41

(2 Tim. 2 : 17) en font vraiment des actes. Le jugement des actions, de la conduite générale, de la vie tout entière, dans ses manifestations extérieures, comme dans son principe secret, est donc impliqué dans ce jugement basé sur les paroles proférées.
1. Atteints par les sévères paroles de Jésus, *les pharisiens répondirent* en exigeant un *signe* comme preuve de sa mission divine. La guérison qu'il venait d'accomplir sous leurs yeux (v. 22) ne leur suffisait pas. Ne pouvant la nier, ils l'avaient attribuée au démon ; et ils demandent maintenant un signe particulier qui soit la confirmation éclatante de la déclaration de Jésus. (v. 28.) Les guérisons ne pouvaient à elles seules établir qu'il était le Messie ; il fallait une démonstration dans le genre de celle que Satan proposait au Sauveur. (4 : 5, 6.) Jésus la leur refuse parce que telle n'était pas la manière dont son règne devait venir. (v. 39.) — Dans une autre occasion (16 : 1), ils précisent l'objet de leur désir en lui demandant un signe venant *du ciel.* Luc (11 : 16, voir la note) paraît avoir réuni les deux faits en un même récit. (Comp. aussi Marc 8 : 11.)
2. Le mot *adultère* est pris dans un sens religieux et moral qu'il a souvent dans les Écritures. (Esa. 57 : 3, 4 ; Jacq. 4 : 4 ; Apoc. 2 : 20.) L'expression est fondée sur la belle image par laquelle l'union de Dieu avec son peuple est représentée comme un mariage. Ainsi quand le peuple devient infidèle, abandonne Dieu, il devient adultère. — Le *signe de Jonas* est connu par le livre de ce prophète. Les paroles qui suivent expliquent en quoi il consiste.

3. Gr. *dans le cœur de la terre.* Irénée, Tertullien et plusieurs des plus notables exégètes modernes, rapprochant cette expression de Ephésiens 4 : 9, y voient une allusion à la descente de Christ aux enfers (1 Pier. 3 : 19), au séjour des morts, qui serait situé au centre de la terre. Il est plus naturel d'y voir un hébraïsme qui désigne d'une manière figurée le tombeau. — Beaucoup d'interprètes se sont achoppés à cette expression *trois jours et trois nuits,* parce que Jésus n'est resté dans la tombe qu'un jour et deux nuits. M. Godet va jusqu'à dire que dans la teneur qu'elle a chez Matthieu cette parole peut être difficilement mise dans la bouche de Jésus. (*Commentaire sur Luc* 11 : 30.) Mais, à les prendre ainsi à la lettre, il faudrait douter de l'authenticité de paroles telles que Marc 8 : 31 ; Jean 2 : 19. (Comp. Math. 27 : 63.) De telles évaluations s'expliquent quand on considère que les Hébreux comptent comme un jour toute partie des vingt-quatre heures entrant dans l'espace de temps dont il s'agit. On peut aussi y voir la désignation proverbiale d'un court laps de temps. (Comp. Osée 6 : 2.) — D'après ce v. 40, le *signe de Jonas* est la mort et la résurrection de Jésus-Christ, préfigurées par le miracle de Jonas. Dans Luc 11 : 30, le Seigneur ne mentionne pas le séjour de Jonas *dans le ventre du grand poisson* et dit que « le fils de l'homme sera un signe pour sa génération *comme Jonas le fut pour les Ninivites,* » c'est-à-dire par sa *prédication.* Celle-ci est mentionnée aussi au v. 41 comme motif de la condamnation de cette génération. Plusieurs interprètes en ont conclu que le v. 40 est

158 ÉVANGILE SELON MATTHIEU CHAP. XII.

de Ninive se lèveront au jour du jugement avec cette génération, et la condamneront ; parce qu'ils se repentirent à la prédication de Jonas ;
42 et voici, il y a ici plus que Jonas. — La reine du midi se lèvera au jour du jugement avec cette génération, et la condamnera ; car elle vint des extrémités de la terre pour entendre la sagesse de Salomon ; et voici, il y a ici plus que Salomon [1].
43 Or, lorsque l'esprit impur est sorti de l'homme, il parcourt des
44 lieux arides, cherchant du repos, et il n'en trouve point [2]. — Alors il dit : Je retournerai dans ma maison, d'où je suis sorti ; et étant
45 venu, il la trouve vide, balayée et ornée [3]. — Alors il s'en va, et

une explication donnée par l'évangéliste, du *signe* dont il s'agit, tandis que le Seigneur lui-même n'aurait eu en vue que la *prédication* du prophète. Weiss objecte avec raison que cette interprétation n'a aucun fondement dans le texte de Matthieu, car 1° au v. 40, il s'agit d'un signe futur ; 2° le v. 41 qui n'est lié par aucune conjonction au v. 40 n'est pas destiné à donner l'explication du signe de Jonas ; il ouvre un nouvel ordre de pensées ; 3° la prédication de la repentance que Jésus fit entendre à sa génération, comme Jonas aux Ninivites, ne pouvait être le *signe* messianique demandé par les contemporains du Sauveur ; ce signe, ce miracle éclatant, destiné à proclamer qu'il était le Fils de Dieu, leur fut accordé par sa résurrection. Celle-ci est restée pour son peuple et pour l'Eglise tout entière le signe par excellence, le miracle suprême, fondement de la foi et pierre d'achoppement de l'incrédulité. (Voir la prédication apostolique dans le livre des Actes et dans toutes les épîtres.)

1. Ce verset indique la raison pour laquelle Jésus appelle cette génération « méchante et adultère. » Le nom de Jonas qu'il vient de prononcer a évoqué devant lui le souvenir des Ninivites repentants, qui forment un frappant contraste avec cette génération sourde à ses appels. — Le verbe ici traduit par *se lèveront, se lèvera* (gr. *se relèveront*, ou *se réveilleront*) est le même qui signifie aussi *ressusciter*, et rien n'empêche de traduire ainsi. C'est ce que fait M. Rilliet. En tout cas, il ne faut pas traduire : se lèveront *contre*, mais *avec ;* le terme de l'original exprimant la simultanéité de leur apparition en jugement avec *cette génération*, qui sera *condamnée* par le seul contraste que son incrédulité présentera avec la *repentance* de Ninive et la foi de la reine de Séba. — Sur la repentance des *hommes de Ninive*, voir Jon. 3 : 3 et suiv., et sur la *reine du Midi*,

[1] Rois 10 : 1 et suiv. ; [2] Chron. 9 : 1 et suiv. — *Il y a ici plus que Jonas, plus que Salomon.* (Comp. v. 6.) En s'exprimant ainsi, Jésus fait voir qu'il a clairement conscience de sa dignité surhumaine, car autrement il manquerait de modestie ; et en même temps, il rend plus accablant le parallèle qu'il établit entre *cette génération* et les Ninivites ou la reine du Midi.

2. Ces versets (43-45) renferment une parabole qui ramène la fin du discours à son commencement, méthode souvent suivie par Jésus. Il a guéri un malheureux dominé par la puissance des ténèbres. (v. 22.) Accusé par ses adversaires, il les a patiemment réfutés et les a rendus attentifs au terrible danger de blasphémer l'Esprit de Dieu. Interrogé par ceux qui lui demandaient un signe (v. 38), il signale dans sa réponse l'incrédulité, non de ses interlocuteurs seulement, mais de *cette génération* tout entière, c'est-à-dire du peuple juif (v. 41, 42), et c'est encore l'état moral de *cette génération* (v. 45) qu'il décrit par cette remarquable parabole. Le sujet lui en est fourni par le possédé qu'il a guéri et par le discours qu'il a prononcé, peut-être aussi par les fausses guérisons qu'opéraient les exorcistes du temps. (v. 27.) Mais sous l'image de ces esprits impurs, qui ne sont ici que les personnages d'un drame terrible, c'est l'état moral de son peuple que Jésus représente. Dans Luc (11 : 24 et suiv.), la parabole est appliquée plus spécialement aux adversaires de Jésus. — Les *lieux arides* sont le désert où, selon les images de l'Ancien Testament, habitent les bêtes féroces et les esprits méchants. (Esa. 13 : 21, 22 ; 34 : 14 ; Lév. 16 : 11, 21, 22 ; Apoc. 18 : 2.) — *Chercher du repos, et n'en point trouver !* tel est l'affreux état de tout esprit déchu de Dieu, pour qui il a été créé. (Esa. 57 : 20, 21.)

3. Toute prête pour le recevoir, l'invi-

prend avec lui sept autres esprits plus méchants que lui, et étant entrés, ils habitent là ; et la dernière condition de cet homme-là est pire que la première [1]. Il en sera de même aussi pour cette méchante génération [2]. Comme il parlait encore aux foules, voici sa mère et ses frères se tenaient dehors, cherchant à lui parler [3]. — Et quelqu'un lui dit : Voilà, ta mère et tes frères se tiennent dehors, cherchant à te parler [4]. — Mais lui, répondant, dit à celui qui lui parlait : Qui est ma mère, et qui sont mes frères ? — Et étendant sa main sur ses disciples, il dit : Voici ma mère et mes frères. — Car quiconque fera la volonté de mon Père qui est dans les cieux, celui-là est mon frère, et ma sœur, et ma mère [5].

46
47
48
49
50

tant à en reprendre possession, car c'est encore *sa maison*. Cette image ne représente donc pas le retour à un état sain ; car, dans ce cas, le démon aurait trouvé la maison fermée et gardée. Il n'a été que momentanément exclu et n'y a point été remplacé par un bon esprit.

1. Ce n'est point, comme on l'a dit, pour chercher du renfort que l'esprit méchant amène avec lui *sept autres esprits plus méchants* ; il n'éprouve aucune résistance. Ce trait de la parabole indique seulement le progrès du mal, une domination plus complète de la puissance des ténèbres. C'est ce que Jésus exprime clairement par cette *dernière condition pire que la première* (gr. *dernières choses pires que les premières*). C'est là l'explication de toute la parabole : d'abord *un* démon, ensuite *huit*. (Comp. 2 Pier. 2 : 20.)

2. Telle est l'application de tout cet enseignement. (v. 43, note.) Mais quelle époque de l'histoire de son peuple Jésus a-t-il en vue ? On a répondu : le temps où ce peuple avait été délivré du démon de l'idolâtrie par l'influence des prophètes et par l'exil, et où les sept démons d'un orgueilleux pharisaïsme s'emparèrent de lui pour détruire en lui toute aspiration à une justice supérieure et le rendre incapable de se repentir et de recevoir le salut que Dieu lui destinait. Mais Jésus parle de l'avenir : « Ainsi il en *sera*. » Il pense donc à une œuvre qui est en voie d'accomplissement. L'annonce du règne de Dieu par Jean-Baptiste, l'action puissante du Sauveur, « venu pour détruire les œuvres du diable, » tout cela n'a produit qu'une impression passagère sur *cette méchante génération* : elle va s'endurcir dans son incrédulité et elle périra. Tous les premiers symptômes de l'incurable maladie sont là. (v. 24, 31, 32.) — Si Jésus parlait de nos jours, il est évident qu'il ferait la même application à plus d'un peuple, à plus d'une église, à plus d'une âme !

3. Qui sont les *frères* de Jésus ? On sait à combien de controverses cette question a donné lieu, depuis les premiers siècles jusqu'à nos jours. Et pourtant, on peut affirmer qu'elle n'a été posée que dans un intérêt dogmatique et depuis qu'on eut commencé à rendre des honneurs idolâtres à la mère de Jésus, pour laquelle il s'agissait dès lors de revendiquer une virginité perpétuelle. Plusieurs des Pères de l'Eglise, puis tous les catholiques, et plus d'un théologien protestant, ont imaginé de faire de ces frères du Seigneur, soit des enfants de Joseph par un premier mariage, soit des fils de la sœur de Marie, c'est-à-dire des cousins de Jésus. Cette supposition se heurte au fait que partout dans les évangiles ces frères de Jésus sont nommés, comme ici, avec sa *mère*. (Luc 8 : 19 ; Jean 2 : 12 ; Act. 1 : 14.) Marc 3 : 31, 32, selon le vrai texte, mentionne ses *sœurs*. Les frères de Jésus sont enfin désignés par la voix publique comme enfants de Joseph et Marie. (Math. 13 : 55, 56.) Tout porte donc à croire qu'il s'agit de vrais frères de Jésus, et c'est ainsi que se justifie le titre de *premier-né* qui lui est donné. (1 : 25, note ; Luc 2 : 7.)

4. Le v. 47 manque dans *Sin.*, B, et quelques autres. Plusieurs critiques le retranchent du texte.

5. Ces premiers mots de la réponse de Jésus (v. 48) pourraient paraître durs, au premier abord. Mais ils se comprennent parfaitement par un trait du récit de Marc. (3 : 21.) Au moment où Jésus allait pro-

noncer le long discours qui précède, ces membres de sa famille, le voyant s'exposer par son zèle à la dangereuse opposition des adversaires, voulurent le retenir, l'arrêter, et ils disaient : « Il est hors de lui-même. » Puis, pendant qu'il parlait encore (v. 46 ; Marc 3 : 31), ils insistèrent de nouveau par des motifs peut-être bienveillants, mais tout charnels ; car « ses frères ne croyaient pas en lui » (Jean 7 : 5), et sa mère pouvait céder à un mouvement de fausse tendresse. Comment donc Jésus n'aurait-il pas subordonné entièrement cette parenté selon la chair à la communion sainte et éternelle qui s'établissait alors entre lui et *ses disciples ?* Non seulement il le fait lui-même, mais il exige de ceux qui veulent lui appartenir qu'ils agissent dans le même esprit. (10 : 37.) La vraie famille de Dieu, dont il est le Frère aîné, se compose de ceux qui *font la volonté de son Père.* Du reste, on sait assez que Jésus a lui-même sanctifié les liens de la famille (Luc 2 : 51) et témoigné à sa mère le plus tendre amour. (Jean 19 : 25 et suiv.) Et ici même, quel amour il révèle à ceux qu'il veut bien appeler du nom de *frères* et de *sœurs !*

III. LA RETRAITE DU MESSIE.

1. *Les paraboles du royaume des cieux.*

A. 1-23. LA FONDATION DU ROYAUME. LA PARABOLE DU SEMEUR ET SON EXPLICATION. — 1º *L'occasion.* Jésus étant sur le bord de la mer, pressé par la foule avide de l'entendre, monte sur une barque, s'y assied, tandis que le peuple est debout sur le rivage, et il enseigne par des paraboles. (1-3.) — 2º Le *semeur* répandant sa semence, une partie tombe sur le *chemin*, où elle est enlevée par les oiseaux ; sur des *endroits rocailleux*, où elle lève aussitôt, mais est brûlée par l'ardeur du soleil ; parmi les *épines*, où elle est étouffée ; enfin dans la *bonne terre*, et elle y produit un fruit abondant. (4-9.) — 3º *Raison de l'enseignement en parabole.* Alors les disciples demandent à Jésus pourquoi il enseigne par des paraboles. A quoi il répond : C'est parce qu'il n'a pas été donné à la foule de comprendre les mystères du royaume des cieux ; et c'est ainsi que s'accomplit en eux la prophétie d'Esaïe concernant l'inintelligence et l'endurcissement de leur cœur. Mais vous, vous êtes heureux de voir et d'entendre ce que tant de prophètes et de justes ont si longtemps désiré d'entendre et de voir. (10-17.) — 4º *Explication de la parabole.* La semence, c'est la Parole divine, que le malin enlève du cœur de ceux qui ne la comprennent pas ; c'est là le *chemin.* Les *endroits rocailleux* représentent l'homme qui entend la Parole et la reçoit aussitôt avec joie, mais qui, dès les premières difficultés, retombe. Les *épines*, ce sont les soucis du monde, les séductions des richesses, qui étouffent la Parole et la rendent infructueuse. La *bonne terre* enfin, ce sont ceux qui entendent la Parole, qui la comprennent et produisent du fruit dans des proportions diverses. (18-23.)

XIII Ce jour-là, Jésus étant sorti de la maison, s'assit au bord de la
2 mer [1]. — Et de grandes foules s'assemblèrent auprès de lui, de sorte que, montant dans la barque, il s'y assit ; et toute la foule se

---

1. Comp. Marc 4 : 1-20 ; Luc 8 : 1-15. — *Ce jour-là* était celui où Jésus avait prononcé les discours rapportés au chapitre précédent, et où il avait été interrompu par la visite de sa famille. (12 : 46.) Tel est aussi l'ordre du récit de Marc. (Marc 3 : 31 ; comp. 4 : 1 et suiv.) Luc place ces faits dans une autre suite, et rapporte la parabole du semeur sans indiquer le temps et le lieu où elle fut prononcée. — *La maison* d'où il sortit est celle où il était quand ses parents vinrent à lui. (12 : 46.)

CHAP. XIII.   ÉVANGILE SELON MATTHIEU   161

tenait sur le rivage [1]. — Et il leur parla en paraboles [2] sur beaucoup 3 de choses [3], disant : Voici, le semeur sortit pour semer ; — et comme 4 il semait, une partie tomba le long du chemin, et les oiseaux vinrent

1. Quelle scène et quel culte ! Pour cathédrale, la voûte étincelante d'un ciel d'Orient ; pour auditoire, ces *grandes foules, debout*, couvrant au loin *le rivage ;* une *barque* de pêcheur sert de chaire ; le prédicateur c'est Jésus ! — Les manuscrits varient entre *la* barque et *une* barque. S'il faut conserver l'article, cela signifierait une barque connue, peut-être appartenant à l'un des disciples.

2. Ou *par des paraboles*. Le mot grec *parabole* désigne l'action de *mettre à côté l'un de l'autre* deux objets dans le but de les *comparer*. L'un de ces objets, c'est le récit fictif d'un événement emprunté à la vie ordinaire ou à la nature, et qui n'a d'autre but que de présenter à l'esprit une vérité religieuse ou morale qui est comparée, assimilée à cet événement. De là le mot *similitude* qu'affectionnent nos anciennes versions. « La parabole a deux parties, le corps et l'âme : le corps est le récit de l'histoire qu'on a imaginée, et l'âme, le sens moral ou mystique caché sous les paroles ou le récit. » *Littré.* Il faut remarquer toutefois que dans le Nouveau Testament le mot de paraboles ne s'applique pas seulement à ces récits allégoriques prolongés qu'employait si souvent le Sauveur, mais aussi à toute comparaison ou image destinée à illustrer la pensée. (Ainsi Math. 15 : 15 ; 24 : 32 ; Marc 3 : 23 et suiv. ; Luc 4 : 23 ; etc.) Il est important de remarquer encore la différence notable qu'il y a entre la parabole et un autre genre analogue d'enseignement, la fable. Dans celle-ci le récit fictif n'est pas nécessairement emprunté au domaine du possible et du vrai ; elle fait penser et parler les animaux, les plantes, etc. Jamais Jésus ne se permet rien de pareil dans ses paraboles. Tout dans son récit est tellement naturel et vrai, que souvent on se demande si c'est un fait réel ou une fiction. Ainsi, le semeur, le bon Samaritain, l'enfant prodigue, etc. Et ces histoires sont, au point de vue de la forme, d'une telle beauté, d'une si grande perfection, qu'on s'arrêterait beaucoup plus à les admirer à cet égard, si les imposantes vérités religieuses qu'elles renferment ne s'emparaient de toute notre attention. Au fond, la parabole du Nouveau Testament est une création de Jésus-Christ. Ni les mythes des anciens, ni la fable qu'on lit au chap. 9 du livre des Juges, ni les *maschals* du prophète Ezéchiel (Ezéch. 17 : 2 ; 24 : 3) n'en pouvaient donner l'idée.

3. Gr. *Il leur dit beaucoup de choses.* Ceux qui nient la vraisemblance historique d'un long discours composé d'une série de paraboles, et qui attribuent à Matthieu ce recueil de similitudes prononcées par Jésus en divers temps, ne peuvent voir dans ces paroles d'introduction, comme dans celles qui servent de conclusion au récit (v. 53), qu'une invention de l'évangéliste ; de même, la mise en scène qui se trouve aux v. 1 et 2, ne serait qu'un cadre fictif donné à ce grand tableau. A cette opinion on peut opposer les remarques qui suivent : 1º Matthieu ne prétend nullement rapporter un discours soutenu, composé de sept paraboles et de l'explication de deux d'entre elles. Il marque lui-même, dès le v. 10, une première interruption provoquée par une question des disciples et la réponse de Jésus ; il en marque une seconde, par une réflexion sur ce genre d'enseignement (v. 34), et enfin une troisième, par changement complet de lieu et de temps (v. 36), alors que Jésus n'avait encore prononcé que *deux* paraboles, sans doute avec des développements et des applications sérieuses à son grand auditoire. 2º Il est très possible, probable même, que Matthieu, selon sa méthode de grouper les enseignements et les faits homogènes, ait volontairement consigné ici telles paraboles de moindre étendue que Jésus avait prononcées ailleurs, et auxquelles Luc assigne une autre place. (Luc 13 : 18-21.) 3º Que Jésus ait fait, au bord de la mer, un discours prolongé dans lequel, à plusieurs reprises, sa parole revêtit la forme de la parabole, c'est ce que témoigne positivement le récit de Marc. (4 : 1, 2.) Cet évangéliste rapporte quelques-unes de ces paraboles, une même, que Matthieu n'a pas, puis il ajoute (v. 33) : « Et par *beaucoup de paraboles semblables*, il leur annonçait la parole. » 4º On peut faire observer avec Meyer que « l'assemblage de ces sept paraboles présente aussi peu d'invraisemblance historique que le sermon sur la montagne ; cette prédication en paraboles est le prolongement de ce dernier, comme l'édifice s'élève sur le fondement. »

5 et la mangèrent toute[1]. — Une autre tomba sur des endroits rocailleux, où elle n'avait pas beaucoup de terre, et aussitôt elle leva,
6 parce qu'elle n'avait pas une terre profonde. — Mais le soleil s'étant levé, elle fut brûlée, et parce qu'elle n'avait pas de racine, elle sécha[2].
7 — Une autre tomba parmi les épines, et les épines montèrent et
8 l'étouffèrent[3]. — Et une autre tomba dans la bonne terre, et donna du fruit ; un grain cent, un autre soixante, et un autre trente[4]. —
9 Que celui qui a des oreilles, entende[5] !
10 Et les disciples s'étant approchés, lui dirent : Pourquoi leur parles-
11 tu en paraboles[6] ? — Et, répondant, il leur dit : Parce qu'il vous a été donné de connaître les mystères du royaume des cieux ; mais à
12 eux, cela ne leur a pas été donné[7]. — Car à celui qui a, il sera

---

1. Jésus dira lui-même (v. 19) ce qu'il entend par ces *oiseaux*. Ici, nous nous en tenons exclusivement à la lettre du récit. *Le semeur* (gr. *le semant* ou *celui qui sème*) n'a pas l'intention de jeter aucune partie de sa semence sur un *chemin* ; mais comme ce chemin longe son champ, et qu'il sème abondamment, vivement, plus d'un grain tombe *le long* du chemin (gr. *auprès du chemin*, sur le bord). Ces grains n'étant pas recouverts par la terre sont mangés par les oiseaux.

2. Ces *endroits rocailleux* ne sont pas une partie du champ couverte de pierres, qu'on aurait pu ôter ; mais bien, comme on peut le voir dans toutes les contrées montagneuses et arides, des endroits où une légère couche de terre recouvre le roc. Là, la semence peut lever, elle *leva* même *aussitôt*, poussa en dehors, précisément parce qu'elle ne pouvait pas enfoncer ses racines dans *une terre profonde*. Mais aux premières ardeurs du soleil du printemps, *elle fut brûlée*, desséchée, parce qu'elle *n'avait pas de racines* qui pussent la nourrir des sucs de la terre. Luc dit : « pas d'*humidité*. »

3. Pourquoi *des épines* dans un champ ensemencé ? C'est que si, d'un côté, le champ est bordé par un chemin (v. 4), l'est, de l'autre, par une haie vive. Les grains de la semence tombent aux abords de la haie, *parmi* (gr. *sur*) les épines, au moment où elles germent encore dans la terre. La semence lève, mais les épines *montent* avec plus de vigueur encore et *l'étouffent*. Ici, la plante du blé ne périt pas, elle subsiste, mais elle est trop épuisée pour produire des épis fertiles. (Comp. v. 22, note.)

4. *La bonne terre* est une terre rendue fertile par la culture, l'engrais, etc. — Cette grande productivité, s'élevant jusqu'à *cent* pour *un*, était très ordinaire dans les pays de l'Orient. (Comp. Gen. 26 : 12.) — Pour le sens religieux de cette parabole, voir v. 18 et suiv.

5. Comp. 11 : 15, note. — Le texte reçu ajoute les mots *pour entendre*, retranchés d'après les meilleures autorités.

6. D'après Marc et Luc, les disciples auraient demandé simplement l'explication de la parabole. Mais ils firent certainement aussi la question que Matthieu leur attribue, comme le prouve la réponse immédiate de Jésus. (v. 11.) L'autre demande, loin d'être exclue, est au contraire supposée par notre évangile, puisque l'explication désirée suit bientôt après. (v. 18.) — Cet entretien entre Jésus et les disciples eut-il lieu aussitôt après l'énoncé de la parabole, sur la barque même (v. 2.), interrompant ainsi l'enseignement de Jésus aux foules, comme le récit de Matthieu le ferait supposer, ou bien après le discours, quand Jésus fut seul avec les disciples, comme le rapporte Marc (4 : 10) ? La place que ce dernier lui assigne paraît plus naturelle.

7. *Donné* ou *pas donné* par Dieu, qui seul ouvre, par son Esprit, l'intelligence et le cœur, et qui est souverain dans la dispensation de ses dons. C'est à la volonté de Dieu que Jésus en appelle ; c'est dans le décret insondable de la sagesse divine qu'il montre la raison dernière pour laquelle les mystères du royaume des cieux sont révélés aux uns, cachés aux autres. Mais les paroles d'Esaïe qui suivent (v. 15) prouvent que, soit dans la possession, soit dans la privation de la lumière divine, l'action et la responsabilité de l'homme ont leur part. Ce qu'il s'agit de *connaître*, d'une manière vi-

ÉVANGILE SELON MATTHIEU 163

donné, et il aura en abondance ; mais pour celui qui n'a pas, cela même qu'il a lui sera ôté[1]. — C'est pourquoi je leur parle en paraboles : parce qu'en voyant ils ne voient point, et qu'en entendant ils n'entendent ni ne comprennent[2]. — Et pour eux s'accomplit la prophétie d'Esaïe, qui dit : « Vous entendrez de vos oreilles, et vous ne comprendrez point ; et en regardant, vous regarderez, et vous ne

vante, expérimentale, ce sont *les mystères du royaume des cieux*, c'est-à-dire les vérités divines de ce royaume, qui restent *mystères* tant qu'elles ne sont pas révélées à l'homme par la Parole et l'Esprit de Dieu. D'après le contexte cette expression désigne peut-être d'une manière plus spéciale les desseins de Dieu pour le salut des hommes, le plan divin suivant lequel le royaume doit s'établir, les conditions de son développement, que Jésus indique précisément dans les paraboles de ce chapitre. (Comp. Rom. 16 : 25 ; 1 Cor. 4 : 1 ; Éph. 3 : 3 et suiv., notes.) Or c'est là ce qui *a été donné* aux disciples déjà alors dans une certaine mesure, et qui leur sera donné beaucoup plus encore par l'Esprit de la Pentecôte, en sorte que Jésus peut leur parler sans paraboles. Mais pour d'autres, il doit employer cette forme d'enseignement, et il en dit la raison aux v. 13 et suiv.

1. Avant d'énoncer directement (v. 13) la raison pour laquelle il parle en paraboles, Jésus la fait pressentir en citant un proverbe qui exprime ce que l'on constate souvent dans les affaires ordinaires de la vie : celui qui est riche le devient toujours plus, et l'inverse. Cela est dans la nature des choses. Et cela n'est pas moins vrai dans le domaine de la vie religieuse. Le développement moral de l'homme obéit à une double loi, selon que l'Esprit ou la chair dominent. Dans le premier cas, *il a*, et il reçoit toujours davantage, et il *abonde* : dans le second, il perd nécessairement *même ce qu'il a*, c'est-à-dire ce qui lui restait encore de vie religieuse et morale. Luc (8 : 18) dit : *ce qu'il croit avoir*. Cela *lui est ôté*, et par la force des choses, et par un jugement de Dieu. Jésus montre l'application du même principe, dans la parabole des talents (Math. 25 : 29), qui nous en fait très bien saisir le sens.

2. *C'est pourquoi*, en raison du fait affirmé v. 11, et conformément au principe énoncé v. 12, Jésus leur parle en paraboles, leur présente « les mystères du royaume des cieux » (v. 11) sous ce voile à demi transparent, *parce que* (cette conjonction introduit un motif qui explique et justifie celui qu'indique le *c'est pourquoi*), alors même que la vérité s'offre à eux (*voyant, entendant*), ils ne *voient*, n'*entendent*, ni ne *comprennent*. Leur réceptivité est en défaut. Ils ne veulent pas voir ; aussi attirent-ils sur eux un jugement. Ce jugement n'est pas définitif sans doute ; il a pour but de les épargner et d'empêcher que leur culpabilité ne devienne plus grande ; mais il les exclut du nombre de ceux qui ont part les premiers au royaume et en deviennent les fondateurs. La parabole, en effet, est destinée à opérer un triage dans la masse indécise ; les simples curieux, les irrésolus, les cœurs impénitents n'emportent qu'un récit gracieux dont le sens leur échappe. Mais ceux qui ont soif de la vérité la découvrent sous le voile de la parabole (v. 11. 12), témoins ces disciples qui, n'ayant pas eux-mêmes tout compris, demandent des explications. (v. 36 ; Marc 4 : 10.) Cette dispensation divine envers les hommes, selon leurs dispositions diverses, est donc pleine de sagesse et de miséricorde. « Ainsi, voulant paraître à découvert à ceux qui le cherchent de tout leur cœur, et caché à ceux qui le fuient de tout leur cœur, il tempère sa connaissance, en sorte qu'il a donné des marques de soi visibles à ceux qui le cherchent, et obscures à ceux qui ne le cherchent pas. Il y a assez de lumière pour ceux qui ne désirent que de voir, et assez d'obscurité pour ceux qui ont une disposition contraire. » *Pascal*. — Cette règle, qui est une loi générale du royaume de Dieu dans tous les temps, Jésus commence maintenant à l'appliquer à ses concitoyens. Dans les premiers mois de son ministère en Galilée, il leur a annoncé la vérité sans réticence. Ils ne l'ont pas reçue. Dès ce moment ils attirent sur eux un jugement de Dieu. Le Sauveur se dérobe à eux tout d'abord en enveloppant son enseignement du voile de la parabole. Un peu plus tard il s'éloignera lui-même en se retirant dans d'autres contrées. C'est pourquoi nous considérons cette collection de paraboles (13 : 1-52) comme le

15 verrez point. — Car le cœur de ce peuple s'est engraissé ; et ils ont ouï dur de leurs oreilles, et ils ont fermé leurs yeux, de peur qu'ils ne voient des yeux, et qu'ils n'entendent des oreilles, et qu'ils ne comprennent du cœur, et qu'ils ne se convertissent, et que je ne les gué-
16 risse [1]. » — Mais pour vous, heureux sont vos yeux, parce qu'ils
17 voient, et vos oreilles, parce qu'elles entendent [2]. — Car en vérité je vous dis que beaucoup de prophètes et de justes ont désiré voir ce que vous voyez, et ne l'ont pas vu, et entendre ce que vous entendez, et ne l'ont pas entendu [3].

18, 19 Vous donc, écoutez la parabole du semeur [4]. — Quiconque entend la parole du royaume, et ne la comprend pas, le malin vient, et ravit ce qui a été semé dans son cœur ; c'est celui qui a reçu la se-
20 mence le long du chemin [5]. — Et celui qui a reçu la semence dans

---

premier chapitre de cette portion de l'histoire évangélique qui peut s'intituler : « la retraite du Messie. »

1. Esa. 6 : 9, 10, cité exactement d'après les Septante. Ce texte diffère de l'hébreu, qui a tous les verbes du v. 10 à l'impératif : *Engraisse* le cœur de ce peuple, *alourdis* ses oreilles, *enduis* ses yeux, de peur... » C'est-à-dire que le prophète doit exécuter, par sa prédication même, ce jugement de Dieu : l'endurcissement puni par un endurcissement plus grand. Dans le texte grec, cette action paraît attribuée au peuple lui-même : « son cœur *s'est engraissé.* » Telle est l'interprétation de Meyer et de M. Godet (dans Jean 12 : 40). B. Weiss, insistant sur le passif du verbe : *a été engraissé*, attribue cette action au décret divin. Quelque sens qu'on adopte, la cause première de cet endurcissement est bien la volonté rebelle du peuple, car le but de la prédication seul conforme à l'amour divin est de sauver, et Dieu n'endurcit que ceux qui se sont déjà endurcis. Mais tel est, sous cette réserve, l'effet de la parole de la grâce : « Odeur de vie, ou odeur de mort. » (2 Cor. 2 : 16.) — Quant aux expressions du texte, il faut remarquer d'abord que la cause de l'inintelligence et de l'aveuglement (v. 14) est placée dans le cœur (*car*, v. 15), qui est *engraissé* (sens de l'hébreu ; le grec signifie aussi *épaissi*), rendu insensible par la prospérité. Les effets de cette insensibilité sont exprimés par les images qui suivent : *l'ouïe dure* (gr. *lourde*), *les yeux* à demi *fermés*, comme dans la somnolence, ou lorsqu'on craint la lumière ; et tout cela *de peur qu'ils ne voient, n'entendent, ne comprennent, ne se convertissent*, et que *je* ne les *guérisse*. Il faut remarquer dans ce dernier verbe le changement de personne ; Dieu parle directement comme celui d'où procède toute guérison. Quelle gradation profonde dans l'ordre où ces organes sont énumérés ; et l'ordre inverse serait également vrai, car il y a action et réaction : d'abord le *cœur*, l'*ouïe*, les *yeux* ; puis les *yeux*, l'*ouïe*, le *cœur*. Tout part du cœur et tout y aboutit dans l'œuvre du salut ou de l'endurcissement.

2. Bien que ce soit une manière inusitée de s'exprimer, que de déclarer *heureux* les organes de la vue et de l'ouïe, au lieu de l'homme qui les possède, nous traduisons littéralement, afin de conserver le contraste voulu entre ces paroles et celles des v. 13-15.

3. Raison des paroles qui précèdent (*car*). Que de *justes*, que de *prophètes* de l'Ancien Testament n'ont soupiré après les temps de l'Evangile, qui n'étaient pas accomplis, selon les desseins de Dieu ! Quel motif de reconnaissance pour les disciples et pour nous !

4. *Vous donc* qui pouvez comprendre, *écoutez !* (v. 16.) Les disciples et d'autres auditeurs avaient demandé l'explication de cette parabole. (Marc 4 : 10.) Jésus avait de son côté exprimé son étonnement de ce qu'ils ne l'eussent pas comprise (Marc 4 : 13) ; et pourtant il la leur explique. Cette interprétation que Jésus a donnée d'un petit nombre de paraboles (v. 37 et suiv. ; v. 49) est pour nous d'un prix infini, car par là il nous a donné la clef de toutes les autres.

5. La *parole du royaume* (4 : 23 ; 24 : 14) ou, selon Luc, la *parole de Dieu*, et, d'après Marc, simplement *la parole*, telle

des endroits rocailleux, c'est celui qui entendant la parole, et la recevant aussitôt avec joie, — n'a cependant point de racine en lui-même, 21 mais n'est que pour un temps ; et lorsque l'affliction ou la persécution survient à cause de la parole, il y trouve aussitôt une occasion de chute [1]. — Et celui qui a reçu la semence parmi les épines, c'est 22 celui qui entend la parole ; mais les soucis du siècle et la séduction des richesses étouffent la parole ; et elle devient infructueuse [2]. — Et celui qui a reçu la semence dans la bonne terre, c'est celui qui 23 entend et comprend la parole, qui, par conséquent, porte du fruit, et un grain en produit cent, l'autre soixante, l'autre trente [3].

est la *semence* de la parabole. Il y a une analogie profonde entre l'image et la réalité. Dieu a voulu qu'il y eut en chaque grain de semence un principe de vie qui se développe avec une irrésistible puissance, dès que la semence se trouve dans des conditions favorables. Ainsi la parole du Dieu vivant renferme et produit la vie, une vie divine ; elle est créatrice. Mais, pour cela, il faut que la parole, comme la semence, tombe dans une terre bien préparée. Or ce sont précisément quatre espèces de terrain, représentant des dispositions morales diverses, qui forment les traits caractéristiques de la parabole. Et d'abord, le *chemin*. Là, le Seigneur avait dit, selon Luc, que la semence *fut foulée* par les passants. Dans son explication il ne relève pas ce trait, qui a pourtant évidemment un sens moral. La semence foulée par les passants, c'est la parole rendue infructueuse par les distractions et les pensées terrestres de cette classe d'auditeurs. En outre, sur ce sol durci et sans culture, la semence n'était point recouverte de terre et ne pouvait germer. L'auditeur ne *comprend pas* la parole ; explication propre à Matthieu et qui indique une seconde cause de stérilité, l'inintelligence et l'endurcissement du *cœur*, qui n'a pas été rendu attentif et n'a pas été amolli par une sérieuse repentance. Enfin il y a une troisième cause. L'image de ces *oiseaux* (v. 4), à laquelle nous aurions à peine songé à donner un sens spirituel, en a un très important : Jésus nous y montre l'action du *malin* (Marc dit *Satan,* Luc *le diable*) qui *ravit ce qui a été semé.* Cela lui est d'autant plus facile que la parole n'a point été comprise et que le *cœur* n'arrive point à la foi. (Rom. 10 : 10.) Il n'est pas nécessaire de voir là une action immédiate et magique du malin. Les moyens par lesquels il agit abondent, et dans l'homme même et en dehors, dans le monde. (Comp. sur cet enseignement v. 39, note.)
1. Ici, il y a progrès. Non seulement cet auditeur entend la parole, mais il en reçoit *aussitôt* des impressions qui le remplissent de *joie.* La parole divine est si puissante, la vérité si belle, l'Evangile si plein de charmes ! Mais ce sont là des impressions superficielles ; point de *racines* profondes *en lui-même,* c'est-à-dire dans la conscience par la repentance, dans le cœur par la foi ; tout cela est passager, *pour un temps.* Et comme le soleil brûle et dessèche la semence verdoyante (v. 6), il suffit de quelque *affliction* ou de quelque *persécution* qu'il faudrait endurer *à cause de la parole,* pour que ce caractère faible et léger (gr.) *se scandalise aussitôt,* c'est-à-dire y *trouve une occasion de chute.* Il *se retire,* dit Luc. Il faut remarquer comment ce dernier *aussitôt* correspond bien au premier. (v. 20.)
2. Sur ce troisième terrain, il y a progrès encore. (Comp. v. 7, note.) La parole *entendue* n'est ni enlevée ni reniée, comme dans les deux cas qui précèdent ; elle persiste ; mais d'autres forces, figurées par *les épines,* agissent avec elle et lui disputent le cœur de l'homme. Ces forces sont, d'une part, les *soucis du siècle,* c'est-à-dire de ce monde qui en est rempli, soit pour le pauvre, soit pour le riche ; d'autre part, la *séduction* qu'exerce la *richesse,* ici personnifiée, et qui *trompe* ses dupes en leur promettant le bonheur. (Comp. 6 : 19 ; 1 Tim. 6 : 9.) La *parole* est ainsi *étouffée* au dedans du cœur et ne peut produire ses *fruits* de régénération et de vie. Mais ce n'est qu'au jour de la moisson qu'apparaîtra cette triste stérilité. Jusque-là, que d'illusions possibles !
3. La *bonne terre* n'est ici caractérisée que par les résultats, comme les autres espèces de terrain qui précèdent. D'après Luc, Jésus l'aurait interprétée par *un*

B. 24-43. LE DÉVELOPPEMENT DU ROYAUME. PARABOLES DE L'IVRAIE, DU GRAIN DE SÉNEVÉ ET DU LEVAIN. — 1º *L'ivraie dans le champ.* Il arrive dans le royaume des cieux ce qui arriva à un homme qui avait semé de bonne semence dans son champ.; pendant la nuit, son ennemi vint et y répandit de l'ivraie, qui parut dès que l'herbe eut poussé. Ses serviteurs étonnés lui demandent d'où vient cette ivraie et lui offrent d'aller la cueillir. Mais il le leur défend, craignant qu'en cueillant l'ivraie, ils ne déracinent aussi le blé. Il ordonne de les laisser croître ensemble jusqu'à la moisson, et alors aura lieu le triage. (24-30.) — 2º *Le grain de sénevé* ou la puissance d'expansion du royaume. Les progrès du royaume des cieux sont semblables à la croissance d'un grain de sénevé semé dans un champ. Cette petite semence produit un arbre assez grand pour que les oiseaux du ciel viennent s'abriter dans ses branches. (31, 32.) — 3º *Le levain* ou la puissance de pénétration et de transformation du royaume. Jésus compare les progrès du règne de Dieu à du levain qu'une femme mêle à trois mesures de farine, et qui suffit pour faire lever toute la pâte. (33.) — 4º Jésus n'enseignait alors que par des paraboles, accomplissant ainsi la parole d'un prophète. (34, 35.) — 5º Quand Jésus eut quitté la foule et fut rentré dans la maison, ses disciples le prièrent de leur expliquer la parabole de l'ivraie. Il leur donne brièvement l'interprétation de chaque trait, puis il tire de là une redoutable prédiction de ce qui se passera au jour du jugement. (36-43.)

24 Il leur proposa une autre parabole, disant : Le royaume des cieux est semblable à un homme qui a semé de bonne semence dans son
25 champ¹. — Mais, pendant que les hommes dormaient, son ennemi
26 vint et sema de l'ivraie parmi le blé, et s'en alla². — Or quand

cœur honnête et bon, qui retient la parole et la rend fructueuse. Matthieu indique les mêmes effets par ces trois degrés : *entendre, comprendre, porter du fruit.* Ce dernier résultat montre assez que *comprendre* n'est pas une action purement intellectuelle, mais que, puisqu'il y a *du fruit* dans la vie morale, la parole a dû pénétrer dans la conscience, où elle produit la repentance, et dans le cœur, où elle crée l'amour. C'est ce qui est finement indiqué dans le texte original par une particule que nos versions ordinaires, même celle de Lausanne, ne traduisent pas du tout, mais que Rilliet n'a pas négligée. Celui qui entend et comprend comme il faut porte du fruit par une *conséquence* toute naturelle, en porte *certainement*. Quant à l'abondance de ce fruit, elle est exprimée simplement par ces termes employés dans l'image (v. 8) et qui n'ont pas besoin d'explication : *cent, soixante, trente.* Et ainsi la fin de l'interprétation se confond, d'une manière gracieuse, avec la fin de la parabole même.

1. Le Seigneur propose une parabole qui n'est pas sans analogie avec la précédente, mais qui en agrandit l'horizon en révélant qu'un double ensemencement s'opère, dont les résultats sont opposés dans le monde entier. Rien de plus grand que cette instruction, rarement bien comprise parce qu'elle soulève des questions fort difficiles. Arrêtons-nous d'abord simplement au sens littéral, et attendons l'explication du Maître. (v. 37 et suiv.). — Le texte reçu porte : un homme qui *sème* ; il faut, d'après une variante, *a semé.* Ces semailles ont déjà eu lieu au moment où la parabole commence. Par la même raison on lit dans l'original : le royaume des cieux *a été assimilé* à.... Toute cette grande action avait commencé depuis longtemps par la présence de cet *homme* divin qui *semait* en tout lieu. Aussi la parabole ne commence-t-elle pas, comme on l'aurait attendu, par ces mots : « Le royaume des cieux est semblable à *un champ* où,... » mais par ceux-ci : *à un homme*, de qui tout dépend et sur lequel toute l'attention doit se porter. (Comp. v. 37.)

2. Gr. selon une variante très autorisée : « *sema de l'ivraie par-dessus*, ou *sursema*, » après que la bonne semence eut été jetée en terre. Et l'ennemi a bien soin que son ivraie soit *parmi le blé.* Il n'est pas dit que les *hommes* qui *dormaient* soient les serviteurs du maître du champ, ce sont plutôt les hommes en général, et

l'herbe eut poussé et eut produit du fruit, alors l'ivraie parut aussi.
— Et les serviteurs du maître de la maison vinrent à lui et lui dirent : 27
Seigneur, n'as-tu pas semé de bonne semence dans ton champ ? D'où
vient donc qu'il porte de l'ivraie ? — Et il leur répondit : C'est un 28
ennemi qui a fait cela [1]. Et les serviteurs lui dirent : Veux-tu donc
que nous allions la cueillir ? — Mais il dit : Non, de peur qu'en 29
cueillant l'ivraie, vous ne déraciniez le blé en même temps [2]. —
Laissez-les croître tous deux ensemble jusqu'à la moisson ; et au 30
temps de la moisson, je dirai aux moissonneurs : Cueillez premièrement l'ivraie, et liez-la en gerbes pour la brûler ; mais, quant au
blé, amassez-le dans mon grenier [3].

Il leur proposa une autre parabole, disant : Le royaume des cieux 31
est semblable à un grain de sénevé, qu'un homme a pris et semé
dans son champ. — C'est bien la plus petite de toutes les semences, 32
mais quand il a crû, il est plus grand que les légumes et devient un
arbre, tellement que les oiseaux du ciel viennent et s'abritent dans
ses branches [4]. — Il leur dit une autre parabole : Le royaume des 33

leur sommeil indique simplement aussi que l'action de l'*ennemi* se passe durant la nuit, dans les ténèbres. (Comp. Marc 4 : 27.) Il ne faut donc pas, dans l'application de ce trait, imputer à ces hommes un manque de vigilance, de la paresse, etc. Jésus ne le fait pas dans l'interprétation. (Voir v. 37 et suiv.) — L'*ivraie* est une plante de la famille des graminées (lolium), dont le fruit est malsain et produit une sorte d'*ivresse* (ces deux mots ont la même étymologie), et qui, soit en herbe, soit en épi, ressemble beaucoup au blé. C'est ce qui peut expliquer la crainte exprimée au v. 29. Dans le vieux langage, l'ivraie s'appelait, d'après le grec, *zizanie* ; de là l'expression tirée de notre parabole : *semer la zizanie*.

1. Gr. *un homme ennemi*. Dans le sens littéral de la parabole il s'agit réellement d'un *homme* qui haïssait le maître du champ (v. 25) et qui voulait lui nuire. — Les *serviteurs* au contraire prennent intérêt à la moisson future, et leurs deux questions (v. 27 et 28) sont l'expression de leur douleur.

2. La raison de cette défense est facile à comprendre : les racines de l'ivraie et celles du blé sont entrelacées, de sorte qu'on ne peut arracher l'une sans courir le risque de *déraciner* l'autre. Faut-il ajouter que le maître n'a pas une telle confiance dans le discernement de ses serviteurs, qu'il ne puisse craindre, vu la ressemblance des deux plantes, plus d'une erreur de leur part ? Peut-être, même dans le sens littéral de la parabole, et bien certainement dans son application. (Voir v. 25 et 28, notes.)

3. *Au temps de la moisson* (v. 39), il n'y aura plus aucun danger d'erreur ; la séparation pourra avoir lieu et elle se fera infailliblement, non par des hommes, mais par des anges. (v. 41.) En attendant, il faut les *laisser croître tous deux ensemble*, et par là même il reste une possibilité que la parabole ne pouvait pas statuer, mais qui est bien réelle dans le règne de Dieu en ce monde : c'est que « ceux qui aujourd'hui sont ivraie, demain soient froment. » *Augustin*.

4. La plante appelée *sénevé*, ou moutarde, provient d'une très petite semence, mais s'élève, en Orient, à une certaine hauteur, et devient touffue comme *arbre*, tout en restant dans l'espèce des *légumes*. (Voir F. Bovet, *Voyage en Terre-Sainte*, Le lac de Génézareth, 7e édit., p. 365.) Ce que le Sauveur veut relever par cette image, c'est la *petitesse* du *royaume des cieux* dans son origine, ses commencements et ses moyens, et la *grandeur* de ses développements et de ses effets. Ces caractères se vérifient dans toute l'histoire du règne de Dieu : Moïse, petit enfant dans son berceau de jonc, et son œuvre immense durant tant de siècles ; la crèche de Bethléhem, et la création nouvelle

cieux est semblable à du levain, qu'une femme a pris et caché parmi trois mesures de farine, jusqu'à ce que tout fût levé [1].

34 Toutes ces choses, Jésus les dit en paraboles aux foules, et il ne
35 leur disait rien sans parabole [2] ; — afin que fût accompli ce qui a été dit par le prophète [3] : « J'ouvrirai ma bouche en paraboles, je proclamerai des choses cachées depuis la fondation du monde [4]. »
36 Alors, ayant renvoyé la foule, il entra dans la maison [5] ; et ses disciples s'approchèrent de lui, disant : Explique-nous la para-
37 bole de l'ivraie du champ. — Il répondit et dit : Celui qui
38 sème la bonne semence, c'est le fils de l'homme [6]. — Le champ,

accomplie dans notre humanité ; les douze apôtres, et l'établissement du règne de Dieu dans le monde. Et combien souvent l'évangélisation de tout un pays devenu chrétien, a-t-elle commencé par des moyens tout à fait inaperçus ! Voir l'histoire des missions. Toujours la très petite semence devenant un grand arbre. Rien de plus propre à affermir la foi et à relever les espérances dans les temps de découragement. (Comp. Zach. 4 : 1 et suiv.) — S'il faut donner un sens spirituel au trait charmant de ces *oiseaux* qui viennent *s'abriter dans ses branches*, ne le trouvera-t-on pas dans cette foule d'hommes qui, sans appartenir de cœur au règne de Dieu, jouissent pourtant des lumières de l'Évangile et des bienfaits de la civilisation chrétienne ?

1. Cette parabole a beaucoup d'analogie avec la précédente, mais elle en diffère par plusieurs traits. Elle révèle aussi la croissance mystérieuse du règne de Dieu, mais au dedans, plus qu'à l'extérieur. Le *levain caché* dans la pâte, c'est la vie divine agissant lentement, mais constamment par la puissance qui lui est propre, jusqu'à ce que *tout* l'homme moral, toute la vie humaine, dans l'individu, la famille et la société, en soient pénétrés et sanctifiés.

2. Tel est le texte le plus autorisé : (Comp. toutefois Marc 4 : 34.) Jésus, dans ce moment, employait exclusivement cette forme de discours, par la raison indiquée aux v. 11 et suiv.

3. Ce *prophète*, c'est le psalmiste Asaph, à qui l'Ancien Testament donne aussi le titre de *voyant*, ou prophète. (2 Chron. 29 : 30.) — On sait par les écrits de plusieurs Pères, Clément d'Alexandrie, Eusèbe, Jérôme, que quelques manuscrits très anciens portaient : « par le prophète *Esaïe*. » Ils nous apprennent même que Porphyre se prévalait de cette faute pour accuser Matthieu d'ignorance. Mais ces mêmes Pères renvoient l'accusation à des copistes inintelligents, et presque tous les témoignages critiques actuellement connus, omettent le nom d'Esaïe. Malgré cela, Tischendorf, qui l'avait toujours rejeté, l'a admis dans sa huitième édition sur l'autorité du *Sin*.

4. Ps. 78 : 2, librement cité. L'hébreu dit : « des *choses cachées* (littér. *énigmatiques*) dès les temps anciens. » Les Septante : « des sentences (ou problèmes) dès le commencement, » terme que Matthieu rend par celui-ci : *dès la fondation*. (Plusieurs manuscrits omettent *du monde*, qui du reste s'entend de soi-même.) Ce ne sont proprement ni des *paraboles* ni des énigmes qui se trouvent dans ce Psaume ; mais comme Asaph y chante les principaux événements de la vie de son peuple pour en tirer de sérieuses instructions, il peut à bon droit considérer cette histoire comme une grande parabole et les enseignements religieux qu'elle renferme comme des choses *cachées* qu'il faut savoir y découvrir. Et c'est de même que Jésus, dans ses paraboles, nous dévoile les grandes vérités du royaume de Dieu qui sont comme cachées, soit dans la nature, soit dans la vie humaine, où il puise les sujets de ses similitudes.

5. *La maison*, celle dont il est parlé au v. 1.

6. Le *fils de l'homme*. (Voir sur ce terme chap. 8 : 20, note.) Avec quelle assurance Jésus attribue à son action sur ce monde, tout le bien qui s'y trouve, tous les « fils du royaume ! » (v. 38.) Dans la parabole du semeur, où il s'agit de répandre dans la terre une semence qui représente la « Parole de Dieu, » Jésus-Christ, tout en restant le premier et le grand semeur, peut considérer tous ses serviteurs fidèles comme des continuateurs de son œuvre. Mais ici, où cette

c'est le monde **¹**. La bonne semence, ce sont les fils du royaume. L'ivraie, ce sont les fils du malin **²**. — L'ennemi qui l'a semée, 39

semence représente des *hommes* « engendrés par la parole de la vérité » (Jacq. 1 : 18), productions vivantes de la première semence, créations de l'Esprit de Dieu, le Sauveur est le seul qui puisse en remplir ce champ qui est le monde ; en ce sens, semer la bonne semence est son œuvre exclusive. Cette œuvre, il l'a accomplie de tout temps, comme Parole éternelle au sein de notre humanité (Jean 1 : 3) ; il l'accomplissait alors sur la terre, où il était venu opérer une création nouvelle, et il l'accomplira jusqu'à la fin des temps.

1. *Le monde !* il faut donner une attention particulière à cette parole qui est la clef de notre parabole. Jésus n'entend point par là, comme on l'a cru souvent, la partie mauvaise, *mondaine* de l'humanité (Jean 17 : 16 ; 1 Jean 2 : 15), par opposition au peuple de Dieu ; mais bien cette humanité tout entière, que le Seigneur appelle à bon droit *son champ* ou *son royaume* (v. 41), et qui est destinée par la miséricorde divine (Jean 3 : 16) à recevoir la bonne semence et à devenir le « royaume des cieux. » (v. 24.) De tout temps il y a eu des interprètes qui, méconnaissant ce trait fondamental de notre parabole : *le champ c'est le monde*, y ont substitué de diverses manières un sens tout différent : *le champ c'est l'Eglise*. Alors, en présence de la question empressée des serviteurs : « Veux-tu que nous allions la cueillir ? » et de la réponse catégorique de Jésus : « Non ! » (v. 28, 29), ils se sont résignés à ne voir dans l'Eglise chrétienne que cette confusion perpétuelle de l'ivraie et du froment, des « fils du royaume » et des « fils du malin » (v. 38), dont le monde offre le spectacle et dont notre parabole serait l'image. Ainsi Calvin, malgré ses principes rigoureux de discipline, assez peu conciliables avec la défense de Jésus s'il s'agit ici de l'Eglise, se console de la confusion qui y reste, en écrivant ces mots : « Mais cette solution doit nous suffire que Christ ne parle point ici (dans sa défense) de l'office des pasteurs ou des magistrats, mais ôte seulement le scandale qui trouble les infirmes, quand ils voient que l'Eglise ne consiste pas seulement en des élus, mais qu'il y a aussi des méchantes canailles. » (*Commentaire* sur cette parabole.) D'autre part, il y a eu toujours, depuis les donatistes d'Afrique jusqu'aux hommes du Réveil, des chrétiens qui ont pensé pouvoir constituer des Eglises triées, sou-

mises à une sévère discipline, estimant que la défense de Jésus ne concernait que *le monde*, c'est-à-dire l'humanité rebelle et hostile à l'Evangile. Mais ce mot, dans la pensée du Sauveur, avait une signification plus étendue et plus universelle, embrassant l'humanité tout entière, dans laquelle la puissance des ténèbres est en lutte constante avec l'Evangile du salut. Voici dès lors ce que le Maître prescrit à ses serviteurs, dans des vues pleines de sagesse et de miséricorde. Il ne leur demande pas de voir avec indifférence l'erreur, le mensonge, le péché, toutes les corruptions et les iniquités que l'ennemi du royaume de Dieu sème dans le monde ; il leur ordonne au contraire de les combattre avec toute la puissance et l'énergie que donnent les armes spirituelles de la Parole et de l'Esprit de Dieu. Mais ce qu'il leur interdit d'une manière absolue, c'est de recourir dans cette lutte aux armes charnelles, d'y faire intervenir le pouvoir séculier, d'employer la contrainte, d'user de moyens matériels de répression et de propagande. La raison de cette interdiction est indiquée par la parabole : le froment et l'ivraie représentent des *hommes* (v. 38) ; or, arracher celle-ci, la détruire avant le temps, ce serait exercer un jugement qui n'appartient qu'à Dieu. Ce que Jésus prévoyait (v. 29) est toujours arrivé : en s'imaginant cueillir l'ivraie, ces serviteurs, désobéissant à l'ordre du maître, ont arraché le froment. Ce sont les esprits les plus nobles, les plus indépendants, les plus pieux qui sont devenus leurs victimes. Qui ne voit quelle lugubre série de persécutions, d'iniquités et de crimes eût été épargnée à l'humanité, si tous avaient compris et observé cette seule parole de Jésus : *Laissez-les croître ensemble jusqu'à la moisson !* Ce mélange, tout affligeant qu'il est, doit servir au salut des uns, à l'épreuve et à la patience des autres. Mais la confusion ne durera pas toujours ; il vient, le *jour de la moisson* (v. 30), et alors ce que les serviteurs désirent sera accompli, non par des hommes faillibles et pécheurs, mais par la main des anges exécutant la justice de Dieu. (v. 40-43.)

2. Dans la parabole du semeur, la semence est la parole de Dieu, tombant dans le cœur d'hommes diversement disposés. Ici, c'est cette même parole qui a produit des effets contraires selon qu'elle a été reçue ou repoussée ; et ces effets de la

c'est le diable¹. La moisson, c'est la consommation du temps²; et les
40 moissonneurs sont les anges³. — Comme donc on arrache l'ivraie,
et qu'on la brûle dans le feu, il en sera de même à la consommation
41 du temps. — Le fils de l'homme enverra ses anges, qui arracheront
de son royaume tous les scandales, et ceux qui font l'iniquité⁴. —
42 Et ils les jetteront dans la fournaise du feu ; là seront les pleurs et
43 le grincement des dents⁵. — Alors les justes resplendiront comme
le soleil dans le royaume de leur Père⁶. Que celui qui a des oreilles
entende !

parole divine sont identifiés dans un langage plein de hardiesse avec les hommes eux-mêmes qui les éprouvent. Les uns sont *fils du royaume* ; ils y ont été introduits et ont été engendrés par la parole, ils sont animés de l'esprit de ce royaume. (Voir sur ce terme ch. 3 : 2, note.) Les autres sont *fils du malin*, de celui qui sème l'ivraie (v. 39) ; ils sont sous son influence (v. 19), animés de son esprit. (Comp. Jean 8 : 44 ; 1 Jean 3 : 8 et 10.)

1. Les serviteurs, qui, dans la parabole, représentent les disciples de Jésus, avaient demandé avec étonnement et douleur : *D'où vient qu'il y a de l'ivraie ?* Maintenant que nous savons ce qu'est le *champ*, nous pouvons dire que c'est là la question des questions, le problème désolant de toute philosophie et de toute théologie : d'où vient le mal dans ce monde qui est le champ de Dieu, et où il n'a pu semer que le bien ? La réponse du Sauveur est la seule vraie théodicée. Elle écarte d'un mot tous les systèmes qui, d'une façon ou d'une autre, font remonter le mal jusqu'à Dieu, et qui par là touchent au blasphème. Le mal ne vient pas non plus de l'homme, il n'est pas essentiel à sa nature : donc il y a pour lui espoir de guérison. Il vient du dehors, d'un *ennemi* qui est le *diable*. Cet enseignement de Jésus est conforme à toute l'Ecriture, conforme aussi à la saine raison : « Le péché, qui n'existe que dans une volonté vivante et personnelle, ne peut avoir son origine que dans une volonté personnelle qui en a été la source. » R. Stier. Si l'on objecte que cette solution ne fait que reculer la question, nous y consentons. Mais l'exégèse n'a pas à remonter plus haut. Ceux qui voudront le faire, trouveront toujours une solution possible et rationnelle dans la volonté d'un être libre qui, dès lors, d'ange peut devenir démon. Quelque opinion qu'on veuille donc se faire sur l'existence personnelle de cet *ennemi*, nul ne peut nier que Jésus ne l'enseigne de la manière la plus positive. Même la fausse théorie d'une accommodation aux préjugés de son siècle est ici parfaitement inadmissible. En effet, 1º Jésus fait entendre cette déclaration précise, non dans la parabole, mais pour expliquer la parabole et nous en indiquer le sens. 2º Rien ne provoque cette déclaration, donnée spontanément, non devant le peuple, mais dans le cercle intime des disciples. (v. 36.) 3º Le diable est nommé comme l'auteur personnel d'une action positive, comme source et origine du mal dans le monde, par opposition à un autre être personnel, le fils de l'homme, auteur et origine du bien. Nous ne nions pas qu'on puisse être chrétien sans admettre l'existence personnelle du diable, mais on ne peut nier non plus que pour cela il faille fausser tous les principes d'une saine exégèse ou rejeter l'autorité de Jésus-Christ lui-même.

2. Gr. *la consommation* ou *l'achèvement du siècle* (aiôn), c'est-à-dire du *temps* actuel, de la période qui doit s'écouler jusqu'au retour de Christ pour le jugement définitif. C'est ce que nos versions rendent par le terme peu exact de *fin du monde*. (Comp. v. 40, 49 ; 24 : 3 ; 28 : 20 ; Hébr. 9 : 26.)

3. Comp. 24 : 31 ; 25 : 31.

4. C'est-à-dire tout le mal et tous ceux qui le commettent. Le *royaume* sera purifié, élevé à la perfection. C'est l'œuvre que le Sauveur avait interdite à ses pauvres serviteurs ! (v. 29.) — « *Ses anges, son royaume* : majesté du fils de l'homme. » *Bengel.*

5. La *fournaise du feu*, qu'il ne faut pas matérialiser, est l'achèvement de l'image de l'ivraie qu'on *brûle*. (v. 40.) Cette nouvelle expression figurée ne représente pas moins une vive souffrance. Les derniers et terribles termes de ce verset dépeignent un profond désespoir. (Comp. 8 : 12.)

6. Image magnifique de la gloire cé-

ÉVANGILE SELON MATTHIEU

C. 44-52. Le prix du royaume et sa consommation finale. Paraboles du trésor caché, de la perle, du filet. Conclusion. — 1° Jésus compare le royaume des cieux à un *trésor* caché dans un champ ; un homme le *trouve par hasard*, et tout joyeux, il vend tout ce qu'il a pour acheter ce champ. (44.) — 2° Le royaume des cieux ressemble aussi à un marchand qui *cherche* des *perles* précieuses, et qui, en ayant trouvé une de grand prix, vend tout ce qu'il possède, et l'achète. (45, 46.) — 3° Il compare encore son royaume à un *filet jeté dans la mer*, lequel se remplit de choses bonnes et de mauvaises, et que les pêcheurs amènent sur le rivage pour recueillir les unes et rejeter les autres. Telle sera la séparation, au jour du jugement. (47-50.) — 4° *Conclusion* : Jésus demande à ses disciples s'ils ont compris ces paraboles. De leur réponse affirmative il conclut qu'ils doivent, imitant son exemple, tirer de leur trésor des choses nouvelles et des choses anciennes. (51, 52.)

Le royaume des cieux est encore semblable à un trésor caché dans un champ, qu'un homme a trouvé, et qu'il a caché ; et de la joie qu'il en a, il s'en va, et vend tout ce qu'il a, et achète ce champ [1]. 44

Le royaume des cieux est encore semblable à un marchand qui cherche de belles perles ; — et ayant trouvé une perle de grand prix, il s'en est allé, a vendu tout ce qu'il possédait, et l'a achetée [2]. 45 46

leste, à laquelle auront part les *justes*. (Comp. Dan. 12 : 3.) Mais les derniers mots : *dans le royaume de leur Père*, montrent qu'au sein de cette gloire le vrai élément de la félicité sera l'*amour* éternel de Dieu. Quel contraste avec les images du v. 42 ! — Mais pourquoi le Sauveur qui vient d'appeler *son* royaume (v. 41) ce champ du monde, qu'il purifie de toute souillure, le nomme-t-il maintenant le royaume du *Père* ? L'apôtre Paul a répondu : c'est qu'alors la fin sera venue, et le Médiateur, après avoir « aboli tout empire, et toute puissance, et toute force, aura remis le royaume à Dieu le Père, afin que Dieu soit tout en tous. » (1 Cor. 15 : 24-28.) Tel est le terme glorieux des destinées de notre humanité. Ces destinées sont tout entières dépeintes dans cette grande parabole, depuis l'origine du mal et du bien, et du douloureux mélange de l'un et de l'autre, jusqu'à la journée où ce mystère sera résolu par le rétablissement du royaume de Dieu dans la perfection ! — En présence de telles pensées, il y a une grande solennité dans ce dernier appel du Sauveur : *Que celui qui a des oreilles, entende !*
1. Le sens littéral de cette parabole est simple : un homme a découvert un *trésor caché*, enfoui dans un champ (gr. *le champ*); il l'a *caché* de nouveau, enterré, afin que nul ne se doute de sa trouvaille. Les verbes au passé indiquent l'expérience faite. Tout à coup ils sont mis au présent, et dépeignent vivement la suite de l'action qui s'accomplit sous l'impression de la *joie* : il *va*, il *vend* tout, il *achète* le champ. On peut soulever, à ce propos, une question de droit, qui, dans la vie ordinaire, ne serait certainement pas résolue en faveur du procédé. Mais Jésus n'a pas à s'en occuper, parce que, dans la signification religieuse de son récit, cette question ne se présente pas du tout. (Comp. la conduite de l'économe infidèle, Luc 16 : 1-8.) En effet, le champ disparaît ; c'est arbitrairement que des interprètes ont prétendu y voir l'Écriture sainte ou l'Eglise. Toute l'attention se reporte sur le *trésor*, les richesses impérissables de l'Évangile de la grâce, qu'on peut acquérir sans faire tort à personne, mais que nul n'obtient sans faire le sacrifice de *tout ce qu'il a* en propre. La parabole, tout en figurant le prix infini du royaume, enseigne l'obligation pour chacun de se l'approprier personnellement, et les conditions auxquelles il peut en prendre possession. Elle montre enfin ce qui rend l'homme capable du renoncement complet qu'il doit pratiquer pour acquérir ce trésor : c'est la *joie* de sa possession nouvelle, la joie du salut. Le cœur ne se dépouille jamais d'un amour que par un amour plus grand, plus puissant !
2. *Une perle* (gr. *une seule*) *de grand prix ;* voilà encore la cause du dépouillement volontaire. Cette parabole a donc le

47 Le royaume des cieux est encore semblable à un filet qui a été jeté
48 dans la mer, et qui a ramassé des poissons de toutes sortes ; — et
quand il fut rempli, les pêcheurs le tirèrent sur le rivage ; et s'étant
assis, ils recueillirent dans des vases ce qui était bon, et jetèrent
49 dehors ce qui était mauvais. — Il en sera de même à la consommation du temps : les anges sortiront et sépareront les méchants du
50 milieu des justes, — et ils les jetteront dans la fournaise du feu ; là
51 seront les pleurs et le grincement des dents[1]. — Avez-vous compris
52 toutes ces choses ? Ils lui répondirent : Oui[2]. — Et il leur dit : C'est
pourquoi tout scribe qui a été instruit pour le royaume des cieux est
semblable à un maître de maison qui tire de son trésor des choses
nouvelles et des choses anciennes[3].

même sens que la précédente, avec cette différence que dans la première l'homme *trouve* simplement le trésor, tandis que dans la seconde, il l'a *cherché*. Diversité des voies de Dieu pour amener les âmes au salut, selon leurs besoins et leurs capacités.

1. Cette parabole nous présente le royaume arrivé au terme de son développement et nous montre comment il passera de sa période historique à son existence parfaite et définitive. Elle reprend ainsi la dernière pensée de la parabole de l'ivraie. Elle nous transporte à l'époque qui est appelée dans celle-ci « le temps de la moisson. » Le royaume s'est étendu sur toute la terre ; l'Évangile a été prêché à toute créature ; le temps de l'épreuve est achevé. (Remarquez tous les verbes au passé.) Le filet est tiré et le triage de son contenu commence. Un jugement définitif sépare les justes et les méchants, qui jusque-là étaient confondus dans le royaume. Ce triage se fait avec calme et solennité. Les pêcheurs se sont *assis* pour opérer sans hâte le partage. (Comp. 25 : 31. Sur les v. 49 et 50, voir v. 39-42, notes.)

2. Le texte reçu ajoute les mots : *Jésus leur dit*, au commencement du verset, et le mot : *Seigneur*, après le *oui* des disciples. Bien que ces mots s'appuient sur des autorités importantes, on s'explique mieux qu'ils aient été ajoutés que retranchés et les critiques s'accordent généralement pour les supprimer. — Le sens reste le même. Jésus veut s'assurer que ses disciples ont *compris toutes ces choses*, c'est-à-dire les instructions profondes qu'il vient de leur donner par ses paraboles. Le but de sa question est, en outre, d'ajouter une nouvelle instruction pratique. (v. 52.) Les disciples répondent naïvement et sincèrement *oui*, bien que ce qu'ils venaient d'entendre dépassât de toutes manières l'intelligence qu'ils en avaient alors.

3. Conséquence tirée de la réponse des disciples (*c'est pourquoi*). Jésus prend ici le mot de scribe ou docteur de la loi (voir sur ce titre chap. 23 : 2), en un sens général, favorable, et l'applique à ses propres disciples. D'après leur réponse (v. 51), il suppose qu'ils sont *instruits* (ou gr. ont été faits *disciples*) pour le *royaume des cieux*. (Comp. 3 : 2, note.) Or quel usage doivent-ils faire de ce grand privilège ? Celui que fait un *maître de maison* de son *trésor* : il *en* tire, selon le besoin de sa famille, des *choses nouvelles* et des *choses anciennes*, récemment acquises ou dès longtemps possédées. Quel est le sens de cette image ? Tout d'abord, Jésus fait ainsi allusion à ses paraboles, par lesquelles il révèle des vérités nouvelles sous les emblèmes de choses anciennes, comme la nature, la vie humaine, etc. Mais la pensée du Sauveur va plus loin, il n'a pas en vue seulement la forme et la méthode de l'enseignement que ses disciples devront donner après lui ; il considère le fond, la matière de cet enseignement : la loi ancienne élevée à la perfection (Math 5), la prophétie et son accomplissement, les commandements anciens pratiqués dans un esprit et un amour nouveaux (1 Jean 2 : 7, 8), les expériences nouvelles de vérités anciennes, tout formera leur trésor, qu'ils devront utiliser fidèlement pour d'autres. Tout ce qui appartient au royaume de Dieu est à la fois ancien et nouveau, parce que ce royaume c'est la vie divine se réalisant perpétuellement dans l'âme humaine jusqu'à la perfection. (Apoc. 21 : 5.)

D. 53-58. Jésus méprisé dans sa patrie. — 1º Après avoir achevé ces discours, *Jésus* s'en va à *Nazareth*. Etant entré dans la synagogue, il enseigne. Sa parole y produit l'étonnement. Ses auditeurs, sachant qu'il est le fils du charpentier, connaissant sa mère, ses frères, ses sœurs, ne peuvent concevoir d'où lui vient tant de puissance, et ils s'en scandalisent. (53-57.) — 2º Jésus se borne à leur rappeler un dicton populaire, et il ne fait parmi eux que peu de miracles, à cause de leur incrédulité. (57, 58.)

53 Et il arriva, lorsque Jésus eut achevé ces paraboles, qu'il partit de là. — 54 Et étant venu dans sa patrie¹, il les enseignait dans leur synagogue ; de sorte qu'ils étaient frappés d'étonnement, et qu'ils disaient : D'où viennent à celui-ci cette sagesse et ces miracles² ? — 55 Celui-ci n'est-il pas le fils du charpentier ? Sa mère ne s'appelle-t-elle pas Marie, et ses frères, Jacques et Joseph et Simon et Jude ? — 56 Et ses sœurs ne sont-elles pas toutes parmi nous ? D'où lui viennent donc toutes ces choses ? — 57 Et il était pour eux une occasion de chute³. Mais Jésus leur dit : Un prophète n'est méprisé que dans son pays et dans sa maison⁴. — 58 Et il ne fit pas là beaucoup de miracles, à cause de leur incrédulité⁵.

1. A Nazareth, appelé sa *patrie* parce que c'était celle de sa famille et qu'il y avait été élevé. — Marc (6 : 1 et suiv.) rapporte cette visite à Nazareth après la résurrection de la fille de Jaïrus, avant l'envoi des disciples. Matthieu paraît lui assigner une époque plus tardive. Quant au récit que Luc (4 : 16 et suiv.) place au commencement du ministère de Jésus, et que plusieurs interprètes identifient avec celui de Matthieu et de Marc, il en diffère beaucoup trop par les traits les plus essentiels pour que cette identification soit probable. (Voir Godet, *Commentaire sur saint Luc*, 3ᵉ édit., p. 327.)
2. Gr. *ces puissances*, actes accomplis par la puissance divine. (Comp. v. 58.) C'est un des termes les plus fréquents pour désigner les *miracles*. — Ainsi, ce qui étonnait les habitants de Nazareth, c'était la *sagesse* de Jésus, dans son enseignement, et sa *puissance*, dans l'action. Cet *étonnement* pouvait, chez quelques-uns, être accompagné de confiance et de foi ; chez d'autres, il était tout charnel. C'est ce que prouve ce mot méprisant : *Celui-ci*, aussi bien que les paroles qui suivent.
3. Gr. *ils se scandalisaient en lui*. Ce *scandale* venait de ce que Jésus leur paraissait trop pauvre, trop petit, trop connu à Nazareth dès son enfance pour être un envoyé de Dieu, le Messie. C'est là l'éternel scandale de la raison humaine en présence du Dieu-homme. (Comp. Jean 6 : 42.) Que sera-ce quand il faudra admettre la folie de la croix ? — Dans le récit de Marc, Jésus lui-même est appelé *le charpentier*, et sûrement avec raison ; il pratiqua ce travail manuel dans sa jeunesse. Ici et dans Marc, les *sœurs* de Jésus sont nommées avec ses *frères*, comme appartenant à la famille du *charpentier* et de *Marie*. Comment donc admettre que ces *frères* et ces *sœurs* ne le fussent pas en effet ? (Comp. 12 : 46, note.) — Sur le nom d'un des frères de Jésus, les manuscrits varient entre *Josès* et *Joseph*. Ce dernier nom est plus autorisé dans Matthieu, le premier l'est plus dans Marc.
4. Expression proverbiale d'une grande vérité. (Jean 4 : 44.) On a peine à regarder des yeux de la foi ceux qu'on est habitué à voir des yeux de la chair.
5. Jésus avait guéri là quelques malades (Marc 6 : 5), et ces guérisons produisirent l'impression décrite ci-dessus (v. 54) ; mais l'*incrédulité* de ceux qui l'entouraient mit fin à cette action puissante. Marc observe même que Jésus *ne put* plus faire d'autres miracles ; terme qui doit s'entendre dans son sens moral. L'incrédulité se ferme à elle-même la source des grâces divines que la foi seule reçoit. Multiplier dans un tel milieu ses œuvres de puissance et d'amour n'eût été

174 ÉVANGILE SELON MATTHIEU CHAP. XIV.

2. *Retraite à Bethsaïda.*

A. 1-13. MORT DE JEAN-BAPTISTE. — 1° *Les sentiments d'Hérode*. La renommée de Jésus parvenant jusqu'à Hérode, il s'imagine que Jésus est Jean ressuscité. (1, 2.) — 2° *Le récit de la mort de Jean-Baptiste*. *a*) L'*emprisonnement* du prophète motivé par le blâme qu'il avait prononcé sur l'union adultère d'Hérode avec la femme de son frère. Hérode voulait le faire mourir, mais il était retenu par la crainte du peuple. (3-5.) *b*) *La danse de la fille d'Hérodias*. A la fête anniversaire de la naissance d'Hérode, la fille d'Hérodias dansa devant les convives ; Hérode lui promit ce qu'elle demanderait. Elle, à l'instigation de sa mère, demanda la tête de Jean-Baptiste. (6-8.) *c*) *L'exécution de Jean*. Hérode, attristé, mais lié par son serment et par la crainte de l'opinion, envoya décapiter Jean dans la prison. Sa tête fut présentée sur un plat à la jeune fille, qui la porta à sa mère. (9-11.) — 3° *La retraite de Jésus*. Les disciples de Jean, après avoir rendu les derniers devoirs à leur maître, viennent annoncer sa mort à Jésus. Celui-ci se retire à l'écart, mais la foule le suit. (12, 13.)

XIV
2 En ce temps-là, Hérode le tétrarque entendit parler de la renommée de Jésus [1]. — Et il dit à ses serviteurs : C'est Jean-Baptiste ; c'est lui qui est ressuscité d'entre les morts ; et c'est pour cela que
3 des puissances miraculeuses agissent en lui [2]. — Car Hérode, ayant fait arrêter Jean, l'avait fait lier et mettre en prison [3], à cause d'Héro-

de la part de Jésus que rendre plus coupables ceux qui en auraient été les témoins.
1. *En ce temps-là*, expression vague, paraît reporter la pensée vers l'époque de la visite de Jésus à Nazareth. (13 : 54-58.) Marc, très complet dans ce récit, et Luc, qui le donne en abrégé, placent l'événement entre l'envoi et le retour des disciples, donc à une époque antérieure. On sait que Matthieu ne s'attache point à l'ordre chronologique. — *Hérode*, que Josèphe appelle Antipas, était un des nombreux fils d'Hérode le Grand (2 : 1 et suiv.) et frère d'Archélaüs. (2 : 22.) Il régnait sur la Galilée et la Pérée avec le titre de *tétrarque*, c'est-à-dire *quatrième gouverneur*, ou prince qui partageait avec trois autres le gouvernement du pays. Il résidait habituellement à Tibériade, ville qu'il avait fondée au bord du lac, ornée de magnifiques constructions et nommée en l'honneur de l'empereur Tibère. Mais il séjournait, à l'époque de l'emprisonnement et de la mort de Jean-Baptiste, selon le témoignage de Josèphe (*Antiq.*, XVIII, 5, 2), dans la forteresse de Machærus ou Machéronte, dans la Pérée, parce qu'il était en guerre avec Arétas, roi d'Arabie, dont il avait répudié la fille. C'est là que se déroula la scène tragique que l'évangéliste va raconter (v. 3 et suiv.). — Hérode *entendit parler de la renommée* grandissante *de Jésus*. Cette expression ne signifie pas qu'il n'eût eu jusque-là aucune connaissance de lui, mais bien qu'à ce moment « son nom devenait célèbre, » comme l'observe Marc. (6 : 14.)
2. Gr. *que les puissances* (miracles) *agissent énergiquement en lui*. Cette expression indique plutôt le pouvoir de faire des miracles que les miracles eux-mêmes. Les paroles d'Hérode trahissent sa mauvaise conscience : il est saisi d'effroi à la pensée qu'un envoyé de Dieu agit avec puissance dans le pays. Le meurtre de Jean-Baptiste, qui avait eu lieu auparavant, et que Matthieu va raconter, inspire à ce prince débauché une crainte superstitieuse qui s'allie très bien avec l'incrédulité (voir Marc 6 : 16, note), et que d'autres dans son entourage partageaient avec lui. (Luc 9 : 7.)
3. Le texte grec, d'après une variante très autorisée, dit littéralement : Hérode *l'avait mis en réserve* dans la prison. Matthieu avait déjà mentionné (4 : 12) cette arrestation de Jean ; il la reprend ici au moment de raconter sa mort.

dias, la femme de Philippe, son frère[1] ; — car Jean lui disait : Il ne 4 t'est pas permis de l'avoir[2]. — Et voulant le faire mourir, il crai- 5 gnait la foule, parce qu'on le regardait comme un prophète[3]. — Mais comme on célébrait le jour de la naissance d'Hérode, la fille 6 d'Hérodias dansa au milieu de l'assemblée, et plut à Hérode[4] ; — de sorte qu'il promit avec serment de lui donner ce qu'elle deman- 7 derait. — Elle donc, poussée par sa mère : Donne-moi, dit-elle, ici, 8 sur un plat, la tête de Jean-Baptiste. — Et le roi fut attristé, mais à 9 cause de ses serments et des convives, il commanda qu'on la lui donnât[5], — et il envoya décapiter Jean dans la prison. — Et sa 10, 11 tête fut apportée sur un plat, et donnée à la jeune fille, et elle la porta à sa mère[6]. — Et ses disciples vinrent et emportèrent le 12

1. Par un double adultère, Hérode Antipas avait répudié sa femme légitime, la fille d'Arétas, et épousé la femme de son frère. Ce frère est appelé, ici et Marc 6 : 17, *Philippe*. Or Hérode Antipas avait bien un frère de ce nom, qui fut tétrarque de l'Iturée et de la Trachonitide (Luc 3 : 1, note), mais ce dernier ne fut pas l'époux d'Hérodias: il fut son gendre, ayant épousé, dans la suite, sa fille Salomé, celle même qui joue un si triste rôle dans notre récit. Hérodias était la femme d'un autre frère d'Antipas, nommé Hérode, qui ne figure pas dans l'histoire. Il faut donc admettre que celui-ci portait aussi le nom de Philippe, ou, ce qui est plus probable, que les évangélistes l'ont confondu avec Philippe le tétrarque. (Le nom de *Philippe* est omis par *D*, quelques copies de l'*Itala* et la Vulgate.) — Hérodias, fille d'Aristobule et de Bérénice, et petite-fille d'Hérode le Grand, était la nièce d'Antipas, en même temps que sa belle-sœur. (Voir Josèphe, *Antiq.*, XVIII, 5, 1 et 4.)
2. Cette courageuse répréhension, que le fidèle serviteur de Dieu devait payer de sa vie, se fondait à la fois sur le septième commandement et sur Lév. 18 : 16 ; 20 : 21.
3. Marc (6 : 19, 20) nous apprend que ces desseins meurtriers furent inspirés à Hérode par Hérodias ; car lui-même, au moment où Marc nous le dépeint, avait des sentiments tout différents pour Jean-Baptiste. (Voir Marc 6 : 19, note, et comp. Luc 9 : 9.) Au reste cette *crainte* qu'il avait de la *foule* et qui le retenait, nous est aussi confirmée par Josèphe. (*Antiq.*, XVIII, 5, 2.)
4. Quelques interprètes admettent sans raison que le *jour de la naissance d'Hérode* serait ici l'anniversaire de son avè-nement au trône, considéré comme anniversaire de la naissance du roi. — La *fille d'Hérodias* s'appelait Salomé et était née du premier mariage de sa mère. Elle épousa plus tard son oncle le tétrarque Philippe. (Josèphe, *Antiq.*, XVIII, 5. 4.) Sa *danse* était sans doute accompagnée de poses et de mouvements voluptueux, à la manière orientale. Quel contraste criant entre cette danse d'une jeune fille et l'acte tragique qui va s'accomplir dans la prison ! (Voir Ad. Monod, *Sermons*, 2ᵉ série, p. 245. « Danse et martyre. »)
5. Le fait qu'Hérode fut *attristé* n'est point en contradiction avec le v. 5, puisque ce n'était pas par ses propres sentiments, mais par une lâche complaisance pour Hérodias qu'il en voulait à la vie de Jean. Il avait d'ailleurs offert de riches présents, mais non la tête d'un homme qu'il estimait au fond du cœur ; et l'on conçoit que cette brusque demande le troublât profondément. Seul, il l'aurait sans doute refusée, sans se croire lié par ses *serments*. Mais en présence de ses *convives*, au milieu d'une cour brillante et échauffée par le festin, la vanité d'un faux point d'honneur l'emporta dans son esprit.
6. Ce récit si simple, si bref, ne fait que mieux ressortir l'horreur des faits. Cette *tête* sanglante de l'homme de Dieu *donnée, sur un plat*, à une *jeune fille*, qui la porte à *sa mère* !... — Il est évident que les récits des évangélistes supposent que toute cette tragédie se passa sur l'heure, pendant la fête qu'Hérode célébrait alors. On conçoit à peine pourquoi les exégètes soulèvent et discutent longuement la question de savoir où pouvait être la prison de Jean, et comment il

13 corps, et l'ensevelirent ; et ils vinrent l'annoncer à Jésus. — Mais Jésus l'ayant appris, se retira de là sur une barque en un lieu désert, à l'écart [1]. Et les foules l'ayant su, le suivirent à pied, de diverses villes [2].

B. 14-21. MULTIPLICATION DES PAINS. — 1° *Une journée de travail.* Emu de compassion à la vue des foules qui l'avaient suivi, il guérit leurs malades. (14.) — 2° *Les préparatifs du repas du soir.* Le soir étant venu, les disciples, inquiets pour cette multitude qui n'avait rien à manger, demandent à Jésus de la congédier. « Donnez-leur vous-mêmes à manger ! » répond Jésus. Mais, disent-ils, nous n'avons ici que cinq pains et deux poissons. Apportez-les-moi, leur dit-il. (15-18.) — 3° *Le repas.* Ayant fait asseoir la foule sur l'herbe, il prend les pains, et bénit Dieu ; puis rompant les pains, il les donne aux disciples, qui les distribuent au peuple. Tous sont rassasiés, et l'on remplit douze paniers des morceaux qui restent. (19-21.)

14 Et étant sorti, il vit une grande multitude ; et il fut ému de com-
15 passion envers eux, et il guérit leurs malades [3]. — Mais le soir étant venu, les disciples s'approchèrent de lui, disant : Ce lieu est désert, et l'heure est déjà passée ; renvoie donc les foules, afin qu'elles s'en
16 aillent dans les bourgades, et qu'elles achètent des vivres [4]. — Mais

put être ainsi mis à mort et sa tête apportée sur-le-champ. Hérode, il est vrai, résidait ordinairement à Tibériade ; mais l'historien Josèphe, dont il n'y a pas la moindre raison de suspecter le témoignage, nous dit expressément que Jean fut mis en prison dans la forteresse de Machærus, où Hérode avait de magnifiques appartements ; que cet événement coïncida avec sa guerre contre Arétas ; que même « les Juifs attribuèrent la défaite de son armée à un juste jugement de Dieu à cause d'une action si injuste. » Quoi donc de plus naturel que d'admettre que toute la scène se passa dans ce château fort où la cour d'Hérode se trouvait alors, et qu'ainsi tout fut accompli en fort peu de temps ?

1. Marc (6 : 30 et suiv.) et Luc (9 : 10 et suiv.), adoptant une chronologie différente (v. 1, note), donnent pour motif de ce voyage au delà de la mer le désir qu'avait Jésus de procurer à ses disciples quelque temps de solitude et de repos, après leur retour de leur mission. D'après Matthieu le motif de Jésus aurait été la pensée de *se retirer à l'écart,* pour ne pas exciter contre lui la persécution, après le meurtre du précurseur, et au moment où l'attention d'Hérode venait de se porter sur lui. (v. 1.) Y a-t-il contradiction ? Quelques interprètes l'ont pensé. Mais comme, d'après le second et le troisième évangile eux-mêmes, cette retraite de Jésus eut lieu aussitôt après la mort de Jean-Baptiste, le motif indiqué par Matthieu peut avoir influé sur la conduite de Jésus sans que l'autre fût exclu. Et le repos qu'il désirait pour ses disciples et pour lui-même devait être rempli de méditations sérieuses sur la catastrophe qui venait de mettre fin à la vie du précurseur, le maître vénéré qui avait amené la plupart d'entre eux à suivre « l'Agneau de Dieu. » (Jean 1 : 35 et suiv.)

2. *A pied,* en faisant le tour de l'extrémité septentrionale du lac. Ce lac était entouré de plusieurs *villes,* alors très peuplées. De là ces *foules.*

3. *Etant sorti* de la retraite solitaire où il avait passé quelques heures avec ses disciples, Jésus, à la vue de cette *grande multitude,* est *ému de compassion* (gr. ému dans ses entrailles), soit à cause de tous ces *malades* qu'on lui amenait pour qu'il les guérît, soit à cause de l'état de délaissement moral de ce pauvre peuple, qui était à ses yeux « comme des brebis qui n'ont point de berger. » (Marc 6 : 34.)

4. *L'heure était déjà passée,* c'est-à-dire que la journée était déjà très avancée, ou que l'heure même où se prenait le repas du soir était passée. — Cette sollicitude pour le peuple paraît avoir été inspirée

Jésus leur dit : Elles n'ont pas besoin de s'en aller ; donnez-leur vous-mêmes à manger [1]. — Et ils lui disent : Nous n'avons ici que cinq pains et deux poissons. — Et il dit : Apportez-les-moi ici [2]. — Et après avoir commandé aux foules de s'asseoir sur l'herbe, il prit les cinq pains et les deux poissons, et levant les yeux au ciel, il prononça la bénédiction [3]. Puis ayant rompu les pains, il les donna aux disciples, et les disciples les donnèrent à la foule [4]. — Et tous mangèrent, et furent rassasiés ; et on emporta douze paniers pleins des morceaux qui restaient [5]. — Or ceux qui avaient mangé étaient environ cinq mille hommes, sans compter les femmes et les petits enfants [6].

17
18
19
20
21

aux disciples par la compassion de leur Maître. (v. 14.) D'après saint Jean (6 : 5), ce fut Jésus lui-même qui prit l'initiative, et la parole des disciples ne fut que la réponse à sa question. Quoi qu'il en soit, cet entretien prouve qu'il y avait là un besoin réel, digne de la compassion de Jésus, et que le Sauveur ne fit point un usage inutile de sa puissance créatrice en multipliant les pains, comme le prétend la critique négative.

1. Cet ordre étrange, destiné à éprouver la foi des disciples, ils l'exécuteront réellement. (v. 19.)
2. Avec quelle majestueuse assurance Jésus sait ce qu'il va faire de cette insuffisante provision !
3. Gr. *il bénit*, il prononça la bénédiction, que le père de famille prononçait avant le repas. Luc (9 : 16) fait porter la bénédiction sur les pains, qui auraient été consacrés par elle. Jean (6 : 11) dit : « il rendit grâce. » Il y eut donc à la fois dans l'âme du Sauveur le sentiment de la *reconnaissance* envers Dieu pour ce qu'il avait donné, et le dessein d'implorer la *bénédiction* divine sur ce peu de biens pour les multiplier. (Comp. 26 : 26, 27 ; 1 Tim. 4 : 4, 5.) Quel exemple et quelle consolation pour le pauvre dont la provision est insuffisante !
4. Les *disciples* accomplissent avec une humble obéissance l'ordre qu'ils ont reçu (v. 16) ; ils donnent *ce qu'ils ont* (v. 17), et c'est dans leurs mains que s'accomplit le miracle. Si Jésus avait d'avance multiplié les pains, de manière à en mettre sous leurs yeux une immense provision, cela eût mieux convenu à leur manque de foi ; mais Dieu ne procède jamais ainsi dans la dispensation de ses grâces. Il exerce la foi et l'obéissance, tout en donnant abondamment.
5. Ce fut Jésus qui ordonna aux disciples de recueillir ces *morceaux de surplus*, « afin que rien ne se perde. » Ces *paniers* étaient de petits sacs de voyage en jonc ou en paille. Chaque disciple en avait un, et le *remplit*.
6. Ce miracle, accompli, comme celui de Cana, sur la nature inanimée, sur les éléments purement matériels, est devenu, pour le rationalisme de toutes les écoles, une pierre d'achoppement. Dans les guérisons de malades, il reste à la raison des ressources pour expliquer la délivrance de ces malheureux par une influence morale exercée sur eux, sans s'élever jusqu'au surnaturel. Mais ici ! L'un de ces docteurs ne voit dans notre récit qu'une pure légende ou un mythe né dans l'imagination des premiers disciples. (Strauss.) Un autre nous raconte que Jésus fit simplement rassembler, puis distribuer avec ordre, les petites provisions que la foule avait apportées avec elle. (Paulus.) De Wette pense que ce récit est la forme symbolique qu'a revêtue dans la tradition l'instruction de Jésus (Jean 6) sur le pain spirituel ou pain de vie. Et, d'après lui, on a prétendu que, comme il était impossible de se représenter la réalité du fait, il n'y avait qu'à s'en tenir aux leçons religieuses qu'en tire Jésus. (Jean 6.) Mais que deviennent ces leçons, si elles reposent sur une invention légendaire ? Lange enfin, voit dans notre récit, non une multiplication du pain matériel, mais bien de sa force nutritive, en sorte que chacun fut rassasié de la part la plus minime qu'il reçut. Mais les douze paniers du surplus ? — La question n'est pas dans l'interprétation plus ou moins ingénieuse du récit. Elle est tout entière dans l'idée qu'on se fait de la personne de Jésus-Christ. Celui qui a dit : « Toute puissance m'a été donnée au ciel et sur la terre, » avait-il le pouvoir d'accomplir un acte de

178   ÉVANGILE SELON MATTHIEU   CHAP. XIV.

C. 22-36. JÉSUS MARCHANT SUR LA MER. GUÉRISONS DANS LE PAYS DE GÉNÉZARETH. — 1º *Les disciples dans la barque. Jésus sur la montagne.* Jésus aussitôt contraint ses disciples à se rembarquer. Il congédie la foule et se retire sur la montagne, où il reste seul, en prières. (22, 23.) — 2º *Jésus vient au secours des disciples.* Les voyant battus par la tempête, à la quatrième veille de la nuit, Jésus vient à eux, marchant sur les eaux. Ils sont remplis de frayeur, mais Jésus les rassure. (24-27.) — 3º *Pierre va à la rencontre de Jésus.* Pierre dit au Seigneur : Si c'est toi, ordonne que j'aille vers toi sur les eaux. Jésus lui ayant dit de venir, Pierre descend de la barque et marche sur les eaux. Mais troublé à la pensée du danger, il enfonce, et appelle Jésus à son aide. Jésus le saisit par la main et lui reproche son manque de foi. (28-31.) — 4º *La tempête apaisée. Impression produite.* Ils montent dans la barque et le vent cesse aussitôt. Ceux qui sont dans la barque se prosternent devant Jésus en le proclamant le Fils de Dieu. (32, 33.) — 5º *Guérisons dans le pays de Génézareth.* A son retour dans cette contrée, Jésus est reconnu. On envoie chercher partout les malades et on les lui amène. Ils sont guéris par le seul attouchement de son vêtement. (34-36.)

22   Et aussitôt, Jésus obligea ses disciples à monter dans la barque et à le précéder sur l'autre rive, pendant qu'il renverrait la foule [1]. —
23   Et après qu'il l'eut renvoyée, il monta sur la montagne, à l'écart, afin de prier ; et comme le soir était venu; il était là seul [2].
24   Or la barque, déjà au milieu de la mer, était battue par les flots ;
25 car le vent était contraire [3]. — Mais à la quatrième veille de la nuit,
26 il vint à eux, marchant sur la mer [4]. — Et les disciples, le voyant

création ? S'il l'avait, tout est dit, car une création ne s'explique pas. Or, ce miracle est attesté unanimement par les quatre évangiles, il est confirmé par l'impression qu'en reçut la foule, et bien plus encore par l'autorité du Sauveur, qui le prend pour texte d'un de ses plus profonds discours, et qui même en appelle directement à cet acte de sa puissance. (Marc 8 : 19, 20. Comp. J. Bovon, *Théol. du N. T.*, p. 290 et suiv., 310 et suiv.) — Quant au but immédiat du miracle, il est évident : le Sauveur voulait, dans sa compassion pour une multitude pauvre et défaillante qui s'était attachée à ses pas pour entendre sa parole, lui procurer un secours nécessaire, et faire envers elle une grande et touchante œuvre de charité.

1. *Sin.*, *C*, la syr. de Cureton, suivis par Tischendorf, omettent le mot *aussitôt;* mais ces autorités ne sont pas décisives. En tout cas, le mot est dans Marc, et il correspond à la situation. En effet, *la foule*, enthousiasmée par ce qu'elle venait de voir et d'entendre, s'agitait autour de Jésus ; elle voulait même le proclamer roi (Jean 6 : 15) : raison pressante pour lui d'échapper *aussitôt* à ces ovations bruyantes pour se retirer dans la solitude (v. 23.) De là encore ce terme inusité : il *obligea*, *contraignit* les disciples à s'embarquer pour *le précéder sur l'autre rive*, c'est-à-dire pour Bethsaïda (Marc 6 : 45) ou Capernaüm. (Jean 6 : 17.) Les disciples pouvaient croire qu'il voulait les suivre à pied plus tard, et il leur répugnait de se séparer de lui.

2. *Solitude* et *prière :* Jésus lui-même, après tous ses travaux de la journée, éprouve le besoin de retremper son âme dans la communion de son Père céleste. Combien plus ceux qui le suivent de si loin dans l'activité et le combat ! — *Le soir* désigne une heure avancée de la soirée. (Comp. v. 15.)

3. Le mot *déjà* semble indiquer que jusqu'au *milieu de la mer*, c'est-à-dire pendant une heure environ (25 ou 30 stades, Jean 6 : 19), la navigation n'avait point rencontré d'obstacles, mais que là les disciples furent surpris par un de ces vents violents, qui se lèvent soudain sur les lacs entourés de montagnes. (8 : 24, note.) *B* et plusieurs versions, après *au milieu de la mer*, ajoutent ces mots : *elle était éloignée de plusieurs stades de la terre.*

4. Le texte reçu dit : « *Jésus* vint ; » mais l'évangéliste, au souvenir de cette scène, n'a pas besoin de nommer celui

marcher sur la mer, furent troublés, disant : C'est un fantôme ! Et de frayeur ils crièrent[1]. — Mais aussitôt Jésus leur parla, disant : Rassurez-vous ; c'est moi, n'ayez point peur[2]. — Et Pierre, lui répondant, dit : Seigneur, si c'est toi, ordonne que j'aille vers toi sur les eaux[3]. — Jésus lui dit : Viens[4]. Et Pierre, étant descendu de la barque, marcha sur les eaux et vint vers Jésus[5]. — Mais voyant le vent, il eut peur ; et comme il commençait à enfoncer, il s'écria, disant : Seigneur, sauve-moi[6] ! — Et aussitôt Jésus, ayant étendu la main, le saisit et lui dit : Homme de petite foi, pourquoi as-tu douté[7] ? — Et quand ils furent entrés dans la barque, le vent s'apaisa. — Et ceux qui étaient dans la barque vinrent et se prosternèrent devant lui, disant : Tu es véritablement le Fils de Dieu[8]. 27 28 29 30 31 32 33

qui apparut aux siens comme le Sauveur : *il vint.* — La *quatrième veille de la nuit* était entre trois et six heures du matin. Les veilles, de trois heures chacune, commençaient à six heures du soir. Les disciples avaient donc lutté contre la tempête la plus grande partie de la nuit, et ils étaient en danger. (Comp. 8 : 25.) Mais Jésus, plutôt que de les laisser périr, vient à eux *marchant sur la mer.* Le rationalisme s'est mis en frais d'inventions pour supprimer ce fait surnaturel. La plus ridicule est celle qui consiste à traduire *sur la mer* par *sur le bord de la mer* ! Tout cela pour nier que le Fils de Dieu dominât sur les forces de la nature dont il est pourtant le Roi.

1. Le mot *fantôme* (gr. *phantasma*) signifie une *apparition* du monde des esprits. Les disciples partageaient la croyance populaire de leur temps. (Luc 24 : 37.) Ainsi, à la crainte du danger se joint une nouvelle *frayeur,* tandis que c'est le secours qui s'approche !

2. « C'est par sa voix qu'il se fait connaître. » *Chrysostome.* Calme majesté de la puissance divine du Sauveur au sein de la tempête ! Tendre compassion pour les siens qu'il rassure et console, même avant de les sauver !

3. Que cela est bien dans le caractère de Pierre : ardeur qui ne se donne pas le temps de la réflexion, vif amour pour son Maître dont il veut être le premier à embrasser les genoux !

4. Parole de puissance divine, majestueuse assurance de dominer la nature, pour son disciple, aussi bien que pour lui-même ! Il accorde la permission parce que l'éducation d'une telle âme devait se faire par l'expérience. (Comp. 26 : 69-75.)

5. Le texte reçu dit : « *pour venir* vers Jésus. » La variante adoptée, d'après Tischendorf, sur l'autorité de *B, C* : *et il vint,* est plus en harmonie avec cette scène, car Pierre parvint réellement jusqu'à son Maître. (v. 31.)

6. « Dans la mesure de sa foi, il était porté par les eaux. » *Bengel.* Mais *voyant* la puissance du *vent,* le doute et la *peur* le privèrent de la force de cette foi qui le soutenait. Cependant il lui reste assez de confiance pour crier vers son Sauveur, et cela suffit pour sa délivrance. Le texte reçu, avec *C, D,* et la plupart des *majusc.* ajoute au mot *vent* le qualificatif de *fort.*

7. Gr. *hésiter, se tourner de deux côtés.* — *Pourquoi ?* Pierre n'avait que trop de raisons de douter ; mais la question du Sauveur signifie que là où il est présent, ces raisons n'existent plus. — Matthieu seul a conservé cet épisode relatif à Pierre, quoique le récit de Jésus marchant sur la mer se retrouve dans Marc et Jean. La critique négative en a conclu que ce trait de la vie du disciple a été ajouté au récit par une tradition postérieure. Mais sur quoi se fonde cette supposition ? L'expérience de Pierre, l'une des plus touchantes et des plus instructives de sa vie, n'est-elle pas dans son caractère, et digne du Maître qui fait son éducation ?

8. *Ceux qui étaient dans la barque* ne paraissent pas être les disciples seulement, mais d'autres encore qui faisaient la traversée avec eux. Leur foi en Jésus comme *Fils de Dieu,* dont l'expression s'échappe de leur cœur à la suite de cette scène, n'y a pas été éveillée seulement par la majesté et la puissance divines que le Seigneur vient de faire paraître, mais plus encore par sa parole qu'ils avaient

180   ÉVANGILE SELON MATTHIEU   CHAP. XV.

34 Puis ayant passé à l'autre bord, ils vinrent dans le pays de Géné-
35 zareth [1]. — Et les gens de ce lieu-là l'ayant reconnu, envoyèrent par toute la contrée d'alentour, et on lui amena tous les malades. —
36 Et ils le priaient qu'ils pussent seulement toucher le bord de son vêtement, et tous ceux qui le touchèrent furent guéris [2].

3. Retraite dans les quartiers de Tyr et de Sidon.

A. 1-20. TRADITIONS ET ORDONNANCES CÉRÉMONIELLES. — 1° *Attaque des pharisiens venus de Jérusalem*. Des pharisiens viennent demander à Jésus pourquoi ses disciples transgressent la tradition des anciens, en prenant leurs repas sans ablutions des mains. A quoi il répond qu'eux-mêmes transgressent le commandement de Dieu par leur tradition. Il en donne pour preuve le cinquième commandement violé par eux, car ils autorisent à ne plus aider ses parents pauvres celui qui déclare avoir fait à Dieu une offrande de son bien. Il les accuse d'hypocrisie en leur appliquant une déclaration d'Esaïe sur le vain culte des lèvres, auquel le cœur reste étranger. (1-9.) — 2° *Jésus s'adresse à la foule*. Se tournant vers la foule, il répond à la question des pharisiens en rappelant que ce ne sont pas les aliments qui souillent l'homme, mais bien le mal qui est dans son cœur et qui se révèle par des paroles. (10, 11.) — 3° *Jésus répond à ses disciples*. a) Ses disciples l'avertissent que les pharisiens se scandalisent de ce discours ; à quoi il répond en comparant ses adversaires à une plante qui va être déracinée, et à un aveugle conduisant un aveugle. (12-14.) b) Pierre demande à Jésus l'explication de l'image dont il s'est servi ; alors il dit clairement que les aliments, qui entrent dans la bouche, ne souillent pas l'homme, mais bien les mauvaises pensées et tous les péchés qui viennent du cœur. (15-20.)

XV Alors des scribes et des pharisiens venus de Jérusalem s'appro-
2 chent de Jésus, disant [3] : — Pourquoi tes disciples transgressent-ils la tradition des anciens ? car ils ne se lavent point les mains lors-
3 qu'ils prennent leurs repas [4]. — Mais lui, répondant, leur dit : Pour-

---

entendue dans cette journée si mémorable pour eux.

1. Le *pays* (gr. *terre*) *de Génézareth* est situé sur le bord occidental du lac de ce nom, dans la basse Galilée. Josèphe décrit cette contrée comme remarquable par la douceur et la fertilité de son climat.

2. Gr. *sauvés*, ou plutôt, comme l'exprime le verbe grec composé, *entièrement sauvés*. Il s'agit bien, avant tout, de la *guérison* de ces malades, mais le terme est choisi à dessein comme pouvant exprimer beaucoup plus. (Comp. 9 : 21, 22, notes.) Dans ce dernier passage, on voit aussi une pauvre femme malade, guérie en *touchant le bord du vêtement* du Sauveur ; mais ce qui la guérit, ce fut, d'une part, « la puissance qui sortait de lui » (Luc 8 : 46), et d'autre part, la foi qu'elle avait en lui. Telles furent aussi les guérisons sommairement rapportées ici. Il n'y a rien dans ces guérisons qui autorise les superstitions qu'on voudrait appuyer sur un tel exemple.

3. Comp. Marc 7 : 1-23. — Le mot *alors* indique le temps où Jésus se trouvait dans le pays de Génézareth. (14 : 34.) Ces *scribes* et ces *pharisiens* (comp. 23 : 2 et suiv. ; 3 : 7) étaient sans doute une députation de la synagogue ou même du sanhédrin de *Jérusalem*, venue pour adresser à Jésus des questions insidieuses et chercher quelque sujet d'accusation. (v. 2.) Les séjours que le Sauveur avait faits à Jérusalem (Jean, chap. 2, 3, 5) pouvaient avoir donné lieu à une pareille démarche. Ce récit conservé par Matthieu et Marc (7 : 1 et suiv.) montre l'inimitié croissante des adversaires de Jésus.

4. Gr. *quand ils mangent du pain*

quoi, vous aussi, transgressez-vous le commandement de Dieu à cause de votre tradition ¹ ? — Car Dieu a commandé, disant : « Ho- 4 nore ton père et ta mère ; » et « que celui qui maudit père ou mère soit mis à mort ². » — Mais vous, vous dites : Celui qui aura dit à 5 son père ou à sa mère : « Ce dont tu pourrais être assisté par moi est une offrande.... » Il n'honorera certainement pas son père ou sa mère ³ ! — Et vous avez annulé la loi de Dieu à cause de votre tra- 6 dition ⁴. — Hypocrites, Esaïe a bien prophétisé de vous, en disant ⁵ : 7 — « Ce peuple m'honore de ses lèvres ; mais leur cœur est fort 8 éloigné de moi. — Mais c'est en vain qu'ils me rendent un culte, 9 enseignant des doctrines qui ne sont que des commandements d'hommes ⁶. »

(hébraïsme). — La *tradition des anciens*, reçue des pères, c'étaient les usages religieux qu'ils avaient par degrés ajoutés aux prescriptions de la loi. Cette tradition avait plus d'importance aux yeux du pharisaïsme que la loi elle-même. On fondait cette opinion sur des passages mal compris de l'Ecriture, tels que Deut. 17 : 10. Ainsi, la tradition prescrivait diverses ablutions, en particulier avant chaque repas. (Comp. Marc 7 : 3, 4.) Jésus et *ses disciples* (auxquels les pharisiens reprochent cette négligence pour en faire peser la responsabilité sur le Maître) ne se sentaient point liés par ces traditions, bien qu'ils observassent la loi.
1. Ou : « au profit de votre tradition. » Cette question, reprise dans les mêmes termes que la leur, était d'autant plus frappante pour les pharisiens. *Vous aussi* suppose qu'il y a *transgression* des deux côtés ; mais d'une part, la *tradition* humaine, d'autre part, du *commandement* de Dieu !
2. Ex. 20 : 12 et 21 : 17. Tous les devoirs des enfants envers leurs parents sont compris dans la première de ces paroles ; la seconde, qui exprime toute la rigueur de la loi contre le crime ici prévu, est citée d'après les Septante ; littéralement : *finira par la mort*. L'hébreu dit : *mourra de mort*, c'est-à-dire mourra certainement.
3. La première partie de cette phrase est inachevée ; mais les pharisiens ont compris, et Jésus tire aussitôt la conséquence de ce faux principe. La tradition autorisait donc un fils à dire à son père ou à sa mère dans le besoin : « J'ai prononcé le mot sacramentel de corban, ou *offrande* à Dieu, sur ce bien qui (gr.) *pourrait t'être utile*, dont je pourrais t'assister ; donc, il n'est plus à moi, il est sacré. » Jésus n'achève pas ; les pharisiens ont compris, car sous ce prétexte, leur tradition exemptait un homme d'assister ses parents pauvres. (Marc 7 : 12.) Mais il ajoute : *Celui qui agira ainsi n'honorera certainement pas son père ou sa mère ;* il aura violé le commandement de Dieu. Cette explication, adoptée par Meyer et par d'autres, est la plus conforme au grec et à la forte négation (*certainement pas*) qu'il présente. Cependant plusieurs exégètes et des traducteurs récents mettent dans la bouche des pharisiens les deux parties de ce verset, et leur font dire : « Celui qui aura dit : « C'est une offrande, » *n'est pas tenu d'honorer* son père ou sa mère. » Mais est-il probable que les pharisiens, rigoureux observateurs de la loi, eussent eu l'imprudence d'en autoriser si expressément la violation ? Westcott et Hort retranchent *ou sa mère*, à la fin du verset, d'après *Sin.*, B, D.
4. *A cause de* signifie, comme au v. 3, *en faveur de ;* de votre tradition que vous mettez au-dessus de la *loi de Dieu*, et par laquelle vous *annulez* cette loi ! — Le texte reçu porte : le *commandement*, une variante de B, D, plusieurs vers. : la *parole de Dieu*.
5. Esa. 29 : 13. Cité avec quelques variations d'après les Septante, qui rendent bien le sens de l'hébreu. — Quand Esaïe *prophétisait* ainsi, il pensait certainement avant tout aux hommes de son temps. Mais le Seigneur n'hésite pas à appliquer à ses auditeurs une parole divine qui reste vraie dans tous les temps et qui ainsi devient une *prophétie* de l'avenir, tandis que, pour Esaïe, elle s'accomplissait dans le présent.
6. Le texte reçu, avec C et les *majusc.*,

10   Et ayant appelé à lui la foule, il leur dit : Ecoutez et comprenez [1] :
11   — ce n'est pas ce qui entre dans la bouche qui souille l'homme ; mais ce qui sort de la bouche, c'est là ce qui souille l'homme [2]. —
12   Alors ses disciples s'approchant, lui dirent : Sais-tu que les phari-
13   siens, en entendant ces paroles, ont été scandalisés [3] ? — Mais il leur répondit : Toute plante que mon Père céleste n'a point plantée sera
14   déracinée [4]. — Laissez-les ; ce sont des aveugles conducteurs d'aveugles. Que si un aveugle conduit un aveugle, ils tomberont
15   tous deux dans la fosse [5]. — Et Pierre, prenant la parole, lui dit :
16   Explique-nous cette parabole [6]. — Sur quoi il dit : Vous aussi, êtes-
17   vous encore sans intelligence ? — Ne comprenez-vous pas que tout ce qui entre dans la bouche va dans le ventre et est rejeté au lieu
18   secret ? — Mais ce qui sort de la bouche vient du cœur ; et c'est là
19   ce qui souille l'homme. — Car du cœur sortent les mauvaises pensées, les meurtres, les adultères, les fornications, les larcins, les

ajoute les mots : « s'approche de moi de sa bouche, » qui sont bien dans Esaïe, mais que Jésus omet dans sa citation. Il en est de même dans Marc. (7 : 6.) — *Honorer* Dieu *des lèvres*, tandis que *le cœur* reste étranger à toute communion avec lui, c'est ce qui constitue *l'hypocrisie* que Jésus reproche à ses auditeurs. Il est bien évident qu'alors tout *culte* qu'on lui rend est *vain*, vide de sens et de valeur, puisqu'il n'est qu'un formalisme mensonger. (Jacq. 1 : 26.) A plus forte raison en sera-t-il ainsi, si ce culte ou cette adoration repose, non sur la vérité divine, mais sur des *doctrines* et des *commandements* humains. (Comp. Jean 4 : 24.)

1. Jésus va revenir à la question des pharisiens (v. 2), à laquelle il n'a pas encore répondu. Mais cette réponse, il l'adresse à la *foule* qui l'entoure et qui avait entendu la question. Par là, il montre à ses adversaires qu'il ne les juge pas dignes de son enseignement, parce que leur cœur n'est pas sincère. (v. 7.)

2. La nourriture, même quand elle est prise avec des mains qui n'ont pas été purifiées par des ablutions (v. 2), ne peut *souiller* moralement (gr. *rendre commun*, *profane*, par opposition à la pureté légale) ; mais bien ce qui, venant du cœur, *sort de la bouche*, en paroles, etc. (v. 17-20.) — Dans cette déclaration, Jésus a en vue la tradition des Juifs (v. 3), et non encore les prescriptions de la loi relatives aux aliments purs ou impurs ; mais il est certain que ces dernières elles-mêmes sont atteintes par le principe nouveau et spirituel que le Seigneur pose ici.

3. Qu'il s'agisse de ce *discours* tout entier, ou seulement de la *parole* du v. 11 (le mot grec a les deux sens), toujours est-il que les pharisiens y trouvèrent un *scandale*, une occasion de chute. Ils tombèrent par là plus bas encore dans leur opposition et dans leur irritation contre la vérité.

4. Les exégètes se demandent si cette image de la *plante* doit être appliquée aux pharisiens ou à leurs « doctrines qui ne sont que des commandements d'hommes. » La première application paraît plus naturelle dans ce contexte. D'autre part il est certain qu'une sentence aussi absolue a diverses significations. Toute doctrine, toute œuvre, toute église, toute âme que Dieu n'a pas implantée dans son royaume, par son Esprit, est destinée à périr. (13 : 40.) La fin du peuple juif, dominé par ses chefs, ne l'a-t-elle pas prouvé ? Cette déclaration générale et la parole qui suit sont la réponse de Jésus à l'observation des disciples. (v. 12.)

5. Quelle sévérité ! Le mot *aveugle* quatre fois répété ! Et cette prophétie : *tomberont dans une fosse* ! Ce qu'il y avait de pire dans cet aveuglement des pharisiens, c'est qu'ils n'en avaient pas conscience. (Jean 9 : 40, 41.) *Sin.*, *B*, *D*, ont : *ce sont des conducteurs aveugles*.

6. *Parabole* est pris dans le sens de *comparaison* ou image. (13 : 3 note.) Pierre revient à la parole du v. 11, dont il demande l'explication.

faux témoignages, les calomnies. — Ce sont ces choses-là qui souil- 20
lent l'homme ; mais de manger sans s'être lavé les mains, cela ne
souille point l'homme [1].

B. 21-28. LA FEMME CANANÉENNE, OU LA FOI MISE A L'ÉPREUVE ET VICTORIEUSE. —
1º *Le silence de Jésus.* Jésus s'étant retiré sur les confins de Tyr et de Sidon, une
femme de ces contrées vient le supplier d'avoir pitié d'elle, car sa fille est tourmentée
par un démon ; mais Jésus ne lui répond point. (21-23.) — 2º *L'intervention des
disciples.* Les disciples le prient de la renvoyer ; il leur dit qu'il n'est venu que pour
le peuple d'Israël. (23, 24.) — 3º *Le refus humiliant du Sauveur.* La femme cependant se prosterne devant lui en implorant son secours. Il lui répond que le pain des
enfants n'appartient point aux petits chiens. C'est vrai, reprend-elle aussitôt, car les
petits chiens se contentent des miettes qui tombent de la table de leurs maîtres, et je
ne demande pas davantage. (25-27.) — 4º *Le triomphe de la foi.* A l'ouïe de ces paroles, Jésus admire une si grande foi, et la jeune fille est guérie à l'instant. (28.)

Et Jésus, étant parti de là, se retira dans le territoire de Tyr et de 21
Sidon [2]. — Et voici, une femme cananéenne, sortant de ces contrées, 22
criait, disant : Aie pitié de moi, Seigneur, fils de David ; ma fille est
cruellement tourmentée par le démon [3] ! — Mais il ne lui répondit 23
pas un mot [4]. Et ses disciples s'étant approchés le priaient disant :

1. Ces versets 17 à 20 sont le commentaire du v. 11, et en même temps la réponse à la question de Pierre. Les disciples comprendront cette fois, et la longue
énumération de ces péchés qui *sortent du
cœur* les instruira sur la nature morale,
disons mieux, sur la corruption de
l'homme. Tous ces mots au pluriel font
ressortir la surabondance du mal. (Voir
Marc 7 : 22, note.) Quand donc Jésus dit
que l'homme bon tire le bien de ce trésor
intérieur (12 : 35), il suppose que sa régénération a eu lieu.
2. Comp. Marc 7 : 24-30. Jésus *se
retirait* dans la solitude, sans doute à
cause de l'inimitié croissante que venaient
de manifester ses adversaires. (v. 1 et
suiv.) Il s'avance au nord de la Galilée
jusque sur les confins de la Phénicie, ordinairement désignée par le nom de ses
deux plus grandes villes, *Tyr et Sidon.*
On ne peut pas traduire : « *du côté de
Tyr et de Sidon,* » comme on l'a proposé,
pour tenir compte du fait qu'il est dit ensuite : une Cananéenne *sortant de ces
contrées-là....* Le texte suppose que Jésus entra sur le territoire phénicien. Il
est probable que le narrateur voulait dire
que cette femme venait de parties plus
éloignées de ce pays. Mais il reste dans
son récit une certaine obscurité. —
Marc (7 : 24) fait observer que Jésus
voulait rester inconnu dans cette contrée,
mais que sa présence ne put être cachée.
3. Cette femme, que Marc désigne
comme syro-phénicienne, est ici appelée
cananéenne. C'est que plusieurs tribus
cananéennes, dépossédées de leur pays
sous Josué, s'étaient retirées vers le nord,
et avaient formé ce peuple que les Grecs
nommaient phénicien, tandis que les Juifs
continuaient à lui donner le nom de ses
ancêtres. — Cette femme avait entendu
parler de Jésus (Marc 7 : 25), de ses
œuvres ; peut-être même, vivant dans le
voisinage des Juifs, avait-elle connaissance de leurs espérances messianiques ;
le nom qu'elle donne à Jésus (*fils de
David*) montre même qu'elle voyait réellement en lui le Messie promis. Aussi,
dans son angoisse au sujet de la maladie
mystérieuse de son enfant (voir sur les
démoniaques 8 : 28, note), n'hésite-t-elle
pas à accourir auprès de lui. Sa touchante
prière s'échappe de son cœur avec des
cris de douleur, et, faisant de la souffrance de sa fille sa propre souffrance,
c'est pour elle-même qu'elle implore la
compassion du Sauveur.
4. Pourquoi ce silence qui était si peu
dans les habitudes de Jésus, et qui dut
paraître si dur à cette pauvre femme ?
Plusieurs interprètes, depuis les Pères de
l'Eglise jusqu'aux Réformateurs et aux
modernes, n'ont vu dans ce silence,
comme dans tout le dialogue qui va

24 Renvoie-la, car elle crie derrière nous ¹. — Et il répondit : Je n'ai
25 été envoyé qu'aux brebis perdues de la maison d'Israël ². — Mais
elle, s'étant approchée, se prosternait devant lui, disant : Seigneur,
26 secours-moi ³ ! — Il répondit : Il n'est pas permis de prendre le
27 pain des enfants et de le jeter aux petits chiens ⁴. — Mais elle dit :
Oui, Seigneur, car aussi les petits chiens mangent les miettes qui
28 tombent de la table de leurs maîtres ⁵. — Alors Jésus, répondant,
lui dit : O femme, ta foi est grande ! Qu'il te soit fait comme tu le
veux. Et dès cette heure-là, sa fille fut guérie ⁶.

suivre, qu'un moyen par lequel Jésus voulait éprouver et affermir la foi de la Cananéenne. (v. 28.) Sans aucun doute, tel fut le résultat de la conduite du Sauveur en cette occasion ; mais en était-ce bien la raison ? N'y a-t-il pas quelque chose qui répugne à une conscience délicate, dans la pensée d'attribuer à Jésus cette espèce de feinte en présence d'une telle douleur, même dans le but le plus excellent ? Lui-même a tranché la question par la parole la plus claire (v. 24), et c'est à la lumière de cette parole, prise au sérieux, que les meilleurs exégètes interprètent aujourd'hui la manière dont Jésus agit en cette circonstance.

1. On a souvent attribué à ces paroles des disciples un sens de pur égoïsme, comme s'ils n'avaient eu d'autre pensée que de débarrasser leur Maître et eux-mêmes de l'importunité de cette femme. Il est évident, par le motif qu'ils expriment, qu'il y avait quelque peu de ces mauvais sentiments dans leurs cœurs. Mais ils désiraient aussi que Jésus ne la *renvoyât* qu'après lui avoir accordé sa demande. C'est ce que montre ce mot : ils le *priaient* ; c'est ce que prouve plus clairement encore la réponse de Jésus. (v. 24.)

2. Voilà le vrai motif du Sauveur. Il rappelle aux disciples le plan divin d'après lequel l'Evangile devait être porté d'abord à la nation israélite, au sein de laquelle l'Eglise devait naître, d'où devait venir le salut. (Jean 4 : 22.) Il avait interdit à ses disciples d'aller vers les Gentils (10 : 5), et toujours, même après qu'ils eurent compris l'universalité de l'Evangile, ils suivirent cet ordre en s'adressant d'abord aux Juifs. Le moment des autres nations viendra aussi. (28 : 19 ; Jean 10 : 16 ; Eph. 2 : 17.) Jésus obéissait donc à un devoir, et il se refusait à accomplir un miracle qui pouvait l'entraîner à une activité qu'il ne voulait pas entreprendre dans cette contrée païenne. Mais il avait ensei-

gné lui-même qu'il est des cas où il faut mettre la charité au-dessus de la loi (12 : 3 et suiv.), et c'est ce qu'il fera, vaincu par une foi qui provoque son admiration. (v. 28.) Ainsi, comme l'observe un théologien éminent (Ewald), Jésus se montre ici deux fois grand : d'abord par sa fidélité à sa vocation, ensuite par sa tendre miséricorde. — Mais quelle épreuve pour la pauvre mère !

3. Plus la lutte dure, plus les supplications de la foi deviennent ardentes. Il est telle situation où l'âme sent qu'il faut trouver le *secours* divin, ou périr.

4. Tel est le texte admis par Tischendorf et la plupart des critiques d'après *D* ; cette expression répond bien à la pensée du v. 24. La leçon du texte reçu : *il n'est pas bien*, a la plupart des autorités pour elle, mais elle paraît empruntée à Marc. — Les *enfants* sont les Israélites, qui ont part à l'alliance divine ; les *chiens*, animaux impurs, représentent les païens. Mais Jésus adoucit ce mot, et, par un gracieux diminutif, il désigne ces *petits chiens* favoris qui ont accès dans la maison et jusque sous la table où ils se nourrissent. C'est même à cette intention délicate de Jésus que la Cananéenne s'attache dans son admirable réponse.

5. *Oui, Seigneur, car aussi* est la traduction littérale du texte et c'est celle qui exprime le mieux cette pensée diversement interprétée par les exégètes. « *Oui*, j'accepte ton jugement et ta comparaison ; *car aussi* les petits chiens ne prétendent pas au pain des enfants ; ils se contentent des *miettes* (gr. diminutif : *petites miettes*) *qui tombent sous la table*, et je n'en demande pas davantage. La table de tes miséricordes est si riche que ton secours accordé à une pauvre païenne n'ôtera rien aux enfants. » Ainsi, la foi vive et intelligente de cette femme s'empare de l'objection, l'approuve humblement, mais en fait un argument.

6. Comp. 8 : 10. Cette *foi* est si

C. 29-39. Guérisons de malades. Seconde multiplication des pains. — 1° *Jésus guérit les malades.* Jésus étant venu près de la mer de Galilée, de grandes foules l'environnent, amenant à ses pieds de nombreux malades qu'il guérit. Ces foules admirent sa puissance et glorifient Dieu. (29-31.) — 2° *Jésus fait part de son dessein à ses disciples.* Il appelle ses disciples et leur exprime la compassion dont il est ému envers ces foules qu'il ne veut pas renvoyer à jeun, de peur qu'elles ne défaillent. Les disciples objectent l'impossibilité de les nourrir dans un désert ; car ils n'avaient que sept pains et quelques petits poissons. (32-34.) — 3° *Jésus nourrit la multitude.* Mais Jésus ayant pris ces pains, et rendu grâces, les donna aux disciples, et ceux-ci au peuple. Tous furent rassasiés, et l'on emporta sept paniers des morceaux de reste. Or ils étaient quatre mille hommes. (35-38.) — 4° *Traversée du lac.* Jésus repasse le lac et va dans la contrée de Magdala. (39.)

Et Jésus, partant de là, vint près de la mer de Galilée [1] ; et étant 29 monté sur la montagne, il s'y assit. — Alors de grandes foules 30 vinrent à lui, ayant avec elles des boiteux, des aveugles, des muets, des estropiés et beaucoup d'autres qu'ils jetèrent à ses pieds [2] ; et il les guérit. — De sorte que la foule était dans l'admiration de voir 31 des muets qui parlaient, des estropiés qui étaient guéris, des boiteux qui marchaient, des aveugles qui voyaient ; et ils glorifiaient le Dieu d'Israël [3]. — Mais Jésus ayant appelé à lui ses disciples, leur dit : 32 Je suis ému de compassion envers cette foule ; car il y a déjà trois jours qu'ils restent auprès de moi, et ils n'ont rien à manger ; et je ne veux pas les renvoyer à jeun, de peur qu'ils ne défaillent en chemin [4]. — Et ses disciples lui disent : D'où aurions-nous, dans un 33 désert, assez de pain pour rassasier une si grande foule [5] ? — Et 34

grande, que, dans une lutte prolongée, elle a vaincu le Seigneur lui-même. (Voir la lutte de Jacob, Gen. 32 : 24.) Aussi le Seigneur lui accorde-t-il tout ce qu'elle veut. D'abord, la *guérison* de son enfant, accomplie *dès cette heure-là*, et à distance, comme au chap. 8 : 13 (comp. Jean 4 : 50 et suiv.) ; puis, sans aucun doute, un grand progrès dans sa vie religieuse, qui fut dès lors toute pénétrée de reconnaissance et d'amour. (Voir encore, sur ce touchant récit, Marc 7 : 24-30, notes.)

1. Sur la rive orientale de cette *mer* (v. 39), et après un assez long détour que Matthieu ne mentionne pas. (Marc 7 : 31.)

2. Le texte reçu porte : *aux pieds de Jésus.* — Ce mot : « qu'ils *jetèrent* à ses pieds, » exprime vivement cette scène dans laquelle la foule, amenant avec un extrême empressement ces malades, dont chacun veut devancer les autres, les dépose suppliants aux pieds du divin libérateur.

3. *Le Dieu d'Israël,* que les païens ne connaissaient pas encore, et qui se manifestait à son peuple avec tant de puissance et de miséricorde en Jésus. (Luc 1 : 68.) Westcott et Hort omettent : *des estropiés guéris,* d'après *Sin.* et quelques vers.

4. Ce qui émeut d'une tendre *compassion* le cœur de Jésus, c'est la vue de cette population pauvre des montagnes, si avide d'entendre sa parole, si empressée à lui amener ses malades (v. 30), que depuis *trois jours* elle ne l'avait plus quitté. Toutes les provisions sont épuisées, et comme la contrée montagneuse située sur la côte orientale du lac (v. 39) n'offrait point de ressources, et que plusieurs étaient venus de très loin (Marc 8 : 3), Jésus, plein de sollicitude pour tous leurs besoins, craint que, s'il les renvoie sans nourriture, *ils ne défaillent en chemin.* Il s'adresse à ses disciples pour leur faire partager ce miséricordieux intérêt et pour les employer eux-mêmes dans l'œuvre qu'il allait accomplir.

5. On est surpris d'entendre les disciples répéter ici la même objection que

Jésus leur dit : Combien avez-vous de pains ? Et ils dirent : Sept, et
35 quelques petits poissons. — Et ayant commandé à la foule de s'as-
36 seoir à terre, — il prit les sept pains et les poissons, et ayant rendu
grâces, il les rompit, et il les donnait à ses disciples, et ses disciples
37 à la foule [1]. — Et tous mangèrent et furent rassasiés ; et on emporta
38 sept corbeilles pleines des morceaux qui restaient. — Or ceux qui
en avaient mangé étaient quatre mille hommes, sans compter les
39 femmes et les petits enfants. — Alors Jésus ayant renvoyé les foules,
monta dans la barque, et il vint au territoire de Magdala [2].

4. *Retraite à Césarée de Philippe.*

A. 1-12. NOUVELLE ATTAQUE DES PHARISIENS UNIS AUX SADDUCÉENS. ILS DEMANDENT UN SIGNE DU CIEL. SE GARDER DE LEUR LEVAIN. — 1º *Le conflit.* Jésus, de retour en Galilée, est soumis à une nouvelle épreuve par les pharisiens et les sadducéens. Jésus les qualifie d'hypocrites, eux qui savent bien reconnaître l'aspect du ciel et qui ne discernent pas les signes des temps. Ils n'auront pas d'autre signe que celui de Jonas. (1-4.) — 2º *Départ de Jésus. Exhortation au sujet du levain.* Jésus, repassant à l'autre rive du lac, met ses disciples en garde contre le levain de ses adversaires. Les disciples, qui ont oublié d'emporter des pains, prennent cette recommandation dans son sens matériel. Jésus dissipe ce malentendu et leur reproche leur incrédulité, en leur rappelant les deux multiplications des pains. (5-12.)

XVI Alors les pharisiens et les sadducéens s'approchant de lui, lui demandèrent, pour le tenter, de leur montrer un signe venant du ciel [3].

lors de la première multiplication des pains (14 : 15) ; il semble que le souvenir de ce miracle aurait dû prévenir tous les doutes sur ce que leur Maître pouvait et voulait faire dans cette nouvelle nécessité. Cette observation, et en général la similarité des deux miracles, ont inspiré à plusieurs interprètes la pensée qu'il s'agirait d'un seul et même fait, deux fois raconté, avec quelques circonstances différentes. Ces circonstances sont pourtant assez importantes pour qu'il soit impossible d'identifier les deux faits : différence de la foule que Jésus nourrit ; là, des habitants de la Galilée, au nombre de cinq mille ; ici une population des montagnes, au nombre de quatre mille ; là, cinq pains, ici sept ; là, douze paniers de reste, ici sept. Mais ce qui met historiquement hors de doute la réalité des deux faits, ce n'est pas seulement le témoignage de Marc (8 : 1 et suiv.), identique à celui de Matthieu, mais c'est la parole de Jésus lui-même, rappelant les deux miracles et reprochant à ses disciples de n'en avoir pas gardé l'enseignement. (Math. 16 : 9, 10 ; Marc 8 : 19, 20.)

1. Tous ces traits du récit sont semblables dans les deux miracles. (Voir 14 : 19, notes, et comp. 16 : 10, note.)

2. On voit par ce texte que Jésus traverse le lac, de la rive orientale à celle de l'ouest. C'est donc dans cette contrée que se trouvait *Magdala*, la ville de Marie-Madeleine, qui n'est aujourd'hui qu'un pauvre hameau nommé Medjdel, situé à environ une lieue au nord de Tibériade. Mais ce nom ne se lit que dans les *majusc.* les plus récents. *Sin.*, B, D ont une variante admise par Tischendorf, Westcott et Hort, et la plupart des critiques, et qui porte *Magadan* au lieu de Magdala. Or on ne connaît ni ville ni village de ce nom, ce qui ferait supposer qu'il n'est qu'une corruption de Magdala. (Voir le *Voyage en Terre-Sainte* de M. F. Bovet, 7ᵉ édition, p. 362.)

3. Voir sur les *pharisiens* et les *sad-*

2 — Mais répondant il leur dit : Quand le soir est venu, vous dites :
3 Il fera beau temps, car le ciel est rouge ; — et le matin, vous dites :
Il y aura aujourd'hui de l'orage, car le ciel est d'un rouge sombre.
Hypocrites, vous savez bien discerner l'apparence du ciel, et vous ne
pouvez discerner les signes des temps [1] ? — Une génération méchante
4 et adultère demande un signe ; mais il ne lui sera donné aucun autre
signe que le signe de Jonas [2]. Et les laissant, il s'en alla [3].
5 Et les disciples, en passant à l'autre bord, avaient oublié de prendre
des pains [4]. — Or Jésus leur dit : Gardez-vous avec soin du levain
6 des pharisiens et des sadducéens [5]. — Mais ils raisonnaient en eux-
7 mêmes, disant : C'est parce que nous n'avons point pris de pains [6].

ducéens 3 : 7, note. — On s'est étonné de voir, dans le récit de Matthieu, des délégués de ces deux sectes ennemies s'unir pour *tenter* Jésus. Mais qu'on se souvienne de Pilate et d'Hérode devenus amis. (Luc 23 : 12.) Ne voit-on pas très souvent les partis les plus opposés se coaliser pour atteindre certains buts ? Cette association des pharisiens et des sadducéens marque un nouveau progrès dans l'opposition contre Jésus. — Quelques interprètes ont voulu identifier cette demande d'un *signe* avec celle que Matthieu a rapportée au chap. 12 : 38. Mais pourquoi les adversaires n'auraient-ils pas eu recours plus d'une fois à la même ruse ? Il s'agit d'ailleurs ici d'autre chose, d'un signe *venant du ciel* et apparaissant à la vue. (24 : 29 et suiv. ; Act. 2 : 19.) Ces hommes savaient que Jésus ne le produirait pas ; ils comptaient en profiter pour persuader aux foules qu'il n'était pas le Messie.

1. Ces paroles des v. 2 et 3, depuis *Quand le soir* jusqu'à *signes des temps*, manquent dans *Sin.*, B et d'autres, dans des versions anciennes et dans quelques Pères. Un manuscrit les marque d'un signe dubitatif ; enfin Marc ne les a pas dans son récit parallèle. (8 : 11.) Cela n'en prouve point pourtant l'inauthenticité. Tischendorf les admet dans son texte, mais entre des crochets. On trouve dans Luc (12 : 54-56) une pensée semblable, exprimée par des images un peu différentes. Il y a, du reste, dans notre passage, diverses variantes. Ainsi le mot *hypocrites* du v. 3 est omis par plusieurs critiques. — Les *signes des temps* que Jésus reproche à ses adversaires de ne pas savoir *discerner*, aussi bien qu'ils jugeaient de *l'apparence du ciel*, ce sont tous les phénomènes moraux d'une époque, qui peuvent en indiquer le caractère distinctif. On a pensé ici spécialement aux miracles de Jésus, qui rendaient bien inutile la demande d'un signe du ciel, ou encore à l'accomplissement des prophéties, etc. Mais la pensée de Jésus est générale, comme le montre ce pluriel : *signes des temps*. Du reste le grand signe du temps, un signe réellement *venu du ciel*, c'était la présence et la vie du Sauveur lui-même.

2. Voir 12 : 38, 39, note. Il faut remarquer ce mot *signe* trois fois répété à dessein. — Le texte reçu porte : Jonas le *prophète*. Ce dernier mot est inauthentique.

3. Les trouvant indignes et incapables de recevoir d'autres enseignements. (21 : 17.) « Juste sévérité. » *Bengel*.

4. Jésus lui-même, après avoir quitté les pharisiens, passe, *avec ses disciples*, sur la rive orientale du lac (Marc 8 : 13), mais les disciples seuls sont nommés ici comme sujet du verbe *avaient oublié*. Nous voyons par là qu'à l'ordinaire ils portaient avec eux la provision de pain nécessaire à la journée ou à un petit voyage.

5. Allusion à l'entretien qui venait d'avoir lieu. (v. 1-4.) Le *levain*, ce ferment caché dans la pâte, interdit aux Juifs dans leurs fêtes solennelles, est l'image des pensées et des sentiments les plus intimes des hommes dont il s'agit ici. C'est ce que Matthieu explique par la *doctrine* ou l'enseignement des pharisiens et des sadducéens. (v. 12.) Jésus, dans une autre occasion, désigne par cette image leur hypocrisie. (Luc 12 : 1 ; comp. 1 Cor. 5 : 6-8.)

6. En entendant les paroles de Jésus, les disciples s'aperçoivent de leur oubli (v. 5) ; mais les comprenant à la lettre, ils croient que le Maître leur reproche d'avoir négligé de *prendre des pains*. En effet, manger avec des païens ou se nour-

8 — Et Jésus, connaissant cela, dit : Pourquoi raisonnez-vous en vous-mêmes, gens de peu de foi, sur ce que vous n'avez point pris de
9 pains ? — Ne comprenez-vous pas encore ? et ne vous rappelez-vous pas les cinq pains des cinq mille, et combien vous en rempor-
10 tâtes de paniers ; — ni les sept pains des quatre mille, et combien
11 vous en remportâtes de corbeilles [1] ? — Comment ne comprenez-vous pas que ce n'est pas de pains que je vous ai parlé ? Mais gar-
12 dez-vous du levain des pharisiens et des saducéens [2] ! — Alors ils comprirent que ce n'était pas du levain du pain qu'il leur avait dit de se garder, mais de la doctrine des pharisiens et des saducéens [3].

B. 13-28. A CÉSARÉE DE PHILIPPE. QUESTION SUR LE FILS DE L'HOMME. CONFESSION DE PIERRE. POUVOIR DES CLEFS. ANNONCE DES SOUFFRANCES DU MAÎTRE ET DES DISCIPLES. — 1º *Questions de Jésus et confession de Pierre*. Jésus, retiré avec ses disciples dans la contrée de Césarée de Philippe, les interroge sur les opinions qui ont cours à son sujet. Ils lui citent ces opinions diverses. Et vous, leur demande-t-il alors, quelle est votre conviction ? Pierre répond vivement : Tu es le Christ, le Fils du Dieu vivant ! (13-16.) — 2º *Déclaration de Jésus à Pierre*. Heureux es-tu, lui répond Jésus, car cette foi est en toi une révélation de mon Père. Et moi, je te dis : Tu es Pierre, et sur ce roc je bâtirai mon Eglise, et le séjour des morts ne pourra l'engloutir. Je te donnerai les clefs de mon royaume : tu auras le pouvoir de lier et de délier. (17-20.) — 3º *Jésus prédit ses souffrances et sa mort*. Jésus s'applique aussitôt à faire comprendre à ses disciples qu'il est nécessaire qu'il aille souffrir et mourir à Jérusalem et qu'il ressuscite le troisième jour. Pierre, le prenant à part, proteste contre cette pensée. Jésus le repousse avec sévérité et lui reproche de juger d'une manière tout humaine et non au point de vue de Dieu. (21-23.) — 4º *Comment suivre Jésus*. Quiconque veut être son disciple doit se charger de la croix. Vouloir sauver sa vie, c'est la perdre ; et que servirait-il alors de gagner tout le monde ? car le fils de l'homme viendra rendre à chacun selon sa conduite. L'avènement de son règne est proche. (24-28.)

13 Et Jésus étant arrivé sur le territoire de Césarée de Philippe [4], in-

rir de pains préparés par eux, était, aux yeux des Israélites, une souillure. Les disciples pensent donc qu'il leur interdit aussi *le pain* des pharisiens et des saducéens, et que, arrivés sur l'autre rive, ils n'auront point de pain qu'ils puissent manger sans scrupule.

1. (14 : 15 et suiv. ; 15 : 32 et suiv.) « Le contraste du petit nombre de pains et des milliers qui furent rassasiés est rehaussé par la mention du grand nombre des paniers qu'ils remplirent des restes. » *B. Weiss*. Après ces deux exemples que les disciples ne pouvaient pas avoir oubliés, Jésus est bien fondé à leur reprocher le défaut d'*intelligence* dont ils viennent de faire preuve en interprétant ses paroles comme ils l'ont fait. Ils man-quaient aussi de *foi ;* avec un tel Maître, pouvaient-ils être privés de pain ? — Nous avons ici le témoignage de Jésus lui-même sur la réalité des *deux* miracles qu'il rappelle à ses disciples. — Les deux mots grecs différents que nous traduisons par *paniers* et *corbeilles* (celles-ci plus grandes que ceux-là) se retrouvent exactement dans les récits des deux miracles.

2. C'est ainsi qu'il faut rendre ce verset, d'après le vrai texte. Jésus, après avoir exprimé son étonnement de l'interprétation matérielle des disciples, se contente de répéter son exhortation : *Gardez-vous*.

3. Voir v. 6, note.

4. Ville appelée anciennement Paneas, située au pied de l'Hermon, près des

terrogeait ses disciples, disant : Qui disent les hommes que je suis, moi le fils de l'homme [1] ? — Et ils dirent : Les uns, Jean-Baptiste ; d'autres, Elie ; d'autres, Jérémie, ou l'un des prophètes [2]. — Il leur dit : Mais vous, qui dites-vous que je suis [3] ? — Simon Pierre répondant dit : Tu es le Christ, le Fils du Dieu vivant [4]. — Et Jésus

sources du Jourdain. Elle avait été agrandie par le tétrarque Philippe, et nommée par lui *Césarée* en l'honneur de l'empereur ; on ajoutait à ce nom celui de *Philippe* pour la distinguer de l'autre Césarée, située sur les bords de la mer Méditerranée. Jésus se rendait dans ces contrées montagneuses et à demi païennes du nord, pour y trouver la solitude qu'il avait cherchée déjà sur la rive orientale du lac, ou dans la contrée de Tyr et de Sidon. (Ch. 14 et 15.) Il avait d'ailleurs de graves questions à adresser à ses disciples, et des révélations importantes à leur faire. (Comp. sur le site de Césarée de Philippe, *Jésus*, par Mme de Gasparin, p. 127 et suiv.)

1. Des manuscrits autorisés et des versions anciennes retranchent le pronom *moi*, que Tischendorf omet aussi. Alors il faudrait traduire : « Qui disent les hommes (les gens, autour de nous, dans le pays) qu'est le fils de l'homme ? » Le sens reste le même au fond, puisque Jésus se désignait ordinairement par cette expression : *le fils de l'homme*. — La question signifie donc : A quelle conviction est-on arrivé sur moi qui suis apparu dans l'humble condition d'un enfant des hommes ? S'élève-t-on jusqu'à la conception vraie de ma mission messianique renfermée dans ce nom ? (Comp. 8 : 20, note.) Les disciples avaient pu recueillir, en parcourant le pays lors de leur première mission, de nombreuses informations à ce sujet. Et cette question générale avait pour but d'introduire une autre question que Jésus se proposait de leur adresser à eux plus directement. (v. 15.)

2. Toutes ces opinions revenaient à tenir Jésus pour un précurseur du Messie. *Jean-Baptiste* étant mort, ceux qui croyaient le voir revivre en Jésus partageaient la superstition d'Hérode. (14 : 2.) Ceux qui le tenaient pour *Elie* ne pensaient pas que ce prophète eût reparu en Jean-Baptiste. (11 : 14 ; 17 : 10.) *Jérémie*, le prophète-martyr, qui avait présidé à la ruine de Jérusalem, joua un grand rôle dans la légende postérieure. D'après 2 Maccabées 2 : 4 et suiv., il aurait caché l'arche et les ustensiles sacrés. L'idée de la réapparition des anciens prophètes était générale dans le judaïsme depuis l'exil. (1 Macc. 9 : 27 ; 4 : 46 ; 4 Esd. 2 : 18.) B. Weiss pense que ceux qui tenaient Jésus pour Jérémie ou l'un des prophètes, ne le regardaient pas comme le précurseur du Messie et se distinguaient par là des premiers. Mais ces réapparitions d'anciens prophètes ne se rattachaient-elles pas toutes, dans la croyance populaire, à l'ère messianique ? (Comp. Jean 1 : 21 ; 7 : 40.) — On voit par cette réponse des disciples que, si plusieurs fois la multitude avait pressenti en Jésus un envoyé de Dieu, très peu cependant osaient le reconnaître comme le Messie et le Sauveur. La foi claire et ferme de Pierre (v. 16) est d'autant plus admirable.

3. *Mais vous ?* Question capitale pour les disciples d'alors et pour ceux de tous les temps ! Jésus n'avait jamais déclaré expressément à ses disciples *qui il était*. Il avait voulu, avec une sagesse profonde, qu'ils arrivassent par degrés à le connaître en écoutant ses paroles, en voyant ses œuvres, en contemplant sa vie sainte, en se formant ainsi une conviction personnelle et vivante. La vraie foi ne naît pas autrement. Mais maintenant que le temps de ses souffrances et de sa mort approchait (v. 21), temps d'épreuve terrible pour les disciples, le Maître veut qu'ils se rendent compte de leur foi et qu'ils la lui confessent solennellement, afin de s'y affermir. L'heure de la décision pour leur vie entière avait sonné.

4. Pierre, selon son habitude et son caractère, prend la parole, mais il la prend au nom de tous. — Le *Christ* en grec, comme le *Messie* en hébreu, signifie l'*Oint*, l'Oint de l'Eternel, par la plénitude de l'Esprit de Dieu. (1 : 16, note.) Pierre voyait donc en Jésus-Christ l'accomplissement de toutes les promesses, la réalisation divine de l'ancienne alliance tout entière, le Libérateur promis à Israël et au monde. — Mais il ne s'en tient pas là. Ce Messie est pour lui *le Fils de Dieu*, dans un sens unique, exclusif (3 : 17), Celui qui est lui-même la parfaite révélation de Dieu. (11 : 27.) Il est probable toutefois que la pleine signification de ce nom n'a été comprise par les apôtres qu'après la résurrection de Christ (Rom.

répondant lui dit : Heureux es-tu, Simon, fils de Jona[1] ; parce que ce ne sont pas la chair et le sang qui t'ont révélé cela, mais c'est mon
18 Père qui est dans les cieux [2]. — Et moi aussi je te dis que tu es Pierre et que sur ce roc-là je bâtirai mon Eglise[3], et les portes du

[1] : 4) et sous l'influence de l'Esprit de la Pentecôte. — Pour bien marquer la portée de sa confession, Pierre ajoute au nom de Dieu une épithète au sens profond : Fils du Dieu *vivant*, l'opposant ainsi aux idoles sans vie qu'adorent les hommes (Act. 14 : 15 ; 17 : 29) et le présentant comme la source unique de la vie de l'univers, de la vie divine qui se manifestait en son Fils. (Jean 6 : 68.) « Dès l'origine, la simplicité tout humaine et la pauvreté de la vie de Jésus, l'apparence faible du fils de l'homme avait contrebalancé l'impression des grands faits dont les apôtres étaient les témoins ; en dernier lieu les misères de leur vie de fugitifs avaient jeté un sombre voile sur les manifestations de la gloire de Jésus. La confession de Simon Pierre, dans ces circonstances, est un grand acte. On ne sait ce qu'on doit admirer le plus, de cet élan des disciples qui brisent le moule de la pensée juive, cassent le jugement des chefs religieux, s'élèvent au-dessus de l'opinion populaire, trouvent élevé et divin ce qui est humble et foulé aux pieds, parce que, aux yeux de l'esprit, cela est élevé et reste divin, — ou de la personnalité de Jésus qui, malgré la puissance accablante des circonstances extérieures, obtient de si faibles disciples l'expression franche, pure, sublime de l'effet produit sur eux par l'ensemble de son activité. » *Keim.* — C'est dans notre évangile que cette confession de Pierre est la plus complète. D'après Marc, il dit : *Tu es le Christ ;* d'après Luc : *Tu es le Christ de Dieu ;* d'après Jean (6 : 69) : *Tu es le Saint de Dieu :* mais ces titres impliquent celui de Fils de Dieu. — Matthieu seul rapporte les paroles de Jésus à Pierre qui suivent.
1. Oui *heureux*, car une telle foi ouvrait à Pierre la source du bonheur présent et éternel. — Jésus donne à son disciple son ancien nom complet, par opposition au nouveau qu'il va lui confirmer. (v. 18 ; comp. Jean 1 : 43.) Quelques interprètes ne veulent voir dans ces noms de *Simon, fils de Jona*, que la solennité du discours. (L'original conserve le mot hébreu : *Barjona*, fils de Jona.) D'autres pensent que Jésus les donne à Pierre à cause de leur signification : *Simon*, celui qui écoute, qui sait écouter et entendre ; *Jona*, la colombe, l'emblème de l'Esprit. (3 : 16.) Mais telle n'est point l'intention du Sauveur. En donnant à son disciple son ancien nom, en ramenant ainsi sa pensée sur son état naturel, dans lequel il n'aurait jamais pu faire une telle confession, Jésus le prépare à la solennelle déclaration qui suit sur l'origine de sa connaissance et de sa foi.
2. *La chair et le sang*, c'est *l'homme*, mais l'homme naturel tel qu'il naît et vit sans la régénération par l'Esprit. (Jean 3 : 6 ; 1 Cor. 15 : 50 ; Gal. 1 : 16.) Or, ce n'est pas là ce qui *révèle* à une âme la divinité de son Sauveur. Le *Père* seul le fait par son Esprit. Sans cette action divine, la présence même et la parole de Jésus n'auraient pas suffi pour amener Pierre à la foi, comme le prouve l'exemple de tant de ses auditeurs qui n'y parvinrent point. (Jean 6 : 60-66.) — L'objet du verbe *t'ont révélé* n'est pas exprimé en grec ; il ressort de la confession de Pierre (v. 16) : c'est le fait que Jésus est le Messie, le Fils de Dieu.
3. Gr. « tu es *Petros* (masculin), un *roc ;* et sur cette *petra* (féminin), ce *roc*, je bâtirai.... » On voit que l'évangéliste a employé en grec ces deux synonymes de manière à ce que l'un soit un nom propre, l'autre un nom commun. Le français comme le grec rend ce jeu de mots : « Tu es *Pierre*, et sur cette *pierre....* » Mais Jésus parlait araméen et répéta identiquement le même terme : « Tu es *Kèphas* (roc) et sur *Kèphas....* » (Jean 1 : 43.) — On a trouvé une contradiction entre ce dernier passage et notre récit : d'après Jean, Pierre aurait reçu ce nom dès le commencement. Mais ici Jésus ne lui donne pas ce nom, il le lui confirme : *tu es* Pierre. — Quel est le sens des paroles si longuement controversées : *sur ce roc je bâtirai mon Eglise ?* Et d'abord, qu'est-ce ici que l'*Eglise*, mot qui ne se trouve nulle part dans nos évangiles, sauf dans notre passage et dans Math. 18 : 17 ? Le terme français *Eglise* est grec par son étymologie (*ecclèsia*), et dans la langue originale, signifie toute assemblée ou plutôt *convocation*, même en dehors d'un but religieux. (Act. 19 : 39, 40.) Jésus se servit sûrement du mot hébreu *kahal*, qui désignait les convocations solennelles du

ÉVANGILE SELON MATTHIEU

séjour des morts ne prévaudront point contre elle [1]. — Et je te don- 19

peuple israélite. Par ce terme, il n'entendait pas désigner une Eglise particulière, mais l'ensemble de ceux qui croiraient en lui. (Il en est autrement au chap. 18 : 17.) Enfin, il considère l'Eglise, suivant une figure de langage qu'employera fréquemment l'apôtre Paul, comme un édifice qu'il s'agit de *bâtir*. La critique négative, n'admettant pas que Jésus pût ainsi parler de *son Eglise* avant qu'elle existât, révoque en doute l'authenticité de ces paroles, qui, selon elle, appartiennent à un ordre de faits postérieurs. Comment alors Jésus pourrait-il parler si souvent de *son royaume* (v. 19), en décrire tous les caractères et tous les développements, jusqu'à la perfection ? La notion d'une telle société spirituelle était d'ailleurs donnée par la communion des âmes pieuses du milieu du peuple d'Israël, qui formaient déjà une Eglise. Et même le petit nombre de croyants réunis autour du Sauveur n'étaient-ils pas déjà *son Eglise ?* Et Jésus n'aurait pu en prévoir tous les développements futurs ! Il faut s'y résigner : retrancher du Nouveau Testament la prescience et la divinité de Jésus-Christ, c'est se condamner à n'y plus trouver qu'une longue suite d'énigmes. — Maintenant, quelle prérogative le Seigneur confère-t-il à Pierre par ces paroles ? Il faut d'abord en écarter toutes les interprétations contraires à une saine exégèse. Ainsi l'idée d'Augustin que Jésus, en disant : *sur ce roc*, se désignait lui-même du geste. Ainsi encore celle de plusieurs Pères et de la plupart des interprètes protestants que *ce roc*, c'est la confession de Pierre, ou sa foi considérée dans un sens abstrait. Sans doute, c'est à cause de cette foi que le Seigneur le proclame le roc sur lequel il fondera son Eglise, et l'instant d'après, quand Pierre ne comprendra point les choses divines, il l'appellera Satan. (v. 23.) Mais il faut bien reconnaître que Jésus en lui disant : *Tu es Pierre,... sur cette pierre, je bâtirai,...* désigne bien la personne de l'apôtre. C'est sur sa personne, pour autant du moins qu'il se montrera, par l'obéissance et la foi, un rocher, c'est sur son action personnelle, que reposera l'édifice de l'Eglise. L'événement a confirmé la prophétie. Les premiers chapitres du livre des Actes nous présentent Pierre comme le fondateur de l'Eglise, parmi les Juifs (chap. 2), parmi les Samaritains (chap. 8 : 14 et suiv.), et parmi les païens (chap. 10). Dans tous les catalogues des apôtres, Pierre est nommé *le premier*.

(Math. 10 : 2 ; Marc 3 : 16 ; Luc 6 : 14 ; Act. 1 : 13.) Il a donc bien occupé aux yeux de l'Eglise primitive le rang que le Maître lui avait assigné. Qu'y a-t-il dans ce fait qui puisse donner le moindre prétexte aux inventions absurdes et impies de l'Eglise de Rome ? Un apôtre n'a point de successeurs, Pierre n'a point fondé l'Eglise de Rome et n'en fut jamais l'évêque (voir l'introduction à l'épître aux Romains) ; mais l'eût-il été, la prétention des papes à hériter de son rang et de beaucoup plus encore, constitue une impiété. Paul sans doute ne craint pas de montrer l'Eglise bâtie « sur le fondement des apôtres, » mais il a soin d'ajouter que Jésus-Christ en reste « la pierre angulaire » (Eph. 2 : 20 ; comp. Math. 21 : 42), le seul fondement divin qu'on puisse poser. (1 Cor. 3 : 11 ; 1 Pier. 2 : 6.) Quant à Pierre, s'il joua un rôle prépondérant tant qu'il s'agit de jeter les premiers fondements de l'Eglise, d'autres apôtres, Paul par son action, Jean par ses écrits, y sont, dans la suite, devenus plus grands que lui. Et lui-même n'eut jamais d'autre sentiment. (1 Pier. 5 : 1 ; comp. Math. 19 : 28 et Apoc. 21 : 14.) En outre, dans tout le Nouveau Testament, on ne trouve pas trace d'une suprématie exercée par Pierre dans le gouvernement de l'Eglise. C'est l'Eglise qui élit les diacres. (Act. 6.) Quand il s'agit de baptiser les premiers païens, Pierre consulte les disciples (Act. 10 : 47), puis il se justifie humblement devant l'Eglise (Act. 11 : 2 et suiv.) ; dans le concile de Jérusalem, il prend une part décisive à la discussion, mais c'est Jacques qui propose et fait adopter la résolution (Act. 15) ; enfin cet apôtre accepte la réprehénsion de Paul. (Gal. 2.) Ajoutons que tout ce discours de Jésus à Pierre est omis dans le récit de Marc, son « interprète, » et dans celui de Luc, preuve que ces prérogatives temporaires avaient peu d'importance dans la tradition apostolique. (Voir sur ce passage R. Stier, *Discours du Seigneur*, tome II, p. 204 et suiv.)

1. Le *séjour des morts* (gr. *hadès*, le lieu invisible ; comp. 11 : 23, note) est considéré comme une forteresse ayant des *portes* si fermes, que nul n'en peut ressortir. (Comp. Job 38 : 17 ; Esa. 38 : 10 ; Ps. 9 : 14.) Or, Jésus affirme que l'édifice de son Eglise sera plus ferme encore, et qu'elle ne périra jamais. Toutes les interprétations qui supposent ici un combat de la puissance des ténèbres contre l'Eglise

nerai les clefs du royaume des cieux [1] ; et ce que tu auras lié sur la terre sera lié dans les cieux ; et ce que tu auras délié sur la terre
20 sera délié dans les cieux [2]. — Alors il défendit à ses disciples de dire à personne qu'il était, lui, le Christ [3].
21 Dès lors Jésus commença à montrer à ses disciples qu'il lui fallait aller à Jérusalem, et souffrir beaucoup de la part des anciens et des

faussent l'image ; des portes n'attaquent pas, mais ces portes de la mort s'ouvrent pour engloutir des victimes, et elles n'engloutiront jamais l'Eglise : celle-ci ne mourra point. De plus, il ne faut pas, comme nos versions ordinaires, confondre le *hadès*, *séjour des morts*, avec l'enfer.

1. Le *royaume des cieux* (comp. 3 : 2, note) a ici à peu près le même sens que le mot *Eglise* (v. 18), avec cette nuance que l'expression est plus générale. Le royaume de Dieu, en effet, est plus étendu que l'Eglise ; il embrasse des sphères de la vie humaine qui n'appartiennent pas nécessairement à l'Eglise, comme l'Etat, la famille, la culture de l'esprit humain par la civilisation, les sciences, les arts. Mais en dernier résultat, lorsque ce royaume sera parvenu à la perfection par le retour de Christ, il sera identifié avec l'Eglise. — Ce royaume, ainsi que l'Eglise qu'il s'agit de *bâtir* (v. 18), est envisagé figurément comme un édifice qu'on ouvre ou ferme au moyen de *clefs*. Posséder ces clefs, c'est avoir l'autorité d'ouvrir ou de fermer, d'admettre ou d'exclure. (Voir sur cette image Esa. 22 : 22 ; Luc 11 : 52 ; Apoc. 1 : 18 ; 3 : 7 ; 9 : 1.) Après avoir comparé Pierre au rocher sur lequel l'édifice de l'Eglise sera bâti, Jésus l'assimile à un intendant qui administre la maison de son Maître. C'est par la prédication de l'Evangile qui produit la foi, qui est « odeur de vie ou odeur de mort, » qui ouvre ou ferme par conséquent le royaume, que l'apôtre remplit son office. Ce pouvoir ne fut point donné à Pierre seul (voir la note suivante) et ne lui fut point conféré au moment où il entendit ces paroles, mais après qu'il eut reçu l'Esprit de Dieu. De là le futur : Je te *donnerai*.

2. Ces paroles, également figurées, complètent celles qui précèdent. Elles ont été très diversement interprétées, selon ce qu'on entend par les mots *lier* et *délier*. Les uns, pour mettre ces termes en harmonie avec l'image des clefs, leur font signifier *fermer* et *ouvrir*, c'est-à-dire exclure ou admettre. Mais ce sens ne se justifie par aucun exemple dans la langue grecque ; et d'ailleurs l'objet de

ces verbes, ce pronom neutre : *ce que* tu auras lié ou délié, ne peut s'appliquer à une porte et moins encore à des personnes exclues ou admises. D'autres, trouvant dans l'hébreu rabbinique l'usage des mots *lier* et *délier* pour *défendre* ou *permettre*, adoptent ce sens, et y voient l'autorité conférée à Pierre (et aux autres apôtres) pour le gouvernement de l'Eglise. D'autres enfin, rapprochant les paroles de Jésus de celles qu'il adresse à ses disciples dans Jean 20 : 23, et rappelant que les péchés qu'il les autorise à *remettre* sont une dette, une obligation dont le pardon *délie* les âmes, entendent notre passage dans ce sens de *remettre* ou *retenir* les péchés. Cette interprétation ne peut guère être contestée, puisqu'elle s'appuie sur une parole si claire de Jésus. Les deux derniers sens indiqués, loin de s'exclure, s'appellent l'un l'autre. L'autorité des apôtres pour administrer l'Eglise suppose leur autorité pour exercer la discipline ; et cette double autorité est inséparable du rôle qu'ils sont appelés à jouer dans l'établissement et le développement du royaume des cieux. — Mais il faut se hâter d'ajouter que ce pouvoir redoutable, ici conféré à Pierre, l'est également à tous les apôtres, et même à toute l'Eglise (18 : 18 ; Jean 20 : 23), dans laquelle réside, pour tous les temps, l'autorité d'exercer sur ses membres une discipline chrétienne. Et encore faut-il, pour éviter les abus dont ces paroles sont devenues le prétexte, que l'Eglise elle-même n'agisse en ceci qu'en pleine conformité avec la Parole de Dieu et sous l'influence de son Esprit. Hors de là, toutes ses décisions *sur la terre*, bien loin d'être ratifiées *dans le ciel* (par Dieu lui-même), se trouveraient n'être que des usurpations sacrilèges.

3. (Comp. 8 : 4, note.) Jésus ne veut ni exciter de fausses espérances messianiques parmi le peuple, ni provoquer avant le temps la haine de ses adversaires. A l'heure du martyre, il déclarera lui-même solennellement qui il est. (26 : 63, 64.) — Ce mot très accentué : « Qu'il est *lui* le Christ, » que nos versions affaiblissent, reporte la pensée sur le dialogue qui précède, v. 13-16. — Le texte reçu

principaux sacrificateurs et des scribes, et être mis à mort [1], et ressusciter le troisième jour [2]. — Et Pierre, l'ayant pris à part, se mit 22 à le reprendre, disant : A Dieu ne plaise, Seigneur, cela ne t'arrivera certainement pas [3]. — Mais lui, s'étant tourné, dit à Pierre : Va 23 arrière de moi, Satan, tu m'es en scandale [4], parce que tu ne penses

porte : « que lui *Jésus* est le Christ. » Mot ajouté, non authentique.
1. Ces mots *dès lors Jésus commença* (*Sin.* et *B* ont : *Jésus-Christ*) marquent une époque importante dans les révélations que Jésus fait à ses disciples sur la nature de son œuvre. Jusqu'alors il n'y avait eu dans ses discours que des allusions vagues et obscures à ses souffrances et à sa mort. (10 : 38, note ; Jean 2 : 19 ; 3 : 14 ; comp. Jean 1 : 29, 36.) Maintenant que les disciples ont cru en lui et l'ont confessé comme le Christ, le Fils de Dieu, il peut leur en parler ouvertement, et même il le doit, afin de dissiper si possible dans leur esprit les fausses idées messianiques qu'ils entretenaient encore, et de les préparer à partager ses humiliations et ses douleurs. Marc (8 : 31) et Luc (9 : 20-22) mettent aussi cette prédiction dans un rapport direct avec la confession de Pierre. Marc ajoute (v. 32) qu'il leur dit *ouvertement* (gr. *librement, hardiment*) cette parole. C'est quand la vraie foi est née que le chrétien doit s'attendre à la contradiction et à la souffrance. Quant à Jésus, il le *fallait*, dit-il. Mystérieuse nécessité, fondée sur le décret de la justice et de la miséricorde de Dieu, annoncé dans les Ecritures. Il le *fallait*, à moins que le monde ne dût périr dans son péché. C'est ce que Dieu ne voulait pas, et Jésus accepte par amour la volonté de son Père. (26 : 39 ; comp. 26 : 54 ; Luc 24 : 26 ; Jean 3 : 14.) — Le sanhédrin était composé de ces trois classes d'hommes : les *anciens*, les *grands sacrificateurs* et les *scribes*, ou docteurs de la loi. Il y a quelque chose de solennel dans la manière dont Jésus les nomme en détail et les voit conjurés contre lui pour le *mettre à mort* (gr. *le tuer*). Ce sera là la rupture tragique de la théocratie avec le Messie et son règne !
2. Après la défaite, le triomphe ; après la mort, la vie ! Si l'une de ces prédictions devait accabler les disciples, l'autre était destinée à les relever. Mais ici la critique trouve une pierre d'achoppement, et l'on ne peut nier qu'il n'y ait une difficulté. Comment se fait-il, demande-t-on, si Jésus a prédit si clairement sa résurrection à ses disciples, que ceux-ci n'en aient plus eu aucune idée après sa mort, et même se

soient refusés à y croire, jusqu'à ce qu'ils l'eussent vu, vivant, de leurs yeux ? Ne pouvant résoudre la question, les uns ont révoqué en doute la prédiction, d'autres (Meyer par exemple) ont supposé que cette prédiction avait été vague et obscure (comme dans les passages cités à la note précédente) ou formulée dans le langage poétique de l'Ancien Testament (Ps. 118 : 17 ; comp. Osée 6 : 2), et qu'elle avait revêtu, après l'événement, dans la tradition apostolique, le caractère positif et clair qu'elle porte ici. Mais les évangélistes eux-mêmes ne nous donnent-ils pas le mot de l'énigme ? Ils nous apprennent que, tout remplis encore de leur préjugé juif concernant un Messie glorieux, ils ne comprirent absolument rien à cette prédiction de ses souffrances et de sa résurrection. (Marc 9 : 32 ; Luc 18 : 34.) Or, ce qu'on ne comprend pas, ne se grave pas dans le souvenir. L'exemple de Pierre (v. 22) prouve qu'il entend mieux les paroles de Jésus, mais qu'il refuse avec décision d'entrer dans sa pensée. Comment donc un événement aussi extraordinaire que la résurrection ne leur aurait-il pas paru incroyable ? Et alors même qu'ils n'auraient pas manqué à ce point de l'intelligence de ce mystère, n'y a-t-il pas une immense distance entre *comprendre* et *croire* ?
3. Cette *répréhension* que Pierre se permet avait sans doute pour but de convaincre Jésus qu'il était destiné à tout autre chose qu'à une telle fin. Il y avait de l'amour pour son Maître dans cette émotion du disciple, mais plus encore d'ignorance, même quand il invoque sur lui la miséricorde. Il y a littéralement : *Propice te soit* (sous-entendu *Dieu*). L'assurance avec laquelle le disciple affirme que *cela n'arrivera pas*, lui attire la sévère parole de Jésus. (v. 23.)
4. *S'étant tourné* signifie que Jésus se détourne avec indignation. Sur ce mot sévère : *Va, arrière de moi*, comp. 4 : 10. — *Satan* signifie *l'adversaire*, celui qui résiste (Nomb. 22 : 22 ; 2 Sam. 19 : 22) ; mais ce nom était donné couramment au diable (1 Chron. 21 : 1 ; Job 1 : 6 ; Zach. 3 : 1, suiv.) et Jésus, en appelant ainsi son disciple, veut réellement lui faire comprendre qu'il faisait dans ce

pas les choses qui sont de Dieu, mais celles qui sont des hommes¹. —
24 Alors Jésus dit à ses disciples : Si quelqu'un veut venir après moi,
qu'il renonce à lui-même, et qu'il se charge de sa croix, et qu'il me
25 suive ². — Car quiconque voudra sauver sa vie, la perdra ; et qui-
26 conque perdra sa vie à cause de moi, la trouvera ³. — Car que servira-t-il à un homme de gagner le monde entier, s'il perd son âme ?
27 ou que donnera l'homme en échange de son âme ⁴ ? — Car le fils de
l'homme doit venir dans la gloire de son Père, avec ses anges ; et
28 alors il rendra à chacun selon ses œuvres ⁵. — En vérité, je vous dis
qu'il y a quelques-uns de ceux qui sont ici présents, qui ne goûteront point la mort qu'ils n'aient vu le fils de l'homme venant en son
règne ⁶.

moment l'œuvre du tentateur. Ce qui le prouve, c'est ce *scandale* (occasion de chute) que Jésus trouve dans les paroles du disciple. Le Sauveur avait besoin de toute sa sainte résolution et de toute sa force pour aller au-devant de ses souffrances ; et Pierre lui présentait la même tentation que Satan au désert, en lui offrant les royaumes du monde et leur gloire. (4 : 8, 9.)
1. Le mot grec rendu par *penser* exprime moins un acte intellectuel de l'esprit qu'une disposition morale du cœur. Il signifie, à l'égard des choses religieuses, s'attacher, s'affectionner. (Rom. 8 : 5.) Pierre n'attache point sa pensée aux *choses de Dieu*, c'est-à-dire à ses grands desseins concernant la rédemption du monde par les souffrances du Médiateur, mais aux *choses des hommes*, c'est-à-dire aux idées charnelles d'un Messie glorieux. Mais ces paroles, applicables en tout temps à l'homme naturel, ont une portée beaucoup plus générale, ainsi que le prouvent les versets suivants qui en sont le commentaire profond.
2. Comp. 10 : 38, note. Trois conditions absolues : 1° *renoncer*, non seulement à telles ou telles choses extérieures, mais au *moi*, à tout ce qui le compose ; 2° *se charger de sa croix*, instrument de souffrances, d'opprobre et de mort, comme devait le faire chaque condamné à mort (Jean 19 : 17) ; 3° *suivre* Jésus dans sa voie d'obéissance et d'abaissement jusqu'à la mort. Il faut remarquer le rapport direct et profond de ces paroles avec celles de Pierre. (v. 22.)
3. Qui est-il celui qui se présente aux hommes comme l'objet suprême de leur amour, auquel ils doivent tout sacrifier, jusqu'à leur vie même ? Celui qui parle ainsi est Dieu, ou bien il blasphème, en se mettant à la place de Dieu.
4. Comp. 10 : 39, note. Si nous traduisons (v. 25) par *vie* et (v. 26) par *âme*, c'est pour éviter tout malentendu, car le mot grec est le même et il a les deux significations, ou plutôt il désigne la vie de l'homme dans le sens absolu, le siège de la vie physique comme de la vie spirituelle. Le contraste que Jésus établit est entre la vie naturelle, terrestre, égoïste, et la vie divine créée par l'Esprit de Dieu. Vouloir *sauver* l'une, c'est *perdre* l'autre ; et le *monde entier* ne saurait compenser cette perte.
5. Gr. *sa pratique*, sa conduite, comme manifestation de ce qui était dans son cœur. — Ce verset, en portant la pensée sur le jugement éternel, est une solennelle sanction de la sentence absolue qui précède, et qui deviendra manifeste lors de l'apparition de Jésus-Christ. — Il viendra *dans la gloire de son Père*, revêtu, lui, l'homme-Dieu, de la splendeur des perfections divines, qui sont la gloire de Dieu ! — *Les anges* sont les exécuteurs de la volonté divine. (13 : 41, 49 ; 25 : 31.)
6. *Goûter la mort*, en savourer les souffrances, les amertumes, c'est mourir ! — Mais que signifie la déclaration renfermée dans ce verset ? Au premier abord, il paraît naturel d'expliquer cette expression *venir dans son règne*, à la lumière du v. 27, et d'entendre par là le retour final de Christ pour le jugement. Mais alors il y aurait dans cette promesse une grave erreur de fait qu'on ne saurait attribuer au Sauveur, qui connaissait si bien l'avenir le plus lointain de son règne. De là vient que quelques interprètes ont vu l'accomplissement de cette parole dans la

ÉVANGILE SELON MATTHIEU

C. 1-13. La transfiguration. — 1° *Jésus glorifié.* Six jours après avoir reçu la confession de Pierre et prédit ses souffrances, Jésus conduit ses trois disciples les plus intimes sur une haute montagne et là toute sa personne resplendit d'une gloire éclatante. (1, 2.) — 2° *L'apparition de Moïse et d'Elie.* Ces deux représentants de l'ancienne Alliance s'entretiennent avec Jésus. Pierre propose de faire trois tentes. (3, 4.) — 3° *La voix du ciel.* Une nuée lumineuse les couvre, de laquelle sort une voix : Celui-ci est mon Fils bien-aimé, écoutez-le. Les disciples effrayés tombent sur leur face. Jésus les touche et les rassure. Ils ne voient plus que Jésus seul. (5-8.) — 4° *Silence commandé. Explication demandée.* Jésus défend aux disciples de parler de ce qu'ils ont vu jusqu'à ce qu'il soit ressuscité. Ils l'interrogent sur le sens de la prophétie qui annonçait qu'Elie devait venir premièrement. Jésus leur apprend que cette prophétie a été accomplie en Jean-Baptiste. Le sort de celui-ci sera également le sien. (9-13.)

Et six jours après, Jésus prend avec lui Pierre et Jacques et Jean **XVII** son frère, et les mène à l'écart sur une haute montagne [1]. — Et il 2 fut transfiguré en leur présence [2], et son visage resplendit comme le soleil, tandis que ses vêtements devinrent blancs comme la lumière [3].

ruine de Jérusalem (d'après le chap. 24 ; comp. 10 : 23), d'autres dans la résurrection de Jésus-Christ, d'autres même dans l'histoire de la transfiguration qui suit. (Chrysostome.) Le plus grand nombre enfin en ont trouvé l'accomplissement dans l'effusion du Saint-Esprit et l'établissement du *règne* de Christ sur la terre. Et en effet cette vue s'accorde avec les termes dont se servent Marc (9 : 1) et Luc (9 : 27) pour rendre la même pensée ; l'un dit : « jusqu'à ce qu'ils voient le règne de Dieu venant avec puissance ; » l'autre, plus simplement encore : « jusqu'à ce qu'ils voient le règne de Dieu. » Or ce règne est venu avec puissance dès la Pentecôte ; il vient sans cesse progressivement, et le retour de Christ n'en sera plus que le couronnement. Si l'on objecte le mot *quelques-uns*, attendu que tous les auditeurs de Jésus devaient *voir* l'accomplissement de cette promesse, c'est là une erreur. Le règne de Dieu qui s'établit dans les âmes n'est *vu* que par la foi qui nous y introduit. (Jean 3 : 3 ; comp. le *Commentaire* de M. Godet sur Luc 9 : 27.)

1. *Six jours après* les entretiens qui précèdent. (16 : 13 et suiv.) Luc dit : *environ huit jours après* ; ce mot *environ* explique suffisamment la différence. — Les trois disciples que Jésus prend avec lui furent seuls témoins du moment le plus glorieux de sa vie et de son plus profond abaissement. (26 : 37.) — La *haute montagne*, où se passe la grande scène qui suit, serait, selon une tradition datant du quatrième siècle, le Thabor. Mais comme

Jésus était alors dans la contrée de Césarée de Philippe, aux confins septentrionaux de la Galilée, tandis que le Thabor est situé au sud-ouest du lac de Génézareth, et comme le départ de Jésus et son retour en Galilée sont mentionnés par Marc après la transfiguration et la guérison du lunatique (9 : 30, 33), tandis qu'aucun des évangélistes ne fait allusion à un déplacement de Jésus après la confession de Pierre, cette tradition est plus qu'improbable. On suppose avec beaucoup de vraisemblance qu'il s'agit de l'Hermon, dont les hautes sommités s'élèvent près des lieux où étaient alors Jésus et ses disciples. (Voir le *Voyage en Terre-Sainte* de F. Bovet, p. 349, 7e édit. ; *Jésus*, par Mme de Gasparin, p. 143.) — D'après notre récit et celui de Marc, on pourrait penser que le Sauveur gravit cette montagne avec ses trois disciples en vue de la transfiguration. Mais Luc nous apprend qu'il y monta afin d'y chercher la solitude *pour prier* et que c'est *dans sa prière* que « son visage devint autre. » (Comp. Ex. 34 : 29 ; 2 Cor. 3 : 18.)

2. Gr. *métamorphosé, transformé.* Matthieu et Marc emploient seuls ce mot, Luc dit : « L'apparence de son visage devint autre. » Il n'est pas sans intérêt de remarquer que saint Paul exprime par ce même verbe la transformation morale qui s'accomplit dans le chrétien par sa régénération et sa glorification graduelle. (Rom. 12 : 2 ; 2 Cor. 3 : 18.)

3. Les évangélistes empruntent à la nature toutes ses splendeurs (comp. Marc

3 — Et voici, Moïse et Elie leur apparurent, s'entretenant avec lui [1].
4 — Alors Pierre, prenant la parole, dit à Jésus : Seigneur, il est bon que nous soyons ici ; si tu le veux, faisons ici trois tentes, une pour
5 toi, et une pour Moïse, et une pour Elie [2]. — Comme il parlait en-

et Luc), sans parvenir à nous dépeindre la gloire divine dont toute la personne du Fils de Dieu fut comme inondée en ce moment. Pour le Sauveur, ce fut la réponse à sa prière, le prélude de sa glorification définitive. (Comp. Jean 17 : 5.). Jésus était sans péché. Il avait marché dès son enfance dans la voie de l'obéissance parfaite. Il s'était développé sans relâche dans la sainteté. Il était arrivé au terme de ce développement. Il pouvait quitter la terre, le temps de l'épreuve étant achevé. Mais il n'était pas normal qu'il sortît de cette vie comme les autres hommes par la mort, car « la mort est le salaire du péché. » (Rom. 6 : 23.) L'issue normale de l'existence terrestre pour cet homme parfaitement saint était la glorification progressive de son être tout entier. « Son corps toujours au service de Dieu, toujours l'instrument de la sainteté, devenait un corps spirituel, un corps céleste, un corps tel que nous le posséderons un jour. Il mûrissait insensiblement pour le ciel et la transfiguration marque précisément le moment où Jésus, arrivé au point culminant d'une vie humaine, parvient au terme naturel de la sainteté, je veux dire à la gloire. » *Ch. Porret* (*Chrétien évangélique*, 1879, p. 113). Les miracles de plus en plus éclatants que Jésus avait accomplis dans les derniers temps (multiplication des pains, marche sur les eaux) étaient des indices de ce triomphe croissant de l'esprit sur la matière. Mais il fallait que Dieu lui donnât une démonstration solennelle, impossible à méconnaître, non seulement pour lui, mais pour ses disciples, de la réalité de la victoire qu'il avait remportée sur la mort par sa sanctification parfaite. Cette démonstration lui fut fournie par la transfiguration où Dieu l'éleva, quelques instants, à l'existence glorieuse du ciel. Jusqu'ici Jésus, marchant par la foi, avait cru à sa victoire sur la mort. Maintenant il la constate. Fondé sur cette expérience il pourra dire désormais : « Je donne ma vie, afin de la reprendre. Personne ne me l'ôte, mais je la donne de moi-même ; j'ai le pouvoir de la donner et j'ai le pouvoir de la reprendre. » (Jean 10 : 17, 18 ; voir, Luc 9 : 31, note, une autre signification importante de cette scène.) Pour les disciples ce fut, avec le témoignage divin qui va se faire entendre (v. 5), une manifestation d'en haut, destinée à affermir leur foi à la divinité de leur Maître. Cette foi était ébranlée par la prédiction des souffrances du Christ. Celle-ci avait renversé toutes leurs espérances. Ils avaient passé probablement les six jours précédents dans un morne abattement, et c'était pour réagir contre cette disposition dangereuse que Jésus avait emmené sur la montagne les trois apôtres qui étaient le plus capables d'exercer de l'influence sur leurs condisciples. Ce qu'ils virent devait non seulement relever leur courage au moment même, mais les fortifier pour l'avenir. Leur foi, soutenue par ce spectacle qu'ils eurent de la gloire de leur Maître, ne défaillira point quand ils le verront dans les dernières profondeurs de son abaissement et de ses souffrances. Après l'ascension du Sauveur ils pourront se faire une idée de son état de gloire et mieux saisir l'espérance de lui devenir semblables, un jour, quand ils seront eux-mêmes revêtus d'un corps glorifié. (Philip. 3 : 21.)

1. C'est là le second trait de cette scène, introduit par le mot *voici* qui marque l'inattendu de l'apparition et la surprise des disciples. *Moïse*, le représentant de la loi divine, *Elie*, le représentant du prophétisme, de la promesse du salut, *leur apparaissent*. Ils les reconnaissent aussitôt. (v. 4.) Ces hommes de Dieu de l'ancienne Alliance deviennent les témoins des réalités de la nouvelle qu'ils avaient annoncées, les témoins de l'unité vivante des deux économies du règne de Dieu. Ils *s'entretiennent* avec Jésus. De quoi ? Matthieu et Marc ne le disent pas. Luc nous l'apprend. (Voir Luc 9 : 31, note.) — Ils vivent donc, ils vivent en Dieu, ces hommes qui apparaissent ici dans la gloire. « Dieu n'est pas le Dieu des morts, mais des vivants. »

2. Quelle vérité psychologique il y a dans cette naïve pensée de Pierre ! Il se sent si heureux ! Il jouit si vivement de voir son Maître glorifié, loin des contradictions des hommes ! Il veut prolonger ce bonheur. Ce sentiment si naturel est méconnu par la plupart des interprètes modernes (Weiss, Holtzmann) qui prétendent que Pierre voulait dire : « Il est heureux que nous soyons ici, nous disciples, pour vous construire des tentes. » —

core, voici, une nuée lumineuse les couvrit : et voici, une voix sortant de la nuée, dit : Celui-ci est mon Fils bien-aimé, en qui je me complais ; écoutez-le [1]. — Ce que les disciples ayant entendu, ils 6 tombèrent sur leur face et furent saisis d'une très grande crainte. — Mais Jésus s'étant approché, les toucha et leur dit : Levez-vous et 7 n'ayez point peur. — Alors ayant levé les yeux, ils ne virent per- 8 sonne que Jésus seul [2].

Et comme ils descendaient de la montagne, Jésus leur commanda, 9 disant : Ne parlez à personne de cette vision, jusqu'à ce que le fils de l'homme soit ressuscité d'entre les morts [3]. — Et les disciples 10 l'interrogèrent, disant : Pourquoi donc les scribes disent-ils qu'il faut qu'Elie vienne premièrement [4] ? — Et il répondit : Il est vrai qu'Elie 11

« Peut-on se représenter sérieusement, répond M. Godet, Pierre prenant la parole pour faire ressortir l'utilité de sa présence et de celle de ses compagnons en ce moment ? » *Je ferai ici trois tentes* (ainsi porte une variante de *Sin. B, C.* admise par Tischendorf) ; Pierre veut tout faire. Marc et Luc ajoutent : « Il ne savait ce qu'il disait. » En effet, que serait devenue l'œuvre du Sauveur, la rédemption du monde, la prédication de l'Evangile, si Jésus et ses disciples étaient restés dans la gloire?
1. La *nuée*, symbole de la gloire divine, (Ex. 40 : 34 ; 1 Rois 8 : 10), *couvrit* Jésus, Moïse et Elie ; car c'est de cette nuée que les apôtres entendent sortir la voix. (Voir sur les paroles qu'elle prononce, 3 : 17.) Ces mots ajoutés ici : *écoutez-le*, obéissez-lui, rappellent Deut. 18 : 15. (Comp. Marc 9 : 7, note.)
2. Ce trait du récit (v. 7), Jésus rassurant ses disciples effrayés, se trouve dans Matthieu seul. Toutes les manifestations directes du ciel inspirent de la *crainte* à l'homme pécheur (Dan. 10 : 9 ; Apoc. 1 : 17) ; mais Jésus est là pour raffermir son courage. Il reste *seul* avec eux, mais sa présence leur suffira pour redescendre avec lui dans la vie active, où ils retrouveront les travaux et les peines, après avoir un moment joui du repos et de la gloire.
3. Le mot de *vision* ne veut point dire que la scène qui précède n'eût eu lieu que dans l'esprit des disciples ; le terme original signifie *ce qui a été vu* (Act. 7 : 31), et c'est ainsi que Luc (9 : 36) rend la même pensée. — Mais quelle pouvait être la raison de la défense de Jésus aux disciples ? La plus simple, parmi toutes celles qu'on a cherchées, c'est que le récit qui précède, répété dans le peuple, n'aurait point été compris et aurait pu donner lieu à de fausses interprétations. Jésus lui-même n'avait admis que ses trois disciples les plus intelligents à être témoins de cette scène. Il en sera autrement quand il sera *ressuscité*, glorifié, et que l'Esprit aura été répandu sur l'Eglise. — Cette défense de Jésus, rapportée par les deux premiers évangélistes, donne à la scène de la transfiguration un caractère éminemment historique. Il ne s'agit ici ni d'un mythe, ni d'un rêve, ni d'une vision fantastique ; nous nous trouvons en présence d'un fait sur lequel Jésus veut que ses disciples gardent le silence, mais qu'ils raconteront plus tard.
4. Qu'est-ce qui occasionne cette question des disciples ? La particule *donc* lui donne le sens d'une objection faite à la défense qui précède. La prophétie (Mal. 4 : 5, 6) qui annonçait une seconde mission d'Elie avant l'apparition du Messie (*premièrement*) était, à cette époque, l'objet de l'attention universelle ; les *scribes* fondaient sur elle leurs descriptions de l'avènement du Messie, ainsi que le rappellent ici les disciples. Jésus lui-même l'avait citée au peuple en en montrant l'accomplissement dans la personne de Jean-Baptiste (11 : 14), ce que les disciples ne paraissent pas avoir compris. (v. 13.) Or, sur la montagne de la transfiguration, cet Elie est un moment apparu à leurs yeux, et, non seulement il a disparu, au lieu de rester pour remplir sa mission, mais Jésus leur défend même de dire qu'ils l'ont vu ! Comment *donc* concilier cette apparition fugitive et surtout la défense de Jésus avec la prophétie ? Tels semblent être l'origine et le sens de la question. Suivant Weiss, l'accent est sur *premiè-*

12 doit venir et rétablir toutes choses. — Mais je vous dis qu'Elie est
déjà venu, et ils ne l'ont point reconnu, mais ils lui ont fait tout ce
qu'ils ont voulu ¹. C'est de même aussi que le fils de l'homme doit
13 souffrir de leur part ². — Les disciples comprirent alors que c'était
de Jean-Baptiste qu'il leur parlait.

D. 14-23. JÉSUS REDESCENDU DANS LA PLAINE GUÉRIT UN LUNATIQUE. NOUVELLE PRÉDICTION DE SES SOUFFRANCES. — 1° *La guérison.* Dès que Jésus est de retour vers le peuple, un père vient l'implorer pour son fils malade, que les disciples n'avaient pu guérir. Jésus, laissant échapper une plainte douloureuse sur sa génération, commande que le malade lui soit amené, et il le délivre à l'instant. (14-18.) — 2° *Pourquoi les disciples n'ont pu l'opérer.* Les disciples lui demandent alors pourquoi ils n'ont pu chasser ce démon ; Jésus leur dit que c'est à cause de leur peu de foi, que la foi leur rendrait toutes choses possibles ; et il ajoute que cette espèce de démons ne peuvent être chassés que par la prière et le jeûne. (19-21.) — 3° *Nouvelle annonce de sa mort.* Se trouvant avec ses disciples en Galilée, Jésus leur prédit de nouveau ses souffrances, sa mort, sa résurrection. Les disciples en sont fort attristés. (22, 23.)

14 Et lorsqu'ils furent arrivés près de la foule, un homme s'approcha
15 de lui et se jeta à genoux devant lui, — disant : Seigneur, aie pitié
de mon fils, parce qu'il est lunatique, et il est bien malade ; car il
16 tombe souvent dans le feu et souvent dans l'eau. — Et je l'ai amené
17 à tes disciples ; et ils n'ont pu le guérir ³. — Et Jésus répondant, dit :

rement. Les disciples ont reconnu en Jésus le Messie ; ils constatent avec étonnement que l'apparition d'Elie a eu lieu après et non avant la venue du Messie. L'une et l'autre objection peuvent avoir provoqué la question des disciples.
1. *Il est vrai*, d'après l'Ecriture, *qu'Elie* (gr.) *vient* (le texte reçu répète ici *premièrement*, ce qui n'est ni authentique, ni conforme à la pensée de Jésus). Même il est *déjà venu* (en Jean-Baptiste), et, au lieu de le *reconnaître*, ils l'ont traité selon leur mauvais *vouloir*. — Jusqu'ici tout est simple et clair. Mais que signifient ces mots : *il rétablira toutes choses* (le futur, au point de vue de la prophétie) ? Ce rétablissement, qui aux yeux des scribes était la restauration de leur théocratie, et qui en réalité devait être une création spirituelle, est l'œuvre du Messie lui-même, semble-t-il, et non du précurseur. Toutefois Jésus pouvait bien avoir en vue les effets de la prédication de Jean-Baptiste, la repentance, le changement des dispositions du peuple, dans le sens où l'ange avait dit de Jean : « Il ramènera les cœurs des pères vers les enfants et les rebelles à *la sagesse des justes.* » (Luc 1: 17, 2ᵉ note.) Cette parole est une citation de Mal. 4 : 6 conforme à l'hébreu. Au lieu de : *Il ramènera* (*convertira*) les cœurs, les Septante ont traduit : *il rétablira* les cœurs des pères *vers les enfants.* On admet que la parole prêtée par l'évangéliste à Jésus : *il rétablira toutes choses* est une généralisation de l'expression du prophète.
2. Le sort de Jean-Baptiste présage le sort qui est réservé au *fils de l'homme.* Puisqu'ils n'ont point *reconnu* Jean et que celui-ci n'a pu remplir sa mission auprès d'eux, le fils de l'homme devra *souffrir de leur part.* C'est la grande épreuve à laquelle les disciples ont à se préparer désormais, après avoir joui du repos et de la gloire sur la montagne.
3. Quel émouvant contraste entre la gloire de la montagne et cette scène de douleur ! C'est le ciel et la terre. Ce contraste, Raphaël l'a admirablement reproduit dans son tableau de la transfiguration. Les trois premiers évangiles le font vivement ressortir en suivant le même ordre dans leurs récits. Marc (9 : 14-29)

O génération incrédule et perverse ! jusques à quand serai-je avec vous ? jusques à quand vous supporterai-je ? Amenez-le-moi ici [1]. — Et Jésus le réprimanda, et le démon sortit de lui ; et dès cette heure- 18 là l'enfant fut guéri [2]. — Alors les disciples s'approchèrent de Jésus 19 en particulier, et lui dirent : Pourquoi n'avons-nous pas pu le chasser ? — Et il leur dit : A cause de votre peu de foi [3]. Car, en vérité, 20 je vous dis que si vous avez de la foi comme un grain de sénevé, vous direz à cette montagne : Transporte-toi d'ici là, et elle se transportera, et rien ne vous sera impossible [4]. — Mais cette sorte 21 de démons ne sort que par la prière et par le jeûne [5].

Or, comme ils se trouvaient ensemble dans la Galilée, Jésus leur 22 dit : Le fils de l'homme doit être livré entre les mains des hommes ;

peint avec le plus grand détail et de la manière la plus vivante le misérable état de ce jeune malade et la douleur de son père. (Voir les notes.) Les symptômes mentionnés dans les trois évangiles (*il tombe souvent,* « il écume, » Marc) semblent indiquer que le jeune homme était épileptique. De plus, le père avait cru remarquer que les phases de la lune exerçaient une influence sur la maladie de son fils (*lunatique*). On comprend que *les disciples n'eussent pu guérir* une maladie aussi invétérée, dont le jeune homme était affligé dès son enfance. (Marc 9 : 21). Cela n'avait fait qu'augmenter les angoisses du père.
1. Ces paroles de Jésus sont l'expression d'une profonde tristesse. Il sent plus vivement que personne le contraste douloureux qu'il y a entre la gloire bienheureuse de la montagne et ces scènes de misère et de douleur. Sa tendre sympathie en souffre, et il soupire après la délivrance. Mais en même temps il pense à son peuple et à ses disciples, qui bientôt seront privés de sa présence et de son appui : *jusqu'à quand serai-je avec vous, vous supporterai-je ?* Le temps approche où vous serez seuls. Enfin, ses paroles expriment un reproche sévère, adressé à qui ? Au père, disent les uns, parce qu'il veut un miracle (comp. Jean 4 : 48) ; aux disciples, pensent les autres, parce qu'ils n'ont pu guérir le malade ; d'autres enfin admettent que Jésus a en vue tout ce peuple qui l'entoure, cette *génération* (11 : 16 ; 12 : 39), qui allait se montrer toujours plus *incrédule et perverse* à son égard. Cette dernière interprétation est seule conforme aux termes et à la situation. — Et, malgré tout, Jésus, sûr de sa puissance et ému de charité, ajoute brusquement : *Amenez-le-moi ici !*
2. *Le* réprimanda, pourrait se rapporter soit au malade, soit au *démon.* D'après Marc et Luc, c'est à ce dernier que s'adresse la parole puissante du Sauveur. — Le malade fut à l'instant *guéri* de sa maladie et délivré du pouvoir démoniaque qui s'y était ajouté.
3. Le texte reçu porte : votre *incrédulité*, avec un grand nombre de manuscrits. Mais, fondé sur les deux plus anciens et sur le témoignage de plusieurs versions et de plusieurs Pères, Tischendorf défend avec force le terme *peu de foi.*
4. Le *grain de sénevé* est pris comme image à cause de sa petitesse (13 : 31, 32), et signifie ici le moindre degré de *foi.* D'autre part, une *montagne* est l'image du plus grand obstacle, de la plus insurmontable difficulté. (21 : 21 ; 1 Cor. 13 : 2.) Si le sens propre est une hyperbole, le sens figuré est la simple réalité. Ce qui nous paraît *impossible*, la foi l'accomplit, parce qu'en nous mettant en communion avec Dieu par le Sauveur, elle nous rend en quelque mesure participants de sa puissance.
5. Gr. *cette espèce*, à quoi il faut suppléer *de démons* ou d'*esprits*, que Jésus ne nomme pas. Par là plusieurs Pères ont entendu tous les démons en général, tandis que les interprètes modernes admettent qu'il s'agit d'une sorte d'esprits plus difficiles à chasser. — Le *jeûne* peut donner à la *prière* plus de ferveur, et l'un et l'autre fortifient la foi qui avait manqué aux disciples. (v. 20.) — Tischendorf, se fondant sur *Sin., B,* des versions et sur d'autres témoignages, omet ce v. 21 tout entier. Mais il l'admet dans Marc (9 : 29),

23 — et ils le feront mourir ; et le troisième jour il ressuscitera. Et ils furent fort attristés [1]

E. 24-27. Jésus paie le tribut. — 1° Jésus et ses disciples étant revenus à *Capernaüm*, les *percepteurs* du tribut pour le temple *demandent à Pierre* si leur Maître paie cet impôt ? Pierre répond affirmativement. Jésus prévenant le récit de Pierre fait observer à son disciple que, puisque les rois exemptent leurs fils de tout impôt, lui, le Fils de Dieu, ne devrait pas y être soumis. (24-26.) — 2° Mais ne voulant point exciter de faux préjugés contre lui, il *ordonne* à son disciple *de pêcher*, et lui annonce que le premier poisson pris aura dans la bouche un *statère*, qu'il emploiera à payer le tribut. (27.)

24 Or, comme ils arrivaient à Capernaüm, ceux qui percevaient les deux drachmes s'approchèrent de Pierre, et lui dirent : Votre Maître
25 ne paie-t-il pas les deux drachmes [2] ? — Il dit : Oui. Et quand il fut entré dans la maison, Jésus le prévint [3], disant : Que t'en semble, Simon ? les rois de la terre, de qui prennent-ils des tributs ou des
26 impôts ? de leurs fils, ou des étrangers ? — Pierre lui dit : Des étrangers [4]. Jésus lui répondit : Les fils en sont donc exempts [5]. —
27 Mais afin que nous ne les scandalisions point, va à la mer, jette un hameçon, et prends le premier poisson qui montera ; et quand tu lui auras ouvert la bouche, tu trouveras un statère ; prends-le, et le leur donne pour moi et pour toi [6].

en retranchant toutefois les mots *et le jeûne*.

1. Les trois synoptiques ont ici cette nouvelle prédiction des souffrances, de la mort et de la résurrection de Jésus, à la suite de la guérison du démoniaque. (Comp. 16 : 21.) Jésus voulait que ni sa glorification sur la montagne (v. 1 et suiv.), ni sa puissance manifestée par de grandes guérisons ne fissent illusion à ses disciples sur l'issue de sa vie. — Ils sont *fort attristés ;* donc, ils ont cette fois compris quelque chose de ces paroles ; mais ils arrêtent leurs pensées sur la *mort*, sans pénétrer jusqu'à la *résurrection*.

2. Depuis l'époque de l'exil, tous les hommes en Israël devaient payer une contribution de *deux drachmes* (gr. *didrachme*) pour les frais du culte dans le temple. La drachme valait un peu moins d'un franc. (Comp. Ex. 30 : 13 et suiv. ; 2 Chron. 24 : 6 ; Néh. 10 : 32.) La question des percepteurs de l'impôt semble supposer chez eux la pensée que Jésus prétendait en être exempt, en sa qualité de Messie. Peut-être cette question était-elle motivée simplement par le fait que Jésus était en retard pour payer cet impôt. On percevait celui-ci au mois d'Adar (commencement de mars). La réponse de Pierre prouve que Jésus avait l'habitude de s'acquitter de ces obligations légales.

3. *Prévint* Pierre par sa question, sans lui laisser le temps de raconter son entretien avec les percepteurs de l'impôt.

4. *Etrangers* à leur famille, par opposition à *leurs fils*. Ils *prennent le tribut* de leurs sujets.

5. Conclusion : Moi, le Fils de Dieu, je ne saurais être tenu par la loi à payer un impôt destiné à sa maison. « Il y a ici un plus grand que le temple ! » Et Jésus associe même son disciple à ce privilège (*les fils*). Pierre aussi est fils du Père, par adoption. « Ceux qui tiennent à Jésus partagent le droit de Jésus. » *Bengel*. Mais Jésus qui sait qu'il ne serait pas compris et donnerait du scandale, se désiste humblement et charitablement de son droit et paie le tribut.

6. « Dans l'acte même de soumission éclate la majesté de Jésus. » *Bengel*. Le *statère* valait précisément quatre drach-

5. *Derniers enseignements en Galilée et sur le chemin de Jérusalem.*

A. 1-14. DE L'ESPRIT DU ROYAUME DES CIEUX. — 1° *L'humilité du petit enfant.* Les disciples ayant demandé à Jésus qui occupera le premier rang dans le royaume des cieux, il appelle un petit enfant, le place au milieu d'eux, et déclare que s'ils ne deviennent semblables aux petits enfants, ils n'entreront point dans ce royaume. Ainsi le plus humble sera le plus grand. (1-4.) — 2° *Les égards dus aux petits :* a) Pour prouver combien ces petits et ces humbles sont précieux devant Dieu, Jésus déclare qu'il regarde *comme fait à lui-même tout accueil* sympathique dont l'un d'entre eux est l'objet ; et qu'au contraire, *celui qui scandalise* un seul de ces petits, il vaudrait mieux pour lui qu'il fût précipité dans la mer. (5, 6.) b) De tels *scandales* sont *inévitables* dans ce monde ; *mais malheur* à l'homme qui les occasionne ! Faites pour les éviter les plus douloureux sacrifices ! le salut ou la ruine éternelle sont à ce prix. (7-9.) c) Ces *petits* sont si *précieux* devant Dieu, que vous devez vous garder d'en mépriser aucun, car *leurs anges* se tiennent en présence de Dieu pour les protéger ; bien plus, le *fils de l'homme* est venu pour les sauver, *semblable à un berger* qui, ayant cent brebis et en voyant une égarée, laisse les quatre-vingt-dix-neuf autres, va la chercher et la ramène avec joie. Ainsi Dieu ne veut pas qu'aucun de ces petits soit perdu. (10-14.)

En cette heure-là, les disciples s'approchèrent de Jésus et dirent : Qui donc est le plus grand dans le royaume des cieux [1] ? — Et ayant **XVIII** 2

mes, qui suffisaient pour Jésus et pour Pierre. — C'est ici assurément un récit très difficile à comprendre, un miracle qui ne porte pas les mêmes caractères que ceux que Jésus accomplit d'ordinaire. Et d'abord, en quoi consiste-t-il ? Non dans une action par laquelle Jésus aurait produit le statère dans la bouche du poisson, mais dans la science divine qui savait qu'il s'y trouvait. Or, ce n'est pas là ce qui arrête la critique, celle du moins qui voit en Jésus le Fils de Dieu, le Roi de la nature. Mais elle objecte que ce miracle est inutile, vu la facilité de se procurer d'une autre manière, à Capernaüm, cette petite valeur de quatre drachmes. Elle objecte ensuite que jamais Jésus n'a fait de miracles pour lui-même. (Comp. 4 : 3, 4.) Elle fait observer enfin que l'exécution de l'ordre donné à Pierre, c'est-à-dire le fait même de cette pêche miraculeuse, n'est point raconté. D'où elle a conclu que les paroles de Jésus ont été défigurées par une tradition que Matthieu rapporte seul ; que celle-ci aurait, par exemple, transformé en un fait historique ce qui était primitivement une parabole par laquelle Jésus voulait enseigner aux siens le devoir de payer les impôts. Inutile de citer les puériles tentatives d'interprétation rationnelle, comme celle qui prétend que Pierre devait vendre ce poisson et en donner le prix aux percepteurs. L'exégèse n'a pas à discuter ces hypothèses, mais à s'en tenir simplement aux données du récit, dont le sens est clair. Ce récit renferme pour la piété de précieuses leçons : la pauvreté de Jésus, qui ne possède pas quatre drachmes ; l'humilité avec laquelle il renonce à son droit divin pour remplir un simple devoir de citoyen ; sa charité, qui évite de heurter des préjugés ; sa grandeur divine, à laquelle tout dans la nature doit servir.

1. *En cette heure-là* désigne le moment qui suivit le récit précédent. — La question des disciples pouvait avoir été occasionnée par la distinction accordée à Pierre (16 : 18) et à deux de ses condisciples. (17 : 1.) D'après Marc (9 : 33 et suiv.) et Luc (9 : 46 et suiv.), ils discutaient entre eux la question, et c'est Jésus qui leur demande le sujet de leur entretien. La question suppose que les disciples en étaient encore à l'idée d'un royaume terrestre, glorieux, dans lequel tels d'entre eux occuperaient la première place, seraient *plus grands* (gr.) *que les autres.* Mais la réponse de Jésus montre qu'il voit se manifester dans leur discussion une préoccupation égoïste et orgueilleuse. Les pauvres disciples n'en furent pas

3 appelé un petit enfant, il le plaça au milieu d'eux, — et dit : En vérité, je vous dis que si vous ne vous convertissez et ne deveniez comme les petits enfants, vous n'entrerez point dans le royaume des
4 cieux. — Quiconque donc se rendra humble comme ce petit enfant,
5 celui-là est le plus grand dans le royaume des cieux¹. — Et qui recevra un seul petit enfant comme celui-ci en mon nom, me reçoit².
6 — Mais celui qui scandalisera un seul de ces petits qui croient en moi, il vaudrait mieux pour lui qu'on lui pendît au cou une
7 meule de moulin et qu'on le jetât au fond de la mer³. — Malheur au monde à cause des scandales ! Car il est nécessaire qu'il arrive des scandales ; mais malheur à l'homme par qui le scandale arrive⁴.
8 — Que si ta main ou ton pied est pour toi une occasion de chute, coupe-les et jette-les loin de toi ; mieux vaut pour toi entrer dans la vie manchot ou boiteux, que d'avoir deux mains ou deux pieds, et
9 d'être jeté dans le feu éternel. — Et si ton œil est pour toi une occasion de chute, arrache-le et jette-le loin de toi ; mieux vaut pour toi entrer dans la vie n'ayant qu'un œil, que d'avoir deux yeux et

---

guéris par l'instruction qui va suivre. (Comp. Luc 22 : 24.)

1. Le trait saillant que Jésus relève dans le *petit enfant* qu'il propose en exemple, c'est l'humilité : celui qui *s'humiliera* le plus, sera le *plus grand*. Ce qui fait le charme du petit enfant, c'est le sentiment qu'il a de sa faiblesse, de sa dépendance ; c'est encore la confiance avec laquelle il regarde à sa mère, attend tout d'elle, l'écoute, l'interroge, la croit, l'aime. Les dispositions naturelles de l'homme sont tout l'inverse, soit à l'égard de Dieu, soit envers le prochain. Donc, pour redevenir moralement semblable au petit enfant (5 : 3 ; 11 : 25), il faut qu'il *se convertisse* (gr. *se retourne*) vers Dieu et soit rendu participant de son Esprit. Sinon, il s'exclut *du royaume des cieux*, non seulement dans sa réalisation future et glorieuse (5 : 20 ; 7 : 21), mais déjà dans sa manifestation actuelle, et cela à cause de la nature même de ce royaume. (Comp. Jean 3 : 3, 5.)

2. Jésus a répondu à la question des disciples. Mais il veut tirer de sa leçon une conséquence qui en découle nécessairement. Il est impossible d'être devenu humble et petit devant Dieu sans être ému de compassion et d'amour pour les petits et les humbles, que les ambitieux méprisent. Jésus lui-même les aime au point de s'identifier avec eux. Ainsi *recevoir* avec amour, protéger, soigner *un seul* de ces petits, c'est le recevoir lui-même, pourvu que cela ait lieu *en son nom*, par amour pour lui. (25 : 40.) — La pensée de Jésus se borne-t-elle ici aux petits enfants, ainsi recommandés à la charité de ses disciples, ou cette pensée se généralise-t-elle pour embrasser aussi les adultes humbles, petits, délaissés ? Les exégètes se divisent sur cette question. Mais pourquoi ? N'est-il pas dans la nature de la charité que Jésus recommande de s'étendre à tous ? Le contexte d'ailleurs ne laisse aucun doute à cet égard. (v. 6.)

3. *Scandaliser*, donner une occasion de chute, de péché, détourner de sa foi l'un de ces faibles qui *croient* en Jésus, c'est le contraire de *le recevoir*. (v. 5.) — Une *meule de moulin* (gr. *meule d'âne*) est la *pierre* d'un moulin mise en mouvement par un âne, plus grande que celle qu'on faisait tourner à la main. — La redoutable pensée de ce verset est qu'il vaudrait mieux subir une mort cruelle que d'occasionner la ruine d'une seule âme.

4. Il y a une tristesse profonde dans ces paroles ! La *nécessité* des *scandales* est fondée sur la corruption qui règne dans le monde, et aussi sur la sagesse de Dieu, qui, pour ses enfants, tire le bien du mal. Mais ni l'une ni l'autre de ces causes n'atténue la responsabilité de *l'homme par qui le scandale arrive.*

d'être jeté dans la géhenne du feu [1]. — Gardez-vous de mépriser un seul de ces petits ; car je vous dis que leurs anges dans les cieux regardent sans cesse la face de mon Père qui est dans les cieux [2]. — Car le Fils de l'homme est venu sauver ce qui est perdu [3]. — Que vous en semble ? Si un homme a cent brebis, et qu'une seule d'entre elles s'égare, ne laisse-t-il pas les quatre-vingt-dix-neuf sur les montagnes [4] pour aller chercher celle qui est égarée ? — Et s'il arrive qu'il la trouve, en vérité, je vous dis qu'il en a plus de joie que des quatre-vingt-dix-neuf qui ne se sont point égarées [5]. — Ainsi, ce n'est pas la volonté de votre Père qui est aux cieux, qu'un seul de ces petits soit perdu [6].

1. Voir sur cette pensée 5 : 29, 30, notes, et sur l'expression *géhenne du feu* 5 : 22. — Jésus répète ici ce sérieux avertissement dans une application différente. Au chap. 5, il s'agit de se préserver soi-même du mal par le renoncement et au prix des plus douloureux sacrifices ; ici, le même avertissement est donné, mais dans l'intérêt moral des faibles, qu'on ne doit pas induire au mal par un mauvais exemple. (v. 6, 7.) Du reste, il ne faut pas matérialiser ces images de manière à ne voir dans le précepte de Jésus, avec plusieurs interprètes, que la mortification des sens ; il a trait aux passions les moins charnelles, aux affections les plus élevées, dès qu'elles mettent en danger la vie de l'âme.

2. Jésus revient à son discours sur *les petits*, qu'il défend non seulement de scandaliser, mais de *mépriser* par orgueil ; les estimer, les aimer, avoir pour eux une tendre compassion, est le côté positif de ce précepte négatif. — Jésus donne comme motif de sa recommandation une parole sur laquelle on a discuté longuement. Les uns, symbolisant la pensée, la réduisent à signifier que ces petits qu'il ne faut pas mépriser sont précieux aux yeux du *Père céleste*, qui en prend un soin particulier. Cette pensée, vraie dans sa généralité, ne saurait suffire à l'exégèse, qui ne doit jamais effacer, dans un intérêt dogmatique, l'idée exprimée en un texte. Or Jésus dit : 1° Ces petits ont *leurs anges*, d'où l'on a conclu que Jésus adopte et sanctionne l'idée israélite d'anges protecteurs, veillant sur des royaumes ou des personnes. (Comp. Dan. 10 : 13, 20, 21 ; Gen. 28 : 12 ; 32 : 1 ; 48 : 16 ; Act. 12 : 15.) 2° Ces anges *voient sans cesse la face du Père*, expression empruntée aux usages des cours orientales, et qui signifie avoir libre accès auprès du souverain, être puissant auprès de lui. (2 Rois 25 : 19 ; 1 Rois 10 : 8 ; Est. 1 : 14 ; comp. Luc 1 : 19.) On ne peut nier que ces idées soient plus ou moins clairement exprimées dans le texte, ni affirmer qu'elles soient contraires aux enseignements du Nouveau Testament. (Comp. Hébr. 1 : 14.) Seulement, quand il s'agit d'un domaine sur lequel nous avons si peu de lumières, il faut user d'une grande réserve et ne pas édifier des systèmes sur un passage isolé.

3. Ce v. 11 tout entier manque dans plusieurs manuscrits importants (*Sin.*, B, etc.), dans des vers. et dans plusieurs Pères. Tischendorf et d'autres critiques l'omettent, le supposant emprunté à Luc 19 : 10, où il se trouve plus complet. Toutefois, les arguments contre l'authenticité ne sont pas décisifs, et de Wette fait observer avec raison que ce verset est la transition nécessaire à la parabole qui suit. S'il est authentique, il forme un puissant argument en faveur de la recommandation du v. 10 : Ne pas *mépriser* les petits, *car* « le Fils de l'homme est venu pour les sauver. » (Voir Luc 19 : 10, note.)

4. Quelques interprètes rattachent ces mots : *sur les montagnes* à *pour aller chercher* ; d'après le passage parallèle de Luc 15 : 4, qui porte *dans le désert*, et vu l'ordonnance de la phrase grecque, il est plus naturel de les rapporter à *laisse les quatre-vingt-dix-neuf.*

5. Voir, concernant cette parabole, les notes sur Luc 15 : 4 et suiv. Si Matthieu la rapporte plus abrégée et dans une autre situation que Luc, il lui assigne pourtant une place très naturelle, entre les exhortations qui précèdent et la déclaration qui suit. Au reste, Jésus peut bien avoir employé plus d'une fois dans ses enseignements des images ou de courtes paraboles telles que celle-ci.

6. Gr. *il n'y a pas de volonté devant*

B. 15-20. DE LA RÉPRÉHENSION FRATERNELLE. EFFICACE DE LA PRIÈRE. — 1° *Trois degrés* de cette répréhension : Si ton frère t'offense, va, avertis-le *en particulier* ; s'il est persuadé, tu as gagné ton frère. Sinon, prends avec toi quelques *témoins* ; s'il ne les écoute pas, dis-le à l'Eglise ; si enfin il n'écoute pas *l'Eglise*, regarde-le comme étranger à toute communion fraternelle. (15-17.) — 2° *L'Eglise* a en effet *le pouvoir* de prononcer en tout cas pareil, de lier et de délier, car elle agira *dans l'esprit de la prière*, qui peut tout obtenir. Là où deux ou trois sont ainsi réunis en mon nom, je suis au milieu d'eux. (18-20.)

15 Et si ton frère pèche contre toi, va, reprends-le entre toi et lui
16 seul [1] ; s'il t'écoute, tu as gagné ton frère [2]. — Mais s'il ne t'écoute pas, prends avec toi encore une ou deux personnes, afin que toute
17 affaire soit établie sur la parole de deux ou trois témoins [3]. - Que s'il ne les écoute pas, dis-le à l'Eglise [4] ; et s'il n'écoute pas l'Eglise,

Dieu votre Père.... (*B* et plusieurs manuscrits et vers. ont : *mon Père*.) Cette déclaration est à la fois l'application de la parabole et la conclusion de tout ce qui précède, depuis le v. 10. Ces paroles renferment la grande et miséricordieuse révélation qu'auprès de Dieu il n'y a point de décret de réprobation.

1. Quelle est la liaison de l'instruction qui débute par ces mots avec celle qui précède ? Ce sont deux faces d'un même sujet : la charité ne permet ni de scandaliser ni de mépriser les petits et les faibles (v. 1-14) ; quelle conduite inspirera-t-elle à celui qui, au lieu de faire un mal pareil, aura à le souffrir ? C'est cette conduite que Jésus retrace dans ses phases diverses. (v. 15-17.) En l'exposant, il généralise sa pensée, et embrasse ce qui concerne les rapports mutuels entre *frères* dans la même communauté. Si l'un *pèche* contre l'autre, l'offense, lui fait tort, celui-ci doit d'abord *aller*, sans attendre que son frère revienne à lui, le *reprendre,* l'avertir, lui représenter son tort, mais *seul* avec lui, condition importante de prudence et de charité, meilleur moyen de le *gagner* en évitant de blesser son amour-propre. — Mais cette interprétation suppose authentiques les mots *contre toi,* qui manquent dans *Sin., B,* etc., et que plusieurs critiques omettent. Si on les supprime, il ne s'agirait point d'une tentative de réconciliation entre deux frères, mais en général d'une répréhension fraternelle pour une faute quelconque. Cependant les autorités sur lesquelles on se fonde pour ce retranchement ne sont point décisives. Ensuite, c'est bien de réconciliation et de pardon des offenses que Jésus a dû parler (comp. Luc 17 : 3) ; s'il en était autrement, on aurait peine à comprendre la question de Pierre (v. 21) qui paraît occasionnée par le discours précédent. Il faut donc retenir les mots *contre toi.*

2. *Gagné,* à quoi ? Les uns répondent : gagné *à toi ;* tu auras fait *ton frère* de celui qui t'avait offensé, vous serez réconciliés dans la charité. D'autres assignent à l'action conciliatrice un but plus élevé, et interprètent : Tu l'auras gagné pour Dieu, pour la vie de l'âme, qu'il était en danger de perdre. Pourquoi n'admettrait-on pas l'une et l'autre de ces explications ? (Comp. 1 Cor. 9 : 19 ; 1 Pier. 3 : 1.)

3. C'est le second degré de la répréhension. Quel doit être le rôle des témoins ? Il est indiqué dans ces mots qui reproduisent librement Deut. 19 : 15 (comp. 2 Cor. 13 : 1) : *afin que sur la bouche de deux ou trois témoins toute affaire* (ou *toute parole*) *soit établie*. D'après Meyer, les témoins doivent recueillir chacune des paroles de l'accusé pour les confirmer devant l'Eglise. Mais c'est empiéter sur la troisième phase (v. 17), aussi Weiss pense-t-il que les *témoins* doivent plutôt appuyer la répréhension de leur autorité, s'efforcer de convaincre ce frère, comme l'indiquent les premiers mots du v. 17 « S'il ne *les* écoute pas.... »

4. Troisième degré de la répréhension. Jésus a déjà employé ce mot d'*Eglise* (16 : 18, note), et il le pouvait, puisque quelques disciples réunis autour de lui formaient déjà une Eglise. Dans cette parole-ci, son regard se porte sur l'avenir. Il entend non l'Eglise universelle comme 16 : 18, mais une Eglise locale, une assemblée de chrétiens, devant laquelle peut être portée et fraternellement traitée une cause comme celle dont il s'agit. Jésus n'a donc en vue ni les apôtres seuls, ni les

qu'il te soit comme le païen et le péager [1]. — En vérité, je vous dis 18 que tout ce que vous lierez sur la terre sera lié dans le ciel ; et tout ce que vous délierez sur la terre sera délié dans le ciel [2]. — Je vous 19 dis encore [3] que si deux d'entre vous s'accordent sur la terre pour demander une chose quelconque, elle leur sera accordée par mon Père qui est aux cieux. — Car où deux ou trois sont assemblés en 20 mon nom, je suis là au milieu d'eux [4] !

C. 21-35. DU PARDON DES OFFENSES. — 1° *La réponse de Jésus à Pierre.* Pierre interroge Jésus sur l'étendue du devoir de pardonner. Jésus déclare qu'il est sans limites. (21, 22.) — 2° *La parabole du serviteur impitoyable.* Jésus illustre ce précepte par une parabole. a) *Une grande dette remise.* Dieu, dans sa miséricorde infinie, est comparé à un roi qui remet gratuitement à son serviteur insolvable une dette de dix mille talents. (23-27.) b) *Une petite dette retenue.* Ce serviteur, rencontrant aussitôt après un de ses camarades qui lui doit cent deniers, le fait jeter en prison. (28-30.) c) *La punition du serviteur impitoyable.* Le roi, informé par ses autres serviteurs, le fait comparaître, lui reproche son ingratitude et le livre aux bourreaux. (31-34.) — 3° *Conclusion.* Jésus déclare à ses disciples que Dieu les traitera de même s'ils ne pardonnent de tout leur cœur. (35.)

anciens ou chefs de l'Eglise, ni les évêques futurs, ni la synagogue juive (Calvin et d'autres), mais une assemblée de chrétiens, à laquelle il attribue l'autorité nécessaire pour exercer un acte de discipline, parce qu'il suppose qu'elle est animée de l'Esprit de Dieu et éclairée par sa Parole, selon laquelle elle jugera.
1. Termes empruntés au langage des Juifs pour désigner un étranger qui n'appartient point au peuple de Dieu. Cet homme qui prétend être un frère, a résisté à tous les moyens de conviction, méprisé l'avis et la décision de tous ses frères et même l'autorité du Sauveur qui a donné cette instruction ; par là il s'est exclu lui-même de leur communion. Il ne s'agit pas d'une excommunication prononcée par l'Eglise, qui seule pourtant en aurait le droit ; Jésus autorise simplement l'offensé qui a tout fait pour gagner son frère, à n'avoir plus de relations fraternelles avec celui qui s'endurcit dans son impénitence. La charité toutefois ne saurait cesser (v. 22, note), car un chrétien aime même un *païen* et un *péager*.
2. Voir sur ces paroles 16 : 19, note. L'autorité conférée 16 : 19 à Pierre, l'est ici, non seulement aux anciens de l'Eglise, mais à l'Eglise elle-même (v. 17), dans laquelle réside, d'après tout le Nouveau Testament, le pouvoir de juger de ce qui concerne son gouvernement, selon la Parole et l'Esprit de Dieu. L'Eglise peut, en certains cas, déléguer ses pouvoirs, mais c'est à elle qu'ils appartiennent sous l'autorité suprême de Jésus-Christ. Cette seconde déclaration explique et modifie profondément la première relative à l'apôtre Pierre.
3. B, plusieurs *majusc.* et des vers. portent : *En vérité, je vous dis encore....*
4. *Si deux d'entre vous s'accordent,* c'est-à-dire prient d'une même voix et d'un même cœur, ils seront exaucés. — Pour trouver le vrai rapport entre ces deux derniers versets et ce qui précède, il faut simplement les appliquer d'abord au pouvoir que Jésus vient de conférer à l'Eglise (v. 18), pouvoir qu'elle ne peut exercer que dans un esprit de prière. Bien plus : par cette solennelle déclaration qu'il est *au milieu d'elle,* Jésus dit clairement qu'elle agit sous sa direction, et avec son autorité, sans laquelle elle n'en aurait aucune. — Ces paroles nous montrent aussi que la notion chrétienne d'une Eglise ne réside ni dans le grand nombre, ni dans telles ou telles institutions, mais que *deux* ou *trois* croyants unis par la prière sont une Eglise, à laquelle appartiennent tous les privilèges spirituels du plus grand corps ecclésiastique. — Enfin, il ne faudrait pas limiter les belles et riches paroles du Sauveur à ces deux enseignements spéciaux sur l'activité et la constitution de l'Eglise. Il généralise sa pensée, et sa déclaration a surtout pour but de rendre certaine pour nous l'efficacité de la prière en

21 Alors Pierre s'étant approché, lui dit : Seigneur, combien de fois
mon frère péchera-t-il contre moi et lui pardonnerai-je ? jusqu'à sept
22 fois¹ ? — Jésus lui dit : Je ne te dis pas jusqu'à sept fois, mais jus-
23 qu'à septante fois sept fois ². — C'est pourquoi le royaume des cieux
est semblable à un roi qui voulut faire rendre compte à ses servi-
24 teurs ³. — Quand il eut commencé à compter, on lui en amena un
25 qui devait dix mille talents ⁴ ; — et comme il n'avait pas de quoi
payer, son seigneur commanda qu'il fût vendu, lui et sa femme et
26 ses enfants et tout ce qu'il avait, et que la dette fût payée ⁵. — Et
ce serviteur tombant à terre, se prosternait devant lui, disant : Aie
27 patience envers moi, et je te paierai tout ⁶. — Et le seigneur de ce
serviteur, ému de compassion, le relâcha, et lui quitta la dette ⁷. —
28 Mais ce serviteur étant sorti, rencontra un de ses compagnons de

commun, dans laquelle la foi de chacun est vivifiée par la foi de tous. Cette efficacité est garantie par la présence du Seigneur lui-même au milieu de ceux qui sont assemblés *en son nom*. En effet, cette toute-présence de Jésus-Christ, en tous les lieux du monde où s'assemblent ses disciples, est une démonstration magnifique de sa divinité. (Comp. 28 : 20 ; 2 Cor. 13 : 5.)

1. Pierre, préoccupé des paroles du Maître, rapportées au v. 15, et de la pensée que le devoir du pardon des offenses doit pourtant avoir ses limites, adresse à Jésus sa question et croit être très généreux en allant jusqu'à *sept fois*. Les rabbins, dans leur morale, se bornaient à trois fois. La réponse de Jésus va prouver à son disciple que sa morale, à lui, était tout autre.

2. C'est-à-dire un nombre indéfini de fois, toujours. S'il en était autrement, il y aurait un moment où la charité cesse, or elle « ne périt jamais. » Elle n'est pas l'exercice d'un devoir qui se calcule, mais un état d'âme. Cette déclaration n'est pas en contradiction avec l'enseignement du v. 17. — Au lieu de *septante fois sept fois* (490), d'autres traduisent *septante sept fois*, ce qui est possible d'après le grec qui porte littéralement : *septante fois* (et) *sept*. (Comp. Gen. 4 : 24 où l'on trouve dans les Septante la même indication numérique que dans notre passage.) Mais septante-sept fois n'est pas un renchérissement naturel sur sept ; ce serait septante fois. La première traduction reste donc la plus probable.

3. Voir, sur ce terme, (gr.) *a été comparé*, 13 : 24. — Gr. *à un homme roi*, c'est-à-dire à un roi de la terre et à ses rapports avec ses ministres. — Le mot *c'est pourquoi* indique une conclusion tirée du v. 22. La parabole elle-même prouve que le devoir de pardonner les offenses n'a pas de limites, parce que le pardon que nous accordons à notre prochain n'est que peu de chose comparé à la grâce qui nous est faite par Dieu et que celle-ci nous oblige à celui-là. (v. 35.)

4. Le *talent* d'argent variait, selon les divers pays, entre 4000 et 5000 francs ; le talent d'or valait à peu près seize fois plus. L'une ou l'autre de ces valeurs, multipliée par *dix mille*, devait, dans la pensée de Jésus, représenter une dette énorme, contractée sans doute par le maniement des affaires de l'Etat, et qu'un particulier ne pouvait payer. Notre dette envers Dieu, ce sont d'une part ses bienfaits, d'autre part nos péchés. (6 : 12, gr.)

5. Cet ordre de « l'homme-roi » était conforme à la rigueur de la loi (Lév. 25 : 39 ; 2 Rois 4 : 1) et l'est aussi à la rigueur de la justice divine ; mais voir v. 27. La dette n'aurait pas *été payée* par l'exécution de cet ordre (le grec porte littér. : *qu'il fût payé*), mais la justice aurait eu son cours.

6. Le texte reçu, avec *Sin.*, la plupart des majusc. et des vers. porte : « Seigneur, aie patience. » Ce mot manque dans *B*, *D* et des vers. Dans son angoisse, le serviteur promet l'impossible. Ainsi fait la propre justice en présence du compte à rendre à Dieu.

7. La *compassion*, l'éternelle miséricorde de Dieu, telle qu'il l'a révélée dans sa plénitude par l'Evangile, est la source du pardon, d'un pardon parfaitement gra-

service qui lui devait cent deniers [1] ; et l'ayant saisi, il l'étranglait, en disant : Paie ce que tu dois [2] ! — Et son compagnon de service. 29 tombant à terre, le suppliait en disant : Aie patience envers moi, et je te paierai [3]. — Mais lui ne voulut point ; et s'en étant allé, il le 30 jeta en prison, jusqu'à ce qu'il eût payé ce qu'il devait. — Ses 31 compagnons de service, voyant ce qui s'était passé, en furent fort attristés, et ils vinrent instruire leur seigneur de tout ce qui était arrivé [4]. — Alors son seigneur l'ayant appelé, lui dit : Méchant 32 serviteur, je t'ai quitté toute cette dette, parce que tu m'as supplié [5], — ne te fallait-il pas aussi avoir pitié de ton compagnon de service, 33 comme moi aussi j'ai eu pitié de toi [6] ? — Et son seigneur en colère 34 le livra aux bourreaux jusqu'à ce qu'il eût payé tout ce qu'il lui devait [7]. — C'est ainsi que vous fera mon Père céleste, si vous ne par- 35 donnez pas, chacun à son frère, de tout votre cœur [8].

D. 1-15. DU MARIAGE ET DU DIVORCE. LES PETITS ENFANTS. — 1° *La question sur le divorce.* a) L'évangéliste marque le *départ* de Jésus de la Galilée et le transfert de son activité en *Pérée* et en *Judée*. (1, 2.) b) Des *pharisiens* viennent lui soumettre la question, discutée entre eux, *des causes qui légitiment le divorce.* Jésus leur rappelle les termes dans lesquels l'Ecriture raconte *l'institution du mariage.* Il en conclut *l'indissolubilité* de celui-ci. (3-6.) c) Les pharisiens lui objectent la *lettre de divorce* ordonnée par Moïse. Jésus dit que c'était une *concession* faite à la dureté de

tuit. Le maître accorde au serviteur infiniment plus qu'il ne demandait.
1. Environ 80 francs. Quel contraste avec les dix mille talents !
2. Il *l'étranglait* en le prenant au col pour le conduire devant le juge. — Le texte reçu porte : « Paie-moi ce que tu me dois. » La traduction littérale du vrai texte est : « Paie, *puisque* (ou *si*) tu dois quelque chose. » C'est la logique sans miséricorde.
3. Mêmes paroles qu'au v. 26, excepté le mot *tout* ajouté à tort par le texte reçu. Cet homme n'ose pas promettre un paiement total. En entendant son compagnon proférer cette supplication qui, dans sa propre bouche, avait été si efficace, le méchant serviteur aurait dû sentir sa dureté (v. 30), et se souvenir de la générosité de son maître. (v. 27.)
4. Dans la *tristesse* que leur inspire une telle conduite, ils n'en parlent à personne d'autre qu'à leur maître, à qui ils donnaient ainsi une preuve de confiance et de fidélité.
5. Sans autre condition, simplement à ta prière. Et même il ne faut pas dire ici avec nos versions : « parce que tu *m'en avais supplié* ; » car il n'avait pas osé demander la *remise* de sa dette énorme ; dans son aveuglement il s'engageait à tout payer !
6. Il *fallait*, par une nécessité morale qui aurait dû s'imposer à lui après ce qu'avait fait son maître, et qui oblige toujours la conscience de ceux qui ont réellement reçu le pardon de Dieu. Le Sauveur suppose donc un cas impossible pour faire ressortir d'autant mieux la monstrueuse culpabilité du serviteur.
7. « C'est-à-dire pour toujours, car il ne paiera jamais. » *Chrysostome.* — Les *bourreaux* (gr. *tourmenteurs*) sont chargés d'exécuter le jugement. Le roi de la parabole ne remplit pas seulement le rôle de créancier, mais aussi celui de juge.
8. Le texte reçu ajoute : *ses fautes,* ce qui n'est ni authentique, ni nécessaire. *Pardonner,* pardonner *de tout son cœur,* pardonner toujours, avec la compassion que le pécheur implore de Dieu, telle est la seule marque certaine qu'il a reçu son propre pardon, et tel est le sens de cette parabole. Jésus, pas plus ici qu'ailleurs, ne pouvait parler encore du grand et émouvant moyen par lequel il nous a acquis le pardon de Dieu. Et c'est pourtant la manifestation de cet immense

leur cœur et que répudier sa femme pour en épouser une autre (sauf le cas d'infidélité) ou épouser une femme répudiée, c'est commettre *adultère*. (7-9.) *d*) Les *disciples* trouvent que dans ces conditions, il vaut mieux *ne pas se marier*. Le Seigneur leur répond qu'ils ne comprennent pas ce qu'ils disent, que tous ne sont pas capables de s'abstenir du mariage, que c'est l'effet d'un *don spécial*. Il énumère *trois catégories* de personnes qui pratiquent cette abstinence. Celles de la dernière catégorie le font seules en vue du royaume des cieux, et selon leur capacité et leur liberté individuelles. (10-12.) — 2° *Jésus bénit les petits enfants*. En ce moment, on présente de petits enfants à Jésus pour qu'il leur impose les mains. Les disciples les repoussent, mais Jésus indigné ordonne de les laisser venir à lui, car, dit-il, le royaume des cieux est à qui leur ressemble. (13-15.)

XIX Et il arriva, quand Jésus eut achevé ces discours, qu'il partit de Galilée, et s'en alla dans le territoire de la Judée, par l'autre côté du
2 Jourdain [1]. — Et de grandes foules le suivirent, et il les guérit là [2].
3 — Alors des pharisiens s'approchèrent de lui pour le tenter et dirent : Est-il permis de répudier sa femme pour quelque sujet que ce
4 soit [3] ? — Mais lui, répondant, leur dit : N'avez-vous pas lu que Celui qui les créa les fit dès le commencement homme et femme [4], —
5 et qu'il dit [5] : « A cause de cela, l'homme quittera son père et sa mère, et s'attachera à sa femme, et les deux deviendront une seule
6 chair [6] ? » — Ainsi ils ne sont plus deux, mais une seule chair. Ce

amour (comp. Luc 23 : 34) qui rend possible aux chrétiens le pardon mutuel et même leur en fait un bonheur.

1. Comp. Marc 10 : 1-12. — L'évangéliste marque le moment solennel où Jésus quitte définitivement la *Galilée* et se rend en *Judée*, à Jérusalem, où il accomplira son œuvre, la rédemption du monde. On se rendait de Galilée en Judée, soit en traversant la Samarie, soit en prenant la rive orientale du Jourdain, par la Pérée. C'est cette dernière route qu'indiquent ces mots (gr.) : *par delà le Jourdain*. (Comp. Marc 10 : 1.) Luc (9 : 51 ; 17 : 11) trace plus en détail l'itinéraire suivi par Jésus ; cet évangéliste raconte le long voyage, à travers la Galilée méridionale et la Pérée, qui remplit les derniers mois de la vie du Sauveur. (Comp. Jean 10 : 40.)

2. *Là*, en Pérée, où il s'arrêta et où il revint après une première visite à Jérusalem au mois de décembre. (Jean 10 : 22-40 ; Luc. 10 : 38-42.) Plusieurs y crurent en lui. (Jean 10 : 42.) Ainsi Jésus remplit jusqu'à la fin sa mission de Sauveur.

3. Jésus avait déjà résolu cette question dans le sermon sur la montagne. (5 : 31, 32, voir les notes.) Des *pharisiens* (voir sur ce parti 3 : 7, note) la lui posent ici *pour le tenter*. Ce qui en faisait une question captieuse, c'est qu'elle était alors vivement débattue entre deux écoles juives, celle de Hillel et celle de Schamaï, le premier très relâché, le second plus sévère sur le divorce. En outre, l'exemple donné par Hérode Antipas, qui régnait sur la Pérée, et la fin de Jean-Baptiste qui l'avait repris (14 : 1 et suiv.), rendaient assez dangereuse une solution rigoureuse de la question, tandis qu'une solution plus libre aurait mis Jésus en contradiction avec le précurseur. — Pour *quelque sujet* (ou *cause*) *que ce soit*, c'est-à-dire pour tout sujet de plainte que le mari aurait contre sa femme. Telle était la fausse opinion de Hillel, qu'il croyait fondée sur Deut. 24 : 1. Et c'est surtout dans ce mot que se trouve la *tentation*, le piège tendu à Jésus par ses adversaires.

4. Gr. *les fit mâle et femelle*, traduction littérale de l'hébreu. (Gen. 1 : 27.)

5. Le sujet de ce verbe est *Dieu* selon le contexte, bien que dans Gen. 2 : 24, ces paroles soient prononcées par Adam ou doivent être considérées comme une réflexion de l'auteur du récit (*Bible annotée*). Dans l'un et l'autre cas, elles sont bien l'expression de la volonté de Dieu.

6. L'idée complète et vraie du mariage suppose avant tout que les deux sont « un

donc que Dieu a uni, que l'homme ne le sépare point[1]. — Ils lui 7 disent : Pourquoi donc Moïse a-t-il commandé de donner à la femme une lettre de divorce, et de la répudier[2] ? — Il leur dit : C'est à 8 cause de la dureté de votre cœur que Moïse vous a permis de répudier vos femmes ; mais il n'en était pas ainsi dès le commencement[3]. — Mais je vous dis que quiconque répudie sa femme, si ce n'est 9 pour cause de fornication, et en épouse une autre, commet adultère ; et que celui qui épouse une femme répudiée, commet adultère[4]. — Ses disciples lui dirent : Si telle est la condition de l'homme à l'égard 10 de la femme, il n'est pas avantageux de se marier[5]. — Mais il leur dit : 11

cœur et une âme ; » tout ce qui tient à la chair, au sens restreint, n'est que le lien inférieur de cette union ; mais comme le mot *chair*, dans l'Ecriture, embrasse tout l'homme, son être entier, cette idée est bien exprimée par cette parole : *une seule chair*. Telle est l'intimité absolue et indissoluble du mariage, que Dieu a eue en vue dès l'origine de la création de l'homme, et que Jésus confirme de son autorité. (v. 6.) — En outre, cette déclaration est une condamnation de la polygamie, qui détruit de fond en comble la vraie notion du mariage.

1. Il faut remarquer ce contraste : *Dieu, l'homme*. Le divorce, pour toute autre cause que celle qui est indiquée au v. 9, détruit l'œuvre et l'intention de *Dieu*, pour y substituer l'arbitraire de *l'homme*.

2. Les pharisiens pensent avoir pour eux l'autorité de Moïse. (Deut. 24 : 1.) Mais ils exagèrent la portée de la disposition légale qu'ils invoquent, car Moïse n'a pas *commandé* ni voulu faciliter le divorce ; le but de la formalité qu'il prescrit était au contraire d'y mettre une entrave. Jésus rectifie l'expression des pharisiens en disant *permis*. (v. 8.)

3. Telle n'était pas l'intention de Dieu. Si Moïse l'a *permis*, c'était comme un mal nécessaire, destiné à éviter de plus grands maux, et uniquement à cause de cette *dureté de cœur* qui vous rendait incapables de vous élever jusqu'à la pensée divine et de la mettre en pratique. — Si l'on demande comment le Dieu immuable a pu sanctionner cette déviation de sa propre loi, la réponse se trouve dans le fait de la chute et du péché intervenu depuis la création de l'homme. Telle est la pensée que Jésus exprime par ce mot énergique : *la dureté de votre cœur*.

4. Les mots *et celui qui épouse une femme répudiée commet adultère* sont omis dans *Sin.*, *D*, et des vers. —

Voir sur ces paroles 5 : 31, 32, note. Telle est donc, ici encore, la réponse de Jésus à la question qui lui fut posée : il n'admet qu'une seule cause légitime de divorce, et il interdit d'épouser une femme répudiée. En parlant ainsi, il se place au point de vue de son royaume, et il n'y a aucun doute que ses disciples ne doivent se conformer à ce principe, le seul sur lequel repose le mariage chrétien. Aucune Eglise soumise à l'autorité du Sauveur ne saurait en sanctionner une autre. En résulte-t-il que la société civile, en des pays qui portent le nom de chrétiens, ait tort de statuer par sa législation d'autres causes de divorce et d'autoriser des époux séparés à contracter un second mariage ? Faut-il astreindre tous les citoyens d'un pays à la pratique d'un principe chrétien ? A cette question, comme à une foule d'autres analogues, le catholicisme a répondu oui, parce qu'il est la religion de la contrainte, et ne prétend à rien moins qu'à dominer la société ; le protestantisme répond non, parce qu'il veut avant tout la sincérité et la liberté morale. Que la société civile ait donc égard, si elle le veut, à la *dureté du cœur* (v. 8), qu'elle autorise un mal pour éviter des maux plus grands ; mais que les Eglises voient si elles peuvent, sans infidélité, se prêter, en ce qui les concerne, à sanctionner des unions nuptiales contraires à la parole du Sauveur.

5. Les disciples font à Jésus cette observation, après que les pharisiens se sont éloignés, « dans la maison. » (Marc 10 : 10.) Eux-mêmes trouvent donc trop dure la *condition* que Jésus impose à l'homme *à l'égard de la femme*. Il y a proprement en grec la *cause*, c'est-à-dire la seule cause légitime de divorce. (v. 9.) Ils estiment que si l'homme ne peut rompre une union mal assortie, s'il doit supporter tous

Tous ne comprennent pas cette parole, mais ceux-là seulement à qui
12 cela est donné [1]. — Car il y a des eunuques qui sont nés tels dès le
sein de leur mère ; il y en a qui ont été faits eunuques par les
hommes ; et il y en a qui se sont faits eunuques eux-mêmes pour le
royaume des cieux. Que celui qui est capable de comprendre, comprenne [2].
13 Alors on lui amena de petits enfants, afin qu'il leur imposât les
14 mains, et qu'il priât [3] ; mais les disciples les reprirent [4]. — Mais Jésus leur dit : Laissez les petits enfants, et ne les empêchez point de
venir à moi ; car le royaume des cieux est à ceux qui leur ressem-
15 blent. — Et leur ayant imposé les mains, il partit de là [5].

les défauts et tous les vices de sa femme, sauf celui indiqué par Jésus (v. 9), il vaut mieux ne pas se marier. — Il n'est question que de la condition du mari à l'égard de la femme, parce qu'en Orient et dans l'antiquité des droits égaux n'étaient point reconnus à cette dernière. Il en est tout autrement sous l'Évangile.
1. De quelle *parole* s'agit-il ? Les uns répondent : de celle de Jésus (v. 9), que les disciples ont trouvée trop dure, parce qu'elle interdit le divorce, sauf dans un cas unique, et parce que, ce cas excepté, elle ne permet pas un second mariage aux époux divorcés. Alors les mots *ceux à qui cela est donné*, et les paroles du v. 12, expliqueraient ce célibat forcé. D'autres entendent par *cette parole* celle des disciples (v. 10) : « ne pas se marier. » Jésus déclare alors que tous ne sauraient la *comprendre*, c'est-à-dire la recevoir, la pratiquer, que tous n'en sont pas *capables* (v. 12), que cette continence est un *don*. Puis, au v. 12, il explique et justifie sa pensée (*car*). A quelque interprétation qu'on s'arrête, les paroles qui suivent se rapportent toujours à un renoncement dont, Jésus le reconnaît, tous ne sont pas capables.
2. Avant tout, il faut entendre *être* ou *se rendre eunuque*, dans un sens figuré et moral, et non dans le sens d'une mutilation corporelle, comme le fit Origène. Pour faire mieux comprendre sa pensée et la nature toute morale du *don* qu'il a en vue, Jésus distingue trois cas : ceux qui, *dès le sein de leur mère*, par suite de leur organisation particulière, sont impropres au mariage ; ceux qui ont été rendus tels *par les hommes ;* dans ces deux premiers cas le don de continence est entendu en un sens corporel et n'a aucune valeur religieuse ; ceux enfin qui ont pris cette résolution volontairement à *cause du royaume des cieux*, non pour le mériter, mais pour s'y employer tout entiers et sans empêchements terrestres. Ainsi Jésus, en répondant aux disciples, constate un fait, mais n'exige point ce sacrifice, pas plus que Paul dans ses conseils. (1 Cor. 7 : 26 et suiv.) Il n'y a donc, dans ces paroles, rien qui soit défavorable au mariage chrétien, ni qui attribue au célibat une sainteté particulière ; bien moins encore un argument en faveur du célibat forcé de toute une classe d'hommes. *Que celui qui est capable de comprendre comprenne !* Voilà la vérité et la liberté. (Comp. 1 Cor. 9 : 5.)
3. Comp. Marc 10 : 13-16 ; Luc 18 : 15-17. — Marc et Luc disent simplement : *afin qu'il les touchât*, sans doute par l'imposition des mains. (v. 15.) En ajoutant : *et qu'il priât* (pour eux), Matthieu rend plus complètement le vœu de ces pieux parents. Imposer les mains était, de la part de Jésus, le moyen symbolique de communiquer les grâces demandées par la prière. (Comp. Act. 6 : 6 ; 13 : 3.)
4. *Reprirent* ceux qui présentaient les enfants, craignant qu'ils n'importunassent inutilement leur Maître. Profonde méconnaissance des trésors de compassion et d'amour qui étaient en lui, et qu'il était toujours prêt à répandre sur tous !
5. Pourquoi Jésus dit-il, dans les trois synoptiques : *à de tels est le royaume des cieux*, et non *à eux* (aux petits enfants) ? Ce n'est certainement pas pour en exclure ces derniers, ce qui serait une contradiction dans les termes ; mais il veut généraliser sa pensée, l'appliquer aux adultes et leur indiquer les dispositions des petits enfants comme étant celles qu'ils doivent revêtir pour pouvoir entrer dans son royaume. (18 : 3, 4, note ; Marc 10 : 15, note.) — Ces paroles du Sauveur n'ont aucun rapport direct avec

CHAP. XIX. ÉVANGILE SELON MATTHIEU 211

E. 16-26. LA QUESTION DU JEUNE HOMME RICHE. — 1° *La question posée.* Quelqu'un demande à Jésus quel bien il doit faire pour s'assurer la vie éternelle. Pourquoi m'interroger sur le bien ? lui répond Jésus ; un seul est absolument bon. Garde les commandements. Et il lui cite les commandements de la seconde table, qu'il résume dans celui de l'amour du prochain. (16-19.) — 2° *Le sacrifice demandé et refusé.* L'interlocuteur de Jésus affirme qu'il a gardé tous ces préceptes. Le Maître lui dit : Vends tes biens et les donne aux pauvres, puis viens et suis-moi. Mais il s'éloigna tout triste, car il avait de grands biens. (20-22.) — 3° *Déclaration de Jésus à ses disciples sur le danger des richesses.* Jésus déclare à ses disciples qu'un riche entrera difficilement dans le royaume des cieux, qu'un chameau passerait plutôt par le trou d'une aiguille. Qui donc peut être sauvé ? demandent les disciples étonnés. Jésus répond : Cela est impossible à l'homme, mais tout est possible à Dieu. (23-26.)

Et voici, quelqu'un s'étant approché, lui dit : Maître, que dois-je 16 faire de bon pour avoir la vie éternelle [1] ? — Mais il lui dit : Pour- 17 quoi m'interroges-tu sur ce qui est bon ? Un seul est le bon [2]. Mais si tu veux entrer dans la vie, garde les commandements [3]. — Il lui 18 dit : Lesquels [4] ? Et Jésus lui répondit : « Tu ne tueras point ; tu

le baptême des petits enfants, et l'on ne peut les invoquer pour le justifier ; mais comment nier qu'elles ne lui soient favorables ? Qui dira où est la différence entre la grâce du baptême et celle que Jésus confère à ces petits enfants en leur imposant les mains ? Mais ce qui est plus important, c'est de bien considérer comment Jésus se montre l'ami des petits et des faibles, le Sauveur de notre pauvre humanité tout entière, du berceau à la tombe.
1. Comp. Marc 10 : 17-27 ; Luc 18 : 18-27. — Ce *quelqu'un* était un jeune homme riche (20, 22) qui, selon Luc (18 : 18), était magistrat ou chef, peut-être président de la synagogue. Il était sincèrement préoccupé de la question la plus grave que puisse se poser une âme sérieuse, celle de *la vie éternelle.* Il avait en outre réfléchi sur *le bien* et s'était efforcé de le pratiquer, sans être encore assuré d'avoir fait assez pour obtenir la vie éternelle. Il s'informe donc de quelque bien extraordinaire qu'il pourrait *faire,* et, aveuglé par sa propre justice (v. 20), il s'imagine que par là il parviendra au but. Dès les premiers mots, la réponse de Jésus, admirable de sagesse, est propre à lui ouvrir les yeux. — Le texte reçu lui fait dire : *Bon* Maître, épithète non authentique dans Matthieu. (Voir la note suivante.)
2. Le texte reçu porte ici, avec Marc et Luc : « Pourquoi m'apelles-tu bon ? Nul n'est bon sinon un seul, Dieu. » (Voir Marc 10 : 18, note.) La leçon que nous y

substituons se fonde sur *Sin. B, D,* vers., Pères. Tous les critiques l'adoptent. Le texte reçu est une correction destinée à rendre ce passage conforme à Marc et à Luc. — Jésus veut dire : Pourquoi cette question *sur ce qui est bon ?* Elle est superflue, car tu n'ignores pas qu'*un seul est le bon,* l'être absolument parfait ; c'est Dieu. Regarde à Dieu, et tu connaîtras le bien qui est sa volonté. Quant à ce que tu dois faire pour *entrer dans la vie éternelle,* les *commandements* de la loi te l'enseignent ; tu n'as qu'à les *garder.*
3. Jésus savait bien que son interlocuteur ne pourrait jamais par lui-même *garder* ces *commandements* qu'il vient de lui faire envisager comme l'expression de la volonté sainte de Dieu. Mais c'était la seule réponse possible à sa question ; s'il s'appliquait sérieusement à accomplir cette volonté divine dans son cœur et dans sa vie, il devait se convaincre bientôt qu'il en était incapable (Rom. 3 : 20 ; 7 : 7-13) ; et, passant par la repentance, il devait chercher la vie éternelle dans une autre voie. « Jésus renvoie à la loi ceux qui sont dans la sécurité, et il console par l'Evangile ceux qui sont contrits. » *Bengel.*
4. Le jeune homme connaissait parfaitement les commandements du décalogue, mais il s'attendait à ce que Jésus lui indiquât quelque œuvre nouvelle, extraordinaire, à faire pour obtenir la vie éternelle. De là sa question. L'expérience nous apprend que l'homme a toujours plus de penchant pour les préceptes d'une

ne commettras point adultère ; tu ne déroberas point ; tu ne diras
19 point de faux témoignage ; — honore père et mère ; » et « tu aime-
20 ras ton prochain comme toi-même [1]. » — Le jeune homme lui dit :
21 J'ai observé toutes ces choses ; que me manque-t-il encore [2] ? —
Jésus lui dit : Si tu veux être parfait, va, vends ce que tu as, et le
donne aux pauvres, et tu auras un trésor dans le ciel ; puis viens et
22 suis-moi [3]. — Mais quand le jeune homme eut entendu cette parole,
il s'en alla tout triste ; car il avait de grands biens [4].
23 Mais Jésus dit à ses disciples : En vérité, je vous le dis : Un riche
24 entrera difficilement dans le royaume des cieux. — Et je vous le dis
encore : Il est plus facile qu'un chameau passe par le trou d'une aiguille, qu'il ne l'est qu'un riche entre dans le royaume de Dieu [5]. —
25 Les disciples ayant entendu cela, étaient fort étonnés, et ils disaient :

sainteté fantastique que pour la simple pratique de la loi divine.

1. Jésus cite quelques commandements comme exemple de tous les autres, et il les prend dans la seconde table de la loi, peut-être parce qu'il était plus facile à son interlocuteur de se rendre compte s'il les avait observés ou non. (Ex. 20 : 12 et suiv.) Mais il y ajoute le grand commandement de l'*amour*, qui est l'âme de tous les autres (Lév. 19 : 18) et sans lequel tous les autres sont constamment violés dans le cœur.

2. Le jeune homme riche était sincère en disant qu'il avait *gardé toutes ces choses* (le texte reçu ajoute : *dès ma jeunesse,* d'après Marc et Luc) ; car Marc fait observer que *Jésus l'aima*. Mais dans son ignorance de la spiritualité et de la sainteté de la loi, il l'interprétait d'une manière toute littérale et extérieure. Dans ce sens, il pouvait avoir raison, et sa parole prouve qu'il s'était sérieusement appliqué à mener une vie morale. Et pourtant il lui reste un vague sentiment qu'il lui *manque* encore quelque chose, ce qui était déjà impliqué dans sa première question. (v. 16.)

3. Le mot grec que nous rendons par *être parfait* signifie littéralement *être parvenu au but,* c'est-à-dire ici à la vie éternelle. (v. 16.) Pour cela, Jésus qui a pénétré la plaie morale de cet homme, découvert son idole, les grands biens qu'il possédait (v. 22), le met en demeure d'en faire le sacrifice sans condition : il apprendra ainsi à se connaître. Il ne faut voir dans les paroles de Jésus ni l'intention d'éprouver seulement le jeune homme riche, car le sacrifice lui est réellement demandé ; ni l'énoncé d'un principe général d'après lequel tous les chrétiens devraient nécessairement se dépouiller de tous leurs biens ; ni un « conseil évangélique de perfection, » selon l'idée catholique. C'est un ordre que Jésus adresse à ce riche en l'appelant à le *suivre*, et par lequel il enseigne à tous ses disciples qu'ils doivent vivre dans un renoncement du cœur qui leur permette de tout sacrifier quand Dieu le demandera. Jésus ajoute d'ailleurs à cet ordre rigoureux une invitation qui, bien comprise et acceptée, lui aurait tout rendu facile et compensé au centuple son sacrifice : *viens et suis-moi*. Et il lui fait entrevoir un *trésor dans le ciel,* qui embrasse toutes les richesses de *la vie éternelle* (comp. 5 : 12 ; 6 : 20), non comme récompense de son sacrifice, qui, sans amour, ne lui aurait servi de rien (1 Cor. 13 : 3), mais comme le bonheur suprême pour son cœur régénéré.

4. S'il s'en va *tout triste,* c'est qu'il a découvert qu'il manquait de volonté et de force pour faire le sacrifice d'une idole. Il a eu à choisir entre cette idole et Jésus, entre ses biens et la vie éternelle, et son choix est fait, malgré sa meilleure conviction. De là sa tristesse. Deviendra-t-elle une « tristesse à salut ? » Nous l'ignorons !

5. Cette dernière image élève la *difficulté* jusqu'à une *impossibilité*. Mais il faut considérer le v. 26. — Quelques *minuscules* portent *câble* au lieu de *chameau*. Cette leçon est sans autorité, et elle efface l'exagération intentionnelle du contraste. Il en est de même de l'hypothèse, sans fondement d'ailleurs, qui fait du *trou de l'aiguille* la désignation d'une petite porte. (Comp. 23 : 24.)

Qui donc peut être sauvé [1] ? — Mais Jésus les regardant, leur dit : 26 Quant aux hommes, cela est impossible ; mais quant à Dieu, toutes choses sont possibles [2].

F. 19:27 à 20:16. La récompense a venir. — 1° *La question de Pierre*. — *a) Pierre*, constatant avec satisfaction que le sacrifice auquel le riche s'est refusé, ses condisciples et lui l'ont accompli, demande *quelle récompense* ils en recevront. (27.) — *b) Jésus* leur donne l'assurance solennelle qu'ils seront assis sur douze trônes et *jugeront les douze tribus* d'Israël. Il promet *à tous* ceux qui auront fait des sacrifices pour lui qu'ils recouvreront *le centuple* et hériteront *la vie éternelle*. Mais il ajoute que plusieurs des *premiers* seront les *derniers*, et des derniers les premiers. (28-30.) — 2° Cette vérité est illustrée par *la parabole des ouvriers loués à différentes heures*. *a) L'embauchage des ouvriers*. Un propriétaire sort dès le matin afin de louer des ouvriers pour sa vigne. Il convient avec eux d'un denier par jour. Il revient engager d'autres ouvriers à la troisième, la sixième et la neuvième heure. Même à la onzième heure, il enrôle encore ceux qu'il trouve sur le marché, après leur avoir demandé : Pourquoi vous tenez-vous là tout le jour sans rien faire ? (1-7.) — *b) Le paiement du salaire*. Le soir venu, le maître ordonne à son intendant de leur payer le salaire, en commençant par les derniers. Tous reçoivent un denier. Les premiers, qui s'attendaient à recevoir davantage, manifestent leur mécontentement. Le maître répond qu'il ne leur fait pas tort, puisqu'il exécute le contrat ; qu'il est libre, après tout, de faire de son bien l'usage qu'il veut ; qu'ils ne doivent pas être jaloux parce qu'il est bon. (8-15.) *c) Conclusion* : C'est ainsi que les derniers deviennent les premiers dans le royaume des cieux où tout est grâce, et que les premiers, s'ils ne se pénètrent pas de cet esprit du royaume, deviennent les derniers. (16.)

Alors Pierre répondant, lui dit : Voici, nous, nous avons tout 27 quitté, et nous t'avons suivi ; que nous en arrivera-t-il donc [3] ? —

1. Les disciples font certainement cette objection avec un retour inquiet sur eux-mêmes. Quelle est leur pensée ? Selon les uns (Meyer), ce serait un raisonnement *à fortiori* : Si tel est le danger pour les riches, qui ont tant de moyens de faire le bien, qu'en sera-t-il des pauvres ? Selon d'autres (Weiss), les disciples ne penseraient qu'aux riches et se demanderaient : lequel d'entre eux peut être sauvé ? Selon d'autres encore (de Wette), les disciples se disent que tous les hommes ont plus ou moins dans le cœur l'amour des richesses ; qui donc échappera au danger ? Il faut laisser à la question son sens indéterminé et général : si telles sont les conditions du salut, si le salut est chose si difficile, qui donc y aura part ?
2. Le *regard* de Jésus qui s'arrête sur les disciples devait, en les rassurant, préparer leur âme à recevoir cette grande parole. Etre sauvé (v. 25) est une chose *impossible* aux *hommes ;* elle est au-dessus de leurs forces. Mais, en le déclarant solennellement, Jésus en appelle en même temps à la *toute-puissance* de *Dieu* et de sa grâce pour déprendre du monde, convertir, sanctifier le cœur des riches eux-mêmes. Aucune classe d'hommes n'est exclue. Mais l'exemple du jeune homme riche (v. 22) et la déclaration de Jésus (v. 23, 24) n'en subsistent pas moins comme un avertissement pour ceux qui « possèdent de grands biens. »
3. Comp. Marc 10 : 28-31 ; Luc 18 : 28-30. — Gr. *qu'en sera-t-il donc pour nous ?* Ce qui ne signifie pas : « Que nous reste-t-il à faire ? » ou « qu'aurons-nous encore à endurer ? » comme l'ont pensé quelques exégètes, mais bien : « Quelle récompense en aurons-nous ? » et en particulier, « serons-nous sauvés ? » (v. 25, 26.) Pierre, préoccupé de l'exemple du jeune riche, fait, non sans quelque complaisance, un retour sur lui-même et ses condisciples. et *répondant* (voir sur l'emploi de ce verbe, 11 : 25, note) à cet exemple, y opposant le leur, il dit : *Nous*, nous avons

28 Et Jésus leur dit : En vérité je vous dis, que lors du renouvellement, lorsque le Fils de l'homme sera assis sur le trône de sa gloire, vous qui m'avez suivi, vous serez assis vous aussi sur douze trônes, ju-
29 geant les douze tribus d'Israël [1]. — Et quiconque aura quitté frères, ou sœurs, ou père, ou mère, ou enfants, ou champs, ou maisons, à cause de mon nom, recevra beaucoup plus, et héritera la vie éter-
30 nelle [2]. — Mais plusieurs des premiers seront les derniers, et plusieurs des derniers seront les premiers [3].

fait tout autrement, nous avons *tout quitté* ; quelle en sera la suite ? Malgré ce qu'il y avait encore d'humain et de charnel dans cette préoccupation d'une récompense, Jésus promet celle-ci magnifique (v. 28, 29) ; seulement il y ajoute un *mais* significatif qui introduit une restriction propre à les exciter à une sainte vigilance (v. 30), puis il relève l'erreur de son disciple par une parabole. (20 : 1 et suiv.)

1. Telle est la récompense spécialement promise aux apôtres ; puis il en est une autre, assurée à tous ceux qui auront fait de grands sacrifices pour le nom de Jésus. (v. 29.) Tout cela sera accompli, non durant le temps actuel des travaux et des combats, mais au *renouvellement*, à la *renaissance* (gr. *palingénésie*), c'est-à-dire lors du renouvellement des cieux et de la terre (Rom. 8 : 19 et suiv. ; 2 Pier. 3 : 13 ; Apoc. 21 : 1), qui coïncidera avec le retour de Christ siégeant sur *le trône de sa gloire* pour exercer le jugement universel. (16 : 27 ; 25 : 31.) D'autres entendent par *renaissance* la *résurrection* du dernier jour, mais il est probable que Matthieu prend ce mot dans un sens plus général. Quoi qu'il en soit, Jésus ouvre devant les yeux de ses disciples cette glorieuse perspective qu'ils partageront sa gloire, régneront avec lui (Rom. 8 : 17 ; 2 Tim. 2 : 12), prendront part au jugement (comp. 1 Cor. 6 : 2) ; car ils lui seront faits semblables, ils partageront tous ses privilèges. Quant à ce terme *les douze tribus d'Israël*, les uns l'entendent dans son sens littéral et historique, les autres lui donnent une signification symbolique, et y voient l'image théocratique de tout le peuple de Dieu. (Apoc. 21 : 12, 14.) Ce dernier sens est le vrai. *Juger*, dans l'Ecriture, signifie aussi *gouverner*, *régner*. Or il ne s'agit point, dans l'économie future, du peuple juif seul. — Marc et Luc n'ont pas cette partie du discours, mais seulement la promesse générale qui va suivre. (v. 29.) Cependant Luc rapporte des paroles semblables, mais prononcées en une autre occasion. (Luc 22 : 30.)

2. Il y a diverses modifications du texte reçu à noter. D'abord la suppression des mots *ou femme* après *ou mère*, qui sont empruntés aux autres évangiles ; ensuite la place du mot *maisons*, que le texte reçu intercale après *aura quitté* ; enfin le terme *beaucoup plus*, au lieu de *cent fois autant*. Ce dernier mot se retrouve dans Marc, le premier dans Luc. — Après la promesse faite spécialement aux apôtres, Jésus répond encore à la question de Pierre en généralisant sa pensée (*quiconque*). Tous ces grands et douloureux sacrifices, que Jésus prévoit pour les siens, n'auront pourtant la valeur morale qu'il leur attribue que s'ils sont accomplis *à cause de son nom*, par amour pour lui et pour sa cause. Luc dit : « à cause du royaume de Dieu ; » Marc : « à cause de moi et à cause de l'Evangile. » — En quoi consiste la promesse qui leur est faite ? Matthieu répond par deux termes : recevoir *beaucoup plus* et hériter *la vie éternelle*. D'excellents exégètes (Meyer, Weiss) entendent par là une seule et même chose, les richesses et les félicités du ciel (5 : 12), réservées à ces fidèles et dévoués confesseurs dans les demeures de la paix. Mais cela est exprimé par ce seul mot : *la vie éternelle* ; pourquoi donc cet autre terme : *recevra beaucoup plus*, qui semble indiquer une promesse distincte ? Marc et Luc ajoutent : « recevra beaucoup plus *en ce temps-ci* et *dans le siècle à venir* la vie éternelle. » Ces expressions nous expliquent la pensée de Matthieu, car c'est à tort que Meyer prétend que la distinction établie par les autres synoptiques est le fruit d'une réflexion postérieure. Quelle est cette riche compensation promise *dans ce temps-ci* ? Certes, il ne faut pas la matérialiser. Il n'est pas vrai que celui qui a fait le sacrifice douloureux de ses bien-

La note 3 est à la page suivante.

Car le royaume des cieux est semblable à un maître de maison qui sortit dès le point du jour afin de louer des ouvriers pour sa vigne [1]. — Et étant convenu avec les ouvriers d'un denier pour la journée, il les envoya à sa vigne [2]. — Puis étant sorti vers la troisième heure du jour, il en vit d'autres qui étaient sur la place sans rien faire [3] ; — il leur dit de même : Allez, vous aussi, à la vigne, et ce qui sera juste je vous le donnerai ; — et ils allèrent [4]. Etant sorti de nouveau vers la sixième et la neuvième heure, il fit encore de même [5]. — Or, vers la onzième heure, étant sorti, il en trouva d'autres qui se tenaient là [6] ; et il leur dit : Pourquoi vous tenez-vous ici tout le jour sans rien faire ? — Ils lui disent : Parce que personne ne nous a loués [7]. Il leur dit : Allez, vous aussi, à la vigne [8]. — Quand le soir fut venu, le

aimés en un temps de persécution les retrouve sur la terre ; encore moins Jésus assure-t-il le recouvrement de ses biens à celui qui les a perdus pour l'amour de lui. Mais puisqu'il est certain que le bonheur n'est pas dans les choses extérieures, qu'il est en l'homme, il est certain aussi que la paix du cœur, la joie du salut éternel, la communion avec Jésus et par lui avec le Père céleste et avec tous les enfants sur la terre, sont d'une valeur *beaucoup plus* grande que tous les biens sacrifiés par le disciple de Jésus-Christ. (Voir Marc 10 : 30, note.) Quel est le chrétien qui se soit repenti d'aucun de ces sacrifices accomplis pour son Sauveur ? Le monde, la vie sont transformés pour lui ; il comprend cette grande parole : *Toutes choses sont à vous*. (1 Cor. 3 : 21.)

3. Ce *mais*, avec la sentence qui le suit, est d'une signification profonde, et apporte une redoutable restriction à la promesse glorieuse faite en réponse à la question de Pierre. (v. 27.) Ce dernier dut comprendre alors ce qu'il y avait encore de terrestre et d'égoïste dans sa question. — Par *premiers* et *derniers* on peut entendre non seulement le temps de la vocation et du travail, comme dans la parabole qui suit, mais le rang, selon les dispositions du cœur. On peut être des premiers selon l'estimation des hommes et le *dernier* selon celle de Dieu. Et *plusieurs*, *beaucoup* se trouveront dans ce cas. Confusion pour les uns, consolation pour les autres ! (Comp. 20 : 16, note.)

1. La particule (*car*) montre dès l'abord que cette parabole est la confirmation de la sentence précédente (19 : 30) et fait encore partie de la réponse de Jésus à la question de Pierre. (19 : 27.)

2. *Un denier*, un peu moins d'un franc, paraît avoir été alors le prix de la journée d'un ouvrier. — Il faut bien remarquer que ce salaire avait été *convenu* entre le maître et les ouvriers. (Comp. v. 13.)

3. La journée, chez les Juifs, commençait à six heures du matin ; ainsi leur *troisième heure* correspondait à neuf heures. — La *place* (gr. l'*agora*) était le lieu public où s'assemblait le peuple et où les ouvriers cherchaient à se louer. Dans le sens littéral de la parabole, ces ouvriers étaient là réellement *sans rien faire*, oisifs. Dans la vie, on peut l'être aussi au milieu même de la plus grande activité, si ce travail reste sans aucun rapport avec le règne de Dieu. (v. 6.)

4. *Ils y allèrent* sans autres conditions, confiants dans la parole du maître. — Il y a dans le grec : « *A ceux-là aussi* il dit : Allez, *vous aussi*, » malgré le temps perdu.

5. *A midi* et à *trois heures*, il renouvela ses invitations.

6. Vers la onzième heure, cinq heures du soir, tout près de la fin de la journée, il y avait encore des ouvriers qui *se tenaient là* (le texte reçu ajoute *sans rien faire*), ayant perdu presque toute la journée.

7. Ce n'était donc pas leur faute. Combien de milliers d'hommes vivent, en pleine chrétienté, sans avoir jamais entendu l'appel de l'Evangile ! Aussi ces ouvriers sont-ils encore invités à employer dans la vigne la dernière heure du jour.

8. Le texte reçu ajoute, comme au v. 4 : « et ce qui sera juste, je vous le donnerai. » Ces mots paraissent devoir être retranchés d'après *Sin.* B, D, bien qu'ils se trouvent dans la plupart des *majusc.* Il semble du reste qu'à ce der-

maître de la vigne dit à son intendant : Appelle les ouvriers, et paie-
leur le salaire, en commençant depuis les derniers jusqu'aux pre-
9 miers¹. — Et ceux de la onzième heure étant venus, ils reçurent
10 chacun un denier. — Or les premiers étant venus, ils s'attendaient
à recevoir davantage ; mais ils reçurent, eux aussi, chacun un de-
11 nier ; — et l'ayant reçu, ils murmuraient contre le maître de la mai-
12 son, — disant : Ceux-là, les derniers, n'ont travaillé qu'une heure, et
tu les as traités à l'égal de nous qui avons supporté le poids du jour
13 et la chaleur². — Mais il répondit et dit à l'un d'eux : Ami, je ne
14 te fais pas tort ; n'es-tu pas convenu avec moi d'un denier ? — Prends
ce qui est à toi et va-t'en³. Mais je veux donner à ce dernier autant
15 qu'à toi. — Ne m'est-il donc pas permis de faire ce que je veux de
ce qui est à moi ? Ou ton œil est-il mauvais parce que je suis bon⁴ ?
16 — Ainsi les derniers seront les premiers, et les premiers seront les
derniers⁵.

nier moment une telle promesse était superflue.
1. *Commencer* par les *derniers*, c'était déjà manifester la grande pensée de toute la parabole : dans le règne de Dieu, tout est grâce. (Comp. v. 16, note.)
2. Tout dans ces paroles trahit un mauvais esprit, et envers le maître et à l'égard des compagnons de service : le mot *ceux-là* a quelque chose de méprisant. Les plaignants n'admettent pas même que ceux-ci ont *travaillé*, mais seulement *employé* (gr. *fait*) une heure. Enfin leurs *murmures* s'adressent directement au maître. Ces hommes ont une singulière ressemblance avec le fils aîné de la parabole de l'enfant prodigue. (Luc 15 : 29, 30.)
3. Ces travailleurs se sont placés sur le terrain du droit. Ils étaient *convenus* avec le maître (v. 2), qui le leur rappelle ici d'une manière significative ; ils viennent de faire valoir la différence entre leur travail et le travail des ouvriers de la onzième heure, toujours pour établir leur droit à recevoir davantage ; or la réponse du maître, tout entière fondée sur ce même droit, est, à cet égard, sans réplique : *aucun tort, tu es convenu, ce qui est à toi.* Il y a même de la sévérité dans le mot *va-t'en.* Le terme d'*ami*, ou *compagnon*, n'exprime ni affection ni rigueur. (22 : 12 ; 26 : 50.)
4. Ici, plus de droit, mais grâce libre et souveraine : *je veux, il m'est permis, ce qui est à moi* ; puis contraste entre un *œil mauvais* (l'envie, la jalousie) et la *bonté* du maître.

5. Cette sentence solennellement répétée (19 : 30 ; comp. Marc 10 : 31 ; Luc 13 : 30) présente le résumé et le sens profond de toute la parabole. Pierre, en rappelant avec une certaine complaisance qu'il avait tout quitté pour suivre Jésus, s'était enquis d'une récompense. (19 : 27.) Il cédait ainsi à un sentiment faux et dangereux, celui de la propre justice. Jésus lui a fait d'abord une réponse encourageante, parce qu'au fond le disciple était sincère et plein d'amour pour son Maître ; mais il ajoutait à cette réponse un sérieux avertissement (v. 30, note) qu'il a voulu rendre plus impressif par le récit dramatique qui suit. Combien il est saisissant ! Le *maître* qui appelle des ouvriers, c'est Dieu, qui a un droit absolu sur eux et qui leur fait une grâce immense en les appelant. En effet la *vigne* où il les envoie, c'est son beau règne de vérité, de justice et de paix. Les *ouvriers* qui ont le privilège d'y travailler ne sont pas seulement des docteurs ou pasteurs, mais tous ceux qui entendent l'appel et s'y rendent. Les différentes *heures* du jour sont les divers âges de la vie humaine ou les époques de l'histoire du règne de Dieu. Le *travail*, ce sont toutes les œuvres qui ont pour objet le bien des hommes, l'avancement du règne de Dieu. Le *soir*, c'est la fin de la vie ou la fin de l'économie présente, le retour de Christ, le divin *intendant* qui préside à la rétribution. Le *denier*, enfin, c'est le salut, la vie éternelle, qui, parce qu'elle est d'une valeur infinie et sans proportion avec le travail des ouvriers, ne peut être qu'une grâce. Dans ce sens, il y a égalité entre

G. 17-28. Le Maître va souffrir ; les disciples aspirent a la gloire. — 1º *Troisième prédiction des souffrances du Christ.* Jésus montant à Jérusalem prend à part les douze et leur fait une prédiction détaillée des événements qui vont s'accomplir à Jérusalem : il sera condamné par les autorités juives, maltraité et crucifié par les païens, et il ressuscitera le troisième jour. (17-19.) — 2º *La demande des fils de Zébédée.* — *a) La requête présentée par leur mère.* La mère de Jacques et de Jean se prosterne devant Jésus et lui demande que ses fils occupent les deux premières places dans son royaume. (20-21.) — *b) Entretien de Jésus avec les fils.* Jésus leur fait sentir ce que cette ambition a d'inconsidéré ; il ramène leur attention sur la coupe de ses souffrances, dont il venait de leur parler. Eux, se déclarent prêts à la boire. Jésus leur prédit alors qu'ils la boiront réellement, mais qu'il appartient à Dieu seul d'accorder les premières places dans le royaume de son Fils. (22, 23.) — *c) Exhortation de Jésus aux autres disciples.* Les prétentions des deux frères provoquent l'indignation des dix autres disciples. Jésus les appelle à lui et les met en garde contre l'esprit de domination, qui est celui des princes et des grands de ce monde. Parmi les disciples, celui qui voudra être grand devra se faire le serviteur de tous, suivant l'exemple du fils de l'homme, qui est venu non pour être servi, mais pour servir et donner sa vie en rançon pour plusieurs. (24-28.)

17 Et Jésus montant à Jérusalem, prit à part les douze [1], et leur dit en
18 chemin : — Voici, nous montons à Jérusalem, et le fils de l'homme sera livré aux principaux sacrificateurs et aux scribes, et ils le con-
19 damneront à mort ; — et ils le livreront aux païens, pour qu'ils s'en

tous ; mais voici la différence : le denier peut avoir une valeur infiniment diverse, selon la disposition intérieure de ceux qui le reçoivent, c'est-à-dire selon leur capacité morale de jouir de la vie du ciel. Là ceux qui ont été les *premiers* au travail peuvent être les *derniers*. Et même, bien que Jésus ne les exclue pas, puisqu'il leur accorde le denier stipulé, ils sont en danger de s'exclure eux-mêmes, selon que les sentiments qu'ils manifestent dans la parabole viendraient à prévaloir. Ceux au contraire qui ont compris que, dans le règne de Dieu, tout est grâce, l'appel, le travail, la récompense, et qui se sont simplement confiés à la parole du maître, peuvent être les *premiers*, bien qu'ils aient été les *derniers* au travail. — Il faut remarquer encore que le texte dit ici *les premiers*, *les* derniers, parce qu'il en est réellement ainsi dans la parabole ; mais cela ne signifie point que *tous* les premiers doivent être les derniers et l'inverse. En effet, au chapitre précédent (v. 30) on lit : *plusieurs* des premiers seront les derniers. Le texte reçu ajoute : *car il y en a beaucoup d'appelés, mais peu d'élus.* Cette sentence, que Jésus prononce ailleurs (22 : 14), est probablement inauthentique. *Sin.*, *B*, et les vers. égyp-

tiennes ne l'ont pas, et il faut avouer qu'elle est peu en harmonie avec l'enseignement de notre parabole, qui ne traite point d'*appelés* et d'*élus*, mais des dispositions diverses de ceux qui travaillent dans le règne de Dieu, d'où même les derniers ne sont point exclus. Aussi Calvin fait-il déjà cette remarque : « Il (J.-C.) ne fait pas comparaison des réprouvés qui se détournent de la foi avec les élus qui y persévèrent ; et dès lors la sentence qu'aucuns entrelacent ici : *plusieurs sont appelés, mais peu sont élus*, n'est pas à propos. » Les exégètes qui, se fondant sur *C*, *D*, l'*Itala* et la *syr.*, admettent ces paroles comme authentiques, ne savent trop qu'en faire dans l'interprétation. Meyer leur fait signifier que parmi ceux qui sont dans le royaume de Dieu, il en est peu qui soient choisis pour y être les *premiers*; ce qui veut dire qu'il y aurait des élus parmi les élus ! Beaucoup plutôt pourrait-on penser, si cette sentence est authentique, que Jésus a voulu faire sentir, à ceux qui déjà sont les derniers par leur faute, le danger de se voir finalement rejetés.

1. Comp. Marc 10 : 32-34 ; Luc 18 : 31-34. — Matthieu continue son récit du dernier voyage de Jésus à Jérusalem, qu'il a déjà indiqué 19 : 1. — *Jésus prit*

218   ÉVANGILE SELON MATTHIEU   CHAP. XX.

moquent et le battent de verges et le crucifient ; et le troisième jour il ressuscitera¹.
20 Alors la mère des fils de Zébédée s'approcha de lui avec ses fils, se
21 prosternant et lui demandant quelque chose². — Et il lui dit : Que veux-tu ? Elle lui dit : Ordonne que ceux-ci, mes deux fils, soient assis l'un à ta droite et l'autre à ta gauche dans ton royaume³. —
22 Mais Jésus répondant dit : Vous ne savez ce que vous demandez. Pouvez-vous boire la coupe que je vais boire⁴ ? Ils lui disent : Nous
23 le pouvons⁵. — Il leur dit : Il est vrai que vous boirez ma coupe ;

à part les douze, parce qu'une grande foule le suivait. (19 : 2.)

1. C'est la troisième fois que Jésus prédit à ses disciples ses souffrances. (16 : 21 ; 17 : 22, 23.) Plus le moment solennel approche, plus il devient explicite dans les détails de cette prédiction : les auteurs de ses souffrances, sa condamnation à la mort, la double trahison dont il sera l'objet, les tortures, la croix, tout est devant les yeux, et dès lors sa passion a moralement commencé. (Comp. Marc 10 : 34, note.) Mais il voit un soleil glorieux se lever sur ces ténèbres ; *le troisième jour il ressuscitera*. (Comp. sur ce dernier trait de la prédiction 16 : 21, seconde note.) Les trois premiers évangélistes consignent ici avec un parfait accord ces mémorables communications de leur Maître. (Marc 10 : 32 et suiv. ; Luc 18 : 31 et suiv.)

2. Comp. Marc 10 : 35-45. *Alors*, c'est-à-dire immédiatement après la prédiction qui précède, ce qui prouve avec évidence combien peu les disciples en avaient compris la signification réelle. (Luc 18 : 34.) Ils lui donnèrent probablement un sens figuré quelconque. — *La mère des fils de Zébédée*, c'est-à-dire de Jacques et de Jean (4 : 21), était Salomé, sœur de Marie, mère de Jésus (Jean 19 : 25, note) ; elle faisait partie de ce petit cercle de femmes qui avaient suivi Jésus de la Galilée (27 : 56 ; Marc 15 : 40 ; 16 : 1), et qui l'assistaient de leurs biens. (Luc 8 : 3.) L'attitude que cette mère prend devant le Seigneur (*se prosternant*) montre avec quelle attache, à la *demande* qu'elle va lui adresser, une solennelle importance.

3. Salomé demande donc pour ses deux fils les deux premières places d'honneur dans le royaume du Sauveur ; elle désire qu'ils soient ses deux premiers ministres. Ses fils partageaient entièrement cette ambition de leur mère, car selon le récit de Marc (10 : 35), ce sont eux-mêmes qui adressèrent à Jésus cette demande, dont la pensée pouvait leur avoir été inspirée par sa promesse. (19 : 28.) Ils prouvaient par là qu'ils avaient une idée très élevée de la majesté de leur Maître, un ardent amour pour lui, un désir sincère d'être les premiers à le servir. Mais que d'ignorance encore, quelles vues charnelles sur la nature de son règne, que d'orgueil enfin ! Et l'un de ces disciples était le doux et humble Jean. Combien il est évident qu'il devait passer par le baptême de feu de la Pentecôte !

4. Le texte reçu avec *C*, des *majusc.* et des vers., ajoute ici et au verset suivant : *et être baptisés du baptême dont je suis baptisé*. Ces paroles, qui se retrouvent dans le récit de Marc d'où elles ont été empruntées, ne sont pas authentiques dans celui de Matthieu. — Les disciples et leur mère, *ne savaient ce qu'ils demandaient*, car ils ne pensaient qu'à un avenir glorieux, malgré la prédiction qui précède (v. 17-19), et Jésus a devant lui *la coupe* de ses souffrances. Sont-ils prêts à la partager avec lui ? — La *coupe* est, dans les langues orientales, l'image des destinées assignées à un homme, en particulier des souffrances qu'il aura à endurer. (Ps. 75 : 9 ; Jér. 25 : 15 ; Math. 26 : 39 ; Jean 18 : 11.)

5. Les deux disciples, auxquels Jésus s'est adressé directement et qui maintenant prennent la parole au lieu de la laisser à leur mère, ont compris que le chemin suivi par leur Maître va traverser de rudes souffrances ; mais ils ne reculent pas devant ces souffrances après avoir aspiré à la gloire. (Comp. 26 : 33-35.) Seulement ils n'écoutent ici que leur sincérité et leur courage, sans songer à leur faiblesse. Et toutefois Jésus ne les contredit point ; avec indulgence pour le présent et ne regardant qu'à l'avenir, il leur annonce réellement qu'*ils boiront sa coupe*. (v. 23.) En effet, bientôt Jean entrera courageusement dans la cour du souverain sacrificateur et suivra son Maître jusqu'au pied de

mais d'être assis à ma droite ou à ma gauche, il ne m'appartient pas de le donner, mais cela est donné à ceux à qui cela a été préparé par mon Père [1]. — Les dix ayant entendu cela, s'indignèrent contre les deux frères [2]. — Mais Jésus les ayant appelés, dit : Vous savez que les princes des nations les asservissent et que les grands exercent sur elles leur puissance. — Il n'en sera pas ainsi parmi vous ; au contraire, quiconque voudra être grand parmi vous, sera votre serviteur ; — et quiconque voudra être le premier parmi vous, sera votre esclave [3] ; — de même que le fils de l'homme n'est pas venu pour être servi, mais pour servir et donner sa vie en rançon pour plusieurs [4].

la croix, tandis que Jacques sera le premier martyr d'entre les apôtres.

1. Ces paroles sont difficiles à concilier avec d'autres déclarations de Jésus-Christ. (Par exemple, 11 : 27 ; 28 : 18 ; Jean 5 : 22, etc.) Aussi ont-elles été très diversement interprétées depuis le temps des Pères jusqu'à nos jours. Ces interprétations se réduisent plus ou moins à la pensée que Jésus parle dans son état actuel d'abaissement, où il s'est volontairement dépouillé de sa puissance aussi bien que de sa gloire, tandis que les autres déclarations que nous venons de citer nous le montrent dans la plénitude de sa royauté divine. Il indiquerait donc ici une restriction temporaire de son pouvoir, comme il nous révèle ailleurs une restriction de sa connaissance. (24 : 36 ; Marc 13 : 32.) Mais est-il nécessaire d'insister sur cette distinction ? Cette parole n'a pas pour but de faire le départ entre le pouvoir de Dieu et celui de Jésus-Christ et d'éclairer l'insondable mystère des relations du Père et du Fils. Jésus veut faire comprendre à ses disciples la condition à laquelle ils pourront être admis à occuper la place la plus éminente dans le royaume de Dieu. Cette faveur, dit-il, ne sera pas *donnée* d'une manière arbitraire et pour ainsi dire à l'avance. Il faut qu'une âme y soit longuement *préparée* par un développement qui la conduise à la sainteté parfaite ; et cette préparation dépend à la fois de la souveraineté de la grâce de Dieu et de la fidélité de cette âme. Le Père a *préparé* le royaume (25 : 34) et c'est lui aussi qui *prépare* ses plus éminents serviteurs pour ce royaume par des grâces spéciales ; et l'on peut ajouter que certainement les deux disciples Jacques et Jean, dont l'ambition se trahit par leur demande, n'étaient pas alors sur le chemin qui conduit au plus haut degré de gloire et de félicité. Ils n'y parvinrent que plus tard.

2. On ne peut guère supposer que cette *indignation* des autres disciples fût l'effet de leur humilité et du scandale que leur donnait l'ambition de Jacques et de Jean. Elle provenait bien plutôt de leur jalousie envers ces deux frères qui voulaient s'élever au-dessus d'eux.

3. Jésus n'approuve pas plus l'indignation des autres disciples que l'ambition de Jacques et de Jean. Il les *appelle* donc tous auprès de lui pour leur donner une leçon d'humilité. Il marque le contraste entre les serviteurs de son royaume et les *princes* et les *grands* des royaumes de ce monde. Ceux-ci *les dominent*, *usent d'autorité* (les termes grecs sont plus forts et pourraient se traduire : *les oppriment, abusent de l'autorité*), leur puissance n'ayant pour principe que le droit extérieur et pour moyen que la force. Il en sera tout autrement *parmi vous* : votre autorité émanera tout entière de l'Esprit de Dieu et se fondera sur la vérité et la charité. Dans de telles conditions, vouloir être *grand*, c'est descendre ; vouloir être le *premier*, c'est devenir *esclave ;* et il en *sera* réellement ainsi au grand jour où les secrets des cœurs seront manifestés. C'est ce qu'indiquent clairement les verbes au futur.

4. Démonstration suprême du principe que Jésus vient de poser pour son royaume. Le *fils de l'homme* (voir sur ce terme 8 : 20, note) qui a fondé ce royaume, donna lui-même l'exemple de l'esprit qui devait y régner. Bien éloigné des dispositions qu'il combattait dans le cœur de ses disciples, et répudiant l'autorité des grands de ce monde, il ne voulut pas *être servi*. Sa vie entière fut consacrée au service de ses frères. Son dévouement alla jusqu'au sacrifice de *sa vie*. (Philip. 2 : 8.) Cette

ÉVANGILE SELON MATTHIEU CHAP. XX.

H. 29-34. Les deux aveugles de Jéricho. — 1° *Le secours imploré.* Comme Jésus sortait de cette ville, deux aveugles implorent à haute voix sa pitié. Repris par la foule, ils ne font que crier avec plus d'ardeur. (29-31.) — 2° *La guérison opérée.* Alors Jésus s'arrête, les interroge avec bonté, et ému de compassion, touche leurs yeux ; aussitôt ils voient. (32-34.)

29 Et comme ils sortaient de Jéricho, une grande foule le suivit[1]. —
30 Et voici, deux aveugles[2] assis au bord du chemin, ayant entendu que Jésus passait, crièrent, disant : Aie pitié de nous, Seigneur, fils
31 de David[3] ! — Et la foule les reprit pour les faire taire[4], mais ils crièrent plus fort, disant : Aie pitié de nous, Seigneur, fils de David !
32 Et Jésus s'étant arrêté, les appela et dit : Que voulez-vous que je
33 vous fasse[5] ? — Ils lui disent : Seigneur, que nos yeux s'ouvrent. —

vie sainte, il voulut la *donner*, terme choisi à dessein, car il la donna comme une *rançon*, c'est-à-dire comme le prix qu'on payait pour racheter des esclaves ou des prisonniers de guerre. (Comp. 1 Cor. 6 : 20 ; 7 : 23.) Ce mot se retrouve toujours, en grec, dans le terme que nous traduisons par *rédemption*, qui signifie *rachat* par le moyen d'une *rançon*. Ce prix d'une valeur infinie fut payé *pour plusieurs* (gr. *à la place* de plusieurs). Le mot *plusieurs* fait contraste avec *un seul* qui s'est substitué à eux ; car c'est pour *tous* qu'il a donné sa vie. (Rom. 5 : 18 ; Col. 1 : 20 ; 1 Jean 2 : 2 ; Hébr. 2 : 9.) Cette déclaration solennelle, sortie de la bouche de Jésus lui-même, indique clairement le but expiatoire et rédempteur de sa mort.

1. Comp. Marc 10 : 46-52 ; Luc 18 : 35-43. — D'après notre récit, Jésus montait à Jérusalem, venant d'au delà du Jourdain, c'est-à-dire de la Pérée (19 : 1 ; 20 : 17) ; son chemin le conduisait donc par Jéricho, ville célèbre située à deux lieues du Jourdain et à sept lieues à l'est de Jérusalem. Jésus s'y arrêta plus longtemps que le ferait supposer le récit de Matthieu. (Voir Luc 18 : 35 et suiv. ; 19 : 1 et suiv.)

2. Marc et Luc, en racontant cette guérison, ne parlent que d'un seul aveugle, et encore avec cette différence que Marc place cette scène à la sortie de Jéricho, tandis que Luc la met aux approches de cette ville. On a fait bien des tentatives diverses pour concilier cette double divergence. L'un de ces aveugles étant très connu (Marc le nomme par son nom : Bartimée l'aveugle), on a supposé que Marc et Luc ne mentionnaient que lui par cette raison. On a supposé encore que Jésus guérit un aveugle à l'entrée et un autre à la sortie de la ville, et que Matthieu résume les deux faits en un. Mais est-il admissible qu'après un premier miracle de cette nature la foule eût voulu empêcher encore un second aveugle d'implorer le secours de Jésus ? Est-il probable aussi que, dans les deux cas, le dialogue entre l'aveugle et le Sauveur se trouvât être identiquement le même ? Non, il vaut mieux reconnaître une différence réelle entre nos divers récits, et ne pas vouloir les concilier par des explications forcées, peu dignes de l'Évangile. (Comp. 8 : 29, note.) Aucune critique de détail ne peut diminuer la touchante beauté du récit qui va suivre, et que les trois synoptiques nous ont conservé dans tout ce qu'il a d'essentiel.

3. Cette appellation *fils de David* prouve que ces pauvres aveugles connaissaient Jésus et croyaient en lui comme au Messie promis à Israël. (12 : 23 ; 15 : 22, notes.) Aussi se bornent-ils dès l'abord à implorer sa compassion, sans oser demander rien de plus.

4. Ce trait si naturel et qui se retrouve dans nos trois récits n'est pas de ceux qu'on invente. Il prouve que ces assistants étaient sous l'impression profonde de la solennité du moment, et qu'ils craignaient que Jésus, à la tête de ce nombreux cortège qui allait l'acclamer comme roi, ne fût importuné par les cris de deux malheureux assis au bord du chemin. Mais eux, pressés par leur misère et confiants en la compassion de celui qu'ils invoquent, ne font que redoubler leurs cris.

5. Jésus, lui, *s'arrête*, avec tout son cortège, *appelle* les malheureux et leur adresse une question qui n'avait d'autre but que de réveiller leur foi et de les en-

Et Jésus, ému de compassion, toucha leurs yeux, et aussitôt ils virent 34
de nouveau, et ils le suivirent[1].

LA PASSION

I. Les derniers jours.

1. *L'entrée royale à Jérusalem.*

A. 1-11. L'entrée de Jésus a Jérusalem. — 1° *Les dispositions prises par Jésus.*
Aux approches de Jérusalem, vers Bethphagé, Jésus envoie deux de ses disciples chercher une ânesse et son ânon. Ainsi fut accomplie la prophétie qui annonçait à la fille de Sion l'arrivée de son Roi. (1-5.) — 2° *Le cortège formé par les disciples et la foule.* Les disciples amènent l'ânon, le couvrent de leurs vêtements. Jésus s'assied dessus. L'enthousiasme s'empare de la foule ; elle jonche la route de vêtements et de branches d'arbres et salue Jésus du cri de : Hosanna au fils de David ! (6-9.) — 3° *L'impression produite à Jérusalem.* Toute la ville est émue. Elle se demande qui est Jésus. La foule qui le suit répond : C'est le prophète, Jésus de Nazareth ! (10, 11.)

Et lorsqu'ils approchèrent de Jérusalem, et qu'ils furent arrivés à **XXI**
Bethphagé[2], vers le mont des Oliviers, alors Jésus envoya deux

courager à lui présenter leur requête. C'est que, comme toujours à la vue de nos souffrances, il était *ému de compassion.* (v. 34.)
1. C'est-à-dire qu'ils recouvrèrent la vue. Le texte reçu dit : *leurs yeux virent de nouveau.* — En *suivant* Jésus avec reconnaissance, ces aveugles guéris reçurent sans doute de lui des grâces plus précieuses encore que leur guérison.
2. Comp. Marc 11 : 1-11 ; Luc 19 ; 29-44 ; Jean 12 : 12-19. — *Bethphagé,* « maison des figues, » localité inconnue dans l'Ancien Testament. Il n'en reste plus aucune trace et on en ignore même la situation précise. On a pensé que ce nom de Bethphagé désignait, non un village, mais un faubourg de Jérusalem, entre les murs de la ville et le Cédron (E. Stapfer, *La Palestine,* p. 66, 67), ou bien la banlieue tout entière du côté du mont des Oliviers (F. Godet, *Comment.* sur Luc 19 : 29). Ces opinions se fondent sur le Talmud, qui mentionne plusieurs fois ce nom. D'autre part, M. F. Bovet (*Voyage en Terre-Sainte,* 7e édition, p. 202) a observé, « à l'extrémité de l'étroit plateau qui se trouve au sommet de la montagne, un petit village qu'il serait assez tenté de prendre pour Bethphagé. » Il est naturel, d'après les récits comparés des évangiles, de le chercher entre Béthanie et Jérusalem. Or cette supposition est appuyée par Schubert (*Voyage en Orient,* tome II, p. 569 et 571), qui a trouvé au même lieu « des maisons entourées d'arbres. » Il les prit d'abord pour Béthanie, mais il y reconnut bientôt la situation de Bethphagé. Il place cette localité sur le col qui sépare les deux sommités du mont des Oliviers. S'il en est ainsi, on se demande seulement pourquoi Marc et Luc nomment Bethphagé avant Béthanie, qui, plus à l'est, se trouve en premier sur la route. On ne saurait le dire. Ce qui leur importe, c'est de marquer l'approche du mont des Oliviers et de Jérusalem ; et comme ils ne rapportent pas le séjour de Jésus à Béthanie, ils sont avant tout préoccupés de Bethphagé, où les deux disciples vont être envoyés pour préparer l'entrée à Jérusalem. — D'après les récits des trois premiers évangiles, il semble que Jésus, avec le cortège qui l'accompagnait, serait allé directement de Jéricho (20 : 29) à Jérusalem, tandis que, d'après la relation de Jean (12 : 1), il s'arrêta à Béthanie, au moins un jour, et partit de là pour faire son entrée à Jérusalem. (v. 12 et suiv.) En outre, d'après Jean, le repas qui eut lieu à Béthanie et où Jésus fut oint par Marie, eut lieu « six jours avant la Pâque, » tandis que Matthieu (26 : 6) et Marc (14 : 3) paraissent le placer deux jours avant la fête. Jean

2 disciples [1], — en leur disant : Allez à la bourgade qui est devant vous, et vous trouverez aussitôt une ânesse attachée, et un ânon avec
3 elle ; détachez-les et amenez-les moi. — Et si quelqu'un vous dit quelque chose, vous direz : Le Seigneur en a besoin, et aussitôt il
4 les enverra [2]. — Or ceci arriva, afin que fût accompli ce qui a été
5 déclaré par le moyen du prophète, disant : — « Dites à la fille de Sion : Voici, ton Roi vient à toi, doux et monté sur un âne, sur le pou-
6 lain de celle qui porte le joug [3]. » — Les disciples s'en étant donc allés
7 et ayant fait comme Jésus leur avait ordonné, — amenèrent l'ânesse et l'ânon et placèrent sur eux leurs vêtements, et il s'assit dessus [4].

rectifie sur ce point comme sur d'autres (Jean 3 : 24) la tradition synoptique.

1. *Alors*, petit mot que nos versions ordinaires ont cru pouvoir omettre comme superflu et qui a une grande signification. Plusieurs fois Jésus était entré à Jérusalem, mais en silence et comme perdu parmi la foule ; maintenant, parvenu au terme de son dernier voyage, il ordonne lui-même à ses disciples de lui préparer cette entrée royale par laquelle il prend solennellement possession du royaume qu'il va fonder. (Marc 11 : 10.) Il sait que son heure est venue, que ceux qui ont cru en lui sont prêts à l'acclamer de leurs *hosannas !* (v. 9), et quant à ses adversaires, dont le parti est pris, il n'a plus à ménager leurs préjugés. Moment décisif et tragique dans sa vie.

2. La *bourgade* où Jésus envoie ses disciples est sans doute Bethphagé. — La précision de toutes les indications que Jésus donne à ses disciples nous dévoile la parfaite connaissance qu'il avait de tout ce qu'ils allaient rencontrer en s'acquittant de leur mission. Il sait qu'ils trouveront l'*ânesse* et l'*ânon* dès leur entrée dans la bourgade (*aussitôt*) ; il sait que leur propriétaire, qui sans doute le connaissait, les cédera sans difficulté, parce qu'il en a *besoin* ce moment solennel. Les trois premiers évangiles sont en parfait accord, excepté sur un seul détail. Tandis que Matthieu mentionne, à côté de l'ânon, l'ânesse, sa mère, Marc et Luc, aussi bien que Jean, ne parlent que de l'ânon. C'est que cet ânon sur lequel Jésus devait monter importait seul au récit. Matthieu est ici plus complet. La critique rationaliste a tort de prétendre qu'il ajoute ce détail pour se conformer à la prophétie qu'il va citer (v. 4), et qu'il aurait mal comprise.

3. Cette prophétie, le Sauveur lui-même voulut l'*accomplir* d'une manière litté-rale ; aussi Jean (12 : 15) en marque-t-il également la réalisation dans son récit. Matthieu la cite librement d'après les Septante et en combinant deux passages des prophètes. Les premiers mots : *Dites à la fille de Sion*, sont empruntés à Esa. 62 : 11. La *fille de Sion* est un hébraïsme désignant Jérusalem tout entier. La prophétie elle-même est tirée de Zacharie (9 : 9), où on lit dans l'hébreu : « Tressaille de joie, fille de Sion, pousse des acclamations, fille de Jérusalem ! Voici ton Roi vient à toi, juste et victorieux (ou *Sauveur*), lui pauvre, et monté sur un âne et sur un ânon, fils d'une ânesse. » Voici maintenant la citation de Matthieu littéralement traduite d'après le vrai texte : « Voici, ton Roi vient à toi, doux et monté sur un âne, et sur un poulain, fils de celle qui est sous le joug, » ou d'une bête de somme. Il est évident que, soit dans l'hébreu, soit dans la citation de Matthieu, le mot : *et* sur un poulain, signifie : *c'est-à-dire* sur un poulain, et l'évangéliste, comme le prophète, n'attribue à Jésus qu'une seule et même monture. Cette remarque est nécessaire pour prévenir un étrange malentendu attribué à Matthieu par une certaine critique dans l'interprétation du verset 7. (Voir la note.) La pensée du prophète et celle de l'évangéliste, en nous décrivant l'humble monture du Sauveur au moment de son entrée royale à Jérusalem, est clairement indiquée par leurs expressions : ils y voient le signe de la *douceur* et de l'esprit pacifique, de la *pauvreté* et de l'abaissement du Messie, au moment même où il aurait pu aspirer à la puissance et à la gloire.

4. Voici la traduction littérale de ce verset 7 : « Ils amenèrent l'ânesse et l'ânon et ils placèrent sur eux leurs vêtements et il s'assit sur eux. » Le bon sens aussi bien que la grammaire veut que ce dernier *sur eux* se rapporte aux vêtements (à ceux

CHAP. XXI. ÉVANGILE SELON MATTHIEU 223

— Et la plupart des gens de la foule étendirent leurs propres vête- 8
ments sur le chemin, et d'autres coupaient des branches d'arbres et
les étendaient sur le chemin [1]. — Mais les foules qui précédaient et 9
celles qui suivaient criaient, disant : Hosanna au fils de David ! Béni
soit celui qui vient au nom du Seigneur ! Hosanna dans les lieux très
hauts [2] ! — Et quand il fut entré dans Jérusalem toute la ville fut en 10
émoi, disant : Qui est celui-ci ? — Mais les foules disaient : Celui-ci 11
est le prophète, Jésus, de Nazareth en Galilée [3].

B. 12-17. LA PURIFICATION DU TEMPLE. — 1º *Les vendeurs chassés*. Jésus chasse
vendeurs et acheteurs du temple et leur reproche dans des termes empruntés aux
prophètes de profaner la maison de Dieu. (12, 13.) — 2º *Guérisons opérées*. Jésus
guérit des aveugles et des boiteux. (14.) — 3º *Louanges des enfants et protestations des
autorités*. Les grands sacrificateurs émus des actes dont ils sont témoins, indignés des
hosannas des enfants, invitent Jésus à faire taire ceux-ci. Jésus réplique par la parole
du Psaume qui affirme que de la bouche des enfants Dieu tire sa louange. Puis il les
laisse et se retire à Béthanie. (15-17.)

Et Jésus entra dans le temple de Dieu [4], et il chassa tous ceux qui 12

qui étaient sur l'ânon) et nullement aux deux animaux, interprétation qui attribuerait à Matthieu, comme se sont hâtés de le faire plusieurs critiques, la pensée grotesque et impossible que Jésus aurait monté les deux bêtes à la fois, ou l'une et l'autre tour à tour. Le verset 5 prouve assez du reste que telle n'était pas la pensée de l'évangéliste. Il faut remarquer encore que le vrai texte porte : *il* (Jésus) s'assit dessus, tandis que la fausse variante du texte reçu dit : *ils* (les disciples) *l'assirent dessus*.

1. Ces démonstrations se pratiquaient dans l'antiquité pour rendre à un roi des honneurs extraordinaires. (2 Rois 9 : 13.)

2. Ces vives acclamations qui s'adressaient *au fils de David*, c'est-à-dire au Roi-Messie, avaient dans l'esprit de la foule qui les faisait entendre un sens éminemment religieux et prophétique, en ce qu'elles étaient empruntées au Psaume 118 (v. 25 et 26). Ce magnifique psaume qui se chantait à la fête des tabernacles, était devenu en général un cantique de réjouissance pour toutes les occasions solennelles et heureuses. Le mot : *Hosanna* (hébr. *hoschia na*) signifie : *sauve, je te prie*. Les mots : *dans les lieux très hauts* faisaient monter ce vœu, cette prière jusqu'au trône de Dieu (Luc 2 : 14) jusqu'aux plus hauts cieux (Eph. 4 : 10), d'où descendait *celui qui vient au nom du Seigneur*.

3. *Toute la ville fut mise en émoi* par cet immense cortège et par les acclamations qu'il faisait entendre. La question : *Qui est celui-ci ?* venait de ceux des habitants de Jérusalem qui ne connaissaient point encore Jésus ; et la réponse qui suit était donnée par les *foules* qui lui faisaient cortège en lui rendant hommage. Comme la plupart de ceux qui composaient ces foules venaient de la *Galilée*, ce n'était pas sans un certain orgueil national qu'ils annonçaient, comme originaire de leur province, le grand *prophète*, prédit par les Ecritures et manifesté comme tel par toute sa vie. Ainsi fut atteint l'un des buts de cette entrée triomphale de Jésus à Jérusalem. Il y fut acclamé en présence de cette population qui n'avait fait aucune attention à sa parole et à ses œuvres. Mais, en même temps, les caractères de cette entrée royale étaient propres à détruire les fausses espérances messianiques de son peuple. Et ce ne fut qu'après sa résurrection et son retour dans la gloire, que ses disciples eux-mêmes comprirent toute la spiritualité et la grandeur divines de son éternelle royauté.

4. Dans le *lieu sacré* (*hieron*), comprenant le temple et toutes ses dépendances, tandis que le temple proprement dit (*naos*) désignait le sanctuaire et le lieu très saint. — Les mots : *de Dieu* manquent dans *Sin.*, B et les versions égyptiennes ; mais il paraît que Matthieu les a ajoutés

vendaient et qui achetaient dans le temple, et il renversa les tables des
13 changeurs et les sièges de ceux qui vendaient des pigeons[1]. — Et il
leur dit : Il est écrit : « Ma maison sera appelée une maison de prière ; »
14 mais vous en faites « une caverne de voleurs[2]. » — Alors des aveugles et des boiteux s'approchèrent de lui dans le temple, et il les
15 guérit[3]. — Mais les principaux sacrificateurs et les scribes voyant les merveilles qu'il avait faites et les enfants qui criaient dans le temple et disaient : « Hosanna au fils de David ! » en furent indignés, —
16 et ils lui dirent : Entends-tu ce que ceux-ci disent[4] ? Et Jésus leur

avec intention pour relever le caractère sacré du lieu qu'il nous montre profané par un trafic illicite.

1. Comp. Marc 11 : 11 note. — Cette scène se passe dans le parvis extérieur du temple, appelé le parvis des Gentils, parce que les païens eux-mêmes y avaient accès. Là s'étaient établis ceux qui *vendaient* des victimes, de l'encens, de l'huile, du vin et tout ce qui était nécessaire aux sacrifices. Les *changeurs* opéraient l'échange des monnaies étrangères contre celle du pays, en particulier contre les didrachmes avec lesquelles il fallait payer le tribut du temple. Le bruit qui se faisait dans cette enceinte, les fraudes qui s'y commettaient, profanaient le saint lieu et troublaient la dévotion des fidèles. Jésus, faisant usage de son autorité messianique (Mal. 3 : 1, 2), purifie donc la maison de Dieu et donne en même temps à son action une signification symbolique profonde. (1 Cor. 3 : 16, 17 ; Eph. 2 : 21.) Il n'est point nécessaire de voir un miracle dans l'obéissance de cette foule qui se laisse expulser ainsi par l'autorité de Jésus. L'impression que produit sur elle sa majesté divine perçant au travers de son humilité, fait que chacun cède devant lui (comp. Jean 18 : 6) ; mais Jésus ne fait usage de sa puissance que pour purifier le temple ; après cet acte d'autorité, il revient à son humble ministère de dévouement et d'amour.

2. On lit dans Esa. 56 : 7 : « Ma maison sera appelée une maison de prière pour tous les peuples, » et dans Jér. 7 : 11 : « Est-ce à vos yeux une caverne de brigands, cette maison qui est appelée de mon nom ? » Jésus combine librement ces deux paroles des prophètes et en fait un reproche sévère à l'adresse de ces trafiquants du temple, auxquels il ne craint pas d'appliquer l'épithète employée par Jérémie. Quant à la citation d'Esaïe, elle est d'autant plus frappante que ce sont *tous les peuples* (les Septante traduisent : toutes les nations), ainsi les païens eux-mêmes, qui doivent regarder le lieu sacré comme une *maison de prière*, au lieu de le profaner. — Le fait que raconte ici Matthieu, de concert avec Marc et Luc, et qu'ils placent à la fin du ministère de Jésus, doit-il être identifié avec celui que rapporte Jean (2 : 14 et suiv.), ou doit-il en être distingué ? En d'autres termes, Jésus a-t-il deux fois purifié le temple ou est-ce là une seule et même action placée par les évangélistes à deux époques si distantes l'une de l'autre ? C'est là une question sur laquelle les opinions des interprètes ont toujours différé, depuis les temps des Pères jusqu'à nos jours. Malgré les apparences contraires, il est assez certain qu'on ne peut identifier ces deux récits. Comment, en effet, attribuer aux évangélistes une erreur chronologique si énorme sur un fait si facile à constater ? En outre, les paroles de Jésus, qui, dans l'une et l'autre de ces occasions, sont le point saillant du récit, sont absolument différentes, ce qui accuse deux événements distincts. Enfin, si l'on considère que le récit de Marc, avec les détails précis qu'il renferme doit remonter à un témoin oculaire (Pierre), on est forcé d'admettre que cet événement eut bien lieu à l'entrée de la semaine sainte. Et d'autre part, si le quatrième évangile a pour auteur l'apôtre Jean, il ne peut faire erreur en plaçant une expulsion des vendeurs au commencement du ministère de Jésus. (Voir les *Comment.* de M. Godet sur Luc 19 : 45, 46 et sur Jean 2 : 22.)

3. Matthieu a seul conservé la mention de ces guérisons et du dialogue qui suit avec les principaux sacrificateurs. (Voir toutefois Jean 2 : 23.)

4. *Les merveilles* que Jésus *avait faites* (ce mot ne se trouve qu'ici dans le Nouveau Testament, il signifie des choses dignes d'étonnement ou d'admiration) étaient la purification du temple et les guérisons racontées au v. 4. Cela déjà eût suffi pour *indigner* les *sacrificateurs*

dit : Oui. N'avez-vous jamais lu : « De la bouche des petits enfants et des nourrissons tu t'es préparé une louange [1] ? » — Et les laissant, il sortit de la ville pour aller à Béthanie, où il passa la nuit [2].

2. *Le figuier maudit.*

18-22. LE FIGUIER MAUDIT, SYMBOLE DES DESTINÉES D'ISRAEL. — 1° *La malédiction.* Le lendemain matin, Jésus, retournant à la ville, avait faim, et voyant un figuier, il s'en approche, mais ne trouve que des feuilles ; il dit alors : Que jamais tu ne portes plus aucun fruit ! Le figuier sèche aussitôt. (18, 19.) — 2° *La puissance de la foi.* Les disciples s'écrient avec étonnement : Comment ce figuier a-t-il ainsi séché ? Jésus leur répond : Si vous aviez de la foi, vous feriez de plus grandes choses. Tout ce que vous demanderez en priant vous sera accordé. (20-22.)

Or le matin, comme il retournait à la ville, il eut faim [3]. — Et voyant un figuier sur le chemin, il s'en approcha, mais il n'y trouva rien que des feuilles, et il lui dit : Que jamais aucun fruit ne provienne plus de toi ! et à l'instant le figuier sécha [4]. — Et voyant cela

et les *scribes*. Mais ce qui les irrite surtout ce sont les cris de ces enfants, échos joyeux des acclamations au milieu desquelles Jésus avait fait son entrée à Jérusalem. La question de ces adversaires : *Entends-tu ce qu'ils disent ?* est à la fois un reproche et un appel à l'humilité de Jésus. Peux-tu souffrir ces adulations qui profanent le temple ?
1. Ps. 8 : 3, cité littéralement d'après les Septante qui diffèrent peu de l'hébreu. Avec un sentiment poétique et vraiment religieux, le psalmiste voit dans ces premiers signes d'intelligence et d'amour que donnent les petits enfants, une *louange* de Dieu. A plus forte raison Jésus pouvait-il en voir une très touchante dans les *hosannas* de ces enfants plus âgés qui l'entouraient dans le temple. Ceux-ci adressaient leurs hommages au Messie ; mais comme ce Messie se savait Fils et représentant de Dieu, il n'hésite pas à admettre que ces hommages glorifient Dieu même. (Jean 5 : 23 ; 13 : 31 ; 14 : 13.) La suite de la parole des Psaumes que Jésus cite est : « à cause de tes adversaires, pour réduire au silence l'ennemi et le vindicatif. » Jésus supprime ces mots par ménagement pour ses interlocuteurs, mais ils connaissaient assez les Ecritures pour achever d'eux-mêmes la citation.
2. Probablement dans la famille de Lazare, que Jésus avait visitée en se rendant

première fois dans notre évangile ce nom de *Béthanie*, devenu si célèbre par la résurrection de Lazare. C'était une bourgade située à quinze stades ou trois quarts de lieue au sud-est de Jérusalem (Jean 11 : 18), sur le penchant oriental du mont des Oliviers. (Marc 11 : 1 ; Luc 19 : 29.) Aujourd'hui on trouve à la place occupée jadis par Béthanie un pauvre village habité par des Arabes et des chrétiens et nommé *El Aziriyeh* (de *El Azir*, Lazare.) Voir F. Bovet, *Voyage en Terre-Sainte*, 7e édit., p. 203, et Ph. Bridel, *La Palestine illustrée*, II.
3. Dans ce qui précède, Matthieu, selon son habitude de grouper les faits, sans égard à la chronologie, raconte de suite l'entrée de Jésus à Jérusalem et la purification du temple, puis ajoute l'histoire du figuier maudit. Marc, dont le récit est plus exact, place l'histoire de ce figuier avant la purification du temple, celle-ci n'ayant eu lieu que le lendemain de l'entrée triomphale.
4. On sait que le figuier produit ses fruits avant ses feuilles. Jésus, quoique ce fût alors le printemps, voyant cet arbre couvert de feuilles, pouvait donc s'attendre à y trouver de ces figues précoces que les Orientaux nomment *boccores*, bien que la maturité régulière n'eût lieu qu'au mois de juin. C'est ce qui explique l'observation de Marc (11 : 13), que « ce

les disciples s'étonnèrent et dirent : Comment ce figuier a-t-il séché à
21 l'instant [1] ? — Et Jésus répondant leur dit : En vérité, je vous le dis,
si vous aviez de la foi et que vous ne doutiez point, non seulement
vous feriez ce qui a été fait au figuier, mais si même vous disiez à
cette montagne : Ote-toi de là et te jette dans la mer, cela se ferait.
22 — Et tout ce que vous demanderez dans la prière avec foi vous le
recevrez [2].

3. La lutte dans le temple. Première phase.

A. 23-46. La question posée par le sanhédrin. Paraboles des deux fils et des
vignerons. — 1° *Jésus questionné sur son autorité.* Jésus enseignant dans le temple,
une députation vient lui demander *par quelle autorité* il agissait. Jésus leur répond
par une question : Le baptême de Jean était-il du ciel ou des hommes ? Les adversaires, craignant soit d'être convaincus d'inconséquence, soit de se compromettre auprès du peuple qui tenait Jean pour un prophète, répondent : Nous ne savons. Alors
Jésus refuse aussi de répondre sur l'origine de son autorité. (23-27.) — 2° *La parabole des deux fils.* Après avoir repoussé l'attaque, Jésus prend l'offensive, en carac-
térisant la conduite de ses adversaires dans la parabole suivante : Un homme a
deux fils qu'il invite à aller travailler dans sa vigne ; l'un refuse d'abord, mais s'étant
repenti, il y va ; l'autre dit avec empressement : Oui, seigneur ! mais n'y va point.
Lequel a fait la volonté de son père ? Ils sont contraints de répondre que c'est le premier. Jésus leur applique alors directement la parabole en leur disant : Les péagers et
les femmes de mauvaise vie vous devancent dans le royaume de Dieu, car ils ont cru
à la prédication de Jean-Baptiste, mais vous, vous n'y avez point cru et vous ne vous
êtes point repentis à leur exemple. (28-32.) — 3° *La parabole des vignerons.* Dans

note.) De plus ce figuier était seul de son espèce (gr. *un seul*) sur le bord de la route. — Quant à la manière d'agir du Sauveur en cette occasion, il est évident que son intention n'était pas de prononcer une malédiction sur un objet inanimé et partant irresponsable, mais de reprocher à son peuple, par une action symbolique, la stérilité de sa vie morale. Cet acte a donc la même signification que la parabole du figuier stérile. (Luc 13 : 6 et suiv.) Après avoir donné cet avertissement par un symbole, Jésus va le répéter dans des discours qui en seront le sérieux commentaire. (v. 28-44 ; 22 : 1-14.) C'est ainsi que, dans son ardent amour des âmes, il s'efforce, durant les derniers moments qui lui restent, de réveiller au sein de son peuple les consciences qui pouvaient l'être encore.

1. Cette question des disciples, aussi bien que leur *étonnement*, montre qu'ils virent dans ce qui arriva au figuier un miracle produit par la parole et la volonté de leur Maître. C'est donc sans aucun fondement qu'une certaine exégèse suppose que le figuier était déjà presque mort. On ne saurait non plus voir dans ce récit un mythe que la tradition évangélique aurait tiré de la parabole du figuier. La question des disciples prouve qu'ils s'arrêtèrent bien plus au fait extérieur de ce miracle qu'à sa signification symbolique.

2. Les disciples ont demandé *comment* s'était fait ce miracle. Or Jésus ne répond jamais à des questions de pure curiosité ; et, au fond, il n'y avait point là d'explication à donner ; mais comme l'*étonnement* des disciples était évidemment causé par la puissance que Jésus venait de déployer, c'est à cette pensée qu'il répond en leur déclarant avec solennité (*en vérité*) que par le moyen d'une *foi* ferme, vivante, exempte de tout *doute*, ils feraient des œuvres pareilles et même de plus grandes. (Comp. Marc 11 : 21, note.) Une telle foi produirait en eux la vraie *prière*, faite *avec foi* (gr. *en croyant*), à laquelle rien n'est impossible. (Comp. 17 : 20, note.) Toutefois, en faisant de la foi la condition de l'exaucement, Jésus exclut tout arbitraire dans l'emploi de cette puissance extraordinaire. Celui qui prie

cette seconde parabole, Jésus représente la conduite des chefs du peuple dans le passé, le présent et l'avenir : Un maître de maison planta une vigne, y donna tous ses soins, puis la loua à des vignerons. La saison des fruits étant venue, il envoya ses serviteurs pour les recevoir ; mais les vignerons les maltraitèrent. Il en envoya d'autres qui furent maltraités encore. Enfin il leur envoya son propre fils, pensant qu'il serait respecté. Mais les vignerons, voyant en lui l'héritier, le jetèrent hors de la vigne et le tuèrent pour s'emparer de son héritage. Que fera donc le maître ? A cette question, les auditeurs de Jésus répondent eux-mêmes : Il fera périr ces misérables et louera la vigne à d'autres. C'est ainsi, reprend Jésus, en appuyant sa déclaration d'une parole de l'Ecriture, que le royaume de Dieu vous sera ôté et qu'il sera donné à une nation qui en produira les fruits. (33-44.) — 4° *L'effet produit.* Les sacrificateurs et les pharisiens comprennent alors que c'était d'eux-mêmes que Jésus parlait ; ils cherchent à se saisir de lui, mais ils craignent le peuple. (45, 46.)

Et quand il fut venu dans le temple, les principaux sacrificateurs 23
et les anciens du peuple vinrent à lui, comme il enseignait, et lui
dirent : Par quelle autorité fais-tu ces choses, et qui t'a donné cette
autorité [1] ? — Jésus, répondant, leur dit : Je vous demanderai, moi 24
aussi, une seule chose [2] ; et si vous m'y répondez, je vous dirai, moi
aussi, par quelle autorité je fais ces choses. — Le baptême de Jean, 25
d'où venait-il ? du ciel ou des hommes [3] ? Mais eux raisonnaient entre

en croyant, prie « au nom de Jésus » (Jean 14 : 13), c'est-à-dire en étant dirigé par son Esprit.

1. Comp. Marc 11 : 27-33 ; Luc 20 : 1-8. — La grande lutte dans le temple entre Jésus et ses adversaires commence. Le peuple en suit les péripéties avec intérêt. Sa faveur met momentanément Jésus à l'abri des entreprises de ses ennemis. Le but de ceux-ci, dans les questions qu'ils lui posent, est de l'amener à des affirmations qui lui aliéneront la sympathie de la foule et pourront aussi servir de motifs de condamnation. — Les *principaux sacrificateurs* et les *anciens* faisaient partie du sanhédrin, le conseil souverain, qui avait la plus haute autorité en matière civile et religieuse. Ils viennent à Jésus comme députation officielle. Leur double question est très précise : Quelle est ton *autorité ?* et de *qui* la tiens-tu ? Nous, semblent-ils dire, nous ne t'avons point donné d'autorité : es-tu donc un envoyé direct de Dieu ? — Mais qu'entendent-ils par *ces choses* que Jésus faisait et qui les offusquent ? Etait-ce son *enseignement*, dans lequel ils viennent l'interrompre, ou toute son action à Jérusalem depuis son entrée royale dans cette ville, ou enfin et surtout la purification du temple ? (v. 12 et suiv.) Les interprètes se divisent sur ce point, mais il n'y a pas de doute que ce dernier acte d'autorité ne fût le principal grief des membres du sanhédrin. Ils espéraient que Jésus déclarerait qu'il avait le droit de faire la police dans le temple, parce qu'il s'y trouvait dans la maison de son Père (Luc 2 : 49), étant le Fils de Dieu. Ils savaient quelle répugnance le peuple avait toujours montrée à accepter de Jésus une affirmation catégorique de sa divinité (Jean 5 : 18 ; 8 : 59 ; 10 : 31, 39). En la lui arrachant à ce moment, ils pensaient ébranler, ruiner peut-être du coup sa popularité.

2. Gr. *Je vous demanderai, moi aussi, un seul mot* ou *une seule parole.*

3. Cette question de Jésus correspondait exactement à la leur. Elle n'était nullement un faux-fuyant ni une manière de les réduire au silence, mais un trait pénétrant de vérité jeté dans leur conscience. Si en effet le *baptême de Jean*, c'est-à-dire tout son ministère au sein d'Israël, était *de Dieu*, alors l'autorité de Jésus ne pouvait être douteuse. Car Jean lui avait rendu témoignage par le Saint-Esprit. (Jean 1 : 19-34.) De plus, le baptême de Jean était un baptême de repentance administré à ceux que sa prédication avait convaincus de péché. Si donc les chefs du peuple avaient cru à cette prédication, s'ils s'étaient repentis, ils auraient cru aussi au Sauveur annoncé par Jean. La ques-

eux, disant : Si nous disons : Du ciel, il nous dira : Pourquoi donc
26 n'avez-vous pas cru en lui? — Et si nous disons : Des hommes, nous
27 craignons la foule ; car tous tiennent Jean pour un prophète. — Et
répondant ils dirent à Jésus : Nous ne savons¹. Et lui aussi leur dit :
Moi non plus, je ne vous dis pas par quelle autorité je fais ces choses².
28 — Mais que vous en semble? Un homme avait deux enfants ; et
s'adressant au premier, il dit : Mon enfant, va travailler aujourd'hui
29 dans ma vigne. — Il répondit : Je ne veux pas ; mais plus tard,
30 s'étant repenti, il y alla. — Puis il vint à l'autre, et lui dit la même
31 chose. Celui-ci répondit : Oui, seigneur ; et il n'y alla pas. — Lequel
des deux fit la volonté de son père? Ils lui dirent : Le premier³.
Jésus leur dit : En vérité, je vous dis que les péagers et les femmes
32 de mauvaise vie vous devancent dans le royaume de Dieu. — Car Jean
est venu à vous dans la voie de la justice, et vous ne l'avez point
cru, tandis que les péagers et les femmes de mauvaise vie l'ont cru ;
mais vous, ayant vu cela, vous ne vous êtes pas même repentis ensuite pour le croire⁴.

tion de Jésus était embarrassante pour ses adversaires. S'ils voulaient contester l'autorité de Jésus, ils devaient nier que Jean fût un envoyé de Dieu. Mais cette réponse, ils ne pouvaient y avoir recours. (v. 26.)

1. Les membres du sanhédrin se retirent à l'écart et se mettent à *raisonner entre eux*. Ils se débattent entre les deux termes du dilemme que Jésus leur a posé. Ils ne trouvent d'autre issue que d'avouer leur ignorance et leur incompétence à se prononcer sur l'une des plus importantes manifestations religieuses de leur temps. La *crainte* de la foule les retient de se déclarer ouvertement contre Jean-Baptiste. La vénération dont le peuple entourait la mémoire du prophète était si profonde, qu'une telle attitude leur eût fait courir les plus grands risques ; ils sont forcés de se dire : « Tout le peuple nous lapidera. » (Luc 20 : 6.) Ils se réfugient donc dans cette défaite : *Nous ne savons ;* aveu humiliant pour eux, les conducteurs spirituels de la nation ; car leur devoir sacré eût été d'examiner la mission de Jean et de la recommander au peuple ou de s'y opposer, selon qu'elle était de Dieu ou des hommes.

2. Quelle confusion pour ces hommes et quel jugement de Dieu dans ce refus.

3. Le manuscrit *B* et quelques versions intervertissent l'ordre de ces deux fils, en sorte que celui qui se repent et obéit serait le second. La réponse (v. 31) est alors : *Le dernier*. Quelques critiques et exégètes préfèrent cette leçon. — Matthieu seul a conservé cette courte mais frappante parabole par laquelle Jésus, après avoir contraint ses adversaires à avouer qu'ils étaient incompétents pour le juger (v. 27), les oblige à se juger eux-mêmes et à prononcer leur propre condamnation. — Il y a dans ces termes choisis : *deux enfants, mon enfant*, l'expression de la tendresse du père, comme aussi du droit qu'il a d'être obéi. C'est par amour qu'il les invite à aller travailler à *sa vigne*, qui est le royaume de Dieu. (v. 33 et suiv. ; 20 : 1 et suiv.) Le premier, d'abord insensible à cet amour, refuse nettement, franchement. Mais, bientôt, pénétré d'une sincère *repentance*, il y va et ne travaille qu'avec plus d'ardeur. L'autre, au contraire, répond sans hésiter : *Oui, seigneur* (gr., *moi, seigneur*) ; *moi*, bien différent de mon frère, j'y vais ; mais malgré cette prompte obéissance des lèvres, malgré ce mot respectueux de *seigneur, il n'y alla point*. Quelle psychologie profonde dans ce contraste ! Une première résistance à la volonté de Dieu laisse beaucoup plus d'espoir pour le salut d'une âme que cette lâche indifférence, toujours prête à dire oui, mais qui n'a aucune énergie pour obéir. (Apoc. 3 : 16.) Jésus, par la question qui termine son récit, tire de la bouche même de ses interlocuteurs la confession de cette vérité.

4. Jésus fait brusquement l'application

Ecoutez une autre parabole¹ : Il y avait un homme, maître de 33 maison, qui planta une vigne, et l'entoura d'une haie, et y creusa un pressoir, et bâtit une tour² ; et il l'afferma à des vignerons, et s'absenta³. — Or, lorsque la saison des fruits approcha, il envoya ses 34 serviteurs vers les vignerons pour recevoir ses fruits⁴. — Mais les 35 vignerons s'étant saisis de ses serviteurs, battirent l'un, tuèrent l'autre, et en lapidèrent un autre⁵. — Il envoya encore d'autres ser- 36 viteurs, en plus grand nombre que les premiers, et ils les traitèrent de même. — Ensuite il envoya vers eux son fils, disant : Ils auront du 37 respect pour mon fils⁶. — Mais les vignerons, voyant le fils, dirent 38 entre eux : Celui-ci est l'héritier ; venez, tuons-le et possédons son héritage. — Et s'étant saisis de lui, ils le jetèrent hors de la vigne et 39 le tuèrent⁷. — Quand donc le seigneur de la vigne sera venu, que 40

de cette parabole à ses auditeurs. Le premier des deux fils représente ces grands pécheurs qui avaient d'abord résisté aux commandements de Dieu, mais qui, à la voix puissante de Jean-Baptiste (v. 32), s'étaient *repentis* et convertis. Le second fils est l'image de ces pharisiens qui paraissaient accepter toute la loi de Dieu et s'y soumettre, mais qui, par leur formalisme, n'en vivaient pas moins pour le monde et ses convoitises. Même la prédication de Jean-Baptiste ne put vaincre leur endurcissement et leur orgueil. Bien plus, l'exemple de tant de pécheurs repentants resta sans influence sur eux. En effet, il faut lire, d'après *B* et les vers. : « Mais vous, ayant vu cela, vous ne vous êtes *pas même* repentis ensuite. » — Les mots : dans *la voie de la justice*, caractérisent à la fois la vie et le ministère de Jean-Baptiste, qui furent tous deux une proclamation de la justice divine. Une telle prédication est dans tous les temps le seul moyen de réveiller les consciences et d'amener les pécheurs à se repentir.

1. Comp. Marc 12 : 1-12 ; Luc 20 : 9-19. L'idée de cette parabole et plusieurs détails sont empruntés à Esaïe 5 : 1 et suiv. On sait combien le Seigneur aimait à rattacher ses enseignements à l'Ancien Testament. Mais la similitude est admirablement développée en vue du but que Jésus se proposait. Ce but est évident : après avoir reproché aux membres du sanhédrin qui l'écoutaient (v. 23) leur impénitence, Jésus va leur faire sentir, par cette tragique histoire, leur culpabilité ; après les avoir amenés à prononcer leur propre jugement (v. 31), il va les juger à son tour en leur retraçant la conduite inique des chefs d'Israël dans tous les temps. Eux-mêmes combleront la mesure de ces iniquités par le meurtre de celui qui leur parle. (v. 39.)

2. *Une haie* ou clôture servait à protéger la *vigne* contre toute dévastation du dehors. Le *pressoir* se creusait, chez les Orientaux, dans la vigne même. Il se composait de deux bassins superposés, dont l'un servait à recevoir les raisins qu'on y jetait pour être foulés ; l'autre, placé en dessous, était destiné à recueillir le moût qui y coulait. Enfin la *tour* était un édifice de garde, bâti au milieu du vignoble et d'où l'on pouvait le surveiller tout entier. Il n'est pas nécessaire de chercher à ces traits, qui ornent le récit et donnent à la parabole un caractère si pittoresque, un sens symbolique. Ils servent, d'une façon générale, à montrer que le maître de la vigne ne lui épargne aucun soin.

3. Gr., *il la remit à des agriculteurs et s'expatria.* (Voir l'explication de la parabole v. 43, note.) Cela ne veut pas dire que ces agriculteurs auraient à payer en argent le produit annuel de la vigne ; le maître avait conclu avec eux un marché pour la culture de sa vigne ; il devait recevoir tout ou partie de ses produits en nature. (v. 34.)

4. *Ses fruits*, auxquels il a droit, qui lui sont dus, en vertu du contrat. C'est à tort qu'on traduit ordinairement par : « les fruits de la vigne. »

5. *Battre, tuer, lapider* : gradation dans la méchanceté jusqu'à un supplice cruel.

6. Le maître avait bien le droit de s'attendre à ce respect, car il leur envoie son « fils unique, son bien-aimé. » (Marc 12 : 6, note ; comp. Hébr. 1 : 1, 2.)

7. Jusqu'ici les vignerons ont maltraité

41 fera-t-il à ces vignerons ? — Ils lui disent : Il fera périr misérablement ces misérables, et il affermera la vigne à d'autres vignerons qui
42 lui en rendront les fruits en leur saison [1]. — Et Jésus leur dit : N'avez-vous jamais lu dans les Ecritures : « La pierre qu'ont rejetée ceux qui bâtissaient, elle est devenue la principale pierre de l'angle ; c'est par le Seigneur qu'elle l'est devenue, et elle est merveilleuse à nos
43 yeux [2] ? » — C'est pourquoi je vous dis que le royaume de Dieu vous
44 sera ôté et sera donné à une nation qui en produit les fruits [3]. — Et

et tué les serviteurs du maître, afin de ne pas lui livrer ses fruits ; maintenant qu'ils tiennent *l'héritier*, ils pensent qu'en le mettant à mort, rien ne pourra s'opposer à ce qu'ils prennent possession de son héritage. — Les mots : *ils le jetèrent hors de la vigne et le tuèrent*, servent à décrire vivement cette scène tragique, et il est douteux qu'il faille y voir une prédiction du fait que Jésus fut crucifié hors de Jérusalem. (Voir Marc 12 : 8, note.)
1. Comp. v. 43. Jésus, par une question directe, force ses adversaires à prononcer sur eux-mêmes la terrible sentence qu'ont méritée les vignerons. Le moment n'est pas éloigné où le peuple entier en fera autant pour son propre compte (27 : 25) ; et l'on sait avec quelle effroyable rigueur cette sentence fut exécutée quarante ans plus tard. — Dans Marc et Luc, c'est Jésus lui-même qui fait la question et la réponse. Le récit de Matthieu est plus dramatique : la conscience des interlocuteurs de Jésus les force à prononcer la condamnation des vignerons, c'est-à-dire leur propre condamnation. C'est encore Matthieu seul qui a conservé ce rapprochement de termes, qui fait ressortir combien la condamnation est à la fois sévère et méritée : Il fera périr *misérablement* ces *misérables*. Mais ces mots, dans la bouche des adversaires, prouvent qu'ils ne s'étaient pas encore reconnus dans la personne des vignerons.
2. Ps. 118 : 22, cité d'après les Septante. Par ces paroles des *Ecritures*, si connues de ses auditeurs, et que Jésus s'applique à lui-même, il veut faire sentir aux chefs de la théocratie quel est ce *fils* de la parabole qui a été rejeté, mis à mort par les vignerons. Eux-mêmes sont les constructeurs insensés et coupables qui ont réprouvé *la pierre de l'angle*. Cette pierre, dans l'image employée par le psalmiste, est celle qui, placée comme fondement à l'angle d'un bâtiment, supporte deux murs et soutient tout l'édifice. Voilà ce qu'est Jésus-Christ dans le temple spirituel qui va s'élever à la gloire de Dieu. Cette destinée glorieuse, qui fait contraste avec sa réjection par les hommes, est l'œuvre et la volonté expresse de l'Eternel et restera l'objet de l'admiration des siècles. (Comp. Esa. 28 : 16 ; Act. 4 : 11 ; Rom. 9 : 33 ; 1 Pier. 2 : 6.)
3. Application directe du v. 41 et de la parabole tout entière. Ces mots : je *vous dis, vous* sera ôté, désignent nettement les adversaires que Jésus avait devant lui comme étant les vignerons de la parabole et les constructeurs qui ont rejeté la pierre de l'angle. Et telle est la raison de la sentence qu'il prononce (*c'est pourquoi*). Pour en bien comprendre la signification, il faut jeter un regard sur l'ensemble de la parabole. Le *maître de maison* qui planta une *vigne* et y donna tous ses soins, c'est Dieu qui, dans sa grande miséricorde, fonda sur cette terre plongée dans les ténèbres par suite du péché, un *royaume* de vérité, de justice et de paix. Il le confia à son peuple d'Israël, en particulier aux chefs de la théocratie juive. Il avait le droit d'en attendre et d'en exiger *les fruits*, fruits de la vie religieuse et morale : reconnaissance, amour, obéissance, sainteté. Les *serviteurs* qu'il envoya à diverses reprises pour recueillir ces fruits sont ses saints prophètes, qui, hélas ! furent de tout temps rejetés par le grand nombre, persécutés, mis à mort. (5 : 12 ; 23 : 31-37 ; Hébr. 11 : 35-38.) Quant au *fils* que le maître de maison envoya ensuite dans son immense amour (Jean 3 : 16), l'Evangile tout entier nous dit qui il est, et nous l'entendons, dans cette parabole même, prédire sa réjection et sa mort. Les chefs de la théocratie de son temps eurent, malgré leur incrédulité, le pressentiment qu'il était *l'héritier* et qu'en le mettant à mort ils resteraient les maîtres et les possesseurs du royaume. Mais eux-mêmes, en prononçant sur les *vignerons* ce double jugement, que la vigne leur serait ôtée et qu'ils périraient misérablement, proclamèrent leur propre

celui qui tombera sur cette pierre sera brisé ; mais celui sur qui elle tombera, elle l'écrasera [1].

Or après avoir entendu ses paraboles, les principaux sacrificateurs 45 et les pharisiens comprirent que c'était d'eux qu'il parlait ; — et ils 46 cherchaient à s'emparer de lui ; mais ils craignirent la foule, parce qu'elle le tenait pour un prophète [2].

B. 1-14. PARABOLE DES NOCES. — 1° *Les premiers invités qui refusent.* Jésus répond à l'hostilité des chefs et à l'indécision de la foule par une *parabole* dans laquelle il prédit le sort du peuple qui a eu le privilège d'être appelé le premier. Il compare les destinées du royaume de Dieu à l'histoire d'un roi qui, faisant les noces de son fils, envoya ses serviteurs pour appeler les invités ; ceux-ci refusèrent. Il envoya encore d'autres serviteurs pour leur dire : Tout est prêt, venez. Mais eux, n'en tenant compte, s'en allèrent à leurs affaires ; d'autres maltraitèrent ses serviteurs et les tuèrent. Le roi en colère fit périr ces meurtriers et brûla leur ville. (1-7.) — 2° *Les seconds invités.* Alors il dit à ses serviteurs : Les noces sont prêtes, mais les invités n'en étaient pas dignes ; allez dans les carrefours et invitez tous ceux que vous trouverez. Les serviteurs, ayant obéi à cet ordre, la salle des noces se trouva remplie. (8-10.) — 3° *L'homme qui n'a pas d'habit de noces.* Le roi étant entré dans la salle, vit un homme qui n'avait pas un habit de noces. Comment, lui dit-il, es-tu entré ici sans un habit de noces ? Et il n'eut rien à répondre. Le roi dit à ceux qui servaient : Liez-le et jetez-le dans les ténèbres du dehors. (11-14.)

condamnation. Et c'est cette sentence que Jésus confirme par ces mots : *le royaume de Dieu vous sera ôté*, vous en serez exclus, et *il sera donné*, par pure grâce, *à une nation*, peuple de Dieu choisi du sein de tous les peuples, *qui en produit les fruits*. Jésus ne dit pas : *produira*, selon nos versions. Il parle au présent, parce que déjà il voit sous ses yeux les premiers fruits de ce nouveau royaume. On sait comment cette prophétie fut accomplie par la destruction de Jérusalem et la ruine de la théocratie juive, et par l'établissement du *royaume de Dieu* parmi les nations païennes. La parabole des vignerons, comme tant d'autres déclarations, montre que tout l'avenir de son règne était devant les yeux du Sauveur.

1. Gr., *le réduira en poussière, le dispersera* comme de la poussière, ou plus littéralement encore, *le criblera, vannera*. Israël sera châtié non seulement en ce que le royaume lui sera enlevé, mais en ce que lui-même sera détruit. Ce verset exprime le côté positif et terrible du châtiment, dont le v. 43 indique le côté négatif. L'image employée est présentée sous deux faces différentes. D'abord la *pierre* est considérée comme gisant sur le sol, et l'incrédulité aveugle vient s'y briser.

(Esa. 8 : 14, 15.) C'est le Sauveur dans son état d'humiliation. Ensuite, cette même pierre est considérée comme tombant sur les rebelles et les réduisant en poussière ; c'est le Sauveur dans sa gloire exerçant le jugement. (Dan. 2 : 34.) — Mais ces paroles, qui se retrouvent littéralement dans Luc à la suite de la même parabole, ne paraissent pas à leur place dans Matthieu. La parabole semble en effet terminée avec le v. 43. Aussi Griesbach, Lachmann, Tregelles, Westcot et Hort révoquent-ils en doute le v. 44, tandis que Tischendorf le supprime tout à fait. Il est vrai que ces critiques se fondent sur D seulement et sur les indications de quelques Pères, en particulier d'Origène. D'autres trouvent ces autorités insuffisantes. B. Weiss déclare le v. 44 certainement authentique ; s'il avait été pris dans Luc, on l'aurait introduit après le v. 42.

2. Ainsi, l'annonce des plus redoutables jugements de Dieu, clairement *comprise* par ceux qui l'entendent, vient se heurter à leur endurcissement et ne fait qu'exciter leur haine et leurs desseins meurtriers. Ce triste résultat des discours qui précèdent inspira à Jésus la parabole du ch. 22 : 1 et suiv.

XXII Et Jésus prenant la parole[1], leur parla de nouveau en paraboles,
2 disant : — Le royaume de Dieu est semblable à un roi qui fit des
3 noces pour son fils[2]. — Et il envoya ses serviteurs appeler ceux qui avaient été invités aux noces[3] ; mais ils ne voulurent pas venir[4]. —
4 Il envoya encore d'autres serviteurs, en disant : Dites à ceux qui ont été invités : Voici, j'ai préparé mon festin : mes taureaux et mes
5 bêtes grasses sont tués, et tout est prêt ; venez aux noces[5]. — Mais eux, n'en tenant compte, s'en allèrent, l'un à son champ et l'autre
6 à son trafic[6] ; — et les autres, ayant saisi ses serviteurs, les outra-
7 gèrent et les tuèrent[7]. — Mais le roi se mit en colère, et ayant envoyé ses armées, il fit périr ces meurtriers, et brûla leur ville[8]. —
8 Alors il dit à ses serviteurs : Les noces sont prêtes, mais ceux qui
9 étaient invités n'en étaient pas dignes[9]. — Allez donc dans les car-

1. Gr. et Jésus *répondant*. Ce mot, qui revient si fréquemment dans les évangiles, peut sans doute être considéré comme un hébraïsme et signifier : *prendre la parole*. Mais dans la plupart des cas il y a réellement une *réponse* de Jésus à des objections ou à des pensées non exprimées. (11 : 25.) La parabole qui va suivre est en effet une réponse aux mauvais desseins manifestés par les adversaires. (21 : 46, note.) Matthieu seul a conservé cette parabole. Marc et Luc terminent par la parabole des vignerons l'entretien qui précède avec les principaux du peuple ; puis ils passent à la question concernant le tribut, que Matthieu rapporte ci-dessous. (v. 15 et suiv.)
2. Voir sur ce terme *le royaume des cieux*, chap. 3 : 2, note. Ces mots *des noces pour son fils* doivent s'entendre dans leur sens littéral. Ils ne signifient ni un festin en général, ni une fête donnée par ce *roi* à l'occasion de l'avènement de son fils au pouvoir, comme l'ont pensé, on ne sait trop pourquoi, un grand nombre d'exégètes. Nous retrouvons ici l'image touchante et profonde sous laquelle le Sauveur nous est représenté comme l'Epoux de son Eglise. (25 : 1 ; Apoc. 21 : 2, 9 ; Math. 9 : 15 ; Jean 3 : 29 ; Eph. 5 : 22 et suiv.) — On voit dès ces premiers traits de la parabole qu'elle n'est point identique à celle que rapporte Luc 14 : 16 et suiv. Elle en diffère aussi bien par le temps où elle fut prononcée et l'occasion qui y donna lieu, que par son contenu. Ce sont deux instructions différentes, avec quelques traits analogues, que le Seigneur pouvait parfaitement donner sous ces deux formes.

3. Gr. « pour *appeler* les *appelés* aux noces, » c'est-à-dire, ceux qui avaient déjà reçu l'invitation d'assister aux noces. Pour expliquer ce trait, on se réfère généralement à l'usage oriental d'inviter une première fois, quelque temps à l'avance, puis une seconde fois, le jour même de la fête. Mais peut-être cette seconde invitation n'a-t-elle lieu, dans la parabole, que parce que les invités tardaient à venir.
4. Ici, il y a une intention bien arrêtée de refuser. Plus tard (v. 5), une négligence qui dénote le mépris de l'invitation. Enfin d'autres vont jusqu'à la haine et à la violence (v. 6) ; la même gradation que dans la parabole des vignerons. (21 : 33 et suiv.)
5. Cette seconde invitation est faite en termes plus pressants que la première. Les grands préparatifs que le roi fait annoncer par ses serviteurs auraient dû être pour les invités un puissant motif de venir, et rendront bien plus coupables leur mépris et leur ingratitude.
6. Gr. à son *propre* champ. La jouissance de sa *propriété* lui suffit, et il méprise l'invitation. *L'autre*, pressé par la cupidité d'acquérir, s'en va à son *trafic*.
7. Au mépris des uns se joint la haine, la violence des autres. (Comp. 21 : 35.)
8. Jérusalem. Deux terribles châtiments qui furent exécutés à la lettre. (Comp. 21 : 41.) — Le texte reçu, avec *C*, ajoute *l'ayant appris*, après *le roi*. Ces mots manquent dans *Sin.*, *B* et plusieurs majusc. ; ils ne sont point nécessaires à la clarté du récit.
9. Le mot *alors* marque un moment important et décisif dans les développements du royaume de Dieu. (Voir l'expli-

refours des chemins [1], et invitez aux noces tous ceux que vous trouverez. — Et ces serviteurs s'en étant allés dans les chemins, rassemblèrent tous ceux qu'ils trouvèrent, tant méchants que bons [2], et la salle des noces fut remplie de convives [3]. — Et le roi, étant entré pour regarder ceux qui étaient à table, vit un homme qui n'était pas revêtu d'un habit de noces ; — et il lui dit : Ami, comment es-tu entré ici sans avoir un habit de noces [4] ? Et il eut la bouche fermée [5]. — Alors le roi dit aux serviteurs : Liez-le pieds et mains, et jetez-le dans les ténèbres de dehors ; là seront les pleurs et les grincements de dents [6]. — Car il y a beaucoup d'appelés, mais peu d'élus [7]. 10 11 12 13 14

cation de la parabole v. 14, note.) — En quoi consistait l'*indignité* des invités ? Les versets qui précèdent (v. 4-7) le disent assez clairement.

1. C'est-à-dire dans les lieux où le peuple a l'habitude de se rassembler.

2. Des pécheurs notoires, aussi bien que des gens à bonne réputation. Peut-être ces deux catégories correspondent-elles d'une part aux péagers et aux femmes de mauvaise vie, d'autre part aux pharisiens. (21 : 31.)

3. Gr. « *De* gens *étendus* à table. » Ainsi donc, les hommes de cette seconde invitation l'acceptèrent en très grand nombre. Mais *accepter* ne suffit pas encore pour être définitivement admis aux noces. (v. 11 et 14.)

4. Comme tous ces invités avaient été rassemblés dans les carrefours et que la plupart devaient être très pauvres, le roi ne pouvait pas s'attendre à ce qu'ils eussent *tous* un *habit de noces* digne de paraître à sa cour. Aussi un grand nombre d'interprètes recourent-ils, pour expliquer ce trait, à l'usage oriental d'offrir aux invités un manteau de fête (*kaftan*) avec lequel ils pouvaient se présenter convenablement à la cour d'un prince. Ce vêtement serait ainsi un don gratuit et celui qui l'aurait méprisé serait sans excuse. — Sur le mot *ami*, comp. 20 : 13, note.

5. Il n'eut rien à répondre à la question du roi. Il vient un temps où le pécheur ne trouvera plus d'excuses.

6. Comp. sur ces derniers mots chap. 8 : 12, note. — Après les mots *liez-le pieds et mains*, le texte reçu, avec C et la plupart des majusc., ajoute : *emportez-le*, mots qu'on ne trouve pas dans Sin., B et les versions.

7. Puisque la salle des noces fut remplie (v. 10), les *élus* n'étaient pas en si petit nombre ; mais ils le sont toujours, comparés aux multitudes d'*appelés*. Cet appel est fait de la part de Dieu dans l'intention que celui qui l'entend soit sauvé. Mais ni l'appel, ni même l'acceptation ne suffisent pour cela, comme le prouve le dernier trait de notre parabole. Il faut de plus un acte de la grâce souveraine de Dieu. Mais cet acte n'est point arbitraire ; Dieu possède le secret de le mettre en harmonie avec la liberté humaine ; de telle sorte que celui qui est finalement rejeté l'est par sa faute (v. 12), et que celui qui est sauvé sait qu'il l'est par la pure grâce de Dieu. (Eph. 1 : 4 ; Philip. 2 : 13.) — Jetons maintenant un regard sur le sens de toute la parabole. Le *roi* qui fait les noces de son fils c'est Dieu (v. 2), et ces *noces* c'est l'établissement de son règne, qui un jour sera élevé à la perfection. Tout, dans ce royaume, où le pécheur est invité à entrer, est préparé par la libre grâce de Dieu ; le salut est absolument gratuit. (v. 4.) La première invitation eut lieu par Jésus-Christ lui-même et par ses apôtres (Meyer), ou en pressant davantage les images de la parabole (Weiss), par les prophètes d'abord (v. 3), puis par Jean-Baptiste et Jésus-Christ (4-6) ; les serviteurs qui la poursuivent plus tard (v. 8-10) sont ses disciples. Les premiers *invités* représentent le peuple d'Israël et ses chefs. Leur refus, leur mépris de l'invitation, et plus encore la haine violente qu'ils manifestèrent contre le Maître et ses serviteurs, ne justifièrent que trop le terrible châtiment qui vint les atteindre et la destruction de leur ville. *Alors* (v. 8) commence une époque toute nouvelle dans le règne de Dieu ; son peuple s'en est montré indigne ; les serviteurs sont envoyés vers les nations païennes, auxquelles ils portent l'invitation, et la salle des noces se remplit. (v. 9, 10.) Magnifique prédiction de l'avenir ! (Rom. 11 : 25.) Cette transformation du règne de Dieu, prévue dans notre

4. La lutte dans le temple. Deuxième phase.

A. 15-22. QUESTION DES PHARISIENS ET DES HÉRODIENS SUR LE TRIBUT A CÉSAR. — 1° *La question.* Les pharisiens, recourant à la ruse pour perdre Jésus, envoient vers lui de leurs disciples, associés à des hérodiens, qui, en se donnant l'apparence de chercher sincèrement des directions et en saluant Jésus comme un maître qui n'a souci que de la vérité, lui demandent s'il est permis de payer le tribut à César. (15-17.) — 2° *La réponse de Jésus.* Jésus, pénétrant leur hypocrisie, demande à voir la monnaie du tribut ; et, leur montrant l'effigie et l'inscription : Rendez à César, leur dit-il, ce qui est à César, et à Dieu ce qui est à Dieu. Ils se retirent, étonnés de cette réponse. (18-22.)

15 Alors les pharisiens s'en étant allés, se consultèrent pour le sur-
16 prendre en parole ¹. — Et ils lui envoyèrent leurs disciples, avec les hérodiens ², disant : Maître, nous savons que tu es vrai, et que tu enseignes la voie de Dieu en vérité, et que tu ne te mets en peine de

parabole, est expressément proclamée par l'apôtre Paul au moment où elle s'accomplit. (Act. 13 : 46.) La première partie de la parabole est dirigée contre les chefs du peuple juif (v. 1, note) ; elle établit un grand contraste entre ce peuple et les païens. Dans la dernière partie (v. 11-13) la pensée de Jésus se généralise ; la parabole enseigne le caractère intérieur et spirituel du royaume des cieux ; l'homme qui n'avait point un habit de noces représente toute la catégorie de ceux qui sont extérieurement entrés dans le royaume sans que rien ait changé dans les dispositions de leur cœur. L'habit de noces, c'est la justice intérieure, la sanctification qui s'obtient par la repentance et la foi au Sauveur. (5 : 20 ; 6 : 33.) Ils n'ont donc pas tort, les interprètes qui voient dans cet habit de noces Christ lui-même et sa justice dont le pécheur doit être revêtu. (Gal. 3 : 27 ; Rom. 3 : 20 et suiv. ; comp. Esa. 61 : 10.) Mais la pleine révélation de cette profonde vérité du salut était encore réservée pour le temps qui suivrait la mort rédemptrice du Sauveur. Le terrible châtiment infligé à ce malheureux convive, et qui étonne au premier abord, montre la culpabilité de ceux qui, préférant les haillons de leur propre justice à la justice parfaite qui leur est offerte, refusent de soumettre leur cœur irrégénéré à la sanctification, sans laquelle nul ne verra le Seigneur.

1. Comp. Marc 12 : 13-17 ; Luc 20 : 20-26. — Il paraît donc que les *pharisiens*, députés par le sanhédrin (21 : 23, 45), étaient présents jusqu'ici et ont entendu la parabole qui précède. Maintenant ils *s'en vont* et tout le fruit qu'ils retirent de cette instruction, c'est le dessein toujours plus arrêté de perdre Jésus. Ils veulent le *surprendre en parole* (gr. *le prendre au piège dans une parole*), c'est-à-dire lui arracher par ruse quelque déclaration qui puisse le compromettre. (21 : 23, note.) Luc ajoute : « pour le livrer aux magistrats et à l'autorité du gouverneur. »

2. Les pharisiens envoient *leurs disciples*, soit parce qu'ils pensaient qu'ils exciteraient moins de défiance, soit pour ne pas se compromettre eux-mêmes dans cette tentative. Mais ils s'étaient concertés auparavant avec les *hérodiens*. Le caractère de ce parti mentionné trois fois dans les évangiles (Marc 3 : 6 ; 12 : 13) et dont Josèphe ne parle pas, est discuté. C'était probablement, non une secte religieuse, mais un parti politique attaché à la dynastie des Hérode, représentée alors par Hérode Antipas, tétrarque de Galilée. Mais, tandis que De Wette, Néander, Winer voient dans les hérodiens des partisans de la domination romaine, Keim, Bleek, Weiss les considèrent comme les représentants d'un parti national qui aspirait à voir la Palestine réunie sous le sceptre d'Hérode. D'après Reuss et M. Godet, les hérodiens, comme les pharisiens, revendiquaient la souveraineté nationale, mais les pharisiens la voulaient contre les Romains, les hérodiens par les Romains. On comprend dès lors que ces deux partis, habituellement opposés (Luc 13 : 31), se soient unis pour poser à Jésus la question du v. 17, question qu'eux-mêmes résolvaient de manière différente.

personne ; car tu ne regardes point à l'apparence des hommes [1]. — Dis-nous donc ce qu'il t'en semble : Est-il permis ou non de payer le tribut à César [2] ? — Mais Jésus, connaissant leur malice, dit : Pourquoi me tentez-vous, hypocrites [3] ? — Montrez-moi la monnaie du tribut. Et ils lui présentèrent un denier [4]. — Et il leur dit : De qui est cette image et cette inscription ? — Ils lui disent : De César. Alors il leur dit : Rendez donc à César ce qui est à César, et à Dieu ce qui est à Dieu [5]. — Et ayant entendu cela, ils furent dans l'étonnement, et le laissant, ils s'en allèrent [6]. 17 18 19 20 21 22

B. 23-33. Question des sadducéens sur la résurrection. — 1° *La question*. Les sadducéens viennent à leur tour poser à Jésus une question captieuse qui leur est suggérée par leurs négations concernant la résurrection. Ils racontent à Jésus l'histoire d'une femme qui, en vertu de la loi du lévirat, a été successivement l'épouse de sept frères, et ils lui demandent ironiquement duquel des sept elle sera la femme dans le monde à venir. (23-28.) — 2° *La réponse de Jésus*. Jésus leur montre leur erreur

1. Ces paroles de flatterie sont destinées à capter la confiance de Jésus. Par *la voie de Dieu*, ils entendent la vraie religion et la vraie morale, la conduite prescrite par Dieu. Et les deux phrases qui suivent signifient : « ni la crainte des hommes ni le désir d'obtenir leur faveur ne pourront t'engager à manquer à la *vérité*. »
2. La question est catégorique ; ce *oui* ou *non* exige une réponse claire et nette. Le *tribut* ou le cens annuel et par tête se payait à *César*, c'est-à-dire à l'empereur, qui était alors Tibère. Les Juifs haïssaient cet impôt, signe de leur asservissement, et ils pensaient ne le devoir qu'aux chefs légitimes de la théocratie. Si donc Jésus décidait la question en faveur du tribut, les pharisiens n'auraient pas manqué d'exciter contre lui la haine et le mépris du peuple en le représentant comme un partisan des Romains ; si, au contraire, il se prononçait contre l'impôt, les hérodiens auraient témoigné contre lui et l'auraient fait condamner par le procureur romain, comme excitant à la révolte.
3. Ce mot sévère montre combien Jésus avait pénétré leur *malice* ou leur *méchanceté*. « Il se montre à eux *vrai*, comme ils l'avaient dit. » (v. 16.) *Bengel*.
4. Un *denier* romain, *monnaie* dont on se servait pour payer le tribut.
5. L'*image* et l'*inscription* que portait la monnaie qui avait cours dans le pays étaient la preuve palpable de la domination et du droit de *César*. Il fallait donc payer l'impôt et remplir toutes les obligations civiles du citoyen envers le souverain. Mais, d'autre part, *Dieu* restait le souverain de son peuple ; chaque âme porte son image et son inscription ; c'est donc à lui qu'il s'agit de rendre tout ce qui lui est dû, non seulement le tribut pour le service du temple, mais l'honneur, l'adoration, le cœur, la vie entière. Dans ces paroles, Jésus n'examine point la légitimité de la domination romaine ; comme Israélite, il n'y a pas de doute qu'il ne déplorât la conquête ; mais il veut que son peuple considère son asservissement comme un châtiment de Dieu et qu'il s'en humilie. Il pose donc le principe qu'un pouvoir qui existe de fait doit être reconnu comme autorisé ou permis par la Providence divine. Le chrétien est tenu de s'y soumettre, et ne peut avoir recours à des moyens illégaux ou violents pour s'y soustraire. Mais aussi cette parole du Sauveur établit la distinction la plus précise entre les deux sphères du temporel et du spirituel, des droits de César et des droits de Dieu. Là où le pouvoir a la prétention d'empiéter sur les droits de la conscience qui sont ceux de Dieu, c'est le cas de redire avec les apôtres : « Il faut obéir à Dieu plutôt qu'aux hommes. » (Act 5 : 29.)
6. Même ses adversaires ne peuvent refuser leur *admiration* à une réponse qui dévoilait la limpide pureté de l'âme de Jésus, qui l'élevait au-dessus du conflit des partis, jusqu'à la région sereine de la vérité. On lui proposait une alternative exclusive entre deux devoirs, et il se place à une hauteur qui les concilie dans une pleine harmonie. Aussi les adversaires *s'en allèrent* sans avoir trouvé dans la

qui provient de leur inintelligence des Écritures d'une part, de leur ignorance de la puissance de Dieu d'autre part. A la résurrection, les hommes ne se marieront plus, car ils seront comme les anges. Le fait de la résurrection lui-même est attesté par une parole du Pentateuque : Dieu s'appelle le Dieu d'Abraham, d'Isaac et de Jacob ; or Dieu n'est pas le Dieu des morts, mais des vivants. Les foules étaient frappées de cet enseignement. (29-33.)

23 Ce jour-là, des sadducéens, qui disent qu'il n'y a point de résur-
24 rection [1], vinrent à Jésus et l'interrogèrent en disant : — Maître, Moïse a dit : « Si quelqu'un meurt sans enfants, son frère épousera
25 sa femme, et suscitera une postérité à son frère [2]. » — Or il y avait parmi nous sept frères ; et le premier, s'étant marié, mourut ; et
26 n'ayant point eu de postérité, il laissa sa femme à son frère. — De
27 même aussi le second, puis le troisième, jusqu'au septième. — Et
28 après eux tous, la femme mourut aussi. — A la résurrection donc,
29 duquel des sept sera-t-elle la femme ? car tous l'ont eue [3]. — Mais Jésus répondant, leur dit : Vous êtes dans l'erreur, ne connaissant
30 pas les Ecritures, ni la puissance de Dieu [4]. — Car, à la résurrection, ils ne se marient point et ne sont point donnés en mariage ; mais ils
31 sont dans le ciel comme des anges de Dieu [5]. — Et quant à la résur-

réponse de Jésus le moindre prétexte de l'accuser.
1. Comp. Marc 12 : 18-27 ; Luc 20 : 27-40. *Ce jour-là* : à peine Jésus a, par sa sagesse, échappé à un piège de ses adversaires, que déjà un autre lui est tendu. Dans ces journées de lutte suprême, l'inimitié des divers partis qui avaient résolu sa mort ne lui laissait pas de répit. Tantôt ce sont les pharisiens, tantôt les *sadducéens* qui s'attaquent à lui. Sur ces deux partis politico-religieux, opposés l'un à l'autre, voir ch. 3 : 7, note.
2. Deut. 25 : 5 et suiv. Cette prescription légale, qui avait pour but la conservation des familles et des tribus en Israël, est citée ici en abrégé.
3. Sur une histoire absurde, et qui était probablement de leur propre invention, les sadducéens fondent une question plus absurde encore, qui avait pour but à la fois de mettre la doctrine de la résurrection en opposition avec la loi et de la rendre ridicule. La réponse de Jésus va réduire à néant ce double dessein.
4. *L'erreur* des sadducéens tenait à deux causes : 1° leur ignorance *des Ecritures* qu'ils comprenaient mal, même en les citant, et qui renferment la doctrine de la résurrection ; 2° leur ignorance de la *puissance de Dieu*, puisque dans leurs vues charnelles et matérielles de la résurrection, ils semblaient refuser à Dieu le pouvoir de donner à l'homme un « corps spirituel, » glorifié, adapté à une existence céleste. Cette dernière erreur est réfutée par le v. 30, la première par les v. 32 et 33. Aujourd'hui encore, toutes les objections qu'on fait à la grande doctrine de la résurrection proviennent de ces deux causes.
5. *A la résurrection* signifie : dans l'état où l'homme sera introduit par la résurrection. De ces deux termes *se marier* et *être pris en mariage*, le premier se rapporte à l'homme, le second, à la femme. La comparaison établie entre l'homme et les *anges de Dieu* (le mot *de Dieu* manque dans B, D, l'*Itala*) ne signifie pas qu'il échangera la nature humaine contre la nature des anges, ni que la distinction des sexes aura cessé d'exister, mais simplement que l'homme, doué d'un corps incorruptible (1 Cor. 15 : 42-44), ne pouvant plus mourir, n'aura plus besoin que sa race soit conservée par l'institution du mariage. (Comp. Luc 20 : 36.) En général, toutes les relations de la terre, pour autant qu'elles auront été purement humaines, fondées sur « la chair et le sang qui ne peuvent hériter le royaume de Dieu, » seront dissoutes. L'union des

rection des morts, n'avez-vous point lu ce qui vous a été déclaré par Dieu, lorsqu'il dit : — « Je suis le Dieu d'Abraham, et le Dieu d'Isaac, 32 et le Dieu de Jacob ? » Dieu n'est pas le Dieu des morts, mais des vivants [1]. — Et la foule, qui entendait, était extrêmement frappée 33 de son enseignement [2].

C. 34-40. Question d'un légiste sur le grand commandement. — 1° *La question*. Les pharisiens ayant appris que Jésus avait réduit les sadducéens au silence, lui envoient l'un d'entre eux qui était légiste et qui lui pose cette question : Quel est le grand commandement dans la loi ? (34-36.) — 2° *La réponse*. Jésus cite les deux grands commandements de l'amour pour Dieu et pour le prochain, et ajoute : Toute la loi et les prophètes sont renfermés dans ces deux commandements. (37-40.).

Mais les pharisiens ayant appris qu'il avait fermé la bouche aux 34 sadducéens, s'assemblèrent dans un même lieu [3]. — Et l'un d'entre 35 eux, un légiste, lui demanda, pour l'éprouver [4] : — Maître, quel est 36

âmes seule, fondée sur une foi vivante, pénétrée de l'amour divin, qui ne périt jamais, subsistera à toujours dans la perfection.
1. D'après une variante, il faudrait retrancher le premier de ces mots *Dieu*, et traduire : « *Il* n'est pas le Dieu des morts. » Le sens resterait exactement le même ; mais il est très probable que cette suppression dans *Sin.* et *D*, n'est qu'une correction d'après Marc et Luc. — Interprétation profonde et sublime de la parole que Dieu adressa à Moïse près du buisson ardent. (Ex. 3 : 6.) Quand cette parole fut prononcée, il y avait des siècles que ces patriarches étaient morts. Or l'Eternel, qui se nommait pourtant *leur Dieu*, ne pouvait pas entendre par là qu'il était le Dieu d'un peu de poussière reposant dans un tombeau ; mais le Dieu d'êtres immortels qui *vivaient* en lui. (Comp. Luc 20 : 38 ; voir aussi une pensée semblable dans Hébr. 11 : 16.) On pourrait objecter que ces paroles prouvent que les patriarches étaient encore *vivants*, et non qu'ils *ressusciteraient* au dernier jour ; mais l'Ecriture ignore l'idée païenne d'une immortalité indépendante de la vie en Dieu et dans un état d'esprit pur. Cette idée, fondée sur un faux spiritualisme, ne saurait être l'objet de l'espérance du chrétien qui sait par la révélation que c'est tout son être, « l'esprit, l'âme et le corps, » qui doit être rendu à la parfaite vie. (1 Thes. 5 : 23 ; comp. 1 Cor. 15 : 20 et suiv.) A ce point de vue, seul conforme aux Ecritures, *la parole divine interprétée par*

Jésus emportait l'assurance de la résurrection.
2. La foule qui n'était pas imbue de préjugés, ni aveuglée par de faux systèmes ; nous ne lisons pas que les sadducéens eux aussi aient été *frappés de son enseignement*, bien moins encore qu'ils aient été amenés à la foi.
3. Comp. Marc 12 : 28-34. — Les *pharisiens*, victorieusement repoussés eux-mêmes par le Seigneur (v. 15 et suiv.), ont appris que les *sadducéens*, ayant aussi dirigé une attaque contre lui (v. 23 et suiv.), ont eu *la bouche fermée* et s'en sont allés confus. Là-dessus ils s'assemblent de nouveau, tout heureux, sans doute, que leurs adversaires aient été confondus sur une question qui les divisait, celle de la résurrection, et de l'existence des anges. Aussi chargent-ils l'un d'entre eux (v. 35) d'adresser à Jésus une question moins captieuse que les précédentes. Ils ne désarment pas cependant, car l'expression employée par Matthieu implique, d'après Holtzmann et Weiss, une intention hostile : ils s'assemblent pour se conjurer, se liguer contre Jésus. Ce sont les mêmes termes que Ps. 2 : 2 (Septante) et Act. 4 : 26.
4. Un *légiste* était un de ces savants, à la fois théologiens et jurisconsultes, nommés fréquemment *scribes* ou *docteurs de la loi*, pour autant qu'ils étaient appelés à enseigner. (Comp. 23 : 2, note.) D'après Marc (12 : 28 et suiv.), qui rapporte le dialogue d'une manière plus complète, ce légiste n'aurait pas été animé

238   ÉVANGILE SELON MATTHIEU   CHAP. XXII.

37 le grand commandement dans la loi [1] ? — Il lui dit : « Tu aimeras le Seigneur ton Dieu de tout ton cœur, et de toute ton âme, et de
38 toute ta pensée [2]. » — C'est là le grand et le premier commande-
39 ment [3]. — Un second lui est semblable : « Tu aimeras ton prochain
40 comme toi-même [4]. » — De ces deux commandements dépend la loi entière, ainsi que les prophètes [5].

D. 41-46. LA QUESTION DE JÉSUS : DE QUI LE CHRIST EST-IL FILS ? — 1° *Les pharisiens questionnés par Jésus*. Après avoir réduit tous ses adversaires au silence, comme les pharisiens sont encore assemblés, Jésus leur pose à son tour une question sur la filiation du Messie. Ils le disent fils de David. (41, 42.) — 2° *Les pharisiens incapables de répondre*. Comment alors David l'appelle-t-il son Seigneur? leur objecte Jésus, en citant la parole du Psaume. Aucun d'eux ne peut résoudre cette difficulté et personne n'ose plus interroger Jésus. (43-46.)

41, 42 Et les pharisiens étant assemblés, Jésus les interrogea, — en di-

de dispositions hostiles, car Jésus porte sur lui un jugement favorable. L'expression *pour l'éprouver* n'implique du reste pas nécessairement une intention hostile. (Comp. Jean 6 : 6.) Peut-être les pharisiens chargèrent-ils ce légiste de porter la parole, précisément parce qu'il était plus modéré que la plupart d'entre eux. Peut-être aussi reçut-il de la présence et de la parole de Jésus une impression sérieuse qui changea les dispositions de son cœur.
1. Cette question sur l'importance relative des divers *commandements de la loi* était alors fréquemment débattue parmi les rabbins, mais d'une manière littérale et superficielle, comme toutes les autres questions religieuses.
2. Deut. 6 : 5, cité librement d'après les Septante, qui toujours traduisent le nom de Jéhova, l'Eternel, par le mot de *Seigneur*. Aimer Dieu de tout son *cœur*, de toute son *âme*, de toute sa *pensée* (en hébr. *force*), c'est l'aimer de toutes les puissances de l'être moral ; de sorte que toutes les facultés de l'âme, affections, pensées, volonté, désirs, soient pénétrées, dominées par cet amour, qui devient ainsi le mobile unique de toutes les actions, de toute la vie. Jésus ne dit pas comment l'homme, pécheur et égoïste, parvient à aimer ainsi. C'est à l'Evangile tout entier et bien compris par le cœur, qu'il appartient de nous l'apprendre.
3. Le texte reçu porte : *le premier et le grand*. L'ordre de ces termes, ici rétabli d'après Sin. B, D, les versions, est aussi plus conforme à la question du lé-

giste. (v. 36.) Ce *commandement* de l'amour est le *grand* et le *premier* parce qu'il renferme l'accomplissement de tous les autres et qu'il est l'essence même de la vie religieuse et morale. (Jean 14 : 15 ; 15 : 10 ; 1 Jean 5 : 3 ; Rom. 13 : 8-10.)
4. Lév. 19 : 18. Ce commandement est *semblable* au premier dans son essence même, en tant que l'amour vrai du prochain n'est qu'une application de l'amour pour Dieu, un reflet de l'amour de Dieu en nous, et aussi parce que la pratique de ce commandement accomplit tous nos devoirs, toutes nos obligations envers le prochain. L'aimer *comme soi-même*, c'est renverser la barrière qui sépare le *moi* du *toi*, l'égoïsme, cause de toutes les divisions, transgression habituelle de ce commandement. L'homme qui aime ainsi son prochain, désire son bonheur comme le sien propre et y contribue selon ses forces, comme s'il s'agissait de lui-même.
5. Gr. *A ces deux commandements est suspendue*.... C'est-à-dire que tout ce qui est écrit dans la loi et même dans les prophètes (5 : 17, note) sur les rapports de l'homme avec Dieu et avec son prochain, tient par son essence même à ces deux commandements qui en sont la réalisation vivante. Par ces paroles Jésus a répondu pleinement à la question du légiste qui ne put que l'approuver de tout son cœur. (Marc 12 : 32.) Cette réponse est aussi très remarquable parce qu'elle montre que, déjà dans l'Ancien Testament, l'amour est le fondement de toute obéissance. C'est là le point central d'union entre les deux alliances. Seulement, par l'Evangile, cet

sant ¹ : Que vous semble-t-il du Christ ? De qui est-il fils ² ? Ils lui disent : De David ³. — Il leur dit : Comment donc David, par l'Esprit, l'appelle-t-il Seigneur, en disant : — « Le Seigneur a dit à mon Seigneur : Assieds-toi à ma droite jusqu'à ce que j'aie mis tes ennemis sous tes pieds ⁴ ? » — Si donc David l'appelle Seigneur, comment est-il son fils ⁵ ? — Et personne ne pouvait lui répondre un mot ; et depuis ce jour-là, personne n'osa plus l'interroger ⁶. 43 44 45 46

amour a été plus complètement révélé de la part de Dieu et plus abondamment réalisé dans le cœur de ses enfants.

1. Comp. Marc 12 : 35-37 ; Luc 20 : 41-44. — Les *pharisiens* s'étaient *assemblés* quand le légiste posa à Jésus la question précédente (v. 34, 35.) Le Sauveur en profite pour adresser à son tour à ses adversaires une question dont le but n'était point seulement de leur montrer leur ignorance, de les embarrasser et de les forcer au silence (v. 46), mais de réveiller en eux, si possible, une idée plus élevée de celui qu'ils attendaient comme Messie. C'était là précisément le point essentiel sur lequel portaient toutes leurs attaques contre lui.

2. Quelle est votre opinion sur le Messie que vous attendez ? De qui doit-il être le descendant, selon les prophéties ?

3. Les pharisiens et docteur de la loi répondent sans hésiter, conformément aux prophéties qu'ils connaissaient bien. Et tel est aussi l'enseignement du Nouveau Testament. (Math. 1 : 1 ; Luc 1 : 32, 69 ; 3 : 31 ; Rom. 1 : 3 ; 2 Tim. 2 : 8.)

4. Ps. 110 : 1, cité d'après les Septante, conformes à l'hébreu. Seulement, tandis qu'on lit dans le Psaume et dans la citation qu'en fait Luc (20 : 43) ces mots : « jusqu'à ce que j'aie mis tes ennemis pour marche-pied de tes pieds, » le vrai texte de Matthieu, ici rétabli, porte *sous tes pieds*. Marc (12 : 36) cite de la même manière.

5. Puisque David, parlant sous l'inspiration de l'*Esprit* de Dieu (gr. *en esprit*), donne au Messie un titre divin, et rappelle un oracle de l'Eternel qui lui a dit : *Assieds-toi à ma droite*, c'est-à-dire prends part à ma puissance et à la domination de l'univers, comment le Messie ne serait-il que le descendant de David selon la chair ? N'y a-t-il pas contradiction entre sa condition de *fils* de David et la qualité de *Seigneur* que David lui-même lui attribue ? Evidemment une telle question devait élever la pensée des auditeurs de Jésus à l'idée d'un Messie tout autre que le roi politique et terrestre qu'ils attendaient. Elle devait les amener à reconnaître la nature divine du Messie, proclamée déjà par la révélation prophétique (Es. 9 : 5 ; Mich. 5 : 1, 3 ; Zach. 12 : 10 ; Mal. 3 : 1). Ce n'est qu'en admettant que le Messie, descendant de David selon la chair, était selon l'esprit un être supérieur, divin, qu'ils pouvaient sortir de l'insoluble contradiction dans laquelle Jésus les acculait. Mais ils eussent perdu par là même tout motif de le condamner comme blasphémateur (Jean 5 : 18 ; 10 : 33 ; Mat. 26 : 63). Le silence qu'ils gardent (v. 46) prouve qu'ils ne surent que répondre, et peut-être un homme tel que le légiste (Marc 12 : 34) en prit-il occasion de réfléchir à cette importante question. — Ce récit, soigneusement rapporté par les trois premiers évangélistes, a fourni une abondante pâture à la critique rationaliste. Elle nie que le Psaume 110 soit de David ; elle nie qu'il renferme aucune prophétie messianique, malgré les théologiens juifs qui l'ont toujours rapporté au Messie, malgré les auteurs du Nouveau Testament, qui reconnaissent unanimement le caractère messianique de ce Psaume (Act. 2 : 34 ; 1 Cor. 15 : 25 et suiv. ; Hébr. 1 : 13 ; 10 : 13, etc.) ; malgré Jésus lui-même, qui, soit dans notre passage, soit au moment le plus solennel du procès qui devait aboutir à sa condamnation (26 : 64), s'applique à lui-même la parole du psalmiste. La même critique fait dire à Jésus précisément le contraire de ce qu'il dit, prétendant, par exemple, que tout son raisonnement tend à prouver qu'il ne pouvait pas être fils de David, ou que, s'il était fils de David, il ne pouvait pas être le Messie, etc. On trouvera une discussion lumineuse et la réfutation de toutes ces erreurs dans le *Commentaire sur l'évangile de saint Luc* de M. Godet, ch. 20 : 41-44.

6. *Plus*, jusqu'au grand interrogatoire final. (26 : 57 et suiv.) Ici se termine le ministère de Jésus au milieu de ses adversaires.

5. *Discours contre les scribes et les pharisiens.*

A. 1-12. Jésus met ses auditeurs en garde contre les pharisiens. — Il relève : 1° *Leurs inconséquences.* Ils sont revêtus de l'autorité de successeurs de Moïse. Il convient donc d'obéir à leurs préceptes, mais il faut se garder de suivre leur exemple, car ils ne pratiquent pas ce qu'ils enseignent, ils se contentent de charger les autres. (1-4.) — 2° *Leur recherche des apparences et de la gloire qui vient des hommes.* Tout ce qu'ils font, ils le font pour être remarqués et vantés par les hommes. (5-7.) — 3° A la sotte vanité des pharisiens, Jésus oppose l'*attitude humble* qu'il prescrit à *ses disciples :* qu'ils ne se fassent pas appeler Rabbi, Père, Directeur, car ils sont tous égaux devant Dieu ; le plus grand parmi eux sera le serviteur de tous ; celui qui s'abaissera sera élevé. (8-12.)

XXIII Alors Jésus parla aux foules et à ses disciples, — en disant[1] : Les 2 scribes et les pharisiens se sont assis dans la chaire de Moïse[2]. —

1. Comp. Marc 12 : 38-40 ; Luc 20 : 45-47. — *Alors* indique le moment où la lutte est terminée, où Jésus a réduit ses adversaires au silence. (22 : 46.) Il prononce sur eux le discours qui suit et dans lequel il formule leur condamnation. Ce discours s'adresse d'abord aux *foules* et aux *disciples* (v. 1-12), que Jésus veut prémunir contre l'esprit des principaux du peuple ; puis il prend directement à partie ces derniers, dont il démasque et censure les vices dans une suite d'apostrophes foudroyantes. (v. 13 et suiv.) Matthieu seul nous a conservé ce discours ; Marc et Luc n'en ont que quelques fragments, qu'ils placent en d'autres occasions Comme la critique moderne prête à Matthieu (plus qu'il n'est juste) le procédé de réunir en discours suivis diverses paroles de Jésus, elle n'a pas manqué de lui attribuer la composition de ce discours. Mais « il est tout à fait dans la situation qu'à ce moment Jésus exprime toute sa pensée sur ses adversaires. » (*De Wette.*) « Tout ce discours est d'un seul jet, et si plein de vie et d'unité qu'on ne saurait douter qu'il n'ait été prononcé ainsi, bien que peut-être il renferme quelques éléments empruntés à d'autres discours de Jésus. » (*Meyer.*)

2. La *chaire de Moïse* désigne l'activité et l'autorité que Moïse avait exercées comme législateur et conducteur du peuple. (Ex. 18 : 13.) Ils *se sont assis* dans cette chaire comme successeurs du grand serviteur de Dieu. Les rabbins emploient la même expression pour dire qu'un maître a succédé à un autre dans son enseignement. Ces termes n'impliquent donc pas l'idée d'une usurpation. Sur les *pharisiens*, voir 3 : 7, note. Comme les hommes de ce parti avaient manifesté jusqu'ici une hostilité croissante envers le Sauveur, comme ils avaient résisté à ses avertissements et arrêté le projet de se saisir de lui (21 : 45, 46), il renonce à tout ménagement à leur égard et rompt ouvertement avec eux. Les *scribes*, en tout semblables aux pharisiens, avaient pris la même position. Leur nom signifie proprement *écrivains*, et désigne, par extension, des hommes lettrés, des savants en général. (1 Cor. 1 : 20.) Ce sont là les *sopherim* de l'Ancien Testament, c'est-à-dire les *hommes des livres*. Dans les évangiles, ils sont appelés scribes, ou légistes, ou docteurs de la loi, parce que le principal objet de leurs études était la loi de Moïse en elle-même et dans ses applications diverses à la vie du peuple. Et comme cette loi était à la fois loi religieuse et loi civile, les scribes étaient en même temps théologiens et jurisconsultes. Ils sont souvent nommés avec les *pharisiens*, parce que la plupart d'entre eux appartenaient à cette secte (5 : 20 ; 12 : 38 ; 15 : 1), ou avec les *principaux sacrificateurs*, dont ils étaient les conseillers dans les applications de la loi et dans les cas de conscience (2 : 4 ; 20 : 18 ; 21 : 15), ou enfin avec les *anciens*, leurs collègues au sanhédrin ou conseil supérieur de la nation. (16 : 21 ; 26 : 3 ; 27 : 41.) Les scribes prennent toujours une part très active dans l'opposition contre Jésus. Ils l'épient (Luc 6 : 7 ; 11 : 53, 54), ils blâment sa conduite (Math. 9 : 3 ; Luc 5 : 30), ils cherchent à le surprendre par des questions insidieuses. (Math. 22 : 35.) On comprend donc qu'ils aient aussi leur

Toutes les choses donc qu'ils vous disent, gardez-les et faites-les¹ ; 3
mais ne faites point selon leurs œuvres, car ils disent et ne font pas ;
— mais ils lient des fardeaux pesants et difficiles à porter, et les 4
mettent sur les épaules des hommes, tandis qu'eux-mêmes, ils ne
veulent pas les remuer du doigt ². — Et toutes leurs œuvres, ils les 5
font pour être vus des hommes ; car ils élargissent leurs phylactères,
et ils allongent les franges de leurs vêtements ³. — Ils aiment la pre- 6
mière place dans les festins, et les premiers sièges dans les synagogues, — et les salutations dans les places publiques⁴, et être 7
appelés par les hommes : Rabbi, Rabbi⁵ ! — Mais vous, ne vous 8
faites point appeler Rabbi⁶ ; car un seul est votre Maître ; et vous tous,
vous êtes frères⁷. — Et n'appelez personne sur la terre votre père ; 9

large part dans les justes et sévères censures qui remplissent ces discours.
1. Le texte reçu porte : « qu'ils vous disent de *garder* ; » ce dernier mot n'est pas authentique. — La plupart des interprètes font des restrictions diverses à cette recommandation de Jésus, attendu que les scribes et les pharisiens pouvaient enseigner des choses fausses que, dans ce cas, les disciples ne devaient ni *garder*, ni *faire*. Mais Jésus n'entre pas dans cette distinction ; il suppose qu'ils enseignent la loi de Moïse, dans la chaire duquel ils se sont assis, comme l'indique le mot *donc* ; et toute la pensée se reporte sur le contraste que forme la première partie de ce verset avec la seconde.
2. Ce verset explique le précédent, et le mot *mais* (qui doit remplacer le *car* du texte reçu) fait ressortir la contradiction choquante qu'il y a à *dire* et ne pas *faire*. — *Lier des fardeaux* est une expression figurée qui signifie : rassembler en un corps tous les commandements de la loi, avec les innombrables et minutieuses prescriptions cérémonielles que les pharisiens y avaient ajoutées, pour en exiger l'observation. Ces fardeaux *pesants et difficiles à porter* (ce dernier mot manque dans *Sin.* et quelques vers.), là où ni la grâce ni l'amour n'aidait à les porter, les pharisiens les imposaient à d'autres ; mais, bien loin de s'en charger eux-mêmes, ils ne les *remuaient* pas même *du doigt*. Quelle ironie dans ce contraste!
3. Jésus cite ces détails comme des exemples de leur désir vaniteux et hypocrite d'être *vus des hommes*. Les *phylactères*, encore en usage chez les Juifs, sont des bandes de parchemin, sur lesquelles sont écrites des paroles de l'Ecriture, telles que Deut. 6 : 6-9 ; 11 : 18-21.

Pendant la prière, on les attache au bras gauche ou sur le front, en se fondant sur Ex. 13 : 9 entendu à la lettre. De là vient que les Juifs appellent ces parchemins *tephillim*, prières. Ils attachent aussi à ces objets l'idée superstitieuse d'une amulette ou d'un talisman, car *phylactère* signifie *préservatif*. Ils les *élargissent*, dit Jésus, afin d'être plus sûrs encore d'être vus des hommes. — Quant au terme que nous traduisons par *franges*, il désigne une espèce de houppe que les Juifs portaient au bord de leurs manteaux, d'après Nomb. 15 : 38, 39. Ils y attachaient donc aussi une idée religieuse. (Comp. 9 : 20 et voir, pour plus de détails sur ces deux objets, E. Stapfer. *La Palestine*, p. 382, 383.)
4. Dans les *festins*, les *synagogues*, les *places publiques*, partout où ils peuvent attirer sur eux les regards.
5. *Rabbi* signifie *maître* ou *docteur*. Si le redoublement de ce titre est authentique, il sert à marquer une vénération d'autant plus profonde ; *Sin.*, B, et les vers. n'ont qu'une seule fois le mot *rabbi*. Mais l'omission du second *rabbi* par les copistes s'explique mieux que son adjonction. (Comp. Marc 14 : 45, note.)
6. *Vous*, mes disciples, gr. *ne soyez point appelés* rabbi, ne l'exigez pas et ne le permettez pas ; cela veut dire : Ne fondez ni école, ni secte et n'aspirez à aucun vain titre, à aucune autorité humaine.
7. Le texte reçu porte ici : « un seul est votre *directeur, le Christ.* » Mais ces termes sont évidemment empruntés au v. 10 qui ne serait plus qu'une répétition inutile. Nous avons rétabli le vrai texte *conformément à l'opinion de tous les meilleurs critiques.* Bengel, qui est du nombre, pense que le *Maître* dont il

10 car un seul est votre Père, celui qui est dans les cieux [1]. — Et ne vous faites point appeler directeurs, car un seul est votre Directeur,
11 le Christ [2]. — Mais le plus grand d'entre vous sera votre serviteur [3] ;
12 — et quiconque s'élèvera sera abaissé, et quiconque s'abaissera sera élevé [4].

B. 13-39. Malheur a vous, scribes et pharisiens hypocrites ! Complainte sur Jérusalem. — 1º Apostrophant directement les scribes et les pharisiens et leur criant *sept fois* : Malheur à vous ! Jésus censure toute l'*hypocrisie* de leur conduite : *a*) L'hypocrisie de leur position de *conducteurs* du peuple : ils n'entrent pas eux-mêmes dans le royaume des cieux et en ferment l'accès aux autres. (13.) — *b*) L'hypocrisie de leur *prosélytisme*, qui aboutit à perdre les âmes plus sûrement. (15.) — *c*) L'hypocrisie de la *casuistique* qu'ils appliquent aux *serments*. (16-22.) — *d*) L'hypocrisie de leur *formalisme*, qui observe les minuties de la loi et néglige les devoirs les plus importants. (23, 24.) — *e*) L'hypocrisie qui consiste à *nettoyer le dehors*, et à laisser souillé le dedans. (25, 26.) — *f*) Toute cette hypocrisie les rend semblables à des *sépulcres* blanchis. (27, 28.) — *g*) Elle les amène à *bâtir les tombeaux des prophètes*. Ils voudraient par là se donner l'air de protester contre les crimes de leurs pères, mais ils ne réussissent qu'à se proclamer leurs fils. Jésus les invite à parfaire ce qui manque à la culpabilité de leurs pères et à attirer sur eux le jugement auquel ils ne sauraient échapper. Pour leur en fournir l'occasion, il leur enverra encore des témoins de la vérité, qu'ils persécuteront, afin que tout le sang innocent répandu sur la terre, depuis Abel jusqu'au dernier des prophètes, retombe sur cette génération. (29-36.) — 2º *Complainte sur Jérusalem*. Jésus exhale en des accents douloureux la profonde pitié qu'il ressent pour cette Jérusalem qui tue les prophètes. Il rappelle les efforts inutiles qu'il a faits pour l'attirer à lui ; il lui annonce sa ruine et lui déclare qu'elle ne le reverra plus jusqu'au jour où elle saluera son retour dans la gloire. (37-39.)

13 Mais malheur à vous, scribes et pharisiens hypocrites ! parce que vous fermez devant les hommes le royaume des cieux ; car vous-mêmes, vous n'y entrez point, et vous n'y laissez pas entrer ceux

s'agit, c'est *Dieu le Père*, en présence duquel ses enfants sont *tous frères*. Cette interprétation est tout à fait en harmonie avec le v. 9.

1. Le titre de *père*, pris dans un sens moral, spirituel, est plus élevé encore que celui de *maître* et indique une plus grande dépendance à l'égard de celui à qui il est attribué. La raison de cette défense est admirablement exprimée par ce contraste : *votre Père sur la terre, votre Père dans les cieux*.

2. Si Dieu seul est le Père de ceux qu'il engendre par son Esprit pour une vie nouvelle, *Christ seul* est le *directeur* de ceux qu'il conduit par sa parole et par son exemple dans les voies de cette vie nouvelle. Tous ces titres : maître, père, directeur, ne font, appliqués à des hommes, que dérober à Dieu et à son Christ la gloire qui leur appartient. C'est par là que se fondent les partis et les sectes. On se demande comment, en présence de paroles si claires et si précises, ces signes d'adulation humaine ont pu s'introduire dans l'Eglise chrétienne, aussi bien que jadis parmi les Juifs. Il faut remarquer pourtant que les titres de maître ou docteur ont un sens tout autre, et légitime, quand ils n'indiquent qu'une profession, une charge, par exemple le droit d'enseigner dans les établissements d'instruction publique ou dans l'Eglise. (Eph. 4 : 11.)

3. 20 : 26, 27.

4. Gr. « quiconque s'élèvera sera *humilié ;* quiconque *s'humiliera* sera élevé. » Luc 14 : 11 ; 18 : 14. Par la petitesse à la grandeur, par l'*humiliation* à la gloire,

qui veulent entrer¹. — Malheur à vous, scribes et pharisiens hypo- 15
crites ! parce que vous parcourez la mer et la terre pour faire un
seul prosélyte, et quand il l'est devenu, vous le rendez fils de la
géhenne deux fois plus que vous ². — Malheur à vous, conducteurs 16
aveugles ! qui dites : Si quelqu'un a juré par le temple, cela n'est
rien ; mais celui qui a juré par l'or du temple est obligé. — Insen- 17
sés et aveugles ! car lequel est le plus grand, l'or, ou le temple qui
a sanctifié l'or ³ ? — Et si quelqu'un, dites-vous, a juré par l'autel, 18
cela n'est rien ; mais celui qui a juré par l'offrande qui est dessus,

telle est la voie du royaume de Dieu, celle que le Maître a suivie, la seule possible pour ses disciples.
1. Tel est le premier des sept redoutables *malheur à vous !* qui vont suivre. Jésus appelle les *scribes* et les *pharisiens hypocrites*, parce qu'ils font le contraire de ce qu'ils disent (v. 3) et de ce qu'ils prétendent faire. Les reproches qu'il leur adresse se concentrent dans l'*hypocrisie*, qu'il signale dans toute leur manière d'agir. La particule *mais* montre le contraste criant entre les dernières paroles de Jésus (v. 8-12) et tout ce qui va suivre. — Les pharisiens sont hypocrites en ce qu'ils empêchent les hommes de parvenir au salut, tandis qu'ils ont la prétention de les y conduire. Le *royaume des cieux* que Jésus annonçait et fondait alors est représenté par l'image d'un palais ou d'un temple que les pharisiens *fermaient devant les hommes* en les empêchant de croire en Jésus. Ils le faisaient par leur opposition, leur inimitié, et toute leur action contraire à la sienne. (Comp. Luc 11 : 52.) — A la suite de ce v. 13, le texte reçu a un v. 14 ainsi conçu : *Malheur à vous, scribes et pharisiens hypocrites ! parce que vous dévorez les maisons des veuves sous prétexte de faire de longues prières ; c'est pourquoi vous subirez un jugement plus rigoureux.* La plupart des manuscrits où se trouvent ces paroles les placent avant le v. 13. Mais, se fondant sur *Sin., B, D,* et d'autres, sur des versions anciennes et des Pères, les meilleurs critiques suppriment ce v. 14, emprunté par des copistes à Marc 12 : 40 et Luc 20 : 47, où ces paroles du Sauveur sont authentiques. (Voir les notes.)
2. Second reproche. — Même hypocrisie dans leur prosélytisme. Celui-ci, dans son zèle dévorant, paraissait n'avoir d'autre but que le salut des âmes, mais n'était destiné en réalité qu'à étendre l'influence de leur parti. — *Parcourir la mer et la*

terre (gr. *le sec*) est une expression proverbiale qui signifie faire les plus grands efforts. Et quand les pharisiens avaient gagné *un seul* païen à leur croyance, ils l'amenaient à un état moral pire que le leur propre, et que Jésus désigne par cet hébraïsme énergique : *fils de la géhenne*, c'est-à-dire qui appartient à la géhenne. (Comp. pour l'expression *fils de*, ch. 8 : 12 ; Jean 17 : 12, et pour le mot de *géhenne* Math. 5 : 22.) Mais en quoi ce prosélyte devenait-il pire que les pharisiens eux-mêmes ? Probablement parce qu'il ne faisait qu'ajouter à son paganisme la mauvaise influence morale de ses nouveaux maîtres et en particulier *leur hypocrisie.* Dépendant d'eux à tous égards, il s'imprégnait de leur esprit et devenait d'autant plus incapable de recevoir la vérité. On sait par expérience que, en toutes choses, les disciples vont plus loin que les maîtres.
3. Troisième reproche. — Ils ne conduisent pas le peuple au salut, non seulement parce qu'ils ne se soucient pas de son salut (v. 13, 15), mais parce qu'ils ignorent même le chemin qui conduit à ce salut. Preuve en soit la casuistique qu'ils appliquent à l'acte sacré entre tous, le serment. Prétendre qu'un serment fait par l'*or du temple* était plus sacré, plus *obligatoire* qu'un serment fait par le *temple* même, paraît une doctrine bien absurde et *insensée.* Mais les pharisiens avaient leurs raisons. L'or du temple, c'étaient les ornements ou les vases sacrés, ou même les pièces d'or déposées en offrande dans le trésor : or, enseigner que ces richesses étaient plus sacrées que le temple même, c'était le moyen de les augmenter. Ici donc, la cupidité s'unissait à l'hypocrisie. Jésus réfute ce mensonge (v. 17) par la pensée que cet or n'était *sanctifié* que par le temple, auquel il avait été consacré par la piété des fidèles. (v. 21.)

244 ÉVANGILE SELON MATTHIEU CHAP. XXIII.

19 est obligé [1]. — Aveugles ! car lequel est le plus grand, l'offrande,
20 ou l'autel qui sanctifie l'offrande ? — Celui donc qui a juré par
21 l'autel, jure par l'autel et par tout ce qui est dessus ; — et celui qui
a juré par le temple, jure par le temple et par celui qui l'habite [2]. —
22 Et celui qui a juré par le ciel, jure par le trône de Dieu et par celui
23 qui est assis dessus [3]. — Malheur à vous, scribes et pharisiens hypocrites ! parce que vous payez la dîme de la menthe, et de l'aneth, et du cumin, et vous avez laissé de côté les charges plus lourdes de la loi, le jugement, et la miséricorde, et la fidélité [4]. Voilà les choses qu'il fallait faire, et ne pas laisser de côté les autres [5]. —
24 Conducteurs aveugles, qui coulez le moucheron, mais qui avalez le
25 chameau [6]. — Malheur à vous, scribes et pharisiens hypocrites ! parce que vous nettoyez le dehors de la coupe et du plat, mais au
26 dedans ils sont pleins de rapine et d'intempérance [7]. — Pharisien

1. Voir la note précédente. Ici se retrouve la même doctrine par les mêmes motifs. Aussi la réfutation (v. 19) est-elle la même que dans le cas précédent. L'autel sanctifie l'offrande parce qu'il était une institution divine et l'image de toutes les grandes et saintes vérités relatives au sacrifice. (Voir Rom. 12 : 1, troisième note.)

2. Jésus résume par ces mots (v. 20 et 21) les deux cas qui précèdent, et il s'élève jusqu'à Dieu, au nom duquel on a juré, et dont la présence sanctifie et l'autel et le temple, aussi bien que tout serment prêté par l'un ou par l'autre. — Il faut remarquer ce changement du temps des verbes : deux fois a juré (aoriste) et deux fois jure (présent). Dans le premier cas, le serment est un fait accompli, mais son obligation subsiste et s'étend de l'autel à ce qui est dessus, du temple à Dieu qui l'habite. Ainsi encore au v. 22.

3. Voir 5 : 34. Ici encore, c'est la présence de Dieu régnant dans le ciel qui donne à ce serment toute sa sainteté. — Il faut remarquer, du reste, que dans ce discours Jésus ne fait que blâmer la doctrine mensongère appliquée par les pharisiens à ces divers serments, tandis qu'ailleurs (5 : 34-37) il interdit les serments eux-mêmes.

4. Quatrième reproche. — D'après Lév. 27 : 30 et Deut. 14 : 22, les Israélites devaient donner aux sacrificateurs la dîme de tous les produits de la terre. Les pharisiens, pour faire des œuvres méritoires, étendaient cette dîme aux plus petites plantes des jardins qui sont nommées ici. Mais en même temps ils négligeaient (gr.) les choses plus pesantes, difficiles à faire (v. 4) dans la loi : le jugement, mot qu'on ne doit pas traduire par justice, mais qui signifie le devoir de juger selon la justice ; la miséricorde envers les malheureux et les coupables (Mich. 6 : 8) ; la fidélité ou la foi : le mot grec a les deux sens, mais le premier est plus naturel ici, puisqu'il s'agit des relations humaines. (Rom. 3 : 3 ; Gal. 5 : 22.) En ceci encore, ils se montraient hypocrites. Comp. Luc 11 : 42, où l'amour de Dieu est ajouté comme étant l'âme et l'accomplissement de tous ces devoirs.

5. Les choses qu'il fallait faire étaient les grands devoirs que Jésus vient de rappeler ; les autres (gr. celles-là), c'était le paiement exact de la dîme. Ainsi les plus grandes obligations de la vie morale ne doivent jamais nous faire perdre de vue les plus insignifiantes en apparence.

6. Expression proverbiale par laquelle Jésus résume l'instruction qui précède et qui signifie : Vous vous montrez scrupuleux dans les plus petites choses et vous êtes sans conscience pour les grandes. L'image est tirée de l'usage de filtrer les liquides pour les purifier des insectes qui pouvaient y être tombés. Ce qui forme ici le contraste, c'est le moucheron et le chameau. Ce dernier n'est pas seulement cité à cause de sa grandeur, mais parce qu'il était réputé impur. (Lév. 11 : 4.)

7. Cinquième reproche. — Le Seigneur assimile les scribes et les pharisiens, dans leur conduite envers Dieu, à ces hommes qui tiennent au brillant de leur vaisselle, tandis qu'ils la remplissent du fruit de la rapine et usent de son contenu avec in-

aveugle, nettoie premièrement le dedans de la coupe et du plat, afin que le dehors aussi devienne net [1]. — Malheur à vous, scribes et pharisiens hypocrites ! parce que vous ressemblez à des sépulcres blanchis, qui paraissent beaux par dehors, mais qui, au dedans, sont remplis d'ossements de morts et de toute impureté. — De même vous aussi, au dehors vous paraissez justes aux hommes, mais au dedans vous êtes pleins d'hypocrisie et d'iniquité [2]. — Malheur à vous, scribes et pharisiens hypocrites ! parce que vous bâtissez les tombeaux des prophètes et ornez les sépulcres des justes [3], — et que vous dites : Si nous eussions été du temps de nos pères, nous n'eussions pas été leurs complices dans le meurtre des prophètes. — Ainsi vous témoignez contre vous-mêmes que vous êtes fils de ceux qui ont tué les prophètes. — Et vous, comblez la mesure de vos pères [4] ! — Serpents ! race de vipères ! comment pourrez-vous échapper au jugement de la géhenne [5] ? — C'est pourquoi, voici, je vous envoie 27 28 29 30 31 32 33 34

tempérance. Pour ce dernier mot, quelques manuscrits et des versions anciennes présentent deux variantes : *injustice* et *impureté;* mais la leçon du texte reçu est la plus autorisée. Ces paroles sévères du Sauveur peuvent s'entendre dans leur sens propre (de ce qui est dans le plat), et dans un sens spirituel (de ce qui est dans le cœur). Par l'un comme par l'autre, il condamne l'hypocrisie ajoutée à la corruption. (Comp. Luc 11 : 39, note.)

1. L'authenticité des mots *et du plat* est douteuse ; ils paraissent avoir été copiés du v. 25. Il s'agit avant tout (*premièrement*) de purifier l'intérieur de ces vases (comp. v. 25, note), et alors l'extérieur sera pur aussi ; sans cela le *dehors* le plus brillant reste impur. Le sens de ces paroles, appliquées au cœur de l'homme, est évident.

2. Sixième reproche. — Les *sépulcres*, chez les Israélites, étaient ordinairement des grottes naturelles ou taillées dans le roc et dont l'entrée était fermée par une pierre. Chaque année, au mois d'Adar (mars), ces sépulcres étaient blanchis à la chaux, soit pour leur donner une *belle apparence*, soit pour que nul ne s'en approchât par mégarde à cause de la souillure légale. Cela n'empêchait pas ces sépulcres d'être *au dedans* pleins d'*ossements de morts* et d'*impureté;* triste mais énergique image de l'*hypocrisie* et de l'*iniquité* que Jésus reproche à ses adversaires. (Voir, sur ces sépulcres, F. Bovet, *Voyage en Terre sainte*, 7e édit. p. 378 et suiv.)

3. Septième reproche. — Il s'agit des *prophètes* et des *justes* de l'ancienne alliance, dont les Juifs entretenaient et embellissaient les tombeaux qu'on voit encore autour de Jérusalem (F. Bovet, *Voyage en Terre sainte*, 7e édit., p. 167 et suiv. ; Ph. Bridel, *Palestine illustrée*, I) ; et, par cette œuvre pieuse, ils montraient avec ostentation, comme du reste ils le *disaient* expressément (v. 30), qu'ils répudiaient les actes de leurs pères, actes qu'ils se seraient bien gardés d'accomplir.

4. *Ainsi* donc, en nommant *vos pères* ceux qui ont *tué les prophètes*, vous reconnaissez que vous êtes *leurs fils;* et vous l'êtes dans un sens beaucoup plus complet que vous ne pensez, non seulement par la descendance, mais par la disposition de vos cœurs. Et, ni vos démonstrations hypocrites à l'égard des tombeaux sacrés (v. 29), ni vos protestations peu sincères (v. 30), ne sauraient vous faire autres que vous n'êtes. Il ne vous reste donc qu'à *combler la mesure* de la culpabilité de *vos pères*. Comblez-la ! Il y a dans cet impératif, que quelques manuscrits cherchent à corriger par une autre forme du verbe, une sévère ironie. (Comp. 26 : 45, note et Luc 11 : 47, 48, note.)

5. C'est-à-dire, au *jugement* qui vous condamnera à la *géhenne*. (Voir, sur ce dernier mot, 5 : 22, note.) — Les appellations sévères dont le Seigneur se sert s'étaient rencontrées déjà dans la bouche de Jean-Baptiste. (3 : 7 ; Luc 3 : 7.) Depuis Gen. 3 : 1, le *serpent* a toujours été le symbole d'un esprit diabolique.

des prophètes, et des sages, et des scribes ; il en est que vous ferez mourir et que vous crucifierez ; et il en est que vous fouetterez dans 35 vos synagogues et que vous chasserez de ville en ville [1] ; — afin que vienne sur vous tout le sang juste répandu sur la terre, depuis le sang d'Abel, le juste, jusqu'au sang de Zacharie, fils de Barachie, 36 que vous avez tué entre le temple et l'autel [2]. — En vérité, je vous dis que tout cela viendra sur cette génération [3].

(Apoc. 20 : 2.) Jésus prouve par ces paroles que la charité n'exclut point la vérité, ni la miséricorde la justice.

1. Les mots *c'est pourquoi* indiquent le motif de l'envoi des prophètes. Ils se rapportent, d'après Weiss, au v. 32 : pour vous donner occasion de combler la mesure de vos pères ; d'après Meyer, au v. 33 : pour que vous n'échappiez pas au jugement, et cette idée serait reprise par le *afin que*... du v. 35. La relation établie par Weiss est plus naturelle. La pensée reste au fond la même : et elle domine toute cette dernière partie du discours : Puisqu'ils se montrent les vrais fils de ceux qui ont tué les prophètes (v. 31) ; puisqu'ils vont combler la mesure de l'iniquité de leurs pères (v. 32) ; puisqu'ils ne pourront fuir le jugement de la géhenne (v. 33), le Seigneur va leur envoyer ses serviteurs qu'ils maltraiteront, *afin que* retombe sur eux tout le sang juste répandu sur la terre. Redoutable révélation de la justice divine ! Il est bien évident qu'en envoyant aux pécheurs des messagers de paix, l'intention du Seigneur est de les sauver, non de les comdamner ; mais si son Evangile n'est pas pour eux « une odeur de vie pour la vie, il devient une odeur de mort pour la mort. » (2 Cor. 2 : 16.) — Ceux que Jésus appelle *des prophètes, des sages, des scribes* (comp. 13 : 52), ce sont toutes les diverses classes de ses serviteurs qu'il enverra dans son règne pour continuer son œuvre (Eph. 4 : 11) ; il se sert de termes empruntés à l'Ancien Testament pour être mieux compris de ses auditeurs et surtout pour leur faire sentir que ce seront là les vrais prophètes, les vrais sages, les vrais scribes, par opposition à tous ceux qui, alors, prétendaient à ces titres. — Parmi les supplices que la haine des hommes infligera à ses envoyés, Jésus désigne celui-ci : *vous les crucifierez*, qui a paru étonnant à quelques interprètes, parce que c'était là un genre de mort usité chez les Romains et non chez les Juifs, et ces mêmes interprètes en ont conclu que Jésus pensait à sa propre mort. Mais les Juifs pouvaient faire infliger ce supplice par les Romains, comme ils le firent pour Jésus. La tradition rapporte que l'apôtre Pierre mourut sur une croix ; Eusèbe (H. E. 3, 32) raconte qu'un frère de Jésus, Siméon, fut crucifié ; et combien d'autres disciples l'ont été dans l'empire romain ! — Selon notre évangile, c'est le Seigneur Jésus lui-même qui s'attribue l'envoi de ses serviteurs, et cela par ces mots solennels : *voici, je vous envoie*.... Rien de plus clair et de plus vrai que cette pensée. D'après Luc (11 : 49), ces paroles semblent être une citation : « la sagesse de Dieu dit, » et de là chez les commentateurs force hypothèses sur le livre d'où cette citation peut être tirée. (Voir la note sur ce passage.)

2. Le *sang juste* ou *sang innocent*, c'est-à-dire le châtiment qu'ont mérité ces crimes. (Comp. 27 : 25.) Le *sang d'Abel* est mentionné comme le premier qui ait été *répandu sur la terre* dans la lutte de l'injustice contre la vérité. — *Zacharie* était un prophète dont le meurtre nous est raconté dans le second livre des Chroniques (24 : 20-22). Il fut en effet lapidé « dans les parvis de la maison de l'Éternel, » ce qui ajoutait encore à l'horreur du crime. Il mourut en disant : « Que l'Eternel voie et recherche ! » Jésus paraît faire allusion à ces paroles. — Il est difficile de dire pourquoi ce Zacharie est ici nommé *fils de Barachie ;* car, d'après le livre des Chroniques que nous venons de citer, son père s'appelait Jehojada. On a eu recours à diverses suppositions pour expliquer cette inexactitude. Ainsi, on a pensé que le père de Zacharie pouvait avoir eu deux noms, ce qui était assez fréquent chez les Juifs, ou que Jésus parle d'un autre Zacharie. Mais il s'agit bien du prophète dont la mort est racontée à la fin du second livre des Chroniques. Celui-ci, dans le canon des Juifs, était le dernier des livres de l'Ancien Testament. Le meurtre de Zacharie terminait ainsi la série des meurtres racontés dans les saints livres, comme

La note 3 est à la page suivante.

ÉVANGILE SELON MATTHIEU

Jérusalem, Jérusalem, qui tues les prophètes et qui lapides ceux 37 qui te sont envoyés, combien de fois ai-je voulu rassembler tes enfants, comme une poule rassemble ses poussins sous ses ailes, et vous ne l'avez pas voulu [1]. — Voici, votre maison vous est laissée dé- 38 serte [2]. — Car je vous le dis : vous ne me verrez plus, dès mainte- 39 nant, jusqu'à ce que vous disiez : Béni soit celui qui vient au nom du Seigneur [3].

celui d'Abel l'ouvrait. Il est probable que la fausse indication de *fils de Barachie* a été introduite dans notre évangile par une confusion facile à faire entre ce prophète et le prophète Zacharie dont nous possédons le livre et dont le père s'appelait effectivement Barachie. (Zach. 1 : 1.) Luc 11 : 51 ne nomme pas le père de Zacharie. Dans notre passage même, ce nom est omis par le *Sin*. Enfin l'Évangile des Hébreux, au témoignage de Jérôme, portait l'indication exacte de : fils de Jehojada.

3. *Tout cela* (gr. *toutes ces choses*, c'est-à-dire tout ce sang répandu et le terrible châtiment qui s'ensuivra) *viendra* avec une irrésistible certitude *sur cette génération*, qui sera témoin et victime de la ruine de Jérusalem. C'est ainsi que très souvent dans la vie des peuples, en vertu de leur solidarité morale, on voit telle génération souffrir sous les jugements de Dieu pour les crimes des générations qui l'ont précédée. (Rom. 2 : 3-5 ; 1 Thes. 2 : 15, 16.)

1. Emouvante parole, cri de douleur qui s'échappe de l'âme de Jésus en prenant congé de ce peuple qu'il aimait et qui l'a rejeté ! Après avoir fait entendre aux chefs du peuple de sévères vérités, le Sauveur s'adresse à *Jérusalem*, à cette ville coupable qu'il visitait pour la dernière fois et qui, dans quelques jours, allait le mettre à mort. Mais sous ce nom de la capitale de la théocratie, il comprend certainement le peuple tout entier, pour autant qu'il a rejeté ses offres de grâce et qu'il portera la responsabilité du crime qui va être commis à Jérusalem. De là ces verbes au présent : qui *tues* les prophètes, qui *lapides* ceux qui te sont envoyés. Ce qui cause la poignante douleur de Jésus, c'est le contraste entre son tendre amour, qu'il représente par une image si touchante, et l'ingratitude de son peuple. Ce contraste est rendu encore par les termes qui suivent : combien de fois *ai-je voulu* et *vous n'avez pas voulu*. — Le pluriel, *vous n'avez pas voulu*, s'adresse évidemment aux habitants de Jérusalem.

— Les mots : *combien de fois* prouvent que Jésus avait fréquemment séjourné dans cette ville, et que les évangélistes synoptiques ne l'ignoraient pas, bien qu'ils ne racontent pas ces séjours. (Comp. le témoignage de Pierre dans Act. 10 : 39.)

2. *Votre maison* ne signifie pas seulement le temple, comme l'ont pensé Calvin et d'autres, mais Jérusalem, capitale de toute la théocratie. Cette demeure, favorisée par l'offre de tant de grâces de Dieu et par la présence du Sauveur, sera *laissée déserte*, vide, dévastée, désolée, comme toute ville, toute maison, toute âme d'où Dieu s'est retiré. — Lachmann, Westcott et Hort, suivant *B*, et quelques autres témoignages, omettent le mot *déserte*.

3. Par cette expression solennelle et douloureuse, le Messie sauveur prend congé de son peuple, jusqu'au moment de son second avènement, où il sera reçu avec joie par cette acclamation qui a retenti autour de lui lors de son entrée à Jérusalem (21 : 9 ; Ps. 118 : 26) et qui retentira de nouveau lorsque le peuple d'Israël converti saluera le Sauveur revenant dans la gloire. (Rom. 11 : 25 et suiv.) Tel est le sens de ces paroles qui se présente le plus naturellement à l'esprit. D'autres interprètes (Calvin, Meyer) considèrent ces paroles comme adressées exclusivement à la ville de Jérusalem qui devait être détruite, ce qui ne laissait guère lieu à la repentance et à la conversion de ses habitants. Jésus affirmerait simplement que même ses ennemis le reconnaîtront comme Messie quand il viendra dans sa gloire, mais avec terreur en présence du jugement suprême. Cette interprétation est inadmissible, car l'acclamation : *Béni soit celui qui vient au nom du Seigneur*, ne peut être qu'un cri d'adoration et d'amour dans la bouche de ceux qui ont cru. Et d'ailleurs combien des habitants de Jérusalem furent convertis au Seigneur, déjà dans les quarante années de la patience de Dieu qui leur furent laissées encore, et devinrent ainsi les prémices de leur peuple ! — Ces grandes pensées, par

6. Discours sur les derniers temps.

A. 1-14. SIGNES PRÉCURSEURS DE LA FIN. — 1° *Occasion du discours.* Au moment où Jésus sort du temple et s'en éloigne, les disciples l'invitent à en admirer les édifices. Il leur déclare qu'il n'en sera laissé pierre sur pierre. Arrivés sur le mont des Oliviers, ils l'interrogent en particulier sur l'époque de cette destruction et sur le signe de son avènement et de la fin du monde. (1-3.) — 2° *Les faux Christs. Les guerres et les famines.* Jésus répond à cette question en mettant les siens en garde contre les séductions, car plusieurs viendront en se donnant pour le Christ. Il y aura des guerres entre les nations et divers cataclysmes ; ce ne sera pas encore la fin, mais un commencement de douleurs. (4-8.) — 3° *Persécutions et chutes. L'Évangile partout prêché.* Considérant spécialement l'attitude de ses disciples au milieu de ces circonstances difficiles, Jésus annonce qu'ils seront persécutés et mis à mort ; plusieurs tomberont, livreront leurs frères, deviendront la proie de séducteurs. La charité du grand nombre se refroidira. Qui persévérera jusqu'à la fin sera sauvé. L'Évangile sera prêché sur toute la terre : alors viendra la fin. (9-14.)

1 Et Jésus, étant sorti du temple, s'éloignait [1], et ses disciples s'ap-
2 prochèrent pour lui montrer les constructions du temple [2]. — Mais il leur dit : Ne voyez-vous pas toutes ces choses [3] ? En vérité, je vous dis qu'il ne sera laissé ici pierre sur pierre qui ne soit démolie [4].

---

lesquelles Jésus prend un solennel congé de Jérusalem et de son peuple, préparent la prophétie qui va suivre. (Ch. 24.)

1. Comp. Marc 13 ; Luc 21. — Jésus *étant sorti* du temple où il s'était tenu presque constamment dans ces derniers jours. (21 : 23.) Les mots *du temple* doivent se rapporter au verbe *s'éloignait* (gr. *s'en allait*). C'est au moment où il quittait le temple et le vouait ainsi à la ruine, que les disciples, par une ironie involontaire et inconsciente, lui en font admirer les magnifiques constructions. Le Sauveur s'éloigne définitivement de ce lieu sacré où sa parole a si souvent retenti. (23 : 39, note.) Il consomme sa rupture avec ce centre religieux de la théocratie juive. Les jugements de Dieu vont commencer. Jésus les annonce dans ce chapitre.

2. Les disciples *montrent* avec admiration à leur Maître *les constructions du temple*, ou plutôt du lieu sacré, qui comprenait, non seulement le temple proprement dit, mais tous les bâtiments qui en étaient les dépendances. Selon Marc (13 : 2, voir les notes), l'un d'eux lui dit : « Vois quelles pierres et quelles constructions ! » Il s'agit des constructions entreprises par Hérode et continuées par ses successeurs. Ces travaux, commen-

cés vingt ans avant Jésus-Christ, durèrent jusqu'aux approches de la guerre des Romains. Josèphe (*Antiq.* XV, 11 et *Guerre des Juifs*, V, 5, 5) en a décrit la beauté et la grandeur. Mais qu'est-ce qui pouvait inspirer aux disciples l'idée de faire admirer à leur Maître la magnificence de ces bâtiments ? Serait-ce la parole qu'il venait de prononcer (23 : 38) et qui avait excité dans leurs cœurs un funeste pressentiment ? Cela est possible, mais n'est pas clairement indiqué. D'après la réponse de Jésus, il semblerait plutôt que les disciples aient été, à ce moment comme précédemment (20 : 17-22) et dans la suite (Luc 22 : 24 et suiv., 38, 46), sans intelligence du moment solennel où ils se trouvaient.

3. Ces paroles, si simples en elles-mêmes, ont été traduites et expliquées de bien des manières différentes. Ainsi on a pris le verbe *regarder* dans le sens d'« admirer. » Jésus reprocherait à ses disciples d'arrêter leurs pensées sur des choses qui allaient être détruites. Ainsi encore, en retranchant la négation qui manque dans quelques manuscrits on a traduit : *Vous voyez* toutes ces choses : bientôt il n'en restera rien. Cette traduction donne le vrai sens. Jésus, par une

La note 4 est à la page suivante.

Or, comme il était assis sur la montagne des Oliviers[1], ses disci- 3
ples s'approchèrent de lui en particulier, disant : Dis-nous quand ces
choses arriveront, et quel sera le signe de ton avènement et de la
consommation du temps[2]. — Et Jésus répondant, leur dit : Prenez 4
garde que personne ne vous séduise[3] ; — car beaucoup viendront 5

question qui appelle une réponse affirmative, invite les disciples à embrasser d'un regard les édifices superbes qui excitent leur admiration, afin de faire ressortir la terrible prédiction qu'il va prononcer.

4. Dans les premiers jours du mois d'août 70, tandis que les Romains déjà maîtres du reste de la ville battaient en brèche avec leurs machines les formidables murailles du temple, un légionnaire lança un brandon sur la toiture du sanctuaire. Celui-ci prit feu et fut bientôt réduit en cendres. Titus laissa à Jérusalem un certain Térentius Rufus. C'est lui qui, au rapport d'un écrivain juif, « fit passer la charrue sur l'emplacement du temple et les endroits environnants. » (E. Stapfer, *La Palestine*, p. 89, 90.) L'empereur Adrien éleva plus tard (131) au sommet de la colline de Morija un temple à Jupiter. Celui-ci fut détruit par Constantin. Le lieu demeura couvert de ruines jusqu'à la conquête d'Omar (637). Ses successeurs y élevèrent divers édifices, dont le principal est le Qoubbet es-Sakrah ou Dôme-du-Rocher, appelé improprement mosquée d'Omar. (Ph. Bridel, *La Palestine illustrée*, I.)

1. Jésus et ses disciples sont sortis de la ville (v. 1) ; ils sont descendus dans la vallée du Cédron, puis remontant de l'autre côté sur la *montagne des Oliviers*, ils s'y sont assis ; ils ont sous leurs yeux, sur le mont opposé, Jérusalem et les magnifiques constructions du temple que les disciples venaient d'admirer. (Marc 13 : 3.) On comprend tout ce que cette situation donne d'actuel et de solennel au discours qui va suivre.

2. Les disciples ont différé leur question pour pouvoir interroger leur Maître *en particulier*, car ils sentaient qu'il s'agissait d'une révélation solennelle que eux seuls alors devaient entendre. Ils adressent à Jésus deux questions : 1° *Quand* est-ce que *ces choses* (la destruction de Jérusalem, v. 2) arriveront ? 2° *Quel sera le signe de ton avènement* et de la *consommation du temps ?* L'avènement de Jésus-Christ, ou son *arrivée*, ou sa *présence* (gr. *parousia*), c'est son retour dans la gloire pour juger le monde et pour élever son règne à la perfection (comp. v. 27, 37, 39 ; 1 Thes. 2 : 19 ; 4 : 15 ; 2 Thes. 2 : 1 ; 1 Cor. 15 : 23 ; 1 Jean 2 : 28 ; Jacq. 5 : 7) ; c'est ce qui est appelé ailleurs son *apparition* (1 Tim. 6 : 14 ; 2 Tim. 4 : 1), ou encore sa *révélation*. (1 Cor. 1 : 7 ; 2 Thes. 1 : 7 ; 1 Pier. 1 : 7.) A l'*avènement* de Christ les disciples joignent la *consommation du temps* (gr. *du siècle*), expression propre à Matthieu (13 : 39, 40, 49) et qu'on traduit ordinairement par ces mots : *la fin du monde*, c'est-à-dire la fin de l'économie présente. Ainsi, dans la pensée des disciples, qui est celle de tout le Nouveau Testament, le retour de Christ, la résurrection et le jugement coïncident avec la consommation du temps, ou ce qui est appelé ailleurs « le dernier jour » (Jean 6 : 39, 40, 44, 54), ou « les derniers jours » (Act. 2 : 17 ; 2 Tim. 3 : 1), ou encore « le dernier temps » (1 Pier. 1 : 5, 20), ou enfin « la dernière heure. » (1 Jean 2 : 18.) — Il faut remarquer que la double question des disciples n'est formulée ainsi que dans Matthieu ; Marc et Luc la posent autrement. (Voir Marc 13 : 4, note.)

3. Jésus *répond* maintenant aux deux questions des disciples ; mais il le fait en ayant constamment devant les yeux la seconde, relative à son avènement, et il ne résout la première, concernant la ruine de Jérusalem, qu'en la considérant comme l'un des *signes* de son avènement. En effet, les développements futurs de son règne renferment tous les jugements de Dieu, jusqu'au dernier, qui sera « la consommation du temps. » De là vient que, dans l'immense perspective de cette prophétie, les divers événements qu'elle annonce n'ont pas pu être toujours clairement distingués les uns des autres par les évangélistes. Ceux-ci se trouvent, en présence de cet avenir, dans la situation d'un spectateur qui contemple de loin, des hauteurs du Jura, par exemple, la chaîne des Alpes, et qui voit rapprochés les uns des autres les sommets qui en réalité sont séparés par de grandes distances et de profondes vallées. De là l'apparente confusion qui règne dans le discours prophétique de notre chapitre. Il faut convenir que toutes les nombreuses tentatives faites, depuis les Pères de

en mon nom, disant : C'est moi qui suis le Christ ! Et ils séduiront
6 beaucoup de gens [1]. — Cependant vous entendrez parler de guerres
et de bruits de guerres ; prenez garde, ne soyez pas troublés ; car il
7 faut que cela arrive ; mais ce n'est pas encore la fin [2]. — Car nation
se lèvera contre nation, et royaume contre royaume ; et il y aura des
8 famines et des tremblements de terre en divers lieux [3]. — Mais tout cela

l'Eglise jusqu'à nos jours, pour retrouver dans ce discours une prédiction claire et distincte des deux grands événements qu'il annonce, ont en partie échoué en présence des difficultés du texte. (Voir en particulier v. 34, note.) Au lieu donc d'y chercher, au moyen d'interprétations forcées, ou même fausses, une suite chronologique, il vaut mieux en considérer les diverses parties comme des cycles qui pénètrent les uns dans les autres et dont chacun renferme tout l'espace à parcourir depuis le point de départ jusqu'à la dernière fin. (Voir les v. 14 et 28.) Tel est du reste le caractère général de la prophétie, comme il se manifeste en particulier dans l'Apocalypse. Le seul mode vrai d'interprétation consiste donc à rapporter chaque pensée, chaque expression, à l'événement qu'elles désignent évidemment, sans s'attacher à l'ordre chronologique. On est d'autant plus autorisé à suivre ce procédé que Luc lui-même a distribué les éléments de cette prophétie en deux discours prononcés à des moments différents (Luc 17 : 20-37 et 21 : 5-36), tandis que Matthieu les rapporte en un seul discours, selon sa méthode. On peut toutefois distinguer dans ce discours trois cycles divers, annonçant 1° des signes généraux relatifs au règne de Christ sur la terre (v. 1-14) ; 2° le jugement de Dieu sur Jérusalem et le peuple juif (v. 15-28) ; 3° l'avènement du Seigneur et les sérieuses exhortations à la vigilance qu'il en tire pour tous les temps. (v. 29-51.) Tout le discours est complété par les deux grandes paraboles qui suivent, et par le tableau solennel du jugement dernier. (Ch. 25.)

1. Le Seigneur commence son discours par des avertissements adressés à ses disciples, car leurs questions sur l'avenir pouvaient renfermer beaucoup d'illusions et être inspirées par une vaine curiosité. Or la prophétie a un but éminemment sérieux et pratique. — Le premier *signe* de l'avenir du règne de Dieu que Jésus signale, c'est la venue de *faux Christs* (v. 24) qui, usurpant *son nom, séduiront beaucoup de gens.* Il n'est point nécessaire pour constater l'accomplissement de cette prophétie de rechercher dans l'histoire soit des premiers siècles, soit des siècles suivants, des noms propres d'hommes qui se seraient donnés réellement pour être le Christ, c'est-à-dire le Messie. Tous les faux docteurs qui ont la prétention d'avoir seuls compris le Christ, de représenter sa doctrine, et qui, *en son nom,* prêchent leurs systèmes d'erreur, sont de faux Christs.

2. Le second *signe* indiqué par Jésus, sont des *guerres* et des troubles parmi les nations. (v. 7.) Un premier et terrible accomplissement de cette prophétie fut la guerre des Romains contre les Juifs. Les disciples ne devaient pas en *être troublés*, d'abord parce que ces calamités étaient inévitables (*car il faut*), ensuite parce qu'ils ne devaient pas s'imaginer que ce fût là *la fin.* Ce dernier mot ne peut signifier autre chose que la fin de l'économie présente, ce que les disciples eux-mêmes ont nommé la « consommation du temps. » (v. 3 ; comp. v. 14, où ce mot a exactement le même sens.) Or cette fin-là, nul ne devait l'attendre sitôt. (Ainsi Bleek, Ebrard, Lange, Auberlen.) Cet avertissement était d'autant plus nécessaire que les disciples, dans leur question (v. 3), avaient considéré la ruine de Jérusalem et le retour de Christ, comme devant être simultanés. Ces paroles si claires peuvent aussi servir à prévenir de fausses interprétations de quelques parties de ce discours. (Par exemple v. 29 et 34.) — Si, avec quelques interprètes (Meyer, de Wette), on entend par ces mots : *ce n'est pas encore la fin,* le terme de la théocratie juive ou la ruine de Jérusalem, une telle déclaration serait en contradiction avec le contexte, car ces guerres et ces soulèvements d'une nation contre l'autre amenèrent précisément la *fin* de la nationalité israélite.

3. Aux guerres et aux troubles entre les *nations* et les *royaumes* viendront s'ajouter des calamités naturelles, telles que des *famines* et des *tremblements de terre.* (Entre ces deux mots, le texte reçu ajoute avec C, la plupart des majusc., les versions syriaques et égyptiennes, *et des pestes.*) Le théâtre de tous ces événements sera non seulement la Palestine, mais le

sera le commencement des douleurs[1]. — Alors ils vous livreront à la tribulation et ils vous feront mourir ; et vous serez haïs de toutes les nations à cause de mon nom[2]. — Et alors beaucoup seront scandalisés, et ils se livreront les uns les autres, et se haïront les uns les autres[3] — Et beaucoup de faux prophètes s'élèveront et ils séduiront beaucoup de gens[4]. — Et parce que l'iniquité se sera multipliée, la charité du plus grand nombre se refroidira[5]. — Mais celui qui aura persévéré jusqu'à la fin, celui-là sera sauvé[6].

9
10
11
12
13

vaste empire romain, où, dans chaque province, vivaient des Juifs, et où bientôt le christianisme fut répandu. L'historien Tacite fait des calamités de ces temps une description qui montre comment s'est accomplie cette prophétie. « J'entre, dit-il, dans l'histoire d'un temps riche en malheurs, cruel par les batailles, déchiré par les révoltes, tourmenté jusque dans la paix. Quatre empereurs ont été tués par l'épée ; trois guerres civiles au dedans, plusieurs autres au dehors, souvent deux à la fois, ont troublé l'empire. L'Illyrie était remplie de troubles, la Gaule prête à se révolter, la Bretagne, subjuguée, a secoué le joug ; les tribus sarmates et les Suèves se sont soulevés, les Daces sont devenus célèbres par leurs guerres civiles, les Parthes ont couru aux armes, excités par un faux Néron. L'Italie a été remplie de mille malheurs souvent répétés ; des villes ont été englouties ou ébranlées par des tremblements de terre, sur les côtes fertiles de la Campanie ; Rome a été dévastée par des incendies, le Capitole mis en feu par les mains des citoyens.... Noblesse, richesse, honneur, tout est devenu crime, et la vertu le plus sûr chemin de la ruine. »

1. Gr., *des douleurs de l'enfantement* : cette expression annonce la renaissance du monde, du sein même de ses ruines. (19 : 28.) Pour le peuple juif, les *douleurs* devaient s'accroître à mesure qu'il approcherait de sa dispersion ; pour l'humanité, des douleurs non moins grandes sont réservées aux derniers temps.

2. *Alors*, dans le même temps, à ces calamités extérieures se joindront, pour l'Eglise, les persécutions et la *haine* du monde. Jésus voit dans les douze, auxquels il adresse ce discours (v. 3), les représentants de ceux qui auront cru par leur moyen et qui seront alors dispersés parmi *toutes les nations*. C'est dans les dernières années du règne de Néron que les apôtres Paul et Pierre furent mis à mort, et qu'éclata la première persécution contre les chrétiens, tolérés jusqu'alors, parce qu'on ne les distinguait pas des Juifs. Cette prédiction s'est accomplie d'une manière cruelle et prolongée pour les premiers chrétiens, et souvent depuis pour leurs successeurs ; elle s'accomplira toujours et partout à proportion que les disciples du Sauveur seront fidèles dans le témoignage qu'ils ont à rendre à la vérité.

3. *Et alors* (terme qui marque la progression du mal), la persécution et la haine du dehors produiront leurs ravages dans l'Eglise même : *beaucoup seront scandalisés*, c'est-à-dire, retomberont dans l'incrédulité (comp. 13 : 21), et, devenus infidèles, ils *livreront* leurs frères à leurs ennemis ; et cela aura pour résultat qu'ils se *haïront les uns les autres*. Effroyable progression dans ces trois termes.

4. Les *faux prophètes* sont les faux docteurs qui parurent dans l'Eglise dès les temps apostoliques. (Act. 20 : 30 ; 1 Jean 4 : 1.)

5. L'*iniquité* (gr. *anomia*), c'est la révolte contre la *loi*, contre toute loi divine et humaine, l'antinomianisme fruit de l'apostasie (v. 10 et 11), se réalisant dans la conduite pratique. Dans un tel état de choses, l'égoïsme, la défiance mutuelle reprennent leur empire, et la *charité*, l'amour, se refroidit, dépérit. La charité ne subsiste qu'avec la vérité et la sainteté. Dieu seul est amour et Jésus seul est le foyer de cet amour dans son Eglise. Le *grand nombre* désigne la généralité des chrétiens. (Apoc. 2 : 2.)

6. *Persévérer* (gr. *patienter*) *jusqu'à la fin* de l'épreuve ou même de la vie (par opposition à v. 10-12), c'est le seul moyen *d'être sauvé*. Cette persévérance, comme la conversion, comme toutes les grâces qui conduisent au salut final, est une œuvre de Dieu (Philip. 1 : 6) ; mais cette œuvre s'accomplit dans le cœur de l'homme ; celui-ci y concourt donc et devient ouvrier avec Dieu. Dieu fait tout,

14 Et cet Evangile du royaume sera prêché par toute la terre, pour servir de témoignage à toutes les nations ; et alors viendra la fin[1].

B. 15-28. LA RUINE DE JÉRUSALEM. L'APPARITION DE FAUX CHRISTS DANS LES TEMPS QUI PRÉCÉDERONT L'AVÈNEMENT DU FILS DE L'HOMME. — 1° *Le jugement de Dieu sur la Judée.* Le signe de la catastrophe sera l'établissement en lieu saint de « l'abomination de la désolation, » prédite par Daniel. Que les disciples fuient alors sans retard. Malheur aux femmes qui seront enceintes ou qui allaiteront. Qu'ils prient pour que leur fuite n'arrive pas en hiver. Jamais épreuve pareille n'aura été vue. Personne n'échapperait si ces jours n'étaient abrégés, mais ils le seront à cause des élus. (15-22.) — 2° *Les faux Christs et la venue du Seigneur.* Jésus met ses disciples en garde contre les faux Christs et les faux prophètes qui surgiront alors faisant de grands signes. Le Christ ne paraîtra ni dans la solitude du désert, ni dans les endroits cachés. Son avènement sera de nature à frapper tous les regards sur toute la terre, et partout où se trouvera le cadavre s'assembleront aussi les aigles. (23-28.)

15 Quand donc vous verrez établie en lieu saint « l'abomination de la désolation » dont il a été parlé par le prophète Daniel (que celui
16 qui le lit y fasse attention !)[2], — alors, que ceux qui seront dans la

---

mais il exhorte l'homme à l'action, comme si l'homme devait tout faire. (Comp. 10 : 22.)

1. *Cet Evangile du royaume* est cette même *bonne nouvelle* que Jésus prêchait dans ce moment, en annonçant l'établissement final du royaume de Dieu. De là le pronom démonstratif *cet*. Il n'est pas besoin pour l'expliquer de recourir, avec de Wette, à la supposition invraisemblable que Matthieu aurait intercalé dans le discours de Jésus cette réflexion, et désignerait son propre évangile à la rédaction duquel il était occupé. L'Evangile, dit le Sauveur, *sera prêché par toute la terre* (gr., *la terre habitable, le monde*), *à toutes les nations :* ce qui ne veut pas dire que tous les individus dont elles se composent recevront cet Evangile ; mais il leur sera un *témoignage* de la miséricorde éternelle de Dieu et de l'amour de Jésus qui est mort pour eux. Ce témoignage devient ainsi pour tout peuple, pour toute âme, l'occasion d'une crise, d'un *jugement* intérieur, qui aboutit ou à la vie ou à la mort. Quand cette grande promesse aura été pleinement accomplie, et que la lumière de l'Evangile aura resplendi sur toutes les nations, *alors* seulement *viendra la fin*. Quelle fin ? la cessation des épreuves que Jésus vient de prédire ? la fin de la théocratie israélite par la ruine de Jérusalem ? On l'a prétendu, mais ce sens est inadmissible, car alors cette prophétie ne se serait point accomplie. Il s'agit de la fin du monde actuel ou de la « consommation du temps. » (v. 3 ; comp. v. 6.) Il est donc évident que Jésus termine ce premier cycle de sa prophétie en ouvrant une perspective pleine de consolation et d'espérance sur son retour, bien que, dans ce qui va suivre, il revienne en arrière pour indiquer avec plus de détails les signes précurseurs de ce retour, à commencer par le plus prochain, la ruine de Jérusalem. (v. 15-28.)

2. Après avoir achevé le premier cycle de sa prophétie, Jésus revient à d'autres signes précurseurs de son avènement et d'abord au jugement de Dieu sur le peuple juif, image et prélude du jugement dernier. C'est ce retour à la première question des disciples (v. 3) qu'il marque par la particule *donc*. D'autres commentateurs (Meyer, Weiss) rapportent ce *donc* aux mots qui précèdent immédiatement : *alors viendra la fin.* L'évangéliste voudrait marquer que les faits qui vont être prédits seront le commencement de la fin. Le *signe* précurseur de cette grande catastrophe que Jésus indique à ses disciples est exprimé en des termes qu'il emprunte au prophète Daniel : *l'abomination de la désolation* ou *de la dévastation.* (Dan. 9 : 27 ; 11 : 31 ; 12 : 11.) En hébreu il y a *du dévastateur.* Ces deux mots, les seuls que Jésus cite de la prophétie, et qui se trouvent dans Matthieu et Marc, ont un sens assez clair : ils désignent les ravages faits par une armée païenne. Luc rend la

ÉVANGILE SELON MATTHIEU

Judée s'enfuient dans les montagnes[1] ; — que celui qui sera sur le toit ne descende point pour emporter ce qui est dans sa maison[2] ; — et que celui qui sera aux champs ne retourne point en arrière pour prendre son manteau[3]. — Mais malheur à celles qui seront enceintes et à celles qui allaiteront en ces jours-là[4] ! — Priez pour que votre fuite n'arrive pas en hiver, ni en un jour de sabbat[5]. — Car il y aura alors une grande tribulation, telle qu'il n'y en a point eu depuis le commencement du monde jusqu'à maintenant et qu'il n'y en aura jamais[6]. — Et si ces jours-là n'avaient pas été abrégés, nulle 17 18 19 20 21 22

même pensée en des termes qui ne laissent aucun doute sur leur signification : « Or, quand vous verrez Jérusalem investie par des armées, sachez que sa désolation est proche. » Ainsi l'abomination est, aux yeux d'un Israélite, le *lieu saint* foulé et souillé par les païens, et la désolation ou dévastation, c'est la ruine totale du temple, de la ville, du pays tout entier, comme l'indique l'expression indéterminée'*en lieu saint*, que l'on ne saurait limiter au sanctuaire. (Comp. Marc 13 : 14, note, et la prophétie complète dans les trois passages cités, traduction Segond.) — Les derniers mots de ce verset, exhortant le lecteur *à faire attention* à la prophétie citée, ou à *réfléchir* ou *comprendre*, forment une parenthèse que les uns attribuent à Jésus lui-même, d'autres à l'évangéliste et cela avec plus de raison, car Jésus parlant à ses disciples n'aurait pas interrompu son discours pour avertir ceux qui un jour le *liraient* rédigé. De la part de l'évangéliste ce *nota bene* est naturel, car le signe emprunté au prophète était de la plus grande importance pour les premiers lecteurs de l'évangile, comme le prouvent les versets qui suivent.

1. Le signe fut compris et l'ordre du Maître exécuté par les chrétiens de la *Judée* qui, aux approches du siège, s'*enfuirent* à Pella, dans la Pérée, et sur des montagnes plus éloignées encore. (Eusèbe, *Hist. eccl.*, III, 5.)

2. Comp. Luc 17 : 31. Les *toits* en Orient sont en forme de terrasse ; l'on s'y tient fréquemment le matin et le soir, à l'heure de la fraîcheur. A la vue des signes prédits, ceux qui s'y trouvaient devaient fuir aussitôt sans *descendre* par l'escalier intérieur, en utilisant plutôt l'escalier extérieur qui de la terrasse conduisait directement dans la rue, ou en passant, suivant les circonstances, de terrasse en terrasse (car elles communiquaient souvent entre elles), sans s'arrêter en tous cas à *emporter* leurs biens. Ces versets (16-18) montrent avec quelle rapidité les jugements devaient fondre sur Jérusalem. Les chrétiens, ainsi avertis, renoncèrent à toute idée de salut pour la ville, tandis que les Juifs, aveuglés, la défendirent avec une fureur désespérée.

3. L'homme qui sera *aux champs* pour y travailler, n'ayant pas son *manteau* avec lui, ne doit pas retourner à la ville pour le chercher. (Le texte reçu dit à tort : *ses vêtements*.)

4. A cause de la peine qu'elles auront à fuir dans cet état ou en emportant leurs petits enfants, et surtout parce que les sentiments naturels d'une mère rendent toutes les souffrances plus vives dans de si épouvantables calamités.

5. L'*hiver* aurait rendu plus pénible la fuite et la position de ceux qui allaient se trouver sans asile ; et d'autre part les institutions minutieuses du *sabbat* (Ex. 16 : 29 ; Act. 1 : 12), auxquelles les premiers chrétiens se soumettaient encore, auraient ajouté à ces difficultés. Le sens général est : *Priez* que ces malheurs ne soient pas aggravés en arrivant à une époque défavorable.

6. Pour se convaincre qu'il n'y a rien d'exagéré dans ces paroles, il faut lire, dans l'historien Josèphe, le récit de la destruction de Jérusalem. Il périt dans cette guerre plus d'un million de Juifs ; car le siège eut lieu précisément à l'époque de la plus grande fête religieuse. Immédiatement après la guerre, 90 000 Israélites furent emmenés en captivité. Pendant le siège, sans compter les cruautés des assaillants, la ville fut dévastée à la fois par la guerre intestine des factions, par la famine, par la peste et par des incendies. Ces épouvantables calamités durent être ressenties par les Juifs avec une horreur que nous pouvons difficilement comprendre, parce qu'avec Jérusalem et son temple tombait en ruines le fondement de toute leur foi, de toutes leurs espérances temporelles et religieuses.

chair ne serait sauvée ; mais à cause des élus, ces jours seront abrégés [1].

23 Alors [2], si quelqu'un vous dit : Voici, le Christ est ici, ou : Il est
24 là, ne le croyez point ; — car de faux Christs et de faux prophètes s'élèveront, et feront de grands signes et des prodiges, au point de sé-
25 duire, si possible, les élus mêmes [3]. — Voici, je vous l'ai prédit [4].
26 — Si donc on vous dit : Voici, il est dans le désert, n'y allez pas ;
27 voici il est dans les chambres, ne le croyez pas [5]. — Car, comme

---

1. Gr. *si ces jours-là* (les jours de ce jugement de Dieu) *n'avaient pas été raccourcis* (littér. *coupés, amputés, mutilés*), *nulle chair* (*toute chair*, hébraïsme désignant toute l'humanité : Luc 3 : 6 ; Act. 2 : 17 ; 1 Pier. 1 : 24) *n'aurait été sauvée*, la vie d'aucun homme n'aurait échappé, tous auraient péri. Pourquoi ? Parce que ce terrible jugement de Dieu, signe avant-coureur du retour de Christ (v. 4, note), se serait étendu à *toute chair*, serait devenu le jugement dernier. Mais *ces jours-là*, par un acte de la miséricorde et de la patience de Dieu, *seront coupés*, dit Jésus ; il y aura un intervalle, un sursis, après la ruine du peuple juif. En faveur de qui ? *A cause des élus*. Non à cause de ceux qui alors déjà vivaient, étaient croyants ; mais de ceux qui, beaucoup plus nombreux, croiront et *seront sauvés* pendant le temps de la patience de Dieu. Si l'on appliquait ces paroles seulement à la durée de la guerre romaine, on ne comprendrait pas comment le prolongement de celle-ci aurait menacé l'existence de *toute chair* c'est-à-dire de toute l'humanité, ni pourquoi cette guerre aurait dû être abrégée *à cause des élus*, des chrétiens d'alors, qui étaient en sûreté. (v. 16, note.) Weiss interprète ces mots : « grâce à l'intercession des élus » (comp. Gen. 18) ; mais ce sens ne ressort pas du contexte. Enfin, les versets qui suivent (v. 23-27) ne se rapportent plus à l'époque de la guerre des Juifs, mais évidemment aux temps postérieurs, temps de la patience de Dieu, qui s'étendront jusqu'au jugement définitif.

2. Les commentateurs sont divisés sur la portée de ce mot *alors*. Quelques-uns le rapportent au temps où les jugements de Dieu s'exerceront sur Jérusalem (v. 15-22) et où la grande tribulation produira un ardent désir de voir le Seigneur revenir. Cette application paraît au premier abord la plus naturelle. Mais quand on considère que les signes énumérés (v. 23-26) embrassent une période prolongée, et qu'au v. 27 le regard prophétique de Jésus s'étend jusqu'à son retour dans la gloire, on est amené à rapporter cet *alors* à toute la suite des temps, depuis la ruine de Jérusalem jusqu'à la fin du monde. Le mieux serait peut-être de laisser à ce terme son caractère indéterminé. Dans la pensée de l'évangéliste, qui attend le retour du Seigneur peu après la ruine de Jérusalem, il comprend tous ces temps de tribulation avant et après la chute de la théocratie. — Luc assigne aux paroles qui suivent une autre place. (Luc 17 : 22-25.)

3. Comp. v. 5, note. — Les faux docteurs, qui prétendent représenter seuls le vrai Christ et sa doctrine, ont toujours la prétention de se légitimer par des *signes* et des *prodiges*, c'est-à-dire par des miracles de diverses sortes. (2 Thes. 2 : 9.) N'avons-nous pas tous les faux miracles de l'Eglise romaine et, jusqu'en plein dix-neuvième siècle, les apparitions de la Vierge et les eaux merveilleuses de Lourdes ? Ces miracles, apocryphes ou authentiques, donnent une redoutable confirmation aux enseignements des faux docteurs, et leur permettraient de *séduire* les élus eux-mêmes, si cela était *possible*, si la fidélité de Dieu ne les gardait.

4. Et vous n'avez plus qu'à y prendre garde. (Comp. Jean 14 : 29.) Une telle remarque, qui ne s'invente pas, qui est prise sur le fait, montre, pour Jésus, ce qu'il *prédit* est d'une parfaite certitude.

5. Ces mots : *dans le désert, dans les chambres*, ont été expliqués de diverses manières. Plusieurs interprètes n'y voient que des traits d'un tableau apocalyptique auquel il ne faut pas chercher de sens précis. Tout au moins faudrait-il y reconnaître la pensée ainsi exprimée par Luc (17 : 23) : « Voici, il est ici, ou voilà, il est là. » D'autres interprètes ont entendu par le *désert* l'ascétisme, le monachisme ; et par les *chambres*, les conseils secrets des grands de ce monde, les conciliabules des princes de l'Eglise, où se traitent les questions de politique ecclésiastique. Avec

l'éclair sort de l'orient et paraît jusqu'à l'occident, ainsi sera l'avènement du fils de l'homme[1].

Où que soit le cadavre, là s'assembleront les aigles[2].   28

C. 29-51. LE RETOUR DE CHRIST. EXHORTATIONS A LA VIGILANCE. — 1° *La venue du fils de l'homme.* — *a) Comment elle s'accomplira.* Aussitôt après ces jours d'affliction des bouleversements se produiront ; alors le signe du fils de l'homme paraîtra dans le ciel, et toutes les tribus de la terre le verront avec effroi venir sur les nuées. Il enverra ses anges rassembler les élus. (29-31.) — *b) A quel moment elle aura lieu.* Jésus enseigne à ses disciples, par la comparaison du figuier, à reconnaître l'approche de cet événement. Il affirme que cette génération ne passera point que tout ne soit accompli. Le ciel et la terre passeront, mais ses paroles ne passeront point. (32-35.) — 2° *Incertitude du jour suprême. Exhortation à la vigilance.* — *a) L'avènement du fils de l'homme sera imprévu.* Le jour et l'heure ne sont connus que du Père seul. Sa venue surprendra les hommes comme le déluge aux jours de Noé ; l'un sera pris, l'autre laissé. (36-41.) — *b) Veillez donc !* De cette incertitude du jour de sa venue, Jésus déduit le devoir de la vigilance. Il illustre son enseignement par les exemples du maître de maison qui guette le voleur, du serviteur qui attend son maître. Si ce serviteur, voyant que le maître tarde, malmène ses compagnons de service et se livre à la débauche, son maître surviendra inopinément et lui donnera sa part avec les hypocrites. (42-51.)

plus de sens historique, Weiss voit dans le *désert* la mention du lieu où le premier grand conducteur d'Israël, Moïse, déploya son activité, et où, plus tard, le précurseur, Jean-Baptiste, se manifesta au peuple. Par antithèse, les *chambres* (6 : 6) désigneraient les endroits secrets de telle ou telle maison où le Christ se tiendrait encore caché. Quoi qu'il en soit, il est évident que cet avertissement contre de fausses prétentions à indiquer la présence du Christ est clairement motivé par le verset suivant, d'après lequel il ne pourra y avoir aucun doute sur son apparition.

1. Ce verset motive le précédent (*car*), et la saisissante image par laquelle Jésus annonce son avènement n'indique pas seulement ce qu'il y aura d'inopiné, d'inattendu, mais surtout la manifestation éclatante dont il sera accompagné. « Tel que l'éclair, il apparaîtra partout à la fois, par la splendeur de sa gloire. » *Chrysostome.*

2. « A l'universalité de l'apparition du Christ correspond l'universalité du jugement. » *Weiss.* De même que la présence d'un *cadavre* attire les oiseaux de proie qui fondent sur lui pour le dévorer (comp. Job 39 : 33), de même aussi, là où un Etat, une nation, une Eglise et enfin le corps entier de l'humanité tombe en dissolution comme un cadavre, là se manifestent inévitablement, par une nécessité morale absolue, les jugements de Dieu. Cette image proverbiale est d'une application universelle ; mais ici, d'après l'ensemble du texte, elle désigne le jugement dernier. Dans la parabole de 13 : 41, 42, ce sont les anges qui sont les exécuteurs du jugement ; d'où quelques interprètes ont conclu qu'ici les aigles représentent aussi les anges dont Christ sera accompagné à sa venue. Cette idée est en pleine contradiction avec l'image même. D'autres ont vu dans le corps mort Jérusalem et le peuple juif, et dans les aigles les étendards des légions romaines. Notre verset s'appliquerait alors exclusivement à la ruine de Jérusalem, ce qui n'est point conforme à l'ensemble du texte, car le v. 27 ne peut pas désigner autre chose que l'*avènement* final de Jésus-Christ, sa *parousie*, terme qui désigne constamment sa *présence* au dernier jour. D'autres encore (plusieurs Pères de l'Eglise et divers commentateurs, au nombre desquels on regrette de trouver Calvin, Luther, Th. de Bèze) voient dans le corps mort Christ lui-même, et dans les aigles ses disciples, toujours empressés à se rassembler autour de lui ! Et pour ajouter encore à tout ce qu'il y aurait déjà de repoussant dans cette image, les Pères ne craignaient pas de rappeler que c'est Christ mort, sa chair, qui est la nourriture des fidèles ! — Il faut remarquer du reste que l'aigle proprement dit ne recherche pas les cadavres. Les écrivains sacrés com-

29 Et aussitôt après l'affliction de ces jours-là [1], le soleil s'obscurcira, et la lune ne donnera pas sa lumière, et les étoiles tomberont du ciel, 30 et les puissances des cieux seront ébranlées [2]. — Et alors le signe du fils de l'homme paraîtra dans le ciel [3] ; et alors toutes les tribus de la terre se lamenteront [4], et elles verront le fils de l'homme venant

prenaient sous ce terme le grand vautour fauve, qui ressemble à l'aigle en taille et en force et qu'on voit par grandes troupes dans la plaine de Génézareth.
1. Jésus a commencé au v. 27 à décrire les signes de sa dernière venue, et il va continuer, répondant ainsi à la seconde question des disciples. (v. 3, note ; comp. v. 4, note.) Ici se présente une difficulté qui a fait le tourment des exégètes. Ceux d'entre eux qui rapportent ces mots : l'*affliction de ces jours-là*, à la ruine de Jérusalem (v. 15-22), doivent arriver à cette conclusion : ou que Jésus a placé le moment de son retour *aussitôt après* cette grande catastrophe, et que par conséquent il s'est trompé et a induit en erreur ses disciples ; ou bien que les évangélistes ont fait une confusion en rapportant ce discours. (Voir v. 34, note.) Car toutes les tentatives faites pour se débarrasser de ce mot précis : *aussitôt après*, ont manqué leur but. Mais est-il possible d'attribuer à Jésus une telle erreur ? Sans parler de la parfaite connaissance de l'avenir de son règne qu'il manifeste dans tous ses discours, l'opinion que nous examinons le mettrait en contradiction directe avec lui-même, à ne considérer que ses propres paroles dans notre chapitre. En effet, comment concilier avec cette idée les catastrophes qu'il voit dans l'avenir (v. 5 et suiv.), et dont il dit si nettement : « ce n'est pas encore la fin ? » (v. 6.) Comment admettre que, dans sa pensée, « l'Evangile du royaume sera prêché à toutes les nations de la terre », *avant* la destruction de Jérusalem, et que « *alors* viendra la fin ? » (v. 14.) Quelle contradiction, enfin, entre la déclaration si positive que nul, si ce n'est le Père, ne connaît le temps du retour du fils de l'homme (v. 36) et cette déclaration non moins positive que ce retour aura lieu *aussitôt après* la ruine de Jérusalem ! Convaincus de ces impossibilités, d'autres interprètes renoncent à attribuer au Sauveur l'erreur dont il s'agit, et la mettent sur le compte de l'évangéliste, qui aurait confondu les deux prédictions de la ruine de Jérusalem et du retour de Christ. Cette idée devra être examinée à l'occasion du v. 34. Mais ici, il n'est nullement néces-

saire de l'admettre. En effet, les mots l'*affliction de ces jours-là* ne doivent point être rapportés aux v. 15-22, qui décrivent les jugements de Dieu sur le peuple juif, mais bien à ceux qui précèdent immédiatement (v. 23-28), et qui mentionnent les faits caractéristiques de l'histoire du royaume de Dieu jusqu'aux jugements qui marqueront l'avènement du fils de l'homme. Encore une fois, les v. 27 et 28 ne peuvent pas avoir un autre sens. Or c'est bien *aussitôt après* l'*affliction* ou la tribulation de ces jours-là qu'on verra « le fils de l'homme venir sur les nuées du ciel. » (v. 30 et suiv.)
2. Il faut voir dans cette description à la fois une peinture symbolique des dernières catastrophes et une prophétie de la rénovation des cieux et de la terre. (Apoc. 21 : 1) Tous les écrivains sacrés dépeignent les grands événements du monde moral sous l'image de puissantes commotions de la nature. (Esa. 34 : 4 ; Ezéch. 32 : 7 ; 2 Pier. 3 : 7.) Dès qu'on veut presser ces images et y chercher un sens allégorique, on tombe dans l'arbitraire et l'on a autant d'opinions que d'interprètes.
3, Quel sera ce *signe ?* Jésus ne le dit pas, et l'exégèse, en voulant le déterminer, s'est jetée dans l'arbitraire ; elle a trouvé tour à tour : l'apparition d'une croix, l'étoile du Messie (Nomb. 24 : 17), les phénomènes prédits au v. 29, une lumière éclatante, annonçant la gloire du Messie, le Christ lui-même venant dans sa gloire. (Comp. Dan. 7 : 13 ; Apoc. 1 : 7.) C'est cette dernière interprétation qui paraît la plus naturelle ; c'est là le seul signe assez grand, assez puissant pour produire sur toutes les tribus de la terre l'impression que Jésus va décrire. Cette vue est aussi seule conforme aux récits de Marc et de Luc, qui disent simplement : « Ils verront le *fils de l'homme* venir, » etc.
4. Gr. *se frapperont la poitrine*. Terreurs de ce bouleversement universel, regrets d'être surpris par ce jour, crainte du jugement, repentance tardive, tous ces sentiments se trahissent dans cette attitude, et ils ont tous leur cause dans le fait exprimé par ce mot : elles *verront*,

sur les nuées du ciel, avec grande puissance et gloire [1]. — Et il enverra ses anges avec un grand son de trompette, et ils rassembleront ses élus des quatre vents, depuis une extrémité des cieux jusqu'à l'autre extrémité [2]. — Or, que le figuier vous instruise par cette similitude : Dès que ses rameaux sont devenus tendres, et qu'il pousse des feuilles, vous connaissez que l'été est proche [3]. — De même vous aussi, quand vous verrez toutes ces choses, sachez qu'il est proche, à la porte [4]. — En vérité, je vous le dis, cette génération ne passera point que toutes ces choses n'arrivent [5]. — Le ciel et la terre passeront, mais mes paroles ne passeront point [6]. 31 32 33 34 35

qui forme en grec avec le verbe se lamenteront, une consonnance lugubre (*copsontai, opsontai*). — Il faut remarquer aussi cette répétition solennelle : *et alors, et alors....*
1. Comp. Dan. 7 : 13. Cette *grande puissance* et cette *grande gloire* se manifesteront soit par les phénomènes décrits au v. 29, soit par la présence des anges (v. 31), soit surtout par l'apparition même du Fils de Dieu glorifié. Qu'il sera loin alors de sa forme de serviteur !
2. Ici encore, comme dans toutes les prophéties du Sauveur, ce sont les *anges* qui exécutent sa volonté suprême. (13 : 41, 49.) Ils se servent, pour *rassembler ses élus* de toutes les parties du monde, du *son de la trompette*, image empruntée à l'usage israélite de convoquer au son de cet instrument les grandes assemblées des fêtes solennelles. (Comp. 1 Cor. 15 : 52 ; 1 Thes. 4 : 16 ; Esa. 27 : 13.) D'après ces derniers passages, la *résurrection* coïncide avec ce rassemblement des élus de Dieu. — Les *quatre vents* signifient les quatre points cardinaux, c'est-à-dire toutes les contrées de la terre. Cette expression : *depuis une extrémité des cieux jusqu'à l'autre extrémité*, est un hébraïsme fondé sur les apparences. Pour le regard, l'horizon paraît être l'extrémité du ciel. (Ps. 19 : 7 ; Deut. 30 : 4.)
3. Gr. *du figuier apprenez la parabole*. Le mot de *parabole* est pris dans le sens d'une simple *comparaison*. (13 : 3, note.) Le *figuier* pousse ses feuilles au printemps et annonce l'*été*, ou le temps de la *moisson*, qui est celui où le Seigneur rassemblera ses gerbes. (v. 31.) Par cette gracieuse image, Jésus indique que le temps même qui fera la terreur des impies marquera pour ses rachetés l'approche de la joie éternelle. (Luc 21 : 28.)
4. *Toutes ces choses* sont les signes et les indications qui précèdent, concernant l'avènement du Seigneur. Comme le verbe *est proche* se trouve sans sujet, plusieurs interprètes ont pensé qu'il s'agissait de l'*été* (v. 32), considéré comme le temps de la moisson et du jugement. Il est beaucoup plus naturel d'admettre comme sujet de ce verbe le *fils de l'homme* (v. 30 et 31), dont la venue est annoncée dans toute cette partie du discours. Aussi bien, cette expression *être à la porte* ne peut se rapporter qu'à une personne.
5. D'après la suite logique de ce discours, *toutes ces choses* ne peuvent désigner que celles dont Jésus vient de parler (v. 29-33), et dont il continue à parler (v. 36), c'est-à-dire sa dernière venue pour le jugement du monde. Mais comment peut-il l'annoncer comme devant s'accomplir du vivant même de *cette génération ?* Pour échapper à cette difficulté, on a cherché à donner à ce dernier terme un sens inusité ; ainsi par exemple la race humaine, la nation juive, la création, les disciples de Jésus en général ou l'Eglise. Ces interprétations sont inadmissibles. (Comp. Luc 11 : 50, 51.) D'autres conservent au mot *cette génération* son sens naturel, mais comment notre verset se cite manière : « Cette génération ne passera point avant que ces choses aient *commencé* d'arriver, elle en verra les premiers signes, par exemple dans l'établissement du royaume de Dieu sur la terre, » etc. Cette tentative vient échouer contre l'inexorable clarté de ces paroles : *toutes ces choses*. Il ne nous resterait donc qu'à attribuer au Sauveur l'erreur d'avoir confondu l'époque de son retour avec celle de la ruine de Jérusalem ; mais nous avons déjà montré (v. 29, note) que cela n'est pas possible. Or, comme ce v. 34 ne peut absolument se rapporter qu'à la ruine de Jérusalem, et non au retour de Christ, on est inévitablement

La note 6 est à la page suivante.

36 Or, pour ce qui est de ce jour-là et de l'heure, personne ne le
37 sait, ni les anges des cieux, ni le Fils, mais le Père seul[1]. — Mais, comme furent les jours de Noé, ainsi sera l'avènement du fils de
38 l'homme. — Car, comme dans les jours avant le déluge, ils mangeaient et buvaient, se mariaient et donnaient en mariage, jusqu'au
39 jour où Noé entra dans l'arche, — et qu'ils ne comprirent point, jusqu'à ce que le déluge vint et les emporta tous ; tel sera aussi l'avènement du
40 fils de l'homme[2]. — Alors, deux hommes seront aux champs : l'un
41 est pris, et l'autre laissé. — Deux femmes moudront à la meule :
42 l'une est prise, et l'autre laissée[3]. — Veillez donc, parce que vous

poussé à la conclusion qu'il se trouve ici inséré hors de sa place. On objectera peut-être que cette supposition n'est pas probable, parce que le même fait se reproduit dans les évangiles de Marc et de Luc. Mais cette conformité s'explique fort bien en admettant que les trois évangélistes ont reproduit ce discours d'après la tradition apostolique, où s'était glissée cette confusion. Nous croyons qu'en rejetant cette hypothèse, on se met en présence d'une difficulté que nulle exégèse ne peut résoudre. (Voir Marc 13 : 30, note.)
6. Marc 13 : 31 ; Luc 21 : 33, note. Solennelle confirmation de ce discours et de toutes les paroles du Fils de Dieu. Cette même Parole qui, toujours vivante, a créé le *ciel* et la *terre*, subsistera quand ils *auront passé*, et elle créera de nouveaux cieux et une nouvelle terre. (Apoc. 21 : 1.) Toute l'Ecriture révèle ce profond contraste entre « les choses » visibles qui ne sont que pour un temps » (2 Cor. 4 : 18) et Dieu immuable dans tous ses desseins. (5 : 18 ; Ps. 102 : 27, 28 ; Esa. 51 : 6 ; Hébr. 1 : 11, 12 ; 2 Pier. 3 : 10.)
1. La plupart des critiques admettent dans notre texte les mots : *ni le Fils*, qui se lisent dans *Sin.*, *B*, *D*, *l'itala* et quelques Pères. Cette expression, par laquelle *le Fils* s'exclut lui-même de la connaissance *du jour et de l'heure* du jugement dernier, se trouve incontestée dans Marc. (13 : 32, voir la note.) On objecte à son authenticité dans Matthieu, qu'elle aurait été ajoutée pour rendre le texte de celui-ci conforme au texte de Marc ; mais on peut supposer avec autant de vraisemblance, qu'elle a été retranchée dans un intérêt dogmatique, il faut reconnaître du reste que l'idée se trouve implicitement dans ces termes : *le Père seul*. — Il y a une profonde sagesse dans ce mystère voulu de Dieu quant au jour du jugement éternel. C'est de là que le Sauveur déduit, dans les versets qui suivent, son exhortation à la vigilance. (v. 42.) L'Eglise entière est ainsi placée jusqu'à la fin dans un état d'ignorance et d'attente. Ces paroles doivent donc rendre fort discrètes les recherches sur les prophéties relatives aux derniers temps. — Il est évident que cette déclaration serait en pleine contradiction avec le v. 34 (voir la note), s'il fallait appliquer ce dernier à l'avènement du Seigneur.
2. Comp. Luc 17 : 26-30. — Gr. *ils étaient mangeant et buvant, se mariant et donnant en mariage*, (v. 38.) Ces expressions, qui peignent si bien le cours ordinaire de la vie terrestre, disent aussi quelle était la parfaite sécurité des hommes de cette génération, qui *ne comprirent point, ne connurent pas, ne se doutèrent* de rien, n'eurent aucun pressentiment de l'effroyable catastrophe qui allait les *emporter tous*. Quelle image de ce qu'il y aura d'inattendu dans l'*avènement du fils de l'homme* !
3. Comp. Luc 17 : 34-36. — De *deux hommes*, *deux femmes*, de la même condition extérieure, employés aux mêmes travaux, unis peut-être par d'intimes liens, l'un est *pris* (par les anges, v. 31, comp. Jean 14 : 3), l'autre est *laissé*, c'est-à-dire exclu du royaume de Dieu. Telle est l'explication de Meyer. Weiss pense au contraire que celui qui est *pris* est emporté par le jugement comme par le flot du déluge et que celui qui est *laissé* est épargné. Quoi qu'il en soit, la pensée est qu'il n'y a point d'acception de personnes. Les verbes au présent rendent l'action plus actuelle et plus saisissante encore. — Le *moulin* où, selon le texte reçu, sont occupées ces deux femmes, serait la maison d'un meunier ; selon la vraie expression ici rétablie, il s'agit d'une *meule* que ces deux femmes faisaient mou-

ne savez pas quel jour votre Seigneur vient¹. — Or sachez ceci : Si 43
le maître de la maison savait à quelle veille de la nuit le voleur vient,
il aurait veillé et n'aurait pas laissé percer sa maison². — C'est 44
pourquoi vous aussi tenez-vous prêts ; car le fils de l'homme vient
à l'heure que vous ne pensez pas³. — Quel est donc le serviteur 45
fidèle et prudent que son maître a établi sur ses domestiques,
pour leur donner la nourriture au temps convenable ? — Heureux 46
ce serviteur que son maître, à son arrivée, trouvera faisant ainsi ! —
En vérité, je vous dis qu'il l'établira sur tous ses biens⁴. — Mais si 47, 48
ce méchant serviteur dit en son cœur : Mon maître tarde, — et qu'il 49
se mette à battre ses compagnons de service, et qu'il mange et
boive avec les ivrognes⁵, — le maître de ce serviteur-là viendra au 50
jour qu'il ne s'y attend pas, et à l'heure qu'il ne sait pas⁶, — et il 51
le mettra en pièces et lui donnera sa part avec les hypocrites⁷ ; c'est
là qu'il y aura des pleurs et des grincements de dents⁸.

voir à la main dans leur propre maison.
1. Telle est la sérieuse conséquence pratique (*donc*) que le Seigneur tire de toute cette prophétie et surtout de l'ignorance où tous sont laissés sur le *jour* où il vient. (v. 36, 44, 50.) — Le texte reçu porte, au lieu de *jour*, *heure* contre les principales autorités.
2. Cet exemple, pris dans la vie ordinaire, doit rendre plus sensible l'exhortation des v. 42 et 44. Parce que le maître de maison ne savait pas à quelle heure le voleur viendrait, il a eu le tort de ne pas veiller, et ainsi il a laissé *percer sa maison*, c'est-à-dire que le voleur y est entré avec effraction. Les verbes au passé (et c'est ainsi qu'il faut traduire) expriment, non une simple supposition, mais un fait déjà accompli.
3. Conclusion tirée de l'exemple qui précède. Ici il ne s'agit plus seulement de *veiller* (42, 43), mais d'*être prêt*, c'est-à-dire intérieurement préparé par la foi, par l'amour, à recevoir le fils de l'homme. (Comp. 25 : 10.)
4. La question du v. 45 n'a point de réponse et n'en devait point avoir, ou plutôt chaque lecteur doit la chercher dans son cœur. Le Seigneur demande *qui* est le serviteur *fidèle* et *prudent* ? Il cherche un tel serviteur, puis il s'écrie avec effusion : *Heureux* est-il ! Il est heureux à cause de sa fidélité même, et parce que son maître peut l'élever à un poste plus éminent (*sur tous ses biens*), c'est-à-dire lui donner comme récompense un degré plus élevé de félicité dans son royaume. (25 : 21 et suiv. ; Luc 19 : 17 et suiv.)

5. Ce méchant serviteur n'est pas autre que celui dont parle le v. 45. Là il est supposé fidèle et prudent ; ici il est supposé *méchant*. C'est ce qui est parfaitement clair dans le passage parallèle de Luc. (12 : 45.) Sa méchanceté consiste d'abord dans l'*hypocrisie* avec laquelle il dit : *mon* maître, en le reconnaissant pour tel (v. 51) ; ensuite dans l'aveuglement avec lequel il se persuade que son maître *tarde à venir* et tardera longtemps encore ; enfin dans la mauvaise conduite à laquelle il se livre, soit envers ses *compagnons de service*, soit même avec les *ivrognes*.
6. Comp. v. 36, 39, 42, 44.
7. Le mot que nous traduisons par *mettre en pièces* signifie littéralement *pourfendre*, couper en deux, et plusieurs interprètes voient dans ce terme la mention d'un supplice réellement usité chez les peuples anciens, même en Israël (2 Sam. 12 : 31 ; 1 Chron. 20 : 3), tandis que d'autres, lui donnant une signification atténuée, y voient la peine de la flagellation qui déchirait les chairs du coupable. Ce dernier sens paraît s'imposer, puisque la suite du châtiment : il *lui donnera sa part avec les hypocrites*, suppose que le coupable est encore en vie. Mais on peut voir aussi dans le terme : *mettre en pièces* une désignation figurée du jugement par lequel il recevra *sa part avec les hypocrites*. « Celui qui a le cœur partagé sera coupé en deux. » Bengel. Nos versions ordinaires traduisent : « il le *séparera* » (d'avec les serviteurs fidèles), pour lui donner *sa*

La note 8 est à la page suivante.

D. 1-13. EXHORTATIONS A LA VIGILANCE. (Suite.) — PARABOLE DES DIX VIERGES. — 1º *L'attente*. Le royaume des cieux est comparé à dix vierges qui, le soir des noces, attendent l'époux munies de leurs lampes. Cinq d'entre elles, qui étaient folles, n'ont point pris d'huile avec elles ; les cinq sages en ont pris dans des vases. (1-4.) — 2º *L'arrivée de l'époux*. En attendant l'époux, elles s'endorment toutes. Au milieu de la nuit, elles entendent crier : Voici l'époux ! Alors elles s'éveillent et préparent leurs lampes. (5-7.) — 3º *Les vierges sages admises*. Les folles, voyant alors avec terreur leurs lampes s'éteindre, prient les sages de leur donner de l'huile, mais celles-ci répondent : Il n'y en aurait point assez pour nous et pour vous ; adressez-vous à ceux qui en vendent. Mais pendant qu'elles y vont, l'époux vient et entre dans la salle des noces avec celles qui sont prêtes, et la porte est fermée. (8-10.) — 4º *Les vierges folles exclues*. Après cela, les autres vierges viennent aussi, disant : Seigneur, ouvre-nous ; mais il leur répond : En vérité, je ne vous connais point. Veillez donc ! (11-13.)

XXV Alors[1] le royaume des cieux sera semblable[2] à dix vierges qui,
2 ayant pris leurs lampes, sortirent au-devant de l'époux[3]. — Or,
3 cinq d'entre elles étaient folles, et cinq sages[4]. — Car les folles[5], en
4 prenant leurs lampes, ne prirent point d'huile avec elles ; — mais les sages prirent, avec leurs lampes, de l'huile dans des vases[6] —
5 Mais comme l'époux tardait, elles s'assoupirent toutes et s'endormi-
6 rent[7]. — Or, au milieu de la nuit, il y eut un cri : Voici l'époux !
7 sortez au-devant de lui[8]. — Alors toutes ces vierges se réveillèrent
8 et préparèrent leurs lampes[9]. — Et les folles dirent aux sages : Don-

part, etc. C'est là une interprétation de Th. de Bèze, qui ne s'accorde point avec le sens ordinaire du mot.

8. Comp. 8 : 12, note ; 13 : 42, 50 ; 22 : 13 ; 25 : 30.

1. *Alors*, c'est-à-dire lors du retour de Christ, annoncé dans le chapitre précédent. (Voir en particulier v. 44-51.)

2. *Le royaume des cieux* (3 : 2, note) est décrit par diverses paraboles, dans divers moments de son développement (comp. par ex., ch. 13) ; ici il s'agit du dernier triomphe du royaume, qui *sera semblable* (gr., *sera fait semblable*) aux divers traits de la parabole que Jésus va raconter.

3. Allusion à un usage de l'Orient. Les noces se célèbrent de nuit ; l'époux se rend le soir, à la lueur des flambeaux, chez sa fiancée, afin de l'épouser et de l'emmener dans sa maison. Les amies de noce qui entourent l'épouse *sortent au-devant de l'époux* à son arrivée, et prennent part aux cérémonies du mariage, aussi bien qu'au banquet qui a lieu chez l'époux.

4. Le texte reçu nomme ces vierges dans un ordre inverse, d'abord les *sages*, puis les *folles*. La suite de la parabole montre en quoi consistait la folie des unes et la sagesse des autres. (Voir v. 13, note.)

5. Le texte reçu a : *celles qui étaient folles*, au lieu de : *car les folles*. La particule (car) explique en quoi consistait leur folie : c'est qu'elles n'avaient point pris d'huile avec elles.

6. Gr., selon le vrai texte : avec leurs *propres lampes*. Chacune devait avoir la sienne. Mais outre cette lampe, bien pourvue d'huile, les sages en firent encore provision *dans des vases*, de sorte que leurs lampes pouvaient toujours être alimentées.

7. La pensée de ce *retard* de l'époux doit être remarquée ; elle peut jeter de la lumière sur quelques parties du discours précédent. (Voir en particulier v. 29, note.) Quoi qu'il en soit, c'est pendant ce temps solennel, inconnu dans sa durée, que *toutes les vierges s'assoupirent et s'endormirent*. (Comp. v. 13, note.)

8. Ce *cri* se fait entendre *au milieu de la nuit*, c'est-à-dire à l'heure la plus inattendue. (v. 13 ; 24 : 36, 42, 44, 50.)

9. Encore ici : leurs *propres lampes*. Elles les *préparent* (gr., *les mettent en ordre, les ornent*) et s'assurent qu'elles brûlent.

nez-nous de votre huile ; car nos lampes s'éteignent [1]. — Mais les 9 sages répondirent : Non, de peur qu'il n'y en ait pas assez pour nous et pour vous. Allez plutôt vers ceux qui en vendent, et en achetez pour vous. — Mais pendant qu'elles allaient en acheter, 10 l'époux vint, et celles qui étaient prêtes entrèrent avec lui aux noces, et la porte fut fermée [2]. — Mais plus tard viennent aussi les autres 11 vierges, disant : Seigneur, Seigneur, ouvre-nous [3] ! — Mais il leur 12 répondit : En vérité, je vous le dis, je ne vous connais point [4]. — Veillez donc ; parce que vous ne savez ni le jour ni l'heure [5]. 13

1. La faible portion d'huile renfermée dans leurs lampes s'étant consumée pendant l'attente (v. 5), ces lampes commencent à *s'éteindre*. On sent que le langage des vierges folles est plein d'angoisse.
2. Ce dernier trait, qui a quelque chose de si absolu, est expliqué et motivé au v. 12.
3. Ces mots : *mais plus tard* ou *mais enfin* forment un contraste frappant avec ceux-ci : *la porte fut fermée*. Et, dans cette situation, la prière des vierges folles est un cri d'angoisse, ainsi que le montre déjà cette double exclamation : Seigneur, Seigneur ! (7 : 21.)
4. Pour comprendre ce motif d'une si rigoureuse exclusion, il faut se rappeler que, dans le style de l'Ecriture, *connaître* désigne l'expérience personnelle de l'amour envers l'objet de cette connaissance, en d'autres termes, une communion intime et vivante avec lui. (Jean 10 : 14 ; 1 Cor. 8 : 3 ; 13 : 12 ; Gal. 4 : 9.) Par conséquent, *ne pas connaître* dit clairement que cette expérience personnelle, cette communion, n'a jamais existé. (Comp. 7 : 23 ; Luc 13 : 25-27.)
5. Le texte reçu ajoute : *à laquelle le fils de l'homme vient*. Mais ces paroles, empruntées au v. 42 du chapitre précédent, ne sont ici ni authentiques ni nécessaires pour compléter la pensée. — Le dernier mot de cette belle parabole en exprime tout le sens, il en est la sérieuse conclusion (*donc*). Aussi tous les traits de la parabole qui servent à recommander plus vivement ce saint devoir de *veiller*, de se *tenir prêt* (v. 10 ; 24 : 44), sont évidents par eux-mêmes ; tandis que les traits secondaires ne sauraient être interprétés sans tomber dans l'arbitraire. Au nombre des premiers se trouvent : 1° L'*époux*, belle et douce image sous laquelle le Seigneur Jésus se représente lui-même (22 : 2, note), au moment de son retour, inattendu de tous (*au milieu de la nuit*), et où il recueillera les siens dans le séjour de la joie et de la félicité. (Les *noces*, Apoc. 19 : 7.) — 2° Les *dix vierges*, représentant évidemment toutes les âmes de ceux qui font profession d'être les amies de l'épouse (l'Eglise du Sauveur, Eph. 5 : 25), d'attendre avec elle l'arrivée de l'époux, et qui espèrent avoir part avec lui au bonheur éternel. — 3° Ce qui constitue la sagesse ou la folie des vierges, c'est d'avoir ou de n'avoir pas une provision suffisante d'*huile* dans des vases. Ce trait joue un rôle si important dans la parabole, qu'il doit évidemment avoir une signification spirituelle correspondante. Or, dans la symbolique de l'Ecriture, l'huile représente constamment l'Esprit-Saint ; elle est ici l'emblème de la vie créée et entretenue dans l'âme, par l'Esprit de Dieu. — 4° L'impossibilité où sont les vierges sages de donner aux folles de leur huile est dès lors très claire, car nul homme ne saurait communiquer à un autre les grâces de la foi, de l'expérience personnelle d'une vie de sainteté et d'amour, qui sont de leur nature incommunicables et doivent être acquises par chacun pour son propre compte. Dieu seul en est la source et ce n'est qu'en nous approchant individuellement de lui que nous pouvons les acquérir. — 5° Enfin ces mots : *la porte fut fermée*, et la réponse de Jésus aux vierges folles, exprimant une exclusion effrayante, redisent de la manière la plus pénétrante : *veillez ! soyez prêts !* — Quant aux traits secondaires de la parabole, qui n'appartiennent point à l'idée principale, et sur lesquels on a hasardé un grand nombre d'opinions plus ou moins arbitraires, il faut mentionner : 1° Les *lampes*, dans lesquelles on a vu tantôt une profession extérieure, tantôt le cœur brûlant ; « les lampes sans huile sont les bonnes œuvres sans la foi. » *Luther*. — 2° Le *sommeil* des vierges interprété, soit comme une chute dans quelque tentation, soit comme un relâchement dans la foi et dans la vie religieuse, soit comme une distraction, causée

E. 14-30. La parabole des talents. — 1° *Les talents inégalement répartis.* Le royaume des cieux est comparé à ce que fit un homme qui, s'en allant en voyage, remit ses biens à ses serviteurs. Il donna à l'un cinq talents, à l'autre deux, à l'autre un. (14, 15.) — 2° *Les serviteurs à l'œuvre.* Aussitôt celui qui avait reçu cinq talents se mit à l'œuvre et en gagna cinq autres ; de même aussi celui qui en avait reçu deux. Mais celui qui n'avait qu'un talent, l'enfouit dans la terre. (16-18.) — 3° *Le compte à rendre.* Longtemps après, le maître revint et fit rendre compte à ses serviteurs. Celui qui avait reçu cinq talents en produisit cinq autres qu'il avait gagnés ; de même aussi celui qui en avait reçu deux. Alors le maître, louant leur fidélité, les admit à partager sa joie. (19-23.) — 4° *Le méchant serviteur.* Mais celui qui n'avait reçu qu'un talent vint et dit : Seigneur, je savais que tu es un homme dur et injuste ; j'ai craint et j'ai enfoui ton talent dans la terre : voici ce qui est à toi. Mais son maître lui répondit : Méchant serviteur, si tu savais que je suis un homme dur et injuste, tu devais remettre mon argent à d'autres, qui me l'auraient rendu avec intérêt. Otez-lui le talent, donnez-le à celui qui en a dix, et jetez le serviteur inutile dans les ténèbres du dehors. (24-30.)

14 Car[1] il en est comme d'un homme qui, partant pour un voyage,
15 appela ses serviteurs et leur remit ses biens[2] ; — et à l'un il donna cinq talents, à l'autre deux, à l'autre un ; à chacun selon sa force
16 particulière, et il partit[3]. — Aussitôt celui qui avait reçu les cinq talents s'en alla, les fit valoir, et il gagna cinq autres talents[4]. —

par les occupations du monde (*Calvin*), soit enfin comme le moment de la mort corporelle. — 3° Le *cri* qui annonce l'arrivée de l'époux serait, selon les uns, la voix des serviteurs de Dieu, les avertissements de l'Evangile ; selon d'autres, les signes des temps dans le règne du Sauveur ; selon d'autres encore, le moment inattendu de la mort ; selon d'autres enfin, le cri de résurrection au dernier jour. — 4° Il n'y a pas jusqu'à ceux qui *vendent de l'huile* qui n'aient été l'objet de suppositions pareilles, admissibles dans certaines applications de la vie religieuse, mais qui ne sont plus du domaine de l'exégèse.

1. Cette particule montre dès l'abord que la parabole qui va suivre explique et développe, en les appliquant à la vie pratique, les leçons de celle qui précède, c'est-à-dire le saint devoir de la vigilance et de la fidélité. Ce n'est point assez d'attendre l'époux, il faut encore, jusqu'à sa venue, mettre à profit le temps qui nous est laissé, et l'employer à une activité qui mette notre responsabilité à couvert. — Luc (19 : 12 et suiv.) rapporte une parabole qui a des traits de ressemblance avec celle-ci, mais qui, à d'autres égards, en diffère profondément. Plusieurs interprètes, considérant ces deux récits comme une seule et même parabole, diversement modifiée par la tradition apostolique, se demandent auquel des deux appartient la priorité et l'originalité. Mais pourquoi ne pas admettre plutôt que Jésus a employé deux fois une forme si frappante d'instruction, en la modifiant de manière à exprimer deux idées différentes ? C'est le résultat auquel conduit une étude attentive des deux paraboles.

2. Gr., *ses propres serviteurs*, non des étrangers, des banquiers, par exemple, mais des hommes qui lui appartenaient comme *esclaves*, qu'il pouvait employer comme il l'entendait, et dont aussi il avait éprouvé la fidélité et le dévouement.

3. Voir sur la valeur du *talent* : 18 : 24. — Dans la parabole rapportée par Luc, tous les serviteurs reçoivent la même somme à faire valoir. Ici les dons confiés sont individualisés selon la *force particulière*, c'est-à-dire selon la capacité et les moyens de chacun. — Ayant ainsi confié *ses biens*, le maître *partit*, ou, selon nos versions ordinaires, partit *aussitôt*, ce qui signifierait qu'il ne voulut gêner en rien la liberté de ses serviteurs, désormais responsables. Mais il nous paraît préférable de joindre ce mot au verset suivant. (Voir la note.)

4. *Aussitôt* il *s'en alla et fit valoir* ses talents ; il ne perdit pas un moment, sentant sa responsabilité, et combien le temps était précieux. Dès cet instant (gr.) il *travailla*, *opéra avec eux* (avec les talents)

De même aussi celui qui en avait deux, en gagna deux autres. — 17
Mais celui qui en avait reçu un, s'en étant allé, creusa dans la terre, 18
et y cacha l'argent de son seigneur [1]. — Or, après un long temps, 19
le seigneur de ces serviteurs vient, et il règle compte avec eux [2]. —
Et celui qui avait reçu les cinq talents, s'approchant, présenta cinq 20
autres talents, et dit : Seigneur, tu m'as remis cinq talents ; en voici
cinq autres que j'ai gagnés [3]. — Son seigneur lui dit : Bien, servi- 21
teur bon et fidèle, tu as été fidèle en peu de chose, je t'établirai sur
beaucoup [4], entre dans la joie de ton seigneur [5]. — Celui qui avait 22
reçu les deux talents, s'approchant aussi, dit : Seigneur, tu m'as remis
deux talents ; en voici deux autres que j'ai gagnés. — Son seigneur 23
lui dit : Bien, serviteur bon et fidèle ; tu as été fidèle en peu de chose,
je t'établirai sur beaucoup ; entre dans la joie de ton seigneur [6]. —
Mais celui qui avait reçu un talent, s'approchant aussi, dit : Seigneur, 24
je savais que tu es un homme dur, qui moissonnes où tu n'as pas
semé, et qui ramasses où tu n'as pas répandu ; — et ayant craint, je 25
suis allé, et j'ai caché ton talent dans la terre ; voici, tu as ce qui
est à toi [7]. — Mais son seigneur lui répondit : Méchant et paresseux 26

et *fit cinq autres talents.* Telle serait la traduction littérale, exprimant toute l'énergique activité de ce serviteur. C'est ainsi qu'on dit dans la vie ordinaire : *faire de l'argent.*
1. *L'argent de son seigneur.* Ces mots font ressortir combien étaient coupables la paresse et l'infidélité de ce serviteur.
2. Il *vient,* il *règle*; comme ces verbes au présent font sentir la solennité de l'action ! Pourtant, il ne revient qu'*après un long temps,* ayant laissé à ses serviteurs le temps nécessaire pour leur travail. Et comme ce retour du maître représente la seconde venue du Sauveur, on voit que Jésus ne l'annonce pas dans un avenir si prochain que le veut une certaine exégèse (24 : 29, note), bien qu'il en laisse le moment parfaitement inconnu. (24-36.)
3. Le texte reçu, avec A, C, la trad. syriaque, porte ici : que j'ai gagnés *de plus.* Ce dernier mot, qui du reste n'ajoute rien à l'idée, est omis par les meilleurs critiques. Il en est de même au v. 22.
4. Les cinq talents confiés n'étaient pas si *peu de chose*; mais le maître les désigne ainsi en comparaison de ce qu'il confiera encore de ses immenses richesses à ce serviteur qui s'est montré *bon et fidèle.*
5. Que signifie dans la parabole, ce mot : *la joie de ton seigneur ?* Les uns ont pensé à la satisfaction que le maître éprouvait au sujet de ce bon serviteur, d'autres à quelque banquet ou quelque fête qu'il voulait instituer pour célébrer son retour. Le plus naturel est d'admettre qu'ici Jésus passe tout à coup de l'image à la réalité, et que cette joie, c'est la félicité et la gloire dont il jouit, et dans laquelle il introduit son fidèle serviteur. (Comp. Rom. 8 : 17.)
6. L'approbation et la récompense sont exactement les mêmes pour les deux talents gagnés que pour les cinq. Le Seigneur ne se mesure pas à la grandeur des dons confiés, mais à la fidélité.
7. Le langage de ce méchant serviteur est emprunté aux usages de l'agriculture. Il exprime même, sous deux formes différentes, son accusation contre son maître : vouloir *moissonner* sans avoir *semé,* et *ramasser* sans avoir *répandu.* Cette dernière image est empruntée à l'usage de battre le blé, dont on *répand* (gr. *disperse*) les épis sur la terre, pour *ramasser* ensuite le grain dans le grenier. Le serviteur veut prouver à son maître qu'il est un homme dur, trop exigeant, injuste. Mais lui-même trahit le fond de son cœur, où il n'y a que de la *crainte* et point de confiance, point d'amour, point de sollicitude pour les intérêts de son maître. Il se place vis-à-vis de lui sur le terrain de la propre justice : *ce qui est à toi.* Il lui fait aussi le reproche sous-entendu de lui

serviteur, tu savais que je moissonne où je n'ai pas semé, et que je
27 ramasse où je n'ai pas répandu ; — il te fallait donc porter mon argent aux banquiers, et à mon retour j'aurais retiré ce qui est à moi
28 avec l'intérêt [1]. — Otez-lui donc le talent, et le donnez à celui qui a
29 les dix talents [2]. — Car à tout homme qui a, il sera donné, et il sera dans l'abondance ; mais à celui qui n'a pas, on lui ôtera même ce
30 qu'il a [3]. — Et jetez le serviteur inutile dans les ténèbres de dehors ; là seront les pleurs et le grincement des dents [4].

avoir trop peu confié. (Comp. Luc 19 : 20-26, note.)

1. *Méchanceté et paresse*, tels sont les deux vices que le maître voit dans le cœur et dans la conduite de son serviteur. Celui-ci les a abondamment dévoilés, soit dans sa manière d'agir, soit dans ses sentiments envers son maître. Ce maître ne réfute pas l'accusation portée contre lui, il l'admet (et il y a dans cette admission une ironie pleine de tristesse), mais pour en tirer aussitôt une conclusion (*donc*) tout opposée à la conduite du serviteur. En effet, même s'il était un homme dur et injuste, qui ne pût inspirer à son serviteur que de la crainte, celui-ci aurait dû, par cette crainte seule, faire valoir l'argent de son maître par des *banquiers :* séparant ainsi son bien de celui de son maître, il n'aurait pas, à proprement parler, fait de tort à celui-ci ; il aurait au moins réalisé cette justice à laquelle il en appelle. Cette pensée ressort finement du contraste formé par ces deux mots : *ce qui est à toi* (v. 25), *ce qui est à moi.* (v. 27.) On a donné de ce dernier trait : *porter l'argent aux banquiers* des explications plus ou moins arbitraires. Les uns ont vu dans ces banquiers des associations chrétiennes auxquelles le serviteur paresseux aurait pu confier les ressources qu'il ne voulait pas faire valoir lui-même ; d'autres, des chrétiens plus avancés, sous la direction desquels il aurait dû se placer. D'autres encore voient dans l'acte de porter l'argent aux banquiers, le renoncement à la profession chrétienne qui est commandé à ceux qui n'ont pas dans le cœur la foi et l'amour de leur Maître. M. Godet pense que la banque est « le trésor divin, et l'acte de dépôt, réclamé du serviteur, un état de prière dans lequel le serviteur, qui se croit incapable d'agir lui-même pour la cause de Christ, peut au moins demander à Dieu de tirer de lui et de sa connaissance chrétienne le parti qu'il trouvera bon. » Il est peut-être prudent de ne pas presser ce détail de la parabole.

2. *Donc*, conséquence inévitable de l'infidélité. — Quand le Seigneur *ôte* à un homme le talent qu'il lui avait confié, il lui retranche par là tout moyen de travailler encore pour lui. Là commence le jugement qui va suivre.

3. Ce principe général est destiné à justifier la décision énoncée au v. 28. Quant au sens de cette sentence, voir ch. 13 : 12, note.

4. Comp. 8 : 12, note ; 13 : 42 et 50 ; 22 : 13 ; 24 : 51. — Quelle est l'explication de cette parabole ? L'*homme* qui confie ses biens avant de s'absenter, c'est le Seigneur lui-même, qui bientôt allait se séparer de ses disciples. Les *serviteurs* sont les disciples d'alors et les rachetés de tous les temps, quelles que soient leur position ou leurs fonctions dans l'Eglise. Les *talents* représentent tous les dons de Dieu, avantages naturels et grâces spirituelles, et en particulier l'effusion de son Saint-Esprit qui allait être accordée à l'Eglise, pour y créer une vie nouvelle et y vivifier tous les autres dons. Ces talents sont répartis *à chacun selon sa capacité* (v. 15), conformément à la souveraine sagesse de celui qui sonde les cœurs, mesure les forces morales et intellectuelles et connaît le degré de réceptivité de chaque âme. Il s'agit pour tous d'augmenter ces talents en les *faisant valoir.* De même, en effet, que des capitaux s'augmentent par les intérêts, par le travail, de même toutes les grâces de Dieu se multiplient par leur emploi fidèle dans la vie pratique. Le *retour* du maître qui vient *régler compte* avec ses serviteurs, c'est l'avènement solennel, au dernier jour, du Seigneur devant qui seront manifestés tous les secrets des cœurs et tous les fruits du travail de chacun. Le bonheur des serviteurs fidèles qui entrent dans la *joie de leur Seigneur*, aussi bien que l'inexprimable malheur du serviteur méchant et paresseux qui se voit dépouillé de son talent et jeté dans les ténèbres du dehors, ce dénouement si grand, si tragique de la parabole, s'explique de lui-même.

CHAP. XXV. ÉVANGILE SELON MATTHIEU 265

F. 31-46. LE JUGEMENT DERNIER. — 1° *Le fils de l'homme opère le jugement.* Quand le fils de l'homme viendra dans sa gloire, toutes les nations étant assemblées devant lui, il mettra les uns à sa droite, les autres à sa gauche. (31-33.) — 2° *Il approuve ceux qu'il a placés à sa droite.* Alors il dira à ceux de sa droite : Venez les bénis de mon Père, possédez le royaume qui vous a été préparé ; car j'ai eu faim et soif, j'étais étranger, nu, malade, en prison, et vous m'avez secouru. (34-36.) — 3° *Leur réponse.* Alors ils lui répondront : Seigneur, quand est-ce que nous t'avons vu dans toutes ces nécessités et que nous t'avons secouru ? Et le Roi leur répondra : Toutes les fois que vous l'avez fait au plus petit de mes frères, vous me l'avez fait à moi-même. (37-40.) — 4° *Il réprouve ceux qu'il a placés à sa gauche.* Ensuite il dira à ceux de sa gauche : Eloignez-vous de moi, maudits, car j'ai eu faim et soif, j'étais étranger, nu, malade, en prison, et vous ne m'avez point assisté. (41-43.) — 5° *Leur réponse.* Eux aussi répondront : Seigneur, quand est-ce que nous t'avons vu dans tous ces besoins et que nous ne t'avons point assisté ? Il leur répondra : Toutes les fois que vous ne l'avez pas fait au plus petit de mes frères, vous ne l'avez pas fait à moi-même. Et ceux-ci s'en iront au châtiment éternel, mais les justes à la vie éternelle. (44-46.)

Or, quand le fils de l'homme[1] viendra dans sa gloire, et tous les 31 anges avec lui, alors il s'assiéra sur le trône de sa gloire[2] ; — et 32 toutes les nations seront assemblées devant lui[3], et il séparera les uns d'avec les autres, comme le berger sépare les brebis d'avec les boucs ; — et il mettra les brebis à sa droite, et les boucs à sa 33

---

1. La mention solennelle du retour de Christ, pour le jugement du monde, indiqué par ces mots *quand le fils de l'homme viendra dans sa gloire*, reporte la pensée sur le dénouement des deux paraboles qui précèdent et sur la grande prophétie du ch. 24, prononcée en réponse à la question des disciples. (v. 3.) La scène que Jésus va décrire est donc la conclusion naturelle des discours qui précèdent. — C'est comme *fils de l'homme* (voir sur ce terme ch. 8 : 20) que le Christ vient exercer le jugement. (Comp. Jean 5 : 27.) Mais pour remplir cette fonction, il doit posséder les attributs divins de la toute-science pour sonder les secrets des cœurs, de la parfaite justice pour rendre à chacun selon ses œuvres. Pour juger le monde comme pour le sauver, il faut qu'il soit l'homme-Dieu. — Au reste, l'intention du Sauveur n'est pas de décrire dans les versets qui suivent tout ce qui aura lieu dans les grandes scènes du dernier jour, mais d'indiquer seulement quelques traits généraux du jugement, tels que la séparation définitive des justes et des injustes, et le caractère principal qui sera recherché en ceux qui comparaîtront à sa présence, à savoir l'amour dans un cœur humble, dépris de tout égoïsme, abondant en œuvres de charité.

2. Le fils de l'homme apparaît non plus dans ses humiliations, mais dans sa *gloire* divine, que rehausse la présence de *tous les anges*, exécuteurs de ses volontés. (24 : 31, etc.) Le texte reçu dit : les *saints* anges, expression non authentique et qui appartient au langage adopté plus tard par l'Eglise. La royauté du Fils de Dieu, maintenant voilée à tous les yeux, paraîtra alors dans tout son éclat. Il siège sur le *trône de sa gloire*; il s'appelle lui-même le *Roi*. (v. 34, 40.)

3. « *Tous les anges, toutes les nations,* quelle solennité ! » *Bengel*. — Ce dernier terme : *toutes les nations*, montre que le jugement ici décrit est le jugement universel. (Rom. 2 : 5-9; Apoc. 20 : 11-13 ; Act. 17 : 31.) Mais comme, d'autre part, ceux qui sont admis à la droite du Sauveur (v. 34 et suiv.), aussi bien que les réprouvés eux-mêmes (v. 41 et suiv.), sont des hommes qui ont eu l'occasion de connaître le Sauveur et de lui faire du bien dans la personne des pauvres, il est évident que Jésus savait qu'à l'époque de sa venue pour le jugement du monde, il serait connu de tous les peuples par la prédication de l'Evangile (24 : 14 ; 28 : 19). Et comme, d'ailleurs, « le nom de Jésus est le seul nom donné aux hommes par lequel il nous faut être sauvés » (Act. 4 : 12),

34 gauche[1]. — Alors le Roi dira à ceux qui seront à sa droite[2] : Venez, vous qui êtes bénis de mon Père, possédez en héritage le royaume
35 qui vous a été préparé dès la fondation du monde[3] ; — car j'ai eu faim, et vous m'avez donné à manger ; j'ai eu soif, et vous m'avez
36 donné à boire ; j'étais étranger, et vous m'avez recueilli ; — j'étais nu, et vous m'avez vêtu ; j'étais malade, et vous m'avez visité ;
37 j'étais en prison, et vous êtes venus vers moi[4]. — Alors les justes lui répondront disant : Seigneur, quand est-ce que nous t'avons vu avoir faim, et que nous t'avons nourri, ou avoir soif, et que nous
38 t'avons donné à boire ? — et quand est-ce que nous t'avons vu étranger, et que nous t'avons recueilli ; ou nu, et que nous t'avons vêtu ?
39 — et quand est-ce que nous t'avons vu malade, ou en prison, et que
40 nous sommes venus vers toi[5] ? — Et le Roi répondant, leur dira : En vérité, je vous le dis, toutes les fois que vous l'avez fait à l'un de ces

on peut en inférer que tous les hommes seront placés en présence de Jésus-Christ et mis en demeure d'accepter ou de repousser le salut qu'il leur offre. Au jour du jugement, il deviendra manifeste s'ils ont accueilli par la foi l'Evangile de la grâce et si cet Evangile a pénétré dans le cœur de ceux qui le professent, ou si leur religion n'a été qu'une religion des lèvres. Les considérants du jugement indiqués dans cette description prophétique n'excluent donc nullement la grande doctrine chrétienne du salut par la foi ; ils manifestent seulement ceux en qui cette foi « aura été opérante par la charité. » (Gal. 5 : 6.)

1. La *séparation*, c'est-à-dire, pour le peuple de Dieu, la cessation du mélange confus où il vit maintenant avec le monde, telle est l'idée principale qui est représentée par cette image. Jésus y ajoute pour les siens le privilège d'être placés *à sa droite*, ce qui, chez tous les peuples, est considéré comme un honneur. On cherche ordinairement dans cette image une autre antithèse, qui reposerait sur le contraste entre les *brebis* et les *boucs* : les unes représentant la douceur, la paix, l'innocence ; les autres doués d'un naturel farouche, querelleur et impur. Il ne faut pas attacher trop d'importance à cette comparaison, car si les brebis sont, dans toute l'Ecriture, l'image du peuple de Dieu, l'idée opposée ne se trouve pas dans le terme que nous traduisons par *les boucs*, car ce mot signifie proprement des *chevreaux* et n'implique point les mêmes idées défavorables.

2. Le *Roi*, c'est Christ dont la royauté divine apparaît dans tout son éclat, maintenant qu'il entre dans son règne. C'est lui qui dispose des biens éternels, que ce règne apporte avec lui.

3. Puisque ce *royaume* était *préparé* dans le conseil de la grâce divine *dès la fondation du monde* à ceux qui sont *bénis du Père*, eux-mêmes y étaient destinés par cette même grâce. (Eph. 1 : 4.) Ces paroles montrent donc évidemment que la récompense des justes est un don de la miséricorde divine et non le prix des œuvres qui vont être mentionnées. Ces œuvres sont moins la cause de la félicité ici décrite que le témoignage et le fruit de la foi et de l'amour de ceux qui les ont faites.

4. Ainsi vous m'avez rendu tous les services et tous les soins de la charité la plus active et la plus dévouée. — Le mot que nous traduisons par : *vous m'avez recueilli*, signifie littéralement : vous m'avez *emmené avec vous*, c'est-à-dire introduit dans votre demeure, dans votre cercle de famille.

5. On a interprété de diverses manières ces questions des justes. On y a vu un signe de leur modestie, de leur humilité, dont pourtant ils n'avaient pas même conscience. On y a trouvé encore la pensée qu'ils avaient oublié leurs bonnes œuvres pour ne se souvenir que de leurs fautes, n'ayant jamais espéré en quoi que ce soit pour subsister en jugement, si ce n'est en la grâce et la miséricorde de Dieu. Sans doute, ces suppositions sont fondées, mais la cause principale de l'étonnement des justes, c'est l'idée exprimée par le Sauveur (v. 35, 36), qu'ils aient fait à *lui-*

plus petits de mes frères, vous me l'avez fait à moi-même¹. — Alors il 41 dira aussi à ceux qui seront à sa gauche : Allez loin de moi, maudits, dans le feu éternel, qui est préparé au diable et à ses anges ² ! — Car j'ai eu faim, et vous ne m'avez pas donné à manger ; j'ai eu 42 soif, et vous ne m'avez pas donné à boire ; — j'étais étranger, et 43 vous ne m'avez pas recueilli ; nu, et vous ne m'avez pas vêtu ; malade et en prison, et vous ne m'avez pas visité ³. — Alors eux aussi 44 répondront disant : Seigneur, quand est-ce que nous t'avons vu avoir faim, ou avoir soif, ou être étranger, ou nu, ou malade, ou en prison, et que nous ne t'avons pas servi ⁴ ? — Alors il leur répondra 45 disant : En vérité je vous le dis, toutes les fois que vous ne l'avez pas fait à l'un de ces plus petits, vous ne l'avez pas non plus fait à moi ⁵. — Et ceux-ci s'en iront au châtiment éternel, mais les justes 46 à la vie éternelle ⁶.

même ce qu'ils avaient fait pour des malheureux. Ils refusent à leurs œuvres la valeur immense qu'elles acquièrent tout à coup à leurs yeux par le fait que le Roi (v. 34) s'identifie ainsi avec les plus pauvres des hommes. « Les fidèles n'estiment point leurs bonnes œuvres, ni les impies leurs mauvaises (v. 44), comme le fait le juge. » *Bengel*. Du reste l'expression de l'étonnement des justes est destinée à provoquer la réponse du Roi. (v. 40.)
1. Gr. en tant que vous l'avez fait *à un seul de ces frères de moi, des plus petits*. Les interprètes discutent cette question : Qui est-ce que Jésus désigne par ce pronom démonstratif *ces petits* ? Les uns ont pensé qu'il s'agissait des chrétiens en général, d'autres, de ses disciples qui l'entouraient. A quoi bon ces distinctions ? Jésus n'a-t-il pas enseigné, dans la parabole du Samaritain, que tout homme malheureux doit être l'objet de notre charité ? Comme lui-même était sans cesse entouré de pauvres, de petits, de malades, de péagers et de pécheurs méprisés, il se représente qu'ils se presseront encore autour de lui au jour du jugement, désireux d'obtenir son salut, et ce sont eux qu'il désigne par ce mot : *mes* frères, *ces* petits. Seulement cette expression *à moi-même*, indique nettement le motif des œuvres qu'il accepte et récompense. Par là il ne mentionne qu'un trait de la vie chrétienne, qu'un fruit de l'amour de ses disciples pour lui, mais ce trait, ce fruit, en suppose beaucoup d'autres provenant de la même source. — Les chrétiens ne peuvent rien faire directement pour Celui qui les a tant aimés ; mais puisqu'il s'identifie avec le plus petit de ses frères, ils peuvent faire beaucoup pour lui, dans la personne de ces malheureux. C'est une précieuse grâce qu'il ajoute à toutes ses grâces.
2. Ces redoutables paroles forment le pendant et le contraste du v. 34. Jésus conserve à dessein la même tournure et quelques-uns des mêmes termes. Mais il faut remarquer aussi les différences voulues : il ne dit pas *maudits* de mon Père, ni : le *feu éternel préparé* dès la fondation du monde, ni : qui *vous* est préparé. Ces différences portent avec elles leur profond enseignement. Elles ne font pas remonter la cause de la condamnation des réprouvés jusqu'à Dieu, mais la montrent dans leur propre faute ; eux seuls en portent la responsabilité. — Toutes les fois que la Bible nous peint les peines morales des réprouvés sous ces images d'un feu, d'une flamme, d'un ver, etc., il faut se garder de les matérialiser. C'est dans la conscience avec ses remords, dans l'âme avec ses regrets, que se trouveront les châtiments de la justice divine.
3. Ici encore, l'absence de ces œuvres dépeint un état d'âme. Le manque d'amour pour le Sauveur, d'amour fraternel, est en lui-même la mort et la condamnation. (1 Cor. 13 : 1 et suiv. ; 1 Jean 3 : 10, 11 ; 4 : 8 ; 5 : 1.)
4. Ceux-ci croient trouver une excuse dans la pensée que par leur indifférence et leur égoïsme ils n'avaient point agi contre le Seigneur personnellement. Ils n'étaient point des impies. Et dans leur propre justice ils donnent à entendre que, s'ils avaient reconnu le Sauveur dans ses frères, ils l'auraient secouru.

Les notes 5 et 6 sont à la page suivante.

5. Le fait que Jésus s'identifie encore avec tous les malheureux montre que le manque d'amour à l'égard du prochain suppose l'absence de l'amour de Jésus, source unique de toute charité.
6. Telle est l'issue tragique et définitive du jugement. (Dan. 12 : 2.) Ceux qui nient la durée infinie des peines ne peuvent pas appuyer leur opinion sur le fait que le mot grec que nous traduisons par *éternel* n'a pas toujours le sens d'une durée sans fin, car le contraste évident et voulu qui se trouve ici entre *châtiment éternel* et *vie éternelle* ne permet pas de donner à l'un de ces deux termes une signification différente de l'autre. Beaucoup plutôt pourrait-on appuyer cette opinion, comme l'ont fait quelques exégètes, sur cette considération que, rigoureusement, l'opposé de la *vie* n'est point le *châtiment*, mais serait l'absence de toute vie, la mort, la destruction, l'anéantissement.

II. LA MORT ET LA RÉSURRECTION.

1. *Le repas de Béthanie.*

1-16. DÉLIBÉRATION DU SANHÉDRIN. JÉSUS A BÉTHANIE. JUDAS LE TRAHIT. — 1º *L'approche de la Pâque et la réunion du sanhédrin.* La Pâque devant avoir lieu dans deux jours, Jésus annonce à ses disciples qu'il va être livré et crucifié. De leur côté, les membres du sanhédrin s'assemblent et délibèrent de se saisir de lui ; mais ils désirent que ce ne soit pas pendant la fête, de peur d'exciter du trouble parmi le peuple. (1-5.) — 2º *Jésus oint chez Simon.* Jésus étant à Béthanie, dans la maison de Simon, une femme s'approche de lui avec un vase de parfum précieux qu'elle lui répand sur la tête pendant qu'il est à table. Ses disciples s'en indignent comme d'une perte inutile, prétendant qu'il aurait mieux valu en donner la valeur aux pauvres. Mais Jésus, prenant la défense de cette femme, déclare qu'elle a fait une bonne œuvre, par laquelle les pauvres ne seront pas réellement lésés, que, pressentant sa mort prochaine, elle lui a rendu le suprême hommage, qu'enfin partout où l'Evangile sera prêché, cette action sera rappelée en mémoire de celle qui l'a faite. (6-13.) — 3º *Judas trahit Jésus.* Alors Judas, l'un des douze, s'en va vers les membres du sanhédrin et leur demande quel prix ils lui donneraient, s'il leur livrait Jésus. Ils lui offrent trente pièces d'argent ; et dès lors, il cherchait une occasion favorable pour le livrer. (14-16.)

XXVI Et il arriva, quand Jésus eut achevé tous ces discours, qu'il dit à
2 ses disciples [1] : — Vous savez que la Pâque a lieu dans deux jours [2], et le fils de l'homme est livré pour être crucifié [3].

1. *Tous ces discours* sont ceux qui remplissent les ch. 24 et 25. (Comp. 7 : 28 ; 11 : 1 ; 13 : 53 ; 19 : 1.) Toutes les fois que Matthieu emploie cette formule de conclusion, c'est qu'il est arrivé au terme d'un cycle de discours que Jésus a prononcés en diverses occasions, mais que l'évangéliste a groupés, selon sa méthode.
2. La *Pâque* (en hébreu *Pesach*, en araméen *Pasecha*, c'est-à-dire *passage* de l'ange exterminateur pour épargner les premiers-nés des Israélites, Ex. 12 : 14) était la fête la plus solennelle du peuple juif ; il la célébrait annuellement en souvenir de sa délivrance de la captivité égyptienne. La fête commençait le 14 du mois de nisan, après le coucher du soleil, et durait jusqu'au 21. Les Juifs la célébraient exactement selon les prescriptions que Moïse avait données en l'instituant, et qui se lisent dans Ex. 12 : 1 et suiv. ; Lév. 23 : 5 et suiv. — L'expression *dans deux jours*, qu'emploie ici le Sauveur, et qui se trouve aussi dans Marc, semble indiquer qu'on était au mardi 12 du mois de nisan, puisque la fête commençait le 14 au soir, moment où l'on immolait l'agneau pascal. Quant à la différence qui paraît exister entre les synoptiques et Jean, voir Jean 13 : 1, note ; Marc 15 : 21, note.
3. Quelle parfaite connaissance Jésus

ÉVANGILE SELON MATTHIEU

Alors les principaux sacrificateurs et les anciens du peuple s'assemblèrent dans le palais du souverain sacrificateur, nommé Caïphe [1], et délibérèrent ensemble de se saisir de Jésus par ruse, et de le faire mourir [2]. — Mais ils disaient : Que ce ne soit pas pendant la fête, de peur qu'il n'y ait du tumulte parmi le peuple [3].

Et Jésus étant à Béthanie, dans la maison de Simon le lépreux [4], — une femme s'approcha de lui, ayant un vase d'albâtre plein d'un parfum de grand prix, et elle le répandit sur sa tête pendant qu'il était à table [5]. — Or les disciples voyant cela, en furent indignés, et

avait de tout ce qui allait se passer, et même du moment précis ! Les verbes au présent expriment la certitude de ces tragiques événements et montrent que pour Jésus ils étaient déjà actuels. Quant aux disciples, ils pouvaient en effet avoir connaissance des souffrances et de la mort de leur Maître d'après 20 : 18-19 ; mais ils ne pouvaient pas savoir qu'elles auraient lieu à la fête de Pâque, et Jésus le leur apprend par ces paroles. Les mots *vous savez* se rapportent donc à la proximité de la Pâque, non au crucifiement de Jésus pendant la fête.

1. Entre les *sacrificateurs* et les *anciens* le texte reçu place encore les *scribes*, mot qui n'est ici ni authentique ni nécessaire pour faire comprendre que l'évangéliste a en vue les diverses classes d'hommes qui composaient le sanhédrin. (Voir 21 : 23, note.) Ils *s'assemblent* dans le *palais du souverain sacrificateur*. Il pourrait paraître étrange que Matthieu, parlant d'un homme si connu et occupant un poste si éminent, se serve de ce terme : *nommé* Caïphe. C'est que Caïphe était un surnom, il s'appelait en réalité Joseph. (Josèphe, *Antiq.* XVIII, 2, 2.) Etabli dans sa charge vers l'an 18 par Valerius Gratus (15-26 après J.-C.), le prédécesseur de Pilate, il ne fut destitué que par le successeur de celui-ci, Vitellius, en 36.

2. *Alors* (v. 3) ils *délibèrent* de leur dessein meurtrier, précisément au moment où Jésus annonce sa mort. (v. 2.) Tragique coïncidence. Ils ne font qu'accomplir « les choses que la main et le conseil de Dieu ont auparavant déterminées. » (Act. 4 : 28.) — Ils doivent agir *par ruse,* parce que Jésus se retirait pendant la nuit (v. 6 ; Luc 21 : 37 ; Jean 11 : 57) et que, le jour, ses adversaires craignaient le peuple. (Luc 22 : 2.) Jésus alla volontairement à la mort qu'il avait plusieurs fois prédite (v. 2) ; mais il ne voulut rien faire pour l'occasionner ; il fallait que ses ennemis en portassent toute la responsabilité.

3. Ils pouvaient craindre ce *tumulte pendant la fête*, à cause des immenses multitudes qui alors remplissaient Jérusalem, et parmi lesquelles il y avait un grand nombre d'amis de Jésus, surtout de la Galilée. Mais encore ici ces aveugles ennemis de la vérité devaient accomplir les desseins de Dieu, car leur plan fut changé par l'offre inattendue de Judas. (v. 14.)

4. Comp. Marc 14 : 3-9 ; Jean 12 : 1-8. — Matthieu et Marc, plus occupés du sens intime du touchant récit qui va suivre que de la chronologie, le placent à l'entrée de l'histoire de la Passion, à cause de son étroite relation avec les souffrances du Sauveur, dont il devait être la sainte inauguration. (v. 12 ; comp. 21 : 1, note.) D'après Jean (12 : 1 et suiv.), ce repas à Béthanie eut lieu six jours avant la Pâque, la veille de l'entrée solennelle à Jérusalem. Personne, en effet, ne conteste plus aujourd'hui que Jean et les deux premiers évangiles ne racontent le même fait avec quelques légères différences dans les détails. Ainsi Jean ne dit pas que la scène se passe *dans la maison de Simon le lépreux* (homme inconnu du reste dans l'histoire, et qui probablement avait été guéri de la lèpre par Jésus), mais il ne dit nullement le contraire. Ce Simon pouvait être un parent ou un ami intime de Marthe et de Marie, et il n'y a rien d'étonnant dans le fait qu'elles sont présentes avec leur frère et qu'elles agissent comme étant chez elles. — Mais un autre trait de l'histoire évangélique qu'on a quelquefois confondu avec celui-ci, c'est l'histoire de la pécheresse, rapportée par Luc. (7 : 36 et suiv.) Tout dans cette dernière est absolument différent : le temps, le lieu, les circonstances, les personnes, le sens moral et le but entier du récit. (Voir les notes.)

5. Celle que Matthieu appelle simplement *une femme*, était Marie, sœur de Lazare (Jean 12 : 3), qui, ayant depuis longtemps ouvert toute son âme à la pa-

9 dirent : Pourquoi cette perte [1] ? — Car cela pouvait être vendu bien
10 cher, et donné aux pauvres [2]. — Mais Jésus le sachant, leur dit :
Pourquoi faites-vous de la peine à cette femme ? Car c'est une bonne
11 œuvre qu'elle a faite à mon égard [3]. — Car vous avez toujours les
12 pauvres avec vous ; mais moi, vous ne m'avez pas toujours [4]. — Car
en répandant ce parfum sur mon corps, elle a agi en vue de ma
13 sépulture [5]. — En vérité je vous le dis, en quelque endroit que cet
Evangile du royaume soit prêché dans le monde entier, ce qu'elle a
fait sera aussi raconté en mémoire d'elle [6].

role et à l'amour du Sauveur (Luc 10 : 39.), saisit avec empressement cette dernière occasion de lui témoigner sa vénération. Elle lui fait le sacrifice de ce qu'elle avait de plus *grand prix*, comme elle lui avait consacré son cœur et sa vie. En Orient, oindre ainsi la tête de quelque personnage éminent qu'on recevait comme hôte dans sa maison, était un témoignage de la plus haute distinction dont on pût l'honorer.

1. Cette *perte* ou cette inutile prodigalité. D'après Marc, ce furent *quelques-uns* (des disciples) qui firent entendre ces murmures. Selon le récit de Jean, ce fut Judas qui, obéissant à une basse cupidité, entraîna ainsi quelques autres disciples, dont le légalisme étroit ne pouvait comprendre cet acte de dévouement et d'amour.

2. Judas dit dans sa mauvaise humeur : *cela* (et non, selon le texte reçu, *ce parfum*) pouvait être vendu *bien cher ;* et d'après Marc et Jean, il indique même la somme à laquelle il l'estimait : 300 deniers. Mais Jean (12 : 6) nous révèle aussi le motif de son mécontentement. Il y a toujours dans le monde une certaine vue des choses d'après laquelle tout ce qui n'est pas matériellement utile, qui n'augmente pas le bien-être ou la possession, est une *perte*.

3. Jésus ressent, dans sa vive sympathie, la *peine* que ces murmures durent faire à Marie ; et pour la justifier, il déclare *bonne* (gr. *belle*), moralement excellente, l'*œuvre* qu'elle vient de faire, par cela seul qu'elle procède de la vénération et de l'amour pour lui. Toute œuvre, au contraire, qui n'a pas pour mobile ces sentiments du cœur, ne saurait être bonne.

4. Ces *pauvres* que vous *avez toujours*, parce que malheureusement cela est fondé dans la nature des choses en ce monde, « vous pouvez leur faire du bien, quand vous voudrez » (Marc 14 : 7) ; *mais moi*, ajoute Jésus avec tristesse, dans le sentiment de sa mort si prochaine, *vous ne m'avez pas toujours*. Et alors, quelle source de regrets pour ceux qui l'aiment de ne pouvoir rien faire pour lui témoigner personnellement cet amour !

5. Gr. *elle l'a fait pour m'ensevelir.* C'est-à-dire que, comme on embaume un corps avant de l'ensevelir, elle a voulu rendre au vivant le même honneur qu'on rend aux morts. (Jean 19 : 40 ; Marc 16 : 1.) On admet généralement que, par ces paroles, Jésus prête à Marie une pensée, une intention qu'elle n'avait pas, afin de donner plus de valeur à son action, et de la justifier entièrement aux yeux des disciples. Nous ne pouvons adopter cette interprétation. Elle donne aux paroles de Jésus un sens qui ne serait pas entièrement vrai. Sans aucun doute, Marie, dans son âme profonde et aimante, avait pressenti la mort prochaine du Maître. Elle avait pénétré le sens des prédictions nombreuses que Jésus avait faites de cette mort, tandis que les disciples n'y avaient rien compris. Elle avait vu d'ailleurs la haine de ses adversaires grandir à la suite de la résurrection de son frère. (Jean 12 : 10.) Et elle remarquait qu'il y avait dans la personne et dans les paroles de Jésus, pendant ce séjour à Béthanie, quelque chose de particulièrement sérieux et solennel. Il n'en fallait pas davantage pour faire naître dans l'âme d'une Marie ce pressentiment douloureux auquel Jésus donne une expression plus précise. Les paroles qu'il prononce durent être d'ailleurs pour Marie une révélation nouvelle, en même temps qu'une précieuse approbation de ce qu'elle venait de faire.

6. Voir, sur ce pronom démonstratif *cet* Evangile, et sur la grande prophétie ici répétée qu'il sera prêché *dans le monde entier* ch. 24 : 14, note. — En Dieu rien ne se perd, pas même « un verre d'eau froide » donné au nom du Sauveur (10 : 42) ; combien moins une action faite avec l'amour d'une Marie. « De siècle en

Alors l'un des douze, appelé Judas Iscariot, s'en étant allé vers les 14
principaux sacrificateurs [1], — leur dit : Que voulez-vous me donner, 15
et je vous le livrerai [2] ? Et ils lui payèrent trente pièces d'argent [3]. —
Et dès lors il cherchait une occasion favorable pour le livrer [4]. 16

2. *Dernier repas de Jésus avec ses disciples.*

17-30. JÉSUS CÉLÈBRE LA PAQUE ET INSTITUE LA CÈNE. — 1° *Les préparatifs du repas.* Le premier jour des pains sans levain, les disciples demandent à Jésus où ils doivent lui préparer la Pâque. Jésus leur indique une maison amie, en ville, et les disciples exécutent ses ordres. (17-19.) — 2° *Le repas. La trahison de Judas dénoncée*

siècle s'accomplit cette prophétie remarquable du Seigneur et nous contribuons nous-mêmes à son accomplissement, en expliquant cette parole du Fils de Dieu. » *Olshausen.*

1. Comp. Marc 14 : 10, 11 ; Luc 22 : 3-6. — On peut conclure de cet *alors*, avec la plupart des interprètes, que ce furent les paroles de Jésus prononcées au sujet de Marie qui irritèrent Judas et déterminèrent sa trahison. Et c'est sans doute par cette raison que Matthieu et Marc ont placé dans cet ordre le récit qui précède. — *L'un des douze.* Il y a un contraste tragique entre cette désignation et l'action ici racontée. (Comp. 27 : 4, note.)

2. Ainsi c'est Judas lui-même qui prend l'initiative de cet horrible marché. On a fait bien des suppositions sur les causes psychologiques et morales de la trahison de Judas et aussi sur les raisons qui pouvaient avoir déterminé le Sauveur à choisir ce disciple. Le plus simple et le plus vrai est de s'en tenir à cet égard aux données de l'Evangile. Ce serait une erreur que de penser qu'il n'y avait en Judas, lorsqu'il fut appelé à l'apostolat, aucune des dispositions qui, avec le secours de la grâce, auraient pu faire de lui un vrai serviteur de Jésus-Christ. Mais Judas avait laissé s'enraciner dans son cœur une passion qui, alimentée par un manque de droiture, le conduisit par degrés à l'hypocrisie, à l'injustice, au vol. (Jean 12 : 6.) Malgré les avertissements réitérés du Sauveur (v. 23, 50 ; Jean 13 : 18, 26, etc.), Judas s'endurcit dans son péché et joua avec une passion qui finit par livrer son âme à la puissance des ténèbres (Luc 22 : 3 ; Jean 13 : 2, 27), et par l'aveugler tout à fait. Au reste, bien qu'il y ait un profond mystère dans la destinée de cet homme (Jean 6 : 70 ; 17 : 12), comme dans celle de toute âme qui se perd, il

faut ajouter que Judas ne prévoyait point alors le résultat de sa trahison. Il pensait que le sanhédrin se contenterait d'infliger à Jésus quelque peine légère ou que celui-ci ferait usage de sa puissance pour échapper à ses ennemis. Ce qui le prouve, c'est sa propre conduite après l'événement (27 : 3, note) ; mais cela prouve aussi que nul ne peut calculer d'avance les suites d'un péché qu'il nourrit dans son cœur.

3. Gr. ils lui *pesèrent trente pièces d'argent.* Ce terme rappelle l'antique usage de peser l'argent ou l'or qui n'était pas monnayé. Il ne faut pas traduire : ils lui *promirent*, car Judas reçut réellement alors le prix de sa trahison, que bientôt il voulut rendre. (27 : 3.) — Ces trente pièces d'argent qui étaient sans doute des *sicles*, équivalaient à environ cent francs de notre monnaie. C'était le plus bas prix d'un esclave. (Ex. 21 : 32.) Il est difficile de comprendre que Judas, pour prix d'une telle trahison, se soit contenté d'un si pauvre salaire ; et comme Matthieu seul indique le chiffre de cette valeur, la critique en a conclu que la tradition avait déterminé ce prix d'après la prophétie. (Zach. 11 : 12 ; comp. Math. 27 : 9, 10.) Mais c'est là une pure supposition. Il ne faut pas oublier que Judas n'avait point prévu les terribles conséquences de son action (Math. 27 : 3, note), et qu'ainsi, dans son aveuglement, il n'y attachait pas l'importance que les événements ont donnée à son crime. — Quoi qu'il en soit, cet argent avait été pris dans le trésor du temple, qui servait à acheter les victimes. Ainsi l'Agneau de Dieu dut être payé par ce trésor, où cependant les trente pièces d'argent ne rentrèrent plus. (27 : 6.) Tout a un sens dans ces solennels moments de la vie et de la mort du Sauveur.

4. *Pour le livrer*, sans courir le danger de susciter quelque tumulte parmi le peuple. (v. 4 et 5, notes.)

par Jésus. Le soir venu, il se met à table avec les douze. Il déclare que l'un d'eux le livrera. Consternés, ils demandent chacun : Est-ce moi ? Jésus désigne le traître et dit que la mort du fils de l'homme est l'accomplissement des prophéties, mais que celui qui est l'instrument de cette mort n'en est pas moins coupable et malheureux. Judas demandant à son tour si c'était lui, Jésus le lui confirme. (20-25.) — 3° *L'institution de la cène.* Pendant le repas, Jésus prend du pain, et après avoir prononcé une bénédiction, il le rompt et le donne à ses disciples en leur disant : Ceci est mon corps. Il prend aussi une coupe, et leur commande d'en boire tous, disant : Ceci est mon sang, le sang de l'alliance répandu pour la rémission des péchés. (26-28.) — 4° *L'achèvement du repas.* Jésus termine le repas en déclarant qu'il ne boira plus du produit de la vigne jusqu'à ce qu'il le boive nouveau dans le royaume de son Père. Après le chant des cantiques, ils s'acheminent vers la montagne des Oliviers. (29, 30.)

17 Or, le premier jour des pains sans levain [1], les disciples s'approchèrent de Jésus, en disant : Où veux-tu que nous te préparions le
18 repas de la Pâque [2] ? — Et il dit : Allez dans la ville chez un tel [3], et dites-lui : Le Maître dit : Mon temps est proche ; c'est chez toi que
19 je fais la Pâque avec mes disciples [4]. — Et les disciples firent comme
20 Jésus leur avait ordonné et ils préparèrent la Pâque. — Et le soir
21 venu, il se mit à table avec les douze disciples [5]. — Et comme ils mangeaient, il dit : En vérité, je vous dis que l'un de vous me

1. Comp. Marc 14 : 12-25 ; Luc 22 : 7-23. — C'est-à-dire le *premier jour* de la fête où l'on mangeait les *pains sans levain.* (Ex. 12 : 18 et suiv. ; Nomb. 28 : 16 et suiv.) C'est ainsi que les Juifs désignaient la Pâque. Ce premier jour était le quatorze du mois de nisan. On préparait alors l'agneau de Pâque et les pains sans levain, et la fête commençait le même jour à six heures du soir, bien qu'elle fût fixée au lendemain quinze, de même que le sabbat des Juifs commence le vendredi à six heures du soir. L'après-midi du 14 nisan, avant le coucher du soleil, l'agneau pascal était immolé par les sacrificateurs dans les parvis du temple et c'est dans la soirée qu'on le mangeait. (Comp. v. 2, note.)
2. Gr. *que nous te préparions à manger la Pâque.* Jésus est considéré comme le père de famille, et les disciples, dans leur vénération, lui parlent comme si cette préparation ne concernait que lui.
3. Les mots *allez dans la ville* supposent que cet entretien eut lieu à Béthanie. L'expression *chez un tel* est de l'évangéliste qui passe sous silence le nom de la personne que le Sauveur ne désigna qu'avec une sorte de mystère commandé par la situation. (Voir Marc 14 : 15, note.) C'était probablement un de ses disciples auquel il annonce ainsi sa mort prochaine : *Mon temps est proche*, et à qui il veut donner une marque particulière de son amour, en célébrant chez lui cette fête solennelle. Peut-être en était-il convenu d'avance avec lui ; de là la connaissance exacte qu'il avait de la chambre haute qui serait indiquée aux disciples. (Marc 14 : 15 ; Luc 22 : 12.) D'après Luc (22 : 7 et suiv.), c'étaient Pierre et Jean que Jésus chargeait de cette mission, et auxquels il donna des indications plus précises, omises par Matthieu. (Comp. aussi Marc 14 : 13 et 14.)
4. Ce mot de Jésus : *Mon temps est proche*, ne peut pas signifier autre chose que le moment de sa mort (Jean 13 : 1), et cette mention suffisait à son disciple pour qu'il comprît toute l'importance de la communication que Jésus lui faisait et de la suprême demande que le Maître mourant lui adressait.
5. Le texte reçu, avec B, D, *majusc.*, omet le mot *disciples.* — Les Israélites, à l'origine, célébraient la Pâque debout, les reins ceints et le bâton à la main. (Ex. 12 : 11.) Dans la suite, l'usage prévalut de prendre ce repas assis *à table*, ou plutôt, selon le sens du mot original, à demi *couché* sur le côté. (Luc 7 : 38, note ; Jean 13 : 23, note.) Les convives devaient être au moins dix, car l'agneau devait être entièrement mangé. (Ex. 12 : 4, 10.)

livrera ¹. — Et, fort attristés, ils se mirent chacun d'eux à lui dire : 22
Seigneur, est-ce moi ² ? — Mais répondant, il dit : Celui qui a mis 23
la main dans le plat avec moi, c'est celui qui me livrera ³. — Quant 24
au fils de l'homme, il s'en va, selon qu'il est écrit de lui ⁴ ; mais
malheur à cet homme par qui le fils de l'homme est livré ! il eût été
bon pour cet homme-là qu'il ne fût pas né ⁵. — Et Judas, qui le 25
livrait, répondant, dit : Est-ce moi, Rabbi ? Il lui dit : Tu l'as dit ⁶.
Et comme ils mangeaient ⁷, Jésus, ayant pris du pain et prononcé 26

1. Le but du Sauveur, en prononçant cette terrible révélation, était de montrer à Judas qu'il connaissait fort bien son dessein, de réveiller si possible sa conscience, et ainsi de le détourner encore de son crime à la dernière heure. Mais à quel moment est-ce que Jésus lui donna cet avertissement ? Matthieu dit ici : *comme ils mangeaient*, c'est-à-dire pendant le repas de la Pâque et avant l'institution de la cène. (v. 26.) Selon Luc (22 : 21) cet incident aurait eu lieu après la célébration de la communion, à laquelle Judas aurait ainsi pris part. Tout porte à croire que la relation de Matthieu et de Marc est la plus exacte. On ne conçoit pas que Jésus pût, après le moment intime et solennel de la cène, soulever ce triste incident qui porta le trouble dans tous les cœurs (v. 22), ni qu'il eût admis Judas à prendre part à la cène, au moment où il lui reprochait son crime. D'ailleurs cette révélation de la trahison de Judas est évidemment identique à celle que rapporte Jean (13 : 21 et suiv.) avec quelques circonstances différentes ; or, cet évangéliste dit positivement (v. 27) que le traître sortit immédiatement après. Donc il n'était plus présent au moment de la cène. (Voir Luc 22 : 21, note.)
2. Gr. *je ne le suis pas, Seigneur ?* ou *ce n'est pourtant pas moi ?* La question suppose une réponse négative. L'horreur que leur inspire le crime révélé par le Sauveur leur fait éprouver le besoin d'entendre de sa bouche l'assurance qu'ils en sont innocents.
3. Jésus donne encore ici, par ménagement pour Judas, une réponse vague que, d'après Jean, il précisa ensuite davantage. (Jean 13 : 18, 26.) — Les Israélites mangeaient, avec l'agneau de Pâque, un *plat* composé de dattes, de figues, etc., appelé *charoset* et ayant la couleur des briques, en souvenir de celles d'Egypte. Ils plongeaient dans cette sauce le pain et les herbes amères. Il paraît que Judas, assis près du Sauveur, venait de faire en même temps que lui ce mouvement de la main.
4. *Il s'en va*, c'est ainsi que le Seigneur désigne son départ de ce monde et son retour auprès du Père, mais en passant par la mort. (Jean 7 : 33 ; 8 : 21.) Toutefois ce grand événement ne dépendait pas de la trahison de Judas ; celui-ci ne fait que contribuer à l'accomplissement d'un plan divin, *écrit* dès longtemps dans la prophétie. (Comp. Act. 2 : 23.)
5. La vie est un don de Dieu, mais l'homme est responsable de l'usage qu'il en fait ; si elle devient pour lui un mal, il ne peut l'attribuer qu'à sa faute : tel n'était pas le dessein de Dieu. En présence de la perdition d'une âme, cette parole de Jésus est d'une redoutable et mystérieuse vérité ; mais, dans les grandes afflictions de la vie présente, c'est par erreur que l'homme arrive quelquefois à considérer le don de l'existence comme un malheur. (Job 3 : 2 et suiv. ; Jér. 20 : 14 et suiv.)
6. *Tu l'as dit*, hébraïsme qui signifie : Oui, c'est toi. (v. 64.) Matthieu seul rapporte ce dialogue. Judas, ajoutant l'hypocrisie à son crime, répète encore une fois, en se l'appliquant avec une feinte innocence, la question des disciples. (v. 22.) L'insolence du traître dépasse toutes les bornes. Mais cet entretien eut lieu probablement à voix basse, Jésus ne voulant pas même alors rendre tout retour impossible à ce malheureux disciple, en le dévoilant directement aux autres. Ceux-ci, en effet, ignoraient ses intentions criminelles. (Jean 13 : 28 et 29.)
7. Le repas pascal comprenait, d'après les rabbins, les actes suivants : 1º Le père de famille rendait grâce pour le vin et pour la fête, et mettait en circulation une première coupe. 2º On apportait une table chargée d'herbes amères, trempées dans du vinaigre et de l'eau salée, des pains sans levain, de l'agneau rôti et de la sauce appelée *charoset*. (v. 23, note.) Après avoir prononcé une formule de bénédiction, le père de famille prenait

une bénédiction, le rompit [1], et le donnant à ses disciples, il dit : 27 Prenez, mangez, ceci est mon corps [2]. — Et ayant pris une coupe,

quelques herbes amères, les trempait dans la sauce et les mangeait ; les autres convives suivaient son exemple. Sur une question du fils aîné, le père indiquait la signification de ce festin et de tous les plats qui le composaient. On chantait les Ps. 113 et 114. La seconde coupe circulait. 3° Le père, après une ablution de ses mains, prenait deux pains, en rompait un, et en plaçait les morceaux sur l'autre, prononçait une bénédiction, puis enveloppait l'un des morceaux d'herbes amères, le trempait dans la sauce et le mangeait avec un morceau de l'agneau. C'était le signal du repas proprement dit, qui se prolongeait au gré des convives. La conversation était libre. Le père de famille mangeait le dernier morceau de l'agneau, se lavait les mains et distribuait la troisième coupe, appelée « coupe de bénédiction. » 4° On chantait les Ps. 115 à 118 et une quatrième coupe circulait. (Comp. E. Stapfer, *La Palestine*, p. 425.) Ces mots : *comme ils mangeaient*, désignent, aussi bien qu'au v. 21, le moment plus libre du repas qui suivait la célébration cérémonielle de la Pâque. Luc et Paul (Luc 22 : 20 ; 1 Cor. 11 : 25) disent que Jésus donna la coupe *après le souper*. Ils entendent sans doute la troisième coupe et c'est pour cela que l'apôtre l'appelle « la coupe de bénédiction. » (1 Cor. 10 : 16.)

1. Le texte reçu dit : « Jésus prit *le* pain. » L'article (*le*) n'est pas authentique. Il ne s'agit point d'un pain spécial destiné à la cène, mais d'un quelconque des pains qui se trouvaient sur la table. — Au lieu des mots : *ayant prononcé une bénédiction* (gr. *ayant béni*), plusieurs manuscrits portent : *ayant rendu grâce*, comme au v. 27. C'est aussi le terme employé par Luc et par Paul. (1 Cor. 11 : 24.) L'usage de rendre grâce avant la cène se conserva dans l'Eglise ; de là est venu le nom d'*eucharistie* (action de grâce), par lequel on désignait la communion. Dans la célébration de la Pâque, le père de famille, en prenant le pain, disait : « Béni soit celui qui produit le pain du sein de la terre. » On a quelquefois pensé que ce fut par ces paroles que Jésus bénit le pain. Cela n'est pas probable. Il exprima sans doute du fond de son cœur des sentiments nouveaux, conformes à la grâce nouvelle qu'il communiquait. — Ce pain, *il le rompit ;* action symbolique, comme tous les traits de cette institution ; elle indiquait que le corps du Sauveur allait être rompu, brisé par la souffrance et par la mort. Le même usage symbolique se conserva dans l'Eglise apostolique, où la cène s'appelait la « fraction du pain. » (Act. 2 : 42.) L'emploi d'une hostie a donc été plus tard une dérogation à la vérité de ce symbole.

2. *Ceci* désigne simplement le pain que Jésus tenait dans sa main et distribuait aux disciples. Le mot *est*, sur lequel on a tant discuté, n'était point indiqué dans la langue que le Sauveur parlait (l'araméen). En disant : *mon corps* « donné pour vous » (Luc 22 : 19) et ensuite : *mon sang* « répandu pour la rémission des péchés, » Jésus désignait à ses disciples sa personne, sa vie, qu'il allait livrer comme rançon pour plusieurs. (Math. 20 : 28.) Comme Jésus était présent et vivant au milieu d'eux, en prononçant ces paroles, il est évident qu'il ne pouvait pas matériellement leur donner son corps à manger et son sang à boire, et qu'ainsi ces paroles étaient prononcées dans un sens symbolique. Mais sous ce symbole il y avait une profonde réalité. Jésus ne montre pas seulement à ses disciples les signes sacrés de son corps et de son sang, mais il dit : *Prenez, mangez*. Or, cela aussi est symbolique ; c'est l'acte d'une appropriation intérieure et personnelle de toute l'efficace du sacrifice qui allait s'accomplir par la mort du Sauveur ; de sorte que celui qui fait cet acte par une foi vivante en lui, entre dans la communion réelle du corps et du sang de Christ. (1 Cor. 10 : 16.) Mais ce Christ, « livré à cause de nos offenses, » est aussi « ressuscité à cause de notre justification » (Rom. 4 : 25) ; il est vivant, glorifié, et à celui qui fait une vraie communion avec lui, il se donne avec toute l'efficace de sa mort et toute la réalité de sa vie. (Jean 6 : 51-58.) Nous trouvons donc dans la cène du Seigneur, comme dans tout l'Evangile : 1° Christ « pour nous, » sa mort expiatoire, son sacrifice représenté, offert à l'homme pécheur ; 2° Christ « en nous, » c'est-à-dire se donnant, s'unissant à nous, devenant la nourriture, la force, la vie de notre âme, aussi réellement que le pain et le vin deviennent la nourriture, la force, la vie du corps. Toutes les communions chrétiennes sont d'accord sur cette signification essentielle de la cène, elles diffèrent sur le « comment » de la présence de Christ et de sa communication aux fidèles. Or ce « comment » est un mystère dont

et rendu grâces, il la leur donna, disant : Buvez-en tous [1] ; — car 28 ceci est mon sang, le sang de l'alliance [2], lequel est répandu pour plusieurs pour la rémission des péchés [3]. — Or je vous le dis, je ne 29 boirai point désormais de ce produit de la vigne, jusqu'à ce jour où je le boirai nouveau avec vous dans le royaume de mon Père [4]. —

l'intelligence n'est point nécessaire à l'édification.

1. Matthieu (selon le vrai texte) et Marc disent : *une* coupe, une de celles qui se trouvaient sur la table ; Luc et Paul écrivent : *la* coupe, d'où l'on a conclu qu'il s'agissait de l'une de celles qui circulaient pendant le repas de la Pâque. (Comp. v. 26, première note.) — *Rendre grâces* n'a pas un sens différent du mot *bénir* ou *prononcer une bénédiction*. (v. 26.) Il s'agit d'une prière ou d'un chant d'adoration et de reconnaissance. Les mots : « buvez-en *tous*, » sont d'autant plus frappants que rien en apparence ne les rendait nécessaires. Jésus n'a pas fait la même recommandation à propos du pain. Marc relève cette circonstance en disant : « et ils en burent tous. » — « Ainsi a parlé l'Ecriture, *prévoyant* (Gal. 3 : 8) ce que ferait Rome. » *Bengel*.

2. Ces paroles motivent (*car*) l'ordre de Jésus donné à *tous*. (v. 28.) — *Ceci* désigne la coupe ou le vin qui y est renfermé. Ce vin est le symbole du sang de Jésus qui allait être répandu. Dans Matthieu et Marc, selon le vrai texte littéralement traduit, Jésus dit : *Ceci est mon sang de l'alliance* ; le texte reçu porte « de la *nouvelle* alliance. » Cette variante est assez fortement documentée dans Matthieu surtout (*A, C, D,* les vers.). Mais elle paraît provenir de l'intention de donner à la parole eucharistique dans les deux premiers évangiles la même forme que dans Luc et dans Paul. Il est donc probable qu'il faut la rejeter, et la parole de Jésus est dès lors exactement conforme à la déclaration de Moïse : « Voici le sang de l'Alliance que l'Eternel a traitée avec nous. » (Ex. 24 : 8.) Seulement Jésus, par ce mot *mon* sang, substitue son propre sang à celui de la victime, que répandait Moïse, comme, par la coïncidence de la Pâque et de la cène, il substitue à l'agneau pascal le vrai « agneau de Dieu qui ôte les péchés du monde. » Jésus scelle ainsi de son sang, c'est-à-dire par sa mort, la vraie alliance de la grâce entre Dieu et l'homme, dont l'alliance ancienne n'était que l'image. De là est venu le terme de *nouvelle* alliance qui se trouve dans Luc et Paul, d'où il a passé dans le texte reçu de Matthieu et Marc. (Voir sur les autres différences entre Matthieu et Marc d'une part, et Luc et Paul de l'autre, Luc 22 : 19, 20 ; 1 Cor. 11 : 23-25, notes.)

3. Ces paroles expliquent comment et pourquoi le sang de Jésus est devenu le sang de l'alliance : c'est qu'il *est répandu pour la rémission des péchés*. Ainsi, la mort expiatoire du Sauveur est la cause objective du pardon, et la foi en est la cause subjective dans le communiant. De là peut-être ce mot *pour plusieurs*, qui limite aux croyants l'efficace du sacrifice de la croix, tandis que dans l'intention de Dieu il a eu lieu pour tous. (1 Jean 2 : 2.) Nous avons ainsi dans ces paroles prononcées par le Seigneur lui-même une déclaration authentique et irrécusable sur la signification et le but de sa mort expiatoire, dont le premier fruit est le pardon de nos péchés, et dont le croyant reçoit toujours de nouveau le sceau et l'assurance dans la cène. — Ce qui remplissait l'âme de Jésus dans ce moment solennel où il instituait la cène, c'est l'immense amour qui le poussait à se livrer à la mort pour ses rachetés. C'est aussi le gage et le souvenir de cet amour qu'il lègue en mourant à son Eglise de tous les temps, en disant : « Faites ceci en souvenir de moi. » (1 Cor. 11 : 24, 25.) Le sentiment de cet amour de Jésus doit dominer toute autre pensée dans chaque célébration de la cène.

4. La tristesse de la séparation s'exprime dans ces paroles, qui renferment en même temps une consolante promesse. *Désormais* il ne célébrera plus avec eux ni la Pâque, ni la cène, au moyen de ce *produit de la vigne*. Mais il élève leurs pensées vers les temps de la perfection, où, *dans le royaume de son Père*, il fera communion avec eux d'une manière plus intime encore. Alors « toutes choses auront été faites nouvelles » et les éternelles réalités que nous présente la cène, le pardon, l'union avec Christ, l'amour, la vie, auront atteint la perfection. C'est là ce qu'indique le mot : *nouveau* qui caractérise cette promesse. Ainsi la cène, célébrée sur la terre, est un gage, un avant-goût de celle que l'Eglise glorifiée célébrera dans les cieux avec son divin chef.

30 Et après qu'ils eurent chanté les cantiques [1], ils sortirent pour aller à la montagne des Oliviers [2].

3. Gethsémané.

31-56. GETHSÉMANÉ. — 1º *Entretien sur le chemin.* Jésus déclare à ses disciples que cette nuit même il sera pour eux une occasion de chute, conformément à la prophétie, mais qu'après sa résurrection, il les précédera en Galilée. Pierre proteste de son inébranlable fidélité. Jésus lui prédit le triple reniement dont il se rendra coupable avant que le coq chante. Pierre se dit prêt à mourir, plutôt que de renier Jésus. Tous disent de même. (31-35.) — 2º *L'agonie de Jésus.* Arrivé en Gethsémané, Jésus prend avec lui Pierre et les deux fils de Zébédée. Il leur confie sa tristesse et ses angoisses, et leur demande de veiller avec lui. Il s'avance un peu et, se prosternant, il demande à son Père d'éloigner la coupe, tout en se soumettant à sa volonté. Revenu vers les disciples, il les trouve endormis ; il leur reproche leur insensibilité et les exhorte à veiller et à prier, vu la faiblesse de la chair. Il s'en va une seconde fois et dit à son Père que s'il n'est pas possible que la coupe passe loin de lui, sa volonté soit faite. A son retour vers les disciples, il les trouve encore endormis. Il s'éloigne une troisième fois, répétant la même prière. Puis il dit aux disciples qu'ils peuvent dormir désormais. Il les avertit que son heure est venue, que celui qui le livre approche. (36-46.) — 3º *L'arrestation de Jésus.* Comme Jésus parle encore, Judas arrive, suivi d'une grande troupe armée. Il désigne Jésus à cette troupe en le saluant par un baiser. Jésus lui demande pourquoi il est là. A ce moment, l'un des disciples fait une tentative de résistance. Jésus la réprime, condamnant l'emploi de la violence. Il rappelle le secours puissant que son Père est toujours prêt à lui accorder, mais qu'il ne réclamera pas, parce qu'il faut que les Ecritures s'accomplissent. Puis se tournant vers ses adversaires, il constate qu'ils sont venus après lui comme après un brigand, alors qu'il enseignait tous les jours dans le temple ; il montre dans tout ceci l'accomplissement des Ecritures. Les disciples abandonnent Jésus et s'enfuient. (47-56.)

31 Alors Jésus leur dit : Pour vous tous, je serai cette nuit une occasion de chute [3] ; car il est écrit : « Je frapperai le berger, et les
32 brebis du troupeau seront dispersées [4]. » — Mais après que je serai
33 ressuscité, je vous précéderai en Galilée [5]. — Mais Pierre répondant,

---

1. On chantait, après la célébration de la Pâque, les Ps. 115 à 118, que les Juifs appelaient le grand *hallel* (louange). Ce chant était une sorte de récitatif, tel qu'on l'entend encore dans quelques synagogues, et auquel se prêtent admirablement les psaumes hébreux.
2. C'est-à-dire au pied de cette montagne, dans la vallée de Cédron, où se trouvait le jardin de Gethsémané.
3. Comp. Marc 14 : 26-52 ; Luc 22 : 31-53. — Gr. *Tous, vous serez scandalisés en moi.... Tous !* Ce mot, expressément placé en tête de la phrase, dut faire sur les disciples une impression profonde. (v. 33.) — Sur ce mot *être scandalisé*, voir 11 : 6, note ; comp. 5 : 29, note.

D'après Luc 22 : 31 et suiv., Jean 13 : 36 et suiv., cet entretien eut lieu encore dans la chambre haute.
4. Zach. 13 : 7, librement cité et appliqué par Jésus à la mort qu'il allait souffrir, et à ses disciples qui seraient *dispersés* comme des *brebis* n'ayant plus de berger.
5. Après une parole si propre à attrister les disciples (v. 31), Jésus en prononce une autre qui les aurait remplis de consolation et de courage s'ils l'avaient comprise. La Galilée avait été le principal théâtre du ministère de Jésus, c'était la patrie des disciples, où ils comptaient retourner après la fête qu'ils étaient venus célébrer à Jérusalem, et c'est là que Jé-

lui dit : Quand tu serais pour tous une occasion de chute, tu ne le seras jamais pour moi [1]. — Jésus lui dit : En vérité je te dis que cette nuit même, avant que le coq ait chanté, tu me renieras trois fois [2]. — Pierre lui dit : Quand même il me faudrait mourir avec toi, je ne te renierai point. Et tous les disciples dirent la même chose [3]. Alors Jésus se rend avec eux dans un lieu appelé Gethsémané [4], et il dit aux disciples : Asseyez-vous ici, jusqu'à ce que m'en étant allé là, j'aie prié [5]. — Et ayant pris avec lui Pierre et les deux fils de Zébédée [6], il commença à être attristé et dans l'angoisse [7]. — Alors il leur dit : Mon âme est triste jusqu'à la mort [8], demeurez ici et veillez avec moi [9]. — Et étant allé un peu plus avant, il se prosterna [10], 34 35 36 37 38 39

sus leur promet de les réunir après leur dispersion. C'est comme s'il leur avait dit : « Avant même que vous soyez retournés en Galilée, *je serai ressuscité* et je vous y précéderai. » Cette promesse fut en effet accomplie. (28 : 16 ; Jean 21 ; 1 Corinthiens 15 : 6.)
1. Gr. *Si tous se scandalisent en toi, moi, je ne me scandaliserai jamais.* — Le Seigneur vient de dire : *Tous.* Pierre répond : *Si tous, moi jamais.* Le texte reçu lui faisait dire : *Si même tous.* Sa pensée est bien assez absolue sans ce mot non authentique. Il était sincère, plein de courage et d'amour pour son Maître, en parlant ainsi ; mais il ne songe pas à sa faiblesse. Plus il s'élève au-dessus de ses condisciples, plus sa chute sera profonde.
2. Pierre dit : *jamais.* Jésus répond : *cette nuit même,* avec cette affirmation solennelle : *En vérité.* Il indique même à son disciple le temps précis que les anciens appelaient : *le chant du coq,* c'est-à-dire la troisième veille de la nuit, entre minuit et trois heures, vers le point du jour. (Comp. v. 74 et 75.)
3. Pierre porte son assurance jusqu'à se croire prêt à *mourir,* sans s'apercevoir qu'il contredit formellement son Maître. Il méprise son avertissement deux fois répété, et entraîne ses condisciples (*tous*) dans sa présomption. Jésus lui laisse le dernier mot et se contente de prier pour lui. (Luc 22 : 32.) Ce que le disciple n'a pas voulu croire, il devra l'apprendre par une amère expérience.
4. D'après les plus anciens manuscrits *Gethsemanei* ; ce nom correspond très probablement à l'hébreu *Gath-schemen* qui signifie pressoir à l'huile. C'était un enclos situé au pied du mont des Oliviers au delà du Cédron et de la vallée de Josaphat, au fond de laquelle coulait ce torrent, à très peu de distance de Jérusalem. Matthieu dit que Jésus *s'y rend,* reprenant ainsi son récit (v. 30), interrompu par les entretiens qui ont eu lieu en chemin entre Jésus et ses disciples.
5. Le Sauveur ne parle encore à *tous* ses disciples que de sa *prière ;* il leur tait ses combats, son amère souffrance. « Il les épargne et a égard à leur infirmité. » *Calvin.* Il les conduit ainsi par degrés, avec une sagesse pleine d'amour, sur le chemin de la croix.
6. Jacques et Jean. Ces trois disciples furent les témoins de ce qu'il y eut de plus intime, de plus mystérieux, dans la vie du Sauveur. (17 : 1 ; Luc 8 : 51.)
7. Gr. *A être attristé et angoissé.* Il y a progression de l'un à l'autre de ces deux mots, dont le dernier désigne cette souffrance morale causée par l'agitation intérieure, le découragement, en un mot l'*angoisse.*
8. Maintenant que Jésus est seul avec ses trois disciples les plus intimes, il leur fait part avec confiance de ce qui se passe en lui. C'est dans son *âme* qu'il souffre, sa douleur est exclusivement morale ; mais sa *tristesse* est si profonde, qu'elle va *jusqu'à la mort,* c'est-à-dire qu'il éprouve la douleur et l'angoisse de celui qui lutte avec la mort, qui est à l'agonie. (Luc 22 : 44.)
9. « Dans les grandes tentations, on aime à être seul, mais cependant à avoir des amis à sa portée. » *Bengel.* Jésus demande à ses disciples de *veiller,* non de *prier* avec lui, bien qu'ils dussent prier pour eux-mêmes (v. 41), mais même ce qu'il leur demande, il ne peut l'obtenir d'eux. (v. 40.) Dans son dernier combat, le Médiateur dut souffrir seul (Jean 16 : 32), et cela aussi contribua à rendre sa coupe plus amère.
10. Gr. *Il tomba sur son visage.* « Sur *son visage,* non seulement sur *ses ge-*

priant et disant : Mon Père, s'il est possible, que cette coupe passe loin de moi [1] ! Toutefois, non pas comme je veux, mais comme tu
40 veux [2]. — Et il vient vers les disciples et les trouve endormis [3] ; et il dit à Pierre : Ainsi, vous n'avez pas pu veiller une heure avec moi [4] !
41 — Veillez et priez, afin que vous n'entriez pas en tentation [5] ; l'esprit
42 est prompt, mais la chair est faible [6]. — Il s'en alla encore pour la seconde fois, et pria, disant : Mon Père, s'il n'est pas possible que cette coupe passe sans que je la boive, que ta volonté soit faite [7] !
43 — Et étant revenu, il les trouva encore endormis ; car leurs yeux
44 étaient appesantis [8]. — Et les ayant laissés, il s'en alla encore, et
45 pria pour la troisième fois, disant la même parole [9]. — Alors il vient

noux ; abaissement suprême *!* » *Bengel.*
1. Malgré sa terrible souffrance, Jésus conserve toute sa communion de confiance et d'amour avec Dieu ; *mon Père.* (Quelques manuscrits et des Pères omettent *mon.*) Les mots : *s'il est possible,* ne doivent s'entendre que d'une possibilité *morale :* si cela est compatible avec le dessein de ta miséricorde pour le salut du monde, si l'humanité déchue peut être sauvée sans ce moyen de la croix. — La *coupe,* image très fréquente dans les Ecritures (20 : 22, note), exprime ici l'immense sacrifice, les souffrances, la mort du Sauveur, avec toutes les craintes qu'il en éprouvait dans ce moment. (Comp. v. 46, note.) Ces paroles de Jésus ne sont point seulement une plainte, un cri de douleur, mais une véritable *prière,* une ardente supplication.
2. Jésus a prié ; mais il fait immédiatement à Dieu le sacrifice de toute sa volonté. (Jean 6 : 38 ; comp. 12 : 27.) En ceci, comme dans toute sa vie, Jésus est à la fois notre Sauveur et notre modèle ; car, comme c'est surtout dans la *volonté* de l'homme que réside le péché, cette volonté devait être offerte en sacrifice à la volonté souveraine de Dieu. Ce sacrifice Jésus l'a fait comme représentant de notre humanité. Il est de plus notre modèle dans toutes nos épreuves, car nous aussi, nous pouvons demander à Dieu de nous en épargner l'amertume, pourvu qu'il nous accorde la grâce de renoncer à toute volonté propre, ce qui est l'essentiel du sacrifice et déjà une victoire.
3. Ce sommeil des trois disciples, dans un tel moment, ne s'explique que comme celui dont il est parlé dans Luc 9 : 32. Il est un degré de joie ou de tristesse que la nature humaine ne peut supporter sans en être accablée. Aussi Luc (22 : 45) observe-t-il expressément qu'ils étaient

« endormis de tristesse. » Cependant les disciples restaient responsables de cet abattement, puisque Jésus leur en fait un reproche. — Ces verbes au présent : il *vient,* il les *trouve,* aussi bien que le mot *et* trois fois répété, rendent très vivement cette scène et le douloureux étonnement que Jésus éprouve et qu'il va exprimer lui-même.
4. C'est à Pierre que Jésus adresse avec tristesse ce reproche ; n'est-ce pas lui qui avait fait les plus grandes protestations de fidélité ?
5. Comp. 6 : 13, note. Il y a dans toute grande épreuve une *tentation,* un danger moral qui ne peut être écarté que par la *vigilance* et la *prière.*
6. C'est là une sentence générale que Jésus applique à la position actuelle des disciples. L'*esprit,* ou ce que Paul appelle « l'homme intérieur » (Rom. 7 : 22), la faculté spirituelle et morale, est *prompt,* ou, comme d'autres traduisent, *plein de courage, d'ardeur ;* mais *la chair,* la nature inférieure, sensuelle de l'homme, *est faible,* n'a aucun moyen de résister à la tentation, conspire plutôt avec elle. (Rom. 7 : 18-25.) Pierre, à qui s'adressent ces paroles, en fera bientôt la plus triste expérience.
7. Le texte reçu porte comme au v. 39 : *loin de moi.* — Il y a, entre la première et la seconde prière de Jésus, une différence notable : il paraît admettre maintenant qu'*il n'est pas possible ;* la volonté divine pénètre, domine plus complètement la volonté humaine ; et nous pressentons que dans le troisième combat (v. 44) la victoire sera complète.
8. v. 40, note.
9. La *même parole* peut être prononcée avec un sentiment très différent. Cette triple reprise dans la prière, dont Matthieu seul nous a conservé le récit complet,

ÉVANGILE SELON MATTHIEU

vers les disciples, et leur dit : Dormez désormais et reposez-vous [1] !
Voici, l'heure approche, et le fils de l'homme est livré entre les mains
des pécheurs [2]. — Levez-vous, allons ! voici, il approche celui qui 46
me livre [3] !

montre combien le combat du Médiateur fut prolongé et terrible. (Comp. Luc 22 : 43.) L'apôtre Paul nous décrit une expérience analogue de sa vie. (2 Cor. 12 : 8.)
1. Gr. *Dormez le reste* (du temps) ou *désormais*, et *reposez-vous*. Ces paroles ont été très diversement interprétées. Traduites par l'impératif, elles peuvent exprimer une douloureuse ironie, ou avoir le sens d'une permission, comme si Jésus disait : « Il est trop tard, je n'ai plus besoin de vous, vous pouvez dormir. » Cette dernière interprétation est en contradiction avec les paroles qui suivent dans ce verset même. D'autres, rendant ces verbes par l'indicatif, traduisent : *Vous dormez encore !* Mais, bien qu'à la rigueur on puisse adopter l'indicatif, le mot grec que nous traduisons par *désormais* ne peut pas signifier *encore*. La même objection s'oppose à l'idée de ceux qui ont voulu rendre cette phrase par une question : *Dormez-vous encore ?* qui se rapprocherait de l'expression toute différente employée par Luc (22 : 46) : « Pourquoi dormez-vous ? » Il ne reste donc, pour expliquer le texte de Matthieu, qu'à admettre, avec les meilleurs interprètes, depuis Calvin jusqu'à nos jours, la première signification donnée à ces paroles. On a objecté que l'ironie n'était pas en harmonie avec les sentiments qui remplissaient l'âme de Jésus. C'est une erreur. Cette forme de langage peut exprimer une profonde tristesse et une vive douleur, sans aucune amertume ni aucune dérision. D'ailleurs l'ironie est dans la situation beaucoup plus que dans les paroles. Jésus a demandé à ses disciples de veiller avec lui (v. 38) ; il leur a reproché leur assoupissement (v. 40), il les a exhortés en vue de la tentation qui les menaçait (v. 41) ; et pendant que leur Maître souffre et prie, ils dorment ! Les ennemis s'approchent, et ils dorment !
2. *L'heure !* l'heure suprême, décisive. (Comp. Jean 17 : 1.) — Le *fils de l'homme* (8 : 20, note) *est livré !* verbe au présent comme si Jésus était déjà *entre les mains des pécheurs*. Par ces pécheurs, les uns entendent les membres du sanhédrin, ou, en général, les Juifs qui vont rejeter leur Sauveur ; d'autres, les Romains, qui le mettront à mort. Pourquoi ne pas appliquer ce mot aux uns et aux autres ?

3. Quel contraste entre ces vives paroles, qui signalent un péril imminent, et le sommeil des disciples ! Maintenant le Sauveur, relevé de son abattement, s'avance plein de calme et de courage au-devant de ses ennemis. — Au terme de ce récit, nous devons nous demander quelles ont été dans l'âme de Jésus les causes de cette souffrance cruelle qu'il a endurée. Il faut bien avouer que cette question nous met en présence du mystère « sur lequel les anges se penchent, désirant de voir jusqu'au fond. » (1 Pier. 1 : 12.) On a répondu que c'était le sentiment profond de la perversité humaine, de l'ingratitude de son peuple, de l'abandon de ses disciples, en un mot, ce poids immense d'iniquités qui s'accumulaient sur lui. On a répondu surtout que c'était le frémissement de la nature en présence des souffrances les plus atroces, de la mort la plus ignominieuse. Tout cela peut être vrai. Mais cette mort qu'il avait prévue et si souvent annoncée, pour laquelle il savait qu'il était venu (Jean 12 : 27), qu'il avait préfigurée dans la cène, quelques heures auparavant, dont il avait parlé avec un calme si sublime (voir les discours dans saint Jean et la prière sacerdotale), cette mort qui de sa part était libre et volontaire, était-elle bien la cause unique de ses angoisses, de sa défaillance ? ne nous paraîtrait-il pas alors moins courageux que tant de martyrs qui ont affronté avec héroïsme des supplices pareils ? Une certaine critique, pour laquelle rien n'est sacré, n'a pas manqué de lui en faire un reproche ; elle a même trouvé une contradiction entre le calme majestueux des derniers entretiens de Jésus avec ses disciples et les profondes angoisses de Gethsémané ; et cette contradiction, elle s'en est armée pour contester la vérité historique du quatrième évangile. Il faut regarder plus avant. La mort, dans le sens que l'Ecriture donne à ce mot, n'est pas seulement la destruction du corps, « salaire du péché, » elle atteint tout notre être ; elle devient, sous le jugement de Dieu, « la mort seconde, » la condamnation. Or Jésus, nous le savons de sa propre bouche, allait payer de sa vie la rançon des pécheurs (20 : 28) ; il allait « répandre son sang pour les péchés de plusieurs » (v. 28 : comp. Jean 1 : 29 ; 1 Jean 2 : 2 ; 2 Cor. 5 ;

47 Et comme il parlait encore, voici, Judas, l'un des douze, vint, et avec lui une grande foule armée d'épées et de bâtons, de la part des
48 principaux sacrificateurs et des anciens du peuple [1]. — Or celui qui le livrait leur avait donné un signe, disant : Celui que je baiserai,
49 c'est lui ; saisissez-le. — Et aussitôt, s'approchant de Jésus, il lui
50 dit : Salut, Rabbi ! Et il le baisa [2]. — Mais Jésus lui dit : Ami, pour quel sujet es-tu ici [3] ? Alors, s'étant approchés, ils mirent les mains
51 sur Jésus et le saisirent. — Et voici l'un de ceux qui étaient avec Jésus [4], ayant étendu la main, tira son épée, et, ayant frappé le ser-
52 viteur du souverain sacrificateur, lui emporta l'oreille. — Alors Jésus lui dit : Remets ton épée à sa place ; car tous ceux qui prendront
53 l'épée périront par l'épée [5]. — Ou bien, penses-tu que je ne puisse

21 ; Gal. 3 : 13) ; en un mot, chef et représentant de notre humanité, il se mettait à la place du pécheur, sous le jugement de Dieu. De là ces angoisses, ce poids de souffrance morale sous lequel il craint de succomber. (Comp. 27 : 46.) Il s'agit donc ici d'une tentation spéciale, terrible, d'une lutte contre la puissance des ténèbres. (Luc 22 : 53 ; Jean 14 : 30.) Jésus invoque son Père, dont il n'a point perdu l'amour et la faveur, il *prie*. (v. 36, 39, 42.) Que demande-t-il en ces mots : « Que cette coupe passe loin de moi ? » De ne pas accomplir son sacrifice ? On peut à peine le penser ; et s'il fallait l'admettre, ce ne serait là qu'un cri de douleur arraché par l'angoisse et aussitôt réprimé par cette expression d'entier abandon : « comme tu le veux. » Il demande avant tout avec ardeur la délivrance de cette angoisse même, de sa crainte. C'est là ce que nous apprend la parole profonde d'un auteur sacré qui ajoute *qu'il fut exaucé*, et que, « bien qu'il fût Fils, il apprit ainsi l'obéissance par les choses qu'il a souffertes ; et qu'ayant été *consommé* (rendu *parfait* dans l'obéissance), il est devenu l'auteur d'un salut éternel pour tous ceux qui lui obéissent. » (Hébr. 5 : 7-9 ; comp. ci-dessus v. 39, 2ᵉ note.)

1. Ici se trouvent désignés trois ordres de personnes : en tête Judas, l'*un des douze* ; puis ce que Matthieu appelle *une foule armée d'épées et de bâtons*, et qui se composait, comme nous l'apprend Jean (18 : 3, note), d'une « cohorte, » par où il faut entendre un détachement de la garnison romaine, et non la garde juive du temple ; et enfin « d'huissiers, » accompagnés par des serviteurs des *sacrificateurs* et des *anciens*, membres du sanhédrin et instigateurs de cette arrestation. — Il faut compléter la scène qui suit par les autres évangiles.

2. C'était, chez les Juifs, une manière de s'aborder et de se saluer avec intimité. Il y a même ici un verbe composé qui signifie baiser avec affection. M. Rilliet traduit : « il lui donna un tendre baiser. » Ce baiser de Judas, devenu proverbial, comme l'acte de la plus noire hypocrisie, devait d'abord désigner la victime à ses persécuteurs, mais probablement Judas pensait-il aussi pouvoir cacher sa trahison à Jésus lui-même, en lui faisant croire que son arrivée était fortuite.

3. Cette question, plus directe dans Luc (22 : 48), devait faire rentrer Judas en lui-même, en lui montrant que son dessein était découvert. Le terme original rendu par *ami* n'exprime point un sentiment d'affection, mais signifie plutôt *compagnon, camarade*, comme 20 : 13 ; 22 : 12.

4. C'était Pierre, dont les trois premiers évangiles taisent le nom par prudence, parce que cet apôtre vivait encore. Jean (18 : 10) le nomme, parce que, Pierre étant mort, il n'y avait plus aucun danger à le faire.

5. Par ces paroles, le Seigneur condamne de la manière la plus expresse et la plus sévère toute violence et toute persécution en faveur de sa cause. Son règne, tout spirituel, ne saurait s'étendre par des armes charnelles. (2 Cor. 10 : 3, 4.) Que de sang, de souffrances et de scandales épargnés à l'Eglise et au monde, si ces paroles avaient été comprises et mises en pratique ! — C'est abuser de l'Ecriture que de faire de cette déclaration un argument en faveur de la peine de mort. Beaucoup plutôt pourrait-on y voir une con-

ÉVANGILE SELON MATTHIEU

pas maintenant prier mon Père, et il me fournira plus de douze légions d'anges ¹ ? — Comment donc s'accompliraient les Ecritures, 54 qui disent qu'il doit en être ainsi ² ? — En ce moment-là, Jésus dit 55 à la foule : Vous êtes sortis comme après un brigand avec des épées et des bâtons pour me prendre. Chaque jour j'étais assis enseignant dans le temple, et vous ne m'avez point saisi ³. — Mais tout ceci est 56 arrivé afin que les écrits des prophètes fussent accomplis. Alors tous les disciples, l'abandonnant, s'enfuirent ⁴.

4. *Jésus devant le sanhédrin.*

A. 26 : 57 à 27 : 2. JÉSUS CONDAMNÉ PAR LE SANHÉDRIN ET RENIÉ PAR PIERRE. — 1° *Première partie de la séance pendant la nuit.* — *a) Les faux témoins.* Jésus est conduit chez Caïphe ; Pierre suit de loin ; les membres du sanhédrin, assemblés chez le souverain sacrificateur, cherchent de faux témoignages suffisants pour le faire condamner à mort. Avec beaucoup de peine, ils trouvent deux témoins qui l'accusent d'avoir dit qu'il pouvait détruire le temple de Dieu et le rebâtir en trois jours. (57-61.) — *b) Le souverain sacrificateur interroge Jésus.* Jésus ayant jusque-là gardé le silence, le souverain sacrificateur le somme de répondre. Et comme Jésus persiste à se taire, il l'adjure solennellement de dire s'il est le Christ, le Fils de Dieu. Jésus répond affirmativement et déclare à ses adversaires qu'ils le verront désormais assis à la droite du Père et venant sur les nuées. (62-64.) — *c) La sentence.* Dans un mouvement de profonde indignation, le souverain sacrificateur prend à témoin du blasphème tous les assistants. Ceux-ci répondent que Jésus mérite la mort et se livrent sur lui à de mauvais traitements. (65-68.) — 2° *Le reniement de Pierre.* — *a) Premier reniement.* Pierre étant assis dans la cour, une servante l'accuse d'être de la suite du Galiléen. Il le nie. (69, 70.) — *b) Second reniement.* Comme Pierre allait sortir, une autre servante formule le même jugement. Il nie de nouveau avec serment. (71, 72.) — *c) Troisième reniement.* Un des assistants déclare le reconnaître à son langage. Pierre nie avec imprécations. Aussitôt le coq chante ; Pierre se souvient, et, étant sorti, il pleure amèrement. (73-75.) — 3° *Seconde partie de la séance, au matin.* Le matin venu, le sanhédrin délibère sur les moyens de mettre à mort Jésus : des membres de l'assemblée l'emmènent lié chez Pilate. (27 : 1, 2.)

Mais ceux qui avaient saisi Jésus, l'emmenèrent chez Caïphe, le 57

damnation de la guerre, de toute guerre injuste ; mais il est probable que Jésus n'a pensé ici qu'aux moyens d'étendre son règne.
1. *Douze légions d'anges,* au lieu de ces pauvres douze disciples, dont l'un croit devoir défendre son Maître par l'épée. Ces paroles nous montrent quelle était la confiance absolue du Sauveur en *son Père* et combien sa mort était volontaire. *Sin., B,* la Vulgate, les vers. égypt. placent le mot *maintenant* (gr. *à l'instant*) après *me fournira.* La plupart des critiques et des traducteurs adoptent cette leçon.

2. Car, selon les Ecritures, le Messie ne peut sauver le monde et arriver à la gloire que par la voie des souffrances. (Ps : 22 ; Esa. 53 ; comp. Luc 24 : 26, 46.)
3. Verset 53, note. Jésus reproche à la *foule* (v. 47, note) et à ses chefs le traitement indigne qu'elle lui infligeait en le saisissant comme un malfaiteur ; mais il lui déclare en même temps que ses ennemis ont été impuissants à lui faire aucun mal avant que fût arrivé le temps de la volonté de Dieu, révélée dans les Ecritures. (v. 56.)
4. *Tous* l'abandonnent, bien que *tous*

souverain sacrificateur, où les scribes et les anciens s'assemblèrent [1].
58 — Et Pierre le suivait de loin, jusqu'à la cour du souverain sacrificateur ; et y étant entré, il s'assit avec les huissiers, pour voir la
59 fin [2]. — Or les principaux sacrificateurs et tout le sanhédrin cherchaient un faux témoignage contre Jésus, pour le faire mourir ; —
60 et ils n'en trouvèrent point, bien que plusieurs faux témoins se fussent présentés [3]. Mais plus tard deux faux témoins s'étant présentés,
61 — dirent : Celui-ci a dit : Je puis détruire le temple de Dieu et le
62 rebâtir en trois jours [4]. — Et le souverain sacrificateur s'étant levé, lui dit : Ne réponds-tu rien ? Qu'est-ce que ceux-ci déposent contre
63 toi ? — Mais Jésus gardait le silence [5]. Et le souverain sacrificateur reprenant la parole, lui dit : Je t'adjure, par le Dieu vivant, de nous
64 dire, si tu es le Christ, le Fils de Dieu [6]. — Jésus lui dit : Tu l'as

eussent promis de lui rester fidèles. (v. 35.) Accomplissement de la prédiction que Jésus venait de faire. (v. 31.)

1. Comp. Marc 14 : 53 à 15 : 1 ; Luc 22 : 54 à 23 : 1. — Voir v. 3, note ; 47, note. Ce conseil s'assembla au milieu de la nuit, en toute hâte, dès qu'on eut appris l'arrestation de Jésus. — D'après le récit de Jean (18 : 13), Jésus fut conduit d'abord chez Anne, beau-père de Caïphe. Voir la note sur ce passage. Les synoptiques passent ce fait sous silence. (Luc 22 : 54, note.)

2. La *fin*, c'est-à-dire ce qui arriverait à son Maître. Son amour pour lui l'attire, la crainte du danger l'éloigne, il *le suivait*, mais *de loin*. Déjà le combat a commencé dans son âme.

3. Le texte reçu répète une seconde fois à la fin de ce verset les mots : *ils n'en trouvèrent point*, qui ne sont pas authentiques. Il en est de même des mots : *et les anciens* qu'il introduit après les *principaux sacrificateurs*. (v. 59.) Quoiqu'il se fût présenté *plusieurs faux témoins*, aucun d'eux ne proférait une accusation assez grave pour condamner Jésus à mort. (Comp. Marc 14 : 59.) Le sanhédrin voulait hypocritement conserver les formes de la justice.

4. Cette parole de Jésus pouvait paraître aux Juifs un sacrilège, une atteinte portée au *temple de Dieu ;* mais elle était à la fois mal comprise et faussée. Il n'avait pas dit, en effet, *je puis détruire*, mais *détruisez*. (Jean 2 : 19, note ; comp. Marc 14 : 58.)

5. On peut réunir en une les deux propositions interrogatives : « Ne réponds-tu rien à ce que ceux-ci déposent contre toi. »

(Tischendorf, B. Weiss.) La ponctuation que nous avons adoptée est préférée par Tregelles, Westcott et Hort, Meyer. Ce dernier trouve avec raison qu'elle répond mieux à la passion avec laquelle le souverain sacrificateur interroge Jésus. — Jésus se tait par un sentiment de dignité et par la conviction que toute défense serait inutile en présence d'un tel tribunal. Il y a donc dans ce silence une sévère accusation contre les accusateurs.

6. *Sin.*, B, des *majusc.* et des vers. omettent : *reprenant la parole.* — Par ces termes solennels : *Je t'adjure*, et cela *par le Dieu vivant* qui doit punir le mensonge (Hébr. 10 : 31), le *souverain sacrificateur* imposait à Jésus une sorte de serment. Quelle est la question précise qu'il lui pose ? Non pas seulement : Es-tu le *Christ*, le Messie, car il n'est pas probable qu'une telle prétention eût paru digne de mort ; mais es-tu le *Fils de Dieu ?* C'est en vain que plusieurs interprètes veulent nous faire considérer ces deux termes comme synonymes. Pour comprendre toute la portée que le souverain sacrificateur attachait à ce dernier titre, il faut se rappeler les termes dans lesquels les Juifs avaient précédemment articulé contre Jésus-Christ la même accusation : « il disait que Dieu était son propre Père, se faisant *égal à Dieu* » (Jean 5 : 18) ; « nous ne te lapidons point pour aucune bonne œuvre, mais pour un blasphème et parce que, n'étant qu'un homme, *tu te fais Dieu.* » (Jean 10 : 33.) La question de Caïphe est destinée à arracher à Jésus une semblable déclaration, qui permettra de l'accuser de blasphème (v. 65), crime que la loi de Moïse punis-

dit ¹ ; en outre, je vous le dis, désormais vous verrez le fils de l'homme assis à la droite de la Puissance et venant sur les nuées du ciel ². — Alors le souverain sacrificateur déchira ses vêtements ³, en 65 disant : Il a blasphémé ! qu'avons-nous encore besoin de témoins ? Voici, vous avez maintenant entendu le blasphème. Que vous en semble ⁴ ? — Ils répondirent : Il mérite la mort ⁵ ! — Alors ils lui 66, 67 crachèrent au visage et le souffletèrent, et d'autres le frappèrent — en disant : Prophétise-nous, Christ, qui est celui qui t'a frappé ⁶.   68

Pierre cependant était assis dehors, dans la cour ⁷ ; et une servante 69

sait de mort. La réponse de Jésus aussi n'a toute sa signification que si l'on y voit une affirmation de sa divinité.
1. *Tu l'as dit.* Hébraïsme qui signifie : Oui, *comme tu l'as dit.* Ou, selon le récit de Marc (14 : 62) : *Moi je le suis.* Moment unique dans la vie de Jésus, que celui où il proclame sa messianité et sa divinité devant les représentants de la théocratie !
2. Jésus emploie à dessein le langage et les images de l'Ecriture que ses auditeurs connaissaient bien. Ainsi, le *fils de l'homme, venant sur les nuées du ciel,* sont des termes messianiques, empruntés à Dan. 7 : 13, et qui annoncent son retour dans la gloire pour exercer le jugement du monde. (Math. 24 : 30.) Ainsi encore *être assis à la droite de la Puissance* (de Dieu), c'est, conformément à la prophétie (Ps. 110 : 1), prendre part à la puissance et à la gloire divines, aussi bien qu'au gouvernement de l'univers. (Marc 16 : 19 ; Act. 2 : 33 ; 5 : 31 ; Rom. 8 : 34.) Ce *fils de l'homme* va passer de son profond abaissement au plus haut degré de gloire. Cet accusé qui va être condamné à mort, cite d'avance ses juges à son propre tribunal ! — Quelques interprètes, pressant le mot *désormais* ou *dès maintenant*, qui s'applique au verbe *vous verrez,* pensent que les mots *venant sur les nuées du ciel* ne peuvent pas désigner le retour final de Christ, mais bien l'exercice de son pouvoir spirituel dans son règne sur la terre. Cette dernière idée n'est sûrement pas contraire au texte ; mais ce serait trop presser les termes que de vouloir en exclure la seconde venue du Sauveur. Il vient sans cesse à travers les siècles, mais il ne fait par là que préparer ce retour suprême par lequel il élèvera son règne à la perfection. Les paroles du Sauveur que nous venons de citer (24 : 30) ne laissent d'ailleurs aucun doute sur le sens de notre passage.
3. *Déchirer ses vêtements* était chez les Juifs un signe de tristesse profonde ou de vive indignation. (2 Rois 18 : 37 ; 19 : 1.) Il est évident que, chez Caïphe, ces sentiments étaient hypocritement simulés ou du moins dominés par la haine. (Jean 11 : 49 et suiv.)
4. Caïphe affirme que Jésus, en se déclarant le Messie, le Fils de Dieu, et en prétendant avoir part à la puissance divine (v. 64), s'attribue une gloire qui n'appartient qu'à Dieu, et prononce un *blasphème.* (Comp. Jean 10 : 33.) Les mots *Que vous en semble ?* étaient la question solennelle posée par le président à tout le conseil, pour que celui-ci fit connaître son vote. Or ce vote, d'après Lév. 24 : 16, ne pouvait être qu'une condamnation à mort. Et c'est ce qui eut lieu. (v. 66.) D'où il faut conclure que si Jésus n'avait pas été ce qu'il déclarait être, la sentence prononcée contre lui conforme à la loi de Moïse serait parfaitement juste. Ceux qui nient la divinité de Jésus-Christ ont-ils réfléchi à cette conséquence de leur négation ?
5. Ainsi l'unique cause de la condamnation de Jésus devant le conseil de sa nation fut la déclaration solennelle de sa divinité. — Le Saint et le Juste *mérite la mort !* O justice des hommes !
6. Qui sont ceux qui infligent à Jésus ces traitements horribles ? Selon notre évangile, et surtout d'après Marc (14 : 65), on ne saurait douter que ce ne soient quelques-uns des membres du sanhédrin qui l'injurient, au moins en paroles. (Voir Marc 14 : 65, note.) S'il paraît peu probable que des juges puissent descendre à ce rôle indigne envers un condamné, tout s'explique par la haine qui remplissait leurs cœurs. — Cette raillerie impie : *Prophétise,* ne signifie pas seulement : *Devine* qui t'a frappé, ainsi que portent quelques versions ; mais bien : Montre que tu es un *prophète,* le Christ (Messie), en nommant celui qui t'a frappé.
7. *Dehors, dans la cour,* est pris ici

s'approcha de lui en disant : Toi aussi, tu étais avec Jésus le Galiléen.
70 — Mais il le nia devant tous, disant : Je ne sais ce que tu dis [1]. —
71 Et comme il sortait vers le porche [2], une autre le vit, et dit à ceux
72 qui étaient là : Celui-ci était avec Jésus le Nazaréen [3]. — Et il le nia
73 de nouveau avec serment : Je ne connais point cet homme [4]. — Et
peu après, ceux qui étaient là s'approchant, dirent à Pierre : Vraiment, toi aussi, tu es des leurs, car aussi ton langage te fait con-
74 naître [5]. — Alors il se mit à faire des imprécations et à jurer : Je ne
75 connais point cet homme [6]. Et aussitôt le coq chanta [7]. — Et Pierre
se souvint de la parole de Jésus, qui lui avait dit : Avant que le coq
ait chanté, tu me renieras trois fois [8]. Et, étant sorti, il pleura amèrement [9].

XVII Or, lorsque le matin fut venu, tous les principaux sacrificateurs et les anciens du peuple tinrent conseil contre Jésus pour le faire mou-

du point de vue de ceux qui étaient dans le palais. (Comp. v. 58.)

1. Gr. « il le *nia*, ou *renia*, devant tous, » ou, selon une variante, « en présence d'*eux* tous, » c'est-à-dire des huissiers et des serviteurs qui se trouvaient là. (v. 58.) Il y avait en effet dans ces mots : *Je ne sais ce que tu dis*, non seulement une *négation* du fait, mais un premier *reniement* de Jésus. Pierre fut surpris par la brusque affirmation de cette servante ; il ne veillait pas (v. 41) ; et précisément parce qu'il était entouré de plusieurs témoins, la crainte se joignit à l'irréflexion dans ce premier reniement, qu'il voulut maintenir ensuite. Là est la vraie cause de sa chute.

2. *Vers le porche*, ou le portail qui donnait accès de la cour intérieure (v. 69) à la cour extérieure. (Comp. Marc 14 : 68.)

3. La première servante donne à Jésus l'épithète de *Galiléen* (v. 69), celle-ci de *Nazaréen*. C'est par l'un ou l'autre de ces noms que le peuple le désignait, avec une sorte de mépris. — Le texte reçu fait dire à la seconde servante comme à la première : Celui-ci *aussi ;* ce dernier mot n'est pas authentique.

4. *Cet homme !* Quel froid mépris dans cette manière de désigner son Maître ! Quel abîme entre cette parole et celle du ch. 16 : 16 ! Et c'est *avec serment* qu'il prononce ces mots. Il faut remarquer la progression d'un reniement à l'autre.

5. *Ton langage*, c'est-à-dire l'accent galiléen, assez différent de celui des Juifs de la Judée. Cet accent avait été reconnu dans les paroles que Pierre venait de prononcer.

6. Ici encore il y a progression : non seulement il *jure* de nouveau qu'il ne connaît point cet homme, mais il ajoute à ce serment des *imprécations* contre lui-même pour le cas où il ne dirait pas la vérité. Ainsi il y eut, dans le reniement de Pierre : 1° lâche infidélité envers son Maître, et cela au moment où il courait le plus grand danger et subissait les plus profondes humiliations ; 2° mensonge trois fois répété ; 3° faux serments ; 4° imprécations contre lui-même ! Il aurait péri dans cet abîme, sans la grâce de son Dieu.

7. Le chant du coq aurait retenti à ce moment pour la seconde fois, selon le récit de Marc. (14 : 68 et 72.) Les quatre récits du reniement de Pierre présentent quelques différences de détails concernant surtout les personnes qui dénoncent Pierre comme disciple de Jésus. (Luc 22 : 58, note.) Mais ils s'accordent pour rapporter trois reniements de l'apôtre.

8. v. 34. Pierre se *souvint* de cette parole, non seulement à cause du chant du coq, mais surtout parce qu'en ce moment le Sauveur lui jeta un regard de compassion et de reproche qui perça sa conscience et son cœur. (Luc 22 : 61.) Il se réveilla au fond d'un abîme.

9. Ainsi commence le relèvement du disciple tombé. Le sang qui allait couler sur la croix était nécessaire pour laver son péché. Mais pour l'amener à la croix, il fallait ses *larmes amères*. L'orgueilleuse présomption qui causa sa chute fut à jamais brisée. Pierre reste le type de la vraie repentance, comme Judas de la fausse. (Comp. Marc 14 : 72, note.)

rir¹ ; — et l'ayant lié, ils l'emmenèrent, et le livrèrent à Pilate, le 2 gouverneur².

B. 3-10. La fin de Judas. — 1° *Judas rapporte l'argent et se tue.* Voyant l'issue du procès de Jésus, Judas saisi de remords, rend l'argent aux sacrificateurs, en confessant son crime. Repoussé par eux, il jette l'argent dans le temple et va s'étrangler. (3-5.) — 2° *Le champ acquis avec le prix du sang.* Les sacrificateurs jugent qu'il ne convient pas de mettre l'argent dans le trésor. Ils l'emploient à acheter le champ du potier pour en faire le cimetière des étrangers. Ce fut l'accomplissement d'une prophétie. (6-10.)

Alors Judas, qui l'avait livré, voyant qu'il était condamné, se re- 3 pentit³, et rapporta les trente pièces d'argent aux principaux sacrificateurs et aux anciens, — disant : J'ai péché en livrant un sang 4 innocent⁴. Mais ils dirent : Que nous importe ? tu y pourvoiras⁵. — Et, après avoir jeté les pièces d'argent dans le temple⁶, il se retira, 5

1. Ils avaient déjà prononcé la sentence de mort (26 : 66) ; mais, dès que *le matin fut venu* et que Jésus eut été éloigné, ils *délibérèrent* de nouveau en conseil, dans la seconde partie de la même séance, sur les moyens d'exécuter la sentence. (Voir Luc 22 : 66, note.) Il fallait pour cela obtenir l'autorisation du gouverneur romain, car, depuis que la Judée était devenue province romaine, le droit de vie et de mort avait été ôté au sanhédrin. (Comp. Jean 18 : 31.) Le peuple de l'alliance dut ainsi livrer son Messie entre les mains des Gentils, ce qui aggrava sa culpabilité. Il en résulta aussi que Jésus subit le supplice romain de la croix, au lieu de la lapidation, peine de mort usitée chez les Juifs.
2. *Pilate* (*Sin.*, B ne portent pas ici le surnom de *Ponce* que le texte reçu ajoute à *Pilate*) gouvernait la Judée et la Samarie avec le titre de *gouverneur*, qui se trouve dans Josèphe. (*Ant.* XVIII, 3, 1.) Il fut le cinquième procurateur de Judée et succéda à Valerius Gratus en 26 après Jésus-Christ. Après dix ans, il fut rappelé à Rome pour rendre compte de son administration, et relégué à Vienne, dans les Gaules. Les procurateurs résidaient à Césarée, capitale politique du pays (Act. 23 : 32 et suiv. ; 25 : 1 et suiv.) ; mais Pilate était venu à Jérusalem probablement pour surveiller cette ville pendant la fête de Pâque, où l'on pouvait toujours craindre quelque trouble à cause des immenses multitudes qui y affluaient. (26 : 5.)
3. *Alors il vit que Jésus était condamné,* par le fait qu'on le livrait à Pilate.

Judas ne s'attendait point à cette condamnation. Connaissant l'innocence de Jésus, il pensait sans doute que ses adversaires se borneraient à lui infliger quelque peine légère, ou que lui-même ferait usage de sa puissance pour anéantir leurs desseins. (26 : 15, note.) Mais il ne faudrait pas conclure de ce mot : il *se repentit*, qu'un changement salutaire s'accomplit dans son cœur. En effet, le verbe ici employé n'est point celui qui désigne une repentance à salut, une sainte douleur d'avoir offensé Dieu, toujours suivie de la régénération du cœur (3 : 2, note) ; il exprime seulement un regret plein d'angoisses à la vue des suites redoutables d'une action. Pour comprendre la différence, il suffit de comparer la repentance de Judas à celle de Pierre.
4. Livrer un *innocent,* c'est déjà un crime affreux ; mais livrer son *sang,* c'est-à-dire le livrer à une mort violente, c'est un crime dont Judas ne voit que maintenant toute la noirceur.
5. *Que nous importe ?* ou : Qu'est-ce que cela nous regarde ? C'est ton affaire. Il n'y a peut-être pas dans les annales du crime de parole qui trahisse un endurcissement aussi complet. Et ce sont des prêtres qui la prononcent !
6. Le terme ici employé est bien celui qui désigne d'ordinaire l'intérieur du *temple,* ou le sanctuaire ; mais comme il est peu probable que ce fût là que les sacrificateurs et les anciens étaient assemblés (v. 3), ni que Judas eût osé y pénétrer, on peut entendre par ce mot quelque dépendance du lieu sacré où les chefs du peuple te-

6 et s'en étant allé, il se pendit[1]. — Et les principaux sacrificateurs ayant pris les pièces d'argent, dirent : Il n'est pas permis de les
7 mettre dans le trésor sacré, car c'est le prix du sang[2]. — Et ayant délibéré, ils en achetèrent le champ du potier, pour la sépulture des
8 étrangers[3]. — C'est pourquoi ce champ-là a été appelé, jusqu'à au-
9 jourd'hui, le Champ du Sang[4]. — Alors s'accomplit ce qui avait été dit par Jérémie le prophète[5] : « Et ils ont pris les trente pièces d'argent, le prix de celui qui a été évalué et qu'ils ont évalué de la part
10 des fils d'Israël ; — et ils les ont données pour le champ du potier, comme le Seigneur me l'avait ordonné[6]. »

naient leur séance. On voit aussi par ce fait que les sacrificateurs n'étaient pas tous allés conduire Jésus à Pilate. (v. 3.) La plupart étaient restés près du temple pour veiller à ce qu'il ne se fît aucune émeute.

1. Comp. Act. 1 : 18, note. Pierre ajoute à cette scène tragique quelques détails plus horribles encore.

2. Pour désigner avec précision le *trésor sacré*, l'évangéliste a conservé le mot hébreu corbanan, qui signifie probablement offrande, et par extension, le trésor placé dans le temple de Jérusalem et renfermant les dons ou les redevances des fidèles pour le culte divin. Les sacrificateurs pensent qu'*il n'est pas permis* d'y mettre les trente pièces d'argent qui étaient le *prix du sang*. (Comp. Deut. 23 : 18.) Quelle contradiction dans ce scrupule ! Ils respectent le temple, au moment de tuer le Seigneur ; toujours l'hypocrisie filtre le moucheron et avale le chameau.

3. Ces mots : *le champ du potier* (avec articles), montrent que ce champ était bien connu au moment où Matthieu écrivait. — Ces *étrangers* auxquels on prépara ainsi une *sépulture* étaient des Juifs ou des prosélytes qui mouraient à Jérusalem dans le séjour qu'ils y faisaient, surtout aux temps des grandes fêtes.

4. Ce mot *jusqu'à aujourd'hui* peut s'appliquer, non seulement au temps où écrivait l'évangéliste, mais à notre propre temps. En effet, on montre encore aux voyageurs, sur le penchant de la vallée de Hinnom, tout près de Jérusalem, un lieu où se trouvent plusieurs sépulcres, et que le peuple appelle *Hakeldama*, le champ du sang, ou *Hakelforar*, le champ du potier. (F. Bovet, *Voyage en Terre Sainte*, 7e éd., p. 235.) Ainsi les ennemis du Sauveur élevèrent eux-mêmes un monument perpétuel de leur crime, de la trahison de Judas (v. 4) et de l'innocence de Jésus. D'après Act. 1 : 19, ce champ tirait son nom du suicide de Judas, dont il aurait été le théâtre.

5. La citation qui suit ne se trouve point dans Jérémie, mais dans Zacharie 11 : 12, 13. Quelques *minuscules* ont corrigé cette faute en mettant le nom de Zacharie ; d'autres portent simplement : le prophète ; mais le nom de *Jérémie* est indubitablement authentique. Pour aplanir la difficulté, on a eu recours à diverses hypothèses sans valeur. Il faut y voir une inadvertance, à laquelle un passage de Jérémie (18 : 2) pouvait facilement donner lieu. « Je confesse que je ne sais comment le nom de Jérémie s'est ici rencontré, et ne m'en tourmente pas fort. Certes la chose montre d'elle-même qu'on s'est abusé en mettant le nom de Jérémie pour Zacharie ; car en Jérémie, on ne trouve point ce propos, ni chose qui en approche. » *Calvin*.

6. Zach. 11 : 12, 13, très librement traduit et appliqué. Le prophète qui paissait ses brebis, c'est-à-dire son peuple, au nom de l'Eternel, est sur le point de les abandonner à cause de leurs rébellions. Alors il ajoute : « Et je leur dis : Si vous le trouvez bon, donnez-moi mon salaire, sinon laissez-le. Et ils me pesèrent mon salaire, trente pièces d'argent. Et l'Eternel me dit : Jette-le au potier, ce prix magnifique (ironie) auquel j'ai été évalué par eux ! Et je pris les trente pièces d'argent et je les jetai dans la maison de l'Eternel au potier. » Trente pièces d'argent étaient le prix payé pour le plus pauvre esclave ; de là ce mépris d'une telle évaluation que l'Eternel considère comme appliquée à lui-même parce que le prophète agissait en son nom. En effet, jeter cet argent au potier pour son travail de peu de valeur, c'était montrer combien ce salaire était peu digne du prophète. Enfin ces mots « dans la maison de l'Eternel » supposent

5. *Jésus devant Pilate.*

11-31. COMPARUTION DE JÉSUS DEVANT LE GOUVERNEUR ROMAIN. — 1° *Interrogatoire de Jésus.* Sur une question de Pilate, Jésus affirme qu'il est le roi des Juifs. Mais il ne répond rien aux accusations de ses ennemis et garde le silence même quand le gouverneur l'invite à parler. Celui-ci en est fort étonné. (11-14.) — 2° *Jésus ou Barabbas ?* Pilate avait coutume de relâcher aux Juifs un prisonnier à chaque fête. Il leur offre le choix entre Jésus et Barabbas, brigand fameux. La femme de Pilate, tourmentée par un songe, lui fait dire de ne rien avoir à faire avec ce juste. La foule, excitée par les sacrificateurs, demande Barabbas. Et que ferai-je de Jésus ? dit Pilate. La foule crie : Qu'il soit crucifié ! Mais quel mal a-t-il fait ? réplique Pilate. La foule répond par le même cri redoublé. (15-23.) — 3° *Jésus livré par Pilate.* Pilate, voyant qu'il n'avance en rien, se lave les mains en présence de la foule et se déclare innocent du sang qui va être versé. Tout le peuple répond : Qu'il soit sur nous et sur nos enfants ! Pilate relâche Barabbas et livre Jésus pour être crucifié. (24-26.) — 4° *Jésus exposé aux outrages des soldats.* Les soldats revêtent Jésus d'insignes royaux dérisoires et l'accablent de railleries et de mauvais traitements. Puis ils l'emmènent pour le crucifier. (27-31.)

11 Or Jésus comparut devant le gouverneur, et le gouverneur l'interrogea, disant : Tu es le roi des Juifs[1] ? Et Jésus lui dit : Tu le dis[2]. — 12 Et comme il était accusé par les principaux sacrificateurs et les anciens, il ne répondit rien. — 13 Alors Pilate lui dit : N'entends-tu pas combien de choses ils témoignent contre toi ? — 14 Et il ne lui répondit sur aucune parole[3], de sorte que le gouverneur était fort étonné[4].

que le potier travaillait dans quelque dépendance du temple pour la réparer ou pour y faire des ustensiles destinés au service des prêtres. Il faut remarquer encore que ce mot de *potier* est le seul qui rende le terme original d'après sa racine, et que c'est par une pure imagination philologique empruntée aux rabbins que plusieurs commentateurs modernes prétendent le traduire par le mot de *trésor.* — Voici maintenant ce que notre évangéliste tire de ce passage : il en fait une application symbolique au Sauveur, qui a été *évalué* à trente pièces d'argent *de la part des fils d'Israël,* c'est-à-dire des sacrificateurs. Ce sont eux-mêmes qui *ont pris,* ou repris, cette valeur, et qui l'ont données *pour le champ du potier.* Enfin les derniers mots, *comme le Seigneur m'avait ordonné,* doivent, dans la pensée de Matthieu, rendre ceux du prophète *et l'Eternel me dit.* On sent, à chaque mot de cette citation, l'indignation contenue de l'évangéliste, mieux fondée encore que le mépris du prophète pour les trente pièces d'argent auxquelles on avait évalué son travail.

1. Ou : Es-tu le roi des Juifs ? Cette question étonne au premier abord, puisque Jésus avait été condamné par le sanhédrin sur un tout autre chef d'accusation, et que, jusqu'ici, il ne s'était point agi de sa royauté. C'est que ce conseil inique, sentant fort bien que le gouverneur païen ne recevrait point un grief religieux (celui de blasphème), avait résolu d'en invoquer un autre qui eût un caractère politique, et qui pût inspirer des craintes à Pilate. Luc (23 : 2) rapporte les termes dans lesquels ils formulèrent cette accusation devant Pilate.

2. C'est-à-dire « Oui, je le suis. » Comme Jésus a confessé hautement sa divinité devant Caïphe (26 : 64), il confesse non moins franchement sa royauté devant Pilate. Mais tandis que dans les synoptiques il se proclame roi sans aucune explication, on voit par le récit de Jean (18 : 33-37) qu'il eut avec le gouverneur, sur la nature de cette royauté, un entretien assez long et très clair.

3. Gr. *il ne lui répondit point, pas même sur une seule parole,* c'est-à-dire

La note 4 est à la page suivante.

15 Or à chaque fête, le gouverneur avait coutume de relâcher à la
16 foule un prisonnier, celui qu'elle voulait[1]. — Or ils avaient alors un
17 prisonnier fameux, nommé Barabbas. — Comme ils étaient donc assemblés, Pilate leur dit : Lequel voulez-vous que je vous relâche :
18 Barabbas, ou Jésus, qu'on appelle Christ?[2] — Car il savait que
19 c'était par envie qu'ils l'avaient livré[3]. — Et pendant qu'il était assis au tribunal, sa femme lui envoya dire : N'aie rien à faire avec ce juste, car j'ai beaucoup souffert aujourd'hui, en songe, à son sujet[4].
20 — Mais les principaux sacrificateurs et les anciens persuadèrent à la
21 foule de demander Barabbas, et de faire périr Jésus[5]. — Et le gouverneur, prenant la parole, leur dit : Lequel des deux voulez-vous
22 que je vous relâche? Et ils dirent : Barabbas[6]. — Pilate leur dit :

sur aucune des accusations proférées par les membres du sanhédrin. Le Sauveur répondit à Pilate en particulier, mais il se taisait en présence des principaux sacrificateurs qui n'écoutaient plus que leur aveugle haine et qui s'étaient rendus incapables et indignes d'entendre la vérité. (26 : 63 ; comp. Esa. 53 : 7.)
4. Pilate comprend l'innocence de Jésus, mais il *s'étonne* de cette majesté avec laquelle il souffre en silence au moment où il s'agit de sa vie ou de sa mort.
1. Cette *coutume* dont l'origine est inconnue, car il n'en est fait mention ni dans l'Ancien Testament ni dans le Talmud, n'avait probablement pas été établie par les Romains, car, d'après Jean (18 : 39), Pilate dit aux Juifs : « *Vous avez une coutume.* » Il y avait peut-être un rapport entre cette coutume et la fête de Pâques : soit qu'elle fît allusion au nom de cette fête (qui exprime l'idée de faire grâce, d'épargner), soit qu'elle fût un mémorial de la grande délivrance nationale. Aussi la coutume était-elle de relâcher le prisonnier *à chaque fête*, sous-entendu *de Pâques*.
2. Barabbas était *fameux* par ses crimes, et c'est précisément pour cela que Pilate le propose aux Juifs en échange de Jésus, espérant dans ses faux calculs que jamais ils n'oseraient lui préférer un tel malfaiteur. Mais, comme l'observe Luther, « ils lui auraient préféré le diable lui-même. »
— Ce Barabbas (en hébreu *fils du père*, ou peut-être *fils du rabbi*) est du reste entièrement inconnu. Quelques *minuscules*, la syriaque de Jérusalem et la vers. arménienne ajoutent *Jésus* devant Barabbas. Dans ce cas, la question de Pilate aurait présenté ce contraste frappant : *Lequel voulez-vous que je vous relâche : Jésus*

Barabbas, ou Jésus appelé le Christ? Mais cette variante n'est pas suffisamment autorisée.
3. Cette remarque de l'évangéliste motive (*car*) la tentative de Pilate de délivrer Jésus en l'offrant au peuple au lieu de Barabbas. Il pouvait voir dans toute la conduite des principaux qu'ils obéissaient à l'*envie*, à la jalousie que leur inspirait l'influence de Jésus.
4. Matthieu seul nous a conservé ce trait. Pilate s'était solennellement *assis au tribunal*, attendant la réponse à sa question (v. 17) et se disposant à prononcer sa sentence, lorsque sa femme lui fit parvenir ce message. La tradition a fait d'elle une amie du peuple juif, ou même a supposé qu'elle était secrètement attachée à Jésus. Elle aurait porté le nom de Procla ou Claudia Procula. L'Eglise grecque est allée jusqu'à la mettre au rang des saints. Il n'y a rien de tout cela dans le récit. Mais son langage (*ce juste*) prouve au moins qu'elle était, comme son mari, convaincue de l'innocence du Sauveur. Il est possible qu'elle ait été informée de l'arrestation de Jésus par les émissaires du sanhédrin et que la crainte de voir son mari impliqué dans ce procès inique ait provoqué en elle, sur le matin, un *songe* plein d'angoisse. Il est bien permis de voir dans cette circonstance un dernier avertissement providentiel adressé à Pilate. Telle est l'opinion de plusieurs Pères de l'Eglise, tandis que d'autres attribuent ce songe au diable, qui voulait empêcher la mort de Jésus-Christ et le salut du monde !
5. Ils firent cela pendant le moment où Pilate était occupé du message que lui envoyait sa femme.
6. Pilate revient à sa question (v. 17), à laquelle le peuple répond selon l'insinua-

Que ferai-je donc de Jésus qu'on appelle Christ[1] ? Tous disent : Qu'il soit crucifié ! — Et le gouverneur leur dit : Quel mal a-t-il donc fait ? Mais ils criaient plus fort : Qu'il soit crucifié[2] ! — Voyant donc qu'il ne gagnait rien, mais que le tumulte allait croissant, Pilate prit de l'eau et se lava les mains devant le peuple, en disant : Je suis innocent de ce sang ; vous y pourvoirez[3]. — Et tout le peuple répondit : Que son sang soit sur nous et sur nos enfants[4] ! — Alors il leur relâcha Barabbas, et après avoir fait flageller Jésus, il le livra pour être crucifié[5].

Alors les soldats du gouverneur ayant emmené Jésus au prétoire, assemblèrent autour de lui toute la cohorte[6]. — Et lui ayant ôté ses vêtements, ils le revêtirent d'un manteau d'écarlate[7] ; — et ayant tressé une couronne d'épines, ils la lui mirent sur la tête, et un roseau dans la main droite, et s'agenouillant devant lui, ils se mo-

tion de ses chefs, préférant ainsi un malfaiteur à celui dont tous reconnaissaient au moins l'innocence. L'apôtre Pierre, douloureusement frappé de cette iniquité et de cette nouvelle humiliation de son Maître, en fit bientôt après un reproche sévère à tout le peuple juif. (Act. 3 : 14.)

1. Cette nouvelle question de Pilate, ainsi que la suivante (v. 23), était encore une tentative pour sauver Jésus, car il pouvait espérer que le peuple n'exigerait pas la mort de l'accusé, mais quelque châtiment plus léger.

2. Toutes ces transactions aboutissent ainsi à un cri brutal de fureur poussé par les Juifs à bout d'arguments. En demandant le supplice romain de la croix, ils faisaient peser une responsabilité encore plus grande sur le gouverneur, juste châtiment de sa lâche faiblesse.

3. Cette vaine cérémonie se fondait sur un antique usage qui se retrouve chez plusieurs peuples. (Deut. 21 : 6, 7.) Le gouverneur s'en sert pour proclamer à la fois l'innocence de Jésus et la sienne propre. Le texte reçu avec *Sin.* et la plupart des *majusc.* lui fait dire : *Je suis innocent du sang de ce juste.* Ce dernier mot, peut-être emprunté au v. 19, est omis par *B, D* ; mais l'idée qu'il exprime est bien dans la pensée de Pilate. — « Les Juifs ont dit à Judas : *tu y pourvoiras* (v. 4) ; Pilate à son tour dit aux Juifs : *vous y pourvoirez.* » Bengel.

4. Expression hébraïque qui signifie : « Si ce sang est innocent, que Dieu en fasse retomber la vengeance sur nous et sur nos enfants. » (Comp. 23 : 35 ; Lév. 20 : 9 ; Deut. 19 : 10 ; 2 Sam. 1 : 16.) Cette imprécation, qui provoquait le jugement de Dieu, s'accomplit quarante ans après d'une manière terrible et fut ainsi une prophétie involontaire.

5. Le supplice de la *flagellation* que subissait le criminel chez les Romains, avant d'être mis à mort, s'exécutait avec un fouet de bandes de cuir auxquelles pendaient de petites pointes en forme d'éperons qui s'enfonçaient dans les chairs et faisaient ruisseler le sang. D'après Jean (19 : 1-5 ; comp. Luc 23 : 22), Pilate infligea ce supplice à Jésus dans l'intention d'apaiser le peuple et fit après cela de nouveaux efforts pour le sauver.

6. On admet en général que le *prétoire* était l'ancien palais d'Hérode le Grand, dans la ville haute, où aurait demeuré le procurateur pendant ses séjours à Jérusalem, et où se serait trouvée concentrée l'administration romaine. Mais il est plus naturel de supposer que le prétoire était un palais attenant à la forteresse Antonia au nord-ouest du temple. C'est de là que la tradition fait partir la voie douloureuse. — On ramena Jésus dans la cour de cet édifice après que la flagellation eut lieu au dehors. (Marc 15 : 16.) La *cohorte* (romaine) qui s'y trouvait consignée devait maintenir l'ordre pendant l'exécution.

7. Gr. *l'ayant dépouillé* ou déshabillé. Une variante de *B, D, l'Itala*, dit au contraire *l'ayant rhabillé*, parce qu'on lui avait ôté ses habits pour le flageller. (v. 26.) Mais il est possible qu'on les lui eût déjà remis et que le terme du texte reçu doive être préféré. On lui ôta seulement son vêtement de dessus pour le revêtir de ce *manteau* de couleur *écarlate*

30 quaient de lui, en disant : Salut, roi des Juifs [1] ! — Et crachant contre lui, ils prirent le roseau, et ils frappaient sur sa tête.

31 Et lorsqu'ils se furent moqués de lui, après lui avoir ôté le manteau, ils lui remirent ses vêtements, et ils l'emmenèrent pour le crucifier.

6. *Jésus crucifié.*

32-56. CRUCIFIEMENT ET MORT DU SAUVEUR. — 1° *Avant le supplice.* Les soldats contraignent Simon de Cyrène de porter la croix de Jésus. Arrivés en Golgotha, ils offrent à Jésus du vin mêlé de fiel. Jésus le refuse. (32-34.) — 2° *Le crucifiement.* Après l'avoir cloué sur la croix, les soldats jettent le sort sur ses vêtements. L'écriteau placé au-dessus de sa tête le désigne comme le roi des Juifs. Deux brigands sont crucifiés avec lui. (35-38.) — 3° *Les injures.* Elles lui sont prodiguées par les passants, les membres du sanhédrin, les brigands, ses compagnons de supplice. (39-44.) — 4° *La mort.* Dès la sixième heure des ténèbres règnent. A la neuvième heure, Jésus s'écrie : Eli, Eli, lamma sabachthani ? Quelques-uns interprètent, par ironie, ce cri comme un appel adressé au prophète Elie. L'un d'eux lui tend une éponge imbibée de vinaigre. Jésus rend l'esprit en jetant un grand cri. (45-50.) — 5° *Après la mort.* Le voile du temple se déchire, la terre tremble, les sépulcres s'ouvrent, les morts ressuscitent. Le centenier et les gardiens de Jésus le reconnaissent pour le Fils de Dieu. L'évangéliste nomme quelques femmes, venues de Galilée, qui ont assisté au supplice. (51-56.)

32 Et comme ils sortaient, ils trouvèrent un homme de Cyrène, nommé Simon, qu'ils contraignirent de porter la croix de Jésus [2].

33 — Et étant arrivés au lieu appelé Golgotha, ce qui signifie le lieu du

que portaient les soldats, les officiers supérieurs ou même l'empereur, avec des degrés divers de finesse dans l'étoffe.

1. « Les Juifs s'étaient moqués de lui comme prophète (26 : 68), les Romains se moquent de lui comme roi. » *Bengel.* Tous ces insignes dérisoires de la royauté, le manteau, la couronne, le sceptre, ont leur vérité profonde. Les soldats romains, dans leur grossière ignorance, prophétisent, comme Caïphe, sans le savoir. (Jean 11 : 51.) C'est en effet dans cet abîme d'humiliations que Jésus fonde son éternelle royauté sur les âmes. (Comp. v. 37, note.) — Ayant *tressé* une *couronne d'épines.* « L'épine dont il est question dans l'Evangile est certainement la petite épine ligneuse et presque rampante qui couvre le sol aux environs de Jérusalem. Je ne doute pas que ce ne soit de cette épine qu'ait été faite la couronne du Sauveur, car il peut venir aisément à l'esprit d'en former des guirlandes ; les aiguilles en sont fines, les branches s'arrondissent d'elles-mêmes. Ces épines sont dures et très piquantes. » F. Bovet, *Voyage en Terre-Sainte,* 7e éd. p. 273.

2. *Comme ils sortaient* de la ville, hors de laquelle devaient se faire les exécutions (Nomb. 15 : 35, 36 ; 1 Rois 21 : 13 ; Act. 7 : 58), ils rencontrèrent un nommé *Simon,* originaire de *Cyrène,* en Afrique, où se trouvait une nombreuse colonie juive. (Act. 6 : 9.) Simon revenait des champs (Marc 15 : 21), ils le chargèrent de la croix de Jésus. Jésus l'avait jusque-là portée lui-même (Jean 19 : 17) ; mais il paraît qu'épuisé par ses souffrances et surtout par le supplice sanglant de la flagellation, il succombait. Aucun soldat romain n'aurait voulu porter la croix, à cause de l'infamie qui s'y attachait ; ils y contraignirent cet étranger de médiocre condition. (Gr. *le mirent en réquisition* pour cela.) Ce terme n'indique pas, comme on l'a supposé, que Simon de Cyrène fût disciple de Jésus ; mais, qu'il le soit devenu après cette participation involontaire

Crâne[1], — ils lui donnèrent à boire du vin mêlé de fiel ; et quand il 34
en eut goûté, il n'en voulut pas boire[2]. — Et après l'avoir crucifié[3], 35
ils partagèrent ses vêtements, en jetant le sort[4]. — Et s'étant assis, 36
ils le gardaient là[5]. — Et l'on mit au-dessus de sa tête le sujet de 37
sa condamnation écrit : CELUI-CI EST JÉSUS, LE ROI DES JUIFS[6].
Alors sont crucifiés avec lui deux brigands, l'un à droite, et l'autre à 38

à la mort du Sauveur et tout ce dont il fut témoin sur le Calvaire, c'est ce qu'on peut conclure de Marc 15 : 21 ; comp. Rom. 16 : 13.

1. On a supposé que ce théâtre des exécutions criminelles s'appelait ainsi à cause des *crânes* privés de sépulture qu'on pouvait y voir ; mais il est plus probable que ce nom venait de la forme arrondie de la colline dont il s'agit. On n'a pas encore aujourd'hui, malgré toutes les recherches, acquis de certitude sur la situation topographique de Golgotha. L'emplacement traditionnel, marqué par l'église du Saint-Sépulcre que l'impératrice Hélène fit construire au commencement du quatrième siècle, est actuellement dans la ville. Ceux qui défendent cette donnée de la tradition pensent qu'au temps de Jésus le mur d'enceinte suivait du nord au sud le tracé de la rue de Damas pour tourner brusquement à l'ouest dans la direction de la porte de Jaffa. Le Calvaire aurait été situé dans cet angle rentrant (F. Bovet, *Voy. en Terre-Sainte*, p. 209 et suiv.).

2. Matthieu nomme la boisson offerte à Jésus *du vin mêlé avec du fiel*, ce qui semble indiquer une intention malveillante (Ps. 69 : 22 ; comp. Marc 15 : 23 note.)
— Le texte reçu porte *du vinaigre* au lieu de vin. Si ce mot était authentique, il ne changerait rien au sens, car aujourd'hui encore, en Orient, on laisse aigrir le vin pour le rendre plus rafraîchissant en le mêlant avec de l'eau. Ce qu'on appelait « vin doux » (Act. 2 : 13) n'était autre chose que du vin non aigri. (Voir F. Bovet, *Voy. en Terre-Sainte*, 7e éd. p. 218.)

3. Il faut s'arrêter en présence de ce mot *crucifié*, si vite prononcé, qui caractérise le supplice le plus horrible qu'ait inventé la cruauté humaine, et que la législation pénale des Romains réservait d'ordinaire aux esclaves et aux plus grands criminels. La croix se composait de deux pièces : l'une verticale, plantée dans le sol, l'autre horizontale, fixée tantôt au sommet de la première (de sorte que l'instrument avait la forme d'un T), tantôt un peu au-dessous de ce sommet. Cette dernière forme fut probablement celle de la croix de Jésus, car elle s'accorde le mieux avec le fait qu'une inscription fut placée au-dessus de sa tête. Quand la croix était dressée, on hissait le condamné, au moyen de cordes, à la hauteur de la poutre transversale, sur laquelle on lui fixait les mains avec des clous. A mi-hauteur de la pièce verticale, il y avait une cheville de bois sur laquelle on mettait le supplicié à cheval, pour empêcher que le poids du corps ne déchirât les mains. Les pieds enfin étaient cloués, soit l'un sur l'autre avec un clou unique, soit l'un à côté de l'autre. — Il arrivait, mais plus rarement, que l'on fixait le condamné sur la croix encore couchée par terre pour la redresser ensuite. — Les crucifiés vivaient ordinairement une douzaine d'heures, quelquefois jusqu'au second ou au troisième jour. L'inflammation des blessures provoquait la fièvre et une soif ardente ; l'immobilité forcée du corps occasionnait des crampes douloureuses ; l'afflux du sang au cœur et au cerveau causait de cruelles souffrances et des angoisses indicibles.

4. Ce partage des vêtements du supplicié entre ses exécuteurs était alors d'un usage général. Pour Jésus, ce fut l'accomplissement d'une prophétie. (Ps. 22 : 19.) Aussi le texte reçu ajoute-t-il à ce verset cette remarque : *afin que fût accompli ce qui a été dit par le prophète : Ils ont partagé mes vêtements, ils ont jeté le sort sur ma robe.* Ces paroles ne sont point authentiques ; mais cette application de la prophétie est faite par Jean, qui raconte ce trait plus en détail. (Jean 19 : 23, 24.)

5. Comme le supplice de la croix n'était mortel qu'après un temps très long, on *gardait* les crucifiés, afin que nul ne pût venir les enlever.

6. Cette inscription fut placée au-dessus de sa tête, c'est-à-dire sur le haut du poteau perpendiculaire de la croix qui dépassait la tête du crucifié. C'est Pilate qui avait choisi ce titre ironique pour se moquer et se venger des Juifs, et il refusa de le changer à leur demande (Jean 19 : 22) ; en sorte que Jésus porta en sa mort son titre véritable, dont les Juifs avaient fait contre lui un sujet d'accusation.

39 gauche¹. — Et ceux qui passaient l'injuriaient, branlant la tête²,
40 — et disant : Toi qui détruis le temple, et qui le rebâtis en trois jours³, sauve-toi toi-même, si tu es le Fils de Dieu, et descends de
41 la croix⁴ ! — De même aussi les principaux sacrificateurs, avec les
42 scribes et les anciens, disaient en se moquant : — Il a sauvé les autres, et il ne peut se sauver lui-même ! Il est le roi d'Israël ! qu'il
43 descende maintenant de la croix, et nous croirons en lui ! — Il s'est confié en Dieu ; que Dieu le délivre maintenant, s'il l'aime ! car il a
44 dit : Je suis le Fils de Dieu⁵. — Et les brigands aussi qui étaient avec lui l'outrageaient de la même manière⁶.
45 Or depuis la sixième heure il y eut des ténèbres sur toute la terre,
46 jusqu'à la neuvième heure⁷. — Et environ la neuvième heure, Jésus

---

1. *Alors*, c'est-à-dire après que Jésus fut attaché à la croix. Ce crucifiement des deux brigands eut lieu probablement par d'autres exécuteurs, qui les placèrent *à droite et à gauche* de Jésus, infligeant ainsi à la sainte victime une nouvelle humiliation. De la sorte fut accomplie la parole d'Esaïe (53 : 12) et du Seigneur lui-même. (Luc 22 : 37 ; comp. Marc 15 : 28, selon le texte reçu.)

2. En signe de moquerie, de mépris. (Comp. Ps. 22 : 8 ; Esa. 37 : 22 ; Job 16 : 4.)

3. Voir 26 : 61, note.

4. Le vrai texte de ces paroles injurieuses est ici rétabli. Elles tournent en dérision le double fait que Jésus avait eu la prétention de *sauver* les autres (v. 42) et d'être le *Fils de Dieu*. On le sommait de prouver l'un et l'autre en descendant de la croix.

5. Ce qu'il y a d'inouï dans ce récit, c'est que toutes les classes d'hommes qui composaient le conseil suprême de la nation, *sacrificateurs, scribes, anciens* (une variante ajoute les *pharisiens*), étaient représentées dans cette scène et s'unissaient à la populace pour injurier le Sauveur. Quand tout ce qu'il y a de plus éclairé et de plus élevé dans une nation descend à ce degré de bassesse morale, que peut-on attendre encore ? Il faut remarquer cette série de courtes phrases outrageantes qu'ils jettent à la face du Crucifié. Il ne faut pas lire (v. 42), avec le texte reçu, *s'il est le Roi d'Israël*, mais *il est* le roi d'Israël, ce qui est d'une ironie bien plus poignante. Ces hommes qui savent par cœur l'Ecriture, la profanent en y cherchant l'expression de leur raillerie. (v. 43 ; comp. Ps. 22 : 8.) Les plus beaux titres de Jésus-Christ sont, dans la bouche de ces aveugles, convertis en injures contre lui : *Sauveur, Roi d'Israël, Fils de Dieu*.

6. *De la même manière*, c'est-à-dire par des paroles semblables. (Luc 23 : 39 et suiv.) Matthieu et Marc attribuent ces outrages indistinctement aux deux *brigands*, tandis que Luc ne les met que dans la bouche de l'un d'eux, qui est même repris par son compagnon d'infortune. Plusieurs interprètes, depuis les Pères jusqu'à nos jours, ont admis, pour rendre compte de cette différence, qu'au commencement de cette scène, qui dura plusieurs heures, les deux brigands outragèrent Jésus ; mais que l'un d'eux (comme le centenier v. 54), frappé de tout ce qui se passait sous ses yeux, avait reconnu en Jésus le Messie d'Israël. Il n'y a rien là d'impossible (voir l'exemple du geôlier de Philippes, Act. 16 : 27 et suiv.) ; mais cela est peu probable. (Voir Luc 23 : 42, note.)

7. La *sixième heure*, à compter de six heures du matin, c'était midi ; la *neuvième heure*, trois heures. Les trois premiers évangélistes s'accordent sur ce moment où se produisirent les ténèbres. Si elles avaient eu lieu dès le commencement du supplice de Jésus, il ne serait pas difficile de concilier ce récit avec celui de Jean (19 : 14) qui nous apprend que ce fut *environ la sixième heure* (midi) que Pilate livra Jésus pour être crucifié. Mais la difficulté gît dans le récit de Marc (15 : 25 voir la note), qui place le crucifiement dès la *troisième heure* (neuf heures du matin), en sorte que, selon lui, Jésus avait déjà souffert trois heures le supplice de la croix au moment des ténèbres. Tout ce qui a été dit pour concilier cette différence est insuffisant. Ne vaut-il pas mieux se résigner à ce que quelque obscurité plane

s'écria d'une voix forte, disant : Eli, Eli, lamma sabachthani ? C'est-à-dire : Mon Dieu, mon Dieu, pourquoi m'as-tu abandonné [1] ? — Et 47 quelques-uns de ceux qui étaient présents, l'ayant entendu, disaient : Il appelle Elie, celui-ci [2] ! — Et aussitôt l'un d'entre eux courut et 48 prit une éponge, et l'ayant remplie de vinaigre et mise au bout d'un roseau, il lui donna à boire [3]. — Et les autres disaient : Laisse ; 49 voyons si Elie vient le délivrer [4]. — Et Jésus ayant de nouveau 50 poussé un grand cri, rendit l'esprit [5].

sur un point de détail, que de vouloir l'éclaircir à tout prix, par des raisons sans valeur ? — Quant aux *ténèbres* qui s'étendirent sur *toute la terre* (ou selon un hébraïsme, sur tout le *pays*), et que les premiers évangélistes mentionnent d'un commun accord, la critique s'est efforcée de les expliquer comme un phénomène naturel. Ce ne pouvait pas être une éclipse de soleil, puisqu'au quinze du mois de nisan la lune était pleine. Ce n'était probablement pas non plus un obscurcissement causé par un orage ou par le tremblement de terre mentionné ci-après (v. 51). Evidemment les évangélistes entendent raconter un miracle. Sa réalité est attestée par l'impression profonde qu'en reçurent les assistants (v. 54). Ce miracle fut une manifestation de la puissance de Dieu, dans ce moment unique de l'histoire de notre humanité. Le sentiment religieux ne s'y est pas trompé ; il a toujours reconnu les harmonies profondes qui existent entre le monde visible et le monde des esprits ; quand le soleil de justice s'éteint au sein de la perversité humaine, le soleil de la nature se voile de ténèbres. La poésie religieuse est ici le meilleur commentaire :
A ta mort la nature entière
Se répand en cris de douleur ;
Le soleil cache sa lumière ;
Les élus pleurent leur Sauveur.
1. Mystérieuse exclamation s'élevant des profondeurs de l'âme de Jésus ! Retour momentané des indicibles souffrances morales de Gethsémané (26 : 36 et suiv., notes) au sein de l'agonie physique ! Jésus emprunte à la Parole sainte (Ps. 22 : 1) des termes qui puissent exprimer ce qu'il éprouve, et l'évangéliste les conserve dans la langue originale, afin de n'y rien changer. Ce qui cause l'angoisse du Sauveur, il le dit lui-même, c'est le sentiment momentané de l'*abandon* de Dieu ! Il n'y a rien de plus redoutable dans les expériences de l'âme. — *Pourquoi ?* Jésus le demande. Le Saint et le Juste sait bien qu'il ne peut trouver en lui la cause de cette mystérieuse et insondable souffrance. Ce qui lui voile la face de son Père et trouble sa communion avec lui, c'est le sombre nuage du péché de notre humanité, ce péché pour lequel il souffre et meurt. Il ne dit plus : mon *Père*, comme en Gethsémané, mais : mon *Dieu !* Et pourtant : *mon* Dieu ! S'il souffre tout ce qu'avait souffert le psalmiste dans l'abandon de Dieu, il persiste à crier à son Dieu ; et comme ce psaume que Jésus avait vivant dans son âme, après avoir commencé par ce cri d'épouvante, se termine par un chant de délivrance, ainsi Jésus, bientôt après, fait entendre ce cri du triomphe : *Tout est accompli !* et cette douce parole de confiance et d'amour : *Mon Père, je remets mon esprit entre tes mains !* — Avons-nous par là sondé et expliqué ce mouvement de l'âme de Jésus ? Nullement. Nous redoutons par-dessus tout les commentaires qui s'exposent à profaner ce cri de douleur en voulant en faire ressortir toute la dogmatique des hommes. Il faut l'écouter, le recueillir dans son cœur, et en retirer cette consolante assurance : Il se sent un moment abandonné, afin que je ne le sois jamais !
2. *Celui-ci*, terme de mépris par lequel ceux qui parlent désignent Jésus parmi les trois crucifiés. Ils ne pouvaient pas, par ignorance, prendre le mot *Eli* (ou selon d'autres manuscrits *Eloï, mon Dieu*) pour le nom d'Elie qui se dit en hébreu *Eliiahou*. C'était donc un mauvais jeu de mots qu'ils faisaient volontairement sur la douloureuse prière de Jésus.
3. Du vinaigre mêlé d'eau était la boisson des soldats romains : l'un d'eux en donne à Jésus par humanité, car le Sauveur venait de s'écrier : *j'ai soif*, et il accepta ce dernier secours. (Comp. Jean 19 : 28-30.) Il ne faut donc pas confondre ce trait avec celui du v. 34.
4. Paroles ironiques par lesquelles les mêmes moqueurs qui venaient de parler (v. 47) voulaient détourner le soldat ro-

La note 5 est à la page suivante.

294   ÉVANGILE SELON MATTHIEU   CHAP. XXVII.

51 Et voici, le voile du temple se déchira en deux, depuis le haut
52 jusqu'en bas¹ ; et la terre trembla, et les rochers se fendirent, — et
les sépulcres s'ouvrirent, et plusieurs corps des saints qui étaient
53 morts ressuscitèrent ; — et étant sortis de leurs sépulcres, ils entrèrent dans la sainte cité, après sa résurrection, et ils apparurent à
54 plusieurs personnes ². — Et le centenier et ceux qui gardaient Jésus
avec lui, ayant vu le tremblement de terre et ce qui arrivait, furent
fort effrayés, et dirent : Véritablement cet homme était Fils de Dieu³.

55 — Or il y avait là plusieurs femmes, regardant de loin, qui avaient

main de son acte d'humanité. D'après Marc (15 : 36), ces paroles auraient été prononcées par le même homme qui venait d'offrir à Jésus du vinaigre. Le récit de Matthieu est évidemment le plus exact.
5. Le mot *de nouveau* se rapporte au v. 46. Matthieu ne nous dit pas quelles paroles Jésus prononça dans ce cri suprême, mais Luc (23 : 46) et Jean (19 : 30) nous les ont conservées. Il est possible aussi, et cela paraît plus naturel, que ces paroles aient été proférées avant le cri suprême. — Il *rendit l'esprit*, il mourut. « L'histoire sainte rapporte en un seul mot la mort du Sauveur ; mais les discours et les épîtres des apôtres prêchent abondamment les fruits de cette mort. Jamais il n'est dit de lui il *s'endormit*, mais il mourut, verbe par lequel l'Ecriture révèle la vérité, l'importance et la puissance de la mort de Christ. » *Bengel*.
1. Ce mot *et voici*, ainsi que la particule *et* répétée avant chaque phrase de ce récit, en relève la solennité. Tous les miracles ici racontés pouvaient réveiller l'attention et la crainte du peuple qui assistait à ces scènes (v. 54) ; mais en outre ils ont une profonde signification symbolique. Ainsi ce *voile du temple* qui séparait le lieu saint du lieu très saint et en défendait l'entrée (Ex. 26 : 31-33 ; Lév. 16 : 2), au delà duquel le souverain sacrificateur seul pénétrait une fois l'an, au grand jour des expiations (Ex. 30 : 10), indiquait que la demeure du Dieu saint était inaccessible à l'homme, jusqu'à l'accomplissement des temps. Mais ce voile *déchiré* au moment où se consommait sur la croix le vrai sacrifice d'expiation pour le péché proclamait, aux yeux de tout le peuple assemblé dans le temple pour l'oblation du soir (trois heures, v. 45), que désormais l'accès au trône de la grâce (figuré sur l'arche de l'alliance dans le lieu très saint) était rouvert, et que l'homme pécheur, banni du ciel, pouvait tourner ses regards et ses espérances vers les demeures éternelles, vers la maison du Père. (Comp. Hébr. 6 : 19 ; 9 : 6 et suiv. ; 10 : 19 et suiv.) — Les trois premiers évangélistes rapportent ce trait ; les miracles qui suivent sont dans Matthieu seul.
2. Tous ces miracles ont aussi leur signification symbolique. Cette *terre* qui *tremble* semble dénoncer les jugements de Dieu sur le peuple qui rejette son Sauveur ; ces *rochers* qui *se fendent* n'accomplissent-ils pas à la lettre la parole de Jésus : « Si ceux-ci se taisent, les pierres mêmes crieront ? » (Luc 19 : 40.) Par la rupture de ces rochers, plusieurs des sépulcres qui y étaient taillés, selon l'usage d'alors (v. 60), et qui se voient encore en grand nombre autour de Jérusalem, s'ouvrirent. Ces *saints* qui étaient *morts* (gr. *endormis*) dans l'espérance de la rédemption, et qui renaissent à la vie, proclament la victoire du Sauveur sur la mort. Les mots *après sa résurrection* ne se rapportent pas à ce qui précède : *étant sortis de leurs sépulcres*, ce qui supposerait qu'ils y restèrent vivants jusqu'au troisième jour ; mais à ce qui suit : *ils entrèrent dans la sainte cité* (Math. 4 : 5), dans la ville de Jérusalem, et *apparurent* à *plusieurs personnes* dans les temps qui suivirent la résurrection de Jésus. Malgré les obscurités de ce récit, nous ne saurions y voir seulement une tradition sans fondement historique.
3. Le *centenier*, capitaine romain qui commandait la cohorte (v. 27) préposée à l'exécution, reçut, ainsi que ceux qui l'entouraient, cette impression profonde, non seulement par le *tremblement de terre*, et les autres miracles, mais par tout *ce qui arrivait* alors. En effet, le centenier avait été témoin de tout ce qui s'était passé dans cette exécution, à partir du palais de Pilate jusqu'au dernier moment. Il avait entendu les paroles de Jésus sur la croix, vu son inaltérable résignation. Quoi de

suivi Jésus de la Galilée, en le servant [1] ; — entre lesquelles étaient 56
Marie de Magdala, et Marie, mère de Jacques et de Joseph, et la
mère des fils de Zébédée [2].

7. La sépulture de Jésus.

57-66. Jésus mis dans le tombeau. — 1° *Le dévouement d'un ami.* Le soir, Joseph d'Arimathée, homme riche, disciple de Jésus, survient, demande le corps à Pilate, le dépose dans son propre sépulcre et roule une pierre à l'entrée. Marie-Madeleine et l'autre Marie sont assises devant le tombeau. (57-61.) — 2° *Les précautions des ennemis.* Le lendemain, les membres du sanhédrin font une démarche auprès de Pilate pour prévenir une imposture de la part des disciples. Pilate concède une garde, qu'ils placent devant le sépulcre, après en avoir scellé la pierre. (62-66.)

Or le soir étant venu, arriva un homme riche, nommé Joseph, qui 57
était d'Arimathée, et qui était lui aussi disciple de Jésus [3]. — Cet 58
homme s'étant rendu auprès de Pilate, demanda le corps de Jésus.
Alors Pilate commanda qu'on le lui donnât [4]. — Et Joseph, ayant 59

plus propre à produire l'impression décrite sur un homme qui n'était pas aveuglé par la passion comme les Juifs ! Mais d'où ce soldat païen prenait-il le terme de *Fils de Dieu ?* Non seulement il pouvait savoir que tel avait été le motif de la condamnation de Jésus, mais il venait d'entendre les Juifs tourner ce titre en raillerie. (v. 40, 43.) Or sa parole : *véritablement* Fils de Dieu, est une allusion évidente aux négations qu'il venait d'entendre. Cela ne veut point dire qu'il eût des idées bien claires ni très élevées sur le sens religieux de ce nom divin ; mais l'exégèse n'est pas non plus autorisée à affirmer, comme elle l'a fait souvent, que le centenier donnait à ce nom une signification toute païenne : un fils des dieux, un être surnaturel. (Voir Luc 23 : 47, note.)
1. *En le servant* signifie aussi, comme le dit Luc (8 : 2, 3), en l'assistant de leurs biens.
2. *Marie de Magdala* ou *Marie-Magdelaine* (Luc 8 : 2), ne doit être confondue ni avec la pécheresse dont parle Luc (7 : 36 et suiv.), ni avec Marie, sœur de Lazare, qui oignit les pieds du Sauveur. (Jean 12 : 3.) Elle est nommée ici la première, elle fut aussi la première à qui Jésus apparut après sa résurrection. (Marc 16 : 9 ; Jean 20 : 1 et suiv. ; 11 et suiv.) — *Marie, mère de Jacques et de Joseph* (Sin. D, et la plupart des versions ont *Joseph*, les autres ont *José*) était la femme d'Alphée ou Cléopas. (Jean 19 : 25 ; Marc 15 : 47.) — *La mère des fils de Zébédée* s'appelait Salomé. (Marc 15 : 40 ; comp. Math. 20 : 20.) — Matthieu ni Marc ne nomment ici Marie, mère de Jésus, quoique nous sachions par Jean (19 : 25 et suiv.) que d'abord elle était présente avec ce disciple. « Il faut donc probablement prendre à la lettre cette expression : *dès cette heure-là* ce disciple la prit chez lui. (Jean 19 : 27.) Le cœur de Marie s'était brisé par l'ouïe de la parole pleine de tendresse que lui avait adressée Jésus, et elle s'était retirée à l'heure même, de sorte qu'elle n'était plus présente à la fin du supplice. » Godet, *Commentaire sur Luc* 23 : 47-49.
3. *Arimathée* (hébreu, *Ramathaïm*) était une ville de la tribu de Benjamin. (1 Sam. 1 : 1.) Joseph n'était pas seulement *riche*, mais un conseiller de distinction (Marc 15 : 43 ; Luc 23 : 50), c'est-à-dire qu'il était membre du sanhédrin à Jérusalem. Il était aussi *disciple de Jésus*, mais en secret, à cause de la crainte des Juifs. (Jean 19 : 38.) — Il *arriva...* probablement sur le lieu de l'exécution ; son cœur l'y attirait. Quand il vit que Jésus était mort, il se rendit auprès de Pilate pour lui faire sa demande. (v. 58.)
4. Ordinairement les corps des crucifiés restaient suspendus à la croix où ils étaient dévorés par les oiseaux de proie ; mais quand ils étaient réclamés par des parents ou des amis, ils pouvaient leur être ren-

60 pris le corps, l'enveloppa dans un linceul pur — et le déposa dans son propre sépulcre neuf, qu'il avait fait tailler dans le roc ; et ayant roulé une grande pierre à l'entrée du sépulcre, il s'en alla [1].

61 Or Marie-Magdeleine et l'autre Marie étaient là assises vis-à-vis du sépulcre [2].

62 Mais le lendemain, qui était le jour après la préparation [3], les principaux sacrificateurs et les pharisiens s'assemblèrent auprès de Pilate,

63 — et lui dirent : Seigneur, nous nous sommes souvenus que cet imposteur, quand il vivait, disait : Dans trois jours je ressusciterai [4].

64 — Commande donc que le sépulcre soit gardé sûrement jusqu'au troisième jour ; de peur que ses disciples ne viennent le dérober et qu'ils ne disent au peuple : Il est ressuscité des morts. Et la dernière

65 imposture sera pire que la première [5]. — Mais Pilate leur dit : Vous avez une garde ; allez, et faites-le garder comme vous l'entendrez [6].

66 — Eux donc, s'en étant allés, s'assurèrent du sépulcre au moyen de la garde, après avoir scellé la pierre [7].

dus. — Le texte reçu, avec *A*, *C*, les versions, ajoute *le corps* après « qu'on lui donnât. » Les interprètes qui adoptent ce texte pensent que la triple répétition du mot *corps* (v. 58, 59) marque la douleur qu'éprouve l'évangéliste en racontant cette sépulture.

1. Tout dans ce récit dénote les soins délicats et religieux de celui qui s'acquittait de ce saint devoir : il enveloppe le corps dans un *linceul* (gr. *toile de lin de Sidon*, ce qu'il y avait alors de plus fin) ; le linceul était *pur*, c'est-à-dire qu'il n'avait jamais servi. Joseph met Jésus dans son propre sépulcre, dont il lui fait le sacrifice ; ce sépulcre est *taillé dans le roc* et *neuf*. Luc (23 : 53) et Jean (19 : 41) font expressément la remarque que jamais personne n'y avait été mis, en sorte que Jésus n'eut aucun contact avec la mort, ce qui eût été une souillure légale. Enfin Joseph ferme l'entrée de la grotte avec *une grande pierre*, afin de mettre le corps à l'abri de toute atteinte. — Matthieu ne parle ni de Nicodème qui aida Joseph dans l'accomplissement de ce pieux devoir, ni des aromates dont ils embaumèrent le corps de Jésus. (Jean 19 : 38-40.)

2. Comp. v. 56, note ; ch. 28 : 1. — Ces deux Marie *étaient là assises*, en contemplation, perdues dans leur douleur, dans leur amour pour Celui qu'elles pleuraient.

3. Le samedi, le grand jour du sabbat. (Jean 19 : 31.) On appelait *préparation* la veille du sabbat. D'autres entendent par là, avec moins de probabilité, le soir même du vendredi, où le sabbat commençait après six heures.

4. Ils ne faisaient pas allusion aux prédictions que Jésus avait énoncées dans le cercle de ses disciples (16 : 21 ; 17 : 23 ; 20 : 19), mais à la déclaration qu'il avait faite aux pharisiens. (12 : 40.)

5. La première *imposture*, au point de vue de ces ennemis de toute vérité, était la prédiction même de Jésus (ou, suivant d'autres, le mouvement provoqué par tout son ministère) ; la *dernière* qu'ils redoutaient était la proclamation de sa résurrection. Pour eux, elle fut la *pire*, en effet, puisqu'elle amena le triomphe de sa parole et de son œuvre. — A ces mots *que ses disciples ne viennent*, le texte reçu ajoute *de nuit* qui n'est pas authentique.

6. Ces mots de Pilate *vous avez une garde*, ont fait supposer à plusieurs interprètes qu'il s'agissait de la garde juive du temple, toujours à la disposition des chefs du peuple. Cette opinion est peu probable : comp. ch. 28 : 14. Pilate leur offre une garde romaine ; il veut dire : Prenez-la et faites comme vous l'entendrez.

7. La *pierre* que Joseph avait mise à l'entrée de la grotte. (v. 60.) On peut traduire aussi : « après avoir scellé la pierre *en présence de la garde*. » *Sceller* cette pierre pour enfermer le Prince de la vie ! « Autant vaudrait sceller les portes de

8. La résurrection.

A. 1-10. APPARITION D'UN ANGE. APPARITION DE JÉSUS. — 1° *Apparition de l'ange.* Au matin du premier jour, deux femmes viennent au sépulcre. Un tremblement de terre se produit ; un ange, descendu du ciel, roule la pierre et s'assied dessus. Les gardes sont comme morts de frayeur. (1-4.) — 2° *Message de l'ange.* L'ange rassure les femmes, leur annonce que Jésus est ressuscité et leur ordonne de porter cette nouvelle aux disciples, en leur disant que Jésus les précède en Galilée, où ils le verront. (5-7.) — 3° *Apparition de Jésus aux femmes.* Elles courent transmettre ce message aux disciples. Jésus vient à leur rencontre. Elles se jettent à ses pieds et l'adorent. Il leur dit d'annoncer à ses frères qu'il est ressuscité et leur donne rendez-vous en Galilée. (8-10.)

XXVIII Or comme le sabbat finissait et que le premier jour de la semaine commençait à luire¹, Marie-Magdelaine et l'autre Marie vinrent

l'Orient pour empêcher le soleil de se lever sur le monde ! » *Leighton.* — Tout ce dernier récit (v. 62-66) que Matthieu a seul, et dont la suite se trouve au ch. 28 : 11-15, a paru historiquement peu vraisemblable à plusieurs exégètes modernes. Voici leurs objections. 1° Les prédictions de Jésus-Christ concernant sa résurrection pouvaient difficilement inspirer une telle crainte à ses adversaires, puisqu'elles n'avaient pu fonder la foi des disciples qui les entendirent à plus d'une reprise (v. 63, note) ; 2° les femmes qui vinrent au sépulcre au matin de la résurrection n'auraient pas pu songer à embaumer le corps, ni se demander qui roulerait la pierre, si elles avaient su que le tombeau était gardé et scellé ; 3° les membres du sanhédrin se seraient emparés du corps de Jésus pour le soustraire sûrement à ses adhérents, plutôt que d'inciter les soldats à un grossier mensonge (28 : 13), qui n'étaît propre qu'à les laisser sans excuse aux yeux de Pilate. Il faut reconnaître que ces objections ne sont pas sans valeur. D'autre part on peut répondre : 1° que la conscience troublée des meurtriers de Jésus était plus clairvoyante que la foi défaillante des disciples ; 2° que les précautions prises pour garder le tombeau avaient pu fort bien rester inconnues aux femmes : elles ignoraient de même que Nicodème eût enveloppé des aromates dans le linceul avec le corps de Jésus (Jean 19 : 39), puisqu'elles-mêmes en apportaient au matin de la résurrection ; 3° que les membres du sanhédrin ne pouvaient pas s'emparer du corps de Jésus après qu'il avait été cédé à Joseph par l'autorité de Pilate ;

4° que l'intrigue maladroite avec la garde est psychologiquement très plausible de la part d'hommes aveuglés par la passion (voir, par exemple, leur accusation politique de Jésus auprès de Pilate). On peut ajouter que dans ce fait, comme dans toute l'histoire de la passion, Dieu se joue de ses ennemis. Ils croyaient étouffer la vérité, et ce fut par les soldats, instruments de leurs mensonges, que parvint tout d'abord à leur connaissance la résurrection glorieuse de leur victime. Les précautions mêmes, prises par eux pour prévenir l'événement qu'ils redoutaient, en attestèrent la réalité et en rehaussèrent l'éclat. (28 : 11.)

1. Gr. *Tard du sabbat*, le jour (ou l'heure) *commençant à luire vers le premier* jour *de la semaine.* Cette indication assez obscure a donné lieu à des interprétations diverses. Les premiers mots ne peuvent être rendus, comme ils le sont dans la plupart de nos versions, par *après le sabbat.* Employé comme préposition le mot grec ne peut signifier que *longtemps après.* (Weiss.) Il faut le considérer comme un adverbe et traduire « *sur le tard* dans la journée du sabbat, » ou *comme le sabbat finissait.* Matthieu divise ici les jours selon l'usage ordinaire et non selon la manière de compter des Juifs, qui faisaient finir le sabbat à six heures du soir. Pour lui, la nuit du samedi au dimanche rentre encore en partie dans le sabbat ; c'est ce que montrent les mots « *le jour* (ou *l'heure*) *commençant à luire vers le premier* jour *de la semaine.* » Quelques commentateurs ont vu dans cette dernière expression la désignation du mo-

2 pour voir le sépulcre [1]. — Et voici il se fit un grand tremblement de terre ; car un ange du Seigneur, étant descendu du ciel et s'étant
3 approché, roula la pierre, et il se tenait assis dessus [2]. — Or son aspect était comme un éclair, et son vêtement, blanc comme la
4 neige [3] ; — et de la frayeur qu'ils en eurent, les gardes furent tout
5 tremblants, et devinrent comme morts [4]. — Mais l'ange, prenant la parole, dit aux femmes : Vous, ne craignez point ; car je sais que
6 vous cherchez Jésus qui a été crucifié. — Il n'est pas ici ; car il est ressuscité, comme il l'a dit. Venez, voyez le lieu où il était couché ;
7 — et allez promptement dire à ses disciples qu'il est ressuscité des morts. Et voici, il vous précède en Galilée ; c'est là que vous le ver-
8 rez. Voici, je vous l'ai dit [5]. — Et étant sorties promptement du sé-

ment où, le sabbat passé, on allumait les lumières dans les maisons, et ont pensé que Matthieu plaçait toute la scène de la résurrection dans la soirée du samedi. Mais il est très peu probable que notre évangéliste se soit ainsi mis en contradiction avec la tradition unanime.

1. Comp. 27 : 56. — Jean (20 : 1) ne mentionne en premier lieu que Marie-Magdelaine ; ici, nous la voyons accompagnée de *l'autre Marie* (comp. 27 : 56, note) ; Marc (16 : 1) lui donne deux compagnes ; Luc, enfin (24 : 10), constate la présence de quelques autres femmes. (Comp. Luc 24 : 1, note.) Dans l'histoire de la résurrection de Jésus, plus qu'ailleurs, les relations des évangélistes, vraies dans leurs données générales, présentent des divergences de détail qu'on ne peut toujours concilier. On conçoit très bien que, dans les scènes multipliées et rapides de ce grand événement, au milieu de la surprise, de la crainte, de la joie qu'en éprouvèrent les disciples, chacun rapporta ce qu'il avait vu ou ce qui lui avait été dit par d'autres, et que les traditions qui se formèrent ainsi varièrent suivant les contrées et les Eglises.

2. Nos versions ordinaires portent ici, d'après le texte reçu : « roula la pierre *de l'entrée du sépulcre.* » Ces derniers mots se lisent dans *A, C* et les *majusc.* plus récents. Mais leur adjonction s'explique mieux que leur retranchement. La version de Lausanne, avec quelques interprètes, met tous les verbes au plus-que-parfait : *il y avait eu* un grand tremblement de terre, un ange *était venu, avait roulé* la pierre, etc., pour faire comprendre que ces miracles s'accomplirent, non en la présence des femmes, mais avant leur arrivée. D'après les autres évangiles, il semble qu'il en fut ainsi (Marc 16 : 4 ; Luc 24 : 2) ; mais le texte de Matthieu n'admet pas une telle traduction. Notre évangéliste, comme toujours, au lieu d'entrer dans les détails et de rapporter textuellement les récits des témoins oculaires, raconte l'événement d'une manière plus générale. — Luc (24 : 4, note) mentionne *deux* anges ; Matthieu et Marc ne parlent que de celui qui adressa la parole aux femmes.

3. Comp. sur ces images Marc 9 : 3 et Luc 9 : 29.

4. Moins ces soldats romains comprirent les phénomènes qui se passaient autour d'eux, plus, dans leur superstition de païens, ils éprouvèrent de terreur.

5. Chaque mot, dans ce discours de l'ange, est propre à consoler les femmes éplorées : *Vous* (par opposition aux gardes effrayés), *ne craignez point ;* vous cherchez avec amour, je le sais, ce Jésus que vous avez vu mourir sur la croix. Il n'est plus ici parmi les morts, *il est ressuscité,* sa parole est accomplie. *Approchez, voyez* ce tombeau vide où il était couché. (Le texte reçu avec *A, C, D* dit : où *le Seigneur* était couché.) Maintenant, les femmes, consolées, réjouies, doivent être les *promptes* messagères de cette bonne nouvelle pour les disciples ; elles doivent aussi leur annoncer qu'*il les précède en Galilée*, et que là *ils le verront*, selon sa promesse. (26 : 32 ; comp. ci-dessous v. 10, note.) En effet, le message dont l'ange charge les femmes pour les disciples s'étend jusqu'à ces mots : *c'est là que vous le verrez*, car les femmes elles-mêmes allaient le voir dans un instant. (v. 9.) — Le dernier mot de l'ange : *Voici, je vous l'ai dit*, exprime la parfaite certitude de tout ce qu'il annonce.

pulcre, avec crainte et avec une grande joie, elles coururent l'annoncer à ses disciples. — Et voici, Jésus vint au-devant d'elles, en disant : Salut[1] ! Et elles, s'approchant, saisirent ses pieds et l'adorèrent[2]. — Alors Jésus leur dit : Ne craignez point ; allez et annoncez cette nouvelle à mes frères, afin qu'ils s'en aillent en Galilée, et c'est là qu'ils me verront[3]. 9 10

B. 11-15. Le témoignage des gardes. — 1º *La nouvelle apportée aux sacrificateurs*. Quelques gardes vont raconter aux principaux sacrificateurs ce qui est arrivé. (11.) — 2º *Les gardes corrompus*. Le sanhédrin, s'étant assemblé, et en ayant délibéré, offre une forte somme aux soldats à condition qu'ils disent que le corps de Jésus a été dérobé pendant la nuit par ses disciples. Il promet d'intervenir auprès de Pilate, si cette affaire vient à sa connaissance. Les soldats acceptent le marché. C'est l'origine du bruit qui a couru jusqu'à ce jour parmi les Juifs. (12-15.)

Or pendant qu'elles étaient en chemin, voici quelques-uns de la garde vinrent à la ville et rapportèrent aux principaux sacrificateurs tout ce qui était arrivé. — Alors s'étant assemblés avec les anciens et ayant tenu conseil, ils donnèrent aux soldats une forte somme d'argent[4], — en disant : Dites : Ses disciples sont venus de nuit et 11 12 13

---

1. Gr. *réjouissez-vous !* C'était là la belle formule de salutation usitée chez les Grecs et qui, en ce moment, dans la bouche de Jésus ressuscité, se revêtait d'une signification profonde. (Comp. v. 8.) — Le texte reçu, avec *A*, *C*, la Peschito, fait précéder notre v. 9 de ces mots : *Mais comme elles allaient pour le leur annoncer*, qui ne se trouvent pas dans *Sin*. *B*, *D*, la plupart des vers. — Cette apparition de Jésus aux femmes avait été précédée d'une autre à Marie-Magdeleine seule (Marc 16 : 9 ; Jean 20 : 11), à moins qu'on ne puisse, selon l'opinion de quelques exégètes, identifier ces deux apparitions, en supposant que Jésus apparut à Marie de Magdala seule, après que ses compagnes furent retournées à la ville. Le récit de Matthieu serait celui de Jean généralisé.
2. La crainte, la joie (v. 8), le bonheur de retrouver leur Sauveur se confondent dans ce mouvement d'adoration, par lequel les femmes veulent s'assurer que c'est bien lui, et en quelque sorte le retenir. Ce trait nous explique la parole remarquable de Jésus à Marie-Magdeleine (Jean 20 : 17), et c'est là encore un indice qu'il s'agit dans les deux récits d'un seul et même fait.
3. Jésus ne donne à ses disciples ce beau et doux nom de *frères* qu'après sa résurrection. (Jean 20 : 17 ; comp. 12 : 50.) — Ces dernières paroles de Jésus : *c'est là qu'ils me verront*, sont conformes à celles de l'ange (v. 7) ; elles prouvent que Matthieu n'a point en vue d'autres apparitions de Jésus ressuscité que celles qui eurent lieu en Galilée. (v. 16.) C'est là que le Sauveur avait le plus de disciples, parce qu'il y avait constamment séjourné et annoncé le règne de Dieu. Il pouvait, dans cette province reculée et montagneuse, réunir sans bruit tous ceux qui avaient cru en lui, afin de leur donner les preuves les plus certaines de sa résurrection. (Jean 21 : 1 et suiv. ; 1 Cor. 15 : 6.) Matthieu ne rapporte pas les autres apparitions de Jésus à Jérusalem, que Luc et Jean nous ont racontées en détail. Il s'était formé, dans la tradition apostolique, deux courants parallèles. Les faits rapportés par cette double tradition ne s'excluent pas. Il est au contraire naturel que Jésus soit apparu à ses disciples d'abord à Jérusalem, où ils étaient réunis au lendemain de sa mort, puis dans la Galilée, leur patrie, où tout les rappelait, et qu'il les ait enfin ramenés à Jérusalem aux approches de la Pentecôte.
4. Gr. *suffisamment d'argent*. — On a révoqué en doute cette grossière tentative

300 ÉVANGILE SELON MATTHIEU CHAP. XXVIII.

14 l'ont dérobé pendant que nous dormions. — Et si cela vient à la connaissance du gouverneur, nous l'apaiserons et nous vous tirerons
15 de peine [1]. — Eux donc, ayant pris l'argent, firent comme ils avaient été instruits. Et ce bruit a été répandu parmi les Juifs jusqu'à aujourd'hui [2].

C. 16-20. APPARITION DE JÉSUS AUX ONZE EN GALILÉE. — 1° *L'apparition de Jésus.* Les onze se rendent en Galilée sur la montagne désignée par Jésus. Ils se prosternent devant lui, quelques-uns cependant ont des doutes (16, 17.) — 2° *Les instructions de Jésus.* Jésus *affirme* que tout pouvoir lui appartient ; il *ordonne* à ses disciples d'aller vers toutes les nations, d'instruire, de baptiser et d'enseigner à garder ses commandements ; il leur *promet* d'être avec eux tous les jours jusqu'à la fin du monde. (18-20.)

16 Or les onze disciples s'en allèrent en Galilée, sur la montagne où
17 Jésus leur avait ordonné d'aller [3]. — Et le voyant, ils l'adorèrent [4] ;

de corruption faite, après délibération, par le sanhédrin. Mais comment la trouver étrange, après la transaction de ce même corps avec Judas ? Quand l'aveuglement de la passion et l'endurcissement de la conscience sont arrivés à leur comble, tous les moyens paraissent bons ; l'homme, privé du secours de Dieu, livré à la puissance du péché, ne recule devant aucun expédient.

1. Gr. *nous le persuaderons* (pour qu'il ne vous inflige pas la punition méritée), et nous vous tirerons de toute inquiétude. Le mensonge qu'ils insinuaient aux soldats, ils le savaient, n'était pas sans danger. (Voir sur les objections qu'on fait au sujet de ce récit 27 : 66, note.)

2. *Ce bruit* (gr. *cette parole*) ne désigne pas l'histoire de cette transaction entre les membres du sanhédrin et les soldats, mais la déclaration mensongère de ces derniers que les disciples avaient enlevé le corps de Jésus. (v. 13.)

3. 26 : 32 ; 28 : 10. Il paraît qu'en ordonnant à ses disciples de se rendre en Galilée après sa résurrection, il leur avait en même temps désigné *une montagne* où ils le rencontreraient. Quelle était cette montagne ? le texte ne le dit pas, et toutes les suppositions qu'on a faites à cet égard sont inutiles. Mais ce qu'il y a de remarquable, c'est que les plus grands événements de la vie du Seigneur, tels que le discours par lequel il inaugurait son royaume comme Messie (ch. 5 à 7), la manifestation de sa gloire par sa transfiguration (17 : 1 et suiv.), et, ici, son solennel discours d'adieu, ont lieu sur des montagnes. — Matthieu ne mentionne que les *onze disciples* de Jésus, c'est-à-dire ses apôtres, réduits à ce nombre par la mort de Judas. (27 : 5.) Mais comme Jésus avait en Galilée beaucoup de disciples qui, sans aucun doute, s'empressèrent de s'assembler en apprenant, par les apôtres revenus de Jérusalem, la grande nouvelle de sa résurrection, plusieurs interprètes pensent que les onze n'étaient pas seuls lors de cette solennelle entrevue sur la montagne, et identifient cette apparition avec celle où Jésus, au témoignage de Paul, fut vu par plus de cinq cents frères en une seule fois. (1 Cor. 15 : 6.) Il leur paraît plus facile d'expliquer, dans cette supposition, les doutes mentionnés. (v. 17.) Cela est assez vraisemblable : il faut reconnaître cependant que ces doutes se produisirent aussi dans le cercle des apôtres. (Luc 24 : 41 ; Jean 20 : 24 et suiv. ; 21 : 4.) Et dans notre récit il n'y a pas d'indices clairs de la présence d'autres personnes que les onze. (v. 16.) Matthieu passe entièrement sous silence les apparitions de Jésus à ses disciples en Judée et les entretiens qu'il avait eus là avec eux. Mais pouvait-il les ignorer ? Lui-même ne rapporte-t-il pas la rencontre de Jésus avec les femmes près du tombeau, et les paroles qu'il leur adressa ? (v. 9.) Et tout ce qui s'était passé à Jérusalem entre Jésus ressuscité et ses disciples (Luc 24 et Jean 20) ne fut-il pas immédiatement connu de tous ? Ces raisons porteraient à croire que l'évangéliste ne prétend pas raconter la première entrevue de Jésus avec ses disciples, mais seulement ce solennel rendez-vous qu'il leur avait d'avance assigné et où il devait les investir de leur mission.

4. La foi en la divinité du Fils de Dieu,

mais quelques-uns doutèrent. — Et Jésus, s'approchant, leur parla, 18 disant : Tout pouvoir m'a été donné dans le ciel et sur la terre¹. — Allez, instruisez toutes les nations, les baptisant au nom du Père et 19 du Fils et du Saint-Esprit², — leur apprenant à garder tout ce que 20 je vous ai commandé³.

encore incertaine et faible dans le cœur de plusieurs, se réveille victorieuse à la vue du Sauveur triomphant de la mort. (Jean 20 : 28.) — Une variante, dans *Sin.* *B*, *D*, retranche ici l'objet du verbe (*le*) et dit simplement : *ils adorèrent.* Le sens reste le même.

1. *Tout pouvoir* ou toute autorité, *dans le ciel et sur la terre.* Jusqu'ici, Jésus était sur la terre, dans son état d'humiliation, sous sa forme de serviteur. (Philip. 2 : 7.) Maintenant, par sa résurrection, par son retour *dans le ciel*, au sein de sa gloire (Jean 17 : 5), il entre en plein dans sa royauté divine, où toutes choses lui sont soumises. (Eph. 1 : 20-23 ; Philip. 2 : 9-11.) Cette puissance et cette autorité divines sont le fondement et le garant de la mission qu'il va donner aux disciples, et dont l'impossibilité les aurait effrayés sans cette assurance-là. (Voir aussi le dernier mot de ce discours, v. 20.)

2. Dans cet ordre suprême de Jésus à ses apôtres et à son Eglise, chaque mot doit être pesé. — *Allez*, dit-il (le texte reçu ajoute le mot *donc*, qui se lit dans *B*, l'*Itala*, la *vulgate*, la vers. syr., et qui est maintenu par Lachmann, Westcott et Hort, B. Weiss, etc ; il rend en tout cas bien le rapport du verset précédent avec l'ordre ici donné) ; les disciples de Jésus doivent *aller* et ne point attendre que les nations viennent à eux, ce qui n'arriverait jamais. Et comme cet ordre est permanent, il est la charte de l'œuvre des missions. — *Instruisez toutes les nations.* (Gr. *faites disciples toutes les nations.*) Tel est le dessein de la miséricorde de Dieu, qui est sans limites à l'égard de notre pauvre humanité déchue. Cet ordre est donc en même temps une promesse. (24 : 14.) — Mais comment faire disciples les nations ? Par ces trois moyens : l'*instruction*, le *baptême* et l'*obligation morale* de mettre en pratique tout l'enseignement du Sauveur. (v. 20.) L'instruction est adressée à *toutes les nations ;* le baptême est administré *à ceux qui*, d'entre ces nations, ont été *faits disciples.* (Le pronom baptisez-*les*, au masculin, ne se rapporte pas aux *nations*, mais aux disciples.) Enfin, c'est à ces disciples baptisés que les apôtres doivent enseigner à *garder* tout ce que le Maître a commandé. On ne peut pas cependant conclure de ces paroles que tout doive toujours se passer dans ce même ordre ; car la tournure grecque de la phrase : *faites disciples en les baptisant*, est loin d'établir cette succession uniforme. Il y a même une variante qu'il faudrait traduire : faites disciples *après les avoir baptisés.* Elle se trouve dans *B* et *D* : Tregelles l'admet dans le texte, Westcott et Hort en marge, B. Weiss la préfère. Même sans admettre cette leçon, il est certain qu'ici, comme en toutes choses, le Seigneur laisse une grande liberté à ses disciples. Aussi voyons-nous les apôtres faire souvent usage de cette liberté en exigeant pour le baptême, non une instruction religieuse complète, mais simplement la confession des péchés et la foi en Jésus comme Sauveur. (Act. 2 : 38, 41 ; 8 : 12 ; 16 : 33 ; 19 : 5.) — *Baptiser au nom* (gr. *pour* ce nom, ou *dans* le nom, ou *en vue de* ce nom, selon une particule qui marque la direction, le but où l'on tend : Rom. 6 : 3 ; 1 Cor. 10 : 2), ne signifie pas seulement baptiser par l'ordre, sur l'autorité de l'Etre dont il s'agit ; mais comme son *nom* exprime son essence même, toutes ses perfections, et que *baptiser* signifie *plonger*, c'est introduire le néophyte dans une communion vivante avec Dieu. Ainsi baptiser au nom *du Père*, *du Fils* et *du Saint-Esprit*, c'est baptiser avec l'assurance que toutes les grâces dont le Dieu trois fois saint est la source seront communiquées au croyant, qu'il est reçu par le baptême dans la communion du *Père*, source éternelle de tout amour, de toute vie ; dans la communion du *Fils*, qui l'a racheté et qui fait de lui un membre vivant de son propre corps ; dans la communion du *Saint-Esprit*, qui l'éclaire et le sanctifie. Telle est la riche et profonde signification du baptême chrétien, qui a pour fruit la purification et la régénération par le Saint-Esprit. (Jean 3 : 5 ; Tite 3 : 5.) — Nous trouvons ainsi dans cette solennelle parole de Jésus-Christ une révélation complète de Dieu, tel que l'Eglise le connaît et l'adore et tel qu'il répond seul aux profonds besoins de notre âme. L'Ecriture, en effet, ne présente pas les rapports de

La note 3 est à la page suivante.

Et voici, moi, je suis avec vous tous les jours jusqu'à la consommation du temps [1].

ces trois Etres de l'essence divine comme objets de spéculation, mais comme la source de toutes les grâces qui sont indispensables à la vie spirituelle. (Comp. 2 Cor. 13 : 13.) Otez à la foi l'un de ces noms divins, avec les dons qu'il nous garantit, et aussitôt le chrétien sentira une diminution dans sa foi, dans sa vie ou dans son espérance.

3. Les deux premiers moyens par lesquels les hommes deviennent disciples de Jésus, l'instruction et le baptême (voir la note précédente), doivent produire immédiatement en eux une vie nouvelle qui se manifeste par l'obéissance à la parole de Jésus. *Garder*, pratiquer *tout ce qu'il a commandé* (7 : 24-28), telle est désormais la règle suprême de leur vie. Ici encore, comme au v. 18, Jésus parle avec une autorité souveraine : il ne conseille pas, il *commande*.

1. Ces dernières paroles sont la sanction divine de l'ordre que Jésus vient de donner à ses disciples et à l'Eglise ; ce qui seul en rend possible l'accomplissement, c'est cette solennelle promesse qu'il leur fait d'être *avec eux tous les jours*, les assistant de sa présence divine, agissant en eux et par eux, par la puissance de son Esprit. Cette précieuse promesse qui est elle-même une nouvelle preuve de son éternelle divinité, a été visiblement accomplie depuis dix-neuf siècles, et elle le sera *jusqu'à la consommation du temps*. Cette expression (comp. 24 : 3, note) désigne la fin de l'économie présente, où Christ reviendra dans sa gloire, rassemblera ses rachetés, et élèvera son règne à la perfection. — Cette dernière scène de l'évangile de Matthieu couronne dignement tout son livre, dont le but était de prouver au peuple d'Israël la dignité messianique, la royauté éternelle de Jésus. Du premier mot jusqu'au dernier, tous les actes et tous les discours du Sauveur rapportés dans ce livre fournissent cette preuve dans une grande et vivante unité.

ÉVANGILE SELON MARC

INTRODUCTION

I

Qui était ce Marc, désigné comme auteur de notre second évangile ? On est généralement d'accord pour l'identifier avec le personnage de ce nom mentionné dans les épîtres aux Colossiens et à Philémon, et qui apparaît dans le récit des Actes. Juif de naissance (Col. 4 : 10, 11), il s'appelait Jean (Jochanan, *l'Eternel fait grâce*) et avait ajouté à ce nom hébreu le nom romain de Marc. Il était de Jérusalem, où sa mère recevait dans sa maison les assemblées de l'Eglise. C'est là que l'apôtre Pierre se rendit après avoir été délivré de la prison. (Act. 12 : 12.) Pierre appelle Marc *son fils* (1 Pier. 5 : 13) ; on en a conclu avec vraisemblance que ce jeune homme avait été amené par l'apôtre à la foi chrétienne. Marc était cousin de Barnabas, le compagnon d'œuvre de Paul. (Col. 4 : 10.) Ces deux derniers, se trouvant à Jérusalem dans le temps même de la délivrance de Pierre, prirent Marc avec eux pour l'associer à leur œuvre. (Act. 12 : 25.) Il les accompagna d'abord à Antioche, puis dans leur premier voyage de mission en Asie Mineure, jusqu'à Perge en Pamphylie, où il se sépara d'eux pour retourner à Jérusalem. (Act. 13 : 5, 13.) Désapprouvant les motifs, à nous inconnus, de cette conduite, Paul ne voulut pas le reprendre avec lui dans un second voyage ; il eut à ce sujet une vive discussion avec Barnabas et se sépara même de lui pour accomplir avec Silas le voyage qui devait le conduire en Grèce. (Act. 15 : 36-39.) Barnabas, mû par son affection pour Marc, son parent, s'embarqua avec lui pour l'île de Chypre, sa patrie. (Act. 4 : 36.) Marc s'attacha ensuite à Pierre, son père en la foi. Il se trouvait auprès de lui à Babylone, au moment où l'apôtre écrivit de cette ville sa première lettre.

(1 Pier. 5 : 13.) Les relations de Marc avec Paul se renouèrent plus tard. Paul lui rendit toute sa confiance et son affection. Dans les lettres qu'il écrivit durant sa première et sa seconde captivité, il parle de lui comme d'un aide très utile dans son ministère et fidèle à partager ses souffrances. (Col. 4 : 10 ; Philém. 23 ; 2 Tim. 4 : 11.) Il semble cependant, d'après les témoignages unanimes des plus anciens Pères de l'Eglise, que Marc fut surtout en rapports suivis et intimes avec Pierre, dont il était le collaborateur et l'interprète dans ses voyages missionnaires.

II

1. Cette collaboration de Marc avec l'apôtre Pierre est confirmée par le contenu de notre second évangile et jette une vive lumière sur son *origine*. Nous avons déjà cité (p. 30) les paroles de Papias, rapportées par Eusèbe. (*Hist. eccl.* III, 39.) Il résulte de ce témoignage que Marc écrivit « les choses dites ou faites par le Christ » d'après les récits de l'apôtre Pierre dans ses prédications et qu'il rédigea son ouvrage, non suivant l'ordre chronologique ou l'ordre des matières, mais en rangeant les faits selon que sa mémoire les lui rappelait. Ce témoignage de Papias qui présente les prédications de Pierre comme la source de notre évangile, est répété d'une voix unanime par Irénée (Eus. V, 8), par Origène (Eus. VI, 25), par Eusèbe (III, 24), par Tertullien (*Contre Marcion*, IV, 25), par Jérôme (*Catalogue des hommes illustres*, 8). Nous avons de plus un rapport indépendant de ceux que nous venons de citer et qui y ajoute quelques circonstances importantes : « Voici, dit Clément d'Alexandrie, quelle fut l'origine de l'évangile de Marc. Comme Pierre annonçait l'Evangile à Rome par la puissance de l'Esprit, ses nombreux auditeurs prièrent Marc, qui l'accompagnait depuis longtemps et qui se souvenait de ses discours, d'écrire les choses racontées par lui. Marc composa donc son évangile et le communiqua à ceux qui le lui avaient demandé ; ce que Pierre ayant appris, il ne voulut ni s'opposer à cette demande, ni l'encourager. » Eusèbe, qui nous a conservé ce récit dans son *Hist. eccl.* (VI, 4), le confirme lui-même avec tous ces détails dans un autre endroit de son livre. (II, 15.) Il n'y a, dans ce rapport, qu'un point obscur et qui pourrait susciter quelque doute. C'est la présence de Pierre à Rome, qui est affirmée par les Pères des premiers siècles, tandis qu'elle paraît contraire au témoignage du Nouveau Testament. (Comp. l'Introduction à l'épître aux Romains, 3.) Même si l'on se refusait à l'admettre, il n'y aurait pas de raison pour rejeter la tradition concernant l'origine de l'évan-

gile de Marc. Mais nous pensons que Pierre vint à Rome vers l'an 64. Notre évangile aura été écrit par Marc, à Rome, cette année-là ou les années suivantes.

2. Si maintenant nous ouvrons le livre même, y retrouvons-nous des indices qui confirment ces données historiques ? Cela ne paraîtra douteux à aucun lecteur attentif. Et d'abord, que Marc, Juif d'origine, ait écrit pour des hommes étrangers à sa nation, c'est ce qui est évident au premier coup d'œil. Tandis que Matthieu, qui s'adresse à son peuple, lui montre, à chaque fait de la vie du Sauveur, l'accomplissement des prophéties, Marc ne cite qu'une seule fois l'Ancien Testament. (1 : 2, 3.) En revanche, il explique partout les usages israélites, ainsi que les mots hébreux qu'il lui arrive d'employer. (5 : 41 ; 7 : 34 ; 14 : 36.) L'évangéliste a donc en vue des lecteurs étrangers. A quelle nation appartenaient-ils ?

Nous venons de voir que les Pères assignent à notre évangile Rome comme lieu d'origine. On l'aurait deviné, même sans ce témoignage, en voyant tous les mots latins que l'auteur emploie. Il appelle *speculator* un soldat de la garde d'Hérode (6 : 27) ; *centurion*, un capitaine (15 : 39, 44, 45) ; *xestès*, un vase de six mesures. (7 : 4.) Il traduit en latin un mot grec (15 : 16) ; il indique même en monnaie romaine la valeur d'une pièce d'argent en usage chez les Juifs. (12 : 42.)

Nous avons vu encore que les écrivains ecclésiastiques les plus anciens considèrent les récits évangéliques de la prédication de Pierre comme la source de notre évangile, qui en serait le résumé. Cette opinion explique une foule de traits de détail qui ne peuvent procéder que d'un témoin oculaire. Marc, plus que les autres évangiles peint les situations, rapporte les scènes d'une manière dramatique et note les attitudes et les gestes des personnages, de Jésus en particulier. Le lépreux guéri se met à divulguer partout ce miracle, de sorte que Jésus ne pouvait plus entrer ouvertement dans la ville (1 : 45.) Au moment de guérir l'homme à la main sèche, Jésus promène sur ses adversaires ses regards avec colère et avec tristesse. (3 : 5.) Deux fois nous lisons que la foule qui se pressait autour de Jésus et de ses disciples était si nombreuse « qu'il n'avait pas même le temps de manger. » (3 : 20 et 6 : 31.) Pendant la tempête, Jésus « était à la poupe dormant sur un oreiller. » (4 : 38.) L'auteur sait le nombre de ces pourceaux qui périrent dans la mer : « Il y en avait environ deux mille. » (5 : 13.) Nous apprenons que les disciples, dans leur première mission, « oignaient d'huile » certains malades qu'ils guérissaient. (6 : 13.) Jésus, au moment de guérir un sourd-muet, « soupira » et dit en hébreu « *Ephphata !* c'est-à-dire, ouvre-toi ! » (7 : 34.) Jésus accueille avec amour les petits enfants qui lui sont présentés, en « les entourant de ses bras. » (10 : 16.) Quand le jeune homme riche vient à lui, sincère dans son illusion d'avoir gardé toute la loi, « Jésus, l'ayant regardé, l'aima. » (10 : 21.) Jésus monte pour la dernière fois à Jérusalem, « marchant devant » ses disciples effrayés, qui « le suivent, saisis de crainte. » (10 : 32.) L'aveugle de Jéricho, que Jésus appelle pour le guérir, « jette son manteau » et s'élance vers lui. » (10 : 50.) C'est par Marc seul encore que nous connaissons le trait de ce jeune homme qui suivait Jésus en Gethsémané au moment où les disciples s'enfuirent (14 : 51, 52), et que nous savons que ce Simon de Cyrène, qui eut le privilège de porter la croix du Sauveur, était le père de deux hommes connus dans l'Eglise primitive, Alexandre et Rufus. (15 : 21.) Nous pourrions citer encore divers autres traits, particuliers à notre évangile, mais ceux que nous avons indiqués suffisent pour nous convaincre que l'auteur est en effet l'interprète d'un témoin oculaire.

Or, que ce témoin oculaire soit l'apôtre Pierre, c'est ce dont notre évangile renferme encore quelques indices significatifs. Pierre y tient une place notable et maint récit porte la trace de ses souvenirs personnels ; mais d'autre part cet évangile passe sous silence tout ce qui était à la louange de l'apôtre et met au grand jour ce qui pouvait l'humilier. Dans la scène de Césarée de Philippe, Marc n'oublie ni la faute de Pierre, ni la terrible parole du Seigneur : « Va, arrière de moi, Satan! car tu ne comprends pas les choses qui sont de Dieu, mais celles qui sont des hommes! » Mais il omet ces belles paroles d'approbation prononcées quelques instants auparavant : « Tu es heureux, Simon, Fils de Jona.... Je te dis aussi que tu es Pierre et que sur cette pierre j'édifierai mon Eglise. » (Marc 8 : 32, 33 ; comp. Math. 16 : 17 et suiv.) Dans le récit de la tempête, il n'est pas dit que Pierre eut assez de foi pour s'élancer au-devant de son Maître en marchant sur les eaux. (Marc 6 : 47 et suiv. ; comp. Math. 14 : 28 et suiv.) Le reniement de Pierre est aggravé par la mention du double chant du coq. (Marc 14 : 30 et 72.) Des traits pareils ne sauraient procéder de l'évangéliste, mais bien de l'apôtre dont il recueillait les récits.

III

Tout en puisant ses matériaux dans ses souvenirs de la prédication de Pierre et en reproduisant avec fidélité les récits de l'apôtre, l'auteur du second évangile a cependant un *but* bien marqué, et il suit pour l'atteindre un *plan* qui lui appartient en propre. Dès la première ligne, il donne à son écrit ce titre remarquable : « Commencement de la bonne nouvelle de Jésus-Christ, Fils de Dieu. » Son but est donc tout différent de celui de Matthieu, qui écrit en tête de son ouvrage : « Livre de la naissance de Jésus-Christ, fils de David, fils d'Abraham. » Marc n'a pas l'intention de montrer dans la vie de Jésus l'accomplissement des révélations précédentes de Dieu à son peuple. Il veut plutôt mettre immédiatement en relief la gloire et la grandeur divines de la personne de Jésus-Christ, se manifestant dans ses actions, plus encore que dans ses discours. Sans omettre les enseignements du Sauveur, il les place dans des entretiens qui sont toujours dans un rapport direct avec ses œuvres. Aussi l'impression produite par ces œuvres sur la foule est-elle habituellement celle de l'étonnement et de l'admiration. Ce sentiment déborde à chaque trait du récit. L'auteur en est tout pénétré lui-même : « Et tous étaient stupéfaits » (1 : 27) ; « et la ville entière était rassemblée à la porte » (1 : 33) ; « tellement qu'il ne pouvait plus entrer publiquement dans la ville » (1 : 45) ; « de sorte qu'ils étaient tous hors d'eux, comme en extase » (5 : 42), etc. (Voir F. Godet, *Etudes bibliques*, 2ᵉ série, p. 35.)

En faisant passer sous ses yeux une suite de tableaux pleins de fraîcheur et de vie, Marc éveille dans l'âme du lecteur des sentiments analogues à ceux qu'il se plaît à noter dans la foule spectatrice des actes du Christ. La divine figure du Sauveur des hommes domine la narration et apparaît dans toute sa grandeur.

La marche que suit notre évangéliste est de la plus grande simplicité. Il ne groupe pas ses matériaux, comme Matthieu, suivant l'ordre pragmatique. Il n'a pas, comme Luc, des préoccupations d'historien exact et précis. Il nous dépeint le premier essor de l'activité du Christ à Capernaüm et sur les bords du lac de Génézareth ; il nous montre l'enthousiasme qu'elle excite, mais aussi l'opposition qu'elle rencontre bientôt. Cette opposition va grandissant ; elle opère une division dans la foule et groupe autour de Jésus un petit nombre d'adhérents fidèles ; elle contraint enfin Jésus à se retirer à l'écart ; dans ces retraites successives Jésus se consacre à l'éducation des disciples qui l'ont suivi. Après nous avoir tracé ce tableau du ministère de Jésus en Galilée, l'évangéliste nous le fait voir s'acheminant vers Jérusalem, où il entre en triomphateur, lutte dans le temple, est condamné et crucifié, ressuscite le troisième jour.

Quoique ce plan général ne présente pas dans le détail des articulations bien marquées, on peut cependant indiquer les divisions suivantes :

Introduction.

Jean-Baptiste. Baptême et tentation de Jésus. (1 : 1-13.)

Le ministère de Jésus en Galilée.

I. *Tableau de l'activité du Christ.* La prédication du royaume ; vocation de quatre disciples. Jésus à Capernaüm : enseignement dans la synagogue. Guérisons d'un démoniaque, de la belle-mère de Pierre, de nombreux malades. Jésus en prière. Il parcourt la Galilée ; il guérit un lépreux ; sa renommée se répand. (1 : 14-45.)

II. *Opposition croissante des pharisiens.* Au retour de Jésus à Capernaüm, elle se manifeste à l'occasion de la guérison d'un paralytique, de la vocation de Lévi et de deux violations du repos sabbatique. (2 : 1 à 3 : 6.)

III. *Première retraite de Jésus.* Toujours suivi de la multitude, il se retire au bord du lac, où il opère des guérisons ; sur la montagne, où il choisit les douze ; dans la maison, où il repousse les calomnies de ses adversaires et les efforts des siens pour le retenir. Il enseigne en paraboles. Il apaise la tempête. Il guérit un démoniaque chez les Gadaréniens. De retour à Capernaüm, il guérit une femme et ressuscite la fille de Jaïrus. A Nazareth, il rencontre de l'incrédulité. (3 : 7 à 6 : 6.)

IV. *Mission des douze et retraite de l'autre côté du lac.* Jésus adresse un appel au peuple en envoyant les douze. Hérode fait mettre à mort Jean-Baptiste. Quand les douze sont de retour, Jésus les conduit à l'écart sur l'autre rive. Les foules le rejoignent ; il multiplie les pains. Il marche sur la mer. Il opère des guérisons dans le pays de Génézareth. (6 : 7-56.)

V. *Attaque des pharisiens et des scribes de Jérusalem. Retraite à Tyr et à Sidon.* Jésus questionné sur la tradition, censure les pratiques des pharisiens. Il se rend dans le territoire de Tyr : la femme cananéenne. Il revient vers la Galilée par la Décapole : guérison d'un sourd-muet ; seconde multiplication des pains. (7 : 1 à 8 : 10.)

VI. *Nouvelle attaque des pharisiens. Jésus à Césarée de Philippe. La transfiguration.* Les pharisiens demandent un signe du ciel. Le levain des pharisiens. Jésus, après avoir guéri un aveugle à Bethsaïda, se retire à Césarée de Philippe. Pierre le reconnaît comme Messie. Jésus est transfiguré. Il guérit un démoniaque. Il revient en Galilée, annonçant à ses disciples ses souffrances et sa mort, et leur donnant des instructions sur la vraie grandeur et sur les scandales. (8 : 11 à 9 : 50.)

La Passion de Jésus à Jérusalem.

I. *En route pour Jérusalem.* En Pérée, Jésus répond à une question des pharisiens sur le divorce, bénit les petits enfants, s'entretient avec le jeune homme riche et parle à ses disciples de l'héritage de la vie éternelle. Il annonce sa mort et sa résurrection. Demande des fils de Zébédée. L'aveugle Bartimée guéri à la sortie de Jéricho. (10 : 1-52.)

II. *L'entrée royale.* Entrée à Jérusalem. Retour à Béthanie. Le figuier maudit. Les vendeurs chassés du temple. Les principaux délibèrent. Entretien sur la puissance de la foi. (11 : 1-26.)

III. *La lutte dans le temple.* Attaque officielle du sanhédrin : l'autorité de Jésus ; parabole des vignerons ; la pierre de l'angle. Questions sur le tribut à César, la résurrection, le plus grand commandement. Jésus demande : De qui le Christ est-il fils ? Il censure les scribes et admire une pauvre veuve. (11 : 27 à 12 : 44.)

IV. *Le discours sur les derniers temps.* Les disciples font admirer à Jésus les édifices du temple. Il annonce leur ruine, puis, assis sur le mont des Oliviers, il prédit les événements qui précéderont la fin, la destruction de Jérusalem et l'avènement du fils de l'homme. Il exhorte à la vigilance. (13 : 1-37.)

V. *Les adieux de Jésus aux siens.* Le repas de Béthanie. La trahison de Judas. Le repas de la Pâque et l'institution de la cène. (14 : 1-26.)

VI. *Gethsémané.* Agonie de Jésus. Son arrestation. (14 : 27-52.)

VII. *Le procès.* Jésus devant les autorités juives ; reniement de Pierre. Jésus devant Pilate. (14 : 53 à 15 : 20.)

VIII. *La mort de Jésus.* Son crucifiement. Sa sépulture. (15 : 21-47.)

IX. *La résurrection et l'ascension de Jésus.* (Ch. 16.)

ÉVANGILE SELON MARC

INTRODUCTION

Jean-Baptiste et Jésus-Christ.

1-13. Ministère de Jean. Baptême et tentation de Jésus. — 1° *Titre.* C'est ici le commencement de l'Evangile de Jésus-Christ, Fils de Dieu. (1.) — 2° *L'apparition de Jean-Baptiste. a) Le prédicateur de la repentance.* Accomplissant la prophétie, Jean paraît baptisant et prêchant la repentance. L'affluence auprès de lui est grande. Son vêtement et sa nourriture. (2-6.) — *b) Le précurseur du Messie.* Jean proclame la venue d'un plus puissant que lui, dont il reconnaît humblement la supériorité : c'est lui qui baptisera d'Esprit-Saint. (7, 8.) — 3° *Le baptême et la tentation de Jésus.* — *a) Le baptême.* L'évangéliste marque le moment où Jésus quitte sa retraite de Galilée et vient se faire baptiser par Jean dans le Jourdain. Jésus sortant de l'eau voit les cieux se fendre, l'Esprit descendre comme une colombe. Une voix du ciel s'adresse à lui et le proclame le Fils bien-aimé de Dieu. (9-11.) — *b) La tentation.* Aussitôt l'Esprit pousse Jésus au désert. Il y est tenté par Satan pendant quarante jours, entouré de bêtes sauvages, servi par les anges. (12, 13.)

Commencement de l'Evangile de Jésus-Christ, Fils de Dieu[1]. — I

1. Comp. Math. ch. 3 à ch. 4 : 11 ; Luc ch. 3 à ch. 4 : 13. — Ce livre contient : *l'Evangile*, la bonne nouvelle de Jésus-Christ, qui en est l'objet. — Matthieu (1 : 1) ouvre son livre par un titre analogue ; mais, conformément à son but, qui était d'annoncer aux Juifs la messianité de Jésus-Christ, il l'appelle « fils de David, fils d'Abraham. » Marc, qui donne à son livre une destination plus universelle, nomme Jésus *Fils de Dieu*, lui attribuant ainsi dès l'abord sa dignité divine. Tischendorf (8ᵉ éd.) omet ces mots *Fils de Dieu*, d'après *Sin*. Irénée, Origène, etc. ; mais comme ils se lisent dans tous les autres manuscrits et toutes les versions anciennes, il faut les conserver. — Plusieurs interprètes modernes, à la suite de Bengel, font des mots du v. 1 : *Commencement de l'Evangile de Jésus-Christ Fils de Dieu*, le titre de tout le livre. (Comp. un titre analogue Osée 1 : 2, dans la version grecque.) C'est la construction la plus simple. Le second verset se lie à ce qui suit et commence le récit de l'apparition de Jean-Baptiste. — D'autres appliquent ces mots au seul ministère de Jean-Baptiste ; deux constructions sont dans ce cas possibles : 1° considérer les v. 2 et 3 comme une parenthèse et traduire : *le commencement de l'Evangile... fut Jean baptisant et prêchant.* (v. 4.) 2° Sous-entendre le verbe *être*, entre le v. 1 et le v. 2 : *Le commencement de l'Evangile... fut selon ce qui est écrit.* Avec le v. 4 commencerait une nouvelle proposition. — L'Eglise primitive considérait le ministère de Jean-Baptiste comme le point de départ de l'œuvre de notre rédemption. (Act. 1 : 22.) Marc voudrait exprimer cette idée.

2 Selon qu'il est écrit dans Esaïe, le prophète [1] : « Voici, j'envoie de-
3 vant ta face mon messager qui préparera ton chemin [2] ; — voix de
celui qui crie dans le désert : Préparez le chemin du Seigneur, apla-
4 nissez ses sentiers [3], » — Jean parut, baptisant, dans le désert, et
prêchant un baptême de repentance pour la rémission des péchés [4].
5 — Et tout le pays de Judée et tous les habitants de Jérusalem sortaient vers lui, et ils étaient baptisés par lui, dans le fleuve du Jour-
6 dain, en confessant leurs péchés [5]. — Et Jean était vêtu de poils de
chameau et d'une ceinture de cuir autour de ses reins ; et il man-
7 geait des sauterelles et du miel sauvage [6]. — Et il prêchait, en disant :
Il vient après moi Celui qui est plus puissant que moi, duquel je ne
suis pas digne de délier, en me baissant, la courroie de ses souliers.
8 — Moi, je vous ai baptisés d'eau ; mais lui vous baptisera d'Esprit-
Saint [7].

1. Le texte reçu, avec *A* et des *majusc.*, porte ici : *dans les prophètes*, contrairement aux témoignages les plus décisifs. C'est une correction très ancienne (Irénée l'a déjà), jugée nécessaire parce que l'évangéliste va citer *deux* prophètes. (v. 2 et 3.) Faut-il, pour cela, lui attribuer un défaut de mémoire ? Ne peut-on pas admettre que, ayant l'intention de citer la prophétie si connue d'Esaïe, il écrive d'abord le nom de ce prophète, puis que, se souvenant d'une autre prédiction qui convient également à son but, il cite cette dernière en premier lieu ?

2. Mal. 3 : 1. Voir, sur cette prophétie, Math. 11 : 10, note ; Luc 7 : 27, note.

3. Esa. 40 : 3. Voir Math. 3 : 3, note.

4. Sur ce *désert*, voir Math. 3 : 1, 3e note. — Jean ne *prêchait* pas seulement un *baptême*, il prêchait la loi qui devait réveiller dans les âmes le sentiment du péché et leur faire désirer ce baptême, qui dès lors était véritablement pour elles un baptême *de repentance*, mot qui désigne non seulement la douleur et l'humiliation du péché, mais le *changement* de dispositions morales qui en résulte. (Comp. Math 3 : 2, 1re note.) Ce baptême de repentance devait avoir pour résultat la *rémission* ou le *pardon des péchés*. Non que Jean lui-même procurât à ceux qu'il baptisait le pardon de leurs péchés, mais il annonçait la venue très prochaine de Celui qui a l'autorité de les pardonner et qui baptise du Saint-Esprit. (Voir, sur le baptême de Jean comparé à celui de Jésus-Christ, Math. 3 : 11, 4e note.)

5. Voir Math. 3 : 6, note. Le texte reçu fait dire ici à l'évangéliste : « *tous* étaient baptisés par lui, » ce qui est une erreur ; car, parmi cette foule qui affluait au Jourdain, plusieurs, sans doute, étaient peu préparés à recevoir le baptême de la repentance, et ceux-là, Jean ne les baptisait sûrement pas. — Ces mots : *confessant leurs péchés*, n'impliquent pas que chacun de ces nombreux Israélites faisait au prophète le récit détaillé de ses fautes, mais bien que tous se reconnaissaient pécheurs et s'humiliaient devant Dieu. Sans une telle *confession*, il n'y a point de vraie repentance.

6. Voir Math. 3 : 4, note. Plus la corruption du siècle est grande, plus il importe que les serviteurs de Dieu donnent l'exemple du renoncement à eux-mêmes. Ils prêchent par leur vie plus encore que par leurs paroles.

7. Voir Math. 3 : 11. Le premier et le troisième évangile rapportent avec plus de détails la prédication de Jean-Baptiste ; le récit de Marc, plus abrégé que le leur et s'en rapprochant beaucoup dans les termes qu'il emploie, renferme des traits caractéristiques qui lui sont propres. Ainsi ce mot : *en me baissant* (v. 7), qui peint si bien l'humble attitude de Jean devant le Seigneur ; ainsi encore, en annonçant que Jésus baptisera de l'Esprit-Saint, Marc n'ajoute pas : *et de feu*. — Cette prophétie de Jean, relative au baptême de l'Esprit-Saint que devait administrer le Sauveur, montre que le précurseur était initié à la nature spirituelle de son règne ; aucun signe extérieur n'en marquera l'avènement ; l'âme fidèle seule reconnaîtra la grandeur de Jésus-Christ au-dessus de tous ses serviteurs et la nécessité absolue

Et il arriva en ces jours-là que Jésus vint de Nazareth de Galilée, 9
et il fut baptisé dans le Jourdain par Jean. — Et aussitôt, comme il 10
remontait de l'eau, il vit les cieux se fendre, et l'Esprit comme une
colombe descendre sur lui ; — et il y eut une voix des cieux : Tu 11
es mon Fils bien-aimé, en toi je me complais [1].
Et aussitôt l'Esprit le pousse au désert. — Et il fut dans le désert 12, 13
quarante jours tenté par Satan ; et il était parmi les bêtes sauvages ;
et les anges le servaient [2].

---

de ce baptême de l'Esprit, sans lequel tout resterait mort en elle.

1. Voir, sur le baptême de Jésus, Math. 3 : 13-17 ; Luc 3 : 21, 22, notes. Ici encore, Marc, dans son récit abrégé, conserve des traits qui lui sont propres : *dans le Jourdain* ; il vit les cieux *se fendre* ou se déchirer, expression énergique qui peint la scène ; enfin, dans Marc comme dans Luc, la voix divine s'adresse directement à Jésus : *Tu es* mon Fils bien-aimé, *en toi* je me complais. Cette rédaction rend très probablement la forme originaire de la parole divine. Jésus lui-même dut recevoir ce solennel témoignage qu'il était le *Fils bien-aimé* du Père, puisqu'il s'était abaissé en acceptant ce baptême des pécheurs et qu'il avait été, en retour, rempli de l'Esprit de Dieu sans mesure. Aussi est-ce lui qui est le sujet du verbe : *il vit* les cieux se fendre. Jean fut cependant le témoin de la manifestation divine. (Comp. Jean 1 : 32.)

2. Voir Math. 4 : 1-11, notes. Marc raconte en ces quelques lignes l'histoire de la tentation dont Matthieu et Luc donnent tous les détails. Et pourtant il est faux d'affirmer, comme on l'a fait, que le récit de Marc serait incompréhensible sans les deux autres. Il contient, au contraire, tous les traits principaux de ce drame moral, pour autant qu'il nous est possible de le comprendre : la solitude du *désert*, les *quarante jours*, l'action de *Satan*, le secours des *anges*. Il renferme même plus d'un trait original. Ainsi cette expression énergique : l'Esprit le *pousse* (gr. le *jette dehors*) au désert ; ainsi encore cette mention des *bêtes sauvages*, qui donne à toute la scène un caractère unique de solitude, d'abandon et de danger. Marc, de même que Luc, rapporte que Jésus fut tenté durant tout le temps de son séjour au désert, tandis que Matthieu place la tentation au terme de ces quarante jours. Au cours de ses méditations solitaires Jésus fut assailli de pensées contraires à la volonté divine, de suggestions de Satan, qui se résumèrent et se concentrèrent dans les trois assauts suprêmes que Matthieu et Luc nous ont racontés.

LE MINISTÈRE DE JÉSUS EN GALILÉE

1. *Tableau de l'activité de Jésus.*

A. 14-20. LA PRÉDICATION DU ROYAUME DE DIEU. VOCATION DES PREMIERS DISCIPLES.
— 1° *Retour en Galilée et commencement du ministère de Jésus.* L'emprisonnement de Jean ramène Jésus en Galilée. Résumé de sa prédication : avènement du royaume de Dieu, repentance, foi. (14, 15.) — 2° *Vocation des quatre premiers disciples.* En passant le long du lac, Jésus appelle à le suivre Simon et André, puis Jacques et Jean. Ceux-ci laissent Zébédée leur père avec les ouvriers. (16-20.)

14 Et après que Jean eut été livré, Jésus alla dans la Galilée [1], prê-
15 chant l'Evangile de Dieu [2], — et disant : Le temps est accompli, et
le royaume de Dieu est proche ; repentez-vous, et croyez à l'Evangile [3].
16 Et comme il passait le long de la mer de Galilée, il vit Simon et
André, frère de Simon, qui jetaient leurs filets dans la mer, car ils
17 étaient pêcheurs. — Alors Jésus leur dit : Venez, suivez-moi, et je
18 vous ferai devenir pêcheurs d'hommes. — Et aussitôt, laissant les
19 filets, ils le suivirent. — Et passant un peu plus avant, il vit Jacques,
fils de Zébédée, et Jean son frère, qui, eux aussi, étaient dans la
20 barque, arrangeant les filets. — Et aussitôt il les appela ; et laissant
Zébédée leur père dans la barque, avec les ouvriers, ils le suivirent [4].

B. 21-39. SÉJOUR A CAPERNAÜM ET TOURNÉE D'ÉVANGÉLISATION EN GALILÉE. — 1º *Le démoniaque dans la synagogue.* Aussitôt après son arrivée à Capernaüm, Jésus entre dans la synagogue ; c'est un jour de sabbat, il enseigne, et tous sont surpris de sa doctrine, quand un homme possédé d'un esprit impur s'écrie : « Es-tu venu pour nous perdre ? nous savons qui tu es : le Saint de Dieu. » Jésus ordonne à l'esprit de se taire et de sortir de cet homme ; il obéit après avoir agité violemment le possédé et avoir poussé un grand cri. Cette guérison provoque l'étonnement et les discussions des témoins. La renommée de Jésus se répand. (21-28.) — 2º *La belle-mère de Simon.* Dans la maison de Simon et d'André, Jésus guérit de la fièvre la belle-mère de Simon, en la saisissant par la main. Elle les sert. (29-31.) — 3º *Guérisons de la soirée.* Après le coucher du soleil, Jésus guérit, à la porte de la maison, de nombreux malades ; il défend aux démons de proclamer qui il est. (32-34.) — 4º *Recueillement*

1. Comp. Math. 4 : 12-25 ; Luc 4 : 14, 15. — Voir au sujet de ce retour de Jésus en Galilée, et du motif indiqué, Math. 4 : 12, 13, notes, et Jean 3 : 24, note.
2. Le texte reçu porte : « l'Evangile du royaume de Dieu. » Les mots soulignés ne sont pas authentiques, mais la pensée qu'ils expriment se retrouve au verset suivant. Matthieu (4 : 23) dit : « l'Evangile du royaume. » Marc résume la prédication de Jésus-Christ par cette belle expression : *l'Evangile de Dieu,* c'est-à-dire la bonne nouvelle du salut dont Dieu est l'auteur. (Comp. v. 1 et Rom. 1 : 1, 16.) Les paroles qui suivent diront comment l'homme pécheur s'appropriera les richesses de cet Evangile.
3. Le *temps* qui était alors accompli était la grande époque déterminée par Dieu, annoncée par les prophètes, espérée et désirée par les croyants de l'ancienne Alliance, le temps du salut. (Comp. Gal. 4 : 4.) — C'est alors que le Sauveur commença à fonder sur la terre le *règne* ou *royaume de Dieu.* (Voir sur ce terme Math. 3 : 2, note.) Le moyen d'entrer dans ce royaume spirituel est, pour l'homme pécheur, de *se repentir* ou *se convertir* (termes qui ne rendent ni l'un ni l'autre la pensée de l'original, exposée dans Math. 3 : 2, 2e note) et *de croire à l'Evangile.* Cette double expérience de l'âme humaine : le sentiment profond et douloureux du péché, et la foi du cœur qui embrasse tous les trésors de grâce offerts par l'Evangile, est ordinairement simultanée ; c'est une même œuvre de l'Esprit de Dieu en elle. — Marc seul a conservé ce résumé si riche et si complet de la prédication de Jésus-Christ, qui renferme en germe tous les enseignements de l'Evangile.
4. Voir, sur ce récit, Math. 4 : 18-22, notes. Marc seul a conservé ce trait caractéristique, que les deux fils de Zébédée laissent leur père dans la barque *avec les ouvriers.* Faut-il en conclure que cet abandon de leur père pouvait ainsi mieux se justifier aux yeux des fils et leur paraître moins dur ? Faut-il admettre au contraire que le métier de Zébédée s'exerçait en grand et que le sacrifice de ses fils

matinal et voyage d'évangélisation. Le lendemain, de grand matin, Jésus se rend dans un lieu désert pour prier. Ses disciples le poursuivent dans sa retraite, lui apprenant que tous le cherchent. Jésus leur déclare qu'il doit aller prêcher dans les villages environnants. Il se met à parcourir la Galilée. (35-39.)

Et ils viennent à Capernaüm ; et aussitôt étant entré dans la syna- 21 gogue, le jour du sabbat, il enseignait¹. — Et ils étaient frappés de 22 sa doctrine, car il les enseignait comme ayant autorité, et non pas comme les scribes². Et à ce moment, il y avait dans leur synagogue 23 un homme ayant un esprit impur³, et il s'écria, — disant : Qu'y a- 24 t-il entre toi et nous, Jésus, Nazarénien ? Es-tu venu pour nous perdre ? Nous savons qui tu es : le Saint de Dieu⁴ ! — Mais Jésus le 25 réprimanda, en disant : Tais-toi, et sors de lui⁵ ! — Alors l'esprit 26 impur l'ayant agité avec violence et ayant jeté de grands cris, sortit de lui⁶. — Et ils furent tous terrifiés, de sorte qu'ils discutaient 27 entre eux : Qu'est-ce que ceci ? Un enseignement nouveau avec au-

dut lui être d'autant plus onéreux? Ces questions et d'autres semblables ne trouvent aucune réponse dans le texte.
1. Voir sur *Capernaüm* ou, ainsi que portent les manuscrits les plus anciens, Capharnaoum, Math. 4 : 13, note, et sur la *synagogue* des Juifs, Math. 4 : 23 ; Luc 4 : 15, notes. Matthieu (8 : 5) et Luc (4 : 31) marquent d'une manière plus précise cette arrivée de Jésus à Capernaüm, où il accomplit la guérison qui va suivre. (v. 23 et suiv.)
2. Matthieu place cette remarque sur l'autorité de l'enseignement de Jésus-Christ à la suite du sermon sur la montagne (7 : 28, 29, note), où l'application n'en est pas moins appropriée. Luc (4 : 32) fait cette observation semblable à la même occasion que Marc.
3. Comp. Luc 4 : 33-37. — Gr. *Et aussitôt était dans leur synagogue un homme en un esprit impur,* c'est-à-dire qui était en la puissance de cet esprit. (Comp. 5 : 2 ; et, d'autre part, 12 : 36 ; Luc 4 : 1, 14, où la même expression désigne l'action du Saint-Esprit.) Impur, parce qu'il appartenait au royaume des ténèbres, du mal. Voir, sur les *démoniaques,* Math. 8 : 28, note. Par le mot *aussitôt* placé en tête, le narrateur marque que Jésus, après avoir déployé sa puissance dans l'enseignement, eut à la montrer sans retard dans un acte de guérison.
4. Selon le texte reçu, les paroles du démoniaque commenceraient par cette exclamation : *ha !* ou *laisse !* laisse-nous en repos. Ce mot est tiré de Luc (4 : 34).

Les deux questions qui suivent expriment le même sentiment, celui de ne vouloir rien avoir à faire avec Jésus, *venu pour perdre,* détruire le royaume des ténèbres. Les démoniaques savent cela (comp. Math. 8 : 29), parce qu'ils *savent* que Jésus est *le Saint de Dieu,* celui que Dieu a sanctifié (Jean 10 : 36), le SAINT par excellence. (Act. 4 : 27 ; Apoc. 3 : 7.) C'est donc le contraste absolu qu'il y a entre cette sainteté de Jésus et les esprits *impurs* qui fait le tourment de ces derniers et il faut remarquer que celui-ci ne parle pas seulement en son propre nom, mais au nom de tous ses semblables : toi et *nous ; nous savons.* Le texte reçu avec A, B, C, D porte : *Je sais.* Les uns rejettent cette leçon comme empruntée à Luc ; les autres pensent que la leçon : *nous savons* est une correction destinée à accorder ce verbe avec les *nous* qui précèdent.
5. Jésus adresse la parole au démon et le distingue positivement ainsi de *l'homme* que ce démon faisait parler : sors de *lui.* Si donc cette influence démoniaque n'avait été qu'un préjugé populaire, Jésus aurait évidemment partagé ce préjugé. — Le silence que Jésus impose au démon se rapporte surtout à la confession que ce dernier vient de faire : Tu es le Saint de Dieu. Le Sauveur rejette ainsi un témoignage qui lui vient du royaume des ténèbres (comp. Act. 16 : 18), et dont on devait bientôt tirer parti contre lui. (Marc 3 : 22.)
6. Dernier paroxysme du mal, avant la guérison, dernier effort de la fureur du

torité ! Il commande même aux esprits impurs, et ils lui obéissent [1].

28 — Et sa renommée se répandit aussitôt de tous côtés, dans toute la contrée voisine de la Galilée [2].

29 Et aussitôt, étant sortis de la synagogue, ils allèrent avec Jacques
30 et Jean dans la maison de Simon et d'André. — Or, la belle-mère de Simon était couchée, malade de la fièvre, et aussitôt ils lui parlent
31 d'elle. — Et s'étant approché, il la fit lever, l'ayant prise par la main ; et la fièvre la quitta, et elle les servait [3].

32 Mais le soir étant venu, lorsque le soleil se fut couché, on lui
33 amenait tous ceux qui étaient malades et les démoniaques [4] ; — et
34 toute la ville était rassemblée à la porte [5]. — Et il guérit beaucoup de malades de diverses maladies, et chassa beaucoup de démons ; et il ne permettait pas aux démons de parler, parce qu'ils le connaissaient [6].

35 Et le matin, comme il faisait fort obscur, s'étant levé, il sortit, et

démon qui se sent vaincu. (Comp. 9 : 26 ; Luc 9 : 42.)

1. Le texte reçu porte : « Qu'est-ce que ceci ? quelle est cette nouvelle doctrine ? Il commande avec autorité, etc. » Cette leçon est imitée de Luc. Le rapport avec le v. 22 oblige de rattacher *avec autorité* à *enseignement*. Quelques-uns traduisent : « Un enseignement *nouveau en autorité* » ou « *par* l'autorité qui s'y déploie. » Les spectateurs font un rapprochement entre l'autorité de la parole et la puissance qui se montre dans l'acte. Ils concluent avec raison que la manifestation de cette puissance, qui délivre les âmes du royaume des ténèbres, suppose un *enseignement nouveau*, une nouvelle révélation. Révélation et rédemption, prophétie et miracle étaient pour des Israélites dans un rapport intime.

2. Suivant les uns, dans les pays voisins de la Galilée ; suivant d'autres, dans la contrée galiléenne qui environne Capernaüm. — Le récit de guérison est un des morceaux communs à Marc et à Luc qui ne se trouvent pas dans Matthieu.

3. Comp. Math. 8 : 14-17 ; Luc 4 : 38-44. — Ce dernier évangéliste, aussi bien que Marc, indique que Jésus opéra cette guérison à la demande de ses disciples. Tandis que Marc dit qu'*ils lui parlèrent d'elle aussitôt*, Luc remarque qu'ils l'*interrogèrent* ou le consultèrent au sujet de la malade. Ainsi ils s'habituaient à avoir recours à lui dans toutes leurs détresses. — Le texte reçu porte : *à l'instant* la fièvre la quitta. La plupart des critiques omettent le mot *à l'instant*, d'après *Sin.*, B, C.

4. Ils attendirent, pour lui amener leurs malades, que le *soleil fût couché*, c'est-à-dire que le sabbat fût passé, parce qu'ils estimaient que c'eût été violer le repos de ce jour. (Comp. Jean 5 : 10.) — Il faut remarquer que les évangélistes distinguent les *malades* (gr. *ceux qui se portaient mal*) d'avec les *démoniaques*. (Voir sur ces derniers Math. 8 : 28, note, et comp. sur cette distinction v. 34 ; Math. 8 : 16.)

5. *La ville* de Capernaüm. (v. 21.) *Toute* la ville signifie la plupart de ses habitants (comp. Math. 3 : 5), qui se pressaient *à la porte* de la demeure où Jésus se trouvait.

6. Il est inexact de traduire : « ne permettant pas aux démons de *dire qu'ils* le connaissaient. » Il leur impose silence pour les empêcher de *parler* de lui, *parce qu'ils le connaissaient*, et que, dès lors, ils lui auraient rendu un témoignage que Jésus rejette. (Comp. v. 25, note.) — Ce passage (v. 32-34) montre combien de miracles Jésus accomplit qui ne sont pas racontés dans les évangiles. Jean (20 : 30) en fait lui-même l'observation et plusieurs autres passages des évangiles font allusion à de nombreuses guérisons qui ne sont qu'indiquées. (Math. 4 : 23 ; 8 : 16 ; 9 : 35 ; 12 : 15 ; 14 : 36 ; 15 : 30 ; Marc 3 : 10 ; 6 : 56 ; Luc 4 : 40 ; 6 : 19, etc.) Toute l'activité de Jésus a été de même infiniment plus riche que ne le rapportent nos récits évangéliques.

CHAP. I. ÉVANGILE SELON MARC 317

s'en alla dans un lieu désert, et là il priait [1]. — Et Simon et ceux 36 qui étaient avec lui, allèrent à sa recherche ; — et ils le trouvèrent ; 37 et ils lui disent : Tous te cherchent [2]. — Et il leur dit : Allons ailleurs, dans les bourgades prochaines, afin que là aussi je prêche ; 38 car c'est pour cela que je suis sorti [3]. — Et il allait par toute la Ga- 39 lilée, prêchant dans leurs synagogues et chassant les démons [4].

C. 40-45. GUÉRISON D'UN LÉPREUX. — 1º *La guérison.* Un lépreux vient le supplier de le purifier. Jésus le touche et le guérit. (40, 41.) — 2º *Une défense non observée.* Jésus le renvoie aussitôt en lui défendant sévèrement de parler de sa guérison et en lui ordonnant de se montrer au sacrificateur pour se conformer aux prescriptions de la loi. Mais cet homme va divulguer partout ce qui lui est arrivé, de sorte que Jésus ne peut plus se montrer dans la ville. (42-45.)

Et un lépreux vient à lui, le suppliant et se jetant à ses genoux, 40 et lui disant : Si tu veux, tu peux me purifier [5]. — Et Jésus, ému 41 de compassion, étendant sa main le toucha, et lui dit : Je le veux, sois purifié [6]. — Et aussitôt la lèpre le quitta, et il fut purifié [7]. — 42

1. Marc et Luc ont seuls ce récit. (v. 35-39.) Le premier a conservé divers traits qui lui sont particuliers. — *Il sortit* de sa demeure où il avait opéré les guérisons qui précèdent. (v. 33.) Il se retire dans un *lieu désert* pour y retremper son âme dans la communion de Dieu, son Père : *là il priait.* Cette mention des prières de Jésus qui revient assez fréquemment dans les évangiles, éclaire d'une vive lumière les rapports de Jésus avec son Père durant le temps de son abaissement sur la terre. Il avait besoin de la prière : combien plus ses pauvres disciples !
2. *Ceux qui étaient avec lui* (Simon), c'étaient ses condisciples nommés au v. 29. Ils *allèrent à sa recherche* (gr. *ils le poursuivirent*) dans l'intention de le ramener vers la foule qui l'avait entouré la veille : *tous te cherchent.* Jésus se laisse troubler dans sa retraite et son recueillement ; et s'il ne se rend pas à leurs désirs, c'est pour porter ailleurs son activité dévouée. (v. 38.)
3. *Sorti* de sa demeure (v. 35) avec l'intention de quitter pour quelque temps Capernaüm, afin de *prêcher* dans les diverses *bourgades de la Galilée.* Tel est le premier sens qui s'offre à l'esprit d'après le contexte et qui est admis par plusieurs interprètes. D'autres pensent que ce mot signifie : c'est pour cela que je suis *sorti*, issu du sein du Père et venu dans le monde (Jean 8 : 42), c'est-à-dire pour prêcher l'Évangile en tous lieux. Mais ce verbe sans complément n'a jamais cette signification. Elle ne lui a été attribuée que pour mettre notre passage en harmonie avec Luc (4 : 43) qui dit : « C'est pour cela que *j'ai été envoyé.* » La même préoccupation a donné naissance à une variante très répandue qui porte : « C'est pour cela que *je suis venu.* »
4. *Prêcher* la vérité divine et faire du bien en détruisant le royaume des ténèbres, telle était la double activité de Jésus ; comp. Math. 4 : 23.
5. Voir, sur cette guérison, Math. 8 : 2-4, notes, et comp. Luc 5 : 12-16. — Matthieu la place immédiatement après le sermon sur la montagne, tandis que Luc (5 : 12-16) la met après la pêche miraculeuse. Encore ici, Marc a en propre divers traits qu'il faut remarquer. — B, D omettent les mots : *et se jetant à ses genoux.*
6. *Emu de compassion.* Marc seul a noté cette sympathie profonde que Jésus éprouve pour le lépreux.
7. Les trois synoptiques rapportent la guérison immédiate (*aussitôt*) du lépreux. Matthieu, au point de vue légal, dit : *sa lèpre fut purifiée ;* Luc, au point de vue humain : *la lèpre le quitta ;* Marc combine les deux pensées et dit : *la lèpre le quitta, et il fut purifié.*

43, 44 Et Jésus lui parlant sévèrement, le renvoya aussitôt [1], — et lui dit : Garde-toi d'en rien dire à personne, mais va, montre-toi au sacrificateur, et offre au sujet de ta purification ce que Moïse a commandé, **45** pour leur être en témoignage [2]. — Mais lui, étant sorti, se mit à beaucoup publier et à divulguer l'affaire [3] ; en sorte que Jésus ne pouvait plus entrer ouvertement dans une ville, mais il se tenait dehors, dans des lieux déserts, et on venait à lui de toutes parts [4].

2. *Opposition croissante des pharisiens.*

A. 1-12. GUÉRISON D'UN PARALYTIQUE. — 1° *L'arrivée.* Jésus étant rentré à Capernaüm, la maison où il se trouve est aussitôt envahie par une grande foule à laquelle il annonce l'Evangile. On lui amène un paralytique ; mais ceux qui le portent, ne pouvant s'approcher de lui à cause de la foule, montent sur le toit de la maison, descendent le grabat sur lequel le paralytique est couché, et le déposent aux pieds de Jésus. (1-4.) — 2° *Le scandale.* Jésus dit au paralytique : Tes péchés te sont pardonnés. Mais des scribes qui se trouvent là murmurent contre lui et l'accusent de blasphème.

1. Tandis que Matthieu et Luc rapportent une simple défense faite au lépreux de raconter sa guérison (comp. sur les causes de cette défense Math. 8 : 4, note), Marc se sert d'expressions difficiles à concilier avec la compassion que Jésus vient de témoigner à ce malheureux (v. 41) : gr. *lui ayant parlé sévèrement* ou *lui ayant fait de sévères menaces, il le jeta aussitôt dehors*. On a dit (Meyer, Lange) que Jésus agissait ainsi parce que le lépreux avait violé la loi en s'introduisant dans une maison ou une synagogue (v. 39) et qu'après avoir donné essor à sa compassion et délivré le malade, il voulait aussi relever et sanctionner l'ordre légal. Cela n'est pas très satisfaisant et ne concilie pas le contraste entre les deux manières d'agir. On retrouve la même défense sévère *avec menace* adressée à des aveugles que Jésus venait de guérir (Math. 9 : 30) et qui n'avaient transgressé aucune loi. Ne pourrait-on pas en conclure que le sentiment d'indignation, le *frémissement* (sens de l'original) que Jésus éprouvait ces occasions, n'était pas causé par les malades qui allaient divulguer ses miracles, mais bien par l'opposition et l'inimitié des adversaires, toujours aux aguets pour en prendre occasion de l'accuser ? Dans le cas du lépreux, le sacrificateur pouvait être irrité contre Jésus pour avoir permis à cet homme atteint d'une maladie contagieuse et légalement impure de s'approcher de lui.

2. Voir Math. 8 : 4, note.

3. Gr. « à divulguer *la parole,* » par où les uns entendent la parole que Jésus lui avait adressée (v. 41), tandis que d'autres prennent ce mot dans son sens hébraïque : *la chose, l'affaire.* On a proposé aussi de l'entendre, comme 2 : 2, de la parole du royaume, de la bonne nouvelle, de la miséricorde de Dieu manifestée en Jésus. Mais le pauvre lépreux pouvait-il être immédiatement transformé en prédicateur de l'Evangile, et le contexte ne montre-t-il pas qu'il s'agit du fait que Jésus lui avait défendu de divulguer ? On comprend que le lépreux guéri eût beaucoup de peine à contenir l'effusion de sa reconnaissance et de sa joie ; mais il aurait fait beaucoup mieux, pour lui-même et pour la cause de Jésus, d'obéir simplement à l'ordre qu'il avait reçu.

4. Marc seul rapporte la désobéissance du lépreux et les conséquences fâcheuses qu'elle eut pour le ministère de Jésus dans ces contrées. On peut se demander pourquoi Jésus ne pouvait plus se montrer *ouvertement dans une ville ?* On a répondu que c'était parce que, ayant touché un lépreux, il était légalement souillé. On a dit encore que, à cause de ces foules qui venaient à lui de toutes parts, il ne voulait pas occasionner de la rumeur ou exciter une vaine curiosité dans la ville. Ne serait-ce pas surtout parce qu'il voulait éviter tout ce qui pouvait accroître le mauvais vouloir de ses adversaires et provoquer, avant le temps, des persécutions contre lui ?

(5-7.) — 3° *La justification.* Aussitôt Jésus, pénétrant leurs pensées, prouve à ces adversaires qu'il a le pouvoir de pardonner : il ordonne au paralytique de se lever et de s'en aller en sa maison. (8-11.) — 4° *L'effet produit.* A l'instant même le paralytique se lève, prend son grabat et sort en présence de tous. A cette vue, la foule donne gloire à Dieu. (12.)

Et Jésus étant de nouveau entré dans Capernaüm quelques jours II après, on ouït dire qu'il était dans une maison¹. — Et aussitôt beau- 2 coup de gens s'y assemblèrent, tellement que même l'espace qui était devant la porte ne les pouvait plus contenir ; et il leur annonçait la parole². — Et ils viennent, amenant vers lui un paralytique, 3 porté par quatre hommes³. — Et comme ils ne pouvaient l'amener 4 jusqu'à lui à cause de la foule, ils découvrirent le toit à l'endroit où il était, et, après y avoir fait une ouverture, ils descendent le lit sur lequel le paralytique était couché⁴. — Et Jésus, voyant leur foi, dit 5 au paralytique : Mon enfant, tes péchés sont pardonnés⁵. — Or 6 quelques-uns des scribes étaient là assis et raisonnant⁶ dans leurs

1. Ou suivant le texte reçu et d'importants manuscrits : « qu'il était *entré dans une maison.* » — Ce retour à Capernaüm eut lieu *quelques jours après* l'événement qui l'avait forcé de se tenir éloigné. (1 : 40-45.) — Comp. Math. 9 : 2-8 ; Luc 5 : 17-26.
2. Il y a, dans toutes les maisons un peu considérables de l'Orient, une vaste cour carrée et fermée, qui précède les appartements ; c'est ce qui est appelé ici : *l'espace qui était devant la porte.* Cette cour, aussi bien que la maison, avait été envahie par la foule, et ne suffisait *pas même* à la contenir. Et c'est là que Jésus *leur annonçait la parole.* Ce dernier mot est pris dans un sens absolu : parole de Dieu, parole du royaume, l'Évangile. (4 : 33 ; Luc 1 : 2.)
3. Voir sur la guérison de ce paralytique Math. 9 : 2-8, notes, et comp. Luc 5 : 17-26. Marc place ce fait, comme Luc, après la guérison du lépreux, et, comme Matthieu, avant la vocation de Lévi. Les trois évangélistes restent indépendants les uns des autres. Les récits de Marc et de Luc qui rapportent les mêmes détails ne présentent pas une seule expression commune.
4. Pour comprendre cette opération difficile et qui dénote le dévouement des hommes qui portaient le malade, il faut se souvenir qu'en Orient le toit des maisons est plat et forme une sorte de terrasse où l'on se tient pendant les heures fraîches de la journée. On y monte par un escalier intérieur ; mais ce passage étant obstrué par la foule, les porteurs y parvinrent soit par un escalier extérieur, soit par le toit d'une maison voisine. (Math. 24 : 17.) Arrivés sur la plateforme, ils enlevèrent quelques dalles, puis *percèrent une ouverture* (gr.) dans la couche de bitume et de roseaux que recouvraient les dalles et, après avoir de la sorte pratiqué un passage au-dessus de la place où se tenait Jésus, ils descendirent le malade aux pieds du Sauveur, dans la salle d'où il parlait au peuple.
5. D'abord, une parole de tendre compassion : *Mon enfant,* à laquelle Jésus ajoute d'après Matthieu : « prends courage ! » Puis il fait au malade un don infiniment plus excellent que la guérison du corps, le *pardon des péchés* qui guérira son âme. (Voir sur ces paroles Math. 9 : 2, note.) Ici, comme au v. 9, et comme dans Matthieu, le verbe : *sont pardonnés,* est au présent dans le vrai texte. Jésus n'annonce pas le pardon, il le donne. Le texte reçu avec A, C, la plupart des *majusc.* ajoute : *te* (sont pardonnés). Matthieu présente la même variante. L'une et l'autre proviennent du désir d'harmoniser le texte des deux premiers évangiles avec celui de Luc, où ce pronom se lit dans tous les manuscrits.
6. Marc, selon son habitude de peindre la scène, nous fait voir ces hommes *assis et raisonnant dans leurs cœurs.*

7 cœurs : — Pourquoi celui-ci parle-t-il ainsi ? il blasphème¹ ! Qui
8 peut pardonner les péchés, si ce n'est Dieu seul² ? — Et aussitôt Jésus ayant connu, par son esprit, qu'ils raisonnaient ainsi en eux-mêmes, leur dit : Pourquoi faites-vous ces raisonnements dans vos
9 cœurs³ ? — Lequel est le plus facile, de dire au paralytique : Tes péchés sont pardonnés ; ou de dire : Lève-toi, prends ton lit, et
10 t'en va ? — Or, afin que vous sachiez que le fils de l'homme a, sur
11 la terre, le pouvoir de pardonner les péchés, — Je te dis (dit-il au paralytique) : Lève-toi, prends ton lit, et t'en va dans ta maison !
12 — Et aussitôt il se leva, et ayant pris son lit, il sortit en présence de tous⁴ ; de sorte qu'ils étaient tous dans l'étonnement et glorifiaient Dieu, disant : Jamais nous n'avons vu chose pareille⁵.

B. 13-22. VOCATION DE LÉVI. QUESTION DU JEÛNE. — 1° *Appel du péager Lévi*. Jésus revient au bord de la mer, entouré de la foule. Il voit en passant Lévi, fils d'Alphée, au bureau des péages, et il lui dit : Suis-moi. Il le suit. (13, 14.) — 2° *Repas avec les péagers*. Jésus étant à table avec ses disciples dans la maison de Lévi où se trouvent beaucoup de péagers et de pécheurs, les scribes et les pharisiens disent aux disciples : Pourquoi mange-t-il avec de telles gens ? Jésus leur répond que ce sont précisément les malades qui ont besoin de médecin, et les pécheurs qu'il est venu appeler. (15-17.) — 3° *Question sur le jeûne*. Les disciples de Jean et les pharisiens jeûnaient. On demande à Jésus pourquoi ses disciples ne jeûnent pas. Il répond que les amis de l'époux ne peuvent jeûner aussi longtemps que l'époux est avec eux ; mais les jours viennent où il leur sera ôté et alors ils jeûneront. Jésus développe sa pensée sur le jeûne par cette double image : Personne ne coud une pièce de drap neuf à un vieil habit, ni ne met du vin nouveau dans de vieilles outres. (18-22.)

13 Et il sortit et retourna au bord de la mer⁶ ; et toute la foule venait

1. D'après une variante de *B*, il faudrait traduire : « Celui-ci parle ainsi : il blasphème ! » Le texte reçu dit ici : « Pourquoi celui-ci *prononce-t-il* ainsi *des blasphèmes ?* » Le sens reste à peu près le même ; mais le vrai texte est plus énergique. Ce mot : *celui-ci* a quelque chose de méprisant. (Voir sur ces paroles Math. 9 : 3, note.)
2. Ces paroles, omises par Matthieu, conservées par Marc et Luc, motivent dans l'esprit des scribes, leur accusation de blasphème. Et leur raisonnement est sans réplique si Jésus n'est pas le Fils de Dieu. Cette qualité seule lui donne le droit ou l'autorité de pardonner les péchés. (v. 10.)
3. Les trois évangélistes sont unanimes à rapporter ce fait que Jésus *connut* les pensées de ses adversaires ; mais Marc, pour faire mieux encore ressortir la science divine par laquelle Jésus pénétrait dans les cœurs, remarque qu'il les connut *par son esprit* ou *en son esprit*.
4. Voir sur les v. 9-12, Math. 9 : 5-7, note, et sur le terme de *fils de l'homme* Math. 8 : 20, note. Marc seul ajoute : *en présence de tous*, afin de peindre plus vivement cette scène et l'étonnement des assistants.
5. Matthieu se borne à noter les sentiments des foules : « elles furent remplies de crainte, et elles glorifièrent Dieu, qui a donné un tel pouvoir aux hommes. » Marc rapporte une des paroles dans lesquelles s'exprimaient ces sentiments : *Jamais nous n'avons vu chose pareille*. Luc dit : « Ils furent tous saisis d'étonnement, et ils glorifiaient Dieu ; et ils furent remplis de crainte, disant : Nous avons vu des choses étranges aujourd'hui ! »
6. Comp. Math. 9 : 9-17 ; Luc 5 : 27-39. — Gr. *Et il sortit de nouveau le*

à lui, et il les enseignait [1]. — Et, en passant, il vit Lévi, fils d'Al- 14 phée [2], assis au bureau des péages, et il lui dit : Suis-moi. Et s'étant levé, il le suivit. — Et il arriva qu'il était à table dans sa maison [3], 15 et beaucoup de péagers et de pécheurs étaient aussi à table avec Jésus et ses disciples ; car ils étaient nombreux, et ils le suivaient [4], — ainsi que des scribes d'entre les pharisiens [5]. Et voyant qu'il 16 mangeait avec les péagers et les pécheurs, ils disaient à ses disciples : Pourquoi mange-t-il et boit-il avec les péagers et les pécheurs [6] ? — Et Jésus, l'ayant entendu, leur dit : Ceux qui sont en santé n'ont pas 17 besoin de médecin, mais ceux qui se portent mal. Je ne suis pas venu appeler des justes, mais des pécheurs [7].

long de la mer. Il *sortit* de Capernaüm. (v. 1.) *De nouveau* reporte la pensée sur 1 : 16, où Jésus se trouvait déjà près de la mer.

1. Marc seul rapporte ce trait concernant l'*enseignement* de Jésus en cette occasion, au milieu de cette *foule* qui venait à lui. Cela prépare le récit des v. 15 et 16 et explique la présence d'un grand nombre de péagers, aussi bien que des scribes et des pharisiens. (v. 15, 16.) Voir sur la vocation de Lévi qui va suivre, Math. 9 : 9-13, notes.

2. Celui que Marc et Luc appellent *Lévi* est appelé *Matthieu* dans le premier évangile. (Voir Math. 9 : 9 et l'introduction à cet évangile, p. 45.) — Marc seul nomme le père de Lévi, *Alphée*, qu'il ne faut pas confondre avec le père de Jacques le Mineur, comme l'ont fait déjà quelques Pères de l'Eglise.

3. Gr. *Et il arrive qu'il est à table*. Le texte reçu, avec *A, C, majusc.* porte : *il arriva, comme il était à table.* — C'est Jésus qui *était à table*. Mais dans quelle *maison ?* La phrase de Marc pourrait s'entendre également de la maison de Jésus ou de celle de Lévi. Matthieu, par un sentiment de modestie qui se comprend, laisse également la question indécise. Mais le texte de Luc (5 : 29) ne permet aucun doute à cet égard : « Et Lévi, nous dit-il, lui fit un grand festin dans sa maison. » Et cela est tout à fait conforme à la nature des choses. (Comp. Math. 9 : 10, note.)

4. Marc seul a conservé ce détail important qu'un grand nombre de ces *péagers* et de ces *pécheurs* qui étaient présents *suivaient* Jésus, c'est-à-dire se rassemblaient autour de lui partout où ils pouvaient entendre sa parole. (v. 13, note.)

5. Tel est le texte de *Sin., B*. Le texte reçu, avec la plupart des *majusc.* porte :

« ils le suivaient. Et les scribes et les pharisiens, voyant, etc. » Il est probable qu'on aura corrigé l'expression peu usitée de *scribes des pharisiens*. (gr.) Par cette expression, l'évangéliste voulait désigner des scribes qui se rattachaient au parti des pharisiens, comme ils le faisaient pour la plupart (Math. 23 : 2, note), ou pour mieux dire, des pharisiens qui se distinguaient de la masse de leur parti par leur qualité de scribes. Ils avaient suivi cette foule composée de disciples du Sauveur et de péagers qui s'était rendue dans la maison de Lévi. Le spectacle qui s'offrit à leurs yeux provoqua leurs critiques.

6. Cette question est rendue avec quelques variantes dans les divers manuscrits. La texte reçu avec *A, C, majusc.* porte littéralement : *Qu'est ce* fait *qu'il mange et boit,...* c'est-à-dire « qu'est-ce que cela signifie ? » *B* et un autre majusc. ont : *Il mange avec les péagers et les pécheurs !* Le texte que nous suivons est celui de *Sin.* et de *D*. Les mots *et il boit* manquent dans *Sin., B, D*. Quelle que soit la variante qu'on adopte, la phrase exprime l'étonnement et l'indignation. On comprend d'autant mieux un tel sentiment chez ces orgueilleux imbus de leur propre justice que, dans les mœurs orientales, manger et boire avec quelqu'un indique un degré de familiarité et d'intimité que cet acte n'implique pas dans nos idées modernes. Et pourtant, non seulement Jésus se met à table avec ces péagers et ces pécheurs, mais il va choisir au milieu d'eux l'un de ses apôtres, manifestant ainsi, par un fait éclatant, la puissance et la souveraineté de la grâce. Quelle réponse à ces pharisiens qui s'indignent de sa compassion pour les pécheurs !

7. Voir sur ces paroles Math. 9 : 12, 13, notes. Ici, comme dans le premier

322   ÉVANGILE SELON MARC   CHAP. II.

18   Et les disciples de Jean et les pharisiens jeûnaient ; et ils viennent à Jésus et lui disent : Pourquoi les disciples de Jean et ceux des pha-
19 risiens jeûnent-ils, tandis que tes disciples ne jeûnent point [1] ? — Et Jésus leur dit : Les amis de l'époux peuvent-ils jeûner pendant que l'époux est avec eux ? Tout le temps qu'ils ont l'époux avec eux ils
20 ne peuvent jeûner. — Mais les jours viendront que l'époux leur sera
21 ôté, et alors ils jeûneront en ce jour-là [2]. — Personne ne coud une pièce de drap neuf à un vieil habit ; autrement la pièce neuve em-
22 porte une partie du vieux drap, et la déchirure devient pire [3]. — Et personne ne met du vin nouveau dans de vieilles outres ; autrement le vin rompra les outres, et le vin et les outres sont perdus ; mais du vin nouveau se met dans des outres neuves [4].

C. 23-28. Premier conflit au sujet du sabbat. Les disciples arrachent des épis. — 1° *Les disciples blâmés par les pharisiens.* Un jour de sabbat, Jésus traverse des champs de blé ; ses disciples se mettent à arracher des épis. Les pharisiens attirent l'attention du Maître sur cette violation du sabbat. (23, 24.) — 2° *Réponse de Jésus.* Il invoque l'exemple de David qui, ayant faim, entra, avec ceux qui l'accompagnaient, dans la maison de Dieu et mangea les pains de proposition, réservés aux seuls sacrificateurs. (25, 26.) — 3° *Le sabbat.* Jésus enseigne que le sabbat a été fait pour l'homme et que, par conséquent, le fils de l'homme est maître du sabbat. (27, 28.)

23   Et il arriva qu'il passait par les blés le jour du sabbat, et ses dis-

évangile, le texte reçu avec C et des *majusc.* porte : appeler *à la repentance ;* ces derniers mots sont empruntés à Luc.

1. Quand Marc nous dit que les disciples de Jean et les pharisiens *jeûnaient*, ce n'est pas seulement une remarque historique qu'il fait sur les usages religieux de ces deux classes d'hommes (comp. 7 : 3 et suiv. et Luc 5 : 33) ; il veut dire que, dans ce moment même, ils se livraient au jeûne ; c'est ce qui occasionne la question posée à Jésus et lui donne plus d'actualité. — D'après Matthieu (9 : 14, note) ce sont les disciples de Jean qui adressent à Jésus cette question, mais en s'appuyant aussi de l'exemple des *pharisiens ;* selon Luc, ce sont ces derniers qui font la question ; enfin Marc l'attribue aux uns et aux autres, à moins qu'on n'admette, avec plusieurs interprètes, que le verbe *ils viennent* doit être pris dans le sens impersonnel : *on vient.* La question suivante, où le sujet est à la troisième personne, semble justifier cette interprétation.

2. Comp. sur ces paroles Math. 9 : 15, note. Mais il faut remarquer ce dernier mot de Marc : *en ce jour-là.* Le texte reçu dit *en ces jours-là.* C'est la correction d'un copiste qui a voulu mettre ces mots en harmonie avec ceux qui précèdent : *les jours viendront.* Le vrai texte, en indiquant *un jour* précis, rappelle le tragique événement que Jésus vient d'annoncer : *l'époux leur sera ôté.* » Il ne faut qu'*un jour* pour ôter l'époux ; mais ils seront nombreux les jours où il sera ôté et absent. » *Bengel.*

3. Gr. *La pièce* (ou *le remplissage*) emporte, le nouveau du vieux, et *il se produit une pire déchirure.*

4. Voir sur ces deux images Math. 9 : 16 et 17, notes, et Luc 5 : 36-38, notes. Le texte reçu porte ici « autrement le vin *nouveau* rompt les outres et le vin *se répand* et les outres sont perdues. » Les mots soulignés manquent, le premier dans *Sin.*, B, C, le second dans B, D. En outre, Tischendorf omet, d'après le seul témoignage de D et de quelques copies de l'*Itala*, cette dernière phrase, qui dans *Sin.* et B se lit ainsi : *mais le vin nouveau se met dans des outres neuves.* Le texte reçu ajoute : *doit être mis.* Le même précepte se trouve dans les passages parallèles de Matthieu et de Luc.

ciples, chemin faisant, se mirent à arracher des épis[1]. — Et les 24 pharisiens lui disaient : Regarde ! pourquoi font-ils le jour du sabbat ce qui n'est pas permis ? — Et lui leur dit : N'avez-vous jamais lu 25 ce que fit David, quand il fut dans le besoin, et qu'il eut faim, lui et ceux qui étaient avec lui ? — Comment il entra dans la maison de 26 Dieu, du temps d'Abiathar souverain sacrificateur, et mangea les pains de proposition, qu'il n'est permis de manger qu'aux sacrificateurs, et en donna aussi à ceux qui étaient avec lui[2] ? — Et il leur 27 disait[3] : Le sabbat a été fait pour l'homme, et non pas l'homme pour le sabbat[4] ; — en sorte que le fils de l'homme est Seigneur même 28 du sabbat[5].

1. Voir sur ce récit Math. 12 : 1-8, notes, et comp. Luc 6 : 1-5. Les trois évangélistes rapportent ce trait, mais avec maintes divergences quant à la chronologie et aux détails ; tous trois aussi le mettent dans un rapport direct avec l'opposition du parti des pharisiens qui avait commencé à se manifester dans la guérison du paralytique (v. 1 et suiv.), dans le repas donné par Lévi (v. 15 et suiv.), dans la question du jeûne (v. 18 et suiv.) ; tous trois enfin le font suivre d'une guérison le jour du sabbat. (3 : 1 et suiv.) C'était, en effet, dans l'observation du sabbat que les adversaires cherchaient avec le plus d'ardeur des motifs d'accusations contre Jésus. La même attitude est marquée dans l'évangile de Jean. — Voici en quels termes Marc rend l'action des disciples : « et ils commencèrent à *faire chemin* en arrachant les épis ; » d'où Meyer conclut que l'intention des disciples n'était point de froisser ces épis pour en manger les grains, ce dont Marc ne parle pas ; ils voulaient seulement se frayer un chemin à travers les blés, ce que les pharisiens blâmèrent comme un travail le jour du sabbat. Ce théologien pense que c'est là le sens originel de la tradition apostolique que Marc seul aurait conservé. Mais ce n'est pas en arrachant les épis qu'on se fraie un chemin et il est plus naturel d'admettre que Jésus suivait un sentier tracé. D'ailleurs, si les disciples n'avaient pas arraché les épis pour les manger parce qu'ils avaient faim, comme le remarque Matthieu, que signifierait, dans la réponse de Jésus, l'observation que David se mit au-dessus d'une ordonnance de la loi *quand il eut faim* ? (v. 25.) Le grec met souvent l'idée principale dans le participe, et nous sommes autorisés à traduire, en renversant la construction de l'original : *chemin faisant*, ils commencèrent *à arracher*.

2. Voir Math. 12 : 4, note. On a prétendu que ce raisonnement ne prouvait rien dans le cas particulier, 1º parce que l'action de David, citée en exemple, n'était pas une violation du sabbat, et 2º parce que cette action, simple antécédent, ne saurait avoir la valeur d'un principe. Mais, 1º, quel que soit le commandement de la loi, du moment qu'il a été violé selon la lettre et accompli selon l'esprit, la démonstration reste la même. (Math. 12 : 7, note.) 2º L'action de David devient un principe dès qu'elle est sanctionnée comme telle par l'autorité suprême de la Parole divine. Et quelle est la conscience droite qui ne la sanctionne à son tour ? — Marc place sous la sacrificature d'Abiathar le trait cité par Jésus. Or c'était Achimélec, père d'Abiathar, qui était alors sacrificateur (1 Sam. 21 : 1-6) ; mais il fut bientôt mis à mort par Saül, et son fils, plus connu que lui sous le règne de David, lui succéda. (1 Sam. 22 : 20.) Pour expliquer cette erreur de mémoire, on a supposé que le père et le fils exerçaient ensemble la sacrificature, ou que l'un et l'autre portaient le nom d'Abiathar. Beaucoup plutôt faut-il admettre qu'il régnait, sur les rapports de ces deux hommes, quelque obscurité historique, car dans 2 Sam. 8 : 17 et 1 Chron. 18 : 16 Achimélec est nommé comme fils d'Abiathar.

3. Cette expression *et il leur disait* indique souvent, dans les évangiles, que Jésus reprend la parole et ajoute une instruction nouvelle relative au même sujet que celle qui précède.

4. Cette parole remarquable, que Marc seul a conservée, est à la fois la consécration du sabbat et le principe de son interprétation. *Le sabbat est fait pour l'homme*, pour son bien, pour son repos, pour le développement de sa vie intérieure et les

La note 5 est à la page suivante.

D. 1-6. Second conflit au sujet du sabbat. Guérison dans la synagogue. — 1° *Le malade dans la synagogue.* Jésus étant dans une synagogue, y voit un homme qui a la main desséchée. Les adversaires l'épient pour voir s'il violera le sabbat en le guérissant. (1, 2.) — 2° *Question de Jésus et guérison.* Jésus dit au malade de se tenir debout et demande à ceux qui l'observent : Est-il permis, au jour du sabbat, de faire du bien ou du mal ? Comme ils se taisent, il porte sur eux un regard de colère et de tristesse et il dit au malade : Etends ta main ! Et cette main est guérie. (3-5.) — 3° *Effet produit.* Alors les pharisiens et les hérodiens se consultent ensemble pour le faire mourir. (6.)

III Et il entra de nouveau dans une synagogue [1], et il y avait là un
2 homme qui avait la main desséchée [2]. — Et ils l'observaient pour
3 voir si, le jour du sabbat, il le guérirait, afin de l'accuser [3]. — Et il
dit à l'homme qui avait la main sèche : Lève-toi et viens ici au mi-
4 lieu [4]. — Puis il leur dit : Est-il permis, le jour du sabbat, de faire
du bien ou de faire du mal ? de sauver une vie ou de tuer [5] ? Mais eux

intérêts suprêmes de son âme ; donc c'est une institution digne de Dieu et de sa miséricorde ; *et non l'homme pour le sabbat*, car l'homme a été créé libre, pour l'obéissance de l'amour, et non pour la servitude d'une ordonnance cérémonielle.

5. *En sorte que*, remarquable transition du principe qui précède à la grande vérité qui suit et qui n'en est que la conséquence. Si l'*homme*, tout homme, est, par sa destination, infiniment élevé au-dessus de l'institution du sabbat, combien plus *le fils de l'homme*, le chef de l'humanité, son représentant, son libérateur et son sauveur ! (Voir Math. 12 : 8, note, et sur ce terme *fils de l'homme*, Math. 8 : 20, note.) Par ces paroles Jésus n'*abolit* pas la loi, il l'*accomplit*. (Comp. Math. 5 : 17, note.) — Ce mot *même* (du sabbat), qui n'est pas authentique dans Matthieu, l'est ici, et il donne plus de force encore à la déclaration du Sauveur, car les Juifs regardaient le sabbat comme la plus sainte de leurs institutions religieuses.

1. Comp. Math. 12 : 9-14 ; Luc 6 : 6-11. — Ce mot *de nouveau* se rapporte au ch. 1 : 21 ; il n'indique pas si le fait qui va suivre eut lieu le même jour de sabbat que celui qui précède. (2 : 23-28.) Mais Luc (6 : 6) dit clairement que ce fut en un autre sabbat. Cependant les trois évangélistes placent nos deux récits à la suite l'un de l'autre parce que l'un et l'autre servent à caractériser l'opposition et la haine des adversaires, qui avaient atteint alors déjà un haut degré.

2. Matthieu et Luc disent : la main *sèche*. Le terme de Marc : *desséchée*, est plus fort et indique que la circulation du sang avait entièrement cessé et que cette main était ainsi paralysée. « Le participe grec signifie également que l'homme dont il s'agit n'était pas affligé de ce mal dès sa naissance, mais qu'il provenait d'un accident ou d'une maladie. » *Bengel.*

3. Ils l'*observaient* avec des intentions malveillantes, l'*épiaient*. Jésus lit dans leurs regards leur pensée qui était : « Voyons s'il guérira le jour du sabbat ! » D'après Matthieu (12 : 10), ils demandent à Jésus : « Est-il permis de guérir les jours de sabbat ? » D'après Marc et Luc, c'est Jésus qui, le premier, leur pose une question analogue. (v. 4.)

4. Tel est le sens de la phrase grecque. Jésus veut, dans l'indignation que lui inspire leur hypocrisie (v. 5), que cet homme soit sous les yeux de tous, il veut donner le plus grand éclat à ce qui va se passer.

5. Gr. de sauver une *âme* ou de tuer ? Quelques interprètes prennent ces mots à la lettre et pensent que Jésus avait en vue non seulement le corps de ce malade, mais son âme, qu'il espérait *sauver* par cette manifestation de sa puissance et de son amour, et qu'il aurait laissée dans la mort, en négligeant de le secourir. Mais il est probable qu'il faut voir ici, comme dans une multitude d'autres passages, un hébraïsme qui prend l'*âme* pour la *vie*. D'ailleurs le verbe *tuer* est pris dans un sens absolu et n'a pas pour régime sous-entendu *une âme*. Quoi qu'il en soit, la question du Sauveur est d'une grande énergie. S'il n'est pas permis de *faire du bien* le jour du sabbat, négliger ce bien, ce serait *faire du mal* (comp. Jacq. 4 :

ÉVANGILE SELON MARC

se taisaient¹. — Et après avoir porté ses regards sur eux tout au- 5
tour avec colère, étant attristé de l'endurcissement de leur cœur², il
dit à l'homme : Etends ta main. Et il l'étendit, et sa main fut guérie³.
— Et les pharisiens étant sortis tinrent aussitôt conseil contre lui 6
avec les hérodiens, afin de le faire périr⁴.

3. *Première retraite de Jésus.*

A. 7-19. JÉSUS AU BORD DE LA MER. CHOIX DES DOUZE. — 1° *Sur le rivage du lac.*
a) En présence de l'hostilité déclarée et des desseins meurtriers de ses adversairss,
Jésus se retire vers la mer. Tableau des foules qui affluent vers lui de toutes les parties de la Palestine. (7, 8.) — *b)* Jésus demande à ses disciples de tenir à sa disposition
une barque qui lui permette d'échapper à la pression de la foule. Il guérit de nombreux malades, qui le saluent comme le Fils de Dieu. (9-12.) — 2° *Institution de
l'apostolat.* — *a)* Jésus monte sur la montagne, appelle ses disciples, et en choisit douze
pour les avoir avec lui et les envoyer prêcher et chasser les démons. (13-15.) — *b)* Noms
des douze apôtres. (16-19.)

Et Jésus se retira avec ses disciples vers la mer ; et une grande 7
multitude le suivit de la Galilée et de la Judée — et de Jérusalem et 8
de l'Idumée et d'au delà le Jourdain et des environs de Tyr et de

17) ; pouvoir sauver une vie et ne pas le faire, serait tuer. Telle est la consé-
quence immorale que Jésus voit dans l'interprétation servile et hypocrite que les pharisiens donnaient à la sainte institu-
tion du jour du repos. La loi elle-même ordonne de le sanctifier ; et comment peut-on le faire mieux qu'en répandant sur des êtres souffrants les secours, les consolations et les grâces que Dieu leur destine dans son amour ? — Mais peut-
être y a-t-il une intention plus directe et plus sévère dans les termes énergiques qu'emploie le Sauveur. *Faire du mal,
tuer,* le jour du sabbat : qui avait alors dans son cœur ces pensées criminelles ? Les adversaires de Jésus qui ne son-
geaient, en ce saint jour, qu'à *l'accuser* (v. 2), qu'à le faire *périr.* (v. 6.)
1. Morne silence indice de la confusion des pharisiens qui n'avaient rien à répondre et qui étaient d'autant plus irrités.
2. Marc seul décrit complètement cette scène dramatique : l'homme à la main paralysée est debout au milieu de l'assemblée, où règne un profond silence. Jésus, sans rien dire encore, promène tout au-
tour de lui, sur ses adversaires confus, un regard qui les pénètre jusqu'au fond de l'âme. Que se passe-t-il en lui ? Nos versions ordinaires n'ont pas osé traduire ce mot de *colère* qui seul rend l'émotion profonde, la sainte indignation dont son âme est remplie ; mais cette colère, qui chez les hommes charnels est si facilement accompagnée de haine, n'est en Jé-
sus que l'effet d'un zèle brûlant pour la gloire de Dieu ; et quant aux hommes mêmes qui résistent à la vérité, il n'éprouve à leur égard qu'une profonde *tristesse.* Il y a dans l'original un verbe composé qui exprime une douleur concentrée et intense. S'ils avaient manifesté le moindre mouvement de repentance, il les aurait reçus à bras ouverts.
3. Gr. *rétablie,* restituée dans son état primitif. Le texte reçu ajoute *saine comme l'autre,* mots qui ont été transférés ici de Math. 12 : 13.
4. Voir sur les pharisiens Math. 3 : 7, note, et sur les *hérodiens,* Math. 22 : 16, note. — Tel fut pour ces hommes le seul résultat de la parole de vérité qu'ils venaient d'entendre ; tel est l'effet de *l'endurcissement.* (v. 5.) Il fallait que l'inimi-
tié des pharisiens eût déjà atteint un haut degré pour qu'ils s'alliassent contre Jésus avec les hérodiens, leurs adversaires politiques. Leur dessein de *faire périr* Jésus marque le point culminant de l'hostilité croissante qui s'était manifestée contre lui. (2 : 1 à 3 : 6.)

Sidon, une grande multitude, entendant parler de tout ce qu'il fai-
9 sait, vint à lui [1]. — Et il dit à ses disciples qu'il y eût une petite barque toute prête pour lui, à cause de la multitude, afin qu'elle ne le
10 pressât pas. — Car il en guérissait beaucoup ; de sorte que tous ceux
11 qui avaient des maux se jetaient sur lui pour le toucher [2]. — Et les
esprits impurs, quand ils le voyaient, se prosternaient devant lui, et
12 s'écriaient : Tu es le Fils de Dieu [3]. — Et il leur défendait expressément de le faire connaître [4].
13 Et il monte sur la montagne, et appelle à lui ceux qu'il voulait, et
14 ils vinrent vers lui [5] ; — et il en établit douze, afin qu'ils fussent
15 avec lui, afin qu'il les envoyât pour prêcher — et pour avoir la puis-
16 sance de chasser les démons [6]. — Et il établit les douze : Simon, à

1. Jésus se retirait volontiers *vers la mer*, sur le rivage de laquelle il enseignait les multitudes qui le suivaient ; il passait fréquemment au bord opposé, soit pour y trouver quelque repos (v. 9), soit pour échapper aux embûches de ses adversaires. — Marc décrit plus complètement que les autres synoptiques (comp. Math. 12 : 15 et suiv. ; Luc 6 : 17 et suiv.) cette affluence des multitudes qui se pressaient sur les pas de Jésus. Il énumère les contrées et les villes d'où elles accouraient : d'abord la *Galilée*, où il se trouvait ; puis la *Judée* et sa capitale, *Jérusalem* ; puis l'*Idumée*, pays d'Édom, habitée par les descendants d'Ésaü et située sur les limites sud-est de la Palestine ; puis enfin *Tyr* et *Sidon*, villes de Syrie, célèbres par leur commerce. Ces foules étaient attirées par *tout ce qu'il faisait*, c'est-à-dire ses miracles, ses guérisons, son enseignement. (v. 10.) — Les manuscrits présentent diverses variantes. D'après le texte et la ponctuation adoptés par plusieurs critiques, qui se fondent principalement sur *B*, il faudrait traduire : « Une grande multitude le suivit de la Galilée. Et de la Judée et de Jérusalem... une grande multitude, entendant parler de tout ce qu'il faisait, vint à lui. » — Le texte reçu avec *A*, *D*, porte : « *ceux* des environs de Tyr et de Sidon, » le mot souligné ne paraît pas authentique.

2. Jésus demande à ses disciples de tenir prête *une petite barque*, afin qu'il pût y monter si la multitude le *pressait* trop en *se jetant sur lui*. Cette expression peint l'empressement de ces pauvres malades, avides de secours, et qui voyaient des guérisons s'accomplir sous leurs yeux. En effet, il ne faut pas traduire (v. 10) il en *avait guéri* beaucoup, mais il les *guérissait* dans le moment même, ce qui mettait le comble à l'enthousiasme de ces foules qui en étaient témoins. Tel fut l'apogée de l'activité et de l'influence de Jésus en Galilée. Il coïncida avec la résolution prise par ses adversaires de le faire périr. Ces scènes émouvantes, si bien décrites par Marc, nous montrent aussi quelle était l'inépuisable richesse de la charité du Sauveur. (Comp. 1 : 34, note.)

3. Les esprits impurs sont identifiés avec les malades en qui ils résidaient ; car ce sont ces derniers qui *se prosternaient* et *s'écriaient*. Mais ce sont bien les démons qui connaissaient Jésus comme le *Fils de Dieu*. (1 : 24, note.)

4. Gr. *Et il leur ordonnait avec beaucoup de menaces de ne pas le manifester* comme le Messie, le Fils de Dieu. (Comp. 1 : 34, note.)

5. Comp. Math. 10 : 1-4 ; Luc 6 : 13-16. — La *montagne* signifie sans doute une des hauteurs sur la rive occidentale du lac. On a pensé que l'évangéliste voulait désigner *la* montagne bien connue des Béatitudes, parce que ce fut immédiatement après la vocation des douze que Jésus prononça son grand discours.(Luc 6 : 12 et suiv. ; Math. 5 : 1 et suiv.) Mais l'article (*la*) ne rend pas cette interprétation nécessaire, car dans tous les pays on dit : « aller à *la* montagne » pour désigner l'élévation la plus rapprochée. — Au moment de raconter le choix solennel que Jésus fit des douze, Marc parle au présent, il *monte*, il *appelle* à lui *ceux qu'il voulait*. Ces derniers mots sont très remarquables ; ils nous disent qu'aucun des nombreux disciples de Jésus ne fut admis à l'apostolat, si ce n'est par la volonté expresse du Maître,

La note 6 est à la page suivante.

ÉVANGILE SELON MARC

qui il donna le nom de Pierre [1] ; — et Jacques, fils de Zébédée, et 17
Jean, frère de Jacques, auxquels il donna le nom de Boanergès, c'est-
à-dire fils du tonnerre [2] ; — et André, et Philippe, et Barthélemi, et 18
Matthieu, et Thomas, et Jacques fils d'Alphée, et Thaddée, et Simon
le Cananéen ; — et Judas Iscariot, celui qui aussi le livra. 19

B. 20-35. JÉSUS EN BUTTE A L'OPPOSITION DES SIENS ET DES SCRIBES. — 1° *L'occasion du conflit.* Comme Jésus se livre à une activité dévorante, le bruit se répand qu'il a perdu l'esprit. Les siens viennent l'arrêter. (20, 21.) — 2° *L'accusation des scribes ; la justification de Jésus ; le péché contre le Saint-Esprit.* Des scribes de Jérusalem le déclarent possédé du démon et prétendent qu'il chasse les démons par le prince des démons. Jésus réfute cette accusation par une série de similitudes. — *a)* Elle est *absurde* : un royaume divisé, une maison divisée ne peuvent subsister. Si Satan se combattait lui-même, son règne serait près de finir. (22-26.) — *b)* Elle méconnaît *la vraie conclusion* qu'il faut tirer des faits qui y ont donné lieu : si la maison d'un homme fort est livrée au pillage, c'est que cet homme fort a été auparavant vaincu. (27.) — *c)* Elle est infiniment *coupable.* En lui attribuant un esprit impur, ses adversaires, commettent ce blasphème contre le Saint-Esprit, qui ne saurait être pardonné. (28-30.) — 3° *Intervention de la mère et des frères de Jésus.* Sa mère et ses frères, arrivés devant la maison le font demander. Jésus désigne comme sa vraie famille la foule assise autour de lui et déclare que quiconque fait la volonté de Dieu est son frère, sa sœur et sa mère. (31-35.)

Et il se rend dans une maison, et une multitude s'assemble de 20

et le choix de celui-ci fut fondé sur la connaissance profonde qu'il avait d'eux.
6. *Etre avec lui,* devenir ainsi les témoins de tout son ministère, se pénétrer de sa parole et de ses enseignements, telle était là la qualité requise de ceux qui devaient être ses envoyés. (Act. 1 : 8 ; comp. v. 21, 22.) Plus tard seulement, il les *enverra pour prêcher* et exercer *la puissance* de *chasser les démons.* (Comp. 6 : 7, 8.) Ainsi, annoncer l'Evangile et par là détruire le royaume des ténèbres, telle sera la double action de l'apostolat. Le texte reçu, avec *A, D,* porte : puissance *de guérir les maladies et de* chasser les démons. Les mots soulignés proviennent de Math. 10 : 1. Sin., *B, C,* et des vers. ont, après le mot *douze,* cette phrase : *qu'il nomma apôtres,* laquelle est empruntée à Luc 6 : 13.
1. Le texte reçu, avec *A, D, majusc.,* la plupart des vers. omet les mots : *Et il établit les douze.* Le vrai texte porte littéralement : *Et il établit les douze, et il donna à Simon le nom de Pierre, et Jacques, fils de Zébédée....* Voir sur cette liste Math. 10 : 2-4, note.
2. Le nom *Boanergès* est la prononciation araméenne et provinciale des deux mots hébreux *Bené Régesh,* fils du tonnerre. On ne voit pas, au premier abord, par quelle raison le Seigneur donna un tel nom aux deux fils de Zébédée. Quelques interprètes ont voulu y trouver une allusion au fait raconté par Luc (9 : 54), en sorte que ce nom serait un reproche que Jésus aurait adressé aux deux frères. Cette idée est tout à fait inadmissible. D'abord il est probable que l'événement en question n'avait pas eu lieu encore, ensuite on ne saurait penser que Jésus eût voulu blâmer deux de ses plus chers disciples, au moment où il les appelait à l'apostolat, et où il donnait à Pierre un nom qui était une louange. Beaucoup plutôt peut-on s'arrêter au fait connu que ces deux frères étaient d'un caractère vif, ardent, passionné (9 : 38 ; 10 : 35 et suiv. ; Luc 9 : 54). Ce caractère une fois sanctifié par la grâce et par l'amour pour le Sauveur, devait faire de ces deux apôtres les plus puissants propagateurs du feu divin que Jésus était venu allumer sur la terre. « Ce nom, dit Luther, rappelle en particulier que Jean devait écrire cet évangile dont la prédication puissante est comme la voix du tonnerre qui trouble, agite, ébranle et rend la terre féconde. »

nouveau, de sorte qu'ils ne pouvaient pas même prendre leur repas¹.
21 — Et ses proches, ayant appris cela, sortirent pour se saisir de lui ;
22 car ils disaient : Il est hors de sens². — Et les scribes, qui étaient descendus de Jérusalem, disaient : Il a Béelzébul, et c'est par le
23 prince des démons qu'il chasse les démons³. — Et les ayant appe-

Combien plus encore il convient à l'auteur de l'Apocalypse !
1. Gr. *manger du pain*. Hébraïsme qui signifie prendre un repas. L'évangéliste marque l'activité dévorante de Jésus pour motiver les faits qu'il raconte au verset suivant. Mais où se passent ces faits ? Marc dit simplement : *il se rend* (le texte reçu avec la plupart des *majusc.* porte *ils se rendent*), de la montagne, v. 13, *dans une maison*, ou, comme on peut traduire aussi, *à la maison*. Dans ce dernier cas, Jésus serait retourné dans sa maison à Capernaüm ; dans le premier, le lieu de la scène qui va suivre nous serait inconnu. Ce passage (v. 20, 21), que Marc a seul, a fort occupé les interprètes ; il reste pour nous enveloppé d'une certaine obscurité. (Voir la note suivante.)
2. *Ses proches*, gr. *ceux qui* étaient *près de lui*. On pourrait entendre ses alentours. Mais cette locution signifie le plus souvent les parents, la famille ; on pourrait donc dire : *les siens*. Tel est le sens que la plupart des interprètes donnent ici à ce mot, et ils mettent notre verset dans un rapport direct avec le récit des v. 31 et suiv., que Marc seul aurait ainsi introduit et motivé, tandis que Matthieu et Luc le rapportent à la suite du discours de Jésus, sans lien avec celui-ci ni indication de la raison de cette intervention. Ses parents donc, *ayant appris* qu'il était constamment accablé d'un travail excessif, *sortirent pour se saisir de lui*. Sortirent d'où ? Peut-être de Nazareth, car la situation décrite (v. 20) durait depuis quelque temps et le bruit en pouvait fort bien être parvenu à Nazareth ; peut-être aussi sortirent-ils de leur demeure à Capernaüm, où ils pouvaient s'être établis au début du ministère de Jésus. (Jean 2 : 12 ; Math. 4 : 13.) Mais pourquoi veulent-ils *se saisir de lui* ? Leurs propres paroles révèlent leur intention ; *car ils disaient : Il est hors de sens*. Telle est la conclusion qu'ils tiraient de l'activité que Jésus déployait et des fatigues qu'il s'imposait ; et ils voulaient l'emmener hors de la foule, lui procurer du repos. On comprend cette appréciation et cette conduite de la part des frères de Jésus, car ils ne croyaient pas en lui.

(Jean 7 : 5.) Mais Marie ! En serait-elle venue à porter sur Jésus un jugement qui ne valait guère mieux que celui des scribes (v. 22), et que Marc paraît en rapprocher à dessein ? Plus d'un critique s'est hâté de conclure de ce fait que les récits de Matthieu, ch. 1 et 2, et de Luc, ch. 1 et 2 n'étaient pas dignes de foi. D'autre part, on a fait diverses tentatives pour ne pas imputer à Marie une telle opinion sur son fils premier-né. On a dit que *ceux qui étaient près de Jésus* étaient, non ses parents, mais quelques-uns de ses auditeurs, des hommes de son entourage habituel qui l'avaient suivi dans la maison. Le voyant harcelé par la foule, qui ne cessait de le réclamer aux abords de cette maison, ils *sortirent* à leur tour pour s'emparer de lui et le faire rentrer. La pensée qu'ils énoncent au sujet de Jésus ne serait pas inadmissible en ce moment d'effervescence religieuse. Mais cette explication suppose qu'il n'y ait aucun rapport entre notre verset et les v. 31-35 ; or il est difficile de méconnaître que ce rapport existe, et dès lors il s'agit bien ici de la mère et des frères de Jésus. Il est arbitraire aussi de dire que les auteurs de ce jugement défavorable sont les frères de Jésus, à l'exclusion de sa mère, car Marie nous est représentée (v. 31) comme associée à la démarche des frères de Jésus. Il faut donc admettre le fait ; on peut l'expliquer en supposant que la foi de Marie, encore peu développée, était alors ébranlée par le doute ; qu'elle fut momentanément obscurcie, comme celle de Jean-Baptiste. (Math. 11 : 3.) On peut aussi atténuer ce qu'il y avait d'étrange dans la conduite de Marie en admettant que les mots *il est hors de sens* ne doivent pas être attribués aux *proches* de Jésus, mais expriment l'opinion générale. Il faudrait alors traduire : « car on disait : Il est hors de sens. » Cette interprétation, proposée anciennement déjà, s'appuie sur le fait que Marc emploie souvent la troisième personne du pluriel dans un sens impersonnel (2 : 18, note; 3 : 32).
3. Voir, sur cette discussion avec les scribes, Math. 12 : 24-37, notes, et comp. Luc 11 : 15-26. L'accusation des *scribes* (voir sur ces hommes Math. 23 : 2, note),

ÉVANGILE SELON MARC

lés à lui, il leur disait en paraboles¹ : Comment Satan peut-il chasser Satan ? — Et si un royaume est divisé contre lui-même, ce royaume-là ne peut pas subsister. — Et si une maison est divisée contre elle-même, cette maison-là ne pourra pas subsister. — Et si Satan s'élève contre lui-même et est divisé, il ne peut subsister, mais il touche à sa fin. — Mais personne ne peut entrer dans la maison de l'homme fort, et piller son bien, s'il n'a auparavant lié l'homme fort ; et alors il pillera sa maison ² — En vérité je vous dis que tous les péchés seront pardonnés aux fils des hommes, et tous les blasphèmes qu'ils auront pu proférer ³ ; — mais celui qui aura blasphémé contre l'Esprit-Saint, n'obtiendra jamais de pardon ; mais il est coupable d'un péché éternel. — C'est qu'ils disaient : Il a un esprit impur ⁴.

Et sa mère et ses frères viennent ⁵ ; et se tenant dehors, ils en-

est introduite par Marc sans que le fait qui en fut l'occasion soit raconté, tandis que Matthieu et Luc nous le montrent dans la guérison d'un démoniaque. Marc attribue l'accusation aux scribes, tandis que Matthieu la met dans la bouche des pharisiens. Différence de peu d'importance, car ces deux classes d'hommes qui avaient beaucoup d'affinités (la plupart des scribes étaient des pharisiens) se trouvent toujours associées dans leur opposition contre Jésus. Il faut remarquer cette indication, qui appartient en propre à Marc : *ils étaient descendus de Jérusalem*. L'hostilité qui se manifeste contre Jésus n'est donc pas locale et accidentelle : elle a ses inspirateurs à Jérusalem, d'où des émissaires ont été envoyés en Galilée pour combattre l'influence du prophète de Nazareth. L'imparfait : *ils disaient* montre qu'il ne s'agit pas seulement d'une parole qu'ils laissèrent échapper alors, mais d'une opinion qu'ils cherchaient à répandre parmi la foule. C'était le jugement qu'on portait sur Jésus à Jérusalem, siège principal de la sagesse des scribes. (Jean 8 : 48 ; 10 : 20.)

1. Marc appelle *paraboles* les diverses images si frappantes dont le Seigneur se sert dans ce discours pour réfuter l'accusation impie de ses adversaires. — Jésus *les appelle à lui*. Sans attendre une attaque directe de leur part, il provoque lui-même l'occasion de leur montrer l'absurdité de leur accusation.

2. Les arguments de Jésus sont les mêmes que dans Matthieu, mais l'ordre en est plus clair ; d'abord une question directe : *Comment Satan peut-il chasser Satan ?* Puis les deux images d'un *royaume* et d'une *maison* divisés contre eux-mêmes. Ensuite la conclusion inévitable (v. 26), introduite par cette simple particule *et*, ce qui donne au discours un caractère oratoire. Enfin (v. 27) la comparaison si frappante de Satan avec l'*homme fort* dont nul ne peut piller *le bien* (gr. les *ustensiles*, outils, armes), si d'abord il ne l'a liée. (Voir Math. 12 : 29 et Luc 11 : 22, notes.)

3. Gr. « En vérité je vous dis, que toutes choses seront pardonnées aux fils des hommes, les péchés et les blasphèmes, tout autant qu'ils auront pu blasphémer. »

4. Par ces derniers mots, qui rappellent encore une fois l'odieux blasphème prononcé contre Jésus (v. 22), Marc motive la déclaration sévère que Jésus vient de faire entendre contre quiconque aura blasphémé l'Esprit-Saint. Il n'y aura point pour lui de *pardon*, parce qu'il est coupable d'un *péché éternel*, qui durera toujours, qui ne peut être effacé, ayant sa cause permanente dans l'endurcissement. (Voir Math. 12 : 32, note.) Le texte reçu dit : un *jugement* éternel. — On observe que Marc ne fait point mention, comme Matthieu et Luc, du blasphème contre le fils de l'homme ; mais cette idée est évidemment comprise dans les mots du v. 28 : *tous les blasphèmes*. C'est donc bien à tort qu'on a prétendu qu'ici Jésus identifiait le blasphème contre lui-même avec le blasphème contre le Saint-Esprit.

5. Voir sur ce trait, dont le v. 21 indique la vraie signification, Math. 12 : 46-50, notes, et comp. Luc 8 : 19-21. Dans le texte reçu, les frères sont nommés avant la mère, correction qui avait sans doute pour but de faire surtout peser sur eux la responsabilité de cette démarche. En outre, une variante de *Sin.*, D, admise

voyèrent vers lui pour l'appeler ; et une foule était assise autour de
32 lui¹. — Et on lui dit : Voici, ta mère et tes frères et tes sœurs
33 sont dehors qui te cherchent². — Et répondant, il leur dit : Qui est
34 ma mère et qui sont mes frères ? — Et, portant ses regards tout à
35 l'entour sur ceux qui étaient assis en cercle autour de lui³, il dit :
Voici ma mère et mes frères. — Quiconque fera la volonté de Dieu,
celui-là est mon frère et ma sœur, et ma mère⁴.

C. 1-34. Jésus prêche en paraboles. — 1° *Préambule*. Jésus, au bord de la mer, entouré d'une grande foule, monte sur une barque, et prononce de là plusieurs enseignements par des paraboles. (1, 2.) — 2° *Parabole du semeur*. Le semeur sortit pour semer ; il arriva qu'une partie de la semence tomba le long du chemin, où les oiseaux la mangèrent ; une autre sur des endroits rocailleux, où elle leva aussitôt, mais fut brûlée par le soleil ; une autre parmi des épines, qui l'étouffèrent ; une autre enfin, dans une bonne terre, où elle produisit, dans des proportions diverses, des fruits abondants. (3-9.) — 3° *Le but de l'enseignement en paraboles*. Ses disciples l'ayant interrogé en particulier sur le sens de cette parabole, il leur dit : A vous est révélé le mystère du royaume de Dieu, mais à ceux qui sont dehors, je l'annonce en paraboles, afin qu'ils n'entendent pas une vérité qu'ils ne sont pas disposés à recevoir. (10-12.)
— 4° *Explication de la parabole du semeur*. Après avoir marqué son étonnement de leur peu d'intelligence, Jésus leur donne l'explication suivante : La semence, c'est la parole. Chez ceux qui sont semblables à un chemin, Satan vient et l'enlève. Ceux qui ressemblent à des endroits rocailleux reçoivent d'abord la parole avec joie, mais comme elle ne pénètre pas profondément en eux, ils sont bientôt scandalisés. Pour les troisièmes, les épines qui étouffent la semence, sont les soucis de ce monde, la séduction des richesses et les autres convoitises qui rendent la parole infructueuse. Enfin, ceux qui ont reçu la semence dans la bonne terre, non seulement entendent la parole, mais la reçoivent et en produisent tous les bons fruits dans leur vie. (13-20.)
— 5° *L'usage qu'ils devront faire de la vérité qui leur est ainsi révélée*. On n'allume pas une lampe pour la mettre dans un lieu obscur ; ainsi tout ce qui est caché sera mis en évidence. Prenez donc garde à ce que vous entendez ; car à celui qui a, il sera donné, mais à celui qui n'a pas, tout lui sera ôté. (21-25.) — 6° *Parabole du grain de semence* : Ce qui se passe dans le royaume de Dieu peut être comparé à une semence jetée en terre et qui, soit que le semeur dorme ou veille, germe et grandit sans qu'il sache comment. La terre produit d'elle-même la plante, l'épi, le blé, et quand il

par Tischendorf, porte : *Et sa mère vient ainsi que ses frères*. Enfin le texte ordinaire dit : ils viennent *donc*, particule destinée à rattacher ce récit au v. 21. Cette relation est bien dans la pensée de l'auteur, mais la particule manque dans *Sin.*, *B*, *C*, *D*, et la plupart des versions.
1. Notre évangéliste fait cette remarque pour l'on comprenne mieux que Jésus, entouré de la foule qu'il enseignait, ne voulait pas être interrompu, surtout connaissant les motifs qui amenaient les siens.
2. Les mots *et tes sœurs* sont omis dans le texte reçu. Ils manquent, il est vrai, dans *Sin.*, *B*, *C*, et plusieurs *majusc*. Leur disparition s'explique par quelque négligence de copiste. Tischendorf. lui-même les admet d'après *A*, *D*, *majusc.*, *itala*.
3. *Regard* solennel, plein de tendresse, bien différent de celui qui est mentionné au v. 5. Matthieu ajoute « qu'il étendit la main » vers ceux qu'il regardait ainsi avec amour.
4. Texte reçu : « *Car*, quiconque.... » La plupart des critiques retranchent ce *car*, bien qu'il ne soit omis que dans *B* ; ils le regardent comme emprunté à Matthieu. Jésus en citant ces rapports intimes

ÉVANGILE SELON MARC

est mûr, on le moissonne. (26-29.) — 7° *Parabole du grain de sénevé* : Le royaume de Dieu est semblable à un grain de sénevé, très petite semence, mais qui, jetée en terre, devient un arbre où les oiseaux du ciel peuvent habiter. (30-32.) — 8° *Aperçu final.* Ainsi Jésus annonçait la parole par plusieurs paraboles, selon la portée de ceux qui l'écoutaient, puis dans le particulier, il les expliquait à ses disciples. (33, 34.)

IV Et de nouveau il se mit à enseigner près de la mer [1]. Et une grande foule se rassemble auprès de lui ; de sorte qu'étant monté dans la barque, il était assis en mer, et toute la foule était près de la mer, sur le rivage [2]. — 2 Et il leur enseignait beaucoup de choses par des paraboles [3], et il leur disait dans son enseignement : — 3 Ecoutez : Voici, le semeur sortit pour semer [4]. — 4 Et il arriva, comme il semait, qu'une partie de la semence tomba le long du chemin ; et les oiseaux vinrent et la mangèrent [5]. — 5 Et une autre partie tomba sur un endroit rocailleux, où elle n'avait pas beaucoup de terre ; et aussitôt elle leva, parce qu'elle n'avait pas une terre profonde ; — 6 et quand le soleil se fut levé, elle fut brûlée, et, parce qu'elle n'avait point de racine, elle sécha. — 7 Et une autre partie tomba parmi les épines, et les épines montèrent et l'étouffèrent, et elle ne donna point de fruit. — 8 Et une autre partie [6] tomba dans la bonne terre, et elle donnait

---

de la famille, qui se reforment, plus élevés et plus saints, entre ceux qui font *la volonté de Dieu*, ne parle pas d'un père. Dans ce sens spirituel, la place de père n'appartient qu'à Dieu.

1. Comp. Math. 13 ; Luc 8 : 1-15. — Ce mot *de nouveau*, si familier à Marc, et par lequel il indique l'activité infatigable du Sauveur, reporte ici la pensée sur ch. 2 : 13 ; 3 : 7. Il est dit proprement qu'il enseignait *le long de la mer*, tantôt ici, tantôt là, sur le rivage. (2 : 13.)

2. La foule est qualifiée par un superlatif : *la plus nombreuse*, qui se soit encore rassemblée auprès de lui. — Voir sur cette scène au bord de la mer, Math. 13 : 2, note.

3. Il faut remarquer ces mots *beaucoup de choses par des paraboles*, aussi bien que ceux-ci (v. 33) : *plusieurs paraboles semblables*, et l'on restera convaincu que Marc, aussi bien que Matthieu, suppose un long discours de Jésus, composé de diverses paraboles, qu'il expliquait ensuite à ses disciples. Toutefois Marc n'en rapporte que deux, des sept renfermées dans le premier évangile. (Voir à ce sujet, aussi bien que sur le sens du mot *parabole*, Math. 13 : 3, notes.) En revanche, on trouve ici (v. 26-29) une similitude que Marc a seul conservée.

4. Voir, sur la parabole qui suit et sur les enseignements que Jésus y ajoute, Math 13 : 4-23, notes, et comp. Luc 8 : 5 et suiv. Nous ne relèverons que les traits particuliers à Marc. — Il faut remarquer l'article *le* semeur, que les synoptiques ont tous trois, et qu'on ne doit pas traduire par *un* semeur, comme nos versions ordinaires. En effet, Jésus ne veut pas raconter un fait isolé, mais ce qui se passe toujours lorsqu'un homme sème. C'est pourquoi on a proposé de traduire en mettant tous les verbes de ce récit. « Le semeur *sort* pour semer. Et il *arrive*, comme il *sème*, qu'une partie de la semence *tombe* le long du chemin, et les oiseaux *viennent* et la *mangent* toute, etc. » La scène serait ainsi plus actuelle. Il est certain que dans le style descriptif les aoristes peuvent se rendre de cette manière, mais en est-il de même des verbes à l'imparfait ?

5. Le texte reçu dit : « les oiseaux *du ciel*, » mot ajouté ici d'après Luc.

6. Le grec présente ici une nuance intraduisible. Dans les versets précédents le mot que nous rendons par *une autre partie* est un neutre singulier ; au v. 8, d'après *Sin.*, *B*, *C*, il y a un neutre pluriel, destiné à marquer la multiplicité des grains ; en effet, malgré l'excellence de la terre, chaque grain est d'un rapport différent.

du fruit, qui montait et croissait ; et elle rapportait jusqu'à trente, et
9 jusqu'à soixante, et jusqu'à cent [1]. — Et il disait [2] : Que celui qui a
10 des oreilles pour entendre, entende. — Et quand il fut en particulier, ceux qui étaient autour de lui, avec les douze, l'interrogeaient
11 sur les paraboles [3]. — Et il leur disait : C'est à vous qu'a été donné le mystère du royaume de Dieu ; mais à ceux qui sont dehors, tout
12 arrive sous forme de paraboles [4] ; — afin qu'en regardant, ils regardent et ne voient point ; et qu'en entendant, ils entendent et ne comprennent point, de peur qu'ils ne se convertissent et qu'il ne
13 leur soit pardonné [5]. — Et il leur dit : Vous ne savez pas le sens de

1. Il y a plusieurs variantes pour ces derniers mots. Le texte reçu, avec D, porte : rapporta l'*un* trente et l'*autre* soixante et l'*autre* cent. La plupart des *majusc.* : rapporta *en* trente et *en* soixante et *en* cent. Cette préposition indique la mesure du rapport. *Sin.*, *C*, ont les trois fois : *jusqu'à*. B porte : *jusqu'à* trente et en soixante et *en* cent. — Il y a peu de passages où les trois synoptiques soient plus en harmonie que dans cette parabole : elle s'était gravée dans la mémoire de tous les auditeurs de Jésus. Et pourtant, leur parfaite indépendance les uns des autres se montre ici comme partout. Ainsi Matthieu et Marc ont l'un et l'autre ces trois termes de la multiplication du grain ; mais l'un dans une mesure descendante : *cent*, *soixante*, *trente* ; l'autre ascendante : *trente*, *soixante*, *cent*, tandis que Luc se contente de ce dernier chiffre comme marquant la plus haute productivité.

2. Ce verbe à l'imparfait, *et il disait*, fréquent dans Marc, fait toujours attendre l'énoncé d'une pensée nouvelle et importante.

3. Si l'évangéliste interrompt le discours de Jésus pour mentionner ces demandes d'explication, qui n'eurent lieu que plus tard, c'est qu'il tient à marquer d'emblée le but que Jésus avait en vue quand il adopta cette forme d'enseignement : soumettre à un triage la foule qui s'assemblait autour de lui (v. 1) et séparer d'elle ceux qui étaient susceptibles de devenir ses disciples. Dans Matthieu, cette intention est clairement indiquée par la forme donnée à la question des disciples : « Pourquoi leur parles-tu en paraboles ? » (Voir Math. 13 : 10, note.) Mais ce qui prouve qu'elle est aussi dans la pensée de Marc, ce sont les paroles de Jésus (v. 11, 12), dont il fait précéder l'explication de la parabole du semeur.

(v. 13 et suiv.) — *Ceux qui étaient autour de lui*, les auditeurs qui s'attachaient à ses pas et le suivaient en son particulier, ne se contentaient pas, comme la foule indifférente, du récit fictif dont Jésus enveloppait sa pensée. Ils l'*interrogeaient* : l'imparfait montre qu'il ne s'agit pas d'un fait isolé qui se serait produit au moment où Jésus achevait la parabole du semeur, mais d'une habitude qu'ils avaient. Cela ressort également du pluriel : *sur les paraboles*. Le texte reçu, qui porte : ils l'*interrogèrent*, méconnaît cette nuance.

4. Le texte reçu porte : Il vous a été donné *de connaître* le mystère du royaume de Dieu. Le mot est authentique dans Matthieu. (Voir Math. 13 : 11, note.) Mais il est inutile au fond, car *donner un mystère*, c'est dévoiler la vérité divine qu'il renferme et, par conséquent, le faire *connaître*. — *Ceux qui sont dehors*, sont ceux qui ne s'étaient point rattachés à Jésus et à ses disciples, qui lui restaient volontairement étrangers, bien qu'ils écoutassent à l'occasion ses discours. Cette expression a à peu près le même sens dans les épîtres, où elle désigne ceux qui ne sont pas chrétiens. (1 Cor. 5 : 13 ; Col. 4 : 5 ; 1 Thes. 4 : 12 ; 1 Tim. 3 : 7.) — *Tout arrive* (gr. *devient*) ou se passe *en paraboles*. Jésus se borne à leur présenter la vérité sous des images sans leur en donner le sens intime et spirituel par des explications directes. La raison de cette manière d'agir envers ceux qui ne le comprendraient pas, ou ne recevraient pas de sa bouche la vérité, est indiquée au verset suivant.

5. Voir, sur ces paroles, Math. 13 : 13, note. Il faut remarquer une différence d'expression entre cet évangéliste et Marc. Matthieu dit que Jésus parle en paraboles *parce que* ses auditeurs ne voient ni ne comprennent ; d'où quelques interprètes ont voulu conclure que Jésus se servait

cette parabole ! Et comment connaîtrez-vous toutes les paraboles [1] ? — Le semeur sème la parole [2]. — Mais ceux-ci sont le long du che- 14, 15 min, où la parole est semée ; et lorsqu'ils l'ont entendue, Satan vient aussitôt et enlève la parole semée en eux [3]. — Et ceux-ci, de même, 16 reçoivent la semence dans des endroits rocailleux, eux qui, lorsqu'ils ont entendu la parole, la reçoivent aussitôt avec joie, — et ils n'ont 17 point de racine en eux-mêmes [4] mais ne sont que pour un temps ; puis, une affliction ou une persécution survenant à cause de la parole, ils y trouvent aussitôt une occasion de chute. — Et d'autres 18 sont ceux qui reçoivent la semence parmi les épines ; ce sont ceux qui ont entendu la parole ; — et les soucis du siècle et la séduction 19 des richesses et les convoitises des autres choses les envahissant, étouffent la parole, et elle devient infructueuse [5]. — Et ceux qui ont 20

de ce mode d'enseignement plus simple et plus facile parce que ses auditeurs n'en auraient pas compris un autre. C'est précisément l'inverse de la pensée de Jésus, pensée qui se fonde sur une prophétie d'Esaïe dont le sens n'est pas douteux (Math. 13 : 14 et suiv., note) et à laquelle Jésus fait allusion. Mais le sens de notre passage est rendu plus clair encore par la conjonction qu'emploie Marc et qui se trouve également dans Luc : *afin que;* c'est-à-dire que Jésus parle en paraboles, dans l'intention expresse que ceux dont il sait qu'ils ne croiraient point, ne voient ni n'entendent une vérité plus clairement énoncée, qui ne ferait que rendre leur incrédulité plus coupable. C'est là un jugement sans doute, mais un jugement où apparaît aussi la miséricorde, et qui, par conséquent, n'est point irrévocable, si les hommes dont il s'agit ouvrent un jour leurs cœurs à la repentance qui les rendra capables de recevoir la vérité. — Ces expressions : *en regardant, ils regardent, en entendant, ils entendent,* sont un hébraïsme qui signifie que l'action dont il s'agit se répète à diverses reprises. — Le texte reçu dit : « que *leurs péchés* ne leur soient pardonnés. » Les mots soulignés ne se trouvent pas dans *Sin., B, C.* Ils paraissent être une addition explicative.

1. Marc seul a conservé cette parole. Jésus revient à la parabole du semeur, la première qu'il avait prononcée et dont il devait tout d'abord donner l'explication en réponse à la question générale des disciples. (v. 10.) Il ne faut donc pas mettre notre verset en contradiction avec la déclaration du v. 11, par laquelle Jésus approuvait les questions des disciples sur les paraboles. Il n'exprime pas un blâme, mais une sorte d'étonnement de ce qu'ils n'ont pas compris la parabole du semeur si simple et si intelligible. Elle est d'ailleurs le point de départ de *toutes les paraboles* qui enseignent la grande doctrine du royaume de Dieu, puisqu'elle révèle la manière dont ce royaume s'établit dans les âmes par la prédication de la parole. Si les disciples ne comprennent pas celle-là, comment saisiront-ils les autres, qui décrivent les développements plus profonds et plus universels de ce royaume ?

2. Voir, pour l'explication de cette parabole, Math. 13 : 18 et suiv., notes. Matthieu dit : « la parole du royaume ; » Luc : « la parole de Dieu ; » Marc simplement *la parole,* la parole par excellence (comp. 2 : 2), la révélation de Dieu aux hommes. — Aucun des évangélistes ne dit qui est le *semeur* de cette parole, parce que cela s'entend de soi-même. C'est le Seigneur Jésus qui alors *semait;* et, après lui, tous ses serviteurs qui l'ont fait dans son esprit et selon la vérité, sont aussi des semeurs.

3. Le Seigneur compare ces hommes à un *chemin :* c'est là leur état naturel ; ils sont tels avant toute prédication ; et quand ils *ont entendu* la parole, elle ne reste pas *en eux* parce que *aussitôt vient* Satan qui l'enlève. — Le texte reçu porte *dans leurs cœurs,* au lieu de *en eux.*

4. C'est-à-dire qu'ils sont comme une terre dans laquelle la plante ne peut pousser de racines. L'image se confond avec la réalité spirituelle qu'elle représente. Il en est de même au v. 20.

5. Les épines représentent d'après Mat-

reçu la semence dans la bonne terre, ce sont ceux qui entendent la parole et la reçoivent et portent du fruit, à raison de trente et de soixante et de cent [1].

21 Et il leur disait : Apporte-t-on la lampe pour la placer sous le boisseau ou sous le lit ? N'est-ce pas pour la placer sur le pied de
22 lampe [2] ? — Car rien n'est secret si ce n'est pour être manifesté, et
23 rien n'a été caché qu'afin de venir en évidence [3]. — Si quelqu'un a
24 des oreilles pour entendre, qu'il entende. — Et il leur disait : Prenez garde à ce que vous entendez [4]. De la même mesure dont vous aurez mesuré, il vous sera mesuré, et il vous sera ajouté davantage [5]. —
25 Car à celui qui a, il lui sera donné ; et à celui qui n'a pas, cela même qu'il a lui sera ôté.

thieu *les soucis du siècle* et *la séduction des richesses* ; à ces deux causes de stérilité Luc ajoute *les voluptés de la vie* et Marc *les convoitises des autres choses*, ou les autres genres de convoitises. Une seule de ces passions, persistant dans le cœur, suffirait pour *étouffer la parole* et la rendre *infructueuse*. Combien plus quand plusieurs ou toutes (gr.) *entrant dans* le cœur *étouffent ensemble* la parole. — Le texte reçu dit : ceux qui *entendent* la parole ; le vrai texte est : qui *ont entendu*. Ils ne l'ont pas entendue une seule fois. Mais souvent, depuis longtemps, ce qui fait qu'en eux la semence a eu le temps de grandir, de donner les plus belles espérances, et ce n'est que plus tard que les épines grandissant aussi, l'ont étouffée. De là ce mot : *autres* sont ceux.... Ils sont différents des précédents.

1. Gr. *En* trente et *en* soixante et *en* cent. Le texte reçu porte : *un* trente et *un* soixante et *un* cent. La particule *en* indique la mesure, le degré de cette étonnante fertilité. (Comp. v. 8, note.) — Encore ici l'image se confond avec la réalité, c'est-à-dire les fruits de la semence avec les fruits de la parole dans la vie religieuse et morale de ceux qui l'ont entendue. Mais cette répétition des derniers mots de la parabole dans les derniers mots de l'explication, a quelque chose de solennel et de frappant.

2. Gr. « La lampe *vient-elle* pour *être placée*.... » Cette image, riche en significations diverses, revient fréquemment dans les évangiles (Math. 5:15, 16, note; Luc 8: 16), sans doute parce que Jésus l'employait souvent dans ses discours, et cela dans des applications différentes. Ici il veut enseigner à ses disciples que la lumière, c'est-à-dire la connaissance des vérités de son royaume, qu'il leur communique par ses paraboles, ils ne doivent pas la cacher à d'autres, mais la publier au grand jour. Et tel est le devoir de chaque chrétien.

3. Une parole semblable se trouve ailleurs (Math. 10 : 26), dans une application différente. Jésus confirme en d'autres termes ce qu'il vient de déclarer. (v. 21.) « Ne pensez pas que ce que je vous confie maintenant en secret, doive rester toujours caché ; j'allume en vous la lumière, afin que, par votre ministère, elle dissipe les ténèbres dans le monde entier. » *Erasme.* Cette parole a même une portée plus générale. Tout ce qui reste caché à l'homme dans ce monde (comp. 1 Cor. 13 : 9) ne lui est voilé que pour lui être un jour pleinement révélé. « Cela a lieu graduellement dans le siècle présent, et s'accomplira pleinement quand la lumière éclairera toutes choses. » (1 Cor. 4 : 5.) *Bengel.*

4. Comp. v. 9. — Luc (8 : 18) dit : « Prenez garde *comment* vous écoutez, » c'est-à-dire avec quelles dispositions d'esprit et de cœur. Dans notre récit le Sauveur attire surtout l'attention sur les *choses* entendues, sur leur immense importance. Et cette exhortation est motivée par les deux paroles qui suivent.

5. Le texte reçu ajoute : *à vous qui écoutez*, ce qui s'entend de soi-même. — Cette parole de Jésus se retrouve Math. 7 : 2 avec une tout autre application. Ici elle signifie : dans la *même mesure* où vous mettez tous vos soins à écouter, à retenir, à pratiquer la parole divine, dans la même mesure Dieu vous accordera plus de lumières, plus de grâces ; et il en *ajoutera davantage*. Si au contraire, satisfaits de ce que vous *avez*, vous ne recherchez plus aucun accroissement dans la con-

Et il disait[1] : Il en est du royaume de Dieu comme quand un 26 homme a jeté la semence en terre ; — soit qu'il dorme, soit qu'il 27 veille, la nuit et le jour, la semence germe et croît, lui-même ne sait pas comment[2]. — D'elle-même la terre produit, premièrement l'herbe, 28 puis l'épi, puis le blé tout formé dans l'épi[3]. — Et quand le fruit est 29 mûr, aussitôt il y met la faucille, parce que la moisson est venue[4].
Et il disait : A quoi comparerons-nous le royaume de Dieu ? ou 30 par quelle parabole le représenterons-nous[5] ? — Il en est comme 31

naissance et dans la vie intérieure, *cela même* que vous avez, vous le perdrez, *il vous sera ôté*, par la force des choses et par un juste jugement de Dieu. (v. 25 ; comp. Math. 13 : 12 et Luc 8 : 18, où cette même déclaration est reproduite dans une application à peu près semblable.)
1. Voir sur le sens de ce verbe à l'imparfait v. 9, note ; comp. v. 24, |30. Il indique que Jésus, après les exhortations qui précèdent et auxquelles a donné lieu la parabole du semeur, reprend son enseignement par d'autres paraboles, ainsi que le prouve le v. 33. (Comp. v. 2, note.) Celle que nous trouvons ici nous a été conservée par Marc seul. Elle a quelque ressemblance avec la suivante, v. 30-32. Mais il faut beaucoup d'imagination pour prétendre qu'elle n'est qu'une reproduction abrégée de la parabole de l'ivraie (Math. 13 : 24 et suiv.), et que, par conséquent, elle ne saurait avoir été prononcée en cette place. Il faut s'appliquer d'abord à saisir les détails du récit, avant d'en exposer la signification religieuse.
2. Le semeur dont il s'agit a d'abord labouré, puis il *a jeté* la semence en terre ; son œuvre est faite. Il faut remarquer la différence voulue entre ce verbe au passé, *a jeté*, et les verbes suivants qui sont au présent. Maintenant qu'il *dorme* ou qu'il *veille*, la *nuit* et le *jour*, il peut attendre avec confiance les résultats ; car il sait par expérience que la semence *germe* et *croît*, bien qu'il ne *sache* absolument pas lui-même *comment*. Ce *comment* de la germination et de la croissance est caché aujourd'hui encore à la science, car toute vie est un mystère. Le cultivateur de la parabole n'est pas même tenté de se livrer à de vaines spéculations sur ce sujet.
3. *D'elle-même*, sans que nul s'en occupe ou s'en inquiète ; car le Créateur a établi entre la terre et la semence un rapport intime, mystérieux, qui produit la vie et la croissance. « Cela n'exclut pas, mais exige au contraire les pluies du ciel et l'influence du soleil. » *Bengel*. — Il faut remarquer ces phrases si bien graduées du développement : l'*herbe*, puis l'*épi*, puis le *blé tout formé* (gr. le blé *plein*) dans l'épi.
4. *Quand le fruit est mûr* (gr. quand il *se donne, se livre, se détache* ou *se produit* ; ou, suivant d'autres, dans un sens actif : *quand le fruit le permet*), aussitôt il y met la faucille (gr. *il envoie la faucille*) ; qui ? le semeur, qui reparaît à ce moment seulement et recueille le fruit de son travail. — Quelle est maintenant la pensée de cette parabole ? Elle nous présente des faits moraux, des expériences qui se produisent dans le *royaume de Dieu* (comp. Math. 3 : 2, 2e note), considéré soit dans son universalité soit dans chaque âme individuelle. La semence est, comme dans la parabole précédente, la parole de Dieu. Elle possède en elle une puissance de vie qui lui permet de porter du fruit d'une manière spontanée. Entre cette parole divine et l'âme humaine il y a la même affinité qu'entre la terre et la semence ; en sorte que l'action harmonique de la parole et de l'âme produit d'elle-même sans aucun concours de celui qui a répandu la semence, et sans que celui-ci sache comment s'accomplit ce mystérieux travail, la régénération, la sanctification, tous les fruits de la vie nouvelle. Un point secondaire de la comparaison, c'est la croissance lente, graduelle mais certaine de la vie divine, jusqu'à sa perfection. Pour qu'elle s'opère, il faut du temps, sans lequel rien n'arrive à maturité. « Cette parabole nous enseigne la patience, comme la parabole de l'ivraie enseigne la tolérance. » *De Wette*. Le Sauveur sait que, malgré tous les obstacles que sa parole rencontre dans le monde, le jour de la moisson viendra. Lui-même enverra la *faucille* (Joël 3 : 13 ; Apoc. 14 : 15) ; et il nous a dit que les moissonneurs sont les anges. (Math. 13 : 39.)
5. Gr. *Comment assimilerons-nous le royaume de Dieu, ou dans quelle para-*

d'un grain de sénevé, qui, lorsqu'on le sème en terre, est la plus
32 petite de toutes les semences qui sont sur la terre ; — mais qui, lorsqu'on l'a semé, monte et devient plus grand que tous les légumes, et pousse de grandes branches ; de sorte que les oiseaux du ciel peuvent habiter sous son ombre [1].
33 Et par beaucoup de paraboles semblables, il leur annonçait la pa-
34 role, selon qu'ils pouvaient entendre [2]. — Et il ne leur parlait point sans paraboles ; mais, en particulier, il expliquait tout à ses disciples [3]

D. 35-41. JÉSUS APAISE LA TEMPÊTE. — 1° *Le départ.* Au soir de ce jour, les disciples emmènent Jésus, dans la barque, de l'autre côté du lac. D'autres barques les accompagnent. (35, 36.) — 2° *La tempête apaisée.* Un tourbillon s'élève soudain. Jésus dort à la poupe, sur l'oreiller. Les disciples invoquent son aide, en lui reprochant de ne pas se soucier de leur détresse. Jésus commande au vent et à la mer ; un grand calme s'établit. (37-39.) — 3° *Reproches de Jésus. Impression produite.* Jésus reproche à ses disciples leur manque de foi. Ils se demandent avec crainte qui est celui-ci, à qui les flots obéissent. (40-41.)

35 Et il leur dit ce jour-là, quand le soir fut venu : Passons à l'autre
36 bord [4]. — Et ayant quitté la foule, ils le prennent avec eux tel qu'il était dans la barque [5]. Et il y avait aussi d'autres barques avec lui [6].

bole le placerons-nous ? C'est là le vrai texte. Le texte reçu dit : *dans quelle parabole le paraboliserons-nous ?* C'est là une délibération que Jésus tient avec ses auditeurs ; il réveille leur intérêt en les invitant à y prendre part.
1. Voir sur cette parabole Math. 13 : 31, 32, note, et comp. Luc 13 : 18, 19. Marc a quelques traits qui lui sont propres et qui complètent ce charmant petit tableau emprunté à la nature. La plante *pousse de grandes branches,* qui invitent les oiseaux à venir s'y réfugier et ils viennent en effet habiter *sous son ombre* qui leur assure une retraite et de la fraîcheur. Les trois évangiles ont cette expression : *les oiseaux du ciel.*
2. *Beaucoup de paraboles semblables.* Cette indication met le récit de Marc en harmonie avec celui de Matthieu, bien que le premier ne rapporte pas toutes les paraboles que le second nous a conservées. (Comp. v. 2, note.) — *Selon qu'ils pouvaient entendre,* non seulement comprendre par l'intelligence, mais recevoir en raison des dispositions de leur cœur. (Jean 16 : 12.)
3. Comp. Math. 13 : 34, note. Il ne faudrait pas conclure de cette parole que Jésus n'employa plus d'autre forme de discours que la parabole. C'étaient les « mystères du royaume de Dieu » qu'il exposait suivant cette méthode pour éprouver la foi de ses auditeurs et opérer un triage parmi eux. (Comp. v. 11.) Le grand nombre d'entre eux était incapable de comprendre le sens spirituel des paraboles ; ils retenaient au moins le récit extérieur, et pouvaient arriver plus tard à découvrir la vérité qu'il renfermait. Au premier abord les disciples eux-mêmes ne comprenaient que très imparfaitement le Maître, puisque ensuite, *en particulier,* il devait leur *tout expliquer.* (Comp. v. 10.)
4. Voir sur ce récit, Math. 8 : 23-27, notes, et comp. Luc 8 : 22-25. Matthieu et Luc n'indiquent que d'une manière très vague le moment où se passe cet événement. Marc nous dit avec précision que ce fut *ce jour-là* qu'il avait passé à instruire le peuple par des paraboles, et *quand le soir fut venu,* qu'il s'embarqua pour passer à l'autre rive.
5. *Ils,* c'est-à-dire les disciples, *prennent* Jésus *avec eux, tel qu'il était dans la barque,* d'où il venait d'enseigner la

La note 6 est à la page suivante.

CHAP. IV. ÉVANGILE SELON MARC 337

— Et il s'élève un grand tourbillon de vent, et les vagues se jetaient 37
dans la barque, de sorte que la barque s'emplissait déjà. — Et il était, 38
lui, à la poupe, dormant sur l'oreiller [1]. Et ils le réveillent et lui
disent : Maître, ne te soucies-tu point de ce que nous périssons [2] ! —
Et s'étant réveillé, il réprimanda le vent, et dit à la mer : Fais si- 39
lence, tais-toi ! Et le vent s'apaisa, et il se fit un grand calme [3]. —
Et il leur dit : Pourquoi avez-vous ainsi peur ? Comment n'avez-vous 40
point de foi [4] ? — Et ils furent saisis d'une fort grande crainte, et 41

foule. (v. 1.) Cette observation, propre à notre évangéliste, signifie que Jésus partit avec eux sans préparatifs, sans emporter de nourriture ou de vêtements pour la nuit, sans qu'aucun des disciples fût retourné à la maison. Jésus était fatigué de la journée, il s'agissait de *quitter la foule* et de trouver du repos ; les disciples le savent et ils agissent en conséquence.

6. Encore un trait particulier à Marc, mais que le récit de Matthieu (8 : 27, note) faisait supposer. La scène qui va suivre eut donc un grand nombre de témoins qui en reçurent l'instruction. (v. 41.)

1. Détail touchant, conservé par Marc seul. Une main attentive avait préparé pour Jésus, fatigué de sa journée, cet *oreiller*. Plusieurs interprètes, il est vrai, remarquant que ce mot *l'oreiller* est écrit avec un article, supposent qu'il s'agit de l'appui destiné au batelier qui tenait la barre. Tous ces traits par lesquels Marc achève de peindre la scène ne peuvent avoir été observés et retenus que par un témoin oculaire ; et ce témoin, c'est l'apôtre Pierre, dont Marc a rapporté les récits et la prédication. (Voir l'Introduction.)

2. Il faut remarquer ces verbes au présent qui rendent la scène si actuelle et si vive : ils le *réveillent*, ils lui *disent*. Nos versions ordinaires effacent ces nuances. Il faut remarquer encore que les trois synoptiques conservent une parfaite indépendance dans leur relation des paroles que les disciples adressent à Jésus pour le réveiller et lui exprimer leur angoisse. Chacun lui donne un titre différent. Matthieu, *Seigneur* ; Marc, *Maître*, docteur, celui qui enseigne ; Luc, *épistatès*, surveillant, président, chef d'une maison. En outre, l'un dit : *Sauve-nous* (Math. 8 : 25), l'autre lui fait adresser ce reproche inspiré par la peur : *Ne te soucies-tu point ?* les trois s'unissent dans ce cri d'angoisse : *Nous périssons !* Ces diverses expressions proviennent du fait que les disciples par-

laient tous à la fois. Mais ce qui domine toute la scène, c'est le recours unanime des pauvres disciples à Celui qui seul pouvait les sauver.

3. Quelle majesté ! quelle certitude d'une puissance divine ! Quelle énergie dans ce double commandement que Marc seul nous fait connaître : *Fais silence ! tais-toi !* (Ce dernier verbe signifie *être muselé*.) Et ces paroles s'adressent au vent, à la mer, aux flots (Luc), non pas seulement personnifiés par un mouvement oratoire ou poétique, comme on l'a pensé, mais considérés réellement comme des forces vives de la nature en convulsion, auxquelles le Seigneur commande en maître et qu'il *apaise*. Et il se fit *un grand calme*. Quelle parabole de l'action de ce même Seigneur et Sauveur dans les agitations et les dangers du monde moral ! Dans ce domaine il ne faut pas moins de puissance pour produire la paix que pour ramener le calme au sein d'une tempête. C'est ce que devraient considérer ceux qui ont plus de peine à admettre les miracles de Jésus sur la nature inanimée que ses guérisons de malades. Dans l'un et l'autre cas, Dieu ne saurait être l'esclave des lois que lui-même a établies et qui ne sont ni annulées, ni changées par cette action d'un ordre supérieur.

4. Une variante, qui se lit dans *Sin.*, *B*, *D*, et est adoptée par Lachmann, Tregelles, Westcott et Hort, mais rejetée par d'autres comme une faute de copiste, porte : « N'avez-vous point *encore* de foi ? » malgré toutes les œuvres de puissance et d'amour que vous m'avez déjà vu accomplir. La *peur* était bien naturelle en un tel moment ; la *foi* seule aurait pu la dissiper. Mais en quoi les disciples ont-ils manqué de foi ? n'ont-ils pas recouru à lui dans le danger ? Oui, mais, dans leur trouble, ils ont pensé un moment qu'ils allaient *périr* et leur Maître avec eux. Or, sur cette barque était l'Eglise tout entière, le salut du monde, l'avenir éternel de l'humanité que Jésus venait

ils se disaient l'un à l'autre : Qui est donc celui-ci, que le vent même et la mer lui obéissent [1] ?

E. 1-20. LE DÉMONIAQUE DE GADARA. — 1° *Le démoniaque*. Jésus, débarquant au pays des Gadaréniens, voit venir à lui un démoniaque, qui hantait les sépulcres, ne pouvait être maîtrisé par personne et tournait sa fureur contre lui-même. (1-5.) — 2° *Sa rencontre avec Jésus*. Il accourt se prosterner devant Jésus ; puis il le supplie, en le proclamant Fils du Dieu très-haut, de ne point le tourmenter, car Jésus ordonnait à l'esprit impur de sortir de cet homme. Jésus demande à celui-ci son nom. Le démon répond qu'il se nomme Légion, parce qu'ils sont plusieurs. (6-10.) — 3° *Les démons envoyés dans les pourceaux*. Un troupeau de pourceaux paissait sur la montagne. Sur leur demande, les démons sont autorisés à entrer dans les pourceaux, qui, au nombre de deux mille, se précipitent dans la mer. (11-13.) — 4° *Les habitants du pays*. Avertis par les gardiens du troupeau, les gens de la contrée viennent considérer le démoniaque assis paisiblement aux pieds de Jésus. Instruits de l'événement par ceux qui en avaient été témoins, ils prient Jésus de quitter leur territoire. (14-17.) — 5° *L'ordre donné au démoniaque guéri*. Celui-ci supplie Jésus de le prendre avec lui. Jésus l'envoie dans sa maison pour témoigner du bienfait reçu. Il le publie dans la Décapole. (18-20.)

V Et ils arrivèrent à l'autre bord de la mer [2], dans la contrée des
2 Gadaréniens [3]. — Et quand il fut sorti de la barque, aussitôt un homme possédé d'un esprit impur, sortant des sépulcres, vint au-
3 devant de lui [4]. — Il avait sa demeure dans les sépulcres, et personne

sauver. Cette œuvre de la miséricorde divine pouvait-elle périr ? Les découragements et les doutes qu'éprouvent si souvent d'excellents serviteurs de Dieu ne décèlent-ils pas le même manque de foi que Jésus reprochait à ses disciples ?
1. Gr. *ils craignirent d'une grande crainte*, hébraïsme, comme Math. 2 : 10 : « ils se réjouirent d'une grande joie. » Qui sont ceux qui furent saisis de crainte et qui prononcèrent les paroles qui vont suivre ? Ce sont à la fois les disciples et les témoins de cette scène qui se trouvaient dans d'autres barques (v. 36), et qui eux aussi se voyaient sauvés par la puissance de Jésus. (Math. 8 : 27, note.) Mais quel est le sujet de leur crainte, maintenant que la tempête est apaisée et que tout danger est passé ? C'est l'impression profonde de cette majesté divine qui leur est apparue en Jésus, à qui *le vent même et la mer obéissent*. C'est ainsi qu'eux-mêmes expriment le sentiment dont ils sont saisis et qui leur inspire cette question, ou plutôt ce cri d'adoration : *Qui est celui-ci ?* Cette grande délivrance même contribuera à le leur faire connaître, et alors ils passeront de la crainte et du doute à la foi en lui. — On est tenté de jeter encore un regard sur l'ensemble de cette scène, telle que Marc la peint à nos yeux. C'est le soir, la nuit tombe ; la barque des disciples, accompagnée d'autres bateaux, quitte précipitamment le rivage ; la tempête se déchaîne avec fureur, les flots se jettent dans la barque qui commence à enfoncer ; Jésus dort, la tête appuyée sur l'oreiller ; cris d'angoisse des disciples qui lui reprochent de ne point se soucier de leur danger ; réveil du Sauveur ; sa parole toute-puissante aux vents et à la mer qui s'apaisent dans un grand calme ; reproche de Jésus à ses disciples ; crainte et adoration qui remplissent leurs âmes !
2. Ils y arrivèrent, après avoir essuyé la tempête décrite au chapitre précédent. (v. 35-41.)
3. Voir, sur ce nom propre et sur tout le récit qui va suivre, Math. 8 : 28-34, notes, et comp. Luc 8 : 26-39. Marc, encore ici, raconte avec beaucoup plus de détails que les autres évangélistes. Nous relevons ce qui lui est propre.
4. Gr. *un homme en esprit impur*. Voir 1 : 23, note.

ne pouvait plus le lier, pas même avec une chaîne ; — car souvent, 4
il avait été lié de ceps aux pieds et de chaînes, et il avait rompu les
chaînes et brisé les ceps ; et personne ne pouvait le dompter ; — et 5
il était continuellement, nuit et jour, dans les sépulcres et sur les
montagnes, criant, et se meurtrissant avec des pierres ¹. — Et ayant 6
vu Jésus de loin, il accourut et se prosterna devant lui ² ; — et criant 7
à haute voix, il dit : Qu'y a-t-il entre moi et toi, Jésus, Fils du Dieu
très-haut ? Je t'adjure par Dieu, de ne me point tourmenter ³. — Car 8
il lui disait : Esprit impur, sors de cet homme ⁴. — Et il lui deman- 9
dait : Quel est ton nom ? Et il dit : Mon nom est Légion ; car nous
sommes plusieurs ⁵. — Et il le priait fort de ne pas les envoyer hors 10

1. Ces détails terribles, conservés par Marc, montrent jusqu'à quel degré de frénésie était parvenu ce malheureux. La fureur doublait ses forces. C'est ce qui se voit souvent chez les fous furieux ; mais ici l'évangéliste veut évidemment indiquer une influence de la puissance des ténèbres. Les *sépulcres* et les *montagnes* sont mentionnés ensemble, parce que les tombeaux, en Orient, étaient des grottes naturelles ou creusées dans le flanc d'une colline. Le démoniaque séjournait dans ces endroits écartés et lugubres, afin d'y chercher la solitude. Les actes de violence exercés sur lui-même par ce malheureux (*se meurtrissant avec des pierres*), et dont Marc seul nous parle, ont été considérés par quelques interprètes comme des signes de repentance ou de désespoir et non comme un simple effet de la folie furieuse. On peut en conclure que ce malade, en proie à la puissance des ténèbres, endurait aussi une affreuse souffrance morale. A ce point de vue, on comprend mieux la grandeur de la délivrance dont il fut redevable au Sauveur.
2. Cet empressement du malade à *accourir* auprès de Jésus dès qu'il le vit de *loin*, et à *se jeter à ses pieds*, prouve évidemment, comme le fait observer Olshausen, que le premier aspect du Sauveur exerça sur lui une influence bienfaisante, qu'il se sentit attiré vers lui, et qu'il en attendait du soulagement. Mais comment expliquer la contradiction qu'il y a entre ce sentiment et les paroles qu'il prononce aussitôt ? (v. 7.) C'est que, jusqu'ici, le malade agissait avec la conscience de lui-même et de son malheur, mais Jésus, en ordonnant à l'esprit impur de sortir (v. 8), excita la résistance de ce dernier, qui produisit dans sa victime un de ces paroxysmes dans lesquels elle n'était plus que l'organe du démon qui parlait par elle. En effet, ce verbe à l'imparfait *il lui disait* (v. 8) indique que Jésus avait répété son ordre sans que le démon fût encore sorti et explique les paroles violentes du démoniaque. Peut-être Jésus ne voulut-il pas employer dès l'abord toute l'énergie de sa puissance, par la crainte que la lutte entre son pouvoir et la résistance de l'esprit méchant ne brisât l'organisme du malade dans la crise violente que sa parole avait suscitée.
3. Voir, sur cette connaissance mystérieuse que le démon a de Jésus comme *Fils du Dieu très-haut*, et sur ces mots : *Qu'y a-t-il entre toi et moi*, 1 : 24, note. En ajoutant : *Je t'adjure par Dieu*, l'esprit impur pensait sans doute que Jésus lui accorderait plus facilement sa demande de n'être *point tourmenté*. Qu'entendait-il par là ? Le v. 10 pourra répondre à cette question. (Voir Math. 8 : 29, note.)
4. Ce verset motive (*car*) les paroles du démon qui précèdent. On a déjà fait remarquer (v. 6, note) que cet ordre de Jésus avait été donné dès l'abord.
5. Jésus adresse sa question au malade afin de le calmer et de le faire entrer en communication avec lui. Dans le trouble, l'exaltation et la souffrance où se trouvait cet homme, rien n'était plus propre à le ramener à lui-même et aux réalités de sa vie que de prononcer son nom, de dire à Jésus avec confiance qui il était. Malheureusement, il était encore trop sous l'influence du mauvais esprit pour répondre avec une claire conscience de lui-même ; aussi est-ce le démon qui reprend la parole, et, non sans orgueil et méchanceté, il emprunte son nom à ces redoutables *légions* romaines qui faisaient la terreur et l'aversion du peuple juif. Et tandis que dans Luc (8 : 30) c'est l'évangéliste qui fait cette réflexion : « car plu-

11 de la contrée¹. — Or, il y avait là, vers la montagne, un grand
12 troupeau de pourceaux qui paissait ; — et les démons le prièrent, disant : Envoie-nous dans les pourceaux, afin que nous entrions en
13 eux. Et il le leur permit². — Et les esprits impurs étant sortis, entrèrent dans les pourceaux, et le troupeau s'élança avec impétuosité en bas la pente, dans la mer, au nombre d'environ deux mille, et ils
14 furent noyés dans la mer³. — Et ceux qui les paissaient s'enfuirent
15 et répandirent la nouvelle dans la ville et dans les campagnes. — Et les gens sortirent pour voir ce qui était arrivé. Et ils viennent vers Jésus et ils considèrent le démoniaque, assis, vêtu, et dans son bon sens, lui qui avait eu la légion ; et ils furent remplis de crainte⁴. —
16 Et ceux qui l'avaient vu leur racontèrent ce qui était arrivé au dé-
17 moniaque et à l'égard des pourceaux⁵. — Et ils se mirent à le prier

sieurs démons étaient entrés en lui, » ici, c'est encore l'esprit qui ajoute par la bouche du malade : *car nous sommes plusieurs*. Faut-il entendre par là une multiplicité d'influences que l'esprit exerçait sur toutes les facultés de sa victime ? ou bien doit-on comprendre à la lettre qu'il y avait en elle un grand nombre de démons ? La première de ces opinions n'est point exclue ; mais bien certainement l'évangéliste a l'intention d'exprimer la seconde. En effet, tandis que jusqu'ici il a parlé d'*un* esprit impur (v. 2), son récit prend maintenant partout la forme du pluriel. (v. 10, 12, 13.) Du reste, l'idée d'une pluralité de démons dans le même possédé n'est point étrangère aux évangélistes. (Voir Marc 16 : 9 ; Luc 8 :-2.)

1. Cette contrée montagneuse où abondaient les grottes et les sépulcres leur plaisait particulièrement (v. 2, 3, 5.) Luc (8 : 31) donne à cette demande un motif plus facile à comprendre : les démons craignaient d'être envoyés *dans l'abîme*, qu'ils regardaient sans doute comme un lieu de tourment. C'est la même idée qui se trouve dans Matthieu (8 : 29), où les démons prient Jésus de ne pas les tourmenter *avant le temps* (du jugement).

2. Les mots : *là, vers la montagne*, ne sont point en contradiction avec ceux de Matthieu : *loin d'eux* ; ces deux termes expriment une certaine distance. — Cette partie du récit, conservée par les trois évangélistes, présente des faits qu'il est très difficile de s'expliquer, d'autant plus difficile qu'ils sont sans analogie dans le Nouveau Testament. Pourquoi les démons, forcés de quitter leur victime, demandent-ils à *entrer dans les pourceaux* ? Est-ce parce que ces esprits sans organes, misé-rables dans leur abandon de Dieu, se plaisent à habiter dans des êtres organisés ? Est-ce dans l'intention méchante de nuire à ces animaux, à leurs possesseurs, peut-être même à Jésus et à son influence ? (v. 17.) Pourquoi Jésus le leur permet-il ? Est-ce parce que c'était le moyen de délivrer le malheureux, objet de son intérêt et de ses compassions ? Est-ce pour exercer un jugement sur les habitants de la contrée et provoquer en eux des pensées sérieuses ? Comment n'a-t-il aucun égard à la perte qu'ils vont subir ? (v. 13.) Veut-il les punir (ceux du moins d'entre eux qui étaient Juifs) de violer la loi en élevant des animaux légalement impurs ? On a posé toutes ces questions, on y a fait des réponses diverses, sur lesquelles il serait superflu d'insister, puisque le texte garde le silence à ce sujet.

3. Marc seul a noté le nombre d'*environ deux mille*. Encore ici, il serait impossible de dire quelle influence produisit dans ces animaux le mouvement impétueux par lequel ils se précipitèrent dans la mer.

4. Tableau paisible qui fait contraste avec la description des v. 3-5 ! Il faut noter ici chaque trait. *Le démoniaque*, jusque-là agité, frénétique, est tranquillement *assis* ; il est *vêtu*, tandis qu'auparavant « il ne se revêtait d'aucun habit » (Luc 8 : 27) ; il est *dans son bon sens*, lui que l'évangéliste a montré fou furieux ; il le rappelle en ajoutant ces mots : *lui, qui avait eu la légion*. Quel monument de la puissance et de l'amour de Jésus !

5. *Ceux qui l'avaient vu*, c'étaient les témoins de cette scène qui la racontent aux habitants de la contrée.

de se retirer de leur territoire[1]. — Et comme il montait dans la 18 barque, celui qui avait été démoniaque le priait de lui permettre d'être avec lui. — Et il ne le lui permit pas, mais il lui dit : Va-t'en 19 dans ta maison, vers les tiens, et raconte-leur quelles grandes choses le Seigneur t'a faites et comment il a eu pitié de toi[2]. — Et il s'en 20 alla et se mit à publier dans la Décapole[3] quelles grandes choses Jésus lui avait faites ; et tous étaient dans l'admiration[4].

F. 21-43. JAÏRUS ET SA FILLE. GUÉRISON D'UNE FEMME MALADE. — 1º *La requête de Jaïrus*. Jésus ayant repassé le lac, voit venir à lui un des chefs de la synagogue, Jaïrus, qui le supplie de venir imposer les mains à sa petite fille, qui est à l'extrémité. Jésus part avec lui enserré et pressé par la foule. (21-24.) — 2º *Retard causé par l'intervention d'une femme malade d'une perte de sang*. Une femme qui souffrait de ce mal depuis douze ans, avait dépensé tout son bien en médecins et allait en empirant, s'approche timidement par derrière, pensant que si seulement elle peut toucher son vêtement, elle sera sauvée ; et, en effet, elle se sent aussitôt guérie. Jésus sachant qu'une puissance est sortie de lui, demande qui l'a touché, et, malgré l'objection de ses disciples, promène sur la foule un regard scrutateur. La femme, toute tremblante, se jette à ses pieds, et avoue la vérité ; sur quoi Jésus l'encourage et la renvoie en paix, confirmant sa guérison. (25-34.) — 3º *La résurrection de la fille de Jaïrus*. En ce moment on vient dire à Jaïrus que sa fille est morte ; mais Jésus, sans s'arrêter à cette parole, lui dit : Ne crains point, crois seulement. Suivi de Pierre, Jacques et Jean, Jésus arrive à la maison de Jaïrus où beaucoup de gens pleurent et se lamentent. Le Seigneur leur imposant silence, dit : L'enfant n'est pas morte, mais elle dort. Ils se moquent de lui. Mais les ayant tous fait sortir, et étant entré auprès de l'enfant avec les parents et ses disciples, il la prend par la main, et lui dit : Talitha koumi. Elle se lève aussitôt et se met à marcher. Tous sont dans l'admiration, et il commande de lui donner à manger. (35-43.)

Et Jésus ayant de nouveau passé à l'autre bord, dans la barque, 21 une grande foule s'assembla auprès de lui ; et il était au bord de la

---

1. Ces gens sont *remplis de crainte* (v. 15), ne voyant que le prodige, et non la compassion divine de Celui qui l'avait accompli ; plusieurs sont sans doute aussi froissés dans leur avarice, et cela suffit pour que, dans leur aveuglement, ils veuillent se priver des bénédictions de la présence de Jésus.

2. C'était, sans doute, par une vive reconnaissance que le démoniaque guéri voulait suivre Jésus ; il pensait qu'auprès de son bienfaiteur il serait plus sûrement à l'abri des maux terribles qu'il avait soufferts. Pourquoi Jésus ne le lui permit-il pas ? Les belles paroles qui suivent (v. 19) répondent abondamment à cette question. Jésus veut laisser cet homme dans *sa maison*, auprès *des siens*, pour être, à l'égard de tous, à la fois un monument et un prédicateur de la miséricorde divine. Et c'est ce qu'il fut, en effet. Il publia dans la contrée entière (gr. *quelles choses*) *quelles grandes choses* le Seigneur lui avait faites. (v. 20.) — S'étonnerait-on de l'ordre que Jésus donne à cet homme, tandis qu'ailleurs il interdisait à des malades guéris de proclamer ses bienfaits ? (Math. 8 : 4, note.) La raison de cette différence est bien simple : ici, dans cette contrée écartée, il n'avait point à craindre que le bruit de ses miracles provoquât un faux enthousiasme parmi le peuple ou la haine de ses adversaires, comme c'était le cas en Galilée et en Judée.

3. Voir sur ce nom Math. 4 : 25, note.

4. On peut supposer que cette *admiration* fut suivie de sentiments plus éclairés, plus profonds, plus durables.

22 mer¹. — Et l'un des chefs de la synagogue, nommé Jaïrus, vient,
23 et le voyant, il se jette à ses pieds ; — et il le prie instamment, disant : Ma petite fille est à l'extrémité ; je te prie de venir lui imposer
24 les mains, afin qu'elle soit sauvée, et qu'elle vive ². — Et il s'en alla avec lui. Et une grande foule le suivait, et elle le pressait.
25 Et une femme qui avait une perte de sang depuis douze ans, —
26 et qui avait beaucoup souffert de nombreux médecins, et qui avait dépensé tout son bien sans en retirer aucun profit, mais était allée
27 plutôt en empirant³, — comme elle avait ouï parler de Jésus, étant
28 venue dans la foule, elle toucha, par derrière, son vêtement ; — car elle disait : Si seulement je touche ses vêtements, je serai sauvée⁴.
29 — Et aussitôt l'écoulement de son sang s'arrêta ; et elle connut en
30 son corps qu'elle était guérie de ce mal⁵. — Et aussitôt Jésus, ayant connu en lui-même qu'une puissance était sortie de lui, s'étant re-
31 tourné dans la foule, disait : Qui a touché mes vêtements⁶ ? — Et

1. Voir sur ce récit Math. 9 : 18-26, notes, et comp. Luc 8 : 40 et suiv. Marc et Luc racontent ces deux miracles immédiatement après le retour de Jésus de l'excursion qu'il venait de faire de l'autre côté du lac, tandis que Matthieu (voir 9 : 1 et suiv.) place entre ces deux faits la guérison du paralytique et la vocation de Lévi. On voit qu'il s'était formé dans la tradition divers groupements des faits qui marquèrent dans le ministère du Sauveur.

2. Encore ici, tandis que Matthieu se borne à rapporter les faits principaux, Marc et Luc racontent avec beaucoup plus de détails. Ainsi c'est par eux que nous connaissons le nom de *Jaïrus*. « Au temps où Marc écrivait, Jaïrus ou sa fille pouvaient se trouver encore en Palestine. C'est une grande preuve de la vérité de l'histoire évangélique, que même les noms propres y sont conservés. » (*Bengel*.) Marc peint cette scène et la fait revivre aux yeux de ses lecteurs par tous ces verbes au présent, il *vient*, *se jette à ses pieds*, le *prie* instamment. Nos versions ordinaires effacent toutes ces nuances. — Jaïrus, en parlant de son enfant, emploie un gracieux diminutif qui exprime toute la tendresse de son cœur affligé. Calvin, dans le langage naïf du seizième siècle, le traduit très bien par : *ma fillette*. Ce diminutif, propre à Marc, se trouve encore au ch. 7 : 25 et pas ailleurs dans le Nouveau Testament. Dans l'original, l'émotion du père se trahit encore par une phrase tout à fait incomplète : « Ma petite fille est à l'extrémité,... afin que, venant, tu lui imposes les mains. »

3. Tous ces détails, omis par Matthieu : *douze ans* de maladie, *souffrance de la part des médecins*, *tout son bien dépensé*, son mal *toujours empirant*, font ressortir la triste situation de cette pauvre femme.

4. *Elle disait*, en elle-même. (Math. 9 : 21, note.)

5. Gr. *Et aussitôt la source de son sang tarit, se dessécha*, c'est-à-dire son mal fut guéri dans sa cause, complètement. Elle *connut en son corps* par le soulagement, le bien-être, la force qu'elle éprouva, qu'elle était délivrée de ce *mal*. Ce dernier mot signifie proprement un fouet, une lanière au moyen de laquelle on infligeait une flagellation ; image énergique de l'affliction de cette pauvre femme.

6. Dans le récit de Matthieu, cette guérison s'opère d'une manière plus simple. La femme malade s'approche timidement par derrière pour toucher le bord du vêtement de Jésus, qui, apercevant ce mouvement, se retourne, l'encourage avec compassion et la guérit par sa parole. Dans Marc et Luc, la guérison s'effectue par la foi de la malade et par l'attouchement des vêtements de Jésus ; la femme sent qu'elle est guérie et en même temps Jésus *connaît en lui-même qu'une puissance* vient de *sortir de lui* ; il se retourne pour demander qui l'a touché, et ce n'est que lorsque la malade se révèle à lui qu'il lui adresse la parole comme confirmation de sa guérison. (v. 33, 34.) On ne peut méconnaître l'importance de cette différence que présente la narration de Marc et de Luc. Une certaine critique s'est hâ-

ses disciples lui disaient : Tu vois que la foule te presse, et tu dis : Qui est-ce qui m'a touché [1] ? — Et il regardait tout autour pour voir 32 celle qui avait fait cela. — Or la femme, effrayée et tremblante, sa- 33 chant ce qui lui était arrivé, vint et se jeta à ses pieds et lui dit toute la vérité [2]. — Mais il lui dit : Ma fille, ta foi t'a sauvée ; va en paix, 34 et sois guérie de ton mal [3].

Comme il parlait encore, on vient de chez le chef de la synagogue 35 en disant : Ta fille est morte : pourquoi fatigues-tu encore le Maître [4] ?

tée d'en conclure que les détails qui leur sont propres proviennent d'une tradition postérieure et portent le caractère légendaire d'un miracle opéré indépendamment de la volonté de Jésus. Mais le miracle opéré par la parole de Jésus et par l'action directe de sa volonté est-il beaucoup plus aisé à comprendre que celui accompli par les puissances divines qui résidaient en lui et dont la foi simple et naïve, mais énergique de la malade a su s'emparer ? Ce qu'on a dit de mieux sur ce sujet peut se résumer dans ces paroles de M. Godet (sur Luc 8 : 43 et suiv.) : « Au moment où l'appel fut adressé à Jésus par l'attouchement de son vêtement de la part de la malade, la volonté générale et constante d'aider et de soulager qui l'animait au milieu de ses frères, reçut subitement par un avertissement divin une direction spéciale et particulièrement efficace, direction dont il eut la conscience distincte, mais dont l'objet lui resta inconnu jusqu'à ce que ce secret lui fut dévoilé. Remarquons que dans chaque miracle de Jésus il y a en quelque sorte deux pôles : la réceptivité du malade et l'activité du Sauveur. Au maximum d'action de l'un correspond d'ordinaire le minimum d'action de l'autre. A Béthesda (Jean 5), où Jésus doit réveiller chez l'impotent jusqu'à la volonté de la guérison, et dans les résurrections de morts, la réceptivité humaine est au minimum et l'activité de Jésus s'élève au plus haut degré d'initiative. Dans le cas présent, c'est l'inverse. Jésus est comme passif et l'initiative de la femme lui arrache en quelque sorte la guérison. Entre ces deux extrêmes s'échelonne la foule des cas ordinaires. »

1. Cette observation des disciples, juste en elle-même, vient de ce qu'ils ignoraient la vraie cause de la question de Jésus (v. 30) et de l'importance qu'il y attachait. Jésus ne demandait : *Qui m'a touché ?* que parce qu'en ce moment il ne le savait pas. Mais cette question avait plus d'importance encore pour la femme que pour lui-même. Il voulait, en la tirant de l'obscurité où elle se cachait, en lui adressant la parole, en l'encourageant avec bonté, l'amener à entrer en contact avec lui, et rendre sa foi plus claire, en se révélant à elle comme l'auteur de sa guérison et de son salut. (v. 34.)

2. *Effrayée et tremblante*, intimidée de se voir découverte, craignant de s'être attiré quelque blâme par son action hardie, gênée aussi à la pensée qu'elle devait confesser devant tous (Luc 8 : 47) un mal de cette nature, qui était une souillure légale. C'est pour cela qu'elle s'était approchée en se cachant dans la foule. (v. 27.) Peut-être aussi l'effet du miracle accompli sur elle avait-il augmenté son émotion.

3. Ce fut cette parole pleine de puissance et de compassion qui, selon le récit de Matthieu, délivra cette femme. D'après Marc, Jésus confirme sa guérison en la rendant permanente ; mais il fait pour elle beaucoup plus encore. Sa déclaration : *ta foi t'a sauvée*, s'étend à son âme aussi bien qu'à son corps, car il n'y a pas de doute qu'après une telle expérience cette femme ne se soit attachée à son Sauveur avec toute l'énergie de sa foi, de sa reconnaissance, de son amour ; et la *paix* qu'il lui donne devint en elle le fruit précieux de son salut. Toutes ces guérisons opérées par la puissance et l'amour du Sauveur sur tant de malheureux n'étaient que l'image et le moyen de leur délivrance du péché et de la mort. C'est ainsi qu'il se révèle à nous comme LE SAUVEUR. On voit par là l'importance qu'il y a à traduire fidèlement ces mots : ta foi *t'a sauvée*, et non, avec la plupart de nos versions : ta foi t'a *guérie*.

4. Le langage de ces gens qui annoncent à Jaïrus la triste nouvelle, montre qu'à leurs yeux il n'y a plus aucun espoir, que tout est fini. Le retard causé par l'intervention de la femme avait accru les angoisses du pauvre père. Cette nouvelle achève de briser son cœur. Ce fut la suprême épreuve de sa foi. — Ce message

36 — Mais Jésus, sans faire attention à la parole qu'on disait [1], dit au
37 chef de la synagogue : Ne crains point, crois seulement [2]. — Et il
ne permit à personne de l'accompagner, si ce n'est à Pierre et à
38 Jacques et à Jean, le frère de Jacques [3]. — Et ils arrivent à la maison du chef de la synagogue, et il voit du tumulte et des gens qui
39 pleuraient et se lamentaient beaucoup. — Et étant entré, il leur dit :
Pourquoi faites-vous du bruit et pleurez-vous ? L'enfant n'est pas
40 morte, mais elle dort. — Et ils se moquaient de lui [4]. Mais lui, les
ayant tous mis dehors, prend le père de l'enfant et la mère et ceux
41 qui étaient avec lui, et il entre là où était l'enfant [5]. — Et ayant pris
la main de l'enfant, il lui dit : Talitha koumi, ce qui signifie : Jeune
42 fille, je te le dis, lève-toi [6] ! — Et aussitôt la jeune fille se leva et
se mit à marcher, car elle était âgée de douze ans [7]. Et ils furent
43 saisis d'une grande stupéfaction . — Et il leur commanda fortement
que personne ne le sût [8] ; et il dit qu'on lui donnât à manger [9].

et la parole consolante de Jésus, à laquelle il va donner lieu, nous ont été conservés par Marc et Luc. Matthieu les omet, parce que, dans son récit abrégé, Jaïrus annonce immédiatement la mort de sa fille et Jésus part avec lui pour la ressusciter. Le fait essentiel reste le même, mais il faut reconnaître, ici encore, l'indépendance des évangélistes les uns à l'égard des autres.

1. Le texte reçu porte : *Mais Jésus aussitôt, ayant entendu la parole qu'on disait....* Si cette leçon est authentique, elle nous peint l'empressement (*aussitôt*) avec lequel le Sauveur se hâte d'apaiser l'angoisse du père à l'ouïe de cette parole : *Ta fille est morte.* La variante adoptée renferme bien la même pensée, mais elle nous dit de plus que Jésus ne voulut pas même s'arrêter à cette nouvelle sinistre de la mort ; il savait qu'il allait vaincre la mort, et il veut faire partager à Jaïrus son assurance.

2. Par la plus tendre sympathie, Jésus s'efforce tout d'abord d'adoucir, dans le cœur brisé du père, la *crainte*. Pour cela, il l'engage simplement à *se confier* en lui (vrai sens du mot *croire*), sans lui dire ce qu'il fera.

3. D'après notre évangéliste, Jésus aurait renvoyé tout son cortège, à l'exception des trois disciples ici désignés, avant d'arriver à la maison de Jaïrus ; selon Luc, il n'aurait agi ainsi que dans la maison. Luc réunit en un seul les deux faits que Marc, plus exact, distingue. (v. 37 et v. 40.)

4. Voir, sur cette scène et ces paroles, Math. 9 : 23, 24, notes.

5. Jésus ne veut accomplir cet acte de délivrance que dans le calme, loin de la foule, en présence du *père* et de la *mère*, qui devaient en être les premiers témoins, et en présence de *ceux qui étaient avec lui*, c'est-à-dire des trois disciples qu'il a choisis à dessein. (v. 37.) Dans les moments les plus solennels de sa vie, Jésus paraît avoir éprouvé le besoin de se sentir dans l'intimité avec ceux qui l'entouraient ; aussi voyons-nous que, dans cette occasion, comme lors de sa transfiguration, comme à Gethsémané, il n'admit auprès de lui que ces trois mêmes disciples, les plus capables de le comprendre.

6. Les deux mots hébreux : *Talitha, koumi !* ne signifient que *jeune fille, lève-toi.* Et ce sont les seuls que Jésus prononça. Les mots : *je te le dis*, sont ajoutés par Marc dans sa traduction, afin de rendre la pensée « de Celui qui appelle et qui commande. » *Jérôme.* Cet ordre solennel, adressé à la jeune fille morte, est conservé par Marc dans la langue originale, parce qu'il s'était vivement gravé dans la mémoire de tous les témoins. Notre évangéliste aime à rapporter ainsi en araméen certaines paroles du Sauveur, dont il donne ensuite la traduction. (7 : 11, 34 ; 14 : 36 ; 15 : 34.)

7. En disant qu'aussitôt la petite fille *se mit à marcher*, l'évangéliste montre la réalité du miracle ; et sa remarque, qu'*elle était âgée de douze ans*, motive (*car*) la

Les notes 8 et 9 sont à la page suivante.

CHAP. VI.   ÉVANGILE SELON MARC   345

G. 1-13. Visite a Nazareth. — 1° *Etonnement et incrédulité des habitants.* Comme Jésus, faisant une visite à Nazareth, enseignait dans la synagogue, beaucoup de gens s'étonnaient de sa sagesse et de sa puissance ; mais ce qui les empêchait de recevoir sa parole, c'est que son humble position et celle de sa famille leur était trop bien connue. (1-3.) — 2° *La réponse de Jésus.* Jésus leur rappelle ce proverbe : qu'un prophète n'est méconnu que dans sa patrie. A cause de leur incrédulité, il ne fit là que peu de miracles. (4-6ª.)

Et il partit de là ; et il vient dans sa patrie, et ses disciples le suivent¹. — Et quand le sabbat fut venu, il se mit à enseigner dans la synagogue. Et la plupart, en l'entendant, étaient dans l'étonnement et disaient : D'où viennent ces choses à celui-ci ? et quelle est cette sagesse qui a été donnée à celui-ci, que de tels miracles se fassent par ses mains²? — Celui-ci n'est-il pas le charpentier, le fils de Marie, le frère de Jacques, et de Josès, et de Jude, et de Simon? et ses sœurs ne sont-elles pas ici parmi nous ? Et il était pour eux une occasion de chute³. — Mais Jésus leur disait : Un prophète n'est méprisé que dans sa patrie, et parmi ses parents et dans sa maison⁴. — Et il ne **VI** **2** **3** **4** **5**

possibilité du fait : ce n'était plus un petit enfant. De tels détails ne peuvent provenir que d'un témoin oculaire. (Voir l'Introduction.)

8. Voir, sur le but d'une telle défense de publier ses miracles, Math. 8 : 4, note ; comp. Marc 7 : 36 ; 8 : 26. Ici, où il n'était entouré que des parents de l'enfant et de ses trois disciples, il pouvait espérer que son ordre serait observé, au moins en ce qui concernait les détails du miracle.

9. Ce dernier trait montre le complet rétablissement de l'enfant et la tendre sollicitude de Jésus à son égard.

1. *Et il partit de là,* c'est-à-dire, selon notre évangéliste, de la maison de Jaïrus. (5 : 38 et suiv.) *Sa patrie,* c'est Nazareth. Voir, sur ce récit, Math. 13 : 53-58, notes ; Matthieu place cette visite de Jésus à Nazareth immédiatement après le grand discours en paraboles.

2. Une var. de *Sin., B,* porte : « de tels miracles *qui* se font par ses mains. » — *De tels miracles,* gr. *de telles puissances,* c'est-à-dire de tels actes de la puissance divine ; c'est le terme le plus usité pour désigner les *miracles.* Les habitants de Nazareth ont en vue les miracles que Jésus avait faits à Capernaüm et ailleurs et dont ils avaient entendu parler ; de là la tournure interrogative de la phrase. Leur *étonnement* n'est donc pas causé seulement par la *sagesse* de ses discours, à lui qui n'a pas reçu l'instruction des rabbins ; il s'y mêle un sentiment d'envie provoqué par le fait que des dons si extraordinaires ont été départis à un homme de si humble condition (v. 3.) — Le mot *par ses mains* peut être un hébraïsme, signifiant *par son moyen* (Act. 5 : 12 ; 19 : 11), ou, si on le prend littéralement, ce serait une allusion à ce que Jésus guérissait le plus souvent par l'imposition des mains. (v. 5 ; 5 : 23.)

3. Gr. *Ils se scandalisaient à son sujet,* trouvaient une occasion de chute et d'incrédulité dans cette connaissance qu'ils avaient de Jésus selon la chair, qui les empêchait de le connaître selon l'esprit. « Dieu manifesté en chair, » n'est-ce pas toujours « le grand mystère? » (1 Tim. 3 : 16.) — Selon Matthieu, les habitants de Nazareth nomment Jésus « le fils du charpentier ; » d'après Marc, simplement *le charpentier,* sans doute parce qu'ils l'avaient vu travailler dans ses mains dans l'atelier de son père adoptif. Telle est, en effet, la tradition recueillie par quelques Pères de l'Eglise. (Justin, *Dial. avec Triph.,* 88 ; Théodoret, *Hist. eccl.* III, 23.) — Voir, sur les *frères* et les *sœurs* de Jésus, Math. 12 : 46, note. Dans toutes ces occasions où les membres de sa famille sont énumérés, il n'est plus question de Joseph. Peut-être était-il déjà mort, comme l'admet la tradition.

4. *Maison* est pris dans le sens de famille (3 : 25). Si ce proverbe était vrai, appliqué au Prophète saint et sans tache, combien plus le sera-t-il pour ses serviteurs, dont les infirmités et les défauts ne

put faire là aucun miracle, si ce n'est qu'ayant imposé les mains à un petit nombre de malades, il les guérit [1]. — Et il s'étonna de leur incrédulité [2].

4. *Retraite de Jésus sur l'autre rive du lac.*

A. 6ᵇ-13. MISSION DES DOUZE. — 1º Jésus, parcourant lui-même le pays en enseignant, *envoie* pour la première fois ses apôtres, *deux à deux*, après leur avoir donné pouvoir sur les esprits impurs. (6, 7.) — 2º Il leur donne diverses *instructions* sur leur équipement et sur la conduite qu'ils devront tenir là où ils seront reçus et là où ils ne le seront pas. (8-11.) — 3º Les apôtres *prêchent* la repentance et *guérissent* les malades. (12, 13.)

7 Et il parcourait les bourgades d'alentour, en enseignant. — Et il appelle à lui les douze [3]. Et il se mit à les envoyer deux à deux [4], et
8 il leur donnait pouvoir sur les esprits impurs [5]. — Et il leur ordonna

sont nulle part mieux connus que parmi leurs amis et dans l'intérieur de leurs maisons. — Nous avons admis (Math. 13 : 54, 1ʳᵉ note) qu'il ne faut pas identifier cette visite de Jésus à Nazareth, racontée par Matthieu et Marc, avec celle que rapporte Luc. (4 : 16 et suiv.) Et, en effet, les deux récits sont tellement différents, qu'on est forcé d'y voir deux faits et non un seul. Mais comme, d'autre part, il est difficile d'admettre que, dans l'un et dans l'autre de ces séjours, les habitants de Nazareth aient fait la même objection et Jésus la même réponse, n'est-il pas probable que ces paroles ont été transférées d'un fait à l'autre par la tradition apostolique, recueillie telle quelle par les évangélistes ?

1. *Il ne put.* Voir sur ce mot Math. 13 : 58, note. Ce *petit nombre de malades guéris* est regardé comme peu de chose, tellement la bienfaisante activité du Sauveur était riche et abondante.

2. Jésus *s'étonne* de l'*incrédulité* comme il s'étonne de la foi. (Math. 8 : 10.) Il faut prendre ce mot à la lettre ; Jésus ne s'attendait pas à ce que ses concitoyens de Nazareth seraient à ce point aveuglés par les préjugés. Leur incrédulité marque le point culminant des dispositions défavorables que Jésus rencontre chez son peuple ; elle va le déterminer à accentuer sa retraite en s'éloignant de la contrée. Auparavant, toutefois, il adressera aux Galiléens un dernier appel par la mission des douze.

3. Moment solennel que notre évangéliste marque, selon sa coutume, par le verbe au présent. Voir, sur cette mission des disciples, Math. 10 : 1-15 et comp. Luc 9 : 1-6. Dans le premier évangile, où ce récit est précédé des noms des douze apôtres, la mission que Jésus leur confie est admirablement préparée par une description de la détresse profonde où Jésus trouvait le peuple, semblable à des brebis sans berger. « La moisson, disait-il, est grande, mais il y a peu d'ouvriers. » C'est alors qu'il envoie ses disciples pour soulager toutes ces misères.

4. Il *commença* à les envoyer ; ce mot n'est pas superflu ; Marc indique par là le point de départ d'une mission qui devait se perpétuer et s'étendre à la vie entière des apôtres. — *Deux à deux*, trait particulier de Marc ; mesure de sagesse et d'amour de la part du Sauveur. Par là il s'accommode à la faiblesse de ses disciples, il répond à des besoins profonds de leur âme, il prévient les dangers de l'isolement et ceux d'une domination personnelle et exclusive dans leur œuvre.

5. *Pouvoir* ou autorité. Matthieu et Luc ajoutent à ce pouvoir de guérir les démoniaques celui de guérir les maladies. « Il y a quelque chose de plus grand que de prêcher, c'est de faire des prédicateurs ; il y a quelque chose de plus grand que de faire des miracles, c'est de communiquer le pouvoir d'en faire. » Godet. « Il est clair que, pour communiquer à ses apôtres le pouvoir de guérir, il dut leur communiquer aussi une nouvelle mesure de l'Esprit de Dieu ; car, sans une puissance spirituelle, ils n'auraient exercé aucune action semblable. Nous avons donc ici une première indication du don de l'Esprit que Jésus confirma plus tard (Jean 20 : 22), et que le jour de la Pentecôte rendit complet. » *Olshausen.* Il est évident du reste

de ne rien prendre pour le chemin, si ce n'est un bâton seulement ; ni pain, ni sac, ni monnaie dans leur ceinture ; — mais d'être chaussés de sandales, et de ne pas porter deux tuniques ¹. — Et il leur disait : Partout où vous serez entrés dans une maison, demeurez-y jusqu'à ce que vous partiez de là ². — Et en tout lieu où l'on ne vous recevra pas et où l'on ne vous écoutera pas, sortant de là, secouez la poussière qui est sous vos pieds, pour leur être en témoignage ³. Et étant partis, ils prêchèrent qu'on se repentît ⁴. — Et ils chassaient beaucoup de démons et oignaient d'huile beaucoup de malades, et ils les guérissaient ⁵.

que Jésus ne s'est pas borné à conférer à ses disciples ces pouvoirs miraculeux, mais qu'il les envoyait avant tout pour « prêcher le royaume de Dieu, » comme le disent expressément Matthieu et Luc. (Math. 10 : 7, Luc 9 : 2 ; comp. ci-dessous v. 12, note.)

1. Gr. *Mais étant chaussés de sandales, et ne revêtez pas deux tuniques.* Suivant le texte de *Sin.*, *A, C, D*, le discours passe de la forme indirecte à la forme directe dans ce dernier précepte. — Voir, sur ce verset, Math. 10 : 10, note. Il faut se garder de presser les termes de ces prescriptions dans un esprit strictement légal. « En enjoignant à ses disciples de ne point faire de provisions pour le chemin, Jésus élevait leurs pensées vers d'autres richesses : en partant pour leur mission sans secours humains, ils devaient vivre du riche trésor de leur Père céleste. Plus tard, le Maître leur prouva qu'il ne les avait pas trompés. (Luc 22 : 35.) Le Sauveur, qui lui-même n'avait pas un lieu où reposer sa tête, place donc ses disciples au point de vue de la foi pure. Comme ouvriers de Dieu (Math. 10 : 10), ils doivent attendre de lui leur subsistance. Pour exercer et éprouver leur foi, Jésus les envoie sans les précautions que prend et que doit prendre l'homme du monde. Il serait possible que tel des disciples eût eu encore avec lui quelque argent ; il n'aurait point agi en cela contrairement à cet ordre de Jésus, pourvu qu'il ne le fît pas par incrédulité. Il faut donc entendre ces paroles aussi comme étant esprit et vie et comme devant être saisies par la foi. Elles ont ainsi leur vérité perpétuelle pour tous les ouvriers du royaume de Dieu, de tous les temps et de tous les lieux. » Olshausen.

2. C'est-à-dire, demeurez dans cette maison jusqu'à ce que vous partiez de ce lieu, de cette ville. Par là Jésus leur déconseille sagement de quitter des hôtes qui les auraient reçus, pour aller chez d'autres ; et en même temps il leur donne, après les prescriptions qui précèdent, une indication de la manière dont Dieu pourvoira à leurs besoins, par l'hospitalité de ceux à qui ils annonceront la parole.

3. Voir Math. 10 : 14, note. — Le *témoignage* qui serait ainsi rendu signifierait que le message du salut était parvenu à ces gens-là et qu'ils l'avaient repoussé par endurcissement. — Le texte reçu porte au commencement du verset : « *Et tous ceux qui* ne vous recevront pas ; » la vraie leçon (*Sin.*, B) est : « *Tout lieu* qui ne vous recevra pas et où *ils* ne vous écouteront pas. » Le texte reçu ajoute à ce verset : *En vérité, je vous le dis, Sodome et Gomorrhe seront dans un état plus tolérable au jour du jugement que cette ville-là.* Ces paroles ont été transcrites de Math. 10 : 15.

4. Exhorter les hommes à *se repentir* (voir sur le sens de ce mot. Math. 3 : 2, note) n'était sans doute pas tout le contenu de la prédication des apôtres ; mais c'est par là que doit commencer toujours et partout le renouvellement de la vie religieuse et morale.

5. Il faut remarquer tous ces verbes à l'imparfait, indiquant une action continue, souvent répétée. — *Oindre d'huile* (Marc seul a conservé ce trait) était un moyen curatif très fréquemment employé en Orient (Luc 10 : 34) ; ce qui ne veut point dire que les apôtres opérassent les guérisons uniquement par ce moyen, puisque l'évangéliste raconte évidemment une action miraculeuse ; mais il ne faut pas croire non plus que les apôtres employassent cette huile dans le simple but de réveiller l'attention des malades, ou comme signe de leur guérison. Elle servait plutôt de moyen de communication aux puissances

B. 14-29. HÉRODE ET JEAN-BAPTISTE. — 1° *Terreurs superstitieuses d'Hérode.* La renommée de Jésus parvient à Hérode ; tandis que d'autres disent que Jésus est Elie ou un prophète, Hérode affirme qu'il est Jean ressuscité. (14-16.) — 2° *L'emprisonnement de Jean.* L'évangéliste raconte à ce propos l'issue tragique du Baptiste. Jean avait été emprisonné parce qu'il blâmait l'union d'Hérode avec Hérodias, la femme de son frère. Celle-ci poursuivait le prophète de sa haine, mais ne pouvait obtenir sa mort. Hérode protégeait Jean, l'écoutait volontiers et était troublé par ses entretiens avec lui. (17-20.) — 3° *La mort de Jean.* Le jour de naissance d'Hérode offrit à Hérodias une occasion propice. Sa fille dansa au festin qu'Hérode offrit à ses grands. Hérode enivré lui promit avec serment ce qu'elle voudrait. La jeune fille, après être allée consulter sa mère, demanda la tête de Jean-Baptiste. Le roi, tout attristé qu'il fût, n'osa refuser. Il envoya un garde décapiter Jean dans sa prison. Le garde apporta la tête de Jean sur un plat et la donna à la jeune fille, qui l'apporta à sa mère. Les disciples de Jean vinrent rendre les derniers devoirs à leur maître. (21-29.)

14 Et le roi Hérode en entendit parler, car le nom de Jésus était devenu célèbre. Et il disait : Jean, celui qui baptisait, est ressuscité d'entre les morts ; et c'est pour cela que les puissances miraculeuses agissent
15 en lui [1]. — Mais d'autres disaient : C'est Elie ; et d'autres disaient :
16 C'est un prophète comme l'un des prophètes [2]. — Mais Hérode, l'ayant ouï, disait : Ce Jean que moi j'ai fait décapiter, c'est lui qui est ressuscité [3] !

spirituelles qui opéraient la guérison. (Comp. Jacq. 5 : 14.) C'est dans le même but que Jésus lui-même se servait quelquefois de la salive ou d'un attouchement pour opérer une guérison. (8 : 23 ; Jean 9 : 6 ; Math. 8 : 3.) Cette explication, du reste, n'exclut point l'idée des interprètes qui attribuent à l'emploi de l'huile une signification symbolique ; car on sait que, partout dans l'Ecriture, l'huile est l'image du Saint-Esprit, par la puissance duquel les apôtres agissaient.
1. Voir sur ces paroles Math. 14 : 1, 2, notes, et comp. Luc 9 : 7-9. Hérode est nommé *roi* selon l'usage populaire ; ce n'était pas son titre officiel. Matthieu et Luc le nomment plus exactement le tétrarque. — Gr. *Et le roi Hérode ouït dire, car son nom était devenu célèbre.* Il *ouït dire* ce que faisaient les disciples. (12, 13.) Mais comme ceux-ci ne prêchaient et n'opéraient des guérisons qu'au nom et en la puissance de leur Maître, l'évangéliste, par un tour elliptique, ajoute que *son nom*, le nom *de Jésus*, avait acquis de la renommée par l'activité des apôtres.
— Quant à l'opinion d'Hérode, que Jean était ressuscité d'entre les morts (voir v. 16, note), une var. de *B, D*, adoptée par Lachmann, Westcott et Hort, et d'autres, l'attribue, dans ce verset-ci, non à Hérode, mais au public : *ils disaient, on disait.*
2. Comp. Math. 16 : 14, note. La seule différence qu'il y ait entre ces diverses opinions, c'est que les uns estimaient que Jésus était *Elie*, c'est-à-dire un envoyé de Dieu animé de l'Esprit d'Elie, ou peut-être Elie lui-même revenant sur la terre (Mal. 4 : 5) ; tandis que d'autres pensaient qu'il était *un prophète comme l'un des prophètes*, c'est-à-dire un prophète semblable à l'un des anciens prophètes. — Ceux qui exprimaient ces divers jugements pouvaient se trouver dans l'entourage d'Hérode, mais ne faisaient que répéter des opinions qui avaient cours parmi le peuple, et ce sont là à peu près ces mêmes opinions que les disciples rapportèrent à Jésus dans une autre occasion. (Math. 16 : 14.)
3. Hérode n'admet pas ces opinions, comme le montre déjà la particule adversative *mais ;* il insiste sur l'idée qu'il a exprimée (v. 14), et il le fait en termes énergiques que le texte reçu rend ainsi : « Ce Jean que j'ai décapité, *c'est lui qui est ressuscité d'entre les morts.* » Les mots soulignés sont supprimés par Tischendorf, d'après *Sin., B*, et des vers. Le texte reçu porte en outre : « *c'est lui ; lui-même* est ressuscité.... » Les paroles

Car Hérode lui-même avait envoyé prendre Jean, et l'avait fait lier 17 en prison, à cause d'Hérodias, la femme de Philippe, son frère, parce qu'il l'avait épousée [1]. — Car Jean disait à Hérode : Il ne t'est pas 18 permis d'avoir la femme de ton frère [2]. — Or, Hérodias s'acharnait 19 après lui et elle voulait le faire mourir, mais elle ne le pouvait [3]; — car Hérode craignait Jean, le connaissant pour un homme juste et 20 saint; et il le gardait, et, après l'avoir entendu, il était perplexe sur plusieurs points, et il l'écoutait volontiers [4]. — Cependant un jour 21 favorable étant arrivé, lorsque Hérode, pour l'anniversaire de sa naissance, donna un festin à ses grands et aux chefs militaires et aux principaux de la Galilée [5], — et la fille d'Hérodias elle-même étant en- 22

d'Hérode trahissent le trouble d'une conscience tourmentée par le souvenir d'un meurtre. On a objecté à ce récit qu'il est inadmissible qu'Hérode, prince éclairé, rattaché au parti des sadducéens, crût à la résurrection de Jean. Les paroles qu'on lui prête signifieraient simplement : « J'ai fait décapiter un de ces prophètes, et en voici un autre qui reparaît. » Mais il est évident que tous les évangélistes entendent ces paroles d'Hérode dans leur sens littéral. Et pourquoi se seraient-ils trompés ? Chez un homme faible, voluptueux, débauché, troublé dans sa conscience comme l'était Hérode, la superstition s'allie fort bien avec l'incrédulité. En outre, la haute estime qu'il avait du caractère de Jean-Baptiste (v. 20) ne pouvait qu'augmenter les remords qui le faisaient parler ainsi.
1. Voir sur ce récit Math. 14 : 3-12, notes. Marc raconte avec beaucoup plus de détails, le drame sanglant de la mort de Jean-Baptiste. Nous noterons les traits qui lui sont propres.
2. Il faut remarquer ce verbe à l'imparfait : Jean *disait* à Hérode. Ce courageux témoignage à la vérité morale avait été rendu à plus d'une reprise par le prophète, qui savait cependant qu'il ne le faisait qu'au péril de sa vie. Il avait eu en effet maintes occasions de parler à Hérode. (v. 20.) — *La femme de ton frère;* tout le crime d'Hérode était là !
3. Remplie de haine contre Jean, parce qu'il contrariait sa passion et son ambition, Hérodias aurait voulu le *faire mourir* (gr., *le tuer*). Pourquoi ne le *pouvait*-elle pas ? Le verset suivant nous le dit clairement, en attribuant à Hérode, à l'égard de Jean, des sentiments tout autres que ceux de sa femme. Mais ici se trouve entre Marc et Matthieu une différence qu'il faut reconnaître. Ce dernier dit, en effet, qu'Hérode eût voulu faire mourir Jean et qu'il n'en était retenu que par la crainte du peuple. (Math. 14 : 5.) Marc (v. 20) exprime une appréciation toute différente. On remarquera toutefois que, quand il s'agit de juger un homme faible, sans résolution, débauché, vacillant, aux impressions variables, le jugement peut dépendre du moment où on le prend. Hérode pouvait avoir eu le désir de se défaire de ce témoin importun, dans le temps où il le fit mettre en prison ; mais après avoir eu l'occasion de le voir de près plusieurs fois, il put très bien changer de sentiment à son égard. Marc constate ces nouvelles dispositions envers le précurseur. Cela n'empêche pas que l'autre motif que Matthieu attribue à Hérode, la crainte du peuple, pût exercer aussi sur lui son influence.
4. La *crainte* qu'Hérode avait de Jean est très bien motivée par cette remarque qu'il voyait en lui un *homme juste et saint*; car il pouvait penser que, s'il mettait à mort un tel homme, cela lui porterait malheur. Ainsi il le *gardait* avec soin dans la prison, où il le protégeait contre les desseins d'Hérodias, et, comme il *l'écoutait volontiers,* il lui arrivait, après s'être entretenu avec lui, d'*être perplexe, troublé sur beaucoup de choses.* Ce dernier mot peint admirablement la situation et les dispositions d'Hérode ; il explique cette crainte qu'il avait de Jean. Cette idée si naturelle n'a pas été comprise des copistes, qui ont corrigé le verbe et font dire à l'évangéliste qu'Hérode « *faisait* beaucoup de choses après avoir entendu Jean. » Bien que cette leçon se trouve dans A, C, D, la plupart des majusc. et des vers., il faut, sans hésiter, admettre l'autre variante.
5. Ce *jour* était *favorable* aux desseins d'Hérodias, qui pouvait mettre à profit l'enivrement d'un grand festin pour

trée et ayant dansé, plut à Hérode et à ses convives. Et le roi dit à la jeune fille : Demande-moi tout ce que tu voudras et je te le donnerai :
23 — Et il lui dit avec serment : Ce que tu demanderas, je te le donnerai,
24 jusqu'à la moitié de mon royaume¹. — Et, étant sortie, elle dit à sa mère : Que demanderai-je ? Elle répondit : La tête de Jean-Baptiste.
25 — Et étant aussitôt rentrée avec empressement vers le roi, elle fit sa demande, disant : Je veux que tu me donnes, à l'instant, sur un plat,
26 la tête de Jean-Baptiste². — Et le roi devint fort triste ; mais à cause de ses serments, et de ses convives, il ne voulut pas la repousser³. —
27 Et aussitôt ayant envoyé un garde⁴, le roi commanda d'apporter la
28 tête de Jean. — Le garde, s'en étant allé, le décapita dans la prison ; et il apporta sa tête sur un plat et la donna à la jeune fille, et la jeune
29 fille la donna à sa mère⁵. — Et les disciples de Jean, l'ayant appris, vinrent et emportèrent son cadavre, et le mirent dans un sépulcre.

C. 30-44. RETRAITE DANS LE DÉSERT. — 1º *Retour des disciples. Jésus les prend à l'écart.* Les disciples, de retour de leur mission, s'assemblent auprès de Jésus pour lui en rendre compte. Jésus les invite à traverser le lac pour se rendre avec lui dans un lieu désert, afin d'y trouver un peu de repos ; car ils étaient tellement pressés par les foules, qu'ils n'avaient pas même le temps de prendre leurs repas. (30-32.) — 2º *Son projet déjoué par la foule.* La multitude les ayant vus partir, les suit à pied, afin de les retrouver sur l'autre bord du lac. Jésus, touché de compassion, leur adresse des enseignements prolongés. (33, 34.) — 3º *Les préparatifs du repas.* Comme l'heure est avancée, les disciples invitent Jésus à congédier la multitude, qui n'a rien à manger dans ce lieu désert. Jésus leur répond : Donnez-leur vous-mêmes à manger. Les disciples, étonnés, lui font observer qu'il faudrait pour plus de deux cents deniers de pain. Jésus leur dit de s'assurer combien ils ont de pains. Ils constatent qu'ils

parvenir à son but. Hérode réunit dans cette fête les trois classes d'hommes qui avaient accès à sa cour : les *grands dignitaires* civils, les *chefs militaires* (gr. les *chiliarques*, qui avaient le commandement de mille hommes) et les *principaux* de la province où il se trouvait.
1. Voir, sur la fille d'Hérodias, Matthieu 14 : 6, note. Hérode, ivre de vin, de volupté et de fausse gloire, promet avec serment ce qu'il ne pouvait pas donner. Il parle de son royaume, lui qui n'était que l'administrateur d'une petite tétrarchie ; il parodie le langage du grand Assuérus (Est. 5 : 3), lui qui n'a aucune souveraineté. Et ce langage, il le tient à une jeune fille qui vient de lui plaire par sa danse !
2. Matthieu se borne à dire que la jeune fille fit sa demande à l'instigation de sa mère. Marc décrit la scène d'une manière plus dramatique : Salomé sort, se rend auprès de sa mère, qui ne craint pas de donner à son enfant un conseil où se trahissent toute sa haine et sa cruauté ; puis cette enfant rentre *avec empressement* dans la salle du festin et tient à Hérode ce langage impérieux qui nous montre en elle la digne fille de sa mère : *Je veux à l'instant, sur un plat, la tête de Jean-Baptiste !*
3. Cette *tristesse* d'Hérode se conçoit très bien d'après le v. 20 ; la cause en est dans sa conscience troublée ; mais il obéit plutôt à une mesquine vanité, à laquelle il sacrifie la vie du précurseur.
4. Marc emploie ici un terme latin : *speculator, surveillant.* C'était un des soldats de la garde du corps, auxquels incombaient aussi les exécutions capitales.
5. Tous les termes si simples du récit : il apporta la tête sur un plat et la donna à *la jeune fille,* et la *jeune fille* la donna *à sa mère,* font mieux sentir l'horreur de cette scène que ne le feraient les expressions les plus pathétiques. Quant à ce

n'ont que cinq pains et deux poissons. (35-38.) — 4° *Le repas.* Jésus ordonne de faire asseoir la foule par groupes sur l'herbe verte. Puis il prend les pains et les poissons et prononce la bénédiction ; et il les donnait à ses disciples pour les distribuer à tous. Tous sont rassasiés, et l'on emporte douze paniers pleins de ce qui restait. Or il y avait là cinq mille hommes. (39-44.)

Et les apôtres se rassemblent auprès de Jésus ; et ils lui racontèrent 30 tout ce qu'ils avaient fait et tout ce qu'ils avaient enseigné [1]. — Et 31 il leur dit : Venez, vous seuls [2], à l'écart dans un lieu désert, et reposez-vous un peu. En effet, les allants et venants étaient nombreux, et ils n'avaient pas même le temps de manger [3]. — Et ils s'en allè- 32 rent sur la barque dans un lieu désert à l'écart [4]. — Et beaucoup de 33 gens les virent partir et connurent où ils allaient, et ils accoururent là à pied de toutes les villes, et ils les devancèrent [5]. — Et Jésus, 34 étant sorti [6], vit une grande foule, et il fut touché de compassion en-

meurtre de Jean-Baptiste, résolu et exécuté au même moment, voir Math. 14 : 11, note.

1. Comp. Math. 14 : 13-21 ; Luc 9 : 10-17 ; Jean 6 : 1-15. — L'évangéliste, après sa digression sur la mort de Jean-Baptiste, reprend le récit de la mission des douze. (v. 7 et suiv.) Le verbe au présent nous reporte à l'époque où la renommée de Jésus parvient aux oreilles d'Hérode. (v. 14.) *Les apôtres* viennent rendre compte à Jésus des résultats de leur première mission. A l'exemple de leur Maître, ils ont joint à l'action *l'enseignement.* (*Fait et enseigné,* Act. 1 : 1.) — Ce passage est le seul de son évangile où Marc emploie le mot d'apôtre. Voir Math. 10 : 2, note.
2. Vous *seuls,* gr. vous-*mêmes,* pour votre compte, pour vos personnes.
3. Voir, sur les motifs de cette retraite, Math. 14 : 13, note. D'après Marc l'intention de Jésus pour lui-même et pour ses disciples est d'échapper au temps au bruit et aux fatigues que leur occasionnaient tous ces *nombreux allants et venants,* afin de *se reposer un peu.* Ce repos dans la solitude et dans la communion de leur Maître était surtout nécessaire aux apôtres, après leur premier voyage de mission. Il n'est pas moins nécessaire à tous les serviteurs de Dieu, que trop d'activité extérieure peut épuiser de corps et d'âme, de manière à paralyser cette activité même. — Marc fait pour la seconde fois cette observation : que Jésus et ses disciples n'avaient *pas même le temps de manger.* (3 : 20.)
4. C'est-à-dire qu'ils se rendirent sur la rive orientale du lac qui, moins peuplée que la contrée de Génézareth, leur offrait mainte retraite solitaire. — L'article (*la* barque), qu'on trouve souvent dans ces récits. paraît désigner une barque dont Jésus se servait ordinairement et qui, sans doute, appartenait à l'un de ses disciples.

5. Ce verset présente, dans les manuscrits, des variantes, qui ne modifient guère le sens. De plus, le texte est susceptible de diverses traductions. On peut prendre le premier verbe dans un sens impersonnel. « *On* les vit partir et beaucoup connurent.... » D'après *B, D,* le verbe *connurent* n'a pas de régime ; le plus naturel est de sous-entendre : la direction et le but de leur course. Le texte reçu porte : « ils *le* reconnurent, » une variante de *Sin., A,* vers., adoptée par Tischendorf : « ils *les* reconnurent. » Quelque leçon qu'on adopte, notre récit nous dit qu'un grand nombre de ceux qui avaient entouré Jésus et ses disciples, les ayant vus s'embarquer et sachant qu'ils se rendaient sur l'autre rive, *y accoururent à pied et les devancèrent.* Le texte reçu avec *A* et des *majusc.* ajoute : *et ils s'assemblèrent vers lui.* Pour atteindre ce but, ils durent contourner l'extrémité septentrionale du lac. La courbe de la rive se rapproche sensiblement de la ligne droite, de sorte qu'ils purent arriver en même temps que la barque et même avant elle. *De toutes les villes,* qui se trouvèrent sur leur chemin, plusieurs les accompagnèrent. Le récit de Matthieu (14 : 13) a le même sens.
6. *Étant sorti;* d'où? D'après Math. 14 :

vers eux, parce qu'ils étaient comme des brebis qui n'ont point de
35 berger, et il se mit à leur enseigner beaucoup de choses¹. — Et
comme l'heure était déjà avancée, ses disciples s'étant approchés
lui disaient : Ce lieu est désert, et l'heure est déjà avancée ; —
36 renvoie-les, afin qu'ils aillent dans les campagnes et dans les bourgs
37 des environs, et qu'ils s'achètent de quoi manger². — Mais lui, répondant, leur dit : Donnez-leur vous-mêmes à manger. Et ils lui
disent : Irons-nous acheter pour deux cents deniers de pain, et leur
38 donnerons-nous à manger³ ? — Mais il leur dit : Combien avez-vous
de pains? Allez, voyez. Et après s'en être enquis, ils disent : Cinq,
39 et deux poissons⁴. — Et il leur commanda de les faire tous asseoir
40 par groupes sur l'herbe verte ; — et ils s'assirent par rangées de
41 cent et de cinquante⁵. — Et prenant les cinq pains et les deux poissons, levant les yeux au ciel, il prononça la bénédiction, et rompit
les pains, et il les donnait aux disciples, afin qu'ils les leur présen-

1 (comp. Jean 6 : 3), Jésus sortait de la solitude de la montagne, où il avait passé quelques heures avec ses disciples, selon son intention rapportée par Marc lui-même. (v. 31.) Mais cet évangéliste, nous ayant dit (v. 33) que la foule accourue à pied avait devancé Jésus sur l'autre rive, paraît vouloir indiquer que Jésus ne put trouver la solitude et le repos qu'il cherchait ; son expression : *étant sorti*, a pour complément sous-entendu la barque (v. 32) et se rapporte au moment où Jésus descend sur le rivage.
1. Comp. Math. 14 : 14 et 9 : 36, note.
2. Voir, sur ce récit de la multiplication des pains, Math. 14 : 15 et suiv., notes, et comp. Luc 9 : 10-17, Jean 6 : 5 et suiv. — Le texte reçu porte : *qu'ils s'achètent des pains, car ils n'ont pas de quoi manger.*
3. Cette question des disciples paraît trahir un étonnement mêlé d'un peu d'humeur, causé par l'ordre inexécutable que Jésus leur donnait. Marc seul rapporte cette évaluation des disciples qui estiment à *deux cents deniers* la quantité de pain nécessaire pour donner à chacun un peu de nourriture. Ce détail est confirmé par Jean 6 : 7, où nous voyons que c'est Philippe qui fit le calcul et estima que cette somme ne suffirait même pas. Comme, en effet, le denier romain valait un peu moins d'un franc, cette somme, répartie sur cinq mille hommes (v. 44), aurait donné pour chacun la valeur de quelques centimes. On a supposé, bien gratuitement, que les disciples indiquaient ce chiffre parce que c'était là tout l'argent qu'ils possédaient dans la bourse commune. Leur langage semble bien plutôt dire que jamais ils n'en ont possédé autant et qu'ils seraient fort embarrassés de se procurer cette richesse.
4. D'où provenaient ces *cinq pains* et ces *deux poissons ?* Jean (6 : 8, 9), qui raconte avec l'exactitude du témoin oculaire, a répondu à cette question. — Au reste, des pains et des poissons frits, et souvent des œufs durs étaient la provision ordinaire de ceux qui se mettaient en voyage. (Luc 11 : 11, 12.) Voir F. Bovet, *Voyage en Terre Sainte*, 7ᵉ édit., p. 361.
5. Gr. *groupes par groupes, rangées par rangées* (hébraïsme, Ex. 8 : 10). Le premier de ces mots signifie littéralement une société de convives assis pour un repas ; le second un carré semblable à la plate-bande d'un jardin. Ces sociétés étaient assises sur deux lignes, entre lesquelles on pouvait passer pour les servir, chacune étant composée de *cinquante* ou de *cent* hommes. Cet ordre, prescrit par le Seigneur lui-même, facilitait le service, assurait à chacun sa part et permettait de compter le nombre exact de convives. (v. 44.) Marc achève de peindre la scène qui s'offrait alors aux regards, en nous disant que tous ces groupes étaient assis *sur l'herbe verte.* Or on sait par Jean qu'on était alors à l'époque de la fête de Pâque, en pleine efflorescence du printemps, et qu'ainsi tous avaient sous les yeux les magnificences de ces campagnes qui s'étendaient des montagnes jusqu'au

tassent [1]. Et il partagea les deux poissons entre tous [2]. — Et tous 42 mangèrent et furent rassasiés. — Et l'on emporta douze paniers 43 pleins des morceaux, et de ce qui restait des poissons [3]. — Et ceux 44 qui avaient mangé les pains étaient cinq mille hommes [4].

D. 45-56. JÉSUS MARCHE SUR LA MER ET OPÈRE DES GUÉRISONS. — 1º *Les disciples sur le lac. Jésus sur la montagne.* Jésus contraint ses disciples d'entrer dans la barque pour repasser le lac, congédie la multitude et se retire sur une montagne pour prier. La nuit étant venue, il est là seul, tandis que les disciples se trouvent vers le milieu du lac. (45-47.) — 2º *Jésus vient au secours des disciples.* Jésus, voyant qu'ils ont beaucoup de peine à ramer par un vent contraire, vient à eux, marchant sur les eaux. Le prenant pour un fantôme, ils poussent des cris d'effroi. Mais Jésus les rassure ; il monte dans la barque et le vent cesse. Tous en éprouvent le plus extrême étonnement. (48-52). — 3º *Nombreuses guérisons dans la contrée de Génézareth.* Jésus, ayant débarqué dans la contrée de Génézareth, se voit aussitôt entouré de gens qui, le reconnaissant, lui apportent des malades. Dans quelque lieu qu'il entre, dans les villes et dans les campagnes, on met devant lui les malades sur les places publiques, et tous ceux qui touchent la frange de son vêtement sont guéris. (53-56.)

Et aussitôt, il obligea ses disciples à monter dans la barque et à 45 passer avant lui sur l'autre rive, vers Bethsaïda, pendant que luimême renvoie la foule [5]. — Et quand il les eut congédiés, il s'en alla 46 sur la montagne pour prier. — Et comme le soir était venu, la bar- 47 que était au milieu de la mer et lui était seul à terre [6]. — Et voyant 48

lac. C'est là que le Seigneur Jésus, déployant sa puissance et son amour, va rassasier d'aliments miraculeux ces multitudes que sa parole avait nourries du pain de vie.

1. Voir, sur cette bénédiction prononcée par le Sauveur, Math. 14 : 19, note. Marc ajoute : *levant les yeux au ciel.* Jésus cherchait toujours du regard, en Dieu, les bénédictions et les grâces qu'il communiquait aux hommes. — Il faut remarquer le verbe à l'imparfait : il les *donnait*, à mesure qu'il les rompait. Marc indique par là que l'action dura aussi longtemps que la distribution, et que c'est dans les mains de Jésus que les pains se multipliaient. Il paraît plutôt ressortir du récit de Matthieu que la multiplication se fit dans les mains des disciples.

2. Il les *distribua* par les disciples, qui ainsi accomplirent réellement l'ordre que Jésus leur avait donné (v. 37), et qui leur avait paru inexécutable. (Math. 14 : 19, 2ᵉ note.)

3. Gr. « On ramassa des morceaux de quoi remplir douze paniers, et (des restes) des poissons. » Marc seul fait observer qu'on recueillit aussi ces restes de poisson. On peut se demander si ces derniers étaient en plus des douze paniers de morceaux de pain.

4. Voir, sur ce miracle, Math. 14 : 21 note.

5. Comp. Math. 14 : 22-36 ; Jean 6 : 16-21. — Jésus *obligea* ses disciples à se séparer de la foule, car ils y répugnaient par diverses raisons. (Math. 14 : 22, note.) — *Bethsaïda*, petite ville située sur la rive occidentale du lac, en Galilée (Jean 12 : 21), lieu natal de trois apôtres (Jean 1 : 44), près de Capernaüm et de Chorazin (Luc 10 : 13), ce qui explique comment Jean (6 : 17) peut dire, sans contradiction avec le récit de Marc que les disciples naviguaient « vers Capernaüm. » Il y avait aussi une ville du nom de Bethsaïda (nom qui signifie *maison de pêche*) sur la rive orientale du lac (8 : 22, note), dont Josèphe (*Guerre des Juifs*, III, 10, 7) désigne la situation. C'est à tort que quelques interprètes admettent cette dernière localité comme celle vers laquelle tendaient ici les disciples.

6. Voir Math. 14 : 23, note.

qu'ils se tourmentaient à ramer, car le vent leur était contraire, il vient à eux environ la quatrième veille de la nuit, marchant sur la
49 mer¹. Et il voulait les devancer² ; — mais eux, le voyant marcher sur la mer, crurent que c'était un fantôme, et ils poussèrent des cris.
50 — Car tous le virent, et ils furent troublés. Mais lui aussitôt leur parla, et leur dit : Rassurez-vous, c'est moi, n'ayez point peur³. —
51 Et il monta vers eux dans la barque, et le vent cessa, et ils furent
52 stupéfaits en eux-mêmes au-delà de toute mesure⁴. — Car ils n'avaient pas compris au sujet des pains, mais leur cœur était endurci⁵.
53 Et traversant la mer en se dirigeant vers la terre, ils arrivèrent
54 dans la contrée de Génézareth, et ils abordèrent⁶. — Et quand ils fu-
55 rent sortis de la barque, les gens le reconnaissant aussitôt, — coururent dans toute la contrée d'alentour, et se mirent à amener de tous

---

1. Math. 14 : 25, note. — *Les voyant, il vient.* C'est ainsi que Marc rend présente cette scène ; deux mots lui suffisent pour nous montrer à la fois le regard pénétrant de Jésus qui, de sa retraite sur la montagne, aperçoit ses pauvres disciples en danger, et sa tendre sollicitude qui le porte à leur secours. La *quatrième veille* de la nuit commençait à trois heures du matin. Comme ils s'étaient embarqués la veille au soir, on a trouvé étrange que les disciples eussent lutté toute la nuit contre les flots. Mais Marc, en parfait accord avec Matthieu, a déjà prévenu cette objection par la simple observation que *le vent leur était contraire.*

2. Les *devancer* ou les dépasser. Ce trait qui appartient à Marc seul est assez difficile à expliquer. Quel était le but de Jésus ? Un interprète dit qu'il voulait passer inaperçu de ses disciples ; un autre, qu'il voulait les encourager en marchant devant eux comme le vainqueur des flots déchaînés. N'est-il pas plus conforme au récit de penser qu'il voulait les rassurer en se montrant à eux ? Ou, puisque ce but ne fut pas atteint et que leur trouble ne fit qu'augmenter, Jésus voulait-il mettre leur foi à l'épreuve et désirait-il que l'initiative de la délivrance vint de leur part, et qu'ils implorassent son secours ? Quoi qu'il en soit, le cri d'angoisse qu'ils firent entendre parvint à son cœur. (v. 50.)

3. Math. 14 : 27, note.

4. Jésus est auprès d'eux, la tempête s'apaise sans qu'il ait à commander aux flots et à la mer, comme dans une autre occasion. (4 : 39.) — Au terme si fort, *ils furent stupéfaits,* le texte reçu avec

A, D, *majusc.* ajoute : *et ils s'étonnaient.*

5. Cette réflexion, qui est particulière à notre évangéliste, jette une sorte de blâme sur l'extrême étonnement des disciples et peut-être aussi sur la peur dont ils avaient été saisis en voyant Jésus marcher sur les eaux. Il n'en aurait pas été ainsi s'ils avaient *compris au sujet* ou *à l'occasion* du miracle *des pains* (v. 35 et suiv.) ; ils auraient conclu de la puissance de Jésus dans la première occasion, à sa puissance dans la seconde. La cause de ce manque d'intelligence se trouvait dans *leur cœur endurci.* Ce dernier mot ne doit pas s'appliquer seulement à un aveuglement, une insensibilité de leur cœur dans le cas actuel, mais s'étendre à l'état moral dans lequel ils étaient à cette époque. Cette observation intime sur les disciples ne peut provenir que d'un témoin oculaire ou même d'un homme qui avait éprouvé les impressions dont il s'agit. Or ce témoin, c'est l'apôtre Pierre, dont Marc a conservé les récits. (Voir l'Introd.) Et c'est là aussi peut-être la cause pour laquelle nous ne trouvons pas dans notre évangile le trait relatif à Pierre marchant sur les eaux. (Math. 14 : 28-31.) Pierre, en racontant cette grande scène dans ses prédications, passait sous silence ce qui le concernait personnellement.

6. Gr. *Ayant traversé vers la terre, ils arrivèrent en Génézareth.* Telle est la leçon de *Sin., B* ; dans le texte reçu, dans *A, D* et les *majusc.*, les mots sont dans un autre ordre ; *vers le pays* est joint à *Génézareth* : ils vinrent *dans le pays de Génézareth.* Voir, sur cette *contrée de Génézareth,* Math. 14 : 34, note.

côtés sur leurs lits ceux qui étaient malades, partout où ils entendaient dire qu'il était. — Et en quelque lieu qu'il entrât, dans les 56 bourgs, ou dans les villes, ou dans les campagnes, on mettait les malades dans les places publiques, et on le priait qu'ils pussent toucher ne fût-ce que le bord de son vêtement ; et tous ceux qui le touchaient étaient sauvés [1].

4. *Retraite dans les quartiers de Tyr et de Sidon.*

A. 1-23. OCCASION DE CETTE RETRAITE : LES PHARISIENS DE JÉRUSALEM ATTAQUENT JÉSUS AU SUJET DES ABLUTIONS. — 1° *La question des pharisiens.* Des pharisiens et des scribes, venus de Jérusalem, s'assemblent auprès de Jésus. Ils avaient observé que quelques-uns de ses disciples prenaient leur repas sans s'être lavé les mains. (L'évangéliste rapporte à ce propos, les ablutions imposées aux Juifs par leur tradition.) — Les pharisiens demandent donc à Jésus pourquoi ses disciples ne se conforment pas à la tradition. (1-5.) — 2° *La réplique de Jésus.* a) Ses adversaires sont des hypocrites. Leur conduite a été censurée déjà dans une parole d'Esaïe sur le vain culte des lèvres. (6-8.) — b) Eux-mêmes violent la loi de Dieu par leur tradition, comme cela ressort de leur manière de traiter le cinquième commandement. (9-13.) — 3° *Discours de Jésus à la foule :* ce n'est pas ce qui entre dans l'homme qui le souille, mais ce qui sort de l'homme. (14-16.) — 4° *Explications données par Jésus à ses disciples.* Jésus s'étant retiré dans la maison avec ses disciples, ceux-ci lui demandent de leur expliquer l'image qu'il vient d'employer. Jésus, après s'être étonné de leur peu d'intelligence, leur dit que ce ne sont pas les aliments qui peuvent souiller l'homme, puisqu'ils ne pénètrent pas dans le cœur, mais bien les mauvais désirs qui sortent de ce cœur corrompu. Puis il énumère tous ces vices. (17-23.)

Et les pharisiens et quelques-uns des scribes, qui étaient venus de Jérusalem, s'assemblent auprès de lui [2]. — Et ayant vu quelques-uns de ses disciples prendre leur repas avec des mains souillées, c'est-à-dire non lavées [3],... — car les pharisiens et tous les Juifs ne

---

1. Voir sur ce récit Math. 14 : 36, note. Marc nous peint avec plus de détails ces scènes émouvantes, cet extrême empressement des malades et de leurs proches, ces nombreuses guérisons accomplies par le Sauveur, qui marquèrent le point culminant de l'activité de Jésus en Galilée, et provoquèrent un redoublement d'hostilité de la part des adversaires. (7 : 1 et suiv.)
2. Voir sur les discussions qui suivent, Math. 15 : 1-20, notes. Il faut remarquer ce verbe au présent : *s'assemblent*, qui rend la scène actuelle. Cette réunion des adversaires de Jésus montre l'importance de leur démarche. Celle-ci avait peut-être un caractère officiel. On comprendrait à peine, en effet, comment ces *pharisiens* et ces *scribes* se trouvaient là, *venus de Jérusalem*, s'ils n'avaient été envoyés par le sanhédrin. Cette circonstance fait comprendre le sérieux de la discussion qui va suivre et les conséquences dangereuses qu'elle pouvait avoir pour Jésus.
3. Gr. « que quelques-uns de ses disciples *mangent les pains* (hébraïsme) avec des *mains communes.* » *Commun* se disait par opposition à ce qui était mis à part, sanctifié, consacré. Il ne faut pas, en effet, s'arrêter à l'idée de mains malpropres. Il s'agit de quelque *souillure* légale qui devait être ôtée par une ablution rituelle, ainsi que cela va être expliqué aux v. 3 et 4. Marc explique leur scrupule à ses lecteurs étrangers aux usages judaïques, en ajoutant cette phrase : *c'est-à-dire non*

mangent point sans se laver les mains avec le poing, observant la tradition des anciens [1] ; — et au retour de la place publique, ils ne mangent pas sans s'être purifiés [2]. Il y a encore beaucoup d'autres choses qu'ils ont reçues pour les observer, comme les ablutions des coupes et des setiers et des vases d'airain et des lits [3]. — Et les pharisiens et les scribes lui demandent : Pourquoi tes disciples ne marchent-ils pas selon la tradition des anciens, mais prennent-ils leurs repas avec des mains souillées ? — Mais il leur dit [4] : Esaïe a bien prophétisé à votre sujet, hypocrites ; comme il est écrit : « Ce peuple m'honore des lèvres, mais leur cœur est fort éloigné de moi. — Mais c'est en vain qu'ils me rendent un culte, enseignant des doctrines qui sont des commandements d'hommes [5]. » — Abandonnant le commandement de Dieu, vous retenez la tradition des hommes. — Et il leur disait : Vous annulez fort bien le commandement de Dieu, afin d'observer

lavées (purifiées). — Le texte reçu ajoute que les pharisiens *blâmaient* les disciples. Ce mot n'est pas authentique et la phrase reste inachevée, mais le blâme est impliqué dans la question des pharisiens au v. 5.

1. Marc interrompt son récit pour exposer tous ces usages juifs à ses lecteurs qui, convertis du paganisme, les ignoraient. Il attribue ces pratiques non seulement aux *pharisiens*, qui les observaient avec le plus de rigueur, mais à *tous les Juifs*. *Se laver les mains avec le poing* veut dire probablement se laver en frottant tour à tour une main ouverte avec l'autre fermée, de manière à enlever de la paume des mains toute impureté. D'autres traduisent : *jusqu'au poignet*. L'idée est en tous cas celle d'une ablution soigneuse. Une variante du *Sin.*, que Tischendorf admet dans sa 8e édition, substitue au mot *poing* l'adverbe *fréquemment*, mais cette var., qui a contre elle toutes les autres autorités, paraît provenir de l'intention de corriger une expression qu'on ne comprenait plus. La plupart des critiques la rejettent. — La *tradition des anciens* est ici, comme aux v. 8 et 9, opposée aux prescriptions de la loi divine. Il s'agit des usages fondés sur l'autorité des anciens docteurs juifs et que souvent on mettait au-dessus de la loi elle-même.

2. La *place publique* (gr. *l'agora*) était le lieu où le peuple s'assemblait et où se tenait le *marché*, terme ici préféré par quelques versions. En revenant de là, les Juifs ne prenaient pas leurs repas sans *s'être purifiés*. Telle est la leçon de *Sin.*, *B*. Les autres autorités ont : *baptisés*, c'est-à-dire plongés dans l'eau. Cette variante paraît formée d'après l'expression qui suit : les *baptêmes* des coupes. Quelques interprètes appliquent cette purification non aux personnes, mais aux aliments rapportés du marché. Ce sens est d'autant plus vraisemblable qu'il n'est point sûr que l'évangéliste entende par la place publique un marché.

3. Gr. les *baptêmes* des coupes, etc., c'est-à-dire purifications complètes de tous ces objets avant le repas. — Le *setier* est, en grec, en latin et en français, le nom d'une mesure de liquides. Ce mot désigne ici des vases à vin, en bois ou en terre. Par *les lits*, il ne faut point entendre les lits où l'on couche, mais ces sortes de divans sur lesquels les anciens prenaient leurs repas, appuyés sur le coude gauche. Au reste l'authenticité de ce mot n'est pas incontestée. Il manque dans *Sin.*, *B*, et quelques autres autorités ; mais son introduction s'expliquerait difficilement, s'il n'était pas authentique.

4. Selon Matthieu (15 : 3), Jésus répond à la question des pharisiens par une autre question propre à les confondre ; puis il cite l'exemple que Marc a au v. 10 ; enfin, il leur applique la parole sévère du prophète Esaïe, par laquelle Marc (v. 6) lui fait commencer sa réponse. Matthieu nous paraît avoir mieux conservé l'ordre du discours, mais les pensées restent les mêmes.

5. Esa. 29 : 13. Voir, sur cette citation, Math. 15 : 7-9, notes.

votre tradition ¹ ! — Car Moïse a dit : « Honore ton père et ta 10
mère ; » et : « Que celui qui maudit père ou mère soit mis à mort. »
— Mais vous, vous dites : Si un homme dit à son père ou à sa mère : 11
Ce dont tu pourrais être assisté par moi est corban (c'est-à-dire une
offrande), — vous ne lui permettez plus de rien faire pour son 12
père ou pour sa mère, — annulant la parole de Dieu par votre 13
tradition que vous avez établie. Et vous faites beaucoup d'autres
choses semblables ² ! — Et ayant de nouveau appelé à lui la foule, il 14
leur disait ³ : Ecoutez-moi tous, et comprenez : — Rien de ce qui 15
est hors de l'homme, et qui entre en lui, ne le peut souiller ; mais
ce qui sort de l'homme, c'est là ce qui souille l'homme ⁴. — Si quel- 16
qu'un a des oreilles pour entendre, qu'il entende ⁵ !

Et lorsqu'il fut entré dans une maison, loin de la foule, ses dis- 17
ciples l'interrogeaient sur cette parabole ⁶. — Et il leur dit : Vous 18

1. *Commandement de Dieu abandonné, annulé ; tradition des hommes retenue, observée :* tout est là. Tel est le caractère formaliste et fanatique de toutes les communautés religieuses déchues. *Fort bien !* dit le Sauveur avec une poignante ironie. (Comp. v. 6 où se trouve le même qualificatif.) « C'est un étrange dérèglement de mettre les ordonnances des hommes à la place de la loi de Dieu. L'amour-propre est ravi de prendre le change et de donner à des *pots* et à des *coupes* le soin et l'application qu'on doit au cœur. » *Quesnel.* — Le texte reçu ajoute à la fin du v. 8 : *les ablutions des setiers et des coupes, et vous faites beaucoup d'autres choses semblables.* Ces mots sont supprimés par la plupart des critiques d'après *Sin., B*, etc. Ils ne paraissent être qu'une répétition du v. 4 et du v. 13.

2. Voir sur ces paroles Math. 15 : 4, 5, notes. Jésus après avoir accusé les pharisiens d'annuler le commandement de Dieu par leurs traditions, leur en montre une preuve frappante dans la manière dont ils éludaient l'obligation sacrée imposée aux enfants par le cinquième commandement. Après avoir rappelé ce commandement (Ex. 20 : 12), il ajoute la redoutable sanction tirée d'Ex. 21 : 17. Or, qu'enseignaient les pharisiens ? Qu'un homme, en présence du devoir d'assister son père ou sa mère âgés, pouvait leur dire : *Ce dont tu pourrais être assisté par moi,* j'en ai fait un *corban,* une *offrande* à Dieu, et qu'ainsi il était déchargé de toute obligation envers eux. « C'est comme si un fils disait à son père dans le besoin : Mon père, je te donnerais volontiers ce qui peut t'assister dans tes vieux jours, mais j'en ai fait une offrande. Il vaut mieux que je le consacre à Dieu, tu en auras plus de profit. » *Luther.* Pour rendre ce sophisme plus frappant encore, Jésus ajoute *vous ne lui permettez plus de rien faire,* c'est-à-dire, vous l'autorisez *à annuler ainsi la parole de Dieu par votre tradition que vous avez établie* (gr. *que vous avez transmise* les uns aux autres).

3. Il faut remarquer ce mot : *de nouveau,* omis par le texte reçu. Il indique que, pendant la discussion qui précède, *la foule* se tenait à distance. Mais comme elle avait entendu l'accusation portée contre Jésus et ses disciples (v. 5), elle devait entendre aussi la réponse du Sauveur ; il la rappelle donc auprès de lui et il revient à la question qui lui a été adressée. (Comp. Math. 15 : 10, note.)

4. Voir Math. 15 : 11, note.

5. Ces paroles, que Jésus aimait à redire pour provoquer la réflexion de ses auditeurs, sont omises par Tischendorf, Westcott et Hort, et d'autres d'après *Sin., B*, vers. égypt.. Mais on peut se demander quelle raison les copistes auraient eue de les intercaler ici.

6. Ce qu'il faut entendre par *une maison* (ou, selon *Sin.* : *la maison*) n'est pas indiqué. D'après 6 : 53, Jésus se trouvait alors dans la contrée de Génésareth, où il enseignait et opérait des guérisons. — Ce mot de *parabole* (voir Math. 13 : 3, note) désigne le langage figuré dont Jésus s'est servi au v. 15. La demande d'explication ici attribuée aux *disciples* fut

aussi, vous êtes ainsi sans intelligence ? Ne comprenez-vous pas que rien de ce qui du dehors entre dans l'homme ne le peut souiller, —
19 parce que cela n'entre pas dans son cœur, mais dans son ventre et
20 sort au lieu secret, qui purifie tous les aliments [1] ? — Mais il disait [2] :
21 Ce qui sort de l'homme, voilà ce qui souille l'homme [3]. — Car du dedans, du cœur des hommes, sortent les mauvaises pensées, les
22 adultères, les fornications, les meurtres, — les larcins, les cupidités, les méchancetés, la fraude, la dissolution, l'œil envieux, la calomnie,
23 l'orgueil, la folie [4]. — Toutes ces choses mauvaises sortent du dedans, et souillent l'homme [5].

adressée à Jésus par Pierre. (Math. 15 : 15.) Marc, l'interprète de sa prédication, omet fréquemment le nom de cet apôtre, parce que lui-même le passait sous silence par modestie.

1. Jésus, en déclarant d'une manière si absolue que rien d'extérieur ne souille l'homme, veut-il dire qu'il n'existe point de souillure légale et abolir ainsi d'un mot toutes les distinctions que faisait la loi entre les aliments qu'elle déclarait purs ou impurs ? Cette conséquence ressortira certainement du principe qu'il posait ici (Math. 15 : 9, note), mais tel n'était pas son but immédiat. L'erreur des pharisiens était de ne pas comprendre que toutes les prescriptions de la loi relatives à une souillure ou à une pureté légales n'avaient d'autre but que de révéler à l'homme la souillure ou la pureté morales. Ils prenaient le moyen pour le but et, en s'attachant à la lettre de la loi, ils la matérialisaient et tombaient dans un misérable formalisme. Jésus veut donc rétablir ici la distinction entre une souillure légale et la souillure morale. C'est ce que dit clairement ce mot conservé par Marc : cela n'entre pas *dans le cœur*, c'est-à-dire dans l'organe des pensées et des affections morales. Les *aliments* dont il s'agit ne font qu'entretenir la vie animale, et tout ce qui ne sert pas à la nutrition est rejeté ; et cet acte *purifie* les aliments eux-mêmes. En poursuivant sa pensée jusqu'à ces détails matériels, Jésus veut faire sentir d'autant mieux à ses auditeurs combien les interprétations pharisaïques de la loi la rabaissaient et la dégradaient.

2. Très souvent Marc emploie cette tournure avec le verbe à l'imparfait : *il disait*, introduisant par là, non un discours nouveau, mais une pensée nouvelle dans le discours. Ici cette pensée nouvelle, c'est, comme l'indique la particule *mais*, l'idée vraie et morale de la souillure op-

posée aux idées fausses que s'en faisaient les Juifs d'après la loi mal comprise.

3. Tous les vices et les péchés que Jésus va énumérer souillent l'homme, parce qu'ils sont en lui, dans son cœur (v. 21), et non pas seulement parce qu'ils *sortent de l'homme* ; mais Jésus emploie cette manière de parler pour faire opposition à ces choses extérieures qui *entrent dans l'homme* et qui ne peuvent le souiller. (v. 18.)

4. Voir Math. 15 : 19, 20, note. Marc présente beaucoup plus complète cette énumération des péchés de l'homme. Il y a, dans les divers manuscrits, quelques variations quant à l'ordre des termes, mais tous les renferment également. On a fait diverses tentatives pour classer d'une manière psychologique et morale ces formes du mal ; mais ces distinctions sont plus ou moins arbitraires. On pourrait admettre : 1° Que les *mauvaises pensées* sont l'élément générateur (Rom. 1 : 21) dont tous les autres péchés ne sont que la réalisation. 2° Que les deux premiers termes (*adultères*, *fornications*) indiquent les péchés qui ont leur source dans la sensualité. 3° Que les *meurtres*, les *larcins*, les *cupidités* proviennent d'une ambition dépravée, à moins qu'on ne veuille attribuer le premier de ces péchés à la haine. 4° Que les vices qui suivent sont des passions mauvaises, indépendantes des actes par lesquels elles se manifestent. Les *méchancetés* sont l'effet de cette malice qui se complaît à faire le mal ; la *fraude* exprime ici, moins des actes d'injustice que la duplicité, la fausseté du caractère, tout ce qui est contraire à la droiture. (Comp. Jean 1 : 48.) La *dissolution* ne signifie pas ici comme ailleurs (Rom. 13 : 13 ; Gal. 5 : 19) l'impudicité, car cette idée a déjà été exprimée pleinement par deux termes ; ce mot indique plutôt, comme

La note 5 est à la page suivante.

B. 24-30. Jésus sur le territoire de Tyr. La Cananéenne. — 1º *La Cananéenne poursuit Jésus jusque dans sa retraite.* Jésus étant arrivé sur le territoire de Tyr, entre dans une maison, où pourtant il ne peut être caché, car une femme de ce pays, dont la petite fille a un esprit impur, vient implorer son aide. (24-26.) — 2º *Lutte et victoire.* Jésus lui répond qu'il n'est pas bien de prendre le pain des enfants et de le jeter aux petits chiens. Elle accepte cette humiliante comparaison, mais fait observer que les petits chiens mangent les miettes sous la table. Alors Jésus lui dit : A cause de cette parole, ta fille est guérie. Et la femme s'en étant allée, trouva son enfant couchée sur son lit et délivrée du démon. (27-30.)

24 Or s'étant levé, il s'en alla de là dans le territoire de Tyr[1] ; et étant entré dans une maison, il voulait que personne ne le sût ; et il ne put être caché[2] ; — 25 mais aussitôt une femme, dont la petite fille avait un esprit impur, ayant ouï parler de lui, vint et se jeta à ses pieds[3]. — 26 Or, cette femme était grecque, syro-phénicienne de nation[4]. Et elle le priait de chasser le démon hors de sa fille. — 27 Et il

dans les auteurs classiques, l'insolence avec laquelle l'homme corrompu s'abandonne à sa dépravation ; *l'œil envieux* (gr. *l'œil mauvais*) est l'envie méchante qu'on porte à un homme (comp. Math. 20 : 15) et à laquelle la croyance populaire, en plus d'un pays, attribue une influence malfaisante; la *calomnie*, gr. le *blasphème*, pourrait être une parole impie prononcée contre Dieu, mais, comme tout, dans cette énumération, se borne aux rapports des hommes entre eux, il vaut mieux entendre par là une parole offensante, outrageante, adressée au prochain ; *l'orgueil* est littéralement, d'après le grec, la disposition de l'esprit superbe qui veut *parattre au-dessus* des autres ; la *folie* enfin, ne signifie point ici l'aliénation mentale, mais, comme fréquemment en hébreu, l'impiété qui est une suprême déraison. (Ps. 14 : 1.) On peut du reste remarquer que toute passion poussée à l'extrême produit la folie proprement dite.

5. Voir v. 20, note. Il est peu de passages de l'Ecriture qui nous révèlent d'une manière plus complète la corruption naturelle du cœur de l'homme, que ce discours de Jésus-Christ. D'où il ne faudrait pas conclure toutefois que tout mal moral dans le monde procède de l'homme. Il y a un royaume des ténèbres qui exerce sur lui son influence, comme aussi une puissance de la grâce divine qui peut le régénérer ; et alors, de ce même cœur d'où sortent les mauvaises pensées et les péchés sortent aussi les bons sentiments et les bonnes actions.

1. *S'étant levé,* dans la maison où, assis, il enseignait ses disciples (v. 17), il

partit *de là,* c'est-à-dire de la contrée de Génésareth. (6 : 53.) — Le texte reçu dit : le territoire de Tyr *et de Sidon.* Ces derniers mots ont été transférés du premier évangile ici et au v. 31. — Voir, sur le récit qui va suivre, Math. 15 : 21-29, notes.

2. On a pensé que cette *maison* dans laquelle Jésus entra était celle de quelqu'un de ses adhérents qui l'avait vu et entendu ailleurs. Il paraît probable, en tous cas, que c'était une maison païenne. En y entrant, Jésus bravait un des préjugés juifs les plus forts (Act. 10 : 28) et mettait en pratique les principes qu'il venait de proclamer sur la vraie pureté (v. 15 et suiv.). Notre évangéliste, en faisant cette remarque qui lui est propre, que Jésus *voulait que personne ne le sût,* n'en dit pas la raison ; mais la cause pour laquelle il *ne put être caché* est indiquée au v. 25.

3. *Ayant ouï parler de lui* ne signifie pas seulement qu'elle apprit dans ce moment que Jésus était venu dans la contrée, mais bien qu'elle avait eu auparavant quelque connaissance de son ministère et de ses guérisons. De là la confiance avec laquelle elle vint *se jeter à ses pieds.*

4. La désignation précise de la nationalité de cette femme appartient à Marc. La Phénicie faisait partie de la province romaine de Syrie. On appelait cette contrée *Syro-Phénicie,* pour la distinguer des colonies phéniciennes qui s'étaient formées au nord de l'Afrique en Libye, et dont Carthage était la principale. Marc joint au qualificatif de *syro-phénicienne* celui de *grecque.* Ce dernier désigne la religion de cette femme. (Comp. Act. 17 : 12, note.)

lui disait : Laisse premièrement les enfants se rassasier ; car il n'est pas bien de prendre le pain des enfants et de le jeter aux petits
28 chiens¹. — Mais elle répondit, et lui dit : Oui, Seigneur, aussi les petits chiens mangent-ils, sous la table, des miettes des enfants². —
29 Et il lui dit : A cause de cette parole, va ; le démon est sorti de ta
30 fille³. — Et s'en étant allée dans sa maison, elle trouva l'enfant couchée sur le lit, et le démon sorti⁴.

C. 31-37. Retour de Jésus vers la mer de Galilée. Guérison d'un sourd-muet. — 1° *Le retour*. Jésus étant ressorti du territoire de Tyr, revient vers la mer par la Décapole. On lui amène un sourd-muet, auquel on le prie d'imposer les mains. (31, 32.) — 2° *La guérison*. Jésus l'ayant tiré hors de la foule, touche ses oreilles et sa langue, et levant les yeux au ciel, il dit en soupirant : *Ephphatha*, ouvre-toi ! L'infirme est complètement guéri. (33-35.) — 3° *Vaine défense d'en parler*. Jésus défend à ceux qui sont présents de raconter ce miracle, mais plus il le leur défend, plus ils le publient. Et, dans un étonnement extrême, ils s'écrient : Il a tout bien fait ! (36, 37.)

31   Et étant sorti de nouveau du territoire de Tyr, il vint par Sidon, vers la mer de Galilée, en traversant le territoire de la Décapole⁵. —

1. Voir Math. 15 : 26, note. Ce dernier évangile renferme (v. 23-25) quelques détails importants, qui ne se trouvent pas dans Marc. Celui-ci tend à adoucir les refus du Sauveur ; il fait dire à Jésus qu'il veut *premièrement* rassasier les enfants, et qu'il n'est *pas bien* de prendre leur pain, tandis que Matthieu dit : *Il n'est pas permis*. Comp. Introduction générale, p. 32.
2. Le texte reçu porte : car aussi les petits chiens. Cette leçon paraît empruntée à Matthieu. — L'admirable réponse de cette pauvre mère est littéralement la même dans les deux évangiles. Voir Math. 15 : 27, note.
3. C'est ici que, selon Matthieu, le Sauveur s'écrie : « O femme, ta foi est grande, qu'il te soit fait comme tu le veux ! » Qu'est-ce qui avait révélé cette grande foi de la Cananéenne ? C'est la *parole* qu'elle venait de prononcer et que le Seigneur relève avec joie dans notre récit. Et c'est *à cause* de cette parole que Jésus répond à sa prière. Il ne lui dit pas : le démon *sortira*, mais *est sorti* de ta fille.
4. Le texte reçu intervertit ici l'ordre des mots : « elle trouva le démon sorti et sa fille couchée sur le lit ; » puis il substitue le mot de *fille* à celui d'*enfant* ou plutôt à un gracieux diminutif, *petit enfant*, qui exprime la tendresse de la mère,

aussi bien que son bonheur de retrouver son enfant calme, guérie, quoique un peu épuisée, et couchée sur le lit. (Voir, sur les démoniaques, Math. 8 : 28, 2ᵉ note.)
5. Le texte reçu dit encore ici, comme au v. 24, *Tyr et Sidon*, mais il omet ces mots *par Sidon*, qui se lisent dans *Sin.*, *B*, *D* et plusieurs vers. Jésus s'était avancé jusqu'aux limites septentrionales de la Galilée, où commençait le territoire de Tyr (v. 24) et où se passa la scène qui précède. Maintenant, au lieu de revenir immédiatement sur ses pas, il fait un détour encore plus au nord, *par Sidon*, ou, comme d'autres l'entendent, par le territoire de Sidon, pour revenir vers la *mer de Galilée*, en franchissant le Liban dans la direction de Damas, puis *en traversant la Décapole*. L'évangéliste ne nous dit pas pourquoi Jésus choisit cette route, l'on ne peut faire à ce sujet que des suppositions, mais l'on est fondé à penser que, dans ce long voyage en pays païen, il put s'entretenir d'une manière suivie avec ses disciples. — La Décapole (c'est-à-dire, les *dix villes*) était une vaste contrée, située au delà du Jourdain et au nord-est de la Galilée. (Comp. Math. 4 : 25.) Jésus avait abordé une fois cette contrée ; il avait dû se retirer à la prière des habitants, mais y avait laissé un témoin de sa puissance. (5 : 17, 19.)

Et on lui amène un sourd qui avait la parole empêchée ; et on le prie 32
de lui imposer les mains ¹. — Et l'ayant pris à part de la foule, il lui 33
mit les doigts dans les oreilles, et, avec de la salive, il lui toucha la
langue ². — Et, levant les yeux au ciel, il soupira, et lui dit : Eph- 34
phata ! c'est-à-dire, ouvre-toi ³ ! — Et ses oreilles furent ouvertes 35
et aussitôt sa langue fut déliée, et il parlait très bien ⁴. — Et il leur 36
commanda de ne le dire à personne ; mais plus il le leur commandait
plus ils le publiaient ⁵. — Et ils étaient frappés d'une stupéfaction 37
extrême et disaient : Il a tout bien fait ; il fait entendre même les
sourds et parler les muets ⁶.

1. Gr. *un sourd parlant avec peine*, c'est-à-dire ne faisant entendre que des sons inarticulés, en un mot, un sourd-muet. Le mot se trouve au v. 37. — Le lieu de ce récit n'est pas clairement déterminé ; on ignore qui sont ceux qui amènent à Jésus cet infirme, mais on voit qu'ils avaient confiance en lui, puisqu'ils le prient de lui *imposer les mains*. — Marc seul raconte cette guérison. Matthieu (15 : 30, 31) en marque peut-être la place en nous montrant Jésus entouré de plusieurs malades, parmi lesquels il y avait des sourds-muets.

2. Ce verset relate deux circonstances qui ont beaucoup occupé la sagacité des interprètes et donné lieu à diverses suppositions. D'abord Jésus prend *à part* le sourd-muet : pourquoi chercher à ce fait si simple d'autres causes que le désir bien naturel de sortir de la *foule* empressée et bruyante, pour être seul avec le malade, entrer en rapport personnel avec lui et lui laisser une impression d'autant plus profonde de sa guérison ? Toutefois, Jésus resta en vue de la multitude, puisque le v. 37 nous montre évidemment qu'elle fut témoin du miracle. L'autre circonstance de ce récit est plus importante. Jésus, (gr.) *ayant craché, met ses doigts dans les oreilles, avec de la salive, et touche la langue* du muet. L'Evangile présente divers faits analogues. (8 : 23 ; Math. 8 : 3 ; Jean 9 : 6.) À l'ordinaire Jésus guérissait uniquement par la parole. En agissant autrement, quel peut être son but ? Les uns pensent qu'il voulait ainsi suppléer à ce qui manquait à la foi du malade ; l'encourager en lui montrant qu'il s'occupait de lui avec intérêt. D'autres supposent qu'il avait en vue les témoins de la guérison et s'accommodait à leurs idées sur l'efficacité de certains moyens, afin de prévenir en eux la superstition qui pouvait s'attacher au miracle. Rien de pareil n'est indiqué dans le texte. Il faut simplement admettre que Jésus, qui ne faisait rien d'inutile, trouvait ces moyens nécessaires pour accomplir quelques-uns de ses miracles. C'était là une sorte d'intermédiaire entre lui et le malade. Seulement il faut remarquer avec Olshausen que, même là où Jésus ne guérit pas uniquement par la parole, il n'emploie jamais des moyens étrangers à sa personne ; en elle résidait exclusivement la puissance divine qui rendait la santé aux malades et même la vie aux morts.

3. Il y a une grande solennité dans l'accomplissement de ce miracle. Jésus, comme il le faisait souvent, *lève les yeux au ciel*, où son regard cherchait auprès de Dieu toute lumière et toute puissance ; il *soupire*, soit en faisant monter vers Dieu son ardente prière, soit par la douleur qu'il éprouvait en prenant sur lui nos infirmités ; enfin il prononce la parole puissante qui rendra à un malheureux l'usage de l'ouïe et de la parole : *Ephphata !* ou proprement *ethphatach*, c'est l'impératif du verbe araméen ou syriaque que l'évangéliste a voulu conserver dans la langue originale et qu'il traduit lui-même par *ouvre-toi !*

4. Dans le langage figuré, les oreilles du muet étaient fermées, sa langue était liée, de là ces termes : *ses oreilles furent ouvertes, et* (gr.) *le lien de sa langue fut délié*. — *Aussitôt* manque dans *B*, *D*, *A*, etc. — *Il parlait très bien*, gr. *droitement*, *correctement*.

5. Voir, sur ces défenses de Jésus de publier ses miracles, Math. 8 : 4, note. — Cette multitude, témoin du miracle, obéissait plutôt à son enthousiasme qu'aux ordres de Jésus. (Comp. 1 : 45.)

6. Gr. *Très bien* ou *très beau*, tout ce qu'il a fait ! Cette expression d'admiration se rapporte à la guérison actuelle (verbe au parfait, fait accompli), tandis que les

D. 1-10. Seconde multiplication des pains. — 1° *L'occasion.* Jésus se voyant de nouveau entouré d'une grande multitude dans un lieu désert, exprime à ses disciples la compassion qu'elle lui inspire et son désir de lui donner à manger, afin qu'elle ne défaille pas en chemin. D'où aurions-nous des pains dans ce désert ? répondent les disciples. (1-4.) — 2° *Le miracle.* Jésus ayant appris d'eux qu'ils avaient sept pains, ordonne à la foule de s'asseoir ; il prend les pains et rend grâces, les rompt et les donne à ses disciples qui les présentent à la multitude. Quelques poissons sont distribués de même. Quand les assistants sont rassasiés, l'on recueille sept corbeilles pleines des morceaux qui restent. Or il y avait quatre mille hommes. Jésus repart aussitôt et se rend dans le territoire de Dalmanoutha. (5-10.)

VIII Comme en ces jours-là il y avait de nouveau une grande foule [1], et qu'ils n'avaient rien à manger, Jésus, ayant appelé à lui les disci-
2 ples, leur dit : — J'ai compassion de cette foule, car il y a déjà trois jours qu'ils restent auprès de moi, et ils n'ont rien à manger [2].
3 — Et si je les renvoie à jeun dans leurs maisons, les forces leur manqueront en chemin ; et quelques-uns d'entre eux sont venus de
4 loin [3]. — Et ses disciples lui répondirent : Comment pourrait-on les
5 rassasier de pains, ici, dans le désert [4] ? — Et il leur demandait :
6 Combien avez-vous de pains ? Et ils dirent : Sept. — Et il commande à la foule de s'asseoir par terre ; et ayant pris les sept pains, il les rompit après avoir rendu grâces, et il les donnait à ses disciples, afin qu'ils les présentassent [5] ; et ils les présentèrent à la foule. —

paroles qui suivent généralisent l'idée de la puissance de Jésus : il *fait* (présent) *entendre même les sourds, et parler les muets !*

1. *En ces jours-là,* c'est-à-dire lorsque Jésus fut revenu du territoire de Tyr vers la mer de Galilée (7 : 31 ; Math. 15 : 29) et qu'il fut arrivé avec ses disciples sur la rive orientale, dans les solitudes qu'il aimait à fréquenter. C'est là qu'une *grande foule* se trouva de nouveau réunie autour de lui (gr. *une foule nombreuse était.*) Ce mot *de nouveau,* qui est omis dans le texte reçu, reporte la pensée sur la première multiplication des pains. (6 : 34.) — Voir, sur le récit du miracle qui va suivre, Math. 15 : 32-39, notes.

2. Cette fois Jésus prend l'initiative, tandis que, à la première multiplication, ce sont les disciples qui lui font remarquer les besoins de la foule. (6 : 35.) Les deux premiers évangélistes s'accordent à nous faire remarquer la *compassion* du Sauveur. Cette tendre compassion envers une multitude qui persévère depuis *trois jours* à entendre sa parole, est la vraie raison du miracle ici raconté. L'amour de Jésus est la source de toutes ses œuvres de puissance divine.

3. Le même Sauveur qui a annoncé à ces multitudes la parole du royaume, prend le plus tendre intérêt à leurs besoins terrestres ; il ne veut pas les exposer à (gr.) *défaillir en chemin.* — C'est encore Jésus, et non l'évangéliste, qui observe que *quelques-uns d'entre eux sont venus de loin.* Ce trait a été conservé par Marc seul. Le texte reçu l'introduit par un *car.* Dans *Sin.,* B, D, la phrase commence par *et.*

4. *Comment,...* gr. *d'où.* Lors de la première multiplication, les disciples objectent qu'il faudrait acheter pour deux cents deniers de pain (6 : 37) ; ici ils sont arrêtés par l'impossibilité de se procurer des aliments dans ce lieu *désert.* Voir sur cette question, et sur le manque d'intelligence qu'elle trahit, Math. 15 : 33, note, et ci-dessous v. 19-21.

5. Dans 6 : 39, ce sont les disciples qui sont chargés de faire asseoir la foule ; ici Jésus lui ordonne directement de s'asseoir. — Il faut remarquer ce verbe à l'imparfait : *il les donnait.* (Comp. 6 : 41, note ; Math. 14 : 19, note.)

Et ils avaient quelques petits poissons ; et les ayant bénis, il or- 7
donna qu'on les présentât aussi [1]. — Et ils mangèrent, et furent 8
rassasiés ; et l'on emporta sept corbeilles pleines des morceaux qui
étaient restés. — Or, ils étaient environ quatre mille [2] ; et il les 9
renvoya. — Et aussitôt, étant monté dans la barque avec ses disci- 10
ples, il alla dans le territoire de Dalmanoutha [3].

5. *Retraite à Césarée de Philippe.*

A. 11-21. NOUVELLE ATTAQUE DES ADVERSAIRES. LE LEVAIN DES PHARISIENS. — 1° *Les pharisiens demandent un signe.* A cette demande faite dans un sentiment d'incrédulité et avec une intention hostile, Jésus répond par un refus. Et les laissant, il repasse à l'autre bord. (11-13.) — 2° *Entretien de Jésus avec ses disciples.* Gardez-vous du levain des pharisiens, dit Jésus à ses disciples. Comme ils avaient oublié de prendre des pains pour le voyage, ils pensent que cet avertissement a trait à leur oubli. Jésus, en une suite de questions pressantes, leur reproche leur peu d'intelligence et de foi et les oblige à se rappeler dans quelles circonstances il multiplia par deux fois les pains. (14-21.)

Et les pharisiens sortirent et se mirent à discuter avec lui, lui 11
demandant, pour le tenter, un signe qui vînt du ciel [4]. — Et, soupi- 12
rant profondément en son esprit, il dit : Pourquoi cette race demande-
t-elle un signe ? En vérité, je vous dis qu'il ne sera point donné de
signe à cette race [5].

1. Marc seul note ces deux actes distincts : l'*action de grâce* pour les pains, et la *bénédiction* prononcée sur les poissons. (Comp. Math. 14 : 19, note.) Sin. porte : *et ayant béni, il les présenta.*

2. Le texte reçu avec *A, C, D,* majusc., vers., porte : *ceux qui avaient mangé* étaient.... C'est une répétition de 6 : 44.

3. Le commencement de ce récit rappelle 6 : 45 ; les circonstances étaient analogues. Mais cette fois Jésus s'embarque avec ses disciples. Une var. dans *B, D* marque cette différence en ajoutant *lui-même* à *étant monté.* Le nom de Dalmanoutha étant entièrement inconnu, on a fait, pour se rendre compte de la situation de ce lieu, diverses suppositions dont la plus vraisemblable le place dans le voisinage de Magdala, qui se trouve mentionné dans le récit de Matthieu (15 : 39, voir la note.) Quelques interprètes, se fondant sur le fait qu'il n'est pas dit que Jésus traversa le lac, placent cette contrée au sud-est de celui-ci et pensent que le retour de Jésus sur la rive occidentale n'est mentionné qu'au v. 13. Bethsaïda serait la localité connue, voisine de Magdala. (Math. 11 : 21.) Cette opinion est peu probable. (Comp. v. 22, note.)

4. Voir sur ce récit Math. 16 : 1-4, notes. Le premier évangile dit qu'avec ces pharisiens se trouvaient aussi des sadducéens. — Ils *sortirent* de leurs maisons, ou des villes qu'ils habitaient, en apprenant que Jésus était arrivé dans la contrée. Sur leur demande d'un *signe du ciel,* comp. Math. 12 : 38, note ; 24 : 30, note.

5. Gr. *je vous dis s'il sera donné...!* hébraïsme qui accentue la négation. (Hébr. 3 : 11.) Divers traits de ce récit sont propres à Marc : d'abord ce douloureux *soupir* de Jésus sur l'incrédulité et la ruse de ces hommes qui ne lui demandaient un miracle que pour le *tenter ;* puis cette question : *pourquoi ?* qui suppose les mauvaises intentions des adversaires, et la parfaite inutilité qu'il y aurait à leur accorder leur demande, dans les dispositions où ils étaient ; enfin la répétition intentionnelle des mots : *cette race,*

13   Et les ayant laissés, il remonta dans la barque et passa à l'autre bord [1].
14   Et ils avaient oublié de prendre des pains, et ils n'avaient qu'un
15   seul pain avec eux dans la barque [2]. — Et il leur donnait cet ordre, disant : Gardez-vous avec soin du levain des pharisiens et du levain
16   d'Hérode [3] ! — Et ils raisonnaient entre eux, disant : C'est parce
17   que nous n'avons pas de pains [4]. — Et Jésus, connaissant cela, leur dit : Pourquoi raisonnez-vous sur ce que vous n'avez pas de pains ? Ne comprenez-vous point encore et êtes-vous sans intelligence ?
18   Avez-vous le cœur endurci ? — Ayant des yeux, ne voyez-vous point ? et ayant des oreilles, n'entendez-vous point ? et ne vous souvenez-
19   vous pas [5] ? — Quand je rompis les cinq pains pour les cinq mille, combien remportâtes-vous de paniers pleins de morceaux ? Ils lui
20   disent : Douze. — Et quand je rompis les sept pains pour les quatre mille, combien remportâtes-vous de corbeilles pleines de morceaux ?
21   Et ils disent : Sept. — Et il leur disait : Comment ne comprenez-vous pas [6] ?

par laquelle le refus du Seigneur s'étend à tout homme qui vient à lui par des motifs semblables à ceux des pharisiens.

1. Il y a une intention marquée et sévère dans ces mots : *les ayant laissés*. — Par *l'autre bord*, il faut entendre la rive orientale du lac, où Jésus retourne, après y avoir été peu de temps auparavant. (v. 10 ; comp. Math. 16 : 5.)

2. Voir, sur l'entretien qui va suivre, Math. 16 : 5-11. — L'évangéliste parle ici des disciples sans les nommer. Ils avaient oublié de prendre avec eux la petite provision de pain dont ils avaient besoin pour cette course au delà du lac. Marc seul a noté ce détail, qui ne peut provenir que d'un témoin oculaire, qu'ils *n'avaient qu'un seul pain* avec eux. C'est à ces traits caractéristiques qu'on reconnaît en cet évangéliste « l'interprète de Pierre. » (Voir l'Introd.)

3. Gr *Voyez, gardez-vous....* Voir Matthieu 16 : 6, note. Selon ce dernier évangéliste, Jésus met en garde ses disciples contre le *levain des pharisiens et des sadducéens* (comp. Math. 3 : 7, note) ; ici, nous trouvons, au lieu des sadducéens, *Hérode*. Est-ce une contradiction ? Serait-il nécessaire, pour mettre d'accord les deux évangélistes, de supposer qu'Hérode Antipas partageait les principes des sadducéens, ce qui n'est pas prouvé ? Nullement ; car Jésus pouvait fort bien, en mettant ses disciples en garde contre les principales tendances pernicieuses de son temps, mentionner aussi la plus pernicieuse de toutes, celle qui procédait de la cour d'Hérode, de ce monde léger, corrompu, véritable *levain* qui ne fermentait que trop dans la masse de la nation, puisqu'il y avait alors tout un parti hostile à Jésus, qu'on désignait sous le nom d'Hérodiens. (3 : 6 ; Math. 22 : 16.)

4. Math. 16 : 7, note.

5. Marc multiplie les termes d'un reproche bien mérité, que Matthieu exprime en un seul mot. Manque d'*intelligence*, *endurcissement du cœur* (6 : 52), *oubli* des plus grands miracles de leur Maître, voilà ce que Jésus pouvait reprocher à ses pauvres disciples. Quelques traducteurs prennent ces dernières phrases (v. 18) comme des affirmations : « Ayant des yeux, vous ne voyez point.... »

6. Math. 16 : 10, note. Marc donne aux paroles de Jésus et des disciples la forme d'un vif dialogue rendu plus actuel encore par ces verbes au présent : ils lui *disent*, deux fois répétés dans le vrai texte. Après cette sorte de catéchisation sur deux grands miracles, dont ils avaient été les témoins, les disciples durent être confondus par cette dernière question : *Comment ne comprenez-vous pas ?* Telle est d'après B, des *majusc.* et des *vers.*, la vraie forme de la question de Jésus. *Sin.*, C portent : *ne comprenez-vous encore ?* Enfin A, D, *majusc.* combinent

B. 22-26. L'aveugle guéri a Bethsaïda. — 1° *La guérison commencée.* Jésus étant venu à Bethsaïda, on lui présente un aveugle. Il le conduit hors de la bourgade, lui met de la salive sur les yeux, lui impose les mains, et lui demande s'il voit. L'aveugle répond qu'il aperçoit les hommes comme des arbres qui marchent. (22-24.) — 2° *La guérison achevée.* Jésus lui impose encore les mains : il voit alors distinctement, et Jésus le renvoie chez lui. (25, 26.)

Et ils viennent à Bethsaïda [1]. Et on lui amène un aveugle, et on le prie de le toucher [2]. — Et ayant pris la main de l'aveugle, il l'emmena hors de la bourgade ; et après lui avoir mis de la salive sur les yeux, et lui avoir imposé les mains, il lui demandait s'il voyait quelque chose [3]. — Et ayant regardé, il disait : J'aperçois les hommes, car je vois comme des arbres ceux qui marchent [4]. — Puis il lui mit encore les mains sur les yeux, et il vit clair et fut guéri ; et il voyait distinctement toutes choses [5]. — Et il le renvoya dans sa maison, et lui dit : Ne rentre pas dans la bourgade [6]. 22 23 24 25 26

ces deux leçons : *Comment ne comprenez-vous pas encore ?*

1. Il ne s'agit pas de la bourgade très connue de Bethsaïda, située sur la rive occidentale du lac (Jean 1 : 45), mais d'un autre lieu du même nom qui se trouvait à l'extrémité nord-est, un peu au delà de l'embouchure du Jourdain. Le tétrarque Philippe avait transformé ce village en une ville, qu'il avait nommée Julias, en l'honneur de Julie, fille d'Auguste et épouse de Tibère. Il faut admettre que l'évangéliste emploie improprement (v. 23) le terme de *bourgade*. Bethsaïda Julias était un point de départ tout indiqué pour se rendre à Césarée de Philippe. (v. 27.) Jésus et ses disciples n'avaient qu'à remonter la vallée du Jourdain.

2. De le *toucher*, ou de lui imposer les mains, afin de le guérir. (v. 23 ; 7 : 32 ; Math. 8 : 3, 1re note.)

3. Pourquoi Jésus emmène-t-il cet aveugle *hors de la bourgade* ? pourquoi, au lieu de le guérir simplement par sa parole, lui met-il de la *salive sur les yeux* ? (Gr. *ayant craché dans ses yeux*.) Il a été répondu à ces questions à l'occasion d'un fait semblable, au ch. 7 : 33, note. — La question de Jésus à l'aveugle prouve qu'il avait lui-même besoin de s'assurer si la guérison était déjà accomplie. La réponse du malade montre qu'elle ne l'était encore qu'imparfaitement.

4. Le texte reçu, avec *D* et des vers. dit : *J'aperçois les hommes comme des arbres, et ils marchent.* Le sens est au fond le même, mais le vrai texte rend mieux l'incertitude de la perception de l'aveugle à demi guéri. Il voyait des hommes qui se mouvaient, mais si indistinctement qu'ils lui apparaissaient *comme des arbres*, c'est-à-dire plus grands que nature et avec des contours indécis.

5. Ici encore, deux corrections du texte : *il vit clair,* au lieu de : il (Jésus) *le fit regarder,* selon le texte reçu, A, les majusc. récents, les vers. syriaques, etc. ; puis, il voyait distinctement *toutes choses,* au lieu de : il *les* voyait *tous* distinctement (mêmes autorités). — Maintenant la guérison est complète ; l'aveugle est *rétabli,* selon l'expression de l'original que nous rendons par : *il fut guéri.* Et même le mot grec que nous traduisons par *voir distinctement* signifie, selon son étymologie, *voir de loin,* à une grande distance, signe caractéristique d'une bonne vue. — On s'est demandé pourquoi Jésus guérit cet aveugle par degrés et, pour ainsi dire, au moyen de deux efforts successifs de sa puissance. Et l'on a fait diverses suppositions qui toutes sont arbitraires. Le mieux ne serait-il pas de consentir à l'ignorer ? Si l'on veut absolument une solution, la plus plausible serait peut-être celle d'un ancien commentateur : « Il guérit d'abord imparfaitement cet aveugle, selon qu'il croyait imparfaitement ; c'est pourquoi aussi il lui demanda s'il voyait quelque chose, afin que, du peu qu'il voyait, il apprît à croire plus parfaitement pour être guéri plus parfaitement. Car le médecin est plein de sagesse. » *Euthymius Zigabenus.*

6. *Sa maison* ne se trouvait donc pas dans la *bourgade,* où on l'avait amené à

C. 27 à 9 : 1. Jésus a Césarée de Philippe. Il est reconnu pour le Christ et annonce ses souffrances et celles de ses disciples. — 1° *La question de Jésus et la déclaration de Pierre.* En route pour Césarée de Philippe, Jésus interroge ses disciples sur les opinions qui ont cours à son sujet. Ils lui en rapportent quelques-unes. Jésus leur demande alors directement leur propre sentiment. Pierre le proclame le Christ. Jésus défend aux disciples de le dire. (27-30.) — 2° *Jésus prédit sa passion.* Il commence alors à annoncer catégoriquement sa mort et sa résurrection. Pierre cherche à le reprendre, mais il est à son tour vivement repris par Jésus. (31-33.) — 3° *Conditions à remplir pour être disciple de Jésus.* Jésus convoque la foule, avec ses disciples, et déclare que pour le suivre, il faut se charger de sa croix. Qui voudra sauver sa vie la perdra. Or l'âme est d'un prix tel que le monde entier ne saurait compenser sa perte, car il faut regarder au moment où le fils de l'homme, venant pour le jugement, aura honte de quiconque aura eu honte de lui. Plusieurs ne mourront pas qu'ils n'aient vu le règne de Dieu venir avec puissance. (34 à 9 : 1.)

27 Et Jésus s'en alla avec ses disciples dans les bourgs de Césarée de Philippe [1]. Et en chemin, il interrogeait ses disciples en leur di-
28 sant : Qui disent les hommes que je suis ? — Et eux lui répondirent, disant : Jean-Baptiste ; et d'autres, Elie ; et d'autres, que tu es l'un
29 des prophètes. — Et il leur demandait : Mais vous, qui dites-vous
30 que je suis ? Et Pierre, répondant, lui dit : Tu es le Christ [2]. — Et il leur défendit sévèrement de parler de lui à personne [3].
31 Et il commença à leur enseigner qu'il fallait que le fils de l'homme souffrît beaucoup, et qu'il fût rejeté par les anciens et par les principaux sacrificateurs et par les scribes, et qu'il fût mis à mort, et qu'il
32 ressuscitât trois jours après. — Et il leur tenait tout ouvertement ce discours [4]. Et Pierre, l'ayant pris à part, se mit à le reprendre. —
33 Mais lui, se retournant et voyant ses disciples, reprit Pierre, et dit :

la rencontre de Jésus, et d'où Jésus l'avait fait sortir. (v. 22, 23.) Le texte reçu ajoute : *et ne le dis à personne dans la bourgade.* Ces mots, qui sont inutiles, doivent probablement être retranchés d'après *Sin., B.* Une var. adoptée par la plupart des critiques, porte : *Ne rentre pas même.*

1. Gr. Jésus *sortit,* sous-entendu de Bethsaïda. (v. 22.) Les *bourgs* de Césarée sont les villages appartenant au territoire de Césarée. Voir sur ce nom et sur le récit qui va suivre, Math. 16 : 13-28, notes, et comp. Luc 9 : 18-27.

2. Après cette belle confession de Pierre, le Seigneur lui adressa (Math. 16 : 17-19) les paroles devenues fameuses dans l'histoire de l'Eglise : « Heureux es-tu, Simon, fils de Jona, » etc. Marc les omet selon son habitude de passer sous silence ce qui pourrait servir à glorifier Pierre. Celui-ci, dans ses prédications, ne racontait pas ce qui aurait pu l'élever aux yeux de ses auditeurs. Il rappelait plutôt ce qui était propre à l'humilier. Ainsi notre récit mentionne la répréhension sévère adressée à Pierre. (v. 33.) Quelque motif que Marc eût de taire la promesse de Jésus à son apôtre, on ne peut que trouver très juste cette réflexion de Théodore de Bèze : « Qui croira que, soit Pierre, soit Marc eussent omis le célèbre *Tu es Pierre,* s'ils avaient estimé que le fondement de l'Eglise consistât dans ces paroles ? »

3. Voir Math. 16 : 20, note.

4. Math. 16 : 21, notes. Cette remarque importante, que Jésus leur *tenait ce discours ouvertement* (gr. *librement, hardiment*) est particulière à Marc. Elle fait ressortir ce qu'il y a d'étonnant dans la conduite de Pierre, qui ne craint pas de s'opposer à une déclaration catégorique, faite devant tous les disciples.

Va arrière de moi, Satan ; parce que tu ne penses pas les choses qui sont de Dieu, mais celles qui sont des hommes [1] !

Et ayant appelé la foule avec ses disciples, il leur dit : Quiconque 34 veut venir après moi, qu'il renonce à lui-même, qu'il se charge de sa croix, et qu'il me suive. — Car quiconque voudra sauver sa vie, la 35 perdra ; mais quiconque perdra sa vie propre à cause de moi et de l'Evangile, la sauvera. — Car que servira-t-il à un homme de gagner 36 le monde entier, et de perdre son âme ? — Car que donnerait l'homme 37 en échange de son âme [2] ? — Car quiconque aura eu honte de moi 38 et de mes paroles dans cette génération adultère et pécheresse, le fils de l'homme aussi aura honte de lui, lorsqu'il viendra dans la gloire de son Père avec les saints anges [3]. — Et il leur disait : **IX** En vérité, je vous dis qu'il y a quelques-uns de ceux qui sont ici présents, qui ne goûteront point la mort qu'ils n'aient vu le règne de Dieu venir avec puissance [4].

D. 2-13. LA TRANSFIGURATION. — 1º *Jésus glorifié.* Six jours après l'entretien précédent, Jésus mène Pierre, Jacques et Jean sur une haute montagne. Il est transfiguré : ses vêtements resplendissent. (2, 3.) — 2º *Apparition d'Elie et de Moïse.* Ces deux hommes de Dieu s'entretiennent avec Jésus. Pierre, ne sachant que dire, propose de faire trois tentes. (4-6.) — 3º *La voix du ciel.* Ils sont couverts par une nuée, de laquelle sort une voix : Celui-ci est mon Fils bien-aimé, écoutez-le ! Les disciples re-

1. Math. 16 : 23, note. Ici encore se trouvent quelques traits particuliers à Marc. Ainsi ce contraste dans les termes : Pierre *reprend* son Maître, et le Maître *reprend* le disciple. Ainsi encore, au moment où le Seigneur *se retourne* (pour s'éloigner de Pierre et se rapprocher de ses disciples), ce mot : *voyant ses disciples.* Jésus pressent l'impression qu'ils peuvent avoir reçue des paroles imprudentes de Pierre, il craint qu'ils ne partagent que trop ses sentiments ; c'est pourquoi il donne une salutaire sévérité à sa réprehension.

2. A, C, D, majusc., vers. portent : *Ou que donnerait l'homme....* Voir, sur ce discours, Math. 16 : 24-26, notes. Ces paroles sont encore une réponse à celles de Pierre (v. 32) ; mais comme elles sont applicables à tous, Marc fait observer (v. 34) que Jésus, avant de les prononcer, *appela la foule avec ses disciples.* (Comp. 7 : 14.) Tous, en effet, doivent *renoncer à eux-mêmes* pour *suivre Jésus.* Tous doivent *perdre leur vie propre pour l'amour de lui et de l'Evangile.* (Les mots *et de l'Evangile* sont propres à Marc ; comp. Math. 10 : 39.)

3. Ces paroles motivent (*car*) celles qui précèdent. Que servirait-il à un homme d'avoir conservé sa vie propre et gagné le monde entier, si le *fils de l'homme* (comp. sur ce mot Math. 8 : 20), au jour où il viendra dans sa gloire pour régler le sort définitif des hommes, a *honte de lui,* c'est-à-dire le déclare indigne d'avoir part à son règne et l'en exclut ? Il y a encore un autre contraste, non moins frappant : d'une part, *avoir honte de moi et de mes paroles* (c'est-à-dire : ne pas me confesser et ne pas prêcher l'Evangile, Math. 10 : 32, 33), pourquoi ? à cause de *cette génération adultère et pécheresse !* (Le mot *adultère* est pris dans son sens religieux et moral et se trouve expliqué par celui de *pécheresse,* Math. 12 : 39.) Et qu'oppose le Seigneur à cette coupable *génération ?* la *gloire de son Père,* la présence des *saints anges !* (Comp. Math. 25 : 31.)

4. Ces paroles sont un encouragement donné à la fidélité et au sacrifice de soi-même, par la considération de l'avènement prochain du *règne de Dieu.* Voir, sur cette déclaration, Math. 16 : 28, note.

gardent autour d'eux et ne voient plus que Jésus seul. (7, 8.) — 4° *Silence commandé. Entretien au sujet d'Elie.* Jésus défend aux disciples de raconter ce qu'ils ont vu, jusqu'à ce qu'il soit ressuscité. Ils se demandent ce que Jésus veut dire par cette expression. Ils mettent la conversation sur l'opinion des scribes relative à la venue d'Elie. Jésus confirme cette opinion et dit qu'Elie doit venir avant le Messie et rétablir toutes choses ; puis il attire l'attention des disciples sur les souffrances du fils de l'homme ; et enfin il déclare ouvertement qu'Elie est déjà venu et que les hommes l'ont traité selon leur volonté perverse. (9-13.)

2   Et six jours après, Jésus prend avec lui Pierre et Jacques et Jean, et les mène seuls à l'écart sur une haute montagne [1]. Et il fut trans-
3   figuré en leur présence. — Et ses vêtements devinrent resplendissants, très blancs, comme la neige, tels qu'il n'est point de foulon sur
4   la terre qui pût blanchir ainsi [2]. — Et Elie leur apparut avec Moïse ;
5   et ils s'entretenaient avec Jésus [3]. — Et Pierre, prenant la parole, dit à Jésus : Rabbi, il est bon que nous soyons ici ; faisons donc trois
6   tentes, une pour toi, et une pour Moïse, et une pour Elie. — Car il
7   ne savait que dire, parce qu'ils étaient effrayés [4]. — Et il vint une nuée qui les couvrit, et une voix sortit de la nuée : Celui-ci est mon
8   Fils bien-aimé, écoutez-le [5]. — Et soudain, regardant autour d'eux, ils ne virent plus personne que Jésus seul avec eux [6].

1. Voir, sur ce récit, Math. 17 : 1-13, notes et comp. Luc 9 : 28-36. Marc fait non seulement observer, avec Matthieu, que Jésus prit ses trois disciples *à l'écart*, mais il ajoute : *seuls*. Evidemment, il attache de l'importance au témoignage exclusif de ces trois apôtres, les seuls qui eussent assisté à cette scène unique dans la vie du Sauveur. (Comp. Math. 26 : 37.)

2. *Sin., B, C* et les vers. égypt. omettent les mots : *comme la neige*, qui se lisent dans *A, D, l'itala*, etc. La même comparaison se retrouve Math. 28 : 3, mais ce n'est pas une raison suffisante pour nier son authenticité dans notre passage. Les évangélistes épuisent les images empruntées à la nature pour rendre ce qu'ils ont vu : Matthieu dit que « son visage resplendit comme le soleil, » que « ses vêtements devinrent blancs comme la lumière ; » Luc en appelle à la splendeur éblouissante de l'éclair ; Marc, enfin, à la blancheur de la neige et à celle d'une étoffe à laquelle le *foulon* a donné tout son lustre. Tout cela, sans doute, est insuffisant pour rendre l'impression de la gloire divine, que reçurent alor sces disciples. (2 Pier. 1 : 17, 18.)

3. Voir Math. 17 : 3, note et surtout Luc 9 : 31, note. Marc nomme Elie le premier ; c'est son apparition qui frappa le plus les disciples, comme le montre la question qu'ils posent à Jésus. (v. 11.)

4. Voir, sur les paroles de Pierre, Math. 17 : 4, note. Marc dit : *Rabbi* ; Matthieu : *Seigneur ;* Luc : *Maître*. Marc note ici cette *frayeur* des disciples, dont pourtant ils ne furent saisis qu'après l'apparition de la nuée glorieuse (Luc 9 : 34), et après le témoignage rendu à Jésus par la voix divine (Math. 17 : 6) ; car lorsque Pierre s'écriait : *Il est bon que nous soyons ici*, il n'éprouvait encore que le bonheur intime de sa communion avec le Sauveur glorifié. Mais après l'apparition de la nuée, saisi de crainte, il ne savait plus que dire, ou (gr. selon le vrai texte, dans *Sin., B, C*) il ne savait plus que *répondre*, c'est-à-dire comment rendre l'impression profonde causée par l'apparition. Le même verbe se trouve, en grec, au v. 5, et Math. 17 : 4. (Comp. Math. 11 : 25, note.)

5. Math. 17 : 5, note. La nuée les *couvrit*, gr. les *ombragea*. Les Septante emploient ce verbe dans Ex. 40 : 35, où il est dit que la nuée se tenait sur le tabernacle. » Ces derniers mots : *écoutez-le*, qui ne se trouvent pas dans la parole

La note 6 est à la page suivante.

Et comme ils descendaient de la montagne, il leur commanda de 9
ne raconter à personne ce qu'ils avaient vu, jusqu'à ce que le fils de
l'homme fût ressuscité des morts [1]. — Et ils retinrent cette parole [2], se 10
demandant entre eux ce que c'est que ressusciter d'entre les morts [3].
— Et ils l'interrogeaient, disant : Les scribes disent qu'il faut qu'Elie 11
vienne premièrement [4] ? — Mais il leur dit : Elie, il est vrai, venant 12
premièrement, rétablit toutes choses. Et comment est-il écrit du fils
de l'homme qu'il doit souffrir beaucoup et être méprisé ? — Mais je 13
vous dis qu'Elie aussi est venu, et selon qu'il est écrit de lui, ils lui
ont fait tout ce qu'ils voulaient [5].

divine adressée à Jésus lors de son baptême (comp. Deut. 18 : 15), sont d'une signification profonde. Appliqués à Jésus, dont la dignité de Fils de Dieu vient d'être proclamée, ils montrent le but principal de toute cette scène de la transfiguration.

6. Marc seul mentionne ce *regard* étonné et effrayé que les disciples jettent autour d'eux ; mais les trois évangiles ont ce trait qu'ils ne virent plus que *Jésus seul*, Jésus dans son état d'humiliation, qui devait leur suffire pour le présent. Aussi s'empressa-t-il de les rassurer. (Math. 17 : 7.)

1. Math. 17 : 9, note.
2. Cette *parole* de Jésus, la défense qu'il vient de leur faire (v. 9), ils l'observèrent fidèlement (Luc 9 : 36), malgré toutes les questions que les autres disciples purent leur adresser, mais *à part eux* ils se demandaient quel pouvait être ce terme assigné par Jésus à leur silence.
3. Les trois disciples se demandent entre eux ce que signifie cette *résurrection* de leur Maître. Ils ne pouvaient être dans l'ignorance sur l'idée générale de *ressusciter d'entre les morts* (12 : 18 suiv. ; Jean 11 : 24), mais bien certainement sur la résurrection de Jésus, celle-ci supposait sa mort, dont ils n'avaient pas compris la prédiction. (8 : 31 et suiv.)
4. Voir, sur ce qui pouvait occasionner cette question, Math. 17 : 10, note. Dans notre évangile, la question est indirecte ; par le simple énoncé de cette opinion des scribes ils provoquent l'explication désirée.
5. Cette réponse de Jésus à la question des disciples concernant Elie est au fond la même que dans le premier évangile, mais présentée d'une manière moins simple et plus difficile à saisir. Dans Matthieu, Jésus confirme d'abord l'opinion des scribes qu'Elie vient premièrement (avant le Messie) ; il déclare même qu'il est déjà venu, mais que son peuple l'a méconnu et rejeté ; puis il annonce que lui-même sera traité de la même manière. (Math. 17 : 11, 12, notes.) Dans notre évangile, Jésus confirme également la venue du précurseur ; mais passant immédiatement à l'idée de ses propres souffrances, il pose, suivant l'interprétation ordinaire, cette question : *Comment est-il écrit du fils de l'homme ?* Et la réponse est : *qu'il doit souffrir beaucoup et être méprisé*. Alors seulement il déclare (v. 13) qu'Elie est venu (dans la personne de Jean-Baptiste), et qu'ils l'ont traité, lui aussi, selon leur *volonté* dépravée. Pourquoi Jésus, dans notre évangile, fait-il intervenir l'idée de ses souffrances dans sa réponse concernant Jean-Baptiste ? Ne serait-ce pas pour faire sentir à ses disciples que c'est *lui* qui, par ses humiliations et sa mort, *rétablit* véritablement *toutes choses ?* Le ministère de Jean-Baptiste ne fut, en effet, que la préparation à ce rétablissement. Il est une manière de traduire, admise par un grand nombre d'interprètes, qui rend la pensée plus claire. Elle consiste à réunir les deux propositions en une seule question : *comment est-il écrit du fils de l'homme qu'il doit souffrir beaucoup et être méprisé ?* Si, comme l'annonce la prophétie et comme Jésus vient de le confirmer, Elie est venu et *a rétabli* toutes choses, tout obstacle au règne de Dieu est ôté, le peuple est prêt à recevoir le Messie, celui-ci ne saurait donc être destiné à souffrir et à mourir. De cette contradiction, les disciples devaient conclure que Jean-Baptiste, arrêté prématurément, n'avait pas achevé la mission que lui assignait le prophète, qu'il n'avait pas *rétabli toutes choses*. Au Messie, il incombait d'accomplir cette œuvre, mais en suivant la même voie douloureuse que son précurseur. (v. 13.) *Rétablir toutes choses*, c'était, selon l'opinion des

E. 14-29. GUÉRISON D'UN ENFANT DÉMONIAQUE. — 1° *L'arrivée de Jésus.* Au pied de la montagne, Jésus trouve les disciples qu'il y avait laissés, en discussion avec les scribes, au milieu d'une grande foule. Celle-ci, étonnée de le voir, le salue. Jésus s'informe du sujet de la discussion. Le père qui avait amené son enfant aux disciples le lui apprend, en lui décrivant la maladie de son fils. Jésus, après avoir exprimé la peine que lui cause cette génération incrédule, ordonne qu'on lui amène l'enfant. (14-19.) — 2° *Jésus en présence de l'enfant.* L'enfant, amené devant Jésus, se roule à terre en écumant. Jésus questionne le père sur les origines de la maladie. Le père, après avoir répondu, implore la pitié et l'aide de Jésus. Celui-ci affirme la toute-puissance de la foi. Le père s'écrie : Je crois, viens en aide à mon incrédulité. (20-24.) — 3° *La guérison.* Jésus, voyant la foule affluer de plus en plus, ordonne avec force au démon de sortir. Il obéit, après avoir secoué l'enfant, et en le laissant comme mort. Jésus le prend par la main et le relève. (25-27.) — 4° *Pourquoi les disciples n'ont pu opérer la guérison.* De retour à la maison, les disciples demandent à Jésus la cause de leur impuissance. Cette sorte de démon, leur répond-il, ne peut être chassée que par la prière et le jeûne. (28, 29.)

14 Et étant venus vers les disciples, ils virent une grande foule autour
15 d'eux et des scribes qui discutaient avec eux [1]. — Et aussitôt toute la foule, l'ayant vu, fut saisie d'étonnement, et accourant, ils le sa-
16 luaient [2]. — Et il leur demanda : De quoi disputez-vous avec eux [3] ?
17 — Et un homme de la foule lui répondit : Maître, je t'ai amené mon

Juifs, affranchir Israël du joug de l'étranger, restaurer la théocratie, en ramenant les mœurs et la religion des pères. En faisant intervenir dans cette œuvre ses souffrances et sa mort, Jésus montre qu'il la comprend d'une manière toute spirituelle. — A quoi Jésus fait-il allusion en prononçant (v. 13) ces mots : *selon qu'il est écrit de lui ?* Il n'y a point dans l'Ancien Testament de prophétie relative aux souffrances de Jean-Baptiste. Plusieurs interprètes les ont rapportés à ceux-ci : *Je vous dis qu'Elie est venu,* ce qui est grammaticalement inadmissible. D'autres pensent que Jésus applique ici à Jean-Baptiste ce qui est dit en général des souffrances des prophètes et de tous les hommes de Dieu ; mais cela est contraire à ce terme précis : « écrit *de lui* ; » d'autres enfin admettent que Jésus fait allusion aux persécutions dirigées contre Elie (1 Rois 19 : 1 et suiv.), considéré comme le type de Jean-Baptiste. Cette interprétation paraît la plus naturelle.

1. Voir, sur ce récit, Math. 17 : 14-21, notes et comp. Luc 9 : 37-43. Marc raconte cette guérison d'une manière beaucoup plus complète que les deux autres évangélistes. Il débute par une introduction, qui rend la scène bien présente (v. 14-17), et qui lui appartient exclusivement. Jésus et les trois témoins de sa transfiguration, étant redescendus de la montagne, trouvèrent les autres *disciples,* qui étaient restés dans la plaine, entourés d'une *grande foule* et de *scribes* qui étaient entrés en *discussion* avec eux. Le sujet de cette discussion, dont Jésus s'informe (v. 16), n'est pas douteux. Il s'agissait de l'impuissance des disciples à guérir le malade qu'on leur avait amené. (v. 18.) Sans doute les scribes s'appuyaient sur ce fait pour nier le pouvoir de guérir, non seulement dans les disciples, mais aussi dans le Maître.

2. Jésus arrive vers la foule au moment où elle écoutait la discussion. A sa vue, nous dit Marc, *elle fut saisie d'étonnement.* Pour quelle cause ? Les uns ont pensé que cet étonnement était causé par le majestueux éclat qui restait empreint sur la physionomie du Sauveur à la suite de sa transfiguration. D'autres, que la foule, impressionnée par les objections des scribes, partageait leurs négations et s'était associée aux railleries dont ils accablaient les disciples, et que la soudaine apparition du Seigneur la remplit d'étonnement et de crainte ; car le mot grec a aussi ce sens. Mais, dans ce cas, cette foule serait-elle *accourue* avec empressement auprès de lui *pour le saluer ?* D'autres enfin ne voient dans le sentiment at-

La note 3 est à la page suivante.

fils, qui a un esprit muet [1] ; — et partout où il le saisit, il le jette 18 par terre ; et il écume, et grince les dents, et devient tout raide [2]. Et j'ai prié tes disciples de le chasser, mais ils n'ont pu [3]. — Mais 19 Jésus répondant, leur dit : O génération incrédule ! jusqu'à quand serai-je avec vous ? Jusqu'à quand vous supporterai-je ? Amenez-le-moi [4]. — Et ils le lui amenèrent, et aussitôt qu'il vit Jésus, l'esprit 20 l'agita avec violence, et étant tombé par terre, il se roulait en écumant [5]. — Et Jésus interrogea son père : Combien y a-t-il de temps 21 que cela lui arrive ? Et il dit : Depuis son enfance [6] ; — et souvent 22 il l'a jeté et dans le feu et dans l'eau, pour le faire périr [7] ; mais si tu peux quelque chose, secours-nous, par compassion pour nous [8]. — Mais Jésus lui dit : Quant au « si tu peux, » toutes choses sont 23 possibles pour celui qui croit [9]. — Aussitôt le père de l'enfant 24

tribué à la foule que la joyeuse surprise causée par l'arrivée de Jésus, au moment précis où ses pauvres disciples étaient battus par les raisonnements des scribes. Aucune de ces suppositions n'est fondée dans le texte, mais la dernière paraît la plus naturelle.

3. Il *leur* demanda : A qui ? aux scribes ? aux disciples ? à la foule ? Ces trois opinions ont été soutenues ; la première a même été introduite dans le texte reçu, bien que ce soit la moins probable ; la troisième est invraisemblable, car la foule ne discutait pas. Le plus naturel est donc d'admettre que la question s'adressait aux disciples et que les mots *avec eux* désignent les scribes.

1. *Un* (homme) *de la foule ;* par cette tournure l'évangéliste rend vivante la scène. Cet homme est le père de l'enfant malade, comme il ressort de ses paroles. Dans l'angoisse et l'impatience de son cœur, il n'attend pas qu'un autre réponde à la question de Jésus, mais se hâte de lui exposer sa peine. *Son fils*, qu'il a amené à Jésus, a un *esprit muet* ; c'est-à-dire que son mutisme est attribué au démon dont il est possédé. Le mutisme était un symptôme fréquent de possession. (Comp. Luc 11 : 14, où le démon et le malade sont qualifiés successivement de *muet.* Voir aussi sur les démoniaques Math. 8 : 28, note.)

2. Tous les symptômes indiqués font conclure que la maladie de cet enfant était l'épilepsie. — Ces mots : *partout où il le saisit* montrent que, dans l'opinion du père, l'action démoniaque n'était pas continuelle, mais se manifestait, en certains moments, par des paroxysmes.

3. Voir sur la cause de cette impuissance, v. 29, et surtout Math. 17 : 19-21.

4. Voir Math. 17 : 17, note.

5. Ce nouveau paroxysme du mal paraît occasionné par la présence même du Seigneur : *aussitôt qu'il vit Jésus.* (Comp. 5 : 6, 7.)

6. Tout cet entretien (v. 21-24), ainsi que la plupart des détails qui suivent, ont été conservés par Marc seul. — Jésus entre en conversation avec ce pauvre père, afin de lui inspirer du courage et de développer en lui la foi, qui était la condition de la guérison de son enfant. Sa question nous prouve aussi qu'il lui importait de savoir depuis quand durait cette maladie. La réponse du père fait ressortir l'extrême difficulté de la guérison.

7. L'épileptique tombait là où il se trouvait au moment de l'accès, soit *dans le feu*, soit *dans l'eau ;* et son père, qui ne voit dans toute cette maladie que l'action du démon, attribue à ce dernier l'intention de *le faire périr*.

8. Cet homme avait eu assez de foi pour amener son fils au Sauveur (v. 17) et pour espérer la guérison de son enfant. Mais l'impuissance des disciples (v. 18) et le redoublement du mal sous les yeux mêmes de Jésus (v. 20) avaient presque éteint ce faible lumignon : *Si tu peux quelque chose*, dit-il ; de là la réponse de Jésus (v. 23) et la confession du père. (v. 24.) Il ne laisse pas cependant d'implorer le *secours* et la *compassion* du Sauveur, et ce sera assez pour sa délivrance. Voir une prière tout autre dans Math. 8 : 2.

9. Le texte reçu dit, selon la version littérale de Lausanne : « *Le si tu peux, c'est de croire ;* » ou, selon nos versions ordinaires qui suppriment l'article : « Si tu peux *croire.* » Ce dernier mot, quoique

s'écriant, dit : Je crois, viens au secours de mon incrédulité[1] ! —
25 Mais Jésus voyant accourir la foule, reprit sévèrement l'esprit impur,
en lui disant : Esprit muet et sourd, moi je te l'ordonne, sors de lui et
26 ne rentre plus en lui[2]. — Et ayant jeté un cri, et agité l'enfant avec
violence, il sortit. Et l'enfant devint comme mort ; de sorte que la plu-
27 part disaient : Il est mort. — Mais Jésus, l'ayant pris par la main, le
28 releva ; et il se tint debout[3]. — Et lorsqu'il fut entré dans une maison,
ses disciples lui demandaient en particulier : Pourquoi, nous, n'avons-
29 nous pas pu le chasser ? — Et il leur dit : Cette espèce de démon
ne peut sortir en aucune manière, si ce n'est par la prière et par le
jeûne[4].

F. 30-50. RETOUR EN GALILÉE. JÉSUS ENSEIGNE SES DISCIPLES. — 1º *La mort de Jésus.* Jésus, après avoir quitté Césarée de Philippe, traverse la Galilée, en cherchant à demeurer inconnu pour pouvoir instruire ses disciples au sujet de sa mort prochaine et de sa résurrection. Eux ne comprennent pas et n'osent le questionner. (30-32.) — 2º *Lequel est le plus grand ?* A Capernaüm, Jésus leur demande le sujet de leur discussion en chemin. Ils se taisent, confus. Jésus leur déclare avec solennité que celui qui veut être le premier sera le dernier, le serviteur de tous. Il entoure de ses bras un petit enfant et dit que celui qui reçoit un de ces petits le reçoit et reçoit Dieu. (33-37.)

dans A, D, les *majusc.* récents, est rejeté par la plupart des critiques. Jésus à la parole dubitative du père oppose une affirmation propre à affermir la foi la plus faible : *Quant au si tu peux, toutes choses sont possibles à celui qui croit.* « La foi de l'homme devient pour ainsi dire l'organe de la toute-puissance divine, soit pour recevoir, soit même pour agir. » Bengel.
1. Texte reçu : « *Et* aussitôt le père de l'enfant, s'écriant *avec larmes,* disait : Je crois, *Seigneur,* viens au secours de mon incrédulité. » Les mots soulignés sont inauthentiques. — Les paroles de ce père affligé sont d'une profonde vérité psychologique et morale. Il sent le reproche que Jésus vient de lui adresser en lui renvoyant son : *si tu peux;* il en est confus, humilié ; il déclare qu'il *croit,* et pourtant il confesse son *incrédulité;* paralysé par elle, il implore le secours du Sauveur, afin d'obtenir de lui la foi véritable. C'est un combat douloureux qui se livre dans les profondeurs de son âme entre une foi trop faible et le doute qu'il ne peut surmonter. La violence de la lutte se trahit par ces termes : *ayant crié, il disait.* C'est l'émotion profonde de cette âme qu'on a voulu exprimer par la variante qui se trouve dans un grand nombre de manuscrits et de versions : il disait *avec larmes.* Une telle prière ne pouvait pas ne pas être exaucée par Jésus.
2. Jésus, *voyant la foule accourir* toujours plus nombreuse, se hâte d'accomplir le miracle, afin de ne pas donner un aliment à sa vaine curiosité. Tout est solennel dans les paroles qu'il prononce. D'abord il désigne l'esprit par les infirmités qui se manifestaient dans l'enfant : *Esprit muet et sourd.* (Comp. v. 17, note.) Puis il dit, par une allusion évidente à l'impuissance de ses disciples : *moi, je t'ordonne,* termes d'une énergie intentionnelle, que la plupart de nos versions affaiblissent. Enfin, après avoir commandé au démon de *sortir* de l'enfant, il lui interdit de *rentrer* en lui, comme cela avait eu lieu jusqu'ici par intervalles. (v. 18, note.)
3. Tous ces détails dénotent une lutte terrible entre l'esprit impur et la puissance du Sauveur. Jésus reste victorieux et ne quitte l'enfant qu'après l'avoir délivré et guéri.
4. Voir Math. 17 : 21, note. Tischendorf omet : *et par le jeûne,* mais sur l'autorité du *Sin.* et de *B* seulement. Tous les autres *majusc.* et les vers. les ont. Tregelles les conserve dans le texte ; Westcott et Hort en marge. — Jésus considère la *prière* et le *jeûne* comme un moyen de fortifier la foi qui avait manqué aux disciples, ainsi

— 3° *L'homme qui chassait les démons au nom de Jésus.* Jean raconte que les disciples ont empêché un homme qui exorcisait au nom de Jésus, parce qu'il ne les suivait pas. Jésus les blâme : Celui qui fait un miracle en son nom ne peut parler contre lui. Qui n'est pas contre nous est pour nous. Le moindre service rendu aux disciples, en tant que disciples, recevra sa récompense. (38-41.) — 4° *Du scandale donné aux petits.* — Jésus déclare qu'il vaudrait mieux être jeté dans la mer avec une meule au cou que de scandaliser un de ces petits qui croient en lui. La main, le pied, l'œil doivent être sacrifiés, s'ils sont pour nous une occasion de chute, de peur que nous ne tombions dans la géhenne où le ver ne meurt point, où le feu ne s'éteint point. Tout homme sera salé de feu, comme tout sacrifice doit être salé de sel. Le sel est bon pourvu qu'il ne perde pas sa saveur ; ayez du sel en vous-mêmes et demeurez en paix entre vous. (42-50.)

Et étant partis de là, ils traversaient la Galilée ; et il ne voulait pas 30 que personne le sût ; — car il instruisait ses disciples [1], et il leur di- 31 sait : Le fils de l'homme est livré entre les mains des hommes, et ils le mettront à mort ; et, quand il aura été mis à mort, il ressuscitera après trois jours [2]. — Mais eux ne comprenaient point cette parole, 32 et ils craignaient de l'interroger [3].

Et ils vinrent à Capernaüm. Et quand il fut dans la maison, il leur 33 demanda : De quoi discouriez-vous ensemble en chemin ? — Et ils se 34 taisaient ; car entre eux ils avaient discuté, en chemin, lequel était le plus grand [4]. — Et s'étant assis, il appela les douze et leur dit [5] : Si 35 quelqu'un veut être le premier, il sera le dernier de tous, et le serviteur de tous [6]. — Et ayant pris un petit enfant, il le plaça au milieu 36

qu'il le leur déclare positivement dans sa réponse à leur question. (Math. 17 : 20.)
1. *Etant partis de là,* c'est-à-dire de la contrée de Césarée de Philippe. (8 : 27.) D'autres interprètes, serrant de plus près le texte, traduisent : « *étant sortis de là...* », de la maison dans laquelle il s'était retiré avec ses disciples. (v. 28.) — La raison pour laquelle Jésus ne *voulait pas* attirer l'attention sur lui dans la Galilée est indiquée ici par l'évangéliste (*car*). Il voulait se réserver un temps de retraite avec ses disciples, afin de leur donner ses instructions, d'abord sur sa fin prochaine (v. 31), puis sur divers sujets d'une grande importance. (v. 33 et suiv.)
2. Voir Math. 17 : 22, 23, note. — Il faut remarquer ce verbe au présent : *est livré,* qui indique que la catastrophe est imminente ; et aussi le caractère tragique de ces termes : (gr.) *ils le tueront ;* et, après qu'il aura *été tué,* il *ressuscitera.* Le texte reçu, avec A et les *majusc.* plus récents porte : *le troisième jour,* leçon qui paraît empruntée aux passages parallèles.
3. Sans *comprendre* cette prédiction, ils y pressentaient pourtant quelque chose de douloureux ; car Matthieu (17 : 23) dit « qu'ils en furent fort attristés ; » et c'est précisément pourquoi ils *craignaient de l'interroger.*
4. Voir Math. 18 : 1 et suiv., notes, et comp. Luc 9 : 46 et suiv. Dans le premier évangile, ce sont les disciples eux-mêmes qui viennent poser au Maître la question : « Qui est le plus grand ? » Luc raconte simplement qu'une discussion avait eu lieu entre eux et que Jésus, le sachant, plaça un enfant au milieu d'eux ; selon Marc, il s'informe d'abord du sujet de leur entretien, et l'évangéliste fait observer que les disciples *se taisaient,* parce qu'ils étaient confus en sa présence d'avoir agité une question qui trahissait leur ambition.
5. Il y a quelque chose de solennel dans la manière dont Jésus se prépare à parler. (4 : 1 ; Math. 5 : 1.)
6. Comp. Math. 20 : 26-28, notes. Jésus ne dit pas : que celui qui veut être *le premier soit le dernier et le serviteur de tous,* mais : il *le sera ;* il ne donne pas un conseil sur la manière d'atteindre la véri-

37 d'eux, et l'ayant pris dans ses bras[1], il leur dit : — Quiconque recevra l'un de ces petits enfants en mon nom, me reçoit ; et quiconque me reçoit, ce n'est pas moi qu'il reçoit, mais Celui qui m'a envoyé[2].
38 Jean lui dit : Maître, nous avons vu quelqu'un qui chassait des démons en ton nom, et qui ne nous suit pas ; et nous l'en avons empêché,
39 parce qu'il ne nous suivait pas[3]. — Mais Jésus dit : Ne l'en empêchez point ; car il n'y a personne qui fasse un miracle en mon nom, et qui
40 puisse aussitôt après parler mal de moi[4]. — En effet, qui n'est pas
41 contre nous est pour nous[5]. — Car quiconque vous donnera à boire

table grandeur ; il montre l'abaissement qui est la conséquence inévitable de l'orgueil, selon ce principe éternel du royaume de Dieu : « Quiconque s'élève sera abaissé. » Il ne prédit point seulement un jugement à venir, mais il énonce un fait actuel : l'orgueil est un abaissement, l'humilité est une grandeur. — Marc seul introduit ici cette sentence de Jésus-Christ avant de citer l'exemple du petit enfant (v. 36), auquel Matthieu et Luc passent immédiatement.

1. Marc seul a conservé ce trait touchant (comp. 10 : 16) par lequel Jésus, en témoignant à cet enfant sa tendresse, montrait en même temps combien il le plaçait haut dans son estime.

2. Voir Math. 18 : 5, note et 10 : 40, note. Jésus, en déclarant que celui qui le *reçoit*, reçoit Dieu lui-même, exprime une pensée qui se retrouve souvent dans l'évangile de Jean, par exemple dans cette parole : « Moi et le Père sommes un. » (Comp. Luc 9 : 48 ; 10 : 16 ; Jean 13 : 20.)
— Dans le passage parallèle de Matthieu (18 : 3, 4) Jésus donne, à l'occasion du petit enfant qu'il présente comme modèle, une autre instruction non moins importante.

3. Marc introduit ici (v. 38, 39) un incident qui n'est pas dans Matthieu, mais que Luc (9 : 49, 50) rapporte à la suite du discours qui nous occupe. Les deux évangélistes établissent même une relation étroite entre l'instruction précédente et la confession de Jean. Luc dit : « Jean, *répondant*, dit... » et Marc, d'après le texte reçu et la plupart des documents, porte : *répondit*. *Sin.*, B remplacent ce verbe par *dit*. Pour expliquer cette expression, on admet généralement que Jésus en parlant de recevoir *en son nom* l'un de ces petits, a fait naître chez Jean un scrupule concernant un homme qui *chassait les démons au nom de Jésus*. Mais cet homme, ajoute Jean, *ne nous suit pas*, il fait son œuvre à part, et *nous l'en avons empêché*

(ou suivant une var. qui a l'imparfait : *nous l'empêchions*), uniquement par le motif qu'il *ne nous suivait pas*. Ce mot répété montre que c'était là la grande objection du disciple contre l'activité de cet homme. Cette erreur a été commise par les chrétiens, plus fréquemment qu'aucune autre et le plus souvent dans des circonstances où elle était beaucoup moins excusable. Les mots *qui ne nous suit pas* manquent dans *Sin.*, B, C. — D, l'*Itala* et la *vulgate* omettent par contre la phrase : *parce qu'il ne nous suivait pas* ; il faut la maintenir, mais en lisant *suivait* (*Sin.*, B) et non *suit*.

4. *Parler mal de moi*, c'est-à-dire devenir mon adversaire. (Comme par exemple 3 : 22 ; comp. 1 Cor. 12 : 3.) Jésus admet que l'homme dont il s'agit a fait un miracle (gr. *une puissance*), un acte de puissance, qu'il l'a fait *en son nom*, en mettant sa confiance en lui et en Dieu, d'où il conclut que ce premier degré de foi et de zèle pour le bien le conduira plus loin, l'amènera jusqu'à lui, et que, par conséquent, il faut bien se garder de *l'empêcher*. Jésus nous montre ce qu'est la « charité qui espère tout, » et nous apprend à respecter le moindre germe de foi et de vie religieuse, même en ceux qui n'ont pas adopté les habitudes religieuses des chrétiens et ne se sont pas joints à l'Eglise. Nous voyons aussi par cet exemple que l'influence de Jésus s'exerçait bien au delà du cercle de ses disciples et de ses adhérents immédiats.

5. Jésus démontre (*en effet*) l'impossibilité psychologique énoncée au verset précédent, par cette affirmation : *Celui qui n'est pas contre nous est pour nous*. Cet homme n'est pas contre Jésus et ses disciples, puisqu'il chasse des démons au nom de Jésus ; il incline vers Jésus et a commencé à se rapprocher de lui ; il se rattachera bientôt tout à fait à lui, puisqu'on ne peut demeurer neutre en présence du Sauveur. Que les disciples se

un verre d'eau en mon nom, parce que vous êtes à Christ, je vous dis en vérité qu'il ne perdra point sa récompense [1]. — Et quiconque 42 scandalisera un de ces petits qui croient en moi, il vaut mieux pour lui qu'il ait au cou une meule de moulin, et qu'il soit jeté dans la mer [2]. — Et si ta main est pour toi une occasion de chute, coupe-la ; il vaut 43 mieux pour toi entrer manchot dans la vie, que d'avoir deux mains et d'aller dans la géhenne, dans le feu qui ne s'éteint point [3]. — Et 45 si ton pied est pour toi une occasion de chute, coupe-le ; il vaut mieux pour toi entrer boiteux dans la vie, que d'avoir deux pieds, et d'être jeté dans la géhenne. — Et si ton œil est pour toi une occasion de 47 chute, arrache-le ; il vaut mieux pour toi entrer au royaume de Dieu n'ayant qu'un œil, que d'avoir deux yeux, et d'être jeté dans la géhenne, — où leur ver ne meurt point, et où le feu ne s'éteint point [4]. 48

gardent d'arrêter ce bon mouvement par leur intervention précipitée et intolérante !
— Dans une circonstance différente, Jésus avait prononcé une parole qui semble le contraire de celle-ci, mais qui exprime l'autre face de la même vérité : *Celui qui n'est pas avec moi est contre moi.* (Matthieu 12 : 30, note.) Jésus émet cette affirmation à l'occasion des exorcistes juifs, qui en apparence, travaillaient à la même œuvre que lui : combattre Satan. Mais comme ils le faisaient dans un esprit tout différent du sien, cette divergence intime devait les amener à une hostilité déclarée. « Les deux paroles qui semblent se contredire sont donc également vraies, parce qu'elles s'appliquent à deux situations opposées. Autant il est vrai qu'un homme sympathique à notre cause, lors même qu'extérieurement il est parmi nos adversaires, doit être traité par nous en futur collaborateur, autant il est vrai qu'un homme appartenant extérieurement au même camp que nous, mais travaillant dans un esprit opposé au nôtre, doit être considéré comme un réel adversaire. » *Godet.* Quelques manuscrits (*A, D,* les *majusc.* les plus récents) ont : contre *vous...* pour *vous.* Cette leçon paraît conformée à Luc 9 : 50. La plupart des critiques la rejettent sur l'autorité de *Sin., B, C,* etc.
1. Voir, sur le sens de ces paroles, Math. 10 : 42, note, où elles se trouvent dans un autre discours. Au lieu de ces mots : *en mon nom,* Jésus dit dans Matthieu : « parce qu'il est mon disciple. » Tregelles, Westcott et Hort, Meyer, Weiss préfèrent dans notre texte une var. de *B, A, C,* qui retranche *mon* devant *nom,* et donne ce sens : « *par la raison que vous êtes à Christ.* » Toutes ces expressions signifient : *par amour pour moi.* Ce motif est si grand, si saint, qu'il vaut à la moindre bonne œuvre une *récompense* éternelle. — Ces paroles sont une confirmation (*car*) du v. 41. C'est comme si Jésus disait à ses disciples : Non seulement vous devez bien augurer de tous ceux qui ne sont pas contre vous, mais vous réjouir de tout témoignage d'affection qu'ils vous donnent, étant convaincus qu'ils le font parce que vous êtes à Christ et par amour pour lui.
2. Voir sur les v. 42-48, Math. 18 : 6-9, notes. Jésus revient ici à la pensée qu'il exprimait au moment où il fut interrompu par Jean. (v. 38.) Puisqu'il faut recevoir avec tant d'amour l'un de ces petits, de ces faibles (v. 37), quel n'est pas le péché de celui qui les *scandalise !* Weiss voit dans ces v. 42-48 un second motif à l'appui du précepte : *Ne l'empêchez pas.* (v. 39.) L'opposition des disciples serait une occasion de chute pour ce croyant qui ne suit encore le Sauveur que de loin. (v. 40, note.)
3. Voir, sur ces paroles, Math. 5 : 29, 30, note ; 18 : 8, 9, note ; et, sur cette expression *la géhenne* Math. 5 : 22, note. Marc ajoute : *dans le feu qui ne s'éteint point,* image redoutable d'une souffrance morale sans espoir. Ces mots se lisent dans *Sin., B, A, C, D,* la plupart des *majusc.* et des versions. Quelques manuscrits les omettent. Le texte reçu avec *A, D, majusc.* ajoute un v. 44 portant ces mots : *où leur ver ne meurt point et où le feu ne s'éteint point.* Les mêmes documents répètent ces paroles en un v. 46. Elles ne sont authentiques qu'au v. 48.
4. Voir Math. 5 : 29. Le texte reçu avec *A, C, majusc.* porte : la géhenne *du feu.*

49 — Car chacun sera salé de feu et tout sacrifice sera salé de sel [1].
50 — C'est une bonne chose que le sel ; mais si le sel devient insipide, avec quoi lui rendrez-vous sa saveur ? Ayez du sel en vous-mêmes, et soyez en paix les uns avec les autres [2].

— Les paroles du v. 48 se trouvent dans toutes les sources, même dans celles qui les omettent aux v. 44 et 46, preuve irrécusable de leur authenticité. Ces images terribles d'un *ver qui ne meurt point*, d'un *feu qui ne s'éteint point* (v. 43, note) sont empruntées à Esa. 66 : 24. A ceux qui seraient tentés de les entendre à la lettre, on peut faire remarquer que l'une exclut l'autre, car un *ver* ne saurait subsister dans le *feu*. Au sens moral, ces termes sont des plus poignants : un ver qui ronge, un feu qui brûle, aucune image ne pourrait exprimer plus énergiquement les douleurs de la conscience. Il faut remarquer encore ce pronom *leur* ver, indiquant une souffrance qui leur est propre, qui est inhérente à leur état moral. Quelque opinion qu'on ait sur la question redoutable de l'éternité des peines, on ne peut nier que de telles paroles ne soient favorables à cette doctrine.

1. Peu de versets de l'Évangile ont reçu autant d'interprétations diverses que celui-ci, qui se trouve dans Marc seul. Cela s'explique par son obscurité. — Le texte varie suivant les manuscrits. Dans *Sin.*, *B*, vers. égyptiennes, la seconde partie du verset : *et tout sacrifice sera salé de sel*, est retranchée. Tischendorf l'omet, Tregelles l'a entre crochets dans le texte, Westcott et Hort à la marge. Dans *D* et dans quelques copies de l'*Itala*, c'est la première partie qui manque : *car chacun sera salé de feu*. La plupart des exégètes se prononcent pour le maintien de l'une et de l'autre partie, estimant qu'elles sont nécessaires pour que le v. 49 forme une transition entre les v. 48 et 50. On a dit que les mots : *et tout sacrifice sera salé de sel* furent primitivement une glose marginale, tirée de Lév. 2 : 13, et qui se serait glissée dans le texte ; mais le rapprochement du v. 49 avec ce passage de la loi ne s'imposait pas, et il est plus naturel de penser que les copistes ont omis le v. 49, car, dans le texte grec, les deux propositions se terminent par le même vocable : *sera salé*. — En adoptant donc le texte reçu, voici l'interprétation que nous considérons comme la plus acceptable, sans prétendre qu'elle lève toutes les difficultés. Jésus vient d'exhorter ses disciples à s'imposer les plus douloureux renoncements pour « entrer dans la vie » et échapper au feu de la géhenne (v. 43-48). Il ajoute, comme un motif (*car*) à l'appui de son exhortation, que tout homme doit être purifié par la souffrance et par les sacrifices qu'il consent à faire, comme toute offrande devait être purifiée par le sel. Ainsi l'ordonnait la loi (Lév. 2 : 13), et cette coutume se trouvait également chez les Grecs et les Romains. *Chacun sera salé de feu* : « c'est une locution impropre, dit Calvin, mais pource que le sel et le feu ont une mesme nature de purifier,... Christ a appliqué à tous les deux un mesme mot. » Le terme de *feu* aura été suggéré à Jésus par la parole qui précédait immédiatement (v. 48). Nous pensons qu'on se trompe en insistant sur ce terme et en voyant dans l'expression *salé de feu* une nouvelle mention du châtiment de la géhenne. Elle désigne plutôt l'action purificatrice du feu, qui en fait une image de l'épreuve. (Es. 48 : 10 ; 1 Pier. 1 : 7.) Elle n'est pas opposée, en effet, mais assimilée à la seconde image : *salé de sel*. Or jamais le sel n'est pris comme emblème d'un agent destructeur ; il ne consume pas, il conserve ; il empêche la corruption et donne aux aliments de la saveur. (Math. 5 : 13, note.) Tel est, dans le domaine moral, le rôle du renoncement à soi. Seul il permet au chrétien « d'offrir son corps à Dieu en sacrifice vivant et saint » (Rom. 12 : 1) ; il le rend agréable à Dieu, comme l'offrande salée de sel ; il fait de lui en réalité ce que le sacrifice n'était que d'une manière figurée.

2. Par l'œuvre de sa sanctification, qui le rend semblable à une « offrande salée de sel », le disciple de Jésus-Christ devient lui-même un sel, « le sel de la terre. » (Math. 5 : 13 ; comp. Luc 14 : 34). Mais pour exercer sur le monde cette action qui empêche de se corrompre, pour ne pas devenir eux-mêmes un sel insipide et inutile, les chrétiens doivent se maintenir constamment dans cet esprit de renoncement et de sacrifice, qui est indispensable aussi pour que la paix et la charité règnent dans leurs relations les uns avec les autres. C'est ce que Jésus affirme en concluant son enseignement par ces mots : *Ayez du sel en vous-mêmes, et soyez en paix les uns avec les autres*. Par cette dernière exhortation à la *paix*, il revient

LA PASSION DE JÉSUS A JÉRUSALEM

1. *Sur le chemin de Jérusalem.*

A. 1-16. Du mariage et du divorce. Les petits enfants. — 1º *La question relative au divorce.* — *a) Jésus passe en Judée.* Il enseigne les foules qui de nouveau l'entourent. (1.) — *b)* Des *pharisiens* lui demandent *si l'homme peut répudier* sa femme. Jésus les renvoie à la loi. Ils citent les textes qui autorisent à donner une lettre de divorce. Jésus répond que la loi fait cette concession à la dureté de leur cœur, mais que le mariage, tel qu'il a été institué par Dieu, est indissoluble. (2-9.) — *c)* Interrogé encore *à la maison* par *les disciples*, Jésus déclare que l'homme qui répudie sa femme, et la femme qui répudie son mari, pour contracter une autre union, commettent adultère. (10-12.) — 2º *Jésus bénit les petits enfants.* On lui amène de petits enfants pour qu'il les touche. Les disciples les repoussent, mais Jésus veut qu'on les laisse venir à lui, parce que le royaume des cieux est à qui leur ressemble. Quiconque ne le recevra pas comme un petit enfant, n'y entrera point. Et les ayant pris dans ses bras, il les bénit. (13-16.)

Et étant parti de là, il vient dans le territoire de la Judée, et de X l'autre côté du Jourdain¹. Et des foules s'assemblent de nouveau auprès de lui, et de nouveau il les enseignait selon sa coutume². — Et des pharisiens s'étant approchés, lui demandaient, pour le tenter : 2 Est-il permis à un homme de répudier sa femme³ ? — Mais lui, ré- 3 pondant, leur dit : Qu'est-ce que Moïse vous a commandé ? — Ils 4 dirent : Moïse a permis d'écrire une lettre de divorce, et de répudier⁴. — Et Jésus, répondant, leur dit : C'est à cause de la dureté 5

---

au fait affligeant qui a été l'occasion de tout ce discours, la dispute des disciples sur le rang auquel chacun d'eux prétendait (v. 34).
1. Comp. Math. 19 : 1-15. — *Etant parti de là,* c'est-à-dire de Capernaüm. (9 : 33.) Jésus quitte définitivement la Galilée pour se rendre en Judée, en passant par la Pérée.
2. Là, comme ailleurs, Jésus se trouva entouré par des multitudes avides d'entendre sa parole, et il reprit les prédications publiques qui marquèrent les débuts de son ministère, et auxquelles il avait dû renoncer dans les derniers temps de son activité en Galilée. C'est ce que Marc fait remarquer par ce mot deux fois répété : *de nouveau.* Non seulement il *enseignait* ces foules, mais, comme le dit Matthieu (19 : 2), il guérissait leurs malades. Ce séjour dans la Pérée fut assez prolongé, car il occupa les derniers mois de l'activité du Sauveur.

3. D'après notre évangile, on ne voit pas bien en quoi consistait la *tentation* à laquelle les pharisiens voulaient soumettre le Seigneur. Leur question, toute générale, devait amener une réponse affirmative, puisque le divorce était permis par la loi dans certaines circonstances, et que Jésus lui-même l'avait autorisée en cas d'adultère. Ces mots conservés par Matthieu : *pour quelque sujet que ce soit* nous font mieux apercevoir le piège qu'ils tendaient à Jésus. (Voir Math. 19 : 3, note.) On peut supposer en effet qu'ils avaient eu connaissance de déclarations de Jésus contraires au divorce (Math. 5 : 31, 32) et qu'ils espéraient le mettre en contradiction avec la loi de Moïse et avec leur tradition.
4. Encore ici se trouve entre Matthieu et Marc une différence de rédaction qu'il faut noter. Dans le premier, Jésus repousse le divorce, en rappelant le dessein primitif de Dieu, qui créa un homme et une femme pour qu'ils devinssent un seul

6 de votre cœur qu'il a écrit pour vous ce commandement [1]. — Mais au commencement de la création, « Dieu les fit homme et femme. —
7 A cause de cela, l'homme quittera son père et sa mère, et s'attachera
8 à sa femme ; — et les deux deviendront une seule chair ; » ainsi ils
9 ne sont plus deux, mais une seule chair [2]. — Ce donc que Dieu a
10 uni, que l'homme ne le sépare point. — Et arrivés à la maison, les
11 disciples l'interrogèrent encore sur ce sujet. — Et il leur dit : Quiconque répudie sa femme, et en épouse une autre, commet adultère
12 à son égard [3]. — Et si la femme elle-même, après avoir répudié son mari, en épouse un autre, elle commet adultère [4].

13 Et on lui amenait de petits enfants, afin qu'il les touchât [5] ; mais
14 les disciples reprenaient ceux qui les amenaient. — Mais Jésus voyant cela, fut indigné, et leur dit : Laissez venir à moi les petits enfants, ne les en empêchez point ; car le royaume de Dieu est à ceux qui
15 leur ressemblent. — En vérité, je vous dis que celui qui ne recevra

être dans une union indissoluble ; et ce sont les adversaires qui en appellent à la loi de Moïse, comme objection au principe posé par Jésus, attendu que cette loi autorise le divorce. D'après Marc, au contraire, c'est Jésus qui commence par en appeler à la loi ; et comme cette loi paraît favorable aux pharisiens, Jésus en explique le motif, la *dureté* du *cœur* (v. 5) ; puis il expose la destination de l'homme et de la femme dans le plan de la création. Le fond de l'enseignement reste le même ; mais ces divergences dans les récits des évangélistes montrent combien ils sont indépendants les uns des autres.

1. Math. 19 : 8, note. *Répondant* manque dans *Sin.*, B, C.
2. Les mots *et s'attachera à sa femme* (v. 7) manquent dans *Sin.* et *B*. Jésus cite textuellement (*les fit mâle et femelle*), d'après Gen. 1 : 27, le récit de la création de l'homme et de la femme, qui marque l'intention de Dieu dans leur union (v. 6), puis la parole d'Adam (Gen. 2 : 24), qu'il s'approprie et sanctionne de son autorité. Il ajoute, comme conclusion : *Ainsi ils ne sont plus deux* qui puissent être séparés, mais *une seule chair,* un seul être. (Math. 19 : 4-6, notes.)
3. Dans Matthieu (19 : 9) cette déclaration fait encore partie du discours adressé aux pharisiens. Elle se retrouve d'ailleurs dans le sermon sur la montagne. (Math. 5 : 31, 32.) Le premier évangile mentionne aussi une question que les disciples posent à Jésus (sans indiquer que ce fût *dans la maison*), mais cette question a trait à l'opportunité du mariage. (19 : 10-12.)

4. Au lieu de ces paroles, Matthieu a celles-ci : « et celui qui épouse la répudiée commet adultère, » parce que Jésus, n'admettant pas la légitimité du divorce dans le cas dont il s'agit, considère cette femme comme étant encore la femme d'un autre. Dans Marc la pensée est tout autre. Elle suppose une réciprocité et une égalité entre les deux époux qui n'existaient chez les Juifs ni dans la loi, ni dans les mœurs, et qui ne se rencontraient qu'en Grèce et à Rome. Quelques interprètes en ont conclu que Marc accommode le discours qu'il rapporte à ces mœurs étrangères, ou que Jésus avait voulu établir par anticipation une règle pour son Eglise. Mais bien *qu'une femme répudiant son mari* fût un fait inouï parmi les Juifs, n'est-il pas possible que Jésus fît allusion à ce qui venait de se passer dans la famille d'Hérode ? (6 : 17.) L'égalité de la femme et de l'homme devant la loi et devant Dieu ressortira certainement de l'Evangile, mais d'une manière entièrement inconnue dans l'antiquité. (Gal. 3 : 28 ; 1 Pier. 3 : 7.)
5. Voir, sur ce récit, Math. 19 : 13-15, notes, et comp. Luc 18 : 15-17. Les trois premiers évangélistes rapportent ce trait aussi instructif que touchant, mais tous les trois sans liaison apparente avec ce qui précède et ce qui suit. — *Afin qu'il les touchât,* peut indiquer chez ces pieux parents la pensée que, si seulement cet homme de Dieu touchait leurs enfants, il en résulterait pour ceux-ci une bénédiction. Ou bien ils entendaient par là l'imposition des mains, par laquelle il leur communiquerait quelque grâce. (v. 16.)

CHAP. X. ÉVANGILE SELON MARC 379

pas le royaume de Dieu comme un petit enfant, n'y entrera point [1].
— Et les ayant pris dans ses bras, il les bénit en posant les mains 16
sur eux [2].

B. 17-31. LE JEUNE HOMME RICHE. DANGER DES RICHESSES. DE LA RÉCOMPENSE A
VENIR. — 1º *L'entretien avec le riche.* — *a*) Comme Jésus se met en chemin, un
homme accourt, se jette à ses genoux, et, l'appelant : *Bon Maître,* lui demande ce
qu'il doit faire pour hériter la vie éternelle. (17.) — *b*) *Jésus* commence par *repousser
ce titre.* Dieu seul est bon. Puis il renvoie son interlocuteur aux *commandements* de
la seconde table du Décalogue. Cet homme déclare qu'il les a observés dès sa jeunesse.
(18-20.) — *c*) Jésus jette sur lui un regard de profonde tendresse et lui dit de *donner
aux pauvres* ce qu'il possède, et de le suivre. Affligé de cette parole, *cet homme s'en
va tout triste.* (21, 22.) — 2º *Déclarations de Jésus à ses disciples sur le danger des
richesses.* — *a*) Alors Jésus regardant ses disciples déclare que les *riches entreront
difficilement* dans le royaume de Dieu. (23.) — *b*) Pour répondre à l'étonnement des
disciples, il ajoute qu'il est difficile que *ceux qui se confient* dans les richesses entrent
dans le royaume ; un chameau passerait plutôt par le trou d'une aiguille. (24, 25.) —
c) Ses disciples étant encore plus étonnés et se demandant l'un à l'autre : *Qui peut
être sauvé ?* Jésus leur dit que cela est *impossible* aux hommes, mais que tout est
possible à Dieu. (26, 27.) — 3º *Déclaration de Jésus aux disciples sur la récompense qu'ils recevront.* — *a*) *Pierre constate* avec satisfaction qu'eux, les disciples,
ont tout quitté pour suivre Jésus. (28.) — *b*) *Jésus déclare* que tout sacrifice fait pour
lui et pour l'Evangile est récompensé dès maintenant, et dans l'éternité, mais plusieurs
des premiers seront les derniers et les derniers les premiers. (29-31.)

Et comme il sortait pour se mettre en chemin [3], quelqu'un étant 17
accouru et s'étant jeté à ses genoux, lui demandait : Bon Maître, que
dois-je faire pour hériter la vie éternelle [4] ? — Mais Jésus lui dit : 18
Pourquoi m'appelles-tu bon ? Nul n'est bon sinon un seul, Dieu [5]. —

---

1. Cette parole du v. 15, recueillie par Marc et Luc, est omise par Matthieu. Une parole semblable se retrouve 9 : 36, 37, et surtout Math. 18 : 3, 4. Pour *recevoir le royaume de Dieu* (voir sur ce terme Math. 3 : 2, note), c'est-à-dire l'Evangile qui nous y introduit, et la vie d'en haut qui en fait l'essence, il faut avoir recouvré, par une œuvre de la grâce divine, les caractères qui distinguent le *petit enfant :* le sentiment de sa faiblesse, de sa dépendance absolue, l'humilité, la candeur. L'enfant n'a point de préjugés, et dès lors il reçoit avec simplicité de cœur ce qui lui est présenté comme la vérité. (Comp. Math. 18 : 3, 4, note.)
2. Marc seul a ici, comme 9 : 36, ce trait touchant : *les ayant pris dans ses bras,* ou embrassés. Cette tendresse du Sauveur pour les petits et les faibles nous explique pourquoi il fut *indigné* contre ses disciples qui voulaient les écarter de lui. — Jésus les *bénit* en *imposant les mains.* Ce dernier trait n'est pas un symbole vain et vide, mais le moyen par lequel il communique la bénédiction. Et, on peut le croire, la bénédiction divine resta sur ces enfants.
3. Voir, sur le récit qui va suivre, Math. 19 : 16-26 et comp. Luc 18 : 18-27. Les trois évangélistes rapportent ce trait à la suite de la bénédiction des petits enfants. Plusieurs détails caractéristiques et importants sont propres à Marc. — Jésus *sortait* de la maison où il s'était arrêté (v. 10), et *se mettait en chemin* pour continuer son voyage.
4. Voir, sur cet homme et sur sa question, Math. 19 : 16, note. — Par ces mots : *étant accouru, s'étant jeté à ses genoux,* Marc peint d'une manière dramatique la scène et nous montre l'empressement de cet homme à obtenir de

La note 5 est à la page suivante.

19 Tu sais les commandements : « Tu ne commettras point adultère ; tu ne tueras point ; tu ne déroberas point ; tu ne diras point de faux témoignage ; tu ne feras tort à personne ; honore ton père et ta
20 mère[1]. » — Mais il lui dit : Maître, j'ai observé toutes ces choses

Jésus une réponse à la question qui le tourmentait, aussi bien que la profonde vénération que le Maître lui inspirait.

5. Cette question : *Pourquoi m'appelles-tu bon ?* par laquelle Jésus répond à la demande de son interlocuteur est différente dans Matthieu (19 : 17, voir la note), selon le vrai texte. Luc rapporte la parole de Jésus dans les mêmes termes que Marc. Comme les évangélistes ne nous donnent qu'un résumé des entretiens qu'ils rapportent, il est très possible que les deux paroles conservées par la tradition apostolique aient été prononcées par le Sauveur. — Quant au sens de la question de Jésus : *Pourquoi m'appelles-tu bon ?* et à cette distinction qu'il établit entre lui et Dieu qu'il déclare *seul bon*, les interprètes diffèrent beaucoup, selon qu'ils sont influencés par leurs vues dogmatiques. Ceux qui nient la sainteté parfaite de Jésus voient dans cette parole un aveu de péché. Mais c'est ne tenir compte ni de la situation particulière dans laquelle elle a été prononcée, ni de l'ensemble des données de l'Évangile. De celles-ci ressort avec éclat l'entière pureté de la conscience du Sauveur. Il n'y a donc que deux manières d'expliquer ce refus du titre de *bon*. Il faut supposer que Jésus se met au point de vue de celui qui l'interroge et dont la question prouve qu'il a les idées les plus fausses sur la bonté de l'homme. Se croyant bon lui-même, il doit, à plus forte raison, qualifier ainsi ce Maître pour lequel il montre une vénération profonde, bien qu'à ses yeux, il ne soit qu'un homme supérieur, tout au plus un envoyé de Dieu. C'est là, dit-on, l'erreur que Jésus veut dissiper par sa réponse, et bientôt il la retrouvera toute son autorité divine, en demandant à cet homme riche de sacrifier ce qu'il possède pour le suivre. (v. 21.) Telle est, avec quelques légères différences, l'explication admise dans l'Église chrétienne, depuis Augustin jusqu'aux réformateurs et jusqu'aux exégètes modernes, Bengel, Olshausen, Ebrard, Lange. — Mais on peut objecter à cette interprétation que l'interlocuteur aurait pu difficilement deviner ce sens des paroles de Jésus. Il est préférable de les expliquer de la manière suivante. Jésus saisit le mot du jeune homme : *bon Maître*, entendu par celui-ci dans son sens ordinaire et tout humain, pour élever sa pensée jusqu'à l'idée absolue de toute bonté, qui est Dieu seul. Le refus de ce titre n'est destiné qu'à établir une distinction nécessaire entre la sainteté humaine et la perfection absolue, qui est Dieu. La sainteté humaine est relative, et elle l'était même en Jésus, puisqu'en lui s'accomplissait un développement progressif (Luc 2 : 52), qu'il devait encore « apprendre l'obéissance par les choses qu'il allait souffrir, » et ainsi « être consommé » (Hébr. 5 : 8, 9), c'est-à-dire parvenir à la perfection. A ce point de vue, l'idée de la bonté absolue, excluant tout développement et tout progrès, n'appartient qu'à Dieu seul. (Voir Meyer, *Comm. sur le Nouveau Testament*, à ce passage.)

1. Le Dieu seul bon, auquel Jésus a renvoyé son interlocuteur, ne s'est pas laissé sans témoignage ; il s'est révélé, il a exprimé dans la loi sa volonté sainte : *Tu sais les commandements ;* pourquoi demandes-tu ce que tu dois faire ? Si cet homme ne s'était pas contenté de *savoir*, et de savoir mal (v. 20) ; s'il avait saisi cette loi dans sa spiritualité, il n'aurait pas demandé ce qu'il devait *faire*, mais, humilié en présence de ces commandements violés, il aurait imploré le secours de Dieu pour les accomplir. C'est précisément là ce que Jésus voulait lui apprendre en le renvoyant à la loi, dont il lui révélait le sens et l'esprit. Dans Matthieu, il ajoute même à ces commandements de la seconde table ce grand commandement qui en est l'âme : *Tu aimeras ton prochain comme toi-même.* — Marc introduit parmi les commandements ce précepte qui a singulièrement embarrassé les interprètes : *tu ne feras aucun tort*, ne dépouilleras pas les autres (1 Cor. 6 : 8 ; 1 Tim. 6 : 5 ; Jacq. 5 : 4), en les privant de ce qui leur est dû. On est étonné de ce précepte qui paraît superflu après des commandements si clairs. Les uns le considèrent comme explication du huitième commandement ; les autres pensent qu'il doit remplacer le dixième, qui interdit de convoiter le bien d'autrui ; d'autres encore y voient un résumé de tous ces préceptes, destiné à en révéler l'esprit. Meyer voit ici une citation de Deutéronome 24 : 14, où se retrouve le même verbe : « Tu ne *feras point de tort* au mercenaire qui est pauvre et indigent. » Mais est-il probable que Jésus ait ajouté

dès ma jeunesse [1]. — Et Jésus l'ayant regardé, l'aima [2], et lui dit : 21
Il te manque une chose : Va, vends tout ce que tu as, et le donne
aux pauvres, et tu auras un trésor dans le ciel ; puis viens, suis-moi [3].
— Mais, affligé de cette parole, il s'en alla tout triste ; car il avait de 22
grands biens [4]. — Et Jésus, ayant regardé tout autour, dit à ses dis- 23
ciples : Combien difficilement ceux qui possèdent les richesses entreront dans le royaume de Dieu [5] ! — Or les disciples étaient frappés 24
d'étonnement de ses paroles. Mais Jésus, reprenant encore, leur dit :
Mes enfants, qu'il est difficile à ceux qui se confient aux richesses
d'entrer dans le royaume de Dieu [6] ! — Il est plus facile à un cha- 25

une prescription si spéciale aux commandements qu'il venait de citer ? Ce détail reste donc obscur.
1. Voir, sur ces naïves paroles, Matthieu 18 : 20, note.
2. Ce *regard* convainquit Jésus que cet homme était sincère dans sa recherche de la vie éternelle et dans la confiance qu'il lui témoignait : il *l'aima*. C'est là « un coup de pinceau inimitable de Marc. Nous voyons dans ce mot un de ces traits qui révèlent la source, très rapprochée de la personne de Jésus, d'où viennent en partie les récits de Marc. Il y avait là un apôtre qui suivait les impressions de Jésus, telles qu'elles se peignaient sur sa figure, et qui surprit au passage le regard de profonde tendresse qu'il jeta sur cet être si sincère et si naïf. » Godet. (Voir l'introd.)
3. Voir Math. 19 : 21, note. — Il est remarquable que, dans Matthieu, c'est le riche lui-même qui fait cette question : *Que me manque-t-il encore ?* A quoi Jésus répond : *Il te manque une chose.* — Le texte reçu ajoute, après *suis-moi : en prenant la croix* : ces mots manquent dans Sin., B, C, D. Ils étaient probablement une glose marginale tirée de Math. 16 : 24 ou de Marc 8 : 34. Là, cette parole adressée aux disciples de Jésus, est d'une application naturelle et profonde ; ici, adressée à un homme qui s'approche pour la première fois du Sauveur, elle serait au-dessus de sa portée.
4. Math. 19 : 22, note. — Matthieu dit seulement que cet homme *s'en alla tout triste ;* le mot qu'ajoute Marc, et que nous traduisons par : *affligé*, signifie plutôt *assombri*. (Comp. Math. 16 : 3.) Ce sont là les deux seuls passages du Nouveau Testament où ce mot se rencontre. Dans l'Ancien Testament, les Septante lui donnent le sens de *stupéfait*, et l'emploient pour désigner la consternation qui se peint sur la figure. (Ezéch. 27 : 35.)

En tout cas c'est l'expression d'une commotion profonde, qui, dans la situation, se comprend parfaitement.
5. Il y a quelque chose de solennel, de pénétrant dans cet acte de Jésus : *ayant regardé tout autour.* (v. 27 ; 3 : 5, 34 ; Luc 6 : 10.) Jésus fait ainsi pressentir la haute importance de ce qu'il va dire, voulant que chacun en prenne sa part. — *Posséder les richesses* (avec l'article) est une locution qui montre que les biens de ce monde sont considérés comme une totalité, comme une puissance. Il y a des hommes qui *les possèdent* ; c'est là pour eux le danger, puisque ces richesses leur rendent si difficile *l'entrée du royaume de Dieu.* (Voir sur ce terme Math. 3 : 2, note.)
6. Le discours devient plus tendre (*enfants*) ; Jésus, en voyant l'effroi de ses disciples, ajoute à la sentence absolue du v. 23 une explication qui la modifie. Il leur fait comprendre que ce n'est pas la simple possession des richesses qui est un obstacle au salut, mais la disposition du cœur à mettre en elles sa confiance. Pourtant, après cette explication, il aggrave encore la rigueur de sa sentence (v. 25) en employant une image proverbiale, qui fait de la *difficulté* une impossibilité. (Math. 19 : 24, note.) Voyant alors la consternation plus grande encore des disciples (v. 26), le Sauveur indique le remède à ce mal profond, la délivrance de toute servitude : elle réside dans la puissance de Dieu, à qui *tout est possible.* (v. 27.) C'est à un miracle de la grâce que Jésus en appelle, à l'influence victorieuse d'un amour qui l'emporte, dans le cœur, sur toutes les affections et toutes les passions terrestres. — Marc seul a conservé la belle et profonde pensée du v. 24, qui distingue la *possession* des richesses de la *confiance* qu'on y met. Les mots *ceux qui se confient dans des richesses* manquent, il est vrai, dans quel-

meau de passer par le trou de l'aiguille, qu'il ne l'est à un riche
26 d'entrer dans le royaume de Dieu. — Ils furent encore plus étonnés,
27 et ils se disaient entre eux : Et qui peut être sauvé [1] ? — Jésus les
regardant, dit : Aux hommes, cela est impossible, mais non pas à
Dieu ; car toutes choses sont possibles à Dieu.
28 Pierre se mit à lui dire : Voici, nous, nous avons tout quitté et
29 nous t'avons suivi [2]. — Jésus dit : En vérité, je vous le dis, il n'y
a personne qui ait quitté maison, ou frères, ou sœurs, ou mère, ou
père, ou enfants, ou champs, à cause de moi et à cause de l'Evan-
30 gile [3], — qui ne reçoive maintenant, en ce temps-ci, cent fois autant,
maisons, et frères, et sœurs, et mères, et enfants, et champs, avec
31 des persécutions, et dans le siècle à venir, la vie éternelle [4]. — Mais

ques manuscrits (*Sin.*, *B*), et Tischendorf, dans sa 8ᵉ édition, Westcott et Hort les suppriment ; mais les témoignages critiques sont en faveur de leur authenticité, et le v. 24 n'aurait guère de sens si on les retranchait.

1. Pourquoi ce discours fait-il sur les disciples cette impression profonde, deux fois exprimée ? Est-ce uniquement par intérêt pour les riches que Jésus paraissait exclure du royaume de Dieu ? Assurément non. Ils se sentent atteints eux-mêmes par cette vérité morale absolue, qui exige du cœur de l'homme un détachement des choses visibles, un amour pour Dieu qu'ils ne trouvent point en eux ; et c'est bien du fond de leur conscience que s'élève cette question inquiète : *Et qui peut être sauvé ?* (Math. 19 : 25, note.)

2. Gr. *commença à lui dire*, termes par lesquels Marc introduit un discours nouveau et solennel. C'est Pierre qui parle ainsi au nom de tous. Son observation se rapporte directement au discours qui précède et surtout à l'exemple du riche qui, loin de *tout quitter* et de *suivre Jésus*, s'en était allé tout triste. *Nous*, dit l'apôtre, nous avons agi différemment. Mais ici il s'arrête, embarrassé, un peu confus de ce qu'il allait demander ; et il n'ajoute pas, comme dans Matthieu : « Que nous en arrivera-t-il ? » (Math. 19 : 27, note.) Malgré ce qu'il pouvait y avoir de personnel dans ce regard que Pierre jetait avec quelque complaisance sur lui-même, Jésus y répond par une grande et miséricordieuse promesse (v. 29, 30) ; puis il termine par un *mais...* très significatif. (v. 31.)

3. *A cause de moi*, répond au terme de Matthieu : « à cause de mon nom ; » et *à cause de l'Evangile*, que Marc seul a conservé, répond à celui de Luc : « à cause du royaume de Dieu. » Ce sont au fond, diverses expressions de la même pensée : l'amour pour Jésus objet de tout l'Evangile, centre vivant de tout le royaume de Dieu, tel est le motif assez puissant pour porter un homme à tout quitter, en se détachant vraiment de tout. Et ceux-là seuls qui le font par ce mobile peuvent s'appliquer la promesse qui va suivre et y trouver leur bonheur. — Dans cette énumération de sacrifices à faire, le mot *ou femme*, admis par le texte reçu, est inauthentique ici, aussi bien que dans Matthieu ; il ne reste donc que dans Luc. (18 : 29.)

4. Voir Math. 19 : 29, note. Marc fait cette distinction clairement accentuée et importante : *maintenant, en ce temps-ci*, et *dans le siècle à venir*. Seul il ajoute à toutes ces bénédictions promises cette autre bénédiction : *des persécutions*. (Comp. Math. 5 : 10-12 ; Rom. 5 : 3 ; Jacq. 1 : 2 ; 1 Pier. 1 : 6 ; Hébr. 12 : 6.) Ce dernier mot suffirait à prouver qu'il ne faut pas entendre à la lettre et matériellement la promesse faite aux disciples de recouvrer ici-bas tout ce qu'ils ont quitté pour l'amour de Jésus ; mais, dans un sens spirituel, cette promesse s'accomplira certainement : des *maisons*, où vous serez accueillis avec l'hospitalité de l'amour fraternel ; des *frères*, des *sœurs*, des *mères*, tous membres de la famille de Dieu et qui auront à cœur vos plus précieux intérêts (Rom. 16 : 13) ; des *enfants* selon l'Esprit (1 Cor. 4 : 14) ; des *champs* à cultiver pour la moisson du grand jour. (1 Cor. 3 : 9.) Et cette riche compensation n'est que celle du temps présent, qui n'est que la préparation à la

plusieurs des premiers seront les derniers, et les derniers les premiers [1].

C. 32-45. Souffrances de Jésus. Ambition des disciples. — 1° *Nouvelle annonce de la passion.* Jésus montant à Jérusalem, suivi des siens effrayés, prend à part les douze et prédit avec des détails précis ce qui va lui arriver : condamnation par les autorités juives, mauvais traitements et dernier supplice infligés par les païens, résurrection trois jours après. (32-34.) — 2° *La demande de Jacques et de Jean.* — a) *Jésus et les fils de Zébédée.* Jacques et Jean viennent demander à Jésus d'occuper les premières places dans son règne glorieux. Jésus leur fait sentir ce que leur demande a d'inconsidéré. Il ramène leur attention sur la coupe dont il vient de leur parler. Eux, se déclarent prêts à la boire. Jésus leur dit qu'en effet, ils la boiront et seront baptisés du même baptême que lui, mais qu'il ne lui appartient pas de donner les premières places dans son royaume ; elles seront à ceux pour qui elles ont été préparées. (35-40.) — b) *Jésus et les autres disciples.* La démarche des deux frères excite l'indignation des dix autres disciples. Jésus les appelle à lui et les met en garde contre l'esprit de domination qui anime ceux qui pensent gouverner les nations. Parmi les disciples, celui qui voudra être le premier sera l'esclave de tous, à l'exemple du fils de l'homme qui est venu non pour être servi, mais pour servir et donner sa vie pour la rançon de plusieurs. (41-45.)

Or ils étaient en chemin, montant à Jérusalem [2], et Jésus marchait 32 devant eux, et ils étaient effrayés ; et ceux qui le suivaient étaient saisis de crainte [3]. Et Jésus, ayant de nouveau pris à lui les douze, se mit à leur dire ce qui lui devait arriver [4] : — Voici, nous mon- 33

vie éternelle, « unité infinie qui embrasse tout, accomplissement, plénitude et profondeur de toute bénédiction. » *Lange.*
1. Voir Math. 19 : 30, note. Dans le premier évangile cette sentence est illustrée par la parabole des ouvriers loués à différentes heures, destinée à montrer que tout est grâce pour ceux qui suivent Jésus et qui travaillent pour son règne. Dans Marc, d'après le vrai texte (*B, C, majus.*) il faut traduire : *les derniers seront premiers.*
2. Comp. Math. 20 : 17-19 ; Luc 18 : 31-34. — Ils étaient déjà *en chemin* lorsque Jésus fut interrompu par l'arrivée du riche. (v. 17.) Maintenant ils poursuivent leur route, *montant à Jérusalem,* où Jésus va souffrir et mourir.
3. D'après le texte que nous avons adopté (*Sin., B, C*), voici comment il faut se représenter cette scène : Jésus, qui pourtant connaissait parfaitement tout ce qui allait lui arriver (v. 33), comme un chef intrépide, *marchait devant eux,* c'est-à-dire à la tête du cortège ; ceux de son entourage immédiat, voyant la détermination du Maître, étaient *effrayés* (le mot grec signifie *frappés* d'épouvante) et hésitaient ou s'arrêtaient ; d'autres, moins rapprochés de lui et *qui le suivaient,* étaient *saisis de crainte.* Et c'est alors que Jésus assemble autour de lui les douze pour leur dire ouvertement au-devant de quelle épreuve il s'avance. Le texte reçu dit à peu près la même chose, mais il ne marque pas la distinction entre les disciples qui entouraient immédiatement le Sauveur et les foules qui le suivaient à distance. Notre évangéliste est le seul qui dépeint les impressions de ceux qui accompagnaient Jésus en ce moment saisissant, où doit être placé le dialogue rapporté par Jean. (11 : 7 et suiv.) Bien que les disciples n'eussent pas compris jusqu'ici les prédictions que leur Maître leur avait faites de ses souffrances, ils avaient le pressentiment du danger dont ils étaient menacés.
4. A quoi se rapporte ce *de nouveau ?* On peut y voir une allusion à la précédente prédiction des souffrances du Sauveur (9 : 31), ou le rapporter simplement à l'acte énergique par lequel Jésus rappelle autour de lui ses disciples, après le

tons à Jérusalem, et le fils de l'homme sera livré aux principaux sacrificateurs et aux scribes, et ils le condamneront à mort, et le livreront aux païens, — et ils se moqueront de lui, et ils cracheront sur lui, et ils le flagelleront, et le feront mourir ; et après trois jours, il ressuscitera ¹.

35 Et Jacques et Jean, fils de Zébédée, s'approchent de lui, en disant : Maître, nous voudrions que tu nous fisses ce que nous te demanderons ².
36 — Et il leur dit : Que voulez-vous que je fasse pour vous ?
37 — Ils lui dirent : Accorde-nous que nous soyons assis l'un à ta droite, et l'autre à ta gauche dans ta gloire ³.
38 — Et Jésus leur dit : Vous ne savez ce que vous demandez. Pouvez-vous boire la coupe
39 que je bois, ou être baptisés du baptême dont je suis baptisé ⁴ ? — Ils lui dirent : Nous le pouvons. Mais Jésus leur dit : Vous boirez la

---

mouvement d'hésitation et de crainte qui s'était produit.

1. Voir Math. 20 : 19, note. C'est la troisième fois que Jésus initie ses disciples au secret de ses souffrances. (8 : 31 et suiv. ; 9 : 30 et suiv.) Ces prédictions deviennent toujours plus explicites et plus claires, et les trois premiers évangélistes les ont toutes conservées avec soin et d'un commun accord. Elles nous montrent quelle vue claire et précise Jésus avait de tout ce qui allait lui arriver ; ici même il en marque le moment exact par ces mots : *Voici, nous montons à Jérusalem.* Et pourtant il y monte ! Manifestation émouvante d'un courage héroïque et de l'amour qui se dévoue (Jean 15 : 13) ; preuve évidente de l'absolue nécessité morale de cette mort au-devant de laquelle il marche volontairement. On l'a dit avec raison : si ce sacrifice n'était pas la rédemption du monde, il serait une sorte de suicide. — Mais ici, comme dans toutes ces prédictions, Jésus s'efforce de faire resplendir aux yeux de ses disciples la lumière de la vie après les ténèbres de la mort : *mais après trois jours il ressuscitera.* (Le texte reçu, avec A, porte : *le troisième jour,* correction d'après Matthieu et Luc.) Comment donc se fait-il qu'après l'événement les disciples aient eu tant de peine à croire cette résurrection ? Voir sur cette question, Math. 16, 21, seconde note.

2. Après la prédiction que Jésus vient de leur faire entendre, la démarche de Jacques et de Jean paraîtrait incompréhensible, si elle n'était pas une preuve nouvelle du fait que même les disciples les plus intelligents n'avaient pas saisi cette prédiction. — Pour l'explication de ce récit, que les deux premiers évangélistes nous ont seuls conservé, voir Math. 20 : 20-28, notes.

3. Matthieu dit ici : *dans ton royaume.* Le sens est le même, et il prouve que les disciples, malgré toutes les douloureuses perspectives que leur Maître leur fait entrevoir, ne doutent point qu'il ne parvienne dans un avenir prochain à être le chef d'un royaume et d'un royaume *glorieux.* Quant aux idées fausses qu'ils s'en faisaient, rien n'était plus propre à les dissiper que les instructions que Jésus allait leur donner à ce sujet. — Dans Matthieu, c'est la mère de Jacques et de Jean, Salomé, qui d'abord adresse à Jésus cette demande pour ses fils, tandis que, selon Marc, ce sont les deux disciples eux-mêmes qui la formulent. Il faut simplement reconnaître ces différences et chercher l'harmonie dans le fond des choses. Au reste, même dans Matthieu, c'est aux disciples que Jésus répond.

4. De ces deux images des souffrances de Christ : la *coupe* et le *baptême,* la première seule est authentique dans Matthieu ; ici elles le sont l'une et l'autre. Si la coupe, dans le langage symbolique de l'Ecriture, est la mesure de biens ou de maux destinés à chacun (voir Math. 20 : 22, note), le baptême est une image encore plus générale et plus profonde de la souffrance dans laquelle il s'agit d'être tout entier *plongé,* selon la signification étymologique du mot. Jésus indique par là aux deux disciples le chemin qui va les conduire à la gloire, et il leur demande : *Pouvez-vous* m'y suivre ? (Comp. Rom. 8 : 17 ; 2 Tim. 2 : 11, 12.) De plus, il voit ce moment de la souffrance comme étant déjà arrivé ; et c'est ce que Marc nous fait

coupe que je bois, et vous serez baptisés du baptême dont je suis baptisé ; — mais quant à être assis à ma droite ou à ma gauche, il ne m'appartient pas de le donner, mais cela est donné à ceux à qui cela a été préparé[1]. — Et les dix ayant entendu cela, se mirent à s'indigner contre Jacques et Jean. — Et Jésus, les ayant appelés à lui, leur dit : Vous savez que ceux qui pensent gouverner les nations, les asservissent, et que les grands d'entre eux exercent sur elles leur puissance[2]. — Il n'en est pas ainsi parmi vous ; au contraire, quiconque voudra être grand parmi vous, sera votre serviteur ; — et quiconque voudra être le premier d'entre vous sera l'esclave de tous. — Car aussi le fils de l'homme n'est pas venu pour être servi, mais pour servir et donner sa vie en rançon pour plusieurs[3].

D. 46-53. L'AVEUGLE BARTIMÉE. — 1° *Rencontre de Jésus et de l'aveugle.* Jésus étant arrivé à Jéricho, au moment où il sort de cette ville accompagné d'une grande foule, un aveugle nommé Bartimée, apprenant que c'est Jésus qui passe, se met à crier : Fils de David, aie pitié de moi ! Et comme on veut l'empêcher d'importuner Jésus, il crie encore plus fort : Aie pitié de moi ! (46-48.) — 2° *La guérison demandée et obtenue.* Jésus s'étant arrêté fait appeler l'aveugle qui, se levant en toute hâte et jetant son manteau, accourt vers Jésus. Que veux-tu que je te fasse ? lui demande le Sauveur. Rabbouni, que je recouvre la vue ! Jésus lui dit : Va, ta foi t'a sauvé. Et aussitôt il recouvre la vue et suit Jésus. (49-53.)

Et ils arrivent à Jéricho[4]. Et comme il sortait de Jéricho, avec ses

sentir, selon sa coutume, par ces verbes au présent : la coupe que *je bois*, le baptême dont *je suis* baptisé.
1. Matthieu ajoute : *par mon Père* ; la pensée de Marc est la même. Dieu seul *prépare* à une âme la haute destination qu'ambitionnaient les deux disciples. (Voir, sur ces paroles, Math. 20 : 23, note.)
2. Pour réprimer l'ambition de ses disciples, Jésus met en contraste l'esprit de son royaume avec ce qui se passe dans les royaumes de ce monde. Pour cela, il se sert de termes très significatifs. Et d'abord il dit des princes de ce monde (selon Marc seul) qu'ils *pensent gouverner*, ou *sont censés*, ou *s'imaginent* régner. Que veut dire le Sauveur ? Selon quelques interprètes, cela signifierait que ces princes songent surtout à établir et à faire valoir leur autorité, une autorité que les peuples reconnaissent. D'autres, serrant de plus près le sens du verbe, font dire à Jésus que ces puissants de la terre *paraissent* exercer une grande domination, tandis qu'eux-mêmes sont esclaves de leurs passions. Ne serait-il pas plus

vrai encore de dire que, tout en s'imaginant exercer le pouvoir suprême, ils sont pourtant dans la dépendance absolue de Dieu, par qui les rois règnent ? — En outre, les termes que nous traduisons par : *les asservissent* et *exercent leur puissance* sont composés d'une particule qui toujours donne un sens défavorable à l'action dont il s'agit. Rilliet traduit : « Ceux qui s'imaginent commander aux peuples les *tyrannisent*, et les grands les *oppriment*. » Il y a donc, dans tous les cas, quelque chose de sévère dans ces paroles du Sauveur.
3. Voir, sur ces deux derniers versets, Math. 20 : 26-28, notes. — Le texte reçu dit (v. 43) : « Il n'en *sera* pas ainsi parmi vous. » Ce verbe doit être au présent (*Sin.*, B, C, D) : Jésus établit dès ce moment, par sa parole et par son esprit, les rapports qui doivent régner entre ses disciples dans son royaume.
4. Voir, sur ce récit, et en particulier sur les différences qui s'y trouvent entre les trois premiers évangiles, Math. 20 : 29-34, notes.

disciples et une grande foule, le fils de Timée, Bartimée, mendiant
47 aveugle, était assis au bord du chemin¹. — Et ayant entendu que
c'était Jésus le Nazaréen, il se mit à crier et à dire : Fils de David,
48 Jésus, aie pitié de moi²! — Et plusieurs le reprenaient, afin qu'il se
tût ; mais il criait beaucoup plus fort : Fils de David, aie pitié de
49 moi ! — Et Jésus s'étant arrêté, dit : Appelez-le. Et ils appellent
l'aveugle, en lui disant : Prends courage, lève-toi, il t'appelle³. —
50 Et jetant son vêtement, il se leva d'un bond, et vint vers Jésus⁴. —
51 Et Jésus, répondant, lui dit : Que veux-tu que je fasse pour toi? Et
52 l'aveugle dit : Rabbouni, que je recouvre la vue⁵ ! — Et Jésus lui
53 dit : Va, ta foi t'a sauvé. — Et aussitôt il recouvra la vue, et il le
suivait dans le chemin⁶.

2. *L'entrée royale.*

A. 1-11. Entrée de Jésus a Jérusalem. — 1º *Les préparatifs.* Comme Jésus
approche de Jérusalem, il envoie deux de ses disciples au village qui était devant eux,
en leur ordonnant de lui amener un ânon qu'ils y trouveront. Ils font ainsi ; puis ils
jettent leurs manteaux sur l'ânon, et Jésus s'assied dessus. (1-7.) — 2º *Le cortège.*
Plusieurs de ceux qui forment son cortège étendent sur le chemin leurs manteaux ;
d'autres y répandent des rameaux d'arbres qu'ils coupent dans les champs ; d'autres
s'écrient avec enthousiasme : Hosanna, béni soit celui qui vient au nom du Seigneur !
Hosanna, dans les lieux très hauts ! (8-10.) — 3º *L'entrée.* Jésus étant entré à Jérusalem se rend dans le temple, et après avoir considéré tout ce qui l'entoure, il ressort
pour aller à Béthanie, car le soir était venu. (11.)

1. Marc seul fait connaître par son nom, et même par le nom de son père, ce mendiant aveugle. *Bartimée* signifie fils de Timée ; ces noms patronymiques, Bartholomée, Barjésus, Barsabas, tenaient lieu de noms propres. L'aveugle guéri par le Sauveur devint sans doute plus tard un chrétien connu dans l'Eglise apostolique ; c'est ainsi que son nom fut conservé par la tradition. — Le texte reçu désigne ainsi cet homme : « un fils de Timée, Bartimée l'aveugle, était assis au bord du chemin, mendiant. »
2. « Grande foi de cet aveugle qui invoque comme *fils de David* celui que le peuple lui annonce comme le *Nazaréen.* » *Bengel.* Le nom de *fils de David* qu'il donne au Sauveur montre combien était alors répandue dans le peuple la conviction que Jésus était le Messie.
3. Il semble qu'on entend ces diverses paroles d'encouragement prononcées par diverses voix dans la foule, cette même foule qui, il y a un instant, voulait empêcher l'aveugle de crier. C'est que la compassion dont Jésus est ému (Math. 20 : 34), et qui le fait s'arrêter à la tête de son nombreux cortège en entendant les cris de ce pauvre mendiant, cette compassion a pénétré dans les cœurs. Rien n'est plus contagieux que le vrai amour. Marc seul a retenu ce trait, ainsi que le suivant, qui peint si vivement la scène.
4. *Jeter son manteau, se lever d'un bond* (vrai texte), *accourir vers Jésus,* tout cela en un instant. Marc décrit ainsi en trois traits de plume le joyeux empressement du pauvre aveugle.
5. *Répondant...* au mouvement qui avait porté l'aveugle vers lui et à la foi qui animait cet homme. La question de Jésus n'avait d'autre but que d'encourager le malheureux et de le mettre en contact personnel avec son libérateur. Ce but est atteint ; le cri de *Rabbouni* (mon Maître), qui s'échappe de son cœur, nous dit toute sa confiance. (Comp. Jean 20 : 16.)
6. Selon Marc et Luc, Jésus rend la vue à l'aveugle uniquement par sa parole puissante et créatrice et sans toucher ses yeux (comp. Math. 20 : 34) ; et il ne lui dit pas : ta foi t'a *guéri,* selon les versions

Et lorsqu'ils approchent de Jérusalem, de Bethphagé et de Bétha- XI
nie, vers le mont des Oliviers ¹, il envoie deux de ses disciples ; —
et il leur dit : Allez à la bourgade qui est devant vous ; et aussitôt 2
que vous y serez entrés, vous trouverez un ânon attaché, sur lequel
aucun homme ne s'est encore assis ; détachez-le, et amenez-le. — Et 3
si quelqu'un vous dit : Pourquoi faites-vous cela ? dites : Le Seigneur
en a besoin, et aussitôt il l'enverra de nouveau ici ². — Et ils s'en 4
allèrent et trouvèrent l'ânon attaché près de la porte, dehors, au car-
refour ; et ils le détachent. — Et quelques-uns de ceux qui étaient là, 5
leur disaient : Que faites-vous, en détachant cet ânon ? — Mais eux 6
leur dirent comme Jésus leur avait commandé, et on les laissa aller.
— Et ils amènent l'ânon à Jésus, et ils jettent sur lui leurs vêtements, 7
et il s'assit sur lui. — Et plusieurs étendirent leurs vêtements sur le 8
chemin, et d'autres, des rameaux qu'ils avaient coupés dans les
champs ³. — Et ceux qui précédaient et ceux qui suivaient criaient, 9

inexactes, mais : ta foi t'a *sauvé*. Cette *foi*, en effet, qui a ouvert son cœur à la puissance divine du Sauveur, devient pour lui la source d'une grâce infiniment plus grande que le recouvrement de la vue. C'est ce que nous disent les dernières paroles de ce récit : l'aveugle *suit* Jésus *dans le chemin*, il se joint au nombreux cortège qui allait l'acclamer avec des transports de joie comme le Messie et le Sauveur. Luc, de son côté, nous dit qu'il glorifiait Dieu au milieu de tout le peuple qui s'associait à ses actions de grâce. (Luc 18 : 43.)

1. Comp. Math. 21 : 1-11 ; Luc 19 : 29-44 ; Jean 12 : 12-19. — *Bethphagé* et *Béthanie* étaient situées sur le *mont des Oliviers*, qu'il fallait traverser pour se rendre à Jérusalem. Voir, sur ces localités, sur la différence du récit synoptique avec celui de Jean, et en général sur cette entrée de Jésus à Jérusalem, Math. 21 : 1-11, notes. — Le nom de *Bethphagé* est omis par Tischendorf sur la foi de *D*, de l'*Itala*, de la *vulgate*, et surtout d'après le témoignage deux fois nettement exprimé d'Origène. Ces autorités suffisent-elles pour admettre que ce nom ne serait ici qu'une accommodation à l'évangile de Luc ? Matthieu, de son côté, ne mentionne que Bethphagé, sans parler de Béthanie.

2. Marc dépeint vivement ce moment solennel et le met en quelque sorte sous les yeux du lecteur par ces verbes au présent : *ils approchent, il envoie*. — *Et aussitôt il l'envoie* (gr.) *de nouveau ici*, telle est la leçon de *Sin.*, B, C, D. Dans le texte reçu *de nouveau* est omis. Le sujet est : *le Seigneur*. Cette parole fait encore partie du message confié par Jésus aux disciples. Jésus promet de rendre bientôt l'ânon qu'il emprunte. Meyer, adoptant la leçon reçue, pense que le sujet c'est le personnage qui d'abord arrête les disciples. Mais en ce cas il y aurait : il le *laisse aller* (v. 6), et non : il l'*envoie*. La *bourgade* où les disciples doivent trouver l'ânon est sans doute Bethphagé, et l'ordre que Jésus leur donne de le lui amener, avec cette simple observation que le *Seigneur en a besoin*, prouve que le propriétaire de cet ânon était un ami de Jésus. — Marc et Luc, en faisant cette observation : qu'*aucun homme ne s'était encore assis* sur l'ânon, paraissent attacher à ce détail une certaine importance ; ils pensaient peut-être à la loi d'après laquelle les animaux destinés à un usage sacré devaient être intacts et n'avoir jamais porté le joug. (Nomb. 19 : 2 ; Deut. 21 : 3 ; 1 Sam. 6 : 7.) — Mais ce qu'il faut remarquer surtout dans cet envoi des disciples, c'est « l'intention réfléchie de Jésus de donner à cette scène une solennité particulière. Jusqu'alors il s'était soustrait aux hommages populaires ; mais une fois au moins il voulait être proclamé Roi-Messie au milieu de son peuple. Ce devait être aussi un dernier appel adressé à la population de Jérusalem. (Luc 19 : 42.) Cette manière d'agir n'avait plus rien de compromettant

La note 3 est à la page suivante.

disant : « Hosanna ! béni soit celui qui vient au nom du Seigneur ! »
10 — Béni soit le règne de David notre père, qui vient ! Hosanna dans
11 les lieux très hauts [1] ! — Et il entra à Jérusalem, dans le temple ;
et ayant porté ses regards autour de lui sur toutes choses, comme le
soir était déjà venu, il sortit pour aller à Béthanie avec les douze [2].

B. 12-26. LE FIGUIER MAUDIT. LE TEMPLE PURIFIÉ. ENTRETIEN SUR LE FIGUIER. —
1º *Malédiction du figuier.* Le lendemain, en sortant de Béthanie, Jésus voit un figuier
couvert de feuilles. Ayant faim, il s'en approche pour y chercher des fruits ; mais il
n'y en trouve point. Alors il dit : Que jamais personne ne mange plus de ton fruit !
(12-14.) — 2º *Purification du temple.* Entré dans le temple, Jésus se met à en chasser
tous ceux qui y vendaient ou achetaient ; et, citant l'Ecriture, il déclare que ce temple
qui devait être une maison de prières, ils en ont fait une caverne de voleurs. A l'ouïe
de ces paroles, les grands sacrificateurs et les scribes cherchent à le perdre, redoutant
son influence sur le peuple. Le soir venu, il sort de la ville. (15-19.) — 3º *La puissance de la foi.* Le lendemain, ils voient en passant que le figuier était desséché.
Pierre le fait observer à Jésus, qui lui répond : Ayez foi en Dieu. La foi pourrait transporter cette montagne ; elle obtient tout par la prière. Mais que celui qui prie se souvienne qu'il doit pardonner à son frère ses fautes. (20-26.)

12 Et le lendemain, comme ils étaient sortis de Béthanie, il eut faim. —
13 Et voyant de loin un figuier qui avait des feuilles, il alla voir s'il y
trouverait quelque chose, et s'en étant approché, il n'y trouva rien
14 que des feuilles, car ce n'était pas la saison des figues [3]. — Et pre-

pour son œuvre, car il savait bien que sa vie touchait à son terme. » *Godet,* sur Luc 19 : 28-36.
3. Le texte reçu dit ici : « et d'autres coupaient des rameaux des arbres et les étendaient sur le chemin. »
1. Voir Math. 21 : 9, note. La parole du v. 9 est une citation textuelle du Ps. 118 : 25, 26 ; celle qui suit au v. 10 est une exclamation de la foule. *Le règne de David notre père,* c'est le règne du Messie, dont celui de David était le type, comme David lui-même était le type du Messie. Ce langage était si usuel chez les Juifs, d'après les Ecritures, que des rabbins donnent au Messie le nom de David.
2. D'après Luc et surtout Marc, qui est ici le plus exact, Jésus ne fit son entrée à Jérusalem que vers la fin de la journée, et se borna à visiter le temple, où il examina tout ce qui s'y passait (gr. *portant ses regards tout autour*) ; puis, comme le soir était déjà venu (gr. *l'heure du soir étant déjà là*), il ressortit du temple et de la ville pour passer la nuit à Béthanie, et ce ne fut que le lendemain qu'il chassa les vendeurs du temple. (v. 15 et suiv.) D'après les récits de Matthieu (21 : 12) et de Luc (19 : 45) cette dernière action aurait eu lieu le jour même, aussitôt après l'entrée à Jérusalem.
3. Voir, sur cette malédiction du figuier, Math. 21 : 19, note. Quant à cette observation de Marc que *ce n'était pas la saison des figues,* elle est devenue ce qu'on appelle une « croix des interprètes. » Elle paraît singulière, en effet, et un commentateur célèbre (de Wette) déclare qu'elle est absolument illogique. Si ce n'était pas la saison des figues, comment Jésus pouvait-il s'attendre à en trouver sur cet arbre ? et surtout pourquoi le maudit-il pour n'en avoir point ? Car, enfin, pour que cette action symbolique ait un sens, il faut que l'arbre ait mérité sa condamnation par sa stérilité ! De là une longue série de tentatives d'explication. Les uns cherchent la solution dans diverses constructions de la phrase ; mais en vain, puisqu'elle ne peut exprimer autre chose que la raison (*car*) pour laquelle Jésus n'y trouva point de fruits. D'autres prennent le mot de *saison* (gr. *temps*) des figues dans le sens de l'époque

nant la parole, il lui dit[1] : Que plus jamais personne ne mange de fruit de toi ! Et ses disciples l'entendaient[2].

Et ils arrivent à Jérusalem. — Et étant entré dans le temple, il se 15 mit à chasser ceux qui vendaient et qui achetaient dans le temple, et il renversa les tables des changeurs et les sièges de ceux qui vendaient des pigeons. — Et il ne permettait pas que personne portât un 16 ustensile à travers le temple[3]. — Et il enseignait et leur disait : N'est- 17 il pas écrit : « Ma maison sera appelée une maison de prière pour toutes les nations ? » Mais vous en avez fait une caverne de voleurs[4].

— Et les scribes et les principaux sacrificateurs l'entendirent, et ils 18 cherchaient les moyens de le faire périr ; car ils le craignaient, parce que toute la foule était frappée de son enseignement. — Et quand le 19 soir était venu, il sortait de la ville[5].

---

de la récolte, en sorte que les figues n'étant pas recueillies, il devait s'en trouver sur cet arbre. D'autres encore, entendent par le *temps* la température : l'évangéliste voudrait dire qu'elle n'avait pas été favorable aux fruits. Cette explication ferait comprendre que Jésus *allât voir s'il trouverait* des fruits ; mais nullement qu'il maudit l'arbre qui aurait été dans l'ordre. D'ailleurs, une variante admise par Tischendorf : *car le temps* (avec l'article) *des figues n'était pas* (venu), exclut absolument cette interprétation. Il faut donc revenir, avec les meilleurs exégètes actuels, à prendre telle quelle est cette remarque de notre évangéliste. Et pour la trouver toute naturelle, il n'y a qu'à se souvenir qu'en Orient les figues mûrissent au mois de juin et que nous nous trouvons ici à l'époque de Pâques, c'est-à-dire au mois de mars ; et, d'autre part, il ne faut pas oublier que le figuier pousse ses fruits avant ses feuilles ; ce qu'il y avait d'anormal, en ce figuier, c'était la présence de feuilles. Jésus voyant de loin, pouvait très bien s'attendre à y trouver des fruits précoces ; mais il n'y trouva *rien, sinon des feuilles*, disent les deux évangélistes. C'est-à-dire aucun fruit, ni mûr, ni non mûr. Donc le figuier était stérile ; ce qui explique que Jésus le prît comme objet de son action symbolique.

1. Prenant la parole (gr. *répondant*), « répondant à l'arbre qui lui refusait son fruit. » *Bengel.*

2. Cette parole de malédiction devint à l'instant une réalité. (Math. 21 : 19.) Mais Marc ne le dit pas ; il se contente de faire remarquer que ses disciples *l'entendaient*, et ainsi il prépare le récit et l'entretien qui commencent au v. 20.

3. Voir, sur ces versets, Math. 21 : 12, 13, notes ; comp. Luc 19 : 45-48. Par le *temple* (gr. *hieron, lieu sacré*), il faut entendre ici les nombreux péristyles et dépendances qui entouraient le sanctuaire (*naos*). Il paraît qu'on faisait de ces édifices et de ces cours un lieu de passage pour abréger son chemin, tout en portant des *ustensiles*, des outils de travail ou des fardeaux. C'est là ce que Jésus interdisait, d'après cette observation que Marc seul a conservée.

4. D'après Marc, Jésus donna cette explication de son acte seulement lorsque, le calme rétabli, il commença son *enseignement*. Voir, sur la citation, Math. 21 : 13. Marc seul, et littéralement d'après les Septante, cite au complet la parole du prophète (Esa. 56 : 7), mais en rapportant ces mots omis par Matthieu : *pour toutes les nations*, c'est-à-dire non seulement pour ces « enfants de l'étranger qui se seront joints à l'Eternel pour le servir et pour aimer le nom de l'Eternel, » selon l'explication d'Esaïe lui-même (56 : 6) ; mais véritablement, pour tous les peuples de la terre, destinés par la miséricorde divine à venir adorer Dieu dans sa *maison* spirituelle. (Eph. 2 : 19 et suiv.)

5. La seconde partie du v. 18 explique (*car*) pourquoi les adversaires *cherchaient à le faire périr* et pourquoi ils *le craignaient*. C'est qu'ils pouvaient penser, d'après l'enthousiasme manifesté par le peuple lors de l'entrée de Jésus à Jérusalem, que la nation entière allait prendre parti pour lui, et que leur influence serait ruinée sans retour. Il y avait longtemps déjà qu'ils avaient conçu contre Jésus des desseins meurtriers (Jean 5 : 16 ; 7 : 32 ; 10 : 31) qui ne parvinrent à leur maturité

20 Et le matin, comme ils passaient, ils virent le figuier séché jus-
21 qu'aux racines [1]. — Et Pierre, se souvenant, lui dit : Rabbi, vois,
22 le figuier que tu as maudit a séché [2] ! — Et Jésus, répondant, leur
23 dit : Ayez foi en Dieu [3]. — En vérité, je vous dis que quiconque dira à cette montagne : Ote-toi de là, et te jette dans la mer, et qui n'aura point douté en son cœur, mais qui croit que ce qu'il dit arrivera, cela
24 se fera pour lui [4]. — C'est pourquoi je vous dis : Tout ce que vous demandez en priant, croyez que vous le recevez, et cela vous sera
25 fait [5]. — Et quand vous vous tenez debout faisant votre prière, pardonnez, si vous avez quelque chose contre quelqu'un, afin qu'aussi
26 votre Père qui est dans les cieux vous pardonne vos fautes. — Si vous ne pardonnez pas, votre Père qui est dans les cieux ne vous pardonnera point non plus vos fautes [6].

3. *La lutte dans le temple.*

A. 27-12 : 12. LA QUESTION OFFICIELLE DU SANHÉDRIN SUR L'AUTORITÉ DE JÉSUS. LA PARABOLE DES VIGNERONS. — 1° *Jésus questionné sur la nature et l'origine de son autorité.* — *a)* Comme Jésus, de retour à Jérusalem, se promène sous les portiques du temple, une *délégation du sanhédrin* vient lui demander par quelle autorité il agit et qui lui a conféré cette autorité. Jésus lui répond par une question sur le baptême de

que dans cette dernière semaine. Et ce fut Judas qui les tira de leur embarras, en leur fournissant ces *moyens de le faire périr.* Pour ne pas leur laisser exécuter ces desseins, avant le jour fixé par son Père, Jésus *sortait de la ville* à l'approche du soir, car, pendant la nuit, la foule étant dispersée, il n'aurait pas été protégé contre ses ennemis. Le verbe à l'imparfait indique qu'il prenait cette précaution tous les premiers soirs de la semaine. *B, A* portent : *ils sortaient*, Jésus et ses disciples.

1. *Le matin*, c'est-à-dire le lendemain matin. Jésus, en revenant de Béthanie, repassa avec ses disciples près du figuier desséché. (Comp. v. 14, note.)

2. *Pierre se souvenant* de ce qui s'était passé la veille, à l'égard du figuier, fait observer à Jésus que cet arbre était desséché, afin de provoquer de sa part une explication. Dans Matthieu (21 : 20), les disciples demandent directement comment cela était arrivé. Toute leur attention se porte donc sur le miracle, comme manifestation de la puissance divine de Jésus, et nullement sur le sens symbolique que Jésus avait eu en vue, en maudissant le figuier. C'est ce qui explique pourquoi Jésus, dans sa réponse, leur parle de la puissance de la foi et de la prière, et non de ce qu'il avait voulu enseigner aux siens par ce miracle.

3. Gr. *foi de Dieu*, une foi, une confiance dont Dieu est l'objet et que luimême opère dans le cœur. (Comp. pour l'expression Rom. 3 : 22, et sur la puissance de la foi, Marc 9 : 23.)

4. Comp. sur cette image Math. 17 : 20 ; 21 : 21, 22, notes.

5. Gr. selon le vrai texte (*Sin., B, C, D*) : « Tout ce que vous *demandez et priez*, croyez que *vous l'avez reçu*, et cela *sera* pour vous. » Quelque contradictoire que paraisse l'idée exprimée en ces termes, elle n'en est pas moins une profonde vérité. Elle revient à dire que, dans le dessein de la miséricorde et de la fidélité de Dieu, *tout ce que nous demandons*, selon sa volonté, au nom de Jésus-Christ, nous est déjà accordé : nous *l'avons reçu.* Tel est le langage de la foi qui ne connaît pas le doute. (v. 23.) C'est ainsi que Jésus luimême rendait grâce à Dieu de l'avoir exaucé avant d'avoir vu se réaliser l'objet de sa prière. (Jean 11 : 41, 42.)

6. Ces paroles se trouvent dans Math. 6 : 14, 15, également dans un enseignement sur la prière. En les répétant ici, Jésus les rattache à ce qu'il vient de dire de la

CHAP. XI.   ÉVANGILE SELON MARC   391

Jean. (27-30.) — *b) Embarras des adversaires* : s'ils déclarent que ce baptême venait du ciel, Jésus leur reprochera de n'y avoir pas cru ; s'ils nient son inspiration divine, ils ont à redouter le peuple. Ils se résolvent à dire : Nous ne savons. Jésus refuse alors de répondre à leur question. (31-33.) — 2º *La parabole des vignerons*. — *a)* Après avoir repoussé l'attaque de ses adversaires, Jésus décrit la conduite passée, présente, future des chefs du peuple, dans la parabole suivante : Un homme planta une vigne, la pourvut de tout ce qui était nécessaire à l'exploitation, la loua à des vignerons, et s'en alla. (12 : 1.) — *b)* Dans la saison des fruits, il leur envoya un serviteur, puis un second, puis un troisième, suivi de plusieurs autres, afin de recueillir des fruits de sa vigne ; mais les vignerons maltraitèrent les uns et tuèrent les autres. (2-5.) — *c)* Il avait encore un fils, son bien-aimé, qu'il leur envoya, pensant qu'ils le respecteraient. Mais les vignerons, voyant en lui l'héritier, le tuèrent. (6-8.) — *d)* Que fera donc le maître de la vigne ? Il fera périr ces méchants et la donnera à d'autres. Car cette parole de l'Ecriture s'accomplira : La pierre jetée par les constructeurs est la pierre de l'angle, merveilleuse à nos yeux. (9-11.) — 3º *Retraite des adversaires*. Les envoyés du sanhédrin comprennent que Jésus les vise, et voudraient l'arrêter, mais la crainte du peuple les retient. Ils s'en vont. (12.)

Et ils viennent de nouveau à Jérusalem ; et comme il se promenait 27 dans le temple [1], les principaux sacrificateurs et les scribes et les anciens s'approchent de lui ; — et ils lui disaient : Par quelle auto- 28 rité fais-tu ces choses ? ou qui t'a donné cette autorité pour faire ces choses ? — Mais Jésus leur dit : Je vous demanderai une seule chose, 29 répondez-moi, et je vous dirai par quelle autorité je fais ces choses : — Le baptême de Jean venait-il du ciel, ou des hommes ? Répondez- 30 moi [2]. — Et ils raisonnaient entre eux, disant : Si nous disons : Du 31 ciel, il dira : Pourquoi donc n'avez-vous pas cru en lui ? — Mais 32 disons-nous : Des hommes,... ils craignaient le peuple ; car tous pensaient que Jean avait été réellement un prophète [3]. — Et répondant

puissance de la foi, afin de faire sentir à ses disciples qu'une telle foi est toujours inséparable de l'amour qui pardonne, qu'elle n'est jamais au service de la haine ou du fanatisme. Les paroles du v. 26 ne sont probablement pas authentiques ici, mais ont été copiées de Matthieu. Tischendorf, Westcott et Hort les retranchent. Lachmann, Meyer, Weiss pensent qu'elles ont été omises dans les plus anciens manuscrits (*Sin., B*, etc.). Ils les maintiennent d'après *A, C, D*, et la plupart des *majusc.*
1. Voir, sur les versets qui suivent, Math. 21 : 23-27, notes. Ce mot *de nouveau* rappelle le v. 15. Chaque jour de cette dernière semaine, Jésus, après avoir passé la nuit hors de la ville, y retournait dès le matin pour y faire entendre son témoignage suprême. Ainsi, selon Matthieu et Luc, il *enseignait* dans le temple au moment où commence ce récit, ce qui n'exclut point le terme employé par Marc : *il se promenait*, c'est-à-dire allait et venait d'un groupe à l'autre et adressait la parole à tous ceux qui l'entouraient. — Le mot *temple* doit s'entendre ici dans le même sens qu'aux versets 15 et 16.
2. Voir, sur la question et la réponse qui précèdent, Math. 21 : 23-25, notes. Marc seul ajoute cette invitation pressante : *Répondez-moi*.
3. Dans Matthieu ce sont les sacrificateurs et les scribes eux-mêmes qui disent : *nous craignons le peuple ;* selon Luc, ils expriment cette même idée en ces termes : *tout le peuple nous lapidera*. Dans notre évangile, l'embarras de ces hommes rusés est rendu d'une manière plus naturelle et plus fine. Ils n'avouent pas qu'ils ont peur, ils n'osent pas conclure ; mais c'est Marc qui raconte à leur sujet : *Ils craignaient le peuple*.

33 à Jésus, ils disent : Nous ne savons. — Et Jésus leur dit : Moi non plus, je ne vous dis pas par quelle autorité je fais ces choses [1].

XII Et il se mit à leur parler en paraboles [2] : Un homme planta une vigne, et l'entoura d'une haie et creusa une cuve et bâtit une tour,
2 il l'afferma à des vignerons, et s'absenta. — Et dans la saison, il envoya un serviteur vers les vignerons, afin de recevoir des vigne-
3 rons des fruits de la vigne [3] — Mais eux s'étant saisis de lui, le
4 battirent et le renvoyèrent à vide. — Et il envoya encore vers eux un autre serviteur ; et celui-là, ils lui meurtrirent la tête et l'outra-
5 gèrent [4]. — Et il en envoya un autre ; celui-là aussi, ils le tuèrent ; et plusieurs autres, dont ils battirent les uns, et tuèrent les autres [5].
6 — Il avait encore un unique fils bien-aimé ; il l'envoya vers eux le
7 dernier, disant : Ils respecteront mon fils [6]. — Mais ces vignerons

1. Il y a un sévère jugement de Dieu dans ce refus. Ces hommes s'étaient rendus moralement incapables de recevoir la vérité. Si Jésus leur avait déclaré ouvertement que son autorité venait de Dieu, ils n'auraient fait qu'en prendre occasion de l'accuser et de le condamner, comme cela eut lieu quelques jours plus tard. (14 : 62, 63.) — Matthieu place ici la parabole des deux fils et les reproches que Jésus adresse à ces chefs du peuple qui n'avaient pas cru au ministère de Jean-Baptiste, tandis que les péagers et des femmes de mauvaise vie s'étaient repentis sous l'influence de sa parole. Puis, les trois premiers évangélistes rapportent, d'un commun accord, la parabole des vignerons.

2. Voir, sur cette parabole, Math. 21 : 33-46, notes ; comp. Luc 20 : 9-19. Quels sont les auditeurs de Jésus désignés par ce pronom *leur* ? Selon notre évangile, il n'y a pas de doute qu'il ne s'adresse aux sacrificateurs et aux scribes envoyés en députation auprès de lui (11 : 27), car cette parabole se rattache immédiatement à l'entretien qui eut lieu à cette occasion. (Voir, du reste, v. 12.) Dans Matthieu, cette liaison du discours est encore plus évidente, car, après avoir adressé à ces mêmes hommes la similitude des deux fils, il continue en ces termes : « Ecoutez une autre parabole. » Luc (20 : 9) dit que Jésus s'adresse *au peuple ;* cela est également dans la situation, puisque le peuple que Jésus enseignait sous les portiques du temple, quand la députation vint le trouver (11 : 27, note), l'entourait encore et assistait à l'entretien avec les délégués du sanhédrin.

3. *Des fruits* de la vigne, c'est-à-dire une partie des fruits. Telle est aussi l'ex-pression de Luc ; elle signifie que le maître avait accordé avec les vignerons qu'il recevrait une certaine quantité des produits de la vigne, tandis qu'eux-mêmes garderaient le reste pour leur travail. Il y a une légère différence dans Matthieu, qui dit d'une manière plus absolue : *les fruits,* ou même *ses fruits.* Dans ce cas, le maître aurait recueilli tous les produits et payé les vignerons pour leur labeur. Dans l'un et l'autre cas, ce que le propriétaire attend des vignerons ce n'est pas de l'argent, mais des produits de la vigne. Ce détail n'est pas sans importance pour le sens de la parabole.

4. Le texte reçu avec A, C, majusc. porte : « lui meurtrirent la tête *en le lapidant* et le *renvoyèrent* outragé. » La première variante est une glose tirée de Matthieu, la seconde est formée d'après le v. 3.

5. L'envoi de ces serviteurs, que Matthieu raconte sommairement, est ici exposé en détail, avec une double gradation qu'il faut observer : gradation dans la longue patience du maître, qui envoie successivement trois serviteurs, puis, successivement encore, *plusieurs autres*. Gradation aussi dans la nature des mauvais traitements que les vignerons infligent à ces serviteurs : *battre* et *renvoyer* à vide ; *meurtrir* et *outrager ;* enfin *tuer.* Ces serviteurs représentent la longue suite de prophètes que Dieu envoya à son peuple sous l'ancienne alliance pour recueillir au milieu de lui des fruits de repentance, d'obéissance et d'amour. Elle peint d'une manière non moins fidèle l'endurcissement croissant de ce peuple, qui va mettre le comble à son inimitié contre Dieu. (v. 6.)

6. Le texte reçu porte : « *Ayant donc*

dirent entre eux : Celui-ci est l'héritier ; venez, tuons-le, et l'héritage sera à nous [1]. — Et s'étant saisis de lui, ils le tuèrent et le jetèrent hors de la vigne [2]. — Que fera donc le seigneur de la vigne ? Il viendra et fera périr ces vignerons, et il donnera la vigne à d'autres [3]. — Et n'avez-vous point lu cette parole de l'Ecriture : « La pierre qu'ont rejetée ceux qui bâtissaient est devenue la principale pierre de l'angle ; — c'est par le Seigneur qu'elle l'est devenue, et elle est merveilleuse à nos yeux [4] ? » — Et ils cherchaient à s'emparer de lui ; mais ils craignirent la foule ; car ils avaient compris que c'était pour eux qu'il avait dit cette parabole. Et le laissant, ils s'en allèrent [5].

B. 13-34. QUESTIONS DIVERSES POSÉES PAR DES PHARISIENS UNIS A DES HÉRODIENS, PAR LES SADDUCÉENS, PAR L'UN DES SCRIBES. — 1° *La question du tribut.* — *a)* Les chefs envoient à Jésus quelques *pharisiens* et quelques *hérodiens* pour surprendre de lui une parole compromettante. Ces envoyés *saluent* Jésus comme un maître qui n'a souci que de la vérité et lui demandent *s'il est permis* de payer le tribut à César. (13, 14.) — *b) Jésus* pénétrant leur *hypocrisie*, demande qu'on lui apporte un denier, et, après leur avoir fait remarquer de qui il portait *l'image* et le nom, il leur ordonne de *rendre à César* ce qui est à César et à Dieu ce qui est à Dieu. Grand est leur étonnement à

encore un fils unique, *son* bien-aimé, il l'envoya, *lui aussi*, vers eux, le dernier. » Les mots soulignés marquent des variantes de peu d'importance. — C'est le trait solennel, émouvant du récit de Jésus. Marc et Luc le font admirablement ressortir, chacun à sa manière. C'est le suprême effort de la tendre miséricorde de Dieu. Qui ne se rappellerait, en lisant ces mots, la grande parole de Jésus (Jean 3 : 16) : « Dieu a tellement aimé le monde qu'il a donné son Fils unique ! »
1. Quelle révélation de ce qui se passait dans le cœur des adversaires, auditeurs de Jésus ! Leur but principal, en mettant à mort le Messie envoyé de Dieu, était précisément de rester en possession de la théocratie, des avantages, de l'influence, des honneurs qu'elle leur donnait et qu'ils craignaient de perdre. Dans tous les temps, les ennemis du Sauveur ont le sentiment plus ou moins conscient qu'en se débarrassant de lui, de sa vérité, de son autorité, ils resteront en possession d'eux-mêmes, de leurs intérêts terrestres, et de leur orgueilleuse indépendance vis-à-vis de Dieu.
2. Matthieu et Luc rangent ces deux actions dans un ordre inverse : « le jetèrent hors de la vigne et le tuèrent. » Dans le récit de la parabole, cette différence n'a aucune importance ; seulement, l'ordre adopté par Marc serait un argument contre l'idée que Jésus fait ici allusion aux circonstances particulières de sa mort. Sans doute, il fut crucifié hors de Jérusalem ; mais Jérusalem n'est pas *la vigne* qui, dans la parabole, représente le royaume de Dieu. (Math. 21 : 43.) Ce qui a donné l'idée de rapprocher ce trait de la parabole du fait que Jésus fut crucifié hors de la ville, c'est une parole de l'épître aux Hébreux. (13 : 12.)
3. Selon Marc et Luc, c'est Jésus qui fait la question et la réponse. Dans Matthieu, ce sont les adversaires eux-mêmes qui, interrogés par le Seigneur, sont forcés de prononcer une sentence de condamnation sur les vignerons, ignorant dans leur aveuglement que cette sentence retombait directement sur leurs propres têtes. Quelques interprètes, afin de mettre Marc et Luc en harmonie avec Matthieu, attribuent ici la réponse aux sacrificateurs et aux scribes, mais cela n'est nullement marqué dans le texte. Dans l'un et l'autre cas, la sentence reste la même et, sortant de la bouche du Seigneur, elle n'en est que plus redoutable.
4. Voir, sur cette citation, Math. 21 : 42, note, et sur le sens général de la parabole, v. 43, note.
5. *Pour eux,* gr. *en vue d'eux, par rapport à eux.* Logiquement, les trois

son sujet. (15-17.) — 2° *La question de la résurrection.* — *a*) Les *sadducéens*, qui nient la résurrection, demandent, avec ironie, à Jésus quelle sera, dans l'autre monde la condition d'une *femme* qui, en vertu du lévirat a épousé successivement *sept frères.* (18-23.) — *b*) *Jésus répond* qu'ils sont dans l'*erreur* et que celle-ci provient de ce qu'ils ignorent et les Ecritures et la puissance de Dieu. Dans l'économie future il n'y aura plus de mariage, parce que les hommes seront comme les anges. Quant à la vie à venir, elle est attestée par cette parole du livre de Moïse, où Dieu se nomme le Dieu d'Abraham, d'Isaac et de Jacob, car Dieu n'est pas le Dieu des morts, mais des vivants. (24-27.) — 3° La question du plus grand commandement. — *a*) Un *scribe*, satisfait de la réponse de Jésus aux sadducéens, demande à Jésus quel est le premier commandement. *Jésus* lui indique le commandement de l'amour de Dieu, auquel il joint celui de l'amour du prochain. (28-31.) — *b*) Le *scribe approuve* la réponse de Jésus et confesse qu'aimer Dieu, c'est plus que d'offrir des sacrifices. *Jésus* lui *déclare* qu'il n'est pas loin du royaume de Dieu. (32-34.)

13 Et ils envoient vers lui quelques-uns des pharisiens et des héro-
14 diens, afin de le surprendre en parole[1]. — Et étant venus, ils lui disent : Maître, nous savons que tu es vrai, et que tu ne te mets en peine de personne ; car tu ne regardes point à l'apparence des hommes, mais tu enseignes la voie de Dieu selon la vérité : Est-il permis ou non de payer le tribut à César ? Payerons-nous, ou ne payerons-nous
15 pas[2] ? — Mais lui, connaissant leur hypocrisie, leur dit : Pourquoi
16 me tentez-vous[3] ? Apportez-moi un denier, afin que je voie. — Et ils l'apportèrent. Et il leur dit : De qui est cette image et cette in-
17 scription ? Ils lui dirent : De César. — Et Jésus leur dit : Rendez à César ce qui est à César, et à Dieu ce qui est à Dieu[4]. Et ils étaient dans l'étonnement à son sujet[5].

premières phrases de ce verset devraient être construites ainsi : « Ils cherchaient à le saisir ; car ils avaient compris, etc. ; mais ils craignaient la foule. » Le *car*, en effet, n'est pas destiné à motiver la crainte qu'ils avaient, mais leur dessein de faire mourir Jésus. Si telle n'était pas la vraie construction, il faudrait admettre avec Meyer que ces mots : *ils avaient compris*, se rapportent non aux adversaires de Jésus, mais aux hommes de la foule, ce qui est impossible, parce que la dernière phrase : *et le laissant, ils s'en allèrent*, ne peut avoir pour sujet que ces mêmes adversaires. — Ainsi, tel est l'endurcissement de ces hommes, que cette redoutable parabole, qu'ils ont très bien comprise, ne fait que les affermir dans leurs desseins meurtriers à l'égard du Sauveur.

1. Gr. *de le prendre par une parole.* Voir, sur les deux récits qui suivent, Math. 22 : 15-33, notes, et comp. Luc 20 : 20-40. Quel est le sujet de ce verbe : *ils envoient* ? D'après 11 : 27 ; 12 : 12, ce sont les principaux sacrificateurs, les scribes et les anciens qui avaient été délégués par le sanhédrin. Matthieu attribue aux pharisiens l'initiative de cette nouvelle démarche ; ceux-ci avaient en effet la majorité dans le sanhédrin. Marc, de même que Matthieu, désigne ceux qui sont ici envoyés pour *surprendre* Jésus par une question captieuse, comme des *pharisiens* et des *hérodiens*, deux partis ennemis qui s'unissent dans le même mauvais dessein. (Voir sur les pharisiens Math. 3 : 7, note, et sur les hérodiens Math. 22 : 16, note.)

2. Gr. *Donnerons-nous ou ne donnerons-nous pas ?* Marc seul ajoute cette seconde question précise et personnelle, à la première qui concernait le principe. Sur le danger qu'il pouvait y avoir pour Jésus dans la solution de cette question, voir Math. 22 : 17, note.

3. *Connaissant leur hypocrisie.* Voilà bien celui qui sonde les cœurs. (Jean 2 : 25.)

Les notes 4 et 5 sont à la page suivante.

Et des sadducéens, qui disent qu'il n'y a point de résurrection, 18 viennent vers lui[1]. Et ils l'interrogeaient, disant : — Maître, Moïse 19 nous a prescrit que si le frère de quelqu'un meurt, et laisse une femme et ne laisse point d'enfant, son frère prenne la femme et suscite postérité à son frère[2]. — Il y avait sept frères ; et le premier 20 prit une femme, et en mourant ne laissa point de postérité ; — et le 21 second la prit, et il mourut, ne laissant point de postérité ; et le troisième de même. — Et les sept n'ont point laissé de postérité. Après 22 eux tous, la femme mourut aussi. — En la résurrection, quand ils 23 ressusciteront, duquel d'eux sera-t-elle femme ? car les sept l'ont eue pour femme[3]. — Et Jésus leur dit : N'est-ce pas à cause de ceci que 24 vous êtes dans l'erreur, c'est que vous ne connaissez pas les Ecritures, ni la puissance de Dieu[4] ? — Car, quand on ressuscite des 25 morts, on ne se marie point, on n'est pas donné en mariage ; mais on est comme les anges dans les cieux. — Or, quant aux morts, et 26 à ce qu'ils ressuscitent, n'avez-vous point lu, dans le livre de Moïse, au passage où il est question du buisson, comment Dieu lui parla[5], en disant : « Je suis le Dieu d'Abraham, et le Dieu d'Isaac, et le

---

Dès lors sa question : *Pourquoi me tentez-vous ?* devait révéler à ces hommes l'inutilité et la folie de leur dessein.

1. D'après une variante de *Sin.*, *B*, *C*, admise par les meilleurs critiques, l'ordre des mots est le suivant : *Ce qui est de César, rendez-le à César, et ce qui est de Dieu à Dieu.* Marc seul a cette construction plus frappante en ce qu'elle attire tout d'abord l'attention sur la distinction à faire entre les choses de la politique et celles de la religion, entre les devoirs du citoyen et ceux du chrétien. Par cette parole, Jésus n'exprimait pas seulement une profonde vérité morale (voir Math. 22 : 21, note), mais il sortait victorieux du piège que lui tendaient ses adversaires, et en même temps il brisait leur alliance momentanée ; car les pharisiens ne voulaient pas rendre à César le tribut qui lui appartenait, et les hérodiens, mondains et frivoles, étaient tout aussi peu disposés à rendre à Dieu ce qui est à Dieu, c'est-à-dire leurs cœurs et leurs vies.

5. Le mot grec désigne à la fois l'*étonnement* et l'*admiration ;* mais si le peuple admirait, les adversaires reçurent sans doute une impression toute différente. — Le texte reçu dit : *ils furent* (aoriste) dans l'étonnement, mais il faut remarquer cet imparfait du vrai texte qui exprime la durée, la permanence de cette impression.

1. Voir, sur ce récit, Math. 22 : 23-33, notes, et sur les *sadducéens*, parti opposé aux pharisiens, Math. 3 : 7, note.

2. Deut. 25 : 5, 6. Ce passage renferme à la fois la prescription légale dont il s'agit, et le but du législateur, qui était la conservation des familles et des tribus en Israël.

3. De ces deux termes, qui paraissent un pléonasme, *en la résurrection, quand ils seront ressuscités*, le premier exprime l'idée d'une résurrection universelle, le second s'applique à la résurrection des sept frères et de la femme, mentionnés dans ce récit. Comme les sadducéens ne croyaient pas que les morts revivent (v. 18), leur question se réduisait à une ironie.

4. Ignorer les *Ecritures* et la *puissance de Dieu*, telle est la double source habituelle de l'*erreur* et de l'incrédulité. Or Jésus prouve ici (v. 25) la puissance de Dieu par le fait que sa parole créatrice saura rendre aux morts un corps glorifié, digne de leur existence nouvelle ; puis il démontre la vérité profonde des Ecritures par la citation qu'il en fait et la conclusion qu'il en tire. (v. 25, 27 ; comp. Math. 22 : 30-32, notes.)

5. Ex. 3 : 6. Gr. *Au buisson, comment Dieu lui parla.* L'ordre des mots et l'analogie de Rom. 11 : 2 recommandent la version que nous avons admise. La traduction ordinaire est : « dans le livre

27 Dieu de Jacob ?. » — Il n'est point le Dieu des morts, mais des vivants. Vous êtes donc grandement dans l'erreur [1].

28 Et l'un des scribes, qui les avait entendus discuter ensemble, voyant qu'il leur avait bien répondu, s'approcha et lui demanda : Quel est le
29 premier de tous les commandements [2] ? — Jésus répondit : Le premier est : « Ecoute, Israël, le Seigneur notre Dieu est l'unique Sei-
30 gneur. — Et tu aimeras le Seigneur ton Dieu de tout ton cœur, et
31 de toute ton âme, et de toute ta pensée, et de toute ta force. » — Voici le second : « Tu aimeras ton prochain comme toi-même. » Il n'y a
32 point d'autre commandement plus grand que ceux-ci [3]. — Et le scribe lui dit : Bien, Maître, tu as dit selon la vérité, qu'il est l'Uni-
33 que, et qu'il n'y en a point d'autre que lui [4] ; — et que l'aimer de tout son cœur et de toute son intelligence et de toute sa force, et aimer le prochain comme soi-même, c'est plus que tous les holo-
34 caustes et les sacrifices [5]. — Et Jésus, voyant qu'il avait répondu avec

de Moïse, comment Dieu lui parla dans le buisson. »

1. Gr., *Vous donc, vous errez grandement*, par la double cause indiquée au v. 24. — Tischendorf omet les mots : *vous donc*, d'après *Sin*., *B*, *C*.

2. Gr. *De quelle nature est le premier commandement de tous ?* — Voir, sur cette section, Math. 22 : 34-46, notes. Selon Matthieu, ce *scribe* serait venu à Jésus, envoyé par les pharisiens et lui aurait proposé sa question *pour le tenter* ou l'éprouver. Dans notre évangile, cette dernière idée disparaît complètement, et tout l'entretien qui va suivre est plein de bienveillance de part et d'autre. Il faut reconnaître cette différence, sur laquelle pourtant comp. Math. 22 : 35, note.

3. Voir, sur la question du scribe et la réponse du Sauveur, Math. 22 : 36-39, notes. Au v. 29, le texte reçu porte les mots : *Le premier de tous les commandements est celui-ci*. La plupart des critiques adoptent la leçon de *Sin*., *B*, qui porte simplement : *Le premier est*. Ensuite, le texte reçu avec *A*, *D*, *majusc*. ajoute au v. 30 : *c'est là le premier commandement*, glose inutile. Enfin, le texte reçu avec *A*, et les *majusc*., après les mots : *Voici le second*, dit encore *qui lui est semblable*, termes empruntés à Matthieu. — Quant à la citation, faite par le Sauveur, du grand commandement de l'amour, Marc seul la fait précéder de ces mots : *Ecoute, Israël, le Seigneur notre Dieu est un seul Seigneur*. Ces paroles, empruntées à Deut. 6 : 4, 5, s'y trouvent exactement dans le même rapport avec le saint devoir d'aimer Dieu. C'est qu'un Dieu unique peut seul être l'objet de l'amour suprême de la créature, comme à son tour cet amour constitue l'unité et l'âme de tous les commandements. Il faut observer encore qu'à ces trois termes, de tout ton *cœur*, de toute ton *âme*, de toute ta *pensée*, qui se trouvent dans Matthieu, Marc ajoute : de toute ta *force*, conformément à l'hébreu, qui, par contre, ne renferme pas le mot de *pensée*. (Comp. Math. 22 : 37, note.) — Enfin, le commandement concernant l'amour du prochain est cité ici d'après Lév. 19 : 18.

4. La réponse du scribe et l'approbation que Jésus lui donne (v. 32 à 34) ne se trouvent que dans Marc. Le scribe relève tout d'abord le grand principe de l'unité de Dieu, rappelé par le Sauveur, et y adhère avec conviction. Cela n'est pas étonnant chez un Israélite ; mais ce qu'il ajoute, sur l'amour pour Dieu et pour le prochain, révèle les excellentes dispositions de son cœur.

5. Pensée profonde et éminemment scripturaire. (1 Sam. 15 : 22 ; Ps. 40 : 7.) — Dans son énumération des facultés de l'âme qui toutes doivent être pénétrées de l'amour de Dieu, le scribe remplace le mot de *pensée* (v. 30) par celui d'*intelligence*, par où il entend sans doute cette raison supérieure et morale qui pénètre et embrasse tout entier le rapport de l'homme et de Dieu, unis par l'amour. Pour bien saisir le sens de ce mot, il faut en juger par son contraire, tel qu'on le

sagesse[1], lui dit : Tu n'es pas loin du royaume de Dieu[2]. Et personne n'osait plus l'interroger[3].

C. 35-40. LA QUESTION POSÉE PAR JÉSUS. GARDEZ-VOUS DES SCRIBES. — 1° *De qui le Christ est-il fils ?* Jésus, après avoir réduit ses adversaires au silence, continue à enseigner dans le temple, et demande à la foule comment les scribes peuvent dire que le Christ est fils de David, puisque David, dans un psaume que Jésus cite, l'appelle son Seigneur. (35-37.) — 2° *Les scribes censurés.* Jésus met le peuple en garde contre les scribes, dont il stigmatise la vanité, la rapacité et l'hypocrisie. (38-40.)

Et Jésus reprenant la parole disait, enseignant dans le temple : 35 Comment les scribes disent-ils que le Christ est fils de David[4] ? — David lui-même a dit par l'Esprit-Saint[5] : « Le Seigneur a dit à mon 36 Seigneur : Assieds-toi à ma droite, jusqu'à ce que j'aie mis tes ennemis sous tes pieds[6]. » — David lui-même l'appelle Seigneur, comment 37

trouve dans Rom. 1 : 21, 31. Le texte reçu, avec *A, D, majusc.*, ajoute, après *intelligence : et de toute son âme.*

1. Le terme que nous traduisons ainsi est composé d'un mot qui a toujours dans l'Ecriture un sens à la fois intellectuel et moral. C'est *l'entendement* appliqué aux vérités divines. (Comp. Luc 24 : 45 ; 1 Cor. 14 : 14, 15, 19.)

2. Jésus, qui lisait dans le cœur de ce scribe et connaissait la sincérité et le sérieux des paroles qu'il venait de prononcer, pouvait, afin de l'encourager, lui rendre ce beau témoignage, et il le lui rendit sans doute avec d'autant plus de joie et d'amour que son interlocuteur appartenait à une classe d'hommes généralement opposés à son enseignement. — N'être *pas éloigné* du royaume de Dieu, c'est en être proche, mais n'y être pas entré encore. Pour bien comprendre cette parole, il est évident qu'il ne faut pas entendre le *royaume de Dieu* dans son accomplissement futur et glorieux, mais dans sa signification actuelle, intime : on est ou l'on n'est pas dans ce royaume selon les dispositions du cœur. (Luc 17 : 21 ; Jean 3 : 5.)

3. Matthieu (22 : 46) fait cette même observation à la suite de la question sur l'origine du Christ. (v. 37.) Marc la place à la suite de l'entretien sur le plus grand commandement. Cet entretien dut faire une vive impression sur les adversaires, puisque l'un des leurs venait de se déclarer d'accord avec Jésus sur le point central de la vraie religion.

4. Gr. Jésus *répondant*.... (Math. 11 : 25, note.) Ce mot rattache étroitement la question de Jésus à la remarque précédente. Jésus *répond* au silence par lequel ses adversaires avouaient leur défaite, en prenant l'offensive contre eux. Matthieu (22 : 41, voir les notes) introduit cette question en nous montrant Jésus entouré de pharisiens auxquels il l'adresse. Mais il y avait là d'autres auditeurs, très nombreux, qui paraissent avoir profité de cet enseignement plus que les adversaires. (v. 37.) — Jésus attribue *aux scribes* l'opinion régnante que *le Christ* ou le Messie devait être *fils de David*. Ces scribes, ou docteurs de la loi, étant les théologiens du temps (comp. Math. 23 : 2, note), ce qu'ils enseignaient à cet égard devait avoir de l'importance aux yeux du peuple. Jésus approuve leur opinion et s'en sert pour proposer à ses auditeurs une grave question concernant sa personne.

5. *Par l'Esprit-Saint*, ou (gr.) *dans l'Esprit-Saint*. Matthieu dit : *en esprit*, c'est-à-dire éclairé, animé par l'Esprit de Dieu, comme l'étaient tous les prophètes, quand ils recevaient une révélation divine qu'ils devaient transmettre à leur peuple. (2 Pier. 1 : 21.) — Il faut remarquer ce mot : David *lui-même*, répété au v. 37, avec une intention marquée, afin de mettre le terme qu'emploie David : *mon Seigneur*, en parallèle avec le titre que donne à Jésus l'opinion courante : *son fils*. (v. 37.)

6. Ps. 110 : 1. Voir, sur cette citation, Math. 22 : 44, note.

donc est-il son fils [1] ?... Et la foule nombreuse l'écoutait avec plaisir [2].

38 Et il disait dans son enseignement [3] : Gardez-vous des scribes, qui se plaisent à se promener en robes longues et qui recherchent les
39 salutations dans les places publiques — et les premiers sièges dans
40 les synagogues et les premières places dans les festins [4], — eux, qui dévorent les maisons des veuves, et cela en affectant de faire de longues prières [5] ; ceux-là subiront un jugement plus rigoureux [6].

D. 41-44. LA PITE DE LA VEUVE. — Jésus, assis vis-à-vis du trésor, observe ce que les gens y mettent. Il voit une pauvre veuve qui donne deux pites. Il appelle à lui ses disciples et leur déclare que cette femme, qui a mis dans le tronc tout ce qu'elle avait pour vivre, a plus donné que les autres qui y ont mis leur superflu.

41 Et Jésus s'étant assis vis-à-vis du trésor, regardait comment la foule mettait de la monnaie dans le trésor [7]. Et plusieurs riches met-

---

1. Gr., *et d'où est-il son fils ?* par quelle cause, puisqu'il l'appelle *Seigneur ?* Matthieu et Luc disent : *Comment* est-il son fils ? Voir sur cette question, Math. 22 : 45, note.
2. A la question du Sauveur, personne ne répond (Math. 22 : 46) ; il se fait un silence significatif. La *foule* l'écoutait *avec plaisir*, jouissait de voir les scribes pris au dépourvu. Cette disposition la rendait propre à recevoir le sévère avertissement que Jésus fait entendre. (v. 38 et suiv.)
3. Matthieu (ch. 23) a conservé un long discours dans lequel Jésus censure les scribes et les pharisiens, en les apostrophant directement, Marc (v. 38-40) et Luc (20 : 45-47) n'en reproduisent que quelques paroles adressées au peuple que Jésus met en garde contre l'esprit de ses conducteurs.
4. Gr., *qui veulent* se promener en longue robe, et ce verbe a aussi pour objet tout ce qui suit : les *salutations*, les *premiers sièges*, les *premières places*. Ce terme a son importance : « *vouloir* rend souvent mauvaise une chose indifférente. » *Bengel.* Luc écrit aussi : « *qui veulent* se promener, etc., » puis « qui *aiment* les salutations, etc. » La volonté est toujours du parti des affections, bonnes ou mauvaises. — Ces *longues robes* auxquelles tenaient tant les scribes, ces *salutations* qu'ils recherchaient dans les places publiques, étaient chez eux le signe certain de la vanité qu'ils tiraient de leur rang, de leur profession, de leur secte. Le fait qu'ils prétendaient aux *premiers sièges dans les synagogues*, aussi bien qu'aux *premières places dans les festins*, dénotait cet orgueil qui veut briller et dominer dans les cérémonies religieuses comme dans la vie civile. Reste encore à dévoiler un autre de leurs vices, l'avarice. (v. 40.)

5. Gr., *dévorant les maisons des veuves et, par prétexte, priant longuement.* « On peut expliquer de deux manières les spoliations indiquées par le terme : *manger les maisons des veuves* : ou bien, ils extorquaient à des femmes pieuses, sous prétexte d'intercéder pour elles, des présents considérables ; ou bien, ce qui est plus naturel et plus piquant, en raison de l'amphibologie qui s'attacherait par là au terme de *manger*, Jésus fait allusion aux repas somptueux qu'ils se faisaient servir chez ces femmes, en remplissant auprès d'elles l'office de directeurs de conscience. Dans les deux cas, c'étaient les Tartufes de l'époque. » Godet, *Comm.* sur Luc 20 : 45-47.
6. Le *jugement* que méritent ceux qui joignent l'hypocrisie à tous leurs autres péchés.
7. Luc 21 : 1-4. — Gr., *jetait du cuivre*, c'est-à-dire des pièces de monnaie de peu de valeur. — Le trésor du temple se trouvait dans le parvis des femmes et consistait, selon les rabbins, en treize coffres ou troncs, auxquels on donnait le nom de *trompettes* à cause de leur forme semblable à cet instrument. Le premier établissement de ce trésor est mentionné dans 2 Rois 12 : 9. C'est là qu'on déposait les offrandes volontaires pour le temple et le culte. — Jésus, *assis* dans cette dépendance du temple, *regardait* avec atten-

taient beaucoup. — Et une pauvre veuve vint et mit deux pites, qui 42
font un quart d'as[1]. — Et, ayant appelé à lui ses disciples, il leur 43
dit[2] : En vérité, je vous dis que cette pauvre veuve a mis dans le
trésor plus que tous ceux qui y mettent. — Car tous ont mis de leur 44
superflu ; mais celle-ci a mis de son indigence, tout ce qu'elle avait,
toute sa subsistance[3].

4. *Le discours sur les derniers temps.*

A. 1-4. L'OCCASION DU DISCOURS. — 1° *Les pierres du temple.* Au moment où Jésus sort du temple, l'un des disciples lui en fait admirer les constructions. Jésus déclare qu'il n'en demeurera pierre sur pierre. (1, 2.) — 2° *La question des disciples.* Quand ils sont arrivés sur le mont des Oliviers, Pierre, Jacques, Jean et André l'interrogent en particulier sur l'époque à laquelle cet événement s'accomplira et sur le signe qui annoncera son accomplissement. (3, 4.)

Et comme il sortait du temple, un de ses disciples lui dit : Maître, **XIII**
vois quelles pierres et quelles constructions[4] ! — Et Jésus lui dit : 2
Tu regardes ces grandes constructions ! il ne sera laissé pierre sur

tion, *contemplait.* Ce regard ne s'arrêtait pas à la main qui donnait, mais pénétrait jusqu'au cœur. (v. 43.)
1. Gr., *deux lepta* qui font un *quadrant.* (Math. 5 : 26, note.) — Le quadrant était une monnaie romaine, et ce mot que Marc met ici comme une explication ou une traduction de la valeur indiquée, montre à quels lecteurs son évangile était destiné. (Voir l'*Introd.*) « *Deux* pites,... la veuve aurait pu en garder une. » Bengel.
2. Il y a quelque chose de solennel dans cette action d'*appeler à lui ses disciples;* il avait à leur parler « d'une grande chose. » *Bengel.*
3. Ce dernier verset explique le précédent. La pauvre veuve avait réellement mis dans le trésor *plus* que tous les autres, toutes proportions gardées ; car leur offrande, à eux, était prise dans le *surplus* ou superflu, tandis que la sienne provenait d'une pauvreté que l'évangéliste s'efforce de faire sentir par trois expressions différentes : *de son indigence* (gr., de son *déficit,* de son *manque*), *tout ce qu'elle avait, toute sa subsistance* (gr., *toute sa vie*). Mais ce qui constituait surtout l'immense supériorité de son offrande sur celles des autres, c'étaient ses motifs, dont Jésus pénétrait la valeur morale. Elle ne faisait point une aumône, mais un don pour le culte divin, inspiré uniquement par l'amour pour Dieu, à qui elle donnait ainsi son cœur et sa vie. Et ce qui n'est pas moins touchant que son amour, c'est sa confiance sans bornes en Dieu, à qui elle remet le soin d'un avenir absolument destitué de secours. — Marc et Luc nous ont seuls conservé cette perle entre les récits évangéliques. Comment se fait-il que Matthieu ne l'ait pas recueillie ? Cette question s'adresse à la critique qui prétend que Matthieu a copié Marc ou du moins un proto-Marc. Quoi ! Matthieu aurait eu sous les yeux un document où se trouvait ce trait si instructif et si touchant, et il l'aurait volontairement omis ? Dire, comme on l'a fait, qu'entre les sévères censures prononcées contre les scribes et les pharisiens (Math. 23) et le grand discours prophétique sur l'avenir (Math. 24), il n'y avait plus de place pour l'histoire de la veuve, c'est une défaite.
4. Voir, sur le discours prophétique qui va suivre, Math. 24, notes et comp. Luc 21 : 5 et suiv. — Matthieu et Marc notent avec soin le moment où Jésus *sort du temple,* ce centre de la théocratie juive avec laquelle il a rompu. (Math. 23 : 39 ; 24 : 1, notes.) — Marc dit qu'*un de ses disciples,* qu'il ne nomme pas (Pierre peut-être), attira l'attention de Jésus sur la grandeur des *pierres* et des *édifices* qui composaient le lieu sacré. (Voir la note suivante.) Matthieu attribue cette remarque à *ses disciples.*

3 pierre qui ne soit démolie [1]. — Et comme il était assis sur la montagne des Oliviers, en face du temple, Pierre et Jacques et Jean et
4 André l'interrogeaient en particulier [2] : — Dis-nous quand ces choses arriveront, et quel sera le signe que toutes ces choses sont sur le point de s'accomplir [3].

B. 5-13. LES ÉVÉNEMENTS QUI PRÉCÉDERONT LA FIN. — 1° *Les faux Christs*. Jésus met les siens en garde contre les séducteurs qui se donneront pour le Christ. (5, 6.) — 2° *Les bouleversements sociaux*. Jésus exhorte les siens à ne pas se laisser troubler par les guerres, les tremblements de terre, les famines, qui ne seront qu'un commencement de douleurs. (7, 8.) — 3° *Les persécutions et les chutes. L'assistance du Saint-Esprit*. Jésus invite les siens à veiller sur eux-mêmes, car à cause de lui ils seront livrés aux tribunaux jusqu'à ce que l'Evangile soit annoncé sur toute la terre. Qu'ils ne s'en mettent pas en souci, car l'Esprit-Saint parlera en eux. La division sera au sein des familles. Les hommes feront mourir leurs plus proches. Les disciples seront haïs de tous. Qui aura persévéré jusqu'à la fin sera sauvé. (9-13.)

1. *Démolie*, gr. *détachée* de l'édifice dont elle faisait partie et jetée à bas. « Le temple était bâti avec des pierres blanches et fortes, dont chacune mesurait environ 25 coudées en longueur, 12 de largeur, 8 en hauteur. » Josèphe, *Antiq.*, XV, 11, 3. Le même historien, témoin de la catastrophe, constate que l'édifice fut entièrement détruit. — « Au delà de cette porte, mais plus près de l'angle sud-est de la ville, la base de la muraille est composée, par places, de pierres énormes qui datent évidemment du temple ; elles justifient l'admiration des apôtres : *Maître, regarde quelles pierres !* Celles qui restent semblent n'être là que pour qu'on s'étonne davantage que les autres aient pu être renversées et pour qu'on voie mieux, dans cette destruction, l'intervention souveraine de Dieu. J'ai mesuré une de ces pierres, prise à peu près au hasard : elle avait 16 pieds de longueur sur 4 1/2 de hauteur ; mais il y en a de beaucoup plus grandes. Schulz en cite une de 29 pieds de long.... Il est remarquable que tous les vestiges des anciens murs de Jérusalem se trouvent dans l'enceinte du temple.... A ces derniers appartient, entre autres, la belle et imposante muraille au pied de laquelle les Juifs viennent pleurer la ruine et la profanation de leur temple. » Félix Bovet, *Voyage en Terre Sainte*, 7ᵉ édit., p. 166.

2. Voir Math. 24 : 3, note. C'était probablement le soir ; Jésus était sorti de Jérusalem pour se rendre à Béthanie ; il avait traversé le torrent du Cédron et gravi le mont des Oliviers ; c'est là qu'il *s'était assis* avec ses disciples, *en face* *du temple*, selon l'observation de Marc ; toute la ville de Jérusalem étalait sous leurs yeux ses édifices, sur la colline opposée. En présence de ce spectacle, Jésus annonce la ruine de la cité, puis il plonge ses regards dans le plus lointain avenir, jusqu'au jour de sa gloire ! — Marc seul a conservé les noms de ces quatre disciples les plus intimes de Jésus qui lui adressent, en particulier, la grave question, occasion de toute cette prophétie.

3. La question des disciples est plus explicite dans Matthieu (voir la note) que dans Marc et Luc. Dans le premier évangile, ils demandent deux choses : d'abord, quand aura lieu la destruction du temple que Jésus vient d'annoncer ; ensuite, quel sera le signe de son avènement et de la fin des temps. Au premier abord, il semble que Marc et Luc ne posent que la première de ces deux questions, et beaucoup d'excellents interprètes sont de cette opinion. Toutefois, en y regardant de plus près, il est difficile de ne pas retrouver dans ces deux évangélistes la double pensée de Matthieu, au moins indiquée. Entre les deux phrases de ce verset, il y a progression, elles formulent deux questions : d'abord, *quand ces choses arriveront ;* puis, quel sera *le signe* (terme de Matthieu) que *toutes ces choses s'accompliront* (gr., *seront consommées*, mot qui rappelle celui de Matthieu : *la consommation du temps.*) Quoi qu'il en soit, il est certain que, dans les trois évangiles, Jésus répond aux deux questions, partant du jugement de Dieu sur Jérusalem, puis étendant son regard jusqu'à son retour pour le dernier jugement et la délivrance

Et Jésus se mit à leur dire : Prenez garde que personne ne vous 5 séduise[1] ; — plusieurs viendront en mon nom, disant : C'est moi ! 6 Et ils séduiront beaucoup de gens[2]. — Mais quand vous entendrez 7 parler de guerre et de bruits de guerre, ne soyez point troublés ; il faut que cela arrive ; mais ce ne sera pas encore la fin[3]. — Car na- 8 tion se lèvera contre nation, et royaume contre royaume ; il y aura des tremblements de terre en divers lieux ; il y aura des famines. Ces choses seront un commencement de douleurs[4]. — Mais vous, prenez 9 garde à vous-mêmes. Ils vous livreront aux tribunaux et aux synagogues ; vous serez battus de verges ; et vous comparaîtrez devant des gouverneurs et des rois, à cause de moi, pour leur être en témoignage[5]. — Et il faut que l'Evangile soit premièrement prêché à toutes 10 les nations[6]. — Et quand ils vous mèneront pour vous livrer, ne soyez 11 pas en souci par avance de ce que vous direz ; mais tout ce qui vous sera donné à cette heure-là, dites-le ; car ce n'est pas vous qui parlez, mais l'Esprit-Saint. — Et un frère livrera son frère à la mort, 12

de ses rachetés. Seulement, chez Luc, ces deux grands événements sont présentés d'une manière distincte, tandis que, dans Matthieu et Marc, ils semblent parfois se confondre l'un avec l'autre. (Voir Math. 24 : 4, note.)

1. *Ne vous séduise*, ou ne vous égare, ne vous trompe, soit en vous entraînant à la suite de ces faux christs qui viendront, soit en vous persuadant que les autres signes que je vais indiquer sont déjà là. (v. 7, 8.)

2. Voir, sur ces faux christs, Math. 24 : 5, note.

3. *Des guerres et des bruits de guerre*, tel est le second signe qui aurait pu *troubler* les disciples, ou les induire en erreur au sujet de cette prophétie. Le temps qui s'écoula entre la mort de Jésus et la ruine de Jérusalem fut rempli de guerres diverses entre plusieurs peuples ; les historiens du temps n'ont guère autre chose à raconter. Mais ce ne sera pas là encore *la fin*, dont les disciples se sont enquis. (v. 4.) Voir Matthieu 24 : 6, note.

4. Math. 24 : 7, 8, notes. Le texte reçu porte : « ...des famines *et des troubles. Des commencements* de douleurs seront ces choses. » Le texte que nous avons adopté est conforme à *Sin.*, B, D, vers. Les *famines* sont ordinairement les suites de la guerre. Elles résultent aussi des tremblements de terre.

5. Après tous les signes qui précèdent : faux christs, guerres, et autres calamités publiques, viennent maintenant les persécutions, que Marc et Luc décrivent d'une manière plus complète que Matthieu dans ce discours prophétique. Mais ces deux évangélistes introduisent ici des parties d'un autre discours de Jésus, adressé à ses disciples lors de leur première mission. (Math. 10 : 17 et suiv. Voir les notes.) — Au lieu de cette construction : *ils vous livreront aux tribunaux et aux synagogues ; vous serez battus de verges*, plusieurs traduisent : « vous serez battus de verges dans les synagogues. » Ainsi construite la phrase a un sens conforme à Math. 10 : 17 ; mais la préposition grecque « *dans* les synagogues » implique le mouvement ; et ce complément se relie à celui qui le précède immédiatement : « *dans* les tribunaux. » Comp. sur les châtiments infligés par les tribunaux (gr. *sanhédrins*) siégeant dans les synagogues, Math. 10 : 17, note, et Edersheim, *La société juive*, p. 114.

6. Voir Math. 24 : 14, où cette grande et consolante promesse est exprimée d'une manière plus complète. Marc l'intercale ici, au milieu de ce tableau des persécutions, d'une part, pour montrer qu'elles ne seront pas de courte durée, mais resteront le partage de l'Eglise jusqu'à ce que l'Evangile ait pénétré dans toutes les nations ; d'autre part, pour encourager les disciples par la pensée que, malgré toutes ces persécutions et ces oppositions du monde, la bonne nouvelle du salut parviendra à tous les peuples encore plongés dans les ténèbres.

et un père son enfant ; et des enfants se soulèveront contre leurs pa-
13 rents et les feront mourir[1] ; — et vous serez haïs de tous à cause de mon nom ; mais celui qui aura persévéré jusqu'à la fin, celui-là sera sauvé[2].

C. 14-23. LE JUGEMENT DE DIEU SUR JÉRUSALEM. — 1° *Le signal de la ruine et la fuite des croyants.* Quand « l'abomination de la désolation » sera établie, qu'ils fuient alors vers les montagnes sans rien emporter ! Malheur aux femmes enceintes ! Qu'ils prient pour que ce ne soit point en hiver. (14-18.) — 2° *La grande tribulation abrégée.* Ce sera une détresse comme il n'y en a pas eu et n'y en aura jamais ; mais à cause des élus ces jours seront abrégés. (19, 20.) — 3° *Les faux christs.* Ne croyez pas ceux qui vous diront le Christ est ici ou il est là ! Plusieurs faux christs et faux prophètes viendront, faisant des prodiges. Prenez garde ! (21-23.)

14 Or, quand vous verrez l'abomination de la désolation établie là où elle ne doit pas être (que celui qui lit y fasse attention[3]) ; alors, que

---

1. Ces deux versets se retrouvent textuellement dans le discours de Jésus aux disciples envoyés en mission. (Math. 10 : 19, 20, notes.) Il serait inutile de discuter la question de savoir auquel des deux discours ces paroles, ainsi que celles du v. 9 et 10, ont originairement appartenu. L'essentiel est qu'elles ont été prononcées par le Seigneur. Il est possible que Jésus ait plus d'une fois averti ses disciples de l'opposition qu'ils rencontreraient. En tout cas, Marc et Luc assignent une place très naturelle à ces paroles, puisque les persécutions qu'elles prédisent, font partie de ces signes au sujet desquels les apôtres avaient interrogé le Maître. (v. 4.) Et pour qu'ils ne fussent pas découragés par ces prédictions, Jésus leur avait promis le secours tout-puissant de Dieu. (v. 11.) — Le texte reçu, avec A, et les *majusc.*, ajoute à ces mots : *ne soyez pas en peine de ce que vous direz*, ceux-ci : *et ne le méditez point*, qui ne sont pas authentiques ici. (Comp. Luc 21 : 14 et 12 : 11, 12.)

2. Math. 24 : 9-13, notes. Ici se rejoignent les deux rédactions du discours dans Matthieu et dans Marc.

3. Voir Math. 24 : 15, note. Le Seigneur en vient à désigner d'une manière plus directe les signes précurseurs de la ruine de Jérusalem. Il le fait en empruntant au prophète Daniel les termes de sa prédiction. (Dan. 9 : 27 ; 11 : 31 ; 12 : 11.) Dans Matthieu, il nomme ce prophète ; selon Marc, il se borne à le citer par une simple allusion ; car ces mots du texte reçu, d'après A, et les *majusc.* plus récents : « désolation *dont a parlé le prophète Daniel,* » ne sont pas authentiques, mais empruntés à Matthieu. Ce que le Seigneur entend par : *l'abomination de la désolation* nous est clairement expliqué par Luc, qui remplace la citation de Daniel par ces mots : « Or, quand vous verrez Jérusalem investie par des armées, sachez alors que sa *désolation* est proche. » Pour des Israélites, ce ne devait pas être seulement une désolation (ou dévastation, réduction en *désert*), mais aussi une abomination, c'est-à-dire, selon le langage de l'Ancien Testament, une profanation, une souillure que cet investissement de la ville sainte par des païens impurs. Jésus prédit à ses disciples qu'ils *verront* cette abomination *établie* (participe parfait indiquant un fait accompli et permanent) *là où elle ne doit pas être*, expression vague, remplaçant le terme plus précis de Matthieu : « établie *en lieu saint.* » Selon l'interprétation que nous a donnée Luc, cette profanation du lieu saint est bien attribuée aux Romains, et non, ainsi qu'on l'a pensé, aux Juifs mêmes, parce que, pendant le siège, un parti de ce peuple se serait retranché dans le temple, et aurait souillé le sanctuaire. (Comp. d'ailleurs sur ces mots : *en lieu saint*, Math. 24 : 15, note.) — Quant à l'avertissement placé entre parenthèse (*que celui qui lit y fasse attention*), on peut l'attribuer soit au Seigneur lui-même, soit à l'évangéliste. Dans le premier cas, ce verbe *lire* aurait pour objet la prophétie même de Daniel ; dans le second, il se rapporterait à la lecture de l'évangile.

ceux qui seront dans la Judée s'enfuient dans les montagnes ; — et 15 que celui qui sera sur le toit ne descende point, et n'entre point, pour emporter quelque chose de sa maison ; — et que celui qui sera aux 16 champs ne retourne point en arrière pour prendre son manteau. — Mais malheur à celles qui seront enceintes, et à celles qui allaiteront 17 en ces jours-là ! — Priez pour que cela n'arrive pas en hiver [1]. — 18 Car ces jours-là seront une tribulation telle qu'il n'y en a point eu 19 depuis le commencement de la création que Dieu a créée jusqu'à maintenant et qu'il n'y en aura jamais [2]. — Et si le Seigneur n'eût 20 abrégé ces jours, nulle chair ne serait sauvée ; mais à cause des élus qu'il a élus, il a abrégé ces jours [3]. — Et alors, si quelqu'un vous 21 dit : Voici, le Christ est ici, ou : Voici, il est là, ne le croyez point ; — car de faux christs et de faux prophètes s'élèveront, et feront des 22 signes et des prodiges pour séduire si possible les élus [4]. — Pour vous, 23 prenez garde ; je vous ai tout prédit [5].

D. 24-37. L'AVÈNEMENT DU SEIGNEUR. — 1° *L'avènement du fils de l'homme décrit.* En ces jours-là, après cette affliction, il y aura des bouleversements cosmiques. Le fils de l'homme viendra sur les nuées ; il enverra ses anges rassembler de toutes parts ses élus. (24-27.) — 2° *Quand cet avènement aura lieu.* Jésus instruit ses disciples, par une parabole tirée du figuier, à discerner l'approche de cet événement. Cette génération ne passera point que tout ne soit arrivé. Le ciel et la terre passeront, les paroles de Jésus ne passeront point. (28-31.) — 3° *Exhortation à veiller fondée sur l'incertitude du jour et de l'heure.* Personne ne connaît l'heure, ni les anges, ni le Fils, mais le Père seul. Veillez donc, comme les serviteurs et le portier dont le maître est en voyage. (32-37.)

1. Voir, sur ces détails, destinés à peindre la grandeur du danger et la soudaineté de la catastrophe, Math. 24 : 16-20, notes. A ces mots : *Priez pour que cela n'arrive pas en hiver*, Matthieu ajoute : « ni en un jour de sabbat, » détail qui pouvait avoir un sens pour des Israélites gênés par les prescriptions sabbatiques, mais que les lecteurs étrangers à leur nation n'auraient guère compris. C'est sans doute pour cela qu'il est omis dans Marc. — Le texte reçu dit ici d'après Matthieu : « que *votre fuite* n'arrive pas en hiver. »
2. Voir Math. 24 : 21, note. Cette expression de Marc : *la création que Dieu a créée*; comme au v. 20 celle-ci : *les élus que Dieu a élus*, est sans doute destinée à donner plus de relief à la pensée.
3. Voir Math. 24 : 22, note. Quelques termes de ce verset diffèrent dans Matthieu et Marc, mais la pensée reste la même. L'un et l'autre emploient un verbe très peu usité, choisi à dessein ; c'est celui que nous traduisons par *abréger*, et dont le sens est indiqué dans la note sur le passage de Matthieu.
4. Math. 24 : 23, 24 note. Les mots : *de faux christs* manquent dans *D* et l'*Itala*. Tischendorf, qui les avait omis, les a rétablis dans sa dernière édition. Le texte reçu, avec *A*, *C*, ajoute le mot *même* avant *les élus*. Cette expression paraît formée d'après le texte de Matthieu.
5. *Je vous ai tout prédit*, cela arrivera certainement, *prenez garde !* — C'est ici que Matthieu (24 : 27, 28, voir les notes), parvenu au terme du second cycle de cette prophétie, place la prédiction de la venue de Christ. Cette venue sera rapide et éclatante comme l'éclair, qui resplendit de l'Orient jusqu'en Occident. Il ajoute une autre comparaison : celle du *corps mort* vers lequel s'assemblent les aigles ; et c'est ainsi que, par une transition naturelle, il passe de la partie de ce discours qui concerne le jugement de Dieu

24 Mais en ces jours-là, après cette affliction[1], le soleil s'obscurcira, et
25 la lune ne donnera pas sa lumière, — et les étoiles tomberont du ciel, et les puissances qui sont dans les cieux seront ébranlées[2]. —
26 Et alors ils verront le fils de l'homme venir sur les nuées, avec grande
27 puissance et gloire[3]. — Et alors il enverra les anges, et il rassemblera ses élus, des quatre vents, depuis l'extrémité de la terre jusqu'à
28 l'extrémité du ciel[4]. — Or, que le figuier vous instruise par cette parabole : Dès que ses rameaux sont devenus tendres, et qu'il pousse
29 des feuilles, vous connaissez que l'été est proche. — De même vous aussi, quand vous verrez ces choses arriver, sachez qu'il est proche,
30 et à la porte[5]. — En vérité, je vous dis que cette génération ne pas-
31 sera point, que toutes ces choses n'arrivent[6]. — Le ciel et la terre

sur Jérusalem, à celle qui a pour objet le retour de Christ et le jugement dernier.

1. Marc passe au dernier cycle de cette prophétie par une particule (*mais*) qui fait attendre un nouveau sujet. Pour marquer l'ordre des temps, il se sert de cette expression vague : *en ces jours-là, après cette tribulation*, et évite ainsi l'expression si précise de Matthieu : *aussitôt après*, dans laquelle l'exégèse a trouvé de grandes difficultés. L'explication que nous avons essayé d'en donner (voir Math. 24 : 29, 1re note), n'est point opposée à la relation de Marc qui, lui aussi, étend ses regards vers un avenir assez lointain où paraîtront de faux christs et de faux prophètes. (v. 21-23.) Cette distinction des temps paraît surtout très claire dans Luc (21 : 24, 25) qui, entre la ruine de Jérusalem et les signes précurseurs du retour de Christ rapportés par les trois évangiles, place cette prédiction remarquable : « Et Jérusalem sera foulée aux pieds par les païens, jusqu'à ce que les temps des païens soient accomplis. »

2. Math. 24 : 29, 2e note.

3. Ce moment solennel, point culminant de notre prophétie, est décrit d'une manière plus complète dans Matthieu, qui le fait envisager d'abord sous l'aspect d'un jugement redoutable pour le monde, puis d'une glorieuse délivrance pour les élus de Dieu. Marc et Luc font ressortir uniquement ce dernier point de vue.

4. Matthieu dit ici : « Des quatre vents, depuis une extrémité des cieux jusqu'à l'autre extrémité. » Marc exprime exactement la même idée ; car par : *l'extrémité de la terre* et *l'extrémité du ciel*, il entend, ainsi que Matthieu, l'horizon visuel formé par la jonction apparente de la terre et du ciel. — Voir, sur ce ministère des anges, Math. 24 : 31, note, et 13 : 41, 49.) Le texte reçu dit *ses* anges ; ce pronom est authentique dans Matthieu, mais pas ici.

5. Voir Math. 24 : 32, 33, note.

6. Le terme : *cette génération* ne peut s'entendre que dans son sens naturel, désignant les contemporains de Jésus. (Comp. Math. 24 : 34, note.) D'un autre côté, les mots : *toutes ces choses* renferment les prédictions que Jésus vient de faire sur son retour dans la gloire (v. 26, 27) ; faut-il en conclure que Jésus a annoncé sa seconde venue comme devant avoir lieu du vivant de la génération d'alors ? Voir, sur cette question, Matthieu 24 : 34, note. L'exégèse rationaliste s'en tenant strictement à ce texte et à d'autres indications de ce discours (Matthieu 24 : 29), n'hésite point à répondre affirmativement. C'est là attribuer au Sauveur une erreur qui ôterait, non seulement à ce discours, mais en général à ses prédictions sur l'avenir de son règne, toute autorité. Le fait que les apôtres eux-mêmes attendaient le retour de Christ de leur vivant (1 Thes. 4 : 15-17, notes ; 1 Cor. 15 : 51, note) ne saurait être invoqué à l'appui de cette opinion. Quoi que l'on pense de ces espérances prochaines de la primitive Eglise, on ne peut en attribuer l'origine à Jésus-Christ lui-même qu'en tant qu'il avait laissé ignorer à ses disciples le jour et l'heure de son retour, afin de les maintenir dans une sainte vigilance. Il va déclarer ici même (32), aussi bien que dans Math. 24 : 36, que ce jour et cette heure nul ne les connaît, pas même le Fils, mais Dieu seul. Et, dans ce même discours, il fixerait ce grand événement final comme devant s'accomplir dans sa génération même, et coïncider avec la ruine de Jéru-

passeront, mais mes paroles ne passeront point[1]. — Or, pour ce qui est de ce jour-là, ou de l'heure, personne ne le sait, pas même les anges dans le ciel, pas même le Fils, mais le Père seul[2]. — Prenez garde ; veillez[3] ! car vous ne savez quand le temps est là. — Comme un homme qui, allant en voyage, a laissé sa maison et donné pouvoir à ses serviteurs, à chacun son ouvrage, et au portier il a commandé de veiller[4].... — Veillez donc, car vous ne savez pas quand le Seigneur de la maison vient, si c'est le soir, ou à minuit, ou au chant

32

33

34

35

salem, trente-sept ans après ! Quelle contradiction ! Et cette contradiction se retrouverait dans toutes les prédictions du Sauveur relatives à l'avenir lointain de son règne, en particulier dans la plupart de ses paraboles. Ce n'est donc pas à Jésus, mais aux évangélistes qu'il faut attribuer l'erreur. En rapportant ce discours prophétique, ils ont donné à cette parole une place inexacte. Recueillie par la tradition apostolique et écrite vingt ou trente ans plus tard, telle parole du Sauveur a pu être insérée hors de sa place. Une saine critique doit la lui rendre. Il en est ainsi de cette déclaration, qui ne peut se rapporter qu'à la destruction de Jérusalem et à la ruine de la théocratie.

1. Math. 24 : 35, note.
2. Voir Math. 24 : 36, note. Il faut remarquer cette progression : *les anges, le Fils, le Père*. Dans ce nom : *le Fils*, il faut voir un abrégé de « Fils *de Dieu* », et non du titre « le fils de l'homme » que Jésus se donne fréquemment. D'autant plus frappante est cette déclaration si catégorique par laquelle Jésus, limitant en lui la toute-science divine, se refuse la connaissance du jour et de l'heure de son dernier avènement. Cette déclaration n'a rien d'étonnant pour ceux qui prennent au sérieux l'incarnation du Fils de Dieu et son humanité. (Jean 1 : 14 ; Philip. 2 : 8 ; Hébr. 2 : 17 ; 5 : 8 ; Luc 2 : 52.) Serait-il véritablement homme, notre frère, s'il n'avait pas renoncé à la pleine possession des perfections divines pendant le temps de son abaissement sur la terre ? Lui qui priait en toute occasion, ne s'est-il pas montré à nous dans cette entière dépendance de son Père, de qui il attendait et recevait toutes choses, à chaque instant ? (Jean 5 : 19, 20, 30 ; 8 : 28.) Et pourtant, depuis l'époque des Pères jusqu'à nos jours, surtout depuis les vives controverses suscitées par l'arianisme, on a fait les tentatives les plus diverses pour échapper au sens simple et clair de cette parole du Sauveur. C'est selon son humanité, a-t-on dit, qu'il ignorait l'heure de sa venue, mais non dans sa divinité ; et l'on ne voit pas que, tout en admettant ce dualisme nestorien dans sa personne, on lui fait prononcer une parole qui ne serait plus vraie. Il ignorait le jour de son retour pour ses disciples, a-t-on dit encore, parce que Dieu ne lui avait pas donné la mission de le leur révéler, ou parce que lui-même ne voulait pas devancer les temps, dans les développements futurs de son règne. Efforts inutiles ! Il suffit de remarquer que cette déclaration de Jésus, dans le passage parallèle de Matthieu (*le Père seul*), présente exactement le même sens que celle de notre évangile, dût-on admettre que la variante : *ni le Fils* y fût inauthentique. (Comp. encore Act. 1 : 7.)

3. Le texte reçu, avec *Sin.*, *A*, *C*, et la plupart des *majusc.* ajoute : *et priez* ; mais les meilleurs critiques omettent, avec *B*, *D*, ces mots comme étant transférés ici du ch. 14 : 38. — Ici commence l'application de tout le discours, qui se résume, comme on pouvait s'y attendre, dans le saint devoir de la vigilance. Matthieu est le plus complet. Il rapporte d'abord l'exemple de Noé et du déluge, puis la comparaison du père de famille qui veille pour la sécurité de sa maison ; enfin, il couronne ces exhortations solennelles par les paraboles des dix vierges et des talents et par la grande scène du jugement dernier. Marc abrège ; il se contente de l'image du serviteur vigilant (v. 34), et insiste sur l'ignorance où Jésus laisse ses disciples concernant le jour et l'heure. (v. 32, 33, 35.)

4. La phrase n'est pas achevée, et le sens de cette courte parabole, à laquelle Marc a donné une forme nouvelle, n'est point indiqué ; mais ce sens est évident par lui-même, et c'est pourquoi l'évangéliste passe immédiatement à l'application : *Veillez donc !* (v. 35.) L'homme qui est *en voyage* (gr. *absent, voyageur*), c'est le Seigneur lui-même ; sa *maison*, c'est son règne, son Église, sur laquelle il a établi *ses ser-*

36 du coq, ou le matin [1] ; — de peur qu'arrivant tout à coup, il ne vous
37 trouve endormis. — Or, ce que je vous dis, je le dis à tous : Veillez [2] !

5. *Les adieux de Jésus aux siens.*

A. 1-11. Le repas de Béthanie. — 1° *La mort de Jésus complotée par les chefs du peuple.* La Pâque devait avoir lieu dans deux jours ; les grands prêtres et les scribes cherchaient un moyen de s'emparer de lui et de le faire mourir, mais ils ne voulaient pas que ce fût pendant la fête, crainte d'une sédition. (1, 2.) — 2° *La mort de Jésus pressentie par une femme.* Jésus était à table chez Simon le lépreux à Béthanie, une femme vient avec un vase d'albâtre plein d'un parfum de grand prix : elle brise le vase et répand le parfum sur la tête de Jésus. Quelques-uns blâment cette perte inutile : ce parfum, disent-ils, aurait pu être vendu trois cents deniers au profit des pauvres. Jésus leur reproche de faire de la peine à cette femme. Il déclare qu'elle a fait une bonne action envers lui. Ils pourront toujours faire du bien aux pauvres, tandis que lui, ils ne l'auront pas toujours. Pressentant la mort du Maître qu'elle aimait, elle a fait ce qui était en son pouvoir ; impuissante à le sauver, elle lui a rendu d'avance les derniers devoirs en lui sacrifiant ce qu'elle avait de plus précieux. Partout où l'Evangile sera prêché, ce qu'elle a fait sera raconté. (3-9.) — 3° *La mort de Jésus hâtée par la trahison de Judas.* Judas l'un des douze, va trouver les grands sacrificateurs pour leur livrer Jésus. Ils le reçoivent avec joie et lui promettent de l'argent. Judas cherche une occasion de livrer Jésus. (10, 11.)

XIV Or la fête de Pâque et des pains sans levain devait avoir lieu dans deux jours [3] ; et les principaux sacrificateurs et les scribes cherchaient

viteurs, en leur donnant, non seulement *pouvoir* ou autorité, mais *à chacun son œuvre,* détail très important de l'image. Il y a enfin, pour cette maison, un *portier* dont le devoir principal est de *veiller.* Tous ces offices furent d'abord confiés par le Sauveur à ses apôtres, et dès lors ils ont été distribués aux divers serviteurs de Jésus-Christ dans son Eglise.

1. C'est ainsi que les Romains divisaient la nuit en quatre veilles : la première de six à neuf heures s'appelait *le soir ;* la seconde de neuf heures à minuit s'appelait le *milieu de la nuit ;* la troisième de minuit à trois heures *le chant du coq :* la quatrième de trois à six heures *le matin.* En usant de cette comparaison de la nuit, et en supposant quatre époques dans lesquelles on peut l'attendre, le Sauveur veut faire ressortir l'incertitude absolue où nous sommes du moment de sa venue.

2. *A tous,* non seulement à vous mes premiers disciples, mais à tous ceux qui croiront en moi, jusqu'au temps où je viendrai. *Veiller :* il est peu de devoirs si fréquemment recommandés dans la parole divine. (Math. 24 : 42 ; Luc 12 : 35 et suiv. ; 21 : 34 et suiv. ; 1 Thes. 5 : 2-6.)

3. Voir, sur cette introduction à l'histoire de la Passion, Math. 26 : 1-5, notes ; Luc 22 : 1-6. — Gr. *la Pâque et les pains sans levain,* deux termes pour exprimer la même chose, c'est-à-dire la plus grande fête religieuse des Juifs, célébrée en mémoire de leur délivrance de la captivité égyptienne. Matthieu ne la désigne que par le mot de *Pâque,* dont le sens, en hébreu, rappelait aux Israélites que l'ange exterminateur *passa* devant leur porte, teinte du sang d'un agneau, dans la nuit terrible du dernier jugement de Dieu sur l'Egypte. Marc joint à ce mot celui de *les pains sans levain,* qui était aussi devenu une appellation usuelle de la fête, parce qu'on ne faisait usage que de ces pains pendant les sept jours que durait la fête, du 14 au 21 nisan. (Ex. 12 : 15-20 ; Lév. 23 : 5, 6.) — Dans Matthieu, c'est Jésus qui annonce solennellement à ses disciples l'approche de cette Pâque, où « le fils de l'homme *est livré* pour être crucifié, » tandis que Marc et Luc se bornent à constater que ce moment tragique était proche. Il n'y a pas de doute que la relation de Matthieu ne soit conforme aux faits. Il convenait à « l'Agneau de Dieu qui ôte les

comment ils pourraient se saisir de lui par ruse et le faire mourir ;
— car ils disaient : Que ce ne soit pas pendant la fête, de peur qu'il 2
n'y ait du tumulte parmi le peuple ¹.

Et comme il était à Béthanie, dans la maison de Simon le lépreux, 3
pendant qu'il était à table, une femme vint, ayant un vase d'albâtre
plein d'un parfum de nard pur de grand prix ; et ayant brisé le vase
d'albâtre, elle le lui répandit sur la tête ². — Mais quelques-uns ex- 4
primaient entre eux leur indignation ³. Pourquoi cette perte du parfum a-t-elle été faite ? — Car ce parfum pouvait être vendu plus de 5
trois cents deniers, et être donné aux pauvres ⁴. Et ils murmuraient
contre elle ⁵. — Mais Jésus dit : Laissez-la, pourquoi lui faites-vous 6
de la peine ? c'est une bonne œuvre qu'elle a faite à mon égard ; —
car vous avez toujours les pauvres avec vous, et quand vous voulez, 7
vous pouvez leur faire du bien ; mais moi, vous ne m'avez pas toujours. — Ce qu'elle a pu, elle l'a fait ; elle a par avance embaumé 8

péchés du monde » de dire clairement aux siens qu'il allait au-devant de ses souffrances et de sa mort, avec une parfaite connaissance de tout ce qui l'attendait, et, par conséquent, avec la pleine liberté et le saint dévouement de l'amour. C'est à ce point de vue que l'histoire de la Passion nous apparaît dans toute sa vérité et sa grandeur divines. Aussi voudrait-on inscrire en tête des pages qui suivent ces paroles de l'Eternel : « Déchausse les souliers de tes pieds, car le lieu où tu es arrêté est une terre sainte. » (Ex. 3 : 5.)

1. Ce *car*, que le texte reçu remplace par un *mais*, explique pourquoi les *sacrificateurs* et les *scribes* devaient *chercher comment* ils pourraient le saisir, et pourquoi ils devaient y mettre de la *ruse* : c'est qu'ils craignaient que, si leur dessein s'exécutait *pendant la fête*, il n'y eût du *tumulte* parmi le peuple, dans lequel Jésus avait des adhérents en grand nombre. Ils voulaient donc que ce fût *avant* ou *après* la fête ; mais leurs desseins aveugles furent confondus par Dieu qui voulait substituer la Pâque chrétienne à la Pâque des Hébreux. Il se servit pour cela de l'instrument le plus indigne, Judas Iscariot. (v. 10.)

2. Voir, sur ce récit, Math. 26 : 6-13, notes, et comp. Jean 12 : 1-8. Ici encore, Marc a conservé divers traits significatifs qui lui sont propres. Comme Jean, il qualifie par un adjectif très peu usité le *nard de grand prix* que Marie va répandre sur la tête du Sauveur. C'est le terme que nous traduisons par *pur*, et qui en grec signifie proprement *fidèle*, digne de confiance, ou encore *authentique*, non falsifié. Les deux narrateurs cherchent à exprimer par ce mot la qualité exquise de ce parfum, qui en faisait le grand prix. Marc seul a conservé ce détail qui rend la scène si pittoresque : Marie *brise l'albâtre* qui contenait le parfum précieux, c'est-à-dire qu'elle rompt de sa main le col allongé et fin du vase antique, dont elle ne voulait rien conserver, mais le consacrer tout entier à Celui à qui elle témoignait ainsi sa vénération et son amour. — Le mot grec *nard* désigne à la fois le *parfum* précieux et la *plante* qui le produit, et qui est originaire des Indes.

3. Le texte reçu porte (gr.) : quelques-uns étaient s'indignant entre eux *et disant*. Les mots soulignés, empruntés à Matthieu, ne sont pas authentiques.

4. Voir Math. 26 : 8, 9, notes. Ce qui est ici propre à Marc, c'est d'abord (selon le vrai texte) le mot deux fois répété : *ce parfum*; répétition qui nous fait, pour ainsi dire, entendre les murmures que *quelques-uns* des disciples échangeaient entre eux, à l'instigation de Judas. (Jean 12 : 4.) Ensuite Marc se rencontre encore avec Jean dans l'indication du prix auquel on aurait pu vendre le parfum : *trois cents deniers* (environ 270 fr.). Judas ne craint pas d'estimer en chiffres l'amour de Marie, et, à ses yeux, il ne vaut pas trois cents deniers. Judas n'est pas le seul qui se montre positif jusqu'à ce point-là.

5. Gr. ils se *fâchaient, s'irritaient*

9 mon corps pour la sépulture. — Mais en vérité, je vous le dis, en quelque endroit que l'Evangile soit prêché, dans le monde entier, ce qu'elle a fait sera aussi raconté en mémoire d'elle [1].
10 Et Judas Iscariot l'un des douze, s'en alla vers les principaux sacri-
11 ficateurs, pour le leur livrer. — Eux, l'ayant entendu, en eurent de la joie, et ils promirent de lui donner de l'argent. Et il cherchait comment il pourrait le livrer en une occasion favorable [2].

B. 12-26. LE REPAS DE LA PAQUE. — 1° *Les préparatifs du repas.* Le premier jour des pains sans levain, les disciples demandent à Jésus où ils doivent lui préparer la Pâque. Il envoie deux d'entre eux en ville avec ordre de suivre un homme qu'ils rencontreront, portant une cruche ; le maître de la maison où entrera cet homme leur montrera une chambre haute. Les disciples trouvent tout conforme aux indications de Jésus

contre elle, et sans doute lui adressaient des reproches.
1. Voir Math. 26 : 10-12, notes. Dans cette belle et touchante apologie que le Seigneur condescend à faire de l'action de Marie, il y a plusieurs traits importants qui appartiennent à Marc seul. Et d'abord, ces mots (v. 7) : *quand vous voulez, vous pouvez leur faire du bien.* Comme Matthieu se contente de mentionner *les pauvres* qui seront toujours là, on a vu, dans la réflexion ajoutée par Marc, une phrase superflue et qui trahit une tradition postérieure. Sans doute, à des hommes très intelligents, il suffisait pour repousser la réclamation de Judas en faveur des pauvres, de dire : « Ces pauvres, vous les aurez toujours ; » mais comme Jésus parlait à ses disciples qui n'entendaient pas les choses à demi-mot, l'application directe qu'il leur fait de sa pensée n'était point inutile. — Ensuite, c'est Marc seul qui a conservé cette parole : *Ce qu'elle a pu, elle l'a fait.* C'est le plus grand et le plus beau témoignage d'approbation que Jésus puisse donner. Peu d'hommes l'ont mérité. Dans les circonstances tragiques où cette pauvre femme agissait, elle eût sacrifié avec joie sa vie pour sauver la vie de Jésus, et pour amener à ses pieds tous ceux qui ne savaient pas encore l'aimer. Rien de tout cela n'étant en son pouvoir, elle a fait au moins le sacrifice de ce qu'elle avait de plus précieux pour lui témoigner devant tous sa vénération et son amour. — C'est Marc enfin qui exprime d'une manière plus précise (v. 8) la pensée pleine de finesse et de profondeur qui se trouve aussi dans Matthieu : gr. *elle a anticipé de parfumer mon corps pour la sépulture.* Ces paroles ne sauraient être, comme on l'a trop généralement admis, une simple interprétation bienveillante de l'action de Marie. Marie avait recueilli de tous les signes qu'elle observait, et en particulier des prédictions de Jésus sur sa mort, le pressentiment douloureux qu'elle le voyait à Béthanie pour la dernière fois peut-être ; et elle lui rendait, vivant, l'honneur qu'elle aurait voulu lui rendre après sa mort. — Il faut remarquer encore le contraste qu'il y a entre les paroles attristées du v. 8 et la déclaration triomphante du v. 9. La pensée de Marie s'arrête sur la mort et la sépulture de son Sauveur, et Jésus le constate. *Mais*, ajoute-t-il, en portant son regard sur les profondeurs de l'avenir, en tout endroit, *dans le monde entier,* le vase de parfum de cette humble femme répandra sa bonne odeur par la *prédication* et la lecture de l'*Evangile*. Le texte reçu efface ce contraste en omettant la particule *mais*. Ce même texte reproduit ici à tort l'expression de Matthieu : *cet Evangile.* — Cette parole pleine d'assurance confirme la prophétie précédente. (13 : 10.)
2. Voir Math. 26 : 14-16, notes. Tous les évangélistes, en parlant de Judas, s'accordent dans cette observation, qu'il était *l'un des douze.* Ce souvenir paraît être resté brûlant dans leurs cœurs. — D'après Matthieu, Judas aurait reçu immédiatement le prix de sa trahison, trente pièces d'argent. Marc et Luc se bornent à dire qu'on lui en fit la promesse, et attirent toute l'attention sur l'horrible *joie* des *principaux sacrificateurs,* à l'ouïe de la proposition du malheureux disciple. Judas et ces ministres de la religion se reverront bientôt, et ce moment suprême mettra au jour le dernier degré de l'endurcissement dans des hommes qui se disaient les conducteurs du peuple. (Math. 27 : 3, 4.)

CHAP. XIV.   ÉVANGILE SELON MARC   409

et font les préparatifs. (12-16.) — 2º *Le repas. Le traître démasqué.* Le soir Jésus arrive avec les douze. Pendant qu'ils mangent, Jésus déclare que l'un d'eux le livrera. Attristés, ils demandent tous : Est-ce moi ? Jésus désigne le traître et dit que la mort du fils de l'homme est l'accomplissement des Ecritures, mais que celui qui est l'instrument de cette mort n'en est pas moins coupable et malheureux. (17-21.) — 3º *L'institution de la cène.* Pendant le repas, Jésus prend du pain, le rompt et le distribue en disant : Ceci est mon corps. Il leur donne une coupe, dont ils boivent tous, et il leur dit : Ceci est mon sang, le sang de l'alliance, répandu pour plusieurs. (22-24.) — 4º *La clôture du repas.* Jésus déclare qu'il ne boira plus de vin, jusqu'à ce qu'il le boive nouveau dans le royaume de Dieu. Après le chant des cantiques, ils s'acheminent vers la montagne des Oliviers. (25, 26.)

Et le premier jour des pains sans levain, quand on immolait la 12 Pâque[1], ses disciples lui disent : Où veux-tu que nous allions faire des préparatifs pour que tu manges la Pâque ? — Et il envoie deux 13 de ses disciples et leur dit : Allez dans la ville, et vous rencontrerez un homme portant une cruche d'eau ; suivez-le ; — et en quelque 14 lieu qu'il entre, dites au maître de la maison : Le Maître dit : Où est mon logis où je mangerai la Pâque avec mes disciples ? — Et lui- 15 même vous montrera une grande chambre haute, meublée, toute prête ; et là vous ferez les préparatifs pour nous[2]. — Et les disciples 16

---

1. Comp. Math. 26 : 17-30 ; Luc 22 : 7-23. — Voir, sur les données relatives au jour de la Pâque, Math. 26 : 2 et 17, notes ; Luc 22 : 7, note. Marc désigne ici ce jour par deux expressions trés précises. *Le premier jour des pains sans levain*, et, *quand on immolait la Pâque*, termes sous lesquels aucun Israélite ne pouvait comprendre autre chose que le 14 du mois de nisan, fixé par toutes les prescriptions de la loi, et par l'usage invariable des Israélites. Luc (22 : 7) est encore plus explicite : « Le jour des pains sans levain dans lequel *il fallait immoler la Pâque.* » Les synoptiques sont unanimes à placer le dernier repas de Jésus avec ses disciples au jour fixé par les prescriptions de la loi pour manger l'agneau pascal. (Ex. 12 : 6 ; Lév. 23 : 5 ; Nomb. 9 : 2, 3 ; 28 : 16 ; Jos. 5 : 10.) Quant à la différence qu'on trouve à ce sujet entre les trois premiers évangiles et le quatrième, voir Jean 13 : 1, note.

2. Selon Matthieu (26 : 18, notes), Jésus envoie ses disciples directement vers le maître de la maison où il désirait célébrer la Pàque. Les récits de Marc et de Luc sont plus explicites. D'abord, ils rapportent que Jésus désigna pour cette mission *deux* disciples, dont Luc (22 : 7) a même conservé les noms ; c'étaient Pierre et Jean. D'après eux encore,

Jésus prédit aux deux disciples qu'ils rencontreront *un homme portant une cruche d'eau*, qui les conduira à la maison désignée. On a voulu voir dans ce détail un élément miraculeux inutile, qui trahirait l'origine postérieure de notre récit. Il est possible que Jésus, par une science surnaturelle, connût d'avance cette circonstance. Cela n'aurait rien d'étonnant de sa part. Ne voyait-il pas de loin l'ânon attaché à Bethphagé (11 : 2), et Nathanaël sous son figuier ? (Jean 1 : 49 ; comp. 2 : 25.) Mais il se pourrait aussi qu'il se fût entendu avec le maître de maison, déjà informé de ses intentions (voir ci-dessous), pour que celui-ci envoyât, à une heure fixée, son serviteur puiser de l'eau. D'autre part, il faut ne s'être jamais rendu compte de la situation, pour trouver inutiles les précautions que prend Jésus, et le mystére dont il entoure cette mission des deux disciples. Déjà les chefs du peuple ont décrété sa mort. (Jean 11 : 47-54) ; il ne pouvait plus entrer à Jérusalem sans le plus grand danger, et pourtant lui importait d'y célébrer la Pâque ; de là ces précautions destinées surtout à dérober à Judas la connaissance du lieu où l'on allait se réunir ; de là aussi le choix des deux disciples les plus sûrs, Pierre et Jean. (Luc 22 : 8.) — Les disciples doivent demander au maître de la maison (selon le

partirent, et ils vinrent dans la ville et trouvèrent les choses comme il le leur avait dit ; et ils préparèrent la Pâque.

17, 18 Et quand le soir fut venu, il arrive avec les douze. — Et comme ils étaient à table et qu'ils mangeaient, Jésus dit : En vérité, je vous
19 dit que l'un de vous, qui mange avec moi, me livrera [1]. — Ils commencèrent à s'attrister, et à lui dire l'un après l'autre : Est-ce moi [2] ?
20 — Mais il répondit : C'est l'un des douze, qui trempe avec moi
21 dans le plat [3]. — Quant au fils de l'homme, il s'en va, selon qu'il est écrit de lui ; mais malheur à cet homme par qui le fils de l'homme est livré ! Il eût été bon pour cet homme-là qu'il ne fût pas né [4].

22 Et comme ils mangeaient, ayant pris du pain et prononcé une bénédiction, il le rompit et le leur donna, et dit : Prenez, ceci est mon
23 corps [5]. — Et ayant pris une coupe et rendu grâces, il la leur donna,
24 et ils en burent tous [6]. — Et il leur dit : Ceci est mon sang, le sang
25 de l'alliance, lequel est répandu pour plusieurs [7]. — En vérité, je vous dis que je ne boirai plus du produit de la vigne, jusqu'à ce jour
26 où je le boirai nouveau dans le royaume de Dieu [8]. — Et après qu'ils

vrai texte) : « Où est *mon* logis où je mangerai la Pâque ? » Ce petit mot seul suffirait à confirmer la supposition toute naturelle que ce maître de maison était un ami du Sauveur, et que, d'avance, Jésus était convenu avec lui de ce qu'il lui fait maintenant demander.

1. Voir Math. 26 : 21, note. — Ces mots : *qui mange avec moi*, ne sont point encore destinés, comme ceux du v. 20, à désigner Judas, mais font ressortir la grandeur du crime de ce disciple et la profonde douleur que sa trahison causait à Jésus. (Jean 13 : 18.)

2. Math. 26 : 22, note. Le texte reçu, avec *A, D,* la plupart des *majusc.*, ajoute, après : « Est-ce moi ? » ces mots *et un autre : Est-ce moi ?* qui manquent dans *Sin., B, C.* Ils peuvent être une réminiscence de Math. 26 : 25.

3. Math. 26 : 23, note. Les mots : *qui trempe avec moi dans le plat* désignent le traître comme l'un des convives, mais ne signifient pas qu'au moment même Judas plongeait son pain dans le plat, car, après la terrible révélation que Jésus venait de faire et qui remplit d'angoisse tous les disciples, il y eut sûrement une interruption dans le repas. D'après Jean 13 : 26 et Math. 26 : 25, la désignation de Judas fut plus précise, cependant ses condisciples ne se rendirent pas compte de la trahison qu'il allait consommer. (Jean 13 : 28, 29.)

4. Voir sur ces paroles, Math. 26:24, note.

5. Voir, sur les paroles de l'institution de la cène, Math. 26 : 26-29, notes. Le texte reçu porte ici : « Prenez, *mangez.* » Ce dernier mot, authentique dans Matthieu, ne l'est pas dans Marc ; mais il est tout à fait conforme à la nature des choses d'admettre que Jésus l'a prononcé.

6. *Ils en burent tous.* Ce mot dans Marc remplace et complète l'ordre donné par Jésus-Christ, selon Matthieu : *Buvez-en tous.* Ces paroles, tout en nous révélant l'universalité et la richesse de la grâce de Dieu en Jésus-Christ, ont aussi une réelle importance historique, en présence de l'audacieux mépris de cet ordre, dont une si grande partie de l'Eglise chrétienne se rend coupable.

7. Ici, comme dans Matthieu, les mots : gr. *Ceci est mon sang de l'alliance*, sont bien le vrai texte. Le texte reçu avec *A* et des *majusc.* porte : « mon sang de la *nouvelle* alliance. » Expression importée du texte de Luc. — Ce mot de Marc : *répandu pour plusieurs* (gr. vrai texte, *en faveur* ou *à la place* de plusieurs), a au fond la même signification que celui de Matthieu, qui ajoute : « pour la rémission des péchés ; » car, sans cette immense grâce de Dieu, sans le pardon des péchés, dont la mort de Jésus-Christ nous a ouvert la source, nul ne saurait dire dans quel sens son sang a été répandu *en notre faveur.*

8. Math. 26 : 29, note.

eurent chanté les cantiques, ils sortirent pour aller à la montagne des Oliviers¹.

6. Gethsémané.

27-52. — 1° *Entretien sur le chemin.* Jésus déclare à ses disciples qu'il sera pour eux une occasion de chute, conformément à la prophétie, mais qu'après sa résurrection, il les précédera en Galilée. Pierre proteste de son inébranlable fidélité. Jésus lui prédit qu'il le reniera trois fois avant que le coq chante deux fois. Pierre se dit prêt à mourir plutôt que de renier son Maître ; tous font la même déclaration. (27-31.) — 2° *L'agonie de Jésus.* Ils se rendent à Gethsémané. Jésus prend avec lui Pierre, Jacques et Jean. Il leur confie son angoisse, et leur dit de veiller. Il s'éloigne et, se prosternant, il prie pour que cette épreuve lui soit épargnée ; il se soumet toutefois à la volonté du Père. Il trouve ses disciples endormis et reproche à Pierre de n'avoir pu veiller une heure. Il les exhorte à prier, vu la faiblesse de la chair. Il retourne prier en disant au Père que s'il n'est pas possible que la coupe passe loin de lui, sa volonté soit faite. Il trouve encore les disciples endormis. A son troisième retour auprès d'eux, il leur dit qu'ils peuvent dormir désormais, puis il leur déclare que l'heure est venue, qu'il va être livré, que le traître approche. (32-42.) — 3° *L'arrestation.* Comme Jésus parle encore, Judas arrive avec une foule armée. Il désigne Jésus en lui donnant un baiser. Une tentative de résistance est faite par l'un des disciples. Jésus constate que ses adversaires sont venus après lui comme après un brigand, alors qu'ils auraient pu le saisir quand il enseignait dans le temple. C'est afin que les Ecritures fussent accomplies. Tous ses disciples l'abandonnent. Un jeune homme suit de loin, enveloppé d'un drap. On veut l'appréhender ; il s'enfuit, laissant le drap aux mains des agresseurs. (43-52.)

27 Et Jésus leur dit : Tous, vous trouverez une occasion de chute² ; car il est écrit : « Je frapperai le berger, et les brebis seront dispersées. » — Mais après que je serai ressuscité, je vous précéderai en 28 Galilée³. — Mais Pierre lui dit : Quand même tous trouveraient une 29 occasion de chute, non pas moi. — Et Jésus lui dit : En vérité je te 30 dis que toi, aujourd'hui, cette nuit même, avant que le coq ait chanté deux fois, tu me renieras trois fois⁴. — Mais lui, il parlait avec abon- 31 dance⁵ : Quand il me faudrait mourir avec toi, je ne te renierai point. Et tous disaient la même chose⁶.

1. Math. 26 : 30, notes.
2. Gr. *Vous serez scandalisés.* Le texte reçu ajoute : *en moi, cette nuit.* Ce dernier mot est authentique au v. 30.
3. Voir, sur cette double prédiction, Math. 26 : 31, 32, notes.
4. Pierre a dit : *Quand même tous, non pas moi*, et le Seigneur lui répond : *toi* (omis à tort par le texte reçu), *aujourd'hui, cette nuit même, avant que le coq ait chanté*, et tout cela précédé de la solennelle affirmation : *En vérité, je te dis !* — Les quatre évangélistes sont unanimes dans cette prédiction que Pierre reniera *trois fois* son Maître *avant que le coq ait chanté*, mais Marc seul ajoute : « chanté *deux fois.* » (Comp. v. 68 et 72.) Ce trait montre que le triple reniement de Pierre a pris un certain temps. C'est ce que confirme le récit de Luc. (22 : 59.)
5. Tel est le sens de la variante de *Sin.*, B, C, D : *lui* (Pierre), *parlait vivement*, ou *abondamment*, ou *excessivement*, c'est-à-dire avec une extrême vivacité, avec la

La note 6 est à la page suivante.

412   ÉVANGILE SELON MARC   CHAP. XIV.

32 Et ils viennent en un lieu nommé Gethsémané[1]. Et il dit à ses
33 disciples : Asseyez-vous ici jusqu'à ce que j'aie prié. — Et il prend
avec lui Pierre et Jacques et Jean, et il commença à être saisi de
34 frayeur et d'angoisse[2]. — Et il leur dit : Mon âme est triste jusqu'à
35 la mort ; demeurez ici et veillez[3]. — Et étant allé un peu plus avant,
il se prosternait à terre et priait, afin que, s'il était possible, cette
36 heure passât loin de lui[4]. — Et il disait : Abba, Père, toutes choses
te sont possibles ; détourne cette coupe loin de moi[5] ! Toutefois, non
37 pas ce que je veux, mais ce que tu veux[6] ! — Et il vient et les trouve
endormis ; et il dit à Pierre : Simon, tu dors ! tu n'as pu veiller une

passion d'un homme ardent, qui se sentait froissé dans son orgueil par la prédiction du Sauveur. Le texte reçu a : *il disait encore plus expressément.*
6. Le Seigneur avait dit (v. 27) : *Tous vous serez scandalisés.* Et *tous,* entraînés par la présomption de Pierre, démentent la parole du Maître. (Voir, sur ce dialogue entre Jésus et son disciple, Math. 26 : 32-35, notes.)
1. Voir, sur ce récit, Math. 26 : 36-46, notes, et comp. Luc 22 : 40-46. Nous ne relèverons ici que ce qui est particulier à Marc.
2. Marc, comme Matthieu, se sert de deux termes pour essayer de peindre l'inexprimable douleur du Sauveur. Mais le premier de ces termes est beaucoup plus fort dans notre évangile. Il exprime l'étonnement extrême, la *stupeur.* Marc seul se sert de ce mot. (9 : 15 ; 16 : 5, 6.) La pensée de Matthieu nous est plus compréhensible ; mais qui peut sonder les profondeurs mystérieuses de la souffrance morale qu'éprouvait alors le Sauveur ?
3. Matthieu ajoute : *avec moi.* Dans le vif sentiment de son isolement et de son angoisse, Jésus éprouve le besoin d'avoir au moins auprès de lui ces quelques amis, qui, hélas ! n'eurent pas même la force de veiller (v. 37) et le laissèrent tout à fait seul avec sa douleur et avec son Dieu.
4. *L'heure,* l'heure suprême, fatale, est celle où se décide la destinée d'un homme, son bonheur ou son malheur, son existence ; et elle *passe loin de lui* quand elle s'écoule sans lui apporter les maux qu'il en redoutait. Pour le Sauveur, *cette heure* c'était celle de Gethsémané et du Calvaire, mais surtout de Gethsémané. Le mot *heure* a ici la même signification que le mot *coupe.* (v. 36 ; 10 : 38.) Ce n'était pas la première fois que Jésus s'en servait pour désigner son grand sacrifice.

(Jean 12 : 27.) Il y avait longtemps qu'il connaissait cette *heure* et la voyait venir. (Jean 2 : 4 ; 7 : 30 ; 13 : 1 ; 17 : 1.)
5. La pensée de cette ardente supplication est la même que dans Matthieu (26 : 39), mais toutes les expressions sont particulières à Marc. D'abord cette invocation de Dieu sous le doux nom de *Père,* conservé en araméen : *Abba.* C'est dans la langue maternelle qu'on exprime les sentiments les plus intimes et les plus profonds, surtout les sentiments religieux. Ce mot, propre à la plupart des langues sémitiques, a sûrement été formé d'après le balbutiement du petit enfant. L'évangéliste joint au mot hébreu la traduction grecque, comme le fait l'apôtre Paul quand il emploie ce même mot, peut-être par une allusion au cri de Jésus en Gethsémané. (Rom. 8 : 15 ; Gal. 4 : 6.) Ensuite Marc rend pour cette affirmation : *toutes choses te sont possibles,* la pensée que Matthieu exprime en ces mots : *s'il est possible.* Il n'y a pas contradiction entre ces deux termes : savoir que tout est possible à Dieu est un grand encouragement dans la prière ; mais se convaincre aussi qu'il est des choses qui ne sont pas possibles à Dieu lui-même, si elles ne sont pas conformes à sa sagesse et à sa miséricorde, c'est un puissant motif de renoncer à ce que nous lui demandons. Enfin c'est Marc et Luc qui expriment la demande du Sauveur par ce terme énergique : *détourne* cette coupe !
6. Chacun des trois évangélistes rend à sa manière cette expression de la profonde soumission du Sauveur à la volonté de son Père. Matthieu : *non pas comme je veux, mais comme tu veux ;* Luc : *non ma volonté, mais la tienne se fasse ;* Marc : *non ce que je veux, mais ce que tu veux.* Il y a là des nuances qui portent avec elles leur instruction, et qui n'existeraient pas si, comme on le prétend, l'un

seule heure ! — Veillez et priez, afin que vous n'entriez pas en ten- 38
tation ; l'esprit est prompt, mais la chair est faible¹. — Et il s'en 39
alla encore et pria, disant les mêmes paroles ². — Et étant revenu, 40
il les trouva encore endormis ; car leurs yeux étaient fort appesantis ; et ils ne savaient que lui répondre ³. — Et il vient pour la troi- 41
sième fois, et leur dit : Dormez désormais et reposez-vous ⁴ ! Il suffit !
L'heure est venue, voici, le fils de l'homme est livré entre les mains
des pécheurs ! — Levez-vous, allons ! voici, celui qui me livre s'ap- 42
proche ⁵ !

Et aussitôt, comme il parlait encore, survient Judas Iscariot, l'un 43
des douze, et avec lui une foule armée d'épées et de bâtons, de la
part des principaux sacrificateurs et des scribes et des anciens ⁶. —
Or, celui qui le livrait leur avait donné un signe convenu, disant : 44
Celui que je baiserai, c'est lui ; saisissez-le, et emmenez-le sûrement ⁷.
— Et quand il fut arrivé, s'approchant aussitôt de lui, il dit : Rabbi ! 45
et il le baisa ⁸. — Et eux mirent les mains sur lui et le saisirent. — 46

des évangiles avait servi de source aux deux autres, ou s'ils avaient à leur base une même narration écrite.
1. Voir Math. 26 : 40, 41, notes. Selon notre évangile, Jésus donne à Pierre son ancien nom de *Simon*, comme toutes les fois qu'il l'avertit de sa faiblesse. (Jean 21 : 15.) Combien cette exhortation à la vigilance, prononcée en un tel moment, est impressive !
2. Matthieu (26 : 44) mentionne en ces termes la troisième prière de Jésus ; il avait auparavant (v. 42) rapporté les paroles que Jésus prononça dans sa seconde prière. Il ressort de notre v. 41 que, d'après Marc aussi, Jésus s'est éloigné trois fois de ses disciples pour prier.
3. Voir, sur le sommeil des disciples, Math. 26 : 40, note. Marc le décrit avec plus de force : un poids irrésistible pesait sur leurs paupières ; et il ajoute ce dernier trait : *ils ne savaient que lui répondre*, c'est-à-dire, que répondre à Jésus qui leur reprochait leur manque de vigilance. Ces mots rappellent ceux du ch. 9 : 6, comme le sommeil des disciples en Gethsémané rappelle celui qui les accabla lors de la transfiguration.
4. Marc est littéralement d'accord avec Matthieu, dans ces paroles qui ont été si diversement interprétées. Voir Math. 26 : 45, 1ʳᵉ note.
5. Comp. Math. 26 : 45, 2ᵉ note. — Marc ajoute un terme que nous traduisons par : *Il suffit !* et qui a singulièrement occupé la sagacité des interprètes. Le verbe grec est vague et comporte plusieurs sens. Les uns ont traduit : *C'en est fait* de mon angoisse, elle est passée, éloignée. D'autres : *C'est fini, tout est accompli*, voici le moment suprême de mon existence terrestre. Mais nous écartons toutes les significations de ce mot qui seraient une réflexion de Jésus sur lui-même ; il parle à ses disciples et pour eux. Après leur avoir dit avec une douloureuse ironie : *Dormez désormais et vous reposez*, il est saisi par tout ce qu'il y a de tragique dans la situation, et il s'écrie avec une décision héroïque : Mais non, *il suffit !* c'est assez dormir ! *l'heure est venue ! voici, le fils de l'homme est livré !* (Verbe au présent.) *Levez-vous, allons ! voici, celui qui me livre s'approche !* Admirable relèvement, triomphe de la force divine en Jésus après toutes les angoisses et les défaillances de Gethsémané ! Quant aux causes de la souffrance morale du Sauveur, voir Math. 26 : 46, note.
6. Voir, sur l'arrestation de Jésus en Gethsémané, Math. 26 : 47-56, notes. Le récit de Marc est abrégé. Le texte reçu, avec *A*, *C*, *D*, ajoute « une *grande foule* » : texte conformé à celui de Matthieu.
7. *Un signe* dont on était *convenu* d'avance. Rien n'avait été négligé entre le traître et ses complices. *Emmenez-le sûrement*. Judas n'était pas sans crainte qu'il n'y eût de la résistance parmi les amis de Jésus et de la part du peuple.
8. Selon le texte reçu, Judas aurait répété ce titre d'honneur, *rabbi, rabbi*, qui

414   ÉVANGILE SELON MARC   CHAP. XIV.

47 Mais un de ceux qui étaient présents, tirant son épée, frappa le servi-
48 teur du souverain sacrificateur, et lui emporta l'oreille [1]. — Et Jésus prenant la parole, leur dit : Vous êtes sortis comme après un bri-
49 gand, avec des épées et des bâtons, pour me prendre. — Chaque jour j'étais au milieu de vous, enseignant dans le temple, et vous ne m'avez point saisi ; mais c'est afin que les Ecritures fussent accom-
50, 51 plies [2]. — Et tous l'abandonnant, s'enfuirent. — Et un certain jeune homme le suivait, enveloppé d'un drap sur le corps nu ; et on le
52 saisit [3], — mais lui, laissant le drap, s'enfuit tout nu [4].

7. Le procès.

A. 53-15 : 1. JÉSUS DEVANT LES AUTORITÉS JUIVES. — 1° *La séance de nuit.* — *a) Les faux témoignages en désaccord.* Jésus, suivi de loin par Pierre, est conduit chez le souverain sacrificateur, où le sanhédrin s'assemble. Les membres de l'assemblée cherchent en vain un motif de condamnation. Les dépositions des témoins ne concordent pas. Quelques-uns rapportent un écho de sa parole sur la réédification du temple en trois jours, mais eux non plus ne sont pas d'accord. (53-59.) — *b) Jésus interrogé par le souverain sacrificateur.* Alors le souverain sacrificateur se lève et demande à Jésus s'il n'a rien à répondre à ces accusations. Jésus se tait. Le souverain sacrificateur lui demande s'il est le Christ, le Fils de celui qui est béni. Jésus déclare qu'il l'est et que ses adversaires le verront assis à la droite de la Puissance et venant sur les nuées du ciel. (60-62.) — *c) Jésus condamné à mort.* Le souverain sacrificateur, déchirant ses vêtements, prend les membres de l'assemblée à témoin du blasphème. Tous condamnent Jésus à mort, puis ils le maltraitent. Les huissiers le reçoi-

signifie *mattre* ou *docteur* et, selon l'étymologie hébraïque, *grand* en science, en honneur. Si la leçon ordinaire est authentique, cette répétition du même mot trahirait en Judas une anxiété, un embarras qui n'étaient que trop naturels, ou le désir de rendre à Jésus un hommage hypocrite. Mais la plupart des critiques, d'après *Sin.*, *B, C, D*, rejettent cette répétition. Ce verbe *il le baisa*, est composé, en grec, d'une particule indiquant que Judas aurait mis dans cette action une sorte d'empressement : « il le baisa avec effusion. » Voir Math. 26 : 49, note.

1. Voir Math. 26 : 51, 52, notes, et comp. Jean 18 : 10, 11 ; Luc 22 : 51.
2. Math. 26 : 55, 56, notes. Par *les Ecritures*, Jésus entend les prophéties relatives à ses souffrances et à sa mort. Il faut compléter cette phrase *mais c'est afin que*, en sous-entendant : « ceci m'arrive afin que.... »
3. Le texte reçu porte : « et *des jeunes gens* le saisirent ; » mais les mots soulignés n'étant pas authentiques, il ne reste que ceux-ci : *ils le saisirent* ou *on le saisit.*

4. Cet incident extraordinaire, dont Marc a conservé le souvenir, a donné lieu à nombre de suppositions. D'où pouvait venir ce jeune homme couvert simplement d'un *drap* ou d'un vêtement de nuit en toile ? On a supposé que c'était le fils de la maison où Jésus avait passé la dernière soirée avec ses disciples. Mais aurait-il traversé les rues de Jérusalem et la vallée du Cédron dans ce léger costume ! On a pensé avec plus de raison qu'il sortait de quelque maison de campagne voisine du jardin des Oliviers, ayant été réveillé par le bruit que faisait la foule. (v. 43.) On a supposé encore, avec vraisemblance, que c'était un disciple de Jésus, comme paraît l'indiquer l'intérêt avec lequel il le *suivait*. Enfin on s'est demandé qui pouvait être ce jeune disciple du Sauveur ; et, depuis les Pères de l'Eglise jusqu'à nos jours, on n'a pas manqué de proposer des noms propres. Quelques exégètes modernes (Olshausen, Lange, Holtzmann, Weiss) s'arrêtent à l'idée que c'était Marc lui-même. Simple hypothèse, mais qui résout au moins cette autre question : où notre évangéliste a-t-il puisé la connaissance de

CHAP. XIV. ÉVANGILE SELON MARC 415

vent à coups de bâtons. (63-65.) — 2° *Le reniement de Pierre*. — *a*) *Premier reniement*. Pendant que Pierre se chauffe dans la cour, une servante du souverain sacrificateur le reconnaît et le signale comme un de ceux qui étaient avec Jésus. Pierre le nie. Il sort au vestibule. Le coq chante. (66-68.) — *b*) *Deuxième et troisième reniement*. La servante le voit de nouveau et le désigne aux assistants. Il nie encore. D'autres répètent la même affirmation, en se fondant sur ce que Pierre est Galiléen. Il jure qu'il ne connaît pas Jésus. (69-71.) — *c*) *Repentir de Pierre*. Aussitôt le coq chante pour la seconde fois. Pierre se souvient de la prédiction de Jésus et pleure. (72.) — 3° *La seconde partie de la séance au matin*. Après avoir tenu conseil encore au matin, le sanhédrin livre Jésus à Pilate. (15 : 1.)

Et ils emmenèrent Jésus chez le souverain sacrificateur, et tous les 53 principaux sacrificateurs et les anciens et les scribes s'assemblent[1]. — Et Pierre le suivit de loin, jusque dans l'intérieur de la cour du 54 souverain sacrificateur ; et il était assis avec les huissiers et se chauffait près du feu[2]. — Or, les principaux sacrificateurs et tout le san- 55 hédrin cherchaient un témoignage contre Jésus pour le faire mourir ; et ils n'en trouvaient point. — Car plusieurs portaient de faux témoi- 56 gnages contre lui ; mais leurs dépositions n'étaient pas d'accord[3]. — Et quelques-uns s'étant levés, portaient un faux témoignage contre 57 lui, disant : — Nous lui avons entendu dire : Je détruirai ce sanctuaire 58 fait par la main des hommes, et en trois jours j'en rebâtirai un autre qui ne sera pas fait par la main des hommes[4]. — Et même ainsi leur 59

ce fait, et quel intérêt celui-ci présentait-il à ses yeux ? Il aurait raconté sa propre expérience.
1. Voir, sur ce récit, Math. 26 : 57-68, notes, et comp. Luc 22 : 54 et suiv. D'après les synoptiques, Jésus est conduit directement chez le souverain sacrificateur, Caïphe. Ils passent sous silence la comparution devant Anne. (Voir Jean 18 : 13, note.) C'est là que les trois classes d'hommes désignées dans ce verset, et qui composaient le sanhédrin ou conseil suprême *s'assemblent*, dès qu'ils sont avertis, pendant la nuit, que Jésus venait d'être arrêté à Gethsémané. B, A, et d'autres ajoutent un pronom au verbe *s'assemblent*. Les uns le traduisent par *chez lui* (le souverain sacrificateur) ; les autres par *avec lui* (Jésus : en ce sens qu'ils arrivent en même temps que lui au palais de Caïphe.) Cette leçon pourrait être authentique en raison même de sa difficulté.
2. Gr. près de la *lumière*, mot que Marc choisit à dessein pour faire comprendre que c'était un feu brillant, au moyen duquel Pierre put très bien être reconnu. (v. 66 et suiv.)
3. La particule *car* motive le fait que

le conseil devait *chercher* encore un *témoignage* contre Jésus. La raison en était que *plusieurs* apportaient des dépositions, mais que ces dépositions *n'étaient pas d'accord*, ce qui les rendait nulles. (Deut. 17 : 6.) Ce trait caractéristique de la procédure, que Marc seul a noté, prouve que chaque témoin était entendu en l'absence des autres. On voulait se donner au moins les apparences de la légalité.
4. Ce témoignage, que Matthieu rapporte d'une manière plus simple, était l'écho lointain d'une parole profonde de Jésus (Jean 2 : 19, note), qui, mal comprise, paraît avoir laissé une impression durable dans l'esprit du peuple (Act. 6 : 14) ; il y voyait un blasphème contre le lieu saint. Mais ce qu'il y a ici de plus remarquable, c'est l'espèce de commentaire dont le faux témoin accompagne cette parole, par le contraste qu'il établit entre un sanctuaire *fait par la main des hommes* et *un autre qui ne sera pas fait par la main des hommes*. (Gr. *fait de main, non fait de main*.) Dans le peuple, on comprenait la parole de Jésus comme la prophétie d'un culte plus spirituel que celui du temple ; même interprétée ainsi,

60 déposition n'était pas non plus d'accord. — Et le souverain sacrificateur s'étant levé au milieu du conseil[1], interrogea Jésus, disant : Ne réponds-tu rien ? Qu'est ce que ceux-ci déposent contre toi ? —
61 Mais il gardait le silence ; et il ne répondit rien[2]. Le souverain sacrificateur l'interrogeait encore, et il lui dit : Es-tu le Christ, le Fils de
62 Celui qui est béni[3] ? — Et Jésus dit : Je le suis[4] ; et vous verrez le fils de l'homme assis à la droite de la Puissance et venant sur les
63 nuées du ciel[5]. — Alors le souverain sacrificateur ayant déchiré ses
64 vêtements[6], dit : Qu'avons-nous encore besoin de témoins ? — Vous avez entendu le blasphème. Que vous en semble[7] ? Et tous le con-
65 damnèrent comme méritant la mort[8]. — Et quelques-uns commencèrent à cracher contre lui et à lui couvrir le visage et à le souffleter et à lui dire : Prophétise[9] ! Et les serviteurs le reçurent à coups de bâtons[10].

66 Et comme Pierre était en bas dans la cour, survient une des ser-
67 vantes du souverain sacrificateur ; — et voyant Pierre qui se chauffait, l'ayant considéré, elle lui dit : Toi aussi, tu étais avec le Nazarénien

elle paraissait un outrage contre ce dernier. Ce détail, du reste, est particulier à Marc. (Voir Math. 26 : 61, note.)
1. Gr. *s'étant levé* (et avancé) *au milieu* (de la salle). Détail conservé par Marc, et qui montre la solennité ou plutôt la passion que le souverain sacrificateur apportait dans la procédure.
2. Silence éloquent. L'imparfait : il *gardait le silence*, indique que Jésus persistait dans cette attitude malgré les efforts du souverain sacrificateur ; l'aoriste : *il ne répondit rien* consigne le résultat final. (Comp. Math. 26 : 63 et 27 : 14, notes.)
3. Gr. *Toi es-tu le Messie, le Fils du Béni ?* Ce dernier mot est un hébraïsme par lequel les Juifs désignaient avec dévotion le Dieu digne de toute adoration. Par le langage hypocrite et par cette question à la fois solennelle et méprisante (*toi*), Caïphe préparait son auditoire à trouver un blasphème dans la réponse de Jésus, si cette réponse était affirmative. (Voir, sur cette question, Math. 26 : 63, note.)
4. Gr. *Moi je le suis !*
5. Voir Math. 26 : 64, notes. Il faut remarquer qu'ici on ne trouve pas, comme dans Matthieu, le *désormais* vous verrez, ce qui rend la pensée plus simple et l'élève directement vers la *Puissance* divine et vers cette gloire dans laquelle le fils de l'homme *viendra sur les nuées du ciel*.
6. Gr. *ses tuniques*. On sait que les riches en portaient deux de différente grandeur.
7. Voir Math. 26 : 65, note.
8. Gr. *tous le condamnèrent être coupable de mort*. (Math. 26 : 66, note ; comp. Marc 3 : 29 ; Math. 5 : 21, 22.)
9. Ce mot : quelques-uns *commencèrent*, montre que ces horribles traitements furent le résultat immédiat de la condamnation de Jésus. Mais qui sont ces *quelques-uns* qui les lui infligent ? (Voir Math. 26 : 67, note.) D'après Matthieu et Marc, qui opposent ces *quelques-uns* au mot *tous* du verset précédent, il n'y a pas de doute que des membres du sanhédrin n'aient pris part à ces indignes outrages, car Marc fait une distinction entre ces hommes et les *serviteurs*, qui *le reçurent à coups de bâtons*. Luc seul (22 : 63) paraît tout attribuer à « ceux qui tenaient Jésus, » c'est-à-dire aux soldats de la troupe. (Voir la note.) — *Lui couvrir le visage* n'avait d'autre but que de préparer cette injonction ironique : *Prophétise !* Ce mot est expliqué par la parole que rapporte Matthieu : « Devine qui est celui qui t'a frappé. »
10. Le texte reçu dit : les serviteurs (ou huissiers) *lui donnaient* des coups de bâton. La variante admise d'après la plupart des *majusc.*, tout en exprimant la même idée, nous apprend aussi que Jésus fut à ce moment livré aux serviteurs ; elle confirme par conséquent la pensée que les

Jésus[1]. — Mais il le nia, disant : Je ne sais ni ne comprends ce que 68 tu dis[2]. Et il sortit dehors dans le vestibule ; et le coq chanta[3]. — Et la servante l'ayant vu de nouveau, se mit à dire à ceux qui étaient 69 présents : Celui-ci est des leurs[4]. — Mais il le niait de nouveau. Et 70 un peu après, ceux qui étaient présents disaient de nouveau à Pierre : Vraiment, tu es des leurs, car aussi tu es Galiléen[5]. — Mais il se mit 71 à faire des imprécations et à jurer : Je ne connais point cet homme dont vous parlez[6]. — Et aussitôt le coq chanta pour la seconde fois. 72 Et Pierre se ressouvint de la parole que Jésus lui avait dite : Avant que le coq ait chanté deux fois, tu me renieras trois fois[7]. Et en y pensant, il pleurait[8]. — Et aussitôt, dès le matin, les principaux XV

mauvais traitements décrits dans ce verset furent d'abord infligés au Sauveur par les membres du sanhédrin eux-mêmes.
1. Voir, sur le reniement de Pierre, Math. 26 : 69-75, notes, et comp. Luc 22 : 56-62. Marc décrit très vivement la scène. D'abord il remarque que Pierre était *en bas dans la cour* ; la salle du jugement était donc plus élevée. (Comp. Luc 22 - 61, note.) Puis il nous montre Pierre *qui se chauffait* au feu (v. 54), et la servante du sacrificateur qui *le voit* et *le considère* attentivement avant de l'accuser. Enfin, Jésus est ici désigné comme *Nazarénien* au lieu de Galiléen.
2. Gr. selon une variante de *Sin.*, B, D : *Ni je ne sais, ni je ne comprends* ce que tu dis. (Math. 26 : 70, note.) La leçon reçue, qui unit moins étroitement les deux verbes, pourrait se traduire : « *Je ne le connais pas* et ne sais ce que tu dis. » (Comp. v. 71.)
3. *Vestibule* ou cour extérieure. Matthieu parle de la porte qui y conduisait ; l'idée est la même. — Ce *chant du coq* fut le premier d'après Marc, qui en admet deux. (v. 30, notes, et v. 72.) Ces mots *et le coq chanta* manquent dans *Sin.*, B. Ils sont conservés par Tischendorf.
4. Cette servante est la même qui avait déjà accusé Pierre, tandis que Matthieu dit que ce fut *une autre*, et que Luc attribue cette seconde accusation à un homme. (Voir, sur les différences relatives aux personnes qui adressent à Pierre ces questions, Luc 22 : 58, note.) Notre traduction est conforme au texte de A et de la plupart des *majusc. Sin.*, C placent *de nouveau* après *se mit à dire.* B l'omet.
5. Son accent galiléen le faisait connaître. (Math. 26 : 73.) Le texte reçu ajoute même ces mots : *et ton langage ressemble au leur*, par lesquels on a voulu introduire ici la pensée de Matthieu.
6. Voir Math. 26 : 74, note. Gr. « il se mit à *anathématiser*, » ou à prononcer des anathèmes (contre lui-même) et à jurer pour affirmer qu'il ne connaissait pas Jésus. Marc emploie les mêmes termes que Matthieu, mais il adoucit le second reniement, en ce qu'il y omet le serment.
7. Voir v. 30, note.
8. Il y a peu de mots de l'Evangile qui aient subi plus d'interprétations et de traductions diverses que celui que nous rendons par : *en y pensant*. C'est un de ces verbes grecs composés qui signifient à peu près tout ce qu'on veut, et dont le sens doit être déterminé par le contexte. Les anciens traducteurs (Bèze, Ostervald), pour se conformer à Matthieu et à Luc, disent : *Et étant sorti promptement* ou *s'étant jeté dehors, il pleura*. Luther, Calvin, Segond, Stapfer traduisent : *il commença à pleurer*. Cette version est conforme au texte de D qui substitue le verbe : *il commença*, au participe qui se lit dans les autres documents. L'*Itala*, la vulgate, les vers. syriaques suivent ce texte. Quelques-uns proposent de traduire : *s'étant couvert la tête de son manteau* ; d'autres : *ayant jeté les yeux sur Jésus*, etc. Enfin, plusieurs interprètes et traducteurs éminents (Weiss, Holtzmann, les vers. de Pau-Vevey, Rilliet, Ostervald revisé), rattachant cette parole à celle qui précède : *Pierre se ressouvint*, donnent à notre passage cette signification autorisée par la grammaire : *et rentrant en lui-même*, ou *en y réfléchissant, en y pensant*, il pleurait. Cela veut dire que, dans la suite, quand cette pensée lui revenait à l'esprit, elle lui arrachait des larmes. Et, en effet, quelque sens qu'on donne au premier de ces deux verbes, il faut rejeter comme fausse toute

sacrificateurs, ayant tenu conseil avec les anciens et les scribes, et tout le sanhédrin, lièrent Jésus, l'emmenèrent et le livrèrent à Pilate [1].

B. 2-20. Jésus devant Pilate. — 1° *Pilate interroge Jésus.* Pilate demande à Jésus s'il est le roi des Juifs. Jésus l'affirme. Les sacrificateurs portent diverses accusations contre lui. Jésus se tait, à l'étonnement de Pilate. (2-5.) — 2° *Pilate livre Jésus.* Pilate avait coutume à la fête de relâcher un prisonnier. La foule demande qu'il soit fait selon l'usage. Pilate lui offre le roi des Juifs. Excité par les sacrificateurs, le peuple choisit Barabbas, séditieux et meurtrier, et répond aux questions de Pilate au sujet de Jésus par le cri répété de : Crucifie-le ! Pilate met en liberté Barabbas, et après avoir fait fouetter Jésus, le livre pour être crucifié. (6-15.) — 3° *Jésus abandonné aux outrages des soldats.* Au milieu de la cohorte assemblée, Jésus, revêtu des insignes d'une royauté dérisoire, est l'objet des railleries et des outrages. (16-20.)

2 Et Pilate l'interrogea [2] : Es-tu le roi des Juifs [3] ? Et répondant il lui
3 dit : Tu le dis [4]. — Et les principaux sacrificateurs l'accusaient de
4 plusieurs choses [5]. — Et Pilate l'interrogea de nouveau et lui dit : Ne réponds-tu rien ? Vois de combien de choses ils t'accusent. —
5 Mais Jésus ne répondit plus rien ; de sorte que Pilate était étonné [6].

traduction qui rend le second, comme on le fait si souvent, par un passé défini (*il pleura*), au lieu de cet imparfait, voulu par l'évangéliste, *il pleurait*. Dans tout son évangile, Marc emploie très fréquemment ce temps du verbe, qu'il ne confond jamais avec un autre, et par lequel il exprime la répétition, ou la durée, ou la permanence d'une action. Or, qu'il est touchant et vrai ce récit qui nous montre la douloureuse émotion de Pierre, sa profonde repentance, se manifestant par des larmes chaque fois qu'il se souvenait de ce moment tragique de sa vie !

1. Marc fait observer ici que, dans cette seconde délibération, le sanhédrin était au complet, renfermant les trois classes d'hommes qui composaient ce corps. Il n'en avait probablement pas été de même pendant la première partie de la séance, dans laquelle la condamnation de Jésus venait d'être prononcée. (14 : 53.) Maintenant il ne s'agissait plus que de livrer le Sauveur à Pilate, afin d'obtenir de lui l'autorisation d'exécuter la sentence. (Comp. Matthieu 27 : 1, 2, notes.) Ce fut l'accomplissement de la prédiction 10 : 33.

2. Voir, pour la comparution de Jésus devant Pilate, Math. 27 : 1, 2, 11-30, notes, et comp. Luc 23 : 1 et suiv. et surtout Jean 18 : 28 et suiv. De tous les évangélistes, c'est Marc qui a le récit le plus abrégé de l'interrogatoire de Jésus par Pilate ; il se borne à quelques traits principaux, destinés à nous montrer que le gouverneur romain avait le désir de sauver Jésus, tandis que sa lâche faiblesse et sa politique égoïste succombent bientôt devant l'insistance passionnée des Juifs. Jean nous donne la relation la plus complète du dialogue de Jésus avec le gouverneur et des luttes que ce dernier soutint dans sa conscience, avant de le sacrifier à ses intérêts.

3. La question de Pilate exprime l'étonnement : *Toi tu es le roi des Juifs ?* Cette question se trouve dans les quatre évangiles. Luc (23 : 2, 3) nous apprend que le sanhédrin, après avoir condamné Jésus pour un crime religieux, le blasphème (Marc 14 : 64), changea devant Pilate ce chef d'accusation en un délit politique. Nouvelle iniquité dans ce procès, où tout n'est qu'un tissu de mensonges.

4. *Tu le dis*, hébraïsme qui signifie « *oui, je le suis*, comme tu le dis. » Jésus, en confessant sa divinité devant le sanhédrin et sa royauté devant Pilate a rendu de sa personne et de son œuvre le grand témoignage qui subsiste pour tous les temps. (Voir, sur cette royauté, Jean 18 : 33-37, et, sur cette confession, 1 Tim. 6 : 13.)

5. Luc (23 : 2, 3) a rapporté quelques-unes de ces accusations.

6. Voir Math. 27 : 14, notes.

— Or, à chaque fête, il leur relâchait un prisonnier, celui qu'ils 6
demandaient¹. — Or il y avait le nommé Barabbas, détenu avec 7
ses complices de sédition, parce qu'ils avaient commis un meurtre
dans la sédition ². — Et la foule étant montée, se mit à demander 8
ce qu'il faisait ordinairement pour eux ³. — Mais Pilate leur répon- 9
dit : Voulez-vous que je vous relâche le roi des Juifs⁴ ? — Car il 10
comprenait que c'était par envie que les principaux sacrificateurs
l'avaient livré ⁵. — Mais les principaux sacrificateurs incitèrent la 11
foule à demander qu'il leur relâchât plutôt Barabbas ⁶. — Et Pilate 12
prenant de nouveau la parole, leur disait : Que voulez-vous donc
que je fasse de celui que vous appelez roi des Juifs⁷ ? — Et ils criè- 13
rent de nouveau : Crucifie-le ⁸ ! — Mais Pilate leur disait : Quel mal 14
a-t-il donc fait ? Et ils crièrent plus fort : Crucifie-le⁹ ! — Or Pilate, 15
voulant satisfaire la foule, leur relâcha Barabbas ; et, après avoir fait
flageller Jésus, il le livra pour être crucifié ¹⁰. — Or les soldats l'em- 16
menèrent dans l'intérieur de la cour qui est le prétoire, et ils convo-

1. Cet imparfait : *il leur relâchait*, exprime exactement la pensée de Matthieu : « avait *la coutume* de relâcher. »
2. Marc et Luc rapportent en détail le crime de Barabbas et de ses complices, mais sans nous dire quelle était *la sédition* au milieu de laquelle ils l'avaient commis.
3. La foule *étant montée* (*Sin.*, B, D, *Itala*), c'est-à-dire ayant gravi les degrés du tribunal ou les marches du palais de Pilate. La foule *demande selon qu'il faisait ordinairement* pour elle, c'est-à-dire de leur relâcher un prisonnier. D'après Matthieu (27 : 17), ce serait Pilate qui aurait pris l'initiative de cette offre, dans l'espoir que le peuple demanderait l'élargissement de Jésus.
4. C'est par ironie que Pilate appelle Jésus *le roi des Juifs*, mais cette ironie était dirigée contre les principaux du peuple, sur lesquels le gouverneur déversait ainsi sa mauvaise humeur. On a supposé aussi que, désirant sauver Jésus, il faisait appel au sentiment national en lui donnant un titre que lui avait décerné la faveur populaire. (Comp. Jean 19 : 15.)
5. Gr. il *connaissait* ou *reconnaissait* ce mauvais motif des adversaires de Jésus, c'est-à-dire qu'il le pénétrait en les observant, au cours même de cette transaction. La version ordinaire : *il savait* ou *savait bien*, pourrait faire supposer qu'il en avait eu connaissance auparavant et d'une autre manière.

6. Gr. *incitèrent afin qu'il leur relachât*. Marc et Luc nous montrent ainsi dans les chefs religieux du peuple les instigateurs de *la foule* qui n'était qu'un instrument dans leurs mains.
7. *Sin.*, B, C portent : *que ferai-je donc ?* — Ce n'étaient pas les accusateurs de Jésus qui l'appelaient *roi des Juifs* puisque, au contraire, ils lui reprochaient de s'attribuer cette qualité et lui en faisaient un crime devant le gouverneur romain. Nous retrouvons donc ici l'ironie méprisante par laquelle Pilate se vengeait des membres du sanhédrin. (v. 9.)
8. Le mot *de nouveau* montre qu'ils avaient déjà proféré ce cri : *Crucifie-le !* C'est ce que Marc fait entendre au v. 11.
9. *Quel mal a-t-il donc fait ? — Crucifie-le !* Telle est la logique et la justice de la haine et de toutes les mauvaises passions. — Ces verbes à l'imparfait : Pilate leur *disait* (v. 12 et 14), indiquent que le gouverneur romain, dans son désir de sauver Jésus, revint plusieurs fois à ces questions.
10. Voir, sur l'horrible supplice de la flagellation, Math. 27 : 26, note. D'après l'évangile de Jean (19 : 1 et 4), ce supplice fut l'une des tentatives de Pilate pour satisfaire ou attendrir le peuple et sauver Jésus. Dans Matthieu et Marc, cette intention n'est pas marquée, et la flagellation apparaît plutôt comme une conséquence de la condamnation du Sauveur et comme un prélude de son crucifiement.

17 quent toute la cohorte¹. — Et ils le revêtent de pourpre, et lui mettent autour de la tête une couronne d'épines qu'ils avaient tressée.
18 — Et ils se mirent à le saluer, en disant : Salut, roi des Juifs ! —
19 Et ils lui frappaient la tête avec un roseau, et ils crachaient sur lui ;
20 et, fléchissant les genoux, ils l'adoraient. — Et lorsqu'ils se furent moqués de lui, ils lui ôtèrent le manteau de pourpre et lui remirent ses propres vêtements.

8. La mort de Jésus.

A. 21-41. JÉSUS CRUCIFIÉ. — 1º *Avant le supplice.* Les soldats emmènent Jésus pour le crucifier. Ils contraignent Simon de Cyrène de porter la croix. Arrivés en Golgotha, ils offrent à Jésus du vin mêlé de myrrhe. Jésus le refuse. (21-23.) — 2º *Le crucifiement.* Ils le crucifient et se partagent ses vêtements. C'était la troisième heure. L'écriteau indiquant la cause de sa condamnation portait : Le roi des Juifs. Deux brigands sont crucifiés avec lui. (24-27.) — 3º *Les insultes.* Les passants, les principaux sacrificateurs, les brigands l'injurient et le raillent, l'invitant à se sauver lui-même. (29-32.) — 4º *La mort.* Dès la sixième heure des ténèbres règnent. A la neuvième heure, Jésus crie : Eloï, Eloï, lama sabachthani ! Quelques assistants voient dans ce cri un appel adressé à Elie. Quelqu'un lui tend une éponge imbibée de vinaigre. Jésus pousse un grand cri et expire. (33-37.) — 5º *Après la mort.* Le voile du temple se déchire. Le centenier reconnaît Jésus pour le Fils de Dieu. L'évangéliste nomme quelques femmes, venues de Galilée, qui ont assisté au supplice. (38-41.)

21 Et ils le conduisent dehors pour le crucifier². Et ils contraignent un passant qui revenait des champs, un certain Simon de Cyrène, le père d'Alexandre et de Rufus, de porter la croix de Jésus³.
22 — Et ils le conduisent au lieu nommé Golgotha, ce qui, traduit,

---

1. Comp. Math. 27 : 27, note. Cet évangéliste dit : *dans le prétoire ;* Marc plus exact : *dans l'intérieur de la cour qui est le prétoire.* En effet, le mot *cour* désigne tout ensemble le palais et la cour intérieure, qu'entouraient les divers bâtiments de ce palais. (Math. 26 : 3.) C'est dans cette cour que l'on conduisit Jésus.

2. Comp. Math. 27 : 28-30, notes. *Ils le conduisent dehors, c'est-à-dire hors de la ville.*

3. Voir, sur le récit de la mort de Jésus, Math. 27 : 31-54, notes, et comp. Luc 23 : 26 et suiv. Marc donne quelques détails sur ce Simon qu'on contraignit de porter la croix de Jésus. Il paraît avoir séjourné à Cyrène, ville de Libye en Afrique, où il y avait beaucoup de Juifs. (Act. 6 : 9.) De là son surnom. Le fait que Marc nomme aussi ses deux fils prouve qu'ils étaient bien connus au moment où cet évangile fut écrit ; ils étaient probablement devenus des disciples de Jésus. Rufus est peut-être celui qui est mentionné Rom. 16 : 13. Quant à Alexandre, il n'a sans doute de commun que le nom avec ceux dont il est parlé dans Actes 19 : 33 et 1 Tim. 1 : 20. — Cette observation faite par Marc, que Simon *revenait des champs,* est un des arguments sur lesquels s'appuient ceux qui pensent que le jour de la mort de Jésus était le 14 nisan et non le 15, grand jour de la fête de Pâque, où le repos sabbatique était prescrit. L'expression *revenir des champs* semble en effet impliquer qu'il était allé travailler et non faire une simple promenade, comme l'ont prétendu quelques interprètes. Le procès et l'exécution de Jésus, avec toutes les allées et venues auxquelles ils donnèrent lieu s'accorderaient du reste difficilement avec un jour de repos légal et de grande fête religieuse. (Voir, sur cette question de la date de la mort du Sauveur, Jean 13 : 1,

est le lieu du crâne[1]. — Et ils lui donnaient du vin mêlé de myrrhe ; 23 mais il n'en prit point [2]. — Et ils le crucifient, et ils partagent ses 24 vêtements, en les tirant au sort pour savoir ce que chacun prendrait[3]. — Or c'était la troisième heure quand ils le crucifièrent[4]. 25 — Et l'inscription indiquant la cause de sa condamnation était ainsi 26 conçue : LE ROI DES JUIFS [5]. — Et avec lui ils crucifient deux 27 brigands, l'un à sa droite, et l'autre à sa gauche [6]. — Et ceux 29 qui passaient l'injuriaient, branlant la tête, et disant : Ohé ! toi qui détruis le temple, et qui le rebâtis en trois jours, — sauve-toi toi- 30 même en descendant de la croix [7] ! — De même aussi les principaux 31 sacrificateurs, se moquant entre eux avec les scribes, disaient : Il a sauvé les autres, et il ne peut se sauver lui-même ! — Que le Christ, 32 le roi d'Israël, descende maintenant de la croix, afin que nous voyions et que nous croyions [8] ! Et ceux qui étaient crucifiés avec lui, l'insultaient [9]. — Et quand la sixième heure fut venue il y eut 33 des ténèbres sur toute la terre jusqu'à la neuvième heure [10]. — Et à 34 la neuvième heure Jésus cria d'une voix forte, disant : Eloï, Eloï, lama sabachthani ? ce qui se traduit : Mon Dieu, mon Dieu, pour-

note, et comp. F. Godet, *Commentaire sur saint Luc*, 3e éd. p. 446 et suiv., 547 et suiv.)
1. Voir Math. 27 : 33, note.
2. Voir Math. 27 : 34, note. On donnait aux suppliciés, dans une intention compatissante, au moment de l'exécution, une boisson destinée à les étourdir. Il faut remarquer ce verbe à l'imparfait, si familier à Marc : *ils lui donnaient*, lui offraient avec insistance ce vin, mais Jésus le refusa ; il voulut conserver toutes ses facultés et épuiser la coupe des souffrances.
3. Les verbes au présent, selon le vrai texte : ils le *crucifient*, ils *partagent* ses vêtements, rendent cette tragique scène encore plus actuelle et saisissante. Voir, sur ces deux actes, Math. 27 : 35, notes.
4. *La troisième heure*, en comptant depuis six heures du matin, à la manière des Juifs, correspond à neuf heures. Cette indication ne saurait s'accorder avec Jean 19 : 14, où il est dit qu'à la sixième heure (midi) Jésus était encore chez Pilate, qui allait le livrer aux Juifs. Il y a donc entre Marc et Jean un écart de trois heures.
5. Voir Math. 27 : 37, note.
6. Math. 27 : 38, note. Le texte reçu ajoute un v. 28 conçu en ces termes : *Ainsi cette parole de l'Ecriture fut accomplie : Il a été mis au rang des malfaiteurs*. (Esa. 53 : 12.) Cette citation a été faite par le Seigneur lui-même, dans la nuit de ses souffrances. (Luc 22 : 37.) Inscrite d'abord à la marge, elle a passé dans le texte de notre évangile ; elle y paraissait fort bien à sa place à la suite du v. 27.
7. Ces *injures* consistaient en des gestes (*branlant la tête*), en des cris (*ohé !*) et en des paroles. *Détruire et rebâtir le temple* était une allusion ironique au faux témoignage porté contre Jésus. (14 : 58.) Ces mots : *sauve-toi toi-même*, étaient une amère raillerie de la prétention que Jésus avait de sauver les autres. (v. 31 ; Luc 23 : 35.)
8. Les *principaux sacrificateurs* et les *scribes* formaient un groupe à part : ils échangeaient *entre eux* leurs remarques railleuses. Marc seul rapporte leur invocation au *Christ*, au *roi d'Israël*. Ils veulent *voir* pour *croire*. Hélas ! si même Jésus était descendu de la croix devant leurs yeux, ils n'auraient pas cru, parce qu'ils s'en étaient rendus incapables et indignes.
9. *L'insultaient* ou *lui disaient des outrages*. Ces insultes sont attribuées aux deux brigands crucifiés, tandis que le récit de Luc nous fait connaître les sentiments bien différents de l'un d'eux. (23 : 40 et suiv.) Voir Math. 27 : 44, note.
10. De midi à trois heures. Ceci est en harmonie avec Matthieu et Luc ; mais d'après le v. 25, il y aurait eu déjà trois

35 quoi m'as-tu abandonné¹? — Et quelques-uns de ceux qui étaient
36 présents, l'ayant entendu, disaient : Voici, il appelle Elie. — Et
quelqu'un ayant couru et rempli de vinaigre une éponge, l'ayant
mise au bout d'un roseau, il lui donnait à boire, en disant : Laissez,
37 voyons si Elie vient le descendre² ! — Mais Jésus, ayant poussé un
38 grand cri, expira³. — Et le voile du temple se déchira en deux, de-
39 puis le haut jusqu'au bas⁴. — Or le centenier qui se tenait en face de
lui, voyant qu'il avait ainsi expiré, dit : Véritablement cet homme
40 était Fils de Dieu⁵ ! — Or, il y avait aussi des femmes qui regardaient de loin, parmi lesquelles étaient Marie-Magdelaine, et Marie,
41 mère de Jacques le mineur et de Joses, et Salomé, — lesquelles, quand
il était en Galilée, le suivaient et le servaient, et plusieurs autres qui
étaient montées avec lui à Jérusalem⁶.

B. 42-47. Jésus mis dans le sépulcre. — 1° *Le corps de Jésus demandé à Pilate.*
Au soir, survient Joseph d'Arimathée. Il s'enhardit à demander le corps de Jésus à

heures que Jésus endurait le supplice de la croix. — Quant à ces mots : *il y eut des ténèbres*, voir Math. 27 : 45, note.
1. Voir sur cette parole Math. 27 : 46, note. Marc a conservé la prononciation syriaque ou araméenne du mot *Eloï, mon Dieu.* En hébreu, on dit *Eli* (Ps. 22 : 2), et c'est sans doute sous cette dernière forme que Jésus prononça ces paroles, telle qu'elles sont dans le psaume qui occupait alors ses pensées. Elle expliquerait mieux la méprise ou le jeu de mots rapportés au verset suivant : *il appelle Elie.* (Math. 27 : 47, note.)
2. Dans le récit de Matthieu (27 : 48, 49), c'est l'un des assistants qui offre à Jésus de se rafraîchissement, et ce sont les autres qui, ensuite, prononcent ces paroles. La scène se passa sans doute ainsi. On a tenté de concilier les deux récits en supposant que même ici, et malgré le mot : *en disant*, ce n'est pas le même homme qui agit et qui parle ; mais ce serait faire violence au texte. On pourrait plutôt attribuer un sens sérieux à ces paroles : *voyons si Elie vient*, en supposant que celui qui les prononça était un Israélite qui, d'après la prophétie, attendait le retour d'Elie. (9 : 11.) Mais le récit de Matthieu paraît le plus naturel.
3. *Un grand cri* (gr. *une grande voix*.) Marc ni Matthieu ne nous disent quelles paroles Jésus prononça ainsi à haute voix ; mais Jean (19 : 30) et Luc (23 : 46) nous les ont précieusement conservées.

4. Voir, sur ce fait, Math. 27 : 51, note.
5. Voir, sur cette exclamation du centenier et sur les causes qui avaient pu produire en lui de tels sentiments, Math. 27 : 54, note. Marc fait l'observation que cet officier romain *se tenait en face de lui* (de Jésus), c'est-à-dire qu'il avait pu tout voir, tout entendre, recevoir les impressions profondes de ces grandes scènes de Golgotha. C'est la même pensée que Matthieu a exprimée en disant : « ayant vu ce qui était arrivé. » Mais, d'après le texte reçu, Marc dit que ce qui a attiré l'attention du centenier, c'est que Jésus « eût ainsi expiré *après avoir crié.* » De nombreux et éminents exégètes en ont conclu que le centenier fut frappé de ce que Jésus en rendant l'esprit avait encore la force de jeter un grand cri. Il y aurait vu un miracle, qui l'aurait amené à croire que ce mourant était un héros, un fils des dieux. Certes, il faut répéter ici : « La lettre tue. » Ce ne fut pas la forte voix de Jésus mourant, mais bien les paroles qu'il prononça, cette prière, expression d'une ineffable confiance en Dieu : « Père, je remets mon esprit entre tes mains ! » qui firent une impression profonde sur le centenier. (v. 37, note.) — D'ailleurs le mot : *après avoir crié* manque dans les manuscrits les plus anciens (*Sin.*, B), la plupart des critiques le suspectent, comme une glose tirée de Math. 27 : 50.
6. Parmi ces femmes pieuses, qui avaient eu le courage d'assister au supplice de Jésus jusqu'à la fin, Marc nomme

Pilate. Pilate le lui accorde, après s'être enquis auprès du centenier du moment de la mort. (42-45.) — 2° *Le corps de Jésus enseveli et déposé dans le sépulcre*. Joseph enveloppe le corps dans un linceul et le dépose dans un sépulcre taillé dans le roc, devant lequel il roule une pierre. Deux femmes sont témoins de cette sépulture. (46, 47.)

Et le soir étant déjà venu, comme c'était la préparation, c'est-à- 42 dire une veille de sabbat [1], — Joseph d'Arimathée, conseiller de dis- 43 tinction, qui attendait, lui aussi, le royaume de Dieu, vint, et s'étant enhardi, il entra chez Pilate et lui demanda le corps de Jésus [2]. — Mais Pilate s'étonna qu'il fût déjà mort ; et, ayant appelé le cente- 44 nier, il lui demanda s'il y avait longtemps qu'il était mort [3]. — Et 45 l'ayant appris du centenier, il fit don du cadavre à Joseph [4]. — Et 46 Joseph, ayant acheté un linceul, l'enveloppa dans ce linceul, après l'avoir descendu de la croix, et le mit dans un sépulcre qui était taillé dans le roc ; et il roula une pierre devant la porte du sépulcre [5]. — Or, Marie-Magdelaine et Marie, mère de Josès, regardaient où on 47 l'avait mis [6].

9. *La résurrection et l'ascension.*

A. 1-8. LA VISITE DES FEMMES AU SÉPULCRE.—1° *Les femmes se rendent au sépulcre*. Après l'achèvement du sabbat, trois femmes achètent des aromates pour embaumer Jésus. Le premier jour de la semaine, de grand matin, elles se rendent au sépulcre. En route elles se demandent qui leur roulera la pierre. A leur arrivée, elles la trou-

les mêmes que Matthieu. (27 : 56, note.)

1. Voir, sur ce récit de la sépulture de Jésus, Math. 27 : 57-61, notes, et comp. Luc 23 : 50-56 et Jean 19 : 38 et suiv. Ces mots de Marc : *comme c'était la préparation*, c'est-à-dire la veille du *sabbat* qui allait commencer à six heures, expliquent pourquoi Joseph d'Arimathée se hâta de mettre à exécution son pieux dessein.

2. La description que Marc fait de Joseph peint la situation et les sentiments de cet homme. *Conseiller de distinction*, il avait beaucoup à perdre en embrassant ainsi la cause du Crucifié ; il lui fallait donc du courage (*s'étant enhardi*) pour se rendre dans le palais de Pilate et lui demander le *corps de Jésus* ; mais ce courage, il l'eut, parce qu'il était disciple de Celui qu'il voulait honorer (Math. 27 : 58, note ; comp. Jean 19 : 38), ou, comme le dit Marc, parce *qu'il attendait, lui aussi* (avec beaucoup d'autres), *le royaume de Dieu.*

3. Les crucifiés pouvaient vivre plusieurs jours. Aussi Pilate s'étonna-t-il que Jésus fût déjà mort ; il voulut s'en assurer avant de livrer son corps. (Comp. Jean 19 : 31-35.) Encore un témoignage historique que Jésus était bien réellement mort. Marc. seul a conservé ce trait.

4. *Il fit don* ou *présent du cadavre*. (Le texte reçu, avec *A*, *C*, les *majusc.*, dit : *du corps*.) Marc choisit à dessein ce terme pour faire comprendre que Pilate accorda gratuitement à Joseph sa demande. On aurait bien pu supposer, en effet, que l'avare gouverneur eût profité de cette occasion pour exploiter le riche sénateur juif ; l'histoire fournit des exemples d'une telle cupidité en des cas semblables.

5. Math. 27 : 60, note.

6. Le texte reçu dit : *où on le mettait*, ce qui supposerait qu'elles assistaient à l'ensevelissement. Selon le vrai texte, elles revinrent au sépulcre après que cet acte eût été accompli et constatèrent où on avait mis Jésus. Matthieu (27 : 61) nous apprend qu'elles restèrent là longuement, « assises vis-à-vis du sépulcre, » s'oubliant dans leur contemplation et leur douleur. Au reste, l'évangéliste va nous dire quelle était leur intention. (16 : 1.)

vent enlevée. (1-4.) — 2° *Apparition de l'ange. Son message.* Comme elles entrent dans le sépulcre, elles voient un jeune homme en robe blanche. Ils les rassurent, leur annonce que Jésus est ressuscité, et les charge d'aller dire à ses disciples que leur Maître les précède en Galilée. Les femmes s'enfuient et, dans leur effroi, ne disent rien à personne. (5-8.)

XVI Et le sabbat étant passé, Marie-Magdelaine et Marie, mère de Jacques, et Salomé achetèrent des aromates pour venir l'embaumer [1].
2 — Et de grand matin, le premier jour de la semaine, elles viennent
3 au sépulcre, comme le soleil venait de se lever [2]. — Et elles disaient entre elles : Qui nous roulera la pierre de devant la porte du sépulcre ?
4 — Et ayant levé les yeux, elles voient que la pierre avait été rou-
5 lée, car elle était fort grande [3]. — Et étant entrées dans le sépulcre, elles virent un jeune homme assis du côté droit, vêtu d'une robe
6 blanche ; et elles furent épouvantées [4]. — Mais il leur dit : Ne vous épouvantez point ; vous cherchez Jésus le Nazaréen qui a été crucifié ; il est ressuscité ; il n'est pas ici ; voici la place où ils l'avaient
7 mis [5]. — Mais allez, dites à ses disciples et à Pierre : Il vous précède
8 en Galilée ; là vous le verrez, comme il vous l'a dit [6]. — Et étant

1. Voir, sur le récit de la résurrection, Math. 28 : 1-10, notes, et comp. Luc 24 : 1 et suiv. Cette expression de Marc : *après que le sabbat fut passé*, nous reporte au samedi soir, après le coucher du soleil, à l'heure où finissait le sabbat et où la vie active reprenait. (1 : 32.) C'est alors aussi que les femmes nommées ici (comp. 15 : 47 et Math. 28 : 1, seconde note), *achetèrent des aromates pour embaumer* (ou, plus exactement, *oindre*) le corps du Seigneur. Luc (23 : 56) indique d'une manière plus vague le moment où elles firent cet achat : mais il faut être bien avide de contradictions pour en trouver une sur ce sujet entre les deux évangélistes.
2. Encore ici, on a voulu trouver Marc en désaccord avec les autres évangélistes et avec lui-même, attendu que si le *soleil* était *levé*, ce n'était plus *de grand matin !* Quant aux autres évangélistes, Matthieu dit : « *à l'aube* du premier jour de la semaine ; » Luc : « le premier jour de la semaine, de grand matin ; » Jean : « le premier jour de la semaine, *le matin, comme il faisait encore obscur.* » Voilà toute la différence ; il suffit, pour en rendre compte, que l'un des évangélistes ait en vue le moment où les femmes sortent de leurs maisons, et l'autre l'instant où elles arrivent au sépulcre. Au lieu de s'arrêter à cette critique de mots, il vaudrait mieux observer la grande et glorieuse harmonie qu'il y a entre ce retour de la lumière du jour et la résurrection d'entre les morts de Celui qui est le soleil de justice, la lumière du monde.
3. Ces mots : *car elle était fort grande*, motivent la question inquiète de ces femmes (v. 3), et auraient dû la suivre immédiatement, mais Marc, non moins à propos, fait cette observation sur la grandeur de la pierre au moment même où les femmes *voient* que déjà elle *était roulée.* Touchant symbole de nos naïves inquiétudes dont Dieu a déjà ôté la raison d'être !
4. *Un jeune homme*, c'est ainsi que Marc décrit l'ange, tel qu'il était apparu aux femmes. Luc et Jean racontent l'apparition de deux anges, tandis que Matthieu et Marc n'en mentionnent qu'un, sans doute parce que l'un des deux seulement adressa la parole aux femmes. (Comp. Luc 24 : 4, note.)
5. Ces courtes phrases détachées, claires et simples, caractérisent la vivacité du discours et sont dignes de l'envoyé céleste qui les prononce.
6. Voir, sur ce discours de l'ange, Math. 28 : 5-7 et 10, notes. Marc a un trait spécial, délicat et touchant : « dites à ses disciples *et à Pierre.* » Pourquoi cette faveur ? On a répondu que c'était à cause du rang supérieur assigné à Pierre parmi les apôtres. Mais ce rang, le pauvre disciple en était profondément déchu , et

sorties, elles s'enfuirent du sépulcre ; car le tremblement et l'effroi les avaient saisies. Et elles ne dirent rien à personne, car elles avaient peur [1].

B. 9-20. APPARITIONS DE JÉSUS. SON ASCENSION. — 1° *Marie-Magdelaine.* Jésus ressuscité apparaît d'abord à Marie-Magdelaine, qui s'en va l'annoncer aux disciples ; mais eux ne la croient point. (9-11.) — 2° *Les disciples d'Emmaüs.* Il se manifeste ensuite à deux disciples en chemin pour aller à la campagne, et qui reviennent pour l'annoncer aux autres. (12. 13.) — 3° *Les onze.* Enfin il apparaît aux onze apôtres, auxquels il fait des reproches de n'avoir pas cru. (14.) — 4° *Instructions de Jésus.* Alors il leur donne cet ordre : Allez par tout le monde annoncer l'Evangile. Tous ceux qui croiront seront sauvés, et votre prédication sera accompagnée de divers signes miraculeux. (15-18.) — 5° *L'ascension.* Après avoir ainsi parlé, le Seigneur est élevé au ciel. Et les apôtres s'en vont annoncer la bonne nouvelle, tandis que le Seigneur lui-même confirme leur parole par des actes de sa puissance. (19, 20.)

Or [2], étant ressuscité le premier jour de la semaine, au matin, il 9

c'est bien plutôt pour répondre aux besoins de son âme, à sa douloureuse repentance, que le Seigneur voulut qu'il reçût ainsi, par un message personnel, la consolante nouvelle de la résurrection de ce Maître qu'il avait offensé. (Comp. Luc 24 : 34 ; 1 Cor. 15 : 5.) — Le dernier mot de l'ange : *comme il vous l'a dit,* fait allusion à la parole par laquelle Jésus (14 : 28) avait donné rendez-vous à ses disciples *en Galilée.* Ce passage montre que Marc comme Matthieu, avait l'intention de rapporter exclusivement les apparitions de Jésus ressuscité en Galilée, et non celles qui eurent lieu en Judée. (Math. 28 : 10, note.) Et cependant les versets qui suivent renferment de courtes indications des unes et des autres. Ce n'est donc pas sans raison qu'on a vu là un indice de l'inauthenticité du fragment qui termine son évangile. (v. 9-20.)

1. S'il fallait entendre d'une manière absolue ce silence des femmes, retenues par la *peur*, Marc serait en contradiction manifeste avec Matthieu et Luc ; elles se turent, veut-il dire, aussi longtemps que l'effroi les empêcha de croire elles-mêmes la bonne nouvelle qu'elles avaient à annoncer ; mais bientôt après, rassurées par la réflexion, elles s'acquittèrent de leur message.

2. Les versets qui suivent (9-20) ne paraissent pas avoir fait partie de l'évangile de Marc qui, à l'origine, s'arrêtait inachevé à la fin du v. 8. Les critiques les plus dignes de confiance n'en admettent pas l'authenticité. Leurs raisons, dont voici les principales, sont du plus grand poids. 1° Cette fin de l'évangile manque dans *Sin.* et dans *B*, ainsi que dans quelques versions. 2° Un manuscrit du huitième siècle et plusieurs versions latines ont une courte conclusion de l'évangile, tout autre que celle qui nous a été conservée ici. 3° Dans une trentaine de manuscrits de l'évangile de Marc, en lettres cursives, se trouvent des remarques indiquant que les plus anciens documents s'arrêtaient à notre v. 8. 4° Plusieurs Pères de l'Eglise, entre autres Eusèbe et Jérôme, déclarent positivement que cette fin de notre évangile n'était pas renfermée dans les plus anciennes copies. « Les manuscrits exacts, dit Eusèbe, terminent le récit de Marc aux paroles du jeune homme qui apparut aux femmes et leur dit : *Ne vous effrayez point,* jusqu'aux mots : *car elles avaient peur.* Ce qui suit se trouve dans quelques rares copies. » — « La fin de l'évangile de Marc se trouve dans fort peu de manuscrits ; presque tous les exemplaires grecs ne la contiennent pas. » Ainsi parle Jérôme. — Outre ces témoignages si convaincants, un examen attentif de notre fragment conduit à la même conclusion. On n'y retrouve ni le style de Marc ni sa manière pittoresque et détaillée de raconter. Il ne renferme que quelques faits isolés, à peine indiqués et évidemment empruntés aux autres évangiles, ainsi que nous le ferons remarquer dans les notes. — Cependant, si ce morceau n'est pas de Marc, il est certain qu'il remonte à une haute antiquité ; car le plus grand nombre des versions et des manuscrits le renferment, et il était déjà connu

apparut premièrement à Marie-Magdelaine, de laquelle il avait chassé
10 sept démons [1]. — Celle-ci s'en alla et l'annonça à ceux qui avaient
11 été avec lui, et qui étaient dans le deuil et dans les larmes [2]. — Et
eux, ayant ouï qu'il était vivant et qu'il avait été vu par elle, ne
crurent point [3].

12   Mais après cela, il se manifesta sous une autre forme à deux
13 d'entre eux, qui étaient en chemin, allant aux champs [4]. — Et ceux-
ci s'en étant retournés, l'annoncèrent aux autres ; mais ils ne crurent pas ceux-là non plus [5].

14   Enfin, il se manifesta aux onze eux-mêmes, comme ils étaient à
table [6] ; et il leur reprocha leur incrédulité et la dureté de leur cœur,
parce qu'ils n'avaient pas cru ceux qui l'avaient vu ressuscité [7]. —

d'Irénée, qui en cite un passage. Par ces raisons, plusieurs théologiens de nos jours persistent à attribuer à Marc cette fin de son évangile. Il est plus probable que, peu après le temps des apôtres, une main pieuse voulut achever le récit de Marc et, pour cela, consigner ici les principales apparitions de Jésus-Christ ressuscité et son ascension. (Voir les notes critiques de Tischendorf et le Nouveau Testament de Rilliet, à la fin de Marc.)

1. La simple lecture de ce verset fait sentir que c'est ici le commencement d'un écrit nouveau, et non la continuation du récit de Marc par Marc lui-même. Celui-ci aurait-il répété ainsi l'indication du jour et du moment de la résurrection de Jésus après l'avoir racontée ? (Comp. v. 1, 2.) Puis n'aurait-il pas rapporté l'apparition de Jésus à Marie, de manière à faire suite au v. 8, ce qui n'est point le cas ici ? — Du reste, cette apparition, admirablement racontée par Jean (20 : 11 et suiv.), est simplement rappelée ici. La mention des *sept démons* dont Jésus avait délivré Marie de Magdala est un souvenir de l'évangile de Luc. (8 : 2.)

2. Ce message attribué à Marie est tout à fait en harmonie avec les autres évangiles (Luc 24 : 10, et surtout Jean 20 : 18), mais beaucoup moins avec celui de Marc lui-même. (v. 8.) — *Ceux qui avaient été avec lui*, expression étrangère à Marc, et qui désigne les disciples de Jésus en général. Les apôtres sont appelés *les onze*. (v. 14.) — On comprend trop bien quelle était la cause de ce *deuil* et de ces *larmes* où étaient plongés les disciples !

3. Comp. Luc 24 : 11, où ce doute des disciples est exprimé en termes plus forts encore.

4. Simple résumé du beau récit de Luc. (24 : 13 et suiv.) Cet évangéliste rapporte que les deux disciples ne reconnurent pas Jésus, « parce que leurs yeux étaient retenus. » (v. 16.) Il y avait sûrement une autre cause encore de ce fait extraordinaire : c'est qu'un changement s'était produit dans l'aspect de Jésus. (Comp. Jean 20 : 14 et surtout v. 19.) Telle est sans doute l'idée vraie, ici exprimée par un terme peu exact : il se manifesta *sous une autre forme.*

5. D'après Luc (24 : 33 et suiv.), les deux voyageurs annoncent avec enthousiasme comment ils ont vu le Seigneur, et comment il a été reconnu par eux au moment où il rompait le pain. Les apôtres, de leur côté, s'écrient : « Le Seigneur est véritablement ressuscité, et il est apparu à Simon. » On a donc trouvé une contradiction entre ces paroles et celles-ci : *ils ne crurent pas ceux-là non plus*, c'est-à-dire pas plus qu'ils n'avaient cru Marie-Magdelaine. (v. 11.) Mais si l'on continue à lire le récit de Luc, on trouvera (v. 41) qu'au moment où Jésus apparut au milieu d'eux, les disciples dans leur trouble et à cause de leur joie même, *ne croyaient point encore.*

6. Il s'agit ici de la première apparition de Jésus au milieu de ses disciples. (Luc 24 : 36 ; Jean 20 : 19.) Les deux récits que nous venons de citer ne parlent pas proprement d'un repas. Dans Luc 24 : 41, il est dit que Jésus demanda quelque chose à manger et que les disciples lui présentèrent du poisson rôti et un rayon de miel. C'est ce qui a amené l'auteur à penser qu'*ils étaient à table* au moment où Jésus leur apparut.

7. Ces reproches de Jésus ressuscité à ses disciples sont assez fréquents dans les

Et il leur dit : Allez dans tout le monde, prêchez l'Evangile à toute 15 créature [1]. — Celui qui croira, et qui sera baptisé, sera sauvé ; mais 16 celui qui n'aura pas cru, sera condamné [2]. — Et voici les signes 17 qui accompagneront ceux qui auront cru : en mon nom ils chasseront les démons ; ils parleront des langues nouvelles ; — ils saisi- 18 ront des serpents ; quand même ils boiraient quelque breuvage mortel, il ne leur nuira point ; ils imposeront les mains aux malades, et ils seront guéris [3].

Et le Seigneur Jésus, après leur avoir parlé, fut enlevé dans le 19 ciel, et il s'assit à la droite de Dieu [4]. — Et eux, étant partis, prê- 20 chèrent partout ; le Seigneur opérant avec eux et confirmant la parole par les signes qui l'accompagnaient [5].

évangiles ; il est probable que notre auteur les résume tous en ces quelques mots. (Luc 24 : 25 et suiv. ; 38 et suiv. ; Jean 20 : 27 et suiv.)

1. Ce verset résume de même brièvement les derniers ordres de Jésus aux apôtres. (Math. 28 : 19, 20 ; Luc 24 : 45 et suiv. ; Jean 20 : 21 et suiv.) *Toute créature* (gr. *toute la création*) a ici le même sens que *tout le monde*, ou que le terme de Matthieu « toutes les nations, » c'est-à-dire toute l'humanité pécheresse, à laquelle Dieu destine les trésors de sa grâce.

2. La *foi*, condition du salut ; l'*incrédulité*, cause de la condamnation, tel est le grand principe de tout l'Evangile dans son application à l'homme. (Jean 3 : 36.) Si notre auteur ajoute à la foi le *baptême*, c'est que cette parole remplace l'ordre de baptiser que rapporte Matthieu (28 : 19). Ce symbole ne contribuera cependant au salut que pour autant qu'il sera administré *à celui qui croira*.

3. L'énumération de ces *signes* ou dons des miracles, promis à *ceux qui auront cru*, ne se trouve point ailleurs dans les discours de Jésus. Plusieurs de ces prodiges paraissent même étrangers à la sobriété qui distingue les évangiles. Rien ne le prouve mieux que la nécessité où se trouvent certains exégètes d'expliquer dans un sens spirituel ces dons qu'ils ne peuvent entendre à la lettre. *Chasser les démons* fut un pouvoir réellement exercé quelquefois par les apôtres (Act. 16 : 18) ; Jésus le leur avait positivement conféré. (Math. 10 : 1 et ailleurs.) *Parler des langues nouvelles*, c'est parler des langues non apprises d'une manière naturelle. Il ne s'agit donc point du don de *parler en langues* dans un état d'extase. (Act. 2 : 4, seconde note ; 1 Cor. 12 : 10, 28, 30 ; 14 : 1 et suiv.) *Saisir des serpents* peut être une répétition de la promesse de Jésus : Luc 10 : 19, qui s'est accomplie pour Paul à Malte (Act. 28 : 3) ; à moins qu'on ne préfère donner à ces paroles un sens figuré : Jésus aurait conféré aux siens le pouvoir de braver tous les dangers. La faculté de prendre un *breuvage mortel* sans en éprouver aucun mal peut de même s'entendre dans les deux sens. Le don de *guérir des malades* a été souvent exercé par les apôtres. (Act. 3 : 7 ; 28 : 8.)

4. Comme tous les faits contenus dans ce fragment, l'ascension de Jésus-Christ est rappelée en deux mots, d'où l'on pourrait conclure qu'elle eut lieu immédiatement après ce discours, le jour même de la résurrection. (Voir Luc 24 : 50 et suiv., notes ; Act. 1 : 1-9, notes.)

5. Ici encore, toute l'activité missionnaire des apôtres est exprimée par ce mot : ils *prêchèrent partout*. Puis notre fragment se termine par cette remarque que le Seigneur *opérait avec eux*, par son Saint-Esprit de lumière et de vie et par les *signes* ou *miracles* qui accompagnaient leur parole. — Ce fragment peut donc se lire à la suite de l'évangile de Marc resté inachevé, comme un résumé antique et précieux de faits rapportés en détail par les autres récits évangéliques.

ÉVANGILE SELON LUC

INTRODUCTION

I

Le Nouveau Testament, où Luc occupe une si grande et si belle place par ses deux écrits historiques, ne nous fournit que fort peu de détails sur *sa vie*. C'est ainsi que les hommes de Dieu s'effacent pour que la vérité resplendisse d'un éclat d'autant plus pur, et pour que seule la grande figure de Celui en qui tous reconnaissent le Maître ressorte de leurs écrits. Nous savons par les épîtres de Paul que Luc fut un de ses principaux compagnons d'œuvre. (Col. 4 : 14 ; Philém. 24 ; 2 Tim. 4 : 11.) Du passage des Colossiens, on peut conclure qu'il était d'origine païenne, parce que Paul le distingue de ses compagnons d'œuvre « qui sont de la circoncision. » (Col. 4 : 11 et 14.) Il en résulte que Luc est le seul écrivain de la Bible qui n'a pas fait partie du peuple juif. (Col. 4 : 14.) Dans ce même passage Paul l'appelle « le médecin bien-aimé. » Cette profession suppose qu'il avait cultivé la science et les lettres. Ses écrits attestent cette culture supérieure. Une tradition d'après laquelle il aurait été aussi peintre est sans valeur historique. Origène et Epiphane le rangent parmi les soixante-dix disciples que Jésus envoya en mission, mais Luc lui-même ne se compte pas au nombre des « témoins oculaires » de la vie de Jésus. (1 : 2, 3.) L'affirmation d'Eusèbe et de Jérôme, que Luc était originaire d'Antioche, mérite plus de créance. Elle concorde avec la tradition qui fait de Théophile (1 : 3 ; Act. 1 : 1) un personnage influent de cette ville. Cette tradition se trouve déjà dans le livre des *Reconnaissances clémentines*, du milieu du second siècle. M. Godet remarque l'élan et la fraîcheur du récit de Act. 11 : 20-24, qui feraient supposer que le narrateur a assisté aux scènes qu'il décrit et confirmeraient ainsi la donnée d'après laquelle Luc fut membre de l'Eglise d'Antioche.

Le fait que Luc se dévoua entièrement à l'apôtre Paul et l'accompagna dans ses voyages missionnaires, donne à penser qu'il y avait des liens spirituels particulièrement étroits entre ces deux hommes. Luc avait sans doute reçu de Paul une impulsion qui avait été décisive pour le développement de sa foi. Il apparaît pour la première fois dans la société de l'apôtre à Troas, lors du second voyage missionnaire. (Act. 16 : 10.) Il se rend avec lui en Macédoine quand le grand conquérant religieux aborde l'Europe et y fonde une première Eglise à Philippes. (Act. 16 : 11 et suiv.) Peut-être l'apôtre le laissa-t-il alors dans ces contrées pour affermir son œuvre ; mais, dans son troisième voyage de mission, Luc l'a rejoint : ils se rendent ensemble de Philippes à Troas et à Milet, où Paul fait ses adieux aux anciens des Eglises d'Asie. (Act. 20 : 5 et suiv.) C'est de là que Paul part avec Luc et d'autres pour son dernier voyage à Jérusalem. Luc séjourne quelque temps dans cette ville. Il eut l'occasion d'entrer en relation avec les anciens de l'Eglise. (Act. 21 : 1-18.) Paul fut ensuite conduit à Césarée, où il fut deux ans captif ; or, il est probable que Luc l'y accompagna et fut l'un des « siens, » auxquels le gouverneur permettait de le visiter et de le servir. (Act. 24 : 23.) En effet, il était avec lui dans ce voyage de Césarée à Rome qu'il nous a décrit avec des détails si dramatiques. (Act. 27 et 28.) Enfin, dans les temps de sa seconde captivité à Rome, l'apôtre écrivait encore à l'un de ses disciples : « Luc est seul avec moi. » (2 Tim. 4 : 11.) C'est là le dernier renseignement que nous fournisse le Nouveau Testament sur notre évangéliste. L'histoire ultérieure ne nous a conservé que des traditions peu sûres. — Dans les parties du livre des Actes qui rapportent des voyages où Luc accompagnait l'apôtre Paul, il ne se nomme jamais, mais donne à entendre modestement qu'il était présent, en employant le pronom *nous*. Aussi quelques critiques, Schleiermacher entre autres, ont-ils pris occasion de cette réticence pour refuser ces récits à Luc et pour les attribuer soit à Timothée, soit à Silas. Luc, suivant eux, les aurait incorporés à son livre en oubliant d'y rien changer et en laissant subsister ce *nous*. Voir, pour la réfutation de cette idée, l'Introduction au livre des Actes.

II

Si maintenant nous considérons le troisième évangile en lui-même, y trouvons-nous les *caractères* que suppose le milieu où s'écoula la vie de l'auteur ? Une simple lecture ne laisse pas de doute à cet égard.

Et d'abord, cet écrit s'inspire d'un *universalisme* déjà entièrement émancipé du particularisme juif. L'apostolat du grand missionnaire des Gentils a passé par là. La généalogie du Sauveur remonte de Marie, sa mère, non pas, comme dans Matthieu, jusqu'à Abraham, le père du peuple élu, mais jusqu'à Adam, le père de notre humanité. (3 : 23 et suiv.) Le chant des anges qui annoncent la naissance de ce Sauveur est : Paix *sur la terre!* bonne volonté *envers les hommes!* Siméon célèbre le salut de Dieu qui lui est révélé, mais c'est un salut que Dieu a préparé devant la face de *tous les peuples*, une lumière qui doit éclairer *les nations.* Si les habitants de Nazareth sont remplis de fureur contre Jésus, c'est parce qu'il leur a montré que Dieu ne fait point d'acception de nationalité dans la dispensation de ses grâces. (4 : 26-28.) Notre évangile ne renferme pas l'ordre que Jésus donnait aux disciples pour leur première mission, de ne point aller vers les Gentils et de n'entrer dans aucune ville des Samaritains (Math. 10 : 5); le temps de ces restrictions était passé, selon le plan de Dieu qui s'accomplissait. Les Samaritains occupent une place de prédilection dans notre évangile, comme dans celui de Jean (ch. 4); c'est un Samaritain qui, dans une parabole, nous donne une admirable leçon de charité; c'est encore un Samaritain qui seul se montre reconnaissant parmi les dix lépreux guéris par le Sauveur. Pour Luc, comme pour Paul, il n'y a plus, en présence du Sauveur, ni Juif, ni Grec, ni esclave, ni libre.

L'influence de Paul sur notre évangile se trahit encore par certains détails d'autant plus significatifs qu'ils semblent involontaires. Ainsi, les paroles de l'institution de la cène nous ont été transmises dans deux formes différentes : l'une se trouve dans Matthieu et dans Marc, l'autre dans Paul et dans Luc. (22 : 19, 20; comp. 1 Cor. 11 : 23-25.) Ainsi encore, ce n'est que par Paul, et ensuite par Luc, que nous connaissons l'apparition de Jésus ressuscité à Pierre. (1 Cor. 15 : 5; Luc 24 : 34.)

Mais c'est surtout dans la grande et précieuse doctrine du pardon des péchés accordé par grâce, obtenu par la foi, que notre évangéliste se montre le disciple fidèle de Paul. Tout son livre est un tableau émouvant des compassions divines se manifestant en Jésus. C'est un malheureux paralytique, c'est une femme coupable, mais humiliée aux pieds du Sauveur, qui entendent de sa bouche ces paroles : Tes péchés te sont pardonnés; ta foi t'a sauvée; va en paix. Ce sont les péagers et les pécheurs, altérés de pardon et de paix, qui, attirés par cette divine miséricorde, s'approchent de Jésus pour l'entendre. C'est un Zachée à qui le Seigneur fait la grâce de loger dans sa maison. — Tandis que Matthieu nous a conservé les paraboles qui peignent la nature et les destinées futures du royaume de Dieu, Luc s'attache de préférence à celles qui nous révèlent de la manière la plus émouvante la miséricorde de Dieu envers les pécheurs. C'est la brebis perdue que cherche le bon berger, et qu'il retrouve avec joie ; c'est l'enfant prodigue que son père reçoit avec tant d'amour ; c'est le péager qui, après son humble prière, descend *justifié* dans sa maison. Et ainsi les compassions du Sauveur se répandent jusqu'à la fin comme un fleuve que l'ingratitude de son peuple ne saurait tarir. Il dénonce à Jérusalem les jugements de Dieu, mais il pleure sur la ville coupable. Il voit son pauvre disciple tomber dans un abîme où il aurait pu périr, mais il le sauve d'un regard. Même sur la croix, il prie pour ceux qui ont voulu sa mort et il ouvre le ciel à un brigand crucifié qui l'implore. — Tel est le Sauveur dans cet évangile qui seul nous a conservé tous ces traits émouvants. Tel est le salut par grâce que Paul prêchait en tous lieux.

III

Ce qui précède ne peut laisser aucun doute sur l'*authenticité* de notre évangile. Il est bon, cependant, de voir avec quelle unanimité l'Eglise l'a connu et admiré depuis les temps les plus reculés. — Déjà les Pères apostoliques le possédaient et le citaient dans leurs écrits. Nous pouvons nous borner ici à Justin, ce philosophe devenu un chrétien ardent, né à l'issue de l'âge apostolique, et dont il nous reste trois ouvrages, qui tous supposent la connaissance de nos évangiles : ses deux *Apologies* et son *Dialogue* avec le Juif Triphon qu'il s'efforce d'amener à la foi. On a recueilli dans ces écrits jusqu'à quinze citations de l'évangile de Luc. (Kirchhofer, *Quellensammlung*, p. 132 et suiv.) Nous ne noterons ici que quelques-unes de celles qui rappellent des traits de l'histoire évangéliques particuliers à Luc. Justin raconte dans les termes de Luc la visite de l'ange à Marie, citant les propres paroles de l'envoyé céleste : « La puissance de Dieu te couvrira de son ombre, et tu concevras en ton sein par le Saint-Esprit et tu enfanteras un fils et il sera appelé Fils du Très-Haut et tu lui donneras le nom de Jésus ; » et ainsi jusqu'à l'humble réponse de la vierge : « Qu'il me soit fait selon ta parole. » (1 : 30-38.) Justin rappelle deux fois le recensement de Quirinius et, comme Luc, il le met dans un rapport direct avec le voyage de Joseph et de Marie, s'en allant « de Nazareth à Bethléhem, afin d'y être enregistrés. » (2 : 1-5.) Il cite la parole de Jésus conservée par Luc seul

(6 : 36) : « Soyez miséricordieux comme votre Père qui est aux cieux est miséricordieux. » Il rappelle le renvoi de Jésus à Hérode et sa sueur de sang en Gethsémané, dont Luc seul a parlé. En rendant l'esprit sur la croix, écrit-il encore, Jésus dit : « Père, je remets mon esprit entre tes mains. » (23 : 46.)

Vers le même temps, notre évangile était entre les mains de divers hérétiques, en particulier du gnostique Marcion, qui l'avait falsifié, comme il falsifiait les épîtres de Paul, afin de rendre ces écrits conformes à ses vues. La grande controverse de Tertullien contre cet ennemi de la foi est remplie de renseignements précieux à cet égard. Irénée (*Contra hæres.* III, 14), dans une page remarquable de sa polémique contre les adhérents de Marcion et de Valentin qui admettaient le troisième évangile en le mutilant, conclut une longue énumération de faits évangéliques que nous ne connaissons que par Luc, en ces termes : « Il faut donc admettre les autres choses qu'il rapporte, ou rejeter celles-ci ; car il ne leur est pas loisible de recevoir comme la vérité certains récits de Luc qui conviennent à leurs opinions et de rejeter les autres. Les adhérents de Marcion qui agissent ainsi n'ont pas l'Evangile. » Quant aux témoignages des autres écrivains ecclésiastiques du second et du troisième siècles, nous les avons rappelés dans l'Introduction générale ; il serait inutile d'y revenir à l'égard de Luc seul. Il suffit de remarquer que les Pères sont unanimes à rappeler les rapports de Luc avec l'apôtre Paul et à considérer notre évangile comme un résumé de la prédication de cet apôtre. « Luc, compagnon de Paul, a consigné dans un livre l'évangile prêché par celui-ci. » (Irénée, *Contra hæres.* III, 1.) Telle est l'opinion de tous ces écrivains, qui vont jusqu'à penser que, quand l'apôtre Paul se sert de cette expression : *selon mon évangile* (Rom. 2 : 16 ; 2 Tim. 2 : 8), il entend par là l'évangile de Luc. C'est là une idée erronée, mais qui prouve quel rapport étroit l'Eglise d'alors établissait entre notre troisième évangile et le ministère de Paul. (Voir ci-dessus II.)

Il n'est pas possible de fixer d'une manière précise l'époque et le lieu de la composition de notre évangile. Un grand nombre de critiques se fondant principalement sur le fait que, dans le discours eschatologique (ch. 21), la ruine de Jérusalem, décrite avec des détails topiques (19 : 43, 44 ; 21 : 20-24), est nettement distinguée de la fin du monde, dont elle est séparée par « les temps des Gentils » (21 : 24), pensent que Luc écrivait après l'an 70. D'autres, estimant que cette distinction est le fait non de Luc, mais de Jésus lui-même, dont notre évangéliste a seulement reproduit les paroles d'après une relation plus exacte, placent la composition de notre évangile avant 70. La question dépend de celle de la composition des Actes. Si, pour expliquer le silence de ceux-ci sur les destinées ultérieures de Paul, on admet qu'ils furent écrits dans les derniers temps de la captivité de l'apôtre à Rome, et avant sa mort, on est conduit à placer la rédaction de notre évangile en 65 ou 66. Mais cette date de la composition des Actes n'est rien moins qu'assurée. (Voir l'Introduction à ce livre.) — L'intégrité de notre évangile est nettement affirmée par tous les documents, non moins que son authenticité. La critique négative a, de nos jours, élevé des doutes sur la vérité historique des deux premiers chapitres, mais sans autres raisons que les faits surnaturels qui y abondent; ces raisons ont peu de poids pour ceux qui voient dans l'apparition du Fils de Dieu sur la terre le grand miracle de la puissance et de la miséricorde divines. Ces premiers récits ont d'ailleurs un accent de vérité et de candeur qui n'est égalé que par la délicate pureté, la religieuse poésie, l'incomparable grandeur des tableaux qu'ils présentent. — Si l'on se demande d'où ont pu provenir les documents que Luc a utilisés pour cette partie de son livre, il n'y a qu'une réponse possible : il a eu entre les mains une narration qui remontait à Zacharie, à Elisabeth, à Marie elle-même; eux seuls, en effet, pouvaient connaître ces faits et en conserver le souvenir. Une telle origine garantit la vérité historique de ces récits.

IV

Quant au *but* que s'est proposé Luc et au *plan* qu'il a suivi, il nous les a indiqués avec précision dans la préface de son livre. (1 : 1-4.) — Sachant que plusieurs chrétiens avaient mis par écrit divers récits qu'ils recueillaient de la bouche de ceux qui avaient été « témoins oculaires et ministres de la parole, » et trouvant sans doute ces notices trop incomplètes, il résolut d'écrire lui-même l'histoire de la vie de Jésus. Il voulait que par son travail le personnage auquel il dédiait son livre, et après lui tous ceux qui le liraient, pussent « connaître avec certitude » les grands faits historiques sur lesquels repose l'Evangile. — Pour atteindre ce but, voici la marche qu'il suivra : après avoir recherché et examiné « avec exactitude toutes choses dès l'origine, » il les écrira « avec ordre. » Faut-il entendre par ce dernier terme que Luc se proposait de suivre rigoureusement un ordre chronologique, ou pouvons-nous l'appliquer aussi à l'idée d'un ordre des matières ? D'après certains passages de son livre, qui rattachent les faits évangéliques à l'histoire générale, il n'y a pas de doute que l'auteur n'ait eu égard à la chronologie. (1 : 5 ; 3 : 1, 2, 23 ; 9 : 28, etc.) Mais là où il ne la suit pas exactement, une lecture attentive de son récit prouve qu'il la remplace à dessein par un ordre des sujets conforme à son plan. Ce plan peut être établi comme suit :

Introduction.

Prologue. (1 : 1-4.)

I. LES RÉCITS DE L'ENFANCE.

1. *Les prédictions.* Annonce de la naissance de Jean-Baptiste et de celle de Jésus. Visite de Marie à Elisabeth. (1 : 5-56.)

2. *Le double accomplissement des promesses.* La naissance de Jean-Baptiste. La naissance de Jésus. La circoncision et la présentation au temple. (1 : 57 à 2 : 40.)

3. *L'adolescence de Jésus.* Son premier voyage à Jérusalem. (2 : 41-52.)

II. INAUGURATION DU MINISTÈRE DE JÉSUS.

1. *Le ministère de Jean-Baptiste et le baptême de Jésus.* (3 : 1-22.)
2. *La généalogie de Jésus.* (3 : 23-38.)
3. *La tentation de Jésus.* (4 : 1-13.)

Le ministère galiléen.

I. LES COMMENCEMENTS.

1. *Débuts à Nazareth et à Capernaüm.* Prédications dans les synagogues de Nazareth et de Capernaüm. Le démoniaque, la belle-mère de Pierre. Malades divers. (4 : 14-44.)

2. *Premiers disciples et premiers opposants.* Pêche miraculeuse, vocation des premiers disciples. Le lépreux. Le paralytique. Vocation de Lévi. Question sur le jeûne. Deux violations du sabbat. (5 : 1 à 6 : 11.)

II. L'APOGÉE.

1. *Jésus proclame le royaume des cieux.* Le choix des douze apôtres. Le sermon sur la montagne. (6 : 12-49.)

2. *Jésus guérit et délivre.* Le serviteur du centenier. Le fils de la veuve de Naïn. Le message de Jean-Baptiste et le discours de Jésus sur Jean. La pécheresse chez Simon. (7 : 1-50.)

3. *Jésus parcourt le pays en enseignant et en opérant des miracles.* Parabole du semeur. Intervention de la mère et des frères de Jésus. La tempête apaisée. Jésus chez les Gadaréniens. Résurrection de la fille de Jaïrus et guérison d'une femme. (8 : 1-56.)

III. La fin.

1. *La mission des douze :* dernier appel adressé à la Galilée. Opinion d'Hérode sur Jésus. (9 : 1-9.)

2. *Retraite à Bethsaïda. Multiplication des pains.* (9 : 10-17.)

3. *La confession de Pierre.* Questions de Jésus ; réponse de Pierre. Jésus prédit ses souffrances et indique les conditions à remplir pour le suivre. (9 : 18-27.)

4. *La transfiguration.* Guérison d'un démoniaque. Nouvelle prédiction des souffrances. Quel est le plus grand ? Tolérance. (9 : 28-50.)

De la Galilée à Jérusalem.

I. Départ de Galilée. Jésus et ses disciples. Instructions.

1. *Le départ pour Jérusalem.* Le bourg des Samaritains. Les trois disciples. (9 : 51-62.)

2. *Mission des soixante-dix disciples.* Leur envoi et leur retour. (10 : 1-24.)

3. *La parabole du Samaritain.* Marthe et Marie. (10 : 25-42.)

4. *Instructions sur la prière.* (11 : 1-13.)

5. *Jésus et les pharisiens.* Guérison d'un démoniaque et blasphème des pharisiens. Jésus leur répond et les censure ; il met ses disciples en garde contre leur esprit, et les encourage à ne pas craindre leurs persécutions. (11 : 14 à 12 : 12.)

6. *Exhortation au détachement et à la vigilance.* (12 : 13-59.)

7. *Incidents et instructions.* Exhortation à la repentance. Guérison le jour du sabbat. Paraboles du grain de sénevé et du levain. (13 : 1-21.)

II. Nouvelle série de récits et d'enseignements en paraboles.

1. *Les élus.* La porte étroite. L'hostilité d'Hérode. Les résistances de Jérusalem. Jésus, un jour de sabbat, chez un pharisien : guérison, instruction sur la recherche des premières places ; parabole des conviés. Instruction au sujet des professions précipitées. (13 : 22 à 14 : 35.)

2. *Les paraboles de la grâce.* La brebis égarée. La drachme perdue. L'enfant prodigue. (ch. 15.)

3. *Deux paraboles sur l'usage des biens de ce monde.* L'économe infidèle. Reproches aux pharisiens. Le pauvre et Lazare. (ch. 16.)

4. *Paroles diverses :* les scandales, le pardon, la puissance de la foi ; les serviteurs inutiles. (17 : 1-10.)

III. Scènes et instructions des derniers temps du voyage.

1. *Les dix lépreux.* (17 : 11-19.)

2. *Instructions sur l'avènement du fils de l'homme.* Question des pharisiens et réponse de Jésus. Enseignement aux disciples. Parabole du juge inique. (17 : 20 à 18 : 8.)

3. *Enseignements divers.* La parabole du pharisien et du péager. Les petits enfants. Le jeune homme riche. L'héritage de la vie éternelle. Jésus annonce sa mort. (18 : 9-34.)

4. *Jéricho.* Guérison d'un aveugle. Zachée. Parabole des mines. (18 : 35 à 19 : 28.)

La semaine sainte.

I. Les premiers jours de la semaine.

1. *L'entrée de Jésus à Jérusalem.* (19 : 29-48.)

2. *La lutte dans le temple.* La question du sanhédrin. La parabole des vignerons. Le tribut à César. La vie future. De qui le Christ est-il fils ? Les scribes censurés. La pite de la veuve. (20 : 1 à 21 : 4.)

3. *Le discours prophétique.* (21 : 5-38.)

II. Les souffrances et la mort de Jésus.

1. *Le complot contre Jésus.* (22 : 1-6.)

2. *La dernière soirée de Jésus avec ses disciples.* La Pâque et la cène. Les derniers entretiens. (22 : 7-38.)

3. *Gethsémané*. L'agonie. L'arrestation. (22 : 39-53.)

4. *Le procès*. Jésus devant le sanhédrin. Jésus devant Pilate et devant Hérode. (22 : 54 à 23 : 25.)

5. *La mort de Jésus*. Le chemin de la croix. Jésus crucifié. La sépulture. (23 : 26-56.)

III. La résurrection et l'ascension.

1. *La résurrection constatée*. (24 : 1-12.)

2. *Les apparitions du ressuscité* aux pèlerins d'Emmaüs, aux disciples assemblés. (24 : 13-49.)

3. *L'ascension*. (24 : 50-53.)

ÉVANGILE SELON LUC

INTRODUCTION

I. Les récits de l'enfance.

1. *Les prédictions.*

1-4. Préface et dédicace. — Luc indique : 1° l'*idée première* de son travail et les circonstances dans lesquelles il l'entreprend (v. 1) ; — 2° le *fondement historique* de son récit : la source à laquelle puisèrent ses devanciers et à laquelle il se propose de puiser lui-même (v. 2) ; — 3° la *méthode* qu'il suivra : remonter à l'origine, exposer les faits d'une manière complète et suivie (v. 3) ; — 4° le *but* qu'il a en vue : faire reconnaître à Théophile, à qui il dédie son livre, la certitude de l'Evangile et de la vérité chrétienne dans laquelle il a été instruit. (v. 4.)

Puisque plusieurs ont entrepris de composer un récit des faits qui 1 ont été pleinement certifiés parmi nous [1], — conformément à ce que 2

[1]. Cette admirable préface de Luc, si précise et si claire dans sa brièveté, si riche de pensées, du style classique le plus pur, et qui rappelle les prologues des grands historiens grecs (Hérodote, Thucydide, Polybe), nous apprend que l'évangéliste a eu plusieurs devanciers (v. 1), que les faits rapportés par eux et dont il va à son tour entreprendre le récit reposent sur le témoignage apostolique (v. 2) ; qu'il a mis une scrupuleuse exactitude à s'en assurer (v. 3), enfin qu'il s'est proposé pour but de confirmer les enseignements reçus par Théophile, à qui il dédie son écrit. (v. 4.) — Dès les premiers mots, il nous indique ce qui lui a inspiré l'idée de son travail : c'est le fait, bien connu alors, que *plusieurs* avaient déjà entrepris d'écrire des narrations semblables. (Gr. *puisque plusieurs ont mis la main à ranger en ordre un récit.*) Il y a dans ce terme : *mettre la main à*, entreprendre, que Luc seul emploie dans le Nouveau Testament, mais qui se trouve souvent dans les classiques, le sentiment de la gravité et de la difficulté de cette entreprise. (Act. 19 : 13.) Ne s'agit-il pas, en effet, d'écrire la vie du Fils de Dieu ? Voilà pourquoi Luc s'abrite, pour ainsi dire, derrière l'exemple de ceux qui, par un vif et religieux intérêt pour les faits de l'Evangile, s'étaient mis à en conserver par écrit le souvenir. Il ne faut donc voir, ni dans ces paroles, ni dans la conclusion que Luc en tire pour lui-même au v. 3, une insinuation sur l'insuffisance ou les imperfections de ces récits précédents ; mais bien pourtant la pensée que, après avoir tout examiné avec tant de scrupule, il peut attendre de son travail un résultat plus complet. Mais qui sont ces *plusieurs* qui, avant Luc, avaient écrit des récits évangéliques ? Ce n'étaient pas des apôtres, puisque ceux-ci sont ici nettement distingués comme « témoins oculaires. » (v. 2.) Il ne s'agit point du premier évangile, qui est attribué à un apôtre. Le second évangile pourrait être visé par Luc, puisque son auteur n'avait pas été témoin de la vie de Jésus, mais pour d'autres raisons, il est peu probable que Luc en eût connaissance. On ne peut

nous ont transmis ceux qui, dès le commencement, ont été témoins oculaires et ministres de la parole [1] ; — il m'a semblé bon, à moi aussi, qui ai suivi avec exactitude toutes ces choses dès l'origine, de te les écrire dans leur ordre, très excellent Théophile [2] ; — afin que tu reconnaisses la certitude des enseignements que tu as reçus [3].

pas songer non plus aux évangiles apocryphes encore existants, et qui ont été écrits plus tard. Il s'agit de chrétiens, aujourd'hui inconnus, qui avaient rédigé des souvenirs de la prédication apostolique, et dont les écrits ont disparu à mesure que nos quatre évangiles prévalurent dans l'usage ecclésiastique. Luc a sans doute utilisé ces écrits comme l'une des sources de sa narration, — Enfin, quel était l'objet de ces récits qui sera aussi celui de la narration de Luc ? (v. 3.) Ce sont les faits, les événements de l'histoire évangélique dont Luc affirme qu'ils *ont été pleinement certifiés parmi nous*, c'est-à-dire parmi les chrétiens. D'excellents exégètes veulent qu'on traduise simplement : événements *qui se sont accomplis*, attendu que le verbe grec a bien le sens de *produire une pleine persuasion, une entière certitude*, quand il s'agit de *personnes* (Rom. 4 : 21 ; 14 : 5 ; Col. 4 : 12), mais que ce sens est inadmissible quand il s'agit de *choses*, comme dans notre verset. Mais même en ce dernier cas, le verbe dont il s'agit ne signifie jamais dans le Nouveau Testament simplement *accomplir*, mais *remplir complètement*. (2 Tim. 4 : 5, 17.) Et quant aux auteurs classiques, les lexicographes s'accordent à affirmer que notre verbe au passif « se dit aussi des choses dont on est parfaitement sûr. » Il en est de même du substantif dérivé de ce verbe (*plérophoria*) qui a toujours le sens de pleine persuasion, de complète assurance. (1 Thes. 1 : 5 ; Col. 2 : 2 ; Hébr. 6 : 11 ; 10 : 22.) Au reste, cette idée s'exprime dans tout ce prologue de Luc, puisqu'il en appelle immédiatement à des « témoins oculaires » (v. 2), et que lui-même écrit afin que celui auquel il s'adresse ait la « certitude » des choses dont il s'agit. Plusieurs exégètes soutiennent la traduction : *qui se sont accomplis*, parce qu'ils prêtent à Luc la pensée que les faits évangéliques sont l'*accomplissement* d'un plan préconçu des desseins de Dieu envers notre humanité. Cette idée est vraie, mais étrangère au texte.

1. Les mots : *conformément à ce que nous ont transmis*, peuvent se rapporter à la première partie du verset précédent et exprimer la manière dont ces « plusieurs » ont écrit leurs récits, la source où ils ont puisé ; ou bien à la seconde phrase, c'est-à-dire aux « choses pleinement certifiées. » Dans le premier cas, Luc attribuerait aux écrits dont il parle l'autorité de la tradition apostolique, ce que plusieurs interprètes (Olshausen) ne veulent pas admettre ; dans le second cas, il indiquerait que c'est par cette autorité même qu'ont été pleinement certifiés les faits de l'histoire évangélique. La première construction est plus conforme à la grammaire, la seconde, plus en harmonie avec la pensée. C'est cette pensée même que, sans faire aucune violence au texte, on peut rendre ainsi, avec la plupart des versions : « selon que nous *les* ont transmis ceux qui, etc. » — Quoi qu'il en soit, Luc en appelle ainsi dès l'abord au témoignage d'hommes autorisés qui *ont transmis* à l'Eglise primitive (*nous* correspond au *parmi nous* du v. 1) tous ces faits de l'histoire évangélique. Cette *transmission* ou *tradition* apostolique eut lieu d'abord par la parole, c'est-à-dire par la prédication. (Voir l'Introduction aux évangiles.) Les hommes qui en furent chargés ont été *dès le commencement témoins oculaires et ministres de la parole*, c'est-à-dire qu'ils sont apparus dès les premiers jours de l'Eglise revêtus de la double autorité de témoins oculaires et de ministres de la parole. Ce sens, qui se légitime, d'après Act. 11 : 15, est plus conforme au grec qui unit étroitement les deux termes : témoins et ministres. On peut traduire aussi : qui ont été témoins dès l'origine, dès le baptême et les débuts du ministère de Jésus (Act. 1 : 21 et suiv.), et qui sont devenus plus tard ministres de la parole. L'expression : *la parole*, prise ainsi dans un sens absolu, désigne fréquemment, dans les écrits de Luc, l'Evangile et la prédication de l'Evangile, comprenant à la fois les faits et les doctrines dont il se compose.

2. Par ces mots du v. 3, Luc en vient à la conclusion de ce qui précède, ou à sa proposition principale. En disant : *moi aussi*, il se met modestement au même rang que les *plusieurs* du v. 1 ; mais,

La note 3 est à la page suivante.

A. 5-25. Annonce de la naissance de Jean-Baptiste. — 1° Le récit nous initie à l'épreuve intime d'une pieuse famille de sacrificateurs : *Zacharie et Elisabeth*, tous deux de la race d'Aaron, ont été jusqu'ici privés d'enfants et ils sont avancés en âge. (5-7.) — 2° Une *intervention divine* met fin à leur épreuve. — *a) Apparition de l'ange.* Zacharie a été appelé à entrer dans le sanctuaire pour offrir le parfum. Pendant qu'il accomplit cet acte solennel et que la multitude est dehors en prières, un ange lui apparaît. (8-12.) — *b) La naissance de Jean.* L'ange rassure Zacharie et lui déclare que sa prière est exaucée, qu'Elisabeth lui enfantera un fils qui se nommera Jean; sa naissance sera un sujet de joie pour plusieurs. (13, 14.) — *c) La carrière de Jean.* Cette joie sera justifiée, car Jean sera grand devant le Seigneur, austère dans sa vie, rempli du Saint-Esprit ; il exercera une action profonde sur son peuple ; il sera le précurseur du Sauveur. (15-17.) — *d) Signe et châtiment.* Zacharie demeurant incrédule et demandant un signe, l'ange lui déclare qu'il se nomme Gabriel, qu'il est envoyé de Dieu. Il lui donne un signe qui sera en même temps un châtiment : Zacharie restera muet jusqu'à l'accomplissement de la promesse. (18-20.) — *e) Retour de Zacharie auprès du peuple.* Le peuple s'étonne qu'il reste si longtemps dans le temple. Quand il en sort, il fait comprendre par des signes qu'il a eu une vision. (21, 22.) — 3° *Accomplissement de la promesse.* Après avoir achevé ses fonctions, il s'en retourne chez lui, et alors la prédiction de l'ange s'accomplit : Elisabeth devient enceinte : elle se cache pendant cinq mois, jusqu'à ce qu'il apparaisse que le Seigneur lui a ôté l'opprobre de sa stérilité. (23-25.)

évidemment, par tout ce qu'il va nous dire de la nature de son travail et du but qu'il espère atteindre (v. 4), il attribue tacitement à son récit une supériorité que l'Eglise entière a reconnue. Il se sert de trois expressions qui indiquent nettement le caractère complet et approfondi de son travail. Les deux premiers de ces termes se rapportent à l'étude des sources où il a puisé, le troisième à la nature de son exposition. 1° Il est remonté jusqu'à l'*origine* des choses. (Gr. *depuis en haut.*) Il ne s'est pas arrêté au commencement du ministère de Jean-Baptiste et de Jésus-Christ ; il est remonté plus haut, jusqu'aux faits qu'il raconte dans ses deux premiers chapitres. 2° Partant de cette origine, il *a suivi avec exactitude toutes ces choses.* Il les a étudiées de près, en a pris connaissance d'une manière complète, recherchant tous les renseignements et ne se contentant pas des faits présentés dans la prédication courante ou recueillis dans les récits mentionnés au v. 1 ; il a embrassé autant que possible *tous* les faits, et a mis la plus grande *exactitude* à les examiner pour en constater la vérité historique. 3° Enfin, il s'est proposé d'exposer ces faits *dans leur ordre*, comme ils se sont succédé ; l'expression ne se trouve, dans le Nouveau Testament, que chez Luc, qui l'emploie toujours dans le sens de la succession chronologique. (8 : 1 ; Act. 3 : 21 ; 11 : 4 ; 18 : 23.) Luc dédie son livre à un personnage qui, d'après le titre qu'il lui donne : *très excellent* (comp. Act. 23 : 26 ; 24 : 3 ; 26 : 25) ou *très puissant Théophile*, occupait une position sociale élevée mais dont on ne sait rien de certain. La seule tradition qui ait quelque vraisemblance fait de Théophile un chrétien riche et puissant de la ville d'Antioche. (Voir le *Commentaire* de M. Godet *sur l'évangile de saint Luc*, 3e édit., Introd., p. 8.)

3. Gr. *afin que tu reconnaisses, au sujet des paroles dont tu as été instruit, l'inébranlable certitude.* Comme le mot *paroles* signifie fréquemment en grec, selon un hébraïsme bien connu, les *choses*, plusieurs versions adoptent ici ce sens qui correspondrait à l'idée du v. 1, où pourtant se trouve un autre terme. Il est beaucoup plus conforme à la pensée de Luc de conserver ici la signification ordinaire du mot grec : *paroles, discours, enseignements.* Ce terme désigne, non seulement les *faits* de l'histoire évangélique, mais aussi les vérités religieuses, les doctrines qui en ressortent nécessairement. (Comp. 1 Cor. 15.) Cette interprétation correspond seule pleinement à ce mot : *dont tu as été instruit*, qui signifie, d'après l'étymologie, « faire pénétrer un son dans l'oreille, » mais qui, selon l'usage constant du Nouveau Testament, suppose un enseignement reçu et non un simple ouï-dire. (Act. 18 : 25 ; Rom. 2 : 18 ; 1 Cor. 14 : 19 ; Gal. 6 : 6.) Notre mot *catéchumène* n'est que le participe du même verbe. — Ainsi, après ce qu'il vient de dire des sources d'où il a tiré son ré-

5 Il y eut, aux jours d'Hérode, roi de Judée [1], un sacrificateur nommé Zacharie, de la classe d'Abia ; et sa femme était d'entre les filles
6 d'Aaron, et elle s'appelait Elisabeth [2]. — Or ils étaient l'un et l'autre justes devant Dieu, marchant dans tous les commandements et toutes
7 les ordonnances du Seigneur d'une manière irréprochable [3]. — Et ils n'avaient pas d'enfant, parce qu'Elisabeth était stérile, et qu'ils
8 étaient tous deux avancés en âge [4]. — Or il arriva, pendant qu'il exerçait la sacrificature devant Dieu, dans l'ordre de sa classe, —
9 que, selon la coutume de la sacrificature, il lui échut par le sort

cit, fondé sur le témoignage apostolique, du soin scrupuleux qu'il a mis à examiner tous les faits, afin de pouvoir les exposer dans leur ordre, Luc est en droit d'espérer que son livre créera chez ses lecteurs la conviction de l'inébranlable certitude de l'Evangile.

1. *Il y eut, aux jours de,...* tournure hébraïque, fréquente dans l'Ancien Testament. Dès ce v. 5, le style est semé d'aramaïsmes. — *Hérode*, surnommé le Grand. (Voir Math. 2 : 1, note.) Le titre de *roi de Judée* lui avait été décerné par le sénat romain. Son royaume comprenait toute la Palestine. On voit que, sur cette date, Luc est en parfait accord avec le premier évangile, qui place la naissance de Jésus sous le règne d'Hérode. Il résulte encore de Math. 2 : 19 que Jésus naquit vers la fin de ce règne. Selon Josèphe, la mort d'Hérode eut lieu au printemps de l'an 750 de Rome.

2. *Zacharie* (ce nom signifie : *l'Eternel se souvient*) et *Elisabeth*, *sa femme* (hébr. Elischéba, *serment de Dieu*), appartenaient donc l'un et l'autre à la race sacerdotale. Elisabeth avait même hérité du nom de la première aïeule, la femme d'Aaron. (Ex. 6 : 23.) Après un silence de quatre siècles, Dieu parle de nouveau, à ce moment décisif de l'histoire. Il ouvre une ère nouvelle de ses révélations, qui désormais ne seront plus interrompues et s'étendront à l'humanité entière. Mais il relie le présent au passé, en choisissant l'organe de ses communications parmi ceux à qui ce rôle était dévolu autrefois. Comme au siècle de la réformation il prit dans son couvent un moine de l'ancienne Eglise pour commencer l'œuvre de rénovation, de même il fit naître de la race sacerdotale d'Aaron celui qui devait être le plus grand des prophètes et préparer les voies au Messie issu de la race royale de David. Notre récit attache de l'importance à cette généalogie du précurseur, puisqu'il indique que Jean descendait d'Aaron par sa mère aussi bien que par son père. — Luc, pour être plus précis encore, remarque que Zacharie appartenait à la *classe d'Abia*. Toute la sacrificature était divisée en vingt-quatre classes (gr. *éphéméries*, services *quotidiens*), dont les membres devaient fonctionner chaque semaine à tour de rôle. (1 Chroniques : 24 7-10.) Celle d'Abia était la huitième. (1 Chron. 24 : 10.)

3. La seconde partie de ce verset explique la première. Selon les notions de l'Ancien Testament, *être juste*, c'est conformer sa conduite et sa vie aux prescriptions de la loi de Dieu. (Jean 1 : 48.) Le terme *devant Dieu* (Gen. 7 : 1) est un hébraïsme qui exprime la réalité de cette justice, car il signifie que Dieu la reconnaît et l'approuve. Cette justice, ainsi que le mot *irréprochable*, n'exclut point le péché (Philip. 3 : 6), et n'est point opposée à la grande doctrine biblique de la justification par la foi. Les Israélites pieux le savaient bien, puisqu'ils recouraient sans cesse aux moyens prescrits par la loi elle-même pour obtenir le pardon de leurs péchés et pour s'en purifier. — Calvin et, après lui, Bengel ont fait entre *les commandements* et *les ordonnances du Seigneur* cette distinction, que les premiers signifieraient les préceptes de la loi morale, le Décalogue, tandis que les secondes indiqueraient les prescriptions relatives à la loi cérémonielle, au culte, etc. Il n'est pas sûr que cette distinction soit fondée, car le mot traduit par *ordonnance* signifie proprement : *ce que Dieu a déclaré juste*, ce que Paul appelle le droit de Dieu. (Rom. 1 : 32.)

4. Gr. « avancés dans *leurs jours*, » hébraïsme. (Gen. 18 : 11.) Cette expression montre que chacun a ses jours qui lui sont comptés. (Job 14 : 5 ; Ps. 90 : 12.) Du reste, cette remarque sur l'âge des deux époux se rapporte surtout à Elisabeth et au long temps où elle avait été sans enfants ; car Zacharie devait, pour

CHAP. I.   ÉVANGILE SELON LUC   443

d'offrir le parfum après être entré dans le temple du Seigneur¹. — Et toute la multitude du peuple était dehors en prières, à l'heure du 10 parfum. — Or un ange du Seigneur lui apparut, se tenant debout au 11 côté droit de l'autel des parfums². — Et Zacharie fut troublé en le 12 voyant, et la crainte le saisit³. — Mais l'ange lui dit : Ne crains point, 13 Zacharie ; car ta prière a été exaucée ; et Elisabeth ta femme t'enfantera un fils⁴, et tu l'appelleras du nom de Jean⁵ ; — et il sera pour 14

être encore en fonctions, avoir moins de cinquante ans. (Nomb. 8 : 25.)

1. Les mots : *dans l'ordre de sa classe*, désignent le rang où chaque classe de sacrificateurs était en fonction (v. 5, note) ; ce rang restait toujours le même. Mais, en outre, la *coutume* ou l'usage voulait que, entre les sacrificateurs de service, chacune des diverses fonctions fût attribuée par le *sort*. De cette manière rien, dans ces fonctions saintes, n'était livré à l'arbitraire humain, rien ne pouvait provoquer des jalousies entre les sacrificateurs. Il échut donc ce jour-là à Zacharie le privilège d'*entrer dans le sanctuaire* et d'*offrir le parfum*. Cette offrande avait lieu chaque jour, le matin et le soir, sur un autel spécial situé au fond du sanctuaire, tout près du voile qui fermait le lieu très saint. (Ex. 30 : 1 et suiv.) Pendant que le sacrificateur remplissait cette fonction, le peuple attendait dans le parvis extérieur (v. 21) et adressait à Dieu des prières, dont la fumée de l'encens, montant vers le ciel, était le symbole. (v. 10 ; Apoc. 8 : 3, 4, note.)

2. C'est avec l'apparition de cet ange que s'ouvre la série des faits surnaturels racontés dans ces premiers récits de Luc. Ceux-là seuls pourraient les trouver étranges qui ne croient pas au « grand mystère de piété, » auquel ces faits se rattachent tous, « Dieu manifesté en chair. » (1 Tim. 3 : 16.) « Au moment où la Parole éternelle s'unissait à notre humanité (Jean 1 : 1, 14) devaient se produire des manifestations du monde des esprits qui ne sont point nécessaires en des temps ordinaires. » *Olshausen*. On voit du reste, par ces détails précis, qu'un témoin oculaire seul peut avoir conservés, que l'évangéliste raconte, non une vision, mais un fait réel : l'ange *lui apparut, se tenant debout, au côté droit de l'autel*. — *Au côté droit*, c'est-à-dire au sud, entre l'autel et le chandelier, à la gauche de Zacharie qui entrait dans le sanctuaire.

3. Bien que l'ange vînt annoncer à Zacharie une grâce immense, celui-ci éprouve cette *crainte* qui *saisit* l'homme pécheur, chaque fois que quelque manifestation du monde invisible lui donne le sentiment de la présence immédiate de Dieu. (v. 29 ; 2 : 9 ; Gen. 28 : 17 ; Esa. 6 : 5 ; Apoc. 1 : 17.) Aussi la première parole que Dieu, dans l'Evangile, adresse au pécheur, c'est cette parole de compassion et d'amour : *Ne crains point.* (v. 13 ; comp. 2 : 10.)

4. Les interprètes se demandent quel était l'objet de cette *prière* de Zacharie, maintenant *exaucée*. Les uns, d'après le contexte, pensent qu'il avait demandé à Dieu la bénédiction de posséder un fils. Les autres objectent qu'il eût été peu digne du sacrificateur en fonctions de songer à un intérêt de famille, qu'il ne pouvait prier que pour l'accomplissement des promesses de Dieu relatives au salut. Mais les mots : *ta femme Elisabeth t'enfantera un fils*, désignent l'exaucement d'une requête personnelle. Toute la question est de savoir quand Zacharie fit à Dieu cette requête. Les v. 7 et 18 montrent qu'il ne s'attendait plus à avoir des enfants et, par conséquent, que telle n'était pas alors sa prière spéciale ; mais précédemment il avait sans doute souvent demandé au Seigneur cette bénédiction, c'était un vœu qui demeurait d'une manière permanente au fond de son cœur, et qui recevait à cette heure son exaucement. Il est permis de supposer aussi que le pieux sacrificateur, en offrant le parfum, image de la prière, demandait à Dieu d'envoyer enfin « la consolation d'Israël. » (Comp. Ps. 14 : 7.) Or, dans ce sens encore, il fut exaucé au delà de sa pensée, puisque Dieu lui annonce la naissance, dans sa famille, du grand prophète dont le ministère devait être l'aurore du jour messianique. Une telle promesse, après la longue stérilité d'Elisabeth, ne devait pas seulement rendre ce fils d'autant plus cher à ses parents (1 Sam. 1), mais surtout en le leur présentant comme un don immédiat de Dieu, les presser de le lui consacrer.

5. Hébr. *Jochanan, Jéhova fait grâce.* Beau nom pour celui qui, le premier, annoncera « l'Agneau de Dieu qui ôte le

toi un sujet de joie et d'allégresse, et plusieurs se réjouiront de sa
15 naissance¹ ; — car il sera grand devant le Seigneur² ; et il ne boira
ni vin ni cervoise, et il sera rempli de l'Esprit-Saint dès le sein de sa
16 mère³. — Et il ramènera plusieurs des fils d'Israël au Seigneur leur
17 Dieu⁴ ; — et il marchera devant lui dans l'esprit et dans la puissance
d'Elie⁵, pour ramener les cœurs des pères vers les enfants, et les rebelles à la sagesse des justes⁶, afin de préparer au Seigneur un peuple

péché du monde. » Dieu prescrit de même à l'avance, par la bouche de l'ange, le nom de Jésus. (v. 31 ; Math. 1 : 21.)
1. On comprend cette *joie* et même cette *allégresse* pour le cœur du père et de *plusieurs* en Israël ; mais l'ange, dans les paroles qui suivent, élève l'objet de cette joie bien au-dessus des sentiments paternels. En effet, il décrit d'abord le caractère de celui dont il annonce la naissance (v. 15) ; puis son action sur son peuple (v. 16) ; enfin, son rapport avec le Sauveur. (v. 17.)
2. Ces mots : *devant le Seigneur*, indiquent pleinement de quelle *grandeur* il s'agit ici. (Comp. v. 6, note.) L'homme est en lui-même exactement ce qu'il est aux yeux de Dieu, ni plus, ni moins. Jésus confirma plus tard cette grandeur de son précurseur. (Math. 11 : 9-11.)
3. Ne boire *ni vin*, *ni cervoise* (liqueur fermentée faite de divers fruits, autres que le raisin), était l'une des abstinences que s'imposait le *nazir* ou *naziréen*, c'est-à-dire celui qui était *séparé*, ou mis à part, et *consacré* au service de Dieu. Cette consécration pouvait être temporaire, ou à vie, comme dans le cas de Samson et de Samuel. (Jug. 13 : 2 et suiv. ; 1 Sam. 1 : 1, 11.) On peut lire l'ordonnance relative à cette vocation spéciale dans le livre des Nombres. (6 : 1-21.) Tel devait être Jean-Baptiste. Comme prophète appartenant encore à l'ancienne alliance, il devait prêcher la repentance, non seulement par ses paroles, mais par la pratique du naziréat, en attendant que ce type, comme tous ceux de la loi, fût aboli par Celui qui, au milieu du monde, vainquit le monde. — Cette abstinence aura pour compensation le fait qu'*il sera rempli de l'Esprit-Saint ;* renonçant à tout excitant charnel, il possédera le stimulant le plus élevé et le plus pur. (Comp. Ephés. 5 : 18.) Il y a dans ce terme : (gr.) *encore dès le sein de sa mère* (c'est-à-dire quand l'enfant sera *encore* dans le sein), quelque chose de mystérieux dont on ne peut se rendre compte, ni par des restrictions, ni par des spéculations sur la possibilité de l'action de l'Esprit dans un être qui n'a encore ni intelligence ni réceptivité. Mais, qui peut tracer la limite au delà de laquelle l'influence de l'Esprit de Dieu ne saurait s'exercer ? (Comp. v. 41-44.) Pensée consolante, en tout cas, qui montre ce que des parents pieux peuvent attendre de la miséricorde de Dieu pour les enfants objets de leurs prières !
4. Gr. *Il fera retourner, convertira.* Ce qui suppose que, comme tous les hommes, ils s'étaient détournés de lui par leurs péchés.
5. *Devant lui ;* ce pronom ne peut se rapporter qu'au sujet qui précède, *le Seigneur leur Dieu ;* ce qui est en harmonie avec Mal. 3 : 1, où l'Eternel dit : « Voici, j'envoie mon messager, et il préparera la voie *devant moi,* » d'où il résulte que celui qui précède le Messie, précède Jéhova lui-même, qui vient vers son peuple et vers notre humanité en son Fils bien-aimé. (Comp. Jean 12 : 41 avec Esa. 6 : 1 et suiv.) — C'est encore dans Malachie (4 : 5) que le précurseur est annoncé comme un second *Elie.* Le peuple à l'époque du Sauveur, se fondant sur cette prophétie, attendait la réapparition du prophète. (Math. 17 : 10 ; Marc 6 : 15 ; Jean 1 : 21.) L'ange dit que le précurseur sera revêtu de l'*esprit* et de la *puissance* de ce prophète ; il en aura la force et l'énergie d'action, parce qu'il sera animé du même esprit.
6. Gr. « pour *convertir* les cœurs des pères vers les enfants » (même verbe qu'au v. 16). Ces mots font partie d'une pensée ainsi exprimée dans le prophète Malachie (4 : 6) : « et il (Elie) ramènera (ou convertira) le cœur des pères aux fils et le cœur des fils à leurs pères. » Ce second membre de la phrase est retranché dans notre citation qui y substitue ces mots : *et les rebelles à la sagesse des justes.* Déjà dans l'explication des paroles du prophète, les interprètes se partagent entre deux opinions : les uns y voient simplement la promesse d'un rapprochement, d'une réconciliation entre les enfants et les pères, divisés par le péché ;

ÉVANGILE SELON LUC 445

bien disposé [1]. — Et Zacharie dit à l'ange : A quoi connaîtrai-je cela ? 18 Car je suis un vieillard, et ma femme est avancée en âge [2]. — Et l'ange 19 répondant lui dit : Je suis Gabriel qui me tiens devant Dieu, et j'ai été envoyé pour te parler et pour t'annoncer ces bonnes nouvelles [3]. — Et voici, tu garderas le silence et ne pourras parler jusqu'au jour 20 où ces choses arriveront [4] ; parce que tu n'as pas cru à mes paroles, qui s'accompliront en leur temps [5]. — Et le peuple attendait Zacharie, 21

d'autres donnent à cette prophétie un sens plus large et plus religieux ; ils entendent par ce mot *les pères*, les ancêtres, les patriarches, et en général les hommes pieux du peuple d'Israël. Les *fils* sont leurs descendants, qui se sont éloignés de leur piété en s'éloignant de Dieu ; il leur manque le seul vrai lien des cœurs, l'amour de Dieu, en sorte que les pères ont honte de leurs enfants et les enfants de leurs pères (Esa. 29 : 22, 23 ; 63 : 16) ; et c'est cet abîme qu'Elie viendra combler. La même différence d'interprétation se produit à l'égard de notre verset. L'une et l'autre opinion sont admissibles, mais bien des raisons militent en faveur de la dernière. D'abord, il est difficile de donner, soit au ministère d'Elie, soit à celui de Jean-Baptiste, un but et un résultat aussi restreint que celui d'une réconciliation dans les familles. Ensuite, après cette action puissante attribuée au précurseur, la conversion de plusieurs en Israël (v. 16), comment donner au même verbe un sens si différent dans le verset qui suit ? (v. 17.) Enfin, n'est-il pas évident qu'en substituant à ces mots du prophète : « et le cœur des fils à leurs pères, » ceux-ci : *et les rebelles à la sagesse des justes*, l'ange généralise la pensée, et attribue au précurseur une influence beaucoup plus vaste et plus religieuse ? Les *rebelles* ne sont pas ici *les fils*, mais les incrédules en général, qu'il s'agit de convertir, afin qu'ils aient la *sagesse des justes*, seule vraie sagesse, puisqu'elle consiste pour l'homme à retrouver l'harmonie avec Dieu.

1. Ces derniers mots du discours de l'ange résument très bien le résultat général du ministère de Jean-Baptiste. Lui ne peut que *préparer* le peuple pour le Seigneur, afin qu'il soit tout *disposé* à le recevoir. Alors le Seigneur lui-même fera le reste. (Math. 3 : 11, 12.) — On s'est étonné de voir un ange citer l'Ecriture. Et pourquoi ? Le diable aussi la cite (Math. 4 : 6) ; mais, du reste, la simple allusion qui se trouve ici aux paroles d'un prophète peut n'être que la forme dont l'évangéliste, ou même le document qu'il cite, a revêtu la pensée de l'ange.

2. Gr. *avancée en ses jours*. (Voir, sur cet hébraïsme et sur l'âge que pouvait avoir Zacharie, v. 7, note.) La question du sacrificateur, toute semblable à celle d'Abraham (Gen. 15 : 8), trahit un doute sur l'accomplissement de ce qui lui est annoncé. (v. 20.) Il demande un *signe* auquel il puisse en *reconnaître* la vérité. (Comp. Jug. 6 : 17 ; 2 Rois 20 : 8 ; Esa. 7 : 10 et suiv.)

3. Ces premières paroles de l'ange sont destinées à affirmer la vérité de sa mission et à relever sa dignité de messager céleste, à laquelle le doute de Zacharie porte atteinte ; elles impliquent un blâme et préparent l'annonce du châtiment. (v. 20.) Le nom de *Gabriel* signifie *l'homme fort de Dieu* ou encore *Dieu est ma force*. Ce nom devait être connu à Zacharie par Dan. 8 : 16 et 9 : 21. S'étonnerait-on de ce qu'un ange porte un nom et un nom hébreu ? (Comp. Dan. 10 : 13 ; 12 : 1 ; Apoc. 12 : 7.) Mais Dieu lui-même ne s'appelle-t-il pas Jéhova ? Quand Dieu se révèle aux hommes, il faut bien qu'il emprunte leur langage pour être compris. Et de même que Dieu, en se donnant un nom qui exprime son essence, se fait connaître comme le Dieu personnel, de même le nom d'un ange nous révèle que ces intelligences célestes sont des êtres réels et personnels, et non pas seulement des apparitions momentanées ou des émanations de la divinité, comme on l'a cru faussement. — Les mots : *qui me tiens devant Dieu*, indiquent un ange de l'ordre le plus élevé, dont le privilège est d'assister en sa présence, toujours prêt à exécuter sa volonté. (Apoc. 8 : 2 ; Math. 18 : 10 ; Hébr. 1 : 14 ; comp. Luc 2 : 13, note.)

4. Gr. *te taisant et ne pouvant parler ;* ces derniers mots indiquent la cause de ce silence.

5. On se demande pourquoi Zacharie est puni du doute momentané qui l'avait porté à demander un signe, tandis que d'autres, dans le même cas, ne le sont

et ils s'étonnaient de ce qu'il tardait si longtemps dans le temple[1]. —
22 Et étant sorti, il ne pouvait leur parler, et ils reconnurent qu'il avait eu une vision dans le temple, et lui-même le leur faisait entendre par
23 des signes ; et il demeurait muet [2]. — Et il arriva, lorsque les jours de son ministère furent accomplis, qu'il s'en alla en sa maison [3] —
24 Et après ces jours-là, Elisabeth sa femme devint enceinte, et elle se
25 cacha durant cinq mois, disant : — Parce que c'est ainsi que m'a fait le Seigneur, dans les jours où il a pris soin d'ôter mon opprobre parmi les hommes [4].

B. 26-38. ANNONCE DE LA NAISSANCE DE JÉSUS. — 1° *L'apparition de l'ange.* L'ange Gabriel est envoyé à Nazareth. Il apparaît à Marie, jeune fille de la maison de David. Il la salue comme celle qui est reçue en grâce. Marie est surprise et troublée. (26-29.) — 2° *Le message de l'ange.* L'ange lui fait part de son message : elle enfantera un fils, qui s'appellera Jésus, sera fils du Très-Haut et régnera éternellement. (30-33.) —

pas. (v. 18, note.) Cette question a été diversement résolue. Celui qui sonde les cœurs et en connaît les sentiments les plus intimes pourrait seul y répondre. Au reste, le signe donné à Zacharie, un mal physique, qui humilie la nature humaine, après une haute révélation dont elle pourrait s'enorgueillir, n'est pas sans analogies dans l'Ecriture, et renferme un profond enseignement. (Gen. 32 : 25-31 ; Act. 9 : 9 ; 2 Cor. 12 : 7.)

1. v. 10. L'apparition de l'ange et son entretien avec le sacrificateur avaient retenu celui-ci dans le temple beaucoup plus longtemps qu'à l'ordinaire.

2. Le peuple, voyant que Zacharie *ne pouvait pas lui parler*, en conclut qu'il lui était arrivé quelque chose d'extraordinaire, et comme c'était dans le sanctuaire, il conclut encore à *une vision*. *Lui-même* confirma cette pensée *par des signes*.

3. Gr. les jours de son *service dans le culte*, c'est-à-dire lorsque sa classe, qui était la huitième, eut achevé sa semaine, et fut relevée par la classe suivante. (Comp. v. 5, seconde note ; v. 8, 9, note.)

4. Gr. *elle se cacha elle-même*, terme qui, avec le verbe actif, exprime la volonté positive de se soustraire ainsi aux regards des hommes pendant les *cinq premiers mois* de sa grossesse. Par quel motif ? Elle nous le dit elle-même (v. 25) ; mais ses paroles, aussi bien que son action, ont été diversement interprétées. Celle de ces interprétations qui s'offre tout d'abord à l'esprit, c'est que pénétrée de reconnaissance envers Dieu, elle veut se retirer dans une solitude profonde, soit pour se recueillir et méditer sur les voies de Dieu envers elle, soit pour se soustraire à de vains propos, jusqu'à ce qu'elle fût sûre de l'accomplissement de la promesse du Seigneur. Et sans aucun doute ce besoin du cœur d'Elisabeth fut un des motifs de sa retraite. Mais une autre explication, s'appuyant sur ces mots : *Parce que c'est ainsi que m'a fait le Seigneur* et qu'il a *ôté mon opprobre*, fait dire à Elisabeth : Je dois, moi aussi, en me retirant dans la solitude, lui laisser le soin d'effacer entièrement cet opprobre aux yeux des hommes, quand et comme il le voudra. Et c'est ce qui eut lieu, en effet, dans la suite. (v. 36, 39, 41, 44.) Cette explication est celle de Meyer. M. Godet en propose une autre qui s'en rapproche, mais qui exprime d'une manière plus intime les sentiments d'Elisabeth. Elle se fonde également sur ce rapport qu'Elisabeth établit entre les voies de Dieu envers elle et sa propre conduite : « Elle se traite elle-même conformément à ce que Dieu a fait à son égard.... Dieu l'a rendue mère ; elle lui doit et elle se doit de ne plus se montrer en public comme la *stérile*. (v. 36.) C'est là ce qui explique le terme de *cinq mois*. Ce moment de la grossesse est celui où l'état de la femme enceinte devient visible. Voilà donc le moment où elle pourra reparaître en public ; car alors elle pourra être reconnue et traitée comme ce qu'elle est en effet. Celle que Dieu a honorée ne doit plus être en butte à l'opprobre de la part des hommes. Il y a dans cette conduite un mélange admirable de respect d'elle-même et de respect pour l'œuvre de Dieu. C'est l'expression, que nul n'eût inventée, de la fierté féminine

CHAP. I.　　　　ÉVANGILE SELON LUC　　　　447

3º *Comment ce message est reçu.* Marie reçoit cette promesse avec foi, mais avec l'étonnement qu'elle devait provoquer dans son cœur de vierge. L'ange lui annonce que ce miracle s'accomplira par la puissance du Saint-Esprit, et que pour cela l'enfant auquel elle donnera le jour sera appelé Fils de Dieu. Afin d'affermir sa foi, il lui apprend que sa parente Elisabeth est dans le sixième mois de sa grossesse. Alors Marie se soumet avec humilité et simplicité à la volonté du Seigneur. (34-38.)

Or, au sixième mois, l'ange Gabriel fut envoyé de Dieu dans une 26 ville de Galilée appelée Nazareth [1], — vers une vierge fiancée à un 27 homme nommé Joseph, de la maison de David ; et le nom de la vierge était Marie [2]. — Et l'ange, étant entré auprès d'elle, dit : Salut, toi 28 qui as été reçue en grâce : le Seigneur est avec toi [3] ! — Mais elle 29 fut troublée de cette parole, et elle se demandait ce que pouvait être

exaltée par le sentiment maternel et par la reconnaissance la plus humble pour le prodige d'amour divin qui s'est accompli à son égard. » — Ces mots : *dans les jours où il a pris soin* (gr. *regardé à*) *d'ôter mon opprobre,* expriment vivement le sentiment de la grâce que le Seigneur lui a faite. — On sait que les Juifs considéraient la stérilité comme un *opprobre* et un malheur, même comme un signe de la défaveur de Dieu. (Gen. 30 : 23 ; Esa. 47 : 9 ; Osée 9 : 11.)

1. Le *sixième mois :* cinq mois s'étaient écoulés depuis l'événement raconté au v. 24 ; c'est le moment où Elisabeth sort de sa retraite et où se manifeste aux yeux de tous le fait qu'elle est enceinte. (Comp. v. 36.) — Sur *l'ange Gabriel,* voir v. 19, et sur *Nazareth* Math. 2 : 23, note. « La prophétie touchant la naissance de Jean a été faite au temple, et publiée à tout le peuple, mais la promesse de la naissance de Christ est faite à une vierge en une bien petite ville, et demeure comme ensevelie au cœur d'une jeune fille. » *Calvin.*

2. Les mots : *de la maison de David,* peuvent se rapporter à Marie ou à Joseph, ou à tous les deux. Si, comme le prétendent plusieurs interprètes, ces mots ne concernent que Joseph, il n'en reste pas moins évident qu'aux yeux de notre évangéliste la mère du Sauveur descendait de David. (v. 32 et 69. Comp. 3 : 23, note.) Ainsi, de même que Dieu rattachait la nouvelle alliance à l'ancienne en faisant naître Jean-Baptiste de la race sacerdotale d'Aaron, de même il fait surgir le Sauveur annoncé par les prophètes du sein de l'ancienne famille royale israélite. (Comp. v. 32, note.) — Luc, en racontant que Marie était alors *fiancée* à Jo-

seph, est pleinement d'accord avec Matthieu. (1 : 18.) On a prétendu cependant que l'annonce de l'ange à Marie est inconciliable avec les soupçons que conçut ensuite son fiancé et la nécessité de la révélation qui lui fut faite à ce sujet. (Math. 1 : 19 et suiv.) Mais qui nous dit que Marie fit part du message de l'ange à son fiancé ? Il est permis de douter que, même dans ce cas, Joseph eût cru sur sa simple parole à un miracle aussi inouï. D'après Luc (v. 39), Marie se rendit aussitôt *avec hâte* au pays des montagnes auprès d'Elisabeth sa parente, emportant avec elle la précieuse révélation qu'elle avait reçue ; et ce ne fut qu'à son retour dans sa maison, environ trois mois après (v. 56), que Joseph put se préoccuper des pensées que Matthieu lui attribue, car alors l'état de sa fiancée n'était plus un mystère : la promesse de Dieu était en voie de s'accomplir.

3. Gr. *toi qui es graciée,* qui es l'objet de la grâce, de la faveur de Dieu. C'est le même mot qui est appliqué à tous les croyants, Eph. 1 : 6, où quelques versions le rendent par : « il nous a reçus en grâce, » d'autres : « rendus agréables en son bien-aimé. » Ce sens est sans aucun doute applicable à Marie, qui, comme tous les hommes, ne pouvait être sauvée que par grâce ; mais on peut admettre que l'ange lui promettait en ces termes la grande bénédiction spéciale qui allait lui être accordée. (Comp. v. 30.) C'est pourquoi l'ange ajoute : *le Seigneur est avec toi.* Les mots du texte reçu : *tu es bénie entre les femmes* ne sont pas authentiques, bien qu'ils se lisent dans *A, C, D* et la plupart des *majusc.* Ils ont été transférés ici du v. 42.

30 cette salutation[1]. — Et l'ange lui dit : Ne crains point, Marie, car tu
31 as trouvé grâce devant Dieu[2] ; — et voici tu concevras en ton sein
32 et tu enfanteras un fils, et tu lui donneras le nom de Jésus[3]. — Il
sera grand, et sera appelé Fils du Très-Haut[4], et le Seigneur Dieu
33 lui donnera le trône de David son père, — et il régnera sur la maison de Jacob éternellement, et il n'y aura pas de fin à son règne[5].
34 — Mais Marie dit à l'ange : Comment cela se fera-t-il, puisque je ne
35 connais point d'homme[6] ? — Et l'ange, répondant, lui dit : L'Esprit-Saint viendra sur toi, et une puissance du Très-Haut te couvrira de son ombre[7] ; c'est pourquoi aussi le saint qui naîtra sera appelé Fils

1. Le texte reçu porte : « Mais elle *voyant* (l'ange) fut troublée de *sa* parole. » Les mots soulignés sont omis par la plupart des critiques modernes, d'après *Sin.*, *B*, *D*. La cause du *trouble* bien naturel qu'éprouve Marie, c'est la *parole*, ou le discours de l'ange : elle *se demandait*, ou raisonnait, ce que pouvait être (littér., d'après l'étymologie du mot grec : d'où venait et quelle était) cette *salutation*, dont les termes si élevés embarrassaient sa modestie.

2. Par ces mots : *Ne crains point*, l'ange apaise le trouble de la jeune fille, puis il lui réitère l'assurance de la grâce de son Dieu. *Trouver grâce devant Dieu* est un hébraïsme fréquent dans l'Ancien Testament. (Gen. 6 : 8 ; 18 : 3 ; Ex. 33 : 12, 13 ; Jug. 6 : 17 ; 2 Sam. 15 : 25 ; Act. 7 : 46.)

3. *Et voici* marque le caractère inattendu de la communication. Les termes de celle-ci rappellent Esa. 7 : 14. *Jésus*, en hébreu *Joschouah* ou, pleinement écrit, *Jehoschouah*, signifie *Jéhovah sauve*. Voir Math. 1 : 16, note, et v. 21, où l'ange, après avoir annoncé que tel serait le nom du Sauveur, en indique ainsi la signification : « Car c'est lui qui sauvera son peuple de leurs péchés. »

4. Gr. « *Celui-là* sera grand. » Ce titre *Fils du Très-Haut* (v. 35, note), est la cause de la grandeur de Celui qu'annonce l'ange. Mais il sera *grand*, même en présence des hommes, par sa sainteté, sa puissance, son amour. (Comp. v. 15.)

5. Ces paroles concernant la royauté de Jésus-Christ annoncent l'accomplissement de nombreuses prophéties de l'Ancien Testament : Esa. 9 : 6 ; 2 Sam. 7 : 12, 13 ; Ps. 89 : 5 ; Dan. 7 : 14. Elles durent donc inspirer à Marie la pensée que l'enfant qui lui était promis serait le Messie ; car, en pieuse Israélite, elle connaissait les Ecritures. Les termes du v. 33, en particulier, ne peuvent s'appliquer à nul autre qu'au Messie annoncé par les prophètes. « La promesse : *il n'y aura pas de fin à son règne*, n'est pas en contradiction avec 1 Cor. 15 : 24-28. Car le règne de Jésus, en s'absorbant dans celui du Père, n'est pas annulé, mais accompli. Seulement, à un degré plus avancé de l'œuvre divine, l'apôtre Paul a reçu une révélation dépassant celle que renfermait le message de l'ange. » *Godet*.

6. *Connaître* n'est point pris ici dans son sens ordinaire, mais exprime par un hébraïsme très usité (Math. 1 : 18, 25 ; Gen. 4 : 1) la consommation du mariage. Marie, quoique fiancée à Joseph, ne porte pas sa pensée sur le temps où elle sera sa femme, parce qu'elle comprend par les paroles de l'ange que ce qu'il annonce va s'accomplir immédiatement. Aussi, sa question n'implique pas le doute, comme celle de Zacharie (v. 18), mais un étonnement plein de candeur et peut-être le besoin de saisir mieux la nature d'une révélation si inattendue. C'est à ces sentiments que va répondre le discours de l'ange.

7. L'*Esprit-Saint* et la *puissance du Très-Haut* sont deux expressions qui indiquent une seule et même chose, avec cette distinction que la première désigne l'essence, la seconde l'action créatrice du Saint-Esprit. De même les verbes *viendra sur toi* et *te couvrira de son ombre*, expriment un fait unique, le premier désignant l'acte initial, le second impliquant une notion de durée. L'image que celui-ci retrace est une allusion aux théophanies de l'Ancien Testament, qui s'annonçaient par la présence d'une nuée. (Ex. 40 : 34 ; Nomb. 9 : 15 ; 1 Rois 8 : 10, et ailleurs. Comp. Luc 9 : 34, où se retrouve le même terme que dans notre verset.) Le sens de ces paroles est que la promesse faite à Marie allait s'accomplir en elle par une création étrangère à l'ordre ordinaire de

CHAP. I. ÉVANGILE SELON LUC 449

de Dieu [1]. — Et voici, Elisabeth, ta parente, elle aussi, a conçu un 36 fils en sa vieillesse ; et c'est ici le sixième mois pour celle qui était appelée stérile [2], — parce que rien ne sera impossible à Dieu [3]. — 37 Et Marie dit : Voici la servante du Seigneur ; qu'il me soit fait selon 38 ta parole [4]. Et l'ange s'en alla d'auprès d'elle.

C. 39-56. La visite de Marie a Elisabeth. — 1º *L'arrivée de Marie et la salutation d'Elisabeth.* Marie s'en va avec hâte dans une ville de Juda, chez Zacharie et Elisabeth. Au moment où elle salue Elisabeth, celle-ci sent son enfant tressaillir dans son sein et, remplie du Saint-Esprit, elle s'écrie : Tu es bénie entre les femmes ! Elle exprime humblement son étonnement de ce que la mère de son Seigneur vienne à elle, elle la déclare bienheureuse d'avoir cru et lui annonce l'accomplissement de la promesse du Seigneur. (39-45.) — 2º *Cantique de Marie.* — *a)* Elle donne cours à ses sentiments de joie et de reconnaissance envers Dieu pour la grâce qu'il lui a faite. (46-48.) — *b)* Elle célèbre la puissance, la sainteté, la miséricorde de Dieu, qui se sont manifestées envers elle. (49, 50.) — *c)* Elle contemple la grande transformation qui va s'accomplir dans le monde : les orgueilleux, les puissants, les riches abaissés, les humbles et les pauvres élevés. (51-53.) — *d)* Elle rend hommage à la fidélité de Dieu qui se souvient de sa miséricorde envers Abraham et sa postérité. (54, 55.) — 3º *Retour de Marie chez elle.* Après être restée environ trois mois avec Elisabeth, Marie s'en retourne en sa maison. (56.)

la nature. — Il faut se garder de mêler à l'exquise délicatesse de ce discours, qui à elle seule suffirait pour en démontrer la céleste origine, des explications souvent bien peu en harmonie avec la pureté et la beauté des images par lesquelles la bouche d'un ange a voilé ce profond mystère.

1. Ce mot *c'est pourquoi* exprime la grande conséquence de l'action divine qui vient d'être annoncée. *Le saint* est un adjectif neutre que quelques-uns traduisent en y ajoutant un substantif : le saint enfant ou l'être saint. Le Sauveur devait être affranchi du péché héréditaire de la race humaine ; c'est pourquoi il fallait qu'il naquît de l'Esprit de Dieu. Cette sainteté originelle ne le soustraira ni à nos tentations, ni à la possibilité de pécher : mais elle permettra le développement normal de sa volonté qui, par sa constante communion avec Dieu, triomphera de tout mal, en sorte qu'il pourra devenir le Réparateur de notre chute et le Rédempteur du monde. — Par la même raison, il sera *appelé Fils de Dieu*, parce qu'il le sera en réalité, même par sa naissance humaine, dont Dieu est la cause efficiente. Mais, d'autre part, il appartiendra tout aussi réellement à notre humanité, parce que, comme tous les hommes, il sera « né de femme et soumis à la loi. » (Gal. 4 : 4.)

2. Cette révélation de la grossesse d'Elisabeth est donnée à Marie comme un encouragement à croire ce qui lui est annoncé. — On ignore par quelle relation de famille Elisabeth était la *parente* de Marie ; mais c'est à tort qu'on en a conclu que cette dernière appartenait, comme la femme de Zacharie, à la tribu de Lévi. Le père de Marie pouvait être de la tribu de Juda et avoir épousé une femme de race sacerdotale.

3. Gr. *aucune parole ne sera impuissante* ou *aucune chose ne sera impossible de la part de Dieu.* Plusieurs interprètes retiennent le sens ordinaire de *parole* et l'appliquent aux paroles mêmes que l'ange vient de prononcer. Mais, par un hébraïsme très fréquent, ce mot signifie une *chose*, et cela par la raison que, pour Dieu, la parole et la chose sont identiques : « il dit et la chose a son être. » Et c'est probablement dans ce sens qu'il faut entendre ici ce terme : *aucune chose, rien ne sera impossible à Dieu.* Le verbe au futur, parce qu'il s'applique à la promesse qui vient d'être faite à Marie. Forte parole qui devait achever de convaincre la jeune vierge. (Comp. Ps. 135 : 6 ; Jér. 32 : 17 ; Math. 19 : 26 ; Marc 9 : 23.)

4. Admirable expression de candeur, de confiance, d'abandon à la volonté de Dieu dans cette humble et pieuse Israélite, appelée à une si haute destinée ! Quand il plaît à Dieu d'accomplir ses grands des-

450 ÉVANGILE SELON LUC CHAP. I.

39 Or Marie s'étant levée, en ces jours-là, s'en alla avec hâte au pays
40 des montagnes, dans une ville de Juda [1] ; — et elle entra dans la
41 maison de Zacharie et salua Elisabeth [2]. — Et il arriva, quand Elisabeth entendit la salutation de Marie, que le petit enfant tressaillit
42 dans son sein ; et Elisabeth fut remplie de l'Esprit-Saint, — et elle
éleva la voix avec un grand cri, et dit : Tu es bénie entre les fem-
43 mes et le fruit de ton sein est béni [3] ! — Et d'où me vient ceci, que
44 la mère de mon Seigneur vienne vers moi [4] ? — Car voici, quand la

seins, il sait lui-même en préparer les instruments.

1. *En ces jours-là*, c'est-à-dire immédiatement après le fait qui vient d'être raconté. Marie, sous l'impression de la révélation qu'elle a reçue, portant dans son âme ces précieuses espérances, devait éprouver le plus vif désir de revoir Elisabeth, sa parente, qui venait de faire des expériences analogues (v. 36) ; de là cette expression *elle s'en alla avec hâte*. Le lieu où habitait Elisabeth n'est désigné que par deux termes très vagues : *pays des montagnes* et *une ville de Juda*. On a supposé que cette ville était Hébron, située à vingt-deux milles romains au sud de Jérusalem. Hébron avait été autrefois assignée aux sacrificateurs pour demeure (voir Jos. 21 : 11, où sa situation est indiquée par ce même terme : *dans la montagne de Juda*). D'autres pensent qu'il y avait primitivement dans le texte *Jutta* (désignée comme ville lévitique, Jos. 21 : 16) ; les copistes auraient changé ce nom peu connu en *Juda*. — La promesse faite à Marie par le message de l'ange (v. 31) était-elle déjà réalisée en elle lors de sa visite à Elisabeth ? On peut le conclure avec certitude du récit qui suit (v. 41-45), et surtout du cantique par lequel Marie donne essor à sa joie. (v. 46 et suiv.) Mais avec le sentiment si fin et si délicat qui règne dans toute cette narration, l'évangéliste passe ce grand événement sous silence et laisse au lecteur le soin de l'apercevoir sous le voile discret dont il est recouvert. L'exégèse ne saurait mieux faire que d'imiter cette réserve.

2. Moment solennel pour ces deux femmes ! Les mêmes expériences de la miséricorde de Dieu, la même foi, les mêmes espérances, le même amour unissent leurs âmes dans une communion intime. Marie, *saluant Elisabeth* dans cette rencontre unique, met tout son cœur dans le *schalom* des Hébreux : *Que la paix soit avec toi !* Et quant à Elisabeth, le trait qui va suivre (v. 41) trahit sa profonde émotion.

3. La sainte joie dont *tressaillit* Elisabeth dans son être le plus intime se communique à l'enfant qu'elle porte en son sein. Il n'est point nécessaire de voir en cela un fait miraculeux. L'extraordinaire ici, c'est l'action de l'*Esprit-Saint* dont Elisabeth fut *remplie* et qui lui révéla en ce moment ce qui concernait Marie. « Le caractère de toute action de l'Esprit-Saint est d'élever l'homme au-dessus de ses impressions personnelles pour faire prédominer en lui la préoccupation des intérêts divins. C'est là le trait saillant de l'allocution d'Elisabeth. Avant tout, Marie et le fils de Marie (v. 42 et 43) ; après cela seulement, elle-même et son enfant (v. 44), pour revenir aussitôt à Marie et à son bonheur. (v. 45.) Nous retrouverons une marche anologue dans le cantique de Zacharie. » *Godet*. — Elisabeth salue Marie avec un saint enthousiasme comme *bénie entre les femmes*, plus merveilleusement bénie, en effet, qu'aucune autre femme, puisqu'elle portait dans son sein Celui qui sera le Sauveur du monde. — Le commencement du verset présente trois leçons : *elle éleva fortement la voix* (texte reçu avec A, D) ; *elle s'écria d'une voix forte* (Sin., C) ; *elle éleva la voix avec un grand cri* (B).

4. Expression d'une humilité profonde. Elle appelle Marie *la mère de son Seigneur*, c'est-à-dire du Sauveur. S'étonnerait-on de voir le regard de la foi chez Elisabeth pénétrer jusqu'à la connaissance de ce mystère ? Mais il ne faut pas oublier que cette pieuse Israélite parle à la lumière du *Saint-Esprit* dont elle est remplie ; que la naissance du Sauveur a été annoncée à ces deux femmes par un message divin (v. 17 et 31) ; que l'une et l'autre avaient été préparées par leur connaissance des Ecritures, aussi bien que par leur attente de « la consolation d'Israël ; » et qu'enfin ce même Esprit prophétique donna à un Zacharie (v. 68 et suiv.), à un Siméon (2 : 27 et suiv.) une connaissance plus

ÉVANGILE SELON LUC

voix de ta salutation est parvenue à mes oreilles, le petit enfant a tressailli d'allégresse dans mon sein ¹. — Et heureuse celle qui a cru ! 45 parce que les choses qui lui ont été dites de la part du Seigneur auront leur accomplissement ².

Et Marie dit ³ : Mon âme magnifie le Seigneur, — et mon esprit 46, 47 s'est réjoui en Dieu mon Sauveur ⁴ ; — parce qu'il a jeté les yeux 48 sur l'humiliation de sa servante ⁵. Car voici, désormais toutes les générations m'appelleront bienheureuse ⁶. — Parce que le Tout- 49

lumineuse encore du règne prochain du Sauveur.

1. Le *car* se rapporte à toute la salutation qu'Elisabeth a adressée à Marie et par laquelle elle l'a proclamée la mère du Messie. Elle voit dans l'émotion qu'elle a ressentie et dans le tressaillement de son enfant (v. 41, note) la confirmation de ce qu'elle a reconnu à l'égard de Marie.

2. Les paroles d'Elisabeth prennent le ton et l'élévation d'un hymne ; elle chante le bonheur de Marie *qui a cru* à ce qui lui a été annoncé (v. 38) *de la part du Seigneur*. Elle sait que toutes ces grandes promesses *auront leur accomplissement* (gr. *leur consommation*). C'est jusque-là que s'élève la foi qui est commune à ces deux saintes femmes. — On peut traduire ce verset comme nous l'avons fait dans le texte : heureuse, *parce que* tout sera accompli ; ou bien de cette manière : heureuse celle qui a cru *que* tout aura son accomplissement. La première de ces deux constructions est plus en harmonie avec l'élévation et l'énergie de la pensée.

3. Marie chante les « grandes choses » (v. 49) que le Seigneur lui a faites, et, comme Élisabeth (v. 41), bien que le récit ne le dise pas expressément, elle parle sous l'influence de l'Esprit-Saint. Son cantique, qui se divise en quatre strophes (voir l'analyse), est tout pénétré de la poésie de l'Ancien Testament et en particulier de celle qui respire dans le cantique d'Anne, mère de Samuel. (1 Sam. 2 : 1-10.) Il en devait être ainsi ; l'âme pieuse, dans les moments les plus solennels de sa vie intérieure, trouve toujours dans les paroles de l'Ecriture l'expression la plus vraie de ses sentiments. Il y a même là une preuve de la vérité historique des récits de Luc. Un inventeur postérieur de ces scènes touchantes n'aurait pas manqué de mettre dans la bouche de Marie des paroles plus en harmonie avec l'esprit de la nouvelle alliance.

4. On peut remarquer, dès les premières phrases du cantique, cette forme de la poésie hébraïque, qu'on nomme le parallélisme, et qui consiste à rendre la même pensée par deux expressions différentes, mais avec une nuance délicate et importante. — L'*âme* et l'*esprit* sont tour à tour le sujet de la phrase. (Voir, sur la différence de ces deux termes, selon la psychologie de l'Ecriture, 1 Cor. 2 : 14, note ; 15 : 45, note et comp. 1 Thes. 5 : 23.) — *Magnifier*, mot que d'autres traduisent par *célébrer, louer*, est un hébraïsme dont il faut conserver le sens et qui signifie proprement *grandir*. Une âme, élevée comme celle de Marie par l'Esprit, sent et contemple la *grandeur* de Dieu et éprouve le besoin de la proclamer aux yeux de tous. C'est ainsi que toutes les perfections de Dieu peuvent *grandir* parmi les hommes, lorsqu'ils apprennent à les connaître mieux. C'est ce que nous lui demandons à l'égard de sa sainteté par cette prière : « Que ton nom soit sanctifié. » — Tandis que le premier verbe était au présent, le second : *s'est réjoui* (gr. *a tressailli de joie*), est au passé : il se rapporte donc à un moment précis dont Marie conserve le souvenir, et l'on a supposé, non sans raison, que ce moment est celui où elle reconnut que la promesse de Dieu était accomplie en elle. — Marie donne à Dieu deux noms qui ont leur signification. D'abord celui de *Seigneur*, qui est la traduction constante du nom de *Jéhova* dans les Septante. Ce nom se retrouve sans cesse dans les premiers récits de Luc. (v. 6, 9, 11, 25, 68, etc.) Ensuite, elle nomme Dieu *son Sauveur* ; le regard de sa foi pénètre évidemment plus loin que le moment présent et s'étend jusqu'à ce *salut* du monde que Dieu allait accomplir.

5. L'*humiliation* sur laquelle Dieu a bien voulu *jeter les yeux* (comp. v. 25) n'est pas l'humilité, comme disposition morale, mais l'abaissement, la pauvreté où se trouvait Marie, bien que descendante des rois de Juda. (v. 52.)

6. Elisabeth venait de l'appeler *bienheureuse* (v. 45), et ces paroles, pleines

50 Puissant m'a fait de grandes choses, et son nom est saint[1] ; — et sa miséricorde est de générations en générations sur ceux qui le
51 craignent[2]. — Il a agi puissamment par son bras ; il a dispersé ceux
52 qui étaient orgueilleux dans la pensée de leur cœur. — Il a renversé
53 les puissants de leurs trônes, et il a élevé les humbles. — Il a comblé de biens ceux qui avaient faim, et il a renvoyé les riches à vide[3]. —
54 Il a secouru Israël, son serviteur, pour se souvenir de sa miséricorde
55 — envers Abraham et sa postérité pour toujours, selon qu'il a parlé à nos pères[4].
56 Et Marie demeura avec elle environ trois mois, puis elle s'en retourna en sa maison[5].

d'un religieux enthousiasme, ont achevé d'affermir la foi de Marie en sa grande destinée, en sorte qu'elle voit ce mot de sa parente répété par les générations futures. (Comp. Gen. 30 : 13.)

1. Marie célèbre la *puissance*, la *sainteté*, la *miséricorde* de Dieu, trois perfections qui se sont manifestées dans *les grandes choses* qui lui ont été faites. La toute-puissance s'est déployée dans l'incarnation, qui a la sainteté pour caractère principal, et qui fait éclater la miséricorde de Dieu.

2. Ps. 103 : 17. Ces mots : *sur ceux qui le craignent*, font transition à la strophe suivante, dans laquelle Marie chante la transformation causée par l'avènement du Christ.

3. Marie s'élève, à la manière des prophètes, jusqu'à la contemplation de la grande révolution qui s'accomplira par ce Messie dont elle sera la mère. Si Dieu l'a appelée, elle, la plus humble des filles de son peuple (v. 48), à l'honneur de donner le jour au Messie, c'est qu'il rejette toutes les idées de grandeur humaine. Le principe du règne qu'il veut établir, et qui transformera le monde, sera d'«élever quiconque s'abaisse et d'abaisser quiconque s'élève. » (Luc 14 : 11 ; 18 : 14.) Comme les prophètes aussi, elle désigne, par tous ces verbes au passé, ces grands événements comme déjà accomplis, tellement ils sont certains à ses yeux. Quelques interprètes entendent par les *orgueilleux*, les *puissants*, les *riches*, les païens, tandis que les *humbles*, et *ceux qui ont faim*, seraient les Israélites. Ils se fondent pour cela sur ces mots du v. 54 : « Il a pris en sa protection Israël, » qui leur paraissent reproduire la même idée sous une autre forme. Mais Marie n'ignore pas que dans le peuple juif comme au sein des nations la miséricorde de Dieu est seulement pour « ceux qui le craignent. » (v. 50.) — « On ne doit prendre ces expressions : *puissants, petits, riches, pauvres*, ni exclusivement dans le sens social, ni exclusivement dans le sens spirituel. Dans tous ces termes sont réunies les deux notions spirituelle et temporelle. » *Godet*.

4. L'Eternel, voyant *Israël, son serviteur*, c'est-à-dire le vrai Israël qui *sert*, qui *craint* (v. 50), qui aime Dieu, accablé sous l'oppression de sa misère, l'a secouru, a pris sa cause, s'est chargé lui-même d'accomplir sa délivrance. (Esa. 41 : 8, 9.) Et, dans cette délivrance, Marie voit la fidélité de Dieu qui *se souvient de sa miséricorde* éternelle *envers Abraham et sa postérité*, selon qu'elle avait été annoncée *aux pères* par les prophètes. Telle est la signification de ces deux versets (54, 55), si on les construit comme nous l'avons fait dans le texte, et non selon la version d'Ostervald, qui présente un sens assez différent. Abraham et sa postérité sont représentés comme étant également les objets de la miséricorde de Dieu dans l'accomplissement des promesses qui avaient été déjà faites à ce patriarche. (v. 73 ; comp. Mich. 7 : 20 ; Esa. 29 : 22 et suiv. ; Jean 8 : 56.)

5. Si l'on rapproche ce terme de trois mois de celui qui est indiqué au v. 36, on voit que Marie resta avec Elisabeth jusqu'au moment de l'événement raconté au verset suivant (57). La quitta-t-elle avant ce moment solennel ? Le fait qu'elle n'est pas nommée dans la suite du récit (v. 58) semble l'indiquer, et pourtant cela ne paraît guère naturel, car la naissance du fils d'Elisabeth avait à ses yeux trop d'importance pour qu'elle ne désirât pas y assister.

2. Le double accomplissement des promesses.

A. 57-80. Naissance de Jean-Baptiste. Cantique de Zacharie. — 1º *La naissance.* Le narrateur raconte la naissance du fils d'Elisabeth et décrit la *joie* des voisins et des parents. (57, 58.) — **2º** *La circoncision.* Au moment de la circoncision, le huitième jour, les amis de la famille veulent donner à l'enfant le nom de son père, mais la mère s'y oppose, déclarant qu'il sera appelé Jean. Zacharie consulté par signes indique le nom de Jean. A l'instant sa langue est déliée, et il bénit Dieu. L'impression produite par cet événement est profonde dans tout le pays. On se demandait : Que sera donc ce petit enfant? (59-66.) — **3º** *Cantique de Zacharie.* — *a)* Parlant sous l'inspiration de l'Esprit, Zacharie s'élève tout d'abord à la contemplation des destinées de la théocratie et *rend grâces* pour l'avènement du *salut* messianique. Il bénit Dieu de ce qu'il a visité et racheté son peuple et lui a donné dans l'enfant de Marie un puissant Sauveur, accomplissant ainsi les promesses de son alliance et opérant la délivrance de son peuple, qui pourra le servir désormais dans la sainteté et la justice. (67-75.) — *b)* Donnant cours alors seulement à ses sentiments de père, Zacharie salue en *son enfant* le Précurseur, qui apprendra au peuple que le salut consiste dans le pardon des péchés ; puis il revient au *Sauveur :* il le célèbre comme le soleil levant, qui fait resplendir sa lumière sur ceux qui sont assis dans les ténèbres et l'ombre de la mort, afin de les conduire dans le chemin de la paix. (76-79.) — **4º** *L'adolescence de Jean.* L'enfant grandissait de corps et d'esprit ; il resta dans la retraite jusqu'au moment d'entrer dans son ministère. (80.)

57 Or le temps où elle devait accoucher s'accomplit pour Elisabeth, et elle enfanta un fils. — 58 Et ses voisins et ses parents apprirent que le Seigneur avait magnifié sa miséricorde en sa faveur, et ils se réjouissaient avec elle ¹. — 59 Et il arriva au huitième jour qu'ils vinrent pour circoncire le petit enfant ; et ils l'appelaient Zacharie, du nom de son père. — 60 Et sa mère, répondant, dit : Non, mais il sera nommé Jean ². — 61 Et ils lui dirent : Il n'y a personne de ta parenté qui soit appelé de ce nom ³. — 62 Alors ils firent signe à son père pour savoir comment il voulait qu'on le nommât ⁴. — 63 Et, ayant demandé

1. *Magnifié,* rendu *grande,* sa *miséricorde* envers elle ; c'est le même hébraïsme que nous avons remarqué au v. 46 et qui se trouve dans Gen. 19 : 19.
2. *Ils vinrent ;* c'est-à-dire les voisins et les parents qui s'étaient réjouis avec Elisabeth et qui venaient maintenant prendre part à la fête de famille. La *circoncision* avait lieu le *huitième jour* (Gen. 21 : 3), et c'était alors aussi qu'on donnait son nom au petit enfant, ainsi que cela se fait maintenant au baptême. Les parents et voisins (comp. Ruth. 4 : 17) se disposaient à donner au petit enfant le nom de son père. Mais la mère s'y opposa, car elle savait par son mari qu'il devait porter le nom de *Jean.* (v. 13, note.) Quelques Pères de l'Eglise ont vu dans l'action d'Elisabeth une inspiration du Saint-Esprit, attendu que Zacharie, qui était muet, ne pouvait pas lui avoir dit le nom du petit enfant. Comme s'il n'était pas évident que Zacharie avait dû communiquer à sa femme tous les détails de l'apparition de l'ange (comp. v. 41-45) et, en particulier, lui indiquer le nom de l'enfant de la même manière qu'il va le faire dans un instant ! (v. 63.)
3. Cette objection vient de ce que, chez les Juifs, on tenait beaucoup à conserver de père en fils les noms de la famille et de la tribu.
4. Pourquoi *firent-ils signe?* Plusieurs ont conclu de là que Zacharie était sourd

des tablettes, il écrivit[1] : Jean est son nom ; et ils en furent tous
64 dans l'étonnement[2]. — Et sa bouche fut ouverte à l'instant, et sa
65 langue déliée, et il parlait, bénissant Dieu[3]. — Et tous leurs voisins
furent saisis de crainte, et dans tout le pays des montagnes de Judée,
66 on s'entretenait de toutes ces choses. — Et tous ceux qui les avaient
entendues les serraient dans leur cœur, en disant : Que sera donc
ce petit enfant[4] ? car aussi la main du Seigneur était avec lui[5].
67 Et Zacharie son père fut rempli de l'Esprit-Saint, et prophétisa,
68 disant[6] : — Béni soit le Seigneur, le Dieu d'Israël, de ce qu'il a vi-

aussi bien que muet, ce qui est contraire au v. 20. On a expliqué cette manière d'agir par l'habitude que l'on contracte naturellement de parler par des signes à ceux qui s'expriment de cette manière. D'autres ont pensé que Zacharie ayant tout entendu, il suffisait d'un signe pour lui demander son avis et que les membres de la famille l'interrogent de cette manière par égard pour la mère, qui venait de déclarer si positivement sa volonté à ce sujet.
1. Gr. *il écrivit disant*, hébraïsme qui peut très bien s'entendre de l'écriture seule (2 Rois 10 : 6) ; mais ne serait-il pas possible que ce fût en cet instant même que la parole lui fut rendue (v. 64), en sorte que le premier mot qu'il prononça fut le nom de son fils ? — Les tablettes des anciens étaient ordinairement des plaques en bois enduites de cire sur lesquelles on écrivait avec un style ou sorte de poinçon.
2. Zacharie n'écrit pas : Jean *sera* ou *doit être* son nom, mais très positivement *est*. Il en était ainsi, en effet, pour le père, depuis qu'il avait entendu la parole de l'ange. (v. 13.) — Cet *étonnement* était moins causé par l'accord entre le père et la mère de l'enfant que par la raison indiquée au v. 6.
3. Gr. *sa bouche fut ouverte et sa langue*. A quoi il faut suppléer *déliée*, mot qui se trouve en effet dans D et dans quelques minuscules. — *Il parlait*, voilà le fait extraordinaire noté par l'évangéliste. Et aussitôt le pieux Israélite donne essor aux sentiments dont il était rempli, par un chant de louange et d'action de grâce. C'est ce qui est indiqué par ces mots : *bénissant Dieu*. Et ce fut sans doute en ce moment que Zacharie prononça son cantique. Mais le narrateur achève son récit et réserve ce cantique pour le donner à part en entier. (v. 68 et suiv.)

4. Description de l'impression produite dans tout *le pays des montagnes de Judée*, où habitait Zacharie. (v. 39.) L'étonnement d'abord éprouvé (v. 63) fait place à la *crainte*. (v. 11, note.) On faisait de *ces choses* (gr. *ces paroles, ces récits*) le sujet des entretiens, on les *conservait* pieusement *dans son cœur*, et on se demandait avec un religieux intérêt : *Que sera ce petit enfant* ?
5. Ces dernières paroles sont une observation faite par l'évangéliste, motivant et confirmant (*car aussi*) l'attente de grandes choses, qui s'exprime par cette question des amis de la famille : *Que sera donc ce petit enfant ?* Cette attente, veut dire l'évangéliste, était légitime, car *la main du Seigneur*, c'est-à-dire la puissance protectrice de l'Esprit de Dieu, dont il était déjà rempli (v. 15), *était avec lui*. Et s'il en était ainsi dès sa tendre enfance, il en sera de même dans toute sa jeunesse, dans toute sa vie. — Dans le texte reçu, qui supprime la particule *car*, cette proposition devient une remarque par laquelle l'évangéliste résume l'histoire de Jean jusqu'à son ministère public, et qui ne se rattache pas directement à ce qui précède.
6. Pour comprendre le beau cantique de Zacharie, cette effusion ardente de son âme, il faut donner à ces deux mots leur pleine signification biblique : *rempli de l'Esprit-Saint* et : *il prophétisa*. En effet, l'Esprit de Dieu lui communiqua en ce moment le don de prophétie, par où il faut entendre à la fois le don de pénétrer dans l'avenir du règne de Dieu et la faculté d'en exprimer les mystères dans des discours pleins d'élévation et de lucidité. (Voir les discours des prophètes et comp. 1 Cor. 14 : 2, note.) Sans ce fait signalé par l'évangéliste, il nous serait impossible de comprendre comment Zacharie pouvait chanter l'œuvre entière de notre rédemption, au moment où rien n'en paraissait

ÉVANGILE SELON LUC

sité et racheté son peuple [1] ; — et de ce qu'il nous a suscité un puis- 69
sant Sauveur dans la maison de David son serviteur [2] ; — selon qu'il 70
en a parlé par la bouche de ses saints prophètes de tout temps [3], —
la délivrance de nos ennemis et de la main de tous ceux qui nous 71
haïssent [4] ; — pour exercer sa miséricorde envers nos pères et se 72
souvenir de son alliance sainte, — selon le serment qu'il jura à 73
Abraham, notre père [5], — de nous accorder qu'après avoir été dé- 74
livrés de la main de nos ennemis, nous le servirions sans crainte, —

encore, si ce n'est la naissance du précurseur du Messie. Il est vrai que l'ange lui avait révélé ce que cet enfant serait un jour (v. 15-17) ; mais de là à contempler le grand salut de Dieu comme déjà accompli, il y a une distance que l'Esprit divin pouvait seul lui faire franchir. — Toutefois le style et les pensées de ce cantique se meuvent dans la sphère des révélations de l'Ancien Testament. C'est là un caractère qu'il a en commun avec celui de Marie. Le père de Jean, comme la mère de Jésus, s'était nourri des promesses de Dieu dans les saintes Écritures. A celles-ci se rattache la révélation spéciale qui lui permet d'exprimer des vues si lumineuses sur l'accomplissement de la rédemption. Cette inspiration puisée dans l'Ancien Testament est bien dans la situation, et prouve l'authenticité des récits de Luc.
1. Zacharie commence par un élan de reconnaissance et d'adoration de ce que Dieu a visité et racheté son peuple. Le mot : *visité* (proprement *inspecté*) désigne la manifestation divine accordée à Israël, après les quatre cents années pendant lesquelles la prophétie avait gardé le silence. *Racheté* (gr. *fait un rachat*, une rédemption au moyen d'une *rançon*, comp. Math. 20 : 28), est un terme qui ne saurait s'appliquer à la délivrance politique du peuple d'Israël, comme on l'a pensé, mais bien à la délivrance de sa servitude morale. — Ces verbes au passé, ici et au verset suivant, montrent que pour Zacharie cette grande œuvre de Dieu était déjà accomplie, tant il en avait la certitude.
2. Gr. *il nous a suscité une corne de salut*. La corne dans laquelle réside la force de certains animaux est, dans le style de l'Ecriture, l'image de la puissance. (1 Sam. 2 : 10 ; Ps. 89 : 18 ; 132 : 17 ; 148 : 14.) Les autres explications qu'on a données de cette image (elle serait, par exemple, une allusion aux cornes de l'autel que cherchaient à saisir les criminels) sont inadmissibles. Une *corne de salut* est une délivrance accomplie avec puissance, et, même, l'image désigne un puissant libérateur, le Messie. (Comp. Ps. 132 : 17 ; Ezéch. 29 : 21.) — Ces mots : *dans la maison de David*, montrent que pour Zacharie, comme pour Luc, qui a rapporté le mystère de la naissance du Sauveur (v. 35), Marie descendait réellement de David. (Comp. 3 : 23, note.)
3. Ce qui affirmit la foi de Zacharie, c'est que les grands événements qu'il célèbre dans son cantique ne sont que l'accomplissement des promesses de Dieu, toujours fidèle à sa parole. Sa pensée embrasse tous les prophètes dans cette expression : « par la bouche des saints prophètes *de tout temps.* » (Gr. *depuis le siècle* de toute antiquité.) — Comp. Act. 3 : 21.
4. Zacharie revient, par une simple apposition, à sa grande pensée de la *délivrance* (v. 69), dont il décrit les effets jusqu'au v. 75. — *Nos ennemis et ceux qui nous haïssent*, sont deux expressions synonymes. Par là sont désignés tous les oppresseurs du peuple d'Israël, païens ou Juifs, les Romains, Hérode et ses adhérents, les chefs du peuple eux-mêmes, prêtres ou scribes, la plupart sadducéens. Tous ces puissants étaient les ennemis de la véritable théocratie. Zacharie entrevoit l'affranchissement de celle-ci.
5. La *miséricorde* de Dieu, telle est la source unique du grand salut que chante Zacharie. (1 Pier. 1 : 3.) Cette miséricorde s'exerce, dit-il, *envers nos pères* ; ils y ont leur part, puisqu'elle est la réalisation de tout ce qu'ils avaient cru et espéré. (v. 54, 55.) Ainsi Dieu *se souvient de son alliance sainte*, manière humaine de parler, qui signifie que Dieu accomplit ce qu'il avait promis par cette alliance et qu'il prouve ainsi qu'elle était *sainte*, inviolable. (Gen. 15 : 1 et suiv.) — Cette alliance, Dieu l'avait confirmée par un *serment* (Gen. 22 : 16) dont Zacharie reconnaît maintenant aussi l'accomplisse-

75 dans la sainteté et dans la justice, en sa présence, tous nos jours [1] !
76 — Et toi, petit enfant, tu seras appelé prophète du Très-Haut [2] ; car tu marcheras devant la face du Seigneur, pour préparer ses voies [3] ;
77 — afin de donner à son peuple la connaissance du salut par la rémis-
78 sion de leurs péchés [4], — à cause de la tendre miséricorde de notre Dieu [5], par laquelle le soleil levant nous a visités d'en haut [6] : —

ment. Il y a proprement en grec : *se souvenir de son alliance sainte, serment qu'il jura ;* c'est l'alliance elle-même qui est appelée un serment, parce qu'elle a été conclue avec serment.

1. Dans ces versets (74, 75), Zacharie chante les immenses bienfaits que Dieu avait promis aux pères par son alliance et son serment. D'abord, la *délivrance de la main,* c'est-à-dire de la puissance, des ennemis (v. 71) ; puis, par là même, la possibilité de *servir* Dieu *sans crainte* dans une vie sainte. Le mot grec que nous traduisons par *servir* Dieu, signifie lui *rendre un culte,* l'adorer (Hébr. 9 : 14) ; et c'est là ce qui doit caractériser la vie entière du peuple de Dieu dans lequel le sacrificateur Zacharie voit déjà la vraie « sacrificature royale. » (1 Pier. 2 : 9 ; Apoc. 1 : 6 ; comp. Ex. 19 : 6.) Un tel service dans la liberté et l'amour est exempt de *crainte* (Rom. 8 : 15) et se distingue par *la sainteté et la justice* (Eph. 4 : 24), deux termes qui, dans le grec classique, expriment tout ce que l'homme moral doit être à l'égard de Dieu (*sainteté*) et à l'égard des hommes (*justice*). Dans la Bible, ce dernier terme se rapporte aussi à Dieu. D'après Weiss, le premier désigne la consécration intérieure, le second l'accomplissement des obligations qui en découlent. D'après M. Godet, le premier s'applique à la pureté, l'absence de souillure, le second à la pratique positive de ce qui est bien. — La vie, ainsi renouvelée, ne l'est point à l'extérieur seulement, mais *en sa présence,* « devant Dieu. » (v. 6, note.) Elle n'est point non plus réservée à certains temps ou à certains jours, mais doit remplir *tous nos jours.* Le texte reçu porte *tous les jours de notre vie ;* les mots *de notre vie* ne sont pas authentiques.

2. Jusqu'ici la pensée du pieux sacrificateur ne s'est portée que sur les grands intérêts de la théocratie, dont il a chanté la délivrance et le renouvellement ; maintenant elle s'abaisse avec émotion sur *le petit enfant* qui remplira un rôle si important dans cette œuvre de Dieu. Mais bientôt elle s'élèvera de nouveau, de celui qui ne sera que le précurseur, jusqu'au seul libérateur qui accomplira la grande délivrance. — Jean sera *prophète du Très-Haut,* tandis que le Messie est Fils du Très-Haut (v. 32) ; mais Jésus, confirmant la parole de Zacharie, déclarera que le fils de ce sacrificateur est « plus qu'un prophète. » (Math. 11 : 9.)

3. Le *Seigneur* désigne ici le Messie dont Jean doit *préparer les voies* (Math. 3 : 3 ; Luc 3 : 4) ; mais Zacharie ne le nomme ainsi que parce qu'il voit en lui, d'après la révélaion de l'ange, Jéhova qui avait dit : « Je vais envoyer mon messager, et il préparera le chemin *devant moi.* » Voir v. 16 et 17, notes.

4. Donner au peuple *la connaissance du salut,* de ce même salut dont Zacharie a déjà parlé (v. 69 et 71), était la vraie manière de préparer les voies du Seigneur. En effet, cette connaissance du salut était entièrement obscurcie dans la grande masse du peuple, qui n'attendait du Messie qu'une délivrance extérieure et politique, ou qui ne cherchait le salut que dans les vaines observances de la loi, tandis qu'il ne pouvait consister que dans la *rémission* ou le pardon *de leurs péchés.* Voilà pourquoi Jean, dans sa prédication et son baptême, insista avec tant d'énergie sur la repentance et annonça Celui qui conférerait réellement le pardon, en baptisant du Saint-Esprit. (Math. 3 : 11.)

5. La *cause* unique du pardon pour le pécheur, c'est *la tendre miséricorde de notre Dieu.* (Gr. à cause des entrailles de miséricorde de notre Dieu.) Expression de tout ce qu'il y a de plus intime, de plus profond, de plus tendre dans l'amour. (Philip. 1 : 8 ; 2 : 1 ; Col. 3 : 12 ; comp. Jean 3 : 16.)

6. *Sin.,* B portent : *nous visitera.* Ce futur est probablement une correction. C'est encore grâce à la tendre miséricorde de Dieu que *le soleil levant nous a visités d'en haut,* c'est-à-dire, que la lumière divine, « le soleil de justice » (Mal. 4 : 2), s'est levée sur nous. Cette aurore est personnifiée ; de là l'expression figurée : nous a *visités.* On a essayé de donner au mot que nous traduisons par *soleil levant,*

pour éclairer ceux qui sont assis dans les ténèbres et dans l'ombre 79
de la mort¹, afin de diriger nos pieds dans le chemin de la paix ².
Or le petit enfant croissait et se fortifiait en esprit, et il se tenait 80
dans les déserts, jusqu'au jour de sa manifestation à Israël ³.

B. 1-20. NAISSANCE DE JÉSUS. — 1° *Jésus naît à Bethléhem.* Un décret de César Auguste ordonnant le recensement des sujets de l'empire, Joseph amène, de Nazareth à Bethléhem, Marie, sa fiancée, qui était enceinte. Pendant qu'ils sont à Bethléhem, où ils n'ont pas trouvé de place dans l'hôtellerie, Marie met au monde son fils premier-né et le couche dans une crèche. (1-7.) — 2° *Les anges apparaissent aux bergers.* Un ange apparaît à des bergers qui gardaient leurs troupeaux durant la nuit, leur annonce cette naissance comme le sujet d'une grande joie, et leur donne un signe auquel ils reconnaîtront le petit enfant. Une multitude de l'armée céleste entonne un cantique à la gloire de Dieu. (8-14.) — 3° *Les bergers constatent et publient la naissance du Sauveur.* Les bergers s'empressent de se rendre à Bethléhem, où ils trouvent le petit enfant, et se mettent à raconter autour d'eux ce qui leur avait été révélé. Tous étaient dans l'étonnement de leurs récits, mais Marie conservait toutes ces choses dans son cœur. Les bergers s'en retournent, glorifiant Dieu. (15-20.)

Or il arriva, en ces jours-là, qu'un décret fut publié de la part de **II**

que d'autres rendent par : *Orient d'en haut*, le sens de *germe* (comp. Zach. 3 : 8 ; 6 : 12, où les Septante emploient le mot en ce sens). Mais comme le rôle qui lui est attribué ici, c'est d'*éclairer* (v. 79), il s'agit évidemment du soleil levant, de cette lumière qui dissipe les ténèbres du monde moral (v. 79), et dont il est fréquemment parlé dans les Ecritures. (Esa. 60 : 1, 2 ; Jean 1 : 5 ; 8 : 12.)
1. Voir Math. 4 : 16, note. Les images de ce verset, expression d'une triste réalité, sont empruntées à Esa. 9 : 1, qui décrit à la fois les *ténèbres* et la lumière qui y resplendit. Les ténèbres ne sont pas seulement, dans l'Ecriture, l'image de l'ignorance et de l'éloignement de Dieu, mais aussi de la corruption, de la misère, du malheur, de *la mort*, parce que Dieu est seul la source de la lumière et de la vie. De là cette expression énergique : *l'ombre de la mort*. Et les malheureux que contemplait le prophète y sont *assis* dans l'abattement et le désespoir, n'essayant pas même de se relever.
2. Voici l'enchaînement logique des immenses bienfaits que Zacharie contemple à la fin de son cantique. Le soleil levant nous a *visités* pour nous *éclairer* et pour *diriger nos pieds dans le chemin de la paix*. Nous marcherons donc désormais après avoir été *assis dans les ténèbres* ; et *la paix* succède à toutes les misères que figure *l'ombre de la mort*. (v. 78, 79.)

Il faut prendre ce mot : *la paix* avant tout dans son sens le plus intime et le plus élevé : la paix avec Dieu par le pardon des péchés (v. 77), la paix de Dieu dans le cœur, qui est pour l'homme le bien suprême. Mais on peut le comprendre ensuite dans le sens du mot hébreu *schalôm*, qui signifie aussi le bien-être, la prospérité, mis en opposition avec le déplorable état qui précède. Le *chemin de la paix* n'est pas seulement le chemin qui conduit à la paix, mais celui sur lequel on marche dans la paix. C'est par cette pensée que Zacharie couronne admirablement son chant de délivrance.
3. *Croissait* indique le développement physique, tandis que *se fortifiait en esprit* décrit les progrès graduels et constants de tout son être intellectuel, religieux et moral, sous l'influence de l'Esprit de Dieu qui était en lui. (v. 15 et comp. 2 : 52.) On peut étendre cette observation importante à toute l'adolescence de Jean-Baptiste. L'histoire évangélique ne parle plus de lui jusqu'au moment ici marqué *de sa manifestation à Israël*, c'est-à-dire jusqu'à son entrée dans son ministère. Ce moment lui fut indiqué par une révélation de Dieu. (3 : 2 ; Math. 3 : 1.) La remarque de Luc qu'il *se tenait dans les déserts*, s'applique à toute cette période et signifie qu'il vécut dans la solitude des lieux retirés qu'on appelait désert de Juda, à l'ouest de la mer Morte et non loin

2 César Auguste, ordonnant un recensement de toute la terre [1]. — Ce recensement, le premier, eut lieu pendant que Quirinius était gou-
3 verneur de Syrie [2]. — Et tous allaient pour être enregistrés, chacun

d'Hébron, demeure de Zacharie et d'Elisabeth. C'est dans cette retraite qu'il se prépara à sa sainte vocation.

1. *En ces jours-là*, expression un peu vague, désignant l'époque qui suivit la naissance de Jean-Baptiste ; celle-ci eut lieu six mois avant la naissance de Jésus. (1 : 36.) — Gr. *toute la terre habitée être enregistrée*. Cette expression désigne l'empire romain, qu'on appelait souvent le *monde romain*, ou simplement le *monde*, parce qu'il renfermait tout le monde civilisé. Un tel *recensement* consistait dans l'enregistrement de la population de chaque province, de chaque ville, ainsi que des biens des habitants. Il était destiné à faciliter la perception des impôts. — Cet événement de l'histoire amena l'accomplissement des prophéties, d'après lesquelles Jésus devait naître à Bethléhem. (Matthieu 2 : 5.) La naissance d'un enfant, qui n'était pas prévue dans cette grande mesure politique, allait changer la face du monde. — La critique a fait à ce récit de Luc diverses objections. Elle lui a opposé d'abord le fait que les historiens du temps ne mentionnent pas ce recensement, qui pourtant était d'une grande importance. Mais on sait ce que valent les conclusions fondées uniquement sur le silence. Et si l'histoire n'a pas rapporté spécialement le recensement dont il s'agit ici, elle permet de constater que ce même César Auguste s'était longuement occupé de travaux de statistique ; il avait laissé à sa mort un état des ressources de tout l'empire, qui fut communiqué au sénat et qui renfermait le chiffre « de la richesse publique, des citoyens, des alliés sous les armes, des flottes, des royaumes, des provinces, des tributs ou impôts. » (Tacite, *Ann.* I, 11.) On objecte encore qu'une telle mesure n'aurait pas dû comprendre la Judée, qui, sous le gouvernement d'Hérode, n'avait point encore été réduite en province romaine. Mais il ne faut pas oublier que ce prince, qui ne régnait que par la faveur de l'empereur, ne jouissait que d'une indépendance très relative. Depuis la prise de Jérusalem par Pompée, les Juifs payaient un tribut à l'empire et prêtaient serment de fidélité à l'empereur. (Josèphe, *Antiq.* XVII, 2, 4.) Pourquoi donc César Auguste n'aurait-il pas appliqué son décret au gouvernement d'Hérode, qu'il considérait plutôt comme son vassal que comme un prince souverain ? Seulement, on peut admettre que l'exécution de cette mesure fut confiée, non à des Romains, mais à des Juifs, serviteurs d'Hérode, ce qui ferait comprendre pourquoi elle provoqua moins d'opposition qu'un autre recensement plus récent (voir la note suivante) et pourquoi, selon l'usage des Juifs, Joseph et Marie durent se rendre à Bethléhem, leur lieu d'origine. (Voir, pour plus de détails et de preuves historiques, Godet, *Commentaire sur l'évangile de saint Luc.*)

2. Cette remarque, incidemment jetée dans le récit, a donné lieu à un reproche adressé à Luc. Il aurait commis une double erreur : d'abord, en confondant le recensement dont il parle avec un autre qui eut lieu dix ans plus tard, sous le gouvernement de *Quirinius*, et ensuite, en admettant que ce personnage était déjà *gouverneur de Syrie* à l'époque dont il parle. Il y a là, en effet, une sérieuse difficulté et l'on remplirait des volumes de tout ce qui a été écrit pour l'aplanir. Mais il faut remarquer que la première de ces erreurs, c'est-à-dire la confusion des deux recensements, n'existe pas. En effet, le but évident de Luc, dans ce verset, est précisément d'établir une distinction entre les deux recensements ; car dire que ce fut ici *le premier* suppose nécessairement qu'il y en eut un second. Ce second eut lieu, en effet, comme le rapporte l'historien Josèphe (*Antiq.* XVIII, 1), non sous le règne d'Hérode, mais après la destitution d'Archélaüs, et lorsque la Judée, devenue province romaine, eut été placée sous l'autorité de Quirinius, gouverneur de Syrie. Ce recensement, resté célèbre dans l'histoire juive, parce qu'il donna lieu à une révolte sanglante du peuple, était connu de tout le monde ; et Luc l'ignorait moins que personne, puisqu'il en parle avec détail dans le livre des Actes (5 : 37), où il nomme le principal auteur de cette révolte, « Judas le Galiléen, aux jours du dénombrement. » — Il ne reste donc que l'erreur de chronologie qui fait Quirinius gouverneur de Syrie sous le règne d'Hérode, à l'époque de la naissance de Jésus. Cette erreur est considérable ; aussi a-t-on eu recours pour l'expliquer à toutes les ressources de la critique du texte et de l'exégèse. Le texte offre bien quelques légères variantes, mais qui sont sans importance pour la

dans sa propre ville [1]. — Or Joseph aussi monta de Galilée, de la ville de Nazareth, en Judée, à la ville de David, qui est nommée Bethléhem, parce qu'il était de la maison et de la famille de David [2] ; — pour être enregistré avec Marie, sa femme, qui lui avait été fiancée, laquelle était enceinte [3]. — Or il arriva, pendant qu'ils étaient là, que les jours où elle devait accoucher furent accomplis ; — et elle enfanta son fils premier-né [4], et elle l'emmaillotta et le coucha dans une crèche, parce qu'il n'y avait pas de place pour eux dans l'hôtellerie [5].

question. Plusieurs critiques, Tholuck, de Pressensé, en prenant le mot *premier* (recensement) dans un sens différent, ont cru pouvoir traduire ainsi : « Ce recensement eut lieu *avant* que Quirinius fût gouverneur de Syrie. » D'autres interprètes, en changeant un simple accent grec au premier mot de la phrase, traduisent au lieu de : *ce* recensement, « *le* premier recensement *lui-même* » (celui qu'on appelle *premier* depuis la domination romaine et qui est si connu), « eut lieu sous le gouvernement de Quirinius. » Le v. 2 serait d'après M. Godet, qui a recours à cette accentuation, « une parenthèse explicative que Luc a intercalée de son chef dans le récit tiré du document qu'il employait. Il importait à Luc de bien distinguer le cens dont il parlait ici de tout cens postérieur et de rappeler que, malgré ce nom de *premier dénombrement*, sous lequel celui-ci était resté gravé dans la mémoire du peuple, il y en avait eu auparavant un autre, généralement oublié, accompli dans de tout autres conditions. » — Ceux qui estimeront ces tentatives d'explication, sinon inadmissibles, du moins quelque peu forcées, trouveront plus simple de supposer que Quirinius, qui, on le sait par l'histoire (Tacite, *Ann.* III, 48), eut les honneurs du triomphe pour une victoire remportée à cette époque sur une peuplade de Cilicie, exerça déjà alors un commandement en Syrie et présida comme commissaire impérial au recensement dont parle Luc. Le mot traduit ici par *gouverneur* s'appliquait à toute charge élevée dans l'État. Cette explication, en faveur de laquelle on peut faire valoir des raisons sérieuses, est celle de Hug, Neander. (Voir le *Commentaire* de M. Godet sur notre passage.) — Ceux qu'aucune de ces interprétations ne satisfait, attribuent à Luc, sur ce point, un défaut de mémoire, qu'il est bien difficile d'admettre à propos de faits d'une si grande notoriété, surtout en présence de

sa déclaration si positive, d'après laquelle il a « suivi avec exactitude toutes ces choses dès l'origine. » (1 : 3.)

1. Non celle de son domicile, mais celle de son origine. — Ceci aussi prouve que le recensement se fit, non par des employés romains, qui l'auraient effectué pour chacun au lieu de son domicile, mais par des Juifs, serviteurs d'Hérode, qui inscrivaient les habitants dans leur tribu et à leur lieu d'origine. (Voir le verset suivant.)

2. Voir sur *Nazareth* Math. 2 : 23, note, et sur *Bethléhem* Math. 2 : 1, note et 1 Sam. 16 : 1 ; 17 : 12. — Les mots : *maison* et *famille de David* ne sont pas synonymes. Tous les descendants de chacun des douze fils de Jacob formaient une *tribu ;* les fils de ces patriarches, divisés en branches diverses, formaient les *familles ;* enfin, les diverses familles provenant de chaque branche étaient les *maisons.* Par les deux termes dont il se sert, Luc veut marquer que Joseph appartenait à la famille de David et descendait directement de lui.

3. Marie était bien alors la femme de Joseph (Math. 1 : 24) ; *Sin., B, D* omettent : *sa femme,* mais il est plus probable que ce mot ait été retranché qu'ajouté postérieurement : « sa *femme* qui lui avait été *fiancée,* » ou « sa *femme fiancée.* » Luc, par ces termes, exprime exactement et délicatement la pensée de Matthieu. (1 : 25.)

4. L'accord de Luc avec Matthieu dans l'emploi de ce terme : *fils premier-né,* est remarquable. (Math. 1 : 25, note.) Ce terme implique que Marie a eu d'autres enfants après celui-ci.

5. Peut-être n'y avait-il à Bethléhem qu'une seule *hôtellerie,* qui se trouvait remplie d'étrangers, par la même cause qui y avait amené Joseph et Marie ; ou bien, s'il y en avait plusieurs, ils avaient dû, dans leur pauvreté, choisir la plus modeste. Le terme employé par Luc peut

8 Et il y avait dans la même contrée des bergers qui demeuraient aux champs et gardaient leurs troupeaux pendant les veilles de la
9 nuit [1]. — Et un ange du Seigneur se présenta à eux, et la gloire du Seigneur resplendit autour d'eux, et ils furent saisis d'une grande
10 crainte [2]. — Et l'ange leur dit : Ne craignez point, car voici je vous annonce la bonne nouvelle d'une grande joie, qui sera pour tout le
11 peuple [3] : — C'est qu'aujourd'hui, dans la ville de David, vous est né
12 un Sauveur, qui est Christ, Seigneur [4]. — Et ceci en sera pour vous le signe : vous trouverez un petit enfant emmailloté dans une crèche [5].
13 — Et soudain, il y eut, avec l'ange, une multitude de l'armée céleste,
14 louant Dieu [6] et disant : — Gloire à Dieu, dans les lieux très hauts

désigner aussi un logement dans une maison amie. (22 : 11.) De ce que le petit enfant fut *couché dans une crèche*, on a conclu, avec assez de vraisemblance, que ses parents habitaient l'étable où elle se trouvait. Selon une ancienne tradition, provenant de Justin et d'Origène, c'était une grotte située près de la ville, et sur laquelle Hélène, mère de Constantin, fit plus tard bâtir une église. (Voir Robinson, *Voyage en Palestine et en Syrie*, p. 159 et suiv. ; Ph. Bridel, la *Palestine illustrée*, II.) Celui qui devait renouveler la face du monde naquit dans une crèche, et mourut sur une croix !

1. Gr. *qui veillaient les veilles de la nuit sur leur troupeau*. La nuit était divisée en quatre *veilles* de trois heures. (Math. 14 : 25 ; Luc 12 : 38.) L'usage de passer la nuit en plein air avec les troupeaux existe encore en Orient.

2. Le mot grec que nous traduisons par : *se présenta à eux*, signifie littéralement : *se trouva là avec eux*. Il s'applique à des apparitions d'anges (24 : 4 ; Act. 12 : 7), mais il se dit aussi (20 : 1) d'hommes qui surviennent inopinément. — Par la *gloire du Seigneur*, il faut entendre une lumière céleste, symbole de celle que Jésus apportait à la terre. « En toute humiliation de Christ se produit quelque grande protestation de sa gloire divine. » *Bengel*. — Sur la *crainte* des bergers, voir 1 : 12, note.

3. Gr. *je vous évangélise une grande joie*, termes dont le sens est rendu dans notre version. Cette grande joie, joie du salut, est destinée par Dieu à *tout le peuple ;* le peuple d'Israël d'abord, qui, tout entier, aurait pu la recevoir ; le peuple de Dieu ensuite, recueilli du sein de toutes les nations.

4. *Un Sauveur*, voilà le mot principal de ce message de l'ange, le sujet de la grande joie qu'il annonce. Les bergers doivent savoir encore que ce Sauveur est *Christ, Oint* de Dieu, le *Messie* qu'ils attendaient avec tous les Israélites pieux. (Comp. Math. 1 : 16, note.) Il est enfin *Seigneur*, « le Seigneur de tous » (Act. 10 : 36), celui que toute langue doit confesser comme tel. (Philip. 2 : 11.) Il ne faut jamais oublier que, dans la version grecque des Septante, d'où le langage du Nouveau Testament est tiré, le mot de *Seigneur* est la traduction constante du nom de *Jéhova*. La juxtaposition des termes : Christ Seigneur, sans *et*, paraît étrange. On a supposé que nous avions ici la traduction erronée de l'expression hébraïque : « Messie (de) Jéhova, » expression qui aurait été exactement rendue au v. 26. N'y aurait-il pas plutôt une faute dans le texte, qu'on devrait corriger d'après le v. 26 ? Les manuscrits, il est vrai, n'en présentent pas trace de variante. — Les mots : *dans la ville de David* rappelaient à des Israélites la prophétie qui venait de s'accomplir. (Mich. 5 : 2.)

5. Ce *signe* était bien suffisant pour que les bergers trouvassent, dans le village de Bethléhem et *dans une crèche*, un petit enfant qui venait de naître (*aujourd'hui*, v. 11). Par là aussi le Sauveur nouveau-né se trouvait à leur portée ; il leur était accessible dans leur humble position. Si on leur avait annoncé sa naissance dans le palais d'Hérode, ils n'y seraient pas allés ou n'y auraient pas été admis. — Un *petit enfant*, c'est le signe de notre humanité ; une *crèche*, c'est le signe de la pauvreté : double abaissement du Fils de Dieu et du Fils de l'homme ! La plupart des manuscrits portent : « emmailloté *et couché* dans une crèche. » Les mots soulignés manquent dans *Sin., D* ; ils ont été ajoutés d'après le v. 7.

6. L'*armée céleste*, ce sont les anges,

CHAP. II. ÉVANGILE SELON LUC 461

et paix sur la terre ! bienveillance envers les hommes¹ ! — Et il 15
arriva, lorsque les anges s'en furent allés d'avec eux dans le ciel,
que les bergers se dirent les uns aux autres² : Allons donc jusqu'à
Bethléhem, et voyons cet événement qui est arrivé et que le Seigneur
nous a fait connaître³. — Et ils y allèrent en hâte, et ils trouvèrent 16
Marie et Joseph, et le petit enfant couché dans la crèche⁴. — Et 17
l'ayant vu, ils firent connaître la parole qui leur avait été dite au sujet
de ce petit enfant⁵, — Et tous ceux qui entendirent furent dans 18

intelligences pures et heureuses, dont Dieu a rempli le monde invisible et dont il fait ses messagers. (1 Rois 22 : 19 ; 2 Chron. 18 : 18 ; Ps. 103 : 21 ; Math. 26 : 53.) Ces anges prennent part avec amour à la grande œuvre de notre rédemption (15 : 10 ; Hébr. 1 : 14) ; ils se retrouvent, exerçant un saint ministère, dans les moments les plus solennels de la vie du Sauveur. (1 : 19, 26 ; Math. 4 : 11 ; Luc 22 : 43 ; 24 : 4 ; Act. 1 : 10.) Ici, des anges sont les premiers prédicateurs de l'Evangile ; des bergers en sont les premiers auditeurs. Petitesse et grandeur, tels sont les deux caractères de ces inimitables récits. (v. 9, note.)
1. En conservant la leçon du texte reçu, ce magnifique cantique se divise naturellement en trois sentences, dont les deux premières sont parallèles, et dont la troisième indique la cause ou le fondement des deux autres. Par la rédemption du monde que chantent les anges, Dieu s'est *glorifié dans les lieux très hauts*, aux yeux des anges et des justes (19 : 38 ; Eph. 3 : 10) ; la *paix* est faite *sur la terre*, car les hommes se sont réconciliés avec Dieu et les uns avec les autres. Enfin, il en est ainsi, grâce à la manifestation de la miséricorde infinie de Dieu, de sa *bienveillance envers les hommes ;* tel a été son bon plaisir. Il faut remarquer l'harmonie de ces contrastes : *gloire* et *paix*, *dans les lieux très hauts* et *sur la terre, Dieu* et *les hommes*. Et ce n'est pas un vœu qu'expriment les anges : ils chantent ce qui *est*, dans le dessein de Dieu, et ce qui sera pleinement réalisé en tous ceux qui auront part à la rédemption qu'ils annoncent. Jusque-là, nous pouvons et devons faire des vœux et des prières pour le plein accomplissement de cette œuvre divine. Ce verset présente une variante qui se lit dans *Sin.*, *A*, *B*, *D*, l'*Itala*, et qui est admise par la plupart des critiques. Elle donne au dernier membre de la phrase un autre tour et, si l'on adopte l'explication vulgaire, un sens tout différent : Paix sur la terre *aux*

hommes de bonne volonté. Nous aurions donc ici l'expression, non de la bienveillance de Dieu, de son amour, mais d'une disposition du cœur de l'homme nécessaire pour avoir la paix. La Vulgate a popularisé en France cette version, qui convient parfaitement aux tendances pélagiennes du catholicisme. Mais la leçon du texte reçu a pour elle des autorités critiques considérables, la plupart des *majusc*. et des vers. Et même en admettant la variante, il faut traduire : *aux hommes de la bienveillance* (de Dieu), ou, comme Rilliet : « parmi les hommes de prédilection, » car le mot grec exprime, non un sentiment de l'homme envers Dieu, mais une disposition miséricordieuse de Dieu envers l'homme. (Math. 11 : 26 ; Eph. 1 : 5, 9 ; Philip. 2 : 13.) Il en est ainsi du verbe formé de la même racine. (Math. 3 : 17 ; 17 : 5 ; Marc 1 : 11 ; Luc 3 : 22.)
2. Le texte reçu avec *A, D, majusc.* porte ici : *les hommes aussi, les bergers, se dirent*, etc. Si cette leçon est authentique, elle établit un contraste entre *les anges* et *les hommes* ; les anges se retirent, et les hommes s'empressent de suivre la révélation qu'ils viennent de recevoir.
3. Gr. « voyons *cette parole qui est arrivée*, ou accomplie, et que le Seigneur nous a fait connaître. » Il est possible qu'il ne faille voir dans les termes soulignés qu'un hébraïsme, signifiant *la chose* qui vient de nous être annoncée ; mais comme c'est la *parole* des anges qui importe aux bergers, et qu'ils veulent vérifier en allant à Bethléhem, il est possible aussi que Luc prenne le mot dans ce sens.
4. Le verbe : ils *trouvèrent* est composé d'une particule grecque qui indique une découverte successive : ils aperçurent Marie, puis Joseph, puis le petit enfant. — Peut-être aussi Marie est-elle nommée avant Joseph, parce que c'était la *mère* qui, avec *petit enfant*, importait le plus aux bergers.
5. Dans l'original, *ayant vu* n'a pas de régime. — Ainsi les bergers furent les

l'étonnement des choses qui leur étaient dites par les bergers. —
19 Mais Marie conservait toutes ces choses, les repassant dans son cœur [1].
20 — Et les bergers s'en retournèrent, glorifiant et louant Dieu de tout ce qu'ils avaient entendu et vu, conformément à ce qui leur avait été dit [2].

C. 21-40. LA CIRCONCISION ET LA PRÉSENTATION DE L'ENFANT DANS LE TEMPLE. —
1º *La circoncision.* L'enfant reçoit le nom de Jésus. (21.) — 2º *La présentation dans le temple.* — Ses parents amènent l'enfant au temple pour accomplir les prescriptions de la loi relatives à la purification de la mère et à la consécration du fils premier-né. Ils offrent le sacrifice des pauvres. (22-24.) — 3º *Jésus accueilli par Siméon et par Anne.* — *a) Siméon.* Cet homme juste et pieux, qui attendait le salut et avait reçu la promesse de le voir avant de mourir, vient au temple, conduit par l'"Esprit, et reçoit l'enfant dans ses bras en bénissant Dieu. (25-28.) — *b) Cantique de Siméon.* Siméon exprime ses sentiments personnels : il peut s'en aller en paix, puisqu'il a vu le salut ; puis il célèbre ce salut que Dieu a préparé et qui sera la lumière des païens et la gloire d'Israël. (29-32.) — *c) La prophétie de Siméon.* A l'admiration du père et de la mère, Siméon répond en prophétisant le triage que le Messie opérera, l'opposition qu'il rencontrera, la grande douleur qu'il causera à sa mère. Le but de ces dispensations sera la manifestation des pensées cachées. (33-35.) — *d) Anne.* Cette veuve, très avancée en âge et qui passait sa vie dans le temple, survient et loue Dieu en présence de tous. (36-38.) — 4º *Le retour à Nazareth.* Marie et Joseph rentrent à Nazareth, où l'enfant se développe corporellement et spirituellement sous l'action de la grâce divine. (39, 40.)

21 Et quand furent accomplis les huit jours au terme desquels on devait le circoncire, il fut appelé du nom de Jésus, qui lui avait été donné par l'ange, avant qu'il fût conçu dans le sein de sa mère [3]. —
22 Et quand furent accomplis les jours de leur purification selon la loi

premiers d'entre les hommes à annoncer ce que Dieu venait de révéler.

1. Il faut remarquer ce : *Mais* Marie, effacé par la plupart de nos versions ; il indique le contraste entre ce qui se passe en elle et l'*étonnement* tout extérieur et superficiel de ceux qui entendirent les récits des bergers. Pour elle, elle *conservait toutes ces choses* sans en rien perdre, et elle les méditait (gr. les *comparait*) *dans son cœur.* Elle comparait ce qui lui avait été divinement annoncé, neuf mois auparavant, avec ce qui lui arrivait, et son cœur était pénétré de la fidélité de Dieu dans l'accomplissement de sa parole. M. Godet voit dans cette remarque du v. 19 l'indice que tout ce récit a pour auteur Marie elle-même.

2. Les bergers aussi savent maintenant qu'il y a pleine harmonie entre *ce qui leur a été dit* et ce qu'ils ont *entendu* et *vu*. Le premier de ces verbes se rapporte sans doute au récit qu'on leur a fait des circonstances extraordinaires qui ont précédé la naissance de Jésus ; le second, à ce qu'ils ont pu contempler de leurs propres yeux. Voilà pourquoi ils *glorifient* et *louent Dieu.*

3. Tout enfant israélite mâle devait être *circoncis le huitième jour.* (Gen. 17 : 12 ; Lév. 12 : 3.) C'était là le signe distinctif de l'alliance que Dieu traita avec Abraham et qui, comme le baptême, était le symbole de la purification. C'est dans cette cérémonie qu'on donnait son nom au petit enfant. (1 : 59 et suiv.) — Jésus, dès son entrée dans la vie, entre dans l'alliance de son peuple ; il est soumis à la circoncision. Il est « né de femme » et « né sous la loi. » (Gal. 4 : 4, note.) C'est par là qu'il a commencé à réaliser son nom de *Jésus,* ou *Sauveur.*

de Moïse [1], ils le conduisirent à Jérusalem, pour le présenter au Seigneur ; — selon qu'il est écrit, dans la loi du Seigneur : Tout mâle 23 premier-né sera consacré au Seigneur [2], — et pour offrir le sacrifice, 24 selon ce qui est prescrit dans la loi du Seigneur : une paire de tourterelles ou deux jeunes pigeons [3].

Et voici, il y avait à Jérusalem un homme qui s'appelait Siméon ; 25 et cet homme était juste et pieux, il attendait la consolation d'Israël, et l'Esprit-Saint était sur lui [4]. — Et il avait été divinement averti 26 par l'Esprit-Saint qu'il ne verrait pas la mort avant qu'il n'eût vu le

---

1. Ce pronom pluriel *leur* (gr. *d'eux*) purification a embarrassé les copistes, comme il embarrasse encore les interprètes. Le texte reçu, avec quelques *minuscules* seulement, le remplace par le pronom féminin *d'elle*, se rapportant à Marie seule, et D par le pronom masculin singulier *de lui*, se rapportant à l'enfant. Quelques interprètes ont pensé que ce pronom pluriel devait s'appliquer aux Juifs en général, à leur usage relatif à la purification des nouvelles accouchées. Mais le contexte oblige à le rapporter soit d'une manière indéterminée à toute la famille qui devait se rendre à Jérusalem pour une double cérémonie religieuse, soit à Marie et à Joseph qui sont le sujet du verbe. On a proposé de le rapporter à Marie et à l'enfant, mais cela n'est pas indiqué dans la construction de la phrase et Jésus n'avait pas à être purifié. Il est vrai que Joseph non plus n'avait pas à se purifier, mais, comme le remarque M. Godet, il eût été, en tant que chef de famille, responsable, si la purification n'avait pas été accomplie. La loi de Moïse prescrivait (Lév. 12 : 2 et suiv.) qu'après sept jours de souillure légale et trente-trois jours passés dans la retraite, la mère israélite devait offrir pour sa purification un sacrifice, dont la nature est indiquée ci-après. (v. 24.)

2. Gr. *sera appelé saint au Seigneur*, c'est-à-dire lui sera *consacré*, sera mis à part pour son service. (Ex. 13 : 2 ; Nomb. 3 : 12.) D'après ce dernier passage, tout *premier-né* appartenait à l'Eternel et devait être exclusivement consacré à son service ; mais la tribu de Lévi ayant été choisie pour ce service, il fallait que tous les premiers-nés des autres tribus fussent rachetés à prix d'argent (Nomb. 8 : 16 ; 18 : 15-18), afin que le droit divin fût constaté, et que le futur chef de famille se souvînt toujours de ses saintes obligations. C'est là aussi le sens de cette expression : *le présenter au Seigneur*. En ceci, comme dans sa circoncision (v. 21), comme plus tard dans son baptême, il fallait que Jésus « accomplît toute justice. » (Math. 3 : 15.)

3. Après avoir dit (v. 23) ce qui concernait l'enfant, Luc revient à la mère et à sa purification. (v. 22.) Elle devait offrir un agneau en holocauste et un jeune pigeon ou une tourterelle pour le péché ; mais, si ses moyens ne le lui permettaient pas, elle pouvait remplacer ce sacrifice par celui de deux tourterelles ou de deux *jeunes pigeons*. (Lév. 12 : 6, 8.) Luc ne mentionne ici que ce dernier sacrifice, celui des pauvres, parce que ce fut celui de Marie. Alors déjà s'accomplit une parole profonde de saint Paul. (2 Cor. 8 : 9.)

4. *Siméon* est inconnu dans l'histoire ; son nom signifie « exaucement. » Il était *juste* (comp. 1 : 6, note) et *pieux* (ce mot a aussi le sens de prudent, circonspect, intelligent) ; il *attendait* la venue du Sauveur, ici désignée par ce terme si beau et si intime : *la consolation d'Israël*. Ce mot est emprunté aux promesses de Dieu données par les prophètes, et sur lesquelles reposait toute l'espérance de ce saint vieillard. (Esa. 40 : 1, 2 ; 49 : 13 ; 51 : 3, 12 ; 61 : 1-3.) On voit par les exemples de Siméon, d'Anne (v. 38), de Zacharie (1 : 68 et suiv.), de Joseph d'Arimathée (Marc 15 : 43), et d'autres encore, qu'il y avait d'humbles Israélites qui étaient prêts à recevoir le Seigneur sous quelque chétive apparence qu'il plairait à Dieu de le leur manifester. — Le sacerdoce officiel n'accueillit pas le Seigneur qui, pour la première fois, entrait dans son temple. (Mal. 3 : 1.) Un sacerdoce libre s'était formé pour le suppléer ; il est représenté par Siméon et Anne. — La source de la vie religieuse de Siméon est clairement indiquée. C'était l'*Esprit-Saint* qui *était sur lui*. D'après les expressions de l'original, on pourrait traduire : qui était *venu sur lui*, c'est-à-dire que, dans ce moment solennel de sa vie, il reçut une nouvelle mesure de cet Esprit divin

464 ÉVANGILE SELON LUC CHAP. II.

27 Christ du Seigneur [1] ; — et il vint dans le temple poussé par l'Esprit.
Et comme les parents amenaient le petit enfant Jésus, pour faire à
28 son égard ce qui est en usage selon la loi [2], — lui le reçut dans ses
29 bras, et bénit Dieu, et dit : — Maintenant, Maître, tu laisses aller ton
30 serviteur en paix, selon ta parole ; — car mes yeux ont vu ton sa-
31, 32 lut [3], — que tu as préparé en présence de tous les peuples, — lumière
33 pour éclairer les nations et gloire de ton peuple d'Israël [4]. — Et son
père et sa mère étaient dans l'étonnement des choses qui étaient
34 dites de lui [5]. — Et Siméon les bénit, et dit à Marie sa mère [6] : Voici,

qui lui communiqua le don de prophétie. (v. 26, 27, 30 et suiv., 34.)

1. *Le Christ du Seigneur*, terme de l'Ancien Testament qui signifie le Messie ou l'*Oint* de l'Eternel, le Sauveur que l'Eternel avait promis à son peuple et qu'il venait de lui donner. (Sur le mot que nous traduisons par « divinement averti, » voir Math. 2 : 12, 22 ; Hébr. 11 : 7 ; Act. 10 : 22.) Il faut remarquer cette antithèse : « ne pas *voir la mort* avant d'avoir *vu le Christ*. »

2. « Il vint dans le temple *dans l'Esprit*, » ou par l'Esprit, c'est-à-dire éclairé et conduit par l'Esprit, et c'est par cet Esprit qu'il reconnut aussitôt son Sauveur dans le petit enfant. (v. 30.) — Ce qui était *en usage, selon la loi*, a été décrit au v. 23.

3. Chaque mot de ce beau cantique a une signification profonde : *Maintenant* que *parole* est accomplie (v. 26), que *mes yeux ont vu ton salut, tu laisses aller ton serviteur* (gr.) ; tu le *délies* de toutes les servitudes de la vie, tu le mets en liberté pour qu'il s'en aille jouir de la pleine possession de la lumière et de la *la paix !* (Gen. 15 : 15 ; 2 Rois 22 : 20.) Il faut remarquer ce verbe au présent qui exprime l'attente prochaine de cette délivrance ; Siméon sent que rien ne le retient plus sur la terre. Mais il s'en remet à Dieu qu'il appelle *Maître*, souverain dominateur de sa vie et de toutes choses.

4. Par l'Esprit qui est en lui (v. 26), Siméon devient prophète ; il ne parle plus de lui, sa pensée s'élève jusqu'à ce salut que Dieu a préparé pour *tous les peuples*, et que tous verront (gr. *devant la face de*). Cette préparation a eu lieu durant des siècles par toutes les révélations de l'ancienne alliance. Ce grand salut destiné à tous se répartit en deux courants divers. D'une part, il est *lumière* pour *éclairer les nations païennes* (gr.), *pour la révélation des nations* qui, pour la révélation qui leur est destinée, à elles, sont plon-

gées dans les ténèbres les plus profondes ; d'autre part, il est la *gloire du peuple d'Israël* qui, tout en ayant part à ce salut, aura l'immortel honneur de l'avoir donné au monde. (Esa. 46 : 13.) On peut faire dépendre les mots *lumière* et *gloire* du verbe : *que tu as préparé*, et traduire : « que tu as préparé *comme* lumière... et gloire,... ou l'on peut les considérer comme une apposition du mot *salut*. » — Ces vues lumineuses sur l'universalité du salut ne s'expliquent en Siméon que par l'action de l'Esprit qui était sur lui, et par la connaissance qu'il avait des prophéties (Esa. 42 : 6 ; 60 : 3) ; car même les apôtres ne les comprendront que par une révélation spéciale (Act. 10), et plusieurs Juifs, après leur conversion au christianisme, y trouveront encore un sujet de scandale. (Act. 11 : 2, 3.)

5. Le texte reçu, avec la plupart des *majusc.* (*Sin.*, B, D exceptés) et l'*Itala*, porte *Joseph*, au lieu de *son père* ; correction dictée par une préoccupation dogmatique, bien inutile, puisque Luc lui-même vient de parler des *parents* du petit enfant. (v. 27.) Nul ne pouvait s'y méprendre, après le récit qui précède. (1 : 35.) Le langage de l'évangéliste est conforme aux apparences et même à d'impérieuses convenances. — Ils étaient *dans l'étonnement* ou l'admiration (le mot grec a les deux sens), malgré tout ce qu'ils savaient déjà concernant le petit enfant. C'est que, sous la forme d'une prophétie, les paroles de Siméon leur ouvraient des horizons plus vastes encore que ce qui leur avait été révélé jusque-là.

6. *Les* bénit, c'est-à-dire les parents ; il les bénit au nom de Dieu, implore sur eux la bénédiction divine. — Les promesses magnifiques qu'ils venaient d'entendre pouvaient faire naître dans le cœur de Joseph et de Marie des espérances charnelles, pleines d'illusions ; Siméon les réprime en leur présentant l'aspect douloureux de l'avenir réservé à leur enfant. Il

celui-ci est destiné à être une occasion de chute et de relèvement pour plusieurs en Israël, et à être un signe auquel on contredira [1] ; — et toi-même, une épée te transpercera l'âme ; afin que les pensées 35 du cœur de plusieurs soient révélées [2].

Et il y avait Anne, prophétesse, fille de Phanuel, de la tribu 36 d'Asser. Elle était fort avancée en âge ; elle avait vécu avec son mari sept ans, depuis sa virginité, — et elle était restée veuve et avait 37 atteint l'âge de quatre-vingt-quatre ans [3]. Elle ne s'éloignait point du temple, rendant un culte par des jeûnes et des prières, nuit et jour [4]. — Elle aussi, étant survenue à cette même heure, louait Dieu 38 et parlait de lui à tous ceux qui attendaient la délivrance de Jérusalem [5].

adresse les sérieuses paroles qui suivent à *Marie, à la mère* personnellement, parce que cette prophétie la concernait directement.

1. L'expression : celui-ci est (gr.) *mis pour*, indique la destination d'une personne ou d'une chose, selon le dessein de Dieu. (Philip. 1 : 16 ; 1 Thes. 3 : 3.) Ici ce dessein de Dieu est déterminé par les dispositions opposées de ceux auxquels le Sauveur est envoyé : aux uns, il sera une occasion de *chute*, aux autres de *relèvement*. Ces expressions reposent sur une image empruntée à Esaïe (8 : 14), qui annonce que l'Eternel lui-même sera une « pierre d'achoppement, un rocher de chute aux deux maisons d'Israël. » Partout où la vérité se présente à une âme, un jugement divin s'exerce en elle ; par son incrédulité et son endurcissement, elle *tombe*. (Comp. Math. 21 : 44 ; Rom. 9 : 33 ; 1 Pier 2 : 6 et suiv.) Mais la crise peut avoir une tout autre issue : par la repentance, par la foi, l'âme *se relève* jusqu'à la plénitude de la vie morale et spirituelle. Dans ce double sens, la présence du Sauveur est toujours un *signe* ; et Siméon prévoit qu'il sera (gr.) *mis pour un signe* (comp. Esa. 11 : 12 ; 13 : 2 ; 5 : 26 ; la version grecque traduit par *signe* le mot hébreu que nos versions rendent par : « bannière, signal ») *contredit*, ou auquel on contredira. On sait combien cette prophétie fut littéralement accomplie dans la vie de Jésus, et combien elle l'est encore pour ses serviteurs les plus fidèles. (Hébr. 12 : 3 ; Act. 28 : 22.)

2. Cette contradiction ira jusqu'à clouer le Sauveur sur la croix ; c'est alors que, semblable à une *épée* tranchante, une douleur sans nom *transpercera l'âme* de sa mère témoin de son supplice. (Jean 19 : 25.) C'est aussi en présence de la croix que *les pensées du cœur se révèlent*, selon la foi ou l'incrédulité, l'amour ou la haine à l'égard du Crucifié. — Il est possible que les mots : *afin que les pensées du cœur de plusieurs soient révélées* indiquent la raison pour laquelle cette grande douleur ne peut être épargnée à Marie ; mais il est plus naturel d'y voir la conclusion de toute la prophétie des v. 34 et 35 : la croix, couronnement de l'œuvre du Messie, manifestera dans toute sa profondeur l'opposition des hommes et mettra au jour leurs dispositions secrètes, en les contraignant à se prononcer pour ou contre le Sauveur. (1 Cor. 1 : 23.)

3. *Anne*, fille de *Phanuel*, n'est connue dans l'histoire évangélique que par ce trait. Le mot de *prophétesse* indique que, comme Siméon, elle avait reçu l'esprit de prophétie, par lequel elle aussi reconnut dans le petit enfant le Sauveur promis, et en glorifia Dieu. (v. 38.) L'évangéliste rappelle encore à sa louange qu'après un temps assez court de mariage, elle avait vécu jusqu'à l'âge de *quatre-vingt-quatre ans* dans un long veuvage, ce qui était considéré comme très honorable chez les Juifs. M. Godet traduit : « veuve depuis déjà quatre-vingt-quatre ans. » Cela justifierait l'affirmation du récit qu'elle était (gr.) *avancée en beaucoup de jours*.

4. Touchant portrait d'une veuve dont la piété remplissait toute sa vie ! Saint Paul décrit à peu près dans les mêmes termes la veuve chrétienne « réellement veuve. » (1 Tim. 5 : 5.) — Les mots *nuit et jour* signifient sans doute qu'elle assistait à des services religieux qui avaient lieu le soir et le matin avant le lever du jour, ou qu'elle passait une partie de ses nuits en prières.

5. Les mots : elle *louait Dieu* (texte reçu, *le Seigneur*), pourraient se traduire : *confessait* ou *glorifiait* Dieu. Ce verbe est composé d'une particule qui signifie à

39 Et après qu'ils eurent tout accompli selon la loi du Seigneur, ils
40 retournèrent en Galilée, à Nazareth, leur ville ¹. — Cependant le petit enfant croissait et se fortifiait, étant rempli de sagesse, et la grâce de Dieu était sur lui ².

3. *L'adolescence de Jésus.*

41-52. Premier voyage de Jésus a Jérusalem. — 1° *Jésus conduit et laissé à Jérusalem.* A l'âge de douze ans, Jésus accompagne ses parents qui se rendaient pour la fête à Jérusalem. Il demeure quand ses parents repartent. Eux, ne s'aperçoivent pas d'abord de son absence ; ils le croient dans la caravane, font une journée de marche et le cherchent parmi leurs connaissances. (41-44.) — 2° *Jésus retrouvé dans le temple.* Ne l'ayant pas trouvé, ses parents retournent à Jérusalem. Ils le trouvent dans le temple, interrogeant les docteurs frappés de son intelligence. Au reproche de Marie, Jésus répond en demandant à ses parents s'ils ne savaient pas qu'il devait être occupé aux affaires de son Père. Ils ne comprennent pas. (45-50.) — 3° *Retour à Nazareth.* Revenu chez lui, Jésus est soumis à ses parents. Sa mère conserve ces faits dans son cœur. Jésus progresse, se rendant agréable à Dieu et aux hommes. (51, 52.)

son tour ; allusion au cantique de Siméon, auquel Anne répondait par ses louanges. Les paroles d'Anne ne sont pas rapportées, parce que sans doute elles exprimaient les mêmes pensées que celles de Siméon (v. 29). En outre, par l'esprit de prophétie qui l'animait, elle *parlait de lui* (de Dieu) et des glorieuses révélations qu'il venait d'accorder à son peuple. Le texte reçu, porte : *Ceux qui attendaient la délivrance* (gr. *la rédemption*) *dans Jérusalem.* La leçon de *Sin.*, *B*, vers. et Pères, est admise par la plupart des critiques modernes. Ils considèrent celle du texte reçu comme une correction de cette expression insolite : délivrance de *Jérusalem.* Il faut supposer que la capitale est prise pour le pays entier. (Comp. Esa. 40 : 2.)

1. Ch. 1 : 26 ; Math. 2 : 23. Luc passe sous silence divers faits rapportés par Matthieu : la visite des mages, la fuite en Egypte, le meurtre des petits enfants de Bethléhem, soit que ces faits ne rentrassent pas dans son plan, soit qu'il les ait ignorés. « Il est nécessaire d'admettre, dit M. Godet, que les deux évangélistes ont écrit chacun sans connaître le livre de l'autre. » La critique négative s'est hâtée de déclarer les deux récits inconciliables. Elle oublie que, pendant les quarante jours qui s'écoulèrent entre la naissance de Jésus et sa présentation dans le temple, bien des événements avaient pu s'accomplir à Bethléhem. Elle oublie encore que le retour de la sainte famille à Nazareth n'a pas eu lieu nécessairement aussitôt après la présentation au temple. Le voyage en Egypte suivit celle-ci, et l'établissement de la famille à Nazareth ne se fit qu'après son retour d'Egypte. (Math. 2 : 23.) Les faits rapportés s'enchaînent naturellement et les deux récits se complètent. (Comp. Math. 2 : 16, note. (Voir, sur ces questions historiques, la belle dissertation de M. Godet dans son *Comm. sur saint Luc*, tome I, p. 218 de la 3ᵉ éd., et comp. J. Bovon, *Théol. du N. T.*, I, p. 213 et suiv.)

2. Par ces quelques traits, Luc nous donne une idée du développement graduel qui s'accomplit en Jésus durant son enfance. C'est ce qu'il avait fait pour Jean-Baptiste. (1 : 80.) Pour Jésus il répétera plus loin cette esquisse. (v. 52.) — *Il grandissait ;* ce mot indique le développement physique, tandis que les termes : *il se fortifiait*, complétés par ceux-ci : *étant rempli de sagesse*, décrivent les progrès intellectuels, spirituels et religieux. La *sagesse*, comprenant la connaissance de Dieu et celle des hommes, dans son application pratique à la vie, fut le trait saillant du caractère de Jésus enfant. Jésus passa par toutes les phases d'un développement normal, le seul qui se soit accompli sur la terre, le seul qui ait été exempt de toutes les atteintes délétères du mal et se soit poursuivi d'une manière harmonique par une communion constante avec Dieu. (v. 49.) Cette dernière pensée est clairement indiquée par ces belles paroles : *et la grâce de Dieu était sur lui.*

ÉVANGILE SELON LUC

Et ses parents allaient chaque année à Jérusalem, à la fête de Pâ- 41
que. — Et quand il fut âgé de douze ans, comme ils y montaient 42
selon la coutume de la fête[1], — et après qu'ils eurent accompli les 43
jours[2], comme ils s'en retournaient, l'enfant Jésus demeura dans
Jérusalem, et ses parents ne s'en aperçurent point ; — mais pensant 44
qu'il était avec leurs compagnons de route, ils firent une journée de
chemin, et ils le cherchaient parmi leurs parents et leurs connaissances ; — et ne l'ayant point trouvé, ils retournèrent à Jérusalem 45
le cherchant[3]. — Et il arriva, qu'après trois jours, ils le trouvèrent 46
dans le temple, assis au milieu des docteurs, et les écoutant et les
interrogeant[4]. — Et tous ceux qui l'entendaient étaient frappés de 47

Grâce (*charis*) signifie aussi *faveur, amour ;* tout en Jésus était *agréable* à Dieu. — Le texte reçu porte : « il se fortifiait *en esprit ;* » ce dernier terme, inauthentique, a été copié du ch. 1 : 80.

1. D'après la loi (Ex. 23 : 17 ; 34 : 23 ; Deut. 16 : 16), tous les Israélites hommes devaient se rendre chaque année à Jérusalem pour y célébrer les trois grandes fêtes de Pâque, de Pentecôte et des Tabernacles. La loi ne prescrivait rien aux femmes, mais elles s'y rendaient fréquemment, quand leur piété leur en inspirait le désir ; ce fut le cas pour Marie. Quant aux jeunes gens, les préceptes rabbiniques ordonnaient qu'ils fussent conduits au temple un ou deux ans avant l'âge de treize ans, à partir duquel ils étaient tenus de remplir toutes les obligations légales et devenaient *les fils de la loi*.

2. *Les jours*, peuvent être les sept jours prescrits par la loi pour la durée de la fête ou les quelques jours qu'ils s'étaient proposé de passer à Jérusalem, car la présence à la fête n'était obligatoire que les deux premiers jours. (Ex. 12 : 15 ; Lév. 23 : 6 ; Deut. 16 : 3.)

3. *Une journée de chemin.* Ce fut le soir, sans doute, remarque M. Godet, au moment où chaque famille se réunissait pour la nuit, que Marie et Joseph s'aperçurent de l'absence de l'enfant. D'autres, insistant sur l'imparfait : *ils le cherchaient*, pensent qu'ils le cherchèrent déjà tout en faisant cette journée de marche. Au premier abord, on a de la peine à comprendre que Jésus soit resté seul à Jérusalem, et que ses parents aient quitté la ville sans s'inquiéter de son absence. Aussi une certaine critique s'est-elle empressée d'accuser l'enfant d'un manque d'égards envers ses parents et ceux-ci de négligence. Quant à ces derniers, l'expression de Luc : *pensant qu'il était dans la* (gr.) *compagnie de route,* indique une circonstance qui peut mettre en quelque mesure leur responsabilité à couvert. En effet, les caravanes de pèlerins se composaient de parents et d'amis (v. 44) parmi lesquels un enfant de douze ans pouvait être en parfaite sécurité. — Pour ce qui est de Jésus, nous touchons à un moment de sa vie qui déjà l'élève au-dessus des conditions ordinaires. D'une part, Luc a soin de signaler la soumission de l'enfant à sa famille (v. 51) ; d'autre part, la parole de Jésus qu'il va rapporter (v. 49) explique pleinement ses motifs. Pour lui, les jours de la belle fête de Pâque, qu'il a célébrée pour la première fois, et dont il pénétrait déjà la signification religieuse, avaient laissé dans son cœur des impressions profondes, auxquelles il se livre avec bonheur et sans arrière-pensée. Le sentiment croissant de son rapport tout spécial avec Dieu l'élève en ce moment au-dessus des relations purement humaines. C'est ce qu'il déclarera expressément plus tard. (Marc 3 : 32 et suiv. ; Jean 2 : 4.)

4. Par ces *trois jours* il faut entendre la première journée de chemin qu'ils avaient faite, une seconde pour retourner à Jérusalem et la troisième, celle où ils le trouvèrent. — *Dans le temple,* ou le *lieu sacré*, c'est-à-dire dans quelque salle dépendante de l'enceinte, ou même sur la terrasse. Les membres des sanhédrins s'y réunissaient le jour du sabbat et à l'époque des fêtes et enseignaient. — L'expression : *assis au milieu des docteurs*, ne signifie point que Jésus occupât un siège au même rang qu'eux ; mais que, dans le cercle qu'ils formaient, il s'était placé parmi les auditeurs. Dans ces instructions religieuses les docteurs adressaient aux assistants des questions et répondaient aux leurs. De là ces expressions choisies à dessein, et qu'il

48 son intelligence et de ses réponses [1]. — Et en le voyant, ses parents furent saisis d'étonnement, et sa mère lui dit : Mon enfant, pourquoi as-tu ainsi agi envers nous ? Voici, ton père et moi nous te cher-
49 chions avec angoisse [2]. — Et il leur dit : Pourquoi me cherchiez-vous [3] ? Ne saviez-vous pas qu'il me faut être aux affaires de mon
50 Père [4] ? — Et eux ne comprirent point la parole qu'il leur avait
51 dite [5]. — Et il descendit avec eux et vint à Nazareth, et il leur était

faut bien remarquer : *les écoutant* et *les interrogeant*, ou leur adressant des questions dans le désir de s'instruire. Luc n'a nullement l'intention d'ériger l'enfant Jésus en petit docteur, comme le font les évangiles apocryphes.

1. Gr. *ils étaient hors d'eux-mêmes*. Son *intelligence* des vérités religieuses paraissait, soit dans les questions qu'il faisait, soit dans ses *réponses* à celles qu'on lui adressait. Ainsi se vérifiait la parole de l'évangéliste. (v. 40.) Comp. sur l'éducation de Jésus et spécialement sur cette première visite à Jérusalem, Edersheim, *La société juive*, trad. par G. Roux, ch. VII.

2. L'*étonnement* des parents vient de ce qu'ils ne s'étaient point attendus à le trouver dans un tel lieu et engagé dans de tels entretiens. Jamais encore Jésus ne s'était ainsi produit publiquement. — Il y a dans les paroles de Marie un ton de reproche qui vient, sans doute, de l'inquiétude qu'elle avait éprouvée et qu'elle exprime vivement. Certains critiques prétendent que Luc, en nous montrant Marie inquiète, oublie les révélations qu'elle avait reçues. Marie savait que son enfant était le Fils de Dieu, pouvait-elle dès lors éprouver de l'*angoisse* à son sujet ? M. Godet répond : « La critique raisonne comme si le cœur de l'homme et de la mère fonctionnait à la façon d'un syllogisme. »

3. Gr. *Qu'est-ce que cela que vous me cherchiez ?* Quelle en est l'importance, en comparaison de ce que j'avais à faire ? Sans cette version littérale, la question ne se comprend pas, car il est bien clair que le devoir de ses parents était de le chercher. La même tournure se retrouve dans Marc 2 : 16 ; Act. 5 : 9, en grec, et elle a partout le même sens. La question de Jésus est du reste expliquée par les paroles qu'il ajoute. (Comp. v. 45, note.)

4. Gr. *Dans les choses de mon Père*. Un grand nombre d'anciennes versions et de Pères, et plusieurs commentateurs modernes traduisent : *dans les* demeures (la maison) *de mon Père*. M. Godet réunit les deux sens : là où on s'occupe des affaires de Dieu. Il est plus naturel de choisir et d'adopter la première traduction, qui conserve le caractère indéterminé de l'expression grecque. Ainsi, Jésus avait alors déjà conscience de son origine divine. Il nomme Dieu *son Père* (il ne dit pas, il ne dira jamais *notre Père*), sentant que ce nom peut seul exprimer la réalité et l'intimité de son rapport avec Dieu. Il en est si rempli, qu'il lui paraît naturel d'oublier tout le reste pour *être aux choses de son Père* ; c'est là pour lui une nécessité morale : *Il faut ; ne le saviez-vous pas ?* — Dans cette première parole de Jésus qui nous soit parvenue, tout est vérité, vie, amour ; il ne faut point y chercher de dogmatique.

5. Cette observation encore a donné prise à la critique. Si les récits de Luc (1 : 32) sont vrais, a-t-on dit, comment Marie ne *comprend*-elle pas que son fils doit être consacré tout entier aux affaires de son Père ? C'est méconnaître la situation dans laquelle se trouvait Marie après ces douze années pendant lesquelles son fils s'était développé d'une manière insensible. Tous les parents ne sont-ils pas surpris quand un jour ils découvrent que leurs enfants ont cessé d'être des enfants ? Les parents de Jésus, tout prévenus qu'ils étaient, durent éprouver cette surprise avec une force redoublée. Malgré la sagesse dont il était rempli, Jésus n'avait encore jamais exprimé d'une manière aussi claire son rapport spécial avec Dieu ; la parole qu'il vient de prononcer est donc pour Marie une révélation nouvelle qui ne pénétrera que par degrés dans son intelligence. (Comp. v. 23, note.) Il était même nécessaire qu'il en fût ainsi, pour que Marie pût conserver à l'égard de Jésus sa position de mère (v. 51). — Quelques interprètes ont vu dans cette parole : *mon Père*, une allusion et une opposition à celle que Marie venait de prononcer : *ton père et moi*. Rien de plus improbable qu'une telle pensée qui, même indirectement et discrètement exprimée, serait tout à fait déplacée dans ces circonstances.

soumis ¹. Et sa mère conservait toutes ces choses dans son cœur ².
— Et Jésus faisait des progrès en sagesse et en stature et en grâce 52 devant Dieu et devant les hommes ³.

1. Voir, sur ce retour à Nazareth, v. 39, note. — Par ce seul mot : *il leur était soumis*, Luc décrit toute l'adolescence de Jésus dans ses rapports avec sa famille. La forme du verbe grec exprime la continuité ou la permanence de cette soumission. La conscience qu'il avait de son rapport unique avec son Père (v. 49), loin d'être en opposition avec cette humble obéissance, en était bien plutôt la source. Jésus fut ainsi le modèle de l'enfance, comme il est resté, pour tous les âges, le type accompli d'une vie humaine sans péché et se développant dans le bien absolu.
2. Voir v. 19, note. Le verbe employé ici signifie proprement *conserver au travers* des circonstances qui pouvaient les faire oublier. — Cette observation relative à Marie, ainsi que plusieurs autres traits de ces premiers récits qui sont des révélations de son expérience la plus intime, ne peuvent avoir été connus que par elle-même. On a donc pu supposer, avec toute vraisemblance, qu'elle avait consigné ces précieux souvenirs dans quelque document de famille, d'où Luc a tiré les matériaux de ses deux premiers chapitres.
3. Comp. v. 40, note. Quand il s'agit du petit enfant, Luc dit « qu'il grandissait et se fortifiait ; » ici, l'adolescent *fait des progrès*, avance dans son développement physique et spirituel. Luc met la *sagesse* avant la *stature*, parce que c'était là le plus important à ses yeux, et peut-être aussi pour marquer le développement des rapports intimes avec Dieu, que Jésus venait de révéler (v. 49), et qui étaient la source de toute sa sagesse. Enfin Luc ajoute qu'il faisait des progrès, non seulement dans la faveur et l'amour de Dieu, mais qu'il inspirait *aux hommes* ce même sentiment. « Tandis que Jean-Baptiste grandissait dans la solitude du désert, Jésus, destiné à une tout autre tâche, se développait sous le regard satisfait de Dieu et en contact avec les hommes que charmaient ses aimables qualités ; comp. 7 : 33, 34. Ainsi cet être humain parfaitement normal était un commencement de réconciliation entre le ciel et la terre. » *Godet.*

INAUGURATION DU MINISTÈRE DE JÉSUS

1. *Le ministère de Jean-Baptiste et le baptême de Jésus.*

A. 1-20. JEAN-BAPTISTE. — 1° *Apparition de Jean-Baptiste.* — *a) Circonstances historiques.* Luc fixe la date de cet événement et caractérise la situation politique du peuple juif. (1, 2.) — *b) L'activité du prophète.* Jean, prêchant le baptême de repentance, accomplit la prophétie d'Esaïe. (3-6.) — 2° *La prédication de Jean :* — *a) Sa teneur générale* : exhortation à se repentir sincèrement, à se garder des illusions nationales ; annonce du jugement imminent. (7-9.) — *b) Ses applications pratiques à tous :* la charité dans les actes (10, 11) ; *à deux classes* spéciales, les péagers, les soldats : la fidélité dans l'exercice de leur vocation. (12-14.) — *c) Déclarations de Jean sur ses rapports avec le Christ :* il baptise d'eau, mais un plus puissant viendra après lui qui baptisera d'Esprit et de feu. Il purifiera son peuple par l'exclusion des méchants. (15-17.) — *d) Conclusion.* Telles sont quelques-unes des exhortations et des promesses que Jean faisait entendre au peuple. (18.) — 3° *La fin du ministère de Jean :* Hérode, repris par lui, le fait mettre en prison. (19, 20.)

Or la quinzième année du règne de Tibère César, Ponce-Pilate étant III gouverneur de la Judée, et Hérode étant tétrarque de la Galilée, et Philippe, son frère, tétrarque de l'Iturée et de la Trachonite, et Lysa-

2 nias tétrarque de l'Abilène ; — du temps du souverain sacrificateur Anne et Caïphe [1], la parole de Dieu fut adressée à Jean, fils de Zacha-
3 rie, dans le désert [2]. — Et il vint dans toute la contrée des environs

1. Comp. Math. 3 ; Marc 1 : 1-11. — Au moment solennel où l'apparition du précurseur annonce celle du Sauveur lui-même, Luc tient à marquer la place de ce grand événement dans le cadre de l'histoire de son temps. De là ces données chronologiques si précises. Son regard se porte d'abord sur l'empire, puis sur les différentes parties de la terre sainte et de ses environs, enfin sur les autorités théocratiques du peuple juif. — *Tibère* succéda à Auguste (2 : 1) le 19 août de l'an 14 de notre ère ; la *quinzième* de son règne tombait donc sur l'an 28 ou 29. Jésus, étant né quatre ans avant notre ère (Math. 2 : 1, note), avait alors trente-deux ou trente-trois ans. Il faut donc regarder l'indication du v. 23 comme approximative, ainsi que le montre l'expression « environ trente ans. » D'autres pensent que Luc compte les années du règne de Tibère du moment où Auguste l'associa à l'empire, ce qu'il fit deux ans avant sa mort. Nous serions alors en 26 et Jésus aurait eu trente ans exactement lors de son baptême ; mais cette manière de compter les années d'un règne est sans analogie chez les historiens anciens. — *Pilate* ne portait que le titre de *procurateur*, ou intendant de l'empereur. Mais en *Judée*, comme dans quelques autres districts, ce fonctionnaire était chargé de toute l'administration, et s'appelait *gouverneur*. Depuis la destitution d'Archélaüs, fils d'Hérode (Math. 2 : 22), en l'an 6 de notre ère, la Judée formait, avec la Samarie et l'Idumée, une annexe de la province de Syrie. Pilate y arriva quelques années seulement avant le ministère de Jean-Baptiste et, après un gouvernement de dix ans (26-36 après J.-C.), il fut révoqué. (Josèphe, *Antiq.* XVIII, 4, 2.) — *Hérode* Antipas, second fils d'Hérode le Grand, gouvernait la Galilée et la Pérée, avec le titre de *tétrarque*, qui désignait originairement le souverain de la *quatrième* partie d'un royaume, mais qui, dans la suite, fut appliqué à de petits princes dépendants des Romains. Hérode Antipas régna depuis la mort de son père en l'an 4 avant Jésus-Christ, jusqu'en l'an 39 de notre ère. (Comp. sur le caractère de ce prince Math. 14 : 1 et suiv. ; Marc 6 : 14 et suiv., notes.) — *Philippe*, autre fils d'Hérode et *frère* du précédent, régnait sur l'Iturée et la Trachonite, auxquelles l'historien Josèphe (*Antiq.* XV, 10, 1) ajoute la Batanée et l'Auranitide, provinces situées au nord-est de la Galilée, près des montagnes du Liban. Philippe régna de l'an 4 avant Jésus-Christ jusqu'à l'an 34 de notre ère. — L'*Abilène*, ainsi nommée d'Abila, chef-lieu de cette province que gouvernait *Lysanias*, avec le titre de tétrarque, était également située près des montagnes du Liban. Ce Lysanias a souvent été confondu avec un de ses prédécesseurs du même nom, mentionné par Josèphe (*Antiq.* XV, 4, 1), et l'on n'a pas manqué d'accuser l'évangéliste d'avoir commis ici un anachronisme. Mais il est aujourd'hui prouvé, par des inscriptions, qu'il existait sous le règne de Tibère un tétrarque Lysanias, descendant de l'ancien prince de ce nom. (Voir le *Commentaire* de M. Godet.) — Enfin Luc, après ces indications relatives à l'état politique du monde, caractérise la situation théocratique et religieuse. Le texte reçu porte ici : (gr.) *sous les souverains sacrificateurs* Anne et Caïphe ; erreur de copiste, ou prétendue correction : on pensait qu'avec ces deux noms propres il fallait un titre au pluriel. Le texte authentique (tous les *majusc.*) porte : sous *le* souverain sacrificateur Anne et Caïphe. Il ne pouvait y avoir deux souverains sacrificateurs. Anne, beau-père de Caïphe, avait été destitué par le prédécesseur de Pilate, et Caïphe était le seul titulaire actuel. Mais, soit à cause de sa parenté avec ce dernier, soit parce que les Juifs ne voulaient pas reconnaître ces empiétements de l'autorité païenne sur leurs institutions religieuses, Anne continuait à s'arroger le titre et partageait avec son gendre l'autorité sacerdotale. De là la tournure inusitée par laquelle Luc exprime cet état de choses. La même idée ressort du récit de Jean. (18 : 13, 24 ; comp. Act. 4 : 6.)

2. Gr. *la parole de Dieu fut sur Jean ;* il reçut par cette parole sa vocation de prophète. (Comp. Jér. 1 : 2 ; Osée 1 : 1 et ailleurs.) Malgré les prédictions qui, à l'époque de sa naissance, avaient proclamé le rôle qu'il devait jouer, Jean n'entra dans son ministère que sur l'appel exprès de Dieu. (Jean 1 : 33.) — Les mots : *dans le désert*, rappellent la solitude profonde où vécut Jean jusqu'au moment « de sa manifestation à Israël.» (1 : 80.) — Voir, sur le ministère de Jean, Math. 3 : 1, 2e note.

du Jourdain [1], prêchant un baptême de repentance pour la rémission des péchés [2] ; — selon qu'il est écrit au livre des paroles d'Esaïe le prophète : « Voix de celui qui crie dans le désert : Préparez le chemin du Seigneur, redressez ses sentiers [3]. — Toute vallée sera comblée, et toute montagne et toute colline seront abaissées ; les parties tortueuses seront redressées, et les chemins raboteux seront aplanis ; — et toute chair verra le salut de Dieu [4]. » — Il disait donc aux foules, qui sortaient pour être baptisées par lui : Race de vipères, qui vous a appris à fuir la colère à venir [5] ? — Produisez donc des fruits dignes de la repentance ; et ne vous mettez point à dire en vous-mêmes : Nous avons Abraham pour père ; car je vous dis que Dieu peut, de ces pierres-là, susciter des enfants à Abraham [6]. — Or, déjà même la hache est mise à la racine des arbres ; tout arbre donc qui ne produit pas de bon fruit est coupé et jeté au feu [7]. —

1. *Les environs du Jourdain* faisaient partie de la région désignée d'une manière plus vague par Matthieu sous le nom de « désert de Judée. » (Math. 3 : 1, 3e note.)
2. Ces paroles expriment brièvement tout le sens et le but du ministère du précurseur. Ce sont les mêmes qu'emploie Marc. (1 : 4, note.) Matthieu les met directement dans la bouche de Jean-Baptiste : « Repentez-vous ! » (Math. 3 : 2, note.)
3. Esa. 40 : 3-5. (Voir, sur cette citation, Math. 3 : 3, note.) Matthieu et Marc se bornent à citer ces premiers mots de la prophétie d'Esaïe. Luc (v. 5) continue la citation en y comprenant les v. 4 et 5 d'Esa. 40.
4. La citation de Luc est conforme à la version des Septante, sauf un ou deux détails sans importance. Et la version grecque elle-même rend assez fidèlement le sens de l'hébreu, jusqu'aux dernières paroles (v. 6), dans lesquelles se produit une divergence : tandis que l'hébreu dit : « et la gloire de l'Eternel sera révélée et toute chair la verra en même temps, » les Septante traduisent ces derniers mots par ceux-ci : « et toute chair *verra le salut de Dieu.* » Notre évangéliste adopte cette paraphrase qui convenait à son but et qui n'est pas contraire d'ailleurs à l'idée du prophète. En effet, voir le *salut* de Dieu, dans les temps évangéliques, c'était voir sa gloire, c'est-à-dire la manifestation de ses perfections, de sa sainteté, de sa miséricorde. Il faut ajouter que ces paroles se trouvent effectivement dans un autre passage d'Esaïe (52 : 10), en sorte que l'évangéliste était autorisé à les citer ici. — Quant à son sens général, la prophétie emploie l'image des préparatifs qu'on faisait sur les chemins, en vue du passage d'un roi visitant solennellement ses Etats. Par cette image est décrit le changement qui doit s'opérer dans le cœur de l'homme déchu, pour que Dieu et sa sainte volonté puissent y régner : orgueilleux et hautain, il doit être *abaissé* par la repentance ; engagé dans les *voies tortueuses* de l'incrédulité ou du doute, ou de la superstition, il doit revenir au droit chemin de la vérité de Dieu, de la sincérité. Du reste, il faut éviter, dans l'interprétation et l'application de ces images, les subtilités où se perd quelquefois l'exégèse ou la prédication.
5. L'imparfait : *il disait* et la conclusion de Luc au v. 18 montrent que l'évangéliste n'a pas l'intention de rapporter un discours spécial de Jean, mais de donner un résumé de toute sa prédication. — Comp. Math. 3 : 7, notes. Le premier évangile fait ici une distinction qui a son importance. Selon lui, ce n'est pas aux *foules qui venaient se faire baptiser* que le précurseur adressait cette rude apostrophe, mais bien à des pharisiens et à des sadducéens qui recherchaient le baptême par hypocrisie. Jean n'aurait pas parlé ainsi à ceux qui venaient à lui humiliés et « confessant leurs péchés. » (Math. 3 : 6.) D'autre part, l'austère prédicateur de la repentance attaquait dans cette censure l'esprit général du temps, et il ne ménageait pas plus le peuple que ses chefs. En abaissant l'orgueil des grands, il ne se faisait pas le flatteur des masses. La suite de son discours le prouve.
6. Math. 3 : 9, notes.
7. Math. 3 : 10, note.

10 Et les foules l'interrogeaient disant : Qu'avons-nous donc à faire [1] ?
11 — Et répondant, il leur disait : Que celui qui a deux tuniques en fasse part à celui qui n'en a point ; et que celui qui a des aliments
12 en agisse de même. — Or il vint aussi des péagers pour être bapti-
13 sés, et ils lui dirent : Maître, qu'avons-nous à faire ? — Et il leur
14 dit : N'exigez rien au delà de ce qui vous a été ordonné. — Et des soldats aussi l'interrogeaient disant : Et nous, qu'avons-nous à faire ? Et il leur dit : N'usez de violence envers personne et n'accusez pas
15 non plus faussement, et contentez-vous de votre paie [2]. — Or, comme le peuple était dans l'attente, et que tous se demandaient dans leurs
16 cœurs au sujet de Jean s'il n'était pas lui-même le Christ [3], — Jean répondit, disant à tous : Pour moi, je vous baptise d'eau, mais il vient, celui qui est plus puissant que moi, duquel je ne suis pas digne de délier la courroie des souliers ; lui, il vous baptisera d'Esprit-Saint
17 et de feu. — Il a son van en sa main ; il nettoiera parfaitement son aire, et il amassera le froment dans son grenier ; mais il brûlera la
18 balle au feu qui ne s'éteint point [4]. — En faisant ainsi ces nombreuses exhortations, et d'autres semblables, il annonçait la bonne nouvelle au peuple [5].

---

1. Le texte reçu a le futur indicatif : *Que ferons-nous ?* Le texte de la plupart des *majusc.* porte le verbe au subjonctif, donnant ainsi à la question un sens délibératif qui dénote l'intérêt, l'anxiété avec laquelle la foule s'adressait à Jean. (Il en est de même aux v. 12 et 14.) Les paroles sévères du prophète concernant la colère à venir et la nécessité de produire des fruits dignes de la repentance (v. 7-9), avaient porté coup. Plusieurs lui adressaient donc, avec crainte et tremblement, cette question suprême qui s'élève de toute conscience réveillée et tourmentée par le sentiment de son péché. (Act. 2 : 37 ; 16 : 30.) — Les verbes à l'imparfait (v. 10, 11, 14) indiquent que ces scènes de repentance et ces sérieux dialogues se renouvelaient souvent. — Les v. 10-14 sont particuliers à Luc, qui a dû les tirer d'une source inconnue à Matthieu. On voit combien il est vrai qu'il avait tout examiné avec exactitude. (1 : 3.)
2. Ceux que nous voyons *interroger* le prophète sont des hommes de la *foule* (v. 10), des *péagers*, des *soldats*, qui tous avaient trouvé dans leur position ou dans leur vocation des tentations spéciales, et qui sentaient vivement les péchés qu'ils avaient commis. Aussi Jean leur répond-il à chacun selon sa position, ne les engageant pas à laisser leur vocation, mais les exhortant à en remplir fidèlement les devoirs. Au lieu de leur prescrire des exercices de piété extraordinaires, il les renvoie simplement à la loi morale qu'il les presse d'accomplir. Jésus fit de même dans le sermon sur la montagne. C'est la loi qui réveille le sentiment du péché (Rom. 3 : 20) et le besoin de la grâce. Jean n'est point encore le prédicateur de l'Évangile. Ceux qui l'annonceront donneront une réponse plus complète à la grande question : Qu'avons-nous à faire ? (Act. 2 : 37-39 ; 16 : 30, 31.) *Sin.* et la vers. syr. portent : n'accusez *personne* faussement.
3. Cette remarque sur les dispositions du peuple à l'égard de Jean est particulière à Luc. Elles donnèrent lieu à la déclaration qui va suivre (v. 16.), et montrent quelle profonde impression la prédication de Jean faisait sur le peuple.
4. Voir, sur cette importante déclaration de Jean-Baptiste relative au Sauveur et à son œuvre, Math. 3 : 11, 12, notes ; Marc 1 : 7, 8, note. Rien n'est plus touchant et plus instructif que la profonde humilité, le renoncement absolu avec lesquels Jean refuse pour lui-même la confiance et les hommages du peuple,

La note 5 est à la page suivante.

Mais Hérode le tétrarque étant repris par lui, au sujet d'Hérodias, 19
femme de son frère, et de toutes les choses mauvaises qu'il avait
faites, — ajouta encore ceci à tout le reste, il enferma Jean dans la 20
prison [1].

B. 21, 22. Baptême de Jésus. — Jésus vient au baptême, avec tout le peuple ; pendant qu'il prie, le ciel s'ouvre, l'Esprit descend sur lui sous une forme visible, une voix du ciel le proclame le Fils bien-aimé de Dieu.

Or, il arriva que, comme tout le peuple se faisait baptiser, Jésus 21
aussi ayant été baptisé, et pendant qu'il priait, le ciel s'ouvrit — et 22
l'Esprit-Saint descendit sur lui sous une forme corporelle, comme
une colombe ; et il y eut une voix du ciel : Tu es mon Fils bien-aimé,
en toi je me complais [2].

afin de les reporter tout entiers sur Celui qu'il annonçait comme le Sauveur du monde. (Jean 1 : 26 ; 3 : 28 et suiv.)

5. Luc n'a donc point entendu rapporter toutes les *exhortations* du précurseur. *Il annonçait la bonne nouvelle*, gr. *il évangélisait le peuple ;* aux prescriptions morales, à la prédication de la loi, il ajoutait les promesses messianiques, et ainsi il annonçait déjà l'*Évangile*, la bonne nouvelle du salut, en dirigeant les regards de ses auditeurs vers Celui qui apportait le salut. (Comp. Jean 1 : 29.) D'ailleurs les commandements de la loi morale et l'annonce des redoutables jugements de Dieu sur l'impénitence (v. 17) font partie de la prédication de l'Évangile.

1. Luc devance les temps pour rapporter dans son ensemble tout ce qu'il avait à dire de Jean-Baptiste. Il se contente de noter en quelques mots les rapports d'Hérode le tétrarque avec Jean, que les deux premiers évangélistes ont racontés en détail. (Voir Math. 14 : 1-12, notes, et Marc 6 : 14-29, notes.) Mais il ajoute un fait qui lui est particulier ; c'est que Jean n'avait pas seulement repris Hérode au sujet de sa liaison adultère avec *la femme de son frère* (le texte reçu ajoute son nom, *Philippe*), mais encore au sujet de *toutes les mauvaises choses* qu'il commettait. Aussi y a-t-il une indignation contenue dans ces termes de l'évangéliste : *il ajouta ceci à tout le reste : il enferma Jean dans la prison*. L'historien Josèphe (*Antiq.*, XVIII, 5, 1, 2) fait de l'activité de Jean-Baptiste et des causes de sa mort un récit qui se rapproche de celui de notre évangile. Il raconte qu'Hérode fut battu par le roi d'Arabie Arétas, dont il avait répudié la fille, sa première femme, pour épouser Hérodias ; puis il ajoute : « Or, il y en eut parmi les Juifs qui estimaient que l'armée d'Hérode avait péri par la colère de Dieu, parce qu'il était puni pour avoir fait mourir Jean, surnommé le Baptiste. En effet, Hérode l'avait mis à mort, quoique ce fût un homme juste qui encourageait les Juifs à la vertu et leur recommandait d'exercer la justice les uns envers les autres et de pratiquer la piété envers Dieu, puis de venir ainsi à l'eau du baptême. » Josèphe donne de ce rite du baptême une interprétation inexacte, d'après laquelle il aurait été destiné à purifier le corps, l'âme étant « déjà purifiée par la justice. » Il ne dit mot de l'élément messianique de la prédication de Jean. Il le passe intentionnellement sous silence. Il connaissait les promesses faites par Jean, puisqu'il attribue sa mort à la crainte qu'éprouvait Hérode d'un soulèvement : « Car, dit-il, les esprits étaient excessivement exaltés à l'ouïe des discours de Jean. » Cette exaltation ne pouvait être produite que par l'espérance messianique. Josèphe enfin n'indique pas la cause secrète de l'emprisonnement de Jean, qui nous est rapportée par Luc. (v. 19.) Elle ne fut connue que de ceux qui tenaient de près au prophète. La raison d'État fut alléguée publiquement.

2. Voir, sur le baptême de Jésus, Math. 3 : 13-17, notes, et Marc 1 : 9-11, note. Il ne reste ici qu'à relever ce qui est particulier à Luc. Son récit est tellement abrégé, que le fait même du baptême de Jésus paraît se confondre avec le baptême du peuple en général. (*Tout le peuple*, expression hyperbolique, indi-

2. *La généalogie de Jésus.*

23-38. Généalogie. — 1° *Introduction et point de départ.* Jésus avait environ trente ans quand il commença son ministère. Il était fils, comme on le pensait, de Joseph, d'Héli.... (23.) — 2° *Première période :* d'Héli à la captivité. (24-27.) — 3° *Deuxième période :* de la captivité à David. (28-31.) — 4° *Troisième période :* de David à Abraham. (32-34a.) — 5° *Quatrième période :* d'Abraham à Adam et à Dieu. (34b-38.)

23 Et lui-même, Jésus, était âgé d'environ trente ans, lorsqu'il commença [1], étant fils, comme on le pensait, de Joseph, fils d'Héli [2], —

quant le grand nombre de ceux qui se faisaient baptiser.) Mais, d'autre part, Luc, en se hâtant vers le récit des manifestations divines qui eurent lieu à cette occasion, les raconte d'une manière plus objective et plus explicite que les autres évangélistes. Ainsi : 1° Il rapporte seul ce fait remarquable que les révélations célestes se produisirent *pendant que Jésus priait.* C'est l'explication psychologique et religieuse de ce qui se passa. La prière est l'intermédiaire efficace entre le ciel et la terre, entre le Père et son Fils. C'est aussi pendant qu'il priait que Jésus fut glorifié sur la montagne sainte, et qu'il reçut de Dieu son Père le même témoignage : *Tu es mon Fils bien-aimé.* (Luc 9 : 29 et 35.) 2° Luc nous montre le ciel s'ouvrant, et l'Esprit-Saint descendant *sous une forme corporelle.* Il présente ce fait comme un événement réel (*il arriva que*) et qu'il est impossible de considérer comme une simple vision. C'est ce qu'on a tenté de faire en s'appuyant sur les récits de Matthieu et de Marc, d'après lesquels il semble que Jésus seul fut témoin de ces manifestations. 3° Dans le récit de Luc, comme dans celui de Marc, le témoignage divin rendu à Jésus : *Tu es mon Fils bien-aimé* (gr. mon Fils le *bien-aimé*) s'adresse directement à lui, tandis que dans Matthieu, il est adressé à Jean-Baptiste et par son intermédiaire à tous les hommes, en ces termes : « Celui-ci est mon Fils bien-aimé. »

1. *Lui-même,* lui qui venait d'être l'objet de cette manifestation divine (v. 22), et sur qui l'évangéliste veut maintenant attirer toute l'attention. — *Trente ans* (v. 1, note) est l'âge où l'homme a acquis le plein développement de toutes ses facultés, celui aussi où, selon la loi, les Lévites entraient en charge. (Nombr. 4 : 3, 23.) — Ces mots : *lorsqu'il commença,* doivent avoir pour complément : *son ministère* ou son activité messianique. (Comp. Act. 1 : 1, note.)

2. Le mot *fils* ne se lit qu'au v. 23 et n'est pas répété devant chaque nom propre. Le grec se contente de mettre ceux-ci avec l'article au génitif pour marquer le rapport de filiation. Deux explications sont dès lors possibles : on peut faire de chaque nom soit le complément du nom précédent, soit le complément du mot *fils* (v. 23), ce qui reviendrait à sous-entendre *Jésus étant fils de,...* devant chaque nom propre. La première construction paraît la plus simple, mais on objecte qu'au v. 38, Adam serait désigné comme *Fils de Dieu.* Cette qualité convient mieux à Jésus. Les mots : *comme on le pensait* sont une précaution que prend l'évangéliste pour écarter l'idée de la paternité de Joseph. (Comp. Math. 1 : 16, note.) — Mais de qui est la généalogie qui suit ? De Joseph, répondent beaucoup d'interprètes ; de Marie, pensent les autres. Il est difficile d'admettre que nous ayons ici la généalogie de Joseph, puisqu'elle est toute différente de celle qu'a conservée Matthieu et qui est bien la liste généalogique de l'époux de Marie. (Math. 1 : 1, 2e note.) Là, pour ne citer qu'un nom, Joseph est fils de Jacob (Math. 1 : 16), ici il serait fils d'Héli. Cette hypothèse implique donc que l'une au moins des deux généalogies n'est qu'une composition de fantaisie. — Mais, d'autre part, comment prouver que nous avons ici la généalogie de Marie ? On a eu recours pour cela à deux méthodes différentes. Pour comprendre la première, il faut observer que l'article manque devant chaque nom manque devant celui de Joseph et ne commence qu'à celui d'Héli ; on peut construire ainsi notre verset, selon le texte de *Sin., B* : « étant fils (comme on le pensait, de Joseph) d'Héli, de Matthath, etc. » Luc voudrait indiquer que Jésus était fils ou petit-fils

ÉVANGILE SELON LUC 475

fils de Matthath, fils de Lévi, fils de Melchi, fils de Jannaï, fils de Jo- 24
seph, — fils de Mattathias, fils d'Amos, fils de Nahoum, fils d'Esli, 25
fils de Naggaï, — fils de Maath, fils de Mattathias, fils de Séméi, fils 26
de Josech, fils de Juda ; — fils de Johanan, fils de Rhésa, fils de 27
Zorobabel, fils de Salathiel, fils de Néri, — fils de Melchi, fils d'Addi, 28
fils de Cosam, fils d'Elmadam, fils de Er, — fils de José, fils d'Elié- 29
zer, fils de Jorim, fils de Matthath, fils de Lévi, — fils de Siméon, fils 30
de Juda, fils de Joseph, fils de Jonan, fils d'Eliakim, — fils de Meléa, 31
fils de Menna, fils de Mattatha, fils de Nathan, fils de David, — fils 32
de Jessé, fils de Jobed, fils de Booz, fils de Salmon, fils de Naasson,
— fils d'Aminadab, fils d'Aram, fils d'Esrom, fils de Pharez, fils de 33
Juda, — fils de Jacob, fils d'Isaac, fils d'Abraham, fils de Thara, fils 34
de Nachor ; — fils de Sérouch, fils de Ragaü, fils de Phalek, fils 35
d'Eber, fils de Sala ; — fils de Kaïnan, fils d'Arphaxad, fils de Sem, 36
fils de Noé, fils de Lamech, — fils de Mathousala, fils d'Enoch, fils 37
de Jaret, fils de Maléléel, fils de Kaïnan, — fils d'Enos, fils de Seth, 38
fils d'Adam, fils de Dieu [1].

3. *La tentation de Jésus.*

1-13. Jésus tenté au désert. — 1° *Les quarante jours. Première tentation.* Jésus revient du Jourdain rempli du Saint-Esprit. Il est conduit par l'Esprit çà et là dans le désert et tenté par le diable pendant quarante jours. N'ayant pas pris de nourriture pendant ce temps-là, il a faim. Prenant occasion de cette faim, le tentateur lui insinue de changer

d'Héli, père de Marie, dont il nous donne ici la généalogie. Cette interprétation est admise par M. Godet et par plusieurs exégètes modernes. — L'autre manière d'arriver au même résultat est de supposer que Marie étant héritière du nom de sa famille, Joseph, en l'épousant, était entré, selon l'usage juif, dans la lignée des ancêtres de sa femme et y avait été inscrit. Il était donc légalement fils d'Héli, père de Marie et aïeul de Jésus. (Comp. Math. 1 : 1, 2ᵉ note.) Cette interprétation très ancienne n'est point inadmissible. Mais si l'on considère que l'une et l'autre explication reposent sur l'idée que Marie était fille d'Héli, et que cette idée n'a d'autre fondement que la tradition juive dans le Talmud, il faudra convenir que quelque incertitude plane sur la question qui nous occupe. Voir, sur notre passage, les observations de M. Godet dans son *Commentaire sur saint Luc*, et, dans un sens opposé, J. Bovon, *Théol. du N. T.* I, p. 199.

1. La généalogie adoptée par Luc est placée ici d'une manière très naturelle, au moment où Jésus sort de l'obscurité et entre dans sa carrière publique. (Comp. la place de la généalogie de Moïse, dans Ex. 6 : 14-27.) Matthieu, préoccupé de montrer la messianité de Jésus, place la généalogie en tête de son Evangile. La généalogie de Luc remonte jusqu'à *Adam* et à *Dieu*, et relève ainsi dès l'abord l'idée de l'universalité du salut, qui se retrouve dans tout cet évangile. Matthieu, au contraire, écrivant pour le peuple juif, prend son point de départ en Abraham. Les deux généalogies se rencontrent en David, mais tandis que Matthieu (1 : 6) descend jusqu'à Jésus par la lignée de Salomon, Luc (v. 31) remonte de Jésus à David par celle de Nathan. De David à Abraham, les deux généalogies concordent entre elles et sont conformes à l'Ancien Testament, dans lequel aussi Luc a puisé la dernière partie de sa généalogie de Thara à Adam. — Quelques noms des deux généalogies comparées offrent à la critique des difficultés dont on cherche de diverses manières la solution. Ainsi, les deux listes renferment

une pierre en pain, puisque, comme Fils de Dieu, il a le pouvoir et le devoir de s'aider lui-même. Jésus répond par une parole de l'Ecriture, mentionnant cette nourriture supérieure qui consiste dans la confiance en Dieu et l'obéissance à sa volonté. (1-4.) — 2º *Seconde tentation.* Le diable, l'élevant sur une montagne, lui offre la puissance et la gloire des royaumes de ce monde. Elle lui a été livrée, il la donne à qui se prosterne devant lui. Jésus repousse cette offre en rappelant au tentateur le grand commandement qui ordonne d'adorer Dieu seul. (5-8.) — 3º *Troisième tentation.* Satan conduit Jésus au haut du temple et l'invite à se précipiter dans le vide ; comme Fils de Dieu, il n'a rien à craindre ; Dieu a promis de le garder en toute circonstance, l'Ecriture, citée par le tentateur, l'affirme. Jésus le repousse par cette autre parole de l'Ecriture : Tu ne tenteras point Dieu. (9-12.) — 4º *Conclusion.* La tentation achevée, Satan se retire de lui, jusqu'à une occasion favorable. (13.)

IV Or Jésus, rempli de l'Esprit-Saint, revint du Jourdain [1] ; et il était
2 conduit par l'Esprit dans le désert [2], — pendant quarante jours, étant tenté par le diable [3]. Et il ne mangea rien durant ces jours-là ;
3 et après qu'ils furent achevés, il eut faim [4]. — Et le diable lui dit : Si tu es Fils de Dieu, dis à cette pierre qu'elle devienne du pain [5].
4 — Et Jésus lui répondit : Il est écrit : « L'homme ne vivra pas de
5 pain seulement [6]. » — Et le diable l'ayant élevé, lui montra, en un

les noms de Zorobabel et de Salathiel (v. 27 : Math. 1 : 12), quoiqu'elles suivent des lignées différentes ; ainsi encore le nom de Kaïnan (v. 36) manque dans le texte hébreu (Gen. 10 : 24) ; Luc l'a tiré de la version grecque des Septante, où il se trouve introduit par une variante. Sur ces mots : *Fils de Dieu,* comp. v. 23, 2º note.

1. Comp. Math. 4 : 1-11, notes, et Marc 1 : 12, 13, notes. Par ces premiers mots de son récit, Luc rattache la tentation au baptême. (3 : 21, 22.) Les trois évangiles synoptiques mettent ces deux faits dans un rapport intime. Luc marque la réalité du don fait à Jésus lors de son baptême en disant qu'il *revint du Jourdain, rempli de l'Esprit-Saint.* Et c'est alors précisément qu'il dut subir la tentation.

2. Le texte reçu dit : « Il fut conduit par l'Esprit dans le désert (avec la particule du mouvement), ce qui suppose qu'il n'y était pas encore. Luc, d'après le texte de *Sin.*, B, D, admet qu'il y était déjà, après être revenu du Jourdain, et nous apprend que là il *était conduit* (imparfait indiquant l'action continue) *par l'Esprit* dont il était rempli, et qui était le principe dirigeant sa vie intérieure. (Comp. pour les termes, Rom. 8 : 14.) La leçon du texte reçu est une correction faite dans le dessein de mettre Luc en harmonie avec les deux premiers évangiles. Il n'y a, du reste, nulle contradiction ; car ce fut bien aussi l'Esprit qui amena Jésus dans le désert, qui l'*y jeta,* selon l'énergique expression de Marc ; seulement, le récit de Luc nous renseigne d'une manière plus complète sur cette action de l'Esprit, sur le travail d'âme intense qu'elle occasionnait et qui se trahissait par cette marche sans but dans le désert.

3. Voir, sur ces mots : *tenté par le diable,* Math. 4 : 1, 2º note.

4. Le texte reçu lit : « *ensuite* il eut faim ; » le mot souligné est emprunté au premier évangile. Voir, sur ce jeûne du Sauveur, Math. 4 : 2, note. Luc semble vouloir dire que Jésus s'abstint de manger parce qu'il était profondément absorbé. La tournure employée par Matthieu indique plutôt un jeûne intentionnel.

5. Math. 4 : 3, note. Luc est plus précis que le premier évangéliste : *cette pierre* (au lieu de *ces pierres*) ; *du pain* (non *des pains*). Et en disant cela, Satan montrait une pierre à ses pieds.

6. Le texte reçu ajoute : *mais de toute parole de Dieu.* Ces mots manquent dans *Sin.*, B, vers. égypt. Ils ont été probablement introduits dans le texte. La pensée qu'ils expriment est implicitement contenue dans le premier membre de la phrase. Matthieu et les Septante portent : « de toute *parole* qui sort de la bouche de

instant, tous les royaumes de la terre[1] ; — et le diable lui dit : Je te 6 donnerai toute cette puissance et la gloire de ces royaumes ; parce qu'elle m'a été livrée et que je la donne à qui je veux[2]. — Si donc 7 tu te prosternes devant moi, elle sera toute à toi[3]. — Et Jésus répon- 8 dant lui dit : Il est écrit : « Tu adoreras le Seigneur ton Dieu, et tu le serviras lui seul.[4] » — Et il le mena à Jérusalem, et le mit sur 9 l'aile du saint lieu, et lui dit : Si tu es Fils de Dieu, jette-toi d'ici en bas. — Car il est écrit : « Il donnera ordre à ton sujet à ses anges 10 de te garder, » — et : « Ils te porteront sur leurs mains, de peur 11 que tu ne heurtes ton pied contre une pierre. » — Et Jésus répondant 12 lui dit : Il est dit : « Tu ne tenteras point le Seigneur ton Dieu[5]. » — Et le diable ayant achevé toute la tentation, se retira de lui jus- 13 qu'à une autre occasion[6].

Dieu ; » le texte hébreu : « ce n'est pas de pain seulement que l'homme vivra, mais c'est de tout ce qui sort de la bouche de l'Eternel que l'homme vivra. »

1. Le texte reçu porte : « Et le *diable* l'ayant élevé *sur une haute montagne.* » Les mots soulignés sont empruntés à Matthieu. — Luc seul a cette expression : *en un instant*, en un clin d'œil, qui suffirait à prouver qu'il ne se représentait point cette scène dans un sens littéral et extérieur. (Voir Math. 4 : 3, note.) De son côté, Matthieu ajoute à ces mots : *tous les royaumes de la terre*, ceux-ci : « et leur gloire. » Luc place la mention de celle-ci dans la parole du tentateur. (v. 6.)

2. Voir Math. 4 : 9, note. Les derniers mots de ce verset sont particuliers à Luc. Mais quel en est le sens ? Si Satan, dans son orgueil, veut insinuer par là, comme on l'a pensé, que c'est Dieu qui lui a *livré cette puissance* sur le monde, c'est un mensonge et un blasphème ! S'il veut dire que c'est l'homme qui la lui a donnée en lui obéissant plutôt qu'à Dieu (Gen. 3), il n'a que trop raison, et Jésus lui-même l'a appelé « le prince de ce monde » (Jean 14 : 30). Mais c'était une illusion grossière de s'imaginer que Jésus allait reconnaître cette autorité en se prosternant devant lui. (v. 7.)

3. Ce verset est encore particulier à Luc. La condition posée par Satan peut paraître invraisemblable. Mais il faut se rappeler que l'offre du tentateur supposait une transmission de pouvoir, et que celle-ci impliquait (*donc*) l'hommage rendu au précédent détenteur du pouvoir. L'oriental *se prosterne* d'ailleurs devant tout supérieur.

4. Math. 4 : 10, note. Le texte reçu fait commencer la réponse de Jésus par les mots : « Va-t'en arrière de moi, Satan, car, » qui sont empruntés à Matthieu. Dans Matthieu, ces mots sont parfaitement à leur place ; Jésus met ainsi fin à la tentation en expulsant de sa présence le tentateur. Cette parole suffirait à elle seule pour prouver que l'ordre historique est celui du récit de Matthieu, si même le sens profond et gradué de la tentation ne le démontrait également. A peu près tous les interprètes partagent cette opinion. M. Godet, qui défend l'ordre adopté par Luc, pense que cet évangéliste place en premier lieu les deux tentations qui s'adressent au manque de foi, et ne mentionne qu'après cela l'épreuve qui s'adressait à la foi déjà supposée inébranlable, épreuve qui doit avoir formé le point culminant de toute la tentation. »

5. Math. 4 : 5-7, notes.

6. Luc ne rapporte point le fait qu'après la tentation, des anges de Dieu s'approchèrent de Jésus épuisé par le jeûne et par la lutte morale, et lui offrirent leur assistance (Math. 4 : 11) ; mais, d'autre part, il a noté un trait d'une signification profonde : c'est que le diable se retira de lui *jusqu'à une occasion*, (gr.) *jusqu'à un moment favorable.* On a pensé que cette occasion fut la trahison de Judas, dans laquelle Luc lui-même nous montre une œuvre de Satan (22 : 3 ; comp. Jean 13 : 2), mais cette trahison ne fut pas pour Jésus une tentation spéciale. L'épreuve annoncée ici ne peut être que l'agonie de Jésus en Gethsémané et sur la croix. (Luc 22 : 53 ; Jean 14 : 30.) A ce point de vue on pourrait traduire : « jusqu'au *temps fixé* par Dieu, » sens que le terme grec a quelquefois (12 : 42 ; Rom. 5 : 6).

LE MINISTÈRE GALILÉEN

I. Les commencements du ministère galiléen.

1. *Débuts à Nazareth et à Capernaüm.*

A. 14-30. Jésus en Galilée et a Nazareth. — 1° *Tableau général* des débuts du ministère de Jésus en Galilée : il est revenu avec la puissance de l'Esprit ; sa renommée se répand ; il enseigne dans les synagogues. (14-15.) — 2° *Sa visite à Nazareth.* — *a) La lecture dans la synagogue.* Dans la synagogue, le jour du sabbat, il lit la prophétie d'Esaïe qui l'annonçait comme le Libérateur. (16-19.) — *b) La prédication.* Jésus montre que cette prophétie est aujourd'hui accomplie en sa personne. (20, 21.) — *c) L'effet du discours.* Il provoque l'admiration d'abord, puis l'incrédulité, à cause de l'humble origine de celui qui se donne pour le Sauveur. (22.) — *d) Réplique de Jésus.* Devinant leurs sentiments, Jésus les leur dénonce. Il ne satisfera pas leur désir de voir des miracles. Leur opposition ne le surprend pas : aucun prophète n'est honoré dans sa patrie. Il les avertit cependant, en leur citant deux exemples historiques, que les bienfaits qu'ils repoussent seront départis à d'autres. (23-27.) — *e) Le dénouement.* Le résultat de cette menace est d'exciter leur colère ; ils veulent le précipiter de la montagne sur laquelle leur ville est bâtie. Mais Jésus passe au milieu d'eux. (28-30.)

14 Et Jésus, dans la puissance de l'Esprit, s'en retourna en Galilée[1] ;
15 et sa renommée se répandit par toute la contrée d'alentour[2]. — Et lui-même enseignait dans leurs synagogues, étant glorifié par tous[3].

— Pour le présent la tentation est *achevée*, Jésus en sort victorieux, et sa victoire a des conséquences immenses pour lui-même, pour son œuvre et pour notre humanité, qu'il vient délivrer de la puissance des ténèbres.

1. Voir, sur ce retour de Jésus en Galilée, Math. 4 : 12, 13, notes ; comp. Marc 1 : 14. Jésus va commencer son ministère en Galilée. Le récit de ce ministère se prolonge dans Luc jusqu'au ch. 9 : 50, et constitue une des parties principales de son évangile. — Jésus se rend sur ce théâtre de sa plus grande activité, *dans la puissance de l'Esprit*, dont il était rempli depuis son baptême. (v. 1.) Toutes ses paroles et toutes ses œuvres étaient autant de manifestations de la lumière et de la puissance de cet Esprit.

2. Selon le récit de Luc, on pourrait penser que *sa renommée se répandit* dans cette Galilée où il venait d'arriver, à mesure qu'il se faisait connaître par l'action puissante de sa parole et de ses guérisons. (Math. 4 : 24.) Mais peut-être aussi avait-il été précédé dans cette contrée par le bruit des miracles qu'il avait déjà accomplis en divers lieux ; car, selon le récit de Jean (1 : 19 à 4 : 42), un intervalle assez long s'était écoulé entre la tentation et le commencement de son activité en Galilée, que Luc va décrire. (Comp. Math. 4 : 12.)

3. Partout où il y avait un groupe de Juifs un peu nombreux, même en terre païenne et jusqu'aux extrémités de l'empire, on trouvait une *synagogue*, qui servait de lieu de réunion et de culte. Placée sous la direction générale des anciens, la synagogue était administrée par des fonctionnaires spéciaux : un ou plusieurs « chefs de la synagogue » (Marc 5 : 22), un *serviteur* ou huissier (v. 20) qui remplissait aussi les fonctions de maître d'école. La synagogue était un bâtiment rectangulaire dont l'entrée était distinguée par un portique grec. Quand l'édifice était de grande dimension, l'intérieur était divisé en nefs par des rangées de colonnes. Au fond, sur un parquet surélevé, se trouvait l'armoire sainte qui contenait les manu-

— Et il vint à Nazareth, où il avait été élevé [1], et il entra, selon sa 16 coutume, le jour du sabbat, dans la synagogue, et il se leva pour lire [2]. — Et on lui remit le livre du prophète Esaïe, et ayant déroulé 17 le livre, il trouva l'endroit où il était écrit [3] : — « L'Esprit du Sei- 18 gneur est sur moi, parce qu'il m'a oint pour annoncer une bonne nouvelle aux pauvres ; il m'a envoyé pour guérir ceux qui ont le cœur brisé, — pour publier aux captifs la liberté et aux aveugles le recou- 19 vrement de la vue, pour renvoyer libres les opprimés et pour publier l'année favorable du Seigneur [4]. » — Et ayant replié le livre, et l'ayant 20 rendu au serviteur, il s'assit, et les yeux de tous, dans la synagogue,

---

scrits de l'Ecriture. Chaque sabbat, il y avait une réunion de culte. Elle commençait par une prière liturgique, que récitait un membre de l'assemblée désigné par le président, et qui était aussi chargé ensuite de lire la péricope tirée des prophètes. L'assemblée écoutait debout, le visage tourné vers Jérusalem, et répondait par un amen. La lecture de la loi venait ensuite : elle était faite par sept membres et accompagnée d'un commentaire oral. Puis un assistant lisait un fragment des prophètes et y ajoutait quelques paroles : il se tenait debout pour lire, mais s'asseyait pour parler. (v. 20.) Après la bénédiction finale, l'assemblée se retirait. — Voir pour plus de détails et pour le texte des prières liturgiques, Edersheim, *La société juive*, trad. Roux, ch. XVI et XVII.

1. Voir, sur Nazareth, Math. 2 : 23, note. Par cette remarque : *où il avait été élevé*, Luc motive cette visite de Jésus dans sa ville natale et prépare la scène qui va s'y passer. (v. 22 et suiv.) — Sur le rapport entre ce séjour de Jésus à Nazareth et celui dont parle Matthieu (13 : 53 et suiv.), voir la note sur ce dernier passage.

2. Ces mots : *selon sa coutume*, ne se rapportent pas seulement au ministère de Jésus en Galilée qui ne faisait que commencer, mais à la pieuse habitude qu'il avait eue durant toute sa jeunesse de fréquenter le service divin dans les synagogues. — *Il se leva pour lire*, c'est-à-dire qu'il montra, en se levant, son intention de lire et de parler. A l'ordinaire, c'était le président de la synagogue qui invitait à remplir cette fonction quelqu'un des assistants qu'il y croyait propre (Act. 13 : 15, 16) ; mais Jésus, plein du sentiment de sa vocation sainte, s'offre lui-même à prendre la parole, qui lui est aussitôt accordée.

3. Le mot : ayant *déroulé* (tel est le texte de *Sin.*, D, l'*Itala*, tandis que B, A, la vers. syr. portent : *ayant ouvert*) le livre, rappelle que les livres des Hébreux étaient écrits sur de longues bandes de parchemin, roulées autour d'un cylindre. Il y avait deux portions des saintes Ecritures fixées pour chaque jour : l'une tirée de la loi (*parasche*), l'autre des prophètes (*haphthare*). Comme on remit à Jésus le livre du prophète Esaïe, on pourrait penser que le passage qu'il va lire était justement indiqué pour ce jour. S'il en est ainsi, cette grande prophétie messianique, lue publiquement par Celui en qui elle était accomplie, serait d'autant plus frappante. On a voulu aussi tirer de là une conclusion relative à la date de notre scène, en se fondant sur le fait qu'aujourd'hui cette péricope est lue dans les synagogues à la fête des expiations (septembre). Mais ce mot : il *trouva l'endroit*, semble indiquer plutôt que ce passage se présenta providentiellement au Sauveur en déroulant le livre.

4. Esaïe 61 : 1, 2, cité d'après la version grecque des Septante, l'avant-dernière parole de cette prophétie (*renvoyer libres les opprimés*) étant tirée d'Esa. 58 : 6. Voici d'abord la traduction littérale de l'hébreu, tel que Jésus le lisait à Nazareth, et qui doit servir de point de comparaison : « L'Esprit du Seigneur, l'Eternel, est sur moi, parce que l'Eternel m'a oint pour annoncer une bonne nouvelle aux misérables ; il m'a envoyé pour bander ceux qui ont le cœur brisé, pour publier aux captifs la liberté et à ceux qui sont liés l'ouverture de la prison, pour publier l'année de la bienveillance de l'Eternel. » C'est le Messie qui parle, c'est son œuvre de rédemption qui est ici décrite. Que la suite du chapitre d'Esaïe annonce, comme on l'admet généralement, le retour de la captivité et les bénédictions que l'Eternel répandra sur son peuple, c'est possible.

21 étaient fixés sur lui [1]. — Et il commença à leur dire : Aujourd'hui est
22 accomplie cette parole de l'Ecriture, et vous l'entendez [2]. — Et tous
lui rendaient témoignage, et étaient dans l'étonnement des paroles
de la grâce qui sortaient de sa bouche ; et ils disaient : Celui-ci n'est-

Mais l'esprit du prophète voit infiniment plus loin et plus haut ; il contemple la présence et l'œuvre du grand Réparateur promis à Israël. Chaque mot de sa prophétie le témoigne, et nous en avons pour preuve l'autorité même de Jésus-Christ. (v. 21.) Le Messie déclare d'abord de la manière la plus solennelle que l'*Esprit du Seigneur*, l'*Eternel*, repose sur lui, *parce que* l'Eternel l'a *oint* de cet esprit. Il ne faut donc pas traduire : *c'est pourquoi il m'a oint*, ce qui est un contre-sens. Oint (expression empruntée à l'usage d'oindre d'huile, 1 Rois 19 : 16 ; Ex. 28 : 41 ; 30 : 30) est la traduction de l'hébreu *Messie* et du grec *Christ*. (Comp. Math. 1 : 16, note.) — L'œuvre magnifique, pour laquelle le Libérateur a été oint et envoyé, est indiquée par six termes d'une signification profonde et touchante : 1º *Annoncer une bonne nouvelle aux pauvres*. Ce mot *pauvres*, emprunté à la version des Septante, doit s'entendre à la fois dans son sens littéral et spirituel. (Math. 5 : 3 ; 11 : 5.) Mais, en hébreu, le terme ainsi traduit signifie aussi humble, débonnaire, affligé, misérable. (Ps. 86 : 1 et souvent ailleurs.) La bonne nouvelle qui leur est annoncée, c'est le relèvement, la consolation, les richesses de la grâce. 2º *Guérir ceux qui ont le cœur brisé*. Ici se trouve le terme propre, guérir, au lieu de l'expression hébraïque : *bander*, panser des plaies. Le sens spirituel se comprend de lui-même. Chose singulière, cette parole, l'une des plus belles de la prophétie, manque dans *Sin.*, B, D, l'*Itala*. Presque tous les critiques modernes l'omettent. Mais comme elle est dans l'hébreu et dans la version grecque des Septante, elle ne peut avoir été omise ici que par une inadvertance des copistes. 3º *Annoncer ou publier la liberté aux captifs*. Cette promesse s'appliquait en premier lieu aux Israélites captifs à Babylone ; elle avait trait aussi à la liberté morale que donne le Sauveur (Jean 8 : 36) et qui est la source de toutes les libertés. 4º *Aux aveugles le recouvrement de la vue*. Cette parole présente une promesse très belle qui se trouve déjà ailleurs dans les prophètes (Esa. 35 : 5), et que le Seigneur a fréquemment accomplie corporellement et spirituellement pour les aveugles de son temps. Mais ici les Septante se sont écartés de l'hébreu qui porte littéralement : *à ceux qui sont liés, ouverture*. Le verbe *ouvrir* est souvent joint au mot *les yeux* dans le sens de *rendre la vue* ; c'est pourquoi les traducteurs grecs ont vu dans *les liés*, des *aveugles*. Il se peut aussi, qu'ils aient pris ce dernier terme dans un sens figuré pour désigner les prisonniers revoyant la lumière au sortir de leurs cachots. La *Bible annotée* traduit : « aux prisonniers le retour à la lumière. » Du reste, une autre parole d'Esaïe (42 : 7) rendait cette association d'idées très naturelle. 5º *Renvoyer libres les opprimés* ou *mettre en liberté* ceux qui sont *froissés*, foulés, brisés. Cette parole d'une si belle signification, ne se trouve ni dans l'hébreu ni dans les Septante ; elle a été empruntée à Esa. 58 : 6, et introduite ici de mémoire. Peut-être se trouvait-elle déjà dans le document où Luc puisait son récit. 6º Enfin *publier l'année favorable* (ou *agréée* ou *agréable*) *du Seigneur*. L'hébreu porte : *l'année de bienveillance* (ou *de grâce*) *de l'Eternel*. Il s'agit de l'année du jubilé, qui revenait tous les cinquante ans (Lév. 25) ; année de grâce et de joie universelle, où les travaux cessaient, les esclaves étaient rendus à la liberté, les dettes acquittées, les prisonniers amnistiés, etc. Cette année était une image du règne bienheureux du Messie. On comprend toute la grandeur et la beauté des espérances inspirées ainsi au peuple par le prophète, et dont la signification symbolique a été si pleinement réalisée par le Sauveur.

1. Jésus n'avait probablement pas lu seulement le passage de la prophétie rapporté par Luc, mais toute la section où il se trouve, ou peut-être tout le chapitre. Et il y avait, déjà dans sa manière de lire, quelque chose qui avait fait pénétrer dans les cœurs la parole divine. De là le vif intérêt avec lequel tous attendaient son explication, de là ces *regards de tous fixés sur lui*. Cette scène est si vivante que Luc doit l'avoir empruntée à un témoin oculaire.

2. Gr. *Aujourd'hui est accomplie cette Ecriture dans vos oreilles* ; elle *est accomplie* au moment même où vous en entendez la lecture, faite par Celui qu'annonçait la prophétie. C'est, en effet, le même Messie qui parle et dans le livre

il pas le fils de Joseph[1] ? — Et il leur dit : Sans doute vous me direz 23 ce proverbe[2] : Médecin, guéris-toi toi-même. Fais aussi ici, dans ta patrie, tout ce que nous avons ouï dire que tu as fait à Capernaüm[3]. — Mais il dit : En vérité, je vous déclare que nul prophète n'est bien 24 reçu dans sa patrie[4]. — Mais c'est avec vérité que je vous le dis[5] : 25

d'Esaïe et dans la synagogue de Nazareth.
— Il y a quelque chose de solennel dans ces mots : *Et il commença* à leur dire. Cette parole de Jésus ne fut, en effet, que le *commencement* de son discours. Luc ne fait qu'indiquer le sujet de ce discours ; mais il l'indique assez clairement pour que nous sachions que Jésus s'attacha à prouver sa mission divine et les caractères de cette mission. Par là, il renversait toutes les idées charnelles que les Juifs se faisaient du Messie, puisqu'il s'annonçait comme le Libérateur miséricordieux des pauvres, des prisonniers, des cœurs brisés.

1. Il y a, entre la première et la seconde partie de ce verset, une sorte de contradiction qui ne se comprend pas au premier abord. D'une part, un *témoignage* favorable rendu par *tous* au Sauveur, à la suite de ce qu'ils venaient d'entendre ; un *étonnement* ou une *admiration* (le mot a les deux sens), de cette *grâce* divine qu'il leur annonçait et qui respirait dans toutes ses *paroles* ; et, d'autre part, une question qui supposait le doute, la défiance, et qui signifiait : Quoi ? cette œuvre divine pour la délivrance de tout ce qui souffre dans notre humanité serait accomplie par ce jeune homme que nous avons vu grandir au milieu de nous, ce *fils* du charpentier *Joseph* dont nous connaissons tous la famille ! Evidemment la réflexion, la critique, succédant à une première impression favorable mais superficielle, ont produit des dispositions différentes qui iront jusqu'à l'incrédulité, jusqu'à la fureur. (v. 28. Comp. Math. 13 : 55-58 ; Jean 5 : 44.) Celles-ci expliquent les paroles de Jésus qui vont suivre, et la déplorable issue de sa première prédication dans sa ville natale. — Les interprètes, qui n'admettent pas un tel revirement dans les sentiments du peuple, supposent celui-ci divisé en deux partis, dont l'un aurait éprouvé les impressions d'abord décrites, tandis que l'autre aurait d'emblée exprimé ses doutes sur le *fils de Joseph*. Mais cette explication est exclue par le texte qui dit expressément, d'une part : *Tous* admiraient (v. 22) et, d'autre part : *Tous* furent remplis de colère. (v. 28.)

2. Gr. cette *parabole*. (Comp. Math. 13 : 3, note.) — Le mot que nous traduisons ici par *sans doute* est plus énergique dans l'original : il peut signifier *totalement* ; comme si Jésus leur avait dit : « Vous irez jusqu'à dire. » Mais il signifie aussi « de toute manière, » *sûrement* (1 Cor. 9 : 22) et ce sens est plus naturel ici.

3. Luc, ainsi que les deux premiers évangélistes, écrit : *Capharnaüm*. — La seconde partie de ce verset explique la première. Jésus pense que ses concitoyens lui appliqueront le *proverbe* qu'il leur met dans la bouche, parce que, jusqu'ici, il avait exercé son ministère hors de Nazareth, qui devait y avoir les premiers droits : « *Guéris-toi toi-même* et les tiens, avant d'exercer au loin ta puissance. » Ils font allusion aux miracles accomplis à Capernaüm. Il y a peut-être même dans leur pensée un doute ironique à cet égard ; on pourrait, en effet, traduire ainsi leurs paroles : Toutes ces grandes choses dont nous avons entendu parler, fais-les ici, *dans ta patrie.* » — Les exégètes qui estiment que le proverbe : *Médecin, guéris-toi toi-même*, est appliqué à Jésus lui-même, expliquent ainsi la pensée de ses auditeurs : « Si tu veux que nous croyions en toi et en la mission que tu t'attribues, sors d'abord de l'obscurité où nous t'avons toujours vu, montre-nous l'autorité et la puissance à laquelle tu prétends, en sortant de l'humble condition dans laquelle nous te voyons. » Et c'était encore une manière de lui demander des miracles. Mais Jésus, ainsi mis en demeure, n'en fera point ; car là où ses paroles ne rencontrent que l'incrédulité, ses miracles ne créeraient pas la foi. C'est ce que l'Evangile nous dit expressément au sujet d'une autre visite de Jésus à Nazareth. (Math. 13 : 58 ; Marc 6 : 5.)

4. Comp. Math. 13 : 57 ; Marc 6 : 4 ; Jean 4 : 44. Personne n'a plus de difficulté à reconnaître les dons de Dieu dans un homme que ceux qui vivent familièrement avec lui. Ce qui est devant les yeux empêche de voir les choses spirituelles. (Jean 6 : 42.) Aussi ce *Mais il dit* fait-il opposition à la demande de miracles qu'on adressait à Jésus.

5. « Nul prophète n'est bien reçu dans sa patrie, *mais c'est avec vérité*, comme

Il y avait beaucoup de veuves en Israël, aux jours d'Elie, lorsque le ciel fut fermé trois ans et six mois, tellement qu'il y eut une grande famine par tout le pays [1] ; — et Elie ne fut envoyé chez aucune d'elles, si ce n'est à Sarepta de Sidon vers une femme veuve [2]. — Et il y avait beaucoup de lépreux en Israël, au temps d'Elisée le prophète ; et aucun d'eux ne fut guéri, si ce n'est Naaman, le Syrien [3]. — Et tous dans la synagogue furent remplis de colère, en entendant ces choses [4]. — Et s'étant levés, ils le chassèrent hors de la ville, et le menèrent jusqu'au sommet de la montagne sur laquelle leur ville était bâtie, pour le précipiter [5]. — Mais lui, ayant passé au milieu d'eux, s'en allait [6].

B. 31-44. Séjour a Capernaum. — 1º *Un démoniaque*. Jésus étant descendu à Capernaüm, enseigne un jour de sabbat, et tous sont frappés de l'autorité de sa parole, quand un démoniaque, qui se trouve dans la synagogue, crie que Jésus est venu pour le perdre, qu'il le connaît comme le Saint de Dieu. Jésus ordonne au démon de se taire et de sortir de cet homme. Tous sont dans l'étonnement de son autorité et de sa puissance. (31-37.) — 2º *La belle-mère de Simon*. De la synagogue, Jésus se rend chez Simon. La belle-mère de celui-ci a une forte fièvre. Jésus, sollicité, se penche sur

un sérieux avertissement, que je vous le dis, si cette patrie aveuglée le rejette, d'autres recevront la guérison que vous dédaignez ; » et Jésus va en fournir des preuves historiques. Pour cela, il généralise sa pensée, qu'il reporte de Nazareth sur Israël tout entier.

1. En comparant 1 Rois 17 : 1 avec 18 : 1, on voit que la pluie fut accordée à la prière du prophète *dans la troisième année* de la sécheresse. En disant : *trois ans et six mois* (comp. Jacq. 5 : 17), il paraît que Jésus adoptait la tradition juive qui tenait compte plutôt de la durée de la famine, que de celle de la sécheresse elle-même. En effet, la terre ne put produire qu'une demi-année au moins après avoir reçu la pluie du ciel.
2. 1 Rois 17 : 9. *Sarepta* était une petite ville phénicienne située entre Tyr et Sidon. Le nom s'en est conservé dans celui de *Surafend*, village qui rappelle encore le souvenir de la ville ancienne. (F. Bovet, *Voyage en Terre-Sainte*, 7e édit., p. 398.)
3. 2 Rois 5 : 14. *Naaman* et la veuve de Sarepta étaient païens l'un et l'autre. Par ces deux exemples, si frappants pour des auditeurs juifs, Jésus veut relever cette vérité : aucun homme, aucune ville, aucun peuple n'a des droits à la faveur de Dieu, qui est parfaitement libre dans la dispensation de ses grâces. Et c'est précisément par des prétentions à un droit, fondé sur des privilèges extérieurs (v. 23), que l'homme se rend indigne des bénédictions divines.
4. Cette *colère* prouve qu'ils ont parfaitement compris le Sauveur. Leur orgueil ne peut supporter l'idée que des païens leur aient jamais été préférés.
5. Jusqu'au *sommet supérieur*, escarpement (littér. : *sourcil*.) Nazareth est situé sur le penchant d'une montagne où se voit encore, près de l'église des maronites, une paroi de rochers de 40 à 50 pieds de hauteur.
6. Ces mots : *Mais lui*, forment un contraste remarquable avec l'impuissante colère des adversaires. — L'imparfait : *il s'en allait*, peint la scène. Est-ce par un miracle de sa puissance sur leur volonté que Jésus parvient à *passer au milieu d'eux et à s'en aller* ? Plusieurs interprètes l'admettent. D'autres pensent qu'il lui suffit de la majesté de sa personne pour contenir la colère de ces furieux. Quoi qu'il en soit, nous voyons qu'ici, et dans d'autres occasions (Jean 8 : 59), Jésus sut réduire à néant les desseins meurtriers de ses adversaires, aussi longtemps que « son heure n'était pas venue. » Si plus tard il se livra à eux, ce fut volontairement et pour accomplir le grand sacrifice d'où dépendait la rédemption du monde. (Jean 10 : 18.)

la malade. Délivrée de la fièvre, elle se lève et les sert. (38, 39.) — 3º *Les guérisons de la soirée*. De nombreux malades et des démoniaques sont amenés devant la maison au coucher du soleil. Jésus les guérit. Il défend aux démons de dire qu'il est le Christ. (40, 41.) — 4º *Retraite matinale et départ*. De grand matin, Jésus se retire à l'écart ; les foules le cherchent et veulent le retenir, mais il leur dit qu'il doit aller ailleurs annoncer l'Evangile du royaume. Il porte cet Evangile de synagogue en synagogue. (42-44.)

Et il descendit à Capernaüm, ville de Galilée, et il les enseignait le 31 jour du sabbat ¹. — Et ils étaient frappés de son enseignement, parce 32 que sa parole était pleine d'autorité ². — Et il y avait dans la syna- 33 gogue un homme ayant un esprit de démon impur ³ ; et il s'écria à haute voix : — Ah ! qu'y a-t-il entre nous et toi, Jésus Nazarénien ? 34 Es-tu venu pour nous perdre ? Je sais qui tu es : le Saint de Dieu ⁴. — Et Jésus le réprimanda, disant : Tais-toi, et sors de lui ! Et le 35 démon, après l'avoir jeté au milieu, sortit de lui sans lui avoir fait aucun mal ⁵. — Et tous furent dans la stupéfaction, et ils se par- 36 laient entre eux disant : Quelle est cette parole ? Car il commande avec autorité et puissance aux esprits impurs, et ils sortent ⁶ ! — Et 37 sa renommée se répandait dans tous les lieux de la contrée d'alentour.

1. *Il descendit*. Ce terme est choisi parce que, de Nazareth à Capernaüm, on descend de la région des montagnes vers le lac. — Voir, sur *Capernaüm*, Math. 4 : 13, note. — Il y a proprement en grec : *les sabbats*. Si l'on traduit par le pluriel, il faut considérer ce verset et le suivant comme une caractéristique générale de l'activité de Jésus à Capernaüm. (Comp. v. 15.) Mais la liaison étroite du v. 33 avec les v. 31 et 32 montre que dans ceux-ci Luc a voulu décrire les circonstances dans lesquelles se produisit le fait de la guérison du démoniaque. Le pluriel *les sabbats* peut désigner un sabbat unique. (Comp. v. 16 ; Math. 12 : 1.) Josèphe explique l'emploi de ce pluriel, *les repos*, par le fait que ce jour-là on arrêtait des travaux multiples. — Les mots : *il enseignait* (gr. il *était enseignant*) peignent la situation où se produisit l'incident.

2. D'une *autorité* toute morale, divine, qui se rendait témoignage dans les consciences et dans les cœurs. (Math. 7 : 28, 29.) « Le trait suivant n'est pas raconté comme un exemple de cette autorité, mais comme démontrant le droit que Jésus avait de se l'attribuer. » Godet.

3. Cette expression compliquée : *esprit de démon impur*, signifie que cet homme était possédé d'un démon impur, et que cet *esprit* exerçait sur lui sa ténébreuse influence. (Voir, sur les démoniaques, Math. 8 : 28, 2ᵉ note, et sur le récit qui va suivre, Marc 1 : 21-28, notes.)

4. Marc 1 : 24, note. (Comp. Jacq. 2 : 19.)

5. *Jeté au milieu*, c'est-à-dire au milieu de la synagogue, en présence de toute l'assemblée. — Ces mots : *sans lui avoir fait aucun mal*, doivent s'entendre de l'impression des spectateurs, qui, voyant le malade jeté à terre, crurent qu'il était mort. Marc rapporte que le démon, « l'ayant agité avec violence et ayant jeté de grands cris, sortit de lui. »

6. Comme en hébreu et en grec le mot *parole* signifie souvent une chose, un fait, un événement, plusieurs traduisent ainsi la question par laquelle les témoins de ce miracle expriment leur étonnement : *Qu'est-ce que ceci ?* (Ostervald.) Mais il est plus naturel de prendre le mot dans son sens ordinaire de *parole*, et de le rapporter soit en général à l'enseignement plein d'autorité de Jésus (v. 32), soit à l'ordre qu'il vient de donner au démon. (v. 35.) Ce dernier sens est indiqué par la seconde partie de notre verset, qui motive (*car*) la question précédente. Marc (1 : 27) exprime la même pensée d'une manière un peu différente. (Voir la note.)

38 Mais Jésus, étant parti de la synagogue, entra dans la maison de
Simon ; or la belle-mère de Simon était retenue par une forte fièvre ;
39 et ils le prièrent à son sujet [1]. — Et s'étant penché sur elle, il réprimanda la fièvre, qui la quitta [2]. Et s'étant aussitôt levée, elle les
servait [3].
40 Or comme le soleil se couchait, tous ceux qui avaient des malades,
atteints de diverses maladies, les amenèrent auprès de lui ; et lui, im-
41 posant les mains à chacun d'eux, les guérissait [4]. — Et des démons
aussi sortaient de plusieurs, criant et disant : Tu es le Fils de Dieu !
Et, les censurant, il ne leur permettait pas de parler, parce qu'ils
42 savaient qu'il était le Christ [5]. — Mais, quand le jour eut paru, étant
sorti, il s'en alla dans un lieu désert [6]. Et les foules le cherchaient ;
et elles vinrent jusqu'à lui ; et elles le retenaient, pour qu'il ne s'en
43 allât pas loin d'elles [7]. — Mais il leur dit : Il faut que j'annonce aussi
aux autres villes la bonne nouvelle du royaume de Dieu, car c'est
44 pour cela que j'ai été envoyé [8]. — Et il prêchait dans les synagogues
de la Galilée [9].

1. Voir, sur ce récit, Math. 8 : 14, 15, note, et Marc 1 : 29-31. L'expression : une *forte fièvre* (gr. une *grande* fièvre) est propre à Luc. Les deux premiers évangélistes se bornent à indiquer la nature de la maladie. — On peut traduire aussi : « Ils le *consultèrent* à son sujet. »

2. *S'étant penché sur elle ;* cette observation, que Luc seul a conservée, indique en Jésus la pensée d'éveiller l'attention de la malade, de lui inspirer de la confiance en lui pour sa guérison. (Comp. Act. 3 : 4.) — Ces mots : *il réprimanda la fièvre,* ne supposent pas nécessairement que Jésus personnifie la maladie et se la représente comme un être malfaisant. (Comp. Math. 8 : 26.)

3. Ce pronom pluriel : *les* servait, montre que Jésus n'était pas entré seul dans la maison, et, en effet, Marc (1 : 29) a conservé les noms des disciples qui étaient avec lui.

4. Voir Math. 8 : 16, 17, note ; Marc 1 : 32-34, notes. Ainsi les trois synoptiques ont conservé le souvenir de cette mémorable soirée de Capernaüm. (Marc 1 : 34, note.) Une puissance divine extraordinaire se déployait en Jésus, et la foule, enthousiasmée par la guérison du démoniaque (v. 33 et suiv.), lui amenait de toutes parts des malades qu'il guérissait. Aussi est-ce avec raison que Matthieu, ému de ce spectacle, y voit l'accomplissement de cette belle prophétie d'Esaïe : « Lui-même a pris nos infirmités et s'est chargé de nos maladies. » — Les trois premiers évangiles sont d'accord aussi pour marquer le moment précis de cette scène : *le soir, au coucher du soleil.* C'est que tous ceux qui amenèrent des malades à Jésus attendirent la fin du sabbat. — Luc seul rapporte que Jésus guérissait ces malades *en imposant les mains à chacun d'eux.* Matthieu (8 : 16) dit qu'il les guérissait *par une parole.* L'imposition des mains pouvait avoir des buts divers : communiquer au malade la force divine qui le guérissait (Marc 7 : 33, note) ; lui témoigner aussi une tendre compassion et, en gagnant ainsi sa confiance, agir sur son âme pour la sauver. (Comp. Math. 8 : 3, note.) Nous pouvons à peine nous représenter quel déploiement d'énergie il fallait pour rendre la santé à tant de malades, et à quelles fatigues Jésus se soumettait dans sa tendre charité. — Le texte reçu, avec *Sin. A, C, majusc.*, porte : *il les guérit.* L'imparfait se lit dans *B, D,* l'*Itala*, la *Syr*.

5. Comp. Marc 1 : 34, note, et ci-dessus v. 34, note. Le texte reçu porte : « Tu es *le Christ*, le Fils de Dieu ; » les mots soulignés manquent dans *Sin.*, *B, C, D*.

6. Comp. Marc 1 : 35, note.

7. Comp. Marc 1 : 36, note. D'après cet évangéliste, c'est Pierre qui se rend l'organe de ces foules pour retenir Jésus.

8. Comp. Marc 1 : 38, note. Jésus ne

La note 9 est à la page suivante.

CHAP. V. ÉVANGILE SELON LUC 485

2. *Premiers disciples et premiers opposants.*

A. 1-11. Vocation des premiers disciples. — 1° *Jésus, de la barque de Simon, annonce la Parole de Dieu.* Jésus, pressé par la foule, au bord du lac, avise deux barques, dont les pêcheurs sont descendus. Il monte dans celle de Simon et enseigne la multitude. (1-3.) — 2° *Jésus accorde à Simon une pêche miraculeuse.* Après avoir achevé son enseignement, Jésus ordonne à Simon de jeter le filet. Bien qu'ils eussent travaillé toute la nuit inutilement, Simon obéit, et son filet se remplit tellement qu'il menace de se rompre. Leurs compagnons dans l'autre barque viennent à leur aide. Les deux barques sont près d'enfoncer. (4-7.) — 3° *Jésus institue des pêcheurs d'hommes vivants.* Simon demande à Jésus de se retirer de lui pécheur. Il est saisi de crainte, ainsi que Jacques et Jean. Jésus le rassure, et lui annonce qu'il sera désormais pêcheur d'hommes. Les disciples, laissant tout, suivent Jésus. (8-11.)

Or il arriva, comme la foule le pressait et qu'elle écoutait la Parole de Dieu, qu'il se tenait, lui, debout au bord du lac de Génézareth ; — et il vit deux barques qui étaient au bord du lac, et les pêcheurs en étaient descendus et lavaient leurs filets. — Or, étant monté dans l'une des barques, qui était à Simon, il le pria de s'éloigner un peu de la terre, et s'étant assis, il enseignait de la barque les foules [1]. — Et quand il eut cessé de parler, il dit à Simon : Avance en pleine eau, et jetez vos filets pour pêcher [2]. — Et Simon répondant lui dit :

V

2

3

4

5

voulait pas limiter son activité à une seule ville ; il se doit à tous, il se donne à tous, aux habitants des campagnes (Marc 1 : 38) aussi bien qu'à ceux de Capernaüm. Telle est la volonté de Dieu : *c'est pour cela que j'ai été envoyé.* (Texte reçu : *je suis envoyé.*) — Jésus exprime l'objet de sa prédication en ces termes : *annoncer la bonne nouvelle du royaume de Dieu* (gr. *évangéliser le royaume de Dieu*), c'est-à-dire proclamer ce fait tout nouveau que Dieu commençait alors à établir sur notre pauvre terre, où règnent les ténèbres et le péché, un royaume de vérité, de justice et de paix, où tous sont invités à entrer. Comp. Math. 3 : 2, note.
9. Gr. *il était prêchant*, terme qui exprime l'activité continue, infatigable qu'il déployait. — La particule que nous rendons ainsi : *dans* les synagogues, indique en grec, selon le vrai texte (*Sin., B, D*), le mouvement ; c'est comme si l'on disait qu'il *portait* de synagogue *en* synagogue la bonne nouvelle du royaume.
1. Comp. Math. 4 : 18-22 ; Marc 1 : 14-20. — Luc n'établit pas de lien chronologique entre le fait qu'il va raconter et ceux qui précèdent. Jésus était au bord du *lac de Génézareth* (comp. Math. 4 :

18, note) ; la foule *le pressait et écoutait.* (Le texte reçu, avec *C, D, Itala,* vers. syr., porte : *pour écouter.*) Il monta sur une *barque* qui se trouvait là et qui *était à Simon ; il le pria de s'éloigner* à une petite distance du rivage, de manière à pouvoir être vu et entendu de toute la foule assemblée. Et *de la barque* (*Sin., D*, portent : « assis *dans* la barque »), dont il fait sa chaire, il annonce la parole divine. (Voir sur une scène toute semblable Math. 13 : 2, note.)
2. L'ordre : *avance en pleine eau* (au singulier) s'adresse à Simon, patron de la barque sur laquelle se trouvait Jésus, et que l'événement qui va suivre concernait en première ligne. Les mots : *jetez vos filets*, s'adressent aux autres pêcheurs qui étaient avec lui (v. 2 et 9) et qui auront aussi leur part dans l'action symbolique qui va s'accomplir. Il n'y a pas de doute, en effet, que ce récit ne rapporte le même fait que celui de Matthieu (4 : 18-22) et celui de Marc (1 : 16-20, voir les notes), c'est-à-dire qu'il ne renferme la vocation des premiers disciples de Jésus. Seulement, les deux premiers évangélistes ne font que rapporter brièvement le fait de la vocation, tandis que Luc raconte le

Maître, nous avons travaillé toute la nuit sans rien prendre ; mais
6 sur ta parole je jetterai le filet [1]. — Et l'ayant fait, ils prirent une
7 grande quantité de poissons ; et leur filet se rompait [2]. — Et ils firent
signe à leurs compagnons dans l'autre barque de venir leur aider.
Et ils vinrent, et ils remplirent les deux barques, tellement qu'elles
8 enfonçaient [3]. — Ce que voyant, Simon Pierre tomba aux genoux
de Jésus, disant : Seigneur, retire-toi de moi, parce que je suis un
9 homme pécheur [4] ! — Car la frayeur l'avait saisi, et tous ceux qui
étaient avec lui, à cause de la pêche des poissons qu'ils avaient faite ;
et de même aussi Jacques et Jean, fils de Zébédée, qui étaient les
10 compagnons de Simon [5]. — Et Jésus dit à Simon : Ne crains point ;
11 désormais tu seras pêcheur d'hommes vivants [6]. — Et après avoir
ramené leurs barques à terre, quittant tout, ils le suivirent [7].

miracle qui devait symboliser d'une manière saisissante cette parole de Jésus : « Je vous ferai pêcheurs d'hommes. » (v. 10 ; Math. 4 : 19 ; Marc 1 : 17.)
1. Variante de *Sin.*, B, D : *les filets*; de même au verset suivant. — La *nuit* était le temps favorable à la pêche ; après un travail inutile, ces hommes avaient renoncé à la poursuivre de jour ; mais Pierre, dont la foi naissante avait sans doute été fortifiée par le discours qu'il venait d'entendre (v. 3), n'hésite pas à obéir, se confiant *en la parole* de Jésus. — Le titre qu'il lui donne, et que nous traduisons par *Maître*, signifie en général *préposé*, surveillant. Ce terme ne se trouve que dans l'évangile de Luc.
2. Commençait à se *rompre*, à se déchirer.
3. Il est évident, par les termes de ce récit et surtout par l'impression profonde qu'en reçut Pierre (v. 8), que l'évangéliste croit à une action miraculeuse du Sauveur. En mainte occasion, Jésus commande en maître à la nature. Cependant il n'est pas probable que, dans cette circonstance, le miracle fut un acte créateur. Il consista plutôt dans la connaissance que Jésus eut de la présence d'un banc considérable de poissons, au moment et à l'endroit où il ordonna aux disciples de jeter le filet. Ce phénomène est très fréquent, au dire des voyageurs, dans la mer de Galilée ; il se rencontre aussi dans les lacs de la Suisse.
4. Le verset suivant explique l'action et l'exclamation de Pierre. Il voit dans cette pêche miraculeuse une manifestation de la présence et de la puissance divines, qui fait un contraste douloureux avec sa conscience d'*homme pécheur*. (Comp. 7 :

6.) Comme expression d'une profonde humilité, ces paroles sont d'une vérité saisissante ; mais une connaissance plus complète de la grâce que Jésus apportait, aurait amené le disciple à une conclusion tout opposée : « Seigneur, je suis pécheur, viens à moi, sauve-moi ! »
5. Luc distingue d'une part *ceux qui étaient avec lui* (Pierre) dans sa barque, et d'autre part ses *compagnons ou associés, les fils de Zébédée*, qui étaient dans l'autre barque. (v. 7.) Tous avaient reçu la même impression d'une *frayeur* religieuse.
6. Gr. *désormais tu prendras vivants* (terme de chasse ou de pêche) *des hommes*. Ces paroles si caractéristiques, adressées à des pêcheurs, expriment toute la pensée de notre récit. Prendre, saisir du milieu du monde, par la prédication de l'Évangile, des âmes vivantes, et les amener dans le royaume de Dieu, telle sera la belle et sainte vocation des disciples. Dans Matthieu (4 : 19) et Marc (1 : 17), Jésus se contente de leur conférer ce grand privilège en paroles ; ici, il le leur révèle en action. — Et cet enseignement par lequel Jésus voulait inspirer à Pierre la foi en sa vocation apostolique, il le renouvellera plus tard (Jean 21 : 3 et suiv.), afin de lui rendre la confiance qu'il aura perdue par sa chute. C'est donc arbitrairement qu'on prétend identifier ces deux événements, en accusant les évangélistes de les avoir confondus.
7. Ces disciples avaient déjà fait une première connaissance avec Jésus et avaient même travaillé sous sa direction (Jean 1 : 35 et suiv. ; comp. 3 : 22 ; 4 : 2), mais revenus en Galilée, ils étaient retournés à leurs occupations ordinaires

CHAP. V.   ÉVANGILE SELON LUC   487

B. 12-26. Guérisons d'un lépreux et d'un paralytique. — 1° *Le lépreux.* Dans une ville, un lépreux très gravement atteint implore le secours de Jésus en affirmant que celui-ci a le pouvoir de le guérir. Jésus le guérit en le touchant. Il lui défend de le dire, et l'envoie offrir le sacrifice que la loi prescrit pour la purification. (12-14.) — 2° *La renommée de Jésus.* Elle se répand et lui attire des foules. Il demeure dans la retraite et en prière. (15, 16.) — 3° *Le paralytique.* — *a) Le malade amené aux pieds de Jésus.* Tandis que Jésus enseigne au milieu de pharisiens et de docteurs de la loi venus de toutes les parties du pays, des hommes lui amènent un paralytique : ils le descendent, par un trou fait dans le toit, aux pieds de Jésus. (17-19.) — *b) Le scandale causé par le pardon accordé.* Jésus dit au malade : Tes péchés te sont pardonnés. Les pharisiens l'accusent de blasphème. (20, 21.) — *c) Jésus justifié par la guérison.* Jésus, connaissant leurs pensées, les leur reproche et leur fournit la preuve qu'il a le pouvoir de pardonner : sur son ordre, le paralytique se lève, prend son lit et marche. Les spectateurs, saisis de crainte, glorifient Dieu. (22-26.)

Et il arriva que, comme il était dans une des villes[1], voici 12 un homme couvert de lèpre[2]. Et, voyant Jésus, il tomba sur sa face et le pria disant : Seigneur, si tu le veux, tu peux me purifier. — Et étendant la main, Jésus le toucha, disant : Je le veux, 13 sois purifié. Et aussitôt la lèpre le quitta. — Et il lui commanda de 14 ne le dire à personne : Mais va, lui dit-il, montre-toi au sacrificateur, et offre pour ta purification selon que Moïse a commandé, afin que cela leur serve de témoignage. — Et sa renommée se répandait de 15 plus en plus, et des foules nombreuses s'assemblaient pour l'entendre et pour être guéries de leurs maladies[3]. — Mais lui se retirait dans 16 les déserts et priait[4].

Et il arriva un de ces jours que Jésus enseignait, et des pharisiens 17 et des docteurs de la loi, qui étaient venus de tous les bourgs de la Ga-

(v. 5) : maintenant ils les abandonnent pour consacrer leur vie au Sauveur. (Math. 4 : 20.) C'est ainsi que Jésus fonda en fait et en droit le ministère de la Parole.
1. *Une des villes*, sous-entendu : de la Galilée. Il s'agit des « autres villes » mentionnées 4 : 43. Comp. ci-dessous v. 17, note.
2. Gr. *plein de lèpre*, expression qui indique le plus haut degré dans cette maladie incurable et mortelle. La phrase sans verbe dépeint la surprise causée par l'arrivée inattendue du lépreux : il violait les ordonnances en pénétrant dans la ville et en s'approchant de Jésus. — Voir, sur cette guérison, Math. 8 : 1-4, notes; comp. Marc 1 : 40-44, notes. Matthieu place ce récit immédiatement après le sermon sur la montagne, en en indiquant avec précision le temps et le lieu. Luc l'intercale ici sans aucune détermination pareille.

3. Le texte reçu porte : guéries *par lui,* complément qui manque dans *Sin.*, B, C, D, *Itala,* et qui s'entend de soi-même.
4. Il faut remarquer le contraste indiqué par ces mots : *Mais lui.* Tandis que *sa* renommée se répandait parmi les foules, que sa popularité s'accroissait, *lui* cherchait la solitude dans les déserts *et priait.* (Gr. *il était se retirant et priant* : tournure qui marque une action prolongée et fréquemment répétée). Jésus déployait tant de forces physiques et morales, qu'il devait souvent venir retremper son âme dans la communion de son Dieu. Ces temps de retraite permettaient en même temps à l'agitation produite par la vue de ses miracles de se calmer. Luc est celui des évangélistes qui relève le plus fréquemment ce côté intime de la vie de Jésus. (3 : 21 ; 6 : 12 ; 9 : 18, 29 ; 11 : 1 ; 22 : 41, 44.)

lilée et de la Judée, et de Jérusalem, étaient là assis¹. Et une puissance
18 du Seigneur s'exerçait pour qu'il guérît². — Et voici des hommes
portant sur un lit un homme qui était paralysé ; et ils cherchaient à
19 le faire entrer et à le déposer devant lui³. — Et ne trouvant par où
le faire entrer à cause de la foule, ils montèrent sur la maison et le
descendirent par les tuiles avec le petit lit, au milieu, devant Jésus⁴.
20 — Et ayant vu leur foi, il lui dit : O homme ! tes péchés te sont
21 pardonnés⁵. — Et les scribes et les pharisiens se mirent à raisonner,
disant⁶ : Qui est celui-ci qui prononce des blasphèmes ? Qui peut
22 pardonner les péchés, si ce n'est Dieu seul ? — Mais Jésus connaissant leurs pensées, répondit et leur dit : Pourquoi raisonnez-vous
23 dans vos cœurs ? — Lequel est le plus aisé, de dire : Tes péchés te
24 sont pardonnés, ou de dire : Lève-toi et marche ? — Or, afin que
vous sachiez que le fils de l'homme a sur la terre le pouvoir de pardonner les péchés : Je te dis (dit-il au paralytique), lève-toi, et, pre-
25 nant ton petit lit, va dans ta maison. — Et à l'instant, s'étant levé
en leur présence, ayant pris le lit sur lequel il avait été couché⁷, il
26 s'en alla en sa maison, glorifiant Dieu. — Et l'étonnement les saisit
tous et ils glorifiaient Dieu ; et ils furent remplis de crainte, disant :
Nous avons vu des choses étranges aujourd'hui⁸ !

1. Comp. Math. 9 : 1-8, notes, et Marc 2 : 1-12, notes. Gr. *un des jours* du voyage d'évangélisation dont le début est rapporté 4 : 43. Cette expression correspond à celle du v. 12 : « une des villes. » D'autres interprètes voient dans cette tournure un hébraïsme qu'ils traduisent par *un jour, dans une ville*, et nient qu'elle établisse un lien entre notre passage et 4 : 43. — Ce grand concours des adversaires du Sauveur, venus de divers lieux de la *Galilée* et de la *Judée*, avait certainement été provoqué par un mot d'ordre émané de *Jérusalem*. Le temps approchait où la haine croissante des chefs du peuple amènerait la catastrophe ; ils s'appliquent dès ce moment à épier et à surveiller Jésus. (Voir, sur les *pharisiens*, Math. 3 : 7, note, et sur les *docteurs de la loi* ou scribes, Math. 23 : 2, note.)

2. Gr. *une puissance du Seigneur était pour qu'il guérît*. Le texte reçu porte : « pour *les* guérir. » A quoi pourrait se rapporter ce *les ?* Non pas certainement à ces adversaires qui viennent d'être nommés. Si ce pronom était authentique, il faudrait admettre que l'évangéliste pense encore à ces foules qui amenaient à Jésus leurs malades (v. 15), mais dont il ne parle plus ici. Avec la variante : « qu'*il* guérît, » adoptée sur l'autorité de *Sin.*, B, tout est clair et précis. Une *puissance du Seigneur* (de Dieu) agissait pour rendre Jésus capable de guérir toute maladie. Par cette remarque, Luc prépare le miracle qui va suivre et en particulier l'assurance avec laquelle le Sauveur jettera à ses adversaires le défi qui se lit aux v. 23 et 24.

3. *A le faire entrer* dans la maison où Jésus enseignait. (v. 17, 19.)

4. Voir, sur cette action, Marc 2 : 4, note. Ce que Luc appelle *les tuiles*, c'étaient les briques ou les dalles dont était recouverte la terrasse qui, en Orient, sert de toit aux maisons. Cette expression *par*, (gr.) *à travers les tuiles*, indique qu'ils pratiquèrent une ouverture dans la toiture même.

5. D'après Matthieu, Jésus adresse d'abord au pauvre malade cette parole pleine de compassion : *Prends courage, mon fils.* Marc conserve également ce terme affectueux : *Mon fils* (gr. *mon enfant*). Luc dit : *O homme !*

6. Le mot de Luc : *se mirent à, commencèrent*, marque le moment précis où les murmures éclatèrent : il fait penser que ceux-ci se prolongèrent quelque temps avant que Jésus intervînt.

Les notes 7 et 8 sont à la page suivante.

C. 27-39. VOCATION DE LÉVI. QUESTIONS SUR LE JEUNE. — 1° *La vocation de Lévi.* Jésus voit au bureau des impôts un péager nommé Lévi, qu'il appelle à le suivre. Et lui, quittant tout, le suit. (27, 28.) — 2° *Le banquet et la réplique de Jésus aux pharisiens.* Lévi fait dans sa maison un grand festin où se trouvent beaucoup de péagers ; les pharisiens en murmurent. Mais Jésus leur dit : Ce sont les malades qui ont besoin de médecin ; je suis venu appeler à la repentance, non des justes, mais des pécheurs. (29-32.) — 3° *L'enseignement sur le jeûne.* Ils lui font encore cette objection : Pourquoi les disciples de Jean et ceux des pharisiens jeûnent-ils souvent, tandis que les tiens ne jeûnent pas ? Jésus leur dit : Pouvez-vous exiger que les amis de noce jeûnent, pendant que l'époux est avec eux ? Le temps viendra où l'époux leur sera ôté, alors ils jeûneront. Ce contraste qui lui a été signalé entre l'attitude de ses disciples et celle des disciples de Jean, conduit Jésus à relever l'opposition tranchée de l'ancienne et de la nouvelle alliance dans ces deux paraboles : Personne ne déchire une pièce d'un habit neuf pour la mettre à un vieil habit ; personne aussi ne met du vin nouveau dans de vieilles outres. Dans une troisième parabole enfin, il excuse l'attachement à l'ancienne religion, en même temps qu'il met en garde contre ce joug de l'accoutumance : Personne, dit-il, après avoir bu du vin vieux, n'en désire aussitôt du nouveau. (33-39.)

27 Et après cela il sortit[1] ; et il vit un péager nommé Lévi[2], assis au bureau des péages, et il lui dit : Suis-moi. — 28 Et ayant tout quitté, s'étant levé, il le suivait. — 29 Et Lévi lui fit un grand festin dans sa maison. Et il y avait une grande foule de péagers et d'autres personnes qui étaient à table avec eux. — 30 Et les pharisiens et leurs scribes murmuraient, disant à ses disciples : Pourquoi mangez-vous et buvez-vous avec les péagers et les pécheurs[3] ? — 31 Et Jésus, répondant, leur dit : Ceux qui sont en santé n'ont pas besoin de médecin, mais ceux qui se portent mal. — 32 Je ne suis pas venu appeler à la repentance des justes, mais des pécheurs[4].

33 Mais ils lui dirent : Pourquoi les disciples de Jean jeûnent-ils fré-

---

7. Gr. « il emporta *ce sur quoi* il avait été couché. »
8. Gr. *des paradoxes*, c'est-à-dire des choses contraires à l'opinion, inattendues, inouïes. (Marc 2 : 12, note.)
1. *Il sortit* de la maison où il enseignait (v. 17) et où il guérit le paralytique. (v. 19.) Il sortit même de la ville (de Capernaüm, v. 17 et suiv.; comp. Marc 2:1), pour se rendre au bord de la mer ; c'est là que se trouvait, selon toute apparence, le *bureau des péages*, d'où Lévi (Matthieu) fut appelé à suivre Jésus. (Marc 2 : 13.) — Voir, sur ce récit, Matthieu 9 : 9-17, notes, et Marc 2 : 13-22, notes.
2. Voir, sur ce nom, Math. 9 : 9, note, et sur les *péagers*, Math. 5 : 46, note.
3. Le texte reçu porte : *leurs scribes et les pharisiens.* Le pronom *leurs* devrait, dans ce cas, se rapporter aux habitants du lieu et signifier : les scribes qui se trouvaient parmi eux. Mais la leçon adoptée, d'après *Sin.*, B, C, D, *Itala* : *les pharisiens et leurs scribes*, se comprend beaucoup mieux. Elle signifie que ces scribes étaient ceux que les pharisiens avaient amenés avec eux. (v. 17.) — Les reproches que ces hommes adressent *aux disciples*, n'osant pas les faire directement au Maître, se fondaient sur ce que, dans les mœurs de l'Orient, *manger et boire* avec quelqu'un, c'était entrer avec lui dans des relations de familiarité et de confiance qui révoltent ici l'orgueil pharisaïque.
4. Voir, sur cette réponse de Jésus, Math. 9 : 12. Les mots : *à la repentance,* manquent dans Matthieu et Marc.

quemment et font-ils des prières, de même aussi ceux des pharisiens,
34 tandis que les tiens mangent et boivent [1] ? — Mais il leur dit : Pouvez-vous faire jeûner les amis de l'époux pendant que l'époux est
35 avec eux ? — Mais des jours viendront, et quand l'époux leur sera
36 ôté, alors ils jeûneront en ces jours-là [2]. — Or il leur disait aussi une parabole : Il n'y a personne qui déchirant une pièce d'un habit neuf la mette à un vieil habit ; autrement, d'un côté il déchire le neuf, et d'autre part, la pièce prise du neuf ne s'accorde pas avec le
37 vieux [3]. — Et il n'y a personne qui mette du vin nouveau dans de vieilles outres ; autrement le vin nouveau rompra les outres, et il se
38 répandra, et les outres seront perdues. — Mais du vin nouveau doit
39 être mis dans des outres neuves [4]. — Et il n'y a personne, qui, buvant du vieux, désire aussitôt du nouveau ; car il dit : Le vieux est bon [5].

1. Les pharisiens, confondus par la réponse de Jésus, portent la discussion sur un autre sujet : les *jeûnes* prescrits par la loi et les *prières* offertes à certaines heures fixes. Pour donner plus de poids à leur objection, ils invoquent l'exemple des disciples de Jean. De là vient que Matthieu attribue la question à ceux-ci, qui sans doute y prirent part, et que Marc la met dans la bouche des uns et des autres. (Voir Math. 9 : 14, note, et Marc 2 : 18, note.)

2. Voir, sur le sens de cette réponse, Math. 9 : 15, note, et Marc 2 : 19, 20, notes. *Sin.*, *D*, l'*Itala* portent : Les amis de l'époux *peuvent-ils* jeûner ? Leçon probablement tirée de Matthieu et de Marc. — Luc rend cette pensée d'une manière pleine de solennité et de tristesse : « Les amis de noce ne peuvent pas jeûner maintenant ; mais *des jours viendront.* » Quels sont ces jours ? On le pressent : cependant Jésus le dit expressément dans un second membre de phrase : *et quand l'époux leur sera ôté, alors ils jeûneront en ces jours-là.* Il faut remarquer la répétition de ces derniers mots : Jésus prévoit dans un prochain avenir ces jours redoutables pour ses pauvres disciples. Dans *Sin.*, *C*, quelques *majusc.* et des vers., *et*, devant *quand l'époux*, est omis. Il est authentique, mais sa vraie place est probablement celle qu'il occupe dans Math. 9 : 15 : *et alors ils jeûneront.*

3. Le texte reçu omet : *déchirant de.* La traduction est dès lors : « Personne ne met une *pièce d'un habit neuf* à un vieil habit. » Cette leçon a au fond le même sens, mais elle indique moins clairement qu'il faut déchirer l'habit neuf pour se procurer la pièce. Matthieu et Marc disent : « une pièce de *drap neuf.* » De ce procédé résulteraient deux maux : d'abord on *déchire le neuf* ; ensuite cette pièce prise du neuf *ne s'accorde pas avec le vieux*, elle fait avec lui une disparate désagréable à la vue. Matthieu et Marc énoncent un autre inconvénient : « La pièce neuve emporte une partie de l'habit et la déchirure en devient pire. » Voir, sur le sens de cette parabole et de la suivante, Math. 9 : 16, 17, notes.

4. Le texte reçu avec A, C, D, ajoute : *et tous deux se conservent.* Ces mots ont été empruntés à Matthieu.

5. Cette troisième parabole, particulière à Luc, ne paraît pas, au premier abord, être en harmonie d'idées avec les deux précédentes. Aussi manque-t-elle dans *D*, et l'*Itala*. *B*, *C* omettent : *aussitôt*, mais c'est le mot essentiel de la parabole. Le texte reçu porte : « le vieux *est meilleur*, » au lieu de « *est bon.* » C'est apparemment une correction des copistes. — Mais quel est le sens de cette nouvelle comparaison, et quel est son rapport avec les deux précédentes ? Littéralement, le sens est bien simple. Tout le monde préfère le vin vieux, qui est plus doux, meilleur, au vin nouveau qui est plus fort, mais d'un goût plus acerbe. Le sens spirituel doit ressortir des v. 36 et 37 ; la vie nouvelle que Jésus apporte dans les âmes et dans le monde est incompatible avec les vieilles institutions théocratiques et avec la vieille nature humaine ; il faut que tout soit renouvelé pour la recevoir et la supporter, ou plutôt c'est elle-même qui fait toutes choses nouvelles. Mais il n'est pas naturel

CHAP. VI. ÉVANGILE SELON LUC 491

D. 1-11. DEUX VIOLATIONS DU SABBAT. — 1° *Les épis arrachés.* Jésus traversant des champs de blé, un jour de sabbat, ses disciples froissent des épis entre leurs mains et en mangent les grains. Ils en sont blâmés par les pharisiens. Jésus répond à ceux-ci par l'exemple de David qui prit, malgré la loi, les pains de proposition et en mangea ; puis il déclare qu'il est maître du sabbat. (1-5.) — 2° *Guérison de l'homme à la main sèche.* Un autre jour de sabbat, Jésus enseigne dans une synagogue où se trouve un homme dont la main droite est sèche. Les pharisiens l'observent. Mais lui, connaissant leurs desseins, ordonne à cet homme de se lever au milieu de l'assemblée, et leur demande s'il est permis de faire le jour du sabbat du bien ou de faire du mal ; puis, après un long regard promené sur les assistants, il dit au malade : Etends ta main. Il le fait et est guéri. A cette vue, les adversaires sont remplis de fureur et ils cherchent ce qu'ils pourraient faire à Jésus. (6-11.)

Or il arriva, au sabbat second-premier [1], qu'il passait au travers **VI** des blés ; et ses disciples arrachaient les épis, et, les froissant entre leurs mains, ils les mangeaient. — Mais quelques-uns des pharisiens 2 leur dirent : Pourquoi faites-vous ce qu'il n'est pas permis de faire les jours de sabbat ?— Et Jésus, répondant, leur dit : N'avez-vous 3

de s'attendre à ce que des hommes tels que les disciples de Jean et ceux des pharisiens (v. 33), habitués aux formes et à l'esprit de l'ancienne alliance, y renoncent *aussitôt*, pour embrasser la vie nouvelle qui leur est présentée. L'habitude, les préjugés, et la pente naturelle de leurs cœurs leur font dire : L'ancienne religion est *bonne*. Ainsi Jésus avec beaucoup d'indulgence adoucit ce qu'il y a d'absolu dans les deux premières paraboles, ou du moins exprime la pensée qu'il faut supporter avec patience ceux qui ne peuvent se déprendre tout à coup de leurs vieilles convictions judaïques pour embrasser l'Evangile. On reconnaît bien là la charité du Maître qui « ne brise pas le roseau froissé et n'éteint pas le lumignon fumant. » Cette miséricorde se comprend d'autant mieux ici, qu'elle s'exerçait surtout à l'égard des disciples de Jean-Baptiste qui, selon Matthieu (9 : 14), avaient soulevé la question des jeûnes, occasion de tout ce discours.

1. Comp. Math. 12 : 1-8, notes, et Marc 2 : 23-28, notes. — Ce mot étrange : sabbat *second-premier*, ne se retrouvant nulle part ni dans l'Ancien ni dans le Nouveau Testament, ni dans la littérature classique, reste à peu près inintelligible. Toutes les explications qu'on s'est efforcé d'en donner, depuis les Pères de l'Eglise jusqu'à nos jours, ne reposent que sur des hypothèses sans preuves historiques. On peut voir plusieurs de ces tentatives d'explication dans le *Commentaire* de M. Godet sur ce passage, ou dans celui de Meyer, qui n'en expose pas moins de dix, sans en accepter aucune. La plus vraisemblable, due à Scaliger, est exposée ainsi par de Wette, qui paraît l'adopter : « Le *premier* sabbat après le *second* jour de la Pâque. Depuis ce second jour jusqu'à la Pentecôte, on comptait, d'après Lév. 23 : 15, sept sabbats, dont le premier serait celui que Luc mentionne. Ce temps convient au récit, car la moisson mûrissait à cette époque, et c'était au second jour de Pâque qu'on en offrait les prémices. » Mais cette interprétation, assez obscure en elle-même, est une pure supposition. Il en est une autre citée par M. Godet, et qui a du moins le mérite de la simplicité et de la clarté : l'année civile chez les Juifs commençait en automne (au mois de tischri), l'année religieuse au printemps (au mois de nisan) ; il y avait ainsi chaque année deux premiers sabbats, l'un inaugurant l'année civile, l'autre inaugurant l'année religieuse. On aurait appelé ce dernier *second-premier*. Weiss objecte à toutes ces explications que si le terme de *sabbat second-premier* avait été un terme consacré, usuel, comme le supposerait le fait que Luc l'emploie sans l'expliquer à ses lecteurs, il serait étrange qu'il ne se rencontrât ni dans les Septante, ni dans Philon, ni dans Josèphe, ni dans le Talmud. Cette objection n'est pas sans valeur, et elle a poussé maint interprète à chercher l'origine de ce terme dans une incorrection du texte. On a pensé que Luc, ayant à raconter deux faits qui s'étaient passés en deux sabbats successifs (v. 6),

pas même lu ce que fit David¹, quand il eut faim, lui et ceux qui
4 étaient avec lui ? — Comment il entra dans la maison de Dieu, et
prit les pains de proposition, et en mangea, et en donna aussi à ceux
qui étaient avec lui, bien qu'il ne soit permis qu'aux seuls sacrifica-
5 teurs d'en manger²? — Et il leur disait : Le fils de l'homme est
maître même du sabbat³.
6 Or, il arriva, un autre sabbat, qu'il entra dans la synagogue, et
qu'il enseignait ; et il y avait là un homme, et sa main droite était
7 sèche⁴. — Or les scribes et les pharisiens l'observaient pour voir
s'il guérissait le jour du sabbat, afin de trouver de quoi l'accuser⁵.
8 — Mais lui connaissait leurs pensées ; et il dit à l'homme qui avait la
main sèche : Lève-toi, et tiens-toi là au milieu. Et s'étant levé il se
9 tint debout. — Jésus donc leur dit : Je vous demande s'il est permis,
les jours de sabbat, de faire du bien ou de faire du mal⁶ ; de sauver
10 une vie ou de la perdre⁷. — Et ayant porté ses regards tout autour

avait pu écrire ici : *au premier sabbat*, et que quelque copiste inintelligent, se souvenant du sabbat mentionné (4 : 31), aurait écrit en marge le mot *second*, qui aurait ensuite passé dans le texte. Le mot *second-premier* manque, en effet, dans *Sin.*, *B*, plusieurs vers. Cependant Tischendorf lui-même le conserve.

1. 1 Sam. 21. — *Pas même lu!* Il y a, dans ce terme, une ironie que Marc rend par une expression semblable : « N'avez-vous *jamais* lu ? »

2. Voir, sur cette réponse de Jésus, Math. 12 : 4, note, et sur sa valeur comme argumentation, Marc 2 : 26, note. — D'après Matthieu (12 : 5 et suiv.), Jésus ajoute ici d'autres raisons qui devaient justifier pleinement ses disciples.

3. Voir, sur cette parole, Math. 12 : 8, note, et Marc 2 : 28, note. — Il faut remarquer ce verbe à l'imparfait : *Et il leur disait* indiquant une pensée nouvelle et importante, qui s'ajoute aux précédentes. — Dans *D*, on lit à la suite du v. 4 : « Le même jour, Jésus, voyant quelqu'un qui travaillait pendant le sabbat, lui dit : O homme ! si tu sais ce que tu fais, tu es heureux ; mais si tu ne le sais pas, tu es maudit et transgresseur de la loi. » Ces paroles ne sont pas authentiques et le fait qu'elles rapportent n'est guère vraisemblable ; un homme qui aurait travaillé publiquement eût été arrêté et puni ; et il n'est pas probable que Jésus eût approuvé une infraction directe au commandement mosaïque, même si celui qui s'en rendait coupable avait *su ce qu'il faisait*, c'est-à-dire s'il s'était élevé, par une vraie spiritualité, au-dessus de la lettre de la loi et jusqu'à la liberté chrétienne.

4. Voir, sur ce second récit, Math. 12 ; 9-14, notes, et surtout Marc 3 : 1-6, notes. C'est ce dernier évangéliste qui dépeint la scène de la manière la plus vive et la plus complète. Le texte reçu avec *A*, *majusc.*, porte : il arriva *aussi*.

5. Le pronom *le* devant *observaient* est omis par *A*, *majusc.* Son authenticité paraît garantie par *Sin.*, *B*, *D*, etc. — Le texte grec dans *Sin.*, *A*, *B*, etc., a le verbe au présent : « pour voir s'il *guérit*. » L'idée est que les adversaires voulaient voir si Jésus avait en général l'habitude de guérir au jour du sabbat, ce qui eût été plus grave. *B* et la plupart des *majusc.* portent le verbe au futur : *s'il guérira*, ne se rapportant qu'au cas actuel. — Le texte reçu avec *A*, *majusc.* porte : « trouver *un sujet d'accusation*. Les autres : *trouver à l'accuser* (infinitif).

6. Le texte reçu avec quelques *minusc.* porte : « Je vous *demanderai quelque chose : Est-il permis ?* etc. » *A* et quelques *majusc.* ont : « Je vous demanderai : *Qu'est-ce qui est permis ?* » Dans le vrai texte, la question est plus simple.

7. Voir, sur ces dernières paroles, Marc 3 : 4, note. D'après cet évangéliste, Jésus dit : « de sauver une vie, ou de la tuer. » Ce dernier terme, si énergique, se trouve également dans plusieurs documents du texte de Luc : *A*, *majusc.*, *vers.* La leçon du texte reçu : *perdre* ou *faire*

sur eux tous, il lui dit : Etends ta main. Et il le fit, et sa main fut guérie[1]. — Mais eux furent remplis de fureur[2], et ils s'entretenaient 11 ensemble de ce qu'ils pourraient faire à Jésus[3].

II. L'APOGÉE DU MINISTÈRE GALILÉEN

1. *Jésus proclame le royaume de Dieu.*

A. 12-19. CHOIX DES DOUZE APÔTRES. GUÉRISONS. — 1° *Election des douze.* Jésus en ces jours-là passe une nuit en prières sur la montagne. Le jour venu, il assemble autour de lui ses disciples dont il choisit douze, auxquels il donne le titre d'apôtres. Noms des douze. (12-16.) — 2° *Jésus revenu auprès de la foule opère des guérisons.* Jésus avec ses disciples redescend jusqu'à un plateau de la montagne. Il y trouve une grande multitude, accourue de toute la Palestine. Une puissance divine, sortant de lui, opère des guérisons. (17-19.)

Or il arriva en ces jours-là, qu'il s'en alla sur la montagne pour 12 prier ; et il passa toute la nuit à prier Dieu[4]. — Et quand le jour fut 13 venu, il appela à lui ses disciples, et il en choisit douze d'entre eux,

---

périr est autorisée par *Sin.*, B, D, l'*Itala* et d'autres vers.

1. Gr. *fut rétablie.* Le texte reçu ajoute : *saine comme l'autre.* Il peut y avoir quelque doute sur les mots : *comme l'autre*, omis seulement par *Sin.*, B, mais l'épithète *saine* est sûrement inauthentique. Les deux expressions paraissent empruntées à Matthieu.

2. Gr. remplis de *démence*, de folie. La fureur et la haine leur ôtent le bon sens. Et la cause en est une manifestation éclatante de la puissance et de l'amour du Sauveur. Ils croient n'obéir qu'à leur zèle pour la loi de Dieu, mais ce zèle s'est corrompu et changé en passion.

3. Matthieu dit : « Ils tinrent conseil contre lui, afin de le faire périr. » Marc ajoute : « Ils tinrent conseil *avec les hérodiens.* »

4. Ces mots : *en ces jours-là*, se rapportent à ce qui précède immédiatement. D'une part, Jésus était parvenu au faîte de son activité et de sa puissance divine. (v. 17, 18 ; comp. ch. 7 tout entier.) D'autre part, la haine de ses adversaires et leurs desseins meurtriers hâtaient la crise qu'il prévoyait déjà comme inévitable. Dans ces graves circonstances, il va choisir parmi ses disciples les douze

apôtres et les établir comme ses témoins et ses ambassadeurs (Act. 1 : 8 ; 2 Cor. 5 : 20), chargés de continuer après lui son œuvre dans le monde. Il se prépare à cet acte solennel par la prière dans un lieu écarté. Il (gr.) *sortit dans la montagne* (Marc 3 : 13, note) *pour prier* ; et là (gr.) *il était passant la nuit*, ou *veillant la nuit, dans la prière de Dieu.* Nous avons vu (5 : 16, note) combien notre évangéliste raconte fréquemment que Jésus se retirait dans la solitude pour prier. Mais ici on sent qu'il donne à la mention de ce fait une importance particulière ; les termes qu'il emploie sont solennels, inusités. Celui-ci : *passer la nuit en veillant dans la prière*, ne se trouve pas ailleurs, non plus que cet autre : *la prière de Dieu*, qui indique un état de recueillement et de supplication intense dans la communion de Dieu. Le mot que nous rendons par *prière* signifie aussi le lieu où l'on prie (Act. 16 : 13 et 16), une maison de prière ; et c'est ainsi que quelques interprètes ont voulu l'entendre dans notre passage. Ce sens serait beau : Jésus aurait fait de la solitude de la montagne une maison de Dieu où l'on prie (Gen. 28 : 17), et où il aurait passé toute la nuit. Mais le premier sens indiqué est plus probable.

14 qu'il nomma aussi apôtres [1] ; — Simon qu'il nomma aussi Pierre [2], et André son frère, et Jacques et Jean et Philippe et Barthélemi ; —
15 et Matthieu et Thomas et Jacques, fils d'Alphée, et Simon appelé le
16 Zélote [3], — et Jude, fils de Jacques [4], et Judas Iscariot, qui devint
17 traître [5]. — Et étant descendu avec eux, il s'arrêta sur un plateau [6], et il y avait là une foule nombreuse de ses disciples et une grande multitude de peuple de toute la Judée et de Jérusalem, et du littoral de Tyr et de Sidon, qui étaient venus pour l'entendre et pour être
18 guéris de leurs maladies ; — et ceux qui étaient tourmentés par des
19 esprits impurs, étaient guéris. — Et toute la foule cherchait à le toucher, parce qu'une puissance sortait de lui et les guérissait tous [7].

B. 20-49. LE DISCOURS SUR LA MONTAGNE. — 1° *Les membres du royaume de Dieu.* Jésus proclame le bonheur de ceux que leur condition rend propres à avoir part au royaume de Dieu, et le malheur de ceux qui en sont exclus par leurs dispositions. (20-26.) — 2° *La loi du royaume de Dieu.* — a) *L'amour et ses diverses manifestations.* La règle première, que Jésus énonce avant tout, c'est la charité. Elle nous porte à aimer ceux qui nous haïssent, à supporter ceux qui nous maltraitent et nous

1. Comp., sur cette élection des douze, Math. 10 : 2-4, notes, et Marc 3 : 13-15, notes. Luc ajoute seul que Jésus leur donna le beau titre d'*apôtres, envoyés* auprès de notre humanité pour continuer son œuvre par la prédication de l'Evangile. L'expression employée n'implique pas qu'il le leur donna à ce moment même. (Comp. v. 14 : Simon *qu'il nomma* Pierre.) Mais cela paraît naturel.
2. *Pierre*, en hébreu *Céphas*. (Jean 1 : 43, note ; Math. 16 : 18, note.) *Aussi*, celui que l'on connaît sous ce nom. — Voir, sur cette liste des apôtres, Math. 10 : 4, note et comp. Marc 3 : 16-19 ; Act. 1 : 13.
3. Voir, sur ce nom de *Zélote* que Luc seul emploie, ici et Act. 1 : 13, la note sur Math. 10 : 4.
4. Le nom de *Jude, fils de Jacques*, est propre à Luc. L'existence d'un apôtre de ce nom est confirmée par Jean 14 : 22. (Comp. Math. 10 : 3, 4, note.) On a traduit parfois *frère* de Jacques, mais cela est contraire au texte.
5. Les évangélistes n'omettent jamais de rappeler que Judas *trahit* ou *livra* son Maître ; mais ce passage est le seul où le nom odieux de *traître* lui soit donné. — Il faut remarquer encore que Matthieu, dans sa liste des apôtres, les nomme deux par deux : Pierre *et* André, Jacques *et* Jean, etc. Ce groupement répondait à la réalité historique ; chaque paire ainsi réunie était liée en effet, soit par des liens de parenté, soit d'une autre manière. Le texte reçu a voulu imiter cette division dans notre évangile ; mais, selon le vrai texte, tous les noms sont liés les uns aux autres par la même particule : Pierre *et* André *et* Jacques *et* Jean, etc.
6. Gr. un *lieu plain*, ou *en plaine*. Ce mot ne désigne pas la *plaine* par opposition à la montagne, mais bien un *plateau* situé sur le penchant de la montagne, par opposition au sommet, d'où Jésus descendait. C'est ce que montre clairement le terme choisi : *il s'arrêta* sur un plateau. Ce mot ne serait point approprié à l'idée, si Jésus était réellement descendu jusque dans la plaine. Ainsi disparaît la prétendue contradiction entre Matthieu et Luc, d'où l'on a voulu conclure que les deux évangélistes ne rapportaient pas le même discours. (Voir Math. 5 : 1, note.)
7. Quel auditoire se trouve là réuni pour entendre le discours de Jésus ! *Une foule nombreuse* (Sin., B) *de ses disciples*, c'est-à-dire de ceux qui s'assemblaient fréquemment autour de lui pour l'entendre ; une *grande multitude* de peuple, accourue de toutes les contrées environnantes, soit pour *l'entendre*, soit pour être *guéris de leurs maladies* ; plusieurs de ces malheureux qui étaient en proie à la puissance des ténèbres : et ils *étaient guéris*. Ceux même qui ne pouvaient pas attirer sur eux l'attention du Sauveur, au milieu de cette foule, *cherchaient à le toucher*, et ils éprouvaient

dépouillent. Elle se résume dans ce précepte : faire aux autres ce que nous voudrions qui nous fût fait. (27-31.) — *b) L'amour opposé aux sentiments naturels*. Jésus fait ressortir les caractères distinctifs de la charité en l'opposant aux sentiments naturels qui se bornent à rendre le bien pour le bien, tandis que la charité se montre absolument désintéressée. (32-35[a].) — *c) Le but et le modèle de l'amour*. Cette charité désintéressée a pour unique but Dieu, dont elle nous fait les fils en nous rendant miséricordieux comme lui. C'est là sa grande récompense. (35[b]-36.) — *d) L'esprit de jugement et les relations fraternelles*. Jésus met en garde contre l'esprit de jugement, si opposé à la vraie charité ; il promet en retour l'indulgence et le pardon. Il exhorte à donner, et promet ample compensation à celui qui donnera. Un aveugle ne peut conduire un aveugle ; le disciple n'est pas plus que le Maître. Ne regardez pas la paille dans l'œil de votre frère. Pour ne pas vous rendre coupables d'une telle hypocrisie, et pour être dans vos relations avec vos frères tout ce que vous devez être, souvenez-vous que le fruit répond à l'arbre ; efforcez-vous d'être de bons arbres, d'avoir dans votre cœur un bon trésor (37-45.) — 3° *Conclusion pratique du discours*. Jésus recommande à ses auditeurs de ne pas se contenter de l'appeler Seigneur, mais de pratiquer fidèlement le principe du royaume de Dieu. Ils seront ainsi semblables à l'homme qui a bâti sa maison sur le roc ; tandis que ceux qui ne mettent pas en pratique les paroles du Maître ressemblent à l'homme qui bâtit sa maison sur la terre. (46-49.)

Et lui, levant les yeux sur ses disciples, disait[1] : Heureux vous 20 qu'une *puissance* divine *sortait de lui* et *les guérissait tous*. (Comp. Marc 5 : 28, 29 ; Luc 5 : 17 ; Math. 14 : 36, et, en général, sur le grand nombre de guérisons opérées par le Sauveur, Marc 1 : 34, note.)

1. Matthieu et Luc marquent, chacun à sa manière, avec une certaine solennité, ce moment où Jésus commence un discours prolongé, Matthieu dit : « Et *ouvrant la bouche*, il les enseignait en disant ; » Luc : *Et lui, levant ses yeux sur ses disciples, disait*. L'un et l'autre font ainsi attendre une instruction importante du Sauveur. La situation, d'ailleurs, l'exigeait. Jésus, parvenu au faîte de son activité messianique, entouré de foules immenses attirées auprès de lui par son enseignement et ses miracles, pouvait-il ne pas saisir une telle occasion de les initier plus complètement à la vérité divine qu'il était venu révéler ? Ce discours a donc été réellement prononcé par Jésus. Il n'est pas une composition de Matthieu et de Luc, dans laquelle chacun d'eux aurait fait entrer des enseignements donnés par Jésus en diverses occasions. Comp. Math. 5 : 2, note, au sujet de certains éléments du discours que Luc place dans des situations différentes. (11 : 9-13 ; 12 : 22-34, 58, 59 ; 13 : 24 ; 16 : 17, 18.) Pour expliquer ces divergences, il faut admettre que nos évangélistes nous ont conservé les rédactions du discours sur la montagne qui avaient cours dans leurs milieux respectifs. Matthieu a recueilli la relation qui s'était formée dans les églises judéo-chrétiennes, Luc celle des églises de la gentilité. Et chacune de ces relations répond à la tendance de l'évangile qui la renferme. Celle de Matthieu appuie sur la « justice, » elle expose la polémique de Jésus contre l'interprétation que les pharisiens donnaient de la loi et contre leurs pratiques religieuses (5 : 17 à 6 : 18) : elle convient à l'évangile destiné aux Hébreux. La relation de Luc présente la charité comme la disposition essentielle de ceux qui font partie du royaume de Dieu : elle s'accorde admirablement avec l'évangile universaliste, l'évangile de la grâce. L'accord de ces relations avec le but des écrits qui nous les ont transmises ne doit pas cependant nous amener à cette conclusion que les évangélistes les auraient composées de leur chef, en façonnant à leur guise une rédaction première. Elles sont bien plutôt le produit inconscient des milieux dans lesquels les paroles du Sauveur s'étaient conservées par tradition orale d'abord. Cette explication laisse aux auteurs de nos évangiles le caractère de témoins fidèles et respectueux, qu'ils revendiquent, et elle dispense les interprètes de se livrer à des recherches aussi vaines que subtiles pour reconstituer le discours original dans sa teneur exacte. Elle permet aussi d'écarter une opinion qui remonte aux Pères de l'Église et d'après laquelle

21 pauvres, parce que à vous est le royaume de Dieu ! — Heureux vous qui avez faim maintenant, parce que vous serez rassasiés [1] ! Heureux vous qui pleurez maintenant, parce que vous serez dans la
22 joie [2] ! — Vous serez heureux quand les hommes vous haïront, et quand ils vous excluront et vous injurieront et rejetteront votre nom

nous aurions deux discours différents dans nos deux évangiles. Ceux qui défendent ce point de vue se fondent, d'abord, sur le v. 17 mal compris, admettant que, dans Luc, nous avons un discours de la plaine et dans Matthieu un autre, prononcé sur la montagne ; ensuite, sur les notables différences des deux rédactions. Mais nous avons vu (v. 17, note) que le premier de ces arguments repose sur une erreur ; et, quant au second, il est largement contrebalancé par les parties communes aux deux discours. Peut-on admettre, en effet, que Jésus aurait répété deux fois de suite une instruction qui commence par les béatitudes, qui se poursuit par des enseignements à peu près identiques et se termine par la même parabole ? On prétend que l'un des discours (Luc) était surtout destiné aux disciples de Jésus, l'autre (Matthieu) à tout le peuple. Mais cette idée n'est justifiée ni par nos deux récits ni par le contenu des discours. Luc (6 : 20) dit que Jésus lève les yeux *sur ses disciples* au moment de prendre la parole, mais il est évident qu'il entend par ce terme tous ceux qui s'étaient assemblés autour de Jésus pour l'écouter. (v. 17.) Le Sauveur voulait leur faire du bien à tous, quel que fût le degré de leur développement moral, et jamais il ne professa, à la manière des philosophes, une doctrine ésotérique, destinée aux seuls initiés.

1. Voir, sur ces deux premières paroles, Math. 5 : 3 et 6, notes. D'après le premier évangile, Jésus dit : « pauvres *en esprit* » et parle d'une « faim et d'une soif *de la justice.* » Ces mots indiquent clairement qu'il s'agit d'une pauvreté spirituelle à laquelle Jésus promet des biens qui ne sont pas de ce monde. Il déclare *heureux* ceux qui ressentent cette pauvreté-là, parce qu'ils éprouvent le besoin de sa grâce. En désignant de la sorte ceux qui sont qualifiés pour être admis dans le *royaume de Dieu*, il révèle toute la spiritualité de ce royaume qui, disait-il, « est au dedans de vous. » (17 : 21.) Ce caractère spirituel est moins apparent dans la rédaction que Luc nous a conservée des béatitudes. En effet, quand Jésus, d'après Luc, déclare heureux les *pauvres*, ceux *qui ont faim*, ceux *qui pleurent ;* et que,

d'autre part, il prononce un *malheur* sur les *riches*, sur ceux qui jouissent des prospérités de la terre, il a l'air de dire que la pauvreté et la souffrance sont par elles-mêmes des titres au royaume de Dieu, et que la possession des biens et des joies de cette vie est en soi un malheur, et presque une malédiction. Cette interprétation paraît autorisée encore par ce mot *maintenant*, ici-bas, qui oppose la condition terrestre actuelle à la vie à venir. Elle semble conforme à d'autres enseignements de notre évangile, comme la parabole du mauvais riche et de Lazare. (16 : 19 et suiv.) Mais un examen plus attentif montre qu'une telle conception n'est certainement pas dans la pensée du Sauveur, ni dans celle de notre évangéliste. Les béatitudes telles que Luc nous les a conservées, ne diffèrent pas d'une manière essentielle de celles de Matthieu. Elles doivent être interprétées à la lumière de ces dernières. Elles revêtent une forme abrégée, parce qu'elles sont des paroles adressées directement aux auditeurs spéciaux que Jésus avait devant lui sur la montagne. Ceux-ci, quelle que fût leur position matérielle, étaient venus à lui pressés par les besoins de leur âme et le désir d'un secours d'en haut. Le Maître répond à leurs aspirations. D'ailleurs il ne faut pas oublier que la pauvreté et la souffrance, sans donner encore aucun droit aux glorieuses promesses de l'Évangile, sont très souvent dans la main de Dieu un moyen d'éclairer, d'humilier les âmes, de les déprendre de l'idolâtrie des choses visibles, pour les faire soupirer après les biens éternels ; et que d'autre part, les richesses, les prospérités et les joies de la terre exercent sur les âmes une influence fatale, qui les aveugle sur leurs vrais intérêts et les endurcit. C'est pourquoi Jésus peut prononcer un quadruple *malheur !* sur ceux qui possèdent des richesses. (Comp. Jacq. 2 : 5 ; 5 : 1 et suiv.) Mais encore ici, il ne s'adresse pas à tous les riches, pris d'une manière abstraite.

2. Gr. *vous rirez*, comme au v. 25. Le *rire* est l'expression de la joie (Ps. 126 : 2), comme les *pleurs* sont l'expression de la tristesse. Matthieu, suivant de plus près les gradations de la pensée du Sauveur,

ÉVANGILE SELON LUC

comme mauvais, à cause du fils de l'homme[1]. — Réjouissez-vous en ce jour-là, et tressaillez de joie ; car voici, votre récompense sera grande dans le ciel, car c'est de la même manière que leurs pères traitaient les prophètes[2]. — Mais malheur à vous riches, parce que vous avez reçu votre consolation[3] ! — Malheur à vous qui êtes rassasiés maintenant, parce que vous aurez faim[4] ! Malheur à vous qui riez maintenant, parce que vous mènerez deuil et pleurerez[5] ! — Malheur, quand tous les hommes diront du bien de vous ! car c'est de la même manière que leurs pères traitaient les faux prophètes[6]. 23 24 25 26

Mais je vous dis, à vous qui écoutez : Aimez vos ennemis ; faites du bien à ceux qui vous haïssent ; — bénissez ceux qui vous maudissent ; priez pour ceux qui vous outragent[7]. — A celui qui te 27 28 29

déclare « heureux ceux qui pleurent, parce qu'ils seront *consolés*. » (Math. 5 : 4, note.)
1. Math. 5 : 11, note. Il y a une gradation dans tous ces actes qui procèdent de la *haine*. Ils vous *excluront* de leurs sociétés, de leurs synagogues, de leurs églises, même bien souvent de vos droits civils. (Jean 9 : 22, 34 ; 12 : 42 ; 16 : 2.) *Rejeter* le *nom* de quelqu'un *comme mauvais*, c'est mépriser ce nom au point de ne vouloir pas même le prononcer, comme s'il était le résumé de tout ce qu'il y a de plus *méchant*. Ce *nom* est suivant les uns le nom individuel du croyant, suivant d'autres la désignation collective des disciples comme Nazaréens ou chrétiens. (Jacq. 2 : 7.) Le premier sens est plus naturel dans notre contexte. — Et tout cela, *à cause du fils de l'homme !* (Matthieu dit plus simplement et plus directement : *à cause de moi*.) C'est lui qui est l'objet de toute cette haine, parce qu'il est le témoin vivant de la vérité. Et voilà pourquoi il déclare *heureux* ceux qui, par la même cause, souffrent avec lui.
2. Math. 5 : 12, note. Voir, sur cette joie recommandée et promise aux disciples persécutés, Act. 5 : 41, et sur ces mêmes traitements infligés aux prophètes, Luc 11 : 47, 48 ; Math. 23 : 34 ; Act. 7 : 52.
3. Comp. v. 21, note. Luc oppose à ses quatre béatitudes quatre *malheur !* qui y correspondent exactement, et que Matthieu a omis. Le premier concerne *les riches*, qui sont malheureux parce qu'en mettant leur confiance dans les richesses (Marc 10 : 24), et en faisant leur dieu, ils *ont reçu* actuellement *leur consolation* et qu'ils n'en auront point d'autre quand ils verront s'évanouir leurs illusions ;

comp. 16 : 25. Le mot que nous traduisons par *mais* signifie *seulement, excepté*, et désigne les personnes mentionnées dans ce verset comme exceptées, exclues de la catégorie précédente.
4. C'est l'opposé du v. 21 ; Luc ne dit pas seulement « vous qui êtes *rassasiés*, » mais « vous qui êtes *remplis*, » de telle sorte qu'il ne reste en vous aucune place pour des biens d'une autre nature. Et l'homme peut être ainsi comblé sans être véritablement *rassasié*. — Le texte reçu omet *maintenant :* ce mot se trouve dans *Sin.*, *B* et plusieurs *majusc*.
5. Le *rire* est l'expression d'une joie bruyante qui éclate au dehors. Le mot : *maintenant* oppose l'état actuel à l'avenir indiqué par ces verbes au futur : vous *mènerez deuil*, vous *pleurerez*.
6. Opposition directe avec le v. 22. D'après le vrai texte, cette exclamation *malheur !* n'est pas suivie des mots *à vous*. C'est que Jésus n'adresse point ces paroles à ses auditeurs actuels, qui ne risquent guère de se trouver dans une telle position (comp. v. 22), mais aux pharisiens et aux chefs théocratiques du peuple, honorés de tous, et qui recherchaient avidement cette influence et cette popularité. Ce qui n'empêche pas que, de nos jours, les disciples de Jésus-Christ ne sauraient trop méditer ces paroles, dans le sens de Gal. 1 : 10.
7. Jésus a annoncé à ses disciples qu'ils seront haïs et outragés (v. 22), puis il a prononcé des malédictions sur le monde ennemi de Dieu. Ses auditeurs auraient pu conclure de là qu'il leur était permis de haïr leurs ennemis. Jésus, en se tournant vers eux, prévient leur pensée par ces mots : *Mais je vous dis, à vous qui écoutez*. Il revient, des riches absents, à

frappe sur la joue, présente aussi l'autre ; et celui qui enlève ton
30 manteau, ne l'empêche point de prendre aussi ta tunique [1]. — Donne
à quiconque te demande ; et ne redemande pas à celui qui enlève ce
31 qui est à toi [2]. — Et comme vous voulez que les hommes vous fas-
32 sent, vous aussi faites-leur de même [3]. — Et si vous aimez ceux qui
vous aiment, quel gré vous en saura-t-on ? car les pécheurs aussi
33 aiment ceux qui les aiment ; — et si vous faites du bien à ceux qui
vous font du bien, quel gré vous en saura-t-on ? car les pécheurs
34 aussi font la même chose. — Et si vous prêtez à ceux de qui vous
espérez recevoir, quel gré vous en saura-t-on ? Les pécheurs aussi
35 prêtent aux pécheurs, afin de recevoir la pareille [4]. — Mais aimez
vos ennemis, et faites du bien et prêtez sans rien espérer, et votre
récompense sera grande, et vous serez fils du Très-Haut ; parce que
36 lui est bon envers les ingrats et les méchants [5]. — Soyez miséricor-

ses auditeurs réels. (D'autres prennent ces mots : *vous qui écoutez* dans un sens moral : vous qui êtes dociles à mes enseignements. Ce sens est moins simple.) Jésus énonce ce précepte profond qui dépasse les forces de l'homme naturel : *aimer* ceux qui nous *haïssent*. Ce commandement de l'amour, qui ne peut être accompli que sous la loi nouvelle de l'Evangile, est motivé d'une manière différente dans Matthieu (5 : 44 et 45), où il se trouve directement opposé à l'esprit de la loi ancienne, et rattaché à l'amour des enfants de Dieu pour leur Père céleste. (Voir les notes.) C'est sans doute ainsi que Jésus présenta ce contraste profond dans le sermon sur la montagne.
1. Math. 5 : 40, note. Dans le premier évangile, Jésus nomme ces deux vêtements dans l'ordre inverse : si quelqu'un veut t'ôter la *tunique*, laisse-lui aussi le *manteau*. Il suppose un créancier (« si quelqu'un veut plaider contre toi ») qui saisit d'abord la tunique, de moindre valeur, puis, s'il n'est pas assez payé, réclame le manteau. — Jésus qui, jusqu'ici, parlait d'une manière générale, au pluriel (*vous*), passe brusquement au singulier (*tu*), afin d'obliger chacun de ses auditeurs à s'appliquer individuellement ces paroles. Il en est de même dans Matthieu.
2. Math. 5 : 42, note. La seconde partie de ce verset est un peu différente dans le premier évangile, qui dit : « et ne te détourne point de celui qui veut emprunter de toi. »
3. Math. 7 : 12, note.
4. Math. 5 : 46, 47, notes. Cette question deux fois répétée (v. 32, 33) : *quel gré*

vous en saura-t-on ? signifie proprement : quelle grâce vous en revient-il ? De la part de Dieu ; car il serait directement contraire à l'esprit de ces paroles d'attendre quelque grâce ou quelque bienfait de la part des hommes, pour prix de la charité qu'on leur témoigne. Dans Matthieu, Jésus dit : « Quelle *récompense* en aurez-vous ? » Le sens est le même au fond, bien que l'expression de Luc dise plus clairement que, de la part de Dieu, tout est *grâce*. — Selon le premier évangile, Jésus se plaçant au point de vue des Juifs, dit : « les *péagers* mêmes ; » Luc, écrivant pour des étrangers, exprime la même idée par un terme plus général : les *pécheurs*, les hommes mauvais, corrompus.
5. Math. 5 : 44, 45, notes. *Mais* (gr. *excepté*, même mot qu'au v. 24, ce faux amour écarté) voici la conduite que vous devez tenir. — *Aimer, faire le bien, prêter, sans rien espérer*, c'est agir dans l'esprit de l'amour de Dieu lui-même, c'est prouver à nous-mêmes et aux autres que nous sommes ses enfants. Tel est l'exemple divin que Jésus nous propose, même dans nos rapports avec les *ingrats* et les *méchants*. Matthieu donne pour preuve de cette miséricorde de Dieu égale pour tous « qu'il fait lever son soleil et répand les pluies du ciel » sur tous indistinctement. — Le verbe que nous traduisons par *espérer* signifie ordinairement *désespérer*. Quelques-uns appliquent ici ce sens : *sans désespérer de rien*, sans regarder comme perdu ce que vous donnez, puisque vous êtes assurés de la *récompense* céleste qui sera grande. Mais la signification reçue : *n'espérant* rien

ÉVANGILE SELON LUC

dieux, comme votre Père est miséricordieux[1]. — Et ne jugez point, 37 et vous ne serez pas jugés ; ne condamnez point, et vous ne serez point condamnés ; absolvez, et vous serez absous[2]. — Donnez, et il 38 vous sera donné ; on vous donnera dans votre sein une bonne mesure, pressée, secouée, débordante ; car de la mesure dont vous mesurez, il vous sera mesuré en retour[3]. Et il leur dit aussi une parabole : Un aveugle peut-il conduire un 39 aveugle ? Ne tomberont-ils pas tous deux dans une fosse[4] ? — Un 40 disciple n'est point au-dessus du maître ; mais tout disciple accompli sera comme son maître[5]. — Et pourquoi regardes-tu la paille qui 41 est dans l'œil de ton frère, tandis que tu n'aperçois pas la poutre qui est dans ton propre œil ? — Ou comment peux-tu dire à ton 42

en retour de qui vous demande, est plus conforme au parallélisme avec le v. 34. Une var. dans *Sin.* et les vers. syr. porte : « ne désespérant *personne* » (par un refus).

1. La *miséricorde* de Dieu, tel est le modèle sublime que Jésus propose à ses disciples. Le but vers lequel ils doivent tendre constamment, c'est de devenir les *fils* de ce *Père*, en étant miséricordieux comme lui ; et ce sera là leur *grande récompense*. — Matthieu (5 : 48) conclut la première partie de son discours par une pensée analogue, mais exprimée en termes différents : « Soyez donc *parfaits*, comme votre Père céleste est parfait. » Comme cet évangéliste venait de rappeler la bonté ou la *miséricorde* de Dieu envers tous, c'est bien aussi cette perfection spéciale qu'il nous exhorte à imiter et à atteindre (voir la note) ; en sorte qu'au fond la pensée est la même dans les deux évangiles.
2. Math. 7 : 1-3, note. Luc fait découler très logiquement cette disposition contraire à l'esprit de jugement de sa source naturelle, la *miséricorde*. (v. 36.) Et tandis que Matthieu se borne à dire : « Ne jugez point, » Luc ajoute : *ne condamnez point*, donnant à entendre par là que, dans tous les jugements sévères que nous portons sur nos frères, il y a une disposition méchante à les condamner, tandis que nous devrions être désireux de pouvoir toujours les *absoudre*, lorsqu'ils sont accusés. Tel est bien le sens de ce dernier mot, que nos versions ordinaires rendent par *pardonner*. (23 : 16.) Il ne s'agit point, en effet, d'offenses personnelles, mais des torts supposés du prochain, soit envers Dieu, soit envers les hommes. — La récompense promise à l'accomplissement de ces saints devoirs, c'est de n'être pas *jugés*, *condamnés*, mais *absous* par Dieu lui-même. En effet, la mesure de son jugement est puisée dans le cœur même des hommes. (v. 38, comp. Math. 7 : 2, note.)

3. Cet esprit miséricordieux (v. 36, 37) est aussi toujours disposé à *donner* ; et par là même il s'attire, de la part de Dieu, les plus riches dons de sa grâce. Cette dernière pensée est illustrée par une image frappante, dont les épithètes multipliées sont destinées à dépeindre la richesse de la libéralité divine. — L'expression : *dans votre sein*, est empruntée à la forme du costume oriental qui, très ample sur la poitrine et resserré par une ceinture, fournit une sorte de poche d'une capacité assez grande. (Ruth 3 : 15 ; voir aussi le *Voyage en Terre-Sainte* de M. Félix Bovet, 7e édit., p. 205.)

4. Il est difficile de trouver une liaison entre cette *parabole* et les pensées qui précèdent. Ceux qui veulent maintenir l'unité et la suite de cette partie du discours dans la relation de Luc appliquent l'image de l'*aveugle conduisant un aveugle* à la prétention de juger le prochain (v. 37) et le rapprochent de la comparaison employée au v. 41. (Comp. Math. 7 : 5, note.) Matthieu cite cette image dans une autre circonstance (15 : 14), où l'application en est des plus naturelles. (Comp. Math. 23 : 16 ; Jean 9 : 40, 41.)

5. D'autres traduisent : « chacun sera *formé* (1 Cor. 1 : 10, note) comme son maître. » L'ordre des mots dans le grec rend la traduction ordinaire plus probable. — Pour trouver un rapport entre ce verset et le précédent, on admet que, des deux aveugles qui tombent dans la fosse, l'un est le *maître* (conducteur), l'autre le *disciple*. Pour qu'ils n'y tombassent pas,

frère : Frère, permets que j'ôte la paille qui est dans ton œil, toi qui ne vois pas la poutre qui est dans ton œil ? Hypocrite, ôte premièrement la poutre de ton œil, et alors tu verras pour ôter la paille
43 qui est dans l'œil de ton frère [1]. — Car il n'y a pas de bon arbre qui produise de mauvais fruit, ni de mauvais arbre qui produise de
44 bon fruit. — Car chaque arbre se reconnaît à son propre fruit. Car on ne recueille pas sur des épines des figues, et l'on ne vendange pas
45 le raisin sur des ronces [2]. — L'homme bon tire le bien du bon trésor de son cœur, et l'homme mauvais tire le mal du mauvais trésor [3] ; car de l'abondance du cœur sa bouche parle [4].
46 Mais pourquoi m'appelez-vous Seigneur, Seigneur, et ne faites-vous
47 pas ce que je dis [5] ? — Tout homme qui vient à moi et entend mes paroles et les met en pratique, je vous montrerai à qui il est sem-
48 blable : — Il est semblable à un homme qui bâtit une maison, qui a creusé et foui profondément, et a posé le fondement sur le roc ; et une inondation étant survenue, le torrent s'est jeté contre cette maison, et il n'a pu l'ébranler, parce qu'elle avait été bien bâtie. —
49 Mais celui qui a entendu et n'a pas mis en pratique, est semblable à un homme qui a bâti une maison sur la terre, sans fondement ; le

il faudrait que le disciple fût supérieur ou plus clairvoyant que le maître, ce qui n'est pas le cas ordinairement. Ce rapport n'est pas très évident ; mais Jésus a souvent employé cette même comparaison dans des discours où l'application en est lumineuse. (Math. 10 : 24, 25 ; Jean 13 : 16 ; 15 : 20.)

1. Math. 7 : 3-5, note. Cette image est destinée, dans le premier évangile, à faire sentir la folie de ceux qui jugent les défauts des autres tout en étant aveuglés sur les leurs propres. L'application est directe. Dans Luc, l'image a le même sens, qu'on la rapporte au v. 37 ou au v. 39.

2. Math. 7 : 16-20, note. Dans le premier évangile, la liaison de ces paroles avec ce qui précède, est différente. Là Jésus avait dit : « Gardez-vous des faux prophètes ! » Et c'est à leur sujet qu'il indique le signe certain auquel on pourra les reconnaître : *les fruits*. Luc applique cette comparaison à l'homme aveuglé et hypocrite qui veut corriger son frère, tandis qu'il a lui-même des défauts plus graves. (v. 41, 42.) Comment peut-il prétendre faire du bien à son frère, tant qu'il produit de mauvais fruits ? Le mot grec, traduit par *mauvais*, signifie proprement *gâté*, *pourri*. Cet arbre est une image de la corruption morale de l'homme.

« On voit souvent en Palestine, derrière les haies d'*épines* et de *ronces*, des *figuiers* tout enguirlandés des jets grimpants de *ceps de vigne.* » *Godet.*

3. Jésus explique l'image qui précède : c'est *du cœur* que procèdent les sources de la vie, c'est-à-dire *le bien* ou *le mal*. Le texte reçu avec A, C, majusc. répète, dans le second membre de la phrase, le mot du premier : mauvais *trésor de son cœur*, qui exprime bien l'idée dont il s'agit. — Matthieu, qui n'a pas ces paroles dans le sermon sur la montagne, les reproduit ailleurs. (12 : 35.)

4. Les *paroles*, et d'une manière générale tous les actes que nous accomplissons, procèdent du cœur. Ici cette pensée se rattache encore à l'avertissement donné à l'homme qui a la prétention d'enseigner son frère. (v. 41, 42.) Dans Matthieu (12 : 34) la même sentence se retrouve, mais appliquée à des hommes qui abusaient de la parole pour blasphémer contre le Saint-Esprit. Il est un grand nombre de ces sentences courtes et pénétrantes que Jésus dut prononcer à plus d'une reprise.

5. Math. 7 : 21, note. Là, Jésus insiste sur ce reproche sévère, et cite des exemples de la manière dont on peut encourir cette terrible responsabilité.

torrent s'est jeté contre elle, et aussitôt elle s'est écroulée, et la ruine de cette maison-là a été grande[1].

2. *Jésus guérit et délivre.*

A. 1-10. Le serviteur du centenier de Capernaüm. — 1° *L'intercession des anciens.* Le discours sur la montagne achevé, Jésus rentre à Capernaüm. Un centenier de cette ville, qui a son serviteur malade, envoie vers Jésus des anciens pour le prier de venir guérir le malade. Ceux-ci représentent à Jésus combien le centenier est digne d'obtenir l'exaucement de sa requête. (1-5.) — 2° *La députation des amis.* Comme Jésus se rend à la maison du centenier, celui-ci lui envoie des amis pour lui dire qu'il ne se sent pas digne de recevoir Jésus dans sa demeure, qu'une parole dite par Jésus suffira pour guérir le serviteur. Quelle ne doit pas être, en effet, la puissance de la parole de Jésus, puisque sa propre parole à lui, homme placé dans la dépendance d'autrui, se fait obéir des subordonnés? (6-8.) — 3° *La réponse de Jésus.* Jésus admire et loue publiquement la foi du centenier. Les envoyés, de retour à la maison, trouvent le serviteur guéri. (9, 10.)

VII Après qu'il eut achevé tous ses discours devant le peuple qui l'écoutait[2], il entra dans Capernaüm. — Or, un centenier avait un serviteur malade qui s'en allait mourir, et qui lui était cher[3]. — Et ayant

---

1. Voir, sur cette conclusion de tout le discours, Math. 7 : 24-27, note. Nous ferons remarquer quelques traits propres à Luc. Il a seul ces mots solennels : *Tout homme qui vient à moi et entend.* (v. 47.) C'est à chacun de ses auditeurs qu'incombe la responsabilité des effets produits par la parole divine. Quelle élévation il y a dans cette pensée ! Comme Jésus avait la conscience que *ses paroles* étaient les paroles de Dieu même ! — A Luc encore appartient cette double expression (v. 48) : qui a *creusé* et *foui* profondément (gr. *creusé et approfondi*). « Il y a sur les terrains en pente qui entourent le lac de Génézareth des coteaux où une couche de terre (Luc) ou de sable (Matthieu) peu épaisse recouvre le rocher. L'homme prudent creuse à travers ce terrain meuble et creuse même profondément jusqu'au roc.... » *Godet.* Malheur à qui s'arrête à la superficie ! — Les éléments qui menacent cette maison sont, selon Luc, une *inondation*, formant un *torrent* descendant des montagnes. Matthieu est plus complet et plus pittoresque : c'est la *pluie* qui tombe, les *torrents* qui débordent, les *vents* qui soufflent et se précipitent sur cette maison. Tout cela n'a pas même *pu l'ébranler,* parce qu'elle était *bien bâtie.* Le texte reçu, avec A, C, D, majusc. porte conformément à Matthieu : *car elle avait été fondée sur le roc.* — L'homme imprudent bâtit *sur la terre* (Luc) ; Matthieu, plus expressif : *sur le sable.* — Luc peint *la ruine* (gr. *déchirure*) soudaine de cette maison par ce mot : *aussitôt.* Les évangélistes ont tous deux cette remarque finale : *Grande* est cette destruction ! « Une âme perdue, une seule, c'est une *grande ruine*, aux yeux de Dieu. Voilà la solennelle pensée sous l'impression de laquelle Jésus laisse ses auditeurs en terminant ce discours. Chacun d'eux, à l'ouïe de cette dernière parole, entend, en quelque sorte, le fracas de cet édifice qui s'écroule et doit se dire : Ce désastre sera le mien, si je suis inconséquent ou hypocrite. » *Godet.*

2. Gr. *accompli* tous ses discours *aux oreilles du peuple.* Il y a quelque chose de solennel dans cette expression ; elle signifie que l'enseignement de Jésus-Christ avait été complet, qu'il n'y manquait rien, et que tout le peuple l'avait bien entendu.

3. Voir, sur ce récit, Math. 8 : 5-13, notes. Nous avons reconnu quelques différences notables qui existent entre ces deux narrations du même fait. D'après Matthieu, qui, comme toujours, abrège, supprime les détails secondaires et va droit au fait principal; le centenier de Capernaüm se présente personnellement à Jésus et lui adresse sa prière. D'après Luc, il

entendu parler de Jésus, il envoya vers lui des anciens des Juifs, pour
4 le prier de venir et de sauver son serviteur [1]. — Eux donc étant
venus vers Jésus, le priaient instamment, disant : Il est digne que tu
5 lui accordes cela ; — car il aime notre nation, et c'est lui qui nous a
6 bâti la synagogue [2]. — Et Jésus s'en allait avec eux ; mais comme
déjà il n'était plus éloigné de la maison, le centenier envoya vers lui
des amis pour lui dire : Seigneur, ne te fatigue point, car je ne suis
7 pas digne que tu entres sous mon toit ; — c'est pourquoi je ne me
suis pas non plus jugé digne d'aller moi-même vers toi ; mais dis
8 une parole, et mon serviteur sera guéri. — Car moi aussi, je suis
un homme placé sous autorité, ayant sous moi des soldats, et je dis
à celui-ci : Va, et il va ; et à un autre : Viens, et il vient ; et à mon
9 serviteur : Fais ceci, et il le fait [3]. — Or Jésus ayant entendu ces paroles, l'admira ; et se tournant, il dit à la foule qui le suivait : Je
vous dis que même en Israël je n'ai pas trouvé une si grande foi [4]. —
10 Et ceux qui avaient été envoyés, étant retournés à la maison, trouvèrent le serviteur en bonne santé [5].

fait tout cela par l'intermédiaire d'anciens des Juifs, qui s'acquittent de leur mission avec une grande bienveillance. Et ensuite il envoie à Jésus des amis pour lui dire qu'il ne se sent pas digne de le recevoir sous son toit. Le récit de Matthieu, plus simple, se bornant à l'essentiel, devait se graver plus facilement dans le souvenir et rester tel quel dans la tradition apostolique. Mais cela ne signifie point que la narration plus circonstanciée de Luc ne soit pas historique. Elle est, au contraire, bien en harmonie avec la profonde humilité que fait paraître le centenier dans l'un et l'autre récit. — Quant au malade qu'il s'agissait de guérir, il est désigné dans Matthieu par un mot qui signifie à la fois un *enfant* et un *serviteur*, dans Luc par le terme d'*esclave*. Voir Math. 8 : 6, note.

1. Ces *anciens des Juifs* étaient les magistrats urbains. Ce terme désignait, à Jérusalem, les membres du sanhédrin. (Math. 26 : 3 ; comp. Nomb. 11 : 16, 24 ; 16 : 25 ; Deut. 27 : 1.)

2. Nous connaissions, d'après Matthieu, la tendre et active charité que portait à son pauvre esclave cet officier romain converti au Dieu vivant ; nous savions de quelle profonde humilité son cœur était rempli. Luc, qui nous le peint sous les mêmes traits, nous fait connaître de plus son *amour* pour la *nation* au sein de laquelle il avait trouvé le vrai Dieu, et sa grande générosité, qui l'avait porté à *bâtir* à ses frais la *synagogue* de Capernaüm. Et cependant, de tous ces beaux fruits de la grâce de Dieu en lui, Jésus ne relève et n'admire qu'un seul : *la foi*, source de tous les autres. (v. 9.)

3. Math. 8 : 8, 9, notes. Cette seconde démarche n'est pas en contradiction avec la première, par laquelle le centenier sollicitait Jésus de venir chez lui (v. 3). Elle marque seulement, dit M. Godet, « un progrès dans le sentiment d'humilité et de foi qui lui avait dicté celle-ci. » Le scrupule qu'éprouve le centenier provenait peut-être de l'idée que Jésus, comme Juif, contracterait une souillure en entrant dans une maison païenne. Mais il lui était aussi inspiré par le sentiment profond de son péché. — Au v. 6, *Sin.*, B omettent *vers lui*. Au v. 7, B et un autre *majusc.* portent : « *Que* mon serviteur *soit guéri.* »

4. Math. 8 : 10-13, notes. Le premier évangile, d'après lequel le centenier est présent auprès de Jésus, renferme cette précieuse parole : « Va, et qu'il te soit fait selon que tu as cru. » A sa remarque pleine de tristesse qu'il n'a pas trouvé *en Israël* la foi du centenier, Jésus ajoute, d'après Matthieu, un sérieux avertissement adressé à ce peuple. (Math. 8 : 11, 12.) Cette parole se trouve, chez Luc, dans un autre contexte. (13 : 28, 29.)

5. Le texte reçu, avec A, C, *majusc.* porte : trouvèrent le serviteur malade en

B. 11-17. Le fils de la veuve de Naïn. — 1° *La rencontre des deux cortèges.* Jésus se rend à Naïn suivi d'une grande foule. Il rencontre une foule qui sort de la ville pour accompagner un mort, fils unique d'une veuve. (11, 12.) — 2° *Jésus console et rend la vie.* Emu de compassion, Jésus dit à la mère : Ne pleure point ! Il touche la bière et commande au mort de se lever. Celui-ci obéit, et Jésus le rend à sa mère. (13-15.) — 3° *Effet produit.* Les témoins de ce miracle, saisis de crainte, célèbrent l'avènement d'un grand prophète. La nouvelle se répand dans tout le pays. (16, 17.)

11 Et il arriva, le jour suivant, que Jésus allait à une ville appelée Naïn [1], et ses disciples fort nombreux et une grande foule allaient avec lui. — 12 Or, comme il approchait de la porte de la ville, voici [2], on portait dehors un mort, fils unique de sa mère, qui était veuve [3]. Et une foule considérable de la ville était avec elle [4]. — 13 Et en la voyant, le Seigneur fut ému de compassion envers elle, et il lui dit : Ne pleure point [5]. — 14 Et s'étant approché, il toucha le cercueil, et les porteurs s'arrêtèrent [6] ; et il dit : Jeune homme, je te le dis, lève-toi [7] ! — 15 Et le mort se leva sur son séant, et se mit à parler. Et il le rendit à sa mère [8]. — 16 Or la crainte les saisit tous, et ils glorifiaient Dieu, en disant : Un grand prophète s'est élevé parmi nous, et : Dieu a visité

bonne santé. — De l'un et de l'autre évangile ressort le fait que Jésus accomplit cette guérison par sa seule parole, et à distance.

1. Le texte reçu, avec *Sin.*, C, D, porte : *le jour suivant*; B, A : *le temps suivant*, quelque temps après. — *Naïn*, petite ville de Galilée, qui existe encore, et qui est située à huit lieues au sud-ouest de Capernaüm, au pied du petit Hermon. Luc seul a conservé le trait touchant qui va suivre.

2. Tout un cortège nombreux qui, au moment d'entrer dans la ville, rencontre un autre cortège, qui en sort. C'est la vie qui vient au-devant de la mort. *Voici* (gr. *et voici*, hébraïsme) marque ce qu'il y avait de surprenant dans la rencontre inopinée de ces deux cortèges.

3. Que de douleurs décrites en quelques mots ! Ce *mort* qu'on *portait dehors* (chez les Juifs, les lieux de sépulture étaient toujours hors des villes) était un jeune homme (v. 14), *fils unique de sa mère, qui était veuve*. Ainsi cette femme accompagnait au tombeau ce qu'il lui restait de plus cher, son dernier appui sur la terre. Il n'en fallait pas tant pour émouvoir la tendre compassion de Jésus. (v. 13.)

4. Preuve que cette veuve était considérée et aimée dans sa ville.

5. Le Sauveur découvre immédiatement la pauvre veuve au milieu de la foule ; et, à sa vue, il est (gr.) *ému dans ses entrailles* : expression d'un vif et profond sentiment de sympathie. Cette tendre charité lui fait accomplir un de ses plus grands miracles. Ici, comme à la résurrection de Lazare, nous voyons en Jésus-Christ la grandeur divine, unie aux sentiments humains les plus vrais. — Ce mot d'une profonde compassion : *Ne pleure point*, ne serait qu'une ironie si Jésus n'avait pas eu conscience dès ce moment de ce qu'il allait faire.

6. Le *cercueil* était ouvert ; le mort y était couché, enveloppé d'un linceul. Jésus s'en approche ; il touche la bière sans crainte de la souillure résultant du contact d'un mort. C'était une invitation aux *porteurs à s'arrêter*. Ceux-ci obéissent à ce geste hardi du Prince de la vie.

7. Quelle assurance et quelle majesté dans ces mots : *je te le dis !* Jésus adresse la parole à un mort, certain que celui-ci lui obéira, comme s'il était en vie. *Lève-toi !* parole créatrice « qui fait vivre les morts et qui appelle les choses qui ne sont point comme si elles étaient. » (Rom 4 : 17 ; comp. Luc 8 : 54 ; Jean 11 : 43.)

8. Gr. il le *donna* à sa mère. Quel *don !* Ce mot correspond à celui-ci : « Ne pleure point. » (v. 13.)

17 son peuple[1]. — Et cette parole se répandit à son sujet par toute la Judée et dans toute la contrée d'alentour[2].

C. 18-35. MESSAGE DE JEAN-BAPTISTE ET DISCOURS DE JÉSUS SUR JEAN. — 1° *La mission des disciples de Jean auprès de Jésus.* — *a) La question de Jean.* Toutes les œuvres de Jésus parviennent à la connaissance de Jean par ses disciples. Il en envoie deux à Jésus pour lui demander s'il est bien le Messie. (18-20.) — *b) La réponse de Jésus.* Jésus guérit à l'heure même plusieurs malades et dit aux envoyés de Jean de rapporter à leur maître ce dont ils sont témoins. Il ajoute que celui qui ne se heurte pas à son apparition est heureux. (21-23.) — 2° *Le discours de Jésus sur Jean.* — *a) La place occupée par Jean dans le règne de Dieu.* Les disciples de Jean partis, Jésus parle de Jean à la foule. Ce n'est pas un homme vacillant, ni un efféminé qu'elle est allée voir au désert, mais un prophète, le plus grand de tous, celui que la prophétie désignait comme le messager destiné à préparer les voies au Messie. Malgré ce rôle, qui le place au-dessus de tous ses prédécesseurs, il est cependant inférieur à celui qui, dans le royaume des cieux, occupe une bien moindre place. (24-28.) —
— *b) L'accueil fait au ministère de Jean. Caractéristique de l'attitude du peuple à l'égard de Jean et de Jésus.* Le peuple, et en particulier ses éléments les plus méprisés, sont entrés dans les voies de Dieu en se faisant baptiser ; mais les pharisiens et les docteurs de la loi ont rendu vains les desseins de la miséricorde divine. Telle a été d'ailleurs la conduite de la génération contemporaine tout entière, non seulement à l'égard de Jean, mais de Jésus lui-même. Elle peut être comparée à l'attitude d'enfants boudeurs qui refusent d'entrer dans le jeu de leurs camarades, que ceux-ci représentent une fête joyeuse ou une scène de deuil. Cette génération a traité de folie l'austérité du Baptiste et accusé de dissolution la sainte liberté du fils de l'homme. La sagesse divine a trouvé cependant des cœurs dociles qui ont montré l'excellence de ses voies. (29-35.)

18 Et les disciples de Jean lui firent rapport sur toutes ces choses[3]. —

1. La *crainte* était l'effet de cette éclatante manifestation de la puissance divine. Aussi *tous glorifiaient Dieu* et reconnaissaient à haute voix la présence d'un *prophète*, par lequel Dieu avait *visité son peuple*. Bien que les miracles de Jésus eussent toujours pour but immédiat de faire du bien, comme ici de rendre à une pauvre veuve son fils unique, ils avaient aussi pour résultat de manifester la puissance de Dieu et de disposer les âmes à entendre la parole qui leur apportait le salut. C'est ainsi, en effet, que Jésus se révélait comme le Sauveur. En délivrant les malheureux de la souffrance, de la maladie, de la mort elle-même, il prouvait qu'il avait la puissance de les délivrer du péché, source de tous ces maux. En particulier par la résurrection des morts, Jésus se manifestait comme le Prince de la vie (Jean 11 : 25 et 26), de la vie qu'il communique à l'âme dès ici-bas par sa parole, et de la vie qu'il rendra au dernier jour à ceux qui seront dans les sépulcres. Cette double résurrection, qui n'est qu'un seul et même acte de la puissance divine, Jésus lui-même se l'attribue expressément. (Jean 5 : 24-29.)

2. Cette *parole* est celle que les témoins du miracle prononçaient avec enthousiasme. (v. 16.) Elle se *répandit* non seulement dans la Galilée, où se trouvait Jésus, mais dans *toute la Judée* et même dans les *contrées d'alentour*, entre autres dans la Pérée, où Jean-Baptiste était en prison, en sorte que le bruit de ce miracle sert d'introduction au récit qui va suivre. (v. 18 et suiv.) Il était sans doute dans la pensée de Luc d'établir une relation entre ces deux traits de son récit. — De la mention de la Judée, où se répandit naturellement le bruit d'un si grand miracle, certains critiques ont conclu que Luc plaçait Naïn dans cette province, mais le terme *se répandit* (littéralement : *sortit*) indique que la renommée de l'acte accompli par Jésus dépassa le domaine habituel et retentit au loin.

3. Voir Math. 11 : 2-19, notes. *Toutes ces choses,* c'est-à-dire les deux miracles

Et Jean, ayant appelé à lui deux de ses disciples, les envoya vers Jé- 19
sus, pour lui dire : Es-tu celui qui doit venir [1], ou devons-nous en attendre un autre ? — Et ces hommes, étant venus vers Jésus, dirent : 20
Jean-Baptiste nous a envoyés vers toi, pour te dire : Es-tu celui qui
doit venir ou devons-nous en attendre un autre ? — A cette heure 21
même, il guérit plusieurs personnes de maladies, de maux, et de
méchants esprits, et il rendit la vue à plusieurs aveugles [2]. — Et 22
répondant, il leur dit : Allez et rapportez à Jean ce que vous avez
vu et entendu : les aveugles recouvrent la vue, les boiteux marchent,
les lépreux sont purifiés, les sourds entendent, les morts ressuscitent, l'Evangile est annoncé aux pauvres. — Et heureux est celui 23
pour qui je ne serai pas une occasion de chute [3] !
Mais quand les envoyés de Jean furent partis, il se mit à dire à la 24
foule, au sujet de Jean [4] : Qu'êtes-vous allés voir au désert ? Un roseau agité par le vent ? — Mais qu'êtes-vous allés voir ? Un homme 25
revêtu d'habits délicats ? Voici, ceux qui sont vêtus d'un vêtement
magnifique et qui vivent dans les délices sont dans les palais [5]. —
Mais qu'êtes-vous allés voir ? Un prophète ? Oui, vous dis-je, et plus 26
qu'un prophète. — C'est ici celui de qui il est écrit : Voici, j'envoie 27

qui précèdent (v. 1 et suiv.; v. 11 et suiv.) et d'une manière générale, les faits caractéristiques de l'activité de Jésus, *les disciples de Jean en firent rapport* à leur maître. Matthieu (11 : 2) dit que Jean « dans sa prison, ouït parler des *œuvres* de Christ. » Ainsi, quoique les récits de Matthieu et de Luc n'occupent pas chronologiquement la même place, ils s'accordent en ceci que la question de Jean-Baptiste à Jésus fut provoquée par les miracles qu'il accomplissait. C'est précisément là ce qui étonne. Comment de si grands miracles ne portaient-ils pas dans l'âme de Jean la conviction que Jésus était bien le Libérateur attendu ? Sans doute, il devait reconnaître, dans de telles œuvres, la main de l'Envoyé de Dieu ; mais il restait tout un côté de l'action du Messie, telle que Jean l'avait annoncée, qui ne se réalisait point : c'était le jugement qu'il devait exercer sur son peuple et sur le monde (Math. 3 : 10-12), et par lequel il devait établir son règne. Jésus n'accomplissait que des œuvres de miséricorde et avait même déclaré qu'il n'était pas venu pour juger, mais pour sauver. (Jean 3 : 17.) Là était pour Jean la contradiction ; de là sans doute momentané. Voir aussi sur le sens de la question de Jean et sur les diverses interprétations qu'on en a données, Math. 11 : 3, note.

1. Gr. celui qui *vient*. (Voir Math. 11 : 3, note.) *B* et quelques autres documents portent : « les envoya vers le *Seigneur*. »

2. Gr. il *donna par grâce le voir*. La réponse que Jésus va faire aux envoyés de Jean est la même que dans Matthieu ; mais Luc seul rapporte ce trait que Jésus accomplit tous ces miracles *à cette heure même* et sous leurs yeux. La critique s'est empressée d'en conclure que c'était là une amplification de la tradition postérieure, recueillie par Luc. Mais n'est-il pas très naturel de se représenter que les envoyés de Jean trouvèrent Jésus entouré de la foule (comp. Math. 11 : 7), occupé à ces œuvres de bienfaisance, et qu'ils furent témoins de quelques guérisons ? Dans le message de Jésus à Jean, tel que l'a consigné Matthieu, il est dit d'ailleurs : « Allez et rapportez ce que vous entendez *et voyez*. » (Math. 11 : 4.)

3. Gr. *qui ne se sera pas scandalisé en moi*. Allusion à Esa. 8 : 14. — Math. 11 : 4-6. notes.

4. Voir, sur le but de ce discours, Math. 11 : 7, note.

5. Ces mots : *et qui vivent dans les délices*, sont particuliers à Luc et forment un contraste encore plus frappant avec

devant ta face mon messager, qui préparera ton chemin devant toi [1].
28 — Car je vous dis qu'entre ceux qui sont nés de femme il n'y a nul prophète plus grand que Jean [2] ; cependant celui qui est plus
29 petit dans le royaume de Dieu est plus grand que lui [3]. — Et tout le peuple, l'ayant écouté, et les péagers, ont justifié Dieu, en se faisant
30 baptiser du baptême de Jean. — Mais les pharisiens et les légistes ont anéanti le dessein de Dieu à leur égard en ne se faisant pas baptiser par lui [4].
31 A qui donc comparerai-je les hommes de cette génération, et à qui
32 ressemblent-ils ? — Ils ressemblent à des enfants qui sont assis dans une place publique et qui crient les uns aux autres et disent : Nous vous avons joué de la flûte, et vous n'avez point dansé ; nous vous
33 avons chanté des complaintes, et vous n'avez point pleuré. — Car Jean-Baptiste est venu ne mangeant point de pain, et ne buvant point
34 de vin ; et vous dites : Il a un démon. — Le fils de l'homme est venu mangeant et buvant, et vous dites : Voici un mangeur et un
35 buveur, un ami des péagers et des pécheurs. — Mais la sagesse a été justifiée de la part de tous ses enfants [5].

l'austérité et les renoncements de la vie de Jean-Baptiste. (Voir Matthieu.)
1. Celui qui est l'objet de la prophétie est plus grand qu'un prophète. Ce qu'il y a de très remarquable dans cette citation de Mal. 3 : 1, c'est que dans les trois évangiles (Math. 11 : 10 ; Marc 1 : 2), elle n'est faite exactement ni d'après l'hébreu, ni d'après les Septante, mais modifiée de manière à ce que la venue de Jéhova, annoncée par cette prophétie, se trouve accomplie en la personne du Sauveur. (Voir Math. 11 : 10, note.)
2. Le texte reçu porte : Jean-*Baptiste*. *Sin.*, B, *majusc.*, *Itala* omettent le mot *prophète*. Tischendorf, Meyer et d'autres critiques le maintiennent, estimant que sa suppression est une imitation de Matthieu. Si ce terme est authentique, il confirme la déclaration de Jésus que Jean est *plus qu'un prophète*. Si, au contraire, il doit être supprimé, Jean serait comparé, non aux autres prophètes, mais à ceux qui sont *nés de femme*, c'est-à-dire aux hommes en général, et spécialement à tous les fidèles de l'ancienne alliance, auxquels il serait déclaré supérieur. Dans l'un et l'autre cas, c'est la plus grande louange que Jésus ait faite d'aucun homme.
3. Voir, sur cette parole souvent mal traduite et mal comprise, Math. 11 : 11, note.
4. *Tout le peuple* qui avait *écouté* Jean, dont la prédication avait excité l'attention universelle, et particulièrement les *péagers* qui avaient humblement reçu son *baptême*, *ont justifié Dieu*, c'est-à-dire rendu hommage à sa justice et démontré par leur conduite l'excellence de ses voies pour le salut des hommes, en confessant leurs péchés et en recourant aux moyens de grâce qu'il leur offrait. (Comp. v. 35.) Les *pharisiens*, au contraire, et les *légistes*, ou docteurs de la loi, ayant repoussé la prédication et le baptême de Jean, *ont anéanti* ou rendu nul le *dessein* de la miséricorde *de Dieu à leur égard*. Dieu voulait les sauver, ils ne l'ont pas voulu. — Ces deux versets (29 et 30) ne se trouvant pas dans le discours de Jésus d'après Matthieu (qui, par contre, renferme une pensée omise par Luc), quelques interprètes les ont considérés comme une observation historique et explicative intercalée par Luc. Ce qui a pu encore donner lieu à cette idée, c'est que, d'après le texte reçu, le récit reprend au v. 31 par ces mots : *Alors le Seigneur dit ;* mais cette phrase n'étant pas authentique, c'est bien le discours de Jésus qui continue sans interruption ; et ainsi ces deux versets en font partie.
5. Voir Math. 11 : 17-19, notes. Les deux évangélistes rendent à peu près dans les mêmes termes cette parabole si humiliante pour la *génération* qu'elle concer-

CHAP. VII. — ÉVANGILE SELON LUC

D. 36-50. La pécheresse chez Simon le pharisien. — 1° *La pécheresse aux pieds de Jésus.* Jésus a accepté l'invitation d'un pharisien, il est à table chez lui, quand une pécheresse apporte un vase d'albâtre, arrose de ses larmes les pieds du Sauveur, les essuie avec ses cheveux, les baise et les oint de parfum. (36-38.) — 2° *A Simon scandalisé Jésus répond par la parabole des deux créanciers.* — *a) La parabole.* Simon conclut de ce qui se passe que Jésus n'est pas un prophète, puisqu'il ignore le caractère de cette femme. Jésus répond aux pensées du pharisien en lui proposant l'exemple de deux débiteurs qui avaient l'un une dette considérable, l'autre une dette moindre. Le créancier leur remet à tous deux leur dette. Lequel l'aimera le plus ? Simon répond que c'est celui à qui il a remis davantage. Jésus loue cette réponse. (39-43.) — *b) L'application de la parabole.* Jésus se tourne alors vers la pécheresse, et, la désignant à Simon, il lui fait remarquer tous les témoignages de respect et d'amour qu'elle n'a cessé de lui prodiguer ; puis, concluant de l'effet à la cause, il déclare au pharisien que les nombreux péchés de cette femme lui sont pardonnés. Il ajoute que celui qui est l'objet d'un moindre pardon ressent un moindre amour. (44-47.) — 3° *Jésus s'adresse à la pécheresse.* Jésus confère à la femme le pardon de ses péchés. Cette déclaration scandalise les assistants, mais Jésus assure à la pécheresse que sa foi l'a sauvée, et il la renvoie en paix. (48-50.)

Or, l'un des pharisiens l'invitait à manger avec lui ; et étant entré 36 dans la maison du pharisien, il se mit à table[1]. — Et voici, une 37

---

nait. C'est avec une ironie pleine de tristesse que Jésus la compare à des enfants mécontents et boudeurs, que rien ne peut intéresser. — Dans Matthieu, Jésus décrit l'austérité de la vie de Jean en ces termes : « ne mangeant ni ne buvant, » expression évidemment hyperbolique. Luc y a substitué celle-ci : ne mangeant *point de pain* et ne buvant *point de vin*, ce qui était rigoureusement vrai. (Math. 3 : 4.) — Matthieu (11 : 19, voir la 2ᵉ note) rapporte ainsi la dernière parole de ce discours, que Jésus dut prononcer avec une joie profonde : « Mais la sagesse a été justifiée de la part de ses enfants. » Luc ajoute ce mot significatif : « *tous* ses enfants. » *Sin.* porte : « œuvres » au lieu de *enfants.*

1. Ce *pharisien* (voir Math. 3 : 7, note), qui invite Jésus avait moins de préventions contre lui que les autres représentants de son parti. Frappé de sa sainteté et de ses miracles, il hésitait à reconnaître en lui un envoyé de Dieu. (v. 39.) Il l'avait invité pour l'observer, peut-être aussi pour se procurer l'honneur de recevoir à sa table un rabbi devenu célèbre dans tout le pays. Jésus accepte son invitation, certain qu'il pourra, à la table du pharisien aussi bien qu'ailleurs, faire son œuvre, sauver les âmes, glorifier Dieu. — Parce que ce pharisien s'appelait *Simon*, et parce que chez lui apparaît une femme qui porte un vase de parfum et oint le Seigneur, plusieurs interprètes ont identifié ce fait avec celui qui se passa plus tard à Béthanie, quand Marie, sœur de Lazare, rendit un semblable hommage à Jésus. (Math. 26 : 6 et suiv. ; Marc 14 : 3 et suiv. ; Jean 12 : 1 et suiv.) Ils se fondent encore sur ce que Matthieu et Marc omettent ce récit de Luc, tandis que Luc ne rapporte pas celui du repas de Béthanie. L'omission de ce dernier fait par Luc ne prouve rien ; car il est une foule de traits de la vie de Jésus au sujet desquels nul ne saurait dire pourquoi tel évangéliste les omet, tandis que tel autre les raconte. Qu'on songe au possédé de Capernaüm, passé sous silence par Matthieu, à la guérison du serviteur du centenier, omise par Marc, à la résurrection du jeune homme de Naïn, conservée par Luc seul, et à celle de Lazare, racontée par Jean seul. Quant au nom de Simon, il était si fréquent chez les Juifs, que deux hôtes du Sauveur peuvent l'avoir porté. Enfin, l'onction d'huile pratiquée par les deux femmes était un honneur si fréquemment rendu en Orient, que Jésus s'étonne de n'avoir pas reçu du pharisien cette marque de considération. (v. 46.) Pour le reste, tout est différent dans les deux histoires. Ici la Galilée, là la Judée ; ici le temps de la plus grande activité du Sauveur dans son ministère, là l'époque de sa passion ; ici le blâme de Simon, là celui de Judas et des disciples ; ici une femme étrangère à la maison, là Marie dont la sœur sert à table ; et, surtout, ici

femme de la ville, qui était pécheresse [1], ayant appris qu'il était à table dans la maison du pharisien, apporta un vase d'albâtre plein de 38 parfum [2] ; — et se tenant derrière lui, à ses pieds, en pleurant, elle se mit à mouiller ses pieds de ses larmes ; et elle les essuyait avec les cheveux de sa tête ; et elle baisait ses pieds et les oignait de 39 parfum [3]. — Mais le pharisien qui l'avait invité, voyant cela, se

une pauvre femme perdue de réputation, là la sœur de Lazare, qui ne saurait être confondue avec elle (comp. Luc 10 : 39-42, et Jean 11) ; ici, enfin, un entretien de Jésus avec Simon sur le péché, le pardon et l'amour du pécheur sauvé ; là Jésus prenant la défense de Marie et mentionnant sa mort prochaine. Il faut être bien décidé à confondre deux faits pour ne pas voir que ceux-ci n'ont de commun que quelques coïncidences fortuites.

1. Il ressort évidemment de cette histoire, et surtout du v. 39, que les péchés de cette femme avaient acquis une notoriété publique. C'est ce que nos versions ordinaires ont rendu par cette périphrase : une femme de *mauvaise vie*. Une variante dans l'ordre des mots, dans *Sin.*, *B*, accentue cette idée : « Et voici, une femme qui était pécheresse dans cette ville, » ce qui paraît vouloir dire qu'elle exerçait cette honteuse profession. — La *ville* n'est point nommée. Des interprètes ont supposé que c'était Magdala et ont identifié la pécheresse avec Marie-Madeleine. Ainsi est née dans l'Eglise latine, dès les temps anciens, la légende célèbre dans la littérature religieuse et dans les arts, de la Madeleine pénitente. Mais l'identification de ces deux femmes ne repose sur aucun fondement, et tout dans l'Evangile paraît y être contraire. Luc (8 : 2) mentionne pour la première fois Marie-Madeleine avec d'autres femmes que Jésus avait « délivrées de malins esprits et d'infirmités, » et nous apprend, en particulier, que Madeleine avait été, plus que d'autres, en proie à la puissance des ténèbres. Or, rien, dans notre récit, ne montre que Jésus se trouve en présence d'une possédée dont il chasse le démon. Luc ajoute que Marie-Madeleine était au nombre de ces femmes qui suivaient Jésus et ses disciples et « les assistaient de leurs biens. » La pécheresse pouvait-elle être admise à jouer un tel rôle ? Non, l'Evangile a tu, par délicatesse, le nom de cette femme. L'exégèse ne peut faire mieux que de respecter son silence.

2. Quels mobiles furent assez puissants pour amener cette femme dans une maison étrangère, où elle savait bien qu'elle ne rencontrerait qu'un orgueilleux mépris ? Ce n'était probablement pas sa première rencontre avec Jésus. Pressée par le remords, animée d'une vraie repentance, elle avait cherché déjà à le voir, à l'entendre, et sans doute, par la parole ou par le regard, le Sauveur lui avait témoigné une compassion qui avait été pour elle la révélation de la miséricorde divine. Un rayon d'espérance avait pénétré dans son âme ; il fallait qu'elle revît, qu'elle entendît encore Celui dont elle avait reçu ce premier soulagement, qu'elle reçût de lui le pardon seul capable de la sauver de sa misère. Elle va donc, trop humiliée devant Dieu pour craindre d'être humiliée devant les hommes, et elle *apporte* avec elle ce *parfum* par lequel elle témoignera à Jésus sa reconnaissance et sa vénération. — On comprend mieux le courage qu'eut cette femme de s'approcher de Jésus au sein d'une telle société, si l'on se souvient qu'en Orient on prend le repas du soir « sous le porche de la maison, dans une cour ouverte à tout venant. Ce fait explique bien des traits de l'Evangile qui ne s'accorderaient guère avec nos habitudes européennes. » (F. Bovet, *Voyage en Terre-Sainte*, p. 402.)

3. Quelle scène ! Pour se la représenter, il faut se souvenir que Jésus, ainsi que les autres convives (v. 49), était à table, selon l'usage antique, à demi couché sur le bras gauche, appuyé sur les coussins d'un divan, et les pieds nus étendus en arrière. (Jean 13 : 23, note.) La pécheresse put ainsi s'approcher et *se tenir derrière lui, à ses pieds*, agenouillée probablement. Elle ne prononce pas une parole, mais son cœur, plein d'humiliation et de douleur, se répand en larmes abondantes qui tombent sur les pieds de Jésus. Ses cheveux dénoués pendent épars en signe de deuil, et elle s'en sert pour essuyer les pieds du Maître, qu'elle baise avec vénération. Elle voudrait l'honorer en répandant sur sa tête le parfum dont elle s'est munie ; mais n'osant élever ses mains ni son regard jusqu'à la tête de Jésus, elle se contente d'oindre ses pieds. Impossible d'exprimer avec plus d'éloquence le respect, la reconnaissance,

dit en lui-même : Si celui-ci était prophète, il connaîtrait qui et de quelle espèce est cette femme qui le touche, il connaîtrait que c'est une pécheresse [1]. — Et Jésus répondant lui dit [2] : Simon, j'ai quel- 40 que chose à te dire. Maître, parle, dit-il. — Un créancier avait deux 41 débiteurs ; l'un devait cinq cents deniers, l'autre cinquante [3]. — Comme ils n'avaient pas de quoi payer, il leur remit à tous deux la 42 dette [4]. Lequel donc des deux l'aimera le plus [5] ? — Simon répondant 43 dit : J'estime que c'est celui à qui il a remis le plus. Jésus lui dit : Tu as bien jugé [6]. — Et s'étant tourné vers la femme, il dit à Si- 44 mon : Vois-tu cette femme ? Je suis entré dans ta maison ; tu ne m'as pas donné d'eau pour les pieds ; mais elle a arrosé mes pieds de larmes et les a essuyés avec ses cheveux. — Tu ne m'as pas 45

l'amour qui débordent de son cœur brisé. « L'amour lui enseigne à faire ce qui paraîtrait inepte à quiconque n'aime pas, ce que nul n'exigerait d'un esclave ; et l'amour lui enseigne sans instruction humaine. » *Bengel*. (Ainsi 17 : 15 ; 19 : 37.)

1. Le pharisien, dans sa froide dignité, ne comprend rien à cette scène, ni à ce qui en faisait la profonde signification morale. Il en conclut que ce rabbi, qui se laissait approcher et toucher par une telle femme, ignorait ce qu'elle était et, par conséquent, ne pouvait être un *prophète*. Moins aveuglé par le sentiment de sa propre justice, moins étranger aux saintes douleurs de la repentance, sa conclusion aurait été tout autre, et il se serait dit sans doute : Cet homme est le Sauveur, puisque, en recevant ainsi une âme pénitente, il représente sur la terre la miséricorde de Dieu même. Mais loin de là, le blâme qu'il prononce tacitement sur Jésus retombe lourdement sur la femme qui pleure à ses pieds. Ces termes multipliés : *qui* elle est, *quelle* elle est (dans sa vie morale) et *que c'est une pécheresse*, expriment un profond mépris.

2. *Répondant* à quoi ? A la pensée du pharisien que pourtant il n'a point exprimée, car « il se disait *en lui-même*. » (v. 39 ; comp. Jean 2 : 25.) Voir sur cet usage du verbe *répondre*, Math. 11 : 25, note.

3. *Cinq cents deniers*, environ 400 fr. ; *cinquante* deniers, à peu près 40 fr.

4. Jésus lui-même va expliquer cette parabole. (v. 47.) Le *créancier*, c'est lui, le *débiteur* qui doit le plus, c'est la pécheresse. Celui qui doit le moins, c'est Simon. Mais il est débiteur pourtant, et même *il n'a pas de quoi payer*, aussi bien que la pécheresse. En effet, la dette, ce sont les péchés de Simon et de la pécheresse (v. 47), et non les bienfaits qu'ils auraient reçus de Jésus comme l'ont prétendu quelques interprètes. Or, ces péchés, nul ne saurait en acquitter un seul ; devant Dieu tous les hommes sont parfaitement insolvables. Et voici l'unique ressource du pécheur condamné, telle que Jésus la révèle dans le dernier mot de la parabole : *il remit la dette à tous deux*. (Gr. il *donna par grâce* ou il *fit grâce* à l'un et à l'autre.) La grâce, telle est la grande révélation, la bonne nouvelle apportée par Jésus aux hommes pécheurs.

5. Le texte reçu porte : *dis-moi*, après *lequel des deux*. Ce mot manque dans *Sin.*, *B*, *D* et la plupart des versions. Jésus, se fondant sur les sentiments naturels au cœur humain, admet que la générosité du créancier produira la reconnaissance, que le pardon produira l'amour, et cela en proportion de la grandeur du pardon. Tel est en effet le principe de la morale évangélique confirmé par l'expérience du chrétien : « Nous l'aimons, parce qu'il nous a aimés le premier. » (1 Jean 4 : 19.)

6. Le pharisien a mis une certaine gravité dans sa réponse à une question si simple. Aussi paraît-il y avoir une sorte de bienveillante ironie dans la réplique de Jésus. « Tu as *droitement* jugé. » — « Et en jugeant si bien, tu t'es condamné toi-même. C'est le *très bien* de Socrate quand il avait pris son interlocuteur dans ses filets. Mais ce qui établit entre Jésus et le sage grec une distance incommensurable, c'est la manière dont Jésus s'identifie, ici et dans ce qui suit, avec le Dieu offensé qui pardonne et qui devient en lui, Jésus, l'objet de l'amour du pécheur reconnaissant. » *Godet*.

donné de baisers ; mais elle, depuis que je suis entré, elle n'a cessé
46 de me baiser les pieds. — Tu n'as pas oint ma tête d'huile, mais
47 elle a oint mes pieds de parfum [1]. — C'est pourquoi, je te le dis, ses péchés qui sont en grand nombre, lui sont pardonnés, car elle a beaucoup aimé [2], mais celui à qui il est peu pardonné, aime peu [3].

1. Ce n'est pas sans une intention marquée que Jésus commence l'application de la parabole par ces mots : *Je suis entré dans ta maison.* Par là, il avait fait au pharisien un honneur que celui-ci ne lui a pas rendu. A trois égards, en effet, il avait manqué à ces bienveillantes et respectueuses attentions avec lesquelles, dans les temps anciens, on recevait dans sa maison un hôte qu'on tenait à honorer. D'abord, on lui faisait présenter par un esclave de l'*eau* pour se laver et se rafraîchir les pieds. (Gen. 18 : 4.) La chaleur du climat et l'usage de ne porter que des sandales rendaient ce service bienfaisant et nécessaire. Le pharisien l'avait négligé. Mais la pénitente, au lieu d'eau, avait offert ses *larmes.* Ensuite, on recevait son hôte en lui souhaitant par un *baiser* la bienvenue. Le mot grec signifie *amitié, affection;* et tels sont les sentiments qu'on lui témoignait en l'accueillant ainsi. Les premiers chrétiens avaient conservé l'usage des Israélites. (Rom. 16 : 16 ; 1 Cor. 16 : 20 ; 1 Pier. 5 : 14.) Simon n'avait pas donné à Jésus cette marque d'affection. Mais la pécheresse, avec autant d'humilité que d'amour, lui avait *baisé les pieds.* Enfin, en Orient, où la chaleur et les vents brûlants dessèchent la peau et les cheveux, on éprouvait le besoin de les *oindre* d'une *huile* parfumée. (Ps. 23 : 5.) Ici encore, même contraste entre la conduite du pharisien et celle de la femme. Il n'y a plus qu'à en conclure l'amour qui les anime l'un et l'autre.

2. Cette conclusion renferme une difficulté grammaticale qui a donné lieu à beaucoup de discussions. On s'attendait à ce que Jésus dirait : « Ses péchés lui sont pardonnés, et c'est *pour cela* ou *à cause de cela* qu'elle a beaucoup aimé. » Ce *car* paraît, au contraire, présenter l'amour comme la cause et non comme l'effet du pardon. De là une controverse qui n'est pas près de finir, surtout entre catholiques et protestants, les premiers se servant de cette parole pour appuyer leur doctrine du pardon obtenu par des œuvres de piété ou de charité, les derniers s'efforçant de donner à cette particule *car* un sens qui soit en harmonie, non seulement avec l'histoire de la pécheresse et la parabole des deux débiteurs, mais avec le grand principe évangélique du pardon et du salut par la foi seule. Si l'amour était la cause du pardon, Jésus n'aurait pas dû demander (v. 42) : « Lequel des deux *l'aimera* le plus ? » mais : « lequel l'aimait le plus avant son bienfait ? » Au lieu de conclure (v. 47) : « Celui à qui il est peu pardonné aime peu, » il aurait dû dire : « Celui qui aime peu, il lui est peu pardonné. » Le Sauveur montre du reste clairement quelle est la cause du pardon et du salut quand il dit à la pécheresse (v. 50) : « Ta *foi* t'a sauvée. » Tout cela ressort avec évidence de notre récit et est en pleine harmonie avec tout l'Evangile. Ce n'est donc pas sans raison qu'on s'est efforcé de donner a cette particule *car* un sens qui soit en accord avec tout le contexte. Ce mot, a-t-on dit, peut exprimer l'effet aussi bien que la cause, comme dans ces phrases : « Le soleil est levé, car il fait jour ; » — « cet homme est guéri de sa maladie, car il a repris son activité. » Cette explication est très admissible, d'autant plus que nous ne savons pas de quelle particule Jésus s'est servi en araméen. Et toutefois on se demande involontairement pourquoi Luc a ainsi rendu la pensée du Sauveur. Bien plus, il ne dit pas seulement : *car,* mais *parce que* elle a beaucoup aimé. N'y aurait-il pas là une intention, ne serait-on pas tenté d'admettre avec Olshausen que ces termes doivent nous faire sentir que la foi, la confiance du cœur qui reçoit le pardon est inséparable de l'amour, ou plutôt est déjà l'amour ? (Gal. 5 : 6.) Croire que Dieu pardonne, c'est croire qu'il aime, et aucun pécheur ne se livre à l'assurance de cet amour si déjà il n'aime. « L'amour est le critère du pardon, même si celui qui aime n'avait pas cette idée du pardon. » *Bengel.* On peut remonter plus haut dans l'expérience chrétienne, et dire sans craindre de se tromper que la repentance implique déjà de l'amour pour Dieu et qu'il n'y a point de vraie repentance sans amour. Ainsi comprise, l'admirable histoire qui nous occupe conserve toute sa vérité, et l'on ne fait aucune violence au texte.

3. Jésus a fait la part de la femme ;

CHAP. VIII. ÉVANGILE SELON LUC 511

— Et il dit à la femme : Tes péchés te sont pardonnés [1]. — Et ceux 48, 49 qui étaient à table avec lui se mirent à dire en eux-mêmes : Qui est celui-ci qui même pardonne les péchés [2] ? — Mais il dit à la femme : 50 Ta foi t'a sauvée ; va en paix [3].

3. *Jésus parcourt le pays en enseignant et en opérant des miracles.*

I. 1-18. JÉSUS PARCOURT LA GALILÉE. PARABOLE DU SEMEUR. — 1° *Jésus et son cortège.* L'évangéliste nous présente le Sauveur allant de lieu en lieu pour annoncer le royaume de Dieu, accompagné des douze et de quelques femmes qui, guéries par lui de leurs infirmités, l'assistent de leurs biens. Il nous indique les noms de ces femmes. (1-3.) — 2° *La parabole du semeur.* Une grande foule s'étant assemblée autour de lui, il l'enseigne par cette parabole : Un semeur jetait en terre sa semence, une partie

ces dernières paroles sont la part du pharisien. Le pharisien *aime peu,* extrêmement peu, s'il se compare à la pécheresse. Mais pourquoi lui est-il *peu pardonné ?* parce qu'il avait peu péché ? Non, mais parce qu'il ne le sentait pas dans sa conscience et ne s'en humiliait pas. Tant qu'un homme n'est point encore réconcilié avec Dieu par l'assurance du pardon, il se peut qu'en se comparant à la loi il reconnaisse et sente tel ou tel péché particulier, qu'il s'en repente, qu'il en demande le pardon et qu'il l'obtienne. Mais s'il ne considère ce péché que comme un fait extérieur et isolé dans sa vie, si de là il n'est pas conduit à découvrir dans son cœur sa corruption, source de tous ses péchés, Dieu lui pardonne peu et seulement dans la mesure de sa repentance. Dans une telle situation le pécheur devrait reconnaître sa misère à la froideur de son cœur impénitent, orgueilleux, étranger à l'amour. Jamais il n'aimera beaucoup si sa repentance ne devient plus profonde, plus douloureuse, et si l'amour infini de Dieu ne lui est pas personnellement révélé par le pardon complet de tous ses péchés.
1. Cette parole de miséricorde et de salut, la pauvre femme était venue le chercher aux pieds de Jésus. Elle la reçoit non comme un vœu que Jésus ferait pour elle, mais comme une déclaration expresse, elle y trouve la communication même du pardon qui descend dans son cœur et y produit un silencieux tressaillement de joie. Une première rencontre avec Jésus lui avait révélé la miséricorde divine, lui avait donné l'espérance d'y avoir part, et tout son cœur s'était tourné vers ce Sauveur avec un amour qui lui avait fait tout braver pour parvenir jus-

qu'à lui. (v. 37, notes.) Cet amour, elle le lui avait témoigné d'une manière touchante. De là ce verbe au passé : « Elle *a* beaucoup *aimé.* » Maintenant elle possède dans sa plénitude l'assurance personnelle du pardon et du salut. Elle pourra « s'en aller en paix. » — Il nous semble que c'est affaiblir la déclaration de pardon qui est le dénouement de toute cette histoire, en diminuer la saisissante actualité, que de la considérer, avec plusieurs interprètes, comme une simple confirmation d'un pardon qu'elle aurait déjà reçu personnellement auparavant. On se fonde pour cela sur ce que le verbe est au parfait passif ; mais cette forme exprime plutôt la permanence que le passé de l'action. C'est ce que prouve avec évidence la même parole adressée au paralytique (5 : 20 ; Math. 9 : 2), qui, bien certainement, n'avait pas reçu avant ce moment-là le pardon de ses péchés.
2. Dans leur ignorance, ces hommes se scandalisent de ce qui aurait dû les toucher profondément. (Voir. Math. 9 : 3 : Luc 5 : 21, notes.)
3. Jésus continue à s'adresser à la femme, sans se mettre en peine des pensées non exprimées des adversaires, qui pourtant ne lui ont pas échappé, comme le montre ce mot : *Mais* il dit. — C'est une nouvelle assurance de son salut que Jésus donne à la pécheresse, par cette parole qui est le commentaire lumineux de tout le récit et qui aurait dû mettre fin à toutes les controverses sur ce sujet : *Ta foi t'a sauvée.* — Par ces derniers mots : *Va en paix,* Jésus congédie la femme, afin de la soustraire aux observations blessantes des convives ; mais il la congédie avec le plus grand des biens dans son cœur, la *paix* de Dieu. (8 : 48.)

tomba le long du chemin, où elle fut foulée et où les oiseaux la mangèrent ; une autre partie sur le roc, où, après avoir poussé, elle sécha faute d'humidité ; une autre partie parmi les épines, qui l'étouffèrent ; une autre partie dans la bonne terre, où elle produisit du fruit au centuple. (4-8.) — 3° *Le but de l'enseignement en paraboles.* Ses disciples lui ayant demandé la signification de cette parabole, il leur explique d'abord qu'à eux il a été donné de connaître les mystères du royaume de Dieu, mais qu'aux autres il n'en parle qu'en paraboles afin qu'ils ne voient ni ne comprennent. (9, 10.) — 4° *Explication de la parabole* : La semence, c'est la parole de Dieu ; ceux qui sont ensemencés le long du chemin, ce sont ceux qui entendent la parole, mais le diable l'enlève de leur cœur ; le roc représente ceux qui reçoivent la parole d'abord avec joie, mais superficiellement, et qui bientôt se retirent ; les épines sont les inquiétudes, les richesses, les voluptés de la vie qui rendent la parole infructueuse ; la bonne terre représente un cœur honnête et bon qui retient la parole et en produit le fruit. (11-15.) — 5° *L'usage que les disciples doivent faire de la vérité qui leur est enseignée par ces paraboles.* La lumière qu'ils ont le privilège de recevoir ainsi n'est pas destinée à rester voilée, mais à resplendir pour éclairer le monde. Il n'y a rien de secret qui ne doive être manifesté. Qu'ils prennent donc garde comment ils écoutent ; car celui qui a, recevra davantage ; mais celui qui n'a pas, perdra même ce qu'il s'imagine avoir. (16-18.) — 6° *L'intervention de la mère et des frères de Jésus.* Comme Jésus poursuit ces enseignements, on lui annonce que sa mère et ses frères sont dehors désirant le voir. Il désigne ceux qui l'écoutent et lui obéissent, et déclare qu'ils sont sa mère et ses frères. (19-21.)

VIII Et il arriva ensuite qu'il allait de ville en ville, et de village en village, prêchant et annonçant la bonne nouvelle du royaume de
2 Dieu [1] ; et les douze étaient avec lui, — ainsi que quelques femmes, qui avaient été guéries d'esprits malins et d'infirmités [2] : Marie sur-
3 nommée Madeleine, de laquelle étaient sortis sept démons [3], — et

1. *Ensuite* ou dans la suite, quelque temps après les événements qui précèdent. (7 : 11.) Cette indication peu précise dont on ne peut rien conclure quant à la chronologie, marque pourtant un moment très important dans le ministère de Jésus. Il cesse d'habiter Capernaüm et voyage comme missionnaire, visitant chaque localité, grande ou petite, et (gr.) *évangélisant le royaume de Dieu.* (Comp. Math. 3 : 2, notes.)
2. C'était donc toute une caravane qui suivait Jésus dans ses voyages missionnaires : les douze apôtres et des femmes qui, guéries par lui de corps et d'âme, se dévouaient à son service. (v. 3, note.) Pour les disciples, c'était une école d'évangélisation, où ils recueillaient, sous la direction du Maître, de précieuses expériences en vue de leur œuvre future.
3. *Marie, surnommée Madeleine,* parce qu'elle était de *Magdala,* ville située sur la côte occidentale du lac de Génézareth, au nord de Tibériade, ne doit pas être confondue avec la femme pénitente. (7 : 37, note.) — Il n'y a aucune raison d'admettre, avec plusieurs interprètes anciens et modernes, que ces mots : *sept démons,* soient une figure qui signifie sept vices. Il semble plutôt que l'évangéliste veut indiquer par là le plus haut degré d'un état de possession (Marc 16 : 9 ; comp. Luc 11 : 26) ; mais ce domaine est tellement obscur pour nous, que toutes les explications ne sont que de simples conjectures. (Comp. 8 : 30 et Marc 5 : 9, note.) On peut supposer seulement que le démon n'obtenait un tel empire sur les personnes que si de graves péchés lui en facilitaient les moyens et que son action se manifestait alors par un état maladif. (Voir, sur les démoniaques, Math. 8 : 28, note.) Marie-Madeleine avait donc été relevée de cette profonde déchéance physique et morale, et elle en conserva une telle reconnaissance pour son Libérateur, qu'elle se dévoua entièrement à lui et le suivit jusqu'au pied de la croix. (Math. 27 : 56.) Aussi fut-elle la première qui eut le bonheur de le revoir après sa résurrection. (Jean 20 : 1, 11 et suiv.)

Jeanne, femme de Chuza, intendant d'Hérode, et Suzanne, et plusieurs autres, qui les assistaient de leurs biens [1].

Or, comme une grande foule s'assemblait, et que de chaque ville 4 des gens venaient à lui, il dit en parabole [2] : — Le semeur sortit 5 pour semer sa semence [3] ; et comme il semait, une partie tomba le long du chemin et fut foulée [4], et les oiseaux du ciel la mangèrent.

— Et une autre partie tomba sur le roc [5], et ayant poussé, elle sécha, 6 parce qu'elle n'avait point d'humidité [6]. — Et une autre tomba au 7 milieu des épines, et les épines ayant poussé avec elle l'étouffèrent.

— Et une autre tomba dans la bonne terre ; et ayant poussé, elle 8 produisit du fruit au centuple [7]. En disant ces choses, il s'écriait : Que celui qui a des oreilles pour entendre, entende [8] !

1. C'est une preuve de l'originalité et de l'exactitude des sources où puisait Luc (1 : 2, 3) que la mention du nom de ces femmes. *Chuza*, dont la femme suivait Jésus, occupait une charge assez importante à la cour d'Hérode Antipas, puisqu'il était son *intendant*. On a supposé qu'il était ce seigneur de la cour dont Jésus avait guéri le fils et qui avait « cru avec toute sa maison. » (Jean 4 : 53.) On a supposé aussi que la femme de Chuza avait perdu son mari quand elle se mit à suivre Jésus. Ce sont là des conjectures, qui n'ont en elles-mêmes rien d'inadmissible, mais qui ne se fondent sur aucune donnée des évangiles. Quant à *Suzanne* et à ces *plusieurs autres* femmes, nous ne savons rien à leur sujet. — Une remarque fort intéressante est ajoutée par l'évangéliste ; c'est que ces femmes *assistaient de leurs biens* Jésus et ses disciples. Il y a dans le grec : *les servaient* (comp. Math. 27 : 55 ; Marc 15 : 41), c'est-à-dire sans doute que, dans les voyages dont parle Luc (v. 1), elles préparaient leurs repas, prenaient soin de tout ce qui a rapport à la vie matérielle, leur rendaient, en un mot, les services dont auraient été capables des femmes et des sœurs. Et comme Jésus était pauvre et que ses disciples avaient tout quitté pour le suivre, ces femmes employaient *leurs biens* à les entretenir. Quelle humilité en Jésus qui, « n'ayant pas un lieu où reposer sa tête, » consentait à vivre de la charité de ceux qu'il avait enrichis de biens spirituels ! — Le texte reçu, avec Sin., A, porte : *le* servaient, rapportant l'assistance de ces femmes à Jésus seul. Mais il est évident que les disciples n'étaient pas exclus de leurs soins, et la leçon : *les* servaient est de beaucoup la plus autorisée.

2. Une *grande foule* suivait Jésus ; mais en outre, *de chaque ville*, dans la contrée où il passait (v. 1), de nouvelles troupes *venaient à lui*. Matthieu et Marc décrivent plus exactement que Luc le lieu et la scène de ce grand rassemblement de peuple et de la prédication de Jésus. Celle-ci eut lieu surtout *en parabole*. Luc emploie ce mot au singulier parce qu'il n'en rapporte qu'une. Voir, sur ce mode d'enseignement, Math. 13 : 3, note, et, sur la parabole du semeur qui va suivre, Math. 13 : 1-23, notes, et Marc 4 : 1-20, notes. Nous ne relèverons que ce qui est particulier à Luc.

3. « Il y a dans ces termes accumulés quelque chose de familier et de solennel à la fois qui excite l'attention. » *Meyer.* Voir, sur ces premiers mots de la parabole, Marc 4 : 3, note.

4. Les grains de semence tombés *le long du chemin* devaient être *foulés* par les passants. Luc seul a relevé ce trait, que Jésus n'explique pas ensuite (v. 12), mais qui n'en est pas moins l'une des causes pour lesquelles cette partie de la semence reste improductive.

5. Le *roc* recouvert d'une légère couche de terre. C'est ce que les deux autres évangélistes appellent des « endroits rocailleux. »

6. Le manque d'*humidité*, expression particulière à Luc, que Matthieu et Marc remplacent par celle de manque de *profondeur*, et par celle-ci : *n'avoir point de racine*. (v. 13.) Ces trois causes de stérilité, qui se complètent, se trouvaient réellement dans la nature du sol.

7. Luc indique par ce mot *au centuple* le plus haut degré de productivité, tandis que Matthieu et Marc signalent aussi les

La note 8 est à la page suivante.

514   ÉVANGILE SELON LUC   CHAP. VIII.

9 Et ses disciples lui demandaient ce que signifiait cette parabole.
10 — Et il dit : A vous il est donné de connaître les mystères du royaume de Dieu ; mais aux autres, il leur en est parlé en paraboles ; afin qu'en voyant, ils ne voient pas, et qu'en entendant ils ne comprennent pas [1].
11 — Or, voici ce que signifie cette parabole : La semence,
12 c'est la parole de Dieu. — Et ceux qui sont le long du chemin [2], ce sont ceux qui entendent ; ensuite le diable vient et enlève la parole de leur cœur, de peur qu'en croyant ils ne soient sauvés.
13 — Et ceux qui sont sur le roc, ce sont ceux qui, ayant entendu la parole, la reçoivent avec joie ; et pourtant ils n'ont point de racine : ils ne croient que pour un temps, et au moment de la tentation, ils se retirent.
14 — Et ce qui est tombé parmi les épines, ce sont ceux qui, ayant entendu, et s'en allant, sont étouffés par les inquiétudes et par les richesses et par les plaisirs de la vie [3], et ils ne portent point de fruit qui vienne à maturité.
15 — Mais ce qui est dans la bonne terre ce sont ceux qui, ayant entendu la parole, la retiennent dans un cœur honnête et bon, et portent du fruit avec persévérance [4].
16 — Or, personne, après avoir allumé une lampe, ne la couvre d'un vase, ni ne

degrés inférieurs : *cent, soixante, trente.*

8. Selon les trois évangélistes, Jésus ajoute immédiatement à la parabole ce sérieux avertissement ; mais Luc seul remarque qu'il le fait à haute voix : *il s'écriait,* il élevait la voix.

1. Voir, sur cette réponse, beaucoup plus développée dans le premier évangile, Math. 13 : 11-17, notes. — Dans les récits de Marc et de Luc, Jésus prononce des paroles qui ne répondent point à la question des disciples. Ceux-ci lui demandaient simplement l'explication de la parabole (v. 9), explication qu'il leur donne, en effet, plus tard. (v. 11.) Mais Matthieu nous apprend que les disciples lui avaient posé une autre question encore : « Pourquoi leur parles-tu en paraboles ? » C'est à cette première question importante que Jésus répond d'abord : après quoi, revenant à la seconde, il leur indique le sens de la parabole.

2. Luc identifie la parole divine avec les effets produits par elle, et ceux-ci avec les personnes en qui le phénomène s'accomplit. De là ces expressions inusitées : *ceux qui sont* (ensemencés) *le long du chemin* (v. 12) ; *ceux qui sont sur le roc* (v. 13) ; *ils n'ont point de racine* (v. 13) ; *ils sont étouffés* (v. 14) ; et ce n'est qu'au v. 15 que l'évangéliste fait ressortir le sens spirituel de l'image. N'y a-t-il point dans cette manière irrégulière de s'exprimer l'intention de faire remonter jusqu'à l'homme la responsabilité de l'action diverse qu'exerce la parole divine ? C'est *lui* qui consent à être sauvé par elle, ou qui reste volontairement dans la stérilité et la mort.

3. Les deux premiers évangiles indiquent, comme sens moral des *épines,* les inquiétudes et les richesses ; Luc y ajoute les *plaisirs,* qui sont certainement l'une des principales causes de l'inefficacité de la parole sainte.

4. Deux traits sont particuliers à Luc : c'est d'abord ce *cœur honnête et bon,* dans lequel ces derniers auditeurs reçoivent et *retiennent* la parole ; c'est ensuite cette *persévérance* (gr. *patience*) avec laquelle ils portent du fruit. Il ne faut pas soulever la question dogmatique de savoir si un homme peut, avant d'avoir entendu et reçu la parole divine, porter en lui un cœur honnête et bon. Les hommes présentent, à des degrés très divers, des dispositions bonnes ou mauvaises à l'égard de la vérité. D'ailleurs, la *bonne terre* qui produit du fruit a déjà subi une préparation par le labourage, l'engrais, etc., avant les semailles. Ainsi il y a toute une œuvre prévenante de la grâce de Dieu qui éclaire une âme sur ses besoins, sa pauvreté, la rend humble, sincère, altérée de justice et de lumière, et la prépare pour le moment où l'Evangile lui sera annoncé.

la met sous un lit ; mais il la met sur un pied de lampe, afin que ceux qui entrent, voient la lumière. — Car il n'y a rien de secret 17 qui ne doive être manifesté, ni rien de caché qui ne doive être connu et venir en évidence. — Prenez donc garde de quelle manière vous 18 écoutez[1] ; car quiconque a, il lui sera donné ; et quiconque n'a pas, même ce qu'il croit avoir lui sera ôté[2]. — Or sa mère et ses frères 19 vinrent vers lui[3], et ils ne pouvaient l'aborder à cause de la foule. — Et on le lui annonça : Ta mère et tes frères sont là dehors, dési- 20 rant te voir. — Mais lui, répondant, leur dit : Ma mère et mes 21 frères, ce sont ceux-là qui écoutent la parole de Dieu et qui la pratiquent[4].

B. 22-25. JÉSUS APAISE UNE TEMPÊTE. — 1° *Le péril.* Un de ces jours Jésus entre dans une barque avec ses disciples pour traverser le lac. Pendant le trajet il s'endort. Un tourbillon de vent soulève les flots, qui remplissent la barque et la mettent en danger. (22, 23.) — 2° *La délivrance.* Les disciples s'approchant le réveillent : Maître, nous périssons ! Mais lui commande aux vents et aux flots qui s'apaisent. Alors il leur dit : Où est votre foi ? Ils sont remplis de crainte et se demandent qui est celui à qui les vents et la mer obéissent. (24-25.)

Or il arriva l'un de ces jours, qu'il entra dans une barque avec 22 ses disciples, et il leur dit : Passons à l'autre bord du lac ; et ils prirent le large[5]. — Et comme ils naviguaient, il s'endormit. Et un 23

---

1. Marc (4 : 21, 22, notes), aussi bien que Luc, place ces avertissements à la suite de la parabole du semeur, et les mots : *Prenez garde comment vous écoutez*, ne laissent aucun doute sur le rapport qu'il y a entre ces deux instructions. La lumière que Jésus apporte à ses disciples par ses enseignements ne doit pas être mise sous un *vase*, ni sous un *lit* (divan sur lequel on se couchait à demi pour prendre le repas), mais doit resplendir dans le monde. Jésus emploie fréquemment cette image dans des applications diverses. (11 : 33 ; Math. 5 : 15 ; Marc 4 : 21.) Il en est de même de la déclaration du v. 17. (12 : 2 ; Math. 10 : 26, 27, note ; Marc 4 : 22, note.)
2. Voir Math. 13 : 12, note ; 25 : 29 ; Marc 4 : 25. Ici, comme dans Marc, cette sentence, qui énonce une loi du règne de Dieu, signifie que celui qui écoute attentivement *a* déjà un don précieux, et que, par la vérité qu'il reçoit, *il lui est donné* beaucoup plus encore ; et plus il sera fidèle dans l'emploi de ce qui lui est confié, plus *il lui sera donné*. Celui, au contraire, *qui n'a pas* même le besoin de la vérité et de la vie, ce qu'il peut avoir d'ailleurs *lui sera ôté.* Dans cet état, il se fait bien des illusions ; c'est ce que Luc donne à entendre par ce mot : *ce qu'il croit avoir.* (Comp. 19 : 26, où Luc n'aurait pas pu s'exprimer ainsi.)
3. D'après *B, D,* il faudrait traduire : « Or sa mère *vint* vers lui avec ses frères. » (Voir Marc 3 : 31, note.)
4. Voir, sur ce récit, Math. 12 : 46-50, notes ; Marc 3 : 31-35, notes. Ce dernier évangéliste est le seul qui motive cette visite de la mère et des frères de Jésus et qui en indique la vraie signification, au v. 21 du même chapitre.
5. Voir, sur ce récit, Math. 8 : 23-27, notes ; Marc 4 : 35-41, notes. — D'après Matthieu et Marc (4 : 35), c'était au soir d'une journée que Jésus avait passée à enseigner les foules et à opérer de nombreuses guérisons. (Math. 8 : 16.) Luc indique d'une manière moins précise le moment de ce départ : *il arriva un jour.* Mais chez lui, comme chez Matthieu et chez Marc, l'apaisement de la tempête fait partie d'une série de récits, la même dans les trois évangiles, qui comprend la gué-

tourbillon de vent fondit sur le lac, et la barque s'emplissait, et ils
24 étaient en péril [1]. — Et s'approchant, ils le réveillèrent, disant :
Maître, Maître, nous périssons [2] ! Mais lui, s'étant réveillé, réprimanda
le vent et les flots ; et ils s'apaisèrent, et il se fit un grand calme. —
25 Et il leur dit : Où est votre foi [3]. Et saisis de crainte, ils s'étonnèrent,
se disant les uns aux autres : Qui est donc celui-ci, qu'il commande
aux vents même et à l'eau, et ils lui obéissent ?

C. 26-39. GUÉRISON DU DÉMONIAQUE DE GADARA. — 1° *La rencontre.* Jésus aborde au pays des Gadaréniens. Un homme possédé des démons depuis longtemps, et qui ne pouvait supporter ni vêtement, ni demeure, mais hantait les sépulcres, vient à sa rencontre, se jette avec un cri à ses pieds, le proclame Fils du Dieu très haut et le supplie de ne pas le tourmenter. (26-28.) — 2° *La condition du malade et l'enquête de Jésus.* Cette prière était motivée par l'ordre que Jésus avait donné au démon de sortir. L'évangéliste explique, pour montrer la difficulté de cette guérison, que la possession était ancienne et qu'elle se manifestait par des crises successives et d'une violence incoërcible. Jésus interroge le démon. Il déclare s'appeler Légion, parce qu'il est une pluralité de mauvais esprits. Ceux-ci supplient Jésus de ne pas les envoyer dans l'abîme, mais de les laisser aller dans un grand troupeau de pourceaux. Jésus le leur permet. (29-32.) — 3° *La guérison et l'effet produit.* — *a) L'expulsion des démons.* Les démons sortent du possédé et entrent dans les pourceaux, qui se précipitent dans le lac. (33.) — *b) Les habitants du pays.* Les gardiens du troupeau s'enfuient et portent la nouvelle dans la ville. Les habitants sortent, constatent la guérison et, saisis de crainte, prient Jésus de s'éloigner. (34-37.) — *c) Le démoniaque guéri.* Celui-ci demande à Jésus la permission de le suivre. Jésus la lui refuse, et lui ordonne de raconter aux siens la délivrance dont il a été l'objet. Il la publie dans toute la ville. (38, 39.)

26 Et ils abordèrent au pays des Gadaréniens [4], qui est vis-à-vis de la
27 Galilée. Et quand il fut descendu à terre, il vint au-devant de lui un
homme de la ville, qui avait des démons depuis longtemps, et il ne
revêtait point d'habit [5] et ne demeurait point dans une maison, mais

---

rison du démoniaque (v. 26 et suiv.), la guérison d'une femme malade (v. 43 et suiv.), la résurrection de la fille de Jaïrus (v. 41 et suiv.). Ces faits étaient probablement liés chronologiquement et avaient marqué le moment où le ministère de Jésus en Galilée atteignit son plus haut degré de puissance. Nous voyons, en effet, dans ces faits, le pouvoir du Sauveur s'exercer sur les forces de la nature et même sur la mort, non moins que sur les maladies.

1. Gr. *et un tourbillon de vent descendit* (des gorges de la montagne) sur le lac, et *ils s'emplissaient* (d'eau, métonymie par laquelle les navigateurs sont mis au lieu de la barque).

2. Voir, sur cette exclamation des disciples. Marc 4 : 38, note.

3. Voir, sur cette question qui étonne au premier abord, Math. 8 : 26, note ; Marc 4 : 40, note. — La faible *foi* des disciples grandit à la vue de ce miracle même, car ils sont remplis d'admiration pour Celui qui *commande* à la nature, et elle lui *obéit !* (v. 25.)

4. Voir, sur cette guérison d'un démoniaque, Math. 8 : 28-34, notes et Marc 5 : 1-20, notes. — Il est presque impossible de fixer la vraie leçon de ce nom propre qui, suivant les manuscrits, varie entre *Gadaréniens* (texte reçu, A, *majusc.*), *Gergéséniens* (Sin., vers. égypt.), et *Géraséniens* (B, D, *Itala*). Voir Math. 8 : 28, note.

5. *Sin., B* portent : « un homme... *ayant* des démons ; *et depuis un long*

dans les sépulcres. — Et voyant Jésus, il poussa un cri, se jeta à 28 ses pieds et dit d'une voix forte : Qu'y a-t-il entre moi et toi, Jésus, Fils du Dieu Très-Haut? Je te prie, ne me tourmente point! — En 29 effet Jésus commandait à l'esprit impur de sortir de cet homme. Car il s'était saisi de lui depuis longtemps ; et il était gardé, lié de chaînes et les fers aux pieds, et il rompait ses liens et était emporté par le démon dans les déserts[1]. — Et Jésus l'interrogea, disant : 30 Quel est ton nom ? Et il dit : Légion, parce que plusieurs démons étaient entrés en lui[2]. — Et ils le priaient de ne pas leur comman- 31 der de s'en aller dans l'abîme[3]. — Or il y avait là un troupeau de 32 nombreux pourceaux, qui paissaient sur la montagne ; et ils le prièrent qu'il leur permît d'entrer dans ces pourceaux. Et il le leur permit. — Et les démons étant sortis de cet homme, entrèrent dans les 33 pourceaux, et le troupeau s'élança avec impétuosité en bas la pente dans le lac, et fut noyé. — Et ceux qui le paissaient, voyant ce qui 34 était arrivé, s'enfuirent et répandirent la nouvelle dans la ville et dans les campagnes. — Et les gens sortirent pour voir ce qui s'était 35 passé ; et ils vinrent vers Jésus et trouvèrent l'homme de qui les démons étaient sortis, assis aux pieds de Jésus, vêtu et dans son bon sens ; et ils furent saisis de frayeur. — Or ceux qui avaient vu la 36

temps, il ne revêtait point d'habit. » — Le texte reçu paraît avoir conservé la leçon originale.

1. B et quelques *majusc.* portent : Car il *commanda* ou *avait commandé* à l'esprit impur. *Sin.*, A, C et la plupart des *majusc.* ont ce verbe à l'imparfait, *commandait* (dans Marc, *il lui disait*), ce qui indique une action répétée, prolongée. Le démon n'obéit pas aux premiers ordres de Jésus, mais en fut exaspéré. De là son cri et sa supplication. (v. 28.) L'Evangile accumule les détails relatifs à la condition physique et morale de ce malheureux, dans l'intention, sans doute, de faire ressortir la difficulté que présentait sa guérison. Son éloignement pour la vie sociale était tel, qu'il ne supportait ni *vêtement* ni *domicile*, mais recherchait la solitude des *sépulcres* impurs ; dans la fureur qu'excitait en lui l'esprit mauvais et par la force surhumaine qu'il lui communiquait, il *rompait ses liens*, brisait les *chaînes* par lesquelles il était retenu et les fers qu'il avait aux pieds ; puis il était *emporté* par l'esprit *dans le désert*. Luc remarque enfin, par deux fois (v. 27 et 29), que le démon s'était saisi de cet homme *depuis longtemps*. Le second *de-puis longtemps* (v. 29) peut se traduire par : *à plusieurs reprises*. M. Godet préfère ce sens, parce qu'il évite une répétition. L'évangéliste voudrait dire que le malade avait des crises successives avec des intervalles de calme. On aurait profité de ces moments-là pour le charger de chaînes.

2. Ces derniers mots sont une remarque de l'évangéliste destinée à expliquer ce terme de *légion*. Dans Marc (5 : 9), c'est le démoniaque lui-même qui dit : « Car nous sommes plusieurs. » (Voir la note.) De là aussi l'expression de Luc (v. 27) : *qui avait des démons*.

3. Il faut remarquer ces mots au pluriel *ils le priaient, leur* commander. Ce sont donc les démons qui parlent. L'*abîme* où les démons redoutent de retourner paraît être le lieu où ils sont retenus et punis. (Apoc. 9 : 1, 2, 11 ; 11 : 7, etc. ; comp. 2 Pier. 2 : 4 ; Jude 13.) Marc (5 : 10, note) leur attribue cette demande : « de ne pas les envoyer hors de la contrée. » Cette différence montre, comme beaucoup d'autres, la complète indépendance des évangélistes les uns à l'égard des autres.

37 chose, leur racontèrent comment le démoniaque avait été guéri[1]. — Et toute la multitude de la contrée des Gadaréniens le pria de s'éloigner d'eux ; car ils étaient saisis d'une grande crainte. Et lui, étant
38 monté dans la barque, s'en retourna. — Et l'homme duquel les démons étaient sortis, le priait de lui permettre d'être avec lui ; mais
39 Jésus le renvoya, en disant : — Retourne en ta maison et raconte
quelles grandes choses Dieu t'a faites[2]. Et il s'en alla, publiant par
toute la ville quelles grandes choses Jésus lui avait faites[3].

D. 40-56. RÉSURRECTION DE LA FILLE DE JAÏRUS. GUÉRISON D'UNE FEMME MALADE. —
1° *Jésus sollicité par Jaïrus.* De retour sur la rive occidentale, Jésus est l'objet d'un
accueil empressé de la part de la foule. Un chef de la synagogue, Jaïrus, le supplie
de venir dans sa maison, où sa fille unique se meurt. Il s'y rend, pressé par la foule.
(40-42.) — 2° *Jésus retardé par une femme malade.* — *a) La guérison obtenue.*
Une femme, qui souffrait d'une perte de sang depuis douze ans et se trouvait réduite
à la misère, touche le bord de son vêtement et est guérie à l'instant. (43, 44.) — *b) La
guérison avouée et la foi confirmée.* Jésus demande qui l'a touché. Personne ne répond. Pierre et les disciples lui font remarquer que les foules le touchent et le pressent.
Jésus répète que quelqu'un l'a touché, car il a connu qu'une puissance est sortie de
lui. La femme, se voyant découverte, vient en tremblant confesser son action. Jésus
lui dit : Ta foi t'a sauvée, va en paix ! (45-48.) — 3° *Jésus rassure et ressuscite.*
— *a) L'annonce de la mort.* On vient dire à Jaïrus que sa fille est morte. Jésus affermit sa foi ébranlée par cette nouvelle, en lui affirmant que son enfant sera sauvée.
(49, 50.) — *b) Dans la maison de Jaïrus.* Jésus n'admet dans la chambre de la morte
que Pierre, Jean et Jacques, et les parents. Il déclare à ceux qui se lamentent que l'enfant n'est pas morte ; ils se moquent de lui. (51-53.) — *c) La résurrection.* Jésus prend
la main de la morte et, d'une voix forte, il lui commande de se lever. Son esprit revient,
et elle se lève. Jésus lui fait donner à manger et enjoint à ses parents stupéfaits de ne
pas divulguer ce miracle. (54-56.)

40 Or il arriva, comme Jésus revenait, que la foule l'accueillit ; car tous
41 l'attendaient[4]. — Et voici, il vint un homme dont le nom était Jaïrus,
et qui était chef de la synagogue. Et s'étant jeté aux pieds de Jésus,
42 il le priait d'entrer dans sa maison ; — parce qu'il avait une fille uni-

---

1. Gr. *sauvé.* Voir, sur toute cette scène, Marc 5 : 12-15, notes. Cet évangéliste la raconte avec les mêmes détails que Luc.
2. Marc ajoute ici : « et comment il a eu pitié de toi. » Quant aux motifs du refus que Jésus fait à cet homme de le suivre, et à l'ordre qu'il lui donne, voir Marc 5 : 19, note.
3. Au lieu de : *par toute la ville,* Marc dit plus exactement : *dans la Décapole.* (Voir, sur ce nom, Math. 4 : 25, note.) Il faut remarquer la différence entre l'ordre donné : « Raconte les choses que *Dieu* t'a faites, » et son exécution : « il publia les choses que *Jésus* lui avait faites. » — « Jésus rapporte tout à Dieu ; mais le malade ne saurait oublier l'instrument. » *Godet.*
4. *La foule,* que Jésus avait laissée sur le rivage, s'était rassemblée de nouveau, dès qu'elle avait pu espérer son retour. (Marc 5 : 21.) Elle *l'accueillit* avec empressement, comme le fait sentir cette remarque de Luc : *car tous l'attendaient.* Jésus, qui venait d'opérer une guérison difficile, trouve de nouveaux labeurs, d'autres délivrances à accomplir. Voir, sur les deux miracles qui suivent,

que, âgée d'environ douze ans, et elle se mourait [1]. Et comme Jésus y allait, les foules le serraient [2]. — Et une femme qui avait une perte 43 de sang depuis douze ans, et qui, ayant dépensé tout son bien en médecins, n'avait pu être guérie par aucun, — s'étant approchée par 44 derrière, toucha le bord de son vêtement [3] ; et à l'instant sa perte de sang s'arrêta. — Et Jésus dit : Qui est-ce qui m'a touché ? Mais comme 45 tous le niaient, Pierre et ceux qui étaient avec lui, dirent : Maître, les foules t'entourent et te pressent [4]. — Mais Jésus dit : Quelqu'un m'a 46 touché ; car j'ai connu qu'une puissance est sortie de moi [5]. — Et la 47 femme, voyant qu'elle n'était point restée cachée, vint toute tremblante, et se jetant à ses pieds, déclara devant tout le peuple pour quelle cause elle l'avait touché, et comment elle avait été guérie à l'instant. — Mais il lui dit : Ma fille, ta foi t'a sauvée ; va en paix [6]. 48 — Comme il parlait encore, arrive quelqu'un de chez le chef de la 49 synagogue, disant : Ta fille est morte ; ne fatigue pas davantage le Maître [7]. — Mais Jésus ayant entendu cela, lui répondit : Ne crains 50 point ; crois seulement, et elle sera sauvée. — Et étant arrivé dans 51 la maison, il ne laissa entrer personne, sinon Pierre et Jean et Jacques, et le père de l'enfant et la mère [8]. — Et tous pleuraient, et se lamen- 52 taient sur elle ; mais il dit : Ne pleurez point ; elle n'est pas morte, mais elle dort. — Et ils se riaient de lui, sachant qu'elle était 53

Math. 9 : 18-26, notes, et Marc 5 : 21-43, notes.

1. Il faut remarquer ce verbe à l'imparfait, qui exprime exactement le mot du père dans Marc : « Ma petite fille *est à l'extrémité.* » D'après Matthieu qui, selon sa coutume d'abréger, réunit en un seul trait la prière du père et le message qu'il reçut ensuite, la jeune fille aurait été déjà morte. — Marc et Luc nous font connaître l'âge de cette enfant, et ce dernier nous apprend qu'elle était *fille unique*, circonstance qui rendait plus cruelle la détresse du père.

2. Gr. *les foules l'étouffaient*. Marc (5 : 24) emploie une expression également énergique : « elles le *foulaient.* » (Comp. v. 45.)

3. Le *bord inférieur* ou probablement dans un sens plus précis, la *frange* ou la *houppe* que la loi ordonnait aux Israélites de porter aux quatre coins de leur vêtement de dessus. (Nomb. 15 : 38 ; Deut. 22 : 12.)

4. Gr. *te foulent*, c'est-à-dire : « te pressent jusqu'à t'écraser. » — La pensée de Pierre est suffisamment exprimée en ces termes. Le texte reçu la complète en ajoutant : « et tu dis : Qui est-ce qui m'a touché ? » Ces mots omis par *Sin.*, *B* sont probablement empruntés à Marc.

5. D'après le récit de Marc et de Luc, la malade a été guérie par le simple attouchement des vêtements de Jésus (v. 44) et sans une action consciente et voulue du Sauveur, qui pourtant a senti qu'une *puissance* ou une *force* salutaire était sortie de lui. Marc (5 : 30) mentionne seulement l'impression que Jésus avait eue. D'après Luc, Jésus aurait énoncé cette impression et réfuté ainsi plus péremptoirement l'objection des disciples. — La nature spéciale de ce miracle a été pour plusieurs interprètes une pierre d'achoppement. Voir, à ce sujet, Marc 5 : 30, note.

6. A tous ces termes, qui exprimaient la tendre compassion du Sauveur et étaient propres à consoler la femme, le texte reçu ajoute après : Ma fille, ce mot : *prends courage* qui est omis par *Sin.*, *B*, *D*, et a été emprunté à Matthieu.

7. Le texte reçu omet *davantage*. Ce mot se lit dans *Sin.*, *B*, *D*, et exprime une idée nécessaire. Marc emploie un terme équivalent.

8. Le texte reçu porte : « Et *entrant*

54 morte[1]. — Mais lui, ayant pris sa main, dit à haute voix [2] : En-
55 fant, lève-toi ! — Et son esprit revint [3], et elle se leva à l'instant.
56 Et il commanda de lui donner à manger. — Et ses parents furent stupéfaits, mais il leur ordonna de ne dire à personne ce qui était arrivé [4].

III. LA FIN DU MINISTÈRE GALILÉEN.

1. *La mission des douze.*

1-9. UN DERNIER APPEL A LA GALILÉE. LES INQUIÉTUDES D'HÉRODE. — 1° *La mission des douze.* — *a*) *Leur envoi.* Jésus assemble les douze, leur confère des dons de guérison, et les envoie prêcher le royaume de Dieu. (1, 2.) — *b*) *Instructions qui leur sont données.* N'emporter aucune provision. Demeurer dans la maison où ils seront entrés. Secouer la poussière de leurs pieds contre ceux qui ne les recevront pas. (3-5.) — *c*) *L'accomplissement de leur mission.* Ils parcourent les bourgades en évangélisant et en guérissant. (6.) — 2° *Hérode perplexe.* Hérode, entendant parler de ce qui se passe, est inquiet, parce que les uns voient en Jésus Jean ressuscité, les autres Elie ou l'un des anciens prophètes, qui apparaîtrait de nouveau. Hérode se dit qu'il a fait décapiter Jean. Il cherche à voir Jésus. (7-9.)

IX Or, ayant assemblé les douze, il leur donna puissance et autorité

dans la maison, il ne laissa *entrer* personne, sinon ; » par où il faudrait entendre qu'il interdit aux autres l'entrée même de la maison, ce qui supposerait que la mère de l'enfant était elle aussi venue à sa rencontre dans la rue. Avec la leçon de *Sin.*, *A, B, C, majusc.*, la situation est la suivante : Jésus étant *arrivé dans la maison*, ne laisse *entrer* dans la chambre mortuaire que les trois disciples et les parents de l'enfant.
1. Si l'évangéliste avait voulu raconter, non une mort réelle, mais une simple léthargie, comme on l'a conclu, à tort, de la parole de Jésus (v. 52), il aurait dit : *croyant que*, et non *sachant que*.
2. Le texte reçu commence ce verset par ces mots : « Mais lui, *les ayant tous fait sortir,* » qui, omis dans *Sin.*, B, D, sont empruntés au récit de Matthieu. — Jésus emploie deux moyens pour rappeler à la vie cette enfant : l'attouchement et la parole (gr. *il éleva la voix, disant*). L'un et l'autre étaient nécessaires. De pareils détails prouvent que les sources où Luc puisait provenaient de témoins oculaires. Marc (5 : 41-43), qui tient ses renseignements de Pierre, raconte le fait d'une manière plus circonstanciée encore. (Voir les notes.)
3. Luc caractérise par ces termes, qui lui sont propres, la résurrection de l'enfant. La mort est la séparation de l'*esprit* et du corps ; Jésus, par sa parole puissante, rappelle cet esprit, et l'enfant revit. (Comp. Act. 20 : 10.)
4. Voir, sur l'ordre que Jésus donne souvent de ne pas publier ses miracles, Math. 8 : 4 ; comp. Marc 7 : 36 ; 8 : 26. — « Le récit de ce double miracle porte, à chaque trait, le sceau de la vérité, de la simplicité et de la grandeur. Cette angoisse du père et cette timidité craintive de la femme ; cette agitation du peuple et cette tranquillité majestueuse du Seigneur ; cet étonnement des disciples et cette déclaration positive et réitérée : *Quelqu'un m'a touché;* ce rire incrédule des uns (v. 53) et cette explosion de douleur chez les autres (v. 52) ; cette majesté qui commande à la mort, et ce soin d'en cacher les effets miraculeux, tout cela forme un tableau inimitable, d'une vivante réalité historique. » Oosterzee.

sur tous les démons, et le pouvoir de guérir les maladies ¹. — Et il les envoya prêcher le royaume de Dieu, et guérir ². — Et il leur dit : Ne prenez rien pour le chemin, ni bâton, ni sac, ni pain, ni argent, et n'ayez point chacun deux tuniques ³. — Et en quelque maison que vous entriez, demeurez-y, et de là vous partirez ⁴. — Et quant à ceux qui ne vous recevront point, en sortant de cette ville-là, secouez même la poussière de vos pieds, en témoignage contre eux ⁵. — Et étant partis, ils allaient de bourgade en bourgade, annonçant l'Evangile et guérissant en tout lieu ⁶.

Or Hérode le tétrarque entendit parler de tout ce qui se passait ⁷, et il était en perplexité, parce que quelques-uns disaient : Jean est ressuscité des morts ; — et quelques-uns : Elie est apparu ; et d'autres : Quelqu'un des anciens prophètes est ressuscité ⁸. — Mais Hérode disait : Moi j'ai fait décapiter Jean ; qui est donc celui-

---

1. Voir, sur cette première mission des apôtres, Math. 10 : 1-15, notes ; Marc 6 : 7-13, notes. Luc, comme les deux autres synoptiques, rappelle que Jésus commence par conférer à ses disciples les *dons* nécessaires à leur mission. Cela est dans l'ordre. Luc seul emploie ces deux termes à peu près synonymes : *puissance* et *autorité ;* le premier indique le pouvoir effectif de chasser *les démons*, le second la compétence pour exercer ce pouvoir. Les apôtres reçoivent, de plus, le don de *guérir les maladies*. Cette dernière phrase dépend du verbe : *Il leur donna*. Ici, comme partout, les évangélistes distinguent nettement la délivrance des démoniaques de la guérison des maladies. — Il y a quelque chose de solennel dans les premiers mots : *ayant assemblé les douze*. (C'est à tort que le texte reçu ajoute : *disciples*) ; Luc désigne fréquemment les apôtres par ce mot : *les douze*, parce qu'ils occupent une position unique dans l'Église (Marc 3 : 15, notes.)
2. *Prêcher* et *guérir* : telle est la double mission de l'apostolat. (Math. 10 : 7, 8 ; Marc 3 : 14, 15.) Le texte reçu porte : *guérir les malades ;* ce complément est inutile, et la plupart des critiques le regardent comme inauthentique, bien qu'il soit soutenu par tous les témoignages, sauf *B* et la Syriaque de Cureton. — Voir, sur *le royaume de Dieu*, Math. 3 : 2, 2ᵉ note.
3. Voir, sur cet ordre, Math. 10 : 10, note, et Marc 6 : 9, note. Le texte reçu porte : « ni *bâtons*. » — *Chacun* est omis dans *Sin.*, *B*, *C*.
4. C'est-à-dire, quand on vous aura reçus dans une maison, vous devez y rester jusqu'à ce que *vous partiez* de cette ville, sans vous permettre des changements qui pourraient faire de la peine à ceux qui vous ont offert l'hospitalité. (Marc 6 : 10.)
5. Math. 10 : 14 ; Marc 6 : 11, notes. *Même*, devant « la poussière, » manque dans *Sin.*, *B*, *D*.
6. Marc (6 : 12, 13) indique avec plus de détail la triple action des disciples qui « prêchaient, chassaient les démons et guérissaient les malades, » selon l'ordre et la puissance que leur Maître leur en avait donnés.
7. Le texte reçu avec *A* et des *majusc.* porte : « de tout ce qui était fait *par lui* (Jésus). » Ces derniers mots manquent dans *Sin.* *B*, *C*, *D*.
8. Voir, sur ces craintes superstitieuses d'Hérode, Math. 14 : 1, 2, notes, et Marc 6 : 14-16, notes. D'après les deux premiers évangélistes, c'est Hérode lui-même qui exprime l'idée renfermée dans ces versets, tandis que Luc la met dans la bouche de ses alentours. Il n'y a là aucune contradiction, car si d'autres avaient inspiré cette pensée à Hérode, il se l'était appropriée, et en était rempli de crainte ; il était donc naturel qu'il l'exprimât lui-même. — Il faut remarquer ici une nuance significative : tandis qu'on disait que Jean ou quelqu'un des prophètes était *ressuscité*, Elie était, pensait-on, *apparu ;* c'est qu'Elie, d'après l'Ecriture, n'était pas mort, mais avait été transporté directement au ciel. (2 Rois 2.)

ci, dont moi j'entends dire de telles choses ? Et il cherchait à le voir [1].

2. *Retraite à Bethsaïda. Multiplication des pains.*

10-17. MULTIPLICATION DES PAINS. — 1° *L'occasion*. Les apôtres étant de retour de leur mission, Jésus les emmène en un lieu solitaire. Il y est suivi par la foule, à laquelle il annonce la parole de Dieu et dont il guérit les malades. (10, 11.) — 2° *Les préparatifs*. Comme la nuit approche, les disciples demandent à Jésus de congédier les foules, afin qu'elles aillent dans les villages d'alentour y chercher un logement et de la nourriture. Mais Jésus leur dit : Donnez-leur vous-mêmes à manger. Les disciples objectent qu'ils n'ont que quelques pains pour nourrir cinq mille hommes ! Jésus ordonne de les faire tous asseoir par rangs de cinquante personnes. (12-15.) — 3° *Le miracle*. Jésus ayant pris les pains, les bénit et les rompt ; et il les donne aux disciples. Tous sont rassasiés, et l'on emporte douze paniers des restes. (16, 17.)

10 Et les apôtres, étant revenus, lui racontèrent tout ce qu'ils avaient fait. Et les prenant avec lui, il se retira à l'écart, dans une ville
11 appelée Bethsaïda [2]. — Mais les foules l'ayant appris, le suivirent. Et les ayant accueillies, il leur parlait du royaume de Dieu, et il
12 guérissait ceux qui avaient besoin de guérison [3]. — Or le jour commença à baisser ; et les douze s'approchant lui dirent : Renvoie la

---

1. Il faut remarquer ce *moi* deux fois répété. *Sin.*, *B*, *C* l'omettent la seconde fois, mais il est plus probable qu'il ait été retranché qu'ajouté. La répétition fait voir la conscience effrayée d'Hérode. Matthieu et Marc racontent en détail comment Hérode avait *fait décapiter* Jean-Baptiste. Luc a seul conservé ce trait qu'Hérode *cherchait à voir* Jésus. Il peut l'avoir appris par des disciples qui appartenaient à la maison d'Hérode. (Luc 8 : 3 ; Act. 13 : 1.) Ce prince voluptueux et lâche devait se trouver en présence du Sauveur un an plus tard, mais pour voir Jésus le condamner par son silence (23 : 8, et suiv.)
2. Le texte reçu, avec *A*, *C*, *majusc.*, porte : *dans un lieu désert d'une ville appelée Bethsaïda*. *Sin.* porte simplement : *en un lieu désert*. L'*Itala*, l'une des vers. syr., la vulgate : *dans un lieu désert appelé Bethsaïda*. La plupart des critiques adoptent la leçon de *B* et de quelques *majusc.* : *dans une ville appelée Bethsaïda*. Il ne s'agit point ici de la *Bethsaïda* située entre Capernaüm et Tibériade, sur la rive occidentale du lac, patrie de Pierre, d'André et de Philippe (Jean 1 : 44) ; car, d'après Matthieu (14 : 13) et Marc (6 : 32), Jésus se rend sur le bord oriental du lac, en se servant d'une barque, ce qui est aussi conforme au récit de Jean. (6 : 17.) Luc fournit la même indication en disant que Jésus *se retira à l'écart*, ce qu'il n'aurait pu faire dans le voisinage immédiat de Bethsaïda de la rive occidentale, théâtre principal de ses travaux. Bethsaïda Julias, au nord-est du lac, est aussi mentionnée par Marc. (8 : 22, note.) — Le miracle de la multiplication des pains est rapporté par les quatre évangélistes. (Math. 14 : 13-21 ; Marc 6 : 30-44 ; Jean 6 : 1-13.) — Quelle est la cause de cette retraite ? En mentionnant le *retour* des disciples, Luc fait supposer que Jésus éprouvait le besoin de s'entretenir en particulier avec eux, et de leur procurer quelque repos ; et c'est ce que Marc déclare expressément. (6 : 31.) Matthieu (14 : 12, 13) met la retraite de Jésus en rapport avec la mort de Jean-Baptiste, que les disciples de ce dernier venaient de lui apprendre. Ce double motif pouvait inspirer le Sauveur, qui savait que l'heure de ses souffrances approchait et qui ne tarda pas à les annoncer à ses disciples. (v. 22 ; Math. 16 : 21 ; Marc 8 : 31.)
3. Luc ne nous dit ni comment Jésus se rendit de l'autre côté du lac, ni comment *les foules* l'y *suivirent ;* mais Matthieu et Marc nous apprennent que Jésus traversa le lac sur une barque, et que le peuple qui l'entourait, l'ayant vu partir,

foule, afin qu'ils aillent dans les bourgs et dans les campagnes d'alentour, pour se loger et trouver des vivres ; car nous sommes ici dans un lieu désert. — Et il leur dit : Donnez-leur vous-mêmes à 13 manger. Mais ils dirent : Nous n'avons pas plus de cinq pains et de deux poissons ; à moins que nous n'allions, nous, acheter des vivres pour tout ce peuple [1] ! — Car ils étaient environ cinq mille hommes. 14 Et il dit à ses disciples : Faites-les asseoir par rangées de cinquante. — Et ils firent ainsi, et ils les firent tous asseoir. — Et, prenant les 15, 16 cinq pains et les deux poissons, levant les yeux au ciel, il les bénit et les rompit, et il les donnait aux disciples, pour les présenter à la foule [2]. — Et ils mangèrent et furent tous rassasiés ; et on emporta, 17 des morceaux qui leur restèrent, douze paniers [3].

3. *La confession de Pierre et la première annonce de la Passion.*

18-27. Qui est le fils de l'homme ? Jésus prédit ses souffrances. — 1º *Le Christ*. Jésus, après avoir prié dans la solitude, demande à ses disciples quelle opinion règne parmi le peuple à son sujet. Ils répondent qu'on le tient pour Jean-Baptiste, Elie ou l'un des anciens prophètes. Il leur demande alors leur propre sentiment. Pierre répond : Tu es le Christ de Dieu. (18-20.) — 2º *Le Christ souffrant*. Jésus leur défend de le révéler présentement, et ajoute : Il faut que le fils de l'homme souffre beaucoup, qu'il soit mis à mort, et qu'il ressuscite le troisième jour. (21, 22.) — 3º *Les disciples du Christ souffrant*. Puis il dit à tous : Si quelqu'un veut être mon disciple, il faut qu'il me suive dans la voie du renoncement et de la croix. Vouloir sauver sa vie, c'est la perdre ; la perdre, c'est la sauver. Or le salut de l'âme vaut plus que la possession du monde entier, parce que, au jour de sa gloire, le fils de l'homme aura honte de celui qui aura eu honte de lui devant les hommes. Plusieurs de ceux qui sont ici ne mourront point avant d'avoir vu le règne de Dieu. (23-27.)

Et il arriva, comme il priait à l'écart [4], que les disciples étaient 18

se hâta de le rejoindre en suivant la rive septentrionale. Jésus se vit donc frustré du repos qu'il était allé chercher dans la solitude ; mais il n'en *accueillit* pas moins, avec sa bienveillance ordinaire, ces foules, auxquelles il adressa la parole de vie et dont il guérit les malades.

1. On a vu dans ces expressions des disciples une sorte d'ironie, qui se trouvait dans la situation bien plus que dans leurs paroles. C'est plutôt, vivement exprimé, l'embarras, qu'ils éprouvaient en présence de l'impossible. Ce sentiment se trahit par une phrase coupée : « Nous n'avons pas plus de cinq pains... à moins que *nous, nous n'allions acheter des vivres pour tout ce peuple.* »

2. Il *les* bénit (les aliments), expression particulière à Luc. Matthieu et Marc disent : *il bénit* (Dieu), lui exprimant sa reconnaissance pour ce qu'il avait donné et pour ce qu'il allait faire. Le même acte est rapporté par Jean en ces termes : « ayant rendu grâce. » — Il faut remarquer ce verbe à l'imparfait, qui se trouve dans Marc et Luc : il les *donnait* aux disciples, indiquant une action continue ; il donnait, donnait toujours, et l'action ne cessa que lorsque tous furent rassasiés.

3. Ce nombre de *douze paniers* a été retenu par les quatre évangélistes.

4. Gr. Comme il *était priant*.... Luc est celui de tous les évangélistes qui fait remarquer le plus fréquemment ces prières de Jésus dans la solitude. (5 : 16, note.) Seul il nous rapporte que Jésus se prépara

réunis avec lui ; et il les interrogea, disant : Qui disent les foules que je suis [1] ? — Eux, répondant, dirent : Jean-Baptiste ; et d'autres, Elie ; et d'autres, qu'un prophète d'entre les anciens est ressuscité. — Et il leur dit : Mais vous, qui dites-vous que je suis [2] ? Et Pierre répondant, dit : Le Christ de Dieu [3]. — Mais lui, parlant avec sévérité, leur défendit de dire cela à personne, — disant [4] : Il faut que le fils de l'homme souffre beaucoup, et qu'il soit rejeté par les anciens et les principaux sacrificateurs et les scribes, et qu'il soit mis à mort, et qu'il ressuscite le troisième jour [5]. — Et il disait à tous : Si quelqu'un veut venir après moi, qu'il renonce à soi-même, et qu'il prenne sa croix chaque jour, et qu'il me suive. — Car quiconque voudra sauver sa vie, la perdra ; mais quiconque perdra sa vie à

en *priant* à la scène capitale qui va suivre. Comme le remarque M. Godet, il est probable qu'il associa à sa prière ses disciples et les plaça ainsi dans des dispositions appropriées aux circonstances.

1. Voir, sur ce récit, Math. 16 : 13-16, notes, et Marc 8 : 27-30, notes. L'entretien qui va suivre, entre Jésus et ses disciples, eut lieu dans la contrée de Césarée de Philippe. Non seulement Luc omet cette indication de lieu, mais il paraît rattacher sa narration à celle de la multiplication des pains (v. 10-17), tandis que les deux premiers évangiles intercalent un grand nombre de récits qu'il passe entièrement sous silence. (Math. 14 : 22 à 16 : 12 ; Marc 6 : 45 à 8 : 27.) Il y a donc, entre les v. 17 et 18, une lacune considérable qu'on a cherché à expliquer de diverses manières. Voir le *Commentaire* de M. Godet *sur l'évangile de saint Luc*, tome I, 3ᵉ édit., p. 573.

2. La particule adversative : *Mais* vous, accentue la signification de cette seconde question de Jésus. Il importait sans doute au Sauveur d'apprendre ce qu'on pensait de lui parmi *les foules*, mais infiniment plus encore de savoir quelle était la foi des disciples et de provoquer de leur part une confession de cette foi, afin de les y affermir.

3. Dans les trois évangiles, Pierre reconnaît le Seigneur Jésus comme *le Christ* ; mais chaque évangéliste formule cette idée à sa manière : Matthieu : *le Christ, le Fils du Dieu vivant* ; Marc : *le Christ* ; Luc : *le Christ de Dieu*. Cette dernière expression, de même que : « le Christ du Seigneur » (2 : 26), signifie le Christ (Messie, Oint) qui vient de Dieu, et que Dieu envoie au monde. (Math. 16 : 16, note ; Marc 8 : 29 ; comp. Jean 6 : 69.)

4. Dans les trois synoptiques, cette première annonce des souffrances de Christ suit immédiatement la grande confession de Pierre : Tu es le Christ. Dans tous les trois aussi, Jésus défend à ses disciples de le faire connaître. Mais c'est Luc qui fait ressortir avec le plus de clarté et de force le sens de ce rapprochement. — Gr. *mais lui, les réprimandant, leur ordonna de ne dire cela à personne* ; c'est-à-dire qu'il leur fit cette défense sur le ton sévère d'une réprimande. Le même mot se retrouve dans Marc. (8 : 30 ; comp. Math. 16 : 20, note.) La raison de cette interdiction est sans doute que Jésus ne voulait pas entretenir les espérances charnelles que nourrissaient ses adhérents. Ceux-ci attendaient un Messie glorieux, tandis que lui allait *souffrir*. Il ne voulait pas non plus provoquer avant le temps la haine de ses adversaires. Ce motif ressort avec plus d'évidence encore du récit de Jean (6 : 14, 15) : nous y lisons que, après le miracle de la multiplication des pains, Jésus dut se soustraire à l'enthousiasme de la foule, qui voulait le proclamer roi. La sévérité de sa défense nous est expliquée par ce contraste tragique : la royauté par la croix !

5. Math. 16 : 21, note ; Marc 8 : 31. Les deux premiers évangélistes rapportent ici l'opposition faite par Pierre aux souffrances de son Maître et la sévère répréhension que celui-ci lui adressa. Luc omet ce trait, qui est tout au désavantage de Pierre ; mais il passe aussi sous silence les belles paroles de Jésus : « Tu es bien heureux,... tu es la pierre sur laquelle je bâtirai mon Eglise, » qui sont à la louange de l'apôtre. Certains critiques en ont conclu que Luc, disciple de Paul, avait des préventions contre Pierre. Mais, dans ce

cause de moi, celui-là la sauvera. — Car que sert-il à un homme de 25 gagner le monde entier, et de se perdre ou de se ruiner soi-même ? — Car celui qui aura eu honte de moi et de mes paroles, le fils de 26 l'homme aura honte de lui, quand il viendra dans sa gloire, et dans celle du Père et des saints anges. — Or je vous le dis en vérité, il y 27 en a quelques-uns de ceux qui sont ici présents, qui ne goûteront point la mort, qu'ils n'aient vu le règne de Dieu [1].

4. *La transfiguration.*

A. 28-36. Transfiguration. — 1º *Jésus glorifié.* Suivi de trois de ses disciples, Jésus monte sur la montagne pour prier. Pendant qu'il prie son visage devient autre et son vêtement resplendissant. (28, 29.) — 2º *Entretien avec Moïse et Elie.* Moïse et Elie s'entretiennent avec lui de son issue à Jérusalem. (30, 31.) — 3º *Les disciples.* Ils sont accablés de sommeil, s'étant réveillés ils voient la gloire de leur Maître et les deux hommes qui étaient avec lui. Pierre déclare qu'il est bon d'être là, et propose de faire trois tentes, ne sachant trop ce qu'il disait. (32, 33.) — 4º *La déclaration divine.* Une nuée couvre Jésus et ses deux interlocuteurs. Une voix sort de la nuée, disant : C'est ici mon Fils élu ; écoutez-le. Au même moment, Jésus se trouve seul. Les disciples gardent le silence sur ce qu'ils ont vu. (34-36.)

Or il arriva, environ huit jours après ces discours, que, prenant 28 avec lui Pierre et Jean et Jacques, il monta sur la montagne pour prier [2]. — Et il arriva, pendant qu'il priait, que l'aspect de son visage 29

---

cas, il aurait eu soin de rapporter la réprimande, qui se lit dans Matthieu et dans Marc. (Comp. Marc 8 : 32, 33, notes.)

1. Voir, sur ce discours que les trois évangélistes placent à la suite de l'annonce des souffrances de Christ et qui en ressort d'une manière si naturelle, Math. 16 : 24-28, notes ; Marc 8 : 34-37, note. Tandis que Jésus avait prédit ses souffrances et sa mort à ses disciples seuls, dans l'intimité, il adressait cette exhortation *à tous* (v. 23), parce que, pour tous, la vie chrétienne consiste à *renoncer à soi-même*, à *prendre sa croix* et à *suivre* Jésus. Luc ajoute (v. 24), d'après *Sin., B, A, majusc. chaque jour.* « Ce crucifiement de soi-même s'opère graduellement, selon le mode fixé par Dieu pour chacun et pour chaque étape de la vie. C'est ce qu'expriment les mots : *chaque jour* et *sa croix.* » *Godet.* Au v. 25, au lieu de dire comme Matthieu et Marc : *perdre son âme*, Luc dit : *se perdre ou se ruiner soi-même.* Ces deux verbes séparés par *ou* ne peuvent être synonymes, ce qui constituerait d'ailleurs une répétition oiseuse. Suivant M. Godet, il y aurait gradation : « se perdre ou même seulement se porter atteinte à soi-même. » Suivant Weiss, le premier se rapporte au mal que l'homme se fait à lui-même, le second au châtiment divin qu'il attire sur lui. La première explication paraît plus conforme au grec. Elle donne un sens excellent, que M. Godet indique en ces mots : « Il n'est pas nécessaire que le châtiment aille jusqu'à la perdition totale ; la plus légère atteinte portée à la personnalité humaine, dans une certaine mesure ou pour un certain temps, se trouvera être un mal plus grand que tous les avantages qu'aurait pu procurer la possession du monde entier. » — Quant au v. 27, voir Math. 16 : 28, note, et Marc 9 : 1, note.

2. Voir, sur le récit de la transfiguration, Math. 17 : 1-13, notes ; Marc 9 : 2-13, notes. — Les trois évangélistes placent cette manifestation de la gloire de Christ peu *après ces discours* concernant ses souffrances et sa mort. On comprend le rapport intime et profond qu'il y a entre ces deux faits : la vue de la gloire de leur Maître devait relever le courage

30 fut autre, et son vêtement blanc, resplendissant[1]. — Et voici, deux hommes s'entretenaient avec lui ; lesquels étaient Moïse et Elie, —
31 qui, apparaissant en gloire, parlaient de son issue qu'il devait accom-
32 plir à Jérusalem[2]. — Mais Pierre et ceux qui étaient avec lui étaient accablés de sommeil ; et s'étant réveillés, ils virent sa gloire[3], et les
33 deux hommes qui étaient avec lui. — Et il arriva que, comme ils se séparaient de lui, Pierre dit à Jésus : Maître, il est bon que nous soyons ici ; faisons trois tentes, une pour toi et une pour Moïse et
34 une pour Elie. Il ne savait ce qu'il disait[4]. — Et comme il disait ces choses, il y eut une nuée et elle les couvrait de son ombre ; et ils

abattu des disciples et les préparer pour les jours de ses profondes humiliations qui approchaient. Matthieu et Marc disent : *six jours* après ; Luc : *environ huit jours*. Cette différence s'explique si l'on tient compte du mot *environ* ; peut-être aussi Luc comptait-il le jour où Jésus tint ces discours et celui de la transfiguration, tandis que Matthieu et Marc ne comptaient que les jours intermédiaires.
— Un trait important conservé par Luc seul, c'est l'intention que Jésus avait en montant sur la montagne : il y allait *pour prier*. Toutes les grandes révélations de Dieu ont lieu en réponse à la prière. Ce fut dans ce moment de communion intime avec le Dieu qui est lumière, qu'un reflet de sa gloire éternelle resplendit en son Fils bien-aimé. (Comp. 3 : 21, 22 ; 5 : 16, note ; 6 : 12, 13.)
1. Le terme que nous traduisons par *resplendissant*, éblouissant, dérive d'un mot qui signifie *éclair*. Luc s'accorde ainsi avec les deux premiers évangélistes, sauf qu'il remplace : *il fut transfiguré*, par : *son visage devint autre*.
2. Luc désigne d'abord les interlocuteurs de Jésus comme *deux hommes*, il ne les nomme qu'ensuite ; son récit rapporte exactement les impressions des témoins de la scène, ceux-ci n'arrivèrent que graduellement à comprendre qui étaient ces *deux hommes*. Son *issue* (gr. son *exode*, sa *sortie*). Le mot est choisi à dessein et il exprime l'idée que, pour Jésus, *sortir* de ce monde visible, ce n'est pas seulement mourir, mais ressusciter et retourner dans sa gloire. (Comp. Act. 13 : 24 et 2 Pier. 1 : 15, en grec.) — Cette *issue*, il *devait l'accomplir à Jérusalem*, c'était un fait prévu, déterminé par le dessein de Dieu, et qui se trouvera accompli par l'événement. Luc seul a conservé ce trait important, qu'on a appelé « la clef du récit, » et qui montre que

c'est à ce moment que Jésus, renouvelant sa résolution de donner sa vie pour le salut du monde, se décide à aller mourir à Jérusalem.
3. Gr. étaient *appesantis par le sommeil, mais, ayant veillé au travers de cet assoupissement, ils virent sa gloire*. Le verbe *veiller au travers*, qui ne se trouve qu'ici dans le Nouveau Testament, signifie, d'après sa composition, se tenir éveillé en luttant contre l'assoupissement. Meyer défend ce sens littéral. Weiss, M. Godet, et la plupart de nos versions traduisent : *s'étant réveillés*, ce qui suppose que les disciples s'étaient endormis et que ce fut à leur réveil seulement qu'ils virent d'abord la splendeur qui rayonnait de Jésus, puis les deux hommes qui se trouvaient avec lui. Holtzmann hésite à se prononcer, trouvant ce dernier sens plus conforme au contexte, mais impossible à établir au point de vue de la langue. — Ce besoin de sommeil qu'éprouvaient les disciples ne paraît pas naturel dans un moment si propre à exciter toute leur attention ; mais l'homme, dans sa faiblesse, ne peut supporter ni un excès de joie, ni un excès de tristesse. Le même phénomène se reproduit chez les trois mêmes disciples en Gethsémané. (Math. 26 : 43.) — Luc seul a conservé ce trait.
4. Voir Math. 17 : 4 et Marc 9 : 6. D'après Luc, l'intention de Pierre, en proposant de bâtir des tentes, était de retenir Moïse et Elie qui *se séparaient* de Jésus. En tout cas, il voulait prolonger le bonheur intime dont il jouissait sur la sainte montagne. — L'étrangeté de la proposition de Pierre (gr. *ne sachant ce qu'il disait*) peut être attribuée à cet assoupissement que Luc vient de décrire. (v. 32.) Marc l'explique par la crainte religieuse dont les disciples furent saisis en présence de l'apparition céleste, et que Luc mentionne aussi. (v. 34.)

furent saisis de crainte quand ceux-là entrèrent dans la nuée [1]. — Et une voix sortit de la nuée, disant : Celui-ci est mon Fils, l'élu ; 35 écoutez-le [2]. — Et comme la voix se faisait entendre, Jésus se trouva 36 seul. Et eux gardèrent le silence, et ne dirent rien à personne, en ces jours-là, de ce qu'ils avaient vu [3].

B. 37-43a. Guérison d'un démoniaque. — 1° *La prière du père.* Comme ils descendent le lendemain de la montagne, une grande foule vient au-devant de Jésus et un homme le supplie d'avoir pitié de son fils unique dont il lui décrit le mal, en ajoutant qu'il a inutilement prié les disciples de le guérir. (37-40.) — 2° *La réponse de Jésus.* Il reproche à cette génération son incrédulité. Puis il dit au père : Amène ici ton fils. Comme celui-ci approche, une crise violente se déclare, mais Jésus réprimande l'esprit impur, guérit l'enfant et le rend à son père. Tous sont dans l'admiration de la grandeur de Dieu. (41-43a).

Or il arriva le jour suivant [4], comme ils étaient descendus de la mon- 37 tagne, qu'une grande foule vint au-devant de lui. — Et voici, un 38 homme de la foule s'écria, disant : Maître, je te prie, jette les yeux

1. Une *nuée* lumineuse (Matthieu), autre image de la gloire de Dieu, *les ombrageait,* non les apôtres, mais Moïse et Elie et Jésus, qui *entrèrent dans la nuée.* Et c'est en ce moment que les disciples furent *saisis de crainte,* soit par l'effet de toute cette scène surnaturelle, soit parce qu'ils virent leur Maître lui-même disparaître dans la nuée. C'est alors que la voix céleste se fit entendre ; ensuite Jésus se trouva seul avec ses disciples.
2. Le texte reçu, avec *A, C, D,* dit : Mon Fils *bien-aimé,* terme emprunté aux autres évangiles et à la parole divine prononcée lors du baptême de Jésus. (Math. 3 : 17.) La variante qui se lit dans *Sin.* et *B* désigne le Sauveur comme *l'élu* de Dieu dans un sens absolu et par opposition à tous ses serviteurs. Mon *Fils l'élu* implique sans doute aussi qu'il est le Fils bienaimé de Dieu, mais, de plus, un être choisi par lui pour une destination spéciale, la rédemption du monde. — L'exhortation : *Ecoutez-le !* semblable à celle qui se lit dans Deut. 18 : 15, marque la signification de toute cette scène. (Marc 9 : 7, note.) Après la vision glorieuse, les disciples se retrouveront avec *Jésus seul.* (v. 36.) Leur devoir sera de *l'écouter* avec une confiance plus absolue que jamais. Cet ordre leur donne aussi l'assurance que Jésus leur suffira en toutes choses, sans qu'ils aient besoin à l'avenir de visions de la gloire divine, telles que celle qui vient de leur être accordée. — « Toute cette scène, dans chacune de ses phases, a donc conduit au but que Jésus se proposait, l'affermissement de la foi des siens. Dans la première, la contemplation de sa gloire ; dans la seconde, la confirmation de la voie douloureuse dans laquelle il allait entrer et les conduire avec lui ; dans la troisième, la sanction divine apposée à toutes ses paroles, devaient devenir de puissants appuis pour la foi des trois apôtres principaux. Raffermie, cette foi devenait, même sans paroles, l'appui de celle de leurs condisciples. » Godet.
3. Ce silence gardé par les disciples leur avait été expressément imposé par le Seigneur « jusqu'à ce qu'il fût ressuscité. » (Math. 17 : 9, note ; comp. Marc 9 : 9.) Après son retour dans la gloire, le récit de sa glorification momentanée ne sera plus exposé à de fausses interprétations. Luc ne mentionne pas la défense de Jésus, mais il note soigneusement le silence des disciples. Il omet aussi l'entretien que rapportent Matthieu et Marc sur la venue d'Élie, parce que cette idée, qui reposait sur une prophétie, n'avait cours que parmi les Juifs ; or Luc écrivait pour les nations.
4. Ce mot : *le jour suivant,* semble indiquer que la transfiguration eut lieu le soir précédent, ou durant la nuit. Les trois évangélistes sont unanimes à rattacher à la scène glorieuse de la montagne la scène de douleur qui va suivre. Voir, sur cette guérison, Math. 17 : 14-23, notes, et surtout Marc 9 : 14-32, notes.

39 sur mon fils ; car c'est mon fils unique [1]. — Et voici, un esprit se saisit de lui, et aussitôt il crie ; et il l'agite violemment, le fait écu-
40 mer, et à peine le quitte-t-il en le brisant. — Et j'ai prié tes disci-
41 ples de le chasser, mais ils n'ont pu. — Et Jésus répondant, dit : O génération incrédule et perverse, jusqu'à quand serai-je avec vous
42 et vous supporterai-je ? Amène ici ton fils. — Et tandis qu'il approchait, le démon le jeta par terre, et l'agita violemment. Mais Jésus réprimanda l'esprit impur, et guérit l'enfant, et le rendit à son père [2].
43 — Et tous étaient frappés de la grandeur de Dieu [3].

C. 43b-50. NOUVELLE ANNONCE DE LA PASSION. HUMILITÉ ET TOLÉRANCE. — 1o *La seconde prédiction des souffrances de Jésus.* Jésus déclare avec insistance à ses disciples qu'il doit être livré. Ils ne comprennent pas et redoutent de le questionner. (43b-45.) — 2o *L'ambition des disciples.* Ils se demandent lequel d'entre eux est le plus grand. Jésus leur présente un petit enfant et affirme que quiconque reçoit cet enfant le reçoit et reçoit Dieu. Le plus petit est le plus grand. (46-48.) — 3o *L'exclusivisme des disciples.* Jean confesse qu'ils ont empêché un homme de chasser les démons au nom de Jésus parce qu'il n'était pas des leurs. Jésus dit qu'ils n'auraient pas dû l'empêcher, car celui qui n'est pas contre eux est pour eux. (49-50.)

Et comme tous étaient dans l'admiration de tout ce que Jésus fai-
44 sait, il dit à ses disciples : — Pour vous, écoutez bien ces paroles [4] : Le fils de l'homme doit être livré entre les mains des hommes [5].
45 — Mais eux ne comprenaient point cette parole ; et elle leur était cachée, afin qu'ils ne la saisissent pas ; et ils craignaient de l'interroger au sujet de cette parole [6].

1. *Mon fils unique !* Luc seul a noté ce motif touchant invoqué par le père.
2. Ce dernier mot, conservé par Luc seul, indique le but de cette guérison et rappelle une parole semblable de notre évangéliste. (7 : 15.)
3. Ou de la *magnificence* de Dieu, de sa puissance, de sa bonté. Tous les miracles du Sauveur, ayant un but de bienfaisance, sont des œuvres à la fois de puissance et d'amour, et sont une manifestation de ces deux perfections divines.
4. *Pour vous,* mes disciples, qui devez vous distinguer de la multitude et ne pas partager son enthousiasme charnel, (gr.) *mettez dans vos oreilles ces paroles;* des paroles dans lesquelles Jésus annonçait ses prochaines souffrances, au moment même où « tous étaient dans l'admiration de ce qu'il faisait. » (v. 43.) Luc met ainsi cette nouvelle prédiction des souffrances de Jésus dans un rapport immédiat avec ce qui précède ; Matthieu (17 : 22, 23) et Marc (9 : 30-32, voir les notes) la font coïncider avec le retour de Jésus en Galilée, qui eut lieu peu de temps après la transfiguration.
5. Celui qui venait de révéler avec autant de puissance que d'amour *la grandeur de Dieu* (v. 43), *livré entre les mains des hommes !* Quel contraste ! Quelle preuve que son sacrifice sera parfaitement volontaire !
6. La parole de la croix est toujours pour l'homme naturel un mystère, si elle ne lui est pas folie ou scandale. Ici, non seulement les disciples ne la *comprenaient* point, mais *elle leur était cachée* par une dispensation de Dieu, *afin qu'ils ne la saisissent pas.* Leur aveuglement entraînait une sorte de jugement de Dieu. En effet, leur ignorance n'était pas purement intellectuelle, elle avait des causes morales ; ils comprenaient assez les paroles de Jésus pour en être « fort attristés » (Math 17 : 23), mais dans leur peur de la

Or il survint entre eux une discussion : lequel d'entre eux était le 46
plus grand¹. — Mais Jésus, voyant la pensée de leur cœur, prit un 47
petit enfant et le plaça auprès de lui, — et il leur dit : Quiconque 48
recevra cet enfant en mon nom, me recevra ; et quiconque me reçoit,
reçoit Celui qui m'a envoyé ; car celui qui est le plus petit entre
vous tous, celui-là est grand ². — Et Jean, prenant la parole, dit : 49
Maître, nous avons vu quelqu'un qui chassait des démons en ton
nom, et nous l'avons empêché, parce qu'il ne te suit pas avec nous.
— Mais Jésus lui dit : Ne l'empêchez point ; car celui qui n'est pas 50
contre vous est pour vous ³.

DE LA GALILÉE A JÉRUSALEM

I. Départ de Galilée. Jésus et ses disciples. Instructions.

1. *Le commencement du dernier voyage à Jérusalem.*

51-62. Le départ pour Jérusalem et les premiers incidents du voyage. — 1° *La résolution de Jésus.* Comme le temps de son retour dans la gloire approchait, Jésus prend l'énergique résolution de se rendre à Jérusalem. (51.) — 2° *Le mauvais accueil des Samaritains.* Des messagers que Jésus envoie dans une bourgade samaritaine pour lui préparer un logement sont repoussés. Jacques et Jean proposent de faire descendre sur elle le feu du ciel. Jésus leur reproche l'esprit dont ils sont animés. Ils vont ail-

souffrance, *ils craignaient de l'interroger au sujet de cette parole.* (Marc 9 : 32, d'accord avec Luc.) S'ils avaient eu le courage de l'interroger, Jésus les aurait instruits plus complètement.
1. Voir, sur ce trait, Math. 18 : 1-6, notes, et Marc 9 : 33-37, notes. Marc raconte avec plus de détails l'origine de cette *discussion,* tandis que Matthieu rapporte d'une manière plus complète l'instruction de Jésus dont elle fut l'occasion.
— C'est le même mot grec que nous traduisons ici par *discussion,* et au verset suivant par *pensée.* Jésus, d'après Marc, avait remarqué qu'une contestation s'était élevée entre les disciples en chemin, et, arrivés à la maison, il leur en avait demandé le sujet. Ce qui n'empêche pas que le mot de Luc (v. 47) : *voyant* (*Sin., B* : *sachant*) *la pensée de leur cœur,* ne conserve toute sa signification. Jésus seul, en effet, pénétrait et appréciait à sa juste valeur morale la pensée d'orgueil qui était, selon les termes de l'original, *entrée en eux.*

2. Dans Matthieu, Jésus présente tout d'abord ce petit enfant comme type d'*humilité,* ce qui est certainement la vraie pensée du Sauveur. Luc l'exprime par les derniers mots de ce v. 48. Seulement, au lieu de parler au futur, comme Matthieu, en vue du royaume des cieux : *sera* grand, il parle (selon *Sin., B, C*) au présent : *est* grand, appliquant immédiatement aux disciples la leçon qu'il leur donne par le petit enfant. Puis les trois évangélistes se rencontrent dans cette seconde pensée, que *quiconque* est assez humble et moralement assez intelligent pour savoir estimer et *recevoir* avec amour un tel petit enfant, *dans le nom* de Jésus, *le reçoit* lui-même et, en lui, *Celui qui l'a envoyé.*
3. Voir, sur cet entretien, Marc 9 : 38, 39, notes. — Le texte reçu avec les *majusc.* récents porte : contre *nous,* pour *nous.* C'est une erreur occasionnée par le *nous* du verset précédent, ou une leçon empruntée à Marc 9 : 40. *Sin., A* et quelques autres ont : contre *vous...* pour *nous ; B, C, D,* l'*Itala,* la Syriaque :

ÉVANGILE SELON LUC

leurs. (52-56.) — 3° *Les trois disciples.* Un homme s'offre à suivre Jésus. Jésus lui rappelle les renoncements qu'implique une telle résolution. A un second, Jésus ordonne de le suivre, et comme il demande la permission d'aller d'abord ensevelir son père, Jésus la lui refuse. Un troisième se propose de suivre Jésus, mais voudrait auparavant prendre congé des siens. Jésus lui déclare que nul n'est propre au royaume de Dieu, s'il n'a pris une décision irrévocable. (57-62.)

51 Or il arriva, comme les jours de son élévation s'accomplissaient [1],
52 que lui-même prit la résolution d'aller à Jérusalem [2]. — Et il envoya

contre *vous*... pour *vous*. Cette dernière leçon est la plus probable dans Luc. Jésus se met hors de cause et ne parle que de ses disciples. Au ch. 11 : 23, il dira : « Celui qui n'est pas avec moi est contre moi. » Voir, sur l'accord profond de ces deux sentences, qui semblent contradictoires, Marc 9 : 40, note. Jésus seul peut s'appliquer la dernière dans un sens absolu, car, en sa présence, il n'y a pas de neutralité possible. Ses disciples doivent se contenter de la première, et admettre que ceux qui ne sont pas contre eux sont pour eux. L'intérêt bien entendu de la cause de leur Maître les y invite et la charité leur en fait un devoir. Ils ne sauraient prétendre à une domination absolue sur les âmes, comme Jésus a seul le droit de l'exercer.

1. Gr. *les jours de son élévation*, de son *assomption* ou de sa *réception en haut*. Ces termes ne peuvent signifier autre chose que le temps marqué par la sagesse de Dieu pour le départ d'ici-bas et le retour du Sauveur dans la gloire. Ces jours *s'accomplissaient*, approchaient. Ce mot d'*élévation* ne se trouve qu'ici dans le Nouveau Testament, mais le verbe dont il est formé s'y rencontre fréquemment, et signifie toujours l'acte solennel par lequel le Sauveur, après avoir accompli son œuvre, fut *reçu en haut*, réintégré auprès de Dieu dans sa gloire. (Marc 16 : 19 ; Act. 1 : 2, 11, 22 ; 1 Tim. 3 : 16.) C'est dans le même sens que Jésus disait, en employant un autre terme : « Et moi, quand j'*aurai été élevé* de la terre, j'attirerai tous les hommes à moi. » (Jean 12 : 32.) Les autres significations qu'on a essayé de donner à ce mot de Luc ne sont pas soutenables.

2. Gr. « *il affermit sa face* pour s'acheminer vers Jérusalem. » Hébraïsme qui signifie se tourner vers un but avec la ferme résolution de s'y rendre. (Jér. 42 : 15 ; Gen. 31 : 21, etc.) On comprend la pensée que l'évangéliste cherche à exprimer par ces termes. Il fallait au Sauveur la résolution héroïque du dévouement pour prendre le chemin de Jérusalem, car il savait tout ce qui l'y attendait. — Luc marque en ces mots la fin du ministère de Jésus dans la Galilée proprement dite. Mais, dans la suite de son récit, il ne nous présente pas le Sauveur se rendant directement en Judée et à Jérusalem. Déjà au verset suivant (v. 52) il nous le montre empêché de traverser la Samarie qui se trouvait sur son chemin, et employant dès lors les derniers mois de sa vie à des excursions missionnaires dans la Galilée méridionale, sur les confins de la Samarie et en Pérée. Luc seul nous a conservé ce récit important, qui remplit toute une partie de son évangile, jusqu'au ch. 18 : 15. Là il se rencontre de nouveau avec Matthieu et Marc, pour raconter bientôt l'arrivée de Jésus à Jérusalem. C'est aller un peu loin que de voir dans cette partie de notre évangile en quelque sorte un journal du dernier voyage de Jérusalem. Il est vrai que Luc donne de temps en temps des indications destinées à rappeler que Jésus est en marche vers cette ville (v. 57 ; 13 : 22 ; 17 : 11) ; mais d'autre part, sa narration présente certaines données chronologiques et géographiques qui rendent difficile d'y retrouver un itinéraire suivi. Ainsi, au ch. 10 : 38, on lit un fait qui n'a pu avoir lieu qu'à Béthanie, tout près de Jérusalem, tandis que plus tard (17 : 11) nous retrouvons Jésus au sud de la Galilée et traversant la Samarie. En présence de ces données qui paraissent contradictoires, quelques interprètes ont cru pouvoir constater non pas un mais plusieurs récits des voyages de Jésus à Jérusalem. Wieseler prétend retrouver l'indication des trois voyages rapportés par Jean. (7 : 10 ; 11 : 7 ; 12 : 1.) Mais le départ en secret de Jean 7 : 10 ne peut être identifié avec le départ solennel de Luc 9 : 51, et les notices 13 : 22, 17 : 11 parlent de la continuation du voyage commencé et ne signalent pas le commencement de nouveaux voyages. Quant au récit du ch. 10 : 38, qui suppose la présence de Jésus à Béthanie, on peut l'expliquer en le

des messagers devant lui, qui, étant partis, entrèrent dans une bourgade des Samaritains, pour lui préparer un logement ¹. — Et on ne 53 le reçut pas, parce qu'il se dirigeait vers Jérusalem ². — Or les dis- 54 ciples Jacques et Jean, ayant vu cela, dirent : Seigneur, veux-tu que nous disions que le feu descende du ciel et les consume ? — Mais 55 lui se tournant, les réprimanda et dit : Vous ne savez de quel esprit vous êtes animés ³. — Et ils s'en allèrent à une autre bourgade ⁴.   56

rapprochant de Jean 10 : 22, où il est dit que Jésus se trouvait à Jérusalem à la fête de la dédicace en décembre. Il faut admettre que Jésus interrompit sa tournée d'évangélisation pour faire une excursion à Jérusalem, après laquelle il vint reprendre son travail dans la Galilée méridionale et la Pérée et l'y poursuivre jusqu'à la fête de Pâque. Quelque idée qu'on se fasse d'ailleurs du document inséré par Luc, et même si l'on se refuse à y voir un récit suivi au point de vue chronologique, on ne saurait méconnaître qu'il remplit une lacune considérable dans l'histoire de la vie de Jésus. Les deux premiers évangiles, en effet, après le récit de la transfiguration, ne relatent plus que quelques faits et quelques paroles et nous transportent brusquement en Judée et à Jérusalem aux approches de la Pâque. (Math. 19 : 1 ; Marc 10 : 1.) Or la transfiguration eut lieu, selon toute vraisemblance, dans le courant de l'été. De l'intervalle de huit à neuf mois qui la sépare de la Pâque, nous ne saurions presque rien, si Luc ne nous renseignait sur les actes et sur les enseignements de Jésus durant cette période importante. De plus, ce récit de Luc sert de lien entre celui des deux premiers évangiles, qui racontent seulement l'activité de Jésus sur les bords du lac de Génézareth, et celui de Jean, qui se borne aux séjours à Jérusalem ; il nous montre le Sauveur à l'œuvre dans les contrées intermédiaires. Enfin, tandis que la première partie de l'évangile retrace surtout l'action bienfaisante du Sauveur, ses guérisons et ses miracles, presque toute cette seconde partie est remplie par des enseignements. Et quels enseignements ! Qu'on se rappelle les inimitables paraboles que Luc seul nous a transmises : le Samaritain, le figuier stérile, la brebis perdue, l'enfant prodigue, l'économe infidèle, le mauvais riche, le juge inique, le pharisien et le péager, et tant d'autres instructions, dont un petit nombre seulement se retrouvent dans les deux premiers évangiles. Qu'importent quelques obscurités chronologiques au prix de toutes ces richesses ?

1. Gr. *pour lui préparer*, non seulement un *logement*, mais la nourriture, tout ce qui était nécessaire pour passer la nuit. Jésus étant suivi, non seulement des douze, mais d'un cortège d'autres disciples, il n'était pas facile de trouver place pour tous dans de petites localités. (*Sin.* porte : une *ville*, mais tous les autres : une *bourgade.*) De l'envoi de ces *messagers* pour tout préparer.

2. Gr. *parce que son visage allait à Jérusalem*, hébraïsme qui signifie : parce qu'il suivait cette direction. (Ex. 33 : 14.) On sait qu'une antique haine nationale existait entre les Juifs et les Samaritains, ceux-ci étant une population mélangée, qui n'adorait point à Jérusalem et qui ne recevait, de tout l'Ancien Testament, que les cinq livres de Moïse. Jésus saisissait toutes les occasions de réagir contre ces préjugés (Jean 4 : 7 et suiv.). Mais, cette fois, ils furent plus forts que sa charité. Quelques interprètes (Meyer) ont supposé que Jésus fut repoussé, non comme Israélite, mais parce que ses messagers l'avaient annoncé comme le Messie. Le texte ne donne pas d'autre raison que celle-ci : *il allait à Jérusalem.*

3. Dans les v. 54-56, le texte présente plusieurs variantes : 1° le texte reçu avec A, C, D, *majusc., Itala*, ajoute à la question des disciples (v. 54) : *comme aussi a fait Élie.* (2 Rois 1 : 10-12.) D'après *Sin.*, B, vers. la plupart des critiques modernes omettent ces mots, qu'on suppose avoir été écrits en marge d'abord, pour disculper les disciples au sujet de leur étrange question, puis reçus dans le texte. D'autres, au contraire, ont pensé qu'ils avaient été retranchés à cause du blâme que la réponse de Jésus paraît jeter sur le prophète Élie. 2° Ces mots de la réponse de Jésus : *Vous ne savez de quel esprit vous êtes*, manquent dans *Sin.*, A, B, C, mais bien que Tischendorf et d'autres critiques les retranchent, ces paroles portent un cachet d'originalité et de vérité qu'on ne peut méconnaître. 3° Enfin, cette dernière sentence qui se trouve dans le

La note 4 est à la page suivante.

57 Et comme ils étaient en chemin, quelqu'un lui dit : Je te suivrai
58 partout où tu iras¹. — Et Jésus lui dit : Les renards ont des tanières et les oiseaux du ciel des nids ; mais le fils de l'homme n'a pas où
59 reposer sa tête. — Et il dit à un autre : Suis-moi. Mais celui-ci dit : Seigneur, permets-moi d'aller d'abord ensevelir mon père. —
60 Mais Jésus lui dit : Laisse les morts ensevelir leurs morts ; mais toi,
61 va, annonce le royaume de Dieu². — Et un autre aussi lui dit : Je te suivrai, Seigneur, mais permets-moi de prendre d'abord congé de
62 ceux qui sont dans ma maison. — Mais Jésus lui dit : Nul homme qui a mis la main à la charrue et qui regarde en arrière, n'est propre au royaume de Dieu³.

texte reçu : *Car le fils de l'homme n'est point venu pour faire périr les âmes des hommes, mais pour les sauver*, est omise par *Sin.*, *A*, *B*, *C*, *D* et la plupart des *majusc.* Elle paraît avoir été empruntée au ch. 19 : 10. — Quant au sens de ce récit, il est des plus instructifs. C'est l'amour pour Jésus qui cause l'indignation des disciples Jacques et Jean, et qui paraît justifier leur désir de voir punis par *le feu du ciel* ceux qui repoussent le Sauveur. Cette justification est celle qu'ont invoquée de tous temps les fanatiques et les persécuteurs. Jésus la condamne formellement. Sa réprobation est déjà vivement exprimée par ce geste : *se tournant* (vers eux) *il les réprimanda*. Les paroles qu'il prononce peuvent se traduire comme nous le faisons ici, avec toutes nos versions françaises depuis Calvin, et signifier : « Vous ignorez quel mauvais esprit vous inspire une telle pensée et une telle question. » Ou bien elles peuvent se rendre, comme le fait Luther, par une question : « *Ne savez-vous pas de quel esprit vous êtes ?* l'esprit que vous avez dû puiser dans mes paroles et dans ma vie, l'esprit de l'Evangile qui est celui de la miséricorde et de la grâce ? » La plupart des interprètes allemands s'attachent à ce dernier sens, qui est très beau. Mais la première version paraît plus en harmonie avec ces mots : *il les réprimanda*. Au reste, il est bien évident que Jésus, en leur reprochant une mauvaise pensée, voulait faire pénétrer dans leurs cœurs l'esprit de sa tendre charité ; en sorte que, dans la pratique, les deux interprétations se concilient.
4. Sans doute un village juif et non samaritain, afin d'éviter un nouveau refus. « Jésus s'offrait, mais ne s'imposait pas. » (8 : 37.) *Godet*.
1. Le texte reçu ajoute : *Seigneur*, omis par *Sin.*, *B*, *D*. — Au commencement du verset, il porte : « et *il arriva*, comme ils étaient en chemin. » Le mot souligné manque dans *Sin.*, *B*, *C*. Voir, sur les deux premiers entretiens, Math. 8 : 19-22, notes. D'après cet évangéliste, celui qui demandait ainsi à suivre Jésus était un scribe : son désir est d'autant plus remarquable.
2. Deux choses sont particulières à Luc : d'abord l'ordre adressé à ce second disciple : *Suis-moi*. Matthieu le fait supposer, mais ne l'exprime pas. Ensuite, l'ordre d'*aller annoncer le royaume de Dieu*, qui ne se trouve pas dans Matthieu. Or, c'est précisément l'importance de cette vocation que Jésus oppose au devoir invoqué par le disciple d'aller *d'abord ensevelir son père.* « Enterrer un père, n'est-ce pas un devoir sacré ? Il est vrai,... si un devoir supérieur ne s'y oppose pas. Courir immédiatement à la frontière menacée par l'ennemi est un devoir qui prime même celui d'inhumer un père.... La loi elle-même exemptait le grand prêtre et les naziréens des obligations envers les morts, fût-ce pour un père ou une mère. (Lév. 21 : 11 ; Nomb. 6 : 6, 7.) Le règne de Dieu est plus que la patrie et que le culte du temple. Les cérémonies funèbres, en raison de la souillure contractée par le contact d'un mort, duraient sept jours. Jésus serait déjà bien éloigné quand elles seraient terminées ; une décision prompte était ici une condition de salut et de vie. » *Godet*. (Voir la note dans Matthieu.)
3. Luc ajoute à l'entretien avec les deux premiers disciples l'offre de ce troisième et la réponse de Jésus. Il est probable que ces trois faits n'ont pas été simultanés, mais que la tradition les a réunis à cause de leurs analogies. Ce troisième trait est en effet, comme le remarque

2. La mission des soixante et dix disciples.

A. 1-16. L'envoi des soixante et dix. — 1° *Leur désignation et leur mission.* Après les incidents qui marquèrent son départ de Galilée, Jésus choisit soixante et dix disciples pour une nouvelle mission, qui consistera à aller deux à deux, comme ses précurseurs, là où il compte passer lui-même. (1.) — 2° *Leur instruction.* — a) *La nécessité de leur mission.* La moisson est grande, il y a peu d'ouvriers ; il faut en demander à Dieu. (2.) — b) *Les conditions dans lesquelles ils devront la remplir.* Ils seront comme des agneaux parmi les loups ; ils devront donc ne pas s'embarrasser de provisions ni s'attarder inutilement. (3, 4.) — c) *La conduite qu'ils devront tenir là où ils seront accueillis.* Dans une maison, souhaiter en entrant la paix, qui reposera sur les enfants de paix ; y demeurer jusqu'au départ, mangeant et buvant ce qui s'y trouvera. Dans une ville, manger ce qui leur est offert, guérir les malades, annoncer le royaume de Dieu. (5-9.) — d) *La conduite qu'ils devront tenir là où ils seront repoussés.* Sortir sur la place de la ville, secouer la poussière qui s'est attachée à eux et déclarer que le royaume de Dieu s'est approché. Jésus affirme que, au jour du jugement, la condition de Sodome et Gomorrhe sera préférable à celle de cette ville. (10-12.) — 3° *Les reproches aux villes impénitentes.* Chorazin et Bethsaïda sont plus coupables et plus à plaindre que Tyr et que Sidon. Capernaüm, qui a été élevée au ciel, sera abaissée en enfer. Recevoir ou rejeter les disciples, c'est recevoir ou rejeter Jésus et Dieu lui-même. (13-16.)

Or, après cela, le Seigneur désigna encore soixante et dix autres X disciples, et il les envoya deux à deux devant lui, dans toute ville et tout lieu où lui-même devait aller¹. — Et il leur disait : La moisson 2

M. Godet, « une synthèse des deux autres. Cet homme s'offre de lui-même, comme le premier ; mais il temporise, comme le second. Jésus ne l'arrête, ni ne le pousse ; il l'invite à se décider réellement et à en finir avec le partage intérieur, entre le monde et Dieu, qu'il discerne chez lui. » Il a recours pour cela à une de ces images qui saisissent l'esprit comme un éclair de vérité, et qui abondent dans ses discours. Si celui qui conduit une charrue pour tracer un sillon détourne la vue du travail qui est devant lui, et *regarde en arrière*, la charrue déviera infailliblement et il ne fera rien de bon. Tel est celui qui, voulant travailler dans le règne de Dieu, reporte ses regards, ses désirs, ses regrets vers ses relations premières, ou vers le monde, au lieu de se consacrer tout entier et sans délai à l'accomplissement de sa vocation. La demande que fait ce disciple de *prendre d'abord congé* des siens était très naturelle ; en des circonstances ordinaires, Jésus ne la lui eût pas refusée ; mais il pouvait prévoir qu'il serait détourné de son dessein par sa famille, encore étrangère à la foi ; c'est pourquoi il devait ne pas *regarder en arrière*, mais s'élancer en avant à la suite de Jésus. Il y a dans la vie de tout homme, en présence de l'Evangile, de ces moments décisifs qui ne reviennent pas et qu'il faut saisir, sous peine de tout perdre. (Comp. Math. 10 : 37, 38.)

1. *Après cela* ou (gr.) *après ces choses,* se rapporte à ce qui précède immédiatement depuis 9 : 51, à la fin du ministère de Jésus en Galilée et à son départ pour Jérusalem, à l'occasion des incidents rapportés à la fin du chapitre précédent. C'est ce moment important qu'il choisit pour envoyer *devant lui* ces nombreux disciples. Leur mission avait pour but de réveiller l'attention et de préparer les voies à sa prédication *dans les lieux où lui-même devait aller.* — Le mot : *autres* disciples ne les désigne point, comme on l'a cru, par opposition aux messagers que Jésus envoya en Samarie (9 : 52), mais distingue cette mission de celle des douze en Galilée. (9 : 1 et suiv.) Jésus les envoie *deux à deux* : ils pouvaient se compléter l'un l'autre et se fortifier contre les dangers moraux et les découragements ; le témoi-

est grande, mais il y a peu d'ouvriers ; priez donc le Maître de la
3 moisson qu'il envoie des ouvriers dans sa moisson [1]. — Partez ;
voici, je vous envoie comme des agneaux au milieu des loups [2]. —
4 Ne portez ni bourse, ni sac, ni chaussures, et ne saluez personne en
5 chemin [3]. — Et dans quelque maison que vous entriez, dites d'abord :
6 Paix à cette maison ! — Et s'il y a là un enfant de paix, votre
7 paix reposera sur lui ; sinon, elle reviendra à vous [4]. — Et demeurez

gnage aussi qu'ils étaient appelés à rendre en acquérait plus d'autorité. (Deut. 17 : 6 ; Math. 18 : 16.) — On a donné diverses raisons de ce nombre *soixante et dix*. Les uns y ont vu, selon le symbolisme biblique des chiffres, le nombre des douze apôtres, multiplié par six. On aurait ainsi soixante-douze, ce qui expliquerait pourquoi ce dernier terme se trouve réellement dans plusieurs manuscrits (*B, D*, etc.) D'autres ont voulu retrouver ici l'idée énoncée dans le Talmud que l'humanité entière renfermait, d'après Gen. 10, *soixante-dix* peuples, et mettre cette mission dans une relation quelconque avec l'évangélisation du monde. Mais comme il est fort peu probable que Jésus ait pensé alors à cette opinion juive, et comme il n'envoie nullement ses disciples vers les nations païennes, cette interprétation est étrangère au texte. Il est plus naturel de supposer que, en s'arrêtant à ce nombre, Jésus pensait aux soixante-dix anciens d'Israël (Nomb. 11 : 16 et suiv.), comme il avait pensé aux douze tribus en choisissant douze apôtres. — Ce fait nous montre combien les disciples de Jésus étaient nombreux dès cette époque, puisqu'il peut en choisir soixante-dix des plus capables pour leur confier cette importante mission. (Comp. 1 Cor. 15 : 6.) Il ne les appelait pas, du reste, comme il l'avait fait pour les douze, à quitter d'une manière permanente leur vocation terrestre. Après avoir rempli cette mission et peut-être accompagné Jésus jusqu'à Jérusalem pour y célébrer la fête, ils devaient retourner à leurs travaux ordinaires. — Comme cet envoi des soixante-dix disciples a été passé sous silence par les deux premiers évangélistes, la critique négative n'a pas manqué d'y voir une invention de Luc, ou du moins une tradition sans fondement historique. A ce compte, il faudrait retrancher le tiers au moins des récits de notre évangile, qui ne trouvent de parallèles ni dans Matthieu, ni dans Marc. — Voir le *Commentaire* de Meyer sur Luc 10 : 1, et celui de M. Godet sur Luc 10 : 23, 24.

1. Voir, sur ces paroles, Math. 9 : 37,

38, notes. D'après cet évangéliste, ce fut au moment d'envoyer les douze dans leur première mission que Jésus fit entendre cette exhortation. Ne pourrait-on pas admettre que Jésus a prononcé plus d'une fois cette courte et grave sentence ? Les instructions qu'il va donner aux soixante-dix disciples ont été pour la plupart répétées également : quelques-unes, en effet, se retrouvent, d'après Luc lui-même (9 : 3-5), adressées aux douze. Par ce préambule Jésus veut faire sentir à ceux qu'il envoie l'importance du moment actuel et l'opportunité de la mission qu'il leur confie.

2. Math. 10 : 16, note. Cet évangéliste dit : « comme des *brebis*. » Luc : comme des *agneaux* ; image encore plus saisissante de la totale impuissance des disciples de Jésus au milieu des dangers du monde. Ils sont donc dans la nécessité absolue de se confier uniquement en lui pour leur sauvegarde.

3. Même confiance pour ce qui est de leur subsistance matérielle. Math. 10 : 9, 10, note ; Luc 9 : 3. Les *chaussures* sont des chaussures de rechange ; c'est qu'indique le verbe qui signifie : *porter* comme un *fardeau*. Les derniers mots de ce verset sont particuliers à notre évangéliste. Comment Jésus peut-il défendre à ses disciples de remplir un simple devoir de politesse ou même de bienveillance ? On a pensé qu'il voulait leur interdire de rechercher la faveur des hommes en prenant à leur égard une attitude obséquieuse. On a dit aussi que *saluer quelqu'un en route* peut signifier : se détourner de son chemin pour aller voir des personnes de connaissance ; mais il n'est même pas nécessaire de recourir à cette supposition, il suffit de se rappeler combien les salutations sont cérémonieuses et compliquées en Orient ; or Jésus veut que ses disciples soient pénétrés de l'importance suprême de leur mission et s'y consacrent exclusivement, sans perdre leur temps pour de vaines formes. (Comp. dans ce sens 2 Rois 4 : 29.)

4. Math. 10 : 12, 13, note. Ce terme :

dans cette maison-là, mangeant et buvant de ce qu'il y a chez eux ; car l'ouvrier est digne de son salaire ¹. Ne passez point de maison en maison ². — Et, dans quelque ville que vous entriez, si l'on vous y reçoit, mangez ce qui vous sera présenté ³, — et guérissez les malades qui s'y trouveront, et dites-leur : Le royaume de Dieu s'est approché de vous ⁴. — Mais dans quelque ville que vous entriez, si l'on ne vous y reçoit pas, sortez sur ses places publiques, et dites : — Nous secouons contre vous la poussière même de votre ville qui s'est attachée à nos pieds ; sachez toutefois ceci, c'est que le royaume de Dieu s'est approché ⁵. — Or, je vous dis qu'en ce jour-là le sort de Sodome sera plus supportable que celui de cette ville-là ⁶. — Malheur à toi, Chorazin ! malheur à toi, Bethsaïda ! Car si les miracles qui ont été faits au milieu de vous avaient été faits dans Tyr et dans Sidon, il y a longtemps qu'elles se seraient repenties, en s'asseyant dans le sac et la cendre. — Aussi le sort de Tyr et de Sidon sera plus supportable que le vôtre au jugement. — Et toi, Capernaüm, qui as été élevée jusqu'au ciel, tu seras abaissée jusqu'au séjour des morts ⁷. — Qui vous écoute m'écoute, et qui vous rejette me rejette : et qui me rejette, rejette Celui qui m'a envoyé ⁸.

enfant de paix (gr. *fils de paix*), est un hébraïsme très expressif, qui signifie être animé d'un esprit de paix, comme l'enfant est animé du souffle de sa mère. Matthieu rend la même pensée en disant : « Si la maison est digne, » digne de la paix que vous lui souhaitez, capable de la recevoir. Le même hébraïsme se trouve dans ces expressions : fils de colère (Eph. 2 : 3), de perdition (Jean 17 : 12), de désobéissance (Eph. 5 : 6), de la géhenne. (Math. 23 : 15.)
1. Matthieu (10 : 10, note) dit : *digne de sa nourriture.* (Comp. 1 Cor. 9 : 14.) Les disciples doivent se considérer simplement comme des membres de la famille.
2. Ch. 9 : 4, note. Si les disciples, après avoir reçu l'hospitalité dans une maison, passaient dans une autre, leurs hôtes pourraient interpréter cette conduite comme un signe de mécontentement, un manque de reconnaissance et d'affection ; ils exciteraient ainsi des jalousies. Or, ils doivent apporter la paix. (v. 5.)
3. Dans leur attitude à l'égard d'une *ville* entière, les disciples seront guidés par les mêmes principes que dans leur conduite envers chaque maison particulière. (v. 5, 7.)
4. Ce mot : *dites-leur*, ne se rapporte point seulement aux *malades*, mais à tous les habitants de cette ville. Ainsi, pour les malades, la guérison ; pour tous, la grande proclamation du *royaume de Dieu* (comp. Math. 3 : 2, 2e note), qui *s'est approché de vous* (parfait, indiquant un fait accompli) : telle est la double et bienfaisante mission des disciples.
5. Math. 10 : 14, note ; Luc 9 : 5. — L'action symbolique, si sévère *de secouer la poussière de leurs pieds* ne suffit pas ; ils doivent proclamer qu'ils le font, en disant aux habitants : c'est *à vous, contre vous-mêmes.* Mais la responsabilité de toutes les grâces de Dieu reste sur la tête de ces rebelles ; car il faut qu'ils le sachent, *le royaume de Dieu s'est approché.* Le texte reçu avec A, C, la plupart des *majusc.*, la *Syriaque*, ajoute *de vous ;* ces mots, omis par *Sin.*, B, D, paraissent empruntés au v. 9. Ce qui était là l'annonce de la bonne nouvelle devient ici une menace.
6. Gr. *ce sera plus tolérable pour Sodome que....* (Math. 10 : 15 et 11 : 24, notes.) *En ce jour-là*, Matthieu dit plus explicitement : « au jour du jugement. »
7. Voir, sur ces paroles, Math. 11 : 21-24, notes. Dans le premier évangile, ces reproches aux villes galiléennes suivent immédiatement le discours de Jésus sur
La note 8 est à la page suivante.

B. 17-24. Le retour des soixante et dix. — 1° *La joie des disciples.* — *a) Le motif de joie allégué par les disciples est confirmé par Jésus.* Les soixante et dix reviennent remplis de joie : les démons mêmes leur obéissent ! Jésus, qui mesure dans toute son étendue le sujet de leur joie, confirme celle-ci, en leur déclarant qu'il contemplait la chute complète de Satan et en leur révélant que le pouvoir qu'il leur a donné les rend vainqueurs de tout obstacle et les met à l'abri de tout péril. (17-19.) — *b) Le seul vrai motif de joie est indiqué par Jésus.* Toutefois Jésus ajoute que ce n'est pas de ce pouvoir extraordinaire qu'ils doivent se réjouir, mais de l'assurance qu'ils ont de leur salut éternel. (20.) — 2° *La joie de Jésus.* — *a) Jésus adore les voies de Dieu pour la révélation du salut.* Au même moment, Jésus tressaille d'allégresse en son esprit : il loue son Père d'avoir caché le mystère du salut aux sages dans leur orgueil et de l'avoir révélé à de petits enfants ; il affirme qu'il en est ainsi en vertu du plan divin. (21.) — *b) Jésus expose la sagesse de ces voies divines.* Toutes choses lui ont été remises par son Père. Il y a dans son existence de Fils un mystère que le Père seul connaît. Le Fils de même possède seul la connaissance complète du Père, et celle-ci est un mystère auquel lui seul initie ceux qu'il veut. (22.) — *c) Jésus montre à ses disciples leur privilège.* Ils voient et entendent ce que tant de prophètes et de rois ont vainement désiré entendre et voir. (23, 24.)

17 Or les soixante et dix revinrent avec joie, disant : Seigneur, les
18 démons mêmes se soumettent à nous en ton nom [1]. — Et il leur dit :

le ministère de Jean-Baptiste, resté inutile pour le grand nombre. Jésus voyait dans ce fait le prélude de l'endurcissement qui se produirait en présence de son propre ministère. Dans Luc, ces paroles, placées à la fin de ce même ministère en Galilée, paraissent encore plus frappantes. Si l'on hésite à se prononcer entre les deux situations, ne peut-on pas penser avec Meyer que le malheur de ces villes inspirait à Jésus une tristesse assez grande pour qu'il ait fait entendre plus d'une fois à leur sujet ces douloureuses plaintes ? — Luc peint d'une manière saisissante un état de repentance et d'humiliation profonde par ces mots : *assis* (le vrai texte a le masculin, se rapportant aux habitants de la ville) *dans le sac et la cendre* (v. 13) ; allusion à l'usage oriental de se revêtir d'une tunique grossière, espèce de cilice, et de s'asseoir dans la cendre, en signe de pénitence ou de profonde affliction. — D'après une variante de *Sin.*, *B*, *D*, admise par Tischendorf, Westcott et Hort, il faudrait traduire les premiers mots du v. 15 par une question : « Et toi, Capernaüm, seras-tu élevée jusqu'au ciel ? » Outre ce qu'il y a de peu naturel dans cette prétention attribuée à Capernaüm, les témoignages sont insuffisants pour faire adopter cette leçon.

8. Comp. Math. 10 : 40 ; Jean 13 : 20, note ; 1 Thess. 4 : 8. Jésus revient à ses disciples et à leur mission actuelle. (v. 1.)

Ceux qui, agissant tout autrement que ces villes rebelles, les *écoutent*, écoutent Jésus lui-même qui les a revêtus de son autorité ; et cette autorité est celle de Dieu même. Quelle n'est donc pas la grandeur de l'œuvre qu'il leur confie ! Ainsi la pensée de Jésus s'élève jusqu'à Dieu à qui s'assimile, et dont la majesté divine se reflète dans l'humble apparition des envoyés du Christ.

1. Entre l'envoi des disciples et leur retour, il dut s'écouler un assez long temps, la nature de leur mission l'exigeait. Jésus du reste les suivait lui-même de lieu en lieu pour compléter l'œuvre commencée par eux. (v. 1.) Luc passe par-dessus cet intervalle, afin de rapporter immédiatement ce qu'il avait à dire de cette mission. Il ne nous apprend pas même où les disciples se retrouvèrent réunis autour du Maître. Ce qui lui importe, c'est de faire connaître les résultats de leur œuvre. Ils en sont pénétrés d'une *joie* qu'ils expriment naïvement. Non seulement leur prédication avait été bien reçue, et ils avaient pu guérir des malades (v. 9), mais *les démons mêmes* avaient obéi à leur voix, bien que Jésus ne leur eût pas donné, comme aux douze, d'ordre ni de promesses quant à ces cas particulièrement difficiles. (9 : 1.) De là leur joyeuse surprise. Ils se gardent, toutefois, de s'attribuer cette puissance, et ils se hâtent d'ajouter : *en ton nom*. Il ne faudrait pas

ÉVANGILE SELON LUC

Je voyais Satan tomber du ciel comme un éclair [1]. — Voici, je vous 19 ai donné le pouvoir de marcher sur les serpents et sur les scorpions, et sur toute la puissance de l'ennemi ; et rien ne vous nuira [2]. — Toutefois ne vous réjouissez pas de ce que les esprits se soumet- 20 tent à vous ; mais réjouissez-vous de ce que vos noms sont inscrits dans les cieux [3]. — En cette heure même, il tressaillit de joie en son 21

conclure de leurs paroles qu'ils considéraient l'expulsion des démons comme la partie essentielle de leur œuvre.

1. La joie des disciples s'est communiquée au cœur du Maître ; tout le discours qui suit la respire. (v. 21.) Tandis qu'ils lui font part du pouvoir qu'ils exerçaient sur les démons, Jésus leur donne à connaître la déchéance du prince des démons ; il la *voyait* en esprit (gr. *contemplait*), comme une réalité, résultat glorieux de son œuvre sur la terre. Ces mots : tomber *du ciel*, ne signifient point que Jésus attribuât à Satan le ciel pour demeure, mais on peut retrouver ici l'idée de Paul que les démons habitent des régions supérieures à la terre (Eph. 2 : 2 ; 6 : 12) ; ou, mieux encore, on peut prendre cette expression dans un sens figuré : Jésus voyait Satan précipité des hauteurs de sa domination et de son orgueil. Et telle est la rapidité de cette chute, que Jésus la compare à un *éclair* qui resplendit un instant pour s'éteindre dans les ténèbres. Mais quand est-ce que Jésus *voyait* cette victoire sur le démon ? Ce verbe à l'imparfait, aussi bien que le contexte, reporte naturellement la pensée sur la période dont les disciples rendent compte à Jésus ; la chute de Satan que Jésus contemplait, avait lieu simultanément avec l'action des disciples qui attaquaient son règne ténébreux. Les premières victoires qu'ils remportaient étaient des gages de la victoire complète. — En effet, cette mystérieuse déclaration du Sauveur est prophétique autant qu'actuelle. Elle s'est virtuellement accomplie par la mort et la résurrection de Jésus-Christ (Jean 12 : 33) ; elle s'accomplit réellement en toute âme qui échappe à la puissance des ténèbres, pour se réfugier dans le règne du Sauveur (Act. 26 : 18) ; elle s'accomplira définitivement un jour par la destruction de Satan et de son règne. (Apoc. 12 : 9 ; 20 : 2, 3.) D'autres interprètes (Meyer) rapportent ce verbe : *Je voyais*, au moment où Jésus chargeait les soixante-dix disciples de leur mission et leur donnait ses ordres. (v. 1 et suiv.) D'autres pensent que, dans ces paroles,

Jésus fait allusion à sa victoire sur Satan, lors de la tentation au désert. D'après d'autres encore, il rappellerait que Satan a été précipité du ciel après sa première révolte contre Dieu. Ces vues, surtout les deux dernières, sont absolument étrangères au contexte.

2. *Voici ;* Jésus met par ce mot de la solennité dans sa déclaration et fait naître l'attente de quelque chose de nouveau. Le texte reçu avec *A, D, majusc.* porte : Je vous *donne* le pouvoir ; la variante de *Sin., B, C,* ici adoptée, je vous *ai donné* (en grec, le parfait, exprimant un fait accompli et permanent), est préférable, car évidemment Jésus leur avait déjà donné ce *pouvoir* dont ils venaient de faire l'expérience ; mais il leur révèle que c'est un pouvoir beaucoup plus étendu qu'ils ne le soupçonnaient. En effet, *marcher* sur des êtres malfaisants, comme des *serpents* ou des *scorpions* (comp. Ps. 91 : 13), c'est être victorieux des dangers de toute sorte que présentent la nature (Act. 27 : 22 ; 28 : 3), l'inimitié des hommes (Act. 12 : 6 et suiv.) et les tentations morales (1 Cor. 10 : 13 ; 2 Cor. 12 : 7), ces dernières surtout, puisque Jésus y comprend *toute la puissance de l'ennemi*. Cet *ennemi* n'est autre que Satan, dont il vient de parler. Jésus résume cette magnifique dispensation de ses dons dans ces derniers mots : *rien ne vous nuira*.

3. La joie des disciples est certainement légitime, mais Jésus ne veut pas qu'ils s'y arrêtent, parce qu'elle peut être pleine de danger pour leur humilité et que les succès qui la nourrissent laissent subsister une redoutable question relative à leur destinée éternelle. (Math. 7 : 22, 23 ; 1 Cor. 9 : 27.) Il n'y a pour le serviteur de Dieu qu'une joie à laquelle il puisse se livrer sans arrière-pensée, c'est la joie d'être sauvé par grâce. Il ne faut donc pas ajouter avec le texte reçu : réjouissez-vous *plutôt*. L'assurance du salut est ici exprimée par une image familière aux Écritures et empruntée à l'usage d'*inscrire* dans un livre les *noms* des citoyens d'une ville. (Ex. 32 : 32, 33 ; Ps. 69 : 29 ; Esa. 4 : 3 ; Philip. 4 : 3 ; Apoc. 21 : 27.)

esprit, et dit[1] : Je te loue, Père, Seigneur du ciel et de la terre, de ce que tu as caché ces choses aux sages et aux intelligents, et de ce que tu les as révélées aux enfants ; oui, Père, parce que tel a été 22 ton bon plaisir [2]. — Et se tournant vers ses disciples, il dit [3] : Toutes choses m'ont été remises par mon Père ; et nul ne connaît qui est le Fils, sinon le Père ; ni qui est le Père, sinon le Fils, et celui à qui 23 le Fils le veut révéler [4]. — Et se tournant vers ses disciples, il leur dit en particulier : Heureux les yeux qui voient ce que vous voyez ! 24 — Car je vous dis que beaucoup de prophètes et de rois ont désiré de voir ce que vous voyez, et ne l'ont point vu ; et d'entendre ce que vous entendez, et ne l'ont point entendu [5].

1. Voir, sur les belles et profondes paroles du Sauveur qui suivent, Math. 11 : 25-27, notes. *En cette même heure,...* ces mots lient intimement les paroles de Jésus qui vont suivre à celles qui précèdent, et indiquent la cause de ce tressaillement de joie qu'il éprouve. Il n'y a donc pas de doute que la place assignée par Luc à cette effusion de l'âme du Sauveur ne soit la vraie. Matthieu (11 : 28) la fait suivre par la touchante invitation adressée aux âmes « fatiguées et chargées. » — Bien que Jésus n'ait approuvé la joie de ses disciples qu'avec une sage réserve (v. 20, note), il s'y associe pleinement ; mais sa joie à lui a des motifs infiniment plus élevés, parce que son regard pénètre jusqu'au fond ces premiers succès de son règne et les triomphes dont ils seront suivis. Tandis que l'Evangile nous fait fréquemment connaître les tristesses et les larmes du Sauveur, c'est ici à peu près le seul endroit où il nous parle de sa *joie* et même de son *allégresse* (sens du terme original). — Une variante dit : Il tressaillit de joie en *l'Esprit-Saint*, c'est-à-dire que ce serait l'Esprit de Dieu qui aurait inspiré à Jésus ce vif mouvement de joie. Malgré l'autorité de Tischendorf et d'autres critiques, qui se fondent sur *Sin.*, B, C, D, l'*Itala* et la syr., il est probable que la leçon du texte reçu doit être préférée. Elle signifie que c'est dans l'intimité profonde de son être spirituel que Jésus éprouva cette sainte joie.
2. Gr. *bon plaisir devant toi*, en ta présence, c'est-à-dire à ton jugement, selon ta sagesse et ta miséricorde. (Math. 11 : 26, note.)
3. Ces mots : *et se tournant vers ses disciples*, manquent dans *Sin.*, B, D, *Itala*; mais ils sont confirmés par A, C, *majusc.*, vers., et Tischendorf les maintient. Plusieurs critiques modernes, dont M. Godet, les suppriment. On pourrait être tenté, en effet, de croire que cette phrase a été transcrite ici du v. 23 par une inadvertance de copiste, d'autant plus qu'elle paraît faire double emploi avec celle-là. Mais, dans ce cas, on y aurait aussi ajouté : *en particulier ;* et ce qui paraît décisif pour le maintien de ces mots, qui manquent dans Matthieu, c'est que Jésus n'adresse pas les paroles du v. 22 à Dieu son Père ; elles ne peuvent être qu'une révélation faite aux disciples sur les rapports ineffables entre le Fils et le Père.
4. Voir Math. 11 : 27, notes. Luc emploie le verbe simple : *nul ne connaît*, tandis que Matthieu a un verbe composé qui signifie *connaître à fond ;* mais en revanche il précise l'objet de cette connaissance par la tournure : *qui est le Fils,... qui est le Père.*
5. Voir, sur ces paroles, Math. 13 : 16, 17, notes. Dans le premier évangile, Jésus les adresse à ses disciples qui avaient le bonheur d'entendre et de comprendre les instructions qu'il leur donnait par ses paraboles, tandis que pour d'autres elles restaient une lettre fermée. Ici, il veut leur faire sentir combien ils sont *heureux* d'être les témoins de ce moment le plus éclatant de son ministère et d'y prendre eux-mêmes une part active. Aussi leur adresse-t-il ces paroles *en particulier* et comme à voix basse, parce qu'eux seuls devaient les recueillir dans leur cœur. — Aux *prophètes* qui, d'après Matthieu, avaient soupiré après ces révélations évangéliques, Luc ajoute : *beaucoup de rois*. Ainsi un David, qui les entrevoyait par l'esprit de prophétie, un Salomon, un Ezéchias et d'autres princes pieux, qui avaient gouverné le peuple de Dieu selon sa parole.

3. La parabole du Samaritain. Marthe et Marie.

A. 25-37. ENTRETIEN DE JÉSUS AVEC UN DOCTEUR DE LA LOI. — 1° *La question posée par le docteur de la loi.* Un légiste demande à Jésus : Que faut-il que je fasse pour hériter la vie éternelle ? Jésus le renvoie à la loi, dont il lui demande d'indiquer la teneur. Le scribe la résume dans les deux commandements de l'amour de Dieu et de l'amour du prochain. Jésus approuve sa réponse et ajoute : Fais cela et tu vivras. Repris dans sa conscience, il soulève cette question : Qui est mon prochain ? (**25-29.**) — 2° *La parabole du Samaritain.* — a) *Le sacrificateur et le Lévite.* Un homme est assailli par les brigands sur la route de Jérusalem à Jéricho et laissé à demi mort. Un sacrificateur passe en se détournant. Un Lévite fait de même. (30-32.) — b) *Le Samaritain.* Un Samaritain en voyage arrive, et, ému de compassion, bande les plaies du malheureux ; puis il le transporte sur sa monture dans l'hôtellerie et le recommande à l'hôte, en promettant de solder la dépense à son retour. (33-35.) — 3° *Conclusion de l'entretien.* Jésus demande au scribe lequel des trois a été le prochain du pauvre blessé. Il répond : Celui qui a exercé la miséricorde envers lui. — Va, et fais de même, lui dit Jésus. (36-37.)

Et voici, un certain légiste se leva, le mettant à l'épreuve et disant[1] : Maître, que dois-je faire pour hériter la vie éternelle[2] ? — Et il lui dit : Qu'est-il écrit dans la loi ? Comment lis-tu[3] ? — Et lui, répondant, dit : Tu aimeras le Seigneur ton Dieu de tout ton cœur, de toute ton âme, de toute ta force, et de toute ta pensée ; et ton prochain comme toi-même[4]. — Et il lui dit : Tu as bien répondu ; 25, 26, 27, 28

---

1. Luc n'indique point le lieu de l'entretien qui va suivre. Il désigne fréquemment par le terme de *légistes* les hommes qui sont appelés ailleurs scribes ou docteurs de la loi. (Voir Math. 23 : 2, note.) Peut-être celui-ci avait-il à la fois l'intention de s'instruire et celle de voir si Jésus répondrait d'une manière orthodoxe à sa question. S'il avait été un adversaire déclaré de la vérité, il est peu probable que Jésus eût prolongé l'entretien. — Plusieurs interprètes identifient ce trait avec celui qui se lit dans Math. 22 : 35 et suiv. et Marc 12 : 28 et suiv., parce que dans l'un et dans l'autre est cité le sommaire de la loi, le grand commandement de l'amour. Mais n'est-il pas naturel qu'une telle citation reparût dans plusieurs de ces discussions sur la vie religieuse, dont l'amour de Dieu est le centre ? Tout le reste de l'entretien rapporté ici par Luc diffère de celui que nous trouvons dans Matthieu : l'époque, le lieu, la question du légiste et la belle parabole qui nous explique ce qu'est l'amour du prochain. Il n'est donc pas possible d'identifier les récits de Matthieu et de Marc avec celui de Luc.

2. Gr. *Quoi ayant fait hériterai-je ?...* Cette question est inspirée par l'idée de la propre justice. (Math. 19 : 16, note.) « C'est comme s'il disait : Que ferai-je pour voir le soleil de justice ? Pour le voir, il ne s'agit pas de *faire*, mais d'ouvrir les yeux. (v. 23.) Mais Jésus répond à cette question par *fais* (v. 28 et 37), comme à l'expression de *vie* éternelle par tu *vivras*. (v. 28.) » *Bengel.*

3. Ces deux questions sont à peu près équivalentes. La première porte sur le contenu de la loi, la seconde a trait à la forme, aux termes dans lesquels ce contenu est exprimé.

4. Voir, sur cette citation, Math. 22 : 37, 38, notes et Marc 12 : 30. Il était assez naturel que le scribe, interrogé sur ce qui faisait l'essence de la loi, aussi bien que de la vie religieuse et morale, citât ce grand commandement de *l'amour de Dieu*, qu'il emprunte à Deut. 6 : 5 ; car les Israélites devaient réciter matin et soir ces paroles, et les scribes les portaient inscrites sur les phylactères. (Math. 23 : 5, note.) Quant au second commandement concernant *l'amour du prochain*, il est emprunté à Lév. 19 : 18, et l'on peut se

540   ÉVANGILE SELON LUC   CHAP. X.

29 fais cela et tu vivras [1]. — Mais lui, voulant se justifier lui-même, dit
30 à Jésus : Et qui est mon prochain [2] ? — Mais Jésus, reprenant, dit :
   Un homme descendait de Jérusalem à Jéricho, et il tomba entre les
   mains de brigands, qui, l'ayant dépouillé de ses vêtements et cou-
31 vert de blessures, s'en allèrent, le laissant à demi mort [3]. — Or, il
   se rencontra qu'un sacrificateur descendait par ce chemin-là, et l'ayant
32 vu, il passa outre. — Et de même aussi un Lévite, étant venu dans
33 cet endroit et le voyant, passa outre [4]. — Mais un Samaritain qui
   voyageait, arriva près de lui, et le voyant, il fut touché de compas-
34 sion [5]. — Et s'approchant, il banda ses plaies en y versant de l'huile

demander si ce légiste a eu de lui-même assez de sagesse pour le joindre aussitôt au premier, ou si Jésus l'a amené à faire ce rapprochement. (Comp. Math. 22 : 37-39.) — Le texte reçu, après avoir dit : *de tout ton cœur*, conserve la même préposition devant les trois mots qui suivent ; mais une variante de *Sin.*, *B*, adoptée par Tischendorf, la remplace par la préposition *dans* ou *par*. Sur quoi M. Godet fait cette remarque très juste : « La vie morale sort *du* cœur et se produit au dehors *dans* ou *par* les trois formes d'activité indiquées. Ainsi l'élan vers Dieu part *du* cœur, puis il se réalise *par* le sentiment qui se nourrit de cet être suprême par la communion personnelle avec lui et par tout ce qui peut servir à l'entretenir, *par* la volonté qui se consacre énergiquement à l'accomplissement de sa volonté et *par* l'intelligence qui recherche les traces de ses perfections dans toutes ses œuvres. »

1. *Tu vivras*, c'est-à-dire tu auras actuellement en toi cette *vie éternelle* dont tu t'enquiers. Mais en lui disant : *fais cela*, Jésus, qui connaissait la parfaite impossibilité où est l'homme naturel d'aimer ainsi Dieu et le prochain de toutes les puissances de son être, ne voulait que renvoyer le questionneur à sa propre conscience, après l'avoir renvoyé à la loi. (Comp. Math. 19 : 17, 2e note.) S'il s'appliquait sérieusement à la pratiquer, il reconnaîtrait bientôt, avec une douloureuse humiliation, son incapacité, et il recourrait à la grâce qui crée l'amour dans le cœur. Aussi Bengel remarque-t-il avec finesse, sur ce mot *fais cela* : « Jésus *tente* à bon droit et de la bonne manière celui qui l'avait tenté à tort. » (v. 25.)

2. *Voulant se justifier lui-même*. Mais qui donc l'accusait ? Sa propre conscience, rendant témoignage au dedans de lui que jamais il n'avait aimé de cette manière ni Dieu ni son prochain. Il faut donc bien se garder de traduire avec Ostervald : *voulant paraître juste*, ou de penser qu'il voulait se justifier d'avoir fait une question oiseuse. Non, il se sent repris dans son intérieur, et s'il avait été sincère, il aurait demandé à Jésus : Comment puis-je aimer ainsi ? Au lieu de cela, il se jette dans une question théologique, débattue alors parmi ses pareils : *Qui est mon prochain ?* Par là il persistait dans son intention d'éprouver Jésus ; car si le Sauveur avait répondu : *Tout homme*, le légiste aurait montré qu'il était en contradiction avec la doctrine des scribes et des pharisiens, qui ne considéraient comme leur prochain que les Juifs, à l'exclusion des étrangers. A cette question toute nouvelle, très différente de la première (v. 25), Jésus répond par l'admirable parabole qui va suivre.

3. Le chemin *de Jérusalem à Jéricho*, long d'environ sept lieues, traverse une région montagneuse et solitaire, où Jérôme nous apprend que de son temps des *brigands* arabes attaquaient fréquemment les voyageurs. Il n'en est pas autrement aujourd'hui. (Voir le *Voyage en Terre-Sainte* de M. F. Bovet, 7e édit., p. 242 et suiv.) Le sort du malheureux qui *tomba entre les mains* de ces malfaiteurs est dépeint en trois mots, de la manière la plus tragique, *dépouillé de ses vêtements*, *couvert de blessures*, *à demi mort*. Quelle dureté de cœur ne faudra-t-il pas pour le voir avec indifférence !

4. Jésus fait passer à dessein un *sacrificateur* et un *Lévite*, deux hommes qui, par leurs lumières comme par leurs fonctions sacrées, auraient dû être les premiers à accomplir la loi de la charité. — Ce mot, choisi intentionnellement : *il passa outre*, pourrait se traduire plus littéra-

La note 5 est à la page suivante.

et du vin [1]. Et l'ayant mis sur sa propre monture, il le mena dans une hôtellerie, et prit soin de lui. — Et le lendemain, tirant deux 35 deniers, il les donna à l'hôtelier, et lui dit : Aie soin de lui, et tout ce que tu dépenseras de plus, je te le rendrai à mon retour [2]. — Lequel de ces trois te semble avoir été le prochain de celui qui était 36 tombé parmi les brigands [3] ? — Et il dit : C'est celui qui a exercé la 37 miséricorde envers lui. Mais Jésus lui dit : Va, et toi fais de même [4].

B. 38-42. JÉSUS CHEZ MARTHE ET MARIE. — 1º *Marthe se plaint de Marie.* Jésus étant en chemin, entre dans un bourg, où une femme nommée Marthe le reçoit dans sa maison. Marie sa sœur vient s'asseoir aux pieds de Jésus et écouter sa parole. Marthe, tout occupée des soins de la maison, se plaint à Jésus de l'inactivité de sa sœur. (38-40.) — 2º *Marie justifiée par Jésus.* Jésus répond à Marthe : Tu t'inquiètes et t'agites inutilement. Une seule chose est nécessaire. Marie a choisi la bonne part. (41, 42.)

Or il arriva, comme ils étaient en chemin, qu'il entra dans un 38

lement par : il passa *du côté opposé*, ne voulut pas même s'approcher du malheureux.
5. *Un Samaritain !* un homme méprisé et haï de tout Juif ! Il pouvait voir dans le malheureux blessé, non seulement un étranger, un indifférent, mais un ennemi : il ne l'a pas plus tôt aperçu dans sa misère, qu'il en est *touché de compassion* (gr. *ému dans ses entrailles*). — Jésus ne perd aucune occasion de réagir contre les préjugés qui divisaient les Juifs et les Samaritains. (9 : 55 ; 17 : 16 ; Jean 4 : 5 et suiv.)
1. Un mélange d'*huile* d'olives et de *vin* est un remède fréquemment employé en Orient pour purifier et adoucir les plaies.
2. Le texte reçu, avec *A*, *C* et les *majusc.*, après *le lendemain*, porte : *en sortant ;* ce dernier mot ne se trouve pas dans *Sin.*, *B*, *D ;* il a été ajouté pour rendre la situation plus claire. — *Deux deniers*, un peu moins de deux francs, pouvaient, en ce temps-là, couvrir la dépense d'un homme pendant deux jours, au terme desquels le Samaritain pensait être de retour, revenant de Jérusalem où il se rendait probablement. — Il faut considérer dans leur ensemble les traits de ce tableau touchant, peint avec une extrême délicatesse. A peine le voyageur a vu le malheureux blessé, qu'il en est ému de compassion ; il s'approche, il bande de ses propres mains ses plaies sanglantes, il y verse le remède, il place cet homme à

demi mort sur sa propre monture, et lui, il marche à ses côtés, s'attarde, en méprisant le danger, dans ce chemin mal famé, jusqu'à ce qu'il ait atteint une hôtellerie ; là encore, il soigne son malade, passe la nuit auprès de lui, se charge de sa dépense et ne le quitte le lendemain qu'en le recommandant à la sollicitude de l'hôte et en s'engageant à défrayer ce dernier de toutes ses avances. L'œuvre de la charité est véritablement complète. Si cet étranger était son frère ou son ami, le Samaritain n'aurait rien pu faire de plus.
3. Le scribe avait posé cette question froidement spéculative : Qui est mon prochain ? Jésus retourne la question : Qui *a* été le prochain ? de sorte que le scribe devait se demander : Le suis-je moi ? l'aurais-je été, à la place du Samaritain ?
4. Le docteur de la loi évite de prononcer avec éloge le nom abhorré du Samaritain ; mais sa conscience l'oblige à reconnaître que celui qui a *exercé* cette touchante *miséricorde* envers ce pauvre Juif blessé s'est comporté comme son prochain. Et s'il n'étouffe pas cette voix de sa conscience, il arrivera à la conclusion qu'un Samaritain même est son prochain à lui, docteur de la loi. Il saura alors qui est son prochain. Toutefois, le savoir n'est rien, c'est pourquoi Jésus le congédie avec ce mot : *Va, et toi fais de même.* Il faut remarquer que le Sauveur n'ajoute pas, comme au v. 28 : *et tu vivras.*

bourg¹, et une femme nommée Marthe le reçut dans sa maison². —
39 Et elle avait une sœur nommée Marie, qui aussi, s'étant assise aux
40 pieds du Seigneur, écoutait sa parole³. — Mais Marthe était distraite par beaucoup de soins du service. Or elle vint et dit à Jésus : Seigneur, ne te mets-tu point en peine de ce que ma sœur m'a laissée
41 seule pour servir ? Dis-lui donc de m'aider⁴. — Mais Jésus répondant lui dit : Marthe, Marthe, tu t'inquiètes et tu t'agites pour beaucoup
42 de choses ; — mais une seule chose est nécessaire. Or, Marie a choisi la bonne part, qui ne lui sera point ôtée⁵.

1. *En chemin* vers Jérusalem. (9 : 51, note.) Gr. *il entra lui*. On a pensé que ce pronom opposait Jésus à ses disciples et indiquait qu'il entra seul, sans ses disciples, dans ce *bourg*. Mais cela ne ressort pas du texte et le dérangement causé par l'arrivée de Jésus (v. 40), comme aussi le fait qu'il continue à enseigner (v. 39), fait supposer la présence des disciples. Ce bourg, que Luc ne nomme pas, était Béthanie. (Jean 11 : 1 et suiv. ; 12 : 1 et suiv.) La place où Luc intercale ce trait dans son récit est difficile à expliquer. Peut-on admettre que l'évangéliste ignore le nom de Béthanie, rendu si célèbre dans la tradition par la résurrection de Lazare ? Pouvait-il ne pas savoir que Marthe et Marie étaient les sœurs de ce dernier ? Faudrait-il, avec une certaine critique, lui imputer l'erreur de placer en Galilée l'histoire qu'il va raconter ? Toutes ces explications sont inadmissibles. Ce qui est évident, c'est que ce passage, comme d'autres des trois premiers évangiles (Math. 23 : 37 ; Luc 13 : 34 ; 19 : 42), suppose les voyages de Jésus à Jérusalem, racontés par Jean. On peut même penser ici, avec M. Godet, à la visite que Jésus fit dans cette ville pour la fête de la Dédicace en décembre (Jean 10 : 22), et admettre que cette visite eut lieu pendant que les soixante-dix disciples accomplissaient leur mission (v. 1 et suiv.) : Luc, puisant dans les documents dont il disposait le trait exquis qui va suivre, l'aurait consigné dans son récit, sans autre indication plus précise.

2. De ce que *Marthe* est désignée comme maîtresse de maison, on a conclu, avec assez de vraisemblance, qu'elle était veuve, ou du moins la sœur aînée de la famille. Il est digne de remarque, en tous cas, qu'elle remplit exactement le même rôle et montre les mêmes sentiments dans les deux beaux récits conservés par Jean. (11 et 12.) Le caractère de Marie, sa sœur, s'y retrouve également dépeint par des traits tout semblables à ceux que lui prête Luc. Il se peut même que Jean (11 : 1), en désignant Béthanie comme « le bourg de Marie et de Marthe sa sœur, » fasse allusion à l'histoire racontée ici par Luc.

3. Au v. 39, il faut traduire : *s'étant assise*, et non : *se tenant assise* ; au v. 40, il faut lire : *ma sœur m'a laissée* (Sin. D), au lieu de : *me laissait* (B, A, C) *seule*. La plupart de nos versions traduisent à tort par le présent : *me laisse seule*, ce qui signifierait que Marie n'avait rien fait pour recevoir le Seigneur, tandis qu'elle avait d'abord secondé sa sœur dans les soins du ménage, avant de venir *s'asseoir aux pieds du Seigneur et écouter sa parole*. Par là se trouve considérablement modifié tout ce qu'on a écrit sur l'inactivité contemplative de Marie. — Tout ceci se passait avant le repas qui se préparait. Il ne faut donc pas se représenter Jésus à table, à demi couché sur un divan, les pieds étendus, et Marie derrière lui, comme la pécheresse. (7 : 38.) Le moment est plus solennel et plus intime : Jésus est uniquement occupé à annoncer la Parole de vie, et Marie, assise à ses pieds, est tout entière à l'écouter. Ce terme *à ses pieds* exprime du reste la position humble et attentive du disciple à l'égard du Maître. (Act. 22 : 3.)

4. Gr. *Elle était tirée de côté et d'autre... et survenant, elle dit*. Il ne faut pas conclure de la réponse de Jésus, qui va suivre, que tout fût à blâmer dans l'activité de Marthe. Son empressement à le bien recevoir dénote son amour et sa vénération pour lui ; mais elle oublie que, dans ce rare et précieux moment de sa présence, il y avait quelque chose de plus important à faire ; qu'il était un autre moyen de l'accueillir, auquel lui-même tenait infiniment plus. En outre, sa réflexion sur sa sœur et la prière qu'elle adresse à Jésus trahissent un blâme dé-

La note 5 est à la page suivante.

4. *Instruction sur la prière.*

1-13. LA PRIÈRE ET SON EFFICACITÉ. — 1º *Le modèle de la prière.* **— a)** *L'occasion de cet enseignement.* Jésus prie ; l'un de ses disciples, frappé de son exemple, lui demande de leur enseigner à prier, comme Jean l'a enseigné à ses disciples. (1.) — **b)** *L'oraison dominicale.* Jésus répond à cette demande en proposant à ses disciples, comme modèle de leurs prières, l'oraison dominicale, qu'il prononce devant eux. (2-4.) — **2º** *L'efficacité de la prière.* Pour encourager ses disciples à prier ainsi, Jésus leur persuade qu'ils sont certains d'être exaucés. Il leur en donne trois preuves : — **a)** *L'exemple de l'ami importun.* Cet ami vient à minuit prier son ami de lui prêter trois pains pour les servir à un hôte survenu inopinément. L'autre refuse d'abord, prétextant qu'il est au lit avec ses enfants, mais il finit par céder à cause de l'insistance de son ami. (5-8.) — **b)** *L'expérience commune.* Il n'y a qu'à demander, chercher, heurter, car ceux qui le font reçoivent, trouvent et on leur ouvre. (9, 10.) — **c)** *Le fait que leur prière s'adresse à un père qui est le Père céleste.* Quel est le père qui donne à son enfant, au lieu d'aliment, une chose inutile, ou des bêtes nuisibles et dangereuses ? Si, malgré la corruption du cœur humain, la relation d'un enfant avec son père donne une telle assurance, quelle confiance celui qui prie ne peut-il pas avoir dans le Père céleste ? Il ne lui refusera certainement pas le Saint-Esprit. (11-13.)

XI Et il arriva, comme il était en prière en un certain lieu, que lors-

placé et une pointe de cette jalousie que les esprits actifs et énergiques éprouvent souvent à l'égard des âmes plus recueillies et plus intimes.
5. Dans ce nom répété d'une manière significative, *Marthe, Marthe*, et dans les paroles qui suivent, il ne faut pas voir une répréhension sévère, mais plutôt un affectueux avertissement. Toutefois, Jésus dut prononcer avec un profond sérieux cette parole : *Une seule chose est nécessaire.* Les soins actifs de Marthe ont aussi dans la vie une nécessité relative ; mais une seule chose est d'une importance absolue. Laquelle ? Jésus a répondu clairement : C'est *la bonne part* que *Marie a choisie* ; c'est de recevoir dans son cœur avec avidité les paroles de vie qui tombent des lèvres du Sauveur ; c'est, en un mot, le salut éternel de l'âme. Or, cette bonne part ne sera *ôtée* (gr. *enlevée*) à Marie ni par les réclamations de Marthe, auxquelles Jésus ne consent pas, ni par aucune puissance de l'univers. *Sin.*, *B* ont, au v. 42 : « il n'est besoin *que de peu de choses ou même* d'une *seule*, car Marie ;... » leçon adoptée par Westcott et Hort, qui signifie : une seule chose suffit, comme le prouve (*car*) en ce moment même l'exemple de Marie. — On voit souvent dans ces deux sœurs les types de deux tendances également légitimes de la vie chrétienne. Marthe représente les chrétiens zélés et actifs dans les travaux du règne de Dieu au dehors ; Marie, les âmes intimes et aimantes qui vivent d'une vie contemplative, qui ont un besoin pressant de la communion habituelle du Sauveur. On insiste sur les dangers de chacune de ces tendances et l'on dit que l'idéal serait de les fondre en un même caractère dans lequel la contemplation et l'action seraient dans un équilibre parfait. Mais quand on considère attentivement notre récit, on reconnaît que les deux sœurs ne nous sont pas présentées sur ce pied d'égalité. Jésus n'adresse pas d'éloge à Marthe, et il déclare, sans restriction aucune, que Marie a choisi *la bonne part*. C'est que l'activité fébrile de Marthe était inspirée, comme le remarque M. Godet, par « son amour-propre d'hôtesse, » autant que par le désir de servir Jésus ; cette préoccupation personnelle se montre en tout cas dans les reproches dont elle accable sa sœur. Et, d'autre part, Marie n'est pas demeurée oisive, nous l'avons vu (v. 39, note) ; mais elle a su interrompre son travail à temps pour recueillir de la bouche du Maître les paroles de la vie éternelle. Ces paroles, qu'elle reçoit et conserve dans son cœur, deviendront la semence d'une activité supérieure. Elles la rendront capable, en lui donnant l'intelligence pro-

qu'il eut cessé, l'un de ses disciples lui dit : Seigneur, enseigne-nous
2 à prier, comme Jean l'a aussi enseigné à ses disciples [1]. — Or il leur
dit : Quand vous priez, dites [2] : Père ! Que ton nom soit sanctifié.
3 Que ton règne vienne. — Donne-nous chaque jour notre pain quoti-
4 dien, — et remets-nous nos péchés, car nous-mêmes aussi nous remettons à quiconque nous doit. Et ne nous induis point en tentation [3].

fonde de la pensée de son Maître, d'accomplir un jour cette action que Jésus louera comme « une bonne action faite à son égard. » (Marc 14 : 6.)

1. Luc passe, sans détermination de temps, à un nouveau récit. Il ne nous dit pas non plus quel est *le lieu* où Jésus était en prière ; il lui suffit de noter une fois de plus l'un de ces moments, si fréquents dans la vie de Jésus, qu'il consacrait à l'acte de la *prière*, aux entretiens intimes avec son Père. (5 : 16, note.) — Le *disciple* qui adresse à Jésus cette demande n'était très probablement pas l'un des apôtres. Sa requête est provoquée par l'impression que produit sur lui la prière de Jésus. Or les apôtres étaient trop habitués à le voir en prière pour être frappés de ce fait. Jésus les avait du reste depuis longtemps initiés à l'esprit de la prière ; ils n'avaient plus à lui demander une semblable instruction. Ce pouvait être plutôt l'un des soixante-dix disciples qui depuis peu l'avaient rejoints, ou l'un des disciples de Jean, comme semble l'indiquer l'exemple dont il s'appuie. Cet enseignement donné par Jean à ses disciples, concernant la prière, nous est entièrement inconnu.

2. Luc assigne à la prière du Seigneur une place tout autre que Matthieu (6 : 9 et suiv.) Selon ce dernier, elle fait partie du sermon sur la montagne, tandis que, d'après notre évangéliste, elle fut enseignée plus tard à la demande expresse d'un disciple. Un grand nombre d'excellents exégètes (Calvin, Ebrard, de Wette, Olshausen, Neander, Godet) en ont conclu que Matthieu, selon son habitude de grouper certains enseignements homogènes du Sauveur, avait librement introduit cette prière dans le discours sur la montagne, tandis que Luc lui assigne sa vraie place. Cette opinion peut s'appuyer sur plus d'un fait semblable. Mais est-il vrai que cette prière soit déplacée dans le sermon sur la montagne ? Dans ces instructions sur les diverses manifestations de la piété, l'aumône, la prière, le jeûne, après avoir condamné les prières hypocrites, faites avec ostentation, et en « usant de vaines redites, » n'était-il pas tout naturel que Jésus ajoutât : « Vous, mes disciples, priez ainsi, » et que, au milieu de la foule qui l'entourait, les yeux levés vers le ciel, il prononçât d'un ton pénétré cette prière si profonde dans sa simplicité, si riche dans sa brièveté ? Nul n'en aurait jamais douté, sans le récit de Luc qui nous occupe. Mais ce récit nous oblige-t-il à rejeter celui de Matthieu ? Nullement, à moins qu'on n'admette que jamais Jésus n'ait pu, en des circonstances différentes, redire quelques-unes de ses paroles les plus importantes. Or, les évangiles nous présentent des exemples nombreux de paroles prononcées à diverses reprises. Pourquoi Jésus n'aurait-il pas répondu à ce disciple qui lui demandait de lui enseigner à prier, en répétant cette admirable prière, qu'il présente du reste dans une forme différente et quelque peu abrégée ? Ainsi l'ont admis Tholuck, Meyer, Stier, Gess et d'autres, qui voient une confirmation de leur opinion dans le fait que Matthieu seul nous a conservé dans sa plénitude cet inimitable modèle de prière.

3. Voir, sur la prière du Seigneur, Math. 6 : 9-13, notes. C'est sous cette forme abrégée que Luc l'a rapportée. Le texte reçu, qui la renferme tout entière, a été complété d'après Matthieu. La formule de Luc présente, en outre, quelques expressions qui diffèrent du texte de Matthieu. Ainsi : « Donne-nous *chaque jour*, au lieu de *aujourd'hui*, notre pain quotidien. » Le terme de Luc peut s'étendre à l'avenir, tandis que celui de Matthieu limite la demande au jour présent. — Luc dit : « Remets-nous *nos péchés*, » au lieu de *nos dettes*, terme qui, même dans Matthieu, ne peut naturellement s'entendre que des péchés dont nous demandons le pardon ; mais Luc conserve la même image dans ces mots : *à quiconque nous doit*. Matthieu motive cette demande de pardon en disant : *comme* nous remettons, Luc : *car* nous remettons. Il ne veut pas dire qu'en pardonnant aux autres nous méritions le pardon de Dieu. La tournure employée suppose, suivant M. Godet, un raisonnement semblable à celui que nous trouvons au v. 13 : « Si vous qui êtes

— Et il leur dit : Si quelqu'un d'entre vous a un ami, et qu'il aille vers lui au milieu de la nuit, et lui dise : Ami, prête-moi trois pains ; — car un de mes amis est arrivé chez moi de voyage, et je n'ai rien à lui offrir ; — et que celui-ci répondant de l'intérieur dise : Ne m'importune pas ; ma porte est déjà fermée et mes petits enfants sont avec moi au lit ; je ne puis me lever pour t'en donner : — je vous le dis, si même il ne se lève pas pour lui en donner, parce qu'il est son ami, toutefois, à cause de son importunité, il se lèvera et lui en donnera autant qu'il en aura besoin [1]. — Et moi, je vous dis : Demandez, et il vous sera donné ; cherchez, et vous trouverez ; heurtez, et il vous sera ouvert ; — car quiconque demande, reçoit ; et qui cherche, trouve ; et à celui qui heurte, il sera ouvert [2]. — Or quel père d'entre vous, quand son fils lui demandera du pain, lui donnera une pierre ? Ou encore quand il lui demandera un poisson, lui donnera un serpent au lieu d'un poisson ? — Ou encore quand il lui demandera un œuf, lui donnera un scorpion ? — Si donc vous, qui êtes mauvais, savez donner de bonnes choses à vos enfants, combien plus le Père qui est du ciel donnera-t-il l'Esprit-Saint à ceux qui le lui demandent [3] !

mauvais,... combien plus le Père céleste.... » De même ici : « Pardonne-nous nos péchés, toi la Miséricorde suprême, puisque nous aussi, tout mauvais que nous sommes, nous pardonnons. » L'expression absolue : *à quiconque nous doit*, ne s'accorde pas bien avec cette explication. Elle montre que le motif ajouté à la requête est un vœu, une résolution prise pour l'avenir, et par laquelle celui qui prie manifeste des dispositions qui le rendent propre à recevoir le pardon de Dieu. La formule de Luc a ainsi le même sens que celle de Matthieu. (Math. 6 : 12, note.)

1. Jésus enseigne l'efficacité de la prière, soit par des analogies (v. 11-13), soit par des contrastes, comme dans la parabole v. 5-8. (Comp. 18 : 3 et suiv.) Cette parabole renferme à la fois une promesse et une exhortation, selon que nous considérons les deux hommes mis en scène. La promesse pourrait se traduire ainsi : « Si un homme, par pur égoïsme et pour se délivrer d'un solliciteur, lui accorde sa demande, même au temps le plus inopportun (*minuit*), combien plus Dieu, qui connaît tous vos besoins et qui est amour ! » Quant à l'exhortation, c'est le solliciteur lui-même qui nous la fait entendre par son exemple : « Puisque, dans les circonstances les plus défavorables, mais pressés par vos besoins, vous ne craignez pas d'importuner avec insistance un homme que vous savez si peu généreux, pourquoi ne faites-vous pas de même envers Dieu qui, dans sa miséricorde infinie, est toujours prêt à vous accorder bien au delà de toutes vos prières ? (Comp. Math. 15 : 22 et suiv.) La pleine confiance qu'une telle requête ne sera pas vaine est exprimée par ce verbe au futur : il lui *donnera*.

2. Math. 7 : 7, 8, note. *Et moi, je vous dis*. C'est par ces mots que Jésus introduit (v. 9-13) une admirable application de sa parabole, à laquelle il emprunte les images et les expressions mêmes dont il se sert. *Demandez, cherchez, heurtez*, c'est là ce qu'a fait l'homme de la parabole ; *il vous sera donné, vous trouverez, il vous sera ouvert*, telle a été son expérience ; combien plus certainement sera-ce la vôtre auprès de Dieu !

3. Voir Math. 7 : 9-11, note. Encore une preuve plus intime et plus persuasive que Dieu exauce la prière. Il faut remarquer cette progression : un ami (v. 5), un père (v. 11), le Père céleste. (v. 13.) — Parmi les dons que l'enfant demande à son père, Matthieu ne désigne que du *pain* et un *poisson* ; c'étaient les provisions que l'on prenait d'ordinaire pour le

546   ÉVANGILE SELON LUC   CHAP. XI.

5. *Jésus et les pharisiens.*

A. 14-36. Jésus accusé de chasser les démons par Béelzébul et sollicité de produire un signe du ciel. — 1º *L'occasion* de ces discours est la guérison d'un démoniaque muet, à la suite de laquelle les uns accusent Jésus de chasser les démons par Béelzébul, les autres lui demandent un signe du ciel. (14-16.) — 2º *Réponse de Jésus à l'accusation.* — a) *Son absurdité, son injustice.* Jésus montre que cette accusation est absurde, puisqu'elle suppose que Satan est divisé contre lui-même, et qu'elle provient d'une injuste malveillance, puisque les pharisiens sont loin de la porter contre leurs propres exorcistes. (17-19.) — b) *La vraie explication de la guérison opérée et des conséquences qu'il faut en tirer.* C'est par la puissance de Dieu que Jésus agit; le royaume de Dieu est donc parvenu à eux. Satan est semblable à un homme fort qui a été vaincu par un plus fort et dont les biens sont mis au pillage. (20-22.) — c) *Sévère avertissement aux contradicteurs.* Jésus leur déclare que celui qui n'est pas avec lui est contre lui; il leur représente, par une parabole, que leur endurcissement va devenir irrémédiable. (23-26.) — 3º *Un incident.* Jésus est interrompu par une femme qui célèbre le bonheur de celle qui a porté le Messie dans son sein. Il réplique qu'un bonheur plus grand est la part de celui qui écoute et pratique la Parole de Dieu. (27, 28.) — 4º *Réponse de Jésus à la demande.* — a) *L'unique signe donné.* Il ne sera pas donné à cette génération méchante d'autre signe que celui de Jonas. La reine du Midi et les Ninivites paraîtront comme témoins à charge contre cette génération, car celui qui la repousse est plus grand que Salomon et que Jonas. (29-32.) — b) *Le manque de discernement spirituel et sa cause.* La clarté dont rayonne l'apparition du Sauveur est pleinement suffisante pour que les hommes puissent le reconnaître, si seulement leur organe spirituel est sain. Ceux qui recevront la divine lumière en seront tout pénétrés et transfigurés. (33-36.)

14 Et il chassait un démon qui était muet ; or il arriva que le démon étant sorti, le muet parla ; et les foules furent dans l'admiration ¹.
15 — Mais quelques-uns d'entre eux dirent : C'est par Béelzébul, le
16 prince des démons, qu'il chasse les démons. — Et d'autres, pour

voyage (Marc 6 : 38) ; Luc ajoute *un œuf*, qui faisait souvent aussi partie de ces provisions. « Notre hôte nous remet, au départ, de quoi faire notre repas : du pains (je dis *des pains*, et non du pain, car on les fait ici fort petits, v. 5), des œufs durs, comme toujours, plus quelques poissons frits. On voit que la nourriture est absolument la même que du temps de Jésus. » (F. Bovet, *Voyage en Terre-Sainte*, 7ᵉ édit., p. 361.) À ces trois aliments sont opposés : une *pierre*, cruelle ironie ; un *serpent*, très dangereux ; un *scorpion* plus nuisible encore. Qui est le père qui répondra par de tels dons à la demande de son enfant ? Et cette question devient plus frappante quand, à la place d'un père quelconque, Jésus nomme le Père céleste. — *Vous qui êtes mauvais* : « Remarquable témoignage du péché originel. » *Bengel.* Quel contraste avec la bonté et l'amour du *Père qui est du ciel !* — D'après Matthieu, Jésus dit : votre Père donnera *des biens*, ou *de bonnes choses*, à ceux qui les lui demandent. Cette expression est plus simple, et plus en harmonie avec l'image qui précède, que les termes employés par Luc : *donnera l'Esprit-Saint*. Mais d'autre part, le Saint-Esprit est le plus précieux des dons de Dieu et le gage de tous les autres.

1. Voir, sur cette guérison et sur le discours qui suit, Math. 9 : 34 ; 12 : 22-29, notes ; comp. Marc 3 : 22-30. La tournure de l'original : il *était chassant* un démon, signifie que Jésus était occupé en ce moment à accomplir cette guérison.

l'éprouver, demandaient de lui un signe venant du ciel [1]. — Mais lui, connaissant leurs pensées, leur dit : Tout royaume divisé contre lui-même est réduit en désert ; et maison s'écroule sur maison [2]. — Or, si Satan aussi est divisé contre lui-même, comment son royaume subsistera-t-il, puisque vous dites que c'est par Béelzébul que je chasse les démons [3] ? — Mais si, moi, je chasse les démons par Béelzébul, vos fils, par qui les chassent-ils ? C'est pourquoi ils seront eux-mêmes vos juges [4]. — Mais si c'est par le doigt de Dieu que je chasse les démons, le royaume de Dieu est donc parvenu jusqu'à vous [5]. — Quand l'homme fort, bien armé, garde sa maison, ses biens sont en sûreté. — Mais quand un plus fort que lui, étant survenu, l'a vaincu, il lui enlève toutes ses armes, auxquelles il se confiait, et il distribue ses dépouilles [6]. — Celui qui n'est pas avec moi, est contre moi ; et

17
18
19
20
21
22
23

— Matthieu rapporte que, non seulement les foules *furent dans l'admiration* à la vue de ce miracle, mais qu'elles en prirent occasion de se demander si Jésus n'était point le Messie.

1. Luc introduit ici cette demande d'un *signe*, que Matthieu (12 : 38) ne fait intervenir qu'après le discours qui va suivre, ce qui est plus naturel. Mais notre évangéliste distingue fort bien ensuite ces deux classes de contradicteurs (v. 15 et 16) ; Jésus répond aux uns v. 17 et suiv., et aux autres v. 29 et suiv. En outre, d'après Luc, les adversaires demandent un signe *venant du ciel;* ce trait est omis par Matthieu dans le passage parallèle, mais conservé par lui dans une autre occasion (Math. 16 : 1, note), ce qui prouve que les adversaires dirigèrent plus d'une fois contre Jésus ce genre d'attaques.

2. Matthieu et Marc appliquent à la *maison* ce qui vient d'être dit de *tout royaume :* si elle est divisée contre elle-même, elle tombe en ruine. Le mot *maison* est alors entendu dans le sens de *famille*. Plusieurs versions conservent ici la même idée, en sous-entendant le verbe de la phrase précédente : une maison *divisée contre elle-même*. Mais telle n'est pas la pensée dans notre texte, littéralement traduit. Jésus entend le mot de *maison* dans son sens matériel, et il veut dire que dans la destruction d'un *royaume* (ou d'une *ville*, comme dit encore Matthieu), on voit réellement *s'écrouler maison sur maison*. La pensée du Sauveur a ainsi quelque chose de pittoresque et de saisissant.

3. Ces derniers mots, directement adressés aux adversaires, motivent (*puisque*) la question qu'il vient de leur faire ; et, sans doute, Jésus les a prononcés avec un accent d'indignation, car l'accusation qu'il réfute n'était rien moins qu'un blasphème. (Math. 12 : 31, 32.)

4. Second argument contre l'accusation des pharisiens : elle est injuste et montre à quel point ils sont prévenus contre Jésus, puisqu'ils n'ont garde d'attribuer à une telle cause les guérisons de leurs disciples. (Math. 12 : 27, notes.)

5. C'est la conclusion de ce qui précède : *Si je chasse les démons* et détruis le royaume de Satan, c'est preuve que le moment actuel est grave et que le *royaume de Dieu*, dont vous attendez l'avènement par quelque manifestation extérieure, est déjà *parvenu jusqu'à vous*. — Au lieu de cette expression caractéristique : *par le doigt de Dieu*, Matthieu dit : « par l'Esprit de Dieu. » Ces deux termes expriment la même idée, avec cette seule différence que Matthieu indique proprement quelle est la puissance divine par laquelle Jésus agit, tandis que Luc désigne, dans un langage figuré, la même puissance divine, comme s'exerçant d'une manière apparente et avec une extrême facilité. (Ex. 8 : 15.) Dieu est représenté sous l'image d'un homme qui n'a qu'à lever le doigt pour accomplir sa volonté. (Comp. Math. 12 : 28, note.)

6. Cette parabole, que Luc rapporte en des termes plus dramatiques que Matthieu et Marc, confirme la pensée exprimée au v. 20, que Jésus est, non l'instrument de Satan, mais son puissant adversaire. C'est en vain que *l'homme fort, bien armé*, fait la garde à l'entrée de *sa maison* (gr. *sa cour*, entourée de murs) et croit tout ce qu'il a *en sûreté* (gr. *en paix*) ; quand *un plus fort* que lui est

24 celui qui n'assemble pas avec moi, disperse [1]. — Quand l'esprit impur est sorti d'un homme, il parcourt des lieux arides, cherchant du repos ; et n'en trouvant point, il dit : Je retournerai dans ma maison, d'où 25 je suis sorti. — Et quand il y vient, il la trouve balayée et mise en 26 ordre. — Alors il s'en va, et prend avec lui sept autres esprits plus méchants que lui ; et étant entrés, ils y demeurent ; et le dernier état de cet homme devient pire que le premier [2].

27 Or il arriva, comme il disait ces choses, qu'une femme élevant la voix du milieu de la foule, lui dit : Heureux le sein qui t'a porté et 28 les mamelles qui t'ont allaité ! — Mais il dit : Heureux plutôt ceux qui écoutent la parole de Dieu et qui la gardent [3] !

29 Et comme les foules s'assemblaient, il se mit à dire : Cette génération est une génération méchante ; elle demande un signe, et il ne 30 lui sera point donné d'autre signe que le signe de Jonas. — Car, comme Jonas fut un signe pour les Ninivites, le fils de l'homme en 31 sera un pour cette génération [4]. — La reine du Midi se lèvera au

venu le surprendre, il le désarme et lui enlève ses dépouilles ! Satan (dont Jésus reconnaît ici clairement l'existence et la personnalité) était cet *homme fort*, confiant dans ses moyens de séduction : il a été surpris et vaincu par le Sauveur, qui opère maintenant le partage de *ses dépouilles*, c'est-à-dire, selon le contexte, la libération des victimes qu'il avait en sa possession.

1. Voir Math. 12 : 30, note. Attribuer au démon les œuvres du Sauveur (v. 15), c'était la pire manière de se déclarer *contre lui*. C'était aussi *disperser* le bien qu'il faisait aux âmes et les âmes elles-mêmes, en les éloignant de lui.

2. Math. 12 : 43-45, notes. Dans le premier évangile, cette parabole figure la condition actuelle du peuple juif, qui s'endurcit dans son incrédulité. Selon Luc, elle est appliquée plus spécialement aux pharisiens qui viennent d'accuser le Sauveur. Jésus a d'abord réfuté leur accusation blasphématoire (v. 15 et suiv.) ; puis, déclaré par une image (v. 23) qu'ils sont les ennemis de sa personne et de son œuvre ; il montre enfin, par cette parabole (v. 24-26), que leur état moral est incorrigible et désespéré. La guérison du démoniaque, qu'il vient de délivrer sous leurs yeux, lui fournit l'image sous laquelle il présente sa pensée.

3. Cette femme, probablement une mère, qui proclame ainsi *bienheureuse* la mère du Sauveur, a saisi ce que Jésus a donné à entendre dans le discours précédent ; elle a compris que Jésus est le Messie ; cette vérité a pénétré dans son esprit comme un trait de lumière. Dans l'émotion qu'elle en ressent, elle pense aussitôt à celle qui a donné le jour au Sauveur. L'admiration qu'elle exprime trahit son sentiment maternel, plutôt qu'une foi religieuse bien éclairée et affermie. « Son sentiment est bon, mais elle parle comme une femme. » *Bengel*. Il est inconcevable que malgré la réponse de Jésus les interprètes catholiques s'appuient des paroles de cette femme pour sanctionner le culte de la Vierge. Cette réponse sans doute n'est point un blâme absolu. Jésus saisit plutôt avec bienveillance ce mouvement d'un cœur sincère, mais c'est pour l'élever jusqu'à son vrai objet, *la parole de Dieu écoutée et gardée* comme une semence de vie divine. Il fait sentir à cette femme qu'elle-même peut être *heureuse* comme celle dont elle vient de célébrer le bonheur. — Luc seul a conservé ce trait remarquable de l'histoire évangélique.

4. Voir, sur cette seconde partie du discours (v. 29-32), Math. 12 : 39-42, notes, et 16 : 4, note. Jésus répond à la requête qui lui a été faite d'un *signe venant du ciel* (v. 16, note), et il la repousse, parce que ceux qui la présentaient étaient des hypocrites, qui ne voulaient que lui tendre un piège. Il a attendu pour cela que la *foule* se fût *assemblée* autour de lui, afin de rendre publique la répréhension sévère qu'il adresse à toute

jour du jugement avec les hommes de cette génération, et les condamnera, parce qu'elle vint des extrémités de la terre pour entendre la sagesse de Salomon ; et voici, il y a ici plus que Salomon [1]. — Les hommes de Ninive se lèveront au jour du jugement avec cette génération, et la condamneront, parce qu'ils se repentirent à la prédication de Jonas ; et voici, il y a ici plus que Jonas [2]. — Personne après avoir allumé une lampe ne la met dans un lieu caché ou sous le boisseau ; mais on la met sur le pied de lampe, afin que ceux qui entrent voient la lumière [3]. — La lampe du corps, c'est ton œil ; quand ton œil est sain, tout ton corps aussi est éclairé ; mais s'il est mauvais, ton corps aussi est ténébreux. — Prends donc garde que la lumière qui est en toi ne soit ténèbres [4]. — Si donc ton corps est éclairé tout entier, n'ayant aucune partie ténébreuse, il sera tout entier éclairé, comme quand la lampe t'éclaire par son éclat [5]. 32 33 34 35 36

la *génération* d'alors. Aussi voit-on qu'ici, comme dans Matthieu, les reproches de Jésus, d'abord adressés aux seuls pharisiens, se généralisent et s'étendent à tout le peuple. — Il faut remarquer ce mot de *signe* quatre fois répété, comme un reproche adressé à ceux qui le demandaient. Le texte reçu porte : Jonas *le prophète*; ce dernier mot manque dans *Sin.*, *B*, *D*, etc. — Ce que Jésus entend par le *signe de Jonas* donné à sa génération est expliqué au v. 32.
1. Math. 12 : 42, note; comp. 1 Rois 10 : 1 et suiv. ; 2 Chron. 9 : 1 et suiv. Matthieu cite en premier lieu l'exemple des Ninivites, auquel la mention du signe de Jonas amenait naturellement, et en second lieu, l'exemple de la *reine du Midi*. M. Godet défend l'ordre de Luc par cette considération qu'« il présente une meilleure gradation morale. Il est plus grave de rester insensible au mal qu'on a commis que de ne pas être avide de nouvelles révélations. »
2. Ainsi le signe de Jonas, que le Seigneur donne à sa génération, c'est, d'une part, sa propre mission, infiniment supérieure à celle du prophète, et, d'autre part, la *repentance* des habitants de Ninive opposée à l'endurcissement de son peuple. (Math. 12 : 41.) — Dans Matthieu (12 : 40, voir la note), ce que Jésus appelle le signe de Jonas, c'est le séjour du prophète pendant trois jours et trois nuits dans le ventre du poisson. Il sera de même enseveli trois jours et trois nuits dans le sein de la terre. Sa mort et sa résurrection seront le vrai et grand signe donné à sa génération. Luc passe entièrement sous silence cette pensée. On a voulu la retrouver au v. 30, où Jésus dit que le Fils de l'homme *sera* un signe ; le verbe au futur ne peut désigner, pense-t-on, que le grand événement par lequel se terminera la vie du Sauveur sur la terre. Cette allusion est possible, mais peu évidente.
3. Nous trouvons ici une nouvelle application de cette belle et profonde image que Jésus employait souvent dans ses discours. (Voir 8 : 16 ; Math. 5 : 15 ; Marc 4 : 21, notes.) La liaison avec ce qui précède est évidente : Il y a ici plus que Salomon, plus que Jonas ; Dieu vous donne en moi la vraie révélation, la vraie lumière, et vous ne pouvez donner pour excuse de votre incrédulité que cette lumière ait été mise *dans un lieu caché* ou *sous le boisseau*. L'apparition du Messie a été suffisamment préparée et publiée ; si, au lieu de fermer les yeux de votre esprit et de demander d'autres signes, vous aviez une vue saine (v. 34), votre âme serait toute remplie de la lumière divine qui rayonne de moi. La maladie qui affecte votre organe spirituel est la seule cause de votre manque de discernement.
4. Voir Math. 6 : 22, 23, note. Ici, Jésus ajoute à cette image si vraie et si profonde une exhortation à veiller sur l'état de cette lumière intérieure par laquelle seule nous pouvons percevoir la lumière qui nous vient du dehors ; puis il termine (v. 36) par une observation sur l'harmonie de ces deux lumières, dont l'action combinée procure la connaissance parfaite.
5. Pour comprendre ce verset difficile et diversement interprété et pour éviter la tautologie qu'il présente à première vue,

B. 37-54. Jésus a table chez un pharisien censure les pharisiens et les scribes.
— 1° *L'occasion.* Les discours que Jésus vient de tenir portent un pharisien à l'inviter à dîner chez lui. Jésus entre et se met à table sans procéder aux ablutions traditionnelles. Par cette omission, il excite l'étonnement de son hôte. (37, 38.) — 2° *Trois vices des pharisiens.* — *a) L'hypocrisie.* Jésus prend sur le fait l'hypocrisie des pharisiens : elle se montre dans le scandale que sa conduite a causé. L'importance qu'elle donne aux purifications extérieures est folie en présence de Dieu qui regarde avant tout à l'être moral. Pratiquer la charité, voilà le vrai moyen d'être pur. L'hypocrisie des pharisiens se montre encore dans leur empressement à payer la dîme, joint à la négligence des obligations fondamentales de la loi. (39-42.) — *b) La vanité.* Ils recherchent les premiers sièges et les salutations. (43.) — *c) L'influence occulte.* Comme des sépulcres cachés, ils souillent les hommes sans que ceux-ci s'en doutent. (44.) — 3° *Trois reproches aux légistes.* Un légiste, se sentant atteint par ces paroles, proteste. Jésus s'adresse alors aux légistes et les censure. — *a) Ils prêchent et ne pratiquent pas,* chargeant les hommes de fardeaux qu'ils se gardent de remuer du doigt. (45, 46.) — *b) Ils honorent les persécutés et persécutent.* Bâtissant hypocritement les tombeaux des victimes de leurs pères, ils se montrent animés du même esprit qu'eux. Dieu leur enverra encore des prophètes à persécuter, afin que le sang de tous les martyrs soit redemandé à cette génération. (47-51.) — *c) Ils détiennent la clef* de la connaissance du salut et n'entrent ni ne laissent entrer. (52.) — 4° *Conclusion historique.* Au sortir de la maison, Jésus est violemment pris à partie et assailli de questions insidieuses. (53, 54.)

37 Or, comme il parlait, un pharisien le pria à dîner chez lui[1]. Et
38 étant entré, il se mit à table. — Mais le pharisien, voyant cela, s'étonna de ce qu'il n'avait pas d'abord fait d'ablution avant le dîner[2]. —

il faut remarquer que dans la première phrase l'accent est mis sur *tout entier,* dans la seconde sur *éclairé.* Le sens est que si l'homme est pénétré entièrement de la lumière divine perçue par un organe spirituel en parfait état, c'est-à-dire par un cœur droit (Ps. 112 : 4), cette lumière resplendira au dehors, son corps sera tout *lumineux* (gr.) comme quand il reflète la lumière d'une lampe qui l'inonde de *son éclat.* (Gr. *par l'éclair.*) « Ce phénomène décrit ici par Jésus, remarque M. Godet, est celui qui s'était accompli en lui-même, au degré le plus éminent, dans le fait de la transfiguration. » Quelques exégètes estiment qu'il n'est possible d'obtenir ce sens que moyennant une correction du texte et ils proposent de lire : « Si ton œil est éclairé, *tout ton corps* sera éclairé.... » Le verset entier manque dans D et dans deux anciennes versions. (Eph. 5 : 8 ; 2 Cor. 3 : 18.)

1. Les mots : *comme il parlait,* se rapportent au discours qui précède. (v. 29 et suiv.) Comme ce discours était dirigé contre les pharisiens, on peut supposer que celui d'entre eux qui, après l'avoir entendu, invita Jésus à prendre un repas chez lui, le fit dans une intention malveillante afin de l'épier et de pouvoir l'accuser. (Comp. 14 : 1.) C'est ce qui explique la sévérité des paroles de Jésus. (Comp. v. 39, note.) — Le mot que nous traduisons par *dîner,* et que d'autres rendent par *déjeuner,* désigne le repas qu'on prenait vers le milieu du jour, tandis qu'un autre repas principal avait lieu vers le soir. Il en était ainsi chez les Juifs comme chez les Romains. On peut traduire ce mot par *dîner* ou *déjeuner,* selon les usages du pays où l'on parle.

2. Jésus s'étant *mis à table* dès son entrée, le pharisien *s'étonne* qu'il n'eût pas d'abord fait d'ablution. (Comp. Marc 7 : 4.) Cet étonnement pouvait paraître d'autant plus fondé que Jésus revenait du milieu de la foule, où il avait pu contracter des souillures légales et où même il avait chassé un démon et guéri un malade. Mais peut-être Jésus s'abstint-il de ces cérémonies précisément à cause de l'importance superstitieuse que les pharisiens y attachaient. Qui sait même si ce n'était pas là le point spécial sur lequel ils voulaient l'épier ?

Mais le Seigneur lui dit : Eh bien oui, vous, pharisiens, vous nettoyez 39
le dehors de la coupe et du plat ; mais le dedans de vous-mêmes est
plein de rapine et de méchanceté[1]. — Insensés ! Celui qui a fait le dehors, 40
n'a-t-il pas fait aussi le dedans[2] ? — Plutôt donnez en aumône le con- 41
tenu, et voici, toutes choses seront pures pour vous[3]. — Mais malheur 42

---

1. Math. 23 : 25, note. *Eh bien oui...* quelques interprètes prennent la particule grecque que nous traduisons ainsi dans son sens temporel, *maintenant :* « les choses en sont *maintenant* venues chez vous à ce point, que vous nettoyez. » Mais rien ne prouve qu'il y eût eu récemment dans l'hypocrisie des pharisiens un progrès que Jésus pût relever. Le sens logique est donc préférable. — Dans le premier évangile, Jésus déclare que *la coupe et le plat* eux-mêmes sont remplis de rapine, c'est-à-dire en contiennent les fruits (comp. Luc 20 : 47), tandis que Luc fait de la coupe et du plat l'image de l'état moral de ses auditeurs. La rédaction de Matthieu n'exclut point ce sens, mais, au contraire, le suppose. — Ici se présente une question de critique qui n'est pas sans difficulté. Luc rapporte un discours dont il indique avec précision la scène et les circonstances. (v. 37.) De son côté, Matthieu (23 : 1 et suiv.) nous a conservé un discours très semblable, mais plus étendu, qu'il place en un temps et en des circonstances tout autres. Si l'on admet l'identité des deux discours, il faut choisir entre les deux récits, et donner raison à l'un ou à l'autre évangéliste, quant à la situation historique. Plusieurs interprètes se décident pour Luc contre Matthieu, à cause de la précision avec laquelle le premier décrit l'occasion du discours. Mais d'autres donnent la préférence à Matthieu : 1º parce que, d'une part, il leur semble que ces vives censures jetées par Jésus à la face d'un pharisien qui l'avait invité à sa table eussent été peu bienséantes, et que, d'autre part, Jésus aurait ainsi violemment provoqué ses ennemis et précipité la catastrophe, ce qui serait en contradiction avec tout ce que nous savons de sa conduite ; 2º parce que Matthieu en rapportant que ces censures furent prononcées par Jésus tout à la fin de son ministère, alors qu'il avait rompu avec les chefs de la théocratie et qu'il n'avait plus à les ménager, qu'elles furent prononcées dans le temple de Jérusalem, en présence du peuple, leur assigne la seule place qui leur convienne. Ces considérations nous paraissent évidentes et suffisent à prouver que Matthieu place le discours de Jésus dans sa vraie situation historique, alors même que, selon son habitude, il y aurait introduit des paroles prononcées dans d'autres occasions. (Math. 23 : 2, 1re note.) Marc (12 : 38-40) et Luc lui-même (20 : 45-47) rapportent des paroles qui attestent que Jésus a fait un grand discours contre les pharisiens à Jérusalem. Matthieu seul nous l'a conservé en entier. Mais s'ensuit-il que le récit de Luc soit sans aucun fondement historique ? Nullement. On peut être certain que Jésus a fait entendre en plus d'une circonstance de vives protestations contre l'esprit du pharisaïsme. L'une de ces protestations fut provoquée par le formalisme hypocrite d'un hôte qui l'avait invité à sa table. Luc nous en a conservé le souvenir. Seulement, on peut admettre qu'il prête à Jésus plus d'une parole puisée dans la tradition apostolique, et qui, originairement, appartenait au grand discours de Matthieu. Nous dirons avec Stier et d'autres exégètes, que nous avons dans notre chapitre un prélude de ce discours.

2. Ces paroles font sentir la folie (*insensés*) du procédé pharisaïque, relevé au verset précédent : vous nettoyez *le dehors*, tandis que *l'intérieur* est plein de corruption ; mais *Celui* (Dieu) qui a créé *le dehors* n'a-t-il pas aussi créé *le dedans* (l'être moral), qui a beaucoup plus d'importance à ses yeux ? C'est donc là ce qu'il faut purifier avec le plus grand soin ; car Dieu ne vous a prescrit certaines purifications extérieures que pour vous rappeler le devoir de la pureté morale. Or en négligeant celle-ci pour vous en tenir aux premières, vous anéantissez l'intention divine. Il est évident que les termes de cette sentence sont encore empruntés à l'image du verset précédent. Dans Matthieu (23 : 26) se trouve une pensée semblable, exprimée en termes différents.

3. *Le contenu* (gr. *ce qui est dedans*), c'est-à-dire, d'après le contexte, ce qui est dans les coupes et les plats. Ces mets et ces vins, faites-en part aux pauvres, avec une charité qui provienne du cœur, et vous comprendrez que la loi suprême de l'amour est infiniment supérieure à toutes vos règles formalistes de purification ; *et voici*, par le fait même, tous ces

à vous, pharisiens, parce que vous payez la dîme de la menthe et de la rue et de tout légume, et vous négligez le jugement et l'amour de Dieu ! Il fallait faire ces choses-ci, et ne point négliger celles-là[1]. —
43 Malheur à vous, pharisiens ! parce que vous aimez le premier siège dans les synagogues, et les salutations dans les places publiques[2].
44 — Malheur à vous ! parce que vous êtes comme les sépulcres qu'on ne voit pas, et les hommes qui marchent dessus n'en savent rien[3].
45 — Or, un des légistes répondant, lui dit : Maître, en disant ces choses,
46 tu nous outrages, nous aussi[4]. — Mais il dit : Et à vous aussi, légistes, malheur ! parce que vous chargez les hommes de fardeaux difficiles à porter, et vous-mêmes ne touchez pas de l'un de vos
47 doigts à ces fardeaux[5]. — Malheur à vous ! parce que vous bâtissez les tombeaux des prophètes, que vos pères ont tués. —
48 Vous servez donc de témoins aux œuvres de vos pères et vous les
49 approuvez, car eux les ont tués, et vous, vous bâtissez[6]. — C'est

biens *vous seront purs*, ils le *sont* déjà par la puissance de l'amour. « Cette parole ne renferme aucunement l'idée du mérite des œuvres. Jésus serait-il retombé dans le pharisaïsme au moment même où il le pulvérisait ? L'amour, qui fait le prix du don, exclut, par sa nature même, la recherche du mérite, qui est l'essence du pharisaïsme. » *Godet*.
1. Voir Math. 23 : 23, 1re note. Matthieu dit : Vous négligez le *jugement* (ou la *justice*), la *miséricorde* et la *foi* (ou *fidélité*). Luc ne parle que du *jugement*, du discernement de ce qui est juste, équitable dans les rapports avec le prochain, et de *l'amour de Dieu*, qui est la source de toutes les vertus.
2. Comp. 20 : 45-47, et voir Matthieu 23 : 6.
3. Après ce : *Malheur à vous !* le texte reçu avec A, D, ajoute : *scribes et pharisiens hypocrites*, mots qui ne sont pas authentiques ; en effet, Jésus ne s'adresse aux scribes qu'à l'occasion du v. 45. — Voir Math. 23 : 27, 28, note. Dans Matthieu, Jésus compare les pharisiens à des « sépulcres blanchis qui paraissent beaux au dehors, mais qui, au dedans, sont pleins d'ossements de morts et d'impureté. » D'après Luc, il emploie la même comparaison dans un sens tout différent : les pharisiens sont comme *des sépulcres qu'on ne voit pas*, parce qu'on a négligé de les entretenir et de les blanchir, et qu'ils sont recouverts de terre et de plantes. On *marche* donc *dessus* sans s'en douter et l'on contracte involontairement la souil-

lure. (Nomb. 19 : 16.) Tels sont les pharisiens : on s'approche d'eux, on se livre à eux sans défiance, et l'on est bientôt infecté de leur esprit.
4. Jusqu'ici, Jésus avait adressé ses reproches aux pharisiens (v. 39) ; mais il y avait dans ces paroles des vérités qui atteignaient directement aussi les *légistes*, ces savants scrutateurs de la loi, que les évangélistes nomment plus souvent scribes ou docteurs de la loi. (Voir Math. 23 : 2, 2me note.) Aussi l'un d'eux se sent offensé : *Tu nous outrages, nous aussi*. Par ce *nous aussi*, le légiste se distinguait des pharisiens ; mais Jésus, bien loin de nier l'intention qui lui est attribuée, répond (v. 46) : *Et à vous aussi, légistes, malheur !* A partir de cet incident, Jésus adresse aux scribes la suite de son discours (v. 52), mais sans perdre de vue les pharisiens, qui ont certainement leur part à ses reproches. Dans Matthieu, Jésus s'adresse constamment, et en même temps, à l'une et à l'autre de ces classes d'hommes.
5. Voir Math. 23 : 4, note.
6. Math. 23 : 29-31, note. Le reproche que Jésus adresse ici à ses auditeurs diffère de celui qui se lit dans le premier évangile. *Bâtir les tombeaux des prophètes* était, dans leur intention, œuvre réparatrice de piété ; mais, par une ironie des faits que Jésus relève, ils perpétuent le souvenir de la conduite de leurs pères en consommant leur œuvre. Au lieu de laisser tomber leurs crimes dans l'oubli, ils en élèvent les monuments ; ils se

pourquoi aussi la sagesse de Dieu a dit[1] : Je leur enverrai des prophètes et des apôtres ; et ils tueront les uns et persécuteront les autres ; — afin que le sang de tous les prophètes, qui a été répandu dès 50 la fondation du monde, soit redemandé à cette génération, — depuis 51 le sang d'Abel jusqu'au sang de Zacharie qui périt entre l'autel et le sanctuaire ; oui, vous dis-je, il sera redemandé à cette génération[2]. — Malheur à vous, légistes ! parce qu'ayant enlevé la clef de la connais- 52 sance, vous n'êtes point entrés vous-mêmes, et ceux qui entraient, vous les avez empêchés[3].

constituent *les témoins* du meurtre des hommes de Dieu (Deut. 17 : 7 ; Act. 7 : 58) et *ils l'approuvent; car eux, les ont tués*, ajoute Jésus, *et vous, vous bâtissez*. (Le texte reçu ajoute : *leurs tombeaux*, ce qui s'entend de soi-même et affaiblit l'expression brève et énergique de ce contraste.) Sans doute, les auditeurs de Jésus auraient pu répondre qu'en honorant les prophètes martyrs, ils protestaient contre leur meurtre ; mais comme, en présence même de Jésus, le plus grand des prophètes, ils se montraient remplis de haine contre la vérité divine, ils témoignaient par là que leurs soins pour les tombeaux des prophètes n'étaient qu'un acte d'hypocrisie. Jésus dévoile dans leur cœur le vrai commentaire de leurs actions.

1. *C'est pourquoi aussi*, afin qu'il apparaisse avec évidence que les fils sont semblables aux pères.... Luc introduit les paroles qui vont suivre par une formule qui fait attendre une citation de l'Ancien Testament ; mais ce passage ne s'y trouve pas. On a cru le reconnaître, soit dans 2 Chron. 24 : 19, soit dans Prov. 1 : 20-31, soit dans quelqu'un des livres apocryphes que Jésus ne cite jamais : rapprochements plus ou moins arbitraires qui, sans être inadmissibles, sont pourtant peu probables. D'autres interprètes ont pensé que Jésus, s'appelant lui-même la *sagesse de Dieu*, déclare, comme dans Matthieu, que c'est *lui* qui enverra des prophètes et des apôtres. On pourrait admettre cette explication, vraie au fond, sans ce verbe au passé : la sagesse *a dit*, qui évidemment suppose une citation. Pour éviter cette objection, d'autres ont pensé que Jésus rappelait une de ses propres déclarations, faite dans une autre occasion, ce qui paraît peu probable. Enfin, on a supposé que, dans la tradition apostolique, on s'était habitué à citer les paroles de Jésus qui vont suivre, avec cette formule : « la sagesse divine a dit, » et que Luc a simplement suivi cet usage. C'est là une hypothèse peu vraisemblable. Hofmann, B. Weiss, M. Godet appliquent le terme de *sagesse de Dieu*, comme 7 : 35, au plan conçu par Dieu pour le salut : « Dieu dans sa sagesse a dit. » Si l'on admet cette explication, la relation que Luc nous a conservée de ce discours est conforme à celle de Matthieu, où Jésus dit sans formule de citation : « C'est pourquoi, voici, je vous envoie des prophètes, » etc. Quelque sens que l'on donne aux mots par lesquels Luc l'introduit, la parole même de Jésus est simple et lumineuse. Il allait, en effet, envoyer dans son Eglise *des prophètes et des apôtres* (Eph. 4 : 11), qui devaient être persécutés et mis à mort par leur génération.

2. Voir Math. 23 : 34-36, notes. L'expression répétée : *redemandé* (v. 50 et 51) correspond au cri de Zacharie mourant : « Que l'Eternel voie et redemande ! » (2 Chron. 24 : 22.)

3. Math. 23 : 13, note. Dans le premier évangile, ces paroles s'adressent à la fois aux scribes et aux pharisiens, comme tout le discours. Dans le récit de Luc, elles ne concernent que les *légistes* auxquels Jésus parle depuis le v. 45. Cette application est plus exacte, car, en effet, c'étaient les docteurs de la loi qui avaient *enlevé la clef de la connaissance* ou de la science, c'est-à-dire, qui s'étaient arrogé le droit d'interpréter les Ecritures, de les enseigner aux jeunes rabbins et de les appliquer au peuple, dans les diverses circonstances de la vie sociale. (Math. 23 : 2, note.) La *connaissance* de Dieu et du salut est comparée par Jésus à une maison ou à un temple que les scribes ont fermé après s'être saisis de la *clef*. Non seulement ces savants théologiens *n'y sont point entrés*, mais ils *ont empêché*, par leurs erreurs et leur opposition, *ceux qui voulaient entrer*. Il y a dans le grec le présent : *ceux qui entrent*, par où Jésus désigne ceux qui, alors, voulaient s'attacher à lui et à son enseignement.

53 Et comme il sortait de là, les scribes et les pharisiens se mirent à s'acharner après lui violemment et à le presser de parler sur plusieurs
54 sujets, — lui dressant des pièges pour surprendre quelque parole sortie de sa bouche[1].

C. 1-12. JÉSUS MET SES DISCIPLES EN GARDE CONTRE L'HYPOCRISIE ET LA CRAINTE DES HOMMES. — 1º *Hypocrisie et franchise*. En présence de la foule qui accourt, Jésus met ses disciples en garde contre l'esprit d'hypocrisie de ces pharisiens avec lesquels il est en conflit. Qu'ils s'en préservent plus que de tout autre défaut. Tout ce qui est caché sera découvert : c'est ce que montrera leur activité, qui sera produite en pleine lumière. (1-3.) — 2º *La crainte des hommes et la crainte de Dieu*. A la franchise ils devront joindre le courage ; ne pas craindre ceux qui ne peuvent tuer que le corps, mais celui qui peut perdre l'âme dans la géhenne. Sa protection leur est assurée, puisqu'il prend soin des passereaux et a compté jusqu'aux cheveux de leur tête. (4-7.) — 3º *La récompense du témoin fidèle, et le châtiment de l'infidèle et de l'adversaire*. Le fils de l'homme confessera, devant les anges de Dieu, qui le confessera devant les hommes, il reniera qui le reniera. Il y a pardon pour qui prononcera une parole contre le fils de l'homme, mais non pour celui qui aura blasphémé contre le Saint-Esprit. (8-10.) — 4º *L'assistance du Saint-Esprit*. Quand les disciples paraîtront devant les juridictions humaines, ils n'auront pas à s'inquiéter de leur défense : le Saint-Esprit la leur inspirera sur l'heure même. (11, 12.)

XII Cependant la foule s'étant assemblée par milliers, en sorte qu'ils se foulaient les uns les autres, il se mit à dire à ses disciples[2] : Avant

---

1. Les manuscrits présentent sur ces versets plusieurs variantes. Le texte reçu avec A, D, majusc., versions, porte : *et comme il leur disait ces choses*,... cette scène violente se serait donc passée encore dans la maison du pharisien (v. 37) ; ce qui est très improbable d'après la suite du récit. (12 : 1.) C'est plutôt *comme il sortait de là* (Sin., B, C) que ses adversaires, cédant à la *violence* de leur haine, ont dû se mettre à l'*obséder* de questions insidieuses, auxquelles ils demandaient impérieusement des réponses, avides de *surprendre quelque parole* (gr. *quelque chose*) *de sa bouche*. Le texte reçu avec A, C, D, majusc., vers., ajoute : *afin de l'accuser*, paroles qui sont parfaitement dans la situation, et qui expriment très bien l'intention des ennemis du Sauveur, mais dont la suppression, dans Sin., B, donne à la narration un tour plus simple.

2. *Cependant* (gr. *en lesquelles choses*), c'est-à-dire pendant que se passait la scène violente décrite au chapitre précédent (v. 53, 54), une foule considérable, rendue attentive peut-être par le retentissement de cette scène, ou bien informée par les disciples que Jésus se trouvait en passage dans la contrée, s'assembla *par milliers* (gr. *myriades*, expression hyperbolique désignant une foule *innombrable*) autour de lui. — Jésus *se mit à dire* : cette introduction relève l'importance du discours qui va suivre. Le Seigneur s'adresse *à ses disciples*, terme qui ne désigne pas exclusivement les douze, mais aussi ceux qui le suivaient et s'attachaient à lui. Il parle d'ailleurs de manière à être entendu de la multitude qui l'entoure. (Comp. Math. 5 : 1, note.) Plusieurs exégètes et éditeurs du texte rattachent *avant tout* (gr. *premièrement*) à *disciples*. Luc voudrait dire que Jésus parla d'abord à ses disciples (v. 1-12), puis à la foule, à la suite de l'interpellation du v. 13. Mais rien ne prouve que l'enseignement des v. 13 et suiv. ait fait partie du même discours que les v. 1-12 ; le sujet en est tout autre. — Ce discours, comme ceux qui le suivent dans ce même chapitre, renferme des paroles que les autres évangiles rapportent dans des circonstances et avec des applications différentes. Dans sa manière populaire d'en-

tout gardez-vous du levain des pharisiens, qui est l'hypocrisie [1]. — Or il n'y a rien de couvert qui ne doive être découvert, ni rien de caché qui ne doive être connu, — parce que tout ce que vous aurez dit dans les ténèbres sera entendu dans la lumière ; et ce que vous aurez dit à l'oreille dans les chambres, sera prêché sur les maisons [2]. — Or je vous dis, à vous mes amis [3] : Ne craignez point ceux qui tuent le corps et qui, après cela, ne peuvent rien faire de plus. — Mais je vous montrerai qui vous devez craindre : craignez celui qui, après avoir tué, a le pouvoir de jeter dans la géhenne ; oui, je vous le dis, craignez celui-là. — Cinq petits passereaux ne ne se vendent-ils pas pour deux sous ? et pas un d'eux n'est oublié devant Dieu. — Et même les cheveux de votre tête sont tous comptés. Ne craignez point ; vous valez plus que beaucoup de passereaux. — Or je vous dis : Quiconque me confessera devant les hommes, le Fils de l'homme le confessera aussi devant les anges de Dieu. — Mais celui qui me reniera devant les hommes, sera renié devant les

seigner, le Sauveur prononçait fréquemment certaines sentences courtes et vives, dont il faisait l'application selon les situations variées où ses auditeurs se trouvaient engagés. Pour en bien comprendre le sens, il faut les considérer à l'endroit qu'elles occupent dans chaque évangile et les saisir dans leur rapport intime avec les faits, les personnes, les entretiens qui les occasionnent.

1. Math. 16 : 6, note. *Avant tout*, par-dessus tout, *gardez-vous de l'hypocrisie*, le vice le plus odieux aux yeux de Dieu. Tout renouvellement moral doit commencer par la vérité et la sincérité. L'hypocrisie est appelée *le levain des pharisiens*, parce que toute leur vie en était imprégnée et qu'elle tendait, sous leur influence, à pénétrer l'esprit du peuple. Bien que, selon Matthieu et Marc (8 : 15), cette sentence ait été prononcée en des circonstances toutes différentes, elle est, chez eux aussi, occasionnée par des discussions avec des pharisiens.

2. Voir, sur cette partie du discours (v. 2-9), Math. 10 : 26-33, notes. *Parce que*... la plupart des interprètes traduisent « c'est pourquoi. » Mais le terme grec signifie : *en raison de ce que* (1 : 20 ; 19 : 44) ; le v. 3 indique le motif du v. 2, et non l'inverse. Le principe général, énoncé v. 2, est confirmé par le fait énoncé au v. 3. M. Godet et d'autres, serrant de plus près encore l'expression de l'original, traduisent : *en échange de quoi, en retour*, et voient dans la prédiction du v. 3 une antithèse à la situation supposée au v. 1 : « L'hypocrisie des saints et des docteurs d'aujourd'hui sera dévoilée, et en retour, vous qui parlez timidement et comme à l'oreille, vous ferez entendre publiquement votre voix.» Cette interprétation séduit au premier abord par le sens qu'elle donne à toute la péricope. Mais peut-on appliquer aux seuls pharisiens la sentence générale du v. 2 ? Et puis, l'idée d'une revanche des disciples sur leurs adversaires, qui devient ainsi la pensée essentielle, n'est pas clairement indiquée dans le texte. Il nous semble que l'accent est sur l'exhortation à se garder de l'hypocrisie, à laquelle Jésus oppose l'esprit de franchise et de courage qui doit être celui de ses disciples. L'hypocrisie, leur dit-il, doit être bannie de votre vie, puisque *tout ce qui est caché* doit venir au grand jour, et que votre activité ne demeurera pas secrète, mais s'exercera en pleine lumière, en présence du monde. Les choses que, dans certaines occasions, vous aurez dites *dans les chambres* (Math. 6 : 6), seront *prêchées* publiquement, quand la vérité triomphera dans le monde. — Dans Matthieu, Jésus applique cette même prédiction à son propre enseignement. Elle est vraie dans l'un et l'autre sens.

3. *Mes amis ;* cette appellation, inspirée par une tendre affection, était bien propre à dissiper les craintes des disciples et à les remplir de courage, car c'est comme amis de Jésus qu'ils seront exposés à tant de dangers au milieu du monde.

10 anges de Dieu[1]. — Et quiconque dira une parole contre le fils de l'homme, il lui sera pardonné ; mais à celui qui aura blasphémé
11 contre le Saint-Esprit, il ne lui sera point pardonné[2]. — Mais quand ils vous mèneront devant les synagogues et les magistrats et les autorités, ne vous inquiétez pas de la manière dont vous vous défen-
12 drez ni de ce que vous direz ; — car le Saint-Esprit vous enseignera à l'heure même ce qu'il faudra dire[3].

6. *Exhortations au détachement et à la vigilance.*

A. 13-34. EXHORTATION AU DÉTACHEMENT : L'HOMME ET LE CROYANT EN PRÉSENCE DES BIENS DE LA TERRE. — 1° *L'occasion de cet enseignement.* Un homme de la foule réclame l'intervention de Jésus dans un partage. Jésus refuse. (13, 14.) — 2° *Discours à la foule : l'homme et les biens terrestres. Le riche insensé.* Jésus profite de l'incident pour mettre ses auditeurs en garde contre l'avarice. Il raconte la parabole de l'homme riche qui contemple avec satisfaction les produits de ses champs et se promet des années de jouissance et à qui Dieu redemande son âme cette même nuit. Telle est la condition de celui qui amasse pour lui-même et qui ne possède pas Dieu. (15-21.) — 3° *Discours aux disciples. La confiance en Dieu doit les délivrer des inquiétudes et les porter à tout sacrifier pour se constituer un trésor dans les cieux.* — a) *L'impuissance de l'homme et la puissance de Dieu.* Jésus déduit, pour ses disciples, une conclusion de la parabole précédente : qu'ils ne se fassent aucun souci pour

---

1. Math. 10 : 28-33, notes. Dans l'un et l'autre évangile, Jésus oppose à la *crainte* des hommes une courageuse *confession* de son nom. C'est, en effet, cette crainte qui paralyse le cœur et les lèvres, quand il s'agit de se déclarer pour lui et pour sa cause. — Au lieu de ces mots : *devant les anges de Dieu*, Matthieu dit : « devant mon Père qui est aux cieux. » Cette dernière idée est plus complète et plus saisissante ; mais l'une et l'autre sont vraies, parce qu'il s'agit du jugement éternel, auquel les anges prendront part. D'après Luc, Jésus ne dit pas qu'il reniera lui-même celui qui l'aura renié. — Aujourd'hui encore en Orient on vend *cinq petits passereaux pour deux sous.* (Voir F. Bovet, *Voyage en Terre-Sainte*, 7ᵉ édit., p. 406.) Matthieu parle de *deux* passereaux qui se vendent *un sou.*

2. Math. 12 : 32, note ; comp. Marc 3 : 28. Ce n'est évidemment pas à ses disciples que Jésus adresse ce terrible avertissement, mais bien à ses adversaires (v. 1) ; ces paroles, jetées ici dans le discours, paraissent même en interrompre la suite. Pour trouver une relation avec ce qui précède, on fait observer que le reniement du nom de Christ peut conduire jusqu'au *blasphème contre le Saint-Esprit*, ce qui est juste. Matthieu et Marc ont assigné sa vraie place à cette sévère déclaration que Jésus dirige contre ceux qui attribuaient ses miracles au démon. D'après Luc, cette même accusation avait été formulée dans des circonstances différentes (11 : 15) et avait provoqué le discours précédent. (11 : 17-26.)

3. Math. 10 : 19, 20, note ; comp. Marc 13 : 11. *Les synagogues* sont les tribunaux juifs, *les magistrats* les juridictions païennes ; enfin, *les autorités* est un terme générique, désignant les divers pouvoirs devant lesquels les disciples pourront être traduits. — Les paroles par lesquelles Jésus veut rassurer ses disciples signifient littéralement : « Ne soyez point en peine *comment* ou *de quoi* vous *ferez votre apologie*, ou *de quoi* vous parlerez. » On a vu dans le *comment* la forme du discours, et dans le *de quoi* le fond ou la matière de l'apologie. Cette expression caractérise en tous cas l'action lumineuse et puissante de l'Esprit de Dieu promis aux disciples de Jésus, et celle-ci s'étend non seulement à la *défense* qu'ils devront présenter, mais à tout le témoignage qu'ils auront à rendre (*ce que vous direz*). — Dans Matthieu, ces paroles font partie des instructions données aux apôtres envoyés en mission. C'est certai-

leur subsistance, qu'ils s'inspirent de l'exemple des corbeaux ; leurs soucis sont impuissants ; qu'ils considèrent les lis, et se confient en Dieu. (22-28.) — *b*) *La confiance en Dieu opposée à l'esprit inquiet des mondains.* Soucis et ambitions sont le propre des mondains : recherchez le royaume du Père et tout vous sera donné par surcroît. Les croyants forment un petit troupeau, mais le Père a jugé bon de leur donner le royaume. (29-32.) — *c*) *Renoncement sur la terre et trésor dans le ciel.* Vendez vos possessions ; donnez-les en aumônes. Vous aurez dans les cieux un trésor indestructible, auquel aussi votre cœur sera attaché. (33, 34.)

13 Or, quelqu'un de la foule lui dit : Maître, dis à mon frère de partager avec moi notre héritage [1]. — 14 Mais il lui dit : O homme ! qui m'a établi sur vous pour être votre juge, ou pour faire vos partages [2] ? — 15 Et il leur dit : Voyez à vous garder de toute avarice ; car quoique les biens abondent à quelqu'un, il n'a pas la vie par ses biens [3]. — 16 Et il leur proposa une parabole, disant : Les terres d'un homme riche avaient beaucoup rapporté. — 17 Et il délibérait en lui-même, disant : Que ferai-je ? car je n'ai pas de place pour amasser mes fruits. — 18 Et il dit : Voici ce que je ferai ; j'abattrai mes greniers et j'en bâtirai de plus grands, et j'y amasserai tous mes produits et mes biens. — 19 Et je dirai à mon âme : Mon âme, tu as beaucoup de biens en réserve pour beaucoup d'années, repose-toi, mange, bois, réjouis-toi [4] ! — 20 Mais Dieu lui dit : Insensé ! cette nuit

nement là leur place naturelle et première.

1. Gr. *l'héritage*. Cet homme se trouvait alors au nombre des auditeurs de Jésus (*du sein de la foule*), et il avait reçu au moins cette impression que ce *Maître* devait être un homme sage et juste. De là sa demande concernant quelque difficulté, à nous inconnue, qu'il avait avec son *frère* au sujet du *partage* de leur héritage. Peut-être que ce frère s'y refusait, ou qu'il ne voulait pas le faire d'une manière équitable. Luc seul nous a conservé ce trait. L'incident se produisit-il à la suite de l'enseignement qui précède (v. 1-12), et pendant lequel Jésus était entouré d'une grande foule (v. 1) ? L'enchaînement de la narration semblerait l'indiquer. Cela n'est pourtant pas dit expressément, et dans ce dernier voyage Jésus apparaît constamment suivi de la foule. (11 : 14, 27, 29 ; 12 : 1, 13, 54 ; 13 : 14 ; 14 : 25 ; 15 : 1.) Quoi qu'il en soit, Jésus aborde des sujets d'un autre ordre.

2. Gr. *établi juge ou faiseur de partages*. Cette réponse de Jésus signifie : « Mon règne n'est pas de ce monde. » Il s'agit d'une question de droit ; or, pour cela, il y a des *juges*. Jésus refuse de compromettre son ministère tout spirituel dans des contestations de cette nature. Il aurait agi autrement, si on lui avait demandé de réconcilier ensemble deux frères divisés. Au reste, la parole du Sauveur (v. 15) prouve que cet homme n'était pas mu par le désir désintéressé de la justice.

3. Il *leur* dit, à tous ses auditeurs : *Voyez et gardez-vous*, non seulement de *l'avarice*, mais de *toute* avarice ! Tel est le vrai texte. L'*avarice* ou la *cupidité* est, d'après l'étymologie, le désir d'avoir davantage, et non seulement l'épargne sordide. Quelle solennité dans cet avertissement ! La déclaration qui le motive, assez compliquée dans l'original, peut se rendre en ces termes : *parce que, quand les biens surabondent à quelqu'un, sa vie n'est pas tirée de ses biens*. C'est-à-dire que ni les biens ni leur surabondance n'assurent la vie ; ni la vie du corps qui est dans les mains de Dieu (v. 20), ni la vie de l'âme qui ne peut être garantie en aucune manière par la possession de biens matériels.

4. Quel admirable tableau ! Quelle peinture d'un caractère pris sur le fait, et qui se dévoile lui-même ! Cet homme est *riche* déjà et *ses terres* (gr.) *ont été fertiles*. « Ce moyen de s'enrichir est le plus inno-

même, ton âme te sera redemandée ; et ce que tu as préparé, à qui
21 sera-t-il [1] ? — Il en est ainsi de celui qui amasse des biens pour lui-
même, et qui n'est point riche pour Dieu [2].
22 Et il dit à ses disciples [3] : C'est pourquoi je vous dis : Ne vous
inquiétez point pour la vie, de ce que vous mangerez ; ni pour le
23 corps, de quoi vous serez vêtus. — La vie est plus que la nourriture,
24 et le corps plus que le vêtement. — Considérez les corbeaux : ils ne
sèment ni ne moissonnent, et ils n'ont ni cellier ni grenier, et Dieu
les nourrit [4] ; combien ne valez-vous pas plus que les oiseaux ! —
25 Et qui de vous peut, par ses inquiétudes, ajouter une coudée à la
26 durée de sa vie [5] ? — Si donc vous ne pouvez pas même la moindre
27 chose, pourquoi vous inquiétez-vous du reste ? — Considérez les lis,
comment ils croissent ; ils ne travaillent ni ne filent [6] ; cependant je

cent et pourtant dangereux. » *Bengel.*
Ici commence l'embarras des richesses ;
il faut *délibérer : Que ferai-je ?* la place
ne suffit plus ; là est la difficulté. Enfin,
après de longues réflexions, qui ont agité
son esprit, il a trouvé : *abattre ses greniers, en bâtir de plus grands, y amasser* tout ce qu'il possède et qu'il appelle,
avec la complaisance du propriétaire, *mes*
récoltes, *mes* biens : telle est sa résolution.
La pensée des pauvres, du bien qu'il pourrait faire, n'aborde pas même son esprit ;
l'égoïsme est complet. Maintenant il s'agit
de jouir, et c'est à *son âme*, la partie af-
fective de son être, le siège des passions,
qu'il adresse son discours satisfait : *Tu
as pour beaucoup d'années de biens, repose-toi, mange, bois et réjouis-toi.* Le
bonheur terrestre est complet !
1. *Mais....* il y a un *mais ! Dieu lui
dit,* « sinon par révélation, au moins par
un secret jugement. » *Bengel.* Et quel
discours en réponse à celui du riche !
Insensé ! lui, à qui son raisonnement
(v. 18, 19) paraissait le comble de la sagesse ! *Cette nuit même,* à l'heure inattendue des ténèbres, du sommeil, de la
sécurité, *ton âme te sera redemandée !*
Cette âme que tu croyais t'appartenir
(*mon* âme, v. 18), à qui tu promettais un
long bonheur, (gr.) *ils la redemandent
de toi.* Qui ? ni les voleurs, ni les anges.
Le sujet est indéterminé ; c'est notre : *on* ;
en réalité il s'agit de Dieu, le souverain
Maître. (Comp. v. 48.) Et ces possessions
que le riche appelait *ses* biens, *à qui se-
ront-elles ?* Il l'ignore peut-être, mais il est
assuré d'une chose : elles ne seront plus
à lui.
2. *Qui n'est point riche pour Dieu* ou
en Dieu. Jésus désigne ainsi tout homme
qui ne possède pas les *richesses* spirituelles et morales qui viennent de Dieu
et qui retournent à lui. Ces richesses-là,
c'est Dieu même dans l'âme. (v. 33, 34.)
3. Voir, sur cette partie du discours
(v. 22-31), Math. 6 : 25-34, notes. Dans
le premier évangile, ces paroles sur les
soucis de la vie font partie du sermon sur
la montagne, où elles occupent une place
très naturelle dans une exhortation à la
confiance en Dieu et à la consécration
à son service. Luc, en les rattachant à ce
qui précède (*c'est pourquoi*, puisque votre
vie n'est pas en votre pouvoir et ne dépend
pas de vos biens, mais de Dieu), les fait
rentrer dans le même ordre d'idées, bien
qu'il les place dans un discours prononcé
dans des circonstances toutes différentes.
Il est possible, probable même, que Jésus
sera revenu plus d'une fois sur ce sujet
important de la confiance en Dieu, seul
remède contre les inquiétudes auxquelles
le cœur de l'homme est si enclin.
4. Dans Matthieu, Jésus dit : « les oiseaux du ciel, » en général ; Luc désigne
ici une espèce particulière de ces oiseaux.
Est-ce, comme on l'a pensé, parce que
les *corbeaux* sont inutiles à l'homme,
aussi bien que les *lis* (v. 27), ce qui donne
encore plus de poids à l'argument que
Jésus en tire ? Les expressions *semer,
moissonner, cellier, grenier* rappellent
la parabole précédente.
5. Voir sur cette étrange association de
mots Math. 6 : 27, note. *Coudée* est pris
dans un sens figuré. (Comp. Ps. 39 : 6.)
6. Telle est la leçon du texte reçu, de
Sin., A, B, et de la plupart des documents. Elle est admise par Tregelles,
Westcott et Hort, et le plus grand nombre
des commentateurs. Tischendorf, se fon-

ÉVANGILE SELON LUC

vous dis que Salomon même, dans toute sa gloire, n'était point vêtu comme l'un deux. — Or, si Dieu revêt ainsi l'herbe qui est aujourd'hui dans les champs, et qui demain est jetée dans un four, combien plus vous, gens de petite foi ! — Vous aussi, ne recherchez point ce que vous mangerez, et ce que vous boirez, et n'ayez point l'esprit inquiet [1]. — Car toutes ces choses, les païens du monde les recherchent ; mais votre Père sait que vous en avez besoin [2]. — Mais plutôt cherchez son royaume, et ces choses vous seront données par-dessus [3]. — Ne crains point, petit troupeau ; car il a plu à votre Père de vous donner le royaume [4]. — Vendez ce que vous possédez, et le donnez en aumônes ; faites-vous des bourses qui ne vieillissent point, un trésor inépuisable, dans les cieux, où le voleur n'approche point, où la teigne ne détruit point. — Car là où est votre trésor, là aussi sera votre cœur [5]. 28 29 30 31 32 33 34

dant sur *D*, syr. de Cureton, retranche : *ils croissent.*
1. Le verbe grec que nous traduisons par *avoir l'esprit inquiet* signifie *tenir suspendu dans les airs* et s'applique aux pensées de l'orgueil, de l'ambition, de l'espérance. Ces passions sont en effet la source de bien des inquiétudes. D'autres prennent ce mot dans le sens de « être agité, balloté, » sans y ajouter l'idée d'élévation.
2. Matthieu (6 : 32) dit simplement *les païens* ou *les nations*. Luc, qui n'écrit pas pour des Juifs, craint que cette expression ne soit point comprise et ajoute *du monde*. Quel contraste entre cette recherche anxieuse et ce nom si doux : *votre Père !*
3. *Son royaume,* c'est-à-dire le royaume de votre Père céleste. Le texte reçu porte : *le royaume de Dieu*, terme emprunté à Matthieu (6 : 33), qui ajoute : *et sa justice.* (Voir, sur ce royaume, Math. 3 : 2, note.) Le texte reçu, avec *A, D*, porte : *toutes* ces choses.
4. *Petit troupeau,* expression pleine d'affection, qui rappelle celle-ci : *vous, mes amis.* (v. 4.) Jésus désigne par là le petit nombre de disciples qui l'entouraient alors au milieu de la foule indifférente ou hostile, et, en général, le peuple de Dieu, toujours *petit* et méprisé au milieu du monde. Et cependant Jésus dit à ce petit troupeau : *Ne crains point !* Bien qu'il soit, comme un troupeau de brebis, exposé à tous les dangers, il a dans le ciel son berger (Ps. 23 : 1), son *Père*, qui le protège et qui même a *bien voulu lui donner le royaume.* Comment, assuré

d'un tel bien, se livrerait-il encore aux soucis de la vie ?
5. Comp. Math. 6 : 19-21, notes. Le seul vrai moyen d'échapper aux inquiétudes de la terre, c'est le détachement de ses biens passagers et la possession de ce *trésor inépuisable* que Jésus désigne (v. 31, 32) comme *le royaume de Dieu.* Dans Matthieu, Jésus exprime cette idée du détachement en ces termes : « Ne vous amassez pas des trésors sur la terre. » L'expression de Luc est plus absolue : *Vendez ce que vous avez et donnez-le en aumônes.* Aussi a-t-on accusé notre évangéliste d'attribuer un mérite à l'aumône et à la pauvreté volontaire. (Comp. 6 : 20, note.) Mais il suffit, pour réfuter cette erreur, de rappeler que Jésus parle à des gens à qui le royaume de Dieu appartient déjà (v. 32), et qui n'ont pas à le gagner par des œuvres méritoires. Il faut, du reste, pour bien comprendre cette parole, se replacer dans la situation où elle fut prononcée : Jésus s'adressait à *ses disciples* (v. 22) qui devaient réellement renoncer à leurs possessions pour le suivre et s'en aller, à son exemple, annoncer le royaume de Dieu ; et, si même il fallait prendre ce mot de *disciples* dans un sens plus général, l'exhortation de Jésus se comprendrait. Les temps qui s'approchaient allaient être difficiles pour tous les disciples ; leur vocation leur commandait d'être dépris de tous les soins terrestres, afin de consacrer leur vie entière au service du Seigneur. C'est à cause de ces circonstances et par une raison plus intime encore, que Jésus, selon nos trois évangélistes, ordonnait au jeune homme riche

B. 35-59. EXHORTATION A LA VIGILANCE. — 1° *Aux disciples.* — *a) Parabole du maître qui revient des noces.* Qu'ils aient leurs reins ceints et leurs lampes allumées, comme des serviteurs qui attendent leur maître. Heureux seront-ils, s'il les trouve veillant ; il les fera mettre à table et les servira. (35-38.) — *b) Parabole du larron.* Si le maître de maison savait l'heure où le larron viendra, il veillerait.... Veillez sans relâche, car le fils de l'homme viendra à l'heure où vous ne l'attendez pas. (39-40.) — 2° *Aux apôtres : parabole de l'économe.* — *a) Portrait de l'apôtre fidèle.* Pierre demande si le précédent enseignement s'applique à eux, apôtres, ou aussi à tous. Jésus répond d'une manière indirecte, par une parabole : L'économe fidèle et prudent que le maître a établi sur ses serviteurs, leur dispense leurs rations au temps voulu. A son retour le maître lui confie tous ses biens. (41-44.) — *b) Portrait de l'apôtre infidèle.* Mais si, comptant sur le retard du maître, il bat serviteurs et servantes et s'enivre, le maître surviendra inopinément et le mettra en pièces. (45, 46.) — *c) La règle de ce jugement.* Celui qui a connu la volonté du maître sera puni plus sévèrement que celui qui l'ignorait. A qui il a été beaucoup donné, il sera beaucoup redemandé. (47, 48.) — 3° *Le sérieux du moment présent.* — *a) Pour Jésus :* il est venu jeter un feu sur la terre ; il doit être baptisé d'un baptême qui le met dans l'angoisse. (49, 50.) — *b) Pour les disciples.* Jésus est venu apporter la division jusque dans les relations de famille. (51-53.) — 4° *Aux foules : les signes des temps.* — *a) Discerner les signes des temps.* Jésus, s'adressant aux foules, relève le fait que les hommes savent reconnaître les signes précurseurs de la pluie et de la chaleur, tandis que, par une ignorance volontaire, qui est de l'hypocrisie, ils ne discernent pas les approches de la grande révolution morale qui va s'accomplir. (54-56.) — *b) En conclure la nécessité de la réconciliation avec Dieu.* Jésus invite ses auditeurs à décider par eux-mêmes, et suivant les seuls avis de leur conscience, quelle conduite ils doivent tenir. Par la parabole des deux plaideurs qui sont en chemin pour se rendre devant le juge, il leur représente l'urgence de la réconciliation avec Dieu. (57-59.)

35, 36 Que vos reins soient ceints, et vos lampes allumées. — Et vous, soyez semblables à des hommes qui attendent leur maître, quand il reviendra des noces ; afin que, quand il arrivera et frappera, ils lui
37 ouvrent aussitôt[1]. — Heureux ces serviteurs-là, que le maître à son

de vendre tout ce qu'il avait et de le donner. (Math. 19 : 21, note ; Marc 10 : 21 ; Luc 18 : 22.) Tout l'Evangile enseigne que le sacrifice matériel sans l'amour ne sert de rien. (1 Cor. 13 : 3.) Le principe qui s'applique à tous et dans toutes les positions est celui que Paul a exprimé en ces termes : « Posséder comme ne possédant pas. » (1 Cor. 7 : 29-31.)

1. Luc passe sans transition apparente à cette seconde partie du discours. Quelques-unes des pensées qui suivent se retrouvent dans la grande prophétie du retour de Christ. (Math. 24 : 42-51, voir les notes.) Cependant, il y a, entre cette exhortation et les versets précédents, un lien profond : « Votre Père vous a donné un royaume (v. 32) qui vous élève au-dessus de toutes les inquiétudes de la vie, et auquel vous devez tout sacrifier ; soyez donc dans une attente vigilante jusqu'au moment où le Seigneur viendra vous mettre en possession de sa gloire. Cette attitude vous sera naturelle, car en vous détachant d'ici-bas, vous vous attacherez au ciel ; votre cœur suivra votre trésor (v. 34) et, en étant élevé au ciel, il demeurera dans l'attente de Celui qui y règne et qui doit vous y faire entrer. » L'image qui illustre ce devoir de la vigilance est empruntée à une maison dans laquelle les serviteurs se tiennent prêts, durant les veilles de la nuit, à recevoir *leur maître qui revient* d'un banquet de *noces.* Leurs longs vêtements orientaux sont *ceints* autour de leurs *reins,* afin qu'ils puissent faire librement leur service. (Comp. 1 Pier. 1 : 13 ; Eph. 6 : 14.) Ils ont à la main *lampes allumées* ; ils sont prêts à *ouvrir* à leur maître dès qu'il aura *heurté.* Le

arrivée, trouvera veillant ! En vérité, je vous dis qu'il se ceindra et qu'il les fera mettre à table, et que, s'approchant, il les servira [1]. — Et s'il arrive à la seconde ou à la troisième veille, et qu'il les 38 trouve ainsi, heureux sont-ils [2] ! — Or, vous savez ceci, que si le 39 maître de la maison savait à quelle heure le voleur vient, il aurait veillé et n'aurait pas laissé percer sa maison. — Vous aussi, soyez 40 prêts ; car le fils de l'homme vient à l'heure que vous ne pensez point [3].

Or Pierre lui dit : Seigneur, est-ce pour nous que tu dis cette pa- 41 rabole, ou est-ce aussi pour tous [4] ? — Et le Seigneur dit : Quel est 42 donc l'économe fidèle et prudent que le maître établira sur ses domestiques pour donner au temps convenable la mesure de blé ? — Heu- 43 reux ce serviteur que son maître, à son arrivée, trouvera faisant ainsi ! — Vraiment, je vous dis qu'il l'établira sur tous ses biens [5]. — 44

sens spirituel de ces images se comprend de lui-même. Les noces d'où revient le maître ne sont pas les siennes propres, mais celles d'un ami. Les noces de l'Epoux n'auront lieu qu'après son retour. (Comp. Math. 25 : 1 et suiv.)

1. On peut traduire aussi : « il les servira *en passant de l'un à l'autre.* » Le bonheur de ces serviteurs vigilants et fidèles est marqué par un acte de condescendance et d'amour inouï parmi les hommes. (17 : 7-9.) Cette position de serviteur que le Seigneur avait prise durant sa vie sur la terre (Jean 13 : 4 ; Math. 20 : 28 ; Philip. 2 : 7), il la prendra encore quand il viendra élever les siens jusqu'à sa gloire et les rendre semblables à lui dans l'éternité. « Cette promesse de les servir est la plus honorable et la plus grande de toutes. C'est ainsi que l'Epoux recevra ses amis au jour solennel des noces. » *Bengel.*

2. Le texte reçu, avec A, majusc. porte : *et s'il vient à la seconde veille et s'il vient à la troisième veille.* (Comp. Marc 13 : 35, note.) La *seconde* ou la *troisième veille,* c'était de neuf heures à minuit, ou de minuit à trois heures. Si les serviteurs ont été vigilants jusque-là, *heureux sont-ils !* Ces derniers mots sont touchants dans leur brièveté. Le texte reçu, avec la plupart des documents, il est vrai, ajoute : « Heureux sont *ces serviteurs-là !* »

3. Math. 24 : 43, 44, notes. Il y a ici un brusque changement d'images, propre à faire sur les auditeurs une vive impression. Ce n'est plus le maître attendu par les serviteurs ; c'est le *voleur* qui *vient* à l'heure la plus inattendue, et qui oblige le *maître de la maison* à *veiller.* (1 Thes. 5 : 2 ; 2 Pier. 3 : 10 ; Apoc. 3 : 3 ; 16 : 15.) Il ne l'a pas fait, et ainsi il a *laissé percer sa maison,* c'est-à-dire que le voleur y est entré avec effraction. Cette idée d'un fait accompli qu'expriment les termes de l'original, rend l'avertissement beaucoup plus impressif qu'une simple supposition, ainsi rendue par la plupart des versions : « Il *veillerait,* et ne *laisserait pas* percer sa maison ! » Les mots : *il aurait veillé et...* manquent dans *Sin., D.* Ils sont peut-être empruntés à Matthieu.

4. *Pour nous,* apôtres ; ou *aussi* pour *tous* ceux qui t'écoutent et croient en toi ? Mais à quelle *parabole* Pierre fait-il allusion ? à celle des v. 35-38 ou à celle du v. 39 ? La réponse de Jésus montre évidemment que Pierre a en vue la première. Il veut savoir si le poste de confiance assigné aux *serviteurs,* et surtout la haute distinction qui leur est promise (v. 37), sera le partage de tous les disciples de Jésus, ou seulement de ses apôtres. Il n'est pas impossible qu'en posant sa question, Pierre fît un retour complaisant sur lui-même et sur ses condisciples, dans la pensée des hautes destinées que l'avenir leur réservait.

5. Voir, sur ces versets (42-46), Matthieu 24 : 45-51, notes. « Selon sa manière pleine de finesse, Jésus ne donne pas une réponse directe à la question de son disciple ; il reprend et poursuit la parabole des serviteurs, mais en désignant l'un d'entre eux qu'il établira comme *économe* ou intendant sur ses domestiques (précisément le poste réservé à Pierre) ; il dé-

45 Mais si ce serviteur dit en son cœur : Mon maître tarde à venir, et qu'il se mette à battre les serviteurs et les servantes, à manger et à
46 boire et à s'enivrer, — le maître de ce serviteur viendra au jour qu'il ne s'y attend pas, et à l'heure qu'il ne sait pas [1] ; et il le mettra
47 en pièces et lui donnera sa part avec les infidèles [2]. — Or ce serviteur qui, ayant connu la volonté de son maître, n'a rien préparé, ou
48 n'a pas fait selon sa volonté, sera battu de plusieurs coups ; — mais celui qui, ne l'ayant pas connue, a fait des choses dignes de châtiment, sera battu de peu de coups [3]. Et à quiconque il a été beaucoup donné, il sera beaucoup redemandé ; et à qui on a beaucoup confié, on demandera davantage [4].

crit sa grande récompense au cas qu'il soit fidèle, mais aussi son châtiment sévère s'il devient infidèle. (v. 43-46.) Ainsi, il a donné à Pierre, dont la question inconsidérée trahissait un secret désir de s'élever au-dessus de la foule, ce sérieux avertissement : Au lieu de te préoccuper de cette question, considère avec crainte et tremblement ta position future. Enfin, Jésus pose (v. 47 et 48) une règle universelle de rétribution qui concerne chacun dans son règne, et que chacun doit prendre à cœur. » (*Meyer.*) — Jésus répond donc à son disciple par une autre question, dont celui-ci devait chercher la solution dans son propre cœur. *Quel est donc cet économe fidèle et prudent ?* Sera-ce toi ? *Heureux* s'il en est ainsi ! Cette image : *il l'établira sur tous ses biens*, est fournie à Jésus par la parabole, mais elle montre que l'économe fidèle, après avoir occupé une position élevée dans le royaume de Christ ici-bas (comp. le premier *établira* v. 42), possédera le plus haut degré d'activité et de félicité dans l'économie future de la perfection. (Comp. v. 37.)

1. *Mon maître tarde à venir !* Telle est la vraie cause du relâchement et de l'infidélité de ce serviteur. Il a cessé de veiller et son maître viendra au *jour* et à *l'heure* où il ne *l'attend pas* et qu'il ne sait pas.

2. Voir, sur cette expression : *il le mettra en pièces*, Math. 24 : 51, note. Les deux évangélistes indiquent la signification *morale* de ce châtiment, en disant quelle sera la *part* de ce méchant serviteur : ce sera d'être, selon Luc, avec les *infidèles*, selon Matthieu, « avec les hypocrites. » L'expression de notre évangéliste est la plus conforme à l'ensemble de cet enseignement ; mais celle de Matthieu a sa raison d'être, en ce qu'il y a toujours une sorte d'hypocrisie dans l'infidélité d'un homme qui fait profession d'être un serviteur de Dieu.

3. Rien de plus juste que cette règle de rétribution. *Connaître* la *volonté* de Dieu et ne pas la faire, c'est se mettre en révolte contre cette volonté et assumer le plus haut degré de culpabilité. Celui qui n'a *pas* connu cette volonté est moins coupable, mais il n'est pas, pour cela, innocent ; il sera *peu* battu, mais il sera battu. Pourquoi ? Non pas à cause de son ignorance, à moins que cette ignorance ne fût volontaire, mais pour avoir *fait des choses dignes de châtiment*. Et quel homme n'en a pas fait ? Le Seigneur, comme Paul (Rom. 2 : 14 et 15 ; comp. v. 12), paraît tenir compte des lumières naturelles, qui suffiraient à l'homme pour connaître la volonté de Dieu, si elles n'étaient pas obscurcies par le péché. Mais il reste vrai qu'il y aura des degrés très divers de peines pour les réprouvés, comme des degrés très divers de félicité pour les rachetés du Sauveur. — La plupart des versions traduisent : *ne se sera pas tenu prêt*, en ajoutant un pronom au texte original. L'idée empruntée à la parabole qui précède (v. 42-46), est toujours celle d'un serviteur qui, non seulement ne s'est pas tenu prêt, mais *n'a rien préparé* pour l'arrivée de son maître.

4. Ces paroles confirment et expliquent les précédentes. Plus les *dons* de Dieu à un homme ont été abondants, plus il lui a été *confié* pour l'avancement du règne de Dieu, plus il lui *sera redemandé* de fidélité, d'activité et de travail. Ce dernier mot : on demandera *davantage*, signifie qu'il sera exigé de lui *plus que des autres* qui ont moins reçu. Meyer l'entend en ce sens qu'il sera redemandé à cet homme plus qu'il n'avait reçu, comme dans la parabole des talents (Math. 25 : 14 et

Je suis venu jeter un feu sur la terre [1] ; et qu'ai-je à désirer, s'il 49
est déjà allumé [2] ? — Et je dois être baptisé d'un baptême, et 50
combien je suis en peine jusqu'à ce qu'il soit accompli [3] ! — Pensez- 51
vous que je sois venu donner la paix sur la terre ? Non, vous dis-je,
mais la division [4]. — Car désormais ils seront cinq dans une maison, 52
divisés trois contre deux et deux contre trois. — Le père sera en 53
division avec le fils, et le fils avec le père ; la mère avec la fille, et
la fille avec la mère ; la belle-mère avec sa belle-fille, et la belle-fille
avec la belle-mère [5].

suiv.), où chaque serviteur doit rendre non seulement ce qui lui a été confié, mais d'autres talents, gagnés par son activité. Cette idée est étrangère à notre contexte.

1. Les interprètes se sont donné beaucoup de peine pour trouver une liaison entre cette partie du discours et celle qui précède. Si l'on en veut une à tout prix, celle proposée par Meyer nous paraît la plus naturelle : la grande responsabilité des disciples de Jésus (v. 48) est encore accrue par les circonstances difficiles et les luttes du temps qui s'approche. (v. 49 et suiv.) — *Je suis venu* ; cette expression, fréquente dans saint Jean, se trouve donc aussi dans les synoptiques ; Jésus l'emploie en ayant conscience de sa préexistence. — Qu'est-ce que ce *feu* qu'il est venu *jeter sur la terre*, où il n'existait pas avant lui, où il n'aurait jamais été allumé sans lui ? Si, pour répondre à cette question, on s'en tient rigoureusement au contexte, il faudra dire avec plusieurs exégètes que ce feu n'est pas autre chose que l'agitation des esprits et les divisions dont Jésus va parler. Dans ce cas, la parole de Jésus n'aurait pas d'autre sens que celle conservée par Matthieu (10 : 34) : « Je ne suis pas venu apporter la paix sur la terre, mais l'*épée.* » Mais comprendrait-on alors qu'il désirât avec tant d'ardeur de voir ce feu s'allumer, et qu'il fasse intervenir la grande et douloureuse pensée de ses souffrances et de sa mort ? (v. 50.) Si l'on considère la signification profonde qu'a l'image du feu dans la symbolique de l'Ecriture (Math. 3 : 11 ; Luc 3 : 16 ; Act. 2 : 3 ; Luc 24 : 32), on ne conclura pas, sans doute, avec les Pères de l'Eglise, que ce terme désigne ici directement l'effusion du Saint-Esprit. Mais pourquoi ne pas y voir la vie nouvelle de la foi, de l'amour, du zèle, dont Jésus ouvrait la source, et dont la puissance dévorante devait brûler, purifier ou consumer tout ce qui était exposé à son action ? Sans aucun doute, cette action divine provoquera des divisions et des luttes entre ceux qui en subiront l'influence et ceux qui la repousseront par incrédulité ; nous retrouvons ainsi la logique du contexte, sans lui sacrifier la signification profonde des paroles du Sauveur.

2. Gr. *et que veux-je, si déjà...* ; mais *vouloir*, en grec, signifie souvent *désirer*. La traduction que nous donnons est celle de M. Godet (premières éditions). Dans sa troisième édition, M. Godet est revenu au sens donné à ces paroles par la plupart des interprètes : *Combien je voudrais qu'il fût déjà allumé !* La liaison avec le v. 50 recommanderait cette traduction. Mais si l'on considère la suite (v. 51-53), on préférera l'explication d'après laquelle ce feu divin était déjà allumé dans quelques âmes par la parole du Sauveur. Ce n'étaient là encore que de faibles commencements ; Jésus exprime l'ardent désir de voir ce feu s'étendre sur toute la terre, bien que lui-même doive en être consumé tout le premier. (v. 50.)

3. Gr. *Et* (pour que ce feu s'embrase tout à fait) *j'ai un baptême dont je dois être baptisé ;* ce baptême, il *doit* en être baptisé parce qu'il l'a accepté de la main du Père dans son immense amour pour notre humanité. Il désigne par ce terme de *baptême* ses souffrances et sa mort dans lesquelles il sera *plongé.* (Sens original du mot *baptiser.*) — Les paroles qui suivent : (gr.) *combien je suis oppressé !* n'expriment pas ici le désir ardent (« combien *il me tarde* »), mais la crainte, l'effroi qu'inspire au Sauveur la perspective de ses souffrances inévitables. C'est là, comme on l'a très bien dit, un prélude de Gethsémané, tout semblable à Jean 12 : 27.

4. Math. 10 : 34-36, note. Cet évangéliste dit *l'épée* au lieu de *la division*. L'idée est la même. « L'épée a le pouvoir de diviser. (Héb. 4 : 12.) Et le *feu* (v. 49) sépare les scories et unit les éléments homogènes. » *Bengel.*

5. Jésus explique (*car*) comment cette division se produira dans la vie pratique

54 Or il disait aussi aux foules[1] : Quand vous voyez un nuage se lever à l'occident, vous dites aussitôt : La pluie vient. Et cela arrive ainsi.
55 — Et quand vous voyez souffler le vent du midi, vous dites : Il fera
56 chaud. Et cela arrive. — Hypocrites, vous savez discerner l'aspect de la terre et du ciel ; mais comment ne discernez-vous pas ce temps-
57 ci[2] ? — Et pourquoi ne jugez-vous pas aussi par vous-mêmes de ce
58 qui est juste[3] ? — Car tandis que tu vas devant le magistrat avec ta partie adverse, efforce-toi en chemin de te libérer d'elle ; de peur qu'elle ne te traîne devant le juge ; et le juge te livrera au sergent,
59 et le sergent te jettera en prison. — Je te le dis, tu ne sortiras point de là, que tu n'aies payé jusqu'à la dernière pite[4].

et jusque dans la famille. Tout cela aura lieu *désormais*, (gr.) *dès maintenant*, à mesure que l'Évangile sera prêché par Jésus, puis par ses disciples.

1. *Aux foules*, tandis que jusqu'ici Jésus avait parlé spécialement à ses disciples. (v. 41.)

2. Dans Math. 16 : 2, 3 (voir la note) se retrouve la même pensée, exprimée en termes un peu différents. Là, c'est une réponse à des pharisiens qui demandent un signe du ciel ; et par cette réponse, Jésus évite le piège qui lui est tendu. Ici, la comparaison est appliquée à un autre objet. Il est du reste naturel que de telles images reviennent fréquemment dans les discours de Jésus. La liaison avec ce qui précède n'est pas évidente au premier abord. Cependant on peut l'indiquer ainsi : Jésus parle des divisions et des luttes provoquées par l'Évangile ; d'où venaient-elles ? Sans doute de ce que le plus grand nombre, habile à discerner *l'aspect de la terre et du ciel*, s'agissait de discerner l'importance *de ce temps-ci*, c'est-à-dire la présence du Sauveur et l'immense révolution morale qu'il allait accomplir dans le monde. Jésus voit, dans cette ignorance volontaire, de *l'hypocrisie*. — Les images employées se comprennent facilement : un petit *nuage* (le texte reçu dit à tort *le* nuage) *se levant à l'occident*, c'est-à-dire au-dessus de la mer, leur paraissait un indice certain de la pluie (comp. 1 Rois 18 : 44), *et cela arrive ainsi*. Au contraire, le *vent du midi*, le simoun, soufflant du désert, amenait infailliblement une chaleur brûlante et la sécheresse.

3. Cette dernière accusation rend plus saisissante encore celle qui précède, et prépare l'avertissement qui va suivre. (v. 58, *car*.) Dans le domaine spirituel *aussi*, les auditeurs de Jésus devraient *juger par eux-mêmes*, sans que personne eût besoin de leur montrer les conséquences à tirer de ces signes des temps. Leur conscience devrait suffire pour les convaincre *de ce qui est juste*, de ce qu'il y a à faire dans le danger actuel : se repentir de ses péchés et se réconcilier avec Dieu.

4. Voir Math. 5 : 25, 26, notes. Ce précepte n'est pas seulement un conseil de prudence à appliquer dans les relations humaines. Dans notre évangile, plus encore que dans Matthieu, il a la valeur d'une parabole destinée à enseigner la nécessité de la réconciliation avec Dieu. Dieu est à la fois la *partie adverse*, et le *juge* ; les autres termes, *magistrat, sergent*, ne doivent point être pressés. Or, tous les hommes ont affaire à cette partie adverse, bien plus, ils sont déjà *en chemin* avec elle, et, comme l'observe avec justesse M. Godet, il faut se garder de traduire : *quand* tu vas devant le magistrat, mais : *tandis que* tu vas. Quel devrait donc être le suprême souci de tout homme coupable ? C'est évidemment d'être *libéré* de la partie adverse. Matthieu à un autre point de vue, dit : être *d'accord* avec elle. L'idée fondamentale est celle de la réconciliation, qui ne s'obtient que par le pardon des péchés. Si cette réconciliation n'a pas lieu avant le moment où le coupable comparaît devant le juge, il ne reste que l'inévitable châtiment, *la prison*. (Voir Matthieu.) La certitude de ce châtiment est exprimée avec énergie par ces verbes au futur dans le vrai texte : *te livrera, te jettera*. — Ce condamné pourra-t-il jamais *payer la dernière pite* ? Là-dessus, Jésus garde le silence. Et que ce silence est redoutable ! (Comp. Math. 5 : 26, note.)

7. *Incidents et enseignements.*

A. 1-9. Nécessité de la repentance. — 1° *Deux événements tragiques.* — *a) Galiléens massacrés.* Quelqu'un vient apporter à Jésus la nouvelle que Pilate a fait massacrer des Galiléens. Jésus déclare que ceux-ci n'étaient pas plus coupables que les autres, et que la repentance est pour tous la condition du salut. (1-3.) — *b) La tour de Siloé.* Il ajoute la mention des victimes de la tour de Siloé, et réitère son affirmation de la nécessité de la repentance. (4, 5.) — 2° *La parabole du figuier stérile.* Jésus illustre cette vérité et l'applique au peuple d'Israël dans son ensemble par la parabole du figuier planté dans la vigne, qui, durant trois ans, n'a pas donné de fruit, et qui est menacé d'être coupé. Sur l'intercession du vigneron, le propriétaire consent à le laisser une année encore. (6-9.)

XIII Or, en ce même temps [1], quelques-uns se trouvaient là, lui racontant ce qui était arrivé à des Galiléens, dont Pilate avait mêlé le sang à leurs sacrifices [2]. — Et répondant, il leur dit : Pensez-vous que ces 2 Galiléens fussent plus pécheurs que tous les Galiléens, parce qu'ils ont souffert ces choses ? — Non, vous dis-je ; mais si vous ne vous 3 repentez, vous périrez tous de même [3]. — Ou, ces dix-huit sur qui 4

1. *En ce même temps*, c'est-à-dire peu de temps après le discours qui précède. (12 : 54-59.) Les exhortations à la conversion (v. 3, 5) sont en rapport avec les avertissements qui terminent le chapitre 12. Le récit du fait qui y donna lieu, ainsi que la parabole qui les suit (v. 6-9), appartiennent en propre à Luc.
2. Cette phrase : *mêlé le sang à leurs sacrifices*, peut signifier que Pilate faisant massacrer ces Galiléens au moment où ils offraient leurs sacrifices, leur sang avait rejailli sur leurs victimes ; ou bien que ce sang, répandu près de l'autel, s'était mêlé au sang de ces victimes. Dans l'un et l'autre cas, l'évangéliste peint ce qu'il y avait eu de tragique et d'horrible dans ce massacre, commandé par Pilate. — On n'a que des conjectures sur les causes de ce fait, dont les historiens anciens n'ont pas conservé le souvenir. Quelques interprètes ont pensé que ces *Galiléens* étaient peut-être des adhérents du fameux Judas de Galilée (Act. 5 : 37), ce qui est assez peu probable. — Luc ne nous dit point dans quelle intention ces *quelques-uns* venaient raconter à Jésus ce fait probablement tout récent. Peut-être agissaient-ils avec l'empressement d'une vaine curiosité ou d'une propre justice qui, en s'applaudissant elle-même, attendait de Jésus quelque sévère jugement à la fois sur Pilate et sur les malheureux qu'il avait fait périr ; car aux yeux des Juifs, tout grand malheur était le châtiment d'un grand péché particulier. (Voir le livre de Job et Jean 9 : 2, note.) Cette supposition est justifiée par la réponse de Jésus, qui devait, comme une épée à deux tranchants, pénétrer dans la conscience de ces hommes légers.

3. C'est à tort qu'on a voulu conclure de cette réponse que le mal n'est pas un châtiment du péché en général, ou même parfois des péchés individuels. Non seulement Jésus ne nie point cette justice qui s'exerce par les dispensations de Dieu dans la vie des hommes. Il dénonce, au contraire, des jugements semblables à ses interlocuteurs frivoles, pour leur faire sentir qu'ils sont tout aussi *pécheurs* que ceux dont ils racontent complaisamment la fin tragique. Et les termes de cette menace peuvent, dans le cas actuel, s'entendre à la lettre : moins de quarante ans après, à la destruction de Jérusalem, des milliers de Juifs périrent, soit égorgés par les Romains, soit écrasés sous les décombres. (v. 4.) Mais les avertissements de Jésus élèvent notre pensée jusqu'au jugement éternel de Dieu, devant qui tous les hommes seront trouvés coupables et dignes de condamnation, à moins qu'ils ne *se repentent*. — Nous conservons ce dernier mot dans notre version, quoiqu'il rende imparfaitement le terme de

la tour de Siloé est tombée, et qu'elle a tués, pensez-vous qu'eux-mêmes fussent plus coupables que tous les habitants de Jérusalem ?
5 — Non, vous dis-je ; mais si vous ne vous repentez, vous périrez tous de même [1].
6 Or il disait cette parabole [2] : Quelqu'un avait un figuier planté dans sa vigne, et il vint y chercher du fruit, et n'en trouva point [3].
7 — Et il dit au vigneron : Voici trois ans que je viens chercher du fruit sur ce figuier, et je n'en trouve point [4] ; coupe-le ; pourquoi
8 rend-il aussi la terre inutile [5] ? — Mais lui, répondant, lui dit : Seigneur, laisse-le encore cette année, jusqu'à ce que j'aie creusé autour

l'original, qui désigne un changement ou une transformation complète de l'homme moral. (Mat. 3 : 2, 1ᵉ note.) La *repentance* est toujours le commencement de cette œuvre divine dans l'homme. D'autres traduisent par le mot de *conversion*, ou *se convertir*, ce qui n'est pas non plus exact. Quoi qu'il en soit, être régénéré ou *périr*, telle est l'alternative rigoureuse que Jésus présente à tout homme pécheur.

1. On ne sait rien non plus de l'événement auquel Jésus fait ici allusion. La *tour de Siloé* se trouvait probablement au-dessus de la source de ce nom (Jean 9 : 7, note ; Néh. 3 : 15 ; Esa. 8 : 6), soit pour protéger la ville, soit pour abriter ceux qui venaient à la source. Jésus rappelle cet exemple des jugements de Dieu, arrivé à Jérusalem même, parce que, en concluant du châtiment des Galiléens que tous les hommes sont coupables et doivent se repentir, il risquait de ne pas atteindre les Juifs qui l'écoutaient, et qui dans leur orgueil se croyaient beaucoup meilleurs que les Galiléens. — Le texte reçu dit en parlant de ces dix-huit malheureux : « pensez-vous que *ceux-là* fussent plus coupables ? » Selon la variante adoptée d'après *Sin.*, *A*, *B*, l'expression est plus précise encore : *eux-mêmes*. Le texte le plus autorisé (*Sin.*, *B*, *A*, *D*) porte : « tous les *hommes* habitant Jérusa-
» lem. »

2. *Il disait*. Dans Luc et surtout dans Marc, la formule : *Or il disait* (*encore*), indique une idée nouvelle et importante qui vient s'ajouter à un discours et en est la conclusion. (Comp. 12 : 54.) Cette *parabole* est une admirable illustration des exhortations qui précèdent.

3. Le sens littéral de cette parabole est si simple et si clair, qu'il n'exige aucune explication. Quant à la signification religieuse et morale, elle ressort également de chaque trait. Le propriétaire de la *vigne*, c'est Dieu. Le *figuier* représente le peuple juif. Cet arbre est très fertile en Orient et produit plusieurs récoltes par an. En outre, le figuier de la parabole est planté dans le terrain le plus favorable à sa fertilité, une *vigne*. Le maître était donc en droit d'attendre de lui beaucoup de fruits. Telle était la condition d'Israël, que Dieu avait favorisé de toutes manières.

4. Le *vigneron*, auquel le propriétaire du figuier adresse cette plainte, c'est le Sauveur, qui va se révéler à nous par sa miséricordieuse intercession. (v. 8, 9.) — Dieu *cherche du fruit* sur ce figuier, il en cherche en tout homme ; nul ne peut se soustraire à l'obligation de porter du fruit. Sur le figuier de la parabole, il n'en *trouva point*. En trouve-t-il en nous ? — Quant aux *trois ans* ici mentionnés, quelques interprètes y voient les trois années qui se seraient écoulées depuis que Jésus était entré dans son ministère. Cette idée n'est pas inadmissible, car la présence et l'activité du Sauveur au milieu de son peuple constituaient pour celui-ci une épreuve décisive. Il est cependant plus simple, et plus conforme à l'ensemble de la parabole que ces *trois ans* représentent un délai après lequel le propriétaire avait lieu de croire son figuier vraiment stérile.

5. Cette sentence est méritée. Tout cultivateur agirait ainsi. Car non seulement le figuier ne produit rien, mais il nuit *aussi à la terre ;* il la rend *inutile*, infructueuse, par l'ombrage qu'il y projette et en attirant à lui les sucs du sol. Ainsi tout homme qui ne fait pas de bien fait du mal, ne fût-ce que par l'exemple pernicieux d'une vie inutile. — Si la sentence est juste, elle est aussi absolue. Un arbre *coupé* n'est plus bon qu'à être brûlé. (Jean 15 : 6.)

de lui, et que j'y aie mis du fumier [1] ; — peut-être portera-t-il du 9 fruit à l'avenir ; sinon, tu le couperas [2].

B. 10-21. LA PUISSANCE DU ROYAUME DE DIEU. — 1° *Guérison d'une malade le jour du sabbat*. — *a*) *Le miracle*. Jésus enseigne dans une synagogue un jour du sabbat, lorsque survient une femme courbée par un esprit d'infirmité depuis dix-huit ans. Jésus lui annonce sa guérison et lui impose les mains. Elle est redressée, et glorifie Dieu. (10-13.) — *b*) *Le blâme*. Le chef de la synagogue invite les assistants à amener leurs malades les six jours de la semaine, et non le sabbat. (14.) — *c*) *La justification*. Jésus rappelle à ces hypocrites qu'ils détachent le jour du sabbat leurs bêtes pour les abreuver, et il n'aurait pas le droit de délivrer cette fille d'Abraham du lien qui la retenait depuis dix-huit ans ! Confusion des adversaires ; joie de la foule. (15-17.) — 2° *Deux paraboles*. Jésus conclut de l'acte qu'il vient d'accomplir la puissance du royaume, et il la représente dans deux paraboles : *a*) *la parabole du grain de sénevé* qui montre la puissance d'extension du royaume (18, 19) ; — *b*) *la parabole du levain* qui montre sa puissance de transformation. (20, 21.)

Or il enseignait dans l'une des synagogues le jour du sabbat ; — 10 et voici une femme qui avait un esprit d'infirmité depuis dix-huit ans, 11 et qui était courbée et ne pouvait absolument pas se redresser [3]. — Mais Jésus la voyant, l'appela à lui et lui dit : Femme, tu es délivrée 12 de ton infirmité. — Et il lui imposa les mains, et à l'instant elle fut 13 redressée, et elle glorifiait Dieu [4]. — Mais le chef de la synagogue, 14 indigné de ce que Jésus avait guéri le jour du sabbat, ayant pris la parole, disait à la foule : Il y a six jours pendant lesquels il faut tra-

---

1. Non seulement l'intercesseur demande *une année* de sursis, mais il s'engage à donner au figuier ses soins, culture, engrais, tout ce qui sera possible. Cette prière fut exaucée pour le peuple juif : quarante ans s'écoulèrent avant la ruine de Jérusalem. Et dans cet intervalle la mort et la résurrection de Jésus, la Pentecôte et la fondation de l'Eglise furent des appels, représentés dans la parabole par les soins exceptionnels que le vigneron promet de donner au figuier.

2. Gr. *et s'il porte du fruit...* (c'est bien) ; *sinon tu le couperas*. Le texte reçu, avec *A*, *D*, la plupart des *majusc*. et des *vers*. place les mots *à l'avenir* ou *l'année prochaine*, après *tu le couperas*. Presque tous les critiques et traducteurs préfèrent la leçon alexandrine (*Sin.*, *B*, vers. égypt.), qui donne un meilleur sens. Le dernier mot de la parabole est : *sinon, tu le couperas*. « Le vigneron ne dit pas : *Je le couperai* (v. 7), mais il remet la chose au propriétaire. Toutefois, il cesse de prier pour le figuier. » *Bengel*.

3. L'histoire de cette guérison nous a été conservée par Luc seul. — *Un esprit d'infirmité* est un état maladif attribué à un mauvais *esprit*. Jésus lui-même confirme expressément cette opinion. (v. 16.) Le mal paraît avoir eu son siège dans le système nerveux ; de là une contraction qui tenait cette pauvre femme *courbée*, et cela depuis *dix-huit ans !*

4. La seule vue de cette longue souffrance émeut la compassion du Sauveur. Sans attendre que la malade invoque son aide et lui demande la guérison, il l'*appelle à lui* et prononce la parole puissante : *Tu es délivrée !* Le verbe est au parfait, exprimant le fait déjà accompli et la permanence de la guérison. La foi de la malade s'attache à cette déclaration et obtient ainsi la délivrance. Cependant Jésus lui impose les mains, afin d'entrer en communication avec elle, pour rendre à son cœur le calme et la confiance, aussi bien que la force à sa volonté débile. La reconnaissance de la malade éclate en des paroles d'actions de grâce, par lesquelles elle *glorifiait Dieu*.

vailler : venez donc ces jours-là pour être guéris, et non le jour du
15 sabbat¹. — Mais le Seigneur lui répondit et dit : Hypocrites, chacun
de vous, le jour du sabbat, ne détache-t-il pas son bœuf ou son âne
16 de la crèche, et ne l'emmène-t-il pas boire²? — Et cette femme qui
est une fille d'Abraham, et que Satan a liée voici dix-huit ans, ne
17 devait-elle pas être délivrée de ce lien le jour du sabbat³? — Et
comme il disait ces choses, tous ses adversaires étaient couverts de
confusion, et toute la foule se réjouissait de toutes ces choses glorieuses qui se faisaient par lui⁴.

18 Il disait donc : A quoi est semblable le royaume de Dieu, et à quoi
19 le comparerai-je⁵ ! — Il est semblable à un grain de sénevé qu'un
homme a pris et jeté dans son jardin ; et il a crû et il est devenu un
arbre, et les oiseaux du ciel se sont abrités dans ses branches⁶. —
20, 21 Et il dit encore : A quoi comparerai-je le royaume de Dieu ? — Il
est semblable au levain qu'une femme a pris et qu'elle a caché dans
trois mesures de farine, jusqu'à ce que tout fût levé⁷.

---

1. Ce *chef*, ou président *de la synagogue*, adresse ses reproches *à la foule*,
et ainsi indirectement à Jésus qu'il n'ose
pas attaquer en face. Son discours est
appelé une réponse (*ayant pris la parole*,
gr. *répondant*, Math. 11 : 25). Il répond
en effet à l'acte de Jésus. Cet acte de
puissance dont il vient d'être témoin lui
impose quelque retenue, et il craint d'exciter l'indignation des autres témoins de
cette scène. Les paroles, ici rapportées,
ne sont qu'une partie de la répréhension
qu'il fit entendre à la foule. C'est ce qu'indique le verbe à l'imparfait : il *disait*,
qui suppose une harangue plus prolongée.
Dans son aveugle attachement à la légalité, il en appelle au quatrième commandement, et il ne s'aperçoit pas que les
termes mêmes dont il se sert : (gr.) *venant soyez guéris*, rendent un éclatant
témoignage à la réalité des œuvres du
Sauveur.
2. *Le Seigneur*. Ce titre est donné à
Jésus quand il manifeste sa souveraineté.
(7 : 13 ; 10 : 1, comp. 6 : 5.) *Hypocrites*.
Par ce mot au pluriel selon le vrai texte,
Jésus prononce un jugement sévère à la
fois sur le chef de la synagogue et sur
tous ceux qui étaient animés du même
esprit pharisaïque. Leur hypocrisie consistait à s'accorder une grande latitude
dans l'observation du sabbat, quand il
s'agissait de leurs propres intérêts, et à
l'appliquer strictement, quand il s'agissait
des intérêts du prochain. — Comp. 14 :
5, et Math. 12 : 11, 12, notes.

3. Admirable réfutation du sophisme
pharisaïque ! De quelle confusion elle couvrait, aux yeux de la foule, celui qui
l'avait provoquée ! (v. 17.) Jésus justifie
son apparente violation du sabbat par une
double considération : cette pauvre femme
était *fille d'Abraham*, appartenant au
peuple de Dieu, et probablement animée
de l'esprit du patriarche dont elle descendait ; et malgré cela, *Satan*, le prince
des ténèbres, la *tenait liée* depuis si longtemps ! Ne fallait-il pas, même *le jour
du sabbat*, lui arracher sa victime, et la
rendre à la liberté aussi bien qu'à la
santé ?
4. *Confusion* des adversaires, *joie* de
la *foule* qui suivait Jésus avec confiance,
tels étaient les effets de ses œuvres et de
ses paroles. Ainsi triomphait sa cause et
avançait son règne. C'est là peut-être ce
qui engage Luc à placer ici les deux
courtes paraboles qui suivent, sur la manière dont le royaume de Dieu s'établit
dans le monde.
5. « Il disait *donc*. » Sin., B, *Itala*
portent : *Or* il disait. Le texte reçu confirme la pensée exprimée à la fin de la
note précédente. Ce serait ici la place
historique de ces deux courtes paraboles
si riches et si profondes dans leur signification. Voir Math. 13 : 31, 32, note et
Marc 4 : 30-32.
6. Le texte reçu fait dire à Jésus que
ce grain de semence devient un *grand
arbre*; le mot *grand* n'est pas authen-

La note 7 est à la page suivante.

ÉVANGILE SELON LUC

II. Nouvelle série de récits et d'enseignements.

1. Les élus.

A. 22-30. La porte étroite. — 1° *Préambule historique.* Jésus, se dirigeant vers Jérusalem, traverse le pays, en s'arrêtant pour enseigner dans les villes et les villages. (22.) — 2° *Le petit nombre des élus.* Quelqu'un demande à Jésus s'il n'y en a qu'un petit nombre de sauvés. Jésus répond : Efforcez-vous d'entrer par la porte étroite ; car beaucoup ne pourront entrer. (23, 24.) — 3° *Vaines réclamations de ceux qui sont exclus.* Ils frapperont en vain à la porte et invoqueront les relations qu'ils ont eues avec le Seigneur. Il leur déclarera qu'il ne les a pas connus. (25-27.) — 4° *Leurs regrets amers à la vue des élus.* Ils se livreront à des pleurs et à des grincements de dents à la vue des patriarches et des prophètes, et de tous ceux qui seront venus d'orient et d'occident : car plusieurs des derniers seront les premiers, et des premiers les derniers. (28-30.)

Et il traversait les villes et les bourgs, enseignant, et faisant route 22 vers Jérusalem [1]. — Or quelqu'un lui dit : Seigneur, n'y a-t-il que 23 peu de gens qui soient sauvés [2] ? — Mais il leur dit : Efforcez-vous 24 d'entrer par la porte étroite [3] ; car beaucoup, je vous le dis, cherche-

tique ; il serait une exagération ; et même le mot *arbre* doit être pris dans le sens restreint et plus exact que nous trouvons dans Matthieu et Marc qui disent : « plus grand que tous les *légumes.* »

7. Luc met tous les verbes au passé et donne ainsi à ces paraboles le caractère de récits, de faits accomplis. Peut-être voulait-il montrer par là que ces similitudes trouvaient déjà leur accomplissement dans les œuvres et les discours par lesquels Jésus établissait alors le royaume de Dieu dans les âmes.

1. Gr. « *Et il allait au travers* du pays *par les villes et les bourgs, enseignant et faisant voyage vers Jérusalem.* » Il y a en grec une particule distributive qui indique que Jésus, en traversant la contrée, s'arrêtait dans chaque *ville* et chaque *bourg* ou village pour y *enseigner,* mais en poursuivant toujours, par divers détours, son voyage *vers Jérusalem,* où il se rendait pour la dernière fois. Luc répète de temps en temps ces indications, comme pour jalonner la route que suivait Jésus. (9 : 51, note, 57 ; 10 : 38 ; 17 : 11.)

2. Gr. *les sauvés sont-ils peu nombreux ?* Cette question est l'une des plus obscures que des esprits réfléchis puissent se poser ; elle se présente inévitablement à eux et les remplit d'angoisse ; mais elle ne doit pas devenir l'objet de spéculations oiseuses, Dieu seul en a le secret. Quelque parole du Seigneur sur les difficultés du salut, peut-être sur la rejection future du peuple juif, avait soulevé le redoutable problème.

3. Gr. « *Combattez* pour entrer par la porte étroite. » (Comp. Math. 7 : 14, note ; 1 Tim. 6 : 12.) Le Seigneur, par une image familière aux Ecritures, représente le salut comme une maison dans laquelle beaucoup de gens désirent entrer. L'accès en est rendu d'autant plus difficile, car la *porte* est *étroite.* C'est le symbole de l'humiliation, de la repentance, de la foi, du renoncement, qui sont les conditions d'entrée du royaume des cieux. N'est-ce pas aussi le chemin douloureux par lequel Jésus lui-même a voulu entrer dans son règne ? Jésus ne répond pas à la question qui lui a été adressée, mais faisant appel à la conscience, il ramène de la théorie à la pratique, de la spéculation au devoir présent, qui incombe personnellement à celui qui l'interroge. (Comp. 12 : 41 ; Jean 3 :3.) Et ce n'est pas seulement au questionneur, c'est à tous (« il *leur* dit ») qu'il adresse cette sérieuse exhortation. Vous vous occupez du salut des autres, vous demandez combien seront sauvés ; il y a une question plus pressante : Le serez-vous vous-mêmes ? combattez

25 ront à entrer et ne le pourront [1]. — Dès que le maître de la maison se sera levé et aura fermé la porte, et que vous, étant dehors, vous vous mettrez à heurter, en disant : Seigneur, ouvre-nous ; et, que ré-
26 pondant, il vous dira : Je ne sais d'où vous êtes [2], — alors vous vous mettrez à dire : Nous avons mangé et bu en ta présence, et tu
27 as enseigné dans nos places publiques [3]. — Et il dira : Je vous le déclare, je ne sais d'où vous êtes. Retirez-vous de moi, vous tous,
28 ouvriers d'injustice [4]. — Là seront les pleurs et les grincements de dents ; quand vous verrez Abraham et Isaac et Jacob et tous les prophètes dans le royaume de Dieu, et vous-mêmes jetés dehors [5].
29 — Et il en viendra d'orient et d'occident, du septentrion et du midi,
30 et ils se mettront à table dans le royaume de Dieu [6]. — Et voici, il y en a des derniers qui seront les premiers, et il y en a des premiers qui seront les derniers [7].

B. 31-35. L'HOSTILITÉ D'HÉRODE ET LES RÉSISTANCES DE JÉRUSALEM. — 1º *Les desseins d'Hérode*. Des pharisiens invitent Jésus à s'éloigner en lui annonçant qu'Hérode en veut à sa vie. Jésus fait dire à Hérode, en lui montrant qu'il a pénétré ses ruses, que son ministère approche de son terme, mais qu'il n'en continuera pas moins à agir

pour entrer ! (Comp. Math. 7 : 14, note.)
1. *Ils ne le pourront*, non à cause d'une volonté arbitraire de Dieu, mais parce qu'ils n'auront pas eu assez de décision et de persévérance pour entrer par la porte étroite, parce qu'ils auront reculé devant les humiliations et les douleurs de la repentance. Les paroles qui suivent décrivent d'une manière saisissante, tragique, cette scène finale de la réprobation.
2. Le *maître de la maison* est le Seigneur lui-même. Il attend, assis, que les siens soient entrés. Puis, à l'heure fixée pour l'ouverture de la fête, il *se lève*, et *ferme la porte*. Ceux qui sont restés dehors se mettent à heurter et à demander l'entrée, qui leur est refusée par ce motif : *Je ne sais d'où vous êtes*, c'est-à-dire vous n'êtes point de la maison, je ne vous connais point. (Comp. Math. 25 : 11 et 12.)
3. *Alors*, c'est la conclusion de la longue phrase qui précède ; *alors*, mais quand il sera trop tard, *vous direz*.... Les deux arguments auxquels en appellent ces malheureux sont littéralement vrais, mais n'expriment que des rapports tout extérieurs avec le Sauveur. Leur réclamation, comme le remarque M. Godet, caractérise la tendance des Juifs à faire reposer le salut sur certains avantages extérieurs. Jésus oppose à ces privilèges leur conduite morale. (Comp. 3 : 8.)

4. Il y a quelque chose de solennel dans la répétition de ces mots : *Je ne sais d'où vous êtes*. Mais les dernières paroles de ce verset montrent que le juste Juge savait très bien ce qu'ils étaient, des *ouvriers d'injustice*, c'est-à-dire des hommes qui ont fait et pratiqué l'injustice. (Ps. 6 : 9.) C'est la cause de leur rejection. Mais il ne faut pas oublier que l'essence même de l'injustice c'est la résistance à la volonté de Dieu. (Comp. Math. 25 : 41.)
5. Math. 8 : 12, note. Le mot *là* reporte la pensée sur le lieu où les réprouvés viennent d'être relégués. (v. 27.) — La *vue* d'un bonheur infini, perdu par sa faute, sera, pour le réprouvé, la source de poignants regrets, d'une douleur morale sans nom, qui s'exprimeront par des *pleurs* (ou gémissements) et des *grincements de dents*.
6. Math. 8 : 11, note. Jésus annonce la vocation des païens qui seront sauvés par l'Evangile.
7. Math. 19 : 30 ; 20 : 16, notes. Cette maxime, qui formule la loi mystérieuse du royaume de Dieu, fut répétée par Jésus à diverses reprises et dans diverses applications. Jésus ne dit pas que tous les premiers (les Juifs) seront les derniers, ni que tous les derniers (les païens) seront les premiers. Les différents temps du

ÉVANGILE SELON LUC

tranquillement, allant à Jérusalem, où il convient qu'un prophète meure. (31-33.)
— 2° *Plainte sur Jérusalem*. Dans une apostrophe douloureuse, Jésus rappelle à Jérusalem, meurtrière des prophètes, toutes les tentatives qu'il a faites pour l'attirer à lui. Elle sera désormais privée de sa présence, jusqu'au jour où elle le saluera du cri : Béni soit celui qui vient au nom du Seigneur ! (34, 35.)

En cette heure même [1], quelques pharisiens s'approchèrent en lui 31 disant : Sors et va-t'en d'ici, car Hérode veut te tuer [2]. — Et il leur 32 dit : Allez et dites à ce renard : Voici, je chasse les démons et j'achève de faire des guérisons aujourd'hui et demain, et le troisième jour je suis consommé [3]. — Seulement il faut que je marche aujour- 33 d'hui, demain et le jour suivant, parce qu'il ne convient point qu'un prophète périsse hors de Jérusalem [4]. — Jérusalem, Jérusalem, qui 34 tues les prophètes et qui lapides ceux qui te sont envoyés, combien

verbe qu'il emploie font ressortir le contraste entre le présent et l'avenir. Il dit littéralement : « Et voici, il en *est* des derniers qui *seront* les premiers, et il en *est* des premiers qui *seront* les derniers. »

1. Le texte reçu porte : « En ce même *jour;* » la variante adoptée se lit dans *Sin., A, B, D.* C'est à *l'heure même* où Jésus tenait le discours qui précède que des pharisiens vinrent à lui avec le message ici rapporté. — Luc seul a conservé ce trait (v. 31-33). Il ne dit pas où cet entretien eut lieu, mais il est évident que ce fut encore au sud de la Galilée, ou dans la Pérée, qui étaient sous la domination d'Hérode.

2. Quel motif les pharisiens avaient-ils pour donner à Jésus cet avertissement ? On ne peut guère supposer qu'ils le faisaient par intérêt pour lui ; ni que ce conseil ne fût de leur part qu'une ruse destinée à hâter son arrivée en Judée et à Jérusalem, où tant de dangers l'attendaient. La réponse de Jésus s'adressant directement à Hérode prouve qu'il considère les paroles des pharisiens comme un message de la part de ce prince. Et il n'y a pas lieu de douter de la réalité de ce message. Hérode, qui avait une crainte superstitieuse de Jésus (9 : 7-9), ne voulait pas réellement le faire mourir, d'autant moins que sa conscience lui reprochait encore le meurtre de Jean-Baptiste ; mais comme les miracles du Sauveur lui inspiraient de la crainte, il employait les pharisiens, dont il connaissait la haine contre Jésus, pour l'éloigner des contrées qu'il gouvernait. Précédemment déjà on avait vu les hérodiens s'unir aux pharisiens pour comploter contre le Seigneur. (Marc 3 : 6.)

3. Le *renard* est le type de la ruse dans toutes les langues. En désignant de la sorte Hérode, Jésus montrait à ses envoyés qu'il pénétrait fort bien ses desseins. Dans le message dont il les charge, il commence par rassurer Hérode : son ministère touche à son terme. *Chasser des démons* et *achever de guérir* quelques pauvres malades, telle est l'œuvre inoffensive qu'il va faire encore *aujourd'hui et demain ; et le troisième jour,* c'est-à-dire après un temps très court (Osée 6 : 2), *il sera consommé* ou *accompli*. Ce dernier verbe : *je suis consommé* ou *accompli*, présent qui exprime un futur imminent, est entendu par quelques interprètes comme se rapportant à la fin de son œuvre dans les États d'Hérode ; mais, ni le sens ordinaire du mot même, ni la déclaration qui termine le v. 33, ne permettent de l'entendre autrement que de la mort de Jésus. Jésus fait donc répondre solennellement à Hérode, non seulement que bientôt il ne sera plus pour lui un sujet de crainte, mais que, pour sa vie sur la terre, *tout sera accompli*. (Comp. Jean 19 : 30.)

4. *Seulement* (cela concédé il me reste ceci :) *il faut* (en vertu de la volonté supérieure de Dieu) que je *marche,* que je continue ma route, pendant le court temps qui me reste, m'avançant vers la capitale de la Judée ; car, malgré la menace d'Hérode de me tuer, ce n'est pas ici que je mourrai ; c'est *Jérusalem* qui a le triste privilège de *tuer les prophètes !* (v. 34.) Il y a une poignante ironie dans ce terme : *il ne convient point*, cela serait contraire aux usages et à l'esprit de la théocratie qui a son siège à Jérusalem.

de fois ai-je voulu rassembler tes enfants, comme une poule rassemble
35 sa couvée sous ses ailes, et vous ne l'avez pas voulu ! — Voici, votre
maison vous est laissée ; mais je vous dis que vous ne me verrez
plus, jusqu'à ce que vienne le jour où vous direz : Béni soit celui
qui vient au nom du Seigneur [1] !

C. 1-24. Repas chez un pharisien. Parabole du souper. — 1° *Guérison d'un hydropique.* Jésus accepte une invitation un jour de sabbat chez un pharisien. Il y est observé par les convives. Entré dans la maison, il aperçoit un hydropique. Il demande aux assistants s'il est permis de le guérir. Ils se taisent. Jésus guérit et congédie le malade ; puis il se justifie en alléguant la pratique de ses adversaires qui, malgré le sabbat, retirent du puits leur fils ou leur bœuf. (1-6.) — 2° *Une leçon d'humilité.* Remarquant que les invités recherchent les premières places, il combat ces dispositions orgueilleuses en leur montrant dans une parabole l'intérêt qu'ils ont à se mettre à la dernière place pour être honorés quand le maître de la maison les invitera à monter plus haut. (7-11.) — 3° *Une leçon de bienfaisance.* Jésus engage son hôte à ne pas inviter ses égaux, mais ceux qui ne peuvent le lui rendre ; il recevra la pareille à la résurrection des justes. (12-14.) — 4° *La parabole du souper. — a) Les premiers invités.* Un convive célèbre le bonheur de ceux qui auront part au banquet dans le royaume de Dieu. Jésus répond par un avertissement sous forme de parabole : Un homme donne un grand souper. Il fait dire par son serviteur aux nombreux invités que le repas est prêt. (15-17.) — *b) Leurs excuses* : le premier allègue son champ, le second ses bœufs ; le troisième répond qu'il vient de se marier. (18-20.) — *c) Les seconds invités.* Le serviteur fait rapport à son maître. Celui-ci, irrité, lui ordonne d'aller sur les places et dans les rues de la ville chercher les malheureux sans asile. Le serviteur répond qu'il l'a fait, et que la salle n'est pas encore pleine. Le maître l'envoie au dehors, dans les chemins, le long des haies, et lui dit de presser les gens d'entrer, car, déclare-t-il, aucun des premiers invités ne goûtera du souper. (21-24.)

Il ne faut pas prendre à la lettre cette expression d'une tristesse indignée ; car plus d'un prophète, et Jean-Baptiste, le dernier de tous, est *mort hors de Jérusalem.*
1. Voir, sur ces deux derniers versets, Math. 23 : 37-39, notes. Le texte reçu porte : « Voici, votre maison vous est laissée *déserte.* Mais *en vérité,* je vous dis. » Les deux mots soulignés ne sont pas authentiques. Le mot *déserte* est douteux même dans Matthieu, d'où il paraît avoir été introduit dans le texte de Luc. Jésus veut donc dire : « Quand je m'en serai allé, votre *maison* (votre ville, votre temple) *vous reste* encore pour un temps, sous la protection divine ; mais, dans votre abandon, je ne vous apparaîtrai plus comme Sauveur. » *Je vous dis que vous ne me verrez plus jusqu'à ce qu'arrive* (le jour) *où vous direz,* d'après *A, D* et le texte reçu ; ou, *jusqu'à ce que vous disiez,* d'après *Sin., B,* et quelques majusc. La première leçon est préférable. D'après la place que Luc assigne à ces paroles, quelques interprètes pensent que les derniers mots désignent le moment prochain où Jésus fera son entrée à Jérusalem, le jour des Rameaux, et où ses adhérents de la Galilée le salueront en s'écriant : *Béni soit celui qui vient au nom du Seigneur !* Mais quelle mesquine interprétation d'une pensée énoncée sous une forme si solennelle et précédée de la plainte douloureuse du v. 34 ! Non, il s'agit du sévère jugement de Dieu, d'après lequel le peuple d'Israël sera privé de la présence du Sauveur jusqu'au jour de son retour dans la gloire, jour où tous ceux qui auront cru en lui le recevront avec cette acclamation si connue et sacrée pour des Israélites. (Ps. 118 : 26.) — A moins d'admettre la supposition, très peu vraisemblable, de quelques interprètes (Stier), que Jésus a prononcé deux fois ces solennelles paroles, il faut choisir entre Matthieu et Luc. On ne peut nier qu'il y ait dans Luc une liaison très naturelle entre nos deux versets et les paroles de Jésus qui précèdent. Mais comme la

Et il arriva, comme il entrait, un jour du sabbat, dans la maison **XIV**
d'un des chefs des pharisiens pour y prendre un repas ¹, qu'ils étaient
là, l'observant ². — Et voici, un homme hydropique était devant lui ³. 2
— Et Jésus, prenant la parole ⁴, dit aux légistes et aux pharisiens : 3
Est-il permis de guérir au jour du sabbat ou non ⁵ ? Mais eux gardèrent le silence ⁶. — Et ayant pris le malade, il le guérit, et le ren- 4
voya ⁷. — Puis, répondant, il leur dit : Qui est celui d'entre vous 5
qui, lorsque son fils ou son bœuf tombera dans un puits, ne l'en retirera aussitôt, le jour du sabbat ⁸ ? — Et ils ne purent répliquer à 6
cela.

circonstance où les place Matthieu est plus solennelle et plus vraie ! Avec lui, nous sommes à Jérusalem même, la ville ingrate et rebelle, à laquelle Jésus adresse directement ce dernier cri de douleur, à la suite de son grand discours contre les chefs de la théocratie juive. Les mots : *combien de fois ai-je voulu...* rappellent à cette cité les diverses visites de Jésus, que nous connaissons par saint Jean et que supposent les synoptiques. C'est aux habitants de Jérusalem encore que Jésus dit, au moment de les quitter pour toujours : *votre maison vous est laissée*. Et enfin, ce n'est qu'à ce moment suprême qu'il pouvait ajouter : *vous ne me verrez plus*. Ces paroles seraient inexplicables dans la situation où Luc les fait prononcer, puisque Jérusalem allait bientôt revoir le Seigneur qui, durant une semaine entière, fera entendre dans ses murs quelques-uns de ses plus solennels appels.
1. Gr. *manger du pain*, hébraïsme qui signifie prendre un repas. Le pharisien qui l'avait invité avec beaucoup d'autres convives (v. 7) est désigné comme l'*un des chefs* de ce parti, à la fois politique et religieux (Math. 3 : 7, note), d'où l'on a conclu qu'il devait être membre du sanhédrin. Cela ne ressort pas nécessairement du terme de l'original ; il pouvait être simplement l'un des plus influents du parti. — Jésus, selon sa coutume (7 : 36 ; 11 : 37 et ailleurs), accepte cette invitation, même en un *jour de sabbat*. L'hostilité décidée que manifestaient alors les pharisiens contre Jésus donne à cette acceptation un caractère tout particulier de support et de charité.
2. *Ils étaient là, l'observant* ; c'est-à-dire que d'autres pharisiens, également invités (v. 7), épiaient le Sauveur, de même que le faisait le maître de la maison, pour le surprendre en quelque faute contre la loi du sabbat. Peut-être même avaient-ils déjà aperçu le malade qui se trouvait là et pensaient-ils que Jésus le guérirait.
3. Le mot *voici* indique le moment où Jésus découvre ce fait inattendu. Comment ce malheureux se trouve-t-il là *devant lui ?* On a supposé que les pharisiens l'avaient fait venir à dessein, afin de tendre un piège au Sauveur. Ce n'est pas impossible, mais il n'y a rien de pareil dans le texte, et il ne faut pas rendre même des pharisiens plus mauvais qu'ils ne sont. Comme cette scène se passe avant qu'on se fût mis à table (v. 7), on peut la placer dans quelqu'une de ces cours intérieures qui, en Orient, précèdent les appartements ; et l'on conçoit que le malade se fût timidement approché jusque-là, espérant être guéri, mais n'osant rien demander, parce que c'était le sabbat et à cause des pharisiens.
4. Gr. Et Jésus, *répondant*, dit. Il *répond* réellement aux pensées non exprimées qu'il lit dans les regards (*ils l'observaient*, v. 1) et dans les cœurs de ceux qui l'entourent.
5. Ce *ou non* (*est-il permis ou non ?*), omis par le texte reçu, exige une réponse catégorique. La question s'adresse non seulement aux pharisiens, mais avant tout aux *légistes*, ou docteurs de la loi, dont la compétence était reconnue pour interpréter les dispositions de la loi.
6. Ils se taisent, soit parce qu'ils ont honte de trancher la question négativement, soit parce que, dans leur hostilité à l'égard de Jésus, ils ne veulent pas lui donner de réponse.
7. Gr. *L'ayant pris* à lui, par la main, ou en posant la main sur lui, afin de lui témoigner sa compassion et d'entrer directement en rapport avec lui, il opéra sa guérison. Quelquefois Jésus se contente d'un léger attouchement (Math. 8 : 3), quand il ne guérit pas par sa seule parole, ce qu'il fait le plus fréquemment.
8. Comp. Math. 12 : 11, et Luc 13:

7 Or, il disait aux invités une parabole, remarquant comment ils
8 choisissaient les premières places à table ; il leur disait : — Quand
tu es invité par quelqu'un à des noces, ne te mets pas à table à
la première place, de peur qu'un plus honorable que toi ne soit invité
9 par lui, — et que celui qui vous a invités, toi et lui, ne vienne et ne
te dise : Cède la place à celui-ci ; et que tu n'aies alors la honte
10 d'aller occuper la dernière place. — Mais quand tu seras invité, va
te mettre à la dernière place, afin que, quand viendra celui qui t'a
invité, il te dise : Ami, monte plus haut. Alors cela te fera honneur
11 devant tous ceux qui seront à table avec toi. — Car quiconque s'élève
sera abaissé, et quiconque s'abaisse sera élevé [1].

12 Et il disait aussi à celui qui l'avait invité [2] : Quand tu donnes un
dîner ou un souper, n'invite pas tes amis, ni tes frères, ni tes parents, ni de riches voisins, de peur qu'ils ne t'invitent à leur tour,
13 et qu'on ne te rende la pareille. — Mais quand tu donnes un festin,
14 invite des pauvres, des estropiés, des aveugles, des boiteux ; — et
heureux seras-tu de ce qu'ils n'ont pas de quoi te rendre la pareille ;
car la pareille te sera rendue à la résurrection des justes [3].

15, note. — *Répondant, il leur dit....* Comme au v. 3, Jésus répond au blâme que trahit leur attitude. Le mot *répondant* est omis par B, D, vers. syr. Le texte reçu, avec *Sin.* et quelques *majusc.* porte : « celui d'entre vous dont l'*âne* ou le bœuf ; » correction, faite dans le but de conformer cet exemple à celui qui est cité 13 : 15. Selon le vrai texte : *le fils*, la question posée par Jésus est beaucoup plus incisive. Aussi *ne purent-ils rien répondre à cela.* (v. 6 ; comp. v. 4, note.)

1. Pour comprendre cette instruction dans sa profondeur, il faut remarquer qu'elle revêt la forme d'une *parabole.* (v. 7.) En effet, Jésus n'a point l'intention de donner à ses convives une leçon de politesse ou de modestie. Tous les hommes recherchent la *première place*, parce qu'ils sont orgueilleux devant Dieu ; et jamais ils ne deviennent humbles les uns à l'égard des autres, au point que « l'un estime l'autre plus excellent que soi-même » (Philip. 2 : 3), avant de s'être humiliés devant Dieu dans le sentiment d'une profonde repentance. C'est là le commentaire que Jésus nous donne de sa parabole dans les paroles qui la terminent : *s'élever* devant les hommes a pour conséquence certaine d'être *abaissé* devant Dieu, et l'inverse. (Comp. Math. 23 : 12 ; Luc 18 : 14 ; 1 Pier. 5 : 5.)

2. *Il disait aussi.* Comme au v. 7, et souvent dans Marc et dans Luc, cette locution introduit une pensée nouvelle et importante, que Jésus ajoute à ses discours. — L'instruction qui va suivre, de même que celle qui précède, est empruntée aux circonstances du repas auquel il assistait. Il n'y avait là que des invités appartenant au rang et à la position sociale de l'hôte qui les recevait dans sa maison. Et, comme il arrive presque toujours dans les festins, les pauvres, les malheureux étaient oubliés.

3. Nous ne répéterons pas, après tant d'autres, qu'il ne faut pas prendre ces paroles à la lettre ; le cœur égoïste de l'homme le dira lui-même à chaque lecteur. Mais pourquoi les spiritualiser jusqu'au point qu'elles ne signifient plus rien ? Certainement Jésus ne nous défend pas d'inviter *nos proches, nos amis*, puisque lui-même assistait à des repas de cette nature. Mais l'ordre positif qu'il donne, pratiqué avec simplicité et avec une sympathie chrétienne pour les malheureux qu'il désigne, serait un exercice de la charité tout autre que les plus riches aumônes qui ne nous mettent point dans un rapport cordial avec ceux qui souffrent. Et, en outre, le Sauveur fait intervenir un motif moral de la plus haute importance : le désintéressement, qui n'attend pas qu'on lui *rende la pareille.* Tout est fait pour Dieu, par amour pour

ÉVANGILE SELON LUC

Or l'un de ceux qui étaient à table, ayant entendu ces paroles, lui 15 dit : Heureux celui qui sera du banquet dans le royaume de Dieu [1] ! — Mais il lui dit : Un homme faisait un grand souper, et il invita 16 beaucoup de gens [2] ; — et il envoya son serviteur, à l'heure du 17 souper, dire aux invités : Venez, car c'est déjà prêt [3]. — Mais ils se 18 mirent tous unanimement à s'excuser [4]. Le premier lui dit : J'ai acheté un champ, et il me faut nécessairement sortir pour le voir ; je te prie, tiens-moi pour excusé. — Et un autre dit : J'ai acheté 19 cinq couples de bœufs, et je m'en vais les éprouver ; je te prie, tiens-moi pour excusé. — Et un autre dit : J'ai épousé une femme, et 20 c'est pourquoi je ne puis venir [5]. — Et le serviteur, étant de retour, 21 rapporta ces choses à son maître [6]. Alors le maître de la maison, en

ses enfants malheureux et en vue de la rétribution éternelle *à la résurrection des justes*. — De ce dernier terme on a voulu conclure que Jésus enseigne deux résurrections, celle *des justes,* d'abord, puis celle des injustes. Il n'y a rien de pareil dans le texte ; mais le Sauveur, comme Paul dans une multitude de passages (1 Cor. 15 : 42-44 et v. 53-57 ; Philip. 3 : 21 ; 1 Thes. 4 : 13-18, etc.), voulant mettre sous les yeux des fidèles leurs espérances éternelles, ne parle que de la résurrection bienheureuse.

1. Gr. *mangera du pain*, hébraïsme qui signifie participer à un repas. (v. 1.) La résurrection des justes, dont Jésus avait parlé (v. 14), éveille chez l'un des convives l'espérance du bonheur céleste, de ce *banquet dans le royaume de Dieu* qui en était le symbole. (Math. 8 : 11 ; Luc 13 : 29.) Jésus répond à cette exclamation, inspirée peut-être par une assurance présomptueuse, en donnant à ses auditeurs un sérieux avertissement. La parabole qu'il prononce leur dépeint comment plusieurs des invités au banquet céleste n'y auront aucune part, et cela par leur faute.

2. Voir, sur une parabole très semblable, mais non identique à celle-ci, Math. 22 : 1-14, notes. Il est probable que Jésus décrivit plus d'une fois l'ingratitude et la révolte de son peuple par cette similitude, en en modifiant certains traits. — L'*homme* qui *faisait un grand souper*, c'est Dieu, dont la miséricorde infinie offre à l'homme, perdu dans sa misère, l'immense privilège de rentrer en communion avec lui, et de trouver auprès de lui tous les biens qui peuvent rassasier sa faim et remplir son cœur de la joie d'un banquet céleste. L'*invitation* à ce grand souper avait retenti fréquemment et longtemps en Israël par le ministère des prophètes.

3. *Son serviteur*, c'est le Sauveur lui-même, envoyé dans l'accomplissement des temps pour réitérer d'une manière plus pressante et plus solennelle l'invitation. Seul il pouvait dire : *C'est déjà prêt*, car lui-même avait tout préparé, tout accompli pour le salut de l'humanité perdue. Les termes dont il se sert expriment la parfaite gratuité de ce salut. Le texte reçu porte « *tout* est déjà prêt. » Ce mot omis par *Sin., B*, est probablement emprunté à Matthieu.

4. Gr. *Et ils commencèrent tous d'une seule* voix ou *d'une seule* opinion. Ces termes font ressortir ce qu'il y avait dans une telle conduite de surprenant, d'ingrat, d'injurieux pour celui qui invitait. C'est l'inimitié du cœur de l'homme contre Dieu prise sur le fait.

5. Les excuses diffèrent, mais l'esprit est le même. (v. 18, note.) Il y a cependant une gradation : le premier se croit sous la *nécessité* absolue de refuser ; le second dit simplement qu'il *part* pour éprouver ses bœufs ; le troisième ne cherche pas même une excuse, il se sent dispensé par l'importance de ce qui le retient (son mariage), et il se contente de répondre : *Je ne puis*. Tous ces motifs allégués sont honnêtes, légitimes, plausibles aux yeux des hommes : ce sont les possessions, les affaires, les affections de famille. Mais comme il n'y a aucune incompatibilité entre ces choses-là et la communion avec Dieu, elles ne sont, au fond, que de vains prétextes. Le vrai obstacle est ailleurs, dans le cœur de l'homme.

6. Le serviteur, *de retour* de sa mis-

colère, dit à son serviteur : Sors promptement dans les places et les rues de la ville, et fais entrer ici les pauvres et les estropiés et les
22 aveugles et les boiteux¹. — Et le serviteur dit : Seigneur, ce que tu
23 as commandé a été fait, et il y a encore de la place². — Et le maître dit au serviteur : Sors dans les chemins et le long des haies,
24 et presse d'entrer, afin que ma maison soit remplie³. — Car je vous dis qu'aucun de ces hommes qui ont été invités ne goûtera de mon souper⁴.

D. 25-35. CONDITIONS NÉCESSAIRES POUR SUIVRE JÉSUS. — 1º *L'avertissement aux foules.* De grandes foules font cortège à Jésus. Il les prévient que pour être son disciple, il faut être capable de haïr les siens, et porter sa croix en le suivant. (25-27.) — 2º *Deux paraboles destinées à enseigner la prévoyance.* — a) *L'homme qui bâtit une tour.* Jésus invite ceux qui se proposent de le suivre à faire comme le constructeur

sion, rend compte au maître des refus qu'il a essuyés. Stier voit dans ce trait un écho des douloureuses plaintes que l'ingratitude et l'endurcissement de son peuple arrachaient au Sauveur et qu'il exhalait dans ses prières à son Père.

1. La *colère* du maître de la maison n'est que trop justifiée par la secrète inimitié de ceux qui ont méprisé son invitation. Plus l'amour de Dieu est grand, plus sa colère sera terrible. — La seconde invitation s'adresse à tous les malheureux ici désignés, qui n'ont d'autre retraite que les *places* et les *rues* de la ville. On peut entendre ces mots à la lettre, car « l'Evangile est annoncé aux pauvres ; » (7 : 22) mais en supposant que leur misère extérieure les a amenés à sentir leur pauvreté morale. Ce sentiment seul les rend capables de répondre à l'invitation et d'entrer dans la salle du festin. A ce point de vue, on peut admettre que, sous les traits de ces malheureux, Jésus a voulu représenter aussi les péagers et les pécheurs qui venaient à lui pressés par le repentir. (15 : 1.)

2. « On se représente ordinairement que le serviteur, ayant reçu l'ordre de son maître (v. 21), était reparti pour faire la seconde invitation, et que c'est après qu'il prononce ces paroles. Mais de quel droit suppose-t-on ce fait non exprimé dans un récit aussi circonstancié ? Non, le serviteur, repoussé par les premiers invités, a fait de lui-même ce que le maître lui commande ici, en sorte qu'il peut répondre aussitôt (gr., vrai texte) : *c'est fait, ce que tu as ordonné.* Ce sens s'applique admirablement à Jésus ; il a pleinement accompli ce conseil de Dieu qui lui était connu, d'annoncer l'Evangile aux pauvres. » *Meyer.* — Mais quelle révélation de la miséricorde infinie de Dieu, dans ces dernières paroles ajoutées par le serviteur : *et il y a encore de la place !* S'il en est un plus pauvre, plus misérable encore que ces derniers invités, il peut reprendre courage et se dire : Il y a aussi de la place pour moi.

3. Le maître entre avec joie dans la pensée que le serviteur lui suggère par sa remarque : « Il y a encore de la place. » Aussi le charge-t-il d'une troisième invitation ; ce n'est plus dans les places et les rues de la ville (Jérusalem et le peuple juif) qu'il doit la porter, mais au dehors, *dans les chemins et le long des haies,* à tous ces êtres errants et sans refuge qui vivent sans Dieu et sans espérance au monde. Ici est clairement prédite et ordonnée la grande vocation des païens, qui sera commencée par les apôtres et ne cessera plus jusqu'au dernier jour, où la *maison du Maître sera remplie !* — Quel ardent amour de Dieu, pour les pécheurs qu'il veut sauver, s'exprime dans ce mot : *et presse d'entrer* (gr. *contrains*, fais-en une *nécessité* absolue). Il s'agit d'une contrainte toute morale, qui ne diminue en rien la liberté, puisque rien n'est plus libre que la foi, l'obéissance, l'amour. Cette contrainte s'exerce sur les consciences par la sainteté de la loi, sur les cœurs par la puissance de l'amour divin, sur la volonté par l'action de l'Esprit de Dieu. « Dieu ne force personne, mais il fait qu'on veut. » *Gaussen.* — Qui aurait pu croire que jamais on chercherait dans ces paroles une légitimation de l'horrible contrainte par le fer et le feu !

4. Ces dernières paroles, conclusion de la parabole (*car*), font encore partie de

d'une tour, qui calcule la dépense, de peur de s'attirer les moqueries, s'il ne peut venir à bout de son entreprise. (28-30.) — *b) Le roi qui fait la guerre.* Qu'ils soient prudents, comme un roi qui n'entreprend la guerre que s'il se sent de force à vaincre. (31-32.) — 3° *Conclusion, appuyée d'une comparaison qui montre l'importance du rôle des disciples.* Celui qui ne renonce pas à tout ne peut être un disciple de Jésus. Les disciples ont un beau rôle, celui du sel, mais s'ils ne le remplissent pas, leur condition est d'autant plus misérable. Que celui qui a des oreilles pour entendre, entende ! (33-35.)

Or, de grandes foules faisaient route avec lui ; et se retournant, il 25 leur dit [1] : — Si quelqu'un vient à moi, et ne hait pas son père et 26 sa mère et sa femme et ses enfants et ses frères et ses sœurs et même, de plus, sa propre vie, il ne peut être mon disciple [2]. — Et quicon- 27 que ne porte pas sa propre croix, et ne me suit pas, ne peut être mon disciple [3]. — Car lequel d'entre vous, voulant bâtir une tour, 28 ne s'assied premièrement et ne calcule la dépense, pour voir s'il a de quoi achever, — de peur qu'après avoir posé le fondement, il 29

celle-ci, et sont mises dans la bouche du maître de la maison ; elles ne sont pas une déclaration de Jésus aux convives, comme on l'a prétendu, puisque lui-même apparaît dans cette histoire comme serviteur. Elles expriment toute la sévérité de Dieu, à la fin de cette parabole destinée à révéler tout son amour.

1. Jésus, après avoir quitté la maison du pharisien (v.1), avait repris la route de Jérusalem. Parmi ces *grandes foules* qui *faisaient route avec lui* se trouvaient sans doute des pèlerins qui allaient aussi à Jérusalem pour la fête de Pâques. Il y avait encore chez la plupart un entraînement enthousiaste et charnel ; Jésus, pour dissiper tout malentendu, et pour les mettre en garde contre une profession précipitée, leur adresse un avertissement sérieux, sévère même.

2. Comp. Math. 10 : 37, note ; 19 : 29. Ces paroles, au premier abord, paraissent être en contradiction avec les préceptes et l'esprit de l'Evangile. Celui-ci nous enseigne l'amour de tous les hommes, de nos ennemis mêmes, à plus forte raison de nos proches. Comment faut-il donc les comprendre ? On a cherché à donner à ce mot *haïr* le sens de : *aimer moins* (comp. Gen. 29 : 30, 31), ce qui reviendrait à la signification des paroles de Jésus rapportées par Matthieu (10 : 37) : « Celui qui aime père ou mère *plus que moi* n'est pas digne de moi ; » et l'on peut admettre que telle est dans notre passage aussi la pensée du Sauveur. Cependant, il ne faut pas affaiblir l'expression plus énergique, et évidemment choisie à dessein, qu'il emploie ici. Elle exprime aussi une vérité. (Comp. Math. 6 : 24.) Jésus suppose que ces affections de la famille, entrant en conflit avec l'amour que nous lui devons, sont devenues un obstacle à notre communion avec lui et nous empêchent de devenir *ses disciples.* Nous devons haïr ce mal, cet éloignement de Dieu sous peine de renoncer à l'amour du Sauveur. (Comp. 12 : 53.) C'est exactement par le même principe que le disciple de Jésus doit haïr *sa propre vie* (gr. sa propre *âme*), sa personnalité, son *moi*, dès que l'amour de lui-même s'oppose à l'amour de Dieu. Enfin, il est évident, d'après ces paroles, que le chrétien doit être prêt à sacrifier sa vie terrestre tout entière pour la cause de son Maître. Mais qui est-il donc, ce Maître, qui se pose ainsi comme l'objet de l'amour suprême de ses disciples ?

3. Math. 10 : 38, note ; 16 : 24 ; Marc 8 : 34 ; Luc 9 : 23. Ainsi le renoncement absolu que Jésus vient de prescrire ne suffit pas pour faire d'un homme son disciple ; il n'y a pas seulement des affections et des biens à sacrifier, il y a des souffrances à endurer dans cet esprit d'obéissance et d'amour dont Jésus lui-même était animé, et dont il devait donner l'exemple jusqu'à son dernier soupir. Ces souffrances ont pour emblème l'instrument qui servira au supplice du Maître. Comme le Maître, chaque disciple a *sa propre croix*, qu'il doit porter *en le suivant.* Or, la croix est toujours et pour tous un instrument d'ignominie, de souffrance et de mort.

ne puisse achever, et que tous ceux qui le voient ne se mettent à se moquer de lui, — disant : Cet homme a commencé à bâtir, et n'a pu achever [1] ! — Ou quel roi, partant pour faire la guerre à un autre roi, ne s'assiéra premièrement, et ne consultera s'il peut, avec dix mille hommes, aller à la rencontre de celui qui vient contre lui avec vingt mille ? — Autrement, pendant que celui-ci est encore loin, il lui envoie une ambassade, pour lui demander la paix [2]. — Ainsi donc, quiconque d'entre vous ne renonce pas à tout ce qu'il a, ne peut être mon disciple [3]. — C'est une bonne chose que le sel ; mais si le sel même perd sa saveur, avec quoi la lui rendra-t-on ? — Il n'est propre ni pour la terre, ni pour le fumier ; on le jette dehors [4]. Que celui qui a des oreilles pour entendre, entende [5] !

---

1. Le but de cette parabole, comme de la suivante, est de motiver (*car*) l'exhortation, impliquée dans la règle précédente, à s'examiner soi-même pour voir si l'on est capable de remplir ces sévères conditions. Etre disciple de Jésus (v. 26, 27), le suivre, l'imiter en toutes choses, jusqu'à la croix, jusqu'à la mort, est une tâche difficile, bien plus au-dessus des forces de l'homme naturel que *bâtir une tour* ou *une forteresse* n'est au-dessus de la fortune d'un pauvre ; ce n'est donc pas avec l'enthousiasme éphémère d'une première émotion religieuse qu'on doit s'engager dans cette difficile carrière. Il faut *s'asseoir*, se recueillir, *calculer la dépense*, avant de faire hautement profession d'être disciple de Jésus. Sans cette précaution, on court le risque de provoquer les *moqueries* du monde et de devenir une cause d'opprobre pour l'Evangile.

2. La seconde parabole a le même sens que la première, avec cette nuance que la vie chrétienne n'est plus comparée à une *tour* dont la construction exige une grosse *dépense*, mais à une *guerre* périlleuse contre un ennemi dont les forces sont bien supérieures à celles que nous pouvons lui opposer par nous-mêmes. Mieux vaudrait rester en paix avec cet ennemi, que de s'exposer à de honteuses défaites. « Plutôt rester un honnête homme religieusement obscur, que de devenir ce qu'il y a de plus triste au monde, un chrétien inconséquent. » *Godet*.

3. Gr. *ne renonce pas à tous ses biens propres*, les objets spéciaux de ce renoncement ont été indiqués au v. 26. Telle est la conclusion de tout ce discours. Il y a quelque chose de saisissant dans ce mot répété pour la troisième fois : *ne peut être mon disciple*.

4. Comp., sur cette image, Math. 5 : 13, note, et Marc 9 : 50, note. Jésus fait diverses applications de cette image si vraie du *sel*, dont l'action pénétrante empêche la corruption et communique aux aliments une vivifiante saveur. Ici, le sel indique le rôle que le disciple joue dans le monde. On peut donc, avec Meyer, paraphraser ainsi ce verset : « C'est une belle chose d'être mon disciple et, comme tel, de servir à conserver la vie spirituelle parmi les hommes, de même que le sel conserve la pureté et la saveur dans les choses matérielles. Mais si même mon disciple, sous l'influence d'intérêts terrestres, perd cette puissance vivifiante, avec quoi lui sera-t-elle rendue ? Il n'est plus bon à rien, et il sera *jeté dehors*, hors du royaume de Dieu. » Il y a un profond mépris dans ces termes : *ni pour la terre, ni pour le fumier !* On peut traduire aussi : *ni comme sol ni comme fumier*. Le sel ne peut devenir un terrain que l'on ensemence (Ps. 107 : 34), et il ne peut servir d'engrais.

5. Cette parole, qui revient si souvent dans les discours de Jésus, doit attirer l'attention sur la dernière comparaison, aussi bien que sur les enseignements qui précèdent.

2. *Les paraboles de la grâce.*

A. 1-10 LA BREBIS ÉGARÉE ET LA DRACHME PERDUE. — 1° *Introduction historique.* Jésus est entouré de péagers et de pécheurs avides de l'entendre. Leur affluence provoque les murmures des pharisiens, qui reprochent à Jésus de les accueillir et de manger avec eux. (1, 2.) — 2° *La brebis égarée.* — *a) La perte de la brebis.* Jésus demande à ses adversaires lequel d'entre eux, ayant cent brebis et en perdant une, ne laissera les quatre-vingt-dix-neuf au pâturage et ne cherchera celle qui est perdue, jusqu'à ce qu'il l'ait trouvée. (3-4.) — *b) La rencontre et le retour.* Quand il l'a trouvée, il la met sur ses épaules avec joie, et convoque ses amis et ses voisins pour partager sa joie. Ainsi il y a de la joie dans le ciel pour un pécheur repentant plus que pour quatre-vingt-dix-neuf justes. (5-7.) — 3° *La drachme perdue et retrouvée.* Quelle femme, ayant dix drachmes et en perdant une, ne prend des soins minutieux pour la retrouver? Et quand elle l'a trouvée, elle associe à sa joie ses amies et ses voisines. De même, il y a de la joie parmi les anges pour un pécheur qui se repent. (8-10.)

Or, tous les péagers et les pécheurs s'approchaient de lui pour l'entendre[1]. — Et les pharisiens et les scribes murmuraient, disant : Celui-ci reçoit les pécheurs et mange avec eux[2] ! — Mais il leur dit cette parabole[3] : — Quel homme d'entre vous, ayant cent brebis, et en ayant perdu une seule, ne laisse les quatre-vingt-dix-neuf au désert, et ne va après celle qui est perdue, jusqu'à ce qu'il l'ait trouvée[4] ? — Et l'ayant trouvée, il la met sur ses épaules tout joyeux ;

---

1. *Les péagers,* haïs à cause de leur profession, et méprisés à cause des injustices qu'ils commettaient souvent en l'exerçant (Math. 5 : 46, note), *les pécheurs,* hommes connus comme vicieux et plus ou moins perdus de réputation, *s'approchaient* de Jésus, afin de mieux *entendre* les paroles de miséricorde et de pardon qui sortaient de sa bouche. Peut-être tel de ses enseignements avait-il réveillé leur conscience. Ils sentaient douloureusement le poids et l'amertume du péché, et repoussés de tous, ils étaient attirés vers cet Envoyé de Dieu, qui toujours avait témoigné à leurs pareils sa tendre compassion.
— Les v. 1 et 2 décrivent une situation qui se reproduisait chaque fois que Jésus s'arrêtait quelque part pour annoncer l'Evangile. Ainsi s'explique le mot *tous* les péagers, qui désigne tous ceux qui se trouvaient là en ce moment.
2. Voir, sur les *pharisiens,* Math. 3 : 7, note, et, sur les scribes, Math. 23 : 2, note. Le verbe grec que nous traduisons par *murmuraient* est composé d'une particule qui indique qu'ils proféraient ces murmures entre eux. La cause de leur mécontentement, qui se donnait les airs de l'indignation, est ici exprimée : Jésus non seulement *recevait,* accueillait avec bonté les péagers et les pécheurs, mais il condescendait à *manger avec eux,* ce qui était, en Orient, une marque de familiarité et de confiance. Les orgueilleux pharisiens ne pouvaient ni comprendre ni pardonner cette conduite du Sauveur. Ils affectaient d'y voir un mépris de la moralité et de la justice, dont ils se croyaient seuls en possession. Leurs murmures étaient donc à la fois un blâme infligé à Jésus et l'expression de leur dédain pour les péagers et les pécheurs.
3. Jésus répond par trois admirables paraboles : *une brebis perdue, une drachme perdue, un fils perdu,* indiquant dès l'abord que c'est précisément ce qui est perdu qu'il cherche avec compassion et amour. Puis, la joie qu'il éprouve de le retrouver et de le sauver devait couvrir de confusion les pharisiens, qui étaient animés de sentiments si différents.
4. Jésus en appelle aux propres sentiments de ses auditeurs : *Quel est l'homme d'entre vous?* Puis il recourt à cette image

6 — et étant arrivé dans la maison, il appelle ses amis et ses voisins, en leur disant : Réjouissez-vous avec moi, parce que j'ai trouvé ma
7 brebis qui était perdue[1] ! — Je vous dis qu'il y aura ainsi de la joie dans le ciel pour un seul pécheur qui se repent, plus que pour quatre-vingt-dix-neuf justes, qui n'ont pas besoin de repentance[2].
8 Ou, quelle femme ayant dix drachmes, si elle a perdu une seule drachme, n'allume une lampe, ne balaie la maison et ne cherche
9 avec soin jusqu'à ce qu'elle l'ait trouvée? — Et l'ayant trouvée, elle appelle ses amies et ses voisines, en disant : Réjouissez-vous avec
10 moi, parce que j'ai trouvé la drachme que j'avais perdue[3] ! — Ainsi,

du bon berger (Jean 10), sous laquelle de tout temps l'Eglise s'est représenté son Sauveur et son Chef. La brebis est incapable, dès qu'elle est égarée, de revenir au bercail ou de se défendre en présence du moindre danger, ou de supporter aucune fatigue. Pour qu'elle ne soit pas irrévocablement perdue, il faut que le berger la cherche, la porte, lui prodigue tous ses soins. Parfaite image de l'homme pécheur, éloigné de Dieu. Jésus décrit sa compassion et son amour sous les traits de ce berger qui *cherche* sa brebis sans relâche *jusqu'à ce qu'il l'ait trouvée*. Ce fut là l'œuvre de toute sa vie ; et cette œuvre, il la poursuit encore par ses serviteurs, par son Esprit, par tous les moyens de sa grâce. — *Une seule* brebis sur quatre-vingt-dix-neuf est peu de chose : « il résulte de là, dit M. Godet, que c'est moins l'intérêt que la pitié qui pousse le berger à agir comme il le fait. » Les *quatre-vingt-dix-neuf* qu'il *laisse au désert*, c'est-à-dire dans les lieux non cultivés, les steppes, où l'on faisait paître les brebis, représentent les Israélites restés extérieurement fidèles à l'alliance divine et qui éprouvaient beaucoup moins que les péagers et les pécheurs le besoin d'un Sauveur. (v. 7.)

1. Impossible d'exprimer d'une manière plus touchante les soins du berger pour sa brebis et sa *joie* de l'avoir retrouvée. (Comp. Ezéch. 34 : 12-16.) — Dans le verset suivant, Jésus nous dit ce qu'il faut entendre par les *amis* et les *voisins*.

2. Qui est-ce qui éprouve cette joie *dans le ciel ?* Dieu, le Sauveur, les anges de Dieu (v. 10), qui prennent part au salut d'une âme perdue. Quel amour se révèle dans ce trait de la parabole ! — Mais existe-t-il sur la terre des *justes qui n'ont pas besoin de repentance* ? (Voir, sur ce dernier mot, Math. 3 : 2, note.) Jésus l'enseignerait-il ici? Nullement. Il parle au point de vue de cette légalité dont se prévalaient ses auditeurs pharisiens. Il emploie les termes de *pécheurs, justes, repentance*, dans le sens extérieur où ils les entendaient, eux qui s'imaginaient qu'il suffisait de faire partie du peuple de l'alliance et d'observer les ordonnances lévitiques pour être assuré du salut. Jésus veut leur faire comprendre que Dieu préfère les sentiments d'humiliation et d'amour, qu'éprouve le pécheur repentant, à la propre justice de ceux qui ne se sont jamais écartés du droit chemin. Cette pensée ressort plus clairement de la parabole de l'enfant prodigue et de l'attitude prise par le fils aîné. (v. 25.) Jésus ne dit pas cependant que la justice des Israélites fidèles à la loi n'est rien aux yeux de Dieu et n'éveille dans le ciel ni joie ni amour. Mais comment n'y aurait-il pas eu *plus de joie* pour ces pauvres péagers qui venaient se jeter dans les bras du Sauveur et recevoir dans leur cœur, déjà renouvelé par la repentance, les paroles de miséricorde et de pardon qu'il leur adressait ? Dès ce moment, ils lui appartenaient tout entiers et lui faisaient le sacrifice de leur vie, par une reconnaissance et un amour qui sont l'âme de toute vraie piété. — Matthieu (18 : 12-14, voir les notes) nous a aussi conservé cette parabole, mais en lui donnant une place et une signification différentes de celles qu'elle a chez Luc. Elle sert à peindre l'amour et les soins du Sauveur pour « un de ces petits » qu'il défend de mépriser et qu'il représente ensuite sous l'image de cette brebis perdue, qu'il va chercher et sauver. Cette application de la parabole ne manque pas de vérité ; mais il faut reconnaître que c'est dans Luc qu'elle a sa vraie place et son sens le plus profond. Au reste il est probable que cette image revint plus d'une fois dans les enseignements du Sauveur.

3. *La drachme* était une monnaie grec-

je vous le dis, il y a de la joie devant les anges de Dieu, pour un seul pécheur qui se repent[1].

B. 11-32. Parabole de l'enfant prodigue. — 1° *Le fils cadet.* — *a) Le départ.* Un homme avait deux fils. Le plus jeune demande sa part d'héritage et s'en va dans un pays éloigné, où il dépense, en vivant dans la débauche, tout ce qu'il a. (11-13.) — *b) La détresse.* Une famine survient ; il manque de tout. Il s'attache à un étranger, qui l'emploie à garder les pourceaux, et ne lui donne pas même des gousses, dont ceux-ci se nourrissaient. (14-16.) — *c) Regrets et résolution.* Il rentre en lui-même, compare sa position à celle des mercenaires de son père, et se décide à aller vers son père, et à lui confesser sa culpabilité et son indignité. (17-19.) — *d) Le retour.* Il se lève, et retourne vers son père. Celui-ci le voit venir de loin, court à sa rencontre, se jette à son cou et le baise. Le fils confesse son péché. (20, 21.) — *e) La réhabilitation.* Le père ordonne à ses serviteurs d'apporter ce qu'il faut pour revêtir son fils, et de préparer un festin en l'honneur de ce fils qu'il a recouvré. Ils commencent à se réjouir. (22-24.) — 2° *Le fils aîné.* — *a) Son entretien avec le serviteur.* Revenant des champs, il entend le bruit de la fête et demande des explications à un serviteur. Celui-ci lui annonce le retour de son frère et le festin ordonné par son père. Il se met en colère et refuse d'entrer. (25-28[a].) — *b) Son entretien avec le père.* Le père sort et le prie d'entrer. Il rappelle les longs services qu'il a rendus à son père, et se plaint de n'avoir jamais reçu de lui la plus petite récompense, tandis qu'au retour de son frère débauché, le père tue le veau gras. Le père lui répond que sa récompense était de demeurer avec lui et de disposer à son gré de tous les biens paternels ; qu'il fallait bien faire une fête et se livrer à la joie, puisque son frère qui était mort est revenu à la vie. (28[b]-32.)

Et il dit [2] : Un homme avait deux fils [3] ; — et le plus jeune dit à 11, 12

que, valant, comme le denier romain, un peu moins d'un franc, prix de la journée d'un ouvrier. (Math. 20 : 2.) La répétition du mot (*dix drachmes*, *une seule drachme*), omise par nos versions, et plus encore la description des soins minutieux que prend cette pauvre femme pour retrouver sa drachme perdue, sont destinées à montrer combien elle lui était précieuse. Péniblement gagnée, cette pièce d'argent était nécessaire à sa subsistance. Ainsi, cette parabole, très semblable à la précédente, nous révèle l'amour de Dieu sous un aspect différent. Là, c'est sa compassion pour un être malheureux et en danger de périr ; ici, c'est le prix que conserve à ses yeux, tout perdu qu'il est, un homme créé à son image, destiné à lui appartenir pour toujours. Dieu fera tout plutôt que de consentir à le perdre. C'est bien l'un des caractères de l'amour, qui est peint sous l'image de la *joie* de cette femme.

1. Ces termes : *devant les anges de Dieu*, correspondent à *dans le ciel* (v. 7) et expriment plus clairement qui éprouve cette joie. Ils peuvent indiquer, soit la joie que les anges eux-mêmes éprouvent du salut d'une âme, soit la joie de Dieu, qui se manifeste *devant eux*, en leur présence. Le premier sens est probablement dans la pensée de Jésus.

2. Les deux paraboles qui précèdent suffisaient, semble-t-il, pour confondre les murmures des pharisiens (v. 2), d'autant plus que Jésus en avait lui-même clairement indiqué la signification. (v. 7 et 10.) Mais il avait à cœur de peindre dans leur profondeur, leur complexité et leurs tragiques alternatives, ces rapports de l'homme avec Dieu qui constituent toute la religion. Il le fait dans un tableau saisissant emprunté à la vie de tous les jours. Il montre comment l'homme se perd par le péché, comment il se retrouve par la repentance, et quelle est la miséricorde infinie de Dieu qui le reçoit et le sauve. Il met enfin l'homme de la légalité dans une opposition frappante avec le pécheur repentant. « De là cette troisième parabole, également parfaite par la finesse de l'observation psychologique, par la vérité pittoresque de l'exposé des divers

La note 3 est à la page suivante.

leur père : Père, donne-moi la part du bien qui me doit échoir [1]. Et
13 il leur partagea son bien [2]. — Et peu de jours après, le plus jeune
fils, ayant tout amassé, partit pour un pays éloigné [3], et là il dissipa
14 son bien en vivant dans la dissolution [4]. — Et quand il eut tout dépensé, il survint une grande famine en ce pays-là, et lui-même com-
15 mença à être dans l'indigence . — Et étant allé, il s'attacha à l'un

états de l'âme et de ses impressions, et par une vue profonde et touchante de l'amour divin ; c'est la perle parmi les enseignements de Jésus et, entre les paraboles, la plus belle et la plus saisissante. » *Meyer.*
Jésus peint ainsi au vif les deux portions de son auditoire : les péagers et les pécheurs repentants qui viennent à lui, et les pharisiens qui en murmurent (v. 1 et 2).

3. Ces *deux fils*, la description de leur vie et de leur caractère, sont le sujet des deux parties de la parabole. — Plusieurs Pères de l'Eglise ont voulu voir dans l'aîné le peuple juif et dans le plus jeune les païens. Les théologiens de l'école de Tubingue se sont empressés de saisir cette interprétation, pour en appuyer leurs idées sur l'époque tardive de la rédaction des évangiles et sur les tendances qu'ils attribuent spécialement à celui de Luc. C'est là méconnaître absolument la situation. Jésus n'avait d'autre but que de répondre aux besoins divers de son auditoire.

1. *Le plus jeune* est dans l'âge des passions, particulièrement exposé aux séductions du monde. *La part du bien* qui devait un jour lui *échoir* en héritage était, d'après le droit mosaïque (Deut. 21 : 17), la moitié de ce qui revenait au fils aîné, soit le tiers de la fortune paternelle. Il demande à son père de lui remettre, par avance, en argent, l'équivalent de ce tiers. Le verset suivant va dire quelle était son intention.

2. Il *leur* partagea son bien, c'est-à-dire que le père fit la part de l'un et de l'autre, qu'il remit au fils cadet la sienne et conserva par devers lui celle du fils aîné. (v. 31.) Le père n'avait aucune obligation à faire ce partage ; il aurait pu s'y refuser et contraindre ainsi son fils de rester auprès de lui. Il ne le fait pas, car cette contrainte n'aurait en rien changé les sentiments de ce fils. Dieu de même respecte la liberté de l'homme et lui laisse toute sa responsabilité ; car il sait que la confiance et l'amour doivent être libres. C'est par les expériences de la vie, si bien décrites dans cette histoire, que l'homme est ramené à Dieu. Aucun autre moyen n'y suffirait.

3. Tel était le but du jeune homme en demandant sa part de biens. Le manque d'amour pour son père, la passion de l'indépendance, lui rendent intolérable la discipline de la maison paternelle et lui ôtent tout sentiment du bonheur dont il aurait pu y jouir. Impatient de posséder sa liberté (*peu de jours après*), il part, sans songer au chagrin qu'il va causer à son père. Le *pays éloigné* où il se rend est l'image de l'état de l'homme sans Dieu. L'éloignement de Dieu est l'essence même du péché. Tout ce qui va suivre n'est que l'inévitable conséquence du départ de l'enfant prodigue.

4. Son histoire, au sens propre, est celle d'une foule de jeunes fils de famille qui, *vivant dans la dissolution*, arrivent promptement à *dissiper* leur fortune. Au sens figuré, elle est celle de l'homme sans Dieu, qui se voit promptement privé par d'amères déceptions, par le dégoût, par le remords, de ce bonheur imaginaire qu'il demandait aux jouissances plus ou moins grossières du monde. — Le mot grec que nous traduisons par : vivre *dans la dissolution*, est un adverbe qui signifie l'opposé de *salutairement ;* or, l'opposé du salut, c'est la ruine. Le substantif, qui est formé de la même racine, se trouve dans Eph. 5 : 18 ; Tite 1 : 6 ; 1 Pier. 4 : 4.

5. Gr. *et lui-même* (indépendamment de la famine) *commença à manquer* (de tout). Ce mot : il *commença*, marque un moment terrible dans l'expérience du jeune insensé. Il voit qu'il n'a aucune ressource, et autour de lui règne *une grande famine* qui lui ôte tout espoir. Il n'est pas d'état plus affreux que celui d'une âme sans Dieu, vide de toute paix et de toute espérance, remplie d'agitation et d'amertume, et à laquelle le monde, dont elle a épuisé les jouissances, n'a plus rien à offrir. N'avoir rien en soi, rien au ciel, rien sur la terre, c'est le désespoir. Le jeune homme de la parabole reconnaîtra-t-il maintenant sa folie ? Songera-t-il à revenir à son père ? Non, pas encore. Il faut qu'il descende encore plus bas dans l'abîme où l'a conduit son péché et qu'il en savoure toutes les amertumes.

des habitants de ce pays-là, qui l'envoya dans ses champs pour paître des pourceaux [1]. — Et il désirait se remplir le ventre des gousses 16 que les pourceaux mangeaient, mais personne ne lui en donnait [2]. — Etant donc rentré en lui-même, il dit : Combien de mercenaires de 17 mon père ont du pain en abondance, et moi ici je meurs de faim [3] ! — Je me lèverai, j'irai vers mon père [4], et je lui dirai : Père, j'ai 18 péché contre le ciel et devant toi [5] ! — Je ne suis plus digne d'être 19 appelé ton fils : traite-moi comme l'un de tes mercenaires [6]. — Et 20 s'étant levé, il vint vers son père [7]. Et comme il était encore loin, son père le vit et fut ému de compassion, et il courut se jeter à son

1. Ce jeune homme riche et libre dans la maison paternelle, le voilà dans l'indigence et la servitude ; ce fils d'une famille honorable, le voilà faisant *paître des pourceaux*, ce qui, outre l'abjection du métier, était un objet d'horreur pour un Juif. Le verbe de l'original : il *s'attacha* (littér. il *se colla*), que nos versions affaiblissent en le traduisant par : *il se mit au service de*, relève encore ce qu'il y avait d'abject dans cette dépendance à l'égard d'un maître païen. Il y a, dans le monde moral, les suites du péché plus dégradantes encore.

2. *Se remplir le ventre* est la leçon du texte reçu avec A et la plupart des *majusc. Sin.*, B, D lisent *se rassasier*, ce qui paraît une correction. Quand, après avoir fait paître les pourceaux toute la journée, il les ramenait le soir au logis, on les nourrissait ensuite de *gousses* (espèce de fèves grossières, servant à l'alimentation des animaux) ; mais à lui, *personne ne lui en donnait*. Le mépris qu'on lui témoigne ainsi en l'oubliant, la faim qui le dévore et qu'on n'apaise, tel est le dernier degré d'un abaissement, d'une souffrance à laquelle on ne saurait rien ajouter.

3. *Etant donc rentré en lui-même*, tel est le premier pas vers le relèvement. Jusqu'alors, il avait vécu hors de lui-même, entraîné par le tourbillon des passions, du monde extérieur. Maintenant, il revient à lui ; il voit toute l'horreur de sa situation et il découvre dans son cœur un abîme de maux, sur lesquels il avait volontairement fermé les yeux. Dès ce moment, une pensée qu'il avait tenue éloignée vient émouvoir son cœur profondément malheureux : *son père*, la maison de son père. Là, il s'en souvient, même les *mercenaires*, des ouvriers qui sont engagés pour un temps seulement et que le maître

spéciale, *ont du pain* (gr. *des pains*) *en abondance* ; et lui, il *meurt de faim*. (Gr. vrai texte : *mais moi je péris ici de famine*.) Il serait superflu de montrer la profonde vérité de tous ces traits dans l'expérience morale de l'âme.

4. Du sentiment de sa misère naît dans le cœur du fils repentant une ferme résolution ; c'est le second pas dans son relèvement. — Malgré le trouble de sa conscience et le sentiment qu'il a de son indignité, il appelle encore *son père*, ce père qu'il a tant offensé. Jésus nous donne dans ce trait délicat toute une révélation de la miséricorde de Dieu, dont le sentiment persiste dans le cœur du pécheur repentant, et sans lequel il ne lui resterait que le désespoir.

5. Ceci encore appartient à sa résolution. Il n'ira pas, devant son père, invoquer comme excuses sa jeunesse, ses passions, ou les entraînements du monde ; non : *j'ai péché*, voilà le mot qui brise dans l'homme toutes les résistances de l'orgueil, et qu'il n'arrive à prononcer qu'après une lutte terrible contre cet orgueil. Les deux termes : *contre le ciel* et *contre toi*, n'ont de sens distinct que dans la parabole. Ils se confondent dans l'application.

6. Gr. *fais-moi comme l'un de tes mercenaires*. Amener le pécheur à sentir qu'il a perdu tous ses titres à être un enfant de Dieu, tel est l'effet de la vraie repentance. Mais l'amour, qui renaît dans son cœur avec la repentance, lui inspire en même temps le désir de rentrer en grâce auprès de Dieu, d'être admis dans sa famille, fût-ce à la dernière place.

7. *Et s'étant levé ;* la résolution prise est aussitôt exécutée. Quand on dit que « l'enfer est pavé de bonnes résolutions, » cela n'est vrai que de celles qui ont été prises sans un sentiment profond du

21 cou, et le baisa¹. — Mais le fils lui dit : Père, j'ai péché contre le ciel et devant toi ! Je ne suis plus digne d'être appelé ton fils². —
22 Mais le père dit à ses serviteurs : Apportez une robe, la plus belle, et l'en revêtez, et mettez à sa main un anneau, et des souliers à ses
23 pieds³ ; — et amenez le veau gras, tuez-le et mangeons et réjouis-
24 sons-nous⁴ ; — parce que mon fils que voici était mort, et il est revenu à la vie ; il était perdu, et il est retrouvé⁵. Et ils commencèrent à se réjouir.

1. Quel tableau émouvant ! Quelle révélation de l'amour de Dieu ! Chaque mot en porte l'enseignement touchant et profond. *Comme il était encore loin*, bien avant qu'il eût pu atteindre cette maison paternelle dont il ne s'approchait qu'en tremblant, *son père le vit*. Evidemment le père l'attendait, sa tendresse était aux aguets pour surprendre le retour de son enfant. En se rappelant les deux paraboles précédentes, on peut même dire que c'est Dieu qui toujours prévient le pécheur ; il le cherche, il lui inspire le premier mouvement de repentance, de foi, d'amour, sans lequel ce pécheur ne reviendrait jamais à lui. Puis le père *court au-devant* de son enfant, il lui facilite cette rencontre encore redoutée ; enfin, il le presse sur son cœur, *ému de compassion* (gr. *ému dans ses entrailles*), et lui donne, sans paroles, ce *baiser* de réconciliation qui efface pour jamais tout le passé et fait pénétrer dans le cœur du fils l'assurance de l'amour inaltéré de son père. (Le verbe grec est composé d'une préposition qui renforce l'idée. M. Stapfer traduit : *il le baisa longuement*.) — Tout ce tableau est infiniment plus beau, plus complet, plus émouvant, que si le père avait exprimé par des paroles le pardon qu'il accordait à son fils.
2. Voir v. 18, 19, note. Les derniers mots de la réponse projetée : *traite-moi comme l'un de tes mercenaires*, manquent. On a expliqué leur absence en supposant que le père interrompt son fils. Il est peut-être plus naturel de penser que c'est le fils lui-même qui, en présence de l'accueil du père, se sent incapable d'aller jusqu'au bout. La tendre compassion que le père lui témoigne lui montre qu'il est pardonné et ne lui permet pas d'ajouter : *traite-moi comme l'un de tes mercenaires*. Crainte, regrets amers, angoisse de la conscience, tout disparaît de son cœur maintenant comblé de paix et d'amour. Plusieurs manuscrits (*Sin, B, D*, etc.) renferment cette demande copiée du v. 19.

3. Honorez-le comme fils et fils bien-aimé d'un père riche et puissant. Un *anneau* au doigt et des *souliers* ou des sandales aux pieds étaient le signe de l'homme libre ; les esclaves allaient nu-pieds. La réhabilitation du fils est complète ; il reçoit le pardon de ses fautes gratuitement et tout de suite, sans conditions ni délais ; il est réintégré dans la maison et dans l'amour de son père comme si rien ne s'était passé. — Tel est le sens général de ces traits de la parabole. Une saine exégèse ne doit pas se perdre dans des allégories imitées des Pères de l'Eglise et d'après lesquelles la *robe* signifierait la justice de Christ (Esa. 61 : 10), l'*anneau*, le sceau du Saint-Esprit, les *souliers*, la facilité de marcher dans une vie nouvelle. (Eph. 6 : 15.) Les mêmes interprètes n'ont-ils pas vu aussi le diable dans le possesseur des pourceaux, dans les pourceaux eux-mêmes des démons (v. 15, 16), et dans l'immolation du veau gras le sacrifice de Christ ? !
4. Notre parabole peint sous l'image d'un banquet de famille cette *joie* que les deux similitudes précédentes n'avaient fait qu'indiquer. (v. 7 et 10.) Cette joie succède aussi, dans l'âme du pécheur sauvé, aux profondes douleurs de la repentance.
5. *Mort* et *perdu*, tel est l'état moral de tout homme qui ne vit pas en Dieu. (Comp. Math. 8 : 22 ; Eph. 2 : 1 ; 5 : 14.) Dieu seul, en effet, est la source de la vie et la destination suprême de tout être intelligent. Revenir à Dieu, c'est donc *revenir à la vie* et retrouver sa destination éternelle. — Jésus décrit dans cette parabole le péché et ses suites amères, la repentance et le bonheur ineffable de la réconciliation avec Dieu ; mais il ne se présente pas comme le médiateur de cette réconciliation. Dans d'autres déclarations, il indique nettement l'œuvre de la rédemption qui seule permettra à l'homme de rentrer en grâce auprès de Dieu et de recevoir l'esprit d'adoption (Matthieu 20 : 28 ; 26 : 28, et souvent dans l'évangile de saint Jean). Quand cette œuvre aura été accom-

Mais son fils aîné était aux champs¹. Et lorsqu'en revenant il approcha de la maison, il entendit de la musique et des danses². — Et ayant appelé à lui un des serviteurs, il s'informait de ce que c'était. — Et celui-ci lui dit : Ton frère est arrivé, et ton père a tué le veau gras, parce qu'il l'a recouvré en bonne santé³. — Mais il se mit en colère, et il ne voulait point entrer. Et son père étant sorti, l'exhortait⁴. — Mais répondant il dit au père : Voici, il y a tant d'années que je te sers, et je n'ai jamais contrevenu à ton commandement, et tu ne m'as jamais donné un chevreau pour me réjouir avec mes amis⁵. — Mais quand ton fils que voici, qui a dévoré ton bien avec des femmes de mauvaise vie, est revenu, tu as tué pour lui le veau gras⁶. — Mais il lui dit : Mon enfant, tu es toujours avec moi, et tout ce que j'ai est à toi⁷. — Mais il fallait bien s'égayer et 25 26 27 28 29 30 31 32

plie, elle pourra être exposée avec des développements proportionnés à son importance. On aurait donc bien tort d'opposer les enseignements de Jésus-Christ à ceux des apôtres et, en particulier, de s'appuyer sur notre parabole pour nier la nécessité de la rédemption. Tout le christianisme ne saurait être renfermé dans une parabole.

1. *Mais*, cette particule marque le contraste entre ce qui précède et ce qui va suivre. Ce *fils aîné* (gr. *plus âgé*) était donc occupé au service de son père (*aux champs*), employé à une œuvre bonne en soi. Et pourtant, les sentiments de son cœur, qu'il va nous révéler, n'ont rien de filial. Jésus, après avoir retracé le tableau du pécheur repentant et réconcilié avec Dieu, nous présente maintenant l'image des pharisiens mécontents. (v. 2 ; comp. avec v. 28-30.)

2. Dans tous les grands banquets, des morceaux de *musique* et des *danses* étaient exécutés le plus souvent par des gens engagés à cet effet.

3. Ce *serviteur*, un simple esclave sans doute, ne mentionne que le *veau gras tué*, parce que c'était là, à ses yeux, la principale marque d'un grand banquet. De même, il ne sait rien dire de celui qui est l'objet de cette fête, sinon qu'il est *venu* et cela *en bonne santé*, terme qu'il faut entendre à la lettre, et non dans un sens moral. Cet esclave parle selon sa portée ; ce qu'il y a de plus profond dans la situation lui échappe. Admirable justesse de chaque trait de la parabole !

4. *L'exhortait* à entrer et à montrer de meilleurs sentiments envers son père et son frère. C'est ce que Jésus faisait constamment à l'égard des pharisiens.

5. Ce langage de la propre justice est pris sur le fait. Pour le fils aîné, être dans la maison de son père n'est pas un bonheur, mais un *service* (le mot grec signifie l'œuvre d'un esclave), service dont il compte les *années*. Il se vante de n'avoir jamais violé les *commandements* de son père. Cela est possible, mais, pour un père, quelle est la valeur d'une obéissance sans amour ? Enfin, comme il n'avait pas eu la jouissance de toute la maison paternelle, il reproche à son père de ne lui avoir jamais donné de récompense, pas même *un chevreau*, peu de chose comparé au veau gras. (*B* porte même un *petit chevreau*.) La récompense de l'enfant de Dieu, c'est le bonheur de la communion de son père. (Gen. 15 : 1.) La propre justice ignore cette vérité.

6. Sans amour pour son père, le fils aîné n'éprouve pour son frère que haine et mépris : *celui-ci, ton fils* (il se garde bien de l'appeler *mon frère*), qui a *dévoré ton bien* (terme choisi à dessein) avec des *femmes de mauvaise vie*. Ce dernier trait « est un coup de pinceau ajouté au tableau du v. 13 par la main charitable de ce frère. » *Godet*. — Si la première partie de cette parabole devait être un touchant encouragement pour les péagers et les pécheurs repentants qui écoutaient le Sauveur, de quelle confusion ces paroles du fils aîné n'auraient-elles pas dû remplir les pharisiens dont elles traduisaient fidèlement les murmures ? (v. 1 et 2.)

7. Ces paroles pleines d'amour (*mon enfant*) ont inspiré à quelques interprètes la pensée qu'il faut envisager le fils aîné, malgré ses défauts, comme un véritable

se réjouir, parce que ton frère que voici était mort, et qu'il est revenu à la vie ; parce qu'il était perdu, et qu'il est retrouvé [1].

3. Deux paraboles sur l'usage des biens de ce monde.

A. 1-13. LA PARABOLE DE L'ÉCONOME INFIDÈLE. — 1º *La parabole.* — *a) La faute de l'économe. Sa destitution.* Un homme riche a un intendant dont les malversations lui sont dénoncées. Il le somme de rendre compte et le relève de son poste. (1, 2.) — *b) Sa prompte résolution.* L'économe examine les divers partis qu'il lui reste à prendre, et reconnaît que le meilleur est de s'assurer des amis qui le reçoivent dans leurs maisons. Il fait venir les débiteurs de son maître et leur dit d'écrire de nouveaux billets, sur lesquels leurs dettes sont réduites dans des proportions diverses. (3-7.) — *c) La louange du maître.* Le maître loue l'habileté de son intendant. Jésus propose celle-ci en exemple à ses disciples, et leur fait observer qu'ils sont, pour la prudence, inférieurs aux enfants de ce siècle. (8.) — *d) Conseil donné aux disciples.* Qu'ils emploient les richesses injustes à se faire des amis qui les reçoivent dans les tabernacles éternels. (9.) — 2º *Réflexions faisant suite à la parabole.* La fidélité dans les petites choses est le gage de la fidélité dans les grandes. Qu'ils soient fidèles dans les richesses injustes, dans ce qui est à autrui, et ils recevront les richesses véritables, qui leur appartiendront en propre. Impossibilité de servir deux maîtres. (10-13.)

XVI Or il disait aussi à ses disciples [2] : Il y avait un homme riche, qui

enfant de Dieu. Mais elles sont destinées seulement à peindre la situation du fils aîné envers son père telle qu'elle est donnée dans la parabole. Il était *toujours avec son père* et en aurait senti le bonheur, s'il avait su l'aimer. L'héritage des biens de son père lui était assuré. Telle était la position de tout le peuple de l'alliance. Il était auprès de Dieu, qui le cherchait même alors d'une manière spéciale par la présence du Sauveur, et toutes les richesses de sa miséricorde lui étaient offertes. (Rom. 3 : 1 ; 9 : 1-5.) Mais ce peuple, semblable au fils aîné, imbu d'une propre justice pharisaïque, ne savait pas jouir de ces immenses privilèges, parce qu'il fermait son cœur à l'amour de Dieu et méprisait les pauvres pécheurs repentants qui venaient à Jésus.

1. Gr. *il fallait être dans l'allégresse* (qui se manifeste par ce festin) *et se réjouir ;* il le fallait, car cette joie n'est que l'effusion de mon amour. (v. 7 et 10.) Et l'objet de cette joie, c'est *ton frère,* qui *était perdu* et qui est sauvé. (v. 24, note.) Quel contraste entre ces paroles et les sentiments du fils aîné ! or ces sentiments étaient ceux des pharisiens qui écoutaient le Sauveur. — « Ici s'arrête la parabole. Jésus ne raconte pas le parti qu'a pris le fils aîné. Pourquoi ? Parce que c'était aux pharisiens à voir eux-mêmes ce qu'ils voulaient faire, s'ils entreraient, à l'appel de Dieu, ou s'ils resteraient dehors. A eux d'achever la parabole. » *Godet.*

2. *Ses disciples ;* ce terme ne désigne point les apôtres seuls, ni exclusivement les adhérents dont Jésus était suivi dans ce voyage à Jérusalem, mais bien les divers auditeurs qui ont entendu les paraboles du chapitre précédent. C'est ce que prouve déjà cette tournure si familière à Marc et à Luc : *or il disait aussi,* qui indique toujours une idée nouvelle, un enseignement nouveau, venant s'ajouter, dans le même discours, à ce qui a précédé. Jésus est donc encore entouré de ses disciples ordinaires, des pharisiens dont il a confondu les murmures (v. 14 ; comp. 15 : 2), et des péagers qui s'approchaient de lui pour l'entendre. (15 : 1.) C'est à tout cet auditoire que Jésus adresse deux paraboles sur l'emploi des biens de la terre. Cet enseignement était nécessaire, soit aux pharisiens, qui, à l'orgueil, joignaient l'avarice (v. 14) ; soit aux péagers dont plusieurs possédaient des richesses acquises d'une manière plus ou moins injuste ; il présentait à tous l'esprit de la vie nouvelle, qui résulte de la réconciliation avec Dieu, dans son opposition avec une des principales tendances du phari-

avait un économe, et celui-ci lui fut dénoncé comme dissipant ses biens[1]. — Et l'ayant appelé, il lui dit : Qu'est-ce que j'entends dire 2 de toi ? Rends compte de ton administration ; car tu ne peux plus administrer[2]. — Mais l'économe dit en lui-même : Que ferai-je, puis- 3 que mon maître m'ôte l'administration ? Labourer, je ne le puis. Mendier, j'en ai honte. — Je sais ce que je ferai, afin que, quand 4 je serai destitué de l'administration, ils me reçoivent dans leurs maisons[3]. — Et ayant appelé à lui chacun des débiteurs de son 5 maître, il dit au premier : Combien dois-tu à mon maître[4] ? — Et il 6 dit : Cent mesures d'huile. Mais il lui dit : Reprends ton billet, assieds-

saïsme (v. 14) : l'amour de l'argent. Les v. 14-18, qui se trouvent entre les deux paraboles, ne sont qu'une sorte d'introduction à la seconde. (v. 19 et suiv.) — La parabole de l'économe infidèle qui va nous occuper d'abord, est, sans contredit, la plus difficile que Jésus ait prononcée. L'application qu'en fait le Sauveur (v. 9-13) présente elle-même des pensées dont le sens n'est pas évident. Aussi, si l'on en excepte l'Apocalypse, est-il peu de parties de l'Ecriture sur lesquelles les commentateurs aient émis des interprétations plus diverses. Nous nous bornerons à indiquer celles qui peuvent avoir quelque valeur, et à exposer ce qui nous paraît être la pensée de la parabole.
1. Dans le sens littéral, le récit qui s'ouvre par ces mots est simple et clair. (Voir l'analyse.) Mais il en est autrement, dès qu'on cherche sa signification religieuse et morale. Ainsi, tout d'abord, que représente cet *homme riche* ? Selon tel interprète, il n'est là que comme personnage de la parabole et n'a pas d'équivalent dans la vie réelle (de Wette, Ebrard, Weiss) ; selon tel autre, ce serait l'empereur ou les Romains, pour le compte desquels les péagers administraient les impôts (Schleiermacher). Olshausen voit dans ce personnage le diable, Meyer en fait Mammon lui-même, dont l'économe doit quitter le service pour se donner au service de Dieu. (v. 13.) Ces exemples suffisent. A quelle hauteur on s'élève immédiatement, quel sentiment de responsabilité naît aussitôt dans le cœur, et quelle lumière se répand sur toute la parabole, si l'on voit, dans ce grand propriétaire, Dieu lui-même, la source et le dispensateur de tous les biens, celui à qui tout homme doit rendre compte ! — Il n'y a pas alors à se demander qui est l'*économe* (administrateur, intendant). C'est chacun de nous, qui doit se considérer devant Dieu, non

comme le possesseur, mais comme l'administrateur de tous les biens qui lui sont confiés. Jésus ne dit pas de quelle manière l'économe de la parabole *dissipait les biens* de son maître ; cela importe peu ; mais ce qui n'est pas douteux, c'est que tout homme qui s'approprie les biens qui lui sont prêtés, qui les fait servir à son égoïsme, à son orgueil, à ses plaisirs, en oubliant Celui qui est le vrai propriétaire, dissipe ce qui lui a été confié dans un tout autre but.
2. Il n'est pas dit par qui l'économe fut accusé d'infidélité. Son maître sait tout, il le fait venir, lui demande (gr.) *le compte de son administration*, et lui annonce sa destitution. Comme, pour produire ce compte, il faut à l'économe un certain temps, il va en profiter sans perdre un instant, pour se tirer d'embarras.
3. Ce monologue est admirable de précision et de finesse. L'économe ne se laisse pas troubler, il réfléchit, se parle à lui-même, pèse et rejette les moyens dont il ne veut pas ; puis, tout à coup, il s'écrie : *Je sais* (gr. *j'ai connu*). Sa pensée est tombée sur certaines gens qu'il désigne seulement par *ils*, qui pourront lui être utiles, et que la suite du récit va mettre en scène. Ce qui lui donne tant de savoir-faire et d'énergie, c'est qu'il a pris au sérieux la destitution annoncée : *quand je serai démis, ils me recevront dans leurs maisons.*
4. Gr. « il fit venir *un chacun* des débiteurs de son *propre maître*. » Ces termes signifient d'une part qu'il les fit venir tous l'un après l'autre, bien que la parabole n'en mentionne ensuite que *deux* comme exemples de sa manière de procéder avec eux. D'autre part, le mot : *son propre maître*, fait sentir comment cet administrateur, après avoir déjà fraudé son propriétaire, sut encore se tirer d'embarras à ses dépens.

7 toi, et écris promptement cinquante [1]. — Ensuite il dit à un autre : Et toi, combien dois-tu ? Celui-ci répondit : Cent mesures de blé. Il
8 lui dit : Reprends ton billet, et écris quatre-vingts [2]. — Et le maître loua l'économe injuste de ce qu'il avait prudemment agi [3] ; car les fils de ce siècle sont plus prudents que les fils de la lumière dans
9 leur manière d'agir envers leur propre génération [4]. — Et moi aussi je vous dis : Faites-vous des amis avec les richesses injustes [5], afin que lorsqu'elles vous manqueront, ils vous reçoivent dans les taber-

1. Il s'agit du *bath* hébreu, égal au métrète attique, et qui contenait environ 40 litres. La remise de *cinquante* baths (2000 litres) était donc considérable. — Cette *huile* avait été achetée à diverses reprises par le débiteur, qui en faisait commerce, et qui laissait un *billet* entre les mains de l'économe. Celui-ci rend son billet au débiteur en l'invitant à changer le chiffre ou plutôt à faire un nouveau billet. Tout cela se fait *promptement* (gr. *aussitôt*).
2. Gr. *cent cors de blé*. Le *cor*, mesure pour les matières sèches, équivalait à 10 *baths*. L'économe diminue de vingt pour cent cette valeur, au profit du débiteur. La différence qu'il fait entre celui-ci et le premier, montre qu'il avait égard aux circonstances de fortune où pouvaient se trouver ces hommes, qu'il connaissait parfaitement. Partout se montre la même habileté. (v. 8.)
3. *Le maître* de la parabole *loue* son administrateur (gr. *l'économe de l'injustice*), avec ironie, de son habileté.
4. Ces dernières paroles sont une réflexion de Jésus qui nous montre comment il entend la louange qu'il met dans la bouche du maître de l'économe. On pouvait admirer le savoir-faire et l'audace de l'économe, tout en haïssant l'injustice. Voilà pourquoi le Sauveur peut proposer sa conduite à l'imitation de ses disciples. Il leur recommandait de même ailleurs d'être « prudents comme des serpents » (Math. 10 : 16), il invoquait l'exemple, par contraste, d'un ami égoïste (11 : 8), ou d'un juge inique. (18 : 1 et suiv.) Dans tous ces cas, l'essentiel est de bien saisir le point de comparaison. — Jésus motive (*car*) son exhortation à la prudence par une considération que l'expérience de tous les temps confirme, hélas ! c'est que ses disciples sont bien loin de déployer en vue de leurs intérêts éternels la même *prudence* que les gens du monde dans leurs affaires terrestres. Il appelle par un hébraïsme bien connu (Math. 8 : 12), *fils de ce siècle*, ou de l'économie présente, ou de ce monde, ceux qui y sont nés et qui se conduisent selon l'esprit et les maximes qui y règnent (20 : 34 ; Eph. 2 : 2) ; et *fils de la lumière*, ceux qui ont été éclairés, pénétrés, régénérés par la vérité divine. (Jean 12 : 36 ; Eph. 5 : 8 ; 1 Thes. 5 : 5.) — Les mots : *dans leur manière d'agir envers leur propre génération*, se rapportent aux fils de ce siècle et désignent leur conduite, non à l'égard de leurs contemporains en général, mais à l'égard de ceux avec lesquels ils sont en relations d'affaires et qui sont animés des mêmes sentiments qu'eux. Avec d'autres et dans une sphère supérieure, leur habileté ne saurait les servir. (1 Cor. 2 : 14, 15.)
5. Gr. *le mammon de l'injustice*. (Voir, sur ce mot, Math. 6 : 24, note.) C'est ici proprement l'application de toute la parabole dont Jésus a déjà indiqué le sens moral par la déclaration qui précède. Il faut donc l'interpréter à ce point de vue : le vrai emploi des richesses. Mais qu'est-ce que ces *richesses injustes* ? et quels sont les *amis* que nous devons nous faire par leur moyen ? La raison pour laquelle Jésus appelle *injustes* les biens de ce monde, a été expliquée de manières fort diverses. C'est, a-t-on dit, parce qu'il y a presque toujours, de près ou de loin, quelque injustice dans la manière dont ils ont été acquis, ou dans l'usage qu'on en fait. D'autres ont voulu donner au mot *injuste* le sens de biens faux, trompeurs. (Comp. « la tromperie, ou la séduction, des richesses, » Math. 13 : 22.) Ces interprétations sont étrangères au contexte. Le vrai sens du mot doit être demandé à la parabole elle-même. Or, le *mammon de l'injustice* correspond exactement à l'*économe injuste*. (v. 8.) Comment donc cet économe a-t-il été injuste ? D'abord, en dissipant le bien de son maître (v. 1) ; puis en en disposant pour son profit personnel. (v. 6, 7.) Voilà précisément comment la plupart des hommes rendent injustes les richesses que Dieu leur confie. Au lieu de se considérer comme des

ÉVANGILE SELON LUC

nacles éternels [1]. — Celui qui est fidèle dans les plus petites choses, 10 est aussi fidèle dans les grandes ; et celui qui est injuste dans les plus petites choses, est aussi injuste dans les grandes [2]. — Si donc vous 11 n'avez pas été fidèles dans les richesses injustes, qui vous confiera les véritables [3] ? — Et si vous n'avez pas été fidèles dans ce qui est à 12

administrateurs qui lui en rendront compte, ils s'en constituent les vrais possesseurs et, oubliant leur responsabilité, ils accumulent ces biens dans leur avarice, en font étalage pour nourrir leur orgueil, ou bien les dissipent pour satisfaire leurs passions. Quel est alors l'usage que le Seigneur leur conseille de faire de ces biens, devenus injustes dans leurs mains ? La parabole donne la réponse. Le moment approche où tout homme sera appelé à rendre compte de son administration (v. 2) ; il doit donc imiter l'économe, qui s'est empressé de profiter d'un dernier sursis pour s'assurer des amis qui le recevront dans leurs maisons. *Et moi je vous dis* : *Faites-vous des amis*. — Ici se pose notre seconde question : Quels sont ces amis ? On a répondu de manières fort diverses. L'un dit : l'ami suprême que nous devons nous assurer, c'est Dieu lui-même, en employant à son service les biens qu'il nous confie. Un autre (Olshausen) : c'est le Seigneur Jésus, qui regarde comme fait à lui-même le bien que nous faisons à plus petit de ses frères. (Math. 25 : 40.) Un troisième (Meyer) veut que ces amis soient les anges, que Jésus lui-même nous représente comme chargés d'introduire les justes dans le royaume de Dieu (v. 22 ; Math. 24 : 31 ; Marc 13 : 27), et qui s'intéressent avec amour à ceux qui le servent. (15 : 10 ; Math. 18 : 10.) Mais l'interprétation la plus généralement admise consiste à entendre par ces amis, les hommes : ignorants à instruire, malheureux à soulager, pauvres à secourir. Il faut se les attacher par la bienfaisance, par une vraie charité chrétienne. Leur reconnaissance subsistera jusque dans le siècle à venir. (Voir la note suivante.)

1. Le texte reçu porte : *lorsque vous manquerez*, ou *cesserez*, c'est-à-dire quand vous mourrez. La variante de *Sin*., B, A, suppose que c'est « ce mammon de l'injustice » qui *manquera*, disparaîtra à l'heure de la mort. Le sens des deux leçons est donc au fond le même, mais la dernière convient mieux à la parabole, puisque ce sont les biens qu'il administrait qui tout à coup manquent à l'économe. — C'est alors, dans ce jour solennel, que les amis que vous vous serez assurés *vous recevront dans les tabernacles éternels*. Ce mot de *tabernacle* ou *tente* est une allusion à la vie des patriarches qui, étrangers et voyageurs, plantaient leurs tentes pour un jour. Dans l'économie future elles seront *éternelles* ; ce seront les « demeures de la maison du Père » (Jean 14 : 2), « l'édifice qui n'a pas été fait de main d'homme, mais qui est l'ouvrage de Dieu. » (2 Cor. 5 : 1.) — Comme ces *amis* sont des pauvres et des malheureux secourus, il ne faut pas entendre ce mot *recevoir* comme si c'étaient eux qui faisaient entrer dans le ciel leurs bienfaiteurs ; ils se bornent à les accueillir avec reconnaissance et avec amour. Dans certains cas aussi ces pauvres assistés peuvent devenir pour ceux qui leur viennent en aide les instruments de leur salut. C'est là certainement une douce et belle pensée, capable d'augmenter la joie du ciel elle-même. — Dira-t-on que ce trait de la parabole ainsi interprété, paraît peu conforme à l'Evangile, que ce rôle attribué aux pauvres pourrait, d'une part, favoriser l'idée de l'intercession des saints, et d'autre part, celle du mérite des œuvres pour le salut ? A cela on peut répondre qu'une parabole n'est pas un cours de dogmatique, que ce dernier trait répond incidemment à celui du v. 4, et que, du reste, cette morale n'est pas en désaccord avec celle que Jésus enseigne ailleurs. (Math. 25 : 34-46.)

2. Cette sentence, expression proverbiale d'une vérité d'expérience, sert d'introduction au verset suivant, où nous voyons que les *plus petites choses* sont les biens de la terre, et que les *grandes* sont les biens spirituels de l'âme. Celui qui ne rapporte pas à Dieu les premiers, qui ne les fait pas valoir pour sa gloire, ne saurait administrer fidèlement les derniers. (Comp. Math. 25 : 21.)

3. Gr. fidèle dans le *mammon injuste*. (v. 9, note.) Ce verset confirme et explique le précédent. Les richesses *véritables* (gr. le bien *véritable*) sont mises en opposition avec les richesses *injustes* ; elles sont véritables, parce que c'est le don du salut et de toutes les grâces divines qui le constitue, qu'elles répondent ainsi parfaitement à tous les besoins de l'âme et sont impérissables. (Voir la note suivante.)

13 autrui, qui vous donnera ce qui est à vous¹ ? — Nul domestique ne peut servir deux maîtres, car ou il haïra l'un et aimera l'autre, ou il s'attachera à l'un et méprisera l'autre. Vous ne pouvez servir Dieu et Mammon².

B. 14-18. REPROCHES AUX PHARISIENS. — 1° *Raillerie des pharisiens et réplique de Jésus.* L'enseignement que Jésus vient de faire entendre provoque les ricanements des pharisiens amis de l'argent. Jésus déclare que la renommée dont ils jouissent parmi les hommes est en abomination à Dieu qui connaît les cœurs. (14, 15.) — 2° *La valeur permanente de la loi.* La loi qui a dominé jusqu'à Jean n'est point abolie par la publication de ce royaume de Dieu, qui est l'objet de l'ardente poursuite d'un grand nombre. Elle subsistera autant que le ciel et la terre. Les saintes exigences ne sont pas diminuées, mais accrues : les principes de Jésus sur le divorce le prouvent. (16-18.)

14 Or les pharisiens, qui aimaient l'argent, écoutaient toutes ces
15 choses, et ils se moquaient de lui³. — Et il leur dit : Vous, vous

---

1. On voit que dans chacune de ces sentences (v. 10-12) qui sont encore l'application de la parabole, le Seigneur a en vue l'économe infidèle, dont la position à l'égard de son maître est exactement la nôtre à l'égard de Dieu. C'est ce que rappellent ces termes : *ce qui est à autrui.* Les biens qui nous sont confiés, comme ceux qu'administrait l'économe, ne sont pas à nous, mais à Dieu. Si, comme lui, nous ne sommes pas fidèles dans l'usage que nous en faisons, Dieu pourrait-il nous *donner ce qui est à nous ?* Ce dernier mot correspond aux richesses *véritables* (v. 11), mais avec une nuance importante, exprimée par le contraste entre ce qui est à *autrui* et ce qui est *nôtre.* Les biens de la terre sont à Dieu, qui les confie à qui il veut, pour un temps, et ils restent toujours pour nous des biens extérieurs. Le salut, au contraire, la vie éternelle, est *à nous*, parce qu'elle est un héritage qui nous a été légitimement acquis (Act. 20 : 32 ; Rom. 8 : 17 ; Math. 25 : 34), et surtout parce qu'elle nous est assimilée de manière à devenir une partie intégrante de notre nature spirituelle et immortelle. Cette parole remarquable nous ouvre une perspective inattendue sur la dignité que Jésus attribue à l'âme humaine, et aussi sur l'état des enfants de Dieu dans le ciel, où tout ce qu'ils posséderont sera parfaitement identique à leur être et leur sera approprié pour toujours par un progrès sans fin dans la connaissance et l'amour de Dieu.

2. Voir, sur ce dernier verset, Math. 6 : 24, note. C'est chez Matthieu qu'il se trouve à sa véritable place. Il se peut toutefois que Jésus ait répété cette sentence, qui clôt très convenablement l'application de la parabole. C'est une dernière réflexion sur la position de l'économe, qui prétendait pouvoir (gr.) *servir deux seigneurs*, son maître et *Mammon* ou l'argent. Or Jésus déclare que cela est moralement impossible, et qu'ainsi, quiconque veut servir Mammon, s'exclut du service de Dieu.

3. Les *pharisiens*, parce qu'ils *étaient amis de l'argent*, étaient bien décidés à ne pas abandonner le service de Mammon (v. 13) ; mais comme Jésus vient de déclarer que ce service les exclut de celui de Dieu, leur orgueil s'en irrite, et ils se vengent en *se moquant de lui.* (Voir sur ce terme, Gal. 6 : 7, note.) La pauvreté de Jésus et de ses adhérents était sans doute le sujet de leurs moqueries. Ce trait nous montre quel degré d'incrédulité et de frivolité pouvait s'allier au grave caractère qu'affectaient ces hommes. La vraie réponse à leurs sarcasmes impies sera la parabole du mauvais riche (v. 19 et suiv.), l'une des plus sévères que Jésus ait prononcées ; mais il veut d'abord démasquer l'orgueilleuse propre justice de ses adversaires (v. 15), et les convaincre qu'ils vivaient dans une continuelle transgression de la loi. (v. 16-18.) Les versets qui suivent ne sont que des fragments de discours, que Luc a placés ici comme transition de la première à la seconde parabole.

êtes ceux qui se justifient eux-mêmes devant les hommes, mais Dieu connaît vos cœurs ; car ce qui est élevé devant les hommes est une abomination devant Dieu [1]. — La loi et les prophètes ont été jusqu'à 16 Jean ; dès lors, le royaume de Dieu est annoncé, et chacun use de violence pour y entrer. — Mais il est plus aisé que le ciel et la terre 17 passent, qu'il ne l'est qu'un seul trait de lettre de la loi tombe [2]. — Quiconque répudie sa femme et en épouse une autre commet adultère ; 18 et celui qui épouse une femme qui a été répudiée par son mari, commet adultère [3].

C. 19-31. LA PARABOLE DU RICHE ET DE LAZARE. — 1° *Le riche et Lazare sur la terre.* — *a) Leur vie.* Le riche jouit d'un grand luxe dans le vêtement et la nourriture. Lazare gît à la porte du riche, couvert d'ulcères, souhaitant les miettes de sa table ; les chiens accroissent ses souffrances. (19-21.) — *b) Leur mort.* Le pauvre est porté dans le sein d'Abraham. Le riche est enseveli. (22.) — 2° *La scène d'outre-tombe.* — *a) Le tourment et la supplication du riche.* Dans le séjour des morts, au milieu des souffrances, il voit de loin Lazare dans le sein d'Abraham. Il supplie Abraham d'envoyer Lazare lui rafraîchir la langue du bout de son doigt trempé dans l'eau. (23, 24.) — *b) La réponse.* Abraham refuse : le malheur du riche, de même que la félicité dont jouit Lazare, sont la juste compensation de leurs conditions respectives sur la terre ; de plus un abîme infranchissable les sépare. (25, 26.) — *c) La seconde requête du riche.* Qu'il plaise au moins à Abraham d'envoyer Lazare rendre témoignage à ses cinq frères. Abraham répond qu'il leur suffit d'écouter Moïse et les prophètes. (27-29.) — *d) L'insistance du riche.* Il affirme que la réapparition d'un mort amènera leur conversion. Abraham le conteste. (30, 31.)

1. C'était déjà pour *se justifier*, ou paraître justes, *devant les hommes*, que les pharisiens se raillaient de l'enseignement de Jésus sur l'emploi des richesses, et toute leur vie avait cette même tendance. (Math. 23 : 28.) Mais aux yeux de Dieu qui *connaît les cœurs*, et qui ne voyait sous leurs faux airs de vertu et de moralité que des vices recouverts par l'hypocrisie, leur prétendue *élévation* était une *abomination*. Il ne faut pas entendre cette sentence dans un sens absolu ni l'appliquer à toute élévation quelconque. Avec de la sincérité et de l'humilité, ce qui est grand aux yeux des hommes peut l'être aussi devant Dieu.
2. Sur quoi se fondait Jésus pour prononcer un jugement si sévère contre les pharisiens ? Sur *la loi et les prophètes*, dont ils prétendaient être les zélés observateurs et défenseurs, tandis qu'ils accusaient Jésus de les rabaisser en *annonçant* (gr. *évangélisant*) *le royaume de Dieu*. Mais non ; la prédication de l'Evangile, l'ouverture d'une ère nouvelle, et le zèle *violent* avec lequel chacun se précipite dans ce royaume (d'autres traduisent, en prenant le verbe au passif : « chacun est vivement pressé d'y entrer, » mais comp. Math. 11 : 12, note) ne diminuent en rien les saintes exigences de la loi, dont il n'est pas possible *qu'un seul trait de lettre* soit aboli. (Math. 5 : 18, note.) Cette loi dont vous vous glorifiez sera donc votre juge.
3. Voir, sur le sens de cette déclaration, Math. 5 : 32 ; 19 : 9 ; Marc 10 : 11, notes. Quant à la place que Luc lui assigne, la plupart des interprètes renoncent à trouver une connexion quelconque entre cette parole et ce qui précède. Parmi ceux qui veulent en trouver une, les uns pensent que Jésus rappelle la prescription légale concernant le divorce et l'adultère, comme un exemple de la validité permanente de la loi, et pour montrer que dans la nouvelle économie la loi sera même plus sévèrement appliquée que dans l'ancienne. Les autres (Olshausen, Hofmann, Weiss) voient dans cette parole une allégorie semblable à celle de Rom. 7 : 1-3 : *celui qui répudie sa femme*, c'est celui qui, s'autorisant du nouvel ordre de choses, rejette complètement la loi ; *celui*

19 Or il y avait un homme riche qui se vêtait de pourpre et de fin
20 lin, se traitant chaque jour magnifiquement[1]. — Et un pauvre,
21 nommé Lazare[2], avait été jeté à sa porte, couvert d'ulcères[3], — et
   désireux de se rassasier des miettes qui tombaient de la table du
22 riche ; mais encore les chiens venaient lécher ses ulcères[4]. — Or il
   arriva que le pauvre mourut et qu'il fut porté par les anges dans le
23 sein d'Abraham[5]. Et le riche mourut aussi et fut enterré[6]. — Et

qui épouse une femme répudiée, c'est celui qui méconnaissant la nouvelle, s'attache obstinément à l'ancienne économie. Ce dernier méconnaît la sentence du v. 16, et le premier celle du v. 17. — La première explication est plus admissible ; mais il est évident que la vraie place de cette déclaration est dans le discours sur la montagne.

1. *Un homme riche ;* ce mot est assez fréquemment employé en un sens défavorable dans l'Ecriture. L'histoire de celui-ci va justifier d'une manière saisissante les sérieux avertissements que Jésus vient de donner aux pharisiens avares qui se moquaient de lui (v. 14-18), et compléter l'application de la parabole précédente. (v. 9-13.) — La *pourpre* dont se revêtait somptueusement ce riche, était la robe de dessus, le manteau, tandis que le *fin lin*, étoffe précieuse qui se fabriquait en Egypte, composait la tunique. Un seul trait peint sa manière de vivre : gr. *il faisait joyeuse chère chaque jour magnifiquement.* Vivre dans le luxe, se livrer aux jouissances des sens, tout en restant égoïstement indifférent aux besoins et aux maux du pauvre (v. 21), telle était la conduite de ce riche. Il n'est pas mis d'autre péché à sa charge, il n'est pas dit qu'il menât une vie immorale. Sa fin est un avertissement d'autant plus universel et d'autant plus terrible pour les égoïstes honorables qui se trouvent par milliers dans la société de tous les temps. (Matthieu 25 : 41-45.)

2. *Lazare* est l'abréviation d'*Eleazare*, qui signifie *Dieu est le secours.* Si le Sauveur donne un nom à ce pauvre, tandis qu'il n'a point nommé le riche, c'est sans doute avec intention ; il voulait indiquer par là que ce Lazare cherchait et trouvait son secours en Dieu et qu'au sein de sa misère il était un pieux Israélite. — C'est la seule fois que Jésus donne un nom à un personnage de parabole. Des Pères de l'Eglise et Calvin en ont conclu qu'il racontait une histoire véritable. Cela n'est pas impossible, mais c'est peu probable. En tout cas, il ne parle pas du frère de Marthe et de Marie, qui possédait une demeure. (10 : 38.)

3. A l'indigence se joignaient, chez ce malheureux, la maladie, la souffrance. — La *porte* du riche désigne, selon le terme original, la porte d'entrée, le portail, qui, dans les grandes maisons, conduisait à la cour intérieure. On y avait *jeté* le pauvre ; cette expression trahit l'insouciance des gens qui, après l'avoir déposé là, l'abandonnaient ainsi dans sa misère.

4. L'ambition du pauvre était bien modeste ; elle se bornait aux *miettes qui tombaient* de la table somptueuse du riche. Les lui donnait-on ? C'est ce que le texte ne dit pas, mais la phrase qui suit fait supposer le contraire ; non seulement on ne les lui donnait pas, *mais même les chiens*, etc. Ce dernier trait achève de peindre la misérable situation de cet homme. Il indique que ses plaies n'étaient pas même bandées, et que ces animaux immondes (dans les idées de l'Orient), en venant les lécher, ajoutaient à ses douleurs. Tel est bien le sens du contexte, et c'est par pure imagination qu'on a voulu attribuer à ces chiens plus d'humanité que n'en montraient les hommes. — Une variante de *Sin.* et *B*, admise par Tischendorf et d'autres critiques, supprime *les miettes ;* on suppose que ces mots ont été empruntés à Math. 15 : 27, et que le texte original portait : *désirant de se rassasier de ce qui tombait de la table du riche ;* mais les témoignages en faveur de leur authenticité sont nombreux et importants.

5. *Dans le sein d'Abraham ;* le sens de l'expression *dans le sein*, est le même que dans Jean 13 : 23. Le Sauveur représente ici, comme souvent ailleurs (Matthieu 8 : 11 ; 26 : 29 ; Luc 13 : 28), le bonheur du ciel sous l'image d'un banquet célébré avec les patriarches, dans une communion pleine de joie. Or, comme on se mettait à table à demi couché sur un divan, on se penchait sur le sein de son voisin. L'ami le plus intime du père de famille, celui à qui il voulait faire le

La note 6 est à la page suivante.

dans le séjour des morts, levant les yeux, tandis qu'il est dans les tourments, il voit de loin Abraham, et Lazare dans son sein [1]. — Et 24 s'écriant, il dit [2] : Père Abraham, aie pitié de moi et envoie Lazare, afin qu'il trempe dans l'eau le bout de son doigt, et qu'il rafraîchisse ma langue ; parce que je suis tourmenté dans cette flamme [3]. — Mais 25 Abraham dit : Mon enfant, souviens-toi que tu as reçu tes biens pendant ta vie, et de même Lazare les maux ; or maintenant, ici, il est consolé, et toi, tu es tourmenté [4]. — Et outre tout cela, un grand 26

plus d'honneur, occupait cette place tout près de lui. Chez les Juifs, Abraham étant considéré comme le personnage le plus vénéré et le plus élevé de leur histoire, on conçoit quel honneur et quel bonheur ce trait de la parabole confère à Lazare. Quel contraste avec sa misère profonde sur la terre ! — Il faut remarquer encore l'office assigné aux *anges* de Dieu. (Comp. v. 9, première note.)

6. Il y a ici une opposition marquée à dessein entre le pauvre et le riche : Il arriva que le pauvre mourut ; *et le riche aussi mourut* ; sa richesse et son luxe ne retinrent pas la mort, qui, pour lui, fut d'autant plus terrible. Puis vient ce dernier acte de son existence terrestre : *il fut enterré*, sans doute avec grande pompe. Jésus ne parle pas de l'ensevelissement de Lazare : il passa inaperçu comme le convoi des pauvres.

1. Après les scènes de la terre, les scènes du monde invisible. Quel réveil pour ces deux âmes, l'une dans le sein d'Abraham, l'autre *dans les tourments* !
— Le mot grec *hadès*, que nous traduisons par *séjour des morts*, signifie littéralement le *lieu invisible*, sans forme, sans apparence, parce qu'il échappe aux regards des hommes. C'est par ce terme que la version des Septante rend le mot hébreu *scheol*, qui indique aussi le lieu où se rendent indistinctement toutes les âmes, à l'heure de la mort. Nos versions ordinaires rendent ces deux termes, d'une manière également fausse, tantôt par « *enfer,* » tantôt par « *sépulcre,* » parce que le vrai mot n'existe pas dans notre langue. Ces deux expressions (hadès et scheol) n'indiquent nullement par elles-mêmes s'il s'agit d'un séjour de bonheur ou de souffrance, car chaque âme porte en elle les conditions de l'un ou de l'autre. (Comp. Act. 2 : 27, 31, en grec.) Ainsi, dans notre verset, c'est le mot de *tourments* qui seul indique l'état où se trouvait le mauvais riche. Pour lui, *voir* Lazare (le présent, *il voit*) dans le sein d'Abraham, tandis que lui-même était tourmenté, fut toute une révélation du monde invisible.
— Le commencement de la parabole, qui nous montre Lazare souffrant et mourant à la porte du riche, sans que celui-ci se soucie de lui, et, plus encore, l'application de la parabole de l'économe injuste (v. 9), ne laissent pas le moindre doute sur la question : pourquoi le mauvais riche est-il dans les tourments, tandis que Lazare est parmi les bienheureux ? (Comp. v. 19, note.) C'est donc sans fondement que l'exégèse rationaliste prétend que, d'après cette parabole, le riche est puni comme riche, et Lazare récompensé comme pauvre, attribuant à l'évangéliste l'hérésie ébionite, contraire à toute l'Ecriture. Pour qui sait lire, cette opinion se réfute d'elle-même.

2. L'entretien qui va suivre rappelle les dialogues des morts chez les anciens. Tout y est image, mais ces images représentent des réalités.

3. Le riche reconnaît Abraham et Lazare. Ce trait montre que la personnalité subsiste dans le monde invisible et que les âmes ont des rapports entre elles. Du reste, le but de ce verset est de faire ressortir la transformation totale qui s'est opérée dans la situation des deux hommes : le riche est devenu un mendiant, et c'est Lazare qu'il implore. — Il faut se garder de matérialiser, comme on l'a fait trop souvent, ces *flammes*, qui ne sont que l'image de la souffrance morale. Les convoitises et les passions, jusque-là pleinement satisfaites, se changent en tourments, dès que tout aliment leur est ôté ; et tandis que le cœur est vide, le feu des regrets et des remords brûle dans la conscience.

4. Le malheureux avait dit : *Père Abraham* (v. 24), se faisant peut-être encore de ce beau nom un titre illusoire ; le patriarche lui répond : *Mon enfant*, parce qu'en effet il était un descendant d'Abraham selon la chair. Il veut peut-être aussi lui donner à entendre qu'au-

abîme est établi entre nous et vous ; afin que ceux qui veulent passer d'ici vers vous ne le puissent, et que ceux qui sont de là, ne 27 traversent non plus vers nous¹. — Mais il dit² : Je te prie donc, 28 père, de l'envoyer dans la maison de mon père, — car j'ai cinq frères, afin qu'il leur rende témoignage, pour qu'ils ne viennent 29 pas, eux aussi, dans ce lieu de tourments³. — Mais Abraham lui dit : 30 Ils ont Moïse et les prophètes ; qu'ils les écoutent⁴ ! — Mais il dit : Non, père Abraham ; mais si quelqu'un des morts va vers eux, ils se 31 repentiront⁵. — Mais il lui dit : S'ils n'écoutent pas Moïse et les pro-

rait pu l'être selon l'esprit. Il y a, en tout cas, dans ce terme la bienveillance de la charité, qui subsiste même envers un réprouvé. — « Le *souviens-toi* est le mot central de la parabole ; il forme le lien entre les deux scènes, celle de la terre et celle de l'*hadès.* » *Godet.* La mémoire est, dans le monde invisible, une cause de tourments pour les uns, pour les autres, une source de consolation et de joie. Ce dont le riche doit se souvenir, c'est qu'il a eu pendant la vie *ses biens*, ceux qu'il s'est appropriés, dont il a joui en égoïste, les seuls qu'il ait désirés et recherchés ; il en a fait son idole, son dieu ; c'est la cause de son tourment. Lazare a eu *les maux*, qu'il a supportés comme un pieux Israélite ; ils ont été son épreuve, et le riche n'a pas songé à les lui adoucir. Or, *maintenant, ici* (vrai texte) *il est consolé*. La rétribution, en bien ou en mal, ne sera que la conséquence rigoureuse de la vie de tout homme. Ce qu'il sème, il le moissonnera aussi. (Gal. 6 : 7.)

1. Gr. « un grand abîme *est affermi* entre vous et nous. » Ce terme, peu naturel dans une telle image, a été choisi à dessein ; il signifie que les bords de cet abîme ne peuvent se rapprocher, et que l'abîme ne peut être comblé. Abraham a allégué d'abord, pour refuser au riche sa demande, un motif de justice ; il montre ensuite l'impossibilité de l'exaucer.

2. Le riche insiste et présente à Abraham une nouvelle demande. Cette seconde partie du dialogue n'est, comme l'observe très justement M. Godet (1ʳᵉ édit.), « que l'application pratique de la parabole qui, au lieu d'être présentée aux auditeurs sous forme de leçon abstraite, l'est comme continuation de la scène elle-même. Il en est exactement ainsi dans la parabole de l'enfant prodigue, où le tableau du fils aîné met en scène les pharisiens avec leurs murmures, et la réponse divine. » En plaçant cette application dans la bouche du riche, Jésus ne la rend que plus frappante, et il complète la parabole par le trait le plus sérieux et le plus profond qu'elle renferme : la nécessité de la repentance et de la foi pour échapper à la condamnation.

3. Le riche, on le voit par ses paroles, a fait une découverte terrible : c'est qu'une vie telle que la sienne sur la terre conduit nécessairement là où il se trouve ; et comme il ne peut plus rien demander pour lui-même, il se souvient de *ses frères*, qui vivent comme il avait vécu ; il prie *donc* que Lazare leur soit *envoyé pour leur rendre témoignage* des réalités du monde invisible et du danger où il se trouvent d'arriver, *eux aussi*, dans ce *lieu de tourments*. En parlant ainsi, il part d'un préjugé qui, s'il était fondé, serait son excuse : c'est qu'il faut à l'homme, outre les révélations divines, des avertissements extraordinaires, miraculeux (v. 30), pour l'amener à la foi. Il n'ose pas dire qu'il en a été privé et que son malheur vient de là ; mais il sous-entend cette pensée dans sa requête pour ses frères, qui sont dans la même condition où il était sur la terre. C'est ce qui explique la réponse qui lui est faite. (v. 29, 31.)

4. Eclatant témoignage rendu par le Sauveur à cette vérité que la révélation, même de l'Ancien Testament, suffit pour amener les hommes à la foi : *Ils ont Moïse et les prophètes ; qu'ils les écoutent !* Ce verbe, dans la langue que parlait le Sauveur, ne signifie pas seulement *entendre*, mais *obéir*. Tel est le discours que Jésus tenait à des Juifs ; son raisonnement n'est-il pas bien plus probant pour des chrétiens qui, non seulement ont *Moïse et les prophètes*, mais Jésus-Christ et les apôtres ?

5. *Se repentir*, changer complètement les dispositions les plus intimes de la conscience et du cœur (comp. Math. 3 : 2, note), voilà enfin la grande parole que Jésus met dans la bouche de ce malheu-

phètes, ils ne seront pas non plus persuadés, si quelqu'un ressuscite d'entre les morts [1].

4. *Enseignements divers.*

A. 1-10. LES SCANDALES. LE PARDON DES OFFENSES. LA FOI. LES ŒUVRES. — 1° *Les scandales.* Il est impossible qu'ils ne se produisent. Malheur à qui en est l'auteur ! Prenez garde à vous ! (1-3ª) — 2° *Le pardon des offenses.* Si ton frère pèche contre toi, reprends-le et pardonne-lui même des offenses réitérées. (3ᵇ, 4.) — 3° *La puissance de la foi.* En face d'une telle obligation, les apôtres demandent à Jésus de leur augmenter la foi. Jésus répond qu'il suffit d'en avoir gros comme un grain de sénevé pour transplanter un mûrier dans la mer. (5, 6.) — 4° *Le non-mérite des œuvres.* Jésus l'enseigne par la parabole de l'esclave que son maître n'a garde de servir, duquel il exige au contraire des services, sans lui devoir de reconnaissance. Vous de même, ajoute Jésus, quand vous aurez fait tout votre devoir, regardez-vous comme des serviteurs inutiles. (7-10.)

Or il dit à ses disciples [2] : Il est impossible que les scandales n'arrivent ; mais malheur à celui par qui ils arrivent [3] ! — Il vaudrait mieux pour lui qu'une pierre de moulin fût attachée autour de son cou et qu'il fût jeté dans la mer, que de scandaliser un de ces petits [4].

reux, pour faire sentir à ses auditeurs que c'est ce qui lui avait manqué, et que telle avait été la cause de sa vie mondaine et de sa ruine. Mais le riche, tout éclairé qu'il est, persiste dans son erreur, en s'imaginant que si la vérité était annoncée à ses frères par un mort revenu à la vie, elle produirait en eux la repentance et la foi. Le Sauveur le nie.
1. *Être persuadé,* c'est croire à la vérité, à la justice, en d'autres termes, être convaincu de péché, *se repentir.* (v. 30.) Or l'incrédulité et l'amour du monde, qui empêchent cette conviction de se produire, ont leur siège dans le cœur ; de là vient que les preuves les plus évidentes pour l'esprit ne persuadent nullement, aussi longtemps que le cœur n'est pas disposé à s'humilier et à croire. L'Evangile montre par des faits nombreux que des miracles éclatants ne peuvent vaincre l'incrédulité. (6 : 10, 11 ; Jean 9 : 13 et suiv. ; 11 : 46-53 ; 12 : 9, 10.) Nous-mêmes, nous avons le témoignage que demandait ici le mauvais riche pour ses frères ; Jésus-Christ est ressuscité des morts et a mis en évidence les réalités du monde invisible ; et cependant, combien de ceux qui le savent ne sont point *persuadés !*
2. Il faut entendre ici, comme souvent dans Luc, ce mot de *disciples* au sens large ; il ne s'agit pas seulement des apôtres. — Les versets qui vont suivre (v. 1-10) ont été rattachés de diverses manières à ce qui précède, mais aucune de ces tentatives n'est satisfaisante. Le plus naturel est de les considérer comme des fragments de discours. La plupart se retrouvent ailleurs. Ils traitent du scandale (v. 1, 2), du pardon des offenses (v. 3, 4), de la foi (v. 5, 6), du non-mérite des œuvres. (v. 7-10.)
3. Comp. Math. 18 : 7, note. *Il est impossible,* ou il est *inadmissible* qu'il n'arrive des *scandales,* c'est-à-dire des *occasions de chute* et de péché. Matthieu emploie un terme encore plus fort. Il y a *nécessité* à ce qu'ils arrivent. Triste nécessité, fondée sur la corruption du monde, les mauvais exemples, et les tentations qui en résultent. Mais rien de tout cela n'excuse celui qui donne du scandale : *Malheur à lui !* s'écrie le Sauveur.
4. Voir Math. 18 : 6, note, et Marc 9 : 42. Le texte reçu porte ici, comme dans Matthieu, *une meule à âne,* c'est-à-dire la meule d'un moulin mise en mouvement par un âne. C'est là une simple correction d'après le premier évangile. Il faut lire dans Luc, avec *Sin., B, D,* et l'*Itala* : *une pierre de moulin.* — Sur ce qu'il faut entendre par *un de ces petits,* voir Math. 18 : 5, note.

3 — Prenez garde à vous-mêmes[1] ! Si ton frère pèche, reprends-le ;
4 et s'il se repent, pardonne-lui[2]. — Et si sept fois le jour il a péché contre toi, et que sept fois il revienne vers toi, disant : Je me repens,
5 tu lui pardonneras[3]. — Et les apôtres dirent au Seigneur : Aug-
6 mente-nous la foi[4]. — Mais le Seigneur dit : Si vous aviez de la foi comme un grain de sénevé, vous diriez à ce mûrier : Déracine-toi et te plante dans la mer ; et il vous obéirait[5].
7 Or, qui de vous ayant un esclave qui laboure ou paît les troupeaux, lui dira quand il revient des champs : Approche vite et te mets à
8 table ? — Ne lui dira-t-il pas plutôt : Prépare-moi à souper et ceins-toi, et me sers, jusqu'à ce que j'aie mangé et bu ; et après cela, tu
9 mangeras et boiras ? — A-t-il de la reconnaissance envers cet esclave, parce qu'il a fait ce qui était commandé ? Je ne le pense pas[6]. —
10 Vous aussi, de même, quand vous aurez fait tout ce qui vous est

1. Cette exhortation à la vigilance appartient évidemment à ce qui précède : Puisque le scandale est inévitable dans le monde, vous, mes disciples, *prenez garde* d'y donner lieu ! Mais peut-être cette parole a-t-elle aussi, dans la pensée de Luc, un rapport avec ce qui suit ; car nulle part nos relations ne sont plus difficiles qu'avec ceux qui pèchent et qui nous offensent.

2. Comp. Math. 18 : 15, note. Le texte reçu avec *D* et la plupart des *majusc.* porte : pèche *contre toi*. Si l'on retranche ces mots, avec *Sin.*, *A*, *B*, l'*Itala*, on pourrait penser qu'il s'agit d'abord d'un péché qui ne nous concerne point personnellement, et que pourtant nous devons *reprendre* dans notre *frère* avec fidélité et charité. Cependant, l'ordre de lui *pardonner*, s'il se *repent*, semble indiquer qu'ici déjà, comme au verset suivant, le Seigneur a en vue une offense personnelle.

3. Ce développement de la pensée appartient à Luc seul. Le devoir du pardon des offenses, qui est un acte de la vraie charité, n'a pas de limites, parce que la charité n'en a point. (Comp. Math. 18 : 22, note.) Il ne faut pas s'arrêter à cette supposition hyperbolique d'un homme assez dénué de caractère moral pour offenser un autre homme *sept fois le jour*, et en demander le pardon. (Le texte reçu, avec *A*, des *majusc.* et des vers. ajoute même : « et que sept fois *le jour* il revienne. ») Il faut simplement retenir cette vérité, que la charité pardonne toujours.

4. *Les apôtres*, ainsi désignés pour les distinguer des *disciples* (v. 1), ont pris au sérieux le devoir que Jésus vient de prescrire ; mais ce devoir leur paraît impossible à remplir. De là leur prière : *Augmente-nous la foi* (gr. *ajoute-nous de la foi*.) Ils sont donc assez éclairés pour sentir qu'une foi plus puissante que la leur, une foi qui change le cœur et qui soit opérante par la charité (Gal. 5 : 6), les rendra seule capables de pardonner, de pardonner toujours.

5. Vous feriez ce qui semble absolument impossible ; car la foi s'empare de la puissance même de Dieu. Et même le moindre degré de cette vraie foi (si vous l'*avez*, selon *Sin.*, *A*, *B*, majusc., et non l'*aviez*) vous donnerait ce pouvoir. Jésus paraît supposer que les disciples ont assez de foi, qu'ils doivent seulement la mettre en œuvre ; peu importe que leur foi soit grande ou petite ; fût-elle *comme un grain de sénevé*, ils n'ont qu'à se servir d'elle et ils accompliront des prodiges. — Deux fois cette déclaration de Jésus sur la puissance de la foi est répétée dans Matthieu (17 : 20, et 21 : 21), mais avec la comparaison d'une *montagne* transportée dans la mer, au lieu d'un *mûrier*.

6. Il ne faut chercher aucune connexion entre ces versets et ceux qui précèdent. Luc seul a conservé cette instruction importante. Jésus démontre, par une comparaison tirée de la société d'alors, que jamais l'homme ne peut avoir de mérite devant Dieu. (v. 10.) Un *esclave*, dont tout le temps appartient à son maître, ne fait que ce qu'il est obligé de faire, quand, après avoir travaillé tout le jour, il sert encore à table le soir. Son maître ne lui en a point de *reconnaissance* particulière, tout cela lui était *commandé*. — Les der-

commandé, dites : Nous sommes des serviteurs inutiles : nous avons fait ce que nous étions obligés de faire[1].

III. Scènes et instructions des derniers temps du voyage.

---

1. *Les dix lépreux.*

11-19. Les dix lépreux. — 1° *La rencontre.* Comme Jésus poursuit sa route vers Jérusalem et passe entre la Samarie et la Galilée, dix lépreux le rencontrent, et, de loin, implorent sa pitié. (11-13.) — 2° *La guérison.* Dès qu'il les voit, Jésus leur ordonne d'aller se montrer aux sacrificateurs. En y allant, ils sont guéris. (14.) — 3° *Le Samaritain reconnaissant.* L'un d'eux revient glorifiant Dieu ; et se jetant aux pieds de Jésus, il lui rend grâces. C'était un Samaritain. Sa conduite inspire à Jésus cette réflexion attristée : Les dix n'ont-ils pas été guéris ? Ne s'est-il trouvé aucun des neuf autres qui soit revenu, comme cet étranger, pour donner gloire à Dieu ? Puis il dit au lépreux : Va, ta foi t'a sauvé. (15-19.)

Et il arriva, comme il était en route pour Jérusalem, que lui-même 11 passait entre la Samarie et la Galilée[2]. — Et comme il entrait dans 12 un bourg, dix hommes lépreux vinrent à sa rencontre et s'arrêtèrent à distance ; — et ils élevèrent la voix, disant : Jésus, Maître, aie pitié 13

---

niers mots : *Je ne le pense pas*, manquent dans *Sin.*, *B*, etc. Tischendorf les omet, avec plusieurs critiques. En tout cas, la pensée reste la même, car la question qui précède suppose une réponse négative.

1. Cette conclusion, qui applique la parabole aux rapports de l'homme avec Dieu, est d'une vérité incontestable. Car, d'abord, aucun homme pécheur n'a fait *tout ce qui lui était commandé* par la loi, qui n'exige rien de moins que la perfection de l'obéissance. Mais l'eût-il fait, il aurait simplement accompli une obligation sacrée et n'aurait aucun mérite à faire valoir devant Dieu. Un ange même ne saurait prétendre à un droit devant Dieu, à qui il *doit* ses services les plus parfaits. Il est lui-même un *serviteur inutile*, dans ce sens que Dieu n'a pas besoin de son obéissance. Cette idée est renfermée dans le mot grec que nous traduisons par *inutile*, et qui signifie littéralement une personne ou une chose dont il ne revient aucun avantage, aucun profit. Ce mot se retrouve, dans un sens plus absolu encore, Math. 25 : 30. — Tout cela est vrai au point de vue du *droit*, et cette instruction de Jésus met à néant la propre justice, la prétention de l'homme à mériter quoi que ce soit devant Dieu ; elle ne lui laisse d'autre moyen de salut que la grâce. « Mais il y a une sphère supérieure à celle du droit, celle de l'*amour* ; dans celle-ci s'accomplit par l'homme un travail d'une autre nature, celui qui a le caractère du joyeux et filial dévouement ; et aussitôt se produit une appréciation divine fondée sur un autre principe, le cas infini que l'amour fait de l'amour. Jésus a formulé cet autre point de vue, ch. 12 : 36, 37. » *Godet.*

2. Luc donne ici une nouvelle indication de ce long voyage de Jésus vers Jérusalem, interrompu et retardé par diverses excursions et de nombreux travaux. (9 : 51, note.) Dans ce moment il *passait* (gr. *traversait*) entre la *Samarie et la Galilée*, en se dirigeant de l'ouest à l'est vers le Jourdain et la Pérée. Il ne suit point, pour se rendre à Jérusalem, l'une des deux routes ordinaires, par la Pérée ou par la Samarie. C'est ce que Luc indique par ce mot qui se trouve déjà au ch. 9 : 51 : *lui-même*, lui de son côté. Cette mention de la Samarie, tout en indiquant le chemin que suivait Jésus, prépare le

14 de nous[1] ! — Et les ayant vus, il leur dit : Allez, montrez-vous aux sacrificateurs[2]. Et il arriva que, comme ils s'en allaient, ils furent pu-
15 rifiés[3]. — Mais l'un d'entre eux, voyant qu'il était guéri, revint,
16 glorifiant Dieu à haute voix ; — et il se jeta sur sa face, aux pieds
17 de Jésus, lui rendant grâces. Or c'était un Samaritain[4]. — Et Jésus, prenant la parole, dit : Les dix n'ont-ils pas été purifiés ? Mais les
18 neuf, où sont-ils ? — Ne s'est-il trouvé que cet étranger qui soit
19 revenu pour donner gloire à Dieu[5] ? — Et il lui dit : Lève-toi, va ; ta foi ta sauvé[6].

2. *L'avènement du fils de l'homme.*

A. 20-37. LA QUESTION DES PHARISIENS ET L'ENSEIGNEMENT AUX DISCIPLES. 1º *La question des pharisiens.* Ils interrogent Jésus sur l'époque de la venue du royaume de Dieu. Il leur répond que ce royaume ne viendra pas avec éclat, car il est au milieu d'eux. (20, 21.) — 2º *L'enseignement aux disciples.* — *a) L'apparition du fils de l'homme.* Les disciples auront le désir ardent de cette apparition et devront se garder des fausses nouvelles qu'on en donnera. Cette apparition sera comme l'éclair qui traverse le ciel. Mais auparavant le fils de l'homme doit souffrir et être rejeté. (22-25.) — *b) Les temps qui précéderont le retour du Seigneur.* Ils seront semblables aux temps qui précédèrent le déluge et la destruction de Sodome. (26-30.) — *c) La condition du salut en ce jour-là.* Ne pas redescendre du toit dans la maison, ni revenir des champs. Se souvenir de la femme de Lot. Qui voudra sauver sa vie la perdra, qui la perdra la conservera. (31-33.) — *d) Le triage opéré.* Dans cette nuit, de deux personnes dans un même lit, l'une sera sauvée et l'autre perdue. Où sera-ce ? demandent les disciples. Jésus répond : où sera le corps, là s'assembleront les aigles. (34-37.)

lecteur à trouver un Samaritain (v. 16) parmi les lépreux que Jésus va guérir.

1. Ces malheureux *lépreux*, exclus par la loi de toute communication avec la société (Lév. 13 : 46 ; comp. Math. 8 : 2, note), s'étaient réunis, afin de se rendre mutuellement les soins que tout le monde leur refusait. C'est à cause de la même interdiction (Lév. 13 : 46) qu'ils *s'arrêtèrent à distance* et durent ainsi *élever la voix* pour implorer la *pitié* de Jésus.

2. Les *sacrificateurs* avaient seuls le droit de constater la guérison d'un lépreux et de le réintégrer dans ses privilèges d'Israélite. (Lév. 13 : 2 ; 14 : 3 ; Math. 8 : 4, note.) Jésus n'estime pas que la guérison miraculeuse dont ils sont l'objet dispense ces lépreux d'observer la loi ; et, en même temps, comme ils devaient *aller* en se confiant en sa seule parole, c'était pour eux un exercice de foi. (v. 19.)

3. Ils furent guéris *comme ils s'en allaient,* dans l'acte même de leur obéissance à la parole de Jésus. Et cette guérison fut si complète, qu'ils ne purent pas en avoir le moindre doute. (v. 15.)

4. Voir, sur les *Samaritains*, Math. 10 : 5, 6, note. Cet homme qui possède moins de lumières que ses compagnons israélites, les surpasse de beaucoup par son ardente reconnaissance pour un bienfait si inespéré. Il en fait remonter la *gloire* jusqu'à *Dieu* (v. 15), mais il n'oublie pas celui qui le lui a immédiatement conféré ; il lui en *rend grâces* avec une profonde humilité.

5. Gr. *Mais les neuf où* (sont-ils) ? *Ils ne se sont point trouvés retournant pour donner gloire à Dieu, si ce n'est cet étranger !* Jésus prononce ces paroles avec la tristesse que lui inspire l'ingratitude des enfants de son peuple. « Les premiers seront les derniers. » Jésus fait ressortir ailleurs le même contraste entre des Juifs et un Samaritain. (10 : 31-33).

6. *Ta foi t'a sauvé,* et non *guéri.* comme traduisent ici et ailleurs nos anciennes versions. La foi de cet homme, puis sa vive reconnaissance envers Dieu

ÉVANGILE SELON LUC

Les pharisiens lui ayant demandé quand le royaume de Dieu viendrait [1], il leur répondit et dit : Le royaume de Dieu ne vient point de manière à être observé ; — et l'on ne dira point : Voici, il est ici, ou voici, il est là [2] ; car voici, le royaume de Dieu est au milieu de vous [3]. — Mais il dit aux disciples [4] : Des jours viendront où vous désirerez de voir un des jours du fils de l'homme, et vous ne le verrez point [5]. 20 21 22

et envers le Sauveur, furent certainement le point de départ d'un développement tout nouveau dans sa vie religieuse, dont le dernier terme fut le *salut* de son âme. De là cette expression que Jésus emploie à dessein.

1. Luc rapporte cette question des pharisiens sans indiquer les circonstances qui purent y donner lieu, ni les motifs qui la leur inspirèrent. A ce dernier égard, on ne peut guère supposer qu'ils voulussent simplement s'instruire auprès de Jésus sur ce sujet important. Comme à l'ordinaire, ils pensaient plutôt à l'éprouver, à le mettre dans l'embarras, ou à lui faire dire quelque hérésie dont ils pourraient profiter contre lui. On sait d'ailleurs que les pharisiens se faisaient du *royaume de Dieu* et de la venue du Messie qui l'établirait des idées tout extérieures, politiques et terrestres. Ils attendaient le rétablissement glorieux du royaume d'Israël, délivré de tout pouvoir étranger. De là la réponse de Jésus sur la vraie nature de son règne.

2. Voir, sur le terme *royaume de Dieu*, Math. 3 : 2, note. La venue du royaume de Dieu n'est point un événement qui se produit avec éclat, de manière à attirer les regards, à pouvoir être *observé* des yeux de la chair (gr. *avec observation*). Et pour rendre sa pensée plus claire et plus pittoresque, Jésus ajoute qu'on ne dira point : (gr.) *voici, ici !* ou *voici, là !* C'est un royaume spirituel et intérieur. Sans doute, les hommes éclairés par l'Esprit de Dieu peuvent reconnaître sa présence à des signes certains, et même il apparaîtra un jour avec un éclat et une gloire que nul ne pourra ignorer. (v. 24.) Mais Jésus parle ici de son établissement actuel et progressif. Aussi faut-il bien se garder de traduire avec nos anciennes versions : « Le royaume de Dieu ne *viendra* point avec apparence. »

3. Le mot grec que nous traduisons par *au milieu de* vous, peut signifier aussi *au dedans de* vous, et beaucoup d'excellents interprètes l'entendent ainsi. Ce royaume spirituel s'établit en effet dans les âmes, et là où il n'est pas *dans l'intérieur*, il n'existe pas du tout. (Comp.

Jean 3 : 1-10 ; Rom. 14 : 17 ; 1 Cor. 4 : 20 ; Col. 1 : 13.) Cependant, la traduction : *au milieu de vous* s'impose par la raison que, Jésus parlant à des pharisiens encore aveuglés par leurs préjugés et leur inimitié, ne pouvait leur dire que le royaume de Dieu était *au dedans d'eux*. Ils demandaient *quand* viendrait ce royaume extérieur qu'ils attendaient. En réponse à cette question, le Sauveur affirme que le vrai royaume de Dieu est déjà au milieu d'eux, par la présence, la prédication et l'action de Jésus et de ses disciples. Si ses auditeurs n'avaient pas persisté dans leur aveuglement, ils l'auraient reconnu. La même pensée se retrouve ailleurs : Jean 1 : 26 ; Math. 12 : 28.

4. Il faut remarquer ce *mais*, qui établit une sorte d'opposition entre la réponse aux pharisiens et le discours adressé aux disciples : « Le royaume de Dieu est déjà présent au milieu de vous dans ses humbles commencements, inaperçu du monde ; *mais* le jour vient où il apparaîtra avec éclat aux yeux de tous. » (v. 24.) — Matthieu (ch. 24) et Luc (ch. 21) ont conservé, l'un et l'autre, un grand discours prophétique de Jésus sur la ruine de Jérusalem et sur son retour pour le jugement du monde. Notre évangéliste reproduit ici un discours analogue, où il n'est pas question de la ruine de Jérusalem, mais exclusivement de la seconde venue du Sauveur. Cet enseignement est parfaitement motivé dans notre chapitre par la question des pharisiens et par la réponse de Jésus (v. 20, 21). Jésus devait désirer compléter celle-ci pour *les disciples*, en élevant leurs regards vers le terme à la fois glorieux et redoutable de son règne. Pourquoi donc ne pas admettre, avec Meyer et quelques autres commentateurs, que Jésus a donné alors déjà ces instructions aux disciples, et en a répété quelques-unes dans son grand discours final ? La haute importance de ces prédictions en expliquerait la répétition.

5. Ces *jours* qui *viendront*, ce sont le temps où les disciples, au sein de leurs travaux, de leurs souffrances et de leurs luttes contre le monde, regretteront la présence de cet ami puissant et plein d'amour,

23 — Et on vous dira : Voici, il est ici ; voici, il est là ! N'y allez point,
24 et ne courez pas après. — Car, comme l'éclair qui brille à une extrémité du ciel, resplendit jusqu'à l'autre extrémité du ciel, ainsi sera le
25 fils de l'homme en son jour[1]. — Mais il faut auparavant qu'il souffre
26 beaucoup et qu'il soit rejeté par cette génération[2]. — Et comme il arriva aux jours de Noé, il en sera de même aux jours du fils de
27 l'homme : — on mangeait, on buvait, on se mariait, et on donnait en mariage, jusqu'au jour où Noé entra dans l'arche : et le déluge
28 vint, et les fit tous périr[3]. — De même aussi, comme il arriva aux jours de Lot : on mangeait, on buvait, on achetait, on vendait, on
29 plantait, on bâtissait ; — mais le jour où Lot sortit de Sodome, il tomba du ciel une pluie de feu et de soufre, qui les fit tous périr ;
30 — il en sera de même au jour où le fils de l'homme sera révélé[4].
31 — En ce jour-là, que celui qui sera sur le toit, et qui aura ses effets dans la maison, ne descende pas pour les emporter ; et que celui qui sera aux champs de même, ne retourne point en arrière[5]. —
32, 33 Souvenez-vous de la femme de Lot[6] ! — Quiconque cherchera à sauver sa vie, la perdra ; et quiconque la perdra, la conservera[7]

qui les soutenait durant sa vie, et soupireront après le jour de son apparition, qui sera celui de leur délivrance. Mais, tant que durera pour eux l'épreuve, *ils ne le verront point ;* ils devront se résigner à son absence et se contenter de leur communion spirituelle et invisible avec lui. Ces paroles sont en pleine harmonie avec ce que Jésus vient de dire sur la nature actuelle de son règne. (v. 21.)
1. Voir, sur ces deux versets, Math. 24 : 26, 27, notes. Là, cette même pensée est plus développée ; on voit que ceux qui diront : *Il est ici, il est là*, seront de faux prophètes et même de faux Christs. L'avènement du Christ sera visible partout à la fois, *comme l'éclair* qui *resplendit* d'une *extrémité* à *l'autre* de l'horizon ; il ne sera pas nécessaire de courir *ici* ou *là* pour le voir.
2. Comp. 9 : 22 ; Math. 16 : 21. Ce jour de sa gloire doit être précédé, pour le Sauveur comme pour ses disciples, par les jours de la *souffrance*, tandis que le monde profane poursuivra son train de vie au sein de ses jouissances matérielles et de ses intérêts terrestres. (v. 26-30.) La *génération* qui *rejettera* son Sauveur, ce sont les Juifs, ses contemporains.
3. Voir Math. 24 : 37-39, note. Quelques différences dans les termes, entre les deux évangélistes, sont sans importance pour la pensée.

4. Gen. 19. Ce second exemple des jugements de Dieu, fondant à l'improviste sur un monde profane, a été conservé par Luc seul. Jésus en tire encore le sérieux avertissement du v. 32. On voit qu'il croyait à la réalité de l'histoire biblique et l'envisageait avec une grande hauteur de vues. — Le terme : *sera révélé*, suppose que jusqu'alors le Sauveur est caché, voilé. (Col. 3 : 3.) Sa venue sera sa révélation aux yeux du monde entier. (1 Cor. 1 : 7 ; 2 Thes. 1 : 7 ; 1 Pier. 1 : 7.)
5. Voir, sur ces paroles, Math. 24 : 17 et 18, notes. Il faut remarquer que, dans le premier évangile, ces conseils se rapportent à la ruine de Jérusalem et à la précipitation avec laquelle les disciples devront fuir devant ces calamités. Luc, qui parle ici de l'avènement du Seigneur, les entend dans un sens différent, mais également vrai : alors les disciples devront être détachés de tout, tout abandonner pour s'en aller au-devant du Seigneur. (v.33.)
6. Par ce souvenir historique, Jésus confirme l'exhortation qui précède. La *femme de Lot*, en fuyant Sodome, regarda en arrière (Gen. 19 : 26), parce qu'elle n'avait pas renoncé de tout son cœur aux biens qu'elle laissait dans cette ville, et elle en porta la peine. Que sera-ce à la venue du Seigneur !
7. Comp. 9 : 24 et Math. 10 : 39, note.

CHAP. XVIII.   ÉVANGILE SELON LUC   601

— Je vous dis qu'en cette nuit-là, deux seront sur un même lit, l'un 34
sera pris et l'autre laissé¹. — Deux femmes moudront ensemble, 35
l'une sera prise et l'autre laissée². — Et répondant, ils lui disent : 37
Où, Seigneur ? Mais il leur dit : Là où est le corps, là aussi s'assembleront les aigles³.

B. 1-8. LA PARABOLE DU JUGE INIQUE. — 1° *La parabole*. Pour encourager ses disciples à prier avec persévérance, Jésus leur propose l'exemple d'une pauvre veuve qui, à force d'insistance, obtient justice d'un juge qui, ne craignant ni Dieu ni homme, lui fait droit par égoïsme et pour être délivré de son importunité. (1-5.) — 2° *L'application*. Jésus leur fait remarquer les mobiles de ce juge, et en conclut que Dieu, à plus forte raison, écoutera ses élus et leur fera promptement justice. Mais le fils de l'homme à son avènement trouvera-t-il la foi ? (6-8.)

Or, pour montrer qu'ils devaient toujours prier et ne pas se décou- XVIII
rager, il leur disait aussi une parabole — en ces termes⁴ : Il y avait, 2
dans une ville, un certain juge qui ne craignait point Dieu et qui n'avait
d'égard pour personne. — Et il y avait une veuve dans cette ville-là ; 3
et elle venait vers lui, en disant : Fais-moi justice de ma partie ad-

Jésus fit souvent entendre cette parole ; mais nulle part elle n'a une signification plus pénétrante que dans cette prophétie de son apparition. — Au lieu de *sauver* sa vie, *B* et un autre *majusc*. portent *acquérir* sa vie. Ce terme, qui ne se trouve qu'ici, est probablement authentique. Le dernier mot de la sentence peut se traduire (gr.) : *la conservera en vie* ou *l'engendrera, l'enfantera à la vie*. Si l'on admettait cette dernière interprétation, Jésus affirmerait que, par le renoncement absolu à sa vie propre et par le secours du Saint-Esprit qui renouvelle tout son être, l'homme entre en possession d'une vie spirituelle et impérissable. Ce sens profond est admissible. (Comp. 1 Tim. 6 : 13.) Toutefois Luc, dans un autre passage (Act. 7 : 19) emploie ce même verbe pour dire : *être conservé en vie*, et en ce sens le mot est plus directement l'opposé de : *il la perdra*.

1. *Cette nuit-là*, la nuit, à l'heure des ténèbres et de la plus grande sécurité. (12 : 38-40 ; Math. 25 : 6.) Ce moment solennel de la décision est aussi celui de la séparation, selon les dispositions intérieures de l'âme à l'égard du Sauveur. Alors les rapports les plus intimes de la vie terrestre seront brisés, c'est ce qu'indique ce premier exemple, que Luc seul a conservé. *Être pris*, signifie être reçu, accepté par le Seigneur (Jean 14 : 3), tandis que *être laissé* veut dire être abandonné de lui.

2. Ce second exemple se retrouve dans Math. 24 : 41. (Voir la note.) Le texte reçu en ajoute un troisième (v. 36), ainsi conçu : « Deux seront au champ, l'un sera pris et l'autre laissé. » Ce verset n'est pas authentique dans le texte de Luc ; il a été copié de Matthieu (24 : 40). Il manque dans la plupart des *majusc*.

3. Ce sont les disciples qui, vivement frappés de ce discours, prennent la parole et demandent à Jésus : « *Où* aura lieu cette redoutable séparation que tu annonces ? » Sa réponse signifie que ce sera partout où il y aura des âmes mûres pour le jugement définitif. Quant à l'image par laquelle Jésus illustre cette réponse, voir Math. 24 : 28, note. Quelques *majusc*. portent : le *cadavre* ; cette leçon est tirée de Matthieu.

4. *En ces termes*, gr. *disant*. Cette *parabole* se trouve dans un rapport intime avec le discours prophétique qui précède. C'est ce que Luc indique par l'expression qui lui est familière : *Il leur disait aussi*. De plus la nécessité de la *prière*, de la prière *persévérante* et sans *découragement*, résulte des dangers qui environneront l'Église et chaque âme individuelle dans le dernier combat qui précédera l'avènement du Sauveur. La position des chrétiens dans le monde leur

4 verse[1]. — Et pendant longtemps, il ne le voulait point. Mais après cela il dit en lui-même : Quand même je ne crains point Dieu, et que
5 je n'ai d'égard pour personne, — néanmoins, parce que cette veuve m'importune, je lui ferai justice, de peur qu'elle ne vienne à la fin
6 me rompre la tête[2]. — Or le Seigneur dit : Ecoutez ce que dit le
7 juge injuste ! — Et Dieu ne fera-t-il pas justice à ses élus, qui crient à lui jour et nuit[3], et n'est-il pas rempli de longanimité à leur égard[4] ?
8 — Je vous dis qu'il leur fera justice promptement[5]. Seulement, le

fait du reste éprouver en tout temps ce pressant besoin de la prière ; sans elle chacun d'eux serait semblable à cette pauvre veuve, opprimée et destituée de toute protection. (v. 3.)

1. Ainsi, d'une part, un juge qui n'a aucune *crainte de Dieu* et *aucun égard pour aucun homme*, qui, par conséquent, sera sans conscience et sans cœur dans ses procédés ; d'autre part, une pauvre *veuve* affligée dans ses affections les plus intimes, et, en outre, opprimée par *sa partie adverse*, tels sont les personnages en présence. Ce que la veuve demande, ayant le droit de l'attendre d'un juge, ce n'est pas une *vengeance*, comme le disent nos anciennes versions et même celle de Lausanne, mais (gr.) *sa délivrance par la justice*. (Il en est de même aux v. 7 et 8.) Et l'évangéliste, en mettant le verbe à l'imparfait : elle *venait* à lui, indique qu'elle avait réitéré souvent et longtemps sa prière. (v. 4.) Ce fut là le moyen de sa délivrance. (v. 5.)

2. Gr. *me frapper sous les yeux*. Ce mot se retrouve une seule fois encore dans le Nouveau Testament (1 Cor. 9 : 27), dans le sens général de *traiter rudement*. Les interprètes modernes prennent le mot au propre et supposent que le juge exprime ironiquement la crainte qu'elle ne finisse par se livrer à des voies de fait. Il est pourtant plus naturel de l'entendre au figuré : *me tourmenter, me rompre la tête*. On peut traduire aussi : qu'elle ne vienne *jusqu'à la fin*. Le motif égoïste invoqué par le juge est bien en harmonie avec son cynisme : il avoue n'avoir ni *crainte de Dieu*, ni *égard pour personne*.

3. *Ecoutez!* faites attention : ce *juge injuste* (gr. *juge de l'injustice*, comp. 16 : 8), dans son égoïsme, a pourtant fini par accorder à la veuve ce qu'elle demandait. *Et Dieu!* le Dieu juste et miséricordieux, fera-t-il moins pour *ses élus*, ses enfants bien-aimés, qui, du sein de l'oppression, *crient à lui jour et nuit!* Tel est le point de comparaison qu'il faut bien saisir pour comprendre la parabole. Ici, comme dans d'autres similitudes, Jésus enseigne, non par analogie, mais par contraste. (11 : 5 et suiv. ; 16 : 1 et suiv.) Aussi la conclusion ressort-elle d'autant plus vive par un raisonnement *a fortiori* : à plus forte raison....

4. Cette dernière phrase, qui ajoute une idée nouvelle à la question précédente, présente quelques difficultés. Le texte le plus autorisé (*Sin.*, *A*, *B*, *D*) porte : *use-t-il de patience à leur égard ?* La plupart des commentateurs modernes font de cette phrase une question indépendante de la précédente et donnent au verbe le sens d'*agir avec lenteur* : *tarde-t-il à leur égard ?* Le verbe au présent ne convient guère dans cette explication et la signification *tarder* n'est pas suffisamment établie. Il est plus naturel de rattacher étroitement cette proposition à la précédente et de la faire dépendre de la négation de celle-ci : *et n'use-t-il pas de longanimité*, n'est-il pas rempli de bonté à leur égard? (J. Weiss.) Si cette traduction ne paraissait pas admissible, il faudrait, avec M. Godet, reconnaître que la leçon des principaux manuscrits ne présente aucun sens convenable et revenir à celle du texte reçu : *lors même qu'il use de patience* (diffère) *à leur égard*.

5. C'est la réponse à la question du verset précédent. L'idée d'un *prompt* retour de Christ pour la délivrance des élus est exprimée en divers endroits des Ecritures dans les mêmes termes. (Rom. 16 : 20 ; Apoc. 1 : 1 ; 3 : 11 ; 22 : 20, etc.) Si de telles déclarations semblent au premier abord n'avoir pas été réalisées par l'événement, nous devons nous souvenir, d'une part, que ce temps d'attente et d'épreuve, qui paraît très long à ceux qui souffrent, est pourtant très court aux yeux de Celui pour qui « mille ans sont comme un jour » et qui veut accomplir les desseins de sa miséricorde envers tous ses élus (2 Pier. 3: 8, 9) ; d'autre part, que cette promesse

ÉVANGILE SELON LUC

fils de l'homme, quand il viendra, trouvera-t-il la foi sur la terre [1] ?

3. *Enseignements divers.*

A. 9-14. PARABOLE DU PHARISIEN ET DU PÉAGER. — 1º *Le pharisien.* Jésus propose une parabole à quelques hommes qui s'estimaient justes et qui méprisaient les autres : Un pharisien et un péager montent au temple pour prier. Le pharisien, se présentant avec assurance, rend grâces à Dieu, d'abord de tout le mal qu'il ne fait pas, puis de tout le bien qu'il fait. (9-12.) — 2º *Le péager.* Le péager montre par son attitude qu'il est profondément humilié devant Dieu, et prie ainsi : O Dieu ! sois apaisé envers moi qui suis pécheur ! (13.) — 3º *Le résultat.* Sur quoi Jésus déclare que celui-ci fut justifié devant Dieu et non pas celui-là. Car quiconque s'élève sera abaissé. (14.)

Or il dit aussi, à quelques-uns qui se persuadaient eux-mêmes qu'ils 9 étaient justes, et qui méprisaient les autres, cette parabole [2] : — Deux hommes montèrent au temple pour prier ; l'un était pharisien, 10 et l'autre péager [3]. — Le pharisien, se tenant debout, priait ainsi 11 en lui-même [4] : O Dieu ! je te rends grâces de ce que je ne suis pas

d'une prompte délivrance s'applique, non seulement à l'Église dans son ensemble, mais à chacun des élus, pour qui l'heure de la mort est aussi l'heure de la délivrance. C'est dans cette vue que saint Paul pouvait appeler « légère » l'affliction actuelle des chrétiens, qui produit en eux une gloire éternelle. (2 Cor. 4 : 17.)
1. La promesse de Dieu est certaine, infaillible ; *seulement* ses enfants sauront-ils tous « persévérer jusqu'à la fin » en gardant *la foi*, la vraie foi qui seule peut les maintenir en communion avec le Sauveur ? C'est avec tristesse, et pour donner un avertissement à ses disciples, que Jésus pose cette question. Il vient de dire dans quel état d'oubli de Dieu se trouvera le monde à sa venue (17 : 26-29), et quant à ses disciples eux-mêmes, il a prédit ailleurs (Math. 24 : 12) qu'au sein des tribulations des derniers temps, « la charité du grand nombre se refroidira. » Cependant, la question ne signifie pas qu'il ne trouvera plus de foi sur la terre ; car dans ce sens absolu elle serait en contradiction avec la promesse de délivrance qu'il vient de faire à ses élus. (v. 7, 8.) — Il est remarquable que Jésus, même en parlant de son apparition dans la gloire, se désigne comme *le fils de l'homme.* (Voir, sur ce terme, Math. 8 : 20, note.)
2. Cette parabole, particulière à Luc, comme la précédente, est sans relation apparente avec l'enseignement renfermé dans celle-ci. Elle fut provoquée sans doute par quelque manifestation de propre justice qui attira l'attention du Sauveur et de son entourage. Il est inutile de se demander qui étaient ces *quelques-uns* à qui Jésus l'adresse plus spécialement. Luc ne le dit pas. Ce n'étaient pas les pharisiens du ch. 17 : 20, qui paraissent s'être éloignés, tandis que Jésus s'adressait aux disciples. (v. 22.) Il est peu probable que Jésus eût mis en scène l'un des leurs en leur présence. Mais si les hommes dont il s'agit n'étaient pas des pharisiens, ils étaient remplis de sentiments pharisaïques. *Ils se persuadaient qu'ils étaient justes* (ou suivant une autre traduction : *ils se confiaient en eux-mêmes, pensant être justes*) *et méprisaient les autres.* L'orgueilleuse propre justice était l'esprit même de la secte. L'homme est toujours disposé envers ses semblables selon qu'il l'est envers Dieu : humble et repentant, « il les estime plus excellents que lui-même » (Philip. 2 : 3) ; propre juste, il les méprise.
3. Voir, sur les *pharisiens,* Math. 3 : 7, note, et, sur les *péagers,* Math. 5 : 46, note. Jésus met en présence ces deux hommes dont les dispositions morales sont aux deux pôles extrêmes de la vie religieuse, et leur fait exprimer clairement leurs pensées. En aucune occasion l'homme ne révèle plus distinctement ce qui remplit son cœur que dans la *prière.*
4. *Debout,* avec assurance, la tête haute, tout l'opposé du péager. (v. 13.) — Gr. *Il*

comme le reste des hommes, qui sont ravisseurs, injustes, adultères,
12 ou même comme ce péager ¹ ! — Je jeûne deux fois la semaine ; je
13 donne la dîme de tout ce que j'acquiers ². — Mais le péager, se tenant à distance, n'osait pas même lever les yeux au ciel ; mais il se frappait la poitrine, en disant : O Dieu ! sois apaisé envers moi, qui
14 suis pécheur ³ ! — Je vous le dis : celui-ci descendit justifié dans sa maison, plutôt que celui-là ⁴ ; car quiconque s'élève sera abaissé ; et quiconque s'abaisse sera élevé ⁵.

B. 15-17. JÉSUS BÉNIT LES PETITS ENFANTS. — 1° *Les disciples les repoussent.* On présente à Jésus les petits enfants même, afin qu'il les bénisse. Les disciples s'y opposent. (15.) — 2° *Jésus les accueille.* Mais Jésus appelle à lui ces petits enfants, disant : Laissez-les venir à moi, car le royaume de Dieu est à qui leur ressemble ; pour y entrer, il faut le recevoir comme un petit enfant. (16, 17.)

priait ces choses à lui-même. Ses pensées, s'arrêtant avec complaisance sur lui-même, ne s'élevaient pas jusqu'à Dieu. Les mots *à lui-même* manquent dans *Sin.* et l'*Itala.* La *Peschito* traduit : *se tenant à part (pour lui-même).* L'ordre des mots dans *A, D,* majusc. favoriserait cette traduction, mais les commentateurs nient qu'on puisse donner ce sens à la préposition grecque, et les éditeurs du texte préfèrent en général la leçon de *B*, qui rattache les mots *à lui-même* au verbe *il priait.*
1. Le pharisien, voulant se juger, prend pour mesure, non pas la loi de Dieu, mais le *reste des hommes ;* et ces hommes, il exagère leurs vices jusqu'à la calomnie, car ils ne sont pas tous comme il les décrit. Enfin, son dernier mot trahit un profond mépris (v. 9.) pour le *péager.* « Le pharisien fait deux classes d'hommes : dans l'une, il jette tout le genre humain ; l'autre, la meilleure, il l'occupe tout seul. » *Bengel.*
2. *Jeûner deux fois la semaine* (le lundi et le jeudi), et donner *la dîme* de tous ses revenus, n'était le devoir de tout Israélite. Le pharisien le remplissait, mais il s'en fait ici un titre de propre justice devant Dieu et de gloire devant les hommes. Il était monté au temple *pour prier* et il n'a rien demandé. Sa prière consiste à énumérer d'abord le mal qu'il ne fait pas, puis le bien qu'il fait ; mais tout cela considéré dans des actes purement extérieurs, dans lesquels ni la conscience ni le cœur n'ont de part.
3. Tout, dans ce péager, dénote la plus profonde repentance de ses péchés, son attitude aussi bien que ses paroles. Il se tient *à distance* du sanctuaire ; il *n'ose pas même lever ses regards* vers le ciel, de peur d'y rencontrer son Juge ; il *se frappe la poitrine,* en signe de profonde douleur. Quant à sa prière, elle est une humble confession et une ardente supplication. Elle n'use pas de beaucoup de paroles ; elle est un cri de l'âme. — Le mot que nous traduisons par *sois apaisé* signifie *sois réconcilié* ou *propice,* dans le sens que nous attachons au mot *propitiation.* C'est l'idée du pardon complet, accordé par la miséricorde de Dieu.
4. Le mot *justifié* doit être entendu dans le sens que Paul lui donne toujours : être déclaré juste, tenu pour juste de la part de Dieu. Le péager, en s'en retournant, emporta dans son cœur la douce assurance du pardon de tous ses péchés, avec la paix de Dieu. Nous voyons par ce passage que la grande vérité de la justification du pécheur sans les œuvres de la loi n'était point exclusivement propre à l'apôtre Paul. Jésus la révèle clairement ici ; bien plus, elle était connue aux fidèles de l'Ancien Testament. (Gen. 15 : 6 ; Esa. 53 : 11 ; Jér. 23 : 6.) — Le mot traduit par *plutôt que celui-là,* présente dans les manuscrits trois variantes qui toutes signifient que le pharisien ne fut pas justifié. « C'est une tournure hébraïque, équivalant à une négation, comme Ps. 118 : 8. Il est bon de se confier en l'Eternel plutôt que dans l'homme, plutôt que dans les princes, c'est-à-dire qu'il n'est pas bon de se confier en l'homme, dans les princes. » *Luther.*
5. Voir Math. 23 : 12 ; Luc 14 : 11, notes.

Or on lui amenait même les petits enfants, afin qu'il les touchât[1] ; 15
ce que les disciples voyant, ils les reprenaient. — Mais Jésus les 16
appela à lui, disant : Laissez venir à moi les petits enfants et ne les
empêchez point ; car le royaume de Dieu est à ceux qui leur ressemblent. — En vérité, je vous dis que celui qui ne recevra pas le royaume 17
de Dieu comme un petit enfant, n'y entrera point.

C. 18-30. LE JEUNE HOMME RICHE. DANGER DES RICHESSES. LA RÉCOMPENSE. — 1º *L'entretien avec le chef*. — *a) La question*. Un chef de la synagogue nommant Jésus : Bon Maître, lui demande ce qu'il doit faire pour hériter la vie éternelle. (18.) — *b) La réponse*. Jésus repousse ce titre : Dieu seul est bon. Il renvoie le chef aux commandements de la seconde table de la loi. Celui-ci affirme les avoir observés dès sa jeunesse. (19-21.) — *c) L'épreuve*. Il te manque une chose, lui répond Jésus : vends ce que tu as, distribue-le aux pauvres, et suis-moi. Mais à l'ouïe de cette parole, il devint tout triste, car il était très riche. (22, 23.) — 2º *Déclaration de Jésus sur le danger des richesses*. — *a) La difficulté du salut*. Voyant qu'il était devenu tout triste, Jésus dit combien il est difficile que les riches entrent dans le royaume de Dieu ; un chameau passerait plutôt par le trou d'une aiguille. (24, 25.) — *b) La possibilité du salut*. Ses auditeurs ayant demandé : Qui peut donc être sauvé ? Jésus répond que ce qui est impossible aux hommes est possible à Dieu. (26, 27.) — 3º *Déclaration de Jésus relative à la récompense des disciples*. — *a) Le renoncement des disciples*. Pierre constate qu'eux, les disciples, ont quitté leurs biens et ont suivi Jésus. (28.) — *b) Leur récompense*. Jésus déclare qu'il n'y a personne qui, ayant fait des sacrifices pour le royaume de Dieu, ne reçoive beaucoup plus en ce temps-ci, et la vie éternelle dans le siècle à venir. (29, 30.)

Et un chef l'interrogea, disant : Bon Maître, que dois-je faire 18
pour hériter la vie éternelle[2] ? — Mais Jésus lui dit : Pourquoi m'ap- 19
pelles-tu bon ? Nul n'est bon, sinon un seul, Dieu. — Tu sais les 20
commandements : Tu ne commettras point adultère ; tu ne tueras
point[3] ; tu ne déroberas point ; tu ne diras point de faux témoignage ;
honore ton père et ta mère. — Mais il dit : J'ai observé toutes ces 21
choses dès ma jeunesse. — Et Jésus, ayant entendu cela, lui dit : Il 22
te manque encore une chose[4] ; vends tout ce que tu as et distribue-

---

1. Voir, sur ce récit, Math. 19 : 13-15 ; Marc 10 : 13-16, notes. C'est ici que Luc rejoint la narration de Matthieu et de Marc, après avoir suivi son récit du voyage de Jésus depuis le ch. 9 : 51 (voir la note). Jésus se trouve encore dans la Pérée, s'avançant vers Jérusalem. — L'expression de Luc : *on lui présentait même les petits enfants* (gr. *les nourrissons*), montre qu'alors l'influence de Jésus était telle, que des parents, après avoir reçu de lui de grandes bénédictions, désiraient qu'elles s'étendissent jusqu'à leurs petits enfants. Le verbe à l'imparfait, comme dans Marc, semblerait indiquer que ce fait se produisit plus d'une fois.

2. Voir, sur ce trait, Math. 19 : 16-22, notes ; Marc 10 : 17-22, notes.

3. Le septième commandement est cité avant le sixième. La même interversion se trouve dans Marc 10 : 19 et Rom. 13 : 9. L'ordre habituel est suivi dans Math. 19 : 18. Dans Ex. 20 : 13-15, quelques manuscrits des Septante portent les commandements dans l'ordre suivant : 7e, 8e, 6e.

4. Gr. il te *reste* encore une chose (à faire). Cette manière de parler ne signifie

606 ÉVANGILE SELON LUC CHAP. XVIII.

le aux pauvres, et tu auras un trésor dans le ciel ; puis viens, suis-
23 moi. — Mais lui, ayant entendu cela, devint tout triste ; car il était très riche [1].
24 Jésus voyant qu'il était devenu tout triste [2], dit : Qu'il est difficile que ceux qui possèdent les richesses entrent dans le royaume de
25 Dieu ! — Car il est plus facile qu'un chameau entre par le trou d'une aiguille, qu'il ne l'est qu'un riche entre dans le royaume de Dieu. —
26 Et ceux qui l'entendaient dirent : Et qui peut donc être sauvé ? —
27 Mais il dit : Ce qui est impossible quant aux hommes, est possible quant à Dieu.
28 Et Pierre dit : Voici, nous, après avoir quitté nos biens, nous
29 t'avons suivi [3]. — Et il leur dit : En vérité, je vous le dis, il n'y a personne qui ait quitté maison ou femme ou frères ou parents
30 ou enfants [4], à cause du royaume de Dieu, — qui ne reçoive beaucoup plus en ce temps-ci, et, dans le siècle à venir, la vie éternelle.

D. 31-34. JÉSUS PRÉDIT SES SOUFFRANCES. — *Troisième annonce de la passion.* Jésus prend à part les douze et leur annonce qu'à Jérusalem vont s'accomplir toutes les prophéties à son sujet. Il sera livré aux païens, qui le maltraiteront et le mettront à mort. Le troisième jour il ressuscitera. Les disciples ne comprennent rien à ces paroles. (31-34.)

31 Or, ayant pris à lui les douze, il leur dit : Voici, nous montons à Jérusalem, et toutes les choses qui ont été écrites par les prophètes
32 sur le fils de l'homme seront accomplies [5]. — Car il sera livré aux païens et on se moquera de lui et on l'outragera et on crachera sur
33 lui, — et, après qu'ils l'auront battu de verges, ils le feront mourir,

pas que Jésus approuve son interlocuteur quand il se vante d'avoir gardé tous les commandements de Dieu (v. 21) ; il n'entre point en discussion avec lui sur ce point ; il se contente de lui proposer la seule chose nécessaire : le suivre, en renonçant à tout. Cet ordre sera l'épreuve qui fera tomber ses illusions.

1. Matthieu et Marc disent : *il s'en alla tout triste*. En effet, le riche n'était sûrement plus présent quand Jésus prononça le discours qui va suivre.

2. Voir, sur ce discours, Math. 19 : 23-26 ; Marc 10 : 23-27, notes. Une variante de *Sin.*, *B* supprime les mots : *qu'il était devenu tout triste*, et porte simplement : *Jésus, le voyant*.

3. Voir, sur cet entretien, Math. 19 : 27-29 et Marc 10 : 28-30, notes. Le texte reçu porte ici : *nous avons tout quitté et nous t'avons suivi* ; correction par laquelle on a voulu conformer les termes de Luc à ceux des deux premiers évangiles.

4. Tel est l'ordre de cette énumération dans *Sin.*, *B*. Le texte reçu porte : *ou parents ou frères ou femme.*

5. Voir, sur cette annonce des souffrances de Jésus, Math. 20 : 17-19 ; Marc 10 : 32-34, notes. C'est la troisième fois que Jésus prédit à ses disciples ce qui va lui arriver. (9 : 22, 44, 45.) — Les mots : *Voici, nous montons à Jérusalem* indiquent que le Sauveur et ses disciples, qu'il avait *pris à part* pour leur faire cette douloureuse confidence, s'acheminaient alors définitivement vers la ville sainte. Ils en étaient même déjà assez rapprochés (v. 35). La fin du verset est susceptible de deux constructions :

CHAP. XVIII.　　ÉVANGILE SELON LUC　　607

et le troisième jour il ressuscitera. — Et eux n'entendirent rien à 34 cela ; et ce discours leur était caché ; et ils ne comprenaient point ce qui leur était dit [1].

4. Jéricho.

A: 35-43. L'AVEUGLE GUÉRI A JÉRICHO. — 1° *Sa rencontre avec le Sauveur.* Comme Jésus approche de Jéricho, un aveugle, qui mendie assis au bord du chemin, apprenant que c'est lui qui passe, s'écrie : Fils de David ! aie pitié de moi ! Et comme on veut lui imposer silence, il crie encore plus fort. (35-39.) — 2° *Sa demande exaucée.* Jésus commande qu'on le lui amène et lui dit : Que veux-tu que je te fasse ? — Seigneur, que je recouvre la vue, lui répond l'aveugle. Jésus lui accorde sa requête, et à l'instant il est guéri. Il suit Jésus, et le peuple, témoin de ce miracle, loue Dieu. (40-43.)

Or il arriva, comme il approchait de Jéricho, qu'un aveugle était 35 assis près du chemin, et demandait l'aumône. — Et ayant entendu 36 la foule qui passait, il s'informa de ce que c'était [2]. — Et on lui an- 37 nonça que c'était Jésus le Nazaréen qui passait. — Et il s'écria di- 38 sant : Jésus, fils de David, aie pitié de moi ! — Et ceux qui allaient 39 devant le reprenaient, afin qu'il se tût ; mais lui criait encore plus fort : Fils de David, aie pitié de moi ! — Et Jésus s'étant arrêté, commanda 40 qu'on le lui amenât ; et quand il se fut approché, il l'interrogea, disant : — Que veux-tu que je te fasse ? Et il dit : Seigneur, que je 41 recouvre la vue ! — Et Jésus lui dit : Recouvre la vue ; ta foi t'a 42 sauvé. — Et à l'instant il recouvra la vue ; et il le suivait en glori- 43 fiant Dieu. Et tout le peuple voyant cela, donna louange à Dieu [3].

B. 1-10. ZACHÉE. — 1° *Zachée cherche à voir Jésus.* Comme Jésus entre dans Jéricho, un chef des péagers, Zachée, cherche à le voir. En étant empêché par sa petite taille, il monte sur un sycomore. (1-4.) — 2° *Ses efforts récompensés.* Jésus, arrivé près de l'arbre, lève les yeux et annonce à Zachée qu'il doit loger chez lui. Zachée le reçoit avec joie. (5, 6.) — 3° *Les murmures des assistants et la résolution de Zachée.* L'entrée de Jésus chez un péager provoque les murmures des assistants. Zachée se présente devant le Seigneur et déclare sa résolution de donner la moitié de ses biens aux pauvres

« les choses *écrites pour* le fils de l'homme seront accomplies » ou « les choses écrites *seront accomplies pour* le fils de l'homme. »
1. Luc exprime ici en termes plus forts encore qu'ailleurs (comp. 9 : 45) l'inintelligence des disciples, qui se refusaient à entrer dans la pensée des souffrances et de la mort de leur Maître. Ils ne pouvaient pas ne pas comprendre le sens littéral de ces paroles ; mais c'est précisément ce sens littéral qu'ils ne voulaient ni croire ni admettre, parce qu'il confondait toutes leurs idées et leurs espérances terrestres. Ils cherchaient donc probablement quelque signification symbolique à la déclaration de Jésus, comme si elle eût été une parabole, et ils n'en trouvaient point.
2. Voir, sur la guérison de cet aveugle, Math. 20 : 29-34 et Marc 10 : 46-53, notes. Sur Jéricho, voir 19 : 1, note.
3. Cette double remarque, que l'aveugle guéri *glorifiait Dieu* et que *tout le peuple,* témoin de cette scène admirable, se joignait à lui pour *donner louange à Dieu,* est particulière à Luc.

et de restituer le quadruple. (7, 8.) — 4° *La déclaration de Jésus*. Jésus déclare à son tour que le salut est entré ce jour même dans la maison de Zachée, car le fils de l'homme est venu chercher et sauver ce qui est perdu. (9, 10.)

XIX Et étant entré dans Jéricho, il traversait la ville¹. — Et voici, un homme appelé Zachée, qui était chef des péagers, et qui était riche²,
3 — cherchait à voir qui était Jésus³, et il ne le pouvait pas à cause
4 de la foule, parce qu'il était de petite taille. — Et il courut en avant et monta sur un sycomore pour le voir, parce qu'il devait passer par
5 là⁴. — Et quand Jésus fut arrivé en cet endroit, ayant levé les yeux il lui dit⁵ : Zachée, hâte-toi de descendre ; car aujourd'hui il faut
6 que je demeure dans ta maison⁶. — Et il descendit à la hâte et le

---

1. Gr. *Et étant entré, il traversait Jéricho*. *Jéricho*, ville célèbre dans l'Ancien Testament (Jos. 2 et 6), l'est devenue plus encore par la présence et les bienfaits du Sauveur, qui, à son passage par cette antique cité, rendit la lumière aux yeux fermés de l'aveugle (18 : 35 et suiv.), et ouvrit les sources de la grâce et du salut à l'âme altérée d'un pauvre péager. (v. 9, 10.) Cette ville était située à deux lieues du Jourdain, que Jésus venait de traverser en quittant la Pérée, et à sept lieues de Jérusalem, où il se rendait pour la dernière fois. Anciennement elle occupait le centre d'une délicieuse oasis couverte d'une forêt de palmiers (Deut. 34 : 3) et de plantes aromatiques. (Le nom même de Jéricho signifie en hébreu *bonne odeur*.) Nulle part on ne voit aujourd'hui d'une manière plus évidente les bouleversements qui ont dû se produire dans toute la Palestine. « Jéricho, à laquelle la Bible donne le nom de ville des palmiers, était entourée jadis d'une forêt de ces beaux arbres. On en voyait quelques-uns encore au commencement de ce siècle ; il n'y en a plus un seul aujourd'hui, il n'y a plus même de sycomore, comme celui sur lequel monta Zachée. Une tour carrée, de construction franque et aux trois quarts ruinée, un pauvre hameau fortifié par une clôture d'épines sèches, voilà tout ce qui reste aujourd'hui de Jéricho. » F. Bovet, *Voyage en Terre-Sainte*, 7ᵉ édit., p. 255.

2. *Zachée* (en hébreu *Zaccaï*, *pur*, Esdr. 2 : 9) est désigné comme *chef des péagers*, sans doute parce qu'il y avait à Jéricho un bureau de douanes romaines dont il était le chef. Cette ville était, en effet, une place de commerce et de transit entre l'Orient et l'Occident. (Voir, sur les péagers, Math. 5 : 46, note.) Sa vocation était devenue pour Zachée une source de *richesses*, dont il fera désormais un bon usage. (v. 8.) Son nom indique qu'il était d'origine juive.

3. Gr. *et il cherchait à voir Jésus, quel il est*. Cette expression ne signifie point, comme le pensent plusieurs interprètes, que Zachée désirât seulement démêler au milieu de la foule lequel était Jésus, ce qui ne dénoterait chez lui qu'une vaine curiosité. Mais, ayant entendu parler de lui, et sachant combien souvent il s'était montré plein de miséricorde pour les hommes de sa profession méprisée, il souhaitait avec ardeur d'avoir le bonheur de le voir de ses yeux, et de retenir au moins les traits de sa physionomie. (v. 4.)

4. Le *sycomore* est un arbre dont les feuilles ressemblent à celles du mûrier, et les fruits à des figues. Selon l'étymologie, ce mot signifie en effet *figuier-mûrier*. Quoique cet arbre devienne assez grand en Orient, ses branches sont basses et s'étendent horizontalement, en sorte qu'il n'est pas difficile d'y monter. « La bienséance n'aurait pas permis à un homme considérable par sa position de monter sur un arbre, mais la foi a vaincu. » *Bengel*.

5. Le texte reçu avec A et des *majusc.* ajoute : *il le vit et....* — Jésus appelle Zachée par son nom. Le connaissait-il ? ou avait-il entendu prononcer ce nom par la foule qui l'entourait ? Ce n'est pas impossible ; mais ce qui est beaucoup plus important que cette question, c'est le fait que « Celui qui connaissait par lui-même ce qui est dans l'homme » (Jean 2 : 25) avait lu dans le cœur de Zachée son ardent désir du salut ; il l'appelle par son nom pour répondre à sa foi naissante. (v. 8, note.)

6. *Aujourd'hui*, tel est le premier mot

reçut avec joie. — Et tous, voyant cela, murmuraient, disant : Il 7 est entré pour loger chez un homme pécheur [1] ! — Mais Zachée, se 8 tenant debout, dit au Seigneur : Voici, Seigneur, je donne la moitié de mes biens aux pauvres, et si j'ai fait tort à quelqu'un en quelque chose, je lui en rends quatre fois autant [2]. — Alors Jésus lui dit [3] : 9 Aujourd'hui le salut est venu pour cette maison, parce que lui aussi est un fils d'Abraham [4]. — Car le fils de l'homme est venu chercher 10 et sauver ce qui est perdu [5].

de cette phrase, comme au v. 9 ; Jésus met l'accent sur cet *aujourd'hui*, qui est pour Zachée le jour du salut. — *Il faut que je demeure dans ta maison* ; sur quoi se fonde cette nécessité ? D'une part, sur la volonté expresse et miséricordieuse de Dieu que Jésus veut accomplir avec amour ; d'autre part, sur le fait qu'il y a là une âme qui soupire après le salut. C'est ce que nous montre *la joie* avec laquelle Zachée reçut le Sauveur. (v. 6.)
1. *Tous murmuraient* : même les disciples, comme le pense Calvin ? Cela n'est pas probable, après ce qu'ils avaient vu et entendu (15 : 1 et suiv.) ; mais tandis que la foule à l'esprit pharisaïque manifestait son indignation, il pouvait rester chez les disciples mêmes une sorte d'étonnement en voyant leur Maître entrer chez un péager. — *Un homme pécheur* ne doit pas s'entendre en un sens général ; dans la pensée de ceux qui murmuraient, ce mot s'appliquait personnellement à Zachée en sa qualité de péager.
2. Zachée prend sans doute cette grande et sainte résolution sous l'impression que font sur lui la présence et les paroles de Jésus ; mais cette résolution, signe de son renoncement au monde, avait été préparée dans son cœur par la repentance et par l'ardent désir de connaître le Sauveur. Et maintenant la joie qu'il éprouve de la faveur inespérée et imméritée que lui fait Jésus lui inspire un sacrifice libre, spontané. En effet, l'expression : *si* j'ai fait tort, ne renferme pas un doute, mais bien plutôt une humble et délicate confession de tout ce qu'il y avait eu d'injuste dans sa conduite. Quelques interprètes pensent que ces verbes au présent : *je donne, je rends*, expriment non une résolution actuelle, mais une ligne de conduite adoptée et observée déjà auparavant. Ils entendent alors par *la moitié de mes biens* la moitié de mon revenu. Il ne nous paraît pas que cette explication soit en harmonie avec l'ensemble du récit.
3. Jésus *lui* dit, à Zachée, bien que les paroles suivantes ne s'adressent pas directement à lui, mais qu'elles soient un témoignage que Jésus lui rend en réponse aux murmures blessants qui s'étaient élevés contre lui. (v. 7.) — Cette scène, dont Luc n'a pas précisé le lieu, se passa-t-elle tout entière devant la maison de Zachée, en présence de la foule qui murmurait contre lui ? Ce serait alors en présence de ce public peu bienveillant qu'il aurait pris son admirable résolution (v. 8), et que Jésus lui aurait adressé les paroles du v. 9. Enfin, ce serait devant ce même public que Jésus aurait prononcé la parabole des v. 11 et suiv. ; puis il aurait poursuivi sa route vers Jérusalem. (v. 28.) On ne voit pas, dans cette manière de comprendre l'enchaînement des faits, quand il serait entré dans la maison de Zachée et y aurait passé la nuit. (v. 5.) L'effusion de cœur à laquelle se livre Zachée perdrait beaucoup de sa spontanéité et de sa beauté, si elle était une sorte de justification en présence de ses accusateurs. Ce sont de tout autres pensées qui le préoccupent. Une lecture attentive du récit nous en donne une idée différente : descendu en hâte de son sycomore, Zachée accompagne Jésus dans sa maison, et c'est là évidemment qu'il le *reçut* avec joie (v. 6.) Le v. 7 dit clairement que Jésus *est entré* dans cette maison. C'est là que le péager se présente devant le Seigneur, fait sa déclaration et entend de lui la parole du v. 9. Sans aucun doute, il a reçu avec lui les disciples de Jésus et plusieurs de ceux qui le suivaient à Jérusalem, peut-être quelques personnes de sa connaissance. En leur présence, durant les heures paisibles de la soirée, Jésus prononce ces paroles si encourageantes et si propres à exciter l'espérance du salut (v. 9 et 10), comme aussi la parabole qui suit et qui est destinée à tempérer cette espérance en montrant les conditions dans lesquelles le salut se réalisera. Enfin, c'est le lendemain, au matin, que Jésus poursuit sa route. (v. 28.)
4. *Le salut*, la délivrance du péché et
La note 5 est à la page suivante.

C. 11-28. LA PARABOLE DES MINES. — 1° *Introduction historique*. Jésus prononce cette parabole pour calmer l'excitation que provoquaient dans son cortège l'approche de Jérusalem et l'attente de l'avènement immédiat du royaume de Dieu. (11.) — 2° *L'absence du maître*. Un homme de haute naissance va dans un pays lointain recevoir l'investiture de la royauté. Il confie à dix de ses serviteurs dix mines à faire valoir par leur travail. Ses concitoyens envoient une ambassade à sa suite pour combattre ses prétentions à la royauté. (12-14.) — 3° *Le retour du maître et le jugement*. — *a) Les serviteurs fidèles récompensés*. Le maître revient investi de la royauté et fait rendre compte aux serviteurs. L'un rapporte dix mines et reçoit dix villes ; l'autre rapporte cinq mines et reçoit cinq villes. (15-19.) — *b) Le serviteur infidèle condamné*. Un serviteur vient, apportant sa mine cachée dans un linge. Il explique sa conduite par la crainte que lui inspire la sévérité de son maître. Le maître répond qu'il le juge sur cette parole : cette crainte devait le pousser à mettre l'argent à la banque. Il ordonne de lui ôter sa mine et de la donner à celui qui a dix mines, et, sur l'objection qu'on lui fait que ce serviteur a dix mines, il déclare qu'on donnera à celui qui a, et qu'à celui qui n'a pas, on ôtera même ce qu'il a. (20-26.) — *c) Le châtiment des ennemis*. Le roi ordonne d'amener et d'égorger devant lui ceux qui n'ont pas voulu qu'il régnât sur eux. (27.) — 4° *Conclusion historique*. Après ces paroles, Jésus marche en tête de son cortège, montant à Jérusalem. (28.)

11 Or, comme ils écoutaient ces choses, Jésus, continuant, dit une parabole, parce qu'il était près de Jérusalem, et qu'eux s'imaginaient
12 que le royaume de Dieu allait paraître à l'instant [1]. — Il dit donc : Un homme de haute naissance s'en alla dans un pays éloigné, pour

de la mort, par la grâce de Dieu que Jésus annonçait et apportait. Ce salut *est venu*, il se réalise par la présence de Jésus, non seulement pour Zachée, mais pour sa *maison*, sa famille. Jésus motive cette déclaration : *parce que* (gr. *conformément à ce que*) ce pauvre péager *est* aux yeux de Jésus qui lit dans son cœur, *aussi* (aussi bien et mieux que ceux qui le méprisent) *un fils d'Abraham*. Il l'est, non seulement parce qu'il descend de lui, mais parce qu'il a la foi et l'obéissance du père des croyants.
5. *Le fils de l'homme* (voir, sur ce terme, Math. 8 : 20, note) *est venu*. D'où ? Le Nouveau Testament tout entier et les synoptiques, non moins que Jean, répondent : Du sein de sa gloire éternelle. (Jean 17 : 5.) Le but de sa venue nous est révélé dans cette double action, que Jésus a accomplie avec une tendre charité par sa vie et par sa mort : *chercher et sauver ce qui est perdu*. Les deux actes correspondent aux deux sens du mot *perdu*. (15 : 6 et 24.) Cette révélation, consolante pour tout pécheur, dut l'être particulièrement pour Zachée, en ce moment solennel de sa vie, comme elle le devint plus tard pour Saul de Tarse, qui aimait à la rappeler. (1 Tim. 1 : 15.) — Si cette déclaration a été prononcée par le Sauveur dans la circonstance où Matthieu la rapporte (18 : 11, voir la note), c'était la seconde fois qu'il la faisait entendre.

1. Dans ce dernier voyage vers Jérusalem, Jésus fut constamment suivi par de grandes foules (v. 3 ; 18 : 36), dont l'attente s'exaltait toujours plus à mesure qu'il approchait de la ville. (v. 36-38.) C'est que les disciples de Jésus, avec les idées fausses qu'ils se faisaient encore sur la nature de son royaume, pensaient que ce royaume *allait paraître*, s'établir *à l'instant*, dès que Jésus aurait fait son entrée à Jérusalem. Jésus prononce la parabole suivante pour combattre cette erreur. Il ne viendra dans son règne et n'établira sa domination sur ses ennemis qu'après une absence prolongée, pendant laquelle ses serviteurs devront faire valoir, par un travail fidèlement accompli, les biens qu'il leur confie. — Cette parabole a divers traits de ressemblance avec celle des *talents*, prononcée par le Sauveur dans une autre occasion, mais elle en diffère profondément à plusieurs égards. (Voir Math. 25 :14, note.)

être investi de la royauté et revenir ¹. — Or, ayant appelé dix de 13 ses serviteurs, il leur donna dix mines ², et leur dit : Faites-les valoir jusqu'à ce que je revienne ³. — Mais ses concitoyens le haïssaient ; 14 et ils envoyèrent après lui une députation pour dire : Nous ne voulons pas que celui-ci règne sur nous ⁴. — Et il arriva, lorsqu'il revint 15 après avoir été investi de la royauté, qu'il fit appeler auprès de lui ces serviteurs auxquels il avait donné l'argent, afin de connaître combien chacun l'avait fait valoir ⁵. — Et le premier se présenta, disant : 16 Seigneur, ta mine a produit dix mines ⁶. — Et il lui dit : Bien, bon 17 serviteur, parce que tu as été fidèle dans la moindre chose, aie autorité sur dix villes ⁷. — Et le second vint, disant : Seigneur, ta 18

1. Ce trait principal de la parabole est emprunté aux circonstances politiques du temps. La maison des Hérode n'exerçait la royauté que sous la dépendance des Romains. Chaque prince de cette famille devait, avant de prendre le gouvernement de ses Etats, s'en aller à Rome pour y chercher la confirmation impériale. C'est ce que Jésus appelle *être investi de la royauté*. Il arrivait alors que les Juifs, mécontents d'un prince, envoyaient après lui des délégués qui devaient, en l'accusant auprès de l'empereur, empêcher son élévation à la souveraineté. Ils combattirent de la sorte l'avènement d'Archélaüs (Math. 2 : 22), ainsi que nous l'apprend Josèphe. (*Antiq.* XVII, 11, 1.) Jésus se représente lui-même dans la position d'un de ces princes ; il ne doit point prendre immédiatement possession de son royaume (v. 11), mais s'en aller auparavant auprès de son Père, où son autorité sera confirmée. Les Juifs agiront envers lui comme ils agissaient envers un prince qu'ils n'aimaient pas (v. 14). Mais il a aussi des serviteurs fidèles, auxquels il confie les moyens de travailler à l'établissement de son règne. (v. 13.)
2. Gr. ses *propres serviteurs*, ceux dont il avait le droit d'attendre une entière fidélité. Le maître donne à ses dix serviteurs *dix mines*, c'est-à-dire à chacun une. (v. 16.) Dans la parabole des talents, où des valeurs diverses sont confiées aux serviteurs, selon leurs capacités, il s'agit des dons naturels, qui sont en effet très divers, tandis que dans notre parabole la *mine* représente pour chacun la tâche qu'il doit remplir, quelle qu'elle soit. — La *mine* grecque valait environ cent francs, somme minime en comparaison du talent. L'intention de Jésus est précisément de montrer qu'une grande récompense sera accordée à la fidélité dans un travail de peu de valeur en soi. (v. 17.)
3. *Faites-les valoir*, ou, proprement : faites des affaires, du négoce, ce qui a pour but d'augmenter la valeur de l'argent confié ; image de la fidélité et du travail par lesquels grandissent nos capacités pour l'avancement du règne de Dieu. La leçon la plus autorisée (*Sin.*, A, B, D) peut se traduire : *pendant que je vais*, ou que je suis en voyage. Mais même en adoptant ce texte, il est préférable de conserver la traduction ordinaire.
4. Ces *concitoyens* du prince représentent les Juifs, qui refusaient obstinément de reconnaître leur Messie. (Jean 19 : 15.) Ils le *haïssaient* à cause de la vérité qu'il leur annonçait. Avec quelle tristesse Jésus dut prononcer cette parole ! Il y a quelque chose de méprisant dans le mot *celui-ci*, et de très résolu dans le terme : *nous ne voulons pas* qu'il *règne sur nous !* La vraie cause de la révolte de l'homme pécheur, c'est que le Seigneur veut régner sur lui.
5. Gr. afin de connaître *qui* l'avait fait valoir *quoi*. Cette tournure réunit les deux questions : Lequel a gagné quelque chose ? et : qu'a-t-il gagné ? — *Sin.*, B, D portent : *ce qu'ils l'avaient fait valoir*, mais Tischendorf lui-même conserve la leçon reçue. C'est le moment du grand compte à rendre. — *Après avoir reçu la royauté ;* ainsi la révolte de ses concitoyens et toutes les résistances du monde ne sauraient empêcher que le Seigneur ne soit et ne reste le roi souverain. (Ps. 2 : 1-6.)
6. Gr. *ta mine a opéré* (ou travaillé) *de plus dix mines*. Ce n'est donc pas à lui-même que ce serviteur attribue un si beau résultat. (1 Cor. 15 : 10.)
7. Plus le serviteur se montre humble (v. 16), plus est belle la louange et grande la récompense que le maître lui accorde. Avec ces dix mines, il aurait à peine

19 mine a produit cinq mines. — Et il dit aussi à celui-ci : Et toi, sois
20 établi sur cinq villes[1]. — Et l'autre vint, disant : Seigneur, voici
21 ta mine, que je tenais réservée dans un linge ; — car je te craignais, parce que tu es un homme sévère ; tu prends ce que tu n'as point
22 déposé, et tu moissonnes ce que tu n'as point semé. — Il lui dit : Je te jugerai sur tes propres paroles[2], mauvais serviteur. Tu savais que je suis un homme sévère, prenant ce que je n'ai pas déposé et mois-
23 sonnant ce que je n'ai pas semé. — Et pourquoi n'as-tu pas mis mon argent dans une banque, et moi, à mon retour, je l'eusse retiré
24 avec l'intérêt ? — Et il dit à ceux qui étaient présents : Otez-lui la
25 mine et donnez-la à celui qui a les dix mines. — Et ils lui dirent :
26 Seigneur, il a dix mines. — Car je vous dis, qu'à tout homme qui a, il sera donné ; mais à celui qui n'a pas, cela même qu'il a lui sera
27 ôté[3]. — Quant à mes ennemis, ces gens qui n'ont pas voulu que je régnasse sur eux, amenez-les ici et égorgez-les en ma présence[4].

acheté une maison, et le maître lui donne *dix villes* à gouverner. Telles sont les richesses de la grâce. Comment faut-il entendre cette récompense quand il s'agit du royaume de Dieu ? Le Seigneur ne le dit pas ; mais il est évident que la position plus élevée et l'activité plus étendue qui est assignée aux serviteurs sont une image de la vie glorieuse et féconde que les enfants de Dieu posséderont dans la maison de leur Père. Dans la parabole des talents, la récompense est ainsi énoncée : « Bien, serviteur bon et fidèle, tu as été fidèle en peu de choses, *je t'établirai sur beaucoup* ; entre dans la joie de ton Seigneur. » (Math. 25 : 21.)

1. Récompense également proportionnée à la fidélité. Elle suppose des degrés divers de félicité et d'activité dans le royaume de Dieu. Dans Matthieu, les deux serviteurs reçoivent la même louange et la même récompense, bien que les résultats de leur travail soient différents. C'est une autre face de la même vérité. Le don immense de la vie éternelle fait disparaître les diversités.

2. Texte reçu avec A, majusc. : *Mais il lui dit....* Gr. *Par ta bouche je te jugerai.*

3. Voir, sur ces excuses du serviteur infidèle et sur la réponse de son maître, Math. 25 : 24-29, notes. Il n'y a entre les deux paraboles que quelques légères différences. Dans Matthieu, le serviteur infidèle *cache* l'argent de son maître *dans la terre* ; ici, il l'a *gardé dans un linge*. L'expression de Luc : *tu prends ce que tu n'as point déposé*, est plus rude encore que celle de Matthieu. La principale divergence résulte du fait que dans la parabole de Luc tous les serviteurs reçoivent la même somme à faire valoir et que dès lors il est difficile de comprendre le reproche que le mauvais serviteur fait à son maître : *tu prends ce que tu n'as pas déposé*. (v. 21.) Cette plainte s'explique mieux dans la parabole de Matthieu : l'unique talent qu'il avait reçu pouvait lui paraître comme rien en comparaison des multiples talents confiés aux autres. Aussi a-t-on diversement interprété la raison qu'il allègue chez Luc. D'après les uns, il voudrait dire : tu t'appropries le fruit du travail de tes serviteurs, sans les faire participer au bénéfice. D'après d'autres (Meyer, Weiss) : Si j'avais perdu la mine, tu te serais dédommagé en en reprenant la valeur sur mon avoir. M. Godet pense qu'il faut envisager cette expression comme une formule proverbiale qui servait à désigner un maître exigeant à l'excès. — Le Seigneur continue son discours, sans avoir l'air de répondre à l'objection du v. 23, et pourtant il la réfute par un principe plein de profondeur. (Math. 25 : 29, note.)

4. Comp. v. 14. Ce terme rigoureux : *Egorgez-les*, correspond à l'idée du souverain politique, qui fait périr des gens révoltés contre son autorité ; il s'appliqua littéralement à des milliers et des centaines de milliers de Juifs, quarante ans plus tard. Mais, de plus, c'est une prédiction du redoutable jugement de Dieu qui atteindra les rebelles au dernier jour. — Il y a donc, dans cette parabole, deux actions

— Et après avoir dit cela, il allait devant eux, montant à Jéru- 28
salem¹.

LA SEMAINE SAINTE

I. LES PREMIERS JOURS DE LA SEMAINE.

1. *L'entrée de Jésus à Jérusalem.*

29-48. L'ENTRÉE A JÉRUSALEM ET LA PURIFICATION DU TEMPLE. — 1° *L'entrée à Jérusalem.* — a) *Les préparatifs.* Jésus prend l'initiative en envoyant deux de ses disciples chercher un ânon dans le bourg qui est devant eux. Les disciples, de leur côté, après avoir exécuté cet ordre, mettent leurs vêtements sur l'ânon pour y faire monter leur Maître, et les étendent sur le chemin. (29-36.) — b) *La joie qui éclate dans le cortége* à la descente du mont des Oliviers. Elle est blâmée par les pharisiens, mais Jésus prend la défense de ses disciples. (37-40.) — c) *Les larmes de Jésus.* En apercevant la ville, Jésus pleure sur elle et prophétise sa ruine. (41-44.) — 2° *Purification du temple.* — a) *Expulsion des vendeurs.* Entré dans le temple, Jésus chasse les vendeurs en déclarant que de cette maison de prière ils font une caverne de voleurs. (45, 46.) — b) *Tableau sommaire* de l'activité de Jésus dans le temple et de sa situation vis-à-vis des chefs du peuple. (47, 48.)

Et il arriva, comme il approchait de Bethphagé et de Béthanie, 29
vers le mont appelé des Oliviers, qu'il envoya deux de ses disciples²,
— en disant : Allez à la bourgade qui est devant vous, et en y en- 30
trant, vous trouverez un ânon attaché, sur lequel aucun homme jamais
ne s'est assis³ ; détachez-le, et amenez-le. — Et si quelqu'un vous de- 31
mande : Pourquoi le détachez-vous ? vous direz ainsi : Parce que le
Seigneur en a besoin. — Et s'en étant allés, les envoyés trouvèrent 32
comme il leur avait dit. — Et comme ils détachaient l'ânon, ses 33
maîtres leur dirent : Pourquoi détachez-vous cet ânon ? — Et ils 34

parallèles : l'une qui se passe entre un souverain et des sujets révoltés, l'autre qui a lieu entre le maître et ses serviteurs dont il éprouve la fidélité.

1. Les mots : *après avoir dit cela,* se rapportent sans doute à la parabole qui précède, mais n'indiquent pas exactement le moment où Jésus quitte Jéricho, afin de poursuivre sa route vers Jérusalem. (Voir v. 9, note.) L'heure était décisive. Jésus se met en marche, à la tête d'un cortège qui grandit à chaque instant (v. 37) ;

et par ce mot : *il allait devant* eux (d'autres traduisent : il allait *en avant*), Luc marque la courageuse détermination avec laquelle le Sauveur se met en marche, sachant très bien tout ce qui l'attend à Jérusalem, car il l'a annoncé plus d'une fois. (18 : 31 et suiv.) Aussi Marc (10 : 32) nous dit-il que les disciples en étaient effrayés, saisis de crainte.

2. Voir, sur ce récit (v. 29-38), Matthieu 21 : 1-9, et Marc 11 : 1-10, notes.

3. Marc 11 : 2, 3, note. Marc et Luc

35 dirent : Parce que le Seigneur en a besoin. — Et ils l'amenèrent à Jésus. Et ayant jeté leurs vêtements sur l'ânon, ils firent monter Jésus
36 dessus. — Et, comme il avançait, ils étendaient leurs vêtements sur
37 le chemin. — Et, comme déjà il approchait, vers la descente de la montagne des Oliviers, toute la multitude des disciples, transportée de joie, se mit à louer Dieu à haute voix, pour tous les miracles qu'ils
38 avaient vus[1], — disant : Béni soit le Roi qui vient au nom du Seigneur !
39 Paix dans le ciel, et gloire dans les lieux très hauts[2] ! — Et quelques-uns des pharisiens, qui étaient dans la foule, lui dirent : Maître, reprends
40 tes disciples. — Et répondant, il leur dit : Je vous dis que si ceux-ci
41 se taisent, les pierres crieront[3]. — Et comme il approchait, voyant la
42 ville, il pleura sur elle[4], en disant : — Si toi aussi, tu avais connu, au moins dans ce jour qui est à toi, les choses qui regardent ta paix[5] !

ne rappellent pas ici la prophétie de Zacharie que Matthieu (21 : 4, 5) cite pour ses lecteurs juifs.

1. Cette joie éclate, ces chants de louange montent vers Dieu, au moment où Jésus, à la tête de son cortège, est arrivé *vers la descente de la montagne des Oliviers*, c'est-à-dire sur le col qui relie le mont des Oliviers au mont du Scandale. De là, on voit Jérusalem se déployant sur la montagne opposée, au delà de la vallée du Cédron, avec ses tours, ses palais et son temple. C'est à cette vue que *toute la multitude des disciples*, pénétrée d'une joyeuse attente, se met à *louer Dieu à haute voix*. Pour la plupart, la cause de cette joie, c'étaient *les miracles qu'ils avaient vus*, et tout spécialement le miracle de la résurrection de Lazare, qui avait eu lieu peu de temps auparavant. Selon le récit de Jean (12 : 9 et suiv.), Jésus venait de passer à Béthanie, où la foule avait pu voir Lazare vivant.

2. Voir, sur ce chant de louange, Matthieu 21 : 9, note. Au lieu de : « Hosanna dans les lieux très hauts, » Luc, écrivant pour des étrangers qui ne comprenaient pas l'hébreu, dit : *Paix dans le ciel*, où l'œuvre du Sauveur allait en effet rétablir la paix entre Dieu et les hommes (Eph. 1 : 10, note ; Col. 1 : 20) ; et encore : *Gloire dans les lieux très hauts*, car, par la rédemption du monde, Dieu allait être glorifié, toutes ses perfections manifestées. Sans doute, les espérances des disciples devaient s'accomplir tout autrement qu'ils ne s'y attendaient ; les pieux sentiments qu'ils exprimaient dans leur saint enthousiasme étaient plus conformes à la vérité que les idées qu'ils se faisaient de l'avenir n'étaient exactes.

3. Ce court dialogue est particulier à Luc. Mais Matthieu (21 : 15, 16) mentionne, après l'entrée de Jésus à Jérusalem, un semblable mouvement d'indignation parmi les pharisiens. Ici, *quelques-uns* de ces hommes, orgueilleux de leur position et jaloux de leur influence sur le peuple, se montrent irrités des acclamations et des louanges dont Jésus est l'objet, et ils lui demandent de *reprendre ses disciples*, afin de leur imposer silence. Quelle note discordante au sein de ce joyeux concert ! La réponse de Jésus est revêtue d'une image proverbiale qui signifie : Il est désormais impossible de comprimer cet élan de louanges, de reconnaissance et d'amour, qui s'élèvera de la terre au ciel. Ce contraste entre la *pierre* et l'homme se retrouve dans une autre application, 3 : 8. (Comp. Hab. 2 : 11.)

4. La multitude des disciples éclate en joyeuses acclamations, et Jésus *pleure !* Les paroles qu'il prononce nous disent la cause de ses larmes. Mais ces larmes mêmes nous révèlent, mieux encore que ses paroles, à la fois la tendre compassion du Sauveur, son amour pour son peuple dont il prévoit la ruine, et la certitude des jugements de Dieu que ce peuple va attirer sur lui par son endurcissement. Plus tard, au sein même de la ville coupable, Jésus éprouva encore cette profonde et douloureuse émotion. (Matthieu 23 : 37.)

5. Cette exclamation est une phrase inachevée ; l'émotion empêche Jésus de la finir. Chacun des mots qu'il y accu-

Mais maintenant elles sont cachées à tes yeux [1]. — Car des jours 43 viendront sur toi, où tes ennemis t'environneront d'un retranchement et t'enfermeront et te serreront de toutes parts [2] ; — et ils te détrui- 44 ront entièrement, toi, et tes enfants au milieu de toi, et ils ne laisseront pas en toi pierre sur pierre, parce que tu n'as point connu le temps de ta visitation [3].

Et, étant entré dans le temple, il se mit à chasser ceux qui ven- 45

mule a sa signification profonde : *Si tu avais connu !* C'est donc par ignorance que le peuple juif va rejeter son Sauveur et combler par ce crime la mesure de ses péchés (comp. 23 : 34 ; Act. 3 : 17 ; 1 Cor. 2 : 8) ; mais cette ignorance était volontaire : « Vous ne l'avez pas voulu ! » (Math. 23 : 37.) *Toi aussi*, comme mes disciples, ces âmes droites et simples qui se sont ouvertes à la foi. *Au moins dans ce jour qui est à toi*, ou, comme traduisent littéralement nos vieilles versions, *au moins dans cette tienne journée* : ce jour suprême où Jésus faisait son entrée à Jérusalem offrait une dernière occasion au peuple et à ses chefs de venir se jeter, repentants, aux pieds de Jésus ! Jésus appelle (v. 44) ce jour « le temps de ta visitation. » Il y a dans le développement des peuples comme des individus des moments qui, mis à profit ou négligés, déterminent leur destinée pour longtemps, peut-être pour toujours ; ce sont des temps de crise, de décision pour le bien ou pour le mal. (Comp. Hébr. 3 : 7, 13, 15.) « La présence de Jésus provoqua une lutte entre un petit nombre d'âmes bien disposées et la masse corrompue du peuple. Tandis que celles-là s'ouvrirent à son influence et trouvèrent en lui la lumière et la vie, celle-ci n'en reçut que l'anéantissement de ses vaines espérances et de ses visées égoïstes. » *Olshausen.* — *Les choses qui regardent ta paix.* Ces *choses* d'une si immense importance, c'était la vérité, le pardon, le salut que Jésus offrait à tous. S'ils l'avaient reçu avec foi, tous auraient trouvé en lui la *paix* et la *prospérité*. Le mot hébreu qu'employait le Sauveur a les deux significations.

1. Le verbe *sont cachées* indique un fait accompli ; et cependant Jésus allait encore prêcher à Jérusalem durant toute une semaine, et ses apôtres après lui pendant quarante ans ; mais, pour le grand nombre, la mesure des iniquités était comblée, le temps de la grâce, de la *visitation* (v. 44), était passé. « En voyant, ils ne verront point ; en entendant, ils n'entendront point. » Ces redoutables paroles n'excluaient point du salut les Israélites qui, individuellement, croiraient au Sauveur. (Rom. 11 : 1-5.)

2. Ici encore, la phrase est suspendue par l'émotion : gr. *des jours viendront sur toi... et tes ennemis t'environneront*, etc. Puis les divers traits de la prédiction se succèdent, liés les uns aux autres par le mot *et*, cinq fois répété. — Un *retranchement*, autour d'une ville assiégée, était une sorte de rempart en palissade, élevé par l'ennemi, afin de réduire la ville par la famine. L'historien Josèphe raconte que les Romains élevèrent un tel retranchement autour de Jérusalem, d'abord en bois, puis en pierre, quand le premier eut été brûlé par les Juifs.

3. Le mot traduit par : *ils te détruiront*, signifie proprement : ils te raseront au niveau du sol, de sorte qu'il ne restera *pierre sur pierre*. On peut aussi traduire : ils te briseront contre le sol ; les Septante ont employé ce verbe dans Ps. 137 : 9, et l'on pourrait voir dans notre prophétie une réminiscence de ce passage. — *Toi et tes enfants*, c'est-à-dire les habitants de Jérusalem ; il ne s'agit point des enfants par opposition aux adultes. La cause de ces malheurs est clairement indiquée par le Sauveur à la fin de sa prédiction. *Le temps de ta visitation* est un hébraïsme bien connu. Dieu *visite* une ville, un peuple, une âme, quand il s'en approche et leur parle, soit par sa parole et son Esprit, soit par de grandes épreuves ou de grandes bénédictions. — Toute cette prophétie fut accomplie à la lettre, au milieu de calamités inouïes, quarante ans après, lors de la destruction de Jérusalem par les Romains. Certains critiques ont prétendu que la prophétie que Luc attribue à Jésus avait été écrite après l'événement. Ils se fondent sur la ressemblance qu'elle présente avec le récit de Josèphe. C'est oublier que cette prédiction s'en tient à des traits généraux qui se reproduisaient au siège de chaque ville. Un passage d'Esaïe (29 : 3), annonçant le siège de Jérusalem par les Assyriens,

46 daient[1], — leur disant : Il est écrit : Ma maison sera une maison
47 de prières ; mais vous en avez fait une caverne de voleurs. — Et il
enseignait chaque jour dans le temple [2]. Mais les principaux sacrificateurs et les scribes et les chefs du peuple cherchaient à le faire
48 périr [3]. — Et ils ne trouvaient rien à faire, car le peuple tout entier, l'écoutant, était suspendu à ses lèvres [4].

2. La lutte dans le temple.

A. 1-19. LA QUESTION POSÉE PAR LE SANHÉDRIN. LA PARABOLE DES VIGNERONS. — 1º *Jésus questionné sur son autorité par une délégation du sanhédrin.* — *a) La question.* Pendant que Jésus enseigne dans le temple, les membres du sanhédrin l'interrogent sur la nature et l'origine de l'autorité qu'il s'attribue. (1, 2.) — *b) La réponse de Jésus.* Il demande si le baptême de Jean venait du ciel ou des hommes. (3, 4.) — *c) Embarras des adversaires et refus de Jésus.* S'ils répondent : du ciel, Jésus leur reprochera de n'y avoir point cru. S'ils nient la mission divine du Baptiste, le peuple les lapidera. Ils confessent leur ignorance. Jésus alors refuse de répondre à leur question. (5-8.) — 2º *La parabole des vignerons.* — *a) La position des chefs du peuple.* Jésus se tourne vers le peuple et retrace, dans une parabole, la conduite passée et présente, et la destinée prochaine des conducteurs d'Israël. Il caractérise leur situation en les comparant à des vignerons auxquels un propriétaire a confié sa vigne. (9.) — *b) Leur conduite passée.* Ils maltraitent et renvoient à vide trois serviteurs que le maître leur délègue successivement pour demander du fruit. (10-12.) — *c) Leur conduite présente.* Le maître leur envoie son fils bien-aimé. Ils le tuent, pour recueillir l'héritage. (13-15.) — *d) Le châtiment.* Jésus déclare que le Maître fera périr ces méchants. Les auditeurs cherchent à détourner cette prédiction, mais Jésus leur cite une prophétie de l'Ecriture. (16-18.) — 3º *Issue de la rencontre.* Les chefs théocratiques voudraient s'emparer immédiatement de Jésus, mais sont retenus par la crainte du peuple. (19.)

XX Et il arriva que, l'un de ces jours, comme il enseignait le peuple dans le temple, et annonçait l'Evangile, les sacrificateurs et les
2 scribes, avec les anciens, survinrent, — et lui parlèrent, disant : Dis-nous par quelle autorité tu fais ces choses, ou qui est celui qui

---

renferme, dans la version des Septante, des expressions identiques à celles de notre texte.

1. Voir, sur ce trait, Math. 21 : 12-17, notes, et Marc 11 : 15-17, notes. Le texte reçu ajoute : ceux qui vendaient *en lui* (dans le temple) *et ceux qui achetaient.* Les mots soulignés paraissent inauthentiques.

2. *Chaque jour* de cette dernière semaine ; puis, le soir venu, Jésus se retirait hors de la ville, soit à la montagne des Oliviers, soit à Béthanie. (Marc 11 : 11, 19.)

3. Gr. les *premiers du peuple.* Luc unit ainsi l'aristocratie juive aux *sacrificateurs* et aux *scribes*, qui avaient déjà décrété la mort de Jésus et qui *cherchaient* les moyens de mettre à exécution leur dessein. (Marc 11 : 18 ; Math. 26 : 3, 4.)

4. Gr. *tout le peuple pendait à lui* (à ses lèvres) *en écoutant.* Jésus était tellement entouré de la multitude, avide de l'entendre et impressionnée par ses enseignements, que les *chefs du peuple*, craignant une émeute, n'osaient rien entreprendre contre lui.

t'a donné cette autorité¹. — Mais répondant il leur dit : Je vous 3
demanderai, moi aussi, une chose, et dites-moi : — Le baptême de 4
Jean était-il du ciel ou des hommes ? — Or ils raisonnaient entre 5
eux, disant : Si nous disons : Du ciel, il dira : Pourquoi n'avez-vous
pas cru en lui ? — Et si nous disons : Des hommes, tout le peuple 6
nous lapidera ² ; car il est persuadé que Jean était un prophète. —
Et ils répondirent qu'ils ne savaient d'où il venait. — Et Jésus leur 7, 8
dit : Moi non plus, je ne vous dis pas par quelle autorité je fais ces
choses.

Mais il se mit à dire au peuple cette parabole³ : Un homme planta 9
une vigne et l'afferma à des vignerons, et il s'absenta pour longtemps. — Et dans la saison il envoya un serviteur vers les vigne- 10
rons, afin qu'ils lui donnassent du fruit de la vigne. Mais les vignerons, après l'avoir battu, le renvoyèrent à vide. — Et il envoya 11
encore un autre serviteur⁴ ; mais eux, après l'avoir aussi battu et
outragé, le renvoyèrent à vide. — Et il en envoya encore un troi- 12
sième ; mais eux, après l'avoir aussi blessé, le jetèrent dehors⁵. —
Et le maître de la vigne dit : Que ferai-je ? J'enverrai mon fils bien- 13
aimé ; lui peut-être, ils le respecteront. — Mais les vignerons, le 14
voyant, raisonnaient entre eux, en disant : Celui-ci est l'héritier ;

---

1. Voir, sur ce récit, Math. 21 : 23-27 et Marc 11 : 27-33, notes. La députation du sanhédrin vint à Jésus *l'un de ces jours*, c'est-à-dire un jour de cette dernière semaine, *comme il enseignait dans le temple*. Luc seul ajoute : *et évangélisait*. Sachant ce qui allait arriver, le Sauveur emploie encore les derniers moments de sa vie à avertir ce peuple qui allait le rejeter, et à lui offrir le salut. — Les trois évangélistes sont d'accord pour rapporter la question très précise des adversaires : *par quelle autorité ?* et *qui t'a donné cette autorité ?* (Voir Math. 21 : 23, note.) Luc a fait observer (19 : 47) que les membres du sanhédrin, irrités d'une parole de Jésus, cherchaient à le faire périr. Ils se sont concertés sur les moyens d'y parvenir, et se sont décidés à lui poser des questions insidieuses, destinées à le compromettre et à ébranler la confiance que le peuple avait en lui.
2. Selon Matthieu et Marc, les chefs du peuple disent simplement ici : « Nous craignons le peuple. » Luc leur fait dire plus explicitement : *Le peuple nous lapidera*, dans quelque émeute qu'il ne manquera pas de faire.
3. Voir, sur cette *parabole*, Math. 21 : 33-46 et Marc 12 : 1-12, notes. Selon ces deux évangélistes, Jésus s'adresse encore aux membres du sanhédrin qui sont venus l'interroger. D'après Luc, c'est au *peuple* qu'il parle. Les deux indications ne s'excluent nullement, car Luc lui-même nous montre les adversaires encore présents (v. 19) ; mais Jésus, en parlant, se tourne vers le peuple, parce que cette instruction le concernait tout entier. En effet, si le peuple d'Israël avait reçu avec foi les serviteurs que Dieu lui envoyait et le Fils de Dieu lui-même (v. 13), ses conducteurs n'auraient pas pu les maltraiter et les mettre à mort.
4. Gr. *il ajouta d'envoyer un autre serviteur*. Hébraïsme destiné à faire sentir la longue patience du maître envers ces vignerons injustes et violents. Cet hébraïsme est propre au texte de Luc.
5. Chez Luc et chez Marc trois serviteurs sont envoyés, mais les mauvais traitements qui leur sont infligés différent. Chez Matthieu il n'y a que deux envois, mais chacun comprend une pluralité de serviteurs. Le trait *ils le renvoyèrent à vide* (v. 10, 11) ne se trouve qu'une fois dans Marc et manque dans Matthieu. Ces petites divergences montrent que nos trois évangélistes n'ont pas eu un même document sous les yeux.

15 tuons-le, afin que l'héritage soit à nous ! — Et l'ayant jeté hors de la vigne, ils le tuèrent. Que leur fera donc le maître de la vigne ? — 16 Il viendra et fera périr ces vignerons, et il donnera la vigne à d'au-17 tres. Ce qu'ayant entendu, ils dirent : Que cela n'arrive[1] ! — Mais lui, les regardant, leur dit : Que signifie donc ce qui est écrit : La pierre qu'ont rejetée ceux qui bâtissaient est devenue la principale 18 pierre de l'angle ? — Quiconque tombera sur cette pierre-là sera 19 brisé, et celui sur qui elle tombera, elle l'écrasera[2]. — Et les scribes et les principaux sacrificateurs cherchèrent à mettre la main sur lui à l'heure même (mais ils craignirent le peuple) ; car ils avaient compris que c'était pour eux qu'il avait dit cette parabole[3].

B. 20-40. LES QUESTIONS SUR LE TRIBUT ET SUR LA VIE FUTURE. — 1° *Le tribut.* — *a) Les adversaires* de Jésus continuent à l'épier. Ils lui dressent un piège, en lui déléguant des gens auxquels ils avaient appris leur rôle. Ceux-ci se présentent comme pressés par un scrupule de conscience, et, saluant en Jésus un maître qui n'a souci que de la vérité, ils lui demandent s'il est permis de payer le tribut. (20-22.) — *b) Jésus* pénètre leur hypocrisie. Il demande un denier, et, leur en montrant l'image et l'inscription : Rendez à César, leur dit-il, ce qui est à César et à Dieu ce qui est à Dieu. (23-25.) — *c)* Ainsi leur tentative échoue. Etonnés, ils gardent le silence. (26.) — 2° *La vie future.* — *a) La question des sadducéens.* Quelques sadducéens tentent de mettre Jésus dans l'embarras en faisant à la doctrine de la vie future une objection qu'ils tirent de l'institution mosaïque du lévirat : sept frères épousent successivement la même femme ; auquel appartiendra-t-elle à la résurrection ? (27-33.) — *b) La réponse de Jésus.* Il n'y aura plus de mariage dans le siècle à venir, car après la résurrection les hommes seront immortels, semblables aux anges, fils de Dieu. Quant au fait même de la résurrection, il est attesté par Moïse, qui nomme Dieu le Dieu d'Abraham, d'Isaac et de Jacob ; or Dieu n'est pas le Dieu des morts, mais des vivants. Cette réponse arrache une parole d'approbation aux scribes eux-mêmes et réduit au silence les adversaires. (34-40.)

20 Et l'observant de près, ils envoyèrent des hommes apostés qui

1. Ces paroles sont prononcées par des auditeurs d'entre le peuple (v. 9), qui, comprenant la parabole, se récrient à la pensée que le propre fils du maître puisse ainsi être mis à mort, et que les vignerons attirent sur eux le terrible châtiment qui est ici dénoncé ! Ceux qui écoutaient alors le Sauveur ignoraient encore les desseins meurtriers des chefs du peuple ; s'ils les avaient connus, ils en auraient frémi d'indignation.
2. Jésus jette un *regard* pénétrant sur ceux qui venaient de parler, et leur répond par une citation de l'Ecriture. C'est ce qu'indique la particule conclusive *donc* : si le malheur que vous voudriez conjurer ne vous atteignait pas, cette prophétie n'aurait *donc* aucun accomplissement. Voir, sur cette citation, Math. 21 : 42 et 44, notes.
3. La dernière phrase du verset motive la première (*car*) et se rapporte aux *scribes* et aux *sacrificateurs*. On a donc supposé à tort que c'était le peuple qui avait *compris* l'intention de la parabole. Nous trouvons ici, dans les chefs du peuple, l'endurcissement qui va se manifester souvent dans le procès et la mort de Jésus. Ils ont compris que cette parabole les concerne, aussi bien que la terrible menace qui la termine, que Jésus les a prononcées (gr.) *par rapport à eux*, et ils cherchent à *mettre la main sur* lui ! — Voir, sur le sens de la parabole, Math. 21 : 43, note.

feignaient d'être justes, afin de surprendre de lui une parole pour le livrer à l'autorité et au pouvoir du gouverneur[1]. — Et ils l'interrogèrent, disant : Maître, nous savons que tu parles et enseignes avec droiture, et que tu ne fais point acception de personnes, mais que tu enseignes la voie de Dieu selon la vérité : — Nous est-il permis ou non de payer le tribut à César ? — Mais, discernant leur ruse, il leur dit[2] : — Montrez-moi un denier. De qui a-t-il l'image et l'inscription ? Ils dirent : De César. — Et il leur dit : Rendez donc à César ce qui est à César, et à Dieu ce qui est à Dieu. — Et ils ne purent surprendre une parole de lui devant le peuple ; et, tout étonnés de sa réponse, ils se turent[3]. 21 22 23 24 25 26

Mais quelques-uns des sadducéens, qui nient qu'il y ait une résurrection, s'étant approchés, l'interrogèrent, disant[4] : — Maître, Moïse nous a prescrit que si le frère de quelqu'un vient à mourir ayant une femme et qu'il soit sans enfants, son frère prenne la femme et suscite postérité à son frère. — Il y avait donc sept frères ; et le premier ayant épousé une femme, mourut sans enfants. — Le second aussi, — puis le troisième l'épousèrent, et de même aussi les sept, qui moururent sans laisser d'enfants[5]. — Enfin, la femme mourut aussi. — La 27 28 29 30, 31 32, 33

---

1. Voir, sur le fait suivant, Math 22 : 15-22, et Marc 12 : 13-17, notes. Les instigateurs de cette nouvelle démarche faite auprès de Jésus (v. 2, note) sont toujours les sacrificateurs et les scribes, qui l'*observent de près*, l'épient, cherchant l'occasion de se saisir de lui. (v. 19.) Selon Matthieu et Marc, les agents secrets ou *hommes apostés* qui lui furent envoyés appartenaient aux deux partis opposés des pharisiens et des hérodiens ; les premiers, grands zélateurs des intérêts du peuple juif ; les autres, partisans de la politique des Hérode et des Romains. De là l'observation de Luc que le but de cette délégation était d'abord de *surprendre une parole* de Jésus (gr. *de le prendre en faute par parole*), c'est-à-dire de trouver dans la réponse qu'il allait faire à leur question un motif d'accusation qui leur permît de le livrer *à l'autorité et au pouvoir du gouverneur* romain. Les uns, considérant que ces deux termes *autorité* et *pouvoir* se trouvent habituellement réunis (12 : 11), ne veulent y voir qu'une désignation emphatique de la puissance de Pilate. Les autres pensent que *l'autorité* est le sanhédrin. Quoi qu'il en soit, la question était habilement choisie pour compromettre Jésus, suivant l'alternative qu'il choisirait, auprès du peuple juif ou bien auprès du gouverneur romain. Les émissaires *feignaient* (gr. *hypocritement*) *d'être justes*, c'est-à-dire de venir poser leur question par un grand zèle pour la loi.

2. *Leur ruse ;* Matthieu dit leur *malice*, Marc leur *hypocrisie*. Le texte reçu ajoute avec A, C, D : *Pourquoi me tentez-vous ?* paroles empruntées aux deux premiers évangiles.

3. Ainsi, le but de la délégation était manqué (v. 20) et, *devant le peuple*, les adversaires, confus, *étonnés*, gardent le silence et s'en vont. Le mot que nous traduisons par *s'étonner* signifie aussi *admirer*. On comprend que les adversaires, bien que remplis de haine contre Jésus, ne peuvent s'empêcher d'admirer la sagesse de sa réponse.

4. Voir, sur ce récit, Math. 22 : 23-33 et Marc 12 : 18-27, notes. Luc lie ce trait à celui qui précède par la particule *mais*, indiquant que cette tentative des sadducéens est en relation avec la défaite des pharisiens (v. 26.) En effet, Matthieu dit positivement qu'elle eut lieu le même jour. (Math. 22 : 23.)

5. Ces v. 30 et 31 présentent, dans les manuscrits, diverses variantes, qui ne changent pas essentiellement le sens de la phrase. Le texte ici adopté est celui de Tischendorf.

femme donc, duquel sera-t-elle femme à la résurrection ? Car les sept
34 l'ont eue pour femme. — Et Jésus leur dit : Les fils de ce siècle se
35 marient et donnent en mariage [1] ; — mais ceux qui ont été jugés dignes d'avoir part au siècle à venir et à la résurrection d'entre les
36 morts, ne se marient ni ne sont donnés en mariage [2] ; — car ils ne peuvent plus mourir, parce qu'ils sont semblables aux anges, et ils
37 sont fils de Dieu, étant fils de la résurrection [3]. — Et que les morts ressuscitent, Moïse même l'a signifié au passage où il est question du buisson, quand il nomme le Seigneur : le Dieu d'Abraham et le Dieu
38 d'Isaac et le Dieu de Jacob [4]. — Or Dieu n'est pas le Dieu des morts,
39 mais des vivants ; car tous vivent pour lui [5]. — Et quelques-uns d'entre les scribes, prenant la parole, dirent : Maître, tu as bien dit.
40 — Car ils n'osaient plus l'interroger sur rien [6].

C. 41-47. LA QUESTION POSÉE PAR JÉSUS. AVERTISSEMENT CONTRE LES SCRIBES. — 1° *De qui le Christ est-il fils ?* Après avoir répondu à toutes les questions de ses adversaires, Jésus pose à son tour une question : Comment peut-on dire que le Messie

1. *Les fils de ce siècle*, ou de ce monde, de l'économie présente, c'est-à-dire les hommes mortels qui ne vivent que pour un temps, *se marient et donnent* leurs filles *en mariage*, parce qu'il le faut pour perpétuer leur race. L'expression *ce siècle* est opposée au *siècle à venir* (v. 35) ; elle se retrouve aussi ch. 16 : 8, mais dans une signification morale.
2. Logiquement, la *résurrection* devrait être nommée avant le *siècle à venir*, dans lequel elle introduit l'homme ; mais aux yeux de Dieu, les deux ne sont qu'un même acte de sa grâce et de sa toute-puissance. En parlant de *ceux qui auront part* à la résurrection et au siècle à venir, le Seigneur n'a pas en vue que les enfants de Dieu (v. 36), ceux qui en auront été *jugés dignes* ou *rendus dignes* (le mot grec a les deux sens), par le renouvellement intérieur de tout leur être.
3. Ce verset motive le précédent (*car*) ; il donne une double raison de ce fait que le mariage n'existera plus : c'est d'abord, qu'étant immortels, les rachetés n'auront plus à perpétuer leur espèce ; c'est, ensuite, qu'ils seront transformés en des êtres spirituels et célestes, *semblables aux anges*. (Comp. Math. 22 : 30.) La cause efficiente de cette transformation, c'est la résurrection elle-même, par laquelle Dieu crée de nouveau ses enfants à son image, en sorte que la régénération intérieure qui a lieu en eux ici-bas comprendra alors tout leur être, l'esprit, l'âme et le corps.
(1 Thes. 5 : 23.) C'est ce que le texte exprime par cet hébraïsme : être *fils de la résurrection*, d'où il suit que les ressuscités sont *fils de Dieu*, dans un sens spécial et complet. (Comp. 1 Jean 3 : 2.)
4. Moïse *même*, et non seulement les prophètes (Esa. 26 : 19-21 ; Dan. 12 : 2), Moïse, la seule autorité reconnue par les sadducéens, a *signifié* que les morts ressuscitent ; le verbe employé veut dire *indiquer, révéler par un signe* quelque chose de caché ; c'est ce qui eut lieu par le nom que Dieu se donna dans son apparition à Moïse près du *buisson ardent*. (Ex. 3 : 6 ; comp. Marc 12 : 26, note.) Il y a proprement en grec : « Moïse a signifié *sur* ou *à l'occasion* du buisson, » ce qui veut dire : dans le passage où il raconte la vision du buisson ; cette traduction est confirmée par les mots : *quand il nomme le Seigneur*, qui montrent que Moïse est ici envisagé comme auteur de l'Exode.
5. Voir, sur cette citation et sur la conclusion que Jésus en tire, Math. 22 : 32, note. Luc seul ajoute ces mots remarquables : *car tous vivent pour lui. Tous*, tous les croyants, et non seulement les trois patriarches ici nommés, vivent *pour* Dieu, en relation avec lui, bien que, pour les hommes et pour ce monde, ils soient morts.
6. Matthieu rapporte que la foule fut frappée de cette profonde interprétation de l'Ecriture ; et Luc nous apprend que même *quelques-uns des scribes*, plus

est fils de David, puisque David l'appelle son Seigneur ? (41-44.) — 2° *Les scribes censurés.* Tout le peuple l'écoutant, Jésus met ses disciples en garde contre les scribes, dont il censure l'orgueil, l'avidité et le zèle hypocrite. Il dénonce le jugement qui les attend. (45-47.)

Mais il leur dit : Comment dit-on que le Christ est fils de David ? 41 — Car David lui-même dit, dans le livre des Psaumes : Le Seigneur 42 a dit à mon Seigneur : Assieds-toi à ma droite, — jusqu'à ce que 43 j'aie mis tes ennemis pour le marchepied de tes pieds ! — David donc 44 l'appelle son Seigneur ; et comment est-il son fils [1] ?

Or, comme tout le peuple écoutait, il dit à ses disciples : — Gardez- 45, 46 vous des scribes, qui se plaisent à se promener en longues robes, et qui aiment les salutations dans les places publiques et les premiers sièges dans les synagogues et les premières places dans les festins [2], — eux qui dévorent les maisons des veuves, et affectent de faire de 47 longues prières ; ceux-là subiront un jugement plus rigoureux [3].

D. 1-4. L'OFFRANDE DE LA VEUVE. — 1° Jésus voit des riches qui déposent leurs offrandes dans le trésor du temple. Il voit aussi une veuve indigente qui y met deux pites. (1, 2.) — 2° Il déclare alors que cette veuve qui a mis dans le tronc tout son avoir a donné plus que les autres qui y ont mis leur superflu. (3, 4.)

Or, levant les yeux, il vit les riches qui mettaient leurs offrandes **XXI** dans le trésor. — Et il vit une veuve indigente qui y mettait deux 2 pites [4]. — Et il dit : Je vous dis en vérité que cette pauvre veuve a 3 mis plus que tous [5]. — Car tous ceux-là ont mis dans les offrandes de 4 leur superflu ; mais celle-ci y a mis, de sa disette, tout ce qu'elle avait pour vivre [6].

éclairés ou plus sincères que les autres, se sentirent pressés de l'approuver ; *car* (*Sin. B*), vaincus par lui, ils *n'osaient plus* lui adresser de question insidieuse.

1. Voir, sur ces paroles de Jésus, Math. 22 : 41-46 et Marc 12 : 35-37, notes. D'après Luc, Jésus aurait adressé sa question aux scribes qui venaient d'approuver sa réponse aux sadducéens (v. 39), et cela immédiatement après celle-ci ; tandis que Matthieu (22 : 34 et suiv.) place, entre ces deux faits, un entretien avec des pharisiens, auxquels Jésus aurait ensuite posé sa question concernant le fils de David. D'après Marc, Jésus interroge, d'une manière générale, la foule sur l'enseignement des scribes. Accord sur le fond, variété dans le détail des récits.

2. Voir Math. 23 : 6, 7, note ; Marc 12 : 38, note.

3. Ce dernier et sévère avertissement, concernant l'esprit et la conduite des *scribes*, se retrouve, à la même place et dans la même forme, Marc 12 : 38-40. (Voir les notes.) Les mêmes paroles nous ont été conservées par Matthieu dans le grand discours contre les scribes et les pharisiens, qui remplit le ch. 23. (Voir Math. 23 : 1, 6, 7, notes.)

4. Voir, sur ce trait, Marc 12 : 41-44, notes. Cet évangéliste rapporte qu'avec ces *riches*, il y avait une foule de gens qui, en sortant du temple, mettaient leurs offrandes dans le trésor ; au milieu de cette foule, le regard de Jésus pénètre les dispositions des cœurs.

5. *Plus que tous.* Dieu a une autre manière de compter que les hommes, parce qu'il regarde au cœur.

6. *Disette, déficit* ; son avoir ne suffi-

3. *Le discours prophétique.*

A. 5-19. L'AVENIR DU MONDE ET DE L'ÉGLISE. — 1° *L'occasion du discours.* Comme on vantait en sa présence les pierres et les ornements du temple, Jésus prédit sa destruction complète. Les siens lui demandent alors quand cet événement aura lieu et quel en sera le signe précurseur. (5-7.) — 2° *Les faux Christs.* Jésus met ses disciples en garde contre les séductions de ceux qui se donneront pour le Messie venant en son règne. (8.) — 3° *Cataclysmes sociaux et physiques.* Jésus rassure les siens en prévision de ces bouleversements ; ils n'amèneront pas aussitôt la fin ; celle-ci sera précédée par des guerres, des tremblements de terre, des famines, des pestes, des signes dans le ciel. (9-11.) — 4° *Les disciples persécutés.* Le premier et principal caractère de ces temps, ce seront les persécutions. Elles seront exercées par les autorités, et offriront aux disciples une occasion de rendre témoignage à leur Maître. Celui-ci leur donnera une sagesse à laquelle les ennemis ne pourront résister ; ils n'auront donc pas à préméditer leur défense. Ces persécutions seront provoquées encore par l'inimitié de leurs proches. Le nom de Jésus excitera contre eux une haine universelle. Mais Dieu les protégera efficacement, et, par leur patience, ils sauveront leurs âmes. (12-19.)

5 Et comme quelques-uns disaient, à propos du temple, qu'il était
6 orné de belles pierres et d'offrandes, il dit [1] : — Ces choses que vous regardez…, des jours viendront où il ne sera laissé pierre sur pierre
7 qui ne soit démolie [2]. — Mais ils l'interrogèrent, disant : Maître, quand donc ces choses arriveront-elles ? et quel sera le signe que ces
8 choses sont sur le point d'arriver [3] ? — Or il dit : Prenez garde que vous ne soyez séduits ; car plusieurs viendront en mon nom, disant :
9 C'est moi, et le temps est proche [4] ! N'allez point après eux. — Et

---

sait pas pour ses besoins. L'amour ne calcule pas ; la foi compte sur Dieu pour l'avenir. Une telle conduite ne s'imite pas, Dieu l'inspire.

1. Voir, sur ce discours prophétique, Math. 24 ; Marc 13, notes ; et comp. Luc 17 : 20-37, notes. *Quelques-uns* des disciples font observer à Jésus les *belles pierres* (comp. Marc 13 : 2, notes) et les *offrandes* dont le temple était orné. Ce dernier mot est particulier à Luc. On sait par l'historien Josèphe que les Juifs et les prosélytes riches, de toutes les parties du monde, faisaient au temple de magnifiques présents, qui étaient exposés dans les parvis extérieurs et en décoraient les murs. Le plus remarquable était un cep de vigne en or, d'une grandeur colossale, et qui avait été offert par Hérode le Grand.

2. Comp. Math. 24 : 2, 1re note. — *Sin.*, B portent : il ne sera laissé *ici* pierre sur pierre.

3. Dans Marc et dans Luc, la question des disciples ne concerne que le *temps* de cette destruction du temple et le *signe* auquel on en reconnaîtra l'approche. Dans Matthieu, elle s'étend à la venue du Seigneur, que les disciples se représentaient alors comme devant être simultanée avec la ruine de Jérusalem. Les disciples posèrent sans doute à Jésus la double question que Matthieu rapporte, car le Sauveur, selon les trois évangiles, réunit, dans sa réponse, la prédiction des deux grands événements dont il s'agit. — D'après Matthieu et Marc, les disciples interrogèrent Jésus quand il se fut assis sur le mont des Oliviers, en face de Jérusalem ; et c'est là que fut prononcé le discours qui va suivre. Luc a omis ces indications locales.

4. *C'est moi* qui suis le Christ, le Messie. (Math. 24 : 5, note.) Ce *temps* qui *approche* est celui où le règne du Messie sera établi.

quand vous entendrez parler de guerres et de séditions, ne vous effrayez pas ; car il faut que ces choses arrivent premièrement ; mais ce ne sera pas aussitôt la fin [1]. — Alors il leur disait : Nation se lèvera contre nation, et royaume contre royaume ; — et il y aura de grands tremblements de terre et, en divers lieux, des famines et des pestes ; et il y aura des phénomènes effrayants et de grands signes du ciel [2]. — Mais, avant tout cela, ils mettront leurs mains sur vous et vous persécuteront, vous livrant aux synagogues et aux prisons, et vous serez emmenés devant les rois et les gouverneurs à cause de mon nom ; — mais ce sera pour vous l'occasion de rendre témoignage [3]. — Mettez donc dans vos cœurs de ne point préméditer votre défense : — car moi, je vous donnerai une bouche et une sagesse à laquelle tous vos adversaires ne pourront résister ni contredire [4]. — Et vous serez livrés même par vos parents et vos frères et par vos proches et par vos amis ; et ils en feront mourir d'entre vous. — Et vous serez haïs de tous à cause de mon nom [5]. — Et pas un cheveu de votre tête ne se perdra [6]. — Par votre patience vous gagnerez vos âmes [7].

10 11 12 13 14 15 16 17, 18 19

---

1. Math. 24 : 7, note.
2. Math. 24 : 7, 8, notes. Le texte reçu avec A, D et la plupart des *majusc.* porte : *des tremblements de terre en divers lieux et des famines...*. Le mot *du ciel* se rapporte également aux *phénomènes effrayants* et aux *signes*. Les uns et les autres, seront des manifestations d'en haut. Luc seul les mentionne.
3. Après l'apparition des faux prophètes, les troubles parmi les peuples et les phénomènes effrayants dans la nature (v. 8-11), Jésus annonce aux siens la persécution que les trois évangélistes décrivent à peu près dans les mêmes termes. (Comp. Math. 24 : 9, 10 ; Marc 13 : 9, notes.) Matthieu en marque le temps par le mot : *alors ;* Luc par : *avant tout cela.* En effet, la persécution, surtout de la part des Juifs, commença bien avant la ruine de Jérusalem. — Luc ajoute que ce sera pour les disciples l'occasion la plus favorable de *rendre témoignage* à la vérité (v. 13), pensée qui devait être pour eux un puissant encouragement : ils ne tardèrent pas (Act. 4 : 8 ; 5 : 29, 41 et ailleurs ; comp. Philip. 1 : 12 et suiv.) à en faire l'expérience. D'autres traduisent : *cela vous servira de témoignage ;* ils interprètent cette idée en disant soit que la fidélité dont les disciples feront preuve confirmera leur foi, soit que leur innocence sera reconnue par ces tribunaux. Ces explications

sont peu naturelles et la traduction est moins conforme au grec qui a littéralement : *Cela aboutira pour vous à un témoignage.*
4. Cette promesse que Jésus avait déjà faite aux disciples (Math. 10 : 19, 20, note ; Luc 12 : 11, 12), il la leur fait entendre encore dans ce moment solennel, où il ouvre à leurs regards la douloureuse perspective des persécutions qu'ils auront à subir. — La *bouche* est l'image de la parole dont elle est l'organe, d'une parole rendue puissante par l'Esprit de Dieu. Ce même Esprit leur donnera une *sagesse* à laquelle les adversaires ne pourront *résister* (Act. 6 : 10), et dont ils ne pourront *contredire* les déclarations. — Avec quelle majesté divine Jésus annonce qu'il accomplira lui-même cette promesse : *car moi, je vous donnerai !* « Il parle au point de vue de son exaltation ; il sera donc tout-présent au milieu d'eux. » *Bengel.*
5. Math. 10 : 21, 22, notes ; Marc 13 : 12, 13, notes. Quelle douloureuse aggravation dans les souffrances des témoins de Jésus-Christ, que celle d'être *livrés* par les membres mêmes de leurs propres familles (les *parents* sont ici les père et mère) et d'être *haïs de tous !* (Jean 15 : 20, 21.)
6. Expression proverbiale qui signifie :

La note 7 est à la page suivante.

B. 20-24. LA RUINE DE JÉRUSALEM. — 1° *Ordre de sortir de Jérusalem.* Quand les disciples verront les armées ennemies investir Jérusalem, qu'ils se retirent sans retard de la ville. (20, 21.) — **2°** *Motifs de cet ordre.* Jérusalem subira le châtiment annoncé par les Ecritures. Aussi malheur à celles qui seront empêchées de fuir ! Les habitants seront massacrés ou réduits en esclavage. Les nations opprimeront Jérusalem, jusqu'à ce que les temps des nations soient accomplis. (22-24.)

20 Mais quand vous verrez Jérusalem investie par les armées, alors sa-
21 chez que sa désolation est proche [1]. — Alors, que ceux qui seront dans la Judée fuient dans les montagnes, et que ceux qui seront au milieu de Jérusalem se retirent, et que ceux qui seront dans les campagnes
22 n'entrent point dans la ville [2]. — Car ce sont là des jours de châtiment, afin que s'accomplissent toutes les choses qui sont écrites [3]. —
23 Malheur à celles qui seront enceintes et à celles qui allaiteront en ces jours-là ! car il y aura une grande calamité sur le pays et de la
24 colère contre le peuple [4]. — Et ils tomberont sous le tranchant de l'épée, et ils seront emmenés captifs chez toutes les nations [5] ; et Jé-

---

il ne vous arrivera aucun mal. (Comp. Act. 27 : 34 ; Luc 12 : 7.) Comment concilier cette promesse avec la parole du v. 16 : « ils en feront mourir d'entre vous ? » Les uns mettent à la promesse de Jésus quelque restriction telle que celle-ci : Aucun mal ne vous atteindra sans la volonté de Dieu. D'autres préfèrent prendre l'image ici employée dans un sens moral : Toutes ces violences ne nuiront pas à votre salut éternel ; rien de ce qui appartient à votre vraie personnalité ne périra. Le verset suivant est favorable à ce sens.

7. Le texte reçu a ici une variante qui se lit dans *Sin.*, *D* et la plupart des *majusc.*, à laquelle Tischendorf est revenu dans sa 8e édition, et qui met le verbe de cette phrase à l'impératif : *gagnez vos âmes* (ou *vos vies* ; le mot grec a les deux sens). Mais *B*, *A* et les versions nous paraissent décider en faveur de l'indicatif, qui est plus en harmonie avec le contexte. Le Sauveur vient de dire : Aucun mal ne vous arrivera. Pourquoi ? Parce que la puissance de Dieu vous protégera et que vous-mêmes, de votre côté, au milieu des dangers, vous *gagnerez* vos âmes, et cela *par votre patience*, en persévérant jusqu'à la fin. Plusieurs versions, d'après la leçon du texte reçu, rendent ainsi cette pensée : « Possédez vos âmes par votre patience ; » mais le sens du verbe grec n'est pas *posséder* ; il signifie *acquérir*, *se mettre en possession de*, ou enfin *gagner*. La même pensée est exprimée ailleurs par le Sauveur. (Math. 24 : 13 ; Marc 13 : 13 ; Luc 17 : 33.)

1. Après avoir indiqué les signes avant-coureurs de la catastrophe, Jésus revient à celle-ci. (v. 20-24 ; comp. Math. 24 : 15-21, notes, et Marc 13 : 14-19, notes.) Tandis que les deux premiers évangélistes désignent le siège de Jérusalem dans les termes de la prophétie de Daniel, comme « l'abomination de la désolation établie dans le saint lieu, » Luc, qui écrit pour des lecteurs étrangers à l'Ancien Testament, le mentionne dans le langage ordinaire : *Jérusalem investie par les armées*. (Comp. 19 : 43, 44, note.)

2. L'exhortation de *fuir dans les montagnes* s'adresse spécialement aux chrétiens. Ils obéirent à la parole du Sauveur (Math. 24 : 16, note), tandis que les Juifs se bercèrent du vain espoir que Dieu sauverait leur ville par un miracle. Ceux d'entre les disciples qui seront dans Jérusalem (gr. *au milieu d'elle*, Jérusalem, v. 20), continue Jésus, devront s'en *retirer* et ceux qui seront *dans les campagnes* (et non : dans les contrées voisines) *ne point rentrer en ville.*

3. Tous ces malheurs ne feront qu'accomplir les *Ecritures*, depuis Deut. 28 : 15 et suiv., jusqu'à la prophétie de Daniel 9 : 26, 27.

4. Matthieu et Marc disent que ce sera là une tribulation telle « qu'il n'y en a point eu depuis la fondation du monde, et qu'il n'y en aura jamais de pareille. »

5. Comp. Math. 24 : 21, note.

rusalem sera foulée par les nations, jusqu'à ce que les temps des nations soient accomplis [1].

C. 25-38. L'avènement du fils de l'homme. — 1° *La venue du Seigneur et les signes qui la présageront.* Jésus signale les phénomènes cosmiques qui annonceront la venue du Seigneur et la frayeur qui s'emparera des hommes ; puis il décrit l'apparition du fils de l'homme. (25-27.) — 2° *Invitation à espérer.* Ces signes qui répandront la terreur dans le monde seront pour les disciples l'annonce de leur délivrance. Jésus leur dit de relever alors la tête. Quand le figuier et les arbres poussent, ils reconnaissent l'approche de l'été. Ces événements, de même, leur apprendront que le royaume de Dieu est proche. Ils s'accompliront avant que cette génération ne passe. Les paroles de Jésus sont immuables. (28-33.) — 3° *Exhortation à veiller.* L'application immédiate que Jésus fait de cette prophétie, c'est d'engager les siens à prendre garde à l'assoupissement causé par les plaisirs charnels et les soucis de la vie, en sorte qu'ils ne soient pas surpris. Qu'ils veillent et prient ! (34-36.) — 4° *Note de l'évangéliste.* Jésus enseignait pendant le jour dans le temple et passait les nuits sur le mont des Oliviers. Tout le peuple venait l'écouter. (37, 38.)

Et il y aura des signes dans le soleil et dans la lune et dans les 25 étoiles ; et, sur la terre, l'angoisse des nations qui ne sauront que faire, au bruit de la mer et des flots ; — les hommes rendant l'âme 26 de frayeur, dans l'attente des choses qui vont arriver à la terre ; car les puissances des cieux seront ébranlées [2]. — Et alors ils verront le 27

---

1. *Les nations* ou les Gentils, les païens, sont toujours mis en opposition dans l'Ecriture avec le peuple de Dieu. Ce trait de la prophétie, que Luc seul nous a conservé et qui annonçait que la ville sainte *serait foulée aux pieds* par les païens, s'accomplit depuis dix-huit siècles. Cet état de choses durera *jusqu'à ce que les temps des nations soient accomplis.* Plusieurs interprètes pensent que ces *temps des nations* sont les périodes de l'histoire pendant lesquelles Dieu exercera par elles ce redoutable jugement. C'est faire de la déclaration de Jésus une tautologie. *Les temps,* ou, comme on peut traduire encore, les *occasions,* les temps opportuns des nations, sont les époques marquées par la miséricorde de Dieu, où il appellera ces nations à la possession du salut par l'Evangile de sa grâce. Chaque nation a son temps où le salut lui est offert ; de là le pluriel *les temps* (Rom. 11 : 25 et suiv.) Ainsi Jésus, en annonçant à Israël son rejet et le châtiment qui l'atteindra, lui laisse un rayon d'espérance : quand l'Evangile aura été apporté à toutes les nations, le châtiment d'Israël prendra fin. Paul exprime la même pensée dans le passage que nous venons de citer. — Cette déclaration du Sauveur est aussi très importante pour l'intelligence de tout ce discours prophétique. Tandis que, d'après Math. 24 : 29 et Marc 13 : 24, Jésus paraît annoncer sa venue immédiatement après la ruine de Jérusalem, il ressort de la relation de Luc qu'il faut placer entre ces deux événements toute la période indéterminée appelée *les temps des nations.*

2. Voir, sur ces paroles, Math. 24 : 29, note, et Marc 13 : 24. Après que « les temps des nations » (v. 24) seront accomplis, on verra apparaître, dans toute la nature, ces redoutables phénomènes, précurseurs de l'avènement du fils de l'homme. Luc les décrit d'une manière plus saisissante encore que les deux premiers évangélistes ; il en dépeint les effets terribles : *L'angoisse des nations qui ne savent que faire* (gr. « dans un état *sans ressources,* dans la perplexité ») *au bruit de la mer et des flots* (*Sin.,* B, A, C), conséquence et emblème des bouleversements cosmiques ; les hommes *rendant l'âme de frayeur* à l'approche des jugements de Dieu. (Comp. Joël 2 : 10 ; 3 : 15, 16 ; Esa. 34 : 11 ; Agg. 2 : 6.)

fils de l'homme venant dans une nuée avec grande puissance et
28 gloire¹. — Lors donc que ces choses commenceront d'arriver, regardez en haut, et levez vos têtes, parce que votre délivrance ap-
29 proche². — Et il leur dit une parabole : Voyez le figuier et tous les
30 arbres : — quand ils ont commencé à pousser, vous connaissez de
31 vous-mêmes. déjà en les voyant, que déjà l'été est proche. — De même vous aussi, lorsque vous verrez arriver ces choses, sachez que
32 le royaume de Dieu est proche³. — En vérité, je vous dis que cette génération ne passera point que toutes ces choses n'arrivent⁴. —
33 Le ciel et la terre passeront, mais mes paroles ne passeront point⁵.
34   Or, prenez garde à vous-mêmes, de peur que vos cœurs ne s'appesantissent par les excès et par l'ivresse, et par les soucis de la
35 vie⁶ ; et que ce jour-là ne vienne sur vous à l'improviste. — Car comme un filet il viendra sur tous ceux qui habitent sur la face de
36 toute la terre⁷. — Mais veillez, priant en tout temps, afin que vous

---

1. Math. 24 : 30 ; Marc 13 : 26, notes.
2. L'événement qui causera la terreur du monde (v. 25, 26) sera pour le peuple de Dieu le sujet d'une ineffable joie. *En haut* ces *regards* abaissés vers la terre, ces *têtes* courbées sous le poids de l'affliction ; voici la *délivrance !* Au lieu de cette exhortation encourageante, propre à Luc, Matthieu et Marc mentionnent l'envoi des anges de Dieu pour rassembler les élus dispersés sur toute la terre.
3. Voir, sur cette *parabole*, Math. 24 : 32, 33, notes ; Marc 13 : 28, 29. — Les deux premiers évangiles ne parlent que du *figuier* ; Luc, qui connaissait moins bien la Palestine, ajoute : *et tous les arbres.* Or, « la plupart des arbres de la Palestine ne perdant pas leurs feuilles en hiver ne peuvent guère servir à marquer la différence des saisons. » F. Bovet, *Voyage en Terre-Sainte*, 7ᵉ édit., p. 272.
— Dans Matthieu et dans Marc on lit : « Quand ces choses arriveront, sachez qu'il est proche, à la porte, » c'est-à-dire le Sauveur qui va paraître. Luc dit : *le royaume de Dieu* est proche ; il va être manifesté dans sa gloire, élevé à la perfection.
4. Luc, aussi bien que les deux premiers évangélistes, place cette déclaration dans une partie du discours qui traite de l'avènement du Sauveur, tandis que, selon son sens évident, elle ne peut concerner que la ruine de Jérusalem, qui eut lieu, en effet, du vivant de *la génération* d'alors. Voir, sur cette difficulté, Matthieu 24 : 34, et Marc 13 : 30, notes.

5. Math. 24 : 35, note. Dans les trois premiers évangiles, le discours prophétique du Sauveur se termine par cette grande parole qui y met le sceau d'une autorité divine. Ce qui suit n'en est plus que l'application. — Ces mots : *Le ciel et la terre passeront* ne sont point une supposition destinée à faire ressortir la perpétuité des paroles de Jésus ; ils annoncent une réalité, qui est en pleine harmonie avec la seconde partie de ce discours et avec tous les enseignements de l'Ecriture. (Apoc. 21 : 1 ; 2 Pier. 3 : 13.)
6. De ces grands événements futurs, Jésus ramène la pensée des disciples sur *eux-mêmes* et sur la vie morale et religieuse qui doit les y préparer. Deux pièges leur sont tendus : les voluptés charnelles qui *appesantissent le cœur*, et les *soucis de la vie.* Jésus les a déjà signalés ailleurs. (8 : 14.)
7. D'après *Sin.*, B, D, il faudrait construire : *ne vienne sur vous à l'improviste comme un filet ; car il viendra sur tous ceux qui habitent.* — *Ce jour-là*, le grand jour de l'avènement du Sauveur qui vient d'être annoncé et qui, partout dans l'Ecriture, nous est représenté comme inattendu, un objet d'universelle *surprise.* (Math. 24 : 42 ; 25 : 13, etc.) — Jésus adresse ces paroles à ses disciples de tous les temps. Il veut qu'ils attendent *ce jour-là* dans une sainte vigilance, comme pouvant les *surprendre* à chaque instant ; de là l'ignorance dans laquelle Jésus les a laissés à dessein sur le temps de sa venue. (Math. 24 : 36 ; Marc 13 : 32.) L'Eglise

puissiez échapper à toutes ces choses qui doivent arriver, et subsister en présence du fils de l'homme [1].

Or, le jour, il enseignait dans le temple, mais la nuit, sortant, il demeurait dehors sur la montagne appelée des Oliviers. — Et tout le peuple venait à lui dès le point du jour, dans le temple, pour l'écouter [2]. 37 38

II. LES SOUFFRANCES ET LA MORT DE JÉSUS.

1. *Le complot contre Jésus.*

1-6. LA TRAHISON DE JUDAS. — 1° *La situation aux approches de la fête de Pâque.* Les chefs du peuple cherchent un moyen de faire mourir Jésus, mais ils craignent le peuple. (1, 2.) — 2° *Les propositions de Judas.* Satan entre dans Judas, l'un des douze. Celui-ci va s'aboucher avec les autorités sacerdotales et leur offre de leur livrer Jésus. Les chefs l'accueillent avec joie. Ils conviennent avec lui du prix de sa trahison. Judas cherche dès lors l'occasion de faire arrêter Jésus secrètement. (3-6.)

Or la fête des pains sans levain, appelée la Pâque, approchait [3]. — **XXII**

primitive vivait dans l'attente du prochain retour de Christ et cette attente demeure la vraie disposition du chrétien ici-bas, d'autant plus qu'il est dans l'incertitude de l'heure de sa mort.

1. *La vigilance* et *la prière* sont les deux grands moyens *d'échapper* aux dangers de la dernière épreuve et de *subsister en présence du fils de l'homme.* (Math. 26 : 41.) Quelle majesté il y a dans cette parole, par laquelle celui qui est le *fils de l'homme* s'annonce comme le juge du monde ! — Selon le texte reçu, *A*, *C*, *D*, l'*Itala*, la vers. syriaque, il faudrait lire : « afin que vous soyez *trouvés dignes* ou *rendus dignes* d'échapper.... » *Sin.*, *B*, les vers. égypt. portent *que vous soyez assez forts pour....*

2. Cette observation de Luc ne signifie point que le Seigneur, après avoir prononcé le discours prophétique qui précède, continua à enseigner dans le temple, ni même qu'il tint ce discours dans le lieu saint, ce qui serait en opposition avec Math. 23 : 39 et 24 : 3. Notre évangéliste résume en ces mots l'emploi que Jésus fit des premières journées de la semaine sainte. *Le jour* (gr. *les jours*), *il enseignait dans le temple*, et là se placent tous les discours rapportés par les trois évangélistes dans ces moments suprêmes du dernier séjour de Jésus à Jérusalem ; *la nuit* (gr. *les nuits*), il se retirait avec ses disciples *sur la montagne des Oliviers* (Marc 11 : 19, note), soit pour y trouver du recueillement et du repos, soit parce qu'il n'était plus en sûreté dans la ville, où ses ennemis, qui déjà avaient résolu sa mort, l'épiaient pour se saisir de lui. L'empressement du *peuple* à *l'écouter* est vivement dépeint par un terme de l'original qui signifie que, *dès le point du jour*, ils se rassemblaient autour de lui *dans le temple.* Il ne s'agit point seulement du peuple de Jérusalem, déjà plus ou moins sous l'influence hostile de ses chefs, mais des nombreux adhérents de Jésus, venus de la Galilée pour la fête de Pâques.

3. Voir Math. 26 : 1-5, notes, et Marc 14 : 1, 2, notes. Luc se borne à dire que la Pâque *approchait;* Matthieu et Marc indiquent d'une manière plus précise que cette fête allait avoir lieu « dans deux jours. » Quant à la date du jour où Jésus célébra la Pâque, l'évangile de Jean indique le 13 nisan, tandis que les synoptiques paraissent la fixer au 14 nisan. Voir, sur cette question difficile, Jean 13 : 1, note.

2 Et les principaux sacrificateurs et les scribes cherchaient comment ils pourraient le faire mourir ; car ils craignaient le peuple[1].

3 Mais Satan entra dans Judas, nommé Iscariot, qui était du nombre
4 des douze[2] ; — et il s'en alla s'entendre avec les principaux sacrificateurs et les officiers, sur la manière dont il le leur livrerait[3]. —
5 Et ils en eurent de la joie, et ils convinrent de lui donner de l'argent ;
6 — et il s'engagea, et il cherchait une occasion favorable pour le leur livrer sans attroupement.

2. *Dernière soirée de Jésus avec ses disciples.*

A. 7-23. La Paque et la cène. — 1° *Les préparatifs.* Le jour des pains sans levain, où l'agneau pascal devait être immolé, Jésus ordonne à Pierre et à Jean de préparer la Pâque. Il leur dit que lorsqu'ils seront entrés en ville, ils rencontreront un homme portant une cruche ; ils n'auront qu'à le suivre. Le maître de la maison où il entrera leur montrera une chambre haute, où ils feront les préparatifs. Les disciples agissent selon les indications de Jésus. (7-13.) — 2° *Le commencement du repas.* L'heure venue, Jésus se met à table avec les apôtres. Il exprime les sentiments qui l'animent : ce repas est l'accomplissement de son désir ardent, car il ne mangera plus la Pâque avec eux jusqu'à ce qu'elle soit accomplie dans le royaume de Dieu. Il prend la coupe et la leur donne à distribuer entre eux, en disant qu'il ne boira plus du fruit de la vigne, jusqu'à ce que le royaume de Dieu soit venu. (14-18.) — 3° *L'institution de la sainte cène.* Jésus prend du pain, le rompt et le donne à ses disciples, en disant : Ceci est mon corps qui est donné pour vous : faites ceci en mémoire de moi. De même

1. Matthieu (26 : 3-5, notes) nous dit, avec plus de détails, quelle était la perplexité des chefs de la théocratie. Déjà ils avaient résolu dans un conseil solennel de faire mourir Jésus (Jean 11 : 47 et suiv.) ; mais ils *cherchaient* de quelle manière ils le feraient mourir (gr. *le comment*) à cause de la *crainte* qu'ils avaient du *peuple*, empressé à écouter le Sauveur (Luc 21 : 38), et parmi lequel Jésus avait une foule d'adhérents. Ils craignaient qu'il ne se fît quelque sédition parmi les foules immenses qui remplissaient la ville à ce moment. L'autorité romaine serait alors intervenue et aurait fait avorter leurs desseins. Il fallait donc éviter de les exécuter pendant la fête ; mais l'offre de Judas (v. 3) les amena à se départir de ces prudentes résolutions et vint accomplir les desseins de Dieu.

2. Voir Math. 26 : 14-16, notes, et Marc 14 : 10, 11. Outre les causes morales du crime de Judas, l'avarice et la haine, Luc et Jean s'accordent à l'attribuer à l'influence de *Satan*. Ce dernier évangéliste marque même une gradation dans cette influence en disant (13 : 2) que Satan lui avait « mis au cœur » de trahir Jésus, et en ajoutant (v. 27) qu'au dernier moment Satan *entra en lui*. Cette expression, dans laquelle se rencontrent les deux évangélistes, signifie que Satan finit par vaincre les derniers scrupules du disciple et déterminer sa résolution. Telle est l'histoire de toutes les chutes. Le Sauveur lui-même voit une œuvre de la « puissance des ténèbres » dans le crime individuel et national que son peuple allait commettre. (v. 53.) — Les mots ajoutés au nom de Judas : *qui était du nombre des douze apôtres*, relèvent le contraste tragique entre la vocation et l'action de cet homme.

3. C'est-à-dire que Judas, prenant l'initiative de sa trahison, alla offrir aux chefs du peuple de leur livrer son Maître. (Matthieu 26 : 15, note.) Puis il y eut entre eux et lui une convention mutuelle. (v. 5.) — Les *officiers* étaient les commandants de la garde du temple. (v. 52 ; Act. 4 : 1.) Ils assistaient à ce conciliabule, parce qu'ils devaient opérer l'arrestation de Jésus.

après le souper, il leur donne la coupe, en disant : Cette coupe est la nouvelle alliance en mon sang qui est répandu pour vous. (19, 20.) — 4° *La trahison de Judas dénoncée.* Jésus, frappé du contraste entre ce repas d'amour, symbole de la communion avec lui, et la présence du traître, déclare que celui qui le livre est à table avec lui. La mort du Sauveur sera l'effet d'un décret divin, toutefois malheur à l'homme qui en sera l'instrument. Les disciples se demandent entre eux qui commettrait une telle action. (21-23.)

7 Or, le jour des pains sans levain arriva, dans lequel devait être immolée la Pâque [1]. — Et il envoya Pierre et Jean disant : Allez nous 8 préparer la Pâque, afin que nous la mangions. — Et ils lui dirent : 9 Où veux-tu que nous la préparions [2] ? — Et il leur dit : Voici, lors- 10 que vous serez entrés dans la ville, vous rencontrerez un homme portant une cruche d'eau ; suivez-le dans la maison où il entrera [3].

— Et vous direz au maître de la maison : Le Maître te dit : Où est 11 le logis où je dois manger la Pâque avec mes disciples ? — Et il vous 12 montrera une grande chambre haute, meublée ; là, faites les préparatifs. — Et étant allés, ils trouvèrent comme il leur avait dit ; et 13 ils préparèrent la Pâque [4]. — Et quand l'heure fut venue, il se mit 14 à table, et les apôtres avec lui [5]. — Et il leur dit : J'ai désiré ardem- 15 ment de manger cette Pâque avec vous, avant que je souffre [6] ; —

---

1. Voir, sur ce récit, Math. 26 : 17-29, notes, et Marc 14 : 12-25, notes. Luc est plus precis encore que les deux premiers évangélistes sur ce *jour qui arriva, auquel il fallait* (selon la loi) immoler la Pâque. Évidemment il désigne ainsi le 14 du mois de nisan. Seulement, comme chez les Juifs un jour de sabbat ou de fête commençait la veille à six heures du soir, au coucher du soleil, et durait toute la nuit et le lendemain, on a supposé qu'il pouvait s'agir ici de la veille du 14, c'est-à-dire le 13 au soir. Cette question est importante dans la recherche d'une harmonie entre les synoptiques et saint Jean. (Voir Jean 13 : 1, note ; Marc 15 : 21, note.)

2. D'après Matthieu et Marc, ce sont les disciples qui prennent l'initiative en demandant à Jésus : « Où veux-tu que nous te préparions le repas de la Pâque ? » — Luc seul nomme Pierre et Jean. Il importait à Jésus d'envoyer les deux disciples en qui il avait le plus de confiance. (Voir la note suivante.)

3. Le mystère dont Jésus entoure leur mission s'explique par les dangers de la situation où il se trouvait. (Voir Marc 14 : 15, note.)

4. Cette *préparation* consistait à se procurer avant le soir tout ce qui, selon la loi, était nécessaire pour le repas de la Pâque : un agneau rôti, des herbes amères, du vin, etc.

5. *L'heure*, celle que Jésus avait fixée à ses disciples et qui était l'heure ordinaire du repas pascal. — Le texte reçu porte : les *douze* apôtres ; le mot souligné est emprunté à Matthieu et Marc, qui disent simplement : *avec les douze*. Les évangélistes insistent sur le fait que Jésus célébra la Pâque et la cène avec les apôtres seuls.

6. Gr. *J'ai désiré avec désir :* locution par laquelle les Septante rendent souvent un hébraïsme destiné à marquer l'intensité de l'action ou du sentiment. Comp. les expressions similaires : *se réjouir avec joie* (Jean 3 : 29) ; *menacer avec menace.* (Act. 4 : 17, etc.) Qu'est-ce qui inspirait au Sauveur cet ardent désir ? C'était son amour pour les siens, pour notre humanité que ses *souffrances* allaient sauver, pour Dieu son Père que la rédemption du monde devait glorifier. Jésus s'oublie, se sacrifie entièrement lui-même. Il n'avait qu'une crainte : c'est qu'au milieu des embûches de ses ennemis, il ne pût célébrer avec les siens la Pâque et instituer la cène. Les mots : *avant que je souffre* trahissent ce sentiment délicat et profond. Luc seul nous a conservé cette parole.

16 car je vous dis que je n'en mangerai pas, jusqu'à ce que qu'elle soit
17 accomplie dans le royaume de Dieu [1]. — Et ayant pris une coupe et
18 rendu grâces, il dit : Prenez-la et distribuez-la entre vous [2] ; — car
je vous dis que je ne boirai plus désormais du produit de la vigne,
19 jusqu'à ce que le royaume de Dieu soit venu [3]. — Et ayant pris du
pain, et rendu grâces, il le rompit et le leur donna, en disant : Ceci
est mon corps, qui est donné pour vous [4] ; faites ceci en mémoire
20 de moi [5] ; — et de même aussi la coupe, après avoir soupé [6], en

1. Voir, sur le sens de ces paroles et du v. 18, Math. 26 : 29, note. D'après Matthieu et Marc, Jésus aurait exprimé cette pensée profonde, non en célébrant la *Pâque*, mais après avoir institué la *cène*, ce qui paraît plus naturel. Mais, au fond, comme Jésus envisageait ces deux institutions dans leur sens spirituel le plus élevé, elles pouvaient se confondre dans sa pensée. N'allait-il pas substituer à l'agneau pascal « l'Agneau de Dieu qui ôte le péché du monde, » et qui est le vrai objet de la cène ?

2. Gr. ayant *reçu*, accepté, *une coupe* (qu'on lui présentait), non *la* coupe, comme disent nos versions ordinaires, mais l'une des coupes qui servaient au repas de la Pâque, et qui circulaient plusieurs fois pendant ce repas. (Math. 26 : 26, 1e note.) Ce n'est qu'au v. 20 que Jésus donne la coupe de la cène.

3. Ces deux expressions : *accomplie dans le royaume de Dieu* (v. 16) et *le royaume de Dieu venu*, sont synonymes ; elles indiquent l'état de perfection où les symboles auront fait place aux réalités éternelles. On peut conclure de ces paroles : « je ne boirai plus désormais (gr. *dès maintenant*) du produit de la vigne » que Jésus n'a pas bu de la coupe de la cène. (v. 20.) Matthieu, qui place cette parole après l'institution de la cène, affirmerait au contraire la participation de Jésus à la coupe ; mais c'est peut-être presser un peu trop les termes du premier évangile.

4. Voir, sur l'institution de la cène, Math. 26 : 26-28, notes, et Marc 14 : 22-25, notes. Les deux premiers évangiles disent simplement : *ceci est mon corps;* les mots : *qui est donné pour vous*, sont particuliers à Luc, dont la relation est conforme à celle de Paul (1 Cor. 11 : 24), sauf qu'elle substitue le mot *donné* à celui de *rompu*. Ce dernier terme correspondait exactement à l'action symbolique que Jésus accomplissait alors en *rompant* le pain ; et il annonçait que le corps du Sauveur allait être brisé dans les souffrances et la mort. L'expression de Luc revient au même : *donné pour vous*, signifie *livré à la mort*, ainsi que l'indiquent clairement le contexte et la situation. (Comp. Gal. 1 : 4 ; 1 Tim. 2 : 6 ; Tite 2 : 14.)

5. Ces dernières paroles, omises par Matthieu et Marc, sont aussi rapportées par Paul, qui les répète deux fois, en ajoutant, au sujet de la coupe : *toutes les fois que vous en boirez*. Par là il devient évident que Jésus n'entendait pas seulement célébrer la cène avec ses premiers disciples, mais qu'il l'établissait dans son Eglise comme un « mémorial » de sa personne et de son œuvre pour tous les temps. Jésus, en se séparant des siens qu'il aime, veut ainsi rester et vivre au milieu d'eux. Pensée touchante et profonde que Paul commente en ces mots : « toutes les fois que vous mangez de ce pain et que vous buvez de cette coupe, vous annoncez la mort du Seigneur *jusqu'à ce qu'il vienne*. » (1 Cor. 11 : 26.) Dix-neuf siècles se sont écoulés depuis lors, des empires et des royaumes ont disparu, et ce mémorial si simple est encore célébré avec amour sur toute la face de la terre ; et il le sera jusqu'à la fin des siècles. — La doctrine zwinglienne, selon laquelle la cène est un souvenir de Christ et de sa mort, se fonde sur une parole prononcée par Jésus au moment où il distribua les symboles de son sacrifice, mais elle n'épuise pas la signification de ce sacrement, comme le montrent les autres paroles de l'institution.

6. Ce *de même aussi* reporte la pensée sur le verset précédent et signifie : « Il prit la coupe et, ayant rendu grâce, il la leur donna, » ce qui se trouve expressément dans Matthieu et Marc. Les termes de Luc sont littéralement empruntés à l'apôtre Paul. (1 Cor. 11 : 25.) Luc dit que Jésus prit la coupe *après avoir soupé*, exactement comme Paul. (1 Cor. 11 : 25.) On a voulu conclure de cette indication que Jésus n'institua la cène qu'après

disant : Cette coupe est la nouvelle alliance en mon sang, qui est répandu pour vous [1].

Toutefois, voici, la main de celui qui me livre est avec moi à table [2], — parce que le fils de l'homme s'en va, il est vrai, selon ce 21 22

l'achèvement complet du souper pascal. Mais elle ne se rapporte qu'à la distribution de la coupe. Elle marque plutôt qu'un certain temps s'écoula entre le moment où Jésus rompit le pain et celui où il donna la coupe. (Comp. Math. 26 : 26, 1re note.)

1. Dans Matthieu et Marc, on lit d'après le vrai texte : « Ceci est mon sang de l'alliance ; » dans Luc et Paul : *Cette coupe est la nouvelle alliance en mon sang*. La seule différence à constater dans ces termes, c'est le mot *nouvelle* alliance (par opposition à l'ancienne) ; car *mon sang de l'alliance* et *alliance en mon sang* sont des expressions synonymes. Quant à la seconde partie de notre verset, les mots particuliers à Luc : *qui est répandu pour vous*, sont en pleine harmonie avec les termes plus explicites de Matthieu : *qui est répandu pour plusieurs en rémission* (ou pour le pardon) *des péchés*. Sur le sens si profond et si riche de ces paroles, voir Math. 26 : 28, notes. — Le Nouveau Testament renferme deux relations de l'institution de la cène, qui, en pleine harmonie pour les pensées, diffèrent en quelques termes pour la rédaction : d'une part, celles de Matthieu et de Marc, qui pourtant n'emploient pas des expressions identiques ; d'autre part, celles de Paul et de Luc, qui ne sont pas non plus une reproduction littérale l'une de l'autre. Cette unité dans la diversité est un des caractères de tout l'Evangile. La tradition apostolique n'a jamais été coulée dans un moule uniforme. Comme des deux formules en présence, celle de Paul et de Luc est, à certains égards, la plus complète et que, d'autre part, l'apôtre déclare solennellement qu'il a « reçu du Seigneur » ce qu'il écrit sur l'institution de la cène (1 Cor. 11 : 23, note), l'Eglise l'a généralement adoptée dans la célébration de la cène.

2. Voir, sur la désignation du traître, Math. 26 : 21-25, notes, et comp. Marc 14 : 18-21 et Jean 13 : 21-30. Il ne paraît pas que Luc observe ici l'ordre dans lequel les faits se succédèrent. Il semble bien plutôt se proposer de mettre en contraste l'amour du Sauveur, l'élévation sublime de ses pensées, avec les desseins odieux de Judas et même avec les sentiments encore si égoïstes des autres disci-

ples. (v. 24.) En effet, il place l'incident relatif à Judas immédiatement après la célébration de la cène, en sorte que le traître, que Jésus allait dévoiler, l'aurait reçue de sa main, avec les autres. Matthieu et Marc rapportent ce fait dès le commencement du repas de la Pâque ; et comme nous savons par Jean (13 : 30) que Judas s'éloigna immédiatement après avoir été désigné par Jésus comme étant celui qui allait le livrer, il ressort clairement de ces témoignages qu'il n'assista pas à la cène. La vérité morale de la situation n'exige pas moins impérieusement cette conclusion. Comment Jésus aurait-il donné les sceaux de de son corps rompu, de son sang répandu pour les péchés, à celui qui, déjà en la puissance de Satan, s'était engagé à livrer son Maître ? (v. 3-5.) Comment le Sauveur aurait-il fait aux autres disciples une révélation qui les remplit de trouble et d'épouvante, aussitôt après avoir célébré avec eux le repas de son amour ? (v. 22, note.) Non, Judas était sorti, et Jean nous rapporte l'immense soulagement que Jésus éprouva alors et qu'il exprima en ces mots : « Maintenant le fils de l'homme est glorifié ! » (Jean 13 : 31.) Dès ce moment, seul avec ceux qui l'aiment, il se livre tout entier aux saintes et intimes communications qu'il a à leur faire. Ils sont donc dans l'erreur, les nombreux théologiens qui, depuis les Pères de l'Eglise jusqu'à nos jours, se fondent sur notre récit pour rejeter toute discipline tendant à exclure de la table du Seigneur les communiants indignes. — Par des raisons semblables, quoique moins péremptoires, il paraît que la contestation entre les disciples (v. 24 et suiv.) eut lieu dès le premier moment du repas de la Pâque et fut occasionnée par le rang auquel chacun prétendait en se mettant à table ; inspiration de l'orgueil, à laquelle Jésus répondit en s'humiliant lui-même jusqu'à laver les pieds de ses disciples. Cet ordre des faits, assez clairement indiqué par les récits évangéliques et par la nature des choses, est aujourd'hui généralement adopté par les exégètes. M. Godet, dans ses *Commentaires sur saint Luc et saint Jean*, a cru pouvoir, par des raisons qui ne nous ont pas convaincu, défendre l'ordre du récit de Luc. Il pense toutefois que la distribution de qui a été déterminé [1], toutefois malheur à cet homme par qui il est livré [2] ! — Et eux commencèrent à se demander les uns aux autres, qui était celui d'entre eux qui ferait cela.

B. 24-38. DERNIERS ENTRETIENS. — 1° *La vraie grandeur des disciples.* Une contestation s'élève parmi les disciples sur cette question : qui est le plus grand ? Jésus leur dit de ne pas se régler sur l'exemple des rois des nations et sur le principe du triomphe de la force. Dans la société nouvelle qu'ils forment entre eux, le plus grand sera comme le plus petit, conformément à l'exemple que Jésus leur donne, lui qui est au milieu d'eux dans l'attitude d'un serviteur. L'ambition qui les anime, dans ce qu'elle a de légitime, recevra cependant satisfaction : ceux qui ont persévéré avec lui dans ses épreuves, Jésus leur promet de disposer en leur faveur du royaume : ils mangeront à sa table, et, assis sur des trônes, jugeront les douze tribus d'Israël. (24-30) — 2° *Le reniement de Pierre prédit.* Jésus révèle aux disciples, et à Simon en particulier, la grande tentation par laquelle ils vont passer. Il a prié pour Pierre afin que sa foi ne défaille pas ; il lui commande, une fois relevé, d'affermir ses frères. Pierre se déclare prêt à aller avec Jésus en prison et à la mort. Jésus lui annonce alors sa chute prochaine. (31-34.) — 3° *La position des disciples transformée.* Jésus leur rappelle les débuts faciles de leur vocation, quand il les a envoyés sans ressources aucunes, et que pourtant ils n'ont manqué de rien. Maintenant leur condition va être changée : ils devront se munir de provisions et de moyens de défense, car la parole qui annonçait que leur maître serait mis au rang des malfaiteurs va s'accomplir, et sa destinée terrestre touche à sa fin. Les disciples présentent à Jésus deux épées. Jésus leur dit : cela suffit ! (35-38.)

24 Or il s'éleva aussi une contestation parmi eux, pour savoir lequel
25 d'entre eux était estimé le plus grand [3]. — Mais il leur dit : Les rois des nations les asservissent ; et ceux qui exercent leur puissance
26 sur elles sont appelés bienfaiteurs. — Mais pour vous, qu'il n'en soit pas ainsi ! Au contraire, que le plus grand parmi vous soit comme le plus petit, et celui qui gouverne comme celui qui sert [4].

---

la coupe, qui termina le souper, eut lieu après le départ de Judas.

1. *Ce qui a été déterminé* par Dieu même. Matthieu et Marc disent : « selon qu'il est écrit de lui. » Jésus voit donc dans sa mort, qu'allait amener le crime de Judas, l'accomplissement de la volonté de Dieu son Père.

2. Ce *malheur !* est accompagné, dans les deux premiers évangiles, de l'énoncé de la triste condition dans laquelle Judas se place. Le traître demande alors, comme les autres disciples : *Est-ce moi, rabbi ?* Sur quoi Jésus lui répond : *Oui, tu l'as dit.* Et ces paroles du Sauveur auraient été prononcées immédiatement après que Judas aurait reçu la cène de sa main !

3. Ce n'était pas la première fois que les disciples étaient occupés de ces pensées d'orgueil et d'ambition. (9 : 46 ; Math. 18 :

1 ; Marc 9 : 35, voir les notes.) La raison de la nouvelle *contestation*, qui s'éleva au moment où l'on se mettait à table (v. 21, note) pouvait être la place d'honneur à laquelle chacun prétendait, ou encore le fait que nul ne voulait se charger des soins relatifs à l'ablution des pieds, qui était en usage chez les Juifs avant chaque repas. Si telle était la cause de leur dispute, l'acte de profonde humilité qu'accomplit Jésus en lavant lui-même les pieds de tous était encore plus propre à les couvrir de confusion. Quoi qu'il en soit, ce débat si inconvenant à cette heure avait ses vraies causes dans le pauvre cœur de l'homme ; il a constamment reparu dans l'Eglise et a puissamment contribué à la corrompre.

4. Voir, sur ces paroles, Math. 20 : 25-28, notes ; Marc 10 : 42-45. Dans les

— Car, qui est le plus grand, celui qui est à table ou celui qui sert ? 27
N'est-ce pas celui qui est à table ? Et moi, je suis au milieu de vous
comme celui qui sert [1] ! — Mais vous, vous êtes ceux qui avez per- 28
sévéré avec moi dans mes épreuves [2]. — Et moi, je dispose en votre 29
faveur du royaume, comme mon Père en a disposé en ma faveur ;
— afin que vous mangiez et que vous buviez à ma table dans mon 30
royaume, et que vous soyez assis sur des trônes, jugeant les douze
tribus d'Israël [3].

Mais le Seigneur dit : Simon, Simon, voici, Satan vous a demandés 31
pour vous cribler comme le blé [4] ; — mais moi, j'ai prié pour toi, 32

deux premiers évangiles, cette exhortation s'adressait aux fils de Zébédée : elle était destinée à réprimer leur ambition. N'est-il pas tout naturel de penser que Jésus en fit dans une situation analogue une application nouvelle à tous ses disciples ? — Le terme de *bienfaiteur* était un titre souvent donné par flatterie à des princes qu'on voulait distinguer comme ayant bien mérité de leur pays et de leur peuple. — Le mot que nous traduisons par *le plus petit* signifie proprement *le plus jeune*, et l'on peut, avec plusieurs interprètes, l'entendre dans ce sens, parce que c'est ordinairement le plus jeune qui doit respecter les plus âgés et les servir.

1. Quelle puissance il y avait dans l'exemple d'humilité et de dévouement que Jésus donnait à ses disciples ! Dans toute sa vie, il fut comme *celui qui sert* (comp. Math. 20 : 28 ; Philip. 2 : 7) ; mais il est probable qu'ici il fait une allusion particulière au service d'esclave qu'il venait de rendre aux siens, en leur lavant les pieds.

2. Après avoir humilié ses disciples, Jésus les relève en approuvant leur fidélité à rester auprès de lui dans ses *épreuves*, et en leur annonçant la haute position qu'il leur destine dans son royaume. (v. 29, 30.) Ce que le Sauveur appelle ses *épreuves* ou ses tentations (le mot original a les deux sens), ce sont toutes les persécutions, les mépris, les haines, les souffrances qu'il dut essuyer de la part du monde, et que ses disciples partagèrent avec lui. (Hébr. 2 : 18 ; 4 : 15.)

3. Toutes ses prérogatives, le Fils de Dieu les partage avec ses disciples. Etre assis *à sa table, dans son royaume,* c'est l'image d'une communion intime avec lui et de la plénitude de la vie et de la joie célestes. (v. 16, note ; 13 : 29 ; Math. 8 : 11, note.) *Etre assis sur des trônes* et prendre part au *jugement* du monde, c'est être associé à la puissance et à la gloire du Sauveur lui-même. (Math. 19 : 28, note.) Ici, Jésus ne dit plus *douze* trônes ; Judas était déchu de sa dignité d'apôtre.

4. Comp. Math. 26 : 31-35 ; Marc 14 : 27-31. — Si les mots : *Mais le Seigneur dit* sont authentiques (ils manquent dans B et quelques manuscrits, et dans les vers. égyptiennes, Tischendorf et Westcott et Hort les suppriment), ils indiquent que Jésus commence ici un nouveau discours pour dévoiler aux disciples les dangers qui les menacent ; et, par la particule *mais*, ces dangers sont opposés aux magnifiques destinées que Jésus venait d'ouvrir à leurs yeux. (v. 29, 30.) Luc seul nous a conservé ces paroles profondes et émues de Jésus à Pierre. (v. 31, 32.) Elles devaient le rendre attentif à la révélation d'une grande tentation qui l'attendait, lui et tous ses condisciples (*vous*). « Par cette allocution *Simon*, deux fois répétée, Jésus fait allusion à son caractère naturel et le met en garde contre la présomption qui en est le trait dominant. » *Godet*. — *Satan* veut les *cribler*, c'est-à-dire les ébranler et les perdre par une violente tentation, pendant laquelle ils seront comme le blé agité vivement dans un crible ou un van. Jésus exprime cette pensée en des termes qui sont une allusion au prologue du livre de Job, où Satan demande à Dieu de livrer son serviteur en sa puissance. Tel est le sens du mot que nous traduisons ici par *vous a demandés*, *réclamés*, afin de vous posséder en son pouvoir. La terrible épreuve à laquelle furent bientôt exposés tous les disciples et Pierre en particulier n'explique que trop la vérité et la force de cet avertissement. — On voit par ces paroles combien Jésus pénétrait clairement à l'avance l'histoire de ses souffrances. Non seulement le fait de son supplice imminent

afin que ta foi ne défaille point [1]. Et toi, quand tu seras une fois
33 converti, affermis tes frères [2]. — Et Pierre lui dit : Seigneur, je suis
34 tout prêt à aller avec toi, et en prison et à la mort. — Mais il lui
dit : Je te dis, Pierre, que le coq ne chantera point aujourd'hui,
qu'auparavant tu n'aies nié trois fois de me connaître [3].
35 Puis il leur dit : Lorsque je vous ai envoyés sans bourse, et sans
sac, et sans souliers, avez-vous manqué de quelque chose ? Et ils
36 dirent : De rien [4]. — Mais il leur dit : Maintenant, au contraire, que
celui qui a une bourse la prenne ; de même aussi celui qui a un
sac [5] ; et que celui qui n'en a point vende son manteau et achète une
37 épée [6]. — Car je vous dis que ceci qui est écrit : « Et il a été

lui est connu, il l a annoncé, mais même les causes mystérieuses de ce drame, les influences de la puissance des ténèbres, sont à nu devant ses yeux.

1. Quel contraste entre ces paroles et celles qui précèdent : Satan veut vous perdre, *mais moi* qui le sais, qui veille sur vous, qui suis plus puissant que lui, *j'ai prié pour toi !* Quand ? Si l'on admet, avec Matthieu et Marc, que cet entretien eut lieu sur le chemin de Gethsémané, on peut penser que Jésus fait allusion à la prière sacerdotale (Jean 17 : 9 et suiv.) ; si, comme le rapportent Luc et Jean, ces paroles ont été prononcées encore dans la salle du souper, Jésus indique une prière spéciale qui s'est élevée de son cœur à Dieu pour la délivrance de son disciple. Quoi qu'il en soit, ce qu'il demande pour lui, c'est que *sa foi ne défaille point*, c'est-à-dire qu'il ne perde point la confiance en son Maître, en son amour ; car alors, tout eût été perdu, il serait tombé dans le désespoir, comme Judas. Le souvenir de cette parole de son Maître dut contribuer puissamment à relever la foi de Pierre.

2. Gr. quand tu seras *retourné*, revenu de ta chute, *converti*, dans toute la plénitude du mot. Les disciples avaient mis leur confiance en Jésus, ils l'aimaient ; mais avant la Pentecôte, ils n'avaient ni compris l'œuvre de la rédemption, ni reçu le Saint-Esprit, double condition de toute *conversion* véritable. Quand il y sera parvenu, Pierre pourra *affermir ses frères* dans la foi et la vie chrétiennes ; et il le devra d'autant plus que son exemple les avait scandalisés. L'apôtre remplit bien ce mandat ; il fut le fondateur de l'Eglise naissante, tant chez les Juifs (Act. 2) que chez les païens (Act. 10), et, jusqu'à la conversion de Paul, il fut le plus puissant instrument de Dieu pour l'avancement de son règne.

3. Voir, sur ces deux versets (33, 34), Math. 26 : 33-35 et Marc 14 : 29-31, notes ; comp. Jean 13 : 37, 38. Ni l'avertissement du Sauveur, ni la prédiction si précise de sa chute ne purent dissiper la présomptueuse confiance du disciple en ses propres forces. Il apprendra à ses dépens à se connaître lui-même.

4. La fin du discours (v. 35-38), que Luc seul a conservée, est bien en harmonie avec les avertissements qui précèdent, et les images saisissantes dont Jésus revêt sa pensée sont de nature à les faire pénétrer plus profondément dans le cœur des disciples. Il leur rappelle d'abord les temps plus faciles de leur première mission où, étant encore avec eux, il les avait *envoyés* sans provisions de voyage, et où Dieu avait pourvu à tout pour eux, tellement qu'ils confessent avec joie qu'ils n'ont *manqué de rien*. (9 : 3 ; 10 : 4 ; Math. 10 : 9 ; Marc 6 : 8.) Mais *maintenant* qu'il leur sera ôté, ils vont entrer dans une période beaucoup plus rude et plus dangereuse de leur vocation, et ils doivent se munir de tout ce qui leur sera nécessaire dans leurs privations et leurs combats. On trouve une idée analogue exprimée par d'autres images dans Math. 9 : 15 et dans Luc 5 : 34.

5. *Prenne* sa *bourse* et son *sac* dans ses voyages, afin de se rendre, autant qu'il est possible, indépendant des hommes, quand ceux-ci lui seront hostiles.

6. Depuis Théod. de Bèze, nos versions ordinaires rendent ainsi cette dernière phrase : « et que celui qui n'a point d'*épée* vende son manteau et en achète une. » Et plusieurs interprètes soutiennent ce sens, qui n'est point inadmissible. Le tour que nous adoptons, avec un grand nombre de traducteurs et d'interprètes, est plus conforme au texte original et plus naturel, car celui-là seul qui n'a ni

ÉVANGILE SELON LUC

compté parmi les iniques, » doit s'accomplir en moi ; en effet, ce qui me concerne touche à sa fin [1]. — Et ils dirent : Seigneur, voici deux 38 épées. Mais il leur dit : Cela suffit [2].

3. *Gethsémané.*

39-53. 1º *L'agonie de Jésus.* Jésus va, selon sa coutume, avec ses disciples, à la montagne des Oliviers. Arrivé là, il les invite à prier. Lui-même s'éloigne à la distance d'un jet de pierre. Tout en se soumettant à la volonté de son Père, il le supplie d'éloigner la coupe. Un ange vient le fortifier. Sa sueur est de sang. Revenu auprès de ses disciples, il les trouve endormis et les exhorte à prier pour ne pas tomber dans la tentation. (39-46.) — 2º *L'arrestation de Jésus.* Comme il parle encore, survient une troupe conduite par Judas. Celui-ci baise Jésus. Jésus lui dit : C'est par un baiser que tu trahis le fils de l'homme ! Les disciples demandent à Jésus s'ils doivent frapper de l'épée ; l'un d'eux coupe l'oreille droite du serviteur du souverain sacrificateur. Jésus arrête les siens et guérit le blessé. Puis il constate que ses adversaires sont venus après lui comme après un brigand, tandis qu'il était tous les jours dans le temple. C'est leur heure, où la puissance des ténèbres se déploie. (47-53.)

Et étant sorti, il s'en alla, selon sa coutume, à la montagne des 39 Oliviers [3]. Et les disciples aussi le suivirent. — Mais quand il fut 40

bourse ni *sac* (point d'argent) se trouve dans la nécessité de vendre *son manteau* pour acheter *une épée.* — Quant à la pensée du Sauveur, il serait inutile d'observer qu'il n'entendait point recommander à ses disciples l'usage de l'épée pour se défendre dans les dangers (Math. 26 : 52), ou pour assurer leur subsistance ; il voulait seulement leur faire sentir vivement, par cette image, que les temps du combat approchaient et qu'ils devaient s'y préparer. Sans spiritualiser cette image, avec Olshausen, jusqu'à y voir « l'épée de l'Esprit qui est la parole de Dieu » (Eph. 6 : 17), il est certain que Jésus invitait les siens à s'armer de toute la force morale dont ils pouvaient avoir besoin dans les dangers. Mais les disciples, comme toujours, prirent sa parole à la lettre. (v. 38 et 50.)

1. Esa. 53 : 12. Jésus, en citant cette prophétie, motive l'exhortation qui précède (*car*) ; les disciples d'un Maître *compté parmi les iniques* ou les transgresseurs de la loi, les malfaiteurs, ne doivent pas s'attendre à être traités mieux que lui dans le monde. Et non seulement cette prophétie va *s'accomplir en lui,* mais tout *ce qui le concerne,* tout ce qui a été écrit de lui, toute sa destinée sur la terre *touche à sa fin.* Le texte reçu avec quel-

ques *majusc.* et les anciennes versions (syriaque, *Itala*) ont : « doit *encore* s'accomplir en moi. » Le mot souligné manque dans *Sin., A, B, D.* M. Godet, Weiss et d'autres le maintiennent parce qu'on s'explique difficilement qu'il ait été introduit s'il n'est pas authentique.

2. Dans leur naïve ignorance, les disciples produisent *deux* épées, dont ils s'étaient pourvus en prévision des dangers qui les attendaient durant la nuit ; et Jésus, avec une douloureuse ironie, leur dit : *Cela suffit !* On a prétendu que cette dernière parole ne renfermait aucune allusion aux deux épées ; qu'elle avait ce sens : Assez de ces pensées auxquelles vous n'entendez rien, n'en parlons plus. Mais il est plus naturel d'admettre que Jésus a voulu dire : Ces deux épées sont plus que suffisantes, puisque ce n'est pas avec des armes de ce genre que vous défendrez la vérité et établirez mon règne dans le monde !

3. Voir, sur les souffrances morales de Jésus en Gethsémané, Math. 26 : 36-46, et Marc 14 : 32-42, notes. Luc rapporte cette scène plus en abrégé que les deux premiers évangélistes ; mais il y ajoute quelques traits importants qui lui sont propres, et que nous devons relever. — *Etant sorti,* de la maison et de la ville, il

arrivé en cet endroit, il leur dit : Priez pour ne pas entrer en tenta-
41 tion [1]. — Et lui-même s'éloigna d'eux à la distance d'environ un jet
42 de pierre, et s'étant mis à genoux, il priait [2], — en disant : Père, si tu voulais éloigner de moi cette coupe [3] ! Toutefois, que ce ne soit pas ma
43 volonté, mais la tienne qui se fasse [4]. — Et un ange venu du ciel lui
44 apparut pour le fortifier [5]. — Et étant entré en agonie, il priait plus instamment ; et sa sueur devint comme de grosses gouttes de sang,
45 qui tombaient sur la terre [6]. — Et s'étant levé de sa prière, il vint

descendit dans la vallée du Cédron ; au delà du torrent s'élève la *montagne des Oliviers*. Au pied de cette montagne, se trouvait, dans un lieu solitaire, le jardin de Gethsémané, qu'on montre encore aux voyageurs. Il s'y rendit *selon sa coutume*, ajoute Luc, parce que, quand il était à Jérusalem (comp. 21 : 37, 38), il se retirait dans cette solitude avec ses disciples. Il ne cherche donc pas à échapper à Judas.

1. D'après Matthieu et Marc, Jésus adressa cette exhortation aux disciples un peu plus tard, après avoir prié lui-même, et lorsque, revenant à eux, il les trouva endormis. Mais il est probable qu'il les exhorta plus d'une fois à la vigilance et à la prière (v. 46), dans cette nuit terrible, où Satan allait les « cribler comme le blé » (v. 31).

2. *Lui-même*, lui seul, en particulier, *s'éloigna d'eux*. Ici se trouve un verbe au passif qui indique un mouvement violent : il fut *arraché, entraîné* loin d'eux par la force de l'angoisse, qui lui faisait éprouver l'impérieux besoin d'être seul, seul avec Dieu. Et c'est devant Dieu, en effet, qu'il *se mit à genoux et pria*. Matthieu dit ici qu'il « tomba sur son visage, » Marc qu'il « tomba sur la terre. »

3. Gr. *si tu veux faire passer cette coupe loin de moi !* Après ce mot : *si tu veux* on attendrait l'impératif *fais* passer, et c'est ainsi que corrigent, d'après Marc, *Sin.*, *B*, *D* et quelques autres manuscrits, mais il est naturel que dans la violence de l'émotion la phrase soit incorrecte.

4. A peine le Sauveur a-t-il prononcé son ardente supplication que, par un soudain retour sur lui-même et sur le sacrifice qui lui est assigné, il se livre tout entier à la *volonté* de son *Père*. — Dans les trois synoptiques, la prière de Jésus est rendue en termes légèrement différents ; mais la pensée exprimée est la même. L'image de la *coupe* est employée dans les trois récits pour désigner les indicibles souffrances du Sauveur.

5. Gr. *le fortifiant*. Jésus aurait pu succomber dans la lutte ; son âme aurait pu être accablée sous le poids des péchés du monde et sous l'effort de la puissance des ténèbres. (v. 53 ; comp. Math. 26 : 38 ; Hébr. 5 : 7.) Mais Dieu ne le permit pas. Le fils vient de se livrer tout entier à la volonté du Père (v. 42), le Père lui envoie du ciel un messager de paix et d'espérance, qui lui communique les « puissances du siècle à venir, » et le fortifie de corps et d'âme pour achever le combat. Comment lui apparut cet ange du ciel, comment il lui communiqua ces forces nouvelles, ce sont des questions que l'exégèse n'a pas à discuter. On peut comparer ici Math. 4 : 11, et Jean 12 : 28.

6. La lutte continue ; Jésus la soutient avec les forces nouvelles qu'il a reçues. Le mot *agonie* signifie *combat ;* il désigne, plus spécialement, l'état de celui qui lutte contre la mort. Dans les circonstances où se trouve Jésus, ce mot a un sens insondable pour nous. L'arme du Sauveur, c'est la prière. *Il priait plus instamment.* Et telle fut la violence de la lutte, que *sa sueur*, provoquée par l'angoisse physique et morale, était formée de *grosses gouttes* (gr. *caillots*) *de sang descendant jusque sur la terre*. Ce phénomène est la manifestation d'une terrible souffrance morale qui demeure inexplicable, si l'on n'admet que le Sauveur accomplissait alors la rédemption du monde, en s'offrant lui-même à la justice divine. (Comp. Math. 26 : 46, note.) — Les v. 43 et 44 manquent dans quatre *majuscules*, dont *B* et *A*, dans trois minuscules et dans quelques versions anciennes ; dix manuscrits les marquent d'un signe de doute ; enfin quelques Pères de l'Eglise, Hilaire de Poitiers, Jérôme, Epiphane, déclarent que ces versets ne se trouvaient point dans plusieurs manuscrits grecs et latins. Ces témoignages et le fait que Matthieu et Marc ne mentionnent ni l'apparition de l'ange ni la sueur de sang, ont inspiré à quelques exégètes la pensée

vers ses disciples et les trouva endormis de tristesse [1]. — Et il leur 46 dit : Pourquoi dormez-vous ? Levez-vous et priez, afin que vous n'entriez pas en tentation [2]. Comme il parlait encore, voici une troupe, et le nommé Judas, 47 l'un des douze, marchait devant eux, et il s'approcha de Jésus pour le baiser [3]. — Mais Jésus lui dit : Judas, par un baiser tu trahis le 48 fils de l'homme [4] ? — Et ceux qui étaient avec lui, voyant ce qui allait 49 arriver, lui dirent : Seigneur, frapperons-nous de l'épée [5] ? — Et l'un 50 d'entre eux frappa le serviteur du souverain sacrificateur, et lui emporta l'oreille droite [6]. — Mais Jésus répondant, dit : Laissez faire [7]. 51

que ce récit était dû à une tradition postérieure à la rédaction de notre évangile. Mais, d'autre part, *Sin.*, *D* et dix *majusc.* ont les v. 43 et 44 ; ils se trouvent également dans l'*Itala* et la vers. syriaque. Et ce qui paraîtra décisif, c'est que des Pères de l'Eglise aussi rapprochés de l'âge apostolique que Justin et Irénée citent le v. 44. M. Godet remarque avec raison qu'ils ont pu être retranchés, parce que les faits qu'ils rapportent ne se trouvent pas dans Matthieu et Marc, et qu'ils semblaient contraires à la divinité de Jésus. Aussi Tischendorf, Tregelles, Westcott et Hort ont-ils conservé les deux versets dans leurs éditions.

1. Voir Math. 26 : 40, note. Luc seul indique la cause de ce sommeil des disciples, si peu naturel dans un pareil moment ; il l'attribue à la *tristesse*. La douleur du Maître avait gagné les disciples ; n'étant point préparés et soutenus par la prière (v. 46), ils ne purent résister au sommeil ; celui-ci, on le sait, est l'effet habituel d'une souffrance intense et prolongée.

2. Maintenant le Sauveur a vaincu ! Il a encore devant lui la voie douloureuse qui doit aboutir à la croix ; mais le sacrifice moral, pleinement accompli, lui a rendu la force et le calme avec lesquels il va se livrer à ses ennemis, et c'est lui qui réveille, exhorte, encourage ses disciples ; car eux aussi vont avoir leur part dans les dangers.

3. Voir, sur l'arrestation de Jésus, Math. 26 : 47-56, notes ; Marc 14 : 43-52, notes ; et comp. Jean 18 : 2-11, notes. Les trois synoptiques s'accordent à marquer le moment précis de cette scène : *Comme il parlait encore*. Luc dira plus loin (v. 52) de qui se composait la troupe. *Judas marchait devant eux*. Par ce trait, aussi bien que par les expressions *le nommé Judas, l'un des douze* (v. 3), Luc

fait ressortir d'une manière sinistre le rôle du traître dans cette scène. Il mentionne aussi ce premier mouvement odieux par lequel Judas *s'approcha de Jésus pour le baiser*. C'était là le signe dont il était convenu avec les chefs de la troupe (voir Matthieu et Marc). Le baiser était une forme respectueuse de salutation, naturelle de la part d'un disciple.

4. Le mot de *baiser* mis en tête de la phrase fait ressortir tout l'odieux de cet acte. Luc seul rapporte ces paroles. Jésus les prononça sans doute à la suite de celles que rapporte Matthieu (26 : 50) : « Pour quel sujet es-tu ici ? » Plusieurs interprètes se refusent à voir une interrogation dans le texte de Matthieu. Ils sous-entendent un verbe à l'impératif et traduisent : « Fais ce pourquoi tu es ici. » Si on lui donne ce sens, cette parole a été prononcée après celle que Luc nous a conservée.

5. Cette question posée à Jésus, aussi bien que l'acte qui la suit (v. 50), fut inspirée par la parole mal comprise des v. 36 et 38.

6. Sans attendre la réponse du Maître, l'un des disciples, bouillant d'impatience, tira son épée et *frappa*. Jean nous apprend que ce disciple était Pierre et que celui qu'il blessa s'appelait Malchus ; à l'époque où il écrivait, le sanhédrin n'existait plus, et il n'y avait plus de danger à révéler ces noms. — L'oreille *droite*, petit détail conservé par Jean (18 : 10) et par Luc, et qui, comme tant d'autres, atteste la vérité historique de nos récits.

7. Gr. *Laissez jusqu'à ceci*, c'est-à-dire : Laissez-les procéder jusqu'à cette arrestation et à tout ce qui doit la suivre, car tel est le conseil de Dieu. (Comp. v. 22, note.) Le mot : Jésus *répondant* montre que cette parole est adressée aux disciples et non à ceux qui venaient le saisir ; elle ne peut donc signifier : Laissez-moi aller

52 Et lui ayant touché l'oreille, il le guérit[1]. — Puis Jésus dit aux principaux sacrificateurs et aux officiers du temple et aux anciens, qui étaient venus contre lui[2] : Vous êtes sortis avec des épées et des
53 bâtons comme contre un brigand ; — pendant que j'étais tous les jours avec vous, dans le temple, vous n'avez point mis les mains sur moi ! Mais c'est ici votre heure et la puissance des ténèbres[3].

4. *Le procès.*

A. 54-71. Jésus devant le sanhédrin. — 1° *Le reniement de Pierre.* — *a) Le premier reniement.* Jésus est conduit dans la maison du souverain sacrificateur. Pierre le suit de loin et s'assied parmi ceux qui se chauffent auprès d'un feu dans la cour. Signalé par une servante comme disciple de Jésus, il nie de le connaître. (54-57.) — *b) Le second et le troisième reniement.* Peu après, un autre désigne de nouveau Pierre. Il nie encore. Au bout d'une heure environ, un assistant assure que Pierre est disciple de Jésus, en se fondant sur sa qualité de Galiléen. Pierre le nie. A l'instant, un coq chante. (58-60.) — *c) Le repentir de Pierre.* Un regard de Jésus fait souvenir Pierre de la prédiction qui lui a été faite. Il sort, et pleure amèrement. (61, 62.) — 2° *Jésus exposé aux mauvais traitements de ses gardes.* Ils se moquent de lui et, après lui avoir couvert la tête, lui disent de deviner qui l'a frappé. (63-65.) — 3° *Jésus jugé par le sanhédrin.* — *a) Le sanhédrin demande à Jésus s'il est le Christ.* Quand le jour est venu, le sanhédrin s'assemble, et, après avoir fait comparaître Jésus, il lui demande s'il est le Christ. Jésus relève le parti pris de ses juges, qui les rend incapables de recevoir la vérité ; puis il déclare qu'ils le verront à la droite de la puissance de Dieu (66-69.) — *b) Le sanhédrin demande à Jésus s'il est le fils de Dieu.* L'affirmation que Jésus vient d'émettre amène ses juges à lui demander s'il est le Fils de Dieu. Jésus l'atteste. Ils prennent acte de sa déclaration, qui les dispense de chercher d'autres témoignages. (70, 71.)

jusqu'à cet homme blessé, afin que je le guérisse. Ni même : Laissez-moi libre pour ce moment-ci. Ce n'est qu'au v. 52 que Jésus adresse la parole à ses ennemis.

1. Cette guérison est rapportée par Luc seul ; plusieurs historiens la relèguent dans le domaine de la légende. Ils oublient que cette guérison était d'une immense importance pour la cause du Sauveur, compromise par l'acte imprudent de son disciple. Si ce mal n'avait pas été réparé, comment comprendre que les ennemis n'en eussent pas fait un chef d'accusation contre Jésus ?

2. Luc seul signale, dans la troupe venue contre Jésus, non seulement des *officiers du temple* qui la commandaient, mais aussi des *principaux sacrificateurs* et des *anciens*. Encore ici, le silence des autres évangélistes a paru suffisant pour accuser Luc d'inexactitude. La passion que les membres du sanhédrin apportaient à l'exécution de leurs desseins meurtriers, et qui se manifesta dans toute leur attitude pendant le procès et le supplice de Jésus, explique fort bien que plusieurs d'entre eux aient accompagné la troupe chargée de l'arrestation.

3. Voir, sur ces paroles, Math. 26 : 56, note. Jésus s'élève bien haut au-dessus des instruments de sa mort, auxquels pourtant il laisse toute leur terrible responsabilité, et il leur déclare que si jusqu'ici ils n'ont pas mis la main sur lui, bien qu'ils en eussent *tous les jours* l'occasion, c'est qu'ils ont été arrêtés dans leurs desseins par une volonté supérieure, et que si maintenant ils viennent contre lui avec une troupe armée, comme s'il s'agissait d'arrêter *un brigand*, c'est qu'ils obéissent à *la puissance des ténèbres*, dont ils sont les aveugles instruments. (v. 3, note.) Dans Matthieu, Jésus désigne cette volonté de Dieu comme étant l'accomplissement des « Ecritures des prophètes ; » dans notre évangile, il leur dit : *c'est ici votre heure,* l'heure déterminée par le conseil de Dieu, où il vous est permis d'accomplir vos desseins en obéissant à la puissance de Satan. Les ténèbres de

Et l'ayant saisi, ils l'emmenèrent et le conduisirent dans la maison 54 du souverain sacrificateur ¹. Mais Pierre suivait de loin.

Or, comme ils avaient allumé du feu au milieu de la cour, et qu'ils 55 s'étaient assis ensemble, Pierre était assis au milieu d'eux ². — Mais 56 une servante, le voyant assis à la lueur du feu et le regardant attentivement, dit : Celui-ci était aussi avec lui. — Mais lui, le nia, disant : 57 Femme, je ne le connais point. — Et peu après, un autre le voyant, 58 dit : Toi aussi, tu es des leurs. Mais Pierre dit : O homme ! je n'en suis point ³. — Et une heure environ s'étant écoulée, un autre affirmait, 59 en disant : En vérité celui-ci était aussi avec lui, car aussi il est Galiléen ⁴. — Mais Pierre dit : O homme ! je ne sais ce que tu dis. Et 60 au même instant, comme il parlait encore, un coq chanta ⁵. — Et 61 le Seigneur, s'étant retourné, regarda Pierre ⁶ ; et Pierre se ressou-

la nuit, à la faveur desquelles les ennemis de Jésus font leur œuvre, étaient l'image de ce pouvoir diabolique qui les dominait, mais qui ne fera après tout qu'amener le triomphe de la lumière. (Col. 1 : 13, note.)

1. Caïphe. Comme les deux premiers évangélistes, Luc passe sous silence l'interrogatoire de Jésus devant Anne. La tradition avait réuni en une seule les deux comparutions, et cela d'autant plus facilement qu'Anne, beau-père de Caïphe, habitait avec lui le même palais sacerdotal. (Voir 3 : 2, note, et Jean 18 : 13, note.)

2. Voir, sur le reniement de Pierre, Math. 26 : 58 et 69-75, notes ; Marc 14 : 54 et 66-72, notes ; comp. Jean 18 : 15-18 et 25-27, notes. Les quatre évangélistes sont d'accord sur les trois reniements de Pierre et sur les circonstances dans lesquelles ils se produisirent. Le disciple, intimidé, cherchait à se dissimuler dans la foule des serviteurs et des soldats qui entouraient au feu allumé dans la cour du palais. La scène, qui dura assez longtemps (v. 59), se passa en partie pendant que Jésus était chez Anne, en partie pendant son jugement devant Caïphe. (Jean 18 : 17, 25.)

3. D'après les quatre évangélistes, la première interpellation qui surprit Pierre fut le fait d'une femme. Jean nous apprend qu'elle était portière du palais. Selon Matthieu et Marc, la seconde attaque serait venue aussi d'une femme, la même ou une autre. Luc l'attribue à un *homme ;* d'après Jean, *plusieurs* auraient parlé à la fois. Enfin, d'après Jean, la troisième interrogation aurait été faite par un serviteur de Caïphe, parent de ce Malchus auquel Pierre avait coupé l'oreille, ce qui rendait la position de celui-ci plus critique encore, tandis que Matthieu et Marc font simplement parler « ceux qui étaient présents, » et Luc *un autre.* (v. 59.) Ces divergences s'expliquent d'autant mieux que, dans cette scène tumultueuse, plusieurs des assistants parlaient à la fois. Les rédacteurs de nos évangiles ont reproduit fidèlement les diverses versions des sources où ils puisaient. Leur accord sur les faits essentiels en ressort d'autant mieux.

4. C'est à son accent *galiléen* que ces Juifs de Judée reconnaissaient Pierre et ils en concluaient qu'il était disciple de Jésus. — Ce mot : *une heure s'étant écoulée,* nous montre que la terrible tentation du pauvre disciple dura longtemps. Tourmenté sans doute dans sa conscience, il est pourtant incapable d'échapper aux pièges qui lui sont tendus. Ce trait met le récit de Luc en harmonie avec celui de Jean. (Comp. v. 66, note.)

5. Le texte reçu, avec quelques *minusc.* seulement, porte : « *Le coq....* » Luc et Jean passent sous silence les serments et les imprécations de Pierre rapportés par les deux premiers évangélistes.

6. Pierre était dans la cour ; on a supposé que Jésus subissait son jugement dans une salle élevée seulement de quelques marches, d'où l'on pouvait voir et entendre ce qui se passait dans la cour. Cependant l'expression de Marc : « Pierre était *en bas* dans la cour », est peu favorable à cette hypothèse. Il vaut mieux admettre que Jésus traversait à ce moment la cour, étant conduit d'Anne chez Caïphe. (Jean 18 : 24.) D'après Jean, le reniement de Pierre eut lieu pendant l'interrogatoire de Jésus par Anne et non, comme le donneraient à entendre les deux

vint de la parole du Seigneur, comme il lui avait dit : Avant que le
62 coq ait chanté aujourd'hui, tu me renieras trois fois. — Et, étant
sorti, il pleura amèrement [1].
63 Or les hommes qui tenaient Jésus se moquaient de lui et le frap-
64 paient ; — et, l'ayant couvert d'un voile, ils l'interrogeaient, en
65 disant : Prophétise quel est celui qui t'a frappé. — Et ils disaient
beaucoup d'autres choses contre lui, en l'injuriant [2].
66 Et dès que le jour fut venu, les anciens du peuple, les principaux
sacrificateurs et les scribes, s'assemblèrent, et ils l'amenèrent dans
67 leur sanhédrin [3], — disant : Si tu es le Christ, dis-le-nous [4]. Et il

premiers évangiles, pendant sa comparution devant le sanhédrin réuni chez Caïphe. Le Sauveur *se retourne et regarde* Pierre, éclairé par la lueur du feu (v. 55) ; le disciple lui aussi voit le Maître arrêter sur lui son *regard*. Si le chant du coq le ramena à lui-même, ce regard le sauva.

1. Voir, sur ces derniers mots, Matthieu 26 : 75 et Marc 14 : 72, notes.

2. Voir, sur ce récit, Math. 26 : 67, 68 et Marc 14 : 65, notes. Luc paraît n'attribuer ces mauvais traitements qu'à ceux *qui tenaient Jésus*, c'est-à-dire aux soldats de la troupe. Mais, d'après Matthieu et Marc, il n'y a pas de doute que quelques-uns des membres du sanhédrin eux-mêmes ne se soient abaissés jusqu'à *injurier* celui qu'ils venaient de condamner. Selon notre évangéliste, cette horrible scène aurait précédé le jugement et la sentence de mort, ce qui n'est sûrement pas l'ordre dans lequel les faits se sont succédé. La différence vient probablement de ce que Luc omet ici une première délibération et ne rapporte que celle qui eut lieu au point du jour. (v. 66, voir la note.)

3. Voir, sur le jugement de Jésus, Math. 26 : 59-66, notes, et Marc 14 : 55-64, notes. *Les anciens* (gr. *le presbytère*), ou corps des anciens du peuple, mot propre à Luc (Act. 22 : 5), désigne suivant les uns le sanhédrin tout entier, composé non seulement des *anciens* proprement dits, mais de ces deux autres ordres de personnes : *les principaux sacrificateurs* et *les scribes*. Suivant d'autres, ce terme désignerait seulement la classe des anciens. — Luc abrège considérablement le récit de l'audience où Jésus fut jugé et condamné. En outre, il la place dans une séance qui eut lieu *quand le jour fut venu*, tandis que, selon Matthieu et Marc, la condamnation du Sauveur avait déjà été prononcée dans une séance de nuit, omise par Luc, en sorte que la délibération du matin ne porta que sur les moyens d'exécuter la sentence, c'est-à-dire de la faire ratifier par Pilate. (Math. 27 : 1 ; Marc 15 : 1.) De cette différence, on a conclu qu'il y avait eu deux assemblées du sanhédrin, dont la seconde seulement aurait été une assemblée plénière, réunie dans la salle officielle, le *Lischkath Haggazith*, et seule compétente pour porter une sentence de mort, parce qu'elle siégeait de jour. Telle est l'opinion de Keim et de M. Godet. (Voir son *Commentaire sur saint Luc*, 3ᵉ édit., p. 495 et suiv., p. 503.) Avec plusieurs interprètes, nous croyons plutôt qu'il y eut deux délibérations en une seule assemblée. Voici comment les choses se seraient passées. Il était déjà fort tard dans la soirée lorsque Jésus, après avoir célébré la Pâque et la cène, et avoir achevé les entretiens de la chambre haute, se rendit avec ses disciples à Gethsémané. Là, eut lieu la scène de ses souffrances morales, puis l'arrestation, puis enfin le retour à Jérusalem jusqu'au palais du grand sacrificateur. Dès que les membres du sanhédrin eurent avis de l'arrestation de Jésus, *ils s'assemblèrent*, ou (gr.) *furent assemblés*, convoqués (aoriste passif), et non *étaient assemblés*, comme disent nos versions dans Math. 26 : 57. Marc dit au présent *s'assemblent*. Tout cela prit encore beaucoup de temps. C'est dans cette audience, assez prolongée, qu'eurent lieu le jugement et la condamnation du Sauveur. (Math. 26 : 59 et suiv. ; Marc 14 : 55 et suiv.) Sur ces entrefaites, le jour était venu. Alors, Jésus ayant été éloigné, la même assemblée n'eut plus qu'à délibérer sur la manière d'exécuter la sentence, c'est-à-dire d'en obtenir de Pilate la confirmation. (Math. 27 : 1, 2 ; Marc 15 : 1.) Il n'était matériellement pas possible

La note 4 est à la page suivante.

leur dit : Si je vous le dis, vous ne le croirez point ; — et si je 68
vous interroge, vous ne me répondrez point [1]. — Mais désormais 69
le fils de l'homme sera assis à la droite de la puissance de Dieu [2].
— Et ils dirent tous : Tu es donc le fils de Dieu ? Et il leur dit : 70
Vous le dites, je le suis [3]. — Mais ils dirent : Qu'avons-nous encore 71
besoin de témoignage ? car nous-mêmes, nous l'avons entendu de sa
bouche [4].

B. 1-25. Jésus devant Pilate et Hérode. — 1º *Première comparution devant Pilate.* — a) *Accusation politique portée contre Jésus.* Les membres du sanhédrin conduisent Jésus devant Pilate et cherchent à le faire passer pour un séditieux qui empêche le peuple de payer le tribut. (1, 2.) — b) *L'enquête de Pilate.* Pilate interroge Jésus sur sa royauté, puis il déclare aux Juifs qu'il ne trouve aucun motif de le condamner. Ils insistent, affirmant qu'il a commencé son œuvre de rébellion en Galilée et l'a poursuivie jusqu'à Jérusalem. Pilate, apprenant que Jésus est Galiléen, l'envoie à Hérode. (3-7.) — 2º *Jésus devant Hérode.* Hérode est heureux de l'arrivée de Jésus, car il espère le voir accomplir un miracle. Mais Jésus garde le silence. Hérode se moque de lui et le renvoie à Pilate. Cet incident amène la réconciliation de Pilate et d'Hérode. (8-12.) — 3º *Seconde comparution devant Pilate. Condamnation.* — a) *Première tentative de Pilate pour délivrer Jésus.* Pilate assemble les sacrificateurs et le peuple et leur déclare que ni lui ni Hérode n'ont rien trouvé en Jésus qui mérite la mort, qu'il le relâchera donc après l'avoir soumis à la flagellation. Les Juifs demandent qu'il leur relâche plutôt Barabbas, séditieux et meurtrier, et, quant à Jésus, qu'il le crucifie. (13-19.) — b) *Dernières tentatives de Pilate.* Pilate parle de nouveau aux Juifs dans le désir de sauver Jésus. Ils répondent par le cri répété de : Crucifie-le ! Pour la troisième fois, il leur demande : Quel mal a-t-il fait ? Leurs cris de mort redoublent. Pilate cède et ordonne qu'il soit fait selon leur volonté. (20-25.)

de convoquer une seconde assemblée dans l'intervalle. Et d'ailleurs à quoi bon ? n'étaient-ce pas les mêmes hommes qui venaient de prononcer la sentence, qui devaient trouver les moyens de l'exécuter ?

4. *Le Christ,* le Messie. Ce n'était pas la question capitale, car la prétention d'être le Messie n'aurait point constitué le crime de blasphème et entraîné la peine de mort. Elle était destinée à introduire la vraie question (v. 70) et à provoquer la réponse de Jésus qui détermine la sentence. (Voir Matthieu et Marc.)

1. Le texte reçu porte : et si *même* je vous interroge, vous ne me répondrez point *ni ne me laisserez aller.* Ces derniers mots se lisent dans *A, D,* la plupart des *majusc.,* l'*Itala,* les vers. syriaques. M. Godet les maintient comme conclusion logique du raisonnement. D'autres y voient une très ancienne glose. Cette réponse de Jésus est particulière à Luc. Elle signifie : Votre parti pris de haine et d'endurcissement vous rend incapables soit d'écouter la vérité (comp.

20 : 9 et suiv.), soit de répondre aux questions par lesquelles je chercherais à vous amener à la lumière. (Comp. 20 : 3 et suiv ; 41 et suiv.)

2. Voir, sur cette déclaration, Matthieu 26 : 64, 2e note, et Marc 14 : 62. Selon les deux premiers évangélistes, ce fut la dernière parole que Jésus prononça devant le sanhédrin. Faisant suite à sa déclaration qu'il était le Fils de Dieu, elle mit le comble à l'indignation de ses juges et provoqua contre lui la sentence de mort. Luc a adopté un ordre différent, qui est moins naturel.

3. Math. 26 : 64, 1re note ; Marc 14 : 62, 1e note. *Vous-mêmes le dites,* ou comme on peut traduire aussi : *vous dites vous-mêmes que je le suis,* est un hébraïsme qui signifie : A l'affirmation impliquée dans votre question, je donne mon plein assentiment et je la fais mienne.

4. C'est-à-dire, selon les deux premiers évangiles, nous avons entendu de sa bouche son blasphème. Luc ne rapporte pas l'issue du procès, la question

XXIII Et toute leur multitude s'étant levée, ils le conduisirent devant
2 Pilate¹. — Et ils commencèrent à l'accuser, disant : Nous avons
trouvé celui-ci soulevant notre nation, et empêchant de payer les
3 impôts à César ; et se disant être Christ, Roi². — Et Pilate l'interrogea, disant : Tu es le Roi des Juifs ? Et répondant il lui dit : Tu le
4 dis³. — Et Pilate dit aux principaux sacrificateurs et à la foule : Je
5 ne trouve rien de coupable en cet homme. — Mais ils insistaient,
disant : Il agite le peuple, enseignant par toute la Judée, ayant
commencé par la Galilée et continué jusqu'ici⁴.
6 Or Pilate, entendant parler de la Galilée, demanda si cet homme
7 était Galiléen. — Et ayant appris qu'il était de la juridiction d'Hérode,
il le renvoya à Hérode, qui était lui aussi à Jérusalem en ces jours-
8 là⁵. — Or Hérode, voyant Jésus, eut une grande joie ; car il désirait

---

solennelle posée par Caïphe au sanhédrin : « Que vous en semble ? » et la réponse unanime de celui-ci : « Il est digne de mort ! »

1. Voir, sur le procès de Jésus devant Pilate, Math. 27 : 1, 2 et v. 11-30, notes ; Marc 15 : 1-20, notes ; Jean 18 : 28 à 19 : 16, notes.

2. Les Juifs formulent ici une accusation politique, qui peut se décomposer en trois chefs principaux : 1º Il *soulève* (gr. détourne, pervertit) *notre nation*. Ceci avait rapport aux enseignements de Jésus, à l'influence qu'il exerçait sur le peuple, qu'il détournait ainsi de ses conducteurs spirituels. 2º Il *empêche de payer les impôts* à l'empereur, ce qui pouvait être beaucoup plus grave aux yeux du gouverneur romain. Cette allégation, conservée par Luc seul, était un mensonge insigne, car Jésus avait donné l'ordre positif de payer le tribut à César. (20 : 25 ; Math. 22 : 21 ; Marc 12 : 17.) 3º Dernière et principale accusation, qui devait rendre plus vraisemblables les deux précédentes imputations : il prétendait être le *Christ*, le Messie ; ce titre religieux, les accusateurs le traduisent méchamment, à l'usage de Pilate, par celui de *Roi*, que le gouverneur devait entendre au sens politique. Ils ne mentionnent pas sa prétention d'être le Fils de Dieu (22 : 70), pour laquelle ils l'avaient condamné comme blasphémateur, car ils savent que le gouverneur romain n'aurait eu aucun égard à ce grief d'ordre purement religieux. (Comp. Matthieu 27 : 11, note.)

3. *Tu le dis*, hébraïsme qui signifie : *Oui, je le suis*. Cette franche confession de sa royauté, faite par Jésus devant Pilate sans aucune explication, se trouve dans les trois premiers évangiles. Mais, d'après Jean (18 : 33-37), le Sauveur eut avec le gouverneur un entretien sur la nature de cette royauté. Sans ce récit de Jean, on ne comprendrait pas comment Pilate conclut ici (v. 4) à l'innocence de Jésus.

4. Ce mot *il agite* ou *trouble le peuple* devait encore avoir, aux yeux de Pilate, une signification politique, et le verbe est au présent pour indiquer que Jésus cause habituellement ce trouble, et maintenant même, *ici*, à Jérusalem, comme il l'a fait *en Galilée*. Les accusateurs font sans doute allusion aux foules qui suivaient Jésus avec enthousiasme, lors de son entrée à Jérusalem.

5. Gr. *Entendant* (le mot) *Galilée....* Sin., B retranchent *Galilée*. — Pilate, convaincu de l'innocence de Jésus (v. 4), voyant clairement que les accusateurs n'agissaient que par haine (Math. 27 : 18), devait désirer de ne pas souiller son gouvernement de ce meurtre juridique ; mais comme, d'autre part, il craignait que les Juifs ne l'accusassent auprès de l'empereur (Jean 19 : 12), il se voit en grande perplexité, sans avoir au dedans de lui le secours puissant de la conscience, qui seule donne la force de dire : « Je ne puis pas. » Il s'engage dans une série de manœuvres pour délivrer Jésus. Il saisit avec empressement l'occasion qui s'offre à lui de rejeter un autre la responsabilité de cette affaire. Il renvoie Jésus à Hérode, qui se trouvait comme lui à Jérusalem à l'occasion de la fête, pensant que ce prince le ferait emmener dans son gouvernement, dont il ressortissait, afin de le

ÉVANGILE SELON LUC   643

depuis longtemps de le voir, parce qu'il entendait parler de lui, et espérait lui voir faire quelque miracle¹. — Il lui faisait donc beaucoup de questions ; mais Jésus ne lui répondit rien². — Et les principaux sacrificateurs et les scribes se tenaient là, l'accusant avec véhémence³. — Et Hérode, avec ses gardes, le traitant avec mépris et se moquant de lui, le revêtit d'un vêtement éclatant et le renvoya à Pilate⁴. — Or Pilate et Hérode devinrent amis en ce jour-là ; car auparavant ils étaient en inimitié l'un avec l'autre⁵.

Et Pilate, ayant convoqué les principaux sacrificateurs et les magistrats et le peuple, leur dit : — Vous m'avez amené cet homme comme soulevant le peuple, et voici, l'ayant examiné moi-même devant vous, je n'ai trouvé cet homme coupable d'aucune des choses dont vous l'accusez ; — et Hérode non plus ; car il nous l'a renvoyé ; et voici, il n'a rien fait qui soit digne de mort. — Donc, après l'avoir châtié, je le relâcherai⁶. — Et ils s'écrièrent tous ensemble, disant :

9
10
11
12
13
14
15
16
18

---

juger. Il s'agit d'Hérode Antipas, tétrarque de la Galilée et de la Pérée. (3 : 1, 2, note.) Luc seul a conservé ce trait auquel la tradition apostolique avait sans doute attribué peu d'importance, parce qu'il était resté sans influence sur le procès de Jésus.

1. Ce prince débauché, superstitieux et sans caractère (voir Math. 14 : 1-11), désirait, pour satisfaire une vaine curiosité, voir le prophète dont la renommée remplissait ses Etats. (9 : 9.) Le texte reçu porte : « il avait ouï dire de lui *beaucoup de paroles*, » mot qui est omis par *Sin.*, B, D, la plupart des *majusc.* et quelques vers.

2. Gr. *il l'interrogeait par beaucoup de paroles, mais lui-même* (Jésus) *ne lui répondit rien*. Le verbe à l'imparfait indique qu'en effet l'interrogatoire dura longtemps ; mais jusqu'au bout le Sauveur garda le silence. Ce silence significatif disait au meurtrier de Jean-Baptiste qu'il était moralement incapable et indigne d'entendre une seule parole du Sauveur, et bien plus encore de lui voir *faire un miracle*.

3. Ils pouvaient répéter devant Hérode, qui était Juif, les mêmes accusations qu'ils avaient articulées, soit devant le sanhédrin, soit devant Pilate. Mais Hérode connaissait trop bien Jésus, par sa réputation en Galilée, pour entrer dans leurs vues.

4. Hérode, blessé du silence de Jésus, se venge de lui par le *mépris*, montre en même temps qu'il n'a rien à craindre d'un tel roi, et dédaigne de le juger. Il n'avait pas toujours pensé ainsi (9 : 9 ; comp. 13 : 31) ; mais il paraît que les remords, qui lui avaient jadis inspiré de la crainte, étaient étouffés. Le *vêtement éclatant* dont il revêtit Jésus pouvait être la toge blanche que portaient les candidats aux grands emplois de l'Etat, ou un manteau royal ; dans l'un et l'autre cas, Hérode parodiait avec mépris l'idée de la royauté de Jésus. C'est là ce qu'imitera bientôt Pilate, en couvrant Jésus d'un manteau de pourpre et d'une couronne d'épines !

5. On ignore quelle était la cause de cette *inimitié ;* peut-être quelque conflit de compétence. Mais Hérode, peu habitué aux prévenances du gouverneur romain, fut flatté d'un acte par lequel Pilate reconnaissait son autorité, même à Jérusalem ; de là leur réconciliation. On voit fréquemment les grands du monde oublier leurs rivalités et leurs haines, pour unir leurs efforts contre Jésus et sa cause. (Act. 4 : 27.)

6. Pilate, voyant qu'il n'avait pas réussi à se débarrasser de cette affaire en la renvoyant à Hérode, recourt à un autre expédient. Il rappelle auprès de lui les chefs et tout le peuple, et leur déclare encore une fois que, dans son premier interrogatoire, il n'a trouvé en Jésus aucun motif de condamnation, et qu'Hérode aussi l'a trouvé innocent, puisqu'il l'a *renvoyé*. Il leur propose donc de le *châtier*, afin de leur donner quelque satisfaction, et de le relâcher ensuite. — Le texte reçu, avec A, D, porte (v. 15) : *je vous ai renvoyés à*

19 Ote celui-ci, et nous relâche Barabbas[1] ! — Cet homme avait été mis
en prison, pour une sédition qui s'était faite dans la ville, et pour un
20 meurtre[2]. — Et Pilate leur adressa de nouveau la parole, désirant
21 de relâcher Jésus[3]. — Mais il s'écrièrent en disant : Crucifie, cruci-
22 fie-le ! — Et pour la troisième fois il leur dit : Quel mal a-t-il donc
fait ? Je n'ai rien trouvé en lui qui soit digne de mort. Donc, après
23 l'avoir fait châtier, je le relâcherai[4]. — Mais ils insistaient avec de
grands cris, demandant qu'il fût crucifié ; et leurs cris redoublaient[5].
24, 25 — Et Pilate prononça que ce qu'ils demandaient fût fait. — Il relâcha
donc celui qui avait été mis en prison pour sédition et pour meurtre,
et qu'ils demandaient ; et il livra Jésus à leur volonté[6].

5. *La mort de Jésus.*

A. 26-32. LE CHEMIN DE LA CROIX. — 1° *Simon de Cyrène.* Il est contraint par les soldats de porter la croix de Jésus. (26.) — 2° *Les femmes de Jérusalem.* A la multitude et aux femmes qui le suivent en se lamentant, Jésus dit de ne pas pleurer

lui, au lieu de *il nous l'a renvoyé ;* la leçon que nous adoptons avec les meilleurs critiques exprime évidemment la pensée de Pilate ; car c'est le fait même qu'Hérode a renvoyé Jésus qui prouve que ce dernier *n'a rien fait* qui fût *digne de mort.* — Le mot *châtier* n'indique pas quel genre de châtiment Pilate propose d'infliger à Jésus ; mais c'était évidemment l'horrible supplice de la flagellation, qui précédait toujours l'exécution d'une sentence de mort. (Voir Math. 27 : 26, note.) Pilate espérait qu'après avoir fait subir à Jésus cette première partie du supplice, il obtiendrait de pouvoir l'exempter de la seconde. Il comptait sans la haine des accusateurs : ceux-ci repousseront une concession, qui est déjà un déni de justice, puisque Pilate avait déclaré l'accusé innocent.

1. Le peuple répond à Pilate en réclamant à grands cris la mort de Jésus. Tel est le sens de ce mot : *Ote celui-ci.* Mais comment l'idée lui vient-elle de demander la liberté de Barabbas ? Les trois autres évangélistes rappellent ici le privilège qu'avait le peuple juif d'obtenir la liberté d'un prisonnier à la fête de Pâques ; d'après Matthieu, Pilate pose au peuple cette question : « Lequel voulez-vous que je vous relâche : Barabbas ou Jésus ? » Pour réparer cette omission de Luc, le texte reçu a introduit le v. 17 : « Or il était obligé de leur relâcher quelqu'un à chaque fête. » Math. 27 : 15 ; Marc 15 : 6 ; Jean 18 :

39.) Ce v. 17, bien qu'il se lise dans *Sin.,* plusieurs *majusc.,* l'*Itala* et d'autres vers. et que *D* le place après le v. 19, doit être retranché d'après *B, A,* et d'autres témoignages.

2. Marc (15 : 7) caractérise ce criminel de la même manière que Luc, mais sans nous dire en quelles circonstances avaient eu lieu cette *sédition* et ce *meurtre.* Jean (18 : 40) appelle Barabbas un brigand.

3. Le contenu de cette nouvelle allocution de Pilate n'est pas indiqué. (Comp. Jean 19 : 4-12.)

4. D'après le récit de Luc, c'est en effet la troisième fois que Pilate déclare Jésus innocent (v. 4, 14). Et il réitère (v. 16) l'offre de faire *châtier* Jésus. Luc ne mentionne pas l'exécution de ce châtiment. Matthieu (27 : 26) et Marc (15 : 15) rapportent que la flagellation eut lieu après le prononcé de la sentence, tandis que Jean (19 : 1) la présente comme un des moyens que Pilate employa pour libérer Jésus, en excitant la pitié du peuple.

5. *Redoublaient,* devenaient plus forts, ou, mieux encore, *prévalaient,* l'emportaient sur toutes les résistances et sur tous les expédients de Pilate. Ce ne fut plus un jugement, mais un tumulte, une violence. — Après les mots : *leurs cris,* le texte reçu ajoute : *et ceux des principaux sacrificateurs.* Ces derniers mots manquent dans *Sin., B,* l'*Itala,* et sont probablement tirés des parallèles.

6. Quel contraste tragique entre ces

sur lui, mais de pleurer sur elles-mêmes, et il leur annonce les châtiments qui fondront sur Jérusalem. (27-31.) — 3º *Les deux malfaiteurs.* Deux autres hommes sont conduits au supplice avec Jésus. (32.)

Et comme ils l'emmenaient, ayant pris un certain Simon de Cyrène, qui revenait des champs, ils le chargèrent de la croix, pour la porter derrière Jésus [1]. — Et une grande multitude de peuple et de femmes le suivaient, qui se frappaient la poitrine et se lamentaient sur lui [2]. — Mais Jésus, se tournant vers elles, leur dit : Filles de Jérusalem, ne pleurez pas sur moi, mais pleurez sur vous-mêmes et sur vos enfants [3] ! — Car voici, des jours viennent où l'on dira : Heureuses les stériles, et les seins qui n'ont point enfanté, et les mamelles qui n'ont point allaité [4] ! — Alors ils se mettront à dire aux montagnes : Tombez sur nous ! et aux coteaux : Couvrez-nous [5] ! — Car, si l'on fait ces choses au bois vert, qu'arrivera-t-il au bois sec [6] ? — Et l'on menait aussi deux autres qui étaient des malfaiteurs, pour les faire mourir avec lui [7]. 26 27 28 29 30 31 32

deux hommes, dont l'un est libéré et l'autre livré à la mort ! Luc résume admirablement son récit : il fait ressortir l'iniquité du choix du peuple, en répétant les titres de Barabbas (v. 19, 25), et accentue par ces expressions, qui ne sont pas exemptes d'ironie, la lâcheté du gouverneur romain : *Pilate prononça que ce qu'ils demandaient fût fait,* et : *il le livra à leur volonté.* — Pour Jésus, ce fut une dernière amertume, de se voir préférer un brigand !
1. Voir Math. 27 : 32 et Marc 15 : 21, notes.
2. Cette *multitude* se composait sans doute de la foule des curieux toujours et partout avides de pareils spectacles, mais il s'y trouvait aussi des *femmes,* qui sentaient vivement ce qu'il y avait de douloureux et de tragique dans la situation de Jésus, et savaient le distinguer des deux malfaiteurs qui marchaient à la mort avec lui ; car c'est *sur lui* qu'elles *se lamentaient.* Ces femmes n'étaient pas de celles qui avaient suivi Jésus de la Galilée, mais des habitantes de Jérusalem. (v. 28.) Cependant Jésus ne reste pas insensible à leurs larmes, il s'arrête pour adresser la parole aux seuls êtres qui lui témoignassent quelque compassion. Il voudrait que son triste sort n'excitât pas seulement la sensibilité de leur cœur, mais produisît chez elles un réveil de la conscience ; et c'est pourquoi il leur fait entendre un solennel avertissement.

3. Jésus ne veut pas garder pour lui-même la sympathie dont il est l'objet ; fidèle jusqu'à la fin à sa mission divine, il saisit ce moment d'attendrissement pour faire sentir à ces *filles de Jérusalem* le crime de leur ville et de leur peuple, aussi bien que leur propre péché. C'est *sur elles-mêmes* qu'elles doivent *pleurer et sur leurs enfants,* qui seront les témoins et les victimes des redoutables jugements de Dieu que Jésus annonce.
4. *Heureuses !* car pour les enfants auxquels elles auraient donné le jour, il valait mieux qu'ils ne vinssent pas au monde. (Comp. Job 3 : 3-12 ; Jér. 20 : 14-18.)
5. Cette expression du désespoir est empruntée à Osée 10 : 8. (Comp. Apoc. 6 : 16.)
6. Si l'arbre *vert* et fertile est ainsi coupé, que sera-ce de l'arbre *sec* et stérile ? Ces images encore sont tirées de l'Ecriture. (Ps. 1 : 3 ; Ezéch. 17 : 24 ; 21 : 3.) Le sens est : Si le Saint et le Juste doit souffrir ces choses, quelle sera la fin de ce peuple corrompu et endurci qui le crucifie ? Et, d'une manière plus générale encore : « Si le juste est difficilement sauvé, que deviendront l'impie et le pécheur ? » (1 Pier. 4 : 18 ; comp. Luc 11 : 31.) — « Ce dernier discours de Jésus (v. 28-31) est encore un grand monument, aussi bien de son renoncement que de la conscience de sa sainteté et de ses vues

La note 7 est à la page suivante.

B. 33-49. Jésus sur la croix. — 1° *Le crucifiement.* Arrivés au Calvaire, ils le crucifient entre les deux malfaiteurs. Jésus implore sur ses bourreaux le pardon de son Père. Les soldats se partagent ses vêtements. (33, 34.) — 2° *Les outrages.* Le peuple se tient là, regardant. Les magistrats et les soldats se moquent de Jésus, l'invitant à se sauver lui-même. Au-dessus de lui se lit cette inscription : Celui-ci est le Roi des Juifs. (35-38.) — 3° *Le brigand converti.* L'un des malfaiteurs crucifiés insultant Jésus, son camarade le reprend, puis il demande à Jésus de se souvenir de lui quand il viendra dans son règne. Jésus lui déclare que ce jour même il sera avec lui dans le paradis. (39-43.) — 4° *La mort.* Des ténèbres règnent de la sixième à la neuvième heure. Le voile du temple se déchire. Jésus expire après avoir remis son esprit entre les mains du Père. (44-46.) — 5° *Effet produit sur les témoins.* Le centenier déclare que cet homme était juste. Le foule s'en retourne en se frappant la poitrine. Les connaissances de Jésus et des femmes avaient assisté de loin au supplice. (47-49.)

33 Et quand ils furent arrivés au lieu appelé Crâne, ils le crucifièrent
34 là, et les malfaiteurs, l'un à sa droite, l'autre à sa gauche¹. — Mais Jésus disait : Père, pardonne-leur, car ils ne savent ce qu'ils font². Or, faisant le partage de ses vêtements, ils les tirèrent au sort³. —
35 Et le peuple se tenait là, regardant. Et les magistrats se moquaient disant : Il a sauvé les autres, qu'il se sauve lui-même, si c'est lui
36 qui est le Christ, l'Elu de Dieu⁴ ! — Et les soldats aussi se moquaient de

profondes sur les inévitables jugements de Dieu, que l'amour méprisé peut encore annoncer, mais non détourner. » *Meyer.*

7. Cette coïncidence ne fut peut-être pas fortuite, mais un calcul de la haine des chefs, pour ajouter aux humiliations de Jésus cette nouvelle marque d'infamie. Mais, comme l'observe M. Godet, « Dieu en a tiré la gloire de son Fils. » (v. 39 et suiv.)

1. Le *crâne*, ce mot a le même sens que l'hébreu : *Golgotha.* (Math. 27 : 33, note.)

2. C'est la première des sept paroles de la croix, précieux joyau conservé par Luc seul, manifestation la plus sublime et la plus émouvante de l'amour divin qui s'oublie lui-même dans les souffrances les plus atroces pour ne penser qu'au salut des pécheurs. Pour qui Jésus fait-il cette prière ? Ce n'est pas seulement, comme on l'a pensé, pour ces soldats romains qui en le crucifiant ne faisaient qu'obéir aveuglément aux ordres de leurs chefs. Jésus prie pour ses ennemis, les vrais auteurs de son supplice. Mais ceux-ci *ne savaient-ils pas* ce qu'ils faisaient ? Assurément, ils savaient qu'ils mettaient à mort un innocent ; mais non que cet innocent fût leur Messie, le Fils du Dieu vivant. Et toute volontaire et coupable que fût leur ignorance, elle atténuait la culpabilité de leur crime. Telle est la pensée de Pierre (Act. 3 : 17), aussi bien que celle de Paul. (1 Cor. 2 : 8.) La prière de Jésus trouva son exaucement dans les quarante années de sursis accordées à son peuple et dans la prédication de l'Evangile qui lui fut adressée et amena la conversion d'un grand nombre de Juifs. — Le v. 34 manque dans *B*, *D*.

3. Gr. ils jetèrent *les sorts*. Le pluriel qui se lit dans *A*, est est préféré par la plupart des critiques, s'explique par le fait que les soldats se partagèrent successivement les diverses pièces du vêtement de Jésus. (Marc 15 : 24 ; Jean 19 : 23, 24.)

4. Comp. Math. 27 : 42, 43, note, et Marc 15 : 31. Selon notre évangile, *le peuple* ne faisait que *se tenir là* et *regarder*, les uns avec curiosité, les autres peut-être avec compassion, tandis que les *magistrats*, c'est-à-dire les membres du sanhédrin (Math. 27 : 41), *se moquaient de lui* et *l'injuriaient !* Le texte reçu, il est vrai, porte : Les magistrats *aussi* se moquaient *avec eux* ; ce qui implique les railleries de la foule. Mais les expressions soulignées qui manquent, la première dans *Sin.*, *D*, la seconde dans *Sin.*, *B*, *C*, *Itala*, paraissent des adjonctions destinées à faire concorder le récit de Luc

ÉVANGILE SELON LUC

lui, s'approchant, lui présentant du vinaigre, — et disant : Si tu es 37 le roi des Juifs, sauve-toi toi-même [1] ! — Et il y avait aussi au-dessus 38 de lui une inscription : CELUI-CI EST LE ROI DES JUIFS [2]. Or, l'un des malfaiteurs crucifiés l'injuriait, disant : N'es-tu pas 39 le Christ ? sauve-toi toi-même, et nous aussi [3] ! — Mais l'autre, ré- 40 pondant, dit en le réprimandant : Ne crains-tu point Dieu, toi qui subis le même jugement [4] ? — Et pour nous, c'est avec justice, car 41 nous recevons ce que méritent nos actions ; mais celui-ci n'a rien fait de mal [5]. — Et il disait à Jésus : Souviens-toi de moi, Seigneur, 42 quand tu viendras dans ton royaume [6] ! — Et Jésus lui dit : En vérité, 43 je te le dis, aujourd'hui tu seras avec moi dans le paradis [7].

avec les autres. — *L'élu de Dieu* signifie son Bien-Aimé, son Fils (3 : 22 ; Esa. 42 : 1). Les chefs du peuple tournent en raillerie les deux titres sacrés en vertu desquels ils ont condamné Jésus à mort : *le Christ, le Fils de Dieu*.

1. Ces soldats redisent avec ironie les mots qu'ils lisaient écrits sur la croix et qui avaient été le sujet d'accusation devant Pilate. Il ne faut pas confondre ce trait, qui est particulier à Luc, avec celui que rapporte Matthieu (27 : 48). D'après lui l'un des soldats présente à Jésus du vinaigre par humanité, parce qu'il l'a entendu exhaler une plainte douloureuse.

2. Voir Math. 27 : 37, note. Le texte reçu avec *Sin.*, *A*, *Itala*, porte : une inscription *en lettres grecques, hébraïques et romaines*. Ces mots sont tirés de l'évangile de Jean.

3. C'est *l'un des malfaiteurs* qui injuriait ainsi le Sauveur, et non tous les deux, comme le rapportent Matthieu et Marc. (Voir, sur cette différence, Math. 27 : 44, note.)

4. Gr. *Tu ne crains pas même Dieu*, (il me semble que tu devrais le craindre) *parce que tu subis....* Ce *crucifié* est épouvanté de l'endurcissement de son compagnon de crime, dans le moment suprême où il subit son châtiment. C'est ce contraste qui lui inspire sa *réprimande*.

5. Gr. rien fait qui ne fût *à sa place, dans l'ordre*. Le malfaiteur éprouve un double sentiment aussi vif que profond : d'une part, celui de sa propre culpabilité devant les hommes et devant Dieu, et, d'autre part, celui de la parfaite innocence de Jésus.

6. Nous conservons la leçon du texte reçu qui est confirmée par les anciennes versions (*Itala*, *Syr.*). *Sin.*, *B*, *C* portent : *et il disait : Jésus, souviens-toi de moi....*

— Tout est renfermé dans cette inimitable supplication : l'humilité qui ne demande qu'un *souvenir*, la confiance qui se jette dans les bras du Sauveur, la foi qui voit dans ce crucifié un roi auquel appartient le *royaume* spirituel qu'il viendra un jour établir dans sa puissance et sa gloire. On se demande d'où pouvaient venir à cet homme, qui mourait comme malfaiteur, des sentiments si élevés de repentance et de piété. La critique négative n'a pas manqué de révoquer en doute la vérité historique de ce récit. Mais, sans compter que cet homme pouvait avoir connu Jésus et entendu ses miséricordieuses invitations adressées aux plus grands pécheurs, la situation présente suffit pour expliquer cette transformation de son âme par l'action de la grâce de Dieu. Pourquoi, d'abord, sa conscience n'aurait-elle pas été réveillée sous le coup de la condamnation qui le vouait à une mort horrible ? Puis, n'a-t-il pas marché à côté de Jésus, du palais de Pilate jusqu'au Calvaire ? N'a-t-il pas vu sa douceur inaltérable, la majesté et la sainteté de tout son être, prêté l'oreille aux paroles solennelles et prophétiques adressées aux femmes de Jérusalem et à tout le peuple ? Enfin et surtout, n'a-t-il pas entendu, à l'instant même, l'émouvante prière du Sauveur pour ses ennemis, sur lesquels il implorait le « pardon du Père ? » N'était-ce pas là toute une révélation, l'Evangile entier offert à cette âme profondément humiliée ? Ne devait-elle pas être persuadée que celui qu'on crucifiait alors, comme roi et comme Fils de Dieu, l'était en effet ?

7. Jésus accorde à ce pécheur sauvé bien plus qu'il n'avait demandé. Non pas un simple souvenir dans un avenir plus ou moins lointain ; mais *aujourd'hui*, lui dit-il, avant que la nuit règne sur la terre, je t'introduirai dans le séjour des bienheureux, où *tu seras avec moi*. Jésus pro-

44 Et il était déjà environ la sixième heure ; et il y eut des ténèbres
45 sur toute la terre jusqu'à la neuvième heure. — Et le soleil s'ob-
46 scurcit, et le voile du temple se déchira par le milieu¹. — Et Jésus,
   s'écriant d'une voix forte, dit : Père, je remets mon esprit entre tes
47 mains². Et ayant dit cela, il expira³. — Or le centenier, voyant ce
   qui était arrivé, glorifiait Dieu, en disant : Véritablement cet homme
48 était juste⁴. — Et toute la foule qui s'était assemblée à ce spec-

mettait cette suprême consolation à ses propres disciples attristés au moment de la séparation. (Jean 14 : 3 ; comp. 17 : 24.) C'est dépouiller cette magnifique promesse de sa richesse et de sa beauté que de faire du *paradis* une partie du *hadès* (lieu invisible, séjour des morts), où l'esprit de Jésus se serait rendu dans sa prétendue descente aux enfers, pendant l'intervalle qui sépara sa mort de sa résurrection. La belle consolation pour ce mourant qu'un tel rendez-vous dans le royaume des ombres ! (Es. 14 : 9, 10 ; 38 : 18.) Le mot *paradis* signifie *parc*. On le trouve dans ce sens littéral Eccl. 2 : 5 ; Cant. 4 : 13. Les Septante désignent par ce mot le jardin d'Eden. (Gen. 2 : 8.) Il est ainsi devenu synonyme du ciel, étant appliqué au séjour de l'homme sauvé. Dans 2 Cor. 12 : 4, Paul raconte qu'il « fut ravi dans le *paradis*, où il entendit des paroles ineffables, qu'il n'est pas permis à l'homme d'exprimer. » Immédiatement avant, il avait rendu la même idée en disant qu'il « fut ravi jusqu'au troisième ciel. » Comp. 2 Cor. 12 : 4, 1ʳᵉ note. Les deux termes sont donc synonymes. Apoc. 2 : 7, le Seigneur promet « à celui qui vaincra de lui donner à manger de l'arbre de vie qui est dans le *paradis* de mon Dieu, » nommant ainsi l'Eden retrouvé, le séjour de la félicité éternelle, qui est celui de Dieu même. Il nous paraît inadmissible de donner au mot *paradis* un sens différent dans notre passage. Une variante qui se lit dans *B* et dans quelques copies de l'*Itala*, au v. 42, porte : quand tu *entreras* dans ton règne. Si cette leçon que Westcott et Hort adoptent, présente le texte original, Jésus désigne du mot *paradis* le *royaume* dans lequel il va *entrer*. Le paradis n'est donc pas une division du *hadès*, car celui-ci n'appartient pas au royaume de Christ.

1. On peut traduire aussi : « il y eut des ténèbres *sur tout le pays*. » Voir, au sujet de ces *ténèbres*, Math. 27 : 45, note ; et, au sujet du *voile du temple*, Math. 27 : 51, note. Quant aux indications relatives aux *heures*, voir Math. 27 : 45, note ;

Marc 15 : 25, note. Luc rapporte que le *voile du temple se déchira* avant la mort de Jésus, et ne parle pas du tremblement de terre ; selon Matthieu et Marc, ces phénomènes suivirent immédiatement la mort du Sauveur. Au lieu de : « *et le soleil s'obscurcit,* » Sin., B, ont : « *le soleil ayant manqué* ou *subi une éclipse.* »

2. *Père !* Jésus, après un temps d'angoisses profondes (Math. 27 : 46), a retrouvé le sentiment intime de confiance et d'amour qui l'unissait à Dieu ; et comme maintenant il sent la mort s'approcher et va perdre la conscience de lui-même, il *remet son esprit dans les mains de ce Père* qui veille sur lui. Il s'approprie pour cela les paroles du Ps. 31 : 6. En citant ce passage, Luc (selon Sin., B, A, C, Itala, Syr.) corrige le futur de la version des Septante, conservé par le texte reçu, et fait dire à Jésus : *je remets*. Le présent convient seul dans la bouche de Jésus expirant. Cette dernière prière qui s'échappe du cœur de Jésus est en harmonie avec l'interprétation que nous avons donnée du v. 43, et exclut la pensée d'une descente que Christ aurait opérée en esprit dans les enfers. Jésus a conscience, au moment même où il expire, d'entrer dans la pleine communion du Dieu vivant ; et c'est ainsi que son dernier soupir est la consolation suprême de ceux qui meurent en chrétiens. (Act. 7 : 59.)

3. D'après Jean 19 : 30, on pourrait penser que la dernière parole de Jésus sur la croix fut : *Tout est accompli ;* mais cette parole précéda la prière que Luc rapporte et qui correspond au mot de Jean : *il rendit l'esprit.*

4. Voir Math. 27 : 54 et Marc 15 : 39, notes. *Juste*, innocent de ce dont on l'accusait. « Mais cet hommage en impliquait un autre ; car Jésus s'étant donné pour le Fils de Dieu, s'il était un homme juste, il devait être plus que cela. C'est ce qu'exprime l'exclamation du centurion chez Matthieu et Marc. Deux fois, sur la croix, Jésus avait appelé Dieu *son Père* ; le centurion pouvait donc bien s'exprimer ainsi :

tacle, ayant vu les choses qui étaient arrivées, s'en retournait en se frappant la poitrine [1]. — Et tous ceux de sa connaissance se te- 49 naient à distance, et les femmes qui l'avaient suivi de la Galilée contemplaient ces choses [2].

C. 50-56. LA SÉPULTURE. — 1° *L'inhumation de Jésus.* Joseph d'Arimathée, membre du sanhédrin, qui n'avait point participé à la décision de cette assemblée, se rend auprès de Pilate et demande le corps de Jésus ; puis, après l'avoir descendu de la croix et enveloppé dans un linceul, il le dépose dans un sépulcre neuf. (50-53.) — 2° *Les préparatifs des femmes.* Comme le sabbat allait commencer, les femmes galiléennes observent où l'on met le corps de Jésus, puis vont préparer des aromates. (54-56ª.)

Et voici, un homme appelé Joseph, qui était membre du conseil, 50 homme bon et juste [3], — qui n'avait point consenti à leur décision 51 ni à leur action ; qui était d'Arimathée, ville des Juifs, et qui attendait, lui aussi, le royaume de Dieu [4], — vint vers Pilate et de- 52 manda le corps de Jésus. — Et l'ayant descendu, il l'enveloppa d'un 53 linceul et le déposa dans un sépulcre taillé dans le roc, où personne n'avait encore été mis [5]. — Or c'était le jour de la préparation, et le 54

c'était un juste ; c'était réellement le *Fils de Dieu.* » Godet.

1. Le peuple de Jérusalem, séduit par ses chefs, avait demandé la mort du Sauveur (v. 4, 13, 18, 21, 23) ; vivement ému de tout ce qu'il vient de voir et d'entendre, il se *frappe* maintenant *la poitrine* en signe de remords et de douleur. Ainsi commençait de s'accomplir la prophétie de Zacharie (12 : 10), et ces hommes étaient les prémices de la conversion de milliers d'autres qui, en entendant Pierre, au jour de la Pentecôte, se sentiront également repris dans leur conscience. (Act. 2 : 37.)

2. Matthieu nomme quelques-unes de ces femmes, ainsi que Jean, qui mentionne aussi la présence au pied de la croix de Marie, mère de Jésus, dont les synoptiques ne parlent pas. (Voir Math. 27 : 56, note.) Par *tous ceux de sa connaissance*, il faut entendre les amis de Jésus, peut-être aussi quelques-uns des apôtres. *Se tenant à distance*, à cause de la crainte dont ils étaient pénétrés, *ils contemplaient ces choses*, tout ce qui venait d'arriver, puis le départ du peuple, consterné de ce qu'il venait de voir. (v. 48.) De tels détails sont pris sur le fait.

3. Voir, sur la sépulture de Jésus, Math. 27 : 57-61 et Marc 15 : 42-47, notes ; comp. Jean 19 : 38-42. Chacun des quatre évangélistes caractérise Joseph d'Arimathée à sa manière, de sorte que réunis, ils nous donnent une idée assez complète de ce pieux et éminent Israélite. Matthieu fait remarquer qu'il était « riche ; » Marc le nomme « un conseiller de distinction » et ajoute, ainsi que Luc, qu'« il attendait, lui aussi, le royaume de Dieu ; » Luc le désigne encore par ces deux épithètes importantes : un homme *bon* et *juste.* Enfin, Jean nous apprend qu'il était « disciple de Jésus, mais en secret, à cause de la crainte des Juifs. » Et maintenant, à l'heure du danger, quand la cause du Sauveur paraît perdue, cet homme, intimidé jusqu'alors, trouve le courage d'accomplir un saint devoir.

4. Déjà avant la manifestation du Sauveur, Joseph était du nombre de ces pieux Israélites qui *attendaient* l'accomplissement des promesses de Dieu et l'établissement de son *règne* (2 : 25, 38) ; c'est ce qu'indique le mot *lui aussi*, omis à tort par quelques manuscrits (*Sin.*, B, C, D). Sa conduite actuelle prouve qu'il avait reconnu en Jésus le fondateur de ce royaume.

5. Matthieu nous apprend que ce sépulcre appartenait à Joseph lui-même et qu'il était neuf. Luc et Jean attachent assez d'importance à ce dernier trait pour ajouter que *personne n'y avait encore été mis.* Un tel sépulcre était plus honorable pour le Sauveur en préservant son corps du contact avec d'autres cadavres, qui,

55 sabbat allait commencer [1] ; — et les femmes qui étaient venues de Galilée avec lui, ayant suivi, regardèrent le sépulcre, et comment
56 son corps y était déposé [2]. — Et s'en étant retournées, elles préparèrent des aromates et des parfums [3].

III. Résurrection et ascension.

---

1. *La résurrection constatée.*

1-12. La visite des femmes et celle de Pierre au sépulcre. — 1° *Les femmes au sépulcre.* Après avoir observé le repos prescrit pendant le sabbat, les femmes apportent le premier jour de la semaine, de grand matin, leurs aromates au sépulcre, et le trouvent vide. (1-3.) — 2° *Les anges et leur message.* Deux hommes, en vêtements resplendissants, leur apparaissent et leur apprennent que Jésus est ressuscité, selon qu'il l'avait annoncé. (4-8.) — 3° *Le récit des femmes aux apôtres.* Ces femmes, dont l'évangéliste indique les noms, racontent aux onze ce qu'elles ont vu et entendu, mais elles ne rencontrent qu'incrédulité. (9-11.) — 4° *La visite de Pierre au sépulcre.* Pierre court au sépulcre, jette un regard dans l'intérieur et s'en retourne étonné. (12.)

XXIV Et le jour du sabbat, elles se reposèrent selon le commandement, — mais le premier jour de la semaine, de grand matin, elles vinrent au sépulcre, apportant les aromates qu'elles avaient préparés [4]. —

suivant la loi juive, lui auraient fait contracter une souillure.

1. Ce jour était la *préparation* du sabbat ; celui-ci *allait commencer* le vendredi soir au coucher du soleil. Cette indication, ainsi que quelques autres dans les récits des synoptiques eux-mêmes, semble prouver que la mort de Jésus n'eut pas lieu au grand jour de la fête, le 15 nizan, car il serait étrange que celui-ci fût désigné par ce terme de *préparation*, et opposé à un simple sabbat. Voir, sur cette question, Jean 13 : 1, note.

2. Ici, comme au v. 49, Luc passe sous silence les noms des femmes, conservés par Matthieu et Marc. Elles suivirent Joseph jusqu'au sépulcre, soit par attachement au Maître qu'elles avaient perdu, soit à cause de leur intention indiquée au verset suivant.

3. Marc (16 : 1) dit plus exactement qu'elles firent ces préparatifs le samedi soir après que le sabbat fût passé. Elles n'auraient pas eu le temps de les faire le vendredi soir, parce que le sabbat commençait au coucher du soleil. Leurs préparatifs achevés le samedi soir, il était trop tard pour procéder encore à l'embaumement du corps de Jésus ; voilà pourquoi elles ne vinrent au sépulcre que le dimanche matin. Mais alors le Prince de la vie n'avait plus besoin de leurs *aromates* et de leurs *parfums ;* Dieu n'avait pas permis que son Bien-Aimé sentît la corruption. (Ps. 16 : 10 ; Act. 2 : 27.)

4. Voir, sur l'histoire de la résurrection, Math. 28 : 1-10 ; Marc 16 : 1-8, notes ; comp. Jean 20 : 1 et suiv. Le premier verset du ch. 24 est intimement lié avec le dernier du chapitre précédent. Le *mais* oppose au repos des femmes pendant le sabbat l'activité qu'elles déploient *le premier jour de la semaine.* Elles ne doutaient pas qu'elles n'eussent encore à faire usage de leurs *aromates* pour embaumer le corps du Sauveur. L'idée de sa résurrection ne les avait pas abordées. Il en sera de même de tous les disciples ; et ce fait n'est pas l'un des moins propres à démontrer la réalité historique de la ré-

ÉVANGILE SELON LUC

Or elles trouvèrent la pierre roulée de devant le sépulcre ; — mais 2, 3 étant entrées, elles ne trouvèrent point le corps du Seigneur Jésus[1]. — Et il arriva que, comme elles étaient en perplexité à ce sujet, 4 voici, deux hommes se présentèrent à elles, en vêtements resplendissants[2]. — Et comme elles étaient tout effrayées et baissaient le visage 5 contre terre, ils leur dirent : Pourquoi cherchez-vous parmi les morts celui qui est vivant[3] ? — Il n'est point ici, mais il est ressuscité[4] : 6 souvenez-vous de quelle manière il vous a parlé, lorsqu'il était encore en Galilée, — disant : Il faut que le fils de l'homme soit livré 7 entre les mains des hommes pécheurs, et qu'il soit crucifié, et qu'il ressuscite le troisième jour[5]. — Et elles se souvinrent de ses paroles. 8

surrection de Jésus. — Le texte reçu avec A, D et plusieurs *majusc.* ajoute à notre verset ces mots : *et quelques-unes* (femmes) *avec elles*, qui ont été transcrits ici du v. 10. Ces femmes étaient Marie-Madeleine, Marie, mère de Jacques (v. 10 ; Math. 28 : 1), auxquelles Marc (16 : 1) ajoute Salomé ; et Luc (v. 10) nomme encore Jeanne, femme de Chuza, intendant d'Hérode. (8 : 3.) — Quelles que soient les différences de détail que présentent les évangiles dans l'histoire de la résurrection, ils sont tous en pleine harmonie dans le récit de ces trois faits principaux : 1º Les femmes viennent au sépulcre et le trouvent ouvert et vide. 2º Elles voient une apparition d'anges qui leur annoncent que Jésus est ressuscité, et que ses disciples le verront en Galilée. 3º Les femmes s'empressent d'aller annoncer aux disciples ce qu'elles ont vu et entendu. — Quant aux apparitions de Jésus aux disciples, il s'était formé dans la tradition apostolique deux courants, qui se reflètent dans les évangiles : l'un (Matthieu et Marc) se bornant à l'entrevue solennelle en Galilée ; l'autre (Luc) rapportant en détail les apparitions de Jésus à Jérusalem et dans les environs le jour même de sa résurrection. A quoi il faut ajouter que Jean raconte des apparitions en Judée (20 : 26 et suiv.) et en Galilée (ch. 21) que les synoptiques ne mentionnent pas.
1. Les quatre évangiles sont d'accord sur ce double fait : la pierre du sépulcre roulée et le tombeau vide. Matthieu seul raconte qu'à l'apparition de l'ange il s'était fait un tremblement de terre, et qu'ainsi la pierre avait été roulée.
2. Gr. *resplendissants comme l'éclair.* (Comp. 9 : 29.) L'expression : *deux hommes* montre que l'éclat de leur apparition n'empêchait pas de reconnaître la forme humaine dont ces êtres célestes étaient revêtus. (Comp. Act. 1 : 10.) Le verbe que nous traduisons par : *se présentèrent* indique une apparition subite. Luc et Jean mentionnent deux anges; Matthieu et Marc un seul, celui qui adressa la parole aux femmes. Ces différences que les évangiles présentent se conçoivent très bien : dans l'émotion qu'éprouvèrent ces femmes, au sein de cette lumière qui resplendit tout à coup autour d'elles, les unes virent deux anges, les autres un seul. « Froids chercheurs de contradictions, s'écrie Lessing, ne voyez-vous pas que les évangélistes ne comptent pas les anges ? » Ce qui est digne de remarque, c'est que les anges du ciel furent les premiers hérauts du Prince de la vie brisant les liens de la mort, comme ils avaient été les premiers à annoncer sa naissance. (2 : 13.)
3. Gr. *Le vivant avec les morts.* Il est vivant, vivant à jamais et source de la vie, parce qu'il est ressuscité. (v. 6.) Toujours et de mille manières, la foi obscurcie cherche le vivant parmi les morts. Luc seul a conservé cette parole saisissante et profonde.
4. Math. 28 : 6 ; Marc 16 : 6. D'après ces deux évangélistes, l'ange invita encore les femmes à voir le tombeau et à s'assurer qu'il était vide.
5. Ch. 9 : 22 ; 18 : 32 ; Math. 17 : 22, 23 ; Marc 9 : 30 et suiv. Ces prédictions réitérées de Jésus, que les disciples eux-mêmes n'avaient pas voulu comprendre, avaient fait si peu d'impression sur leur esprit, qu'ils ne s'attendaient ni à la mort ni à la résurrection de leur Maître. Les leur rappeler était un moyen efficace de relever leur foi abattue. Aussi les femmes s'empressèrent-elles de leur porter ce message des anges. (v. 9.) — Dans la parole citée par l'ange, Jésus est désigné par ce nom de *fils de l'homme*, qu'il aimait à

9 — Et étant revenues du sépulcre, elles annoncèrent toutes ces choses
10 aux onze et à tous les autres¹. — Or, c'étaient Marie-Madeleine et
Jeanne et Marie, mère de Jacques, et les autres qui étaient avec
11 elles, qui disaient ces choses aux apôtres². — Et ces paroles leur
12 parurent du radotage, et ils ne croyaient pas ces femmes³. — Mais
Pierre s'étant levé, courut au sépulcre, et s'étant baissé, il vit les
linges à terre seuls ; et il s'en retourna chez lui, s'étonnant de ce
qui était arrivé⁴.

2. *Les apparitions du Ressuscité.*

A. 13-35. JÉSUS ET LES DEUX PÈLERINS SUR LE CHEMIN D'EMMAÜS. — 1º *La rencontre.* Deux disciples vont à Emmaüs. Ils s'entretiennent des événements qui viennent de s'accomplir. Jésus s'approche d'eux et fait route avec eux. Ils ne le reconnaissent pas. (13-16.) — 2º *La question de Jésus et le récit des disciples.* Jésus leur demande le sujet de leur entretien et de leur tristesse. Ils s'étonnent de son ignorance, et lui racontent la condamnation et la mort de Jésus de Nazareth ; puis ils lui disent les espérances qu'ils avaient fondées sur lui, et qui s'écroulent, puisque c'est le troisième jour depuis sa mort ; ils mentionnent toutefois la surprise que leur a causée le récit des femmes et les constatations de ceux qui sont allés au sépulcre. (17-24.) — 3º *L'enseignement de Jésus.* Jésus leur reproche leur lenteur à croire et leur explique, par les Ecritures, la nécessité de ses souffrances. (25-27.) — 4º *La reconnaissance.* Comme ils arrivent à Emmaüs, Jésus veut continuer son voyage ; mais ils le retiennent et le persuadent de rester avec eux, vu l'approche de la nuit. Il entre avec eux, et au moment où il rompt le pain et le leur donne, ils le reconnaissent, mais il disparaît aussitôt. (28-31.) — 5º *Retour des disciples à Jérusalem.* Ils constatent l'émotion qu'ils ont éprouvée pendant qu'il leur expliquait les Ecritures. Ils retournent sur l'heure à Jérusalem, et ils racontent aux disciples assemblés ce qui leur est arrivé. (32-35.)

13 Et voici, ce jour-là même, deux d'entre eux s'en allaient à un bourg nommé Emmaüs, éloigné de Jérusalem de soixante stades⁵.

se donner ; mais après sa résurrection, il ne se nomme plus ainsi. (v. 26, 44.)
1. Math. 28 : 8 ; Marc 16 : 8. *Tous les autres*, c'étaient les disciples de Jésus qui s'étaient joints à la société des *onze* et qui se tenaient auprès d'eux dans ces jours d'affliction et de deuil. (v. 22-24.)
2. Comp. v. 1, note. Voir, sur Marie-Madeleine et Marie, mère de Jacques, Math. 27 : 56, note, et sur Jeanne, femme de Chuza, Luc 8 : 3, note.
3. Comp. v. 1 et 7, notes. Il faudra à ces hommes des preuves bien évidentes pour les amener à la foi. Jésus condescendit à les leur donner. (v. 38 et suiv.)
4. Bien que les disciples ne crussent point le message des femmes, Pierre, toujours ardent et prompt à agir, se lève et court au sépulcre, afin de voir de ses propres yeux. Comp. Jean 20 : 6-9, qui raconte ce trait d'une manière plus complète. — Le v. 12 manque dans *D*, dans quelques copies de l'*Itala* et dans une des versions syriaques. Les critiques modernes l'omettent comme une glose empruntée au récit de Jean. Mais, dans ce cas, on se demande pourquoi il n'est pas fait mention de *l'autre disciple.* (Jean 20 : 3.) La suite du récit de Luc (v. 24) confirme l'authenticité de notre verset. Il a du reste pour lui le témoignage unanime des manuscrits, des versions anciennes et des Pères, sauf les quelques exceptions indiquées. *Sin.*, *B* omettent : *à terre* (gr. *couchés*) ; *Sin.*, *A* omettent : *seuls.*
5. Cet admirable récit, à la fois si simple, si vrai et si profond, nous a été conservé par Luc seul. Il l'ouvre par ce mot : *Et*

— Et ils s'entretenaient ensemble de toutes ces choses qui étaient 14 arrivées¹. — Et il arriva que, comme ils s'entretenaient et discu- 15 taient ensemble, Jésus lui-même, s'étant approché, marchait avec eux² ; — mais leurs yeux étaient retenus de sorte qu'ils ne le recon- 16 naissaient pas³. — Et il leur dit : Quels sont ces discours que vous 17

voici, qui fait attendre quelque chose d'extraordinaire. *Ce jour-là même*, jour de la résurrection de Jésus. *Emmaüs* était suivant notre évangéliste *éloigné de Jérusalem de soixante stades*, environ onze kilomètres. On est réduit à des hypothèses sur l'emplacement de ce *bourg*. Plusieurs localités portaient le nom d'*Emmaüs*, qui signifie « bains chauds. » La tradition catholique, qui remonte à Eusèbe et à Jérôme, voit notre Emmaüs dans la ville de Nicopolis, aujourd'hui Amwàs, dans la plaine de Saron. Mais Nicopolis n'était pas un *bourg*, et la distance qui le sépare de Jérusalem est de cent soixante-dix stades. L'identification ne serait possible que si l'on admet la var. de *Sin.* qui porte *cent soixante stades*. Mais se figure-t-on les deux disciples franchissant plus de trente kilomètres pour rentrer dans la soirée à Jérusalem et y trouver encore les onze assemblés ? On a donc cherché Emmaüs plus près de Jérusalem. Les uns s'arrêtent à Kolonieh, sur la route de Jérusalem à Jaffa, qui paraît être l'endroit où, d'après Josèphe (*Guerre des Juifs*, VII, 6, 6), Titus établit une colonie des vétérans de son armée. Il faudrait en ce cas admettre une erreur dans l'indication de Luc, car Kolonieh n'est guère qu'à quarante-cinq stades de Jérusalem. C'est pourquoi d'autres placent Emmaüs plus loin au nord-ouest à Koubeibeh, ou à Hamotsa, à moitié chemin entre Koubeibeh et Kolonieh. D'autres enfin, considérant que notre récit n'indique pas qu'Emmaüs fût à l'occident de Jérusalem, ont cru le trouver au sud de Bethléhem, dans un lieu appelé Ourtsa, où l'on a retrouvé des restes d'anciens bains. Les *deux d'entre eux* qui s'y rendaient, et qui peut-être y avaient leur demeure, étaient des disciples de Jésus, mais non des apôtres. (v. 33.) L'un s'appelait Cléopas (v. 18). Il ne doit pas être confondu avec Clôpas (Jean 19 : 25), qui est une transcription du nom hébreu Alphée, tandis que Cléopas paraît être l'abrégé de Cléopatras (6 : 15 ; Act. 1 : 13.) Le fait que ces deux disciples s'éloignaient de Jérusalem, dans un tel moment, montre qu'ils n'avaient plus aucune espérance de revoir Jésus (v. 21) ; mais du moins cherchaient-ils quelque consolation dans leurs *entretiens* et dans l'évocation de leurs souvenirs communs. (v. 14.)

1. Non seulement des bruits qui couraient concernant la résurrection de Jésus (v. 22-24), mais plus encore des scènes tragiques de la mort de leur Maître. (v. 19, 20.) Ces événements, ils *s'en entretenaient* et les *discutaient*, cherchant à se rendre compte de leurs causes et de leurs conséquences.

2. Gr. *lui-même, Jésus*, celui dont ils s'entretenaient avec tant d'intérêt et de tristesse, celui qu'ils n'espéraient plus revoir ! Il *s'approcha* sans doute par derrière, et il *marchait avec eux*.

3. Quel est le sens des mots : *leurs yeux étaient retenus, de sorte qu'ils ne le reconnaissaient pas ?* On peut expliquer ce phénomène par des causes naturelles, comme le font plusieurs interprètes. Les disciples ne croyaient pas à la résurrection de Jésus. La pensée de le reconnaître dans cet étranger ne leur venait donc pas. D'autre part, un notable changement avait dû s'opérer dans la personne de Jésus, soit par ses souffrances et sa mort, soit par sa résurrection : même ses disciples les plus intimes hésitent à le reconnaître quand il les aborde. (v. 37 ; Jean 20 : 14, 15 ; 21 : 4.) Si l'on s'en tient à cette explication, il faut voir de même dans le terme du v. 31 : *leurs yeux furent ouverts*, la seule mention du fait qu'ils reconnurent Jésus à la manière dont, prenant à table le rôle de père de famille, il prononça la bénédiction, rompit le pain et le leur donna, exactement comme il avait coutume de le faire dans les repas qu'il avait précédemment partagés avec eux. Cette interprétation n'est point inadmissible. Mais est-il probable que, si telle était la pensée de l'historien, il se fût servi de ces termes si peu usités : *leurs yeux étaient retenus, leurs yeux furent ouverts ?* On est bien plutôt conduit à penser que Luc a eu l'intention d'indiquer par ces mots une action divine. Jésus avait voulu rester d'abord inconnu aux disciples, afin de les instruire et de les persuader par les Ecritures avant de les convaincre par une manifestation extérieure propre à frapper leurs sens. Leur

échangez l'un avec l'autre en marchant ? et vous êtes tout tristes¹.
18 — Et l'un d'eux, nommé Cléopas, répondant, lui dit : Es-tu le seul qui séjourne à Jérusalem et qui ne sache pas les choses qui s'y sont
19 passées ces jours-ci²? — Et il leur dit : Lesquelles ? Et ils lui dirent : Celles qui concernent Jésus de Nazareth, qui était un prophète puissant en œuvre et en parole, devant Dieu et devant tout le peuple³ ;
20 — et comment les principaux sacrificateurs et nos magistrats l'ont
21 livré pour être condamné à mort, et l'ont crucifié⁴. — Quant à nous, nous espérions qu'il était celui qui doit racheter Israël ; mais avec tout cela, voici le troisième jour depuis que ces choses sont
22 arrivées⁵. — Mais quelques femmes d'entre nous, nous ont fort
23 étonnés : ayant été de grand matin au sépulcre, — et n'ayant pas trouvé son corps, elles sont revenues disant qu'elles ont vu une ap-
24 parition d'anges, qui disent qu'il est vivant⁶. — Et quelques-uns de ceux qui sont avec nous sont allés au sépulcre, et ils ont trouvé les choses comme les femmes l'avaient dit ; mais lui, ils ne l'ont point
25 vu⁷. — Et lui leur dit : O hommes sans intelligence, et tardifs de

---

impression fut ainsi fort différente. (v. 32.)
1. L'intérêt sympathique que Jésus leur témoigne gagne bientôt la confiance des deux voyageurs. Les questions qu'il leur pose les invitent à lui ouvrir leur cœur. (Comp. 18 : 40 ; Jean 5 : 6 ; 20 : 15.) *Sin.*, *B* et *A* (dans une de ses leçons) ont : *et ils s'arrêtèrent tout tristes.*
2. Voir, sur Cléopas, v. 13, note. Cléopas veut dire : « Es-tu le seul qui, tout en séjournant,... ne sache pas...? » Le mot que nous traduisons par *séjourner* renferme aussi l'idée d'être là comme étranger. (Hébr. 11 : 9.) Les disciples supposent que ce voyageur est un des nombreux étrangers venus à Jérusalem pour la fête de Pâque.
3. Il n'était pas seulement *puissant en parole*, mais encore et surtout *en œuvre*, par les actes d'amour qui remplissaient sa vie. Et il l'était non seulement dans l'estimation de *tout le peuple*, mais *devant Dieu* qui lui rendait témoignage.
4. *Et comment* reprend la phrase interrompue par la question de Jésus au v. 19. « Es-tu le seul qui ne sache pas les choses qui se sont passées... et comment les principaux...? » — *Condamné à mort, crucifié*, quel contraste tragique avec les termes qui désignent Jésus au v. 19 ! C'est là ce qui pèse sur le cœur des disciples et les rend si tristes.
5. *Quant à nous*, par opposition aux magistrats (v. 20), *nous espérions....* Ce verbe à l'imparfait montre que toutes leurs espérances se sont évanouies. On voit par là ce que seraient devenus tous les disciples, si Jésus n'était pas ressuscité ! (1 Cor. 15 : 14-19.) Les mots : *mais avec tout cela* signifient : malgré tout ce qu'était Jésus (v. 19), et malgré toutes nos espérances. — *Le troisième jour* : nouveau motif de doute et de tristesse ; serait-ce un vague souvenir de la prédiction de Jésus qu'il ressusciterait le troisième jour ?
6. *Mais* à côté de toutes ces causes de tristesse, voici encore une circonstance à mentionner, sur la signification de laquelle ils hésitent à se prononcer et qui contribue plutôt à augmenter leur trouble. Ils ne citent pas, en effet, ce témoignage des femmes comme un sujet d'espérance, qu'ils opposeraient avec assurance aux faits douloureux qu'ils viennent de citer. Ces femmes, disent-ils, nous ont (gr.) *mis hors de nous-mêmes ;* car elles *disent* que des anges *disent qu'il est vivant !* On voit dans ces répétitions l'expression amère du doute : ils ne veulent pas se reprendre à l'espérance. (Voir la note suivante.)
7. Bien que des disciples qui ont aussi visité le sépulcre l'aient trouvé *comme les femmes l'avaient dit*, c'est-à-dire vide, ce témoignage ne vaut pas mieux que le premier, et voici pourquoi : *lui, ils ne l'ont point vu !* Telle est l'action corrosive du doute ; il infirme et annule deux témoi-

cœur à croire tout ce que les prophètes ont dit [1] ! — Ne fallait-il pas 26
que le Christ souffrît ces choses, et qu'il entrât dans sa gloire [2] ? —
Et, commençant par Moïse et par tous les prophètes, il leur expli- 27
quait dans toutes les Ecritures ce qui le regardait [3]. — Et ils appro- 28
chèrent du bourg où ils allaient ; et lui, fit comme s'il allait plus loin [4].
— Et ils le retinrent de force [5], en disant : Reste avec nous ; car le 29
soir approche et le jour est déjà sur son déclin [6]. Et il entra pour
rester avec eux. — Et il arriva, comme il était à table avec eux, 30
qu'ayant pris le pain, il prononça une bénédiction, et après l'avoir
rompu, il le leur donnait ; — et leurs yeux s'ouvrirent et ils le re- 31

---

gnages qui auraient dû suffire pour ranimer toutes les espérances des deux disciples. De là le reproche sévère et si bien mérité qui va suivre. — Les mots : *quelques-uns des nôtres* prouvent que, dans leur pensée, Pierre n'était pas seul, bien que notre évangéliste (v. 12) n'ait pas nommé Jean. (Jean 20 : 3 et suiv.)

1. *Et lui*, de son côté, après les avoir laissés raconter tous leurs sujets de tristesse, les reprend : *O insensés !* C'est d'abord leur *intelligence* qu'il accuse de manquer de pénétration pour saisir les promesses que Dieu a faites par les *prophètes*. (Gal. 3 : 1.) Mais cet obscurcissement de l'intelligence a une cause morale, dans le cœur. Le cœur, siège des affections et de la volonté, est *tardif à croire*, à se confier, à s'abandonner à la vérité divine. Ailleurs encore, Jésus rapproche ces deux causes du manque de foi. (Marc 6 : 52, 8 : 17.)

2. *Il fallait* qu'il passât par les *souffrances* pour arriver à la *gloire*. Il le fallait, parce que Dieu l'avait ainsi arrêté (v. 25-27, 44, 46). L'homme ne pouvait être sauvé que par ces souffrances et par cette mort. L'amour éternel de Dieu, qui voulait le salut de l'homme, a voulu aussi l'immense dévouement du Sauveur, indispensable à l'accomplissement de ce salut.

3. Les mots : *commençant par... et par...* signifient que Jésus commença par le Pentateuque, et passa successivement aux livres de *tous les prophètes*, pour y relever et expliquer aux disciples ce qui avait rapport à ses souffrances et à sa mort, à sa résurrection et à sa gloire. Luc ne nous dit pas quelles furent les parties des Ecritures que Jésus exposa. Il serait facile de suppléer à son silence, et on l'a souvent essayé. Ainsi, il est très remarquable que telles parties des Ecritures, le Ps. 22, Esa. 53, par exemple,

après avoir commencé par un tableau saisissant des souffrances du Messie, se terminent par une description sublime de son triomphe et de sa gloire. Mais il est probable qu'au lieu de détacher certains passages particuliers, le Sauveur fit comprendre aux disciples que tout, dans *Moïse*, dans la loi, dans les institutions du culte, surtout dans les sacrifices, était une prédiction symbolique et une préparation à son œuvre ; et que tout, dans les *prophètes*, dans leurs prédications de la volonté de Dieu, dans les promesses divines dont ils étaient les organes, avait un rapport direct à la rédemption de son peuple par le Libérateur qui lui était promis. A mesure que les disciples acquièrent l'intelligence des Ecritures, ils sentent les obscurités de leur cœur faire place à la lumière, à leur doute succéder la confiance et, avant même d'avoir reconnu Jésus, ils lui appartiennent tout entiers. (v. 29 et 32.) Voilà l'action que Jésus voulait exercer sur leur esprit, au lieu de s'offrir brusquement à leur vue. (Comp. v. 16, note.)

4. Jésus, pour éprouver les disciples, continuait à marcher, et il aurait certainement poursuivi sa route, s'ils ne l'avaient prié instamment de rester avec eux. Il voulait que cette grâce nouvelle dépendit d'eux.

5. Gr. *ils lui firent violence*, moralement, par leurs instances. (Comp. Genèse 19 : 3 ; Act. 16 : 15.)

6. *Déjà* se lit dans *Sin.*, B, l'*Itala*. Il est omis dans les autres documents et dans le texte reçu. Sans doute, les disciples voulaient exercer l'hospitalité envers cet étranger qui leur avait fait tant de bien. Mais le motif qu'ils invoquent est remarquable : *le jour qui est sur son déclin* est une image de la tristesse qui règne dans leur âme ; ils sentent, sans s'en rendre compte, qu'ils ont avec eux le

32 connurent [1] ; et lui disparut de devant eux [2]. — Et ils se dirent l'un à l'autre : Notre cœur n'était-il pas brûlant au dedans de nous, quand il nous parlait en chemin, quand il nous expliquait les Ecri-
33 tures [3] ? — Et, se levant à l'heure même, ils retournèrent à Jérusalem [4], et ils trouvèrent assemblés les onze, et ceux qui étaient avec
34 eux [5], — qui disaient : Le Seigneur est réellement ressuscité, et il
35 est apparu à Simon [6]. — Et eux-mêmes racontaient ce qui leur était arrivé en chemin, et comment ils l'avaient reconnu, lorsqu'il avait rompu le pain [7].

B. 36-49. Jésus apparait aux disciples assemblés. — 1° *L'apparition de Jésus.* Pendant que les disciples d'Emmaüs font leur récit, Jésus se présente avec cette salutation : La paix soit avec vous ! Pour calmer leur effroi, il leur montre ses pieds et ses

Soleil de justice ; s'il les abandonne, ils craignent de retomber dans les angoisses d'où ils commencent à sortir.

1. C'est pendant qu'il leur *donnait* le pain (remarquez l'imparfait) que *leurs yeux s'ouvrirent* ou *furent ouverts* (v. 16, note.) Ce terme est souvent employé pour indiquer la guérison d'un aveugle (Matthieu 9 : 30 ; 20 : 33 ; Jean 9 : 10) ; il est pris ici dans un sens moral. Les disciples *reconnurent* le Maître au geste qui lui était familier. (v. 35.) — Les termes par lesquels Luc décrit ce repas rappellent ceux de l'institution de la cène. Depuis les Pères de l'Eglise, on a discuté la question de savoir s'il faut voir ici une célébration de la cène. Formellement, non ; mais, comme l'âme des disciples était certainement en communion avec Jésus, où est la différence ?

2. Gr. *il devint invisible loin d'eux,* c'est-à-dire que, par une action surnaturelle, il *disparut* à leurs yeux. Divers autres faits indiquent un grand changement qui s'était opéré dans la personne de Jésus. Il était déjà en voie de glorification et affranchi des lois qui régissent les corps. (v. 36 ; Jean 20 : 19, 26.) Les disciples purent pressentir par là que désormais ils ne le posséderaient plus avec eux comme auparavant, mais qu'ils devaient s'habituer à une communion invisible et spirituelle avec lui. (Voir Jean 14 et suiv.)

3. Un *cœur brûlant,* expression énergique de l'émotion que les paroles du Sauveur avaient laissée en eux. Maintenant ils n'ont plus aucun doute sur sa résurrection. (v. 35.) Une expérience si intime ne peut avoir été racontée que par ceux qui l'avaient faite. *Quand il nous expliquait* (gr. *nous ouvrait*) *les Ecritures* : ces Ecritures étaient jusqu'alors fermées pour eux, la parole et l'Esprit de Jésus les leur avaient ouvertes.

4. Ils sont pressés par l'ardent désir de faire part à leurs condisciples de la grande nouvelle qui les remplit de joie. « Ils ne craignent plus maintenant ce voyage nocturne dont ils avaient dissuadé leur compagnon inconnu. » (v. 29.) *Bengel.*

5. *Les onze,* c'est ainsi qu'on désignait les apôtres après la chute de Judas. Luc emploie ce terme bien compris de tous, quoique, en réalité, ils ne fussent alors que dix, Thomas étant absent. (Jean 20 : 24.) Mais les apôtres n'étaient pas seuls. D'autres disciples de Jésus *étaient avec eux.*

6. Avant même que les disciples d'Emmaüs puissent prendre la parole, on les reçoit par ce cri joyeux : *Le Seigneur est réellement ressuscité !* Les disciples en donnent pour preuve une *apparition* de Jésus *à Simon* (Pierre). Ce fait, d'une si grande importance, confirmé par la tradition apostolique (1 Cor. 15 : 5), Luc le connaissait, quoiqu'il ne le consigne pas dans son récit de la résurrection, pas plus qu'il ne rapporte l'apparition de Jésus aux femmes (Math. 28 : 9), à Marie-Madeleine (Jean 20 : 14), aux cinq cents frères en Galilée et à Jacques. (1 Cor. 15 : 6, 7.) La manifestation de Jésus à Pierre était une preuve de sa tendre miséricorde envers ce pauvre disciple qui, dans ses amers regrets, devait éprouver un pressant besoin de revoir son Maître et d'entendre de sa bouche une parole de pardon. (Comp. Marc 16 : 7, notes.)

7. Gr. *comment il avait été reconnu d'eux par* ou *dans la fraction du pain.* (v. 31, note, et v. 16, note.)

ÉVANGILE SELON LUC

mains, et les invite à le toucher. Ensuite, pour les convaincre tout à fait, il mange en leur présence. (36-43.) — 2º *Les instructions de Jésus à ses disciples*. Il leur rappelle qu'il leur avait dit que toutes les prophéties devaient s'accomplir à son sujet. Il leur ouvre l'entendement pour comprendre les Ecritures. Celles-ci annonçaient ses souffrances et sa résurrection, et la prédication de l'Evangile parmi toutes les nations. Jésus institue ses disciples ses témoins, leur promet le Saint-Esprit, et leur ordonne d'attendre à Jérusalem l'accomplissement de cette promesse. (44-49.)

36 Or, comme ils parlaient de la sorte, lui-même se présenta au milieu d'eux [1], et leur dit : La paix soit avec vous [2] ! — 37 Mais, saisis d'épouvante et de crainte, ils pensaient voir un esprit [3]. — 38 Et il leur dit : Pourquoi êtes-vous troublés, et pourquoi des pensées s'élèvent-elles dans votre cœur ? — 39 Voyez mes mains et mes pieds, car c'est moi-même. Touchez-moi, et regardez-moi ; car un esprit n'a pas de la chair et des os, comme vous voyez que j'ai. — 40 Et ayant dit cela, il leur montra ses mains et ses pieds [4]. — 41 Et comme, dans leur joie, ils ne croyaient point encore, et qu'ils étaient dans l'étonnement, il leur dit : Avez-vous ici quelque chose à manger ? — 42 Et ils lui présentèrent un morceau de poisson rôti. — 43 Et l'ayant pris, il en mangea en leur présence [5]. — 44 Puis il leur dit : Ce sont ici les paroles que je

1. Gr. *fut debout au milieu d'eux*, y apparut tout à coup. Le terme de l'original comporte quelque chose d'extraordinaire, de surnaturel. (Comp. v. 31, note ; Jean 20 : 19, 26.) C'est ce qui explique l'impression produite (v. 37) sur ces mêmes hommes qui venaient d'exprimer (v. 34) leur joyeuse assurance de la résurrection du Seigneur. Cette apparition de Jésus-Christ à tous les disciples assemblés est la même que Jean a rapportée 20 : 19 et suiv.
2. Les mots : *et leur dit : La paix soit avec vous !* manquent dans *D* seul et dans l'*Itala*. Tischendorf et la plupart des critiques et des exégètes les omettent comme suspects d'avoir été empruntés à Jean 20 : 19.
3. C'est-à-dire un être du monde invisible, n'ayant qu'un corps apparent, ce que Matthieu (14 : 26) appelle ailleurs un « fantôme. » Or, il y a toujours là pour l'imagination un sujet d'*effroi*.
4. Jésus leur donne à entendre que leurs craintes ne proviennent que des *pensées* ou des imaginations de leur *cœur* ; puis il leur déclare ouvertement : *c'est moi-même* ; et les invite à le *toucher* pour les convaincre qu'ils n'ont pas affaire à un *esprit*. Enfin (v. 40.), *il leur montre ses mains et ses pieds*, dans lesquels ils pouvaient voir les cicatrices laissées par les clous de la croix. Ce v. 40 manque dans *D* et l'*Itala*, et la plupart des critiques le regardent comme une interpolation très ancienne, tirée de Jean 20 : 20. Il est vrai que, dans Jean, Jésus leur montre « ses mains et son côté, » mais, comme le dit M. Godet, « le verset précédent de Luc, où il est parlé des pieds, a pu influer sur la forme de la phrase interpolée. » Cette mention des *pieds* (v. 39) suppose que non seulement les mains, mais les pieds du Sauveur avaient été cloués à la croix. C'est là un point encore discuté par les savants (voir le *Commentaire* de M. Godet sur saint Luc, 3e édit., p. 523 et suiv., et, dans un sens opposé, Meyer, sur Math. 27 : 35), mais sur lequel, indépendamment d'autres preuves historiques, ce passage de Luc ne peut guère laisser de doute.
5. La *joie* qu'éprouvent les disciples en constatant la présence de Jésus (v. 39), succédant à la tristesse et à la crainte, maintient en eux un trouble qui les empêche de *croire* : phénomène très naturel et confirmé par l'expérience. Pour leur donner une nouvelle preuve, Jésus demande des aliments, dont il mange en leur présence. — Le texte reçu ajoute : *et d'un rayon de miel* ; l'authenticité de ces mots qui manquent dans *Sin.*, *B*, *A*, *D* est douteuse.

vous disais, lorsque j'étais encore avec vous [1], qu'il fallait que fût accompli tout ce qui a été écrit de moi dans la loi de Moïse, et dans les prophètes, et dans les Psaumes [2]. — Alors il leur ouvrit l'entendement pour qu'ils comprissent les Ecritures [3] ; — et il leur dit : C'est ainsi qu'il est écrit que le Christ doit souffrir et ressusciter d'entre les morts le troisième jour ; — et que la repentance et la rémission des péchés doivent être prêchées en son nom à toutes les nations, en commençant par Jérusalem [4]. — Or vous, vous êtes témoins de ces choses ; et moi, j'envoie sur vous la promesse du Père [5] ; — et vous, demeurez dans la ville, jusqu'à ce que vous ayez été revêtus de la puissance d'en haut [6].

1. Les événements dont vous êtes témoins, ma mort et ma résurrection, sont l'accomplissement des *paroles que je vous disais.* Jésus leur rappelle les nombreuses prédictions qu'il leur avait faites de sa mort et de sa résurrection. (9 : 22 ; 18 : 31-33 ; 22 : 37 ; et ailleurs.) *Lorsque j'étais encore avec vous :* Jésus ne se considère plus maintenant comme étant avec ses disciples ; ses anciennes relations avec eux ne seront pas reprises, elles seront remplacées par une communion spirituelle.

2. Voir sur ce mot : *il fallait,* v. 26, note, et sur l'accomplissement des Ecritures, v. 27, note. Les Juifs divisent encore aujourd'hui l'Ancien Testament en trois parties : *la loi, les prophètes* et les *hagiographes.* On peut se demander si *les Psaumes* représentent ici ce dernier recueil ou sont cités pour eux-mêmes. Il ressort de ces paroles que c'est sur l'autorité de leur Maître que les apôtres, dans tous leurs écrits, lui font l'application des prophéties de l'Ancien Testament.

3. Jésus *ouvre* les Ecritures à ses disciples (v. 32) ; il *ouvre* aussi *leur entendement* pour les comprendre ; double action toujours nécessaire.

4. Jésus en appelle une dernière fois à l'autorité des Ecritures (v. 27, 44), pour faire comprendre aux disciples la nécessité divine de tout ce qui lui était arrivé (v. 46), et pour leur révéler l'avenir de son règne et la vocation qu'ils auront à y remplir. Ils devront *prêcher en son nom* (sur son autorité) *la repentance* et *la rémission* (*Sin., B* portent : la repentance *pour* la rémission) *des péchés.* (Voir, sur ce terme de *repentance,* Math. 3 : 2, note.) C'est là au fond tout l'Evangile dans son application à l'homme pécheur et perdu ; et cet Evangile devra être annoncé *à toutes les nations* (comp. Math. 24 : 14 ; 28 : 19), *en commençant par Jérusalem,* la ville coupable, car ce point de départ et cette extension du règne de Dieu étaient annoncés aussi dans les Ecritures. (Ps. 110 : 2 ; Esa. 2 : 3 ; comp. Act. 1 : 8.)

5. *Ces choses,* dont les disciples seront les *témoins,* ce sont tous les grands faits évangéliques désignés aux v. 46 et 47 ; mais, pour devenir capables de rendre ce témoignage, il faut d'abord que les pauvres disciples aient vu s'accomplir en eux la *promesse du Père,* ou qu'ils aient été *revêtus de la puissance* du Saint-Esprit. (v. 49.) De là ce contraste frappant : *vous... et moi.... B, A, C* et la plupart des *majusc.* portent : et *voici* moi.... Ce mot manque dans *Sin., B, D, Itala.*

6. Jésus ordonne expressément à ses disciples (Act. 1 : 4) d'attendre à Jérusalem ce secours puissant. Le texte reçu porte : dans la ville *de Jérusalem.* Ce nom manque dans *Sin., B, C, D, Itala.* Dès le verset suivant, Luc raconte l'ascension de Jésus. On a prétendu que Luc en écrivant son évangile croyait que cet événement avait eu lieu le jour même de la résurrection mais que plus tard, quand il rédigea le livre des Actes, il avait eu connaissance d'une autre tradition, d'après laquelle Jésus était demeuré avec ses disciples pendant quarante jours après la résurrection. (Act. 1 : 3.) Est-il probable qu'un historien aussi consciencieux que Luc eût négligé, au commencement de son second ouvrage, de rectifier l'erreur qu'il aurait commise à la fin du premier ? Cette correction eût été d'autant plus indiquée que l'auteur s'en réfère à son premier écrit (Act. 1 : 1, 2), et reprend sa narration au point où il l'avait laissée. N'est-il pas plus naturel d'admettre que notre évangéliste, après avoir raconté l'apparition de Jésus à tous les disciples (v. 36), résume, sans prétendre les rap-

3. *L'ascension.*

50-53. L'ascension. — 1° *Jésus élevé au ciel.* Jésus conduit ses disciples hors de la ville sur le mont des Oliviers, et là, étendant ses mains, il les bénit ; et pendant qu'il les bénit, il est élevé au ciel. (50, 51.) — 2° *Les disciples à Jérusalem.* Les disciples s'en retournent à Jérusalem avec une grande joie. Et ils s'assemblent fréquemment, louant et bénissant Dieu. (52, 53.)

Et il les mena dehors, jusque vers Béthanie, et, élevant ses mains, 50 il les bénit [1]. — Et il arriva, pendant qu'il les bénissait, qu'il se sé- 51 para d'avec eux [2]. — Et eux s'en retournèrent à Jérusalem avec une 52 grande joie [3]. — Et ils étaient continuellement dans le temple, louant 53 Dieu [4].

porter à leur place chronologique, plusieurs de ses dernières instructions (v. 44-49), se réservant de reprendre plus tard son récit à la résurrection de Jésus (Act. 1 : 3), et de marquer alors nettement l'intervalle de quarante jours qui sépara celle-ci de l'ascension ? On lit, en effet, dans le livre des Actes, que c'est au terme de ces quarante jours, quand Jésus assembla ses disciples pour les rendre témoins de son ascension, qu'il leur adressa la plupart des instructions par lesquelles Luc termine le discours ici rapporté ; c'est à ce moment qu'il leur donna l'ordre de ne point quitter Jérusalem, leur fit la promesse du Saint-Esprit (Act. 1 : 4, 5), leur confia la mission d'être ses témoins, à Jérusalem d'abord et ensuite parmi toutes les nations. (v. 8.)

1. *Dehors,* c'est-à-dire : hors de la ville. *Jusque vers Béthanie,* suivant la leçon de *Sin.,* B, C. Le texte reçu porte : *jusqu'à Béthanie.* Jésus conduisit ses disciples jusque sur le mont des Oliviers, qu'il fallait traverser pour aller à Béthanie, située sur le versant oriental de la montagne. (Comp. Act. 1 : 12.) C'est là qu'il s'arrêta, donna à ses disciples sa dernière bénédiction et se sépara d'eux. (v. 51.) Voir, sur la sommité de la montagne où eut lieu probablement l'ascension, le *Voyage en Terre-Sainte* de M. F. Bovet, p. 202, 7e édition.

2. Luc ne fait qu'indiquer ici en quelques mots l'ascension de Jésus, qu'il se proposait de décrire plus en détail dans son second livre. (Act. 1 : 1-12 ; voir v. 49, note.) Le texte reçu ajoute : *et il était élevé en haut vers le ciel. Sin.,* D et quelques exemplaires de l'*Itala* omettent ces mots, qui sont probablement une interpolation tirée de Marc 16 : 19 ou de Act. 1 : 9.

3. *D* et quelques copies de l'*Itala* omettent les mots : *l'ayant adoré,* que porte le texte reçu ; ceux-ci se lisent, il est vrai, dans tous les autres documents, même *Sin.* Mais, comme le remarque Tischendorf, ils se rattachent étroitement à la phrase inauthentique du verset précédent. Leur adjonction s'explique mieux que leur omission. La conviction que leur Maître venait de rentrer dans la gloire divine cause cette *grande joie* des disciples. Celle-ci a succédé à la profonde tristesse qu'ils éprouvaient à la seule pensée d'une séparation d'avec leur Maître.

4. Le mot *continuellement* doit être pris dans un sens relatif : toutes les fois que les actes du culte les appelaient *dans le temple.* — Ici encore, les critiques préfèrent la leçon de *D* et de l'*Itala : louant ;* car ce terme, comme le remarque M. Godet, « est un terme favori de Luc. » *Sin.,* B, C lui ont substitué : *bénissant.* Le texte reçu, avec A, *majusc.*, combine les deux leçons : *louant et bénissant.* Le texte reçu porte comme dernier mot de l'évangile : *Amen.* Cette adjonction, qui provient de l'usage liturgique, manque dans *Sin., C, D,* l'*Itala.* — On a prétendu que l'ascension de Jésus n'est rapportée que par Luc, Marc 16 : 19 étant tiré de Luc. Matthieu et Jean gardent le silence sur ce fait. Ce n'est là qu'une apparence : dans saint Jean, Jésus parle à diverses reprises de « remonter où il était auparavant » (6 : 62 ; comp. 17 : 5 ; 20 : 17 ; 13 : 1), et, dans Matthieu, chacune des prédictions du retour de Christ pour le jugement du monde suppose son ascension. (Math. 13 : 30, 41 ; 24 : 30 ; 25 :

31, etc.) Les apôtres proclament d'une voix unanime la réalité de ce fait. (Act. 2 : 32, 33 ; 7 : 56 ; Eph. 4 : 10 ; 1 Tim. 3 : 16 ; Hébr. 9 : 11, 24 ; 10 : 12 ; 1 Pier. 3 : 22, et toute l'Apocalypse) ; et s'ils annoncent aux fidèles leur résurrection et la glorification de leur corps comme l'accomplissement de leurs espérances, c'est en leur montrant le corps glorifié de Christ qui est leur Chef. (1 Cor. 15 : 49 ; Philip. 3 : 21.) L'ascension de Jésus est le couronnement de sa vie sainte et le complément de sa résurrection, dont elle ne doit pas être séparée. Par le fait de la résurrection, Jésus est entré en possession d'un corps glorifié, comme le montrent dans notre récit même ses apparitions et ses disparitions soudaines. (v. 15, 31, 36.) La suprême entrevue sur le mont des Oliviers se produisit dans les mêmes conditions que celles qui avaient eu lieu pendant les quarante jours. « Ce dernier départ, dit M. Godet, ne se distingue des précédents que par un mode d'éloignement un peu moins soudain et par la bénédiction que Jésus laisse à ses disciples. »

INDEX ALPHABÉTIQUE

(Le plus grand chiffre indique la page, le plus petit la note.)

Abba 412, 5.
Accompli (afin que fût) 63, 2.
Aliments 358, 1.
Alliance (nouvelle) 275, 2.
Anciens 193, 1 ; 227, 1 ; 502, 1 ; 640, 3.
Apôtres 132, 2.
Arimathée 295, 3.
Aumône 101, 2.

Baptême 74, 4 ; 76, 5 ; 301, 2.
Baptême de Jésus 77, 1.
Béelzébul 138, 2.
Béthanie 225, 2.
Bethléhem 64, 1 ; 67, 2.
Bethphagé 221, 2.
Bethsaïda 353, 5 ; 365, 1 ; 522, 2.
Blasphème (contre le St-Esprit) 155, 1.
Boisseau 91, 6.

Caïphe 269, 1.
Capernaüm 84, 1.
Célibat 210, 1, 2.
Cène 274, 1, 2 ; 275, 1, 2, 3 ; 630, 5 ; 631, 1.
Centenier 115, 2.
Césarée de Philippe 188, 4.
Chair 190, 2 ; 278, 6.
Chant du coq 277, 2 ; 406, 1.
Christ 60, 1 ; 189, 4.
Christs (les faux) 250, 1.
Cieux 103, 2.
Commandements 211, 3 ; 238, 1-5 ; 380, 1 ; 605, 3.
Connaissance religieuse 162, 7 ; 163, 2.
Connaître 148, 3.
Conversion 73, 2.
Corazin 146, 2.
Coupe 218, 4 ; 278, 1.
Croix 140, 2 ; 291, 3.

Date de la naissance de Jésus 69, 4.
Décapole 86, 7.

Défense de divulguer 115, 1.
Démoniaque 119, 5.
Denier 215, 2.
Désert de Juda 73, 1.
Diable 79, 2 ; 170, 1.
Divorce 96, 5 ; 209, 4 ; 378, 4.
Drachme 580, 3.

Eglise 190, 3 ; 204, 4 ; 205, 4.
Endurcissement 163, 2 ; 354, 5.
Enfant 202, 1 ; 203, 2.
Esprit (Saint-) 76, 5.
Evangile 252, 1.

Fils de... 116, 2.
Fils de David 129, 4 ; 223, 2.
Fils de Dieu 78, 4 ; 189, 4 ; 282, 6 405, 2.
Fils de l'homme 117, 4.
Flagellation 289, 5.
Foi 108, 2 ; 128, 3 ; 184, 6 ; 343, 3 ; 344, 2 ; 371, 9.
Frères de Jésus 159, 3 ; 328, 2.

Gadara 119, 4.
Galilée (mer de) 85, 2.
Géhenne 94, 3.
Génézareth 180, 1.
Gentils 625, 1.
Gethsémané 277, 4.
Golgotha 291, 1.
Guérisons 114, 4 ; 342, 6 ; 346, 5 ; 361, 2 ; 365, 5.

Hérode-Antipas 174, 1 ; 348, 3.
Hérode le Grand 65, 1 ; 69, 4.
Hérodias 175, 1.
Hérodiens 234, 2.

Jean-Baptiste 72, 2 ; 76, 6.
Jéricho 220, 1 ; 608, 1.
Jésus 60, 1.
Jeûne 106, 1 ; 125, 1, 2, 3.
Judas Iscariot 132, 3 ; 271, 2 ; 273, 1 ; 285, 3 ; 408, 2 ; 631, 2.

INDEX ALPHABÉTIQUE

Lac de Génézareth 85, 2.
Lèpre 114, 2.
Lunatique 86, 6.

Magdala 186, 2.
Mages 65, 2.
Mammon 107, 1.
Mariage 208, 6.
Marie, mère de Jésus 62, 1 ; 328, 2 ; 447, 2.
Marie-Madeleine 295, 2 ; 512, 3.
Matthieu 45 ; 123, 3.
Messie 80, 2 ; 142, 1 ; 189, 4.
Miracles 173, 2 ; 177, 6 ; 345, 2.
Monde 169, 1.
Mort de Jésus 140, 2 ; 193, 1.

Naissance surnaturelle 62, 4.
Nazareth 71, 2.

Pâque 268, 2 ; 406, 3.
Parabole 161, 2 ; 163, 2.
Paradis 647, 7.
Pardon au prochain 105, 1, 4 ; 207, 8.
Pardon de Dieu 155, 1 ; 509, 4, 5, 6 ; 510, 2.
Pascal (repas) 273, 7.
Pauvres 88, 4 ; 270, 4 ; 408, 1 ; 496, 1.
Péager 123, 4.
Péché (contre le Saint-Esprit) 155, 1.
Peines éternelles 267, 2, 6.
Père 103, 2.
Pharisiens 74, 5.
Philippe (frère d'Hérode) 175, 1.
Phylactère 241, 3.
Pierre 190, 3.
Pilate 285, 2.
Prétoire 289, 6.
Prière 102, 2 ; 103, 1.

Rabbi 241, 5.
Rançon 219, 4.

Récompense 91, 2.
Renoncement 140, 1, 2 ; 194, 2 ; 532, 2, 3 ; 577, 2, 3.
Repentance 73, 2.
Répréhension 204, 1.
Résurrection 237, 1.
Retour du Seigneur 137, 1 ; 404, 6.
Riches 213, 1 ; 496, 1 ; 588, 5 ; 592, 1.
Royaume des cieux 73, 3 ; 192, 1.

Sabbat 150, 1 ; 151, 2 : 323, 4, 5 ; 324, 5 ; 492, 3.
Sadducéens 74, 5.
Sages 147, 6.
Samaritains 133, 2.
Sanhédrin 94, 3.
Satan 193, 4.
Sauver 63, 1 ; 343, 3.
Scribes 66, 2 ; 240, 2.
Séjour des morts 147, 2 ; 191, 1 ; 593, 1.
Sel 91, 3 ; 376, 1, 2.
Serment 97, 2.
Signe du ciel 157, 1.
Songe 70, 4.
Synagogue 86, 2 ; 478, 3.
Syrie 86, 5.

Talent 206, 4.
Temple 81, 3 ; 223, 4 : 248, 4 ; 400, 1.
Tentation de Jésus-Christ 80, 1.
Toits 253, 2.
Tradition 180, 4.
Transfiguration 195, 2, 3.

Veilles de la nuit 178, 4 ; 406, 1.
Venue du Fils de l'homme 137, 1 ; 194, 6 ; 265, 1 ; 283, 2.
Vierge 63, 3 ; 64, 1.

« **Publications Chrétiennes inc.** » est une maison d'édition québécoise fondée en 1958. Sa mission est d'éditer ou de diffuser la Bible ainsi que des livres et brochures qui en exposent l'enseignement, qui en démontrent l'actualité et la pertinence et qui encouragent la croissance spirituelle en Jésus-Christ.

Pour notre catalogue complet :
www.publicationschretiennes.com

Publications Chrétiennes inc.
230, rue Lupien, Trois-Rivières (Québec) G8T 6W4
Tél. (sans frais) : 1 866 378-4023, Téléc. : 819 378-4061
commandes@pubchret.org

www.ingramcontent.com/pod-product-compliance
Lightning Source LLC
Chambersburg PA
CBHW050246170426
43202CB00011B/1581